DIREITOS REAIS – RELATÓRIO

PEDRO DE ALBUQUERQUE

DIREITOS REAIS
RELATÓRIO SOBRE O PROGRAMA, CONTEÚDO E MÉTODOS DE ENSINO

Relatório apresentado, em Outubro de 2007, nos termos do artigo 44.º do Decreto-Lei n.º 448/79, de 13 de Novembro, no concurso documental para preenchimento de vagas de Professor Associado do 4.º Grupo (Ciências Jurídicas) da Faculdade de Direito da Universidade de Lisboa

2009

DIREITOS REAIS
RELATÓRIO SOBRE O PROGRAMA, CONTEÚDO
E MÉTODOS DE ENSINO

AUTOR
PEDRO DE ALBUQUERQUE

EDITOR
EDIÇÕES ALMEDINA, SA
Av. Fernão Magalhães, n.º 584, 5.º Andar
3000-174 Coimbra
Tel.: 239 851 904
Fax: 239 851 901
www.almedina.net
editora@almedina.net

PRÉ-IMPRESSÃO | IMPRESSÃO | ACABAMENTO
G.C. – GRÁFICA DE COIMBRA, LDA.
Palheira – Assafarge
3001-453 Coimbra
producao@graficadecoimbra.pt

Janeiro, 2009

DEPÓSITO LEGAL
287690/09

Os dados e as opiniões inseridos na presente publicação
são da exclusiva responsabilidade do(s) seu(s) autor(es).

Toda a reprodução desta obra, por fotocópia ou outro qualquer
processo, sem prévia autorização escrita do Editor, é ilícita
e passível de procedimento judicial contra o infractor.

Biblioteca Nacional de Portugal – Catalogação na Publicação

ALBUQUERQUE, Pedro de

Direitos reais : relatório sobre o programa, conteúdo
e métodos de ensino. – (Monografias)
ISBN 978-972-40-3758-5

CDU   347
      378

À memória de meu Pai, a quem devo o que sou como homem e como jurista.

A essa memória se fica, também, a dever, como meu penhor pelo amor que o meu Pai durante toda a sua vida dedicou à Faculdade de Direito de Lisboa, a continuação e renovação, hoje, do meu empenhamento universitário.

À minha Mãe e aos meus irmãos Alexandre, Isabel e André, em cuja vivência e testemunho continua viva a presença de meu Pai.

A todos os meus sobrinhos, pela felicidade com que recordam as histórias que o Avô lhes contava. Em particular ao João, na esperança de que um dia perceba e sinta, no seu âmago, que a pergunta por ele formulada, aos quatro anos de idade, «*quando é que o Avô volta?*», tem uma só resposta: nunca partiu. Continua entre nós sob diversas formas e no próprio João.

À Ana, ao Lourenço e à Maria, por tudo.

I
INTRODUÇÃO

JUSTIFICAÇÃO, FUNÇÃO E ESTRUTURA DO RELATÓRIO

1. Justificação do tema do presente relatório

I – O presente escrito destina-se a cumprir o imperativo imposto pelo n.º 2 do artigo 44.º do Decreto-Lei n.º 448/79, de 13 Novembro, por força do qual os candidatos admitidos ao concurso para Professor Associado devem apresentar quinze exemplares, impressos ou policopiados, de um relatório que inclua o programa, os conteúdos e os métodos de ensino teórico e prático das matérias da disciplina, ou de uma das disciplinas, do grupo a que respeita o concurso.

Os moldes deste concurso têm sido amplamente discutidos e criticados, de forma mais ou menos incisiva, mas numa manifestação de um vasto consenso quanto aos aspectos centrais dos respectivos limites e deficiências. Sufragam-se a generalidade das censuras que têm sido feitas. Trata-se, porém, de um tema já amplamente tratado e sublinhado[1]

---

[1] A este respeito, umas vezes de forma mais assertiva e outras menos, nuns casos pondo o acento tónico em aspectos substanciais e noutros em questões processuais ou de procedimento, v., por exemplo, MENEZES CORDEIRO, *Teoria Geral do Direito Civil. Relatório apresentado nos termos do artigo 44.º do Decreto-Lei n.º 448/79, de 13 de Novembro, para o concurso destinado ao preenchimento de uma vaga de Professor Associado do 4.º Grupo (Ciências Jurídicas), da Faculdade de Direito da Universidade de Lisboa*, Lisboa, 1987, 46 e ss. (=*Revista da Faculdade de Direito da Universidade de Lisboa*, 1988, XXIX, 204 e ss.. Cita-se por este último local); Id., *Direito bancário. Relatório apresentado nos termos do artigo 9.º/1, a) do Decreto-Lei n.º 301/72, de 4 de Agosto, aplicável por força do artigo 24.º desse mesmo diploma, e do artigo 12.º do Decreto-Lei n.º 263/80, de 7 de Agosto, para a prestação de provas de agregação, em Direito na Universidade de Lisboa*, Lisboa,

1996, 14 (=*Direito bancário. Relatório apresentado nos termos do artigo 9.º/1, a) do Decreto-Lei n.º 301/72, de 4 de Agosto, aplicável por força do artigo 24.º desse mesmo diploma, e do artigo 12.º do Decreto-Lei n.º 263/80, de 7 de Agosto, para a prestação de provas de agregação em Direito na Universidade de Lisboa*, Coimbra, 1997, 14); MIGUEL TEIXEIRA DE SOUSA, *Aspectos metodológicos e didácticos do Direito Processual Civil. Relatório apresentado, nos termos do art. 44.º, n.º 2, do Estatuto da Carreira Docente Universitária, no concurso para preenchimento de uma vaga de Professor Associado na Faculdade de Direito de Lisboa e relativo ao programa, conteúdo e métodos de ensino da Disciplina de Direito Processual Civil – I*, Lisboa, 1993, 4 (= separata da *Revista da Faculdade de Direito da Universidade de Lisboa*, 1994, XXXV, 339); SÉRVULO CORREIA, *Direito administrativo II (Contencioso Administrativo). Relatório sobre programa, conteúdos e métodos de ensino. Relatório apresentado nos termos do art. 44, n.º 2, do Estatuto da Carreira Docente Universitária no concurso documental para o preenchimento de uma vaga de Professor Associado do 3.º Grupo (Ciências Jurídico-Políticas) da Faculdade de Direito da Universidade de Lisboa*, Lisboa, 1993, 8; MARQUES DOS SANTOS, *Defesa e ilustração do Direito Internacional Privado*, suplemento à *Revista da Faculdade de Direito da Universidade de Lisboa*, Coimbra, 1998, 3 e ss.; PAULO OTERO, *Direito Administrativo – Relatório de uma disciplina apresentado no concurso para Professor Associado na Faculdade de Direito da Universidade de Lisboa*, 2.ª ed., publicado em suplemento à *Revista da Faculdade de Direito da Universidade de Lisboa*, 2001, 13 e ss.; Id., *Direito da vida, Relatório sobre o programa, conteúdos e métodos de ensino*, Coimbra, 2004, 14 e ss.; EDUARDO PAZ FERREIRA, *União Económica e Monetária – Um guia de estudo*, Lisboa, 1999, 9 e ss.; PEDRO PAIS DE VASCONCELOS, *Teoria Geral do Direito Civil. Relatório apresentado em 1998 no concurso para Professor Associado nos termos do artigo 44.º, n.º 2, da Lei n.º 19/80*, Lisboa, 2000, separata da *Revista da Faculdade de Direito da Universidade de Lisboa*, 2000, 8 e 9; MENEZES LEITÃO, *O ensino do Direito das Obrigações. Relatório sobre o programa, conteúdo e métodos de ensino da disciplina. Relatório apresentado nos termos do art. 44.º, n.º 2, do Estatuto da Carreira Docente Universitária, no concurso documental para o preenchimento de 10 vagas de Professor Associado do 4.º Grupo (Ciências Jurídicas) da Faculdade de Direito da Universidade de Lisboa*, Coimbra, 2001, 7 e 8; LUÍS DE LIMA PINHEIRO, *Um Direito Internacional Privado para o século XXI. Relatório sobre o programa, os conteúdos e os métodos de ensino do Direito Internacional Privado*, separata da *Revista da Faculdade de Direito da Universidade de Lisboa*, 2001, 7; CARNEIRO DA FRADA, *Direito Civil, responsabilidade civil. O método do caso*, Coimbra, 2006, 9; PAULA COSTA E SILVA, *Direito dos valores mobiliários. Relatório apresentado nos termos do art. 44.º do Decreto-Lei n.º 448/79, de 13 de Novembro, no concurso para provimento de catorze vagas de Professor Associado do 4.º Grupo (Ciências Jurídicas) da Faculdade de Direito da Universidade de Lisboa*, Lisboa, 2005, 13 e 14; JANUÁRIO DA COSTA GOMES, *O ensino do direito marítimo – o soltar das amarras do direito da navegação marítima. Relatório sobre o programa, conteúdos e métodos de ensino. Relatório apresentado nos termos do art. 44.º, n.º 2 do Estatuto da Carreira Docente Universitária, no concurso documental para provimento de*

pelo que não retornaremos a ele, senão na medida em que nos possa ajudar a determinar a razão de ser e finalidade do relatório a apresentar. Não deixaremos, porém, de evidenciar, desde já, as limitações do pre-

---

de 14 lugares de Professor Associado do 4.º Grupo (Ciências Jurídicas) da Faculdade de Direito da Universidade de Lisboa (Novembro de 2004), Coimbra, 2005, 15 e ss.. Fora da nossa faculdade v., por exemplo, WLADIMIR BRITO, *Direito internacional público – programa, conteúdos e métodos do ensino*, Braga, 2005, 7 e 8. Também os relatores têm chamado a atenção, quer no âmbito do concurso para Professor Associado, quer em provas de agregação, para o desajustamento das exigências legais quanto a relatórios com as características do que aqui se encontra em causa. Assim, e sempre a título ilustrativo, OLIVEIRA ASCENSÃO, *Parecer sobre «Aspectos metodológicos e didácticos do Direito Processual Civil» – Relatório apresentado pelo Doutor Miguel Teixeira de Sousa ao concurso para preenchimento de uma vaga de Professor Associado*, in Revista da Faculdade de Direito da Universidade de Lisboa, Coimbra, 1994, XXXV, 2, 439; Id., *Parecer sobre o Relatório sobre o programa, o conteúdo e os métodos do ensino da disciplina de Direito e Processo Civil (Arrendamento) – apresentado pelo Doutor Manuel Henrique Mesquita no concurso para Professor Associado na Faculdade de Direito de Coimbra*, in Revista da Faculdade de Direito de Lisboa, 1996, XXXVII, 2, 603; Id., *Parecer sobre «O ensino do Direito Comparado» do Doutor Carlos Ferreira de Almeida*, in Revista da Faculdade de Direito da Universidade de Lisboa, 1997, XXXVIII, 2, 573; Id., *O Relatório sobre «O programa, o conteúdo e os métodos de ensino» de Direito da Família e das Sucessões do Doutor Rabindranath Capelo de Sousa*, in separata da Revista da Faculdade de Direito da Universidade de Lisboa, 1999, XL, 1 e 2, 701; Id., *Parecer sobre o «Relatório» com o programa, os conteúdos e os métodos de ensino teórico e prático da disciplina de «Introdução ao Direito», do Doutor Fernando José Bronze*, in separata da Revista da Faculdade de Direito da Universidade de Lisboa, Coimbra, 1999, XL, 1 e 2, 693; Id., *Parecer sobre o Relatório apresentado pela Doutora Fernanda Palma no concurso para Professor Associado na Faculdade de Direito de Lisboa*, in Revista da Faculdade de Direito da Universidade de Lisboa, 2000, XLI, 1, 339 e ss.; JORGE MIRANDA, *Apreciação do Relatório sobre Direito Comunitário I – Programa, conteúdo e métodos de Ensino*, in Revista da Faculdade de Direito da Universidade de Lisboa, 1999, XL, 1 e 2, 711; Id., *Parecer sobre o Relatório com o programa, os conteúdos e os métodos do ensino teórico e prático da cadeira de Direito Administrativo – I apresentado pelo Doutor Paulo Otero*, in Revista da Faculdade de Direito da Universidade de Lisboa, 1999, XL, 1 e 2, 717 e 718; PEDRO SOARES MARTINEZ, *O direito bancário – Análise de um relatório universitário*, separata da Revista da Faculdade de Direito da Universidade de Lisboa, Coimbra, 2000, 1128; RUY DE ALBUQUERQUE, *Apreciação crítica do Relatório sobre o programa, o conteúdo e os métodos de ensino apresentado pelo Prof. Doutor António dos Santos Justo no concurso para Professor Agregado*, in separata da Revista da Faculdade de Direito da Universidade de Lisboa, Coimbra, 2000, 371.

sente modelo de relatório na medida em que se encontra desacompanhado de contraditório, num fenómeno que não pode deixar de ter claro impacto na compreensão (interpretação)-aplicação dos artigos 37.º e 49.º/2 do Decreto-Lei n.º 448/79, de 13 de Novembro.

II – Ao iniciar funções como Professor Auxiliar, o autor do presente trabalho começou por leccionar, no ano lectivo de 2003/2004, como co-regente, e sob coordenação do Professor Doutor ANTÓNIO MENEZES CORDEIRO, a disciplina de Teoria Geral do Direito Civil. Tratou-se, porém, de tarefa desempenhada apenas até ao final do primeiro semestre. Foi-lhe, então, solicitado que assegurasse a regência de Filosofia do Direito, a partir do segundo semestre daquele ano escolar, com cessação da cooperação em Teoria Geral. O trabalho iniciado em Março de 2004, na disciplina de Filosofia do Direito, não teve, contudo, e uma vez mais, continuidade. Logo no início do ano lectivo de 2004//2005 o opositor deixou de ter a regência de Filosofia do Direito, tendo-lhe sido atribuída, então, a da disciplina de Contratos em Especial. No ano lectivo de 2005/2006 o candidato foi sujeito a nova interrupção do esforço iniciado e transição de regência, passando agora a caber-lhe a de Direitos Reais, turmas A e B, dia. Essa regência manteve-se, pela primeira vez, no ano lectivo 2006/2007[2].

No âmbito do Mestrado e curso de Doutoramento o opositor desempenhou, nos anos escolares de 2003/2004, 2004/2005, 2005/2006, 2006/2007, funções na Disciplina de Direito Civil II, sempre em colaboração com o Professor Doutor ANTÓNIO MENEZES CORDEIRO[3]. Ainda no ano lectivo de 2005/2006 e 2006/2007 o autor deste relatório esteve encarregado da co-regência[4] no curso de Mestrado da disciplina de Direito Bancário Institucional.

---

[2] Mas note-se: nessa data já o relatório agora dado à estampa estava a ser elaborado. As regências manter-se-iam no ano de 2007/2008, compreendendo também a turma da noite.

[3] No primeiro desses anos o tema da disciplina foi Direitos de Personalidade, no segundo Modernas Técnicas Contratuais, no terceiro Direito Civil do Ambiente e no quarto Direito Civil do Ambiente e do Consumo.

[4] Com o Professor Doutor JOSÉ LAMEGO.

III – Nos termos do artigo 38.º do Estatuto da Carreira Docente Universitária (Decreto-Lei n.º 448/79, de 13 de Novembro), os concursos para Professores Associados destinam-se a averiguar o mérito da obra científica dos candidatos, a sua capacidade de investigação e o valor da actividade pedagógica já desenvolvida. O relatório será um dos elementos ao serviço dessa finalidade global. Ver-se-á, no próximo parágrafo, qual o peso específico e finalidade primordial que, na nossa perspectiva, deverão presidir a este relatório. Parece, porém, desde já claro a circunstância de o relatório ter de estar ao serviço dos objectivos globais do concurso para Professor Associado. E esses são, sublinhe-se outra vez, a averiguação do mérito da obra científica dos candidatos, a sua capacidade de investigação e o valor da actividade pedagógica já desenvolvida. Destarte, no quadro global do presente concurso, o relatório deve privilegiadamente surgir, na vertente pedagógica, como um instrumento susceptível de ajudar a ajuizar acerca do mérito e valor das actividades já desenvolvidas ou em curso de desenvolvimento. Parece claramente, sem porventura se fechar por completo as portas a um relatório relativo a uma disciplina nunca ensinada pelo candidato ou mesmo eventual, ter-se pretendido e privilegiado a apresentação e sujeição a um juízo de valor e crítica pelos membros do júri do concurso, daquilo que o opositor ensinou ou ensina, proporcionando ao candidato uma oportunidade para pensar de novo a experiência colhida[5].

IV – Nesta perspectiva, a escolha de uma das disciplinas, nas quais o opositor desempenhou funções como regente ou co-regente, parece impor-se como natural. Se às considerações anteriores juntarmos a circunstância de o presente trabalho dever ser nomeadamente entendido, conforme se cuidará de explicitar no próximo parágrafo, e sem prejuízo de outros aspectos relevantes, como um exercício de autoquestionamento e reflexão sobre a actividade docente do candidato[6], então, a opção a tomar

---

[5] Sublinhando este último aspecto, SÉRVULO CORREIA, *Direito administrativo II*..., 59; e PAZ FERREIRA, *União*..., 10.
[6] Nesse sentido v. MARQUES DOS SANTOS, *Defesa e ilustração*..., 3 e ss.; e JANUÁRIO GOMES, *O ensino*..., 17.

deveria recair numa das disciplinas que o autor se encontra a leccionar no início da respectiva redacção. Entre essas cadeiras figura uma disciplina constante do curso aprovado pela Deliberação n.º 616/2003 da Reitoria da Universidade de Lisboa[7], como obrigatória no terceiro ano: trata-se de Direitos Reais. Disciplina esta que permanece como tal, no terceiro ano do curso, no plano já aprovado na Deliberação do Conselho Científico de 11 de Outubro de 2006[8], no âmbito da revisão do plano de estudos no quadro do chamado processo de Bolonha (Lei n.º 49/2005, de 30 de Agosto).

Sem prejuízo de quanto se dirá adiante acerca dos Direitos Reais na ordem jurídica portuguesa, trata-se de uma matéria situada no coração profundo do Direito Civil. Todavia, contrastando com o nível alcançado entre nós pelo estudo do Direito das Obrigações, o ensino do Direito das Coisas só com dificuldade se libertou da mera descrição empírica de uma série de figuras constituídas pelos distintos direitos reais, numa situação que, não sendo específica do nosso país, foi já qualificada de incompatível com o desenvolvimento científico de um autêntico ramo de Direito[9]. Para este fenómeno terá contribuído a própria natureza objectiva do sector em causa[10]. As fontes legais fornecem ao intérprete-aplicador uma série de direitos taxativa, com uma diversidade significativa de regimes e sem uma parte prévia. Tudo a dificultar a construção de uma

---

[7] *Diário da República*, II.ª Série, de 2 de Maio de 2003.
[8] *Acta da Reunião do Conselho Científico da Faculdade de Direito de Lisboa n.º 12, de 11 de Outubro de 2006*.
[9] Assim, MENEZES CORDEIRO, *Direitos Reais*, reimpressão da edição de 1979, Lisboa, 1993, 29. V., ainda, a propósito da crise em que vive mergulhado o Direito das Coisas, OLIVEIRA ASCENSÃO, *A tipicidade dos Direitos Reais*, Lisboa, 1968, 13; Id., *Direito Civil. Reais*, 5.ª ed., reimpressão, 2000, 32 e ss.. Sublinhando, ainda assim, algum dinamismo dos Direitos Reais FRITZ BAUR, *Entwicklungstendenzen in Sachenrecht*, in *Juristische Arbeitsblätter*, 1987, 19, 161 (deste autor pode ainda consultar-se a propósito das tendências evolutivas dos Direitos Reais *Entwicklungstendenzen in Sachenrecht*, in *Juristen-Jahrbuch*, 1967/1968, 8, 19 e ss.). Cfr., também, quanto escreve MANFRED WOLF, *Beständigkeit und Wandel im Sachenrecht*, in *Neue juristische Wochenschrift*, 1987, 2647 e ss..
[10] MENEZES CORDEIRO, *Direitos...*, 29.

teoria geral dos Direitos Reais[11]. Além disso, a tradicional leccionação desta matéria numa simples disciplina semestral ou no contexto de disciplinas com um conteúdo que extravasa em muito o dos Direitos Reais não terá ajudado a sedimentar opiniões e fundar escolas de opinião[12]. Isto num país onde a investigação está quase exclusivamente a cargo do meio universitário[13]. Não obstante, a nobreza e dignidade científica e pedagógica da matéria em causa são inquestionáveis. Mal se compreenderia, tudo ponderado, que, estando o relator a leccionar uma disciplina obrigatória, com a importância do Direito das Coisas e sobre a qual não se encontra, até à data, na Faculdade de Direito de Lisboa um relatório dedicado ao respectivo programa, conteúdo e métodos de ensino dos Direitos Reais não empreendesse essa tarefa, apesar da circunstância de ser, ainda, extremamente curto o período de tempo à frente desta cadeira[14/15]. Esta circunstância não é, porém, tomada pelo opositor ao pre-

---

[11] MENEZES CORDEIRO, *Direitos...*, 29. No sentido segundo o qual a tipicidade dos Direitos Reais boicota e fecha os vasos vitais do desenvolvimento jurídico no domínio do Direito das Coisas e nos ameaça com a rotina e a cristalização se pronuncia já WOLFGANG WIEGAND, *Funktion und systematische Stellung des Sachenrechts im BGB*, in *Staudingers Kommentar zum Bürgerlichen Gesetzbuch mit Einführungsgesetz und Nebengesetzen. 100 Jahre BGB – 100 Jahre Staudinger. Beiträge zum Symposium vom 18.-20. Juni 1998 in München*, Munique, 1998, 114, remetendo directamente para a crítica de OTTO VON GIERKE, *Personengemeinschaften und Vermögensbegriff im Entwurf eines Bürgerlichen Gesetzbuches für das Deutsche Reich*, in *Entwurf eines Bürgerlichen Gesetzbuches*, por BEKKER e FISCHER, Berlim, 1893, 106 e ss.; Id., *Der Entwurf eines Bürgerlichen Gesetzbuches und das deutsche Recht*, Lípsia, 1989, 281 e 282, ao anteprojecto do *BGB*. Pela nossa parte não partilhamos a leitura ou interpretação que WIEGAND faz de GIERKE.

[12] Neste quadro afigura-se extremamente positiva a configuração específica que nos últimos anos, na Faculdade de Direito de Lisboa, a disciplina de Direitos Reais assumiu. Não sendo uma disciplina anual, ela estende-se ao longo de todo o ano lectivo. Esta situação cessou, todavia, com a entrada em vigor do novo plano de estudos.

[13] MENEZES CORDEIRO, *Direitos...*, 29.

[14] De acordo com MENEZES CORDEIRO, *Direitos...*, 29, a adjudicação da disciplina aos mais diversos Professores é uma das razões que impediram a plenitude do desenvolvimento científico das matérias de Direitos Reais. Esta instabilidade no ensino dos Direitos Reais é um facto na Faculdade de Direito de Lisboa. Não é, porém, assim, como veremos, e com algumas excepções pontuais, na Faculdade de Direito de Coim-

sente concurso como um qualquer entrave ou desincentivo à realização do trabalho proposto. Pelo contrário, trata-se claramente de um factor mais de motivação. A tudo isto acresce a circunstância de, muito recentemente, grande parte dos progressos alcançados na sistematização do ensino dos Direitos Reais, com a consequente elevação do seu nível científico, terem vindo a ser, entre nós, postos em causa com a proposta alternativa de uma disciplina estruturada em torno do estudo integrado de um conjunto de problemas sociais reflectidos pelos direitos reais e não em torno da respectiva noção, tida pelo autor da proposta, como fonte de importantes distorções[16].

Existe, é certo, um relatório elaborado no quadro do concurso para Professor Associado, da autoria de RUI PINTO DUARTE[17], dedicado ao Direito das Coisas[18]. Mas trata-se, antes de mais, de um estudo elaborado noutra escola e, portanto, não põe termo à necessidade e conveniência de se aproveitar estas provas para, no âmbito da nossa Academia, se proceder a uma reconsideração do programa, conteúdo e métodos

---

bra, onde justamente, e de acordo com as actas do Conselho Científico por nós consultadas, existe um princípio de estabilidade dos Docentes à frente das cadeiras. E de facto nesta Faculdade alguns dos responsáveis pelo ensino do Direito das Coisas leccionaram a cadeira durante décadas.

[15] O momento em que se inicia o presente relatório é o correspondente aos primeiros meses de docência da disciplina.

[16] Cfr. RUI PINTO DUARTE, *Curso de direitos reais*, Cascais, 2002, 307 e ss.; Id., *Idem*, 2.ª ed., Cascais, 2007, 321 e ss.; para quem a operacionalidade do conceito de direito real seria muito limitada: entre a propriedade e a hipoteca pouco haveria em comum (se é que algo existiria) justificativo do seu englobamento num conceito-base do sistema jurídico. Dentro dos direitos de gozo menores haveria diferenças abissais. O tratamento unificado dos conteúdos dos direitos reais (abrangendo as três subcategorias referidas) apresentaria tais problemas que dificilmente se tornaria útil, do próprio prisma da teorização. Mesmo o estudo do direito de propriedade em geral seria frequentemente origem de bloqueios e de equívocos, devendo-se (sem prejuízo das sempre esclarecedoras tentativas de abstracção) considerar separadamente os vários tipos de propriedade, em função do seu objecto. Se não se pode negar a existência de uma propriedade, também não se poderia esconder a realidade de várias propriedades.

[17] Que de resto é, nem mais nem menos, o autor da proposta de «dessistematização» da disciplina dos Direitos Reais acabada de referir.

[18] *Ensino dos Direitos Reais. Propostas e elementos de trabalho*, Lisboa, 2004.

de ensino dos Direitos Reais. Ao contrário, a circunstância de noutro local se ter já apresentado um trabalho dedicado ao programa, conteúdos e métodos da disciplina de Direitos Reais deve, até pelo carácter nuclear da matéria em causa, servir de estímulo à realização de um trabalho incidindo sobre esta disciplina no âmbito da Faculdade de Direito de Lisboa[19]. Acresce, sem prejuízo dos aspectos meritórios naturalmente aí compreendidos, tratar-se de um estudo no qual, a nosso ver e com a devida vénia, se não esgotam as potencialidades susceptíveis de serem apresentadas por um relatório acerca do programa, conteúdo e métodos de ensino do Direito das Coisas, e deixa, destarte, significativa margem para a elaboração de um novo estudo nesta matéria[20].

V – Dir-se-á que a escolha de uma disciplina opcional ou fora do tronco curricular comum permitiria uma maior autonomia ao opositor no respeitante a programas, conteúdos e métodos[21]. O escopo das disciplinas universitárias básicas proporcionadoras dos alicerces do saber jurídico considera-se apenas consentirem, devido à sua finalidade – dirigida a facultar um nível mínimo de conhecimentos básicos e permanentemente incontornáveis –, uma liberdade de (re)criar o programa, a matéria e os métodos compatível com semelhantes objectivos e susceptível de concorrer para os alcançar de forma eficaz[22]. Por isso, sem pre-

---

[19] V., na mesma direcção, no contexto do direito das obrigações MENEZES LEITÃO, *O ensino...*, 8 e 9.
[20] De resto, a existência de vários relatórios sobre uma mesma matéria, longe de consistir num exercício inútil, pode, ao contrário, revelar-se motivo de enriquecimento. Terá sido certamente esse também o entendimento de MENEZES LEITÃO ao escrever o citado *O ensino do direito das obrigações...*, *per totum*, quando existia já um relatório de RIBEIRO DE FARIA apresentado nas provas de agregação da Faculdade de Economia relativo ao Direito das Obrigações e outro de SINDE MONTEIRO, no contexto da Faculdade de Direito de Coimbra. De resto, a legitimidade da justificação da apresentação de um relatório pela circunstância objectiva de ainda só ter sido elaborado um outro, com características diversas, tem sido considerada mais do que suficiente por parte de autores dos pareceres acerca de relatórios para Professor Associado. Cfr. JORGE MIRANDA, *Parecer...*, in *Revista...*, 717.
[21] Cfr. CARNEIRO DA FRADA, *Direito civil...*, 10 e 11.
[22] *Idem.*

juízo de determinados afinamentos em função das preferências pessoais de cada docente, considera-se apresentar o repensar e refundir com verdadeiro significado do ensino de tais matérias oportunidades relativamente raras. Já as disciplinas opcionais encontram-se subordinadas a uma filosofia e matriz diferentes. Visa-se com elas uma especialização e complementação de conhecimentos e saberes. Torna-se, por isso, legítimo o aprofundar de matérias básicas, em correspondência com os legítimos desejos de formação específica e preparação profissional mais imediata por parte de discentes já dotados de conhecimentos basilares nas áreas em causa. Tudo a tornar mais ampla a esfera de liberdade do respectivo docente[23].

Nada disto nos merece contestação. Parece-nos, contudo, que precisamente por ser assim o desafio deverá justamente consistir em abraçar a mais difícil das tarefas com as quais o autor de um relatório desta natureza se poderia confrontar e, a propósito de uma cadeira do tronco curricular comum, procurar reflectir sobre programas, conteúdos e métodos de ensino de uma disciplina fundamental como é a dos Direitos Reais. Estamos de resto em crer que muitas das propostas por nós feitas ao longo deste estudo se não aplicam apenas à cadeira de Direitos Reais. As exigências da moderna metodologia jurídica imporiam por certo a reconsideração de parte importante do ensino de muitas das disciplinas leccionadas nas nossas universidades.

---

[23] *Idem*, 9.

2. A finalidade do concurso para Professor Associado, a razão de ser e função do relatório e seu peso específico. A interpretação como problema normativo e o comprometimento do pensamento jurídico com o próprio Direito enquanto aspectos insubstituíveis da equação a resolver

I – Nos termos do artigo 38.º do Estatuto da Carreira Docente Universitária o concurso para Professor Associado destina-se a averiguar o mérito da obra científica dos candidatos, a sua capacidade de investigação e o valor da actividade pedagógica já desenvolvida.

Para instrução do processo deve o candidato juntar trinta exemplares, impressos ou policopiados, do *curriculum vitae*, com indicação das obras e trabalhos efectuados e publicados, bem como das actividades pedagógicas desenvolvidas (artigo 43.º do Estatuto da Carreira Docente Universitária). Nos termos do artigo 44.º/1 do Estatuto da Carreira Docente Universitária, os candidatos admitidos ao concurso para Professor Associado devem, nos trinta dias subsequentes ao da recepção do despacho de admissão, apresentar dois exemplares de cada um dos trabalhos mencionados no seu *curriculum vitae*. Além disso, e por força do n.º 2 do artigo agora em referência, devem ainda, naquele prazo, apresentar quinze exemplares, impressos ou policopiados, de um relatório que inclua o programa, os conteúdos e os métodos de ensino teórico e prático das matérias da disciplina, ou de uma das disciplinas, do grupo a que respeita o concurso. No tocante aos trabalhos constantes do *curriculum vitae* as reitorias providenciarão no sentido de, juntamente com esse mesmo *curriculum* e com o relatório, serem facultados para exame dos membros do júri exemplares ou fotocópias de todos os trabalhos apresentados pelos candidatos (artigo 47.º/2 do Estatuto da Carreira Docente Universitária). Finalmente, de acordo com o artigo 49.º/2 do diploma em referência, no concurso para Professor Associado a ordenação dos candidatos fundamentar-se-á não apenas no mérito científico e pedagógico do *curriculum vitae* de cada um deles, mas também no valor pedagógico e científico do relatório.

II – Face a este regime, várias vezes se tem colocado a pergunta sobre o que se deve no concurso para Professor Associado aferir e qual o peso específico dos diversos elementos e respectivas vertentes. E as interrogações colocam-se a dois níveis, apesar de relacionados ou interconexionados. Por um lado, cabe considerar o problema do peso específico dos vários elementos exigidos para o concurso, por outro, apurar se a primazia vai para o aspecto científico ou pedagógico.

Relativamente à primeira questão[24], diremos com o Professor CASTANHEIRA NEVES que a função autêntica do professor universitário não será cumprida se ele não for um sujeito de cultura e um cientista. É este o plano de todas as decisões[25].

III – JANUÁRIO GOMES[26] procura, é certo, proceder à demonstração inversa. Em seu entender, a apreciação global e final dos candidatos deve considerar a um tempo – e conforme é, aliás, imposto –, quer o mérito científico, quer o mérito pedagógico, dando-se, porém, primazia à apreciação do relatório especificamente concernente ao mé-

---

[24] MARCELO REBELO DE SOUSA, *Direito constitucional I, Relatório*, Lisboa, 1986, 17 e ss., afirma com razão: «(…) *sem investigação científica, a Universidade estiola e morre. E sem preparação de docentes, ela torna-se um corpo fechado, que elabora cientificamente mas não pode nem informar nem formar gerações susceptíveis de assegurarem a sua renovação futura*» ou «(…) *o ensino da Ciência e do Direito supõe, por outro lado, a investigação da mesma* (…)».
[25] CASTANHEIRA NEVES, *Reflexões críticas sobre um projecto de «estatuto da carreira docente»*, in *Digesta. Escritos acerca do direito, do pensamento jurídico, da sua metodologia e outros*, Coimbra, 1995, II, 443 e ss..
[26] Cfr. JANUÁRIO GOMES, *O ensino…*, 16.

rito pedagógico. Seria, em seu entender, essa a razão pela qual o artigo 49.º do Decreto-Lei n.º 448/79, de 13 de Novembro, manda no tocante ao relatório apreciar sucessivamente o «mérito pedagógico» e o «mérito científico», enquanto, em relação ao *curriculum vitae*, determina, ao invés, de modo consecutivo a consideração do «mérito científico» e do «mérito pedagógico». Idêntico exercício havia sido já ensaiado, exactamente nos mesmos termos – mas de forma menos desenvolvida –, por VASCO PEREIRA DA SILVA[27], invocando a análise literal dos dispositivos legais, em particular do artigo 49.º do Estatuto da Carreira Docente. Análise literal essa da qual resultaria, muito claramente, uma hierarquização dos fins (científico e pedagógico) que devem presidir à apreciação do *curriculum vitae* e do relatório, por não se verificar aqui, alega-se, a lógica matemática da comutatividade, uma vez que, sustenta-se, na interpretação jurídica a ordem dos factores não seria arbitrária.

São, contudo, estas afirmações ou proclamações de cujos pressupostos, conteúdo e conclusões não podíamos estar mais distantes.

IV – Estivessem os alicerces metodológicos subjacentes às posições de VASCO PEREIRA DA SILVA e JANUÁRIO GOMES correctos, então, as primeiras conclusões a tirar seriam (ao contrário de por eles sustentado):

    a) que o *curriculum* tem primazia sobre o relatório;
    b) que na apreciação do *curriculum vitae* assume primazia o aspecto científico;
    c) que o relatório é, tão-só, um elemento adjuvante ou ancilar de apreciação.

E isto pela razão simples de o legislador se referir ao *curriculum* antes de mencionar o relatório e aos aspectos científicos daquele antes de aludir aos pedagógicos. Além disso, a menção ao relatório é, na redacção legal, quase incidental. O que o legislador nos diz é não se poder

---

[27] VASCO PEREIRA DA SILVA, *Ensinar Direito (a direito) contencioso administrativo*, Coimbra, 1999, 9 e 10.

fazer a ordenação dos candidatos atendendo apenas ao *curriculum*, devendo considerar-se também o relatório. Mas ao fazer isto está, para além da própria ordem dos factores, julgada não arbitrária, através da formulação verbal e linguística assumida, a remeter o relatório para um lugar claramente secundário. Ora, na sequência da teoria dos jogos de linguagem apresentada por WITTGENSTEIN, a linguagem, diz-se, assume-se como possuindo relevo substantivo[28]: ela não é simbólica. Corporiza as próprias ideias, viabilizando-as, condicionando-as ou detendo-as na fonte – o próprio espírito humano – facultando a sua aprendizagem e divulgação e abrindo as portas à crítica e às reformulações. Tocar na linguagem é, nesta perspectiva, e na expressão de MENEZES CORDEIRO, tocar nas ideias[29]. Teríamos, pois, resolvida a primeira questão colocada a propósito de qual o elemento a dar preponderância no âmbito do presente concurso. E resolvida no sentido de ser ele o *curriculum*, não o relatório. Dada essa precedência e a primazia dos aspectos científicos na apreciação do *curriculum* estaria também firmada a prevalência da dimensão científica sobre a pedagógica. Nunca o inverso.

V – Sucede, porém, que o tipo de raciocínio e argumentação subjacente às posições expressas por VASCO PEREIRA DA SILVA e JANUÁRIO GOMES[30], não tem, com a devida vénia – mesmo se *in casu* o resultado, através dele, por nós obtido, no sentido da prevalência do *curriculum* sobre o relatório e dos elementos científicos sobre os pedagógicos, se mostra circunstancialmente correcto –, qualquer viabilidade à luz de uma correcta compreensão do problema metodológico da interpretação(compreensão)-aplicação do Direito.

---

[28] Cfr., a este respeito, MENEZES CORDEIRO, *Ciência do direito e metodologia jurídica nos finais do século XX*, separata da *Revista da Ordem dos Advogados*, Lisboa, 1989, 28 e 29.
[29] V. MENEZES CORDEIRO, *Ciência do direito e metodologia jurídica...*, 28.
[30] Mesmo considerando as explicações subsequentes de VASCO PEREIRA DA SILVA, *Ensinar...*, 13; e de JANUÁRIO GOMES, *O ensino...*, 15 e ss., autor que, todavia, não deixa de fazer referências importantes ao natural primado da intenção científico-cultural sobre a intenção pedagógica.

O problema metodológico da interpretação jurídica[31/32] não é um problema de *interpretatio legis* mas *actus* de realização do Direito[33]. A interpretação jurídica não intenciona – como pretendia o positivismo jurídico, tanto o histórico como o legalista, ao identificar o Direito, na sua manifestação positiva, às respectivas determinações formais e estas com as suas expressões textuais, com os textos legais, os quais, precisamente porque textos, como que necessariamente implicariam uma interpretação também só textual – uma significação simplesmente textual, seja ela filológica, hermenêutica *stricto sensu* ou analítico-linguística – se se quiser, exegética, hermenêutica ou semântica[34]. O problema da inter-

---

[31] Para uma análise acerca do modo como a doutrina de ponta vem encarando o actual problema metodológico da interpretação jurídica cfr., entre nós, CASTANHEIRA NEVES, *Questão-de-facto – Questão-de-direito ou o problema metodológico da juridicidade (Ensaio de uma reposição crítica)*, I, *A crise*, Coimbra, 1967, *passim*, e por exemplo 214 e ss.; Id., *O princípio da legalidade criminal*, in *Digesta. Escritos acerca do direito, do pensamento jurídico, da sua metodologia e outros*, Coimbra, 1995, I, 428 e ss.; Id., *Interpretação jurídica*, in *Idem*, II, 337 e ss.; Id., *O actual problema metodológico da realização do direito*, in *Idem*, II, 249 e ss.; Id., *Método jurídico*, in *Idem*, II, 283 e ss.; Id., *Metodologia jurídica. Problemas fundamentais*, Coimbra, 1993, *passim* e 83 e ss.; Id., *O actual problema metodológico da interpretação jurídica*, Coimbra, 2003, I, *per totum*; Id., *O sentido actual da metodologia jurídica*, in *Boletim da Faculdade de Direito*, Volume Comemorativo, 2003, 115 e ss., *maxime* 134 e ss.; e JOSÉ BRONZE, *Lições de introdução ao direito*, 2.ª ed., Coimbra, 2006, 875 e ss.. V., também, MENEZES CORDEIRO, *Lei (aplicação da)*, in *Polis. Enciclopédia Verbo da Sociedade e do Estado*, Lisboa/ /São Paulo, 1985, III, cols. 1046 e ss.; ou, de modo mais sintético, SANTOS JUSTO, *Direito privado romano – I – Parte geral (Introdução. Relação jurídica. Defesa dos Direitos)*, I, 3.ª ed., Coimbra, 2006, 51. Mais recentemente, ainda, pode-se cfr. SANDRA MARTINHO RODRIGUES, *A interpretação jurídica no pensamento de Ronald Dworkin (uma abordagem)*, Coimbra, 2005, *passim*, e por exemplo, 1 e ss., 23 e ss., 147 e ss.; e CRISTINA QUEIROZ, *A interpretação jurídica*, in *Estudos em Homenagem ao Professor Doutor Marcello Caetano no centenário do seu nascimento*, Coimbra, 2006, I, 267 e ss..

[32] Segue-se com desenvolvimentos importantes de diversa ordem o nosso *Os limites à pluriocupação dos membros do conselho geral e de supervisão e do conselho fiscal*, Coimbra, 2007, 11 e ss..

[33] Cfr. a bibliografia citada *supra* na nota 31. Sublinhe-se, aqui, a título ilustrativo CASTANHEIRA NEVES, *O actual problema...*, 11 e ss..

[34] V., de novo, CASTANHEIRA NEVES, *O actual problema...*, 249 e ss.. Cfr., também, e outra vez, a literatura referida na nota 31.

pretação jurídica não é filológico, hermenêutico-cognitivo, linguístico. Trata-se de um problema jurídico, especificamente jurídico, e, destarte, de um problema normativo[35] insusceptível de comodamente se resolver na simples consideração da letra da lei, nos seus aspectos literais, na mera afirmação de que onde a lei não distingue não deve o intérprete(-aplicador) distinguir ou na defesa da ideia segundo a qual ordens diversas de factores devem tomar-se como tal[36].

---

[35] Cfr. nesse sentido os autores e obras citadas *supra* na nota 31. Cfr., igualmente, a bibliografia mencionada nessa nota para uma exacta compreensão do significado de quanto se afirma no texto.

[36] Face ao artigo 9.º/2 do Código Civil português, perguntar-se-á pela viabilidade de uma tal superação dos limites (negativos) da letra da lei. O que fazer deste preceito e como entender o seu sentido? São de todos conhecidas as tentativas de políticos e governantes no sentido de cercearem, ou mesmo excluírem, a possibilidade de interpretação das fontes jurídicas. Desconsiderando [mas v. GÉNY, *Méthode d'interprétation et sources en droit privé positif*, 2.ª ed., 1919, I, 223 e ss.; DIEGO POOLE DERQUI, *El derecho de los juristas y sus implicaciones. Un diálogo com Lombardi Valluari*, Madrid, 1988, 85 e 86, referindo-se à actual situação em Itália e Espanha] agora as situações históricas concretas cujo sucesso, ou melhor, insucesso, não vale a pena sublinhar aqui, cumpre, isso sim, procurar resolver a questão do sentido e valor normativo do artigo 9.º (e, também, entre nós, do artigo 10.º). Qual é efectivamente o sentido e valor destas prescrições? Deixaremos, com CASTANHEIRA NEVES, *Interpretação…*, in *Digesta…*, II, 349 e ss. [cfr. também, *Metodologia…*, *passim*, e 85 e ss.], de lado os axiomas da omnipotência do legislador, característicos do positivismo, que vê as regras interpretativas como quaisquer outras. Também se não referirá a questão dos limites metainterpretativos pendentes sobre as normas onde se fixam os cânones interpretativos. Mencionaremos, apenas, duas teses contrárias que, a par com as agora descartadas, têm sido consideradas pelo pensamento jurídico. Uma, apelidada de autonomista, para a qual o problema da interpretação cairia fora do âmbito estrito do jurídico. A outra, de índole contrária, chamada redutivista, segundo a qual as regras sobre interpretação seriam reconductíveis ao Direito positivo, já como normas de segundo grau destinadas a permitir ao legislador determinar o sentido a imputar às regras de primeiro grau, já como regras pertencentes ao Direito Judicial material ou mesmo a um Direito Constitucional da actividade normativa judicial em paralelo com as regras da Constituição política relativas ao processo legislativo. Dir-se-á, contudo, admitir ainda a questão uma outra solução proposta, entre nós, por CASTANHEIRA NEVES. O problema metodológico da realização do Direito não consente, quer em si, quer nos seus princípios e critérios, poder ele pensar-se como um estrito problema de Direito Positivo ou de ser por este resolvido. Trata-se de um problema metapositivo. Donde resulta um juízo quanto ao alcance das regras sobre a interpretação ou quaisquer

outras regras de sentido metodológico: são regras metodológicas e não prescrições do domínio jurídico dogmático. Como tais participam da dimensão problemática do Direito. O respectivo sentido e alcance só poderá ser aquele que a sua inclusão na primeira dimensão, aproblemática, autónoma e criticamente lhes conceda. Como prescrições metodológicas positivas, ou positivadas, é na perspectiva da metodologia jurídica que elas hão-de ser compreendidas e assimiladas. No sentido segundo o qual o artigo 9.º do Código Civil, sem ser completamente inútil não corresponde ao actual estado dos conhecimentos e não é de facto observado pela nossa jurisprudência v. MENEZES CORDEIRO, *Tratado de Direito Civil*, I, *Parte Geral*, I, 3.ª ed., Coimbra, 2005, 150, e ss.. Para ulteriores desenvolvimentos e considerações acerca do sentido e alcance do artigo 9.º do Código Civil v. JOSÉ BRONZE, *Lições...*, 828 e ss., relativizando igualmente a importância do artigo em referência, mas documentando a existência de várias decisões dos nossos tribunais excessivamente apegadas ao seu teor. Na doutrina estrangeira pode ver-se no sentido da insuficiência das normas interpretativas, entre tantos outros, DIEGO POOLE DERQUI, *El derecho de los juristas...*, 83 e ss.. Para a defesa da necessidade de revisão dos artigos 1.º a 13.º do Código Civil v. FREITAS DO AMARAL, *Da necessidade de revisão dos artigos 1.º a 13.º do Código Civil*, in *Themis*, 2000, I, 1, 13 a 20, a carecer, contudo, a nosso ver, de uma análise metodológica sobre a matéria. O artigo 203.º da nossa Constituição submete, é certo, os tribunais apenas à lei. Porém, o artigo 202.º/1 da lei fundamental incumbe aos tribunais a aplicação da justiça, a transcender, conforme nota MENEZES CORDEIRO, a lei em sentido formal. De resto, e mesmo quando assim não fosse, nem os equívocos constitucionais poderiam mudar a natureza das coisas. Sabe-se hoje não poderem as fontes de Direito, efectivamente e contra pretensões vãs, continuar a ser político-constitucionalmente tematizadas (expressamente assim v., por exemplo, CASTANHEIRA NEVES, *O sentido...*, in *Boletim...*, Volume Comemorativo, 157, cfr., ainda, quanto escrevemos *infra* na Parte II, 1.3. Mesmo assim dir-se-á com MENEZES CORDEIRO, *Tratado...*, I, I, 140, encontrar-se a interpretação criativa legitimada pelo artigo 202.º/1 da Constituição). Não é, pois, aceitável a defesa da vinculação do intérprete à lei encetada por JOÃO PEDRO MARCHANTE, *Das lacunas da lei* de iure constituto: *noção* maxime, *da delimitação da juridicidade aferidora do dever de juridificar implícito nas lacunas (ou: da detecção de lacunas da lei)*, pol., Lisboa, 1999; Id., *Da detecção de lacunas da lei no direito português*, pol., Lisboa, 2001, 60 e ss., e nos termos assumidos. Trata-se mesmo de uma impossibilidade metodológica como decorre, por exemplo, das considerações de WINDFRIED HASSEMER, *Sistema jurídico e codificação: a vinculação do juiz à lei*, in *Introdução à Filosofia do Direito e à Teoria do Direito Contemporâneas*, org. de A. KAUFMANN e de W. HASSEMER, tradução de MARCOS KEEL e MANUEL SECA DE OLIVEIRA, revisão científica de A. M. HESPANHA, Lisboa, 2002, 292 e ss.. A lei, por si só, e independentemente de um processo de realização, não é susceptível de ser aplicada aos casos concretos. Conforme refere a propósito JHERING, *Geist des römischen Rechts auf den verschiedenen Stufen seiner Entwicklung*, 6.ª e 7.ª eds., Lípsia, 1923, II, II, 322 (há tradução em língua portuguesa com o título *O espírito do Direito romano*, *nas diversas fases do seu desenvolvimento*, de RAFAEL BENAION, Rio de Janeiro, 1943, III, 16), num passo devidamente sublinhado entre nós por CASTANHEIRA NEVES, *Metodologia…*, 25, «*O Direito existe para se realizar. A realização é a vida, e a verdade do Direito é o próprio Direito. O que realmente não sucede, o que só tem existência nas leis e no papel, é unicamente um espectro do Direito, meras palavras nada mais*». Ora, esse processo de realização, e correspondente interpretação por ele convocada, não equivalem a problemas analíticos, exegéticos ou sequer estritamente hermenêuticos. São problemas normativos, com uma dimensão constitutiva, que tornam qualquer tentativa de reduzir o Direito à lei formal uma autêntica impossibilidade metodológica (v., quanto se escreve ainda *infra* XI, no presente parágrafo, a este respeito e a bibliografia aí citada. Para já remete-se apenas para o ensaio de juventude de RUY DE ALBUQUERQUE *Poesia e lei*, in *Esmeraldo*, 1955, números 5-6, 44 e ss. (= in *Poesia e Direito*, suplemento da *Revista da Faculdade de Direito da Universidade de Lisboa*, Coimbra, 2007, 1 e ss.), acerca da importância da intuição, da razão e da sensibilidade na compreensão e construção do Direito, recordando designadamente as palavras de VERNEY a propósito «*dos juristas que na lei … só viam a lei*. "Encontrará V. P. muitos homens, que comummente são tidos por grandes jurisconsultos, os quais tirados do pouco texto que têm estudado são tão rudes, que parecem chegados novamente do Paraguai ou do Cabo da Boa Esperança"»). É este um obstáculo insuperável e (não superado) por JOÃO PEDRO MARCHANTE. Acerca da forma como o processo de interpretação e de realização do Direito deve ser entendido (*i. e.* como *actus* de realização do Direito e não como *interpretatio legis*) v. quanto se escreveu já e a bibliografia antes citada, designadamente, CASTANHEIRA NEVES, *Questão-de-facto…*, I, *passim*, e por exemplo 214 e ss.; *O princípio da legalidade…*, in *Digesta…*, I, 428 e ss.; *Interpretação…*, in *Idem*, II, 337 e ss.; *O actual problema metodológico da realização…*, in *Idem*, II, 249 e ss.; *O método…*, in *Idem*, II, 283 e ss.; *Metodologia jurídica…*, *passim* e 83 e ss.; *O sentido actual…*, in *Boletim…*, Volume Comemorativo, 2003, 115 e ss., *maxime* 134 e ss.; e JOSÉ BRONZE, *Lições…*, *passim*, *maxime*, 875 e ss.. V., ainda, MENEZES CORDEIRO, *Lei…*, in *Polis…*, III, 1046 e ss.. Acerca do juízo enquanto julgamento, ou se se preferir acerca do juízo jurídico, no sentido de este não possuir carácter apodíctico nem a fundamentação por ele expressa poder impor como uma demonstração, apenas lhe sendo viável uma solução argumentativa da solução obtida, susceptível, tão-só, de lograr plausibilidade ou aceitabilidade v., por todos, CASTANHEIRA NEVES, *Metodologia…*, 30 e ss. (mas v., também, *O Instituto jurídico dos «assentos» e a função jurídica dos supremos tribunais*, Coimbra, 1983, 416 e ss.; *Método…*, 309; *Entre o «legislador», a «sociedade» e o «juiz» ou entre «sistema», «função» e «problema» – os modelos actualmente alternativos da realização jurisdicional*, in *Revista de Legislação e de Jurisprudência*, 1998, 131, 12 [=*Boletim da Faculdade de Direito*, 1998, LXXIV, 40 e ss.. Daqui para a frente cita-se pelo primeiro local]); e JOSÉ BRONZE, *Lições…*, 623 e 697. Cfr., igualmente, quanto escreve a respeito do probabilismo, da razoabilidade ou plausibilidade e do casuísmo enquanto elementos essenciais e mesmo de validade do Direito RUY DE ALBUQUERQUE, *Direito de juristas – Direito de Estado*, separata da *Revista da Faculdade de Direito da Universidade de Lisboa*, 2001,

XLII, 2, 751 e ss., e, por exemplo, 792, 793, 797 e ss. (cfr., igualmente, com base noutros pressupostos mas afirmando a natureza prudencial da Ciência Jurídica no seu funcionamento MENEZES CORDEIRO, *Evolução juscientífica e direitos reais*, in *Estudos de Direito Civil*, Coimbra, 1987, I, 215 e 236). Por último v., em adesão aos postulados enunciados pelos autores acima referidos e à insuficiência da letra da lei enquanto factor predeterminante da interpretação jurídica e como critério dos respectivos limites, com o ultrapassar em grande parte das orientações interpretativas que amarravam o aplicador do direito à letra da lei – inclusivamente apenas como limite negativo dos seus possíveis sentidos –, PAULO MOTA PINTO, *Aparência de poderes de representação e tutela de terceiros, reflexão a propósito do artigo 23.º do Decreto-Lei n.º 178/86 de 3 de Julho*, in *Boletim da Faculdade de Direito*, 1993, LXIX, 614; PEDRO DE ALBUQUERQUE, *A representação voluntária em direito civil*, Coimbra, 2004, 1000; Id., *Direito ao cumprimento de prestação de facto, o dever de a cumprir e o princípio* nemo ad factum cogi potest. *Providência cautelar, sanção pecuniária compulsória e caução*, separata da *Revista da Ordem dos Advogados*, 2005, 65, II, 478 e ss.; Id., *Responsabilidade processual por litigância de má fé, abuso de direito e responsabilidade civil em virtude de actos praticados no processo. A responsabilidade por pedido infundado de declaração da situação de insolvência ou indevida apresentação por parte do devedor*, Coimbra, 2006, 158 e ss.; Id., *Anotação ao Acórdão do STJ – 2-3-2004. Contrato-promessa, procuração irrevogável e acção de preferência*, in *CDP*, 2006, 13, Janeiro-Março, 20 e ss.; PEDRO DE ALBUQUERQUE e MARIA DE LURDES PEREIRA, *A responsabilidade civil das autoridades reguladoras*, in *Regulação e Concorrência*, Coimbra, 2005, 227, nota 57. Na jurisprudência v., por exemplo, na direcção referida no texto acerca do sentido e propósito da interpretação-aplicação do direito, *STJ – 7-12-1994* (TORRES PAULO), in *www.dgsi.pt* (instituição de herdeiro) (=*Boletim do Ministério da Justiça*, 1994, 442, 202, 206 e 207); *STJ – 15-10-1996* (LOPES PINTO), in *www.dgsi.pt* (condenação *ultra petitum*) (=*Diário da República*, I – série A, de 26 de Novembro de 1996; e =*Boletim do Ministério da Justiça*, 460, 164); *STJ – 11-3-1997* (FERNANDES MAGALHÃES), in *www.dgsi.pt* (seguro obrigatório automóvel); *STJ – 9-12-1999* (COSTA SOARES), in *Boletim do Ministério da Justiça*, 2000, 492, 398 e ss. (acção de reivindicação – interpretação da lei), onde apesar do aparente enquadramento do processo interpretativo à luz do artigo 9.º do Código Civil se acaba, afinal, por colocá-lo de forma completamente distinta como algo de bem diverso, pois – e transcrevemos parte do acórdão: «(…) o intérprete do direito não pode, nessa sua actividade, deixar de ter presente que a interpretação jurídica não se reduz à interpretação de uma qualquer linguagem comum, por isso que a linguagem jurídica não é, também, redutível à linguagem comum. Na verdade e não resistindo a parafrasear Castanheira Neves, in "O actual problema metodológico na interpretação jurídica", *Revista de Legislação e de Jurisprudência*, ano 131.º, pág. 137, "o sentido ou significação de uma 'regra' não pode atingir-se e determinar-se senão através da prática judicativa que a convoca e que ela deve orientar, isto é, pela sua aptidão para essa orientação resolvendo os problemas concretos dessa convocação" e, mais adiante, "é que a interpretação jurídica, como quer que

VI – Neste cenário não pode duvidar-se da inadmissibilidade metodológica do raciocínio baseado na mera ou predominante apreciação literal das normas, até porque se conhece a insubsistência do brocardo *in claris non fit interpretatio*[37]. A aceitação de semelhante brocardo, ou mesmo de que o texto da lei nos forneceria o *prius* ou ponto de partida no processo de interpretação e realização do Direito[38], pressuporia que a expressão e o teor verbal das leis se imporia por si só e previamente

---

seja, visa a compreensão (explicitante ou reconstitutiva, judicativa ou dogmática, etc.) da pressuposta normatividade jurídica, isto é, actua na iminência o universo jurídico". *Do que vem a resultar por um lado, que o jurista não pode, na sua interpretação, limitar-se a observar as regras gramaticais de semântica e sintaxe usadas na linguagem comum e que, por outro, se o termo «precário» – mesmo dentro da referenciada hermenêutica – resulta como que carregado do mesmo significado que ele tem em linguagem corrente, nem é por ter o mesmo referente – que o não pode ter, como já dimana do exposto e porque «o direito, através da sua linguagem normativa específica e prática da sua realização, constitui referencialmente uma sua realidade, também específica»* – *ob. cit.*, ano 129.º, pág. 99 – nem é em consequência de uma qualquer aparência com a chamada doutrina in claris, *que repudiamos.*»; STJ – 15-2-2000 (TORRES PAULO), in *Boletim do Ministério da Justiça*, 2000, 494, 306 e ss. e 309 (garantia das obrigações – impugnação pauliana – má fé); STJ – 17-4-2002 (LOURENÇO MARTINS), in *www.dgsi.pt* (processo 02P381) nota 5; STJ – 20-3-2002 (LOURENÇO MARTINS), in *www.dgsi.pt* (processo 02P137); STJ – 30-4-2003 (LOURENÇO MARTINS), in *www.dgsi.pt* (recurso para o Supremo Tribunal de Justiça), nota 3; STJ – 23-10-2003 (PEREIRA MADEIRA), in *www.dgsi.pt* (julgamento em conferência); STJ – 27-1--2004 (FERNANDES MAGALHÃES), in *www.dgsi.pt* (empreitada); STJ – 7-12--2005 (FERNANDES MAGALHÃES), in *www.dgsi.pt* (falência); STJ -19-1-2006 (OLIVEIRA BARROS), in *www.dgsi.pt* (poderes do Supremo Tribunal de Justiça), nota 8; STJ – 30-5-2006 (FERNANDES MAGALHÃES), in *www.dgsi.pt* (acidente de viação).

[37] Chamando a atenção para a, de longa data, conhecida insubsistência do brocardo *in claris non fit interpretatio* cfr. SINDE MONTEIRO, *Responsabilidade por conselhos, recomendações ou informações*, Coimbra, 1989, 586; PEDRO DE ALBUQUERQUE, *A representação voluntária...*, 1000, nota 1672; OLIVEIRA ASCENSÃO, *O direito. Introdução e teoria geral*, 13.ª ed. refundida, Coimbra, 2005, 392 e ss.; CRISTINA QUEIROZ, *A interpretação...*, in *Estudos...*, I, 267 e ss.. Veja-se, também, na literatura jurídica estrangeira PERELMAN, *Ética e direito*, tradução de JOÃO DUARTE, Lisboa, 2002, 547 e ss., 557 e ss..

[38] O reconhecimento dos postulados acima enunciados quanto à insuficiência da letra da lei enquanto factor predeterminante da interpretação jurídica e como critério dos

aos sentidos jurídicos possíveis, sem interpretação (compreensão), ou tão-só com uma interpretação da significação comum da expressão ou teor verbal. Ora, ambas as coisas são sabidamente insustentáveis[39]. Uma, por razões linguísticas, pela normal indeterminação ou invencível abertura semântica das significações verbais comuns. A outra, por razões hermenêuticas: o sentido do texto jurídico é um sentido unitariamente jurídico, não, primeiro, um sentido verbal ou literal e, depois, um sentido jurídico[40]. O legislador não usa palavras para se limitar a enunciar o seu sentido comum (ainda quando técnico ou mesmo técnico-jurídico), mas para prescrever uma intenção jurídica através das palavras e expressões[41]. E isto postula uma unidade, seja ela entendida como hermenêutica, seja normativa, entre palavra/expressão e sentido: a palavra/expressão legal é a de um sentido jurídico[42]. E daqui resultam duas conclusões directamente ligadas entre si: a primeira vai na direcção de o teor verbal ou literal não manifestar um sentido linguístico a que se venha a acrescentar

---

respectivos limites é objecto também de expressa e corrente afirmação nas obras dogmáticas nacionais. Assim cfr., novamente, PAULO MOTA PINTO, *Aparência...*, in *Boletim...*, 1993, LXIX, 614; PEDRO DE ALBUQUERQUE, *A representação voluntária...*, 1000; Id., *Direito ao cumprimento de prestação de facto...*, 478 e ss.; Id., *Anotação ao Acórdão do STJ – 2-3-2004...*, in *Cadernos...*, Janeiro-Março de 2006, 13, 20 e ss.; PEDRO DE ALBUQUERQUE e MARIA DE LURDES PEREIRA, *A responsabilidade...*, in *Regulação...*, 227, nota 57. Na jurisprudência v. os arestos citados *supra* nota 36.

[39] V., a título meramente exemplificativo, CASTANHEIRA NEVES, *O sentido...*, in *Boletim...*, Volume Comemorativo, 142. Cfr., também, na literatura jurídica tudesca, *colorandi causa*, ADOLF ARNDT, *Gesetz und Richterrecht*, in *Neue Juristische Wochenschrift*, 1963, 1273 e ss.

[40] Para mais desenvolvimentos acerca dos limites da letra da lei enquanto factor interpretativo prévio ou determinante v., de entre os autores referenciados *supra*, por exemplo, CASTANHEIRA NEVES, *Metodologia...*, 115 e ss., com amplas indicações comprovativas de que este suposto cânone hermenêutico não é cumprido aí mesmo onde é invocado. V., também, e sempre a título exemplificativo, JOSÉ BRONZE, *Lições...*, 893 e ss., e 909; CRISTINA QUEIROZ, *A interpretação...*, in *Estudos...*, I, 267 e ss.; e PERELMAN, *Ética...*, 547 e ss..

[41] Em termos muito próximos CASTANHEIRA NEVES, *Metodologia...*, 118 e 119.

[42] CASTANHEIRA NEVES, *Metodologia...*, 119.

o sentido jurídico resultante do processo de interpretação; a segunda consiste justamente na circunstância de as palavras e expressões legais, como formas de significação de um sentido jurídico, só encontrarem a especificação da sua indeterminação no próprio sentido jurídico interpretando. E sendo esse sentido um resultado da interpretação está tudo dito quanto à valia do elemento verbal[43].

Aliás, a perspectiva de interpretação aqui em crise encontra-se inclusivamente superada pelo conceito hermenêutico, em sentido rigoroso, de texto[44]. De acordo com semelhante conceito, se o sentido jurídico a atingir pela interpretação houver de se exprimir através do texto ou, conforme refere a propósito CASTANHEIRA NEVES, enquanto se considera este também a sua objectivação cultural ou o seu ícone, constitui-se, todavia, para além dele ou transcendendo-o. Desde logo pela relevância do contexto significante onde se insere[45], pelo relevo da pré-compreensão do intérprete, pela situação histórico-concreta da compreensão, pela coisa ou referente de que a significação fala, etc.[46]. Neste caso estamos, ainda, perante uma interpretação textual, mas que vê já no texto, sobretudo, um sentido compreensivo cultural dele transcendente[47].

VII – Mas ainda quando a perspectiva hermenêutica acabada agora de enunciar represente já um progresso, ela mostra-se mesmo assim insuficiente. O problema jurídico-normativo da interpretação não é o de

---

[43] CASTANHEIRA NEVES, *Metodologia*…, 119.
[44] CASTANHEIRA NEVES, *O sentido*…, in *Boletim*…, Volume Comemorativo, 142. V., também, e por exemplo, do mesmo autor CASTANHEIRA NEVES, *Metodologia*…, 118 e ss..
[45] De há muito que se chama, por exemplo, a atenção para a circunstância de a interpretação se mostrar uma tarefa de conjunto. Nenhum artigo de lei pode ser tomado isoladamente. O horizonte ou pano de fundo da interpretação terá de ser sempre o ordenamento tomado no seu todo. O sentido de cada fonte está sempre em necessária conexão com o de todas as outras. Ele será adulterado se o pretendermos tomar isoladamente. Cfr. OLIVEIRA ASCENSÃO, *O direito*…, 392 e 393.
[46] CASTANHEIRA NEVES, *O sentido*…, in *Boletim*…, Volume Comemorativo, 142 e 143.
[47] CASTANHEIRA NEVES, *O sentido*…, in *Boletim*…, Volume Comemorativo, 143.

determinar uma significação que expresse a lei ou outras normas jurídicas, mas o de obter dessas leis um critério prático-normativo adequado de decisão dos casos concretos. Uma boa interpretação não é aquela que, numa perspectiva hermenêutico-exegética, determina correctamente o sentido textual da norma. É antes a que numa perspectiva prático-normativa utiliza bem a norma como critério de justa decisão do problema concreto[48]. Ou se se preferir, numa outra formulação, na interpretação jurídica não se trata de compreender determinantemente a letra e o espírito do texto legal em causa, nem de explicitar a significação da regra-prescrição em causa, mas de reconstituir adequadamente uma norma do *corpus iuris* como critério orientador da solução de um caso qualificado como juridicamente relevante[49].

Por isso o objecto da interpretação não é a norma-texto mas a norma-problema[50]. Ao intérprete-aplicador não interessa a norma enquanto objecto semântico-prescritivo, que comunica impositivamente um sentido literal, mas a norma enquanto *regula* prático-normativa, apta para orientar (em termos igualmente normativamente fundamentados) a solução de um problema ou de uma série de problemas dotados de uma relevância jurídica específica.

Assim, e retomando um exemplo de escola, já presente em RADBRUCH[51], mas amplamente divulgado, entre nós, quer por CASTANHEIRA NEVES[52], quer por JOSÉ BRONZE, a proibição legal de entrada de cães em determinado local não pode considerar-se semântico-vulgarmente determinável, mas apenas pragmático-juridicamente densificável face a um conjunto de exigências problemáticas subjacentes

---

[48] Assim, e de entre a bibliografia citada *supra* na nota 31 cfr., por exemplo, CASTANHEIRA NEVES, *Metodologia...*, 84 e ss.. V., também, a jurisprudência referida *supra* na nota 36.
[49] JOSÉ BRONZE, *Lições...*, 887 e ss..
[50] JOSÉ BRONZE, *Lições...*, 892.
[51] RADBRUCH, *Einführung in die Rechtswissenschaft*, 12.ª ed., cuidada após a morte do autor por KONRAD ZWEIGERT, Estugarda, 1969, 168 e 169, referindo ele próprio a circunstância de em causa estar um exemplo já antigo. Veja-se, também, quanto escreve a este respeito PERELMAN, *Ética...*, 560 e ss., 557 e ss..
[52] *Metodologia...*, 132.

a esta proibição, em termos tais que abrangido por este comando se deve considerar também um urso.

Da mesma forma a expressão «dano ambiental» não pode valer com o seu significado semântico-vulgar, mas ser antes concretizável em referência ao conjunto de exigências de sentido presentes no Direito do Ambiente[53].

Pode, ainda, aceitar-se que uma seringa dificilmente se considera uma arma. Não deixa contudo de ser essa a qualificação normativamente adequada e correspondente quando, em determinadas circunstâncias, uma subtracção fraudulenta tiver sido feita com a ameaça de uma seringa supostamente infectada com sida[54].

Pode, igualmente, nesta perspectiva discutir-se se um ácido deve, ou não, qualificar-se normativamente como uma arma[55].

E no caso *Frigaliment* v. *B. N. S. Int'l Sales Corp.*, julgado por um tribunal dos Estados Unidos[56], até um vocábulo aparentemente tão unívoco como «frangos» suscitou acesa controvérsia jurídica.

Situações como as agora referidas não terão mesmo fim. Pense-se, por hipótese, ainda, nos exemplos figurados por PERELMAN[57] a partir de um sinal, colocado à entrada de um parque público, proibitivo do trânsito automóvel. Deverá o agente de polícia, em serviço de guarda, opor-se, com base nele, à entrada de uma ambulância destinada a vir buscar a vítima de um enfarte; de um veículo de limpeza municipal; de um táxi, chamado para transportar uma criança que partiu ou torceu uma perna ou para levar à maternidade uma mulher grávida com sintomas de ir em breve iniciar o trabalho de parto? A resposta é obviamente negativa em todos estes casos.

---

[53] JOSÉ BRONZE, *Lições*…, 910 e ss., com indicação de outros exemplos.
[54] A respeito deste exemplo JOSÉ BRONZE, *Lições*…, 913, com ulteriores indicações.
[55] V., novamente JOSÉ BRONZE, *Lições*…, 913, nota 17. De facto o *Bundesgerichtshof*, num caso em que um homem atirou ácido clorídrico à cara de uma empregada de caixa, arrancando-lhe em seguida o dinheiro, equiparou o ácido a uma arma. Cfr., para mais pormenores a este respeito, na literatura jurídica alemã ARTHUR KAUFMANN, *A problemática da filosofia do direito ao longo da história*, in *Introdução à Filosofia do Direito e à Teoria do Direito Contemporâneas*, cit.,190 e ss..
[56] *Apud* JOSÉ BRONZE, *Lições*…, 913, e nota 118.
[57] PERELMAN, *Ética*…, 553.

VIII – De uma óptica prático-normativa deixa de ser possível ou pertinente indicar qual o elemento interpretativo preponderante[58].

Numa perspectiva metodológica adequada o *prius* metodológico é-nos dado pelo caso[59]. O problema jurídico a decidir é, não apenas o ponto de partida e o objectivo final, mas a pedra-de-toque ou basilar na perspectiva da qual toda a juridicidade deve ser intencionada e compreendida. O objecto principal do pensamento jurídico não está já na norma. Ele coloca-se no caso concreto a decidir e no problema da concreta (judicativo-decisória) realização do Direito por ele suscitado[60/61]. Fora do caso concreto, ou sem pelo menos o ter funcionalmente em vista, há especulação teórica, a qual, mesmo se iluminada ou esclarecida,

---

[58] Assim, CASTANHEIRA NEVES, *Metodologia*..., 106; e JOSÉ BRONZE, *Lições*..., 938 e 939. Cfr., ainda, quanto se escreve *infra* nas próximas notas a este respeito.
[59] CASTANHEIRA NEVES, *Metodologia*..., *passim*, 142 e ss..
[60] CASTANHEIRA NEVES, *Metodologia*..., 17 e ss.
[61] O reconhecimento da prioridade do caso e das diferenças problemática e normativa por ele trazidas face às possibilidades do sistema normativo abstractamente posto coloca-nos perante a manifestação para a qual o Professor CASTANHEIRA NEVES tem particularmente chamado a atenção dos limites normativo-jurídicos das normas legais no global processo de realização do Direito. Aqui e agora poderemos sublinhar, apenas, o facto de eles nos imporem o reconhecimento da circunstância de o Direito não constituir um objecto pressuposto ou uma qualquer normatividade constituída com a qual o jurista vai lidar. Ao contrário, o Direito é um *continuum* problemático de normatividade constituenda. Quer isto dizer: apenas com tudo aquilo que a concreta realização do Direito implica de integração, de desenvolvimento, de correcção e de reelaboração da tal normatividade abstractamente pressuposta se pode alcançar uma ordem onde o Direito se afirma enquanto tal. O decisivo e fundamental deixa de ser visto na norma para passar a residir no juízo, pois será em função deste que a norma haverá de ser compreendida como critério jurídico (normativo-jurídico). O pensamento jurídico não é pois um conhecimento teórico-dogmático de normas. O problema do pensamento jurídico não está na determinação conceitual-sistematicamente dogmática, mas na resolução dos problemas jurídicos concretos de forma prático-normativamente justa. Cfr. CASTANHEIRA NEVES, *Interpretação*..., in *Digesta*..., 348; *Metodologia*..., *passim*, 17 e ss., 85, etc.. V., também, ESSER, *Vorverständnis und Methodenwahl in der Rechtsfindung*, Francoforte no Meno, 1972, passim; e KRIELE, *Theorie der Rechtsgewinnung entwickelt am Problem der Verfassungsinterpretation*, Berlim, 1976.

não é Direito[62]. O Direito deve ser tomado e entendido na sua concreta manifestação[63].

---

[62] MENEZES CORDEIRO, *Lei*…, in *Polis*…, III, cols. 1046 e ss.. V., também, CASTANHEIRA NEVES, e de entre as suas obras, por exemplo, O *Instituto jurídico dos «assentos»*…, 204 e ss.; *Fontes do direito*, in *Digesta*, cit., II, 7 e ss.; 93 e ss.; *Metodologia*…, *passim* e por exemplo 29.

[63] Trata-se de um pressuposto metodológico devidamente salientado pela doutrina nacional como base de uma adequada dogmática jurídica, e assumido, de forma expressa, como critério orientador das respectivas investigações. Neste sentido v., designadamente, CASTANHEIRA NEVES, *Questão-de-facto – Questão-de-direito*… I, quando, ainda antes de entrar no estudo ou análise do tema que se propõe tratar, o autor explica, em jeito de prefácio, as condições de emergência do problema da distinção entre questão-de-facto e questão-de-direito; CARLOS MOTA PINTO, *Da cessão da posição contratual*, Coimbra, 1970, XVII e ss., 5 e ss.; e PEDRO DE ALBUQUERQUE, *A representação*…, 22 e ss., cujos termos se reproduzem de seguida. Num fenómeno reportável às conquistas da escola histórica contra o jusracionalismo antecedente o Direito pertence a uma categoria de realidades dadas por uma evolução paulatina das sociedades. No momento actual do conhecimento humano, a sua configuração apresenta-se com uma complexidade causal, insusceptível de total abarcamento. Complexidade que inviabiliza, em definitivo, explicações puramente lógicas ou racionais da realidade jurídica. Nestas condições, o Direito deve ser conhecido de modo directo, tal como se nos apresenta (assim, e designadamente, cfr. MENEZES CORDEIRO, *Ciência do direito e metodologia jurídica*…, 11 e 12). Recordem-se, a este propósito, os contributos dados tanto pela chamada jurisprudência problemática, cujas bases modernas foram lançadas por VIEHWEG, *Topik und Jurisprudenz / Ein Beitrag zur rechtswissenschaftlichen Grundlagenforschung*, 5.ª ed., Munique, 1974, *per totum* (escapando à prisão kantiana e estribado no pensamento aristotélico e ciceroniano, com a sua *atitude deliberativa*, o *saber prudencial*, a *paideia*, em suma, com a respectiva teoria da deliberação e da escolha, com a distinção entre a fundamentação dedutiva e a meramente persuasiva [a este respeito v. ARISTÓTELES, *Ética Eudimiana*, VIII, 1246b, in *Obras*, tradução para o espanhol de FRANCISCO SAMARANCH, Madrid, 1967; *Retórica*, tradução e notas de MANUEL ALEXANDRE JÚNIOR, Paulo Farmhouse Alberto, Abel de Nascimento Pena, introdução de MANUEL ALEXANDRE JÚNIOR, Lisboa, 1998, 1357a, 51 e ss., 1355b, 56 e ss. 1359a, 57 e ss.; *Ética a Nicómaco*, tradução de JULIÁN MARIAS, Madrid, 1985, 1094b, 1095a, 1098a, e *Tópicos, Tratados de lógica (Órganon)*, tradução para o espanhol de MIGUEL SANMARTIN, Madrid, 1982, I], VIEHWEG defende a necessidade de o raciocínio jurídico se dever realizar, não através de axiomas, mas com base em tópicos, entendidos de modo funcional, como possibilidades de orientação e fios condutores do pensamento. A tópica surge, assim, como uma técnica de pensar por problemas, com origem na retórica, e contraposta ao pensamento sistemá-

Mas se é assim, então a hierarquização dos elementos interpretativos deverá necessariamente depender das circunstâncias do caso concreto[64].

---

tico-dedutivo), assim como pela teoria da argumentação que tem em PERELMAN, *Logique Juridique. Nouvelle réthorique*, Paris, 1976, *per totum*, o respectivo *caput scholae*; e mais remotamente, a metodologia analítico-problemática dos glosadores e pós-glosadores bem como o carácter prudencial do Direito Romano (a respeito destes últimos aspectos v. as considerações e desenvolvimentos de RUY DE ALBUQUERQUE e MARTIM DE ALBUQUERQUE, *História do Direito Português*, 12.ª ed., Lisboa, I, 2005, 327 e ss., 335 e ss.). Lembre-se, ainda, e de passagem, a importância, neste ponto, do ensinamento filosófico de SÃO TOMÁS DE AQUINO, ao considerar o *jus* como algo de objectivo e concreto, como um *medium rei* entre as operações ou coisas exteriores e uma pessoa (cfr., a título meramente indicativo, MICHEL VILLEY, *La promotion de la loi et du droit subjectif dans la seconde scolastique*, in *La Seconda Scolastica nella Formazione del Diritto Privato Moderno. Incontro di studio*, Florença, 16-19 de Outubro de 1972, a cargo de PAOLO GROSSI, Milão, 1973, 53 e ss.). A propósito da recente hipótese de quebra da insolubilidade da relação entre o conceito abstracto e o caso real v. MENEZES CORDEIRO, *Ciência do direito e metodologia jurídica...*, 35 e ss., 41 e ss., 67 e ss.. Esta quebra resulta da compreensão da realização do Direito como algo de unitário e da consequente aceitação da relação comunicativa entre o caso e a norma (mas também do reconhecimento da natureza constituinte da decisão). Apenas em análise abstracta – e porque *non datur scientia de individuo* – é possível decompor a referida realização em várias fases as quais, porém, só funcionam em conjunto. O caso é hoje entendido como parte de um todo vivo, que vai desde a localização da fonte à delimitação dos factores relevantes ao ponto, por exemplo, de a própria ontologia do Direito ser fixada por ARTHUR KAUFMANN, *Vorüberlegung zu einer juristischen Logik und Ontologie der Relationen. Grundlegend einer personalen Rechtstheorie*, in *Rechtstheorie. Zeitschrift für Logik, Methodenlehre Kybernetik und Soziologie des Rechts*, Berlim, 1986, 17, 257 e ss., na relação entre o caso e a norma. Lembrem-se, ainda, entre nós, os escritos e investigações autónomas de GOMES DA SILVA, *O dever de prestar e o dever de indemnizar*, Lisboa, 1944, I, 27 e ss.; Id., *Esboço de uma concepção personalista do direito. Reflexões em torno da utilização do cadáver humano para fins terapêuticos e científicos*, separata da *Revista da Faculdade de Direito da Universidade de Lisboa*, Lisboa, 1965, 113 e ss., e particularmente, 145, na qual se pode ler: «(...) *a realidade jurídica em si mesma é concreta*», ou 150, onde se escreve «(...) *é ao conjunto destes três elementos – a ordem jurídica objectiva, que contém as formas do direito, a subjectiva, que é a matéria onde tais formas se hão-de actuar, e a vida jurídica, expressão do dinamismo por que se opera tal actuação – que propriamente se dá o nome de direito*».

[64] CASTANHEIRA NEVES, *Metodologia...*, 106 (que escreve: «(...) *nesta perspectiva o relevo dos elementos da interpretação só pode ser aquele que o problema concreto justifique,*

Tudo a fazer com que esta recompreensão do problema da interpretação, vista como autêntica realização do Direito, exija, implique ou postule a convocação de outros fundamentos e critérios normativos e de outros elementos interpretativos bem diferentes dos tradicionalmente invocados. Entre esses outros fundamentos e critérios contar-se-ão, naturalmente, valores e interesses[65] que dêem validade à constitutiva realização do Direito, para além daqueles critérios e fundamentos imediatamente oferecidos pela normatividade positiva, pelo Direito positivo.

---

ou melhor, normativo-argumentativamente solicite. Que o mesmo é dizer terá maior relevo ou polarizará a interpretação aquele elemento que, perante os pontos problemáticos especificamente acentuados no caso concreto, tenha maior força argumentativa na utilização da norma como critério de solução desses pontos. É o que os autores reconhecem, ao dizerem que os elementos de interpretação têm carácter tópico»), 124 e 125. Nesta última perspectiva v., também, e a título meramente exemplificativo ESSER, *Vorverständnis...*, 1972, 124 e ss.; ZIPPELIUS, *Juristische Methodenlehre, eine Einführung*, 6.ª ed., Munique, 1994, 56 e ss., embora sobrevalorizando, ainda (41 e ss. e 56), o elemento literal. V. também RADBRUCH, *Einführung...*, 169, ao afirmar que os elementos interpretativos só são escolhidos depois de o resultado da interpretação ter sido alcançado. No dizer do autor, os elementos de interpretação servem, na realidade, para subsequentemente se construir a partir de certa fonte quanto fora já encontrado a partir de uma complementação constitutiva dessa mesma fonte.

[65] Cfr. CASTANHEIRA NEVES, *Metodologia...*, 30, 124 e 125; e também *Interpretação...*, in *Digesta...*, II, 369 e 370. V., por último, JOSÉ BRONZE, *Lições...*, que escreve a respeito da emergência de novos factores interpretativos: «*Referimo-nos, inter alia, aos inucleados em dimensões axiológico-práticas fundamentantemente constitutivas da normatividade jurídica – pense-se nos emblemáticos princípios normativos e na pluralidade de vectores que a sua autonomização permite relevar.*» Um catálogo mais completo, ou sistematização, tida por pacífica, dos vários elementos normativos extratextuais susceptíveis de fundamentarem e orientarem a actividade concretizadora, integradora e de realização do Direito – e entre os quais se contam, a título meramente exemplificativo, a natureza das coisas e argumentos de carácter institucional, os interesses, as tipificações sociais relevantes, a estrutura jurídico-social referida pela norma, a própria situação social juridicamente problemática, os efeitos jurídico-sociais da decisão, critérios ético-jurídicos, normativo-sociais e os *standards* legais sejam ou não solicitados pelas cláusulas gerais ou conceitos de valor, as teorias dogmáticas de sentido normativo e não conceitual, os precedentes da casuística jurisprudencial, os princípios jurídicos, a justiça do resultado da decisão – pode ser confrontado nas duas obras de CASTANHEIRA NEVES citadas nesta nota.

Sendo os critérios e fundamentos normativos extratextuais, no confronto com as normas jurídicas positivas, assim convocados desde logo interesses e fins, mas, sublinhe-se, também e em última análise, valores[66] e princípios normativos[67/68]. Princípios e valores referidos ao ordenamento no seu conjunto e não apenas obtidos por abstracção a partir de normas legais, como o demonstra claramente o princípio da boa fé, ainda na vigência do Código Civil de 1867, cuja afirmação não suscitava qualquer dúvida como uma das coordenadas básicas comunitárias de então, não obstante a circunstância de a obra de Seabra não revelar para ele qualquer abertura especial[69/70].

IX – Já atrás se sublinhou a inadequação do concurso para Professor Associado nos seus moldes actuais. Tem-se, desde logo, e no que aqui agora interessa, sublinhado a inoportunidade do momento da realização de uma prova que tivesse por objectivo a apreciação dos méritos pedagógicos dos candidatos num momento no qual, de acordo com a tradi-

---

[66] Para uma referência ao labor dos prudentes como fonte e limite de validade do Direito v. RUY DE ALBUQUERQUE, *Direito de juristas...*, XLII, 2, 751 e ss..
[67] CASTANHEIRA NEVES, *O sentido...*, in *Boletim...*, Volume Comemorativo, 128.
[68] Para ulteriores menções às linhas de superação da tradicional interpretação jurídica tal como ela nos tinha sido fundamentalmente legada pelo método jurídico de Oitocentos cfr. CASTANHEIRA NEVES, *Interpretação...*, in *Digesta*, cit., II, 369 e ss., que refere os elementos normativos extratextuais (e transpositivos) da interpretação jurídica; o *continuum* da realização do Direito e a interpretação como um momento dessa realização; a realização do Direito e não a interpretação como o problema metodológico; e ainda *Metodologia...*, 124 e ss.; assim como JOSÉ BRONZE, *Lições...*, 929 e ss..
[69] Assim OLIVEIRA ASCENSÃO, *O direito...*, 418 e 419.
[70] Tudo isto a fazer com que, tal como referido por ESSER, *Vorverständnis...*, 74 e ss., e 116 e ss., numa conclusão – conforme devidamente sublinhado por CASTANHEIRA NEVES, *Metodologia...*, 124 –, se adivinhava já desde BÜLOW, *Gesetz und Richteramt*, reimpressão da edição de 1885, Aalen, 1972, a norma de decisão não seja pré-dada mas constituída e cada interpretação represente uma associação da *lex scripta* com o *ius non scriptum*, ou, na formulação de RADBRUCH, *Einführung...*, 169, que a interpretação seja o resultado do seu resultado. No mesmo sentido CASTANHEIRA NEVES, *Metodologia...*, 124 e 125; Id., *O sentido...*, in *Boletim...*, Volume Comemorativo, 129.

ção até agora vigente nas principais Faculdades de Direito do país, os opositores há muito se encontram à frente da regência de uma ou mais disciplinas[71].

Mais: tem-se posto a nu a inadequação de relatórios sobre o programa, os conteúdos e métodos de ensino ao Direito, ao ponto de se afirmar que a sua aplicação «(...) *à Faculdade de Direito, ignorando por igual as particularidades do milenário estudo do Direito e as tendências mais avançadas que, nesse domínio, a actualidade permite documentar* (...), *merece a censura dos juristas do País* (...). *A ideia da apresentação de um relatório que inclua o programa, os conteúdos e os métodos de ensino teórico e prático das matérias da disciplina, ou de uma das disciplinas, do grupo a que respeita o concurso visa, nitidamente, cursos do âmbito das Ciências naturais e afins. Entre disciplinas jurídicas não há diferenças apreciáveis no tocante aos métodos de ensino, numa situação que se prolonga mesmo em sectores auxiliares ou indirectamente jurídicos* (...): *a componente relatório "métodos de ensino teórico e prático" não é diferenciadora* (...). *O essencial da prova desloca-se para o "programa e os conteúdos" da disciplina*»[72]. Todavia, esses deveriam constar de elementos diversos do relatório para Professor Associado.

Não falta mesmo quem afirme não ter o concurso, tal como se encontra estruturado, interesse ou utilidade em Faculdades de Direito, encontrando-se a prova despida de dignidade académica. Falta de dignidade académica decorrente do privilegiar dos aspectos didácticos sobre os científicos[73] e cuja persistência surge como uma mostra da paralisia que atinge o sistema universitário, uma grave distorção do sentido da avaliação universitária[74], numa degradação da selecção universitária a uma mera pedagogia literária[75].

---

[71] Assim cfr. PEDRO PAIS DE VASCONCELOS, *Teoria geral do direito civil. Relatório...*, 9.
[72] MENEZES CORDEIRO, *Teoria...*, in *Revista...*, XXIX, 204 e ss..
[73] É essa a posição de OLIVEIRA ASCENSÃO, *Parecer sobre «O ensino do Direito Comparado...»*, in *Revista...*, XXXVIII, 2, 573.
[74] OLIVEIRA ASCENSÃO, *O relatório do Doutor Luís de Menezes Leitão sobre «O ensino do Direito das obrigações»*, in *Revista da Faculdade de Direito de Lisboa*, 2001, XLII, 1, 620.
[75] OLIVEIRA ASCENSÃO, *O relatório sobre o programa, conteúdo e métodos de ensino de uma disciplina de Direito Comercial do Doutor Jorge Manuel Coutinho de Abreu*, in *Revista da Faculdade de Direito da Universidade de Lisboa*, 2000, XLI, 2, 1139.

X – Na altura de uma acrítica e imposta reestruturação da Universidade e das respectivas Faculdades de Direito, na sequência do chamado processo de Bolonha, há que colocar novamente a questão do seu papel. E não se tratará apenas de uma interrogação sobre qual o entendimento de Universidade acolhido; que o verdadeiro Professor Universitário deve buscar e pelo qual se deve bater. É muito mais: é uma pergunta sobre o fundamental e específico papel, dentro da Universidade, que muito concretamente uma Faculdade de Direito, que se deseja afirmar enquanto tal no actual panorama, deve ter.

Não iremos agora abordar a questão em pormenor. Não seria, certamente, este o local adequado para o fazer[76]. A questão surge aqui de forma meramente incidental e no quadro da determinação dos critérios que nos parecem dever presidir ao concurso a que nos apresentamos[77].

Sempre diremos, ainda assim, relativamente à questão do entendimento que da Universidade se deve ter[78], o seguinte: perante a alternativa

---

[76] A questão do papel a desempenhar pela Universidade e pelas Faculdades de Direito corresponde, de resto, a um tema recorrente como o demonstra, por exemplo, a realidade da Universidade «filosófica» de HUMBOLDT e SAVIGNY, da *hehre Wissenschaft*, desdenhosa do *Brotstudium*, mas cujos excessos levariam os estudantes a abandonar Berlim preferindo Heidelberga e THIBAUT. Cfr. FRANCISCO CONTRERAS PELÁEZ, *Savigny y el historicismo jurídico*, Madrid, 2005, 96, com indicações.

[77] Conforme refere CASTANHEIRA NEVES, *Protocolo de acordo entre o governo e as federações e associações académicas e associações de estudantes tendo em vista a reforma do ensino superior*, in *Digesta. Escritos acerca do Direito, do pensamento jurídico, da sua metodologia e outros*, II, cit., 462, a própria interrogação acerca do que deva ter-se por mérito ou capacidade pedagógica depende do sentido que se considere necessário ter o ensino.

[78] Esta questão encontra-se de resto já tratada e abordada em estudos anteriores ao nosso. Assim, e no quadro de relatórios para Professor Associado, pode ver-se, com diferentes abordagens e enquadramentos, mas todos com indicações, TEIXEIRA DE SOUSA, *Aspectos...*, 375 e ss.; VASCO PEREIRA DA SILVA, *Ensinar...*, 11 e ss.; ENGRÁCIA ANTUNES, *Direito das sociedades comerciais, perspectivas do seu ensino*, Coimbra, 2000, 15 e ss.; JANUÁRIO GOMES, *O ensino...*, 15 e ss. (mas este de forma muito incidental). Veja-se, ainda, neste quadro CASTANHEIRA NEVES, *Reflexões...*, in *Digesta...*, II, 443 e ss.; GRAÇA ENES, *A universidade e o ensino do Direito em Portugal – responder aos desafios*, in *Revista da Faculdade de Direito da Universidade do Porto*, 2006, III, 203 e ss.; ORLANDO GUEDES DA COSTA, *A universidade e a formação profissional – um esboço*, in *Idem, ibidem*, 613 e ss..

entre um modelo técnico-profissional e o de uma Universidade científico-
-cultural, a nossa preferência vai decididamente para o segundo[79].

De acordo com o primeiro, a Universidade é entendida como um mero serviço público (tão instrumental como qualquer outro e com fins institucionais prescritos por certo plano social)[80], se não exclusiva, pelo menos predominantemente orientado para a formação de melhores e mais adestrados técnicos num desiderato que tudo ditaria[81]: desde o elenco das matérias e a organização dos programas, a índole pedagógica e o nível de ensino, dirigido apenas à transmissão de um saber imediatamente aplicável e rendível, até ao tipo de professor exigidos pelas matérias e pelo tipo de ensino visado[82]. Tudo com a correspondente funcionalização da cultura e da ciência aos objectivos assim propostos pelo que, e para empregar as palavras de CASTANHEIRA NEVES, «(…) *a cultura passa a ser universitariamente considerada em termos sinópticos e explicativo-compendiários – a negação cultural da cultura – e a ciência será apenas a ciência já feita que sistematicamente se comunica*»[83].

Em função do segundo, a Universidade é vista e encarada no seu espírito vivificante que faz da escola uma escola superior[84]. Nesta perspectiva, a Universidade surge como uma irredutível dimensão humana. Daí dizer-se ser função desta Universidade «(…) *a (…) formação de verdadeiras personalidades humanas, enquanto as esclarece com o esclarecimento que só a cultura e a ciência, como tais, podem dar e enquanto as enriquece com a riqueza espiritual que só o desenvolvimento da cultura e da ciência podem dar*»[85]. E se isto não exclui a formação profissional impõe

---

[79] Assim, também, CASTANHEIRA NEVES, *Reflexões…*, in *Digesta…*, II, 443 e ss.. Como vai, igualmente, numa altura em que tanto se ouve falar das supostas virtudes do modelo anglo-saxónico, para a Universidade ou Faculdade de Direito de tipo continental ou romano-germânico por oposição, justamente, ao inglês, que, afinal, acaba por vezes por entroncar ou por se ligar à compreensão da Universidade como entidade técnico-profissional que aqui rejeitamos.
[80] Cfr. CASTANHEIRA NEVES, *Reflexões…*, in *Digesta…*, II, 446.
[81] CASTANHEIRA NEVES, *Reflexões…*, in *Digesta…*, II, 446.
[82] CASTANHEIRA NEVES, *Reflexões…*, in *Digesta…*, II, 446 e 447.
[83] CASTANHEIRA NEVES, *Reflexões…*, in *Digesta…*, II, 447.
[84] CASTANHEIRA NEVES, *Reflexões…*, in *Digesta…*, II, 447, na esteira de JASPERS.
[85] CASTANHEIRA NEVES, *Reflexões…*, in *Digesta…*, II, 447.

um certo modo de a adquirir[86]. Na concepção do professor, postulada por esta compreensão, afirma-se claramente um primado da intenção científico-cultural sobre a intenção didáctica[87]. Trata-se de um aspecto reconhecido mesmo por quantos, entre nós, mais têm procurado sublinhar a importância da dimensão pedagógica no confronto com a científica[88]. O professor universitário deverá ser um homem de cultura e de ciência nunca reduzido a função meramente docente[89]: «*Ensinará a ciência que investiga ou em cuja criação ou reelaboração participa, e numa perspectiva cultural que criticamente reflicta, em vez de se afirmar prioritariamente como sujeito de uma docência relativamente à qual se subalternize a investigação científica e a autónoma reflexão cultural*[90].» De resto, num passo devidamente sublinhado entre nós, a própria experiência universitária ensina que o professor verdadeiramente relevante, o único capaz de fazer escola e mesmo pedagógico-culturalmente motivante é o que nutre a respectiva docência com a investigação[91]. Numa outra pers-

---

[86] CASTANHEIRA NEVES, *Reflexões*..., in *Digesta*..., II, 447.
[87] Cfr., novamente, CASTANHEIRA NEVES, *Reflexões*..., in *Digesta*..., II, 449.
[88] É o caso de VASCO PEREIRA DA SILVA, *Ensinar*..., 27; e JANUÁRIO GOMES, *O ensino*..., 21.
[89] CASTANHEIRA NEVES, *Reflexões*..., in *Digesta*..., II, 449. No mesmo sentido v., ainda, e por sugestivas, atenta a posição global que tomam quanto à importância do aspecto ou dimensão pedagógica do professor, as considerações de VASCO PEREIRA DA SILVA, *Ensinar*..., 27; e JANUÁRIO GOMES, *O ensino*..., 21.
[90] CASTANHEIRA NEVES, *Reflexões*..., in *Digesta*..., II, 449.
[91] Assim CASTANHEIRA NEVES, *Reflexões*... in *Digesta*, cit. II, 450. Cfr., ainda, acerca da relatividade da ideia de mérito ou capacidade pedagógica CASTANHEIRA NEVES, *Protocolo*..., in *Digesta*..., II, 462 a quem pertencem as seguintes palavras: «*O que se entende ou qual o conceito de "capacidade pedagógica"? A pedagogia, ao querer dar sentido à relação professor-aluno, é função variável, fortemente variável, do sentido que o próprio ensino tenha ou deva ter. No quadro das universidades esse sentido do ensino implica-se na concepção mesma da universidade e das funções a que ela seja chamada. O bom professor numa universidade centrada na cultura inovadora, na ciência-investigação, etc., não repete as qualidades que tipificarão o professor numa universidade simplesmente transmissora de cultura e ciência feitas (na concepção conhecida de ORTEGA Y GASSET), nem este as que se esperam de um professor numa instituição de ensino profissionalizante, técnico, etc. Não há tipo ideal de professor, nem padrão único de pedagogia. E se a pedagogia em referência ao aluno-discípulo exige que não se eliminem, nem frustrem, e antes se potenciem a sua*

pectiva pode, ainda, afirmar-se a impossibilidade de se «(...) *estabelecer a didáctica de uma qualquer disciplina – ou, se se preferir, a didáctica científica de uma disciplina – sem conhecer os aspectos e as condicionantes metodológicas da matéria leccionada*»[92].

Não significa, obviamente, quanto antes se referiu, qualquer juízo no sentido da admissibilidade do professor assente na caricatura, figurada por JANUÁRIO GOMES, do cientista do Direito tão próximo do génio no plano da dogmática jurídica como da nulidade em sede de capacidade de diálogo e de transmissão escrita e oral de conhecimentos[93]. Mas esse espectro fantasmagórico será, para nós, menos impressionante do que a realidade – a repudiar – de professores do ensino superior porventura confundidos, em certas instituições e de acordo com determinados entendimentos ou perspectivas, com o mestre-escola de discurso fácil e clarinho[94], de manual acabado e de imediata transparência de assimilação, sem complexidade problemática ou exigências temáticas e sem rigor na avaliação[95]; ou de «escolas» de ensino do Direito sem qualquer capacidade de produção científica própria, transformadas em meras reprodutoras de posições alheias, muitas vezes enfeudadas, para mais, a conhecimentos e formas de compreensão da juridicidade e da sua dimensão metodológica, filosófica e histórica completamente ultrapassadas e enviesadas[96].

---

autonomia e as suas capacidades humano-culturais próprias, também em referência ao professor-mestre não exigirá menos que se reconheça a diversidade de personalidades e vocações e não se violente a autonomia do seu compromisso cultural ou científico com modelos simplesmente funcionais, segundo um "rôle" estandardizado.»
[92] TEIXEIRA DE SOUSA, *Aspectos...*, 339.
[93] JANUÁRIO GOMES, *O ensino...*, 20.
[94] Mas tantas vezes apenas supostamente clarinho.
[95] Acerca da diferença entre este tipo de professor e aquilo que deve ser um professor universitário cfr. CASTANHEIRA NEVES, *Protocolo...*, in *Digesta...*, II, 462.
[96] A fazer com que a par com a menção à situação de crise da filosofia do Direito (v. CASTANHEIRA NEVES, *A crise actual da filosofia do direito no contexto global da crise global da filosofia. Tópicos para a possibilidade de uma reflexiva reabilitação*, Coimbra, 2003), se fale também de uma crise do Direito (assim v. PAULO FERREIRA DA CUNHA, *Lições preliminares de filosofia do direito*, 2.ª ed., Coimbra, 2002, 107 e ss.; Id. *Memória, método e direito*, Coimbra, 2004, 91) bem diversa daquela outra crise de que nos falam, por exemplo, LOS MOZOS, *Metodología y ciencia en el derecho pri-*

XI – A tudo isto acresce, ainda, a circunstância de a ciência jurídica apresentar uma particularidade própria[97] traduzida na sua finalidade ou desígnio prático-normativo diverso, portanto, de qualquer índole ou intenção cognitivo-gnoseológica[98], subjacente a outros ramos do saber. Sem prejuízo de quanto, em jeito de síntese, se disse já a propósito do problema metodológico da interpretação jurídica e se voltará a insistir e desenvolver, mais adiante, na Parte II do presente trabalho, deve sublinhar-se, desde já, a circunstância de o pensamento jurídico se articular e entretecer com o próprio Direito sobre o qual aparentemente recai[99]. Até ao século XVIII o pensamento jurídico compreendeu-se como um capítulo da filosofia prática[100], sem embargo das três modalidades fundamentais – romana, medieval e moderna – em que haveria de se diferenciar essa atitude geral[101]. Na respectiva diversidade cultural e metódica – a romana[102] predominantemente prudencial, a medieval mais herme-

---

vado moderno, Madrid, 1977, 36; CASTANHEIRA NEVES, designadamente, em *O sentido…*, in *Boletim…*, Volume Comemorativo, 123; Id., *Metodologia…*, 25; FERREIRA DA CUNHA, *Memória…*, 74; ou mesmo das perdas de certeza do pensamento jurídico aludidas por KARL LARENZ, *Metodologia da ciência do direito*, 3.ª ed., tradução de JOSÉ LAMEGO, 1997, 1, na sequência de HAVERKATE.

[97] Para uma abordagem de múltiplos aspectos implicados na ideia de cientificidade do Direito referimos aqui, com carácter meramente ilustrativo, dois conjuntos de estudos sobre o tema. Primeiro *Discussión sobre el carácter anticientífico del Derecho*, sob a direcção de JOSÉ PALOMINO MANCHEGO, Lima, 1999, donde consta (125 e ss.), em tradução para o Castelhano, o próprio escrito de KIRCHMANN sobre a falta de cientificidade do Direito; e *Théorie du Droit et science*, sob direcção de PAUL AMSELEK, Paris, 1994.

[98] Assim expressamente pode ver-se ENGRÁCIA ANTUNES, *Direito…*, 20. Cfr., também, na literatura jurídica estrangeira, e a título exemplificativo, quanto escreve LOS MOZOS, *Metodologia y ciencia…*, 36 e ss., *maxime* 40 e 45.

[99] Cfr. RUY DE ALBUQUERQUE, *Direito…*, 994.

[100] Assim v. CASTANHEIRA NEVES, *Método…*, in *Digesta…*, II, 290. Referência, também, para LOS MOZOS, *Metodologia y ciencia…*, 36 e ss..

[101] Acerca da distinção, já presente em ARISTÓTELES, entre saber especulativo ou teorético e saber prático, e depois entre ciências teoréticas ou especulativas e ciências práticas v., *colorandi causa*, JOSÉ MARIA MARTINEZ DORAL, *La estructura de conocimiento jurídico*, Pamplona, 1963, 13 e ss..

[102] Em causa está naturalmente o Direito Romano clássico e não já o bizantino. Para uma contraposição no que agora nos interessa entre estes dois momentos da história

nêutica e a moderna já dedutivo-racional – todas se propunham como solução dos problemas o justo prático ético-normativamente fundado para além do Direito positivo[103]. E isto de forma a o Direito cumprido se revelar menos um constituído do que um constituendo[104]: entre a intenção do Direito e a intenção do pensamento jurídico não existia verdadeira diferença. Eram ambos intenções ético-práticas e normativas e o Direito em grande ou fundamental medida produto normativo daquele pensamento jurídico[105/106]. Tudo isto se alterou no século XIX, momento

---

jurídica do império romano, v., por todos, RUY DE ALBUQUERQUE, *Direito de juristas…*, 755 e 756.

[103] Cfr. CASTANHEIRA NEVES, *Método…*, in *Digesta…*, II, 290. Para uma visão sintética acerca da lógica jurídica da Antiguidade Clássica, passando pela Idade Média e começos da Idade Moderna até ao século XVIII, v., por exemplo, e ainda, RECASENS--SICHES, *La naturaleza del pensamiento jurídico*, separata da *Revista de Legislación y jurisprudencia*, 1971, ano CXX, segunda época, T. LXII (230 da colecção), 6 a 8.

[104] CASTANHEIRA NEVES, *Método…*, in *Digesta…*, II, 290.

[105] Assim, novamente, CASTANHEIRA NEVES, *Método…*, in *Digesta…*, II, 290.

[106] Para uma referência às características fundamentais do Direito Romano, como autêntico Direito de juristas, v., entre tantos e tantos outros, SCHULZ, *History of Roman legal science*, Oxford, 1953, *per totum*, com referência aos vários períodos; VIEHWEG, *Topik…*, 46 e ss.; MAX KASER, *En torno al método de los juristas romanos*, tradução de JUAN MIQUEL, Valladolid, 1964, *per totum*, *maxime*, 15 e ss.; ALVAREZ SUAREZ, *La jurisprudencia romana en la hora presente*, Madrid, 1966, *per totum*; LUIGI LOMBARDI, *Saggio sul diritto giurisprudenziale*, reimpressão inalterada, Milão, 1975, 1 e ss.; ALEJANDRINO FERNANDEZ, *Presupuestos de una concepción jurisprudencial del Derecho romano*, Santiago de Compostela, 1976, 23 e ss.; KRIELE, *Recht und Praktische Vernunft*, Gotinga, 1979, 71 e 72; CASTANHEIRA NEVES, *Método…*, in *Digesta…*, II, 290 a 292; PEDRO BARBAS HOMEM, *Ius e lex*, in *Estudos de Direito Romano*, I, Lisboa, 1989, 221 e ss., e 253 e ss.; TERESA LUSO SOARES, Interpretatio prudentium, *objecto e natureza*, in *Idem*, Lisboa, II, 1991, 5 e ss., 15 e ss., 33 e ss., 43 e ss.; RUY DE ALBUQUERQUE, *Direito de juristas…*, 754 e ss.; SANTOS JUSTO, *Direito…*, I, 17 e ss.; MAX KASER e ROLF KNÜTEL, *Römisches Privatrecht*, 18.ª ed., Munique, 2005, 19 e ss.. Quanto ao pensamento jurídico medieval e suas características v., *colorandi causa*, LUIGI LOMBARDI, *Saggio…*, 79 e ss.; CASTANHEIRA NEVES, *Método…*, in *Digesta…*, II, 292 e ss.; Id., *Metodologia…*, 86 e ss.; Id., *O sentido…*, in *Boletim…*, Volume Comemorativo, 139 e 140; e RUY DE ALBUQUERQUE e MARTIM DE ALBUQUERQUE, *História…*, I, 263 e ss., e 335 e ss.. Relativamente ao pensamento jurídico moderno perspectivado

em que o pensamento jurídico abandona totalmente a filosofia prática e procura o seu lugar na ciência, entendida esta na sua concepção positivista[107]. Ao *continuum* entre o Direito e o pensamento jurídico pela integração de ambos na filosofia prática opôs-se, em Oitocentos, uma radical distinção entre eles[108]. O Direito era visto como algo de meramente pressuposto, como um objecto[109], e o pensamento jurídico como uma intenção teorética[110]. Só que este positivismo que perspectivava o pensamento jurídico segundo um objectivo cognitivismo há muito entrou em crise[111]. A moderna metodologia jurídica tem vindo a demonstrar como o processo de aplicação-interpretação do Direito é uma tarefa constitutiva que nos habilita a retomar a distinção entre *ius* e *lex*[112].

Com a superação ou, se se quiser, com o ultrapassar do legado metodológico de Oitocentos e a (in)compreensão do Direito a ela associada, suas sequelas e desvios, sabe-se hoje – já o vimos aliás – não ser o problema da interpretação jurídica e da realização do Direito apenas um

---

pela filosofia prática v., novamente, e sempre a título exemplificativo, CASTANHEIRA NEVES, *Método*..., in *Digesta*..., II, 295 e ss..
[107] CASTANHEIRA NEVES, *Método*..., in *Digesta*..., II, 297.
[108] Assim cfr. CASTANHEIRA NEVES, *Método*..., in *Digesta*..., II, 297.
[109] Acerca do Direito como objecto do conhecimento cfr., precisamente, CABRAL DE MONCADA, *O Direito como objecto de conhecimento*, in *Boletim da Faculdade de Direito*, 1971, XLVII, 1 e ss., mas em termos que, com a devida vénia, se não subscrevem.
[110] Concretamente CASTANHEIRA NEVES, *Método*..., in *Digesta*..., II, 308, afirma que na visão e na construção do positivismo jurídico legado pelo século XIX, o Direito era visto como um sistema autónomo, unitariamente consistente, pleno e fechado, e o pensamento jurídico, em si mesmo, teria correlativamente uma índole objectivo-intelectual e lógico-teorética – pertenceria à razão teorética, não à razão prática.
[111] V. neste sentido, entre nós, de entre a literatura jurídica que se vem seguindo, CASTANHEIRA NEVES, *Método*..., in *Digesta*..., II, 299 e ss. *maxime* 308 e ss.; Id., *Metodologia*..., 83 e ss., 115 e ss.; Id. *O sentido*..., in *Boletim*..., Volume Comemorativo, 123 e ss.. Cfr., também, JOSÉ BRONZE, *Lições*..., *passim*, e 438 e 439, 823 e ss..
[112] Assim v., entre outros, CASTANHEIRA NEVES, *Metodologia*..., 97; Id., *Entre o «legislador*..., in *Revista*..., 1998, 130, 290 e ss., 327 e ss., e 131, 8 e ss.; Id., *Por um outro pensamento jurídico. Comentário a «Uma Tópica Jurídica – Clareira para a emergência do Direito»*, de Antônio Carlos Nedel, in *Boletim da Faculdade de Direito*, Coimbra, 2005, LXXXI, 1 e ss., 11; JOSÉ BRONZE, *Lições*..., por exemplo, 438 e ss., e 714 e 743 e ss.. Cfr., ainda, na literatura jurídica tudesca os autores referidos *infra* nota 131.

problema cognitivo em que aquele aparece como mero objeto, ou sequer como um mero problema hermenêutico-cognitivo: trata-se, insista-se, de uma tarefa constitutiva. O Direito não é uma realidade pressuposta mas um *continuum* de realização, um constituendo[113]. Repare-se em tudo o que a concreta realização do Direito implica de integração, de desenvolvimento, de correcção, de reelaboração da normatividade supostamente pressuposta. O Direito surge, empregando as palavras de CASTANHEIRA NEVES, associado à prática referida à acção como agir de condição comunitária e sentido intencional, de acordo com a estrutura de sujeito/sujeito[114], e a diferenciar da técnica ao proceder como fazer de correspondência eficiente de acordo com o esquema meio/fim[115].

---

[113] CASTANHEIRA NEVES, *O sentido*…, in *Boletim*…, Volume Comemorativo, afirma implicar o Direito uma intenção realizanda nunca consumada, impossível de se reduzir a um acervo, mesmo a um sistema de critérios positivos. Cfr. igualmente quanto escreve RUY DE ALBUQUERQUE, *Direito*…, 791 e ss.

[114] V., também, RUY DE ALBUQUERQUE, *Direito*…, 791 e ss.. Rejeita-se frontalmente a proposta de KELSEN, *Teoria pura do direito*, 4.ª ed., tradução de BAPTISTA MACHADO, Coimbra, 1976, 109 e ss., a propósito do Direito enquanto objecto da ciência jurídica. Mas note-se, ainda, a circunstância de no próprio domínio das ciências físicas, e desde que HEISENBERG formulou – em 1927 – o postulado fundamental de que na esfera macroscópica o objecto observado é alterado pela observação, se assistiu à quebra ou renúncia à ideia de realidade em que se baseava a mecânica de NEWTON e não é mais possível pensar rigidamente a separação entre o sujeito e a realidade cognoscente. Sobre tudo isto v., com múltiplas indicações bibliográficas relativas ao campo específico da física, ALVAREZ SUAREZ, *La jurisprudencia*…, 85 e ss.. Na literatura jurídica pode, ainda, ver-se acerca da revisão dos quadros da física tradicional ou newtoniana CANARIS, *Función, estructura y falsación de las teorias jurídicas*, tradução de DANIELA BRÜCKNER e JOSÉ LUIS DE CASTRO, Madrid, 1995, 38 e ss..

[115] *Metodologia*…, 71. V., ainda, e já antes, CASTANHEIRA NEVES, *Relatório com a justificação do sentido e objectivo pedagógico, o programa, os conteúdos e os métodos de um curso de «INTRODUÇÃO AO ESTUDO DO DIREITO»*, Coimbra, 1976, 18 e ss.. Concretamente acerca da descoberta da verdade no âmbito das ciências propriamente ditas pode ver-se o conjunto de estudos reunidos a propósito do simpósio anual relativo à verdade nas ciências e publicados sob a direcção de JEAN-PIERRE CHANGEUX, *La vérité dans les sciences*, Paris, 2003.

Por tudo isto se poderá dizer, em síntese, deixar o pensamento jurídico[116] de ser apenas o conhecimento do dogmático – objectivo – teorético – a reprodução – de um Direito pressuposto a que se seguiria a mera aplicação, para passar ele também a participar na constituição, ou, se preferir, produção do Direito através da sua problemático-concreta (e judicativo-decisória) realização concreta[117]. O pensamento jurídico surge como aquele sector cultural onde se assume e cumpre o sentido com que o Direito se compreende a determinar as relações sociais, a ordenar a convivência em comunidade[118]. Sentido este que não só desvenda o regulativo constituinte do Direito que normativamente perspectiva essas relações e convivência, como é, ainda, o fundamento último da solução dos problemas jurídicos[119]. Acresce a circunstância de o cosmos jurídico se manifestar, enquanto tal, em termos de uma realidade consistente, se se quiser como um «sistema»[120/121]. Ora, o pensamento jurídico é a *ratio* desse sistema. Isto é, noutra formulação, o pensamento jurídico é «a razão jurídica» do «sistema jurídico»[122]. Por isso, ao assumir o sentido fundamentante[123] e constitutivo (normativamente constitutivo) e ao conceder

---

[116] Acerca do pensamento jurídico e sua proximidade com o discurso prático v., a título exemplificativo, JOSÉ BRONZE, *Lições...*, 829 (cfr., ainda com interesse, o roteiro do mesmo autor em *Pensamento jurídico (teoria da argumentação). Relatório com a justificação, o sentido,* «[...] *o programa, os conteúdos e os métodos do ensino* [...] *da disciplina* [...]», pol., Coimbra, 2003). V., também, a este respeito LOS MOZOS, *Metodología...*, 36 e ss..
[117] CASTANHEIRA NEVES, *O sentido...*, in *Boletim...*, Volume Comemorativo, 128. Cfr., também, do mesmo autor, *A unidade do sistema jurídico: o seu problema e o seu sentido (diálogo com Kelsen)*, in *Digesta. Escritos acerca do Direito do pensamento jurídico, da sua metodologia e outros*, Coimbra, 1995, II, 103 a 105 e 109 e ss., ao afirmar que o pensamento jurídico é o acto e autoconsciência noética do próprio Direito. V., também, ENGRÁCIA ANTUNES, *Direito...*, 18 e 19.
[118] CASTANHEIRA NEVES, *Método...*, in *Digesta...*, II, 289.
[119] CASTANHEIRA NEVES, *Método...*, in *Digesta...*, II, 289.
[120] Mas v. o que se escreve *infra* na Parte II, 1.1 acerca deste sistema.
[121] «Sistema» esse que tal como afirma a propósito CASTANHEIRA NEVES, *Método...*, in *Digesta...*, II, 289, é um subsistema do sistema cultural global.
[122] CASTANHEIRA NEVES, *Método...*, in *Digesta...*, II, 289.
[123] V., a propósito da importância do pensamento dos prudentes enquanto elemento justificador e fundamento de validade do Direito, RUY DE ALBUQUERQUE, *Direito...*, *per totum*.

com ele racionalidade ao sistema jurídico, o pensamento jurídico ou a razão jurídica acaba por ser o intencional *constituens* daquele sistema e da sua prática[124]. Se se quiser, o pensamento jurídico representa o motor em virtude do qual o sistema jurídico se organiza de modo coerente e próprio para realizar os respectivos fins[125]. O saber jurídico, como saber prudencial, não permanece, pois, no conhecimento de um objecto dado como sucede com as ciências físicas que operam sobre um *gegenstandliches Sein* (ser objectivo)[126]. Daí também não ser o jurista um mero contemplador do Direito, mas um verdadeiro operador jurídico, um «*iuris actor*», tal como foi assumido pela jurisprudência romana[127].

E por isso tem, ao menos em parte, razão quem considera que o erro em que assenta a representação da unidade do Direito está em não se encontrar essa unidade pressuposta nem ser já dada. Ela é descoberta pela jurisprudência através da sua interpretação. Só que a interpretação não é, já o vimos, mera interpretação, mas sim interpretação-compreensão-aplicação, e esta, também já o mencionámos, é constitutiva do próprio Direito[128]. Logo, a exigível unidade sistemática deste só pode conseguir-se por uma sua auto-reconstrução *a posteriori*[129]. O Direito não se encontra nos escaninhos dos Códigos, em textos estáticos, mas na respectiva aplicação pelos prudentes. E, por isso, na realidade, a unidade não é o resultado de uma mera interpretação mas de uma criação do Direito, ela não é obra do legislador mas do jurista[130], pela simples razão, exaltada entre nós por RUY DE ALBUQUERQUE, de que o

---

[124] CASTANHEIRA NEVES, *Método*…, in *Digesta*…, II, 289.
[125] CASTANHEIRA NEVES, *Método*…, in *Digesta*…, II, 289.
[126] Mas v. o que se referiu já *supra* acerca da revisão do paradigma de compreensão da própria física clássica e, a este respeito, quanto escreve nomeadamente ALVAREZ SUAREZ, *La jurisprudencia*…, 85 e ss..
[127] Assim, expressamente, LOS MOZOS, *Metodologia*…, 45. Actualmente é também essa a proposta, entre nós, de RUY DE ALBUQUERQUE, *Direito*…, 753 e ss., e 991 e ss..
[128] Cfr., por exemplo, a este respeito CASTANHEIRA NEVES, *O sentido*…, in *Boletim*…, Volume Comemorativo, 130 e ss..
[129] CASTANHEIRA NEVES, *A Unidade*…, in *Digesta*…, II, 168.
[130] CASTANHEIRA NEVES, *A Unidade*…, in *Digesta*…, II, 168 e 170, com indicações, e reportando-se a EHERLICH e a PARESCE.

Direito não é ele próprio obra do legislador, a quem se deve apenas o Direito positivo, mas dos juristas[131]. Em síntese, dir-se-á, aproveitando parte do ensinamento de ENGISCH[132], que a unidade do sistema

---

[131] RUY DE ALBUQUERQUE, *Direito...*, 753 e ss., e 791 e ss., sublinhando a superação do abismo entre *ser* e *dever ser*, e afirmando corresponder o Direito a um *sendo*. Nós diríamos, recorrendo a uma terminologia cara a ORTEGA Y GASSET quando procurava caracterizar a vida e o homem, que o Direito é um gerúndio, se se quiser um *faciendum*. V., ainda assim, o que escrevem a propósito da caracterização do Direito como um dever ser que tenha também ser e portanto como um dever-ser que é, CASTANHEIRA NEVES, *Curso de introdução...*, 352 e 353; Id., *O papel do jurista no nosso tempo*, in *Boletim da Faculdade de Direito*, 1968, XLIV, 121 e ss., 125 e 141; JOSÉ BRONZE, *O jurista: pessoa ou andróide?* in Ab uno ad omnes. *75 anos da Coimbra Editora*, Coimbra, 1998, 86 e 87, nota 27. Na literatura jurídica tudesca destacamos, a propósito da questão do ser e dever ser jurídico, WOLFGANG FIKENTSCHER, *Methoden des Rechts in Vergleichender Darstellung*, III, *Mitteleuropäischer Rechtskreis*, Tubinga, 1976, 10 e ss.. Para uma clara distinção entre Direito e lei, *ius* e *lex*, pode ver-se, para além da bibliografia nacional que vimos referindo, entre os autores tudescos PAUL BOCKELMANN, *Richter und Gesetz*, in *Rechtsprobleme in Staat und Kirche. Festschrift für Rudolf Smend zum 70. Geburtstag*, Gotinga, 1952, 23 e ss.; ARTHUR KAUFMANN, *Gesetz und Recht*, in *Existenz und Ordnung. Festschrift für Erik Wolf zum 60. Geburtstag*, Francoforte no Meno, 1962, 357 e ss., e 381 e ss., para quem lei e Direito não são apenas diferentes, detectando-se uma essencial diferença ontológica: estas duas realidades diferenciam-se como potência e acto, como possibilidade e realidade; ADOLF ARNDT, *Gesetz...*, in *Neue Juristische...*, 1963, 1273 e ss.; OTTO BACHOFF, *Grundgesetz und Richtermacht*, Tubinga, 1959, 8 e 9, 27 e 28, 37, 43-44. Veja-se, também, com interesse NORBERT ACHTERBERG, *Rechtstheoretische Grundlage einer Kontrolle der Gesetzgebung durch die Wissenschaft*, in *Rechtstheorie. Zeitschrift für Logik, Methodenlehre, Kybernetik und Soziologie des Rechts*, 1970, I, 147 e ss., e 150 e 151 e ss.; e WINDFRIED HASSEMER, *Introdução à Filosofia do Direito e à Teoria do Direito...*, 281 e ss., 293. Para além das referências constantes desta nota ou dadas ao longo deste parágrafo v., também, quanto escrevemos *infra* Parte II, 1. 3.

[132] ENGISCH, *Die Einheit der Rechtsordnung*, Heidelberga, 1935, 69 e ss., onde se refere a circunstância de o princípio da unidade da ordem jurídica se encontrar numa dupla relação lógica com a dogmática jurídica: umas vezes apareceria como axioma outras como postulado. Cfr., também, na mesma direcção CASTANHEIRA NEVES, *A Unidade...*, in *Digesta...*, II, 170. É também a ideia de Direito como um resultado que está subjacente ao pensamento de RUY DE ALBUQUERQUE, *Direito...*, 753 e ss., e 791 e ss., embora não a ideia de sistema. Veja-se, ainda, quanto se escreveu *supra*, em nota, a propósito da circunstância de as normas não serem pré-dadas mas constituídas.

jurídico se deve compreender não tanto como um axioma mas antes como um postulado – num passo igualmente sustentado, entre nós, designadamente, por CASTANHEIRA NEVES[133].

Este comprometimento inultrapassável do jurista com a própria ciência que procura elaborar não pode deixar de trazer consigo matizes e características específicas relativamente à configuração particular da própria didáctica e métodos de transmissão do saber jurídico[134]. Se no domínio das ciências empíricas e da natureza a realidade factual observada a par com a finalidade predominantemente heurística do saber teórico viabilizam, com maior facilidade ou nitidez, a separação entre o momento científico e o momento ou dimensão pedagógica, no âmbito do Direito o merecimento didáctico-pedagógico do magistério de um professor não é verdadeiramente pensável sem uma habilitação pessoal daquele para produzir um discurso autónomo sobre a realidade ensinada[135].

---

[133] CASTANHEIRA NEVES, *A Unidade…*, in *Digesta…*, II, 95 e ss., *passim*, e 110, 111 e 170, sublinhando ainda não ser este postulado o de um conhecimento jurídico, como pretendiam KELSEN e MERKL, mas sim unicamente o que vai pensado no Direito como ordem prática e por isso um postulado de intenção prática do Direito.

[134] Assim, também, ENGRÁCIA ANTUNES, *Direito…*, 19.

[135] Cfr., novamente, no mesmo sentido ENGRÁCIA ANTUNES, *Direito…*, 19 e ss.. Concretamente para uma referência a diversos modos em função dos quais a educação jurídica se tem vindo a processar ao longo dos tempos, correspondentes a outras tantas formas de encarar o pensamento jurídico e o seu método, destacamos G. G. ARCHI, *Giustiniano e l'insegnamento del diritto*, in *L'educazione giuridica*, II, *Profile storici*, Perugia, 1979, 3 e ss.; MICHEL VILLEY, *Sur l'art du dialogue dans l'histoire de l'éducation juridique*, in *Idem*, 24 e ss.; GIUSEPPE ERMINI, *L'educazione del giurista nella tradizione del «diritto comune»*, in *Idem*, 40 e ss.; DANILO SEGOLONI, '*Practica*', '*Practicus*', '*Practicare*' *in Bartolo e in Baldo*, in *Idem*, 52 e ss.; HELMUT COING, *L'insegnamento della giurisprudenza nell'epoca dell'illuminismo*, in *Idem*, 104 e ss.; ARMANDO RIGOBELLO, *Le problème de l'éducation juridique dans «Der Streit der Fakultäten» de I. Kant*, in *Idem*, 129 e ss.; LUIS LEGAZ Y LACAMBRA, *Droit naturel et méthode dogmatique dans l'enseignement du droit en Espagne*, in *Idem*, 143 e ss.; PETER STEIN, *Legal Theory and the Reform of Legal Education in midnineteenth Century England*, in *Idem*, 185 e ss.; FRANÇOIS TERRÈ, *L'éducation juridique dans l'école de l'exégese et dans l'école scientifique*, in *Idem*, 251 e ss..

XII – Com MENEZES CORDEIRO, não negaremos o interesse em promover estudos e reflexões sobre o método do ensino do Direito. Antes pelo contrário, como aliás resulta – expressa ou implicitamente – das considerações anteriores. Mas tal como ao ilustre Professor, parece-nos menos adequado graduar, por exemplo, candidatos a uma vaga, apenas com base nas opiniões por eles desenvolvidas sobre uma determinada disciplina, sobretudo se ao relatório não for incutido um mínimo de conteúdo dogmático e de investigação. Trata-se, aliás, de uma posição merecedora de sufrágio por parte de outros autores. Também TEIXEIRA DE SOUSA afirma categoricamente a conveniência de uma reflexão didáctica sobre uma disciplina ou grupo de disciplinas, mas acrescenta logo de seguida: «*O que é discutível é que um trabalho sobre didáctica de uma disciplina, que nem sequer é submetido a uma discussão oral e pública, seja o meio mais adequado para hierarquizar os opositores num concurso aberto no âmbito da carreira docente universitária.*» O peso científico do *curriculum*, das provas de doutoramento e da obra publicada não pode deixar de ser assim um elemento decisivo a ponderar no âmbito da presente prova que se não pode, destarte, centrar, apenas, ou mesmo predominantemente, na apreciação do relatório. Este será tão-só um dos elementos do concurso e não o mais importante. O *curriculum* vale no seu todo, não podendo o relatório, pelas suas características e pela ausência de contraditório, ser a peça de maior valor. Ele é um elemento mais de valorização a par de outros.

XIII – A resposta que demos à primeira questão atrás formulada acerca do peso específico do relatório no âmbito das presentes provas académicas leva já de algum modo co-implicada a relativa à segunda interrogação, acerca da função ou finalidade – ou se se preferir objecto – do relatório. Qual o aspecto a privilegiar neste concurso? O aspecto científico ou pedagógico? A prevalência vai, a nosso ver, para as dimensões científica e de investigação[136]. Não é obviamente aqui exigível a realização de um trabalho com a profundidade e a erudição bibliográfica de

---

[136] Cfr. MENEZES CORDEIRO, *Teoria*…, in *Revista*…, XXIX, 206 e ss., *maxime* 209; CASTANHEIRA NEVES, *Reflexões*…, in *Digesta*, cit., II, 443 e ss..

uma tese de mestrado ou doutoramento[137]. Não é sequer exigível, por lei, a elaboração de umas lições escritas, mas, tão-só, um relatório sobre o programa, os conteúdos e os métodos do ensino de uma disciplina[138]. Ainda assim, a vertente de elaboração dogmática, científica e de investigação deve estar claramente presente. Além disso, a tarefa de autoquestionamento e de reflexão sobre a prática do ensino impõe o aproveitamento do ensejo para colocar o próprio trabalho universitário na linha daqueles que já antes se ocuparam do ensino e pesquisa no âmbito da disciplina que é objecto do relatório apresentado no concurso[139/140]. Con-

---

[137] Assim cfr. CALVÃO DA SILVA, *Direito bancário: relatório apresentado para a prestação de provas de agregação (Ciências Jurídicas), na Faculdade de Direito da Universidade de Coimbra*, Coimbra, 2001, 122; MENEZES LEITÃO, *Garantia das obrigações. Relatório sobre o programa, conteúdos e métodos de ensino. Relatório apresentado nos termos do art. 9.º, n.º 1, alínea a) do Decreto-Lei n.º 301/72, de 14 de Agosto, aplicável por força do artigo 24.º do mesmo diploma e do artigo 12.º do Decreto-Lei n.º 236/80, de 7 de Agosto, em provas de agregação no 4.º Grupo (Ciências Jurídicas) da Faculdade de Direito da Universidade de Lisboa*, Coimbra, 2004, 35, nota 24.

[138] MENEZES CORDEIRO, *Teoria…*, in *Revista…*, XXIX, 206 e 417, não sem deixar de sublinhar a circunstância de essa ser precisamente uma das críticas frontais em que incorre o modelo legal. O essencial da prova ficaria justamente melhor explicitado em lições elaboradas pelos opositores.

[139] Assim também MARQUES DOS SANTOS, *Defesa e ilustração…*, 4.

[140] São vários os opositores que no âmbito de concursos realizados na Faculdade de Direito de Lisboa têm feito, nos relatórios apresentados, embora com profundidade entre si muito diversa, uma análise histórica ou retrospectiva acerca do modo como a disciplina objecto do respectivo estudo havia sido ensinada. Assim cfr. MARTIM DE ALBUQUERQUE, *História das instituições – Relatório sobre o programa, conteúdo e métodos de ensino*, in *Revista da Faculdade de Direito de Lisboa*, 1984, XXV, 111 e ss.; RUY DE ALBUQUERQUE, *História do Direito Português – Relatório (nos termos da alínea a) do n.º 1 do art. 9.º do Decreto n.º 301/72, de 14 de Agosto, de harmonia com o art. 4.º do mesmo diploma)*, separata da *Revista da Faculdade de Direito de Lisboa*, 1985, XXVI, 104 e ss., 144 ss.; FREITAS DO AMARAL, *Relatório sobre o programa, os conteúdos e os métodos do ensino de uma disciplina de direito administrativo*, separata da *Revista da Faculdade de Direito de Lisboa*, 1985, 293 e ss.; JORGE MIRANDA, *Relatório com o programa, os conteúdos e os métodos do ensino de direitos fundamentais*, separata da *Revista da Faculdade de Direito de Lisboa*, XXVI (separata sem indicação de data [mas de 1985]), 393 e ss.; MARCELO REBELO DE SOUSA, *Direito constitucional* I…, 9 e ss.; MENEZES CORDEIRO, *Teoria…*, in *Revista…*, XXIX, 276

forme refere a propósito MENEZES CORDEIRO, se face às imposições legais um relatório com esta natureza não pode evitar o empobrecimento que lhe advém dos seus objectivos, haverá, tanto quanto possível, que procurar o seu enriquecimento. Isso pode ser feito através de uma judiciosa escolha da disciplina objecto do relatório e pela justificação das opções programáticas realizadas[141]. Esse enriquecimento pode também passar, entre outros aspectos, e justamente, pela ponderação histórica[142]

---

e ss.; SÉRVULO CORREIA, *Direito administrativo* II..., 45 e ss.; MIGUEL TEIXEIRA DE SOUSA, *Aspectos*..., 394 e ss.; MARQUES DOS SANTOS, *Defesa e ilustração*..., 11 e ss.; PAULO OTERO, *Direito*..., 35 e ss.; MENEZES LEITÃO, *O ensino*..., 25 e ss.. Discorda-se, com a devida vénia, frontalmente da posição defendida a este respeito por OLIVEIRA ASCENSÃO, *O relatório do Doutor Luís de Menezes Leitão sobre «O ensino do Direito...»*, in *Revista*... XLII, 2001, 1, 620, para quem este tipo de abordagem não deveria ser encetado. Não resistimos a recordar aqui um ensinamento, cuja autoria não conseguimos recordar, mas susceptível pela sua inquestionável evidência de ser imputado a uma multidão de intelectuais: o acto de pensar ou o pensamento não surge como um mero evento natural retirado do vazio, como se representasse ou constituísse uma detonação singular ou original. O pensamento, o pensar, corresponde, antes, a um processo realizado dentro de determinados contextos – e contextos, neste caso, histórico-culturais. Pensar pressupõe, destarte, um diálogo com aqueles que nos precederam e não apenas um acto interior, mais ou menos sumário, e voltado exclusivamente para o próprio pensador ao jeito de um monólogo. Antes de se propor e avançar com sugestões acerca do que quer que seja, importa averiguar se quanto se sugere como modelo não foi já experimentado, no todo ou em parte, e com que resultados. Importa, igualmente, apurar, como imperativo, se dos trilhos e veredas percorridos pelos nossos antecessores não se podem retirar ensinamentos, lições ou vislumbrar novas pistas e caminhos. Importa, em síntese, colher os ensinamentos do nosso legado histórico. Por tudo isto, em matéria de programas, conteúdos e métodos de ensino de uma determinada disciplina, como em muitos outros âmbitos, afigura-se-nos sujeita a sérios perigos a atitude de quem não cuida de saber como se progrediu e caminhou até se chegar onde estamos. V., ainda, o que se escreve *infra* quase já de seguida em nota assim como a Parte II, acerca da natureza histórica do Direito.
[141] MENEZES CORDEIRO, *Teoria*..., in *Revista*..., XXIX, 206 e 207.
[142] No sentido de que o conhecimento da forma como o ensino do Direito se mostra aspecto da maior relevância para o próprio conhecimento da experiência jurídica pode ver-se JOSÉ ARTUR DUARTE NOGUEIRA, *Objecto e método na história do Direito (algumas considerações)*, separata de *Estudos em homenagem ao Professor Doutor Raúl Ventura*, Coimbra, 2003, 260 e 261.

e juscientífica da panorâmica dos Direitos Reais e do seu ensino[143]. Adiante nos pronunciaremos acerca da importância do historicismo e da história enquanto dimensão fundamental do Direito. Agora, e para além de quanto se vem sublinhando em nota de rodapé, menciona-se apenas a circunstância de como, emancipada a história da servidão sobre ela imposta por força do monopólio exercido sobre todos os ramos do saber pelo padrão ou modelo científico da física newtoniana em consequência da revisão dos próprios alicerces da física clássica, na nova teoria do saber está reservado ao conhecimento e método histórico um papel de primordial relevância. Isto ao ponto de justificar e permitir a descrição do processo mental que se tem vindo a impor como progressivamente dominante como «*uma passagem da ideia de natureza à ideia de história*»[144].

Presente estará, sem dúvida, no nosso espírito, a circunstância de sem justificação científica não haver nem ensino crítico nem programa consistente[145]. A pesquisa terá, destarte, que se encontrar sempre presente: no Direito como noutros ramos do saber, ensino universitário

---

[143] Dedicaremos também alguma atenção à própria panorâmica histórica e juscientífica do Direito Civil. É todavia esta uma tarefa que se encontra já realizada entre nós, designadamente por MENEZES CORDEIRO, *Teoria*…, in *Revista*…, XXIX, 212 e ss., e 276 e ss.; e MENEZES LEITÃO, *O ensino*…, 27 e ss. (cfr., também, PAULO MERÊA, *Esboço*…, in *Boletim*…, XXVII, 99 e ss.). Outras indicações serão ainda dadas ao longo do presente estudo, o que nos permite centrarmo-nos apenas, neste aspecto, em questões que forem essenciais para a própria compreensão do quadro juscientífico dos Direitos Reais e seu ensino. Em contrapartida julgamos imprescindível fazer algumas abordagens acerca da compreensão do Direito em geral (em parte, aliás, já feitas), e não apenas do Civil, e de vários aspectos da respectiva metodologia, uma vez que, na nossa perspectiva, isso vai, e deve, claramente influenciar o programa, os conteúdos e os métodos do ensino, num fenómeno que, salvo honrosas excepções, não tem sido devidamente acautelado não apenas entre nós, mas de uma forma geral, pelos recentes cultores dos ramos positivos do Direito, em todo o espaço juscultural de matriz romano-germânica numa mostra do irrealismo metodológico no âmbito do ensino.
[144] Assim pode ver-se, por exemplo, ALVAREZ SUAREZ, *La jurisprudencia*…, 85, reportando-se, por sua vez, a um dito de COLLINGWOOD.
[145] MENEZES CORDEIRO, *Teoria*…, in *Revista*…, XXIX, 209.

e investigação científica estão necessariamente ligados[146]. Fazendo uma vez mais nossas as palavras do Professor CASTANHEIRA NEVES, voltamos a insistir: a função autêntica do professor universitário não será cumprida se ele não for um sujeito de cultura e um cientista, sendo este o plano de todas as decisões[147].

---

[146] Nesse sentido v., *colorandi causa*, CASTANHEIRA NEVES, *Reflexões...* in *Digesta*, cit. II, 443 e ss.; MENEZES CORDEIRO, *Teoria...*, in *Revista...*, XXIX, 209; TEIXEIRA DE SOUSA, *Aspectos...*, 375 e ss..
[147] CASTANHEIRA NEVES, *Reflexões...* in *Digesta*, cit. II, 443 e ss..

PARTE I

O ENSINO DOS DIREITOS REAIS

1. Introdução. Periodificação, generalidades

I – Tem-se sublinhado a circunstância de corresponder a um lugar-comum da historiografia a observação do carácter meramente instrumental e didáctico de qualquer periodificação[148]. Periodificar significa, na verdade, aceitar datas-marco, separando, em função de certos eventos, os factos históricos. Trata-se, no fundo, do estabelecimento de compartimentos, apesar de a realidade histórica nunca se deter no seu desenvolvimento cronológico[149].

Além disso, qualquer periodificação contém sempre um patente grau de subjectivismo[150]. E isto por diversas razões sobre as quais não iremos aqui insistir[151]. Dir-se-á, apenas, depender qualquer periodificação sempre da *forma mentis* do seu autor e da relevância atribuída por certo historiador aos diversos elementos de divisão ou separação[152].

Ainda assim, na realização da tarefa de selecção deve o autor tomar em consideração factos tão significativos quanto possível. Numa outra formulação: factos que tragam consigo o maior número de causas que foi viável detectar e factos implicadores do maior somatório de consequên-

---

[148] Cfr. RUY DE ALBUQUERQUE, *História*..., in *Revista*..., 152; RUY DE ALBUQUERQUE e MARTIM DE ALBUQUERQUE, *História*..., I, 9; e MENEZES LEITÃO, *O ensino*..., 27.
[149] RUY DE ALBUQUERQUE e MARTIM DE ALBUQUERQUE, *História*..., I, 9.
[150] RUY DE ALBUQUERQUE e MARTIM DE ALBUQUERQUE, *História*..., I, 9.
[151] Mas v. RUY DE ALBUQUERQUE e MARTIM DE ALBUQUERQUE, *História*..., I, 9 e 10.
[152] RUY DE ALBUQUERQUE e MARTIM DE ALBUQUERQUE, *História*..., I, 9.

cias[153]. Assim se limitará a relatividade da periodificação e a inevitável discricionariedade, para se não dizer arbitrariedade, a ela subjacente[154].

É que, não obstante a artificialidade de qualquer tarefa consistente em estabelecer períodos, esta actividade apresenta, também, virtudes e potencialidades sistemáticas necessárias à exposição e mesmo virtualidades reconstitutivas[155].

II – Uma periodificação do estudo do Direito Civil foi já realizada, entre nós, primeiro por MENEZES CORDEIRO[156] e, depois, por MENEZES LEITÃO[157].

MENEZES CORDEIRO distingue os seguintes períodos:
 – a pré-codificação portuguesa (1772-1867);
 – a exegese napoleónica (1867-1903);
 – a recepção do pandectismo (1903-1966);
 – a evolução actual (1966 em diante).

Este último período é, depois, subdividido em três fases:
 – a exegese germânica (1966-1974);
 – o ensino e a revolução (1974-1977);
 – tendências posteriores (1977 em diante).

Na base deste esquema encontra-se:
a) a constatação de que o pensamento jurídico moderno conduziu às codificações: primeira e segunda. Ambas têm características próprias, com correspondência em distintos estilos de Direito românico. Sabe-se, além disso, representar uma codificação sempre uma cristalização da ciência jurídica antecedente;

---

[153] RUY DE ALBUQUERQUE e MARTIM DE ALBUQUERQUE, *História…*, I, 10.
[154] RUY DE ALBUQUERQUE e MARTIM DE ALBUQUERQUE, *História…*, I, 10.
[155] RUY DE ALBUQUERQUE e MARTIM DE ALBUQUERQUE, *História…*, I, 9.
[156] MENEZES CORDEIRO, *Teoria…*, in *Revista…*, XXIX, 272 e 273 (onde por lapso se refere 1865) e 275 e 291.
[157] MENEZES LEITÃO, *O ensino…*, 26 e ss., referindo, também, a periodificação do Direito das Obrigações adoptada por RIBEIRO DE FARIA, nos seguintes moldes: 1) Direito das Obrigações até GUILHERME MOREIRA; 2) o Direito das Obrigações entre GUILHERME MOREIRA e o Código Civil de 1966; 3) do Código Civil de 1966 até aos nossos dias.

b) a consideração das grandes correntes jurídico-científicas e a sua articulação a nível de ensino[158].

MENEZES LEITÃO, por seu turno, propõe a seguinte periodificação:
– a reforma pombalina e a recepção do jusracionalismo (de 1722 a 1836);
– a reforma setembrista e a fundação da Faculdade de Direito (de 1836 a 1865);
– a codificação civil e o período exegético (1865 a 1903);
– as reformas de estudos do início do século XX e a recepção do pandectismo (de 1901 a 1928);
– a primeira reforma de estudos do Estado Novo (de 1928 a 1945);
– a segunda reforma de estudos do Estado Novo e a preparação do actual Código Civil (1956 a 1966);
– a segunda codificação civil e as crises universitárias de 1966 a 1977);
– a normalização universitária e o desenvolvimento do ensino (de 1977 aos nossos dias).

O critério subjacente a esta periodificação é, no dizer do seu próprio autor, baseado exclusivamente em acontecimentos universitários. Apontam-se como marcos periodificadores as reformas que tenha havido do plano de estudos, ou a introdução de novos conteúdos nas disciplinas, como sucedeu com a recepção do jusracionalismo e do pandectismo ou com a introdução dos Códigos[159].

III – Uma periodificação está sempre dependente do seu próprio fim e objecto[160]. O que vale para a Teoria Geral do Direito Civil ou para o Direito das Obrigações não tem necessária e provavelmente aplicação no campo dos Direitos Reais. Não pode, pois, quem pretenda proceder ao estudo da história do ensino do Direito das Coisas, refugiar-se como-

---

[158] MENEZES CORDEIRO, *Teoria...*, in *Revista...*, XXIX, 272.
[159] MENEZES LEITÃO, *O ensino...*, 28 e 29.
[160] Assim, implicitamente, RUY DE ALBUQUERQUE e MARTIM DE ALBUQUERQUE, *História...*, I, 9.

damente numa qualquer das duas classificações antes expressas. Aliás, e no respeitante especificamente à segunda, ela consiste numa periodificação que, de acordo com afirmação expressa do respectivo autor, não procura extravasar do Direito das Obrigações[161]. É, pois, ónus de quem estuda a história do ensino dos Direitos Reais propor um critério próprio de periodificação desse ensino, por relativo seja. Outra coisa seria clara prova de fraqueza, de falta de empenhamento – para não dizer facilitismo – e de pouco engenho. Propomos, pois, a seguinte periodificação:

– a pré-codificação portuguesa (1772-1867);
– a exegese napoleónica (1867-1903);
– da recepção do pandectismo à autonomização da disciplina de Direitos Reais (1903 a 1921, em Coimbra, 1923-1925, em Lisboa);
– a criação da disciplina autónoma de Direitos Reais (de 1921 a 1935);
– o dualismo Lisboa/Coimbra com o início por JAIME DE GOUVEIA (Lisboa) do estudo dos Direitos nos moldes de uma parte geral e de uma parte especial (1935-1936 a 1967);
– a segunda codificação e a evolução subsequente.

Perguntar-se-á por que razão começamos em 1772? A resposta prende-se com a circunstância de a história do Direito português considerar a formação do nosso Direito Civil moderno o produto de uma série de transformações lentas, mas profundas, ocorridas durante o século XVIII[162]. É, de resto, também esse o critério adoptado, neste particular, quer por MENEZES CORDEIRO, quer por MENEZES LEITÃO[163].

---

[161] MENEZES LEITÃO, *O ensino...*, 28.
[162] Cfr. BRAGA DA CRUZ, *Formação histórica do moderno direito privado português e brasileiro*, separata da *Scientia Iuridica*, Braga, sem data, 7 e ss., e 9, 10 e 11; Id., *La formation du droit civil portugais moderne et le Code de Napoléon*, in *Obras Esparsas*, Coimbra, 1981, II, 2.ª parte, 3 e ss. (cujo texto é em parte idêntico ao do artigo anterior); SANTOS JUSTO, *O Código de Napoleão e o direito ibero-americano*, separata do *Boletim da Faculdade de Direito*, LXXI, 1995, Coimbra, 36.
[163] Para uma referência ao estudo e ensino do Direito entre nós, desde os respectivos primórdios, pode ver-se ALMEIDA COSTA, «*Leis, Cânones, Direito, Faculdades de*», in *Dicionário de História de Portugal*, organizado por JOEL SERRÃO, III, Porto, 1981, 453 e ss.; e FACULDADE DE DIREITO DA UNIVERSIDADE DE COIMBRA,

Sublinhe-se ainda a circunstância de no último período estudarmos como uma fase distinta a que medeia entre a revolução de 1974 e 1977.

Tal como MENEZES CORDEIRO[164] considerou a propósito da periodificação por ele feita para o ensino da Teoria Geral do Direito Civil, também nós julgamos residir a contraprova da nossa proposta no quadro dos Direitos Reais e seu magistério, na consideração do conteúdo das suas rubricas.

IV – Antes de iniciarmos a nossa análise pelo ensino dos Direitos Reais, desde a reforma pombalina até aos dias de hoje, compete, ainda, uma ressalva final.

A investigação que conduzimos permitiu-nos detectar com frequência uma duplicação do ensino da matéria relacionada com os direitos reais. Na verdade, para além do estudo específico do Direito das Coisas numa disciplina *ad hoc* ou numa cadeira de Direito Civil mais avançada verifica-se, com frequência, também, a abordagem das matérias específicas deste ramo de Direito em cadeiras de natureza histórica ou introdutória[165]. Sem prejuízo de fazermos referências várias igualmente à leccionação dos Direitos Reais nessas disciplinas, umas vezes a título meramente ilustrativo, outras por isso se mostrar uma absoluta necessidade, a nossa atenção não se centrará obviamente aí – sob pena de o nosso relatório passar a assumir uma configuração que mais seria própria de dois ou três alargados e substantivos trabalhos do género[166].

O ensino e a investigação do Direito em Portugal e a Faculdade de Direito da Universidade de Coimbra, Coimbra, s. l, s. d., 6 e ss. (= *http://www.fd.uc.pt/Album/*).
[164] MENEZES CORDEIRO, *Teoria...*, in *Revista...*, XXIX, 273.
[165] Também se detectou o tratamento dos Direitos Reais em disciplinas conclusivas. Cfr., por exemplo, os Sumários do *Curso de Direito Civil desenvolvido, matérias professadas no ano lectivo de 1916-1917*, FDC (GUILHERME MOREIRA); *Sumários das Lições de Direito Civil desenvolvido*, FDL, 1919-1920 (LUÍS PINTO COELHO); *Idem*, 1921-1922, FDL (CAEIRO DA MATA). Para mais desenvolvimentos cfr. *infra* o parágrafo dedicado à recepção do pandectismo.
[166] Note-se que o fenómeno aqui descrito não é sequer privativo dos Direitos Reais. O mesmo se passa com o Direito da Família e Sucessões ou com o Direito das Obrigações. Não obstante, numa opção que temos por absolutamente correcta, ao estudar o ensino do Direito das Obrigações em Portugal MENEZES LEITÃO, *O ensino...*, 27 a 264, também não aborda a leccionação do Direito das Obrigações nas disciplinas de cariz histórico ou meramente introdutório.

2. A pré-codificação

2.1. A reforma pombalina e a recepção do jusracionalismo

I – A época do jusracionalismo trouxe, para Portugal, e em matéria de ciência e estudo do Direito, importantes consequências, com a consagração de novas correntes inspiradoras e de novas orientações[167].

---

[167] A este respeito pode ver-se, entre tantos outros, DIAS MARQUES, *História do direito português, Apontamentos das lições ao 1.º ano jurídico, 1955/1956*, coligidos por ISAÍAS GOMES DOS SANTOS, Lisboa, 1955, 472 e ss.; ALMEIDA LANGHANS, *Antologia do pensamento jurídico português – Pascoal de Mello Freire dos Reis (1738-1798)*, in *Boletim do Ministério da Justiça*, 1955, 49, 31 e ss.; BRAGA DA CRUZ, *Formação...*, 9 e ss.; Id., *La formation du droit civil...*, in *Obras...*, II, 2.ª parte, 3 e ss.; ALMEIDA COSTA, *Mello Freire, Temas de História do Direito*, in *Boletim da Faculdade de Direito*, 1968, LXIV, 205 e ss., 214 e ss.; Id., ALMEIDA COSTA, «*Leis, Cânones, Direito...*», in *Dicionário de História...*, III, 456 e ss.; Id., *Apontamentos de história do direito*, Lisboa, 1979, 19 e ss., 555 e ss.; Id., *História do direito português*, 2.ª ed., Lisboa, 1992, 355 e ss.; SAMPAIO E MELLO, *O ensino do direito pátrio na Universidade de Coimbra (1772-1805)*, pol., Lisboa, 1985; MENEZES CORDEIRO, *Teoria...*, in *Revista...*, XXIX, 275 e ss.; SANTOS JUSTO, *O Código de Napoleão...*, 27 e ss. e 39 e ss.; NUNO ESPINOSA GOMES DA SILVA, *História do pensamento jurídico*, Lisboa, 1996/1995, 214 e ss.; PAULO OTERO, *Direito...*, 35 e ss.; RUI DE FIGUEIREDO MARCOS, *O jusracionalismo setecentista em Portugal*, in *Direito natural, justiça e política*, Porto, 2005, I, 179 e ss.; MÁRIO JÚLIO DE ALMEIDA COSTA e RUI DE FIGUEIREDO MARCOS, *Reforma pombalina dos estudos jurídicos*, in *O Marquês de Pombal e a Universidade*, Coimbra, 2000, 97 e ss. [= *Boletim da Faculdade de*

Até então vigoravam as Ordenações Filipinas, promulgadas em 1603, durante o domínio espanhol. O facto de corresponderem a uma actualização e repositório do Direito vigente repercutia-se sobre a sua actualidade[168]. Se, num passo sublinhado por BRAGA DA CRUZ e depois retomado por SANTOS JUSTO, em 1603 elas já eram velhas e anacrónicas, a legislação extravagante complementar padeceu dos mesmos defeitos: longe de remediar esse mal, só contribuía para o agravar[169]. Tudo a par com o carácter intrinsecamente defeituoso e lacunoso das Ordenações, particularmente visível no domínio do Direito Privado[170]. Existem capítulos inteiros de Direito Civil em que as Ordenações eram completamente omissas, e outros em que apenas através de preceitos esporádicos se conseguia vislumbrar as ideias mestras subjacentes a determinada figura ou sector da enciclopédia jurídica[171].

Tudo a obrigar a um amplo recurso ao Direito subsidiário – ou seja ao Direito Romano, com excepção das matérias que envolvessem matéria de pecado, predominantemente sujeitas ao Direito Canónico – e como complemento a Glosa de *ACURSIUS* e as opiniões de *BARTOLUS* não contrariadas pela opinião comum dos Doutores.

Isto num cenário, e no dizer de BRAGA DA CRUZ, completado por uma literatura jurídica rotineira e integrada na escola dos comentadores[172].

Direito, 1999, LXXXV]; MENEZES LEITÃO, *O ensino...*, 29 e ss.; FACULDADE DE DIREITO DA UNIVERSIDADE DE COIMBRA, *O ensino e a investigação...*, in *http://www.fd.uc.pt/Album/apresent3.html* (*O ensino e a investigação...*, 31 e ss.).
[168] Assim SANTOS JUSTO, *O Código de Napoleão...*, 36.
[169] BRAGA DA CRUZ, *Formação...*, 7 e ss., e 9, 10 e 11; Id., *La formation du droit civil...*, in *Obras...*, II, 2.ª parte, 3 e 4; SANTOS JUSTO, *O Código de Napoleão...*, 36.
[170] BRAGA DA CRUZ, *Formação...*, 9.
[171] Assim BRAGA DA CRUZ, *Formação...*, 9.
[172] BRAGA DA CRUZ, *Formação...*, 9. A propósito do ensino e estado da nossa universidade antes da reforma pombalina v. THEOPHILO BRAGA, *História da universidade de Coimbra nas suas relações com a instrução publica portugueza*, I, *1289 a 1555*, Lisboa, 1892, II, *1555 a 1700*, Lisboa, 1895.

Neste quadro, o aparecimento em meados do século XVIII da obra de LUÍS ANTÓNIO VERNEY[173], *O verdadeiro método de estudar*, editada em 1746[174], marca o início de uma nova era[175]. Começam a difundir-se em Portugal as novas ideias do Direito Natural racionalista e do *usus mo-*

---

[173] A propósito de VERNEY v., por exemplo, PAULO MERÊA, *Súmula histórica da história do direito português*, in *Boletim da Faculdade de Direito*, 1918-1920, V, 216 e ss., 219 e ss.; Id., *Recensão a L. Cabral de Moncada, Um «iluminista» português do século XVIII: Luiz António Verney (com um «apêndice» de novas cartas e documentos inéditos)*, in *Boletim da Faculdade de Direito*, 1940-1941, XVII, 169 e ss.; CABRAL DE MONCADA, *Um «iluminista» português do século XVIII: Luiz António Verney (com um «apêndice» de novas cartas e documentos inéditos)*, Coimbra, 1941, *per totum*; Id., *O «século XVIII» na legislação de Pombal*, in *Boletim da Faculdade de Direito*, 1925-1926, IX, 167 e ss., 175 e ss.; Id., *Italia e Portogallo nel' Setecento (conferenza tenuta a Roma in occasione dell'esposizione del libro portoghese – Maggio 1949)*, Lisboa, 1949, 9 e ss.; Id., *Conceito e função da jurisprudência segundo Verney*, in *Boletim do Ministério da Justiça*, 1949, 14, 5 e ss.; INOCÊNCIO GALVÃO TELLES, *Verney e o iluminismo italiano*, in *Revista da Faculdade de Direito da Universidade de Lisboa*, 1950, 7, 196 e ss.; ALMEIDA COSTA, *Romanismo e bartolismo no Direito português*, in *Boletim da Faculdade de Direito*, 1960, XXVI, 16 e s., 39 a 41; ANTÓNIO ALBERTO DE ANDRADE, *Vernei e a cultura do seu tempo*, Coimbra, 1965; MÁRIO REIS MARQUES, *O liberalismo e a codificação do direito civil em Portugal. Subsídios para o estudo da implantação em Portugal do direito moderno*, in *Boletim da Faculdade de Direito*, suplemento, 1986, XXIX, 22 e ss., 77 e ss.; MÁRIO JÚLIO DE ALMEIDA COSTA e RUI DE FIGUEIREDO MARCOS, *Reforma pombalina...*, in *O Marquês...*, 97 e ss., com indicações.

[174] LUÍS ANTÓNIO VERNEY, *Verdadeiro metodo de estudar para ser útil à Republica, e à Igreja: proporcionado ao estilo, e necessidade de Portugal*, Valência (mas de facto Nápoles), 1746, I, e II, (cfr., designadamente, II, 163 e ss.).

[175] Assim, expressamente, BRAGA DA CRUZ, *Formação...*, 10; e SANTOS JUSTO, *O Código de Napoleão...*, 36. No tocante ao ensino foi violenta a crítica de VERNEY. Relativamente às Faculdades de Leis e Cânones, reprovou com rispidez as orientações escolásticas ou bartolistas, defendendo as histórico-críticas. Ao mesmo tempo sustentava a adopção de um método expositivo sintético-compendiário tomado de *HEINECCIUS*. Mas a VERNEY repugnava sobretudo a ignorância da história entre os juristas. Na verdade, para VERNEY a explicação da história assumia um valor essencial para compreensão da lei. Sobre tudo isto cfr. ALMEIDA COSTA e RUI MARCOS, *Reforma...*, in *O Marquês*, 99. V., também, já antes CABRAL DE MONCADA, *O «século XVIII» na legislação de Pombal*, in *Estudos de História do Direito*, I, Coimbra, 1948, 83 e ss..

dernus pandectarum[176]. E nos últimos anos do século XVIII e primeiros do século XIX circula, igualmente, a corrente individualista, manifestação do liberalismo político e económico que, com raízes na Revolução Francesa, haveria de percorrer toda a Europa[177].

O «*usus modernus pandectarum*»[178] – ou «prática actualizada do direito romano»[179] – mostra-se marcado por uma nova relação com a tradição romanística[180]. A refundamentação da validade do Direito Romano, realizada numa sequência histórica acentuada com a obra de HERMAN CONRING[181] e das alterações verificadas ao nível da consciência jurídica com a Guerra dos Trinta Anos, implicou a consideração da recepção como um acontecimento histórico, produto da vontade de quem recebia o ordenamento romano. Com isto, tornou-se possível uma postura mais

---

[176] V., novamente, BRAGA DA CRUZ, *Formação*..., 10; e SANTOS JUSTO, *O Código de Napoleão*..., 36.

[177] Cfr., uma vez mais, BRAGA DA CRUZ, *Formação*..., 10; e SANTOS JUSTO, *O Código de Napoleão*..., 36.

[178] Segue-se, de perto, o nosso *A representação*..., 256 e 257.

[179] A designação desta escola através de expressão «*usus modernus pandectarum*» é atribuída em função da obra homónima de *STRYKIUS*. Os contemporâneos designaram este período por «*mores hodierne*» ou «*nova practica*». Para mais pormenores cfr., com carácter meramente ilustrativo, e de entre as obras por nós consideradas, DIAS MARQUES, *História*..., 464 e ss.; KOSCHAKER, *Europa und das Romische Recht*, 4.ª ed., Munique, Berlin, 1966, 245 e ss.; WIEACKER, *História do direito privado moderno*, tradução de A. M. HESPANHA da 2.ª edição de 1967, 3.ª ed., Lisboa, 2004, 225 e ss.; ALMEIDA COSTA, *Apontamentos de História*..., 548 e 549; Id., *História do direito*..., 348 e 349; NUNO ESPINOSA GOMES DA SILVA, *História do pensamento*..., 187 e 188.

[180] De acordo com WIEACKER, *História*..., 227, essa nova relação traduz-se numa superação da «recepção teórica» do Direito Romano assente na convicção segundo a qual o ordenamento jurídico de «Roma» teria vigência geral em virtude da *translatio imperii* para o império germânico medieval. Contra v., porém, RUY DE ALBUQUERQUE e MARTIM DE ALBUQUERQUE, *História*..., I, 267, 347 e 489 e ss., para quem a ideia de *translatio imperii* é medieval, como medieval é a ideia de que o Direito Romano vigorava não *rationis imperii* mas *imperii ratione*, frase aliás tardia.

[181] Para um estudo acerca da importância e significado do contributo prestado por CONRING para o desenvolvimento da ciência jurídica v. ERIK WOLF, *Grosse Rechtsdenker der deutschen Geistesgeschichte*, 4.ª ed., Tubinga, 1963, 220 e ss..

aberta e flexível perante as fontes romanas e as autoridades do *ius commune*. Não apenas a validade de cada texto passa a poder ser posta em questão como, além disso, se torna possível atribuir-lhe um sentido ou significado divergente daquele que lhe é imputado pelas autoridades. A vigência do Direito pátrio ou do Direito novo é susceptível de ser reivindicada mesmo nas hipóteses de não redução a escrito e nas quais, de acordo com a antiga prática estatutária, ele não devesse ser tomado em consideração[182].

O jusnaturalismo europeu moderno representa[183] – para empregar a terminologia de WIEACKER – uma revolução cultural. Do ponto de vista da sua influência particular sobre a história do Direito são os traços metodológico-sistemáticos do jusracionalismo a caracterizá-lo[184]. Como *teoria* o jusnaturalismo moderno liberta a jurisprudência técnica das autoridades medievais e dá-lhe um sistema interno e um método dogmático específico[185]. No campo do Direito privado, o jusracionalismo manifesta-se contra as realidades do Direito positivado consideradas como não conformes com a razão jurídica geral. A ciência jurídica privatística é libertada da sua submissão e subordinação de princípio às fontes romanas. A visão de conjunto que proporciona abre as portas a uma construção sistemática autónoma, naquele que será, possivelmente, o mais valioso contributo do racionalismo para o Direito privado europeu. De acordo com o jusracionalismo, desde HOBBES e PUFENDORF, a demonstração lógica de um sistema fechado tornou-se – em contraste com quanto antes se verificava, e em particular com o fracasso do humanismo – no alicerce de todos os seus axiomas metodológicos. A ordenação das exposições de Direito positivo, operada a partir do século XVIII, de acordo com esta mesma lógica haveria de permanecer até hoje[186].

---

[182] Cfr. WIEACKER, *História...*, 227 e ss..
[183] Segue-se novamente de perto o nosso *A representação...*, 267 e 268.
[184] WIEACKER, *História...*, 306.
[185] WIEACKER, *História...*, 306.
[186] Para mais pormenores v., por todos, MENEZES CORDEIRO, *Da Boa fé no direito civil*, Lisboa, 1984, I, 216 e ss.; Id., *Ciência do direito e metodologia jurídica...*, 52 e ss. Para uma análise do contributo do direito natural na formação do direito privado germânico v. MARTIN LIPP, *Die Bedeutung des Naturrechts für die Ausbildung der Allgemeinen Lehren des deutschen Privatrechts*, Berlin, 1980.

II – Em consequência de tudo isto, o Direito Romano começou a ser olhado com alguma desconfiança, entendendo-se que, como elemento de integração do Direito pátrio, devia ser filtrado pela recta razão[187]. Simultaneamente, exaltam-se as tradições nacionais e apela-se com insistência aos Direitos estrangeiros, principalmente nas matérias nas quais se exigia nova regulamentação[188].

Mas nem VERNEY, nem outros, como ANTÓNIO RIBEIRO SANCHES[189], eram legisladores. Quanto se fazia sentir no plano doutrinal haveria de ser acolhido no plano jurídico através da Lei de 18 de Agosto de 1769 (designada Lei da Boa Razão). Neste diploma reafirma-se a prioridade do Direito Pátrio, combate-se a aplicação ilimitada do Direito Romano, considerando-o subsidiário do nacional e apenas susceptível de aplicação quando conforme à boa razão (vista como a *recta ratio* jusnaturalista); elimina-se o Direito Canónico, a glosa acursiana e a opinião de *BARTOLUS* do catálogo do Direito subsidiário; e, em assuntos de natureza política, económica, mercantil ou marítima, determina-se o recurso directo às leis das nações cultas, iluminadas ou polidas[190].

É no contexto acabado de descrever que surgiria em 1771-1772 a reforma dos Estudos da Faculdade de Direito de Coimbra, feita sob o signo do Iluminismo[191]. São seus alicerces fundamentais o *Compêndio*

---

[187] Assim v., de entre a literatura considerada, SANTOS JUSTO, *O Código de Napoleão...*, 36.

[188] Cfr., novamente, SANTOS JUSTO, *O Código de Napoleão...*, 37.

[189] ANTÓNIO RIBEIRO SANCHES, *Cartas sobre a educação da mocidade*, com prefácio e notas de JOAQUIM FERREIRA, Porto, sem data.

[190] Cfr. SANTOS JUSTO, *O Código de Napoleão...*, 37. V., ainda, *colorandi causa*, CABRAL DE MONCADA, *Um «iluminista» português do século XVIII...*, 114 e 115, referindo-se, agora, aos abusos da jurisprudência bartolista; ALMEIDA COSTA *Romanismo...*, in *Boletim...*, 1960, XXXVI, 38 e ss.; SINDE MONTEIRO, *Manuel de Andrade e a influência do BGB sobre o Código Civil de 1966*, in *Revista de Legislação e de Jurisprudência*, 1999-2000, 132, 38; e MENEZES LEITÃO, *O ensino...*, 38.

[191] Assim v., por exemplo, MARCELLO CAETANO, *A reforma dos estudos jurídicos*, separata da *Revista da Faculdade de Direito da Universidade de Lisboa*, 1966, XX, 5. Para mais pormenores, acerca da reforma pombalina, e para além da bibliografia constante das notas anteriores v., por exemplo, JOSÉ LARANJO, *A organização dos estudos na Faculdade de Direito*, in *O instituto*, Julho de 1893 a Dezembro de 1894,

histórico do estado da Universidade de Coimbra[192] e os *Estatutos da Universidade de Coimbra*[193], com intervenção em ambos da *Junta da Providência Literária*.

Reafirmava-se no primeiro, na sequência de VERNEY, a aliança entre os estudos jurídicos e a história[194], a qual deveria acompanhar sempre os primeiros[195]. Enobrecia-se o Direito Natural, sem arrepio da orientação histórica e nacionalista que o entreteceu[196]. Sublinhava-se a importância da ordem e do método[197], propugnando-se o sintético compendiário[198];

LXI, 90 e ss.; MÁRIO BRANDÃO e M. LOPES D'ALMEIDA, *A universidade de Coimbra – Esboço da sua história*, Coimbra, 1937 (II Parte, 63 e ss., Cap. III); FACULDADE DE DIREITO DA UNIVERSIDADE DE COIMBRA, *O ensino e a investigação do Direito em Portugal...*, in http://www.fd.uc.pt/Album/apresent3.html.; MÁRIO JÚLIO DE ALMEIDA COSTA e RUI DE FIGUEIREDO MARCOS, *Reforma pombalina...*, in *O Marquês...*, 97 e ss..

[192] *Compendio historico do estado da universidade de Coimbra no tempo da invasão dos denominados jesuítas e dos estragos feitos nas sciencias e nos professores, e directores que a regiam pelas maquinações, e publicações dos novos estatutos por elles fabricados*, Lisboa, 1772, onde se procede à identificação e elencar das causas que conduziram à *decadência* e *ruína* do ensino universitário e as propostas dos respectivos remédios.

[193] *Estatutos da Universidade de Coimbra*, Coimbra, 1972, reimpressão dos *Estatutos compilados debaixo da immediata e suprema inspecção de ELREY D. JOSÉ I. nosso Senhor pela junta de providencia literaria creada pelo mesmo Senhor para restauração das sciencias, artes liberaes nestes reinos, e todos os seus dominios ultimamente roborados por sua Magestade na sua lei de 28 de Agosto do presente ano*, Lisboa, 1772.

[194] Incluindo o estudo da história da literatura jurídica. Cfr. *Compendio...*, Parte II, Cap. II, §§ 198 e ss., nono estrago, 244 e ss..

[195] Veja-se *Compendio...*, Parte II, Cap. II, §§ 182 e ss. e 198 e ss., oitavo e nono estragos, 233 e ss., 244 ss.. Para mais pormenores acerca do *Compendio* pode, de entre a literatura que vimos citando, ver-se, *colorandi causa*: PAULO MERÊA, *Súmula...*, in *Boletim...*, 1918-1920, V, 223 e ss.; MENEZES LEITÃO, *O ensino...*, 38 e ss.; ALMEIDA COSTA e RUI DE FIGUEIREDO MARCOS, *Reforma...*, in *O Marquês...*, 100 e ss..

[196] ALMEIDA COSTA e RUI DE FIGUEIREDO MARCOS, *Reforma...*, in *O Marquês...*, 100 e ss..

[197] *Compendio...*, Parte II, Cap. II, décimo estrago, §§ 215 e ss., 255 e ss., designadamente 258 e ss., com referência, entre outros, aos livros e método de *ALCIATUS, CONCIUS, DUARENUS, BALDUINUS, HOTOMANUS, DONELLUS, CONNANUS* e *ALTHUSIUS*.

[198] *Compendio...*, Parte II, Cap. II, duodécimo estrago, §§ 246 e ss., 270 e ss..

exigia-se que o ensino fosse não apenas teórico mas prático[199], com referência para o modo de proceder das universidades da Alemanha e dos autores do *usus modernus pandectarum*[200] e impunha-se o estudo da legislação nacional[201].

Os Estatutos determinaram que a boa razão dos textos romanos se deveria avaliar pelo *uso moderno*, criaram novas disciplinas – entre as quais o Direito Natural, a História do Direito Pátrio, as Instituições de Direito Pátrio[202] – e, com apelo às novas ideias do Direito Natural e do *usus modernus pandectarum* e do estabelecimento de um novo método de ensino sintético-demonstrativo-compendiário[203] (com proibição do método escolástico[204]), tornaram possível a criação de uma nova mentalidade jurídica e um novo modo de leccionar e aprender o Direito[205].

---

[199] *Compendio...*, Parte II, Cap. II, décimo terceiro estrago, §§ 257 e ss., 278 e ss..
[200] *Compendio...*, Parte II, Cap. II, décimo terceiro estrago, § 276, 288 e 289.
[201] *Compendio...*, Parte II, Cap. II, décimo quarto estrago, §§ 277 e ss., 289 e ss..
[202] Para uma referência completa ao plano de estudos aprovado pelos estatutos e depois pelas alterações verificadas em 1804-1805, pode consultar-se na literatura jurídica moderna MENEZES LEITÃO, *O ensino...*, 44 e 45 e 49. V., também, ALMEIDA COSTA, «*Leis, Cânones, Direito...*», in *Dicionário de História...*, III, 456 e ss..
[203] Acerca deste método de ensino e respectiva orientação cfr., designadamente, CHAVES E CASTRO, *Parecer sobre a reforma da Faculdade de Direito*, in *O instituto*, 1887, XXXIV, 114 e ss.; PAULO MERÊA, *Lance de olhos sobre o ensino do direito (cânones e Leis) desde 1772 até 1804*, in *Boletim da Faculdade de Direito*, 1957, XXXIII, 195 e ss.; ALMEIDA COSTA, *Debate jurídico e solução pombalina*, in *Boletim da Faculdade de Direito – Estudos em Homenagem aos Profs. Doutores M. Paulo Mêrea e G. Braga da Cruz* – II, 1982, 1 e ss., *maxime* 26; ALMEIDA COSTA e RUI DE FIGUEIREDO MARCOS, *Reforma pombalina...*, in *O Marquês...*, 97 e ss., 102 e ss., 109 e ss.; MENEZES LEITÃO, *O ensino...*, 29 e ss..
[204] *Estatutos...*, Liv. II, Tít. III, Cap. I, § 7.
[205] SANTOS JUSTO, *O Código de Napoleão...*, 37. Mais pormenores acerca de quanto viria a ser estabelecido pelos estatutos e seu impacto podem, ainda, obter-se através da consulta, por exemplo, de: BRAGA DA CRUZ, *La formation du droit civil...*, in *Obras...*, II, 6 e ss.; Id., *Formação...*, 16 e 17; RUI DE FIGUEIREDO MARCOS, *A legislação pombalina*, in *Boletim da Faculdade de Direito* – Suplemento XXXIII, 1990, 3 e ss., 156 e ss., e 164 e ss.; ALMEIDA COSTA e RUI DE FIGUEIREDO MARCOS, *Reforma pombalina...*, *O Marquês...*, 97 e ss., 102 e ss., 109 e ss..

2.2. Os juristas desta época

2.2.1. PASCOAL DE MELLO FREIRE

I – O principal executor e maior intérprete desta nova visão das coisas, no domínio do Direito, foi PASCOAL JOSÉ DE MELLO FREIRE[206]. Verificou-se, nos seus traços essenciais, os aspectos da Reforma pombalina[207]. Os estatutos da Universidade ordenaram, recorde-se, a adopção como método de ensino o sintético-demonstrativo-compendiário, em contraposição ao sistema tradicional que era essencialmente o escolástico[208]. Além disso, determinavam também, aos lentes, a elaboração de compêndios das cadeiras respectivas, para auxiliar aos alunos o seu estudo. Para dar cumprimento a este aspecto da Reforma MELLO FREIRE escreveu dois compêndios: *Historia iuris civilis Lusitani* e as *Institutiones*

---

[206] V., por exemplo, JOSÉ LARANJO, *A organização*..., in *O instituto*, cit., Julho de 1893 a Dezembro de 1894, LXI, 90 e ss.; PAULO MERÊA, *Súmula*..., in *Boletim*..., 1920-1921, VI, 95 e ss.; CABRAL DE MONCADA, *O século XVIII*..., in *Estudos*..., 83 e ss., 103 e ss.; FRANCISCO JOSÉ VELOSO, *Prefácio* à versão portuguesa das *Instituições de direito criminal português*, in *Boletim do Ministério Público*, de MIGUEL PINTO DE MENESES, 1966, 155, 5 e ss.; DIAS MARQUES, *História*..., 427 e ss.; ALMEIDA COSTA, *História do direito*..., 368 e ss.; MENEZES CORDEIRO, *Teoria*..., in *Revista*..., XXIX, 275 e ss., para quem em termos comparativos, MELLO FREIRE não apresentava a lógica particular dos jusracionalistas mais marcados, ficando, destarte, mais próximo da jurisprudência elegante; NUNO ESPINOSA GOMES DA SILVA, *História*..., 231, que censura a MELLO FREIRE a circunstância de, devido ao seu enciclopedismo, nem sempre ser profundo, pois essa sua característica levava-o a muita simplificação, quando não a uma repetição abreviada dos autores estrangeiros; RUI DE FIGUEIREDO MARCOS, *A legislação pombalina*..., in *Boletim*..., XXXIII, *maxime* 171 e ss., referindo-se à questão dos compêndios.; LUÍS MENEZES LEITÃO, *O enriquecimento sem causa no direito civil*, *Cadernos de Ciência e Técnica Fiscal*, Lisboa, 1996, 279; Id., *O ensino*..., 29 e ss.; MÁRIO JÚLIO DE ALMEIDA COSTA e RUI DE FIGUEIREDO MARCOS, *Reforma pombalina*..., in *O Marquês*..., 97 e ss.

[207] Marcos característicos são, como vimos, LUÍS ANTÓNIO VERNEY, *Verdadeiro método*..., *per totum*; a Lei da Boa Razão, de 18 de Agosto de 1769, e os Estatutos da Universidade de Coimbra de 1772.

[208] PAULO MERÊA, *Lance de olhos*..., in *Boletim*..., 1957, XXXIII, 195 e ss..

*iuris civilis lusitani*²⁰⁹/²¹⁰, cujo último livro – *Institutiones iuris criminalis lusitani liber singularis* – é autónomo²¹¹.

II – A obra fundamental de MELLO FREIRE corresponde às *Institutiones iuris civilis lusitani*, em cinco volumes publicados em 1789, 1791, 1793 e 1794²¹². Trata-se de uma obra em que, conforme notado já entre nós²¹³, se adopta uma sistematização do Direito Civil que, além de um Livro I relativo ao Direito Público, e um Livro V, independente, se divide nas seguintes três partes: Livro II – Direito das pessoas; Livro III – Direito das coisas; Livro IV – Direito das obrigações e das acções²¹⁴.

III – Terminado o estudo do Direito das pessoas, MELLO FREIRE²¹⁵ cuida expressamente de esclarecer ir tratar os modos de adquirir o domínio das coisas, tanto os universais como os singulares, os do Direito

---

²⁰⁹ V., por todos, ALMEIDA COSTA, *Apontamentos*..., 561 e 562.
²¹⁰ Ambos traduzidos para o português, por MIGUEL PINTO DE MENESES, no *Boletim do Ministério da Justiça*. *A história do direito civil português* consta dos números 173 a 175; e as *Instituições* dos números 161 a 166, e 168, 170 e 171.
²¹¹ Cfr. MENEZES CORDEIRO, *Teoria*..., in *Revista*..., XXIX, 276.
²¹² Assim, por todos, MENEZES LEITÃO, *O ensino*..., 52 e 53, com referência para a indicação dada por PAULO MERÊA, *Um manuscrito de MELLO FREIRE*, in *Boletim da Faculdade de Direito*, 1938-1939, XV, 225-227, da existência de um manuscrito desta obra, datado de 1777-1778, escrito em Português.
²¹³ MENEZES CORDEIRO, *Teoria*..., in *Boletim*..., XXIX, 277; e MENEZES LEITÃO, *O ensino*..., 53.
²¹⁴ Mas de acordo com PAULO MERÊA, *Lance*..., in *Boletim*..., 1957, XXXIII, existem razões para acreditar que já em 1777 ou 1778 MELLO FREIRE expunha a matéria de Direito Privado pela ordem das suas *Institutiones*, cingindo-se, destarte, à divisão em pessoas, coisas e acções e adoptando o modelo dos compêndios alemães; v. também PAULO MERÊA, *Um manuscrito*..., in *Boletim*..., 1938--1939, XV, 225 a 227.
²¹⁵ *Instituições de Direito Civil português, tanto público como particular*, tradução de MIGUEL PINTO DE MENESES, in *Boletim do Ministério da Justiça*, 1967, 165, 37 e ss. (confrontou-se, também, a versão original, *Institutiones iuris civilis lusitani cum publici tum privati, Liber tertius, De jure rerum*, 4.ª ed., Coimbra, 1845, e neste caso concreto as saudações dirigidas pelo autor aos ouvintes de Direito Pátrio da Universidade de Coimbra. Mas passaremos a citar a tradução de PINTO DE MENESES).

natural como os do Direito Civil, assim como também os direitos especialmente chamados *in re* (reais); por considerar pertencerem os direitos chamados *ad rem* ao terceiro objecto do Direito particular, isto é, às obrigações e acções. E fá-lo adoptando, nas suas próprias palavras, um método diferente e mais fácil de tratar as questões nunca antes adoptado[216]; mas igualmente, interpretando o nosso Direito a partir das suas genuínas fontes[217], dedicando o respectivo cuidado tanto às nossas leis e costumes antigos, como às que ainda vigoram. Daqui extrai o autor a queda total de muitos axiomas do Direito Romano e de conclusões recebidas, por algum motivo desconhecido consideradas imutáveis e ainda respeitadas no foro[218]. Remete, depois, para o prefácio de outro livro a conclusão da explicação do método da sua obra[219]. E de facto, a anteceder o estudo do Livro IV – Das obrigações e das acções, MELLO FREIRE afirma ir suprir, com o Direito Natural e das Gentes e as antiguidades portuguesas, o Direito Pátrio, neste aspecto incompleto e imperfeito em muitos pontos. Para acrescentar depois: «*assim, conhecido previamente aquilo que o Direito Romano tem de próprio nos contratos, aquilo que é do Direito Natural e das Gentes, e, finalmente, o que a nossa Cidade estabeleceu de peculiar para si, com esta ordem ensinámos tudo, para que nesta mesma obra ficásseis a saber o uso genuíno do mesmo Direito, os costumes das Nações, e sobretudo as leis pátrias e seus costumes antigos e actuais (…).*» Isto sempre sem desprezo pelas leis romanas, não por possuírem qualquer autoridade por si, mas para servirem de esclarecimento às nossas[220]. Da mesma forma, considera que de modo algum se deve omitir as alegações dos Doutores, sobretudo nas matérias duvidosas ou omissas na lei[221]. Isto não para que se decidisse cegamente em fun-

---

[216] MELLO FREIRE, *Instituições*…, in *Boletim*…, 1967, 165, 37 e 38.
[217] O que de acordo com o próprio não se cuidara antes de fazer.
[218] MELLO FREIRE, *Instituições*…, in *Boletim*…, 1967, 165, 38.
[219] MELLO FREIRE, *Instituições*…, in *Boletim*…, 1967, 165, 38.
[220] MELLO FREIRE, *Instituições*…, in *Boletim*…, 1967, 168, 30.
[221] MELLO FREIRE, *Instituições*…, in *Boletim*…, 1967, 168, 31. Para mais referências ao método adoptado por MELLO FREIRE v., por exemplo, COELHO DA ROCHA, *Ensaio sobre a historia do governo e da legislação de Portugal, para servir de introdução ao estudo do direito patrio*, 2.ª ed., Coimbra, 1843, § 295, 228; e 3.ª ed., § 295, 223,

ção da *opinio doctorum* mas para se poder consultar os diversos autores e ser possível segui-los ou refutá-los[222]. Os autores privilegiados são, no dizer do próprio, ao menos em parte da obra, os portugueses[223].

IV – O Livro III da obra de MELLO FREIRE inicia-se com um Título I dedicado à divisão e qualidade das coisas[224]. Segue-se o estudo do domínio e da posse[225].

Coimbra, 1851; 6.ª ed., Coimbra, 1887, § 295, 221; e mais recentemente MENEZES CORDEIRO, *Teoria*…, in *Boletim*…, XXIX, 277 e ss..

[222] Mas MELLO FREIRE, *Instituições*…, in *Boletim*…, 1967, 168, 31, declara expressamente no tom de censura, característico da época, relativamente aos respectivos predecessores: «*Como era justo, utilizámos muito preferentemente escritores portugueses, em cujo manuseio e leitura despendemos bastante tempo e trabalho. É que a sua leitura, se bem que fastidiosa e assaz desagradável, é algumas vezes útil, para não dizer necessária, visto não termos outros Intérpretes do nosso Direito, enquanto Vós e vossos doutíssimos Mestres, de quem a Jurisprudência Pátria muito espera, não publicardes melhores trabalhos. No entanto, tereis de os ler cautelosamente, pois, além de nunca inquirirem das verdadeiras razões e origens das nossas leis, e, se algumas vezes o fazem, não as derivam das fontes genuínas, mas de charcos, isto é, do uso do foro, muitíssimas vezes contrário às próprias leis, ou das sentenças e arestos quiçá proferidos contra as próprias leis e direitos constituídos; confundem quase sempre o Direito Civil Pátrio com o Romano e por este interpretam, sem distinguirem as leis estrangeiras das nacionais, as razões naturais das civis, o direito recebido e dado pela Cidade daquele que nunca foi nem podia ser recebido sem ofender as antigas leis, costumes e usos portugueses, que ainda hoje em parte usamos no meio de tamanha confusão de direitos.*» Mas a verdade é que na parte relativa ao Direito das Coisas aparecem, a par de diversas citações dos textos de JUSTINIANO, constantes referências às Ordenações e várias citações de autores não nacionais como *COCCEJI, STRUVIUS, GOMEZ, TOMASIUS, STRYKIUS, GROTIUS,* PUFENDORF, etc. (cfr. também as indicações dadas por MENEZES CORDEIRO, *Teoria*…, in *Boletim*…, XXIX, 277). Acerca de vários destes juristas e das escolas de pensamento em que se inserem cfr. as indicações fornecidas *infra* aquando do estudo da obra de MANUEL DE ALMEIDA E SOUSA DE LOBÃO. V., também, e em qualquer caso o nosso *A representação*…, 244 e ss. (a propósito de GOMEZ), 256 e ss. (relativamente aos restantes), com as menções aí constantes.

[223] Mas v. quanto se escreveu na nota anterior.

[224] MELLO FREIRE, *Instituições*…, in *Boletim*…, 1967, 165, 39 e ss..

[225] MELLO FREIRE, *Instituições*…, in *Boletim*…, 1967, 165, 52 e ss..

A propósito do domínio, o autor considera tratar-se da principal espécie do direito *in re* (real). Ele consiste, afirma, no direito de dispor livremente da coisa, receber toda a sua utilidade, excluir os outros do seu uso e reivindicá-lo de quem quer que seja[226]. Explica, depois, os respectivos efeitos e as restrições impostas pelas leis da sociedade ou convenção das partes, devendo o dono usar da coisa segundo as normas prescritas. Sublinha, porém, a impossibilidade de o direito, que compete ao dono de excluir os outros no uso da coisa ser retirado por lei, visto isso invadir a natureza e essência do domínio[227]. O tratamento do domínio termina com uma breve referência às suas distinções.

Relativamente à posse, MELLO FREIRE refere a questão de saber se ela consiste num direito real ou pessoal, mas não entra na análise do problema. Considera a posse como uma faculdade natural de apreender a coisa com intenção de a deter como sua. Distingue-a da detenção e do domínio. Na posse há, escreve, a faculdade natural de deter a coisa com direito ou sem ele. O domínio consiste na faculdade de apreender a coisa ou a deter com justa causa e título[228]. Como suportes da posse o autor exige a existência de um *corpus* e de *animus*, embora para reter a posse já lhe baste o *animus*[229]. Isso mesmo é explicado a propósito da aquisição, retenção ou amissão da posse. O estudo desta matéria termina com uma análise das várias divisões da posse e respectivos efeitos, remetendo a análise da distinção do possuidor justo e injusto, da respectiva causa e o modo de accionar para o livro seguinte[230].

---

[226] MELLO FREIRE, *Instituições*…, in *Boletim*…, 1967, 165, 52.
[227] MELLO FREIRE, *Instituições*…, in *Boletim*…, 1967, 165, 53.
[228] MELLO FREIRE, *Instituições*…, in *Boletim*…, 1967, 165, 54.
[229] MELLO FREIRE, *Instituições*…, in *Boletim*…, 1967, 165, 54 e 55.
[230] MELLO FREIRE, *Instituições*…, in *Boletim*…, 1967, 165, 56; e 1967, 168, onde, precisamente no Livro IV – Direito das obrigações e das acções, se trata as diversas acções reais, entre as quais MELLO FREIRE inclui as diversas formas de reivindicação, a acção publiciana – para defesa da posse de boa fé – a acção de rescisória – apesar de já não vigorar ao tempo conforme sublinhado pelo autor por não correr prazo de usucapião contra o impedido por justa causa – pela qual aquele que esteve ausente com justa causa, e perdera, por isso, no rigor do Direito, o domínio da coisa por usucapião, demanda que essa usucapião seja rescindida – a acção revogatória ou pauliana, a petição de herança, as acções confessória e negatória – para defender ou negar direi-

V – Segue-se a abordagem da aquisição do domínio das coisas. Os modos de adquirir o domínio são divididos, na tradição do Direito Romano, em naturais e civis. Primeiro são tratados os naturais que se dizem originários ou derivados[231].
Como originários mencionam-se e estudam-se a ocupação[232] e a acessão[233]. Como modo derivado de adquirir o domínio analisa-se a tradição[234].
Quanto aos modos de aquisição do domínio no Direito Civil, MELLO FREIRE afirma terem o Direito Romano e o Direito Civil inventado vários, universais ou singulares. Nos universais inclui a herança. Aos singulares respeita particularmente a usucapião[235], que trata precisamente no Título IV (epigrafado das prescrições) do Livro III[236].

VI – O estudo das prescrições ou usucapião começa pela explicação daquilo em que a figura consiste e pela menção ao Direito que a introduziu. Segue-se o tratamento do Direito Romano[237] e do Direito Canónico[238], acompanhado de uma pequena menção ao Direito dos francos, germanos e visigodos[239]. Trata, depois, o tempo da prescrição[240], a prescrição de longuíssimo tempo[241] e a imemorial[242]. Aborda ainda a questão da boa fé na usucapião[243], a usurpação da prescrição[244], as coisas que podem

---

tos de servidão e a acção hipotecária. Cfr. ainda quanto se escreve em nota *infra* no presente parágrafo.
[231] MELLO FREIRE, *Instituições*..., in *Boletim*..., 1967, 165, 57.
[232] MELLO FREIRE, *Instituições*..., in *Boletim*..., 1967, 165, 57 e ss..
[233] MELLO FREIRE, *Instituições*..., in *Boletim*..., 1967, 165, 57, e 63 e ss..
[234] MELLO FREIRE, *Instituições*..., in *Boletim*..., 1967, 165, 57 e 67 e 68. Cfr., ainda, o que se escreve acerca da tradição quando procedermos à análise da obra de ALMEIDA E SOUSA (LOBÃO).
[235] MELLO FREIRE, *Instituições*..., in *Boletim*..., 1967, 165, 68.
[236] MELLO FREIRE, *Instituições*..., in *Boletim*..., 1967, 165, 69 e ss..
[237] MELLO FREIRE, *Instituições*..., in *Boletim*..., 1967, 165, 70 e 71.
[238] MELLO FREIRE, *Instituições*..., in *Boletim*..., 1967, 165, 71.
[239] MELLO FREIRE, *Instituições*..., in *Boletim*..., 1967, 165, 71.
[240] MELLO FREIRE, *Instituições*..., in *Boletim*..., 1967, 165, 72 e 73.
[241] MELLO FREIRE, *Instituições*..., in *Boletim*..., 1967, 165, 73.
[242] MELLO FREIRE, *Instituições*..., in *Boletim*..., 1967, 165, 73.
[243] MELLO FREIRE, *Instituições*..., in *Boletim*..., 1967, 165, 74 e 75.
[244] MELLO FREIRE, *Instituições*..., in *Boletim*..., 1967, 165, 75.

prescrever[245], as pessoas contra as quais não corre prescrição[246], a prescrição dos bens e direitos do príncipe[247] para terminar com uma análise das prescrições extraordinárias[248].

VII – Os Títulos V a X do Livro III abordam matéria sucessória. O Título V é dedicado à maneira de ordenar os testamentos e codicilos[249]. O VI reporta-se ao estudo da aceitação ou renúncia da herança[250]. O VII tem por objecto os legados e fideicomissos[251]. O VIII é dedicado às sucessões *ab intestado*[252]. O Título IX é referente à sucessão no morgado[253] e o X às capelas[254]. Todas estas figuras são expressamente consideradas por MELLO FREIRE como correspondentes a direitos reais[255]. Esta abordagem não deve, porém, surpreender.

Era nosso propósito inicial estudar na segunda parte deste relatório o conceito de direito real enquanto núcleo duro no qual naturalmente assentaria a disciplina. Nesse estudo seríamos levados a uma aprofundada abordagem histórica do conceito de direito real e da formação dos Direitos Reais e em que se procuraria desvendar a ligação entre diversas figuras hoje pertencentes ao Direito das Sucessões com o Direito das

---

[245] MELLO FREIRE, *Instituições*…, in *Boletim*…, 1967, 165, 75 e 76.
[246] MELLO FREIRE, *Instituições*…, in *Boletim*…, 1967, 165, 76.
[247] MELLO FREIRE, *Instituições*…, in *Boletim*…, 1967, 165, 76 e 77.
[248] MELLO FREIRE, *Instituições*…, in *Boletim*…, 1967, 165, 77 e 78.
[249] MELLO FREIRE, *Instituições*…, in *Boletim*…, 1967, 165, 79 e ss..
[250] MELLO FREIRE, *Instituições*…, in *Boletim*…, 1967, 165, 128 e ss..
[251] MELLO FREIRE, *Instituições*…, in *Boletim*…, 1967, 165, 141 e ss..
[252] MELLO FREIRE, *Instituições*…, in *Boletim*…, 1967, 166, 45 e ss..
[253] MELLO FREIRE, *Instituições*…, in *Boletim*…, 1967, 166, 60 e ss..
[254] MELLO FREIRE, *Instituições*…, in *Boletim*…, 1967, 166, 89 e ss.. Por capela entendia-se o direito de suceder nos bens sujeitos a encargos pios e a perpétua proibição de alienação, tendo o sucessor ou administrador certa quota pelos trabalhos de administração.
[255] Cfr. MELLO FREIRE, *Instituições*…, in *Boletim*…, 1967, 165, 37, onde o autor, ao explicar no prefácio ao Livro III da sua obra, a sistematização que se propõe adoptar, afirma expressamente: «*Com brevidade* (…) *se ensinam os direitos reais das prescrições, morgados, capelas, enfiteuse, servidões e penhores, que vemos não tanto explicados, como complicados pelos Intérpretes em muitos volumes.*» Mas v. também o que o autor escreve a p. 58.

Coisas. Circunstâncias vividas durante a fase de elaboração do trabalho não permitiram que concluíssemos, neste ponto, o nosso plano. Será, pois, este um estudo a realizar noutra altura. Em qualquer caso, deve mencionar-se, desde já e aqui, a circunstância de a *hereditas* romana, primeiro entendida como uma coisa corpórea, depois como incorpórea[256], ser reclamada pelo herdeiro com uma *actio in rem* (*hereditatis petitio*)[257]. Na época clássica ela seria identificada com o *ipsum ius sucessionis* que não era assimilável, enquanto tal, a qualquer direito real típico[258]. Mas

---

[256] *GAIUS*, 2, 14.
[257] PUGLIESE, *Diritti reali*, in *Enciclopedia del Diritto*, 1964, XII, 757.
[258] V. PUGLIESE, *Diritti...*, in *Enciclopedia...*, XII, 757. Cfr., também, SANTOS JUSTO, *Direito privado...*, I, 239 e 241, nota 1207. Ulteriores pormenores acerca da evolução histórica da figura do direito real e aspectos conexos podem, ainda, confrontar-se ou obter-se, com diferentes enquadramentos, de entre a múltipla bibliografia que recolhemos acerca desta questão para concretização do propósito enunciado no texto – e para além de diversas obras de autores portugueses, publicadas em momentos bem distintos, indo desde MELLO FREIRE, COELHO DA ROCHA e ALMEIDA E SOUSA, até aos estudos, mais recentes, de GOMES DA SILVA, ORLANDO DE CARVALHO, SANTOS JUSTO e EDUARDO DOS SANTOS, todos estes citados no quadro da análise particular do respectivo contributo para o desenvolvimento e estudo do Direito das Coisas –, JACOBUS DE RAVANIS, *Summa feodorum*, Rub. *Quot modis feuda acquintur et quibus* (confrontou-se a 2.ª edição a cargo de CORRADO PECORELLA, Nápoles, 1959, 52 e ss.); GERARDUS FELTMANIUS, *Tractatus de jure in re & ad rem*, Duisburgo, 1676, *per totum*; U. HUBERUS, *Jus in re & ad rem*, in *Digressiones justinianae*, 3.ª ed., Francoforte, 1696 [269 e ss.]; HAHN, *De iure rerum et iuris in re speciebus*, Helmstadt, 1647; GROTIUS, *Jurisprudence of Holland*, edição bilingue, texto, tradução e notas por ROBERT WARDEN LEE, reimpressão da segunda edição de Oxford, 1953, Aalen, 1977, Liv., II [63 e ss.] (a obra de *GROTIUS* foi como se sabe escrita durante a sua prisão no castelo de Loevestein entre 6 de Junho de 1619 e 22 de Março de 1621, destinando-se, não a publicação, mas à educação dos seus filhos. A circunstância de terem surgido em circulação edições com incorrecções levou o autor a dar o título à estampa em 1631); Id., *De iure belli ac pacis*, Amesterdão, Lib. II, Caps. III e VI e ss. [Amersterdão,1720, 271 e ss.]; PUFENDORF, *De jure naturae et gentium libri octo*, Lib. IV, Caps. III e ss. [reprodução fotográfica da edição de 1688, com introdução de WALTER SIMONS, Londres, 1934, vol. I, 356 e ss.]; THIBAUT, *Vertheidigung meiner Begriffe über* ius personarum und rerum *wider den Herrn Professor Hübner*, in *Versuche über einzelne Theile des Theorie des*

Rechts, 2.ª ed., Jena, 1817, 1 e ss.; Id., *Ueber dingliches und personliches Rechts*, in *Idem*, 23 e ss.; Id., *Systems des Pandekten-Rechts*, 9.ª ed., Jena, I, 1846, 191 e ss. (nesta obra, note-se, a posse não é tratada no quadro dos direitos reais mas, sim, no dos direitos pessoais [165 e ss.]); CONRAD FRANZ ROSSHIRT, *Dogmengeschichte des Civilrechts*, reimpressão da edição de Heidelberga de 1853, Sockstadt no Meno, 2006, 183 e ss.; FERDINANDO PICCINELLI, *Studî e richerche intorno alla definizione: Dominium est ius et abutendi re sua, quatenus iuris ratio patitur*, reimpressão da edição de Florença 1886, com introdução de LUIGI CAPOGROSSI COLOGNESI, Nápoles, 1980, *per totum*; PUCHTA, *Pandekten*, 12.ª ed. por SCHIRMER a partir de anterior edição de RUDORFF, Lípsia, 1877, 209 e ss. (tal como em THIBAUT a posse aparece no contexto dos direitos pessoais [v. 184 e ss.]); ERNST LANDESBERG, *Die Glosse des Accurssius und ihre Lehre von Eigenthum. Rechts- und dogmenchichtliche Untersuchung*, Lípsia, 1883; J. BRISSAUD, *Manuel d'histoire du Droit privé*, Paris, 1908, 198 e ss.; E. MEYNIAL, *Notes sur la théorie du domaine divise (domaine direct et domaine utile) du XIIe au XIVe siècle dans les romanistes. Étude de dogmatique juridique*, sem indicação de local nem data (mas tratar-se-á de uma separata dos *Mélanges Fitting* datados de 1908); MARNOCO E SOUZA, *Historia das instituições do direito romano, peninsular e português, prelecções feitas ao curso do 2.º anno jurídico do anno de 1904 a 1905*, 3.ª ed., Coimbra, 1910, 349 e ss.; ERNST HEYMANN, *Zur Geschichte des jus ad rem*, in *Festschrift Otto Gierke zum siebzigsten Geburtstag*, Weimar, 1911, 1167 e ss.; ROMAN RIAZA, *Notas para la historia del concepto del 'ius in re'*, in *Filosofia y letras*, 1930, 231 e ss.; PIERRE MASSON, *Contribution à l'étude des rapports de la propriété et de l'usufruit chez les romanistes du moyen age et dans le droit français*, Dijon, 1933; EMILIO BUSSI, *La formazione dei dogmi di diritto privato nel diritto comune*, Milão, 1937, I, 3 e ss.; URSCINO ALVAREZ SUAREZ, *Esquema de la distinción entre derechos reales y personales*, in *Revista de la Facultad de derecho de Madrid*, 1943, 12, 23 e ss.; MICHEL VILLEY, *Le «ius in re» du droit romain classic au droit moderne (suivi des fragments pour un dictionnaire du langage des glossateurs)*, in *Conférences faites à l'Institut de droit Romain en 1947*, Paris, 1950, 187 e ss.; MAX KASER, *Eigentum und Besitz im älteren römischen Recht*, 2.ª ed., Colónia, Graz, 1956; GABRIEL LEPOINTE, *Droit romain et ancien droit français (droit des biens)*, Paris, 1958, *per totum*; P. S. LEICHT, *Storia del diritto italiano. Il diritto privato*, II, *Diritti reali e di sucessioni*, Milão, 1960, 1 e ss.; P. OURLIAC e J. DE MALAFOSSE, *Droit romain et ancien droit*, II, *Les biens*, Paris, 1961, *per totum*; GAETANO SCHERILLO, *Il concetto di diritto reali – considerazioni storico--dogmatiche*, in *Studi in onore di Emilio Betti*, Milão, 1962, II, 81 e ss.; PIETRO BONFANTE, *Corso di Diritto Romano*, vol. II, parte I, *La proprietà*, Milão, 1966, vol. II, parte II, *La proprietà*, Milão, 1968, vol. III, *Diritti Reali*, Milão, 1972, todos correspondentes à reimpressão corrigida da 1.ª edição a cargo de PIETRO BONFANTE e GIULIANO GRIFO; JESUS LALINDE, *Iniciación histórica al derecho español*, Barcelona, 1970, 637 e ss.; HELMUT COING, *Europäisches privatrecht* I, *Älteres gemeines Recht (1500 bis 1800)*, Munique, 1986, 27 e ss., II, *19. Jahrhundert*.

os autores medievais e modernos não deixariam de elaborar tentativas de enquadrar a *hereditas* e o *ius sucessionis* entre os direitos reais com base nas fontes romanas, em geral alicerçadas na necessidade de traduzir em direitos a linguagem romana das acções *in rem*, de um lado, e *in personam*, do outro[259].

VIII – Segue-se, no Título XI, a abordagem da enfiteuse[260] e, depois, no XII as partilhas e colações de bens[261]. As servidões aparecem no Título XIII[262]. O autor explica em primeiro lugar em que consiste a servidão[263] e quais as espécies que há[264]. Estuda a servidão de não fazer os chamados direitos banais e aborda os aspectos de Direito Romano que

---

Überblick über die Entwicklung des Privatrechts in den ehemals gemeinrechtlichen Ländern, Munique, 1989, 367 e ss.; JEAN PHILIPPE LÉVY e ANDRÉ CASTALDO, *Histoire du droit civil*, Paris, 2002, 261 e ss.; MAX KASER e ROLF KNÜTEL, *Römishes Privatrecht*, 18.ª ed., Munique, 2005, 96 e ss.; MIGUEL GALVÃO TELLES, *Direitos absolutos e relativos*, in *Estudos em homenagem ao Prof. Doutor Joaquim Moreira da Silva Cunha*, Coimbra, 2005, 649 e ss.. Acerca da autonomização dos Direitos Reais enquanto ramo de Direito v., por todos, SCHWARZ, *Entstehung des modernen Pandektensystems*, in *Zeitschrift der Savigny-Stiftung für Rechtsgeschichte*, XLII, 1921, 578 e ss..

[259] Assim PUGLIESE, *Diritti...*, in *Enciclopédia...*, 1964, XII, 757. Cfr., também, a título exemplificativo daquilo que era o procedimento comum nos tempos mais ou menos próximos de MELLO FREIRE, *GROTIUS, Jurisprudence...*, I, Liv. II, Caps. I e ss. [a páginas 63 e ss.], particularmente, Caps. XIV e ss. [128 e ss.]; PUFENDORF, *De jure naturae et gentium...*, Lib. IV, Caps. X e XI [vol. I, 418 e ss.]; e, entre nós, MANUEL DE ALMEIDA E SOUSA LOBÃO, *Notas do uso practico e criticas, adicções, illustrações e remissões á imitação das de Muller a Struvio sobre todos os títulos e todos os parágrafos do livro terceiro das instituições do direito civil lusitano do Dr. Pascoal José de Mello Freire*, Lisboa, 1883, Parte III, 194 e ss.. V., ainda, quanto se escreve *infra* a propósito da matéria incluída por BORGES CARNEIRO no quadro dos direitos reais.

[260] MELLO FREIRE, *Instituições...*, in *Boletim...*, 1967, 166, 98 e ss..
[261] MELLO FREIRE, *Instituições...*, in *Boletim...*, 1967, 166, 141 e ss..
[262] MELLO FREIRE, *Instituições...*, in *Boletim...*, 1967, 166, 152 e ss..
[263] MELLO FREIRE, *Instituições...*, in *Boletim...*, 1967, 166, 152 e 153, explicando que no sentido romano a servidão é um direito sobre coisa alheia pelo qual o dono desta é obrigado a sofrer ou não fazer certas coisas no que é seu, para utilidade de outrem.
[264] As servidões seriam pessoais quando servissem a pessoa como aconteceria com o usufruto, o uso, a habitação e a servidão de obras. Em contrapartida corresponderiam

se não adaptam aos costumes nacionais[265]. É neste contexto que o autor analisa e estuda o usufruto[266], o uso, habitação, trabalho dos escravos[267], a par com as servidões prediais[268]. E isto pela razão simples de considerar todas estas figuras como formas de servidão.

O último Título do Livro relativo às coisas, o XIV, é dedicado aos penhores e hipotecas[269]. Não se aborda, portanto, esta matéria a propósito do Direito das Obrigações. Já as acções reais, suas espécies[270] e fundamento, vêm tratadas no Título VI do Livro IV, relativo, justamente, às obrigações e às acções.

2.3. RICARDO RAYMUNDO NOGUEIRA, FRANCISCO COELHO DE SOUSA E SAMPAIO, VICENTE CARDOZO DA COSTA E MANUEL DE ALMEIDA E SOUSA (LOBÃO), BORGES CARNEIRO E JOSÉ HOMEM CORREIA TELLES

I – Conforme se sublinhou antes, as *Institutiones* de MELLO FREIRE foram adoptadas em 1805 como compêndio das Faculdades de Leis e Cânones da Universidade de Coimbra[271]. Este circunstancialismo terá

---

a servidões prediais aquelas em que uma coisa serviria outra coisa. Cfr. MELLO FREIRE, *Instituições*…, in *Boletim*…, 1967, 166, 152.
[265] MELLO FREIRE, *Instituições*…, in *Boletim*…, 1967, 166, 154 e ss..
[266] MELLO FREIRE, *Instituições*…, in *Boletim*…, 1967, 166, 156 e ss..
[267] MELLO FREIRE, *Instituições*…, in *Boletim*…, 1967, 166, 160.
[268] MELLO FREIRE, *Instituições*…, in *Boletim*…, 1967, 166, 160 e ss..
[269] MELLO FREIRE, *Instituições*…, in *Boletim*…, 1967, 166, 164 e ss..
[270] De acordo com MELLO FREIRE, *Instituições*…, in *Boletim*…, 1967, 168, 112 e ss., as acções reais são as que nascem de um direito *in re*. Ora, como esse direito resulta de um domínio verdadeiro e pleno, ou quase domínio, ou de um direito hereditário, ou de uma servidão, penhor ou hipoteca segue-se, no dizer do autor, serem outras tantas as espécies de acções reais. Entre elas cabiam as seguintes: a acção directa de reivindicação, a reivindicação útil (que competia ao enfiteuta), a reivindicação do dote, a acção publiciana, e a revogatória ou pauliana, a petição de herança, as acções confessória e negatória (para defender ou negar direitos de servidão) e a acção hipotecária.V. quanto se escreveu já em nota *supra* no presente parágrafo.
[271] Isso mesmo tem sido sublinhado por uma plêiade de autores. V., entre tantos outros, PAULO MERÊA, *O ensino do direito em Portugal de 1805 a 1836*, in *Juriscon-*

levado à obliteração das outras obras mais ou menos contemporâneas[272]. Em qualquer caso, em finais do século XVIII e começos do século XIX, cabe ainda mencionar outros jurisconsultos de vulto. Ligados ao ensino universitário, sublinham-se, na área do Direito Civil, RICARDO RAYMUNDO NOGUEIRA[273] e FRANCISCO COELHO DE SOUSA E SAMPAIO[274], ambos lentes de Leis. Com uma efémera passagem pelo

---

sultos portugueses do Século XIX (direcção de JOSÉ PINTO LOUREIRO), I, Lisboa, 1947, 163 e ss.; Id., *Lance...* 200 e ss.; ALMEIDA COSTA, *Apontamentos...*, 44; Id., *História...*, 47; MENEZES CORDEIRO, *Teoria...*, in *Boletim...*, XXIX, 278; MENEZES LEITÃO, *O ensino...*, 56 e 57.

[272] Assim MENEZES LEITÃO, *O ensino...*, 56 e 57.

[273] As lições que fez na sua docência (*Prelecções de Direito Patrio que fez no anno lectivo de 1975 a 1976*) foram primeiramente publicadas no *Jornal de Jurisprudência* (mas não confrontámos), e em *O instituto*, 273-275, 287-290; 1859, VIII, 4-5, 22-24, 39-40, 173-176, 188-190, 206-208, 228-231, 255-256, 286-288, 313-323;1863, XII, 49-50, 73-76, 97-99, 121-123, 145-147, 169-171, 193-195, 217-220, 241-243, 265-268; 1864, XIII, 1-4, 25-28, 73-76, 145-147, 16-172, 193-195, 217-221, 241-244, 269-272; 1865, XIV, 25-27, 49-51 (cita-se, por este último local), e mais tarde reeditadas em parte sob o título *Prelecções sobre a historia de direito patrio ao quinto anno jurídico da Universidade de Coimbra no anno de 1795 a 1796*, Coimbra, 1866 (note-se que antes existem umas lições designadas *Prelecções de Direito publico interno de Portugal*, in *O instituto*, 1858, VI, 233-235, 248-250, 256-260, 277-279, 295-298; 1859, VII, 37-39, 75-78, 88-91, 99-102, 114-116, 122-126, 136-138, 151-154, 157-160, 172-176, 184-186, 194-197, mas não era essa a ordem adoptada pelo autor devendo-se a alteração a escolha editorial). Acerca deste jurisconsulto v., para além das observações anteriormente feitas, PAULO MERÊA, *Notas sobre alguns lentes de Direito Pátrio no período 1772-1804*, separata do *Boletim da Faculdade de Direito*, 1961, XXXVI, 11 e ss.; MARCELLO CAETANO, *História do Direito português (sécs. XII-XVI)*, seguida de *Subsídios para a história das fontes do Direito em Portugal no século XVI*, 4.ª ed., Lisboa, 2000, 40 e s.; ALMEIDA COSTA, *História...*, 50 e 370; e NUNO ESPINOSA GOMES DA SILVA, *História...*, 232.

[274] Este autor publicou umas *Prelecções de Direito patrio publico e particular, offerecidas ao serenissimo senhor D. João Principe do Brasil*, Primeira e Segunda Parte *Em que se trata das noções preliminares e do direito publico portuguez*, Coimbra, 1793, 79 e ss., *maxime* 81 e ss.; a propósito do direito inspectivo procede a uma breve referência à divisão das coisas, e pouco depois de aposentado deu à estampa umas *Observações às Prelecções de Direito Pátrio*, Lisboa, 1805. Cfr. para mais indicações a seu respeito PAULO MERÊA, *Notas...*, 12 e 13; MARCELLO CAETANO, *História...*, 40 e s.; ALMEIDA COSTA, *História...*, 370; e NUNO ESPINOSA GOMES DA SILVA, *História...*, 232.

professorado refira-se VICENTE CARDOZO DA COSTA, notabilizado, ainda assim, fora do ensino universitário. Versou nas respectivas lições o direito enfitêutico, para o qual escreveu um pequeno texto com fins didácticos, surgido no mesmo ano que as *Institutiones* de MELLO FREIRE, seguindo o mesmo método[275], com um total de 71 páginas divididas em 101 pequenos parágrafos integrados em X capítulos[276], tudo antecedido de prefácio. Posteriormente, e como em tese apresentada na Universidade se tinham atacado as suas posições em matéria de enfiteuse, deu, ainda, à estampa um opúsculo sobre a matéria em defesa das posições que antes defendera[277]. Mas o escrito mais importante publicado por CARDOZO DA COSTA foi o trabalho por ele escrito com vista à elaboração entre nós de um Código Civil[278/279]. Não se trata de obra de leitura fácil atenta, designadamente, a respectiva prolixidade. Ainda assim este estudo tem sido considerado a vários títulos notável. De sublinhar a circunstância de o Código proposto dever ser completamente original[280]. Na exposição sistemática das normas de Direito Civil o tronco de onde deveriam partir todos os outros ramos era, na perspectiva do

---

[275] VINCENTIO JOSEPHO FERREIRA CARDOZO DA COSTA, *Elementa juris emphyteutici commoda methodo juventuti academicae adornata*, Coimbra, 1789.

[276] Mais concretamente o Capítulo I tinha por título *De Emphyteusi generatim, illiusque origine*; o Capítulo II *De Emphyteuseos divisione*; o Capítulo III *Quibus rebus Emphytesis constitui possit*; o Capítulo IV *Qui Emphyteusim accipere concedereque possunt*; o Capítulo V *Quibus modis Emphyteusis constituatur & acquritur*; o Capítulo VI *De juribus directi, & emphiteutae, nec non utriusque obligationibus*; o Capítulo VII *De sucessione emphyteuseos*; o Capítulo VIII *De nominatione Emphyteuseos*; o Capítulo IX *Quibus modus Emphyteusis extinguitur & amittitur*; e o Capítulo X *De renovatione Emphyteuseos*.

[277] *Analyse das theses de direito emphyteutico que se defenderão no presente anno na Universidade de Coimbra em as conclusões das faculdades jurídicas em três cartas que escreveo a hum seu amigo*, Coimbra, 1814.

[278] Cfr. *Que he o Código Civil*, Lisboa, 1822.

[279] Para ulteriores referências acerca deste jurisconsulto v. LUÍS DA SILVA RIBEIRO, *Vicente Cardoso Costa*, in *Jurisconsultos portugueses do Século XIX*, direcção de PINTO LOUREIRO, I, Lisboa, 1960, 421 e ss.; ALMEIDA COSTA, *História…*, 371 e 372; NUNO ESPINOSA GOMES DA SILVA, *História…*, 232; e MENEZES CORDEIRO, *Teoria…*, in *Revista…*, XXIX, 282 e 283.

[280] *Que he…*, 141.

autor, a propriedade. E de tal maneira que CARDOZO DA COSTA considerava corresponder o Direito Civil, em sentido estrito, ao direito dos cidadãos, aquilo que lhes pertence, o que é próprio deles, à sua propriedade. Para tanto, afirmava, Direito Civil e propriedade vêm a ser uma e a mesma coisa. Ou noutra formulação, Direito Civil não era senão uma designação diversa da propriedade[281], numa manifestação de evidência tão forte como qualquer das proposições de Euclides[282].

II – Fora do ensino universitário avulta a figura de MANUEL DE ALMEIDA E SOUSA (LOBÃO)[283/284], homem essencialmente prático e com banca de advogado na localidade de Lobão nas Beiras[285].

---

[281] *Que he...*, 96 e ss..
[282] Dele diria MENEZES CORDEIRO, *Teoria...*, in *Revista...*, XXIX, 283: «*O radicalismo jusracionalista – central e dedutivista é patente: CARDOSO DA COSTA propugnava que o Código Civil poderia, na maior parte, ser comum a todos os povos, pouco se modificando com os séculos; e chegava mesmo a verberar o Código Napoleão por excesso de romanismo. As influências de BENTHAM, na pretensão de reforma jusracionalística absoluta, são patentes.*»
[283] Cfr., na mesma direcção, MENEZES LEITÃO, *O ensino...*, 56 e 57.
[284] Acerca deste jurisconsulto e sua obra pode ver-se designadamente JOSÉ PINTO LOUREIRO, *O jurisconsulto Manuel de Almeida e Sousa*, in *Boletim da Faculdade de Direito*, 1943, XVIII, 273 e ss. (=*Jurisconsultos portugueses do Século XIX*, Organização de PINTO LOUREIRO, I, Lisboa, 1960, 240 e ss.).
[285] Mais até do que a desvalorização, a obra de LOBÃO foi sujeita a críticas profundas. Perante o panegírico geral prestado a MELLO FREIRE, ALMEIDA E SOUSA foi acusado de ser um crítico de má fé, injusto e invejoso. V. JOSÉ PINTO LOUREIRO, *O jurisconsulto...*, in *Boletim...*, 1943, XVIII, 274 (=*Jurisconsultos portugueses...*, I, 241 e ss.); MENEZES LEITÃO, *O ensino...*, 56. A verdade é que ainda hoje, e descontando agora as inqualificáveis censuras de ALEXANDRE HERCULANO, *Estudos sobre o casamento civil (por ocasião do opúsculo do Sr. Visconde de Seabra sobre este assunto)*, 1885, 3.ª ed., Lisboa, 1865, 186, se prolongam em parte as já antigas críticas de COELHO DA ROCHA, *Ensaio...*, 2.ª ed., 228; 6.ª ed., 221 e 222; e LIZ TEIXEIRA, *Curso de direito civil portuguez ou commentario ás instituições do Senhor Paschoal José de Mello Freire sobre o mesmo direito*, 2.ª ed., Coimbra, 1848, parte primeira, *Do direito das pessoas*, prefácio, VI; BRUSCHY, *Manual de direito civil portuguez segundo a novissima legislação*, Lisboa, 1869, II, 89; como o atestam por exemplo as

LOBÃO ficou particularmente conhecido pelas suas anotações ao trabalho de MELLO FREIRE, publicadas a partir de 1816. A nós interessa-nos, como é evidente, focar o estudo do Direito das Coisas[286].

ALMEIDA E SOUSA não terá sido um iluminista no sentido militante do termo, mas, no dizer de PINTO LOUREIRO[287], toda a sua acção de jurista culto se encaminhou num sentido marcadamente verneyano, tal como interpretado por CABRAL DE MONCADA[288], pela sua atitude crítica, pela preocupação reformadora, procurando introduzir entre nós os ensinamentos das melhores fontes dos países mais avançados na ciência do Direito. Até a confessada admiração pelos estudos históricos como auxiliares do Direito e da jurisprudência estabelece afinidades claras com os autores do *Verdadeiro método de estudar* e da Parte II, Capítulo II, do *Compêndio histórico*[289]. Tudo isto é particularmente visível no estudo e tratamento dedicado aos direitos reais nas anotações a MELLO FREIRE[290]. A par das fontes romanas e nacionais e das referências aos praxistas portugueses, ALMEIDA E SOUSA cita nomes como os de

---

seguintes palavras de ALMEIDA COSTA, *Apontamentos...*, 563 e 564; Id., *História...*, 370 e 371, acerca de LOBÃO: «*Publicou obra extensa. Isso explicará talvez que a mesma se ressinta do defeito de os problemas nem sempre se apresentarem estudados com a meditação adequada.*» ALMEIDA COSTA não deixa de notar, contudo, logo de seguida: «*Parecem exageradas, todavia, as críticas de muitos dos seus contemporâneos e dos autores que se lhe seguiram, pois Almeida e Sousa afirmou-se como um dos juristas mais argutos do tempo em que viveu.*» V., a este respeito, também e para maiores desenvolvimentos, PINTO LOUREIRO, *Manuel Almeida...*, in *Jurisconsultos...*, I, 272 e ss.. Mas mesmo autores mais antigos se insurgiram contra a crítica à figura de LOBÃO. Cfr., por exemplo, ASSIS TEIXEIRA DE MAGALHÃES, *Águas correntes não navegáveis nem flutuáveis segundo o direito civil moderno*, Coimbra, 1876, 16 e ss.

[286] V. MANUEL DE ALMEIDA E SOUSA DE LOBÃO, *Notas...* III, *per totum*.

[287] *Manuel de Almeida...*, in *Jurisconsultos...*, I, 250.

[288] CABRAL DE MONCADA, *Um «iluminista» português do século XVIII...*, *per totum*.

[289] PINTO LOUREIRO, *Manuel de Almeida...*, in *Jurisconsultos...*, I, 251.

[290] Mas também nas restantes obras que referiremos já de seguida e com relevância em particular para o estudo sobre o direito enfitêutico em cujo prefácio o autor transcreve parte do *Compêndio histórico*.

DONELLUS (1527-1591)²⁹¹, *HOTOMANUS* (1524-1590)²⁹², *STRYKIUS* (1640-1710), VOET (1647-1714), BÖHMER (1674-1749), *COCCEJI* (1679-1755), *HEINECCIUS* (1681-1741)²⁹³, *GROTIUS* e DOMAT (1625-1695), entre outros, e com todos se revela perfeitamente familiarizado.

Do ponto de vista sistemático a obra de LOBÃO encontra-se dividida em catorze títulos²⁹⁴, que correspondem justamente aos que vimos dividirem a obra de MELLO FREIRE. Porém, e apesar de reconhecer ter MELLO FREIRE abordado quase todas as matérias dos diversos ramos de Direito, ALMEIDA E SOUSA considera terem escapado, ao primeiro, alguns aspectos. Por outro lado, considera deverem as obras jurídicas ter uma inseparável união com a teoria e a prática e uso do foro. Ora precisamente apontando alguns dos mais destacados escritores

---

²⁹¹ Considerado como o mais acabado dogmático e sistemático dos juristas humanistas. Ao lado de *DONELLUS* podem ainda, e designadamente, referir-se como grandes mentores de uma ordenação sistemática das matérias *DUARENUS*, *HOTOMANUS* e *CONNANUS*. Para uma análise das implicações fundamentais da sistematização levada a cabo por *DONELLUS* v., por todos, MICHEL VILLEY, *La formation de la pensée juridique moderne. Cours d'histoire de la philosophie du droit*, Paris, 1961-1962, 525 e 543 e 544. Em geral para uma caracterização, quer de *DONELLUS*, quer de *HOTOMANUS*, quer dos demais juristas humanistas v., por todos, WIEACKER, *História...*, 179.
²⁹² Para uma referência aprofundada acerca deste jurisconsulto humanista cfr. WERNER VOGEL, *Franz Hotmann und die Privatrechtswissenchat seiner Zeit*, Münster, 1960, Dissertação, *per totum*.
²⁹³ BÖHMER, *COCCEJI* e *HEINECCIUS*, como é sabido, juristas do *usus modernus pandectarum*. Para um enquadramento desta corrente do pensamento jurídico cfr. o nosso *A representação...*, 256 e ss..
²⁹⁴ Título I: *De divisione rerum et qualitate*; Título II: *De dominio et possessione. Dominium quid? Illius effectus. Aliquando restringuntur: dominio distinctio*; Título III: *De adquirendo rerum dominio*; Título IV: *De praescriptionibus*; Título V: *Testamentis ordinandis et codicillis*; Título VI: *De adquirenda vel omittenda haereditate*; Título VII: *De legatis et fideicomissis*; Título VIII: *De sucessionibus ab intestato*; Título IX: *De successione maioratus*; Título X: *De capellis*; Título XI: *De jure emphyteutico*; Título XII: *De bonorum partitionibus, et collationibus*; Título XIII: *De servitutibus*; Título XIV: *De pignoribus et hypothecis*.

estrangeiros, que sempre uniram a teoria à praxe do foro, LOBÃO considera as *Institutiones* mais teóricas do que práticas. Por isso mesmo entende carecerem de algumas notas do uso do foro, razão pela qual se propôs anotar, adicionar, ilustrar e fazer remissões, e em parte apresentar as suas opiniões divergentes[295]. Em inúmeros casos o autor aponta a MELLO FREIRE falhas qualificadas de mais ou menos graves[296], confusões e até a circunstância de apresentar posições ou noções inspiradas em autores que não cita[297].

III – Quanto ao fundo da obra, alguns aspectos merecem destaque, para além do significativo desenvolvimento posto no tratamento dado a cada um dos vários problemas.

Sublinha-se em primeiro lugar, de entre diversos outros aspectos, o tratamento e a explicação acerca do conceito de direito real[298], muito superior às escassas notas dedicadas por MELLO FREIRE ao assunto[299].

Quanto ao fundamento e causa do domínio das pessoas particulares LOBÃO encontra-os no Direito da natureza e na vontade do Divino Criador[300]. Os seus sujeitos são, no dizer do autor, os homens racionais, não podendo adquiri-lo para si, por falta de ânimo, os infantes e os furiosos (excepto se por intermédio de representante)[301]. O respectivo objecto é considerado como constituído por todas as coisas susceptíveis de entrarem no domínio particular[302]. Finalmente, como efeitos desta figura

---

[295] Sobre tudo isto PINTO LOUREIRO, *Manuel de Almeida...*, in *Jurisconsultos...*, I, 267.
[296] Cfr. a título simplesmente indicativo *Notas...*, 46, (onde escreve: «(...) não posso deixar de censurar a inadvertencia do grande Mello (...)»), 47 («Também Mello n'este parágrafo foi um pouco confuso e menos claro e exacto (...)»), 65 («*Eu com o grande Martini (...) apesar da confusão e inadvertencias do meu grande Mello na sua nota ao § 3 (...)*»).
[297] Por exemplo, *Notas...*, 67.
[298] *Notas...*, III, 62 e ss..
[299] Cfr. MELLO FREIRE, *Instituições...*, in *Boletim...*, 1967, 165, 37 e 38, e 51.
[300] *Notas...*, III, 65 e 66.
[301] *Notas...*, III, 66.
[302] *Notas...*, III, 66.

MANUEL DE ALMEIDA E SOUSA aponta os seguintes: 1) poder qualquer um aliená-lo livremente se não existir lei ou pacto impeditivo; 2) a possibilidade de defesa contra invasor mesmo com mão armada; 3) a faculdade de reivindicar do injusto possuidor a coisa de que se adquiriu o domínio; 4) o dever de o detentor de coisa alheia, uma vez que venha nesse conhecimento e do proprietário, de pôr em prática todos os esforços para a restituir[303].

IV – A consideração da posse como um direito real ou *ius in re* é vista como autêntico erro[304]. De acordo com o autor, «(…) *em materia de posse, não há totalmente questão do direito real (*de jure in re*), mas do facto da posse (*de facto possessionis*); por conseguinte o direito que d'ahi resulta deriva da obrigação pessoal e das differentes causas (*ex obligatione personae et variis causaram figuris*)*[305]».

Das várias noções de posse, LOBÃO aponta como a mais adequada e universal para os eruditos aquela que considera: «*Possesssio est detentio cum animu dominantis, seu affectu dominii* (…)» ou, o que seria o mesmo: *cum adfectione et animo sibi habendi* (…)[306]. Mas acrescenta logo de seguida: «*Porém nenhuma das definições que excogitaram os DD. e que se encontram é apta a comprehender a posse estatutária transferida por lei (entre nós o alvará de 9 de Novembro de 1754), que com effeitos de natural, se adquire ao absente, ao ignorante, ao pupillo, ao existente no útero da mãe, que não podem ter tal animo e affecto de reter a cousa como sua (…). Eu ás mais definições acrescentaria as palavras* rei non prohibitae possederi, *porque muitas cousas ha, corporaes e incorporaes, a cuja posse resiste totalmemte o direito, e não podem adaptar-se ás outras,* cum animo dominantes seu affectu dominii (…); *também acrescentaria as palavras* rei certae vel pro indiviso communis, *com Voet* (…), *porque não ha posse de cousa incerta,* quoad locum, et quoad quotam (…), *e a cousa commum* pro

---

[303] *Notas…*, III, 66.
[304] *Notas…*, III, 63.
[305] *Notas…*, III, 63, apontando em seu apoio designadamente as posições de COCCEJI e BÖHMER.
[306] *Notas…*, III, 69.

indiviso *admitte* compossessão *simultanea* (…), *sem obstar aqui a regra, que muitos não podem adquirir a mesma cousa e ao mesmo tempo* (…)[307].»

V – Definida a posse, LOBÃO procede à respectiva distinção relativamente à detenção e, depois, à análise das suas diversas formas de aquisição[308] e demais matérias, tudo conforme o plano sistemático traçado por MELLO FREIRE[309], num passo já aqui sublinhado[310].

Não iremos, porém, abordar aqui todos os aspectos e matérias tratados por ALMEIDA E SOUSA no contexto dos direitos reais[311]. Nem isso era exigível ou sequer possível num trabalho com estas características. Merece, isso sim, um particular sublinhado o § 10 *De Traditione*, do Capítulo III *De adquirendo rerum dominio* da obra que temos vindo a analisar. É aí que ALMEIDA E SOUSA refere a possibilidade, no sistema de *GROTIUS*[312] e PUFENDORF[313], seguido também por MELLO FREIRE[314], de transferência do domínio com base na nua von-

---

[307] *Notas*…, III, 70.
[308] *Notas*…, III, 70 e ss., 74 e ss..
[309] MELLO FREIRE, *Instituições*…, in *Boletim*…, 67 e s..
[310] Surgem-nos assim, terminado o tratamento da posse, matérias como as diversas formas de adquirir o domínio.
[311] Nos quais tal como MELLO FREIRE, LOBÃO incluía figuras de direito sucessório. Cfr. *Notas*…, III, 199 e ss.. Aliás não era outra também a postura, por exemplo, de GROTIUS, *Jurisprudence*…, I, Liv. II, Caps. XIV e ss., 128 e ss..
[312] Cfr. *De iure belli*…, Lib. II, Cap. VI, § 1, e Cap. VIII, § 25 [272 e 326].
[313] PUFENDORF, *De jure naturae et gentium*… Lib. IV, Cap. IX, §§ 5 e ss. [vol. I, 415 e ss.].
[314] MELLO FREIRE, *Instituições*…, in *Boletim*…, 1967, 165, 67, para quem «(…) *a tradição era um modo derivado de adquirir o domínio no direito natural. Uma vez aceita a tradição, nada mais se ajusta à equidade natural do que ter como válida a vontade do dono que quer transferir a sua coisa para outro* (…). *Segundo a simplicidade natural, pode abdicar-se o domínio por simples palavras e transferir-se a propriedade a outro por qualquer acto externo em que se declare a vontade* (…). *Porém, no direito romano, era absolutamente necessária a tradição* (…). *No nosso direito, também parece ser necessária, segundo a Ord. liv. 4, tít. 7, § 7, no princípio, sendo este o fundamento da diferença entre as acções reais e as pessoais* (…). *O que aqui dissemos da tradição, é por assim dizer do direito das gentes, tendo, por isso, lugar em todas as nações. Entre os Visigodos, segundo a lei 6, liv. 5, tít. 2, os bens imóveis só eram entregues com solenidades, na presença de*

tade de se proceder à respectiva transmissão, sem outra tradição real ou ficta, tal como era exigida pelo Direito Civil, dando nota de que, contudo, esse sistema «(...) *é nervosa e fundamentalmente confutado por Coccey* (...) *que seguindo o direito romano, não ha por transferido o dominio só pelas mutuas vontades sem tradição real ou ficta, bem que em direito civil ha cincoenta e tres casos em que o dominio se transfere e adquire sem real tradição* (...)»[315].

VI – De mencionar com relevância, também em matéria de direitos reais, o *Discurso juridico, historico e critico sobre os direitos dominicaes e provas d'elles n'este reino em favor da coroa, seus donatarios e outros mais senhorios particulares; juntamente com convicção fundamental das theses de hum papel sedicioso, que grassa manuscripto com esse titulo – Advertencias de um curioso em favor dos lavradores que forem vexados e opprimidos com títulos falsos, e tombos nullos, ou com pertenções além dos titulos legitimos*, Lisboa, 1813[316/317], o *Tractado practico, e critico de direito emphitêutico, conforme a legislação, e costumes deste reino e uso actual das nações*, volumes I e II, Lisboa, 1814, a que juntou um *Appendice diplomatico-historico ao tractado practico do direito emphyteutico*, Lisboa, 1814, que constitui o terceiro volume da obra[318]. No mesmo ano o autor, além de uma segunda edição do *Tractado practico de morgados*[319], daria ainda à estampa o *Tractado ency-*

---

testemunhas e árbitros, e com escrituras. O mesmo aprouve aos povos da Germânia, que praticavam com a solenidade de, ao tomarem posse do prédio, não só tirarem uma palheira, mas também um torrão de terra, ou arrancar o ramito duma árvore, levando tudo isto consigo em sinal de aquisição da posse. Para nós basta a tradição, não se requerendo o pró--forma de quaisquer solenidades, embora ainda hoje se use, quando alguém entra num fundo para tomar posse, arremessar um punhado de terra ao ar e cortar um ramo, sinais estes que os notários costumam referir em suas escrituras.»

[315] *Notas...*, III, 125 e ss., parecendo-nos depois inclinar-se no sentido da regra civil segundo a qual só se transfere e adquire o domínio por tradição real ou ficta.

[316] Esta obra foi reeditada em 1819 e em 1865. Consultou-se precisamente esta última publicada em Lisboa, pela Imprensa Nacional.

[317] Também aqui, como nas demais obras, LOBÃO se mostraria perfeitamente familiarizado com os nossos praxistas e com os autores estrangeiros do *usus modernus pandectarum* e do jusracionalismo. Cfr., por exemplo, *Discurso...*, § 3, 4.

[318] Reeditada em 1828-1829 e 1857-1859. Confrontou-se a edição de 1828 dos três volumes.

[319] A 1.ª edição data de 1807. Confrontou-se *Tractado practico de morgados*, 2.ª ed., Lisboa, 1814, e 3.ª ed., Lisboa, 1841.

clopedico, compendiario, practico, systematico dos interditos e remedios possessorios geraes, especiaes, conforme o direito romano, pátrio e uso das nações, Lisboa, 1814[320]. Em 1817 escreveria o *Tractado historico encyclopedico, critico, practico, sobre todos os direitos relativos a cazas*[321].

VII – LOBÃO redigiria, ainda, um estudo, com grande relevância em matéria de direitos reais, dedicado às águas[322]. Trata-se de uma obra em 244 páginas divididas em dezanove capítulos[323]. Nela procede-se

---

[320] Confrontou-se *Tratado encyclopedico, compendiario, practico, systematico dos interditos e remédios possessorios geraes, especiaes, conforme o direito romano, pátrio e uso das nações*, Lisboa, 1829.

[321] ALMEIDA E SOUSA, *Tractado historico encyclopedico, critico, practico, sobre todos os direitos relativos a cazas quanto às matérias civis e criminais*, Lisboa, 1817.

[322] Cfr. MANUEL DE ALMEIDA E SOUSA, *Tractado pratico e compendiario das aguas, dos rios, fontes publicas, ribeiros e nascentes dellas (Obra apurada em que se adopta o mais racionável da legislação Romana; cortado o que he hoje reprovado pelo uso moderno das nações)*, Lisboa, 1827.

[323] Capítulo I: *Que he o Rio: qual o público e o património real: qual o particular: caracteres proprios para se julgar publico ou particular*; Capítulo II: *Liberdade natural, ou civil de extrahir aguas dos rios públicos por obra da industria para regar prédios, ou para agitar moinhos, pizões, lagares, etc. Direito adquirido pela preoccupação: conservação e duração desse direito em quanto existem restos da fabrica: Restrições daquella liberdade civil ou natural*; Capítulo III: *Fontes públicas, uso das suas aguas e favores: Aqueductos publicos, ou cujas aguas ainda provindo de prédios particulares servem aos usos públicos*; Capítulo IV: *Dominio das aguas, ou quando nascem em prédio particular, ou quando provenientes de outra parte passão por, ou entre prédio particular, ou quando extrahidas de rio publico entrão em levada particular: Preferencia nellas: O seu fluxo natural para as partes inferiores não confere servidão, ou posse: livre arbitrio de se derivarem pelos superiores; e só obrigação de dimittir as superfluas. Aguas comuns, etc.*; Capítulo V: *O que he servidão em geral: os seus requisitos. E quem podem constituir do Aqueducto em especial*; Capítulo VI: *Adquisição de servidão* Aquaeductus *por pacto, e convenção: Interpretação de taes convenções: aplicações e restricções dellas*; Capítulo VII: *Adquisição da servidão* Aquaeductus *por testamento, ou ultima vontade*; Capítulo VIII: *Adquisição da servidão* Aquaeductus *pela prescripção*; Capítulo IX: *Adquisição desta servidão em acto de partilhas, pelo officio do juiz e por lei*; Capítulo X: *Uso da agua (pelo referido, ou outros modos adquirida) na propria terra, sem que deva transcender á do visinho com prejuizo delle*; Capítulo XI: *Uso das aguas entre os consocios nellas, em quanto não estão divididas, principalmente sendo insufficientes para todos*; Capítulo XII: *Liberdade do dominante no predio serviente para*

a um tratamento alargado da temática relacionada com os problemas de direitos reais relativos às águas. Abordam-se questões tão diversas como as acções relativas às águas, a cessão das águas, permuta e partilhas, direitos de colonos e arrendatários, as águas comuns, o desforçamento[324], a posse, os direitos precários, a prescrição aquisitiva, a publicidade, os actos facultativos, graças concedidas, frutos, fontes, moinhos, a enfiteuse, morgados, as servidões, aluvião, aqueduto, o açude e as obras, as barcas, entre outras. Trata-se, porventura, da melhor obra saída da pena de ALMEIDA E SOUSA[325/326].

---

uso e exercicio desta servidão: Execesso illicito dessas liberdades; Capítulo XIII: *Que he ou não licito, e permittido ao senhor do prédio serviente*; Capítulo XIV: *Refeição do aqueducto, ribeiro, assudes e levadas: A quem incumba faze la: como se rateão as despezas entre consocios utilizados: Favores concedidos ao uso da refeição. Acções contra os que a proibem*; Capítulo XV: *Modos e meios, com que o uso e servidão das aguas, e sua posse se conserva sem manufactura, ou facto pessoal do senhor do predio dominante*; Capítulo XVI: *Acção para partilha das aguas communs; natureza e requisitos della; forma e respeitos, com que se deve fazer a partilha das aguas communs*; Capítulo XVII: *Remédios possessorios a respeito das aguas; tanto pelo que pretende a posse dellas; quanto pelo que a nega no seu predio*; Capítulo XVIII: *Acções confessoria, e negatoria*; Capítulo XIX: *Como esta servidão da agua, ou aqueducto se extingue, e perde, etc.*.

[324] Figura pela qual se permitia ao prejudicado demolir por autoridade própria obra feita em rio.

[325] Neste sentido v., também, BRUSCHY, *Manual...*, 87; ANTÓNIO ASSIS TEIXEIRA DE MAGALHÃES, *Águas correntes...*, 16 e ss., com a indicação dada por este Professor de Coimbra de que durante o seu estudo teve constantemente em vista o trabalho de ALMEIDA E SOUSA; e PINTO LOUREIRO, *Manuel de Almeida...*, in *Jurisconsultos...*, I, 284 e 285, referindo as obras sobre as águas de MANUEL EMÍDIO GARCIA, *Estudo sobre a legislação de aguas*, 1862 (a que, todavia, não conseguimos ter acesso); TEIXEIRA DE ABREU, *Das águas*, 1919 (consultámos a edição de Coimbra, 1917); GUILHERME MOREIRA, *As águas no direito civil português*, I, *Propriedade das águas*, Coimbra, 1920, e II, *Das servidões*, Coimbra, 1922.

[326] Além das obras referidas no texto, LOBÃO tratara de aspectos relacionados com os direitos reais em diversos pontos de outros títulos por ele publicados. Uma nota exemplificativa disso mesmo pode encontrar-se por exemplo na *Dissertação VIII, ou tractado encyclopedico pratico sobre os direitos relativos a arvores*, do fascículo de *Dissertações juridico-praticas*, tomo I, Lisboa, 1829, 448 e ss.; ou *Dissertação X. Acquestos conjugaes quando o matrimonio he contrahido conforme o direito comum, conforme Wesel de Connubial. Bonor. Societat. Tract. 2. Cap. 2 e outros mais DD.*, da *Collecção de dissertações*

VIII – Nascido em Resende, comarca de Lamego, juiz de fora da vila de Viana, no Alentejo, provedor de Leiria, desembargador do Porto e da Casa da Suplicação, secretário da junta do Código Criminal e Militar, membro das cortes de 1820 e de 1826[327], BORGES CARNEIRO publicaria a partir de 1826 o *Direito Civil de Portugal*. Trata-se de uma obra em quatro tomos. Os três primeiros volumes são relativos às pessoas e o quarto às coisas[328]. Consiste este último numa obra póstuma corrigida e desenvolvida por EMYGIDIO COSTA.

Os autores privilegiados são os do *usus modernus pandectarum*, e designadamente *HUBERUS, HEINECCIUS, STRYKIUS* e *STRUVIUS*[329]. A abrir o tomo quarto BORGES CARNEIRO coloca o estudo das coisas. Logo de seguida, no Título II, ocupa-se do domínio[330]. Neste contexto o autor procura explicar em que consiste a figura do direito real, onde inclui, como espécies, o domínio, a herança, a servidão, o penhor ou a hipoteca[331]. A posse é considerada não como uma figura real mas pessoal, assim como os interditos dela nascidos. Não obstante, BORGES CAR-

---

juridico-praticas, em suplemento ás notas ao livro terceiro das Instituições, Lisboa, 1839, artigo VII, 435 e ss.; ou no *Tractado practico das avaliações, e dannos*, Lisboa, 1826, I, *passim*, por exemplo, § 228, 218 e ss..

[327] JOSÉ LARANJO, *A organização…*, in *O instituto*, cit., Julho de 1893 a Dezembro de 1894, LXI, 99; V.º, Borges Carneiro, Dicionário Histórico. Portugal, in www.arqnet.pt/dicionario. V., também, o elogio de Emygidio Costa que se cita infra nas notas seguintes; e ADELINO DA PALMA CARLOS, Borges Carneiro, in *Jurisconsultos portugueses do século XIX*; PINTO LOUREIRO, Lisboa, II, 1 e ss..

[328] Cfr. *Direito civil de Portugal, contendo tres livros: I Das pessoas, II das Cousas, III Das obrigações e das acções*, Livro IV, *Das Cousas*, Lisboa, 1840.

[329] Mas MENEZES CORDEIRO, *Teoria…*, in *Revista…*, XXIX, 281, consideraria que: «*Virado para a prática, BORGES CARNEIRO escreve em termos claros. O conteúdo é algo limitado: trabalha com HEINECCIUS, MELO e VELASCO, aparecendo referências frequentes a MONTESQUIEU e, algumas, a BENTHAM. Mais do que uma manifestação do usus modernus, CARNEIRO deixou aos vindouros um esforço compendiário da confusa legislação da época, com finas vibrações liberais que assim se foram implantando no pensamento civil.*»

[330] *Direito…*, 5 e ss., 40.

[331] *Direito…*, 40. Cfr., ainda, quanto se escreve *supra* a propósito da inclusão do direito sucessório no quadro dos Direitos Reais quando se procede ao estudo do ensinamento de MELLO FREIRE.

NEIRO afirma expressamente ir dela tratar depois de estudado o domínio pela analogia que há entre uma e outro.

IX – Ao enunciar a razão de ordem deste seu derradeiro livro, BORGES CARNEIRO esclarece que «(...) *será objecto da parte do presente livro tratar do dominio (de que as servidões sam excepção), e da posse como a elle affim. Exporei depois o direito heriditário, deixando o pinhor ou a hypoteca para o liv. III, onde se trata dos credores e seus devedores. Quanto ao dominio, tratarei primeiro da sua natureza e attributos, e ultimamente dos modos porque se adquire, e se perde*». As circunstâncias da sua vida não lhe permitiram, porém, o ensejo de cumprir o projectado[332]. É sempre a lógica do domínio e da servidão a presidir ao estudo, ao longo das mais de quatrocentas páginas que viriam a ser dadas à estampa. A posse é apenas abordada a título incidental e não chegaria a ter tratamento específico. O direito sucessório também não seria estudado. O livro três, dedicado às obrigações e acções ficaria, na íntegra, por escrever, e portanto, também o penhor e hipoteca sem a respectiva análise[333].

X – Finalmente, JOSÉ HOMEM CORREIA TELLES[334] publica em 1835 o seu *Digesto portuguez*. Trata-se de uma obra dividida em

---

[332] BORGES CARNEIRO seria preso em 1828 na Torre de São Julião da Barra «(...) *alli permanecendo sinco annos, e depois de crueis agonias falecêra, ainda em ferros, do flagello da Colera-morbus na Villa de Cascaes (...)*» (EMYGIDIO COSTA, *Elogio pronunciado na Associação dos Advogados de Lisboa no dia 27 de Maio de 1841, por occasião de se mandar collocar na salla das conferencias o retrato do preclarissimo JC Manoel Borges Carneiro*, in BORGES CARNEIRO, *Direito...*, IV, II e ss.. Cfr., também, PALMA CARLOS, *Borges...*, in *Jurisconsultos...*, II, 1 e ss..

[333] *O Direito civil de Portugal...*, ficaria dividido em catorze títulos. Título I: Natureza e espécies das coisas e seus valores; Título II: Domínio em geral; Título III: Direito de excluir; Título IV: Direito de haver as acessões da sua coisa: acessórios, árvores; Título V: Dos pastos; Título VI: Águas; Título VII: Da fruição da coisa sua ou alheia; Título VIII: Do usufruto; Título IX: Direito de fazer no seu quaisquer actos; Título X: Da nunciação de obra nova; Título XI: Das obras que se fazem na coisa alheia ou na sua com materiais alheios; Título XII: Das servidões; Título XIII: Do domínio da coisa comum; Título XIV: Demarcação de limites dos prédios confinantes.

[334] Dos mais notáveis jurisconsultos portugueses, CORREIA TELLES é natural de Santiago, Tondela. Entrou na Universidade com apenas 15 anos, começando o curso

vários volumes. A nós interessa-nos sobretudo o primeiro e terceiro tomos[335].

No primeiro, o autor aborda os direitos e obrigações que resultam da posse[336], e nessa perspectiva cobre a quase totalidade dos assuntos e matérias relativos à figura, com excepção da prescrição aquisitiva, objecto de referência à parte, em apêndice no final do tomo I[337]. É, também, neste livro a ficar dito em que consiste a propriedade[338], as espécies dela[339], o uso[340] e abuso que pode fazer o proprietário[341] e a acção de reivindicação[342/343/344].

---

de Direito em Cânones formou-se em Leis em 1800, com a idade de vinte anos. Exerceu advocacia na sua terra natal, foi em 1803 juiz de fora da Figueira da Foz, provedor em Viseu de 1810 a 1814. Por Decreto de 18 de Março de 1821 seria nomeado Corregedor Cível da cidade de Lisboa, tendo sido ainda desembargador da Relação do Porto. Foi, também, eleito deputado às Cortes de 1821, 1826, 1836 e 1847. Cfr. VIRIATO SERTORIO DE FARIA BLANC, *Elogio histórico do Sr. José Homem Corrêa Telles, Desembargador da Relação do Porto, e socio honorario da associação dos Advogados de Lisboa*, in CORREIA TELLES, *Questões e varias resoluções de direito emphyteutico (obra posthuma)*, 2.ª ed., Coimbra, 1868, III e ss.; PINTO LOUREIRO, *O jurisconsulto Manuel de Almeida e Sousa*, in *Boletim da Faculdade de Direito*, 1942, XVIII, 284. O contributo de CORREIA TELLES para o desenvolvimento do Direito Civil português seria significativo e tem sido considerado bem mais elaborado do que o de BORGES CARNEIRO. Cfr. MENEZES CORDEIRO, *Teoria...*, in *Revista...*, XXIX, 281. Claramente injusto se mostra o depoimento de JOSÉ LARANJO, *A organização...*, in *O instituto*, cit., Julho de 1893 a Dezembro de 1894, LXI, 100 e ss..

[335] Cfr. *Digesto Portuguez ou tratado dos direitos e obrigações civis accomodado ás leis e costumes da nação portugueza; para servir subsidio ao novo Codigo Civil*, 4.ª ed., Coimbra, 1853, I; e *Digesto Portuguez ou tratado dos modos de adquirir a propriedade, de a gozar e administrar, e de a transferir por derradeira vontade para servir de subsidio ao novo Codigo Civil*, 4.ª ed., Coimbra, 1853, III.

[336] *Digesto...*, I, Título XII, §§ 529 e ss., 86 e ss..

[337] *Digesto...*, I, §§ 1332 e ss., 211 e ss..

[338] *Digesto...*, I, §§ 732 e ss., 116 e ss., abordando-se questões pertinentes à relação do direito de propriedade com o pagamento de foro e censo, com a enfiteuse e usufruto.

[339] Cfr. a propósito da compropriedade *Digesto...*, I, §§ 822 e ss., 130 e ss..

[340] Não abordaremos as formas de disposição do direito de propriedade como a doação, troca ou escambo e compra e venda (ainda assim cfr. *Digesto...*, III, §§ 80 e ss., 17 e ss.). As servidões e suas espécies aparecem no Título V.

[341] *Digesto...*, I, §§ 768 e ss., 212 e ss.. Nesta secção, CORREIA TELLES trata, quer do abuso de direito tal como era encarado à época pela doutrina francesa numa perspectiva endógena e agarrada à ideia de emulação (a este respeito v. PEDRO DE

No terceiro tomo, CORREIA TELLES trata dos outros diversos modos de adquirir a propriedade[345], para além da prescrição aquisitiva, modos de a gozar e administrar[346], e os modos de a transferir por derradeira vontade[347/348].

ALBUQUERQUE, *A representação...*, 736 e ss.; Id., *Responsabilidade processual por litigância de má fé, abuso de direito e responsabilidade civil em virtude de actos praticados no processo*, Coimbra, 2006, 82 e ss.), quer de questões relacionadas com a propriedade das águas, as emissões e relações de vizinhança.

[342] *Digesto...*, I, §§ 863 e ss., 136 e ss..

[343] *Digesto...*, III, prefácio.

[344] Uma vez mais, e como o próprio Título XIV do Livro I (cfr. *Digesto...*, I, 116) indica, a perspectiva de abordagem de todas estas matérias faz-se considerando-as sob o ângulo dos direitos e obrigações que derivam da propriedade.

[345] *Digesto...*, III, §§ 1 e ss., 6 e ss.. Como formas de aquisição originária CORREIA TELLES contemplava aqui a ocupação, a invenção (cabendo aqui o achamento de coisas perdidas, de tesouros, veios de minerais, ilhas no alto-mar ou em rios, animais mansos, aves de volateria, dinheiro, despojos de naufrágio, objectos lançados ao mar por navio em perigo a par dos direitos de autores de livros, carta geográfica, peça de música ou de gravura ou de quaisquer outras coisas úteis e aspectos do regime dos direitos de autor) e a acessão.

[346] A propósito do gozo da propriedade e formas de a administrar CORREIA TELLES começa por apresentar e estudar a servidão (figura destinada a permitir ao proprietário gozar [ou fazê-lo melhor] do seu direito. *Digesto...*, III, §§ 433 e ss., 72 e ss.) e, depois, o usufruto, ele próprio apresentado como uma servidão (*Digesto...*, III, §§ 504 e ss., 84 e ss.), o uso e habitação (*Digesto...*, III, §§ 588 e ss., 96 a 98), o mandato (considerado como uma forma de o proprietário se não ver obrigado a exercitar pessoalmente os seus próprios direitos. *Digesto...*, III, §§ 599 e ss., 98 e ss.), a gestão de negócios, o depósito (forma de colocar a coisa objecto da propriedade em mãos seguras. *Digesto...*, III, §§ 679 e ss., 110 e ss.), o sequestro (*Digesto...*, III, §§ 701 e ss., 114 e ss.), a estalagem (*Digesto...*, III, §§ 728 e ss., 118 e 119), o arrendamento (visto também ele como uma faculdade do proprietário e no qual é incluída como uma sua espécie a empreitada. *Digesto...*, III, §§ 735 e ss., 119 e ss.), o aforamento a enfiteuta (também aqui se joga uma faculdade do proprietário. *Digesto...*, III, §§ 894 e ss., 144 e ss.), o contrato de sociedade (forma de comunicar a propriedade individual com a de outras pessoas em vista de obter maior lucro e onde o autor inclui os censos. *Digesto...*, III, §§ 1053 e ss., 170 e ss.), o empréstimo (forma de utilização de uma coisa pelo proprietário com vista a aumentar a respectiva fortuna, *Digesto...*, III, §§ 1162, 187), o comodato (*Digesto...*, III, §§ 1163 e ss., 187 e ss.), o mútuo (*Digesto...*, III, §§ 1177, 189 e ss.), a faculdade de empenhar (compreendendo-se aí o penhor e a hipoteca. *Digesto...*, III, §§ 1196 e ss., 192 e ss.), os vínculos de bens (onde cabem as capelas e os morgados. *Digesto...*, III, §§ 1369 e ss., 221 e ss.).

XI – O contributo deste insigne jurisconsulto para os direitos reais não se limitaria, porém, ao seu *Digesto*. O autor escreveria, ainda, um estudo relativo à hipoteca e outro, publicado postumamente, referente à enfiteuse[349].

2.3.1. De 1836 a 1867

2.3.2. Considerações gerais

I – Para além de outros aspectos que têm merecido a atenção e o sublinhar por parte dos nossos estudiosos[350] – mas por nós não abordados aqui para nos centrarmos sobre aspectos mais directamente relevantes para o estudo do Direito das Coisas – o momento que vamos agora analisar apresenta, como pano de fundo, uma nova estruturação das nossas instituições de ensino. Destacam-se as reformas de PASSOS MANUEL (1836)[351], a nova reforma de 1844 (COSTA CABRAL) e um conjunto de providências avulsas da época da Regeneração[352]. A primeira assumiria aliás particular relevância por ter dado origem à criação da

---

[347] Cfr. *Digesto…*, III, prefácio.
[348] Aliás, o próprio Livro III, com que CORREIA TELLES abre o *Digesto…*, III, é: «*Do direito de propriedade, modos de a adquirir, gozar e alhear*». Confira-se também o título completo deste terceiro volume do *Digesto Portuguez*, já atrás citado: *ou tratado dos modos de adquirir a propriedade, de a gozar e administrar, e de a transferir por derradeira vontade para servir de subsidio ao novo Código*.
[349] Cfr. CORREIA TELLES, *Questões e varias resoluções de direito emphyteutico (obra posthuma)*, 2.ª ed., Coimbra, 1868.
[350] Cfr. PAULO MERÊA, *Esboço de uma história da Faculdade de Direito*, in *Boletim da Faculdade de Direito*, 1952, XXVIII, 99 e ss.; ALMEIDA COSTA, «*Leis, Cânones, Direito…*», in *Dicionário de História…*, III, 458 e ss.. Cfr., também, MENEZES LEITÃO, *O ensino…*, 60 e ss.; e com periodização diversa da aqui adoptada, FACULDADE DE DIREITO DA UNIVERSIDADE DE COIMBRA, *O ensino…*, in *http://www.fd.uc.pt/Album/apresent4.html*.
[351] De acordo com MARCELLO CAETANO, *A reforma…*, 5, de inspiração kantiana.
[352] PAULO MERÊA, *Esboço…*, in *Boletim…*, 1952, XXVIII, 100.

Faculdade de Direito[353], através da reunião das Faculdades de Leis e Canônes[354].

Como é sabido continuou em vigor, nesta altura, o regime dos compêndios[355]. Porém, até 1839, o único compêndio de autor português seria a obra de MELLO FREIRE, adoptando-se quanto ao mais obras estrangeiras escritas em latim e francês. Os posteriores compêndios em português, elaborados por professores, foram, como é também facto conhecido, os de VICENTE FERRER DE NETO PAIVA (Direito das Gentes e Direito Natural), ADRIÃO FORJAZ (Economia Política) e COELHO DA ROCHA (História e Direito Civil). Nas cadeiras em que esses compêndios faltavam os alunos elaboravam as chamadas sebentas contra as quais a Faculdade se batia[356].

II – Nos planos de estudos que estiveram em vigor neste momento o ensino do Direito Civil repartiu-se por duas cadeiras. Uma no terceiro ano e outra no quarto. No plano aprovado em 1836 constava do terceiro ano a 7.ª Cadeira – Direito Civil português e do seguinte a 9.ª Ca-

---

[353] São bem conhecidos os antecedentes e aspectos da reforma de PASSOS MANUEL, naquilo que ao Direito diz respeito. Limitamo-nos por isso a remeter para PAULO MERÊA, *Esboço...*, in *Boletim...*, 1952, XXVIII, 101 e ss.; Id., *Como nasceu a Faculdade de Direito*, separata do *Boletim da Faculdade de Direito em homenagem ao Prof. Dr. José Alberto dos Reis*, 2.ª ed. corrigida, 1956; MENEZES LEITÃO, *O ensino...*, 60 e ss.; FACULDADE DE DIREITO DA UNIVERSIDADE DE COIMBRA, in *http://www.fd.uc.pt/Album/apresent4.html*. V., também, PEREIRA JARDIM, *Oração de sapiencia recitada na Sala dos Grandes Actos da Universidade de Coimbra no dia 16 de Outubro de 1885*, Coimbra, 1885, 18 e ss..

[354] Quanto às outras reformas verificadas neste período de tempo v. PAULO MERÊA, *Esboço...*, in *Boletim...*, 1952, XXVIII, 107; ALMEIDA COSTA, «*Leis, Cânones, Direito...*», in *Dicionário de História...*, III, 460 e ss.; MENEZES LEITÃO, *O ensino...*, 63 e ss..

[355] PAULO MERÊA, *Esboço...*, in *Boletim...*, 1952, XXVIII, 124 e ss.; MENEZES LEITÃO, *O ensino...*, 63 e ss..

[356] Sobre tudo isto v. os autores citados na nota anterior. Cfr., também, os comentários proferidos por LIZ TEIXEIRA, *Curso...*, parte primeira, *Do direito das pessoas, cit.*, VI e VII, a propósito dos apontamentos, recolhidos pelos alunos, das prelecções orais por ele proferidas.

deira – Direito Civil. Estas duas cadeiras formavam um «curso bienal» de modo que o lente da 7.ª leria no ano seguinte na 9.ª[357]. No plano de estudos aprovado na reforma seguinte, em vigor com pequenas alterações até 1853, existia no terceiro ano uma Cadeira de Direito Civil português (com inclusão da medicina legal) e no quarto uma disciplina de Continuação do Direito Civil português[358]. Na sequência da Carta de Lei de 13 de Agosto de 1853 existia uma disciplina de Direito Civil nos terceiro e quarto anos. A do terceiro era chamada Primeira Cadeira de Direito Civil e a do quarto Segunda Cadeira de Direito Civil[359]. Por esta época, em 1854, resolveu também a Faculdade que cessassem os cursos bienais e se fixasse um lente catedrático em cada cadeira de modo permanente[360]. Finalmente, na sequência do projecto de reforma de ADRIÃO FORJAZ DE SAMPAIO, JUSTINO DE FREITAS e JOÃO SALEMA, em parte adoptado pelo Conselho da Faculdade na Congregação de 14 de Outubro de 1859, para entrar em vigor logo no ano imediato, quer a disciplina do terceiro ano, quer a do quarto passaram a chamar-se Direito Civil Pátrio[361].

2.3.3. COELHO DA ROCHA

I – Tendo, conforme se sublinhou no parágrafo anterior, as duas cadeiras de Direito Civil sido, nesta altura, objecto de ocupação bienal, e até 1854, por dois lentes, foi professor de uma delas, e desde 1838,

---

[357] V. PAULO MERÊA, *Esboço...*, in *Boletim...*, 1952, XXVIII, 104 e 144, dando nota de que este curso bienal se manteria até 1854.
[358] PAULO MERÊA, *Esboço...*, in *Boletim...*, 1952, XXVIII, 108 e 109; Id., *Como nasceu a Faculdade...*, 11 e 12.
[359] PEREIRA JARDIM, *Oração de sapiencia recitada na Sala dos Grandes Actos...*, 18 e ss.; PAULO MERÊA, *Esboço...*, in *Boletim...*, 1952, XXVIII, 112 e 113. Sobre estes diversos planos de estudos v., támbem, MENEZES LEITÃO, *O ensino...*, 61 e ss..
[360] PAULO MERÊA, *Esboço...*, in *Boletim...*, 1952, XXVIII, 114.
[361] A respeito desta reforma cfr. PAULO MERÊA, *Esboço...*, in *Boletim...*, 1952, XXVIII, 114 e 115 e as indicações aí dadas; assim como MENEZES LEITÃO, *O ensino...*, 70 e 71.

COELHO DA ROCHA[362]. Na outra foi provido LIZ TEIXEIRA em 1840, tendo começado a regê-la a partir de 1842.

Aberta vaga em virtude da morte de LIZ TEIXEIRA, em 1849, foi ela ocupada por BANDEIRA DE NEIVA, substituto de uma das duas cadeiras, tendo já regido como catedrático em 1849-1850. Não muito depois morreria COELHO DA ROCHA, sucedendo-lhe JOSÉ MANUEL RUAS (1850-1851)[363].

II – Com COELHO DA ROCHA a qualidade do ensino na Faculdade de Direito da Universidade de Coimbra atingiria o seu ponto mais alto durante o século XIX[364/365]. Este eminente jurisconsulto e professor

---

[362] Conforme escreve PAULO MERÊA, *Como nasceu...*, 15, a «(...) *Faculdade faria a distribuição das cadeiras pelos lentes das suas duas Faculdades reunidas, sem atenção a antiguidades, mas simplesmente à sua vocação, idoneidade e estudos*». O autor refere ainda o nome de PEDRO PAULO como tendo alternado na 7.ª e 9.ª cadeiras, com COELHO DA ROCHA. Mas não encontrámos quaisquer dados sobre o Professor PEDRO PAULO, nem mesmo em *Como nasceu...*, 15 e ss. (onde MERÊA faz considerações sobre o ensino de diversos lentes da Faculdade de Direito e respectivas disciplinas, mas nada diz acerca do concreto magistério de PEDRO PAULO), para além dos fornecidos por MERÊA, *Relação dos professores da Faculdade de Direito desde a sua criação em 1836*, in *Boletim da Faculdade de Direito*, 1965, XLV, 179 e 180, nota (1). PEDRO PAULO já era Catedrático de Cânones em 1836, e ficou a pertencer à Faculdade de Direito por força do artigo 79.º do Decreto de 5 de Dezembro desse ano, que reuniu as antigas Faculdades de Cânones e Leis, onde lhe terá começado por caber a regência alternada das 7.ª e 9.ª cadeiras. MERÊA não lhe faz qualquer alusão em *Esboço...*, in *Boletim...*, 1952, XXVIII, 145 e ss.; e o mesmo sucede com MENEZES CORDEIRO, *Teoria...*, in *Revista...*, XXIX, 277 e ss.; ou MENEZES LEITÃO, *O ensino...*, 73 e ss..
[363] PAULO MERÊA, *Esboço...*, in *Boletim...*, 1952, XXVIII, 145 e ss.; e MENEZES LEITÃO, *O ensino...*,73 e ss..
[364] Cfr., nesse mesmo sentido, FACULDADE DE DIREITO DA UNIVERSIDADE DE COIMBRA, in *http://www.fd.uc.pt/Album/apresent4.html*.
[365] Com PAULO MERÊA, *Esboço...*, in *Boletim...*, 1952, XXVIII, 145, julgamos dispensável proceder aqui à apresentação de COELHO DA ROCHA. Bastar-nos-emos, por isso, com a remissão para os discursos proferidos em Arouca, por ocasião do centenário da sua morte, por HENRIQUE DE BRITO CÂMARA, MANUEL DE ANDRADE e BRAGA DA CRUZ, *Centenário de Manuel António Coelho da Rocha*, separata do *Boletim da Faculdade de Direito*, 1950, XXVI, 6 e ss.; SINDE MONTEIRO,

começaria por adoptar o sistema de comentar MELLO FREIRE[366], mas teve de desviar-se profundamente dele, ora por não achar aquela obra adaptada ao novo plano de estudos, ora por se encontrar desactualizada[367]. Isso deu-lhe a oportunidade de publicar um Manual de Direito Civil, sob a forma de pequenos fascículos, numerados e apresentados, cada um, com a denominação de suplemento ou de introdução a um determinado título e livro das *Institutiones iuris civilis lusitani do Senhor MELLO FREIRE*[368/369]. Em 1843, COELHO DA ROCHA obteria autorização para ler por um método novo, e em 1843-1844 já regeria pelas suas célebres instituições[370/371].

Manuel de Andrade..., in *Revista...*, 1999-2000, 123, 39 e 40; e MENEZES LEITÃO, *O ensino...*, 72, nota 300.
[366] BRAGA DA CRUZ, *Centenário...*, 28 e 29. V., também, JOSÉ LARANJO, *A organização...*, in *O instituto*, cit., Julho de 1893 a Dezembro de 1894, LXI, 102 e 103.
[367] BRAGA DA CRUZ, *Centenário...*, 28 e 29.
[368] BRAGA DA CRUZ, *Centenário...*, 29.
[369] V. COELHO DA ROCHA, *Introdução ao Direito particular* jus privatum, *que se contém nos Liv. 2, 3 e 4 das instituições do Senhor Mello Freire*, sem local nem data, mas provavelmente de 1843. Existia um exemplar sem frontispício nem data na biblioteca da Faculdade de Direito de Coimbra (cfr. as indicações idênticas às aqui por nós dadas, de PAULO MERÊA, *Esboço...*, in *Boletim...*, 1952, XXVIII, 145 e nota 1; MENEZES CORDEIRO, *Teoria...*, in *Boletim...*, XXIX, 278, nota 10; Id., *Tratado...*, I, I, 119, nota 359; FERNANDO JOSÉ GAUTIER LUSO SOARES, *As instituições de Coelho da Rocha. Contributo para a formação do direito civil português moderno: alguns aspectos*, pol., Lisboa, 1996/1997, 19 e ss.; e MENEZES LEITÃO, *O ensino...*, 72. V., também, BRAGA DA CRUZ, *Centenário...*, 29, nota (2)). Infelizmente, embora continue a constar do catálogo da biblioteca da Faculdade de Direito de Coimbra, foi-nos transmitida a informação, pelos serviços respectivos, de que o livro se encontra desaparecido. Por força desta perda não pudemos consultar a obra. Ainda assim, pode apurar-se através do estudo de LUSO SOARES referido *supra* nesta nota que a matéria de Direitos Reais era abordada no 7.º fasc., 117 a 143, *Supplemento ao L. 3 tit. 1. e seg. do Sr. Mel. Fr* e no 8.º fascículo, 145 a 164, *Supplemento aos tit. 2 e 4 do liv. 3 das Inst. do Sr. Mel Freire*.
[370] Esta autorização seria renovada depois para anos sucessivos. V. PAULO MERÊA, *Esboço...*, in *Boletim...*, 1952, XXVIII, 145 e nota 2; e MENEZES LEITÃO, *O ensino...*, 73, nota 308.
[371] A propósito desta obra escreve-se no sítio da FACULDADE DE DIREITO DA UNIVERSIDADE DE COIMBRA, *www.fd.uc.pt/CI/IJC/Faculdade.htm*, tratar-se do «(...) maior e mais perfeito manual de direito civil do século XIX na nossa língua (...)».

As razões para a adopção deste novo método são-nos oferecidas pelo próprio COELHO DA ROCHA na *Prefação* da segunda edição ao seu livro[372] e prendem-se com a desactualização da obra de MELLO FREIRE. Na verdade, de acordo com COELHO DA ROCHA, «(…) *desde a epocha, em que escreveo o Sr. Paschoal, a Legislação tem sido quasi inteiramente alterada: e por outra parte o Decreto de 6 de Dezembro de 1836, que reunio as duas antigas faculdades de Leis e Cânones em uma só, a de Direito, seguindo os progressos da sciencia, e o methodo modernamente usado, distribuio as disciplinas por differente maneira, deixando para as cadeiras do curso biennal unicamente a parte do direito civil propriamente dicto. A obra do Sr. Paschoal nem podia acompamhar as reformas, nem se acomodava a esta distribuição: por tanto tornou-se então indispensavel reunir em um corpo novo, e tracatado regular as doutrinas especiais sobre este ultimo objecto. A sorte, que nos assignou a regencia de uma destas cadeiras, impoz-nos a obrigação de nos dar a este trabalho».*

III – Quanto às características e notas distintivas do novo método adoptado, COELHO DA ROCHA começa por afirmar não se tratar de explicar um Código, até porque não o havia[373], nem de reduzir a síntese, ou desenvolver os princípios fixos e constantes de um sistema coerente, porque, de acordo com o autor, ele não existe na nossa legislação civil. E acrescenta: «*A lei da ordem é duplicadamente severa nas obras destinadas à instrucção: não se contenta com a clareza e distinção ordinaria; exige além disto, que as matérias, assim no plano geral do quadro, como na textura de cada uma das suas partes, sejão deduzidas com tal artificio, que as antecedentes, sem serem repertidas, abrão a porta, e dêem a luz para a entrada das seguintes*[374].» Seria esta a primeira lei do método nas obras elementares[375].

Por sua vez, e na mesmíssima linha, escreve-se em *http://www.fd.uc.pt/Album/apresent4.html* que as *Instituições de Direito Civil Português* de COELHO DA ROCHA são: «(…) o mais perfeito manual de direito civil do século XIX escrito em português.»
[372] Cfr. COELHO DA ROCHA, *Instituições de direito civil portuguez, para uso dos seus discípulos*, 2.ª ed., Coimbra, 1848, I, *Prefação*, III.
[373] COELHO DA ROCHA, *Instituições…*, 2.ª ed., I, *Prefação*, IV.
[374] COELHO DA ROCHA, *Instituições…*, 2.ª ed., I, *Prefação*, IV.
[375] COELHO DA ROCHA, *Instituições…*, 2.ª ed., I, *Prefação*, V.

A divisão geral das Institutas de JUSTINIANO em *iura personarum, iura rerum* e *obligationes*, comummente seguida pelos escritores dogmáticos até então, e ainda por MELLO FREIRE, não se podia, conforme sublinhado por COELHO DA ROCHA, ajustar, segundo a moderna distribuição, dentro dos limites do objecto que se propunha. Os diversos códigos também não ofereciam nenhum modelo aproveitável. E o mesmo sucedia com os autores franceses, impedidos que estavam de, no ensino, alterar a ordem estabelecida nos Códigos[376].

IV – O modelo encontrá-lo-ia, confessadamente, COELHO DA ROCHA[377] na tradução francesa elaborada por JULES BEVING, da obra de MACKELDEY, *Manuel de droit romain*, Bruxelas, 1837[378], professor da Universidade de Bona[379], começando por uma Introdução[380], onde

---

[376] COELHO DA ROCHA, *Instituições…*, 2.ª ed., I, *Prefação*, V.
[377] COELHO DA ROCHA, *Instituições…*, 2.ª ed., I, *Prefação*, V.
[378] MENEZES CORDEIRO, *Teoria…*, in *Revista…*, 1988, XXIX, 285, nota 26, dá conta da existência, ao tempo em que escreve, de três exemplares, da obra de MACKELDEY, na biblioteca da Faculdade de Direito de Lisboa. Lamentavelmente, de então para cá, desapareceram todos. Conseguimos adquirir num alfarrabista de Milão o *Manuel de droit romain, contenant la théorie des institutes precedée d'une introduction a l'étude du droit romain*, tradução de J. BEVING, 3.ª ed. em língua francesa, Bruxelas, 1846, edição esta realizada a partir da última edição alemã de 1833, que servira já de base à tradução da obra de 1837 usada por COELHO DA ROCHA.
[379] Para mais referências acerca da figura deste autor v. MENEZES CORDEIRO, *Teoria…*, in *Revista…*, 1988, XXIX, 285, nota 26, e o prefácio à obra de MACKELDEY. Note-se aqui a circunstância de a obra deste autor, que, para além de ter leccionado em Bona (1819-1834), ensinou também em Helmstadt (1808) e Marburgo (1811), ter sido ainda objecto de traduções em espanhol e russo. O autor morreu em 1834, tendo sido, até 1833, publicadas dez edições desta obra, cada uma delas tirada, já então, aos milhares de exemplares. No total seria, todavia, objecto de catorze edições em alemão, três delas, portanto, póstumas. No prefácio da primeira edição belga afirma-se estar-se na presença de um verdadeiro livro europeu. O impacto que teve em Portugal, onde não houve qualquer tradução, parece confirmar isso mesmo.
[380] Para uma comparação entre o plano geral gizado por MACKELDEY, de um lado, e o plano, adoptado por COELHO DA ROCHA, do outro, cfr. MENEZES CORDEIRO, *Teoria…*, in *Revista…*, 1988, XXIX, 285 e ss.; e MENEZES LEITÃO, *O ensino…*, 74 e 75.

se contêm as noções gerais e históricas sobre as leis e fontes de direito, correspondentes aos títulos do Digesto *De iustitia et iure*[381]. Depois, na parte geral, o autor colocaria aquilo a que «(…) *podemos chamar tecnhologia da sciencia, isto é, as definições communs e principios mais gerais, de que continuadamente tem de se fazer uso e aplicação na Parte Especial»*. Nesta, finalmente, COELHO DA ROCHA distribuiria[382] «(…) *as doutrinas em tres Livros com attenção aos tres elementos do direito,* Pessoas, Cousas, *e* Actos Jurídicos»[383]. E isto porquanto «*para se dar direito é necessário: 1.º uma pessoa capaz, ou o sujeito, a quem compete o direito, ou sobre quem reacáe a obrigação; 2.º o objecto, facto, ou cousa, sobre que versa; 3.º a causa, ou acto, que o creou. Com relação a estes tres elementos se costuma fazer a distribuição mais geral das doutrinas do Direito Civil, que havemos de seguir: considerando-o 1.º em quanto ás circunstancias ou estado das pessoas, a quem competem os direitos, ou obrigações (*jura personarum*). 2.º Em quanto á natureza das cousas (*jura rerum*). Nesta relação umas vezes competem sobre certa cousa, abstrahindo das pessoas, os quaes por conseguinte, podem exercer-se contra qualquer possuidor; outras somente competem contra as pessoas que se obrigarão a dal-as: daqui nasce a divisão em direitos reais (*jus in re) *e direitos pessoaes* (jus ad rem). 3.º Em quanto aos actos que crião ou invertem os direitos (*obligationes)»[384].

Para isso começa por colocar o assento tónico nas Ordenações e leis antigas e só as abandona, por antiquadas, quando nem no sentido literal

---

[381] COELHO DA ROCHA, *Instituições…*, 2.ª ed., I, *Prefação*, V.
[382] COELHO DA ROCHA, *Instituições…*, 2.ª ed., I, *Prefação*, V e VI.
[383] É pois a divisão deste plano numa parte geral e numa parte especial que sobretudo o caracteriza. Assim, também, cfr. PAULO MERÊA, *Esboço…*, in *Boletim…*, 1952, XXVIII, 145, nota 2. V., ainda, MENEZES CORDEIRO, *Teoria…*, in *Revista…*, 1988, XXIX, 288 e 289 que afirma: «*A Parte Geral de ROCHA, com o intervalo motivado pela exegese napoleónica que se seguiu à euforia pós-Seabra, seria na sua existência como no essencial da sua ordenação interna adoptada por GUILHERME MOREIRA, mais de meio século volvido; daí a ANDRADE, ao Código de 1966 e à exegese subsequente seria um curto passo. (…) COELHO DA ROCHA, foi um juscientista-chave da pré-codificação portuguesa; mas pode ir-se mais longe: ele preparou, à distância, a própria recepção do pandectismo. (…) Há que repor a justiça histórica.*»
[384] COELHO DA ROCHA, *Instituições…*, 2.ª ed., I, 28 e 29.

nem no lógico as conseguiu concordar com as reformas anteriores[385]. Nos casos omissos recorre ao Direito Romano e aos Códigos da época[386/387]. Afirmando expressamente imitar o exemplo de CORREIA TELLES, cujo *Digesto* – considera ser seu dever confessar – lhe serviu de grande subsídio, indica em cada disposição a fonte donde era extraída. Este método, escreve: «(...) *põe-nos a salvo da nota de innovador, indica ao leitor o logar, aonde deve recorrer para se esclarecer, ou entender o verdadeiro sentido das nossas expressões, e além disto communica a esta obra algum tanto de jurisprudencia comparada* (...).»

V – As questões com impacto em matéria de Direitos Reais encontram-se repartidas pela parte geral e pela parte especial das *Instituições* de COELHO DA ROCHA[388].

Na secção terceira da parte geral o autor abordaria a temática relacionada com as coisas[389]. Primeiro, as noções gerais sobre coisas[390]. Depois, no Capítulo I dessa secção, as coisas consideradas em si mesmas[391]. O Capítulo II é dedicado às coisas quanto aos seus possuidores[392]. Finalmente, o Capítulo III da secção em referência[393] tinha por título *Da avaliação das cousas.*

---

[385] COELHO DA ROCHA, *Instituições...*, 2.ª ed., I, *Prefação*, VII.
[386] COELHO DA ROCHA, *Instituições...*, 2.ª ed., I, *Prefação*, VII.
[387] Para tanto COELHO DA ROCHA, *Instituições...*, 2.ª ed., I, 280 e ss., *maxime*, 284 e ss., invoca os Estatutos da Universidade de Coimbra, ao mandarem consultar o uso moderno das nações e a circunstância de grande número dos seus artigos apresentar ainda fonte romana, tudo a permitir colocar os Códigos ao lado do *Digesto*.
[388] MENEZES CORDEIRO, *Teoria...*, in *Revista...*, 1988, XXIX, 288, afirmaria: «*Verifica-se que ROCHA perfilhava o modo de pensar próprio da segunda sistemática: o encadear lógico da matéria e a dedução racional. E praticava-o: a ideia de Parte Geral surge límpida, na sua concepção e nos objectivos.*»
[389] COELHO DA ROCHA, *Instituições...*, 2.ª ed., I, 49 e ss..
[390] COELHO DA ROCHA, *Instituições...*, 2.ª ed., I, 49 e 50.
[391] COELHO DA ROCHA, *Instituições...*, 2.ª ed., I, 50 e ss. É aqui que COELHO DA ROCHA aborda, designadamente, as classificações das coisas, os frutos e benfeitorias.
[392] COELHO DA ROCHA, *Instituições...*, 2.ª ed., I, 57 e ss. O autor distinguiria nesta sede os bens em nacionais, municipais e das paróquias, bens dos estabelecimentos públicos e bens particulares.
[393] COELHO DA ROCHA, *Instituições...*, 2.ª ed., I, 59 e ss..

Na parte especial COELHO DA ROCHA dedica todo o livro segundo da sua obra ao Direito das Coisas[394]. Nele o autor afirma ir tratar principalmente dos direitos que se exercem sobre o uso, disposição e posse de uma coisa, os quais os jurisconsultos romanos enumeravam nas diferentes espécies de *ius in re* e os modernos compreendem na expressão geral de propriedade[395], acrescentando os modos de adquirir. No total subdivide este livro em nove secções: 1.ª propriedade em geral[396]; 2.ª dos modos de a adquirir[397]; 3.ª da posse e da prescrição[398]; 4.ª da propriedade comum[399]; 5.ª dos bens vinculados[400]; 6.ª dos bens enfitêuticos[401]; 7.ª das servidões[402]; 8.ª do usufruto[403]; 9.ª do penhor e hipoteca[404/405].

---

[394] COELHO DA ROCHA, *Instituições...*, 2.ª ed., II, 317 e ss. até à 528.
[395] COELHO DA ROCHA, *Instituições...*, 2.ª ed., II, 317.
[396] COELHO DA ROCHA, *Instituições...*, 2.ª ed., II, 317 e 318 e ss..
[397] COELHO DA ROCHA, *Instituições...*, 2.ª ed., II, 317 e 324 e ss..
[398] COELHO DA ROCHA, *Instituições...*, 2.ª ed., II, 317 e 341 e ss..
[399] COELHO DA ROCHA, *Instituições...*, 2.ª ed., II, 317 e 368 e ss..
[400] COELHO DA ROCHA, *Instituições...*, 2.ª ed., II, 317 e 390 e ss..
[401] COELHO DA ROCHA, *Instituições...*, 2.ª ed., II, 317 e 415 e ss..
[402] COELHO DA ROCHA, *Instituições...*, 2.ª ed., II, 317 e 459 e ss..
[403] COELHO DA ROCHA, *Instituições...*, 2.ª ed., II, 317 e 476 e ss..
[404] COELHO DA ROCHA, *Instituições...*, 2.ª ed., II, 317 e 488 e ss..
[405] Estamos na presença de uma sistematização diversa da abordada nesta matéria por MACKELDEY, *Droit...*, 87 e ss. e 132 e ss.. Na parte geral, secção III, da respectiva obra o autor alemão estuda as coisas e, a esse propósito, a *causa rei s. omnis causa*, onde se compreende a matéria relativa aos frutos e acessão. O resto da matéria, de Direitos Reais, é incluída no livro primeiro da parte especial – cujo título é precisamente o de «*direitos reais*» – e que para além de uma introdução onde o autor aborda a noção, natureza do direito real e suas espécies no Direito Romano se encontra dividido da seguinte forma: Capítulo I – Da posse (Título I – Da posse em geral; Título II – Dos interditos e a denúncia de nova obra); Capítulo II – Da propriedade (Título I – Da ideia e da natureza da propriedade; Título II – Da aquisição da propriedade; Título III – Dos direitos do proprietário; Título IV – Como se perde a propriedade); Capítulo III – Das servidões (Título I – Noções e princípios gerais sobre as servidões; Título II – Diversas espécies de servidões; Título III – Do estabelecimento e extinção das servidões; Das acções relacionadas com as servidões); Capítulo IV – Da enfiteuse; Capítulo V – Da superfície; Capítulo VI – Dos direitos de garantia e hipoteca.

VI – A propósito da propriedade em geral COELHO DA ROCHA abordaria a noção e espécies de propriedade, os direitos dos proprietários, as restrições legais à propriedade[406], para depois tratar da acção de reivindicação.

Na secção dedicada aos modos de adquirir a propriedade, após uma curta introdução em que refere não ir tratar a matéria dos contratos, mas apenas a aquisição em virtude de disposição da lei[407], COELHO DA ROCHA aborda a ocupação e invenção[408/409], a acessão[410] e a aquisição de heranças[411].

Segue-se, como se viu, a matéria da posse e prescrição. A razão é simples. A posse, ou direito de possuir, seria em princípio um efeito ou um dos efeitos conexos no de propriedade (*sic*). Porém, sublinha COELHO DA ROCHA, costuma ser tratada em artigo distinto e analisada em separado, por poder pertencer a uma pessoa a propriedade e a outra a posse[412] abstraindo da propriedade ou, finalmente, porque tendo ela os requisitos da usucapião[413], ser também um dos modos de adquirir a propriedade.

A chamada propriedade comum é, na verdade, a compropriedade, concebida como algo de distinto da propriedade limitada pelo facto de na primeira se assistir a um único direito pertença de várias pessoas[414].

---

[406] Distinguindo as restrições em geral e as restrições pertinentes aos prédios encravados.
[407] COELHO DA ROCHA, *Instituições*…, 2.ª ed., II, 324.
[408] COELHO DA ROCHA, *Instituições*…, 2.ª ed., II, 326 e ss..
[409] A respeito desta noção cfr., *supra* o que se escreve a propósito de CORREIA TELLES na nota 345. V., também, COELHO DA ROCHA, *Instituições*…, 2.ª ed., II, 329 e 330.
[410] COELHO DA ROCHA, *Instituições*…, 2.ª ed., II, 331 e ss..
[411] COELHO DA ROCHA, *Instituições*…, 2.ª ed., II, 335 e ss..
[412] COELHO DA ROCHA, *Instituições*…, 2.ª ed., II, 341 e 342.
[413] Também *ULPIANUS, libro LXX. ad edictum* – D., 41, 2, 12, 1 estabelecia já: «*Nihil commune habet proprietas cum possessione* (…)»; ou *VENULEIUS, libro I. Interdictorum* – D., 41, 2, 52: «(…) *nec possessio et proprietas misceri debent* (…)», trechos cujo sentido COELHO DA ROCHA, *Instituições*…, 2.ª ed., II, 342, afirma serem de fácil compreensão – e de facto são.
[414] COELHO DA ROCHA, *Instituições*…, 2.ª ed., II, 368 e ss..

A espécie mais vulgar e frequente de propriedade comum é, na opinião do autor, a herança[415], que é por isso objecto de tratamento aturado[416].

Os bens vinculados, também eles relacionados com matéria sucessória, são abordados na perspectiva da propriedade limitada. Tratar-se-ia mesmo, de acordo com COELHO DA ROCHA, da mais importante espécie de propriedade limitada, compreendendo os morgados[417] e as capelas[418]. A outra espécie de propriedade limitada era a enfiteuse, à qual o autor unia os censos dada a analogia por ele considerada existir entre ambas as figuras[419].

A propósito da servidão, COELHO DA ROCHA chama a atenção para a duplicidade de perspectivas pela qual a irá encarar: ora pelo lado do direito daquele que tira dela utilidade, como faziam os romanos que por isso a consideravam como *ius in re aliena*, ora na óptica da restrição da propriedade, como o fizeram os redactores do *Code Civil*[420]. É, também, nesta sede onde são tratados os limites verticais do direito de propriedade[421] e relações de vizinhança[422].

Na secção dedicada ao usufruto, COELHO DA ROCHA refere-se ao usufruto, uso e habitação. O usufruto é entendido como o direito de usar e gozar de uma coisa alheia sem prejuízo da respectiva substância[423/424]. Num passo sublinhado pelo autor, os romanos estudavam

---

[415] COELHO DA ROCHA, *Instituições...*, 2.ª ed., II, 372 e ss..
[416] Naturalmente compreendidos ficam aspectos como a administração das heranças e a partilha.
[417] COELHO DA ROCHA, *Instituições...*, 2.ª ed., II, 390 e ss..
[418] COELHO DA ROCHA, *Instituições...*, 2.ª ed., II, 390 e 411 e ss..
[419] COELHO DA ROCHA, *Instituições...*, 2.ª ed., II, 415 e ss..
[420] Sublinhe-se também a utilização da nomenclatura «servidão predial» como sinónimo de servidão com natureza real por oposição às servidões pessoais, em que o beneficiário é uma pessoa.
[421] COELHO DA ROCHA, *Instituições...*, 2.ª ed., II, 464 e 465.
[422] COELHO DA ROCHA, *Instituições...*, 2.ª ed., II, 465 e ss..
[423] COELHO DA ROCHA, *Instituições...*, 2.ª ed., II, 476.
[424] O uso distinguir-se-ia do usufruto pelo facto de no primeiro o beneficiário apenas poder servir-se do direito para prover as suas necessidades enquanto no segundo seria também para seu recreio e capricho. Quando o uso é concedido sobre casas para viver então seria habitação. Cfr. COELHO DA ROCHA, *Instituições...*, 2.ª ed., II, 487 e 488.

o usufruto como uma servidão pessoal[425], por contraposição às servidões prediais. O Código prussiano, seguindo outro sistema, formou uma classe separada dos direitos de uso das coisas de outrem, na qual colocou o uso e o usufruto. Isto mesmo fizeram, também, os redactores do Código Civil francês[426]. COELHO DA ROCHA afirma ir recorrer, quer ao Direito Romano, quer aos códigos modernos. Porém, o usufruto, uso e habitação são na realidade encarados como formas de limitação da propriedade[427].

A fechar o livro dedicado ao Direito das Coisas, COELHO DA ROCHA inclui, como vimos, o estudo do penhor e da hipoteca. Trata-se de dois direitos reais abordados, tal como o usufruto, na perspectiva da propriedade limitada, pelo facto de se encontrarem de tal modo impostos sobre a propriedade que passa com eles para todo e qualquer possuidor (*sic*) até à extinção da dívida[428].

2.3.4. **LIZ TEIXEIRA**

I – Conforme se evidenciou já, LIZ TEIXEIRA, tesoureiro-mor na Catedral de Coimbra e Lente Catedrático da Faculdade de Direito da Universidade[429], alternou com COELHO DA ROCHA no ensino das duas cadeiras de Direito Civil. De início, LIZ TEIXEIRA começaria por

---

[425] Conforme vimos *supra* o sistema adoptado por MELLO FREIRE e CORREIA TELLES era também o de considerar o usufruto no quadro das servidões. Não se sublinhou então este aspecto, mas também ALMEIDA E SOUSA, *Notas...*, III, refere o usufruto a propósito das servidões. Não o fez porém, conforme se viu *supra* em nota, BORGES CARNEIRO.
[426] COELHO DA ROCHA, *Instituições...*, 2.ª ed., II, 476.
[427] COELHO DA ROCHA, *Instituições...*, 2.ª ed., II, 476.
[428] COELHO DA ROCHA, *Instituições...*, 2.ª edição, II, 488 e 489.
[429] LIZ TEIXEIRA seria ainda vice-reitor da Universidade de Coimbra, conforme consta aliás do título do *Índice do Curso de direito civil portuguez do Illustrissimo Senhor António Ribeiro de Liz Teixeira, Lente e Vice Reitor que foi da Universidade*, ordenado por J.R.R., Coimbra, 1848 (obra esta já atrás citada). Acerca deste autor pode ver-se, por exemplo, JOSÉ LARANJO, *A organização...*, in *O instituto*, cit., Julho de 1893 a Dezembro de 1894, LXI, 101 e 102.

ensinar pelo compêndio de MELLO FREIRE[430]. Mais tarde, porém, desassossegado com os inconvenientes das sebentas publicaria, em três volumes, o seu próprio comentário à obra de MELLO FREIRE. A data da primeira edição desta obra é de 1845. Contudo, o próprio título da obra indica tratar-se do Curso de Direito Civil português para o ano lectivo de 1843-1844[431].

LIZ TEIXEIRA tem sido apontado como um especial conhecedor do Direito francês, utilizando a cada passo o Código de Napoleão e mostrando até um notável interesse pela história daquele Direito, como o evidenciam as assíduas referências ao *droit coutumier*[432], sem embargo de surgirem também referências aos jurisprudentes elegantes europeus e jusracionalistas[433], e naturalmente também aos juristas nacionais e aos jurisconsultos romanos.

II – O estudo dos direitos reais é, na obra e no ensino de LIZ TEIXEIRA, objecto de uma separação básica em duas divisões. Na primeira, o autor trata do Direito das Coisas com relação à propriedade ilimitada. Na segunda, ocupa-se dos direitos reais com relação à propriedade limitada.

A sequência das matérias é a de MELLO FREIRE[434].

A abordagem da matéria relativa à propriedade ilimitada começa pelo estudo da divisão das coisas, sua natureza e qualidade. Segue-se um título

---

[430] MENEZES LEITÃO, *O ensino...*, 76 e 77.
[431] Consultámos LIZ TEIXEIRA, *Curso...*, parte primeira, *Do direito das pessoas*, 1.ª ed., Coimbra, 1845, mas sem o prefácio no qual o autor se lamenta das sebentas, 2.ª ed. com prefácio, já atrás citada; Id., *Curso...* parte segunda, divisão primeira, *Do direito das cousas com relação à propriedade ilimitada*, Coimbra, 1845; e *Curso...*, parte segunda, divisão segunda, *Do direito das cousas com relação à propriedade limitada*, sem local nem data (mas de 1845).
[432] V. PAULO MERÊA, *Esboço...*, in *Boletim...*, 1952, XXVIII, 144 e 145; e MENEZES LEITÃO, *O ensino...*, 77.
[433] MENEZES LEITÃO, *O ensino...*, 77. Cfr., também, e por exemplo, LIZ TEIXEIRA, *Curso...* parte segunda, divisão primeira, *Do direito das cousas...*, 112 e 113 e 126, onde o autor cita *CUJACIUS, GROTIUS*, PUFENDORF e *HEINECCIUS*.
[434] V. *supra* o que se escreveu, no parágrafo dedicado a este autor, a propósito da sistematização por ele adoptada.

dedicado ao domínio e à posse. É que, não obstante o autor considerar tratar-se de duas noções distintas[435], e julgar ser a propriedade a espécie e classe mais importante dos direitos reais, a obrigar o respectivo tratamento antes de tudo o mais, a verdade está na circunstância de ser, escreve LIZ TEIXEIRA, «(…) *pela posse* (…) *que se exercita a propriedade ou dominio, e é ella, quando verdadeira, ligada naturalmente áquelle; o que faz examinal-a juntamente neste título, que por isso se inscreve*: De dominio et possessione, *do domínio e da posse*»[436]. Segue-se depois a análise dos diferentes modos de adquirir o domínio das coisas[437], das prescrições[438], os testamentos e codicilos[439], os modos por que se aceita e repudia a herança[440], os legados e fideicomissos[441] e das sucessões *ab intestato*[442], com estas terminando a primeira divisão[443].

---

[435] LIZ TEIXEIRA, *Curso…* parte segunda, divisão primeira, *Do direito das cousas…*, 38. Ainda assim, o autor não é claro. Primeiro distingue e separa a noção e figura de posse, de um lado, e propriedade, do outro. Logo de seguida, porém, afirma: «*Mas ainda que pareça, pelo que acabamos de dizer, que a posse é o gozo do objecto, ou cousa, que está em nosso poder, ou tenhamos ou não tenhamos a sua propriedade, nem toda a especie de gozo constitue posse verdadeira, mas sómente o d'aquelle, que o tem, ou que goza a titulo de senhor ou proprietario, quer elle goze por si mesmo, quer possua por meio d'outro, como por um locatario ou depositário.*» Mais à frente (41 e ss.), volta a distinguir posse da propriedade ou domínio admitindo a existência de uma posse verdadeira, coincidente com o direito de propriedade, e uma posse apenas corporal ou de facto em que a coisa é detida injustamente. Mas, LIZ TEIXEIRA aceita a veracidade da ideia segundo a qual *proprietas ab hac (possessione) separari non potest* proveniente do Direito Romano.
[436] LIZ TEIXEIRA, *Curso…* parte segunda, divisão primeira, *Do direito das cousas…*, 32.
[437] LIZ TEIXEIRA, *Curso…* parte segunda, divisão primeira, *Do direito das cousas…*, 55 e ss., que começa pela ocupação, seguindo-se a acessão (80 e ss.), a tradição e os modos civis de adquirir a propriedade (108).
[438] LIZ TEIXEIRA, *Curso…* parte segunda, divisão primeira, *Do direito das cousas…*, 109 e ss., que o autor procura delimitar face à usucapião.
[439] LIZ TEIXEIRA, *Curso…* parte segunda, divisão primeira, *Do direito das cousas…*, 160 e ss. a 378.
[440] LIZ TEIXEIRA, *Curso…* parte segunda, divisão primeira, *Do direito das cousas…*, 378 a 411.
[441] LIZ TEIXEIRA, *Curso…* parte segunda, divisão primeira, *Do direito das cousas…*, 411 a 476.
[442] LIZ TEIXEIRA, *Curso…* parte segunda, divisão primeira, *Do direito das cousas…*, 476 a 526.
[443] LIZ TEIXEIRA dedica, assim, 366 páginas das 526 do *Curso…* parte segunda, divisão primeira, *Do direito das cousas…*, *per totum*, como se sabe referente à propriedade ilimitada, a estudar matéria sucessória.

A divisão segunda, relativa à propriedade limitada, inicia-se, no cumprimento do plano de MELLO FREIRE adoptado por LIZ TEIXEIRA, com nova matéria sucessória, agora a sucessão dos bens vinculados a morgados[444], depois seguida pelas capelas[445], direito nos bens dados em enfiteuse ou direito enfitêutico[446], partilhas e colações[447], servidões[448] e, a finalizar, penhores e hipoteca[449].

III – No confronto com o tratamento dado por MELLO FREIRE ao Direito das Coisas, cujo modelo, repise-se, LIZ TEIXEIRA segue, a obra deste último apresenta-se significativamente mais desenvolvida. MELLO FREIRE dedicaria a esta matéria duzentas e sessenta e quatro páginas[450]. LIZ TEIXEIRA escreveria, a este respeito, cerca de oitocentas e oitenta e quatro, repartidas por dois volumes. Mas o que, sobretudo, espanta é a diferente importância dada aos diversos assuntos por um e outro autor, com destaque para as questões relacionadas com o direito sucessório. Em MELLO FREIRE os capítulos quinto a décimo[451] ocupam cento e vinte e uma páginas[452]. Em contrapartida, a divisão das coisas, domínio e posse, aquisição do domínio, prescrições, enfiteuse, servidão, penhor

---

[444] LIZ TEIXEIRA, *Curso*… parte segunda, divisão segunda, *Do direito das cousas*…, 1 e ss..
[445] LIZ TEIXEIRA, *Curso*… parte segunda, divisão segunda, *Do direito das cousas*…, 65 e ss..
[446] LIZ TEIXEIRA, *Curso*… parte segunda, divisão segunda, *Do direito das cousas*…, 81 e ss..
[447] LIZ TEIXEIRA, *Curso*… parte segunda, divisão segunda, *Do direito das cousas*…, 211 e ss..
[448] LIZ TEIXEIRA, *Curso*… parte segunda, divisão segunda, *Do direito das cousas*…, 243 e ss., com a nota de, tal como em MELLO FREIRE, ser aqui que se procede ao tratamento e estudo do usufruto.
[449] LIZ TEIXEIRA, *Curso*… parte segunda, divisão segunda, *Do direito das cousas*…, 294 e ss..
[450] *Institutiones*…, III.
[451] Ou seja, os testamentos e codicilos, os modos por que se aceita e repudia a herança, os legados e fideicomissos e das sucessões *ab intestato*, a sucessão dos bens vinculados a morgados e as capelas.
[452] Mais especificamente cerca de 122.

e hipotecas representam cento e quarenta e três. Em LIZ TEIXEIRA os capítulos V a X constituem cerca de quatrocentos e setenta e oito laudas. Paralelamente, coisas, propriedade e posse, aquisição da propriedade, prescrições, enfiteuse, servidão, penhor e hipotecas, estendem-se por apenas quatrocentas e seis páginas. Ou seja: em MELLO FREIRE estas matérias representam mais de metade do respectivo compêndio no que toca aos direitos reais. Em LIZ TEIXEIRA, porém, a maior parte do estudo relativo ao Direito das Coisas vai para aspectos ligados à sucessão de bens.

2.3.5. BANDEIRA DE NEIVA e JOSÉ RUAS

I – BANDEIRA DE NEIVA e JOSÉ RUAS regeram, alternadamente, as cadeiras de Direito Civil, em curso bienal, desde 1850-1851[453/454]. Quer NEIVA quer RUAS utilizaram nas suas lições o livro de COELHO DA ROCHA, que, aliás, não tardaria ser adoptado definitivamente como compêndio oficial[455]. Estes autores deixaram ainda um programa para as duas cadeiras de Direito Civil, relativo ao ano lectivo de 1853-1854[456/457].

---

[453] Cfr., também, PAULO MERÊA, *Esboço...*, in *Boletim...*, 1952, XXVIII, 146 e 147; MENEZES CORDEIRO, *Teoria...*, in *Revista...*, XXIX, 295; e MENEZES LEITÃO, *O ensino...*, 77.

[454] Quando a regência das duas cadeiras deixou de ser alternada RUAS fixou-se na primeira e NEIVA na segunda. Cfr. PAULO MERÊA, *Esboço...*, in *Boletim...*, 1952, XXVIII, 146, nota 1; e MENEZES CORDEIRO, *Teoria...*, in *Revista...*, XXIX, 295.

[455] PAULO MERÊA, *Esboço...*, in *Boletim...*, 1952, XXVIII, 146.

[456] Cfr. *O instituto*, 1855-1866, IV, 3.

[457] Interessante é também analisar *O programa da terceira e quarta cadeiras do curso bienal de Direito Romano* de NUNES DE CARVALHO e AZEVEDO FARO DE NORONHA. Como se sabe, ao tempo o compêndio adoptado era a obra de WALDECK, *Institutiones juris civilis Heineccianae* (existem, como é sabido, várias edições deste livro. Confrontou-se a de Coimbra, 1814, Lib. II, Tít. I, 141 e ss., Lib. II, Tít. II, Lib. II, Tít. III, Lib. II, Tít. IV, Lib. II, Tít. V, Lib. II, Tít. VI, Lib. II, Tít. VII e ss., Lib. III, Lib. III, Tít. X [183 e ss., 198 e ss., 201 e ss., 211 e ss., 217 e ss., 221 e ss., 227 e ss., 325 e ss., 339 e ss.]). O programa seguia, portanto, de perto o plano das obras de WALDECK e de *HEINECCIUS*. Existia uma parte significativa (cfr. *O instituto*, 1855, III, 214

Porém, conforme sublinhado já[458] ambos adoptaram as Instituições de ROCHA sem promoverem inovações que deixassem marca, num fenómeno reflectido nesse programa, pois não passa da indicação do plano adoptado nas Instituições de COELHO DA ROCHA. E de tal maneira que os autores afirmam praticamente isso mesmo, juntamente com uma referência à circunstância de ROCHA imitar (*sic*) MACKELDEY[459]: «*É esta a base, que o autor adoptou para a distribuição geral das doutrinas do Direito Civil Portuguez; com exclusão porém dos que dizem respeito ao processo, que por lei pertencem á cadeira de Jurisprudencia Formularia e Eurematica: e é também segundo esta mesma base, e por esta mesma ordem, que, com algumas alterações, costumamos por ora regular as prelecções a nossos ouvintes, pelo methodo synthetico-demonstrativo, na conformidade dos Estatutos d'esta Universidade*[460].»

---

e ss.) dedicada ao estudo das coisas, onde para além da respectiva divisão, se compreendia a posse, a aquisição do domínio (com referência designadamente à ocupação e à acessão), as servidões prediais e pessoais, o uso e habitação, a usucapião, a doação (enquanto modo de aquisição do domínio) seguida da matéria testamentária e sucessória. É curiosamente a propósito das coisas que se aborda a matéria relativa à representação. De facto, eram os seguintes os títulos 8 e 9 do Liber II do programa: *Quibus alienare licet, vel non – Exempla; Per quas personas enique adquiritur: – 1. per servos – 2. per liberos in potesta nostra constitutos, – 3. per extraneas personas. – De peculio filiali – notio, – et species. Jus peculi militaris, – profectitii, – adventitii ordinari, – et extraordinari. – De adquisitione per extraneas personas jure antiquo, – jure novo.* No Liber III. *De Rebus et obligationibus* cumpre destacar o Título 10, *De bonorum possessionibus. – Sucessio praetoria. – Bonorum possessionibus reatio et notio: – species – 1. contra tabulas, – secundum tabulas, – 3. ab intestato: ejus adquisitio, – sucessio;* Título 11, *De adquisitione per adrogationem, – ex jure veteri – et novo.* Os títulos seguintes abordavam matéria sucessória e o penhor.

[458] MENEZES CORDEIRO, *Teoria*…, in *Revista*…, XXIX, 295; e MENEZES LEITÃO, *O ensino*…, 77 e 78.

[459] Com efeito, escreve-se aí: «*N'estas Instituições se propôz o digno professor imitar o systema, e plano geral do acreditado Manuel de Droit Romain de F. Mackeldey* (…).» E o próprio COELHO DA ROCHA, *Instituições*…, 2.ª ed., I, *Prefação*, V, diz que fez por imitar MACKELDEY.

[460] A expressão «por ora» faz surgir a ideia de que os autores antecipariam a adopção de um novo programa, com um plano e um conteúdo porventura distintos. Mas não parece que o tenham feito por não existirem registos conhecidos nesse sentido. MENEZES

BANDEIRA DE NEIVA deixou-nos ainda umas *Observações sobre o projecto de Codigo Civil*[461], obra de política legislativa mas em que são abordados e tratados dogmaticamente diversos aspectos relacionados com os Direitos Reais[462].

CORDEIRO, *Teoria…*, in *Revista…*, XXIX, 295, e nota (9), afirma mesmo pouco se poder ir mais longe no apuramento da obra de RUAS do que o referido por PAULO MERÊA, *Esboço…*, in *Boletim…*, 1952, XXVIII, 146.

[461] ANTÓNIO BANDEIRA DE NEIVA, *Observações sobre o projecto do Codigo Civil*, Coimbra, 1860.

[462] ANTÓNIO BANDEIRA DE NEIVA, *Observações sobre o Codigo…*, 92 e ss., a propósito da posse, 296 e ss., no tocante ao usufruto, 304 e ss., relativamente às servidões e onde se referem, também, vários aspectos concernentes às relações de vizinhança.

3. A codificação do Direito Civil e a exegese (de 1867 a 1903)

3.1. O Código Civil de 1867

I – A pré-codificação portuguesa, através das obras de MELLO FREIRE, LOBÃO, BORGES CARNEIRO, JOSÉ HOMEM CORREIA TELLES, LIZ TEIXEIRA e COELHO DA ROCHA[463], desenvolveu um esforço notável que esperava a respectiva síntese final. Ela caberia a ANTÓNIO LUÍS DE SEABRA e redundaria na aprovação do Código Civil de 1867[464]. Este Código, assentaria na tradição romanística[465], trave basilar do direito comum das Ordenações. No plano juscultural correspon-

---

[463] Tal como refere a propósito SANTOS JUSTO, *O Código...*, 37 e 38, «*o triunfo da revolução liberal em 1820 não provocou, em Portugal, reformas de envergadura no direito privado. As grandes inovações pertenceram aos nossos jurisconsultos que, hábil e lentamente, as souberam introduzir através da interpretação e da integração (...)*». A este respeito v. as inúmeras ilustrações de quanto afirma SANTOS JUSTO, aliás já presentes também em BRAGA DA CRUZ, *Formação histórica do direito privado português...*, 21 e ss., 24 e ss.. Para uma caracterização dos diversos períodos jurídicos do século XIX, à luz de critérios que são naturalmente diversos dos aqui adoptados porquanto orientados para fins diversos, cfr. PINTO LOUREIRO, *Jurisconsultos portugueses*, in *Jurisconsultos portugueses do século XIX*, cit., I, 94 e ss.. V., também, BRAGA DA CRUZ, *A revista de legislação e jurisprudência. Esboço da sua história*, Coimbra, 1975, I, 2 e ss..

[464] V., designadamente, MENEZES CORDEIRO, *Teoria...*, in *Revista...*, XXIX, 291 e ss.; e *Tratado...*, I, I, 123 e ss..

[465] Concretamente para uma referência à profunda e decisiva base romanista dos direitos reais que o Código de Seabra partilhava com o de Napoleão v. SANTOS JUSTO, *O Código...*, 46 e 47.

deu à recepção do pensamento liberal napoleónico[466], e entronca, destarte, nos esquemas da segunda sistemática e na articulação jusracionalista[467].

II – Era a seguinte a estrutura por ele apresentada:

Parte I – Da capacidade civil,
– Livro único,

---

[466] Assim, expressamente, MENEZES CORDEIRO, *Da boa fé no direito civil*, Lisboa, 1984, I, 273; Id., *Tratado*..., I, I, 117 e ss., 123 e ss.. Para um estudo das vicissitudes da elaboração e aprovação do Código de Seabra pode, ainda, ver-se LOPES PRAÇA, *Estudos sobre o Codigo Civil, sobre a rescisão do contracto de compra e venda por lesão e vicios redhibitorios, segundo o artigo 1582 do Codigo Civil Portuguez*, Coimbra, 1870, 3 e ss.; JOSÉ LARANJO, *A organização*..., in *O instituto*, cit., Julho de 1893 a Dezembro de 1894, LXI, 173 e ss.; JOSÉ DIAS FERREIRA, *Codigo civil portuguez annotado*, Lisboa, 1894, 2.ª ed., I, V e ss.; GUILHERME MOREIRA, *Instituições do direito civil português*, I, parte geral, Coimbra, 1907, 22 e ss.; JOSÉ TAVARES, *Os princípios fundamentais do direito civil*, 2.ª ed., I, Primeira parte, Teoria geral do Direito Civil, Coimbra, 1929, 325 e ss.; CUNHA GONÇALVES, *O problema da codificação do direito civil*, Coimbra, 1906, com considerações gerais a propósito da codificação; Id., *Tratado de direito civil em comentário ao código civil português*, Coimbra, I, 1929, 121 e ss.; PINTO COELHO, *Direito Civil. Noções fundamentais*, por MENDES DE ALMEIDA e AGOSTINHO DE OLIVEIRA, Lisboa, 1936-37,129 e ss.; LUÍS CABRAL DE MONCADA, *Lições de direito civil, parte geral*, 3.ª ed., Coimbra, 1959, 128 e ss. (existe 4.ª ed. de 1962 e publicada em 1995); BRAGA DA CRUZ, *La formation du droit civil portugais moderne*..., in *Obras*..., II, 2.ª parte, 3 e ss..; Id., *Formação histórica*... 7 e ss.. Na literatura jurídica mais recente, cfr. MÁRIO REIS MARQUES, *O liberalismo*..., in *Boletim*..., suplemento, 1986, XXIX, per totum, maxime, 77 e ss., e 144 e ss.; MENEZES CORDEIRO, *Teoria*..., in *Revista*..., XXIX, 291 e ss.; NUNO ESPINOSA GOMES DA SILVA, *História*..., 262 e ss.; PINTO MONTEIRO, *La codification en Europe: le Code Civil Portugais*, in *Boletim da Faculdade de Direito*, Coimbra, 1992, LXVIII, 1; SANTOS JUSTO, *O Código*..., 36 e ss.. Concretamente acerca do Código Civil de Seabra no tocante ao Direito das Coisas v., MENEZES CORDEIRO, *Direitos*..., 21 e ss.; Id., *Evolução*..., in *Estudos*..., I, 205 e 206; Id., *Direitos Reais, sumários* (*Teoria geral dos Direitos Reais. Posse*), Lisboa, 2000, 26 e ss. (adiante citados *Direitos*... [*sumários*]); CARVALHO FERNANDES, *Lições de Direitos Reais*, 4.ª ed., Lisboa, 2005, 24 e 25; RUI PINTO, *Direitos reais de Moçambique*, Coimbra, 2006, 17 e 18.

[467] Cfr. as obras de MENEZES CORDEIRO citadas na nota anterior, e particularmente, *Evolução*..., in *Estudos*..., I, 205 e 206. V., também, sobre a estratificação do Código de Seabra, BRAGA DA CRUZ, *Formação histórica*..., 23.

Parte II – Da aquisição dos direitos,
    – Livro I – Dos direitos originários e dos que se adquirem por facto e vontade própria independentemente da cooperação de outrem,
    – Livro II – Dos direitos que se adquirem por mero facto de outrem, e dos que se adquirem por simples disposição da lei,
Parte III – Do direito de propriedade,
    – Livro único,
Parte IV – Da ofensa dos direitos e da sua reparação,
    – Livro I – Da responsabilidade civil,
    – Livro II – Da prova dos direitos e de restituição deles.

Era no Livro I da Parte II que se tratava as coisas e as matérias da ocupação (Título III, artigos 383.º e ss.)[468], da posse e da prescrição (Título IV, artigos 474.º e ss.). No Título V, sujeito à epígrafe «Do trabalho», tratava-se deste factor de produção enquanto fonte de direitos, os quais, para quem admita a possibilidade de *iura in rem* sobre coisas incorpóreas, seriam reais. Em causa estava pois o trabalho isolado do homem na produção de bens, não o realizado através de obrigações contratuais, esse tratado no Livro II da Parte II[469]. Os direitos reais de garantia encontravam-se, também eles, previstos no Livro II, Parte II (artigos 855.º e ss.). Ainda no tocante ao Livro II da Parte II cumpre destacar a circunstância de, além de diversos dos contratos aí previstos serem fonte de direitos reais, a propósito de alguns deles o Código ter sido levado a regular, não apenas os vários contratos constitutivos de direitos reais, mas esses mesmos direitos reais[470] – como sucede com a enfiteuse e o censo consignativo e reservativo. Finalmente, e sempre no âmbito da Parte II, Livro II, cumpre mencionar as diversas regras atinentes ao registo de factos relativos a direitos reais, com destaque para o Capítulo XVI, intitulado

---

[468] Note-se que no título respeitante à ocupação o Código Civil continha o regime completo de alguns direitos reais com destaque para os relativos às águas. Cfr. artigos 380.º/2 e 3 e 431.º e seguintes.
[469] PAULO CUNHA, *Curso de Direito Civil, Direitos Reais*, por CARLA FERNANDA SANTOS e CASTRO MENDES, Lisboa, 1949/1950, 11.
[470] Assim, também, PAULO CUNHA, *Curso…*, 12.

«Do registo de transmissão de bens e direitos imobiliários»[471]. Quanto ao livro dedicado ao direito de propriedade ele encontrava-se dividido da seguinte forma:

Título I – Disposições preliminares,
Título II – Da propriedade absoluta e da propriedade resolúvel,
Título III – Da propriedade singular e da propriedade comum,
Título IV – Da propriedade perfeita e da propriedade imperfeita,
    Capítulo I – Disposições gerais,
    Capítulo II – Do quinhão,
    Capítulo III – Do usufruto e do uso e habitação,
    Secção I – Do usufruto,
    Subsecção I – Disposições gerais,
    Subsecção II – Dos direitos do usufrutuário,
    Subsecção III – Das obrigações do usufrutuário,
    Subsecção IV – Da extinção do usufruto,
    Secção II – Do uso e habitação,
    Capítulo IV – Do direito de compáscuo,
    Capítulo V – Das servidões,
    Secção I – Disposições gerais,
    Secção II – Das servidões constituídas por facto do homem,
    Secção III – Das servidões constituídas pela natureza da coisa ou pela lei,
Título V – Do direito de fruição,
    Capítulo I – Disposições gerais,
    Capítulo II – Da acessão,
    Secção I – Disposição geral,
    Secção II – Da acessão natural,
    Secção III – Da acessão industrial ou por facto do homem,
    Subsecção I – Da acessão mobiliária,
    Subsecção II – Da acessão imobiliária,
    Capítulo III – Do direito de acesso ou trânsito,

---

[471] O artigo 1722.º, o único deste capítulo, estabelecia que todas as transmissões de bens ou direitos imobiliários estão sujeitas a registo, que será regulado pelas disposições estabelecidas nos artigos 949.º e seguintes, relativos ao registo da hipoteca.

Título VI – Do direito de transformação,
   Capítulo I – Disposições gerais,
   Capítulo II – Das restrições impostas à propriedade em defesa da propriedade alheia,
      Secção I – Da plantação de árvores e arbustos,
      Secção II – Das escavações,
      Secção III – Das construções e edificações,
      Secção IV – Dos muros e paredes-meias,
      Secção V – Da construção de depósitos de materiais nocivos e de outras construções semelhantes,
Título VII – Do direito de exclusão e de defesa,
   Capítulo I – Do direito de demarcação,
   Capítulo II – Do direito de tapagem,
   Capítulo III – Do direito de defesa,
Título VIII – Do direito de restituição e da indemnização dos direitos violados,
Título IX – Do direito de alienação.

A Parte III estava assim organizada em torno do direito de propriedade, considerado como uma expressão patrimonial da liberdade individual. Os direitos reais de gozo menores eram tratados como formas de propriedade imperfeita, sendo mencionados no artigo 2189.º. Referia-se a enfiteuse e subenfiteuse, o censo, quinhão, usufruto, uso e habitação, compáscuo e as servidões. A enfiteuse, subenfiteuse e censo reservativo e consignativo eram referidos na Parte II, Livro II, Título II, Capítulos XII a XIV, artigos 1644.º e ss.. Não havia qualquer referência à superfície que, todavia, viria a ser introduzida pela Lei 2030, de 22 de Junho de 1948, artigos 21 e ss.[472].

III – Num passo devidamente assinalado pela doutrina portuguesa, o Código Civil de 1867 teve importante repercussão na civilística portu-

---

[472] Incorre pois em lapso ou desconhecimento RUI PINTO, *Direitos reais...*, 19, quando afirma ignorar a existência de leis extravagantes referentes a outros direitos reais para além dos previstos no Código Civil de Seabra.

guesa[473] subsequente do século XIX e princípios do século XX[474] e, naturalmente, também sobre o ensino do Direito, como se verá de seguida. A literatura típica nele apoiada era representada por grandes comentários ao seu texto, tendo também sob sua inspiração sido criadas várias revistas jurídicas[475], entre as quais a *Revista de Legislação e Jurisprudência* e *O Direito*, ambas ainda em publicação[476].

3.2. Organização dos estudos jurídicos. Considerações gerais

I – Em 1865 o plano de estudos da Faculdade de Direito vem a ser outra vez modificado. O estudo e contornos do respectivo processo de alteração encontram-se delineados por PAULO MERÊA[477]. Não iremos,

---

[473] A nível de institutos concretos o Código Civil de 1867 tem sido, todavia, considerado pouco inovador. Proscreveu algumas formas de aproveitamento real das coisas e interveio para clarificar certos pontos concretos. Assim MENEZES CORDEIRO, *Evolução juscientífica e direitos…*, in *Estudos de Direito…*, I, 205, que escreve ainda a propósito da Codificação de Seabra: «(…) *assentou em dois pilares fundamentais: a tradição do Direito comum português e o pensamento jusracionalista corporizado no Código Civil francês de 1804. Mas no respeitante à linguagem e à concatenação interna das soluções preconizadas, ambas essas influências carreavam o Direito romano* (…). *Não houve, pois, uma erupção de elementos diferentes que pudesse conduzir a alterações substanciais. Acresce, ainda, que, em geral, as codificações não são inovadoras em si: apenas cristalizam, no momento em que sejam elaboradas, a situação juscientífica que as precedeu.*»

[474] V. MENEZES CORDEIRO, *Tratado…*, I, I, 125, e em termos mais amplos, 139 e 140, a propósito do influxo das codificações na metodologia jurídica, a implicar tendências positivistas, num largo leque que se estende desde a exegese formal à jurisprudência dos interesses. Trata-se, tudo, de posições que o autor afirma deverem ser superadas sem necessidade de se insistir nesse ponto. Ainda assim sublinha como a lei, na tradição romana não exprime apenas a lei formal mas, antes, o Direito na sua globalidade.

[475] Veja-se quanto escreve a este respeito BRAGA DA CRUZ, *A revista de legislação e jurisprudência…*, I, 21 e ss.. Analisou-o, também, MENEZES LEITÃO, *O ensino…*, 82 e ss..

[476] MENEZES CORDEIRO, *Tratado…*, I, I, 125.

[477] PAULO MERÊA, *Esboço…*, in *Boletim…*, XXIX, 21 e ss.. Mas v., também, ALMEIDA COSTA, «Leis, Cânones, Direito…», in *Dicionário de História…*, III, 461 e ss..

por isso, alongar-nos a este respeito. Apenas deixaremos aqui algumas notas essenciais.

Uma das preocupações subjacentes às alterações efectuadas foi a de adaptar o estudo do Direito Civil ao Projecto do Código[478]. Passou a existir no primeiro ano uma 3.ª Cadeira cujo conteúdo era a História e Princípios de Direito Civil; com sacrifício do Direito Romano, no segundo ano a 6.ª Cadeira era dedicada ao Direito Civil português, e o mesmo sucedia no terceiro ano com a 9.ª Cadeira[479]. Estas duas últimas funcionavam inicialmente em curso bienal, tal como sucedia antes de 1854[480], tendo porém a Congregação de 28 de Julho de 1868 resolvido acabar com o sistema, ficando os Catedráticos na regência das mesmas cadeiras que regeram no ano anterior[481].

II – Foi este o regime que vigorou até 1902, apenas com a supressão do 6.º ano em 1870[482]. As tentativas de reforma de 1867, 1883 e 1886, não passaram disso mesmo[483].

3.3. O ensino exegético

I – Em princípio continuou em vigor o regime do compêndio, mas em muitas delas ele faltava. Nas cadeiras cuja matéria se encontrava codificada era, por via de regra, o próprio Código a ser comentado directamente pelo professor[484], conforme se verá com mais pormenor adiante. A falta de compêndios justificava a organização de programas oficialmente

---

[478] MENEZES LEITÃO, O ensino..., 82.
[479] Um mapa completo deste plano de curso pode confrontar-se em PAULO MERÊA, Esboço..., in Boletim..., XXIX, 35 e 36; e, depois, também em MENEZES LEITÃO, O ensino..., 83 e 84.
[480] PAULO MERÊA, Esboço..., in Boletim..., XXIX, 37.
[481] PAULO MERÊA, Esboço..., in Boletim..., XXIX, 37.
[482] PAULO MERÊA, Esboço..., in Boletim..., XXIX, 37.
[483] A este respeito cfr. PAULO MERÊA, Esboço..., in Boletim..., XXIX, 23 e ss., e 68 e ss.. V., também, MENEZES LEITÃO, O ensino..., 84.
[484] PAULO MERÊA, Esboço..., in Boletim..., XXIX, 57.

publicados e periodicamente renovados. O esforço dos Governos nesse sentido não seria porém bem-sucedido[485].

De acordo com o relato de MERÊA, nos primeiros anos deste período houve, ainda, professores que se esforçaram na elaboração de programas, mas a maioria circunscrevia-se a indicar numa folha de papel o número de lições que seriam consagradas a cada uma das grandes divisões na respectiva cadeira[486].

Em 1885, na sequência de um ofício da Direcção-Geral de Instrução Pública, a insistir na organização de programas, o Conselho da Faculdade entendeu não poder deixar de incumbir a elaboração de programas aos proprietários das respectivas cadeiras ou aos professores que as regiam, tendo assim sido publicados os programas de onze cadeiras e, posteriormente, os de mais três[487].

II – A entrada em vigor do Código de Seabra teve um efeito radical no ensino do Direito Civil[488]. Em 1865-1866 e 1866-1867 este ramo do Direito foi ainda ensinado pelas Instituições de COELHO DA ROCHA, com referências ao Projecto de Código Civil. Porém, no ano seguinte, o de 1867-1868, foi decidido em congregação e mediante proposta de PEDRO MONTEIRO, proprietário da 3.ª Cadeira, que o Código Civil fosse adoptado como texto nas três cadeiras da especialidade[489].

Desde essa data, e recuperando as palavras de MERÊA, que o ensino passou a ser o «ensino do Código Civil», entronizando-se o método exegético[490]. Assiste-se, então, a uma decadência visível dos estudos civis[491],

---

[485] PAULO MERÊA, Esboço..., in Boletim..., XXIX, 57.
[486] PAULO MERÊA, Esboço..., in Boletim..., XXIX, 57.
[487] PAULO MERÊA, Esboço..., in Boletim..., XXIX, 58, e nota 3, com indicação da lista de programas então elaborados e respectivos autores e datas. Os da 6.ª Cadeira foram elaborados por SANCHES DA GAMA em 1885, e os da 9.ª por JARDIM, também em 1885.
[488] MENEZES CORDEIRO, Teoria..., in Revista..., XXIX, 293.
[489] PAULO MERÊA, Esboço..., in Boletim..., XXX, 142. Cfr., também, MENEZES CORDEIRO, Teoria..., in Revista..., XXIX, 294.
[490] PAULO MERÊA, Esboço..., in Boletim..., XXIX, 61 e ss., XXX, 143.
[491] PAULO MERÊA, Esboço..., in Boletim..., XXIX, 66 e 106; MENEZES CORDEIRO, Teoria..., in Revista..., XXIX, 297, apontando entre outras causas a circunstância de

com críticas aos processos e métodos adoptados[492]. Dignos de particular destaque são aqui as considerações de ALVES DE SÁ, até pelo facto de inseridas numa obra cujo tema se incluía no âmbito dos Direitos Reais[493].

III – A escola da exegese surge, nos tempos menos distantes e no âmbito do Direito Privado[494/495], num fenómeno tipicamente francês[496]. Fruto

---

as cadeiras serem atribuídas aos professores sem qualquer esforço e, portanto, ao contrário, como se viu, do que sucedera com a fundação da Faculdade de Direito, altura em que as disciplinas foram distribuídas sem atenção da antiguidade mas apenas à vocação e idoneidade dos estudos dos respectivos professores (cfr. PAULO MERÊA, *Como nasceu...*, 15); SINDE MONTEIRO, *Manuel de Andrade e a influência do BGB...*, in *Revista...*, 1999-2000, 132, 39 e 40; MENEZES LEITÃO, *O ensino...*, 87.

[492] Para uma compreensão da Universidade por volta de 1860 cfr. THEOPHILO BRAGA, *História da universidade de Coimbra nas suas relações com a instrução publica portugueza*, IV, *1801 a 1872*, Lisboa, 1902, *passim*. Concretamenente a propósito do Direito CHAVES E CASTRO, *Parecer sobre a reforma da Faculdade...*, in *O instituto*, cit., 1887, XXXIV, 114 e 115, escrevia: «*Actualmente o direito positivo na nossa Universidade é estudado pelo methodo exegético. Estuda-se o direito civil pelo Codigo civil; a organização e competencia dos tribunaes, e o processo civil propriamente dicto pela Nov. Ref. Jud. e pelo Codigo de processo civil; o direito e processo comercial pelo Codigo do commercio; o processo criminal pela Nov. Ref. Jud.; o direito publico interno pela Carta Constitucional, pelo Acto Addicional, e pelas leis complementares; o direito administrativo pelo Código administrativo, leis, decretos e portarias que o esclarecem e completam; o direito financial pelas próprias leis de fazenda; o direito penal pelo respectivo Codigo. (...) Este methodo (...) tem o grave inconveniente de deixar os alumnos sem os principios juridicos que dominam as leis, e sem o conhecimento do systema proprio de cada um dos ramos especiaes do direito; e obriga o professor a gastar inutilmente o tempo na explicação de disposições idênticas dispersas por differentes logares da lei.*»

[493] Na verdade, as ideias do autor – que na sua maior parte se repudiam vivamente – foram expressas pela primeira vez numa conferência de abertura da Associação dos Advogados de Lisboa (1873 [cfr. PAULO MERÊA, *Esboço...*, in *Boletim...*, XXIX, 62]), e depois retomadas em *A emphyteose e o usufructo*, Lisboa, 1887, *Introdução*, e 81 a 87.

[494] Não será talvez despiciendo notar o facto ou circunstância de, num fenómeno já por nós sublinhado noutro local, os modernos positivismo, relativismo e cepticismo serem bem pouco originais, numa manifestação do carácter «recessivo e circular» de que, em muitos aspectos, se revestiu e reveste o pensamento jurídico ao longo da história. Na verdade, as referidas correntes filosóficas e metodológicas podem, facilmente, fazer-se remontar ao *pirronismo* do século III a. C. e aos filósofos da *Nova Academia*.

Na história da filosofia grega, desde os tempos mais remotos até ao princípio da nossa era, durante cerca de seis séculos, encontram-se representadas todas as principais direcções e fundamentais atitudes do pensamento especulativo. Como lembra a propósito CABRAL DE MONCADA, *Filosofia do direito e do estado*, 2.ª ed., revista e acrescentada, Coimbra, 1955, I, 43 e 44, a filosofia grega dá-nos, num breve escorço, uma imagem antecipada do pensamento filosófico europeu, nas suas alternativas, com idênticos sincronismos e quase o mesmo ritmo na sucessão dos sistemas. Por isso, e ainda segundo o ilustre Mestre, o espírito europeu mais moderno pode rever-se nela como no seu melhor espelho. Mas se é assim para a filosofia em geral, as coisas não se passam de modo diferente para as grandes tentativas de solução construídas pelo homem europeu para os problemas do Direito e do Estado, cuja origem é igualmente helénica. Por isso, CABRAL DE MONCADA pôde escrever: «*todas as concepções acerca de um direito natural, de base cosmológica, antropológico-racional ou teológico-transcendente; o conceito de logos nas suas duas faces de lei eterna e lei natural; o idealismo metafísico nas suas duas direcções transcendentalista e imanentista, o totalitarismo e o individualismo das nossas visualizações da realidade; os conceitos de matéria e forma; o realismo dogmático; o idealismo crítico, e a relatividade de todo o conhecimento até ao cepticismo mais negativista, o experimentalismo e o empirismo na base de todo o conhecimento científico da natureza; e por outro lado, o positivismo jurídico, o contratualismo como origem e essência do Estado e as diferentes formas deste, desde a monarquia até à democracia, tudo isso, ou completamente desabrochado ou só em gérmen, está já na Grécia.*» Cfr., novamente, CABRAL DE MONCADA, *Filosofia do direito...* I, 44 e 45. Quanto ao método exegético praticado antes da Reforma dos estudos realizada por POMBAL v. CHAVES E CASTRO, *Parecer sobre a reforma da Faculdade...*, in *O instituto*, cit., 1887, XXXIV, 115. Recentemente a «aplicação» do direito nos moldes de um método pré-escrito, garante da «*científica objectividade, da teorética neutralidade e da dessorada racionalidade*» do esquema silogístico-subsuntivo volta a insinuar-se – para empregar as palavras de FERNANDO JOSÉ BRONZE, *Breves Considerações sobre o estado actual da questão metodonomológica*, separata do *Boletim da Faculdade de Direito*, Coimbra, 1993, 182 e 183 – nas propostas da filosofia analítica e da teoria da linguagem, bem como nalgumas outras correntes defensoras da redução política e científico-tecnológica da «*metodonomologia*» (sic).

[495] No nosso horizonte histórico-geográfico, desde Roma até ao positivismo jurídico, afirmaram-se três modelos dominantes de racionalidade: a racionalidade retórico-prudencial dos romanos, a hermenêutico-dialéctica da Idade Média (mas v. RUY DE ALBUQUERQUE, *Para uma revisão da ciência medieval: a integração da auctoritas poética no discurso dos juristas (*ars inveniendi*)*, *Suplemento* à *Revista da Faculdade de Direito de Lisboa*, 2007, 1041 e ss.; e RUY DE ALBUQUERQUE e MARTIM DE ALBUQUERQUE, *História do Direito português*, I volume, *1140-1145*, 12.ª ed., Lisboa, 2005, 261 e ss., 303 e ss..) e uma terceira axiomático-dedutiva, com o normativismo moderno. Cfr. FERNANDO JOSÉ BRONZE, *Lições...*, 760. V., ainda, CASTANHEIRA NEVES, *Método...*, in *Digesta*, cit., II, 290 e ss..

de uma profunda ironia⁴⁹⁷, nos seus traços essenciais ela apresenta os seguintes postulados ou características doutrinais e metodológicas: 1) identifica o Direito com a lei, e esta com o *Code Civil*; 2) a interpretação deve procurar a vontade do legislador; 3) não há verdadeiras lacunas⁴⁹⁸.

Quanto aos métodos de exposição dos autores da escola da exegese nos seus *cours*, eles foram dois: o analítico e o sintético⁴⁹⁹. O primeiro, constitui o modelo típico da escola: o jurista segue a ordem dos livros, títulos, capítulos e secções do código, e dentro de cada secção, a própria ordem dos artigos. Em síntese, segue-se o texto passo o passo. O segundo, também designado de dogmático, centra-se também no Código Civil, com manutenção dentro do quadro de regras ditadas pelo legislador, mas sem seguir rigorosamente a ordem do código. Presta-se mais atenção à realidade social que o envolve do que à construção do seu texto. As obras que seguem o método analítico designam-se *Commentaires*, as que adoptam o método sintético ou dogmático correspondem aos *Traités*. Ao lado destes dois métodos surge ainda um terceiro de natureza mista.

Na escola da exegese existe uma certa linha evolutiva⁵⁰⁰: a instauração, de 1804 a1830, na qual se divulgou o *Code Civil*, acostumando

---

⁴⁹⁶ Assim, por todos, MENEZES CORDEIRO, *Teoria*…, in *Revista*…, XXIX, 298.
⁴⁹⁷ MENEZES CORDEIRO, *Teoria*…, in *Revista*…, XXIX, 298.
⁴⁹⁸ V., por todos, SANTOS JUSTO, *Nótulas de história do pensamento jurídico (história do Direito)*, Coimbra, 2005 54 e ss.; ANA MARGARIDA SIMÕES GAUDÊNCIO, *O culto do texto da lei na escola da exegese: seu sentido e limites*, in Boletim da Faculdade de Direito, 2003, LXXIX, 681 e ss., 693 e ss.; JOSÉ BRONZE, *Lições*…, 775 e ss.. Cfr., igualmente, os autores citados *infra* nas notas seguintes.
⁴⁹⁹ ANA MARGARIDA SIMÕES GAUDÊNCIO, *O culto do texto da lei*…, in *Boletim*…, LXXIX, 681 e ss., 693 e ss..
⁵⁰⁰ Para uma referência às diversas fases da escola da exegese v., por todos, JULIEN BONNECASE, *L'école de l'exégèse en droit civil. Les traits distinctifs et ses méthodes d'aprés la profession de foi de ses plus illustres représentants*, 2.ª ed., Paris, 1924, 15 e ss.; GIOVANNI TARELLO, *Scuola dell'esegesi*, in *Novissimo Digesto Italiano*, 1969, XVI, 819 e ss.; NUNO ESPINOSA GOMES DA SILVA, *História*…, 241 e ss., e, por último, as breves referências no nosso *A representação*…,. 300 e 301. Cfr., igualmente, para uma análise acerca do sentido geral, postulados capitais, metodologia e juízo crítico desta orientação, CASTANHEIRA NEVES, *Escola da Exegese*, in *Polis, Enciclopédia Verbo da Sociedade e do Estado*, II, 1031 e ss. (= *Digesta, cit.*, II, 181 e ss., *maxime* para

os juristas a reportar-se-lhe, com esquecimento do *Corpus Iuris Civilis*; o apogeu, de 1830 a 1840, com a consagração do *Code* como fonte isolada e auto-suficiente, reduzindo-se todo o estudo do Direito ao estudo analítico do respectivo texto[501]; o declínio, de 1880 a 1914, com a verificação da insuficiência prática deste método perante problemas novos e em que se tentaria uma falhada superação[502] e a exegese tardia, de 1914 em diante, em que na inviabilidade de uma superação dificultada pelo irrealismo metodológico se tem conseguido, pela mediação da jurisprudência, uma interpretação evolutiva que empresta ao sistema a sua aplicabilidade [503/504].

IV – Em Portugal a exegese terá sido mais simples, embora também susceptível de ser dividida em fases[505].

---

a periodização a que fazemos aqui referência mas em termos diversos); MENEZES CORDEIRO, *Teoria*…, in *Revista*…, XXIX, 298 e ss.; ANA MARGARIDA SIMÕES GAUDÊNCIO, *O culto do texto da lei*…, in *Boletim*…, LXXIX, 681 e ss., 693 e ss., e 702 e ss., com amplas indicações e referências a diferentes periodizações, adoptando ela própria, à semelhança de CASTANHEIRA NEVES, uma diversa da por nós seguida; SANTOS JUSTO, *Nótulas de história*… 54 e ss.; e de forma mais resumida, do mesmo autor, *O código*…, 34, nota 24; FERNANDO JOSÉ BRONZE, *Lições*…, 776 e ss..

[501] São desta fase, por exemplo, AUBRY e RAU, COLMET DE SANTERRRE e TROLONG, entre tantos outros (v. PEDRO DE ALBUQUERQUE, *A representação*…, 300 e 301).

[502] Aqui se integra, com uma obra sobre os modos de aquisição dos direitos reais e das fontes das obrigações, BUFNOIR, *Propriété et contrat: théorie des modes d'acquisition des droits réels et des sources des obligations*, 2.ª ed. conforme com a primeira, lições recolhidas e publicadas por BARTIN, PILLET, DESCHAMPS, SALEILLES, DESLANDRES, TIMBAL, introdução de GUILLOUARD e prefácio de BARTIN, Paris, 1924; e também, com um estudo dedicado à posse SALEILLES, *De la possession des meubles: études de droit allemand et de droit français*, Paris, 1907. Outros nomes são por exemplo os de BAUDRY-LACANTINIÈRE e WHAL. Cfr. o nosso *A representação*…, 301. É também deste período F. MAILLIEUX, *L'exégèse des codes et la nature du raisonnement juridique*, Paris, 1908.

[503] Referência, entre outros, para JULIEN BONNECASE, *L'école*…, já aqui citado; e DEMOGUE (v. novamente o nosso *A representação*…, 301).

[504] Sobre tudo isto e com ulteriores referências a diversos juristas que se integram nas diversas fases v. MENEZES CORDEIRO, *Teoria*…, in *Revista*…, XXIX, 298 a 300.

[505] MENEZES CORDEIRO, *Teoria*…, in *Revista*…, XXIX, 300.

Num primeiro momento PEDRO MONTEIRO, SANCHES DA GAMA e ANTÓNIO JARDIM implantaram uma exegese elementar[506].
Um segundo período poderá situar-se por volta de 1890.
A partir de 1888 e até 1900[507], a 9.ª Cadeira – Direito Civil, 3.º ano – foi entregue a LOPES PRAÇA[508]. Com ele assistir-se-á, conforme veremos, a uma transição para a segunda fase da exegese, do tipo da verificada em França cinquenta anos antes[509].
A 3.ª Cadeira – História e Princípios de Direito Civil, 1.º ano – seria entregue a GUILHERME MOREIRA, em 1892, que a regeu de forma ininterrupta durante o último decénio deste período[510]. Apesar da originalidade demonstrada já nesta fase, não se deixam ainda antever «(...) *as alturas a que MOREIRA há de erguer-se como tratadista do direito civil e o impulso reformador que o ensino do direito lhe ficará devendo*»[511]. Assistir-se-ia, todavia, a uma exegese melhorada[512].
TEIXEIRA DE ABREU foi encarregado da 6.ª Cadeira – Direito Civil, 2.º ano – em 1896. De acordo com MENEZES CORDEIRO, nas suas lições TEIXEIRA DE ABREU demonstraria uma fidelidade à exegese napoleónica, expondo pela ordem legal as diversas matérias[513]. No curso,

---

[506] MENEZES CORDEIRO, *Teoria*..., in *Revista*..., XXIX, 300. V. as considerações que se farão já de seguida a propósito destes autores e seu ensino.
[507] Com excepção dos anos de 1891 a 1893, em que foi substituído por GUILHERME MOREIRA e FERNANDES VAZ. Cfr. PAULO MERÊA, *Esboço*..., in *Boletim*..., XXX, 147; MENEZES LEITÃO, *O ensino*..., 92.
[508] Dados biográficos relativos a este professor podem colher-se em FORTUNATO DE ALMEIDA, *Dr. José Joaquim Lopes Praça*, in *Boletim da Faculdade de Direito*, 1921-1923, VII, 270 a 274; MENEZES CORDEIRO, *Teoria*..., in *Revista*..., XXIX, 300 e 301.
[509] No mesmo sentido MENEZES CORDEIRO, *Teoria*..., in *Revista*..., XXIX, 301.
[510] PAULO MERÊA, *Esboço*..., in *Boletim*..., XXX, 148.
[511] Estas palavras são de PAULO MERÊA, *Esboço*..., in *Boletim*..., XXX, 149, depois retomadas por BRAGA DA CRUZ, *A revista de legislação*..., I, 434, nota 1051, e MENEZES CORDEIRO, *Teoria*..., in *Revista*..., XXIX, 301.
[512] MENEZES CORDEIRO, *Teoria*..., in *Revista*..., XXIX, 301.
[513] Deste autor consultámos *Lições de direito civil português/apontamentos das prelecções de Teixeira d'Abreu, no ano lectivo de 1897-1898*, Coimbra, 1897; *Lições de direito civil português, para uso dos seus discípulos*, Coimbra, 1898, I, com dedicatória a LOPES PRAÇA. MENEZES CORDEIRO, *Teoria*..., in *Revista*..., XXIX, 302, em nota refere

não obstante o autor manifestar a sua preferência pelo sistema de Seabra no confronto com o germânico[514], MENEZES CORDEIRO afirma existir já alguma elevação. Mas constataremos adiante, com mais pormenor, quais os métodos efectivamente adoptados por TEIXEIRA DE ABREU.

V – Sem ligação directa e imediata ao ensino cumpre referir aqui ainda o nome de quatro autores que ilustram a repercussão, entre nós, da exegese francesa. Trata-se, conforme veremos, de BRUSCHY, DIAS FERREIRA, ABEL DE ANDRADE e CUNHA GONÇALVES[515].

3.4. JOSÉ AUGUSTO SANCHES DA GAMA

I – Apenas podemos ter uma ideia do ensino de SANCHES DA GAMA[516] através dos respectivos programas[517], do comentário ao Código Civil português de ABEL DE ANDRADE[518], moldado nas prelecções de

---

uma segunda edição, datada de 1904-1905, do segundo volume das *Lições* de TEIXEIRA DE ABREU. Porém, com esta data só encontrámos do autor *Curso de direito civil, II – Da adquisição de direitos,* Coimbra, 1904-1905, de que existe também um vol. I – *Introdução,* Coimbra, 1910.

[514] V. também a transcrição que fazemos *infra,* no próximo parágrafo, quando estudarmos o ensinamento de TEIXEIRA DE ABREU, no período de recepção do pandectismo, de parte dos *Sumários. Direito reais,* 1929-1930, deste Professor.

[515] MENEZES CORDEIRO, *Teoria…,* in *Revista…,* XXIX, 302 e ss., refere os três últimos, limitando-se, quanto ao primeiro, a fazer uma muito breve menção em nota (cfr. 302 nota 34); e MENEZES LEITÃO, *O ensino…,* 93 e ss., os dois primeiros.

[516] PEDRO MONTEIRO (CASTELLO BRANCO) concentrou-se no ensino da 3.ª Cadeira. Não iremos, por isso, deter-nos no estudo do respectivo ensino. De todo o modo, as referências são escassíssimas. Cfr. PAULO MERÊA, *Esboço…,* in *Boletim…,* XXX, 144 e 145, afirmando estar em causa um «*Ensino puramente exegético e muito elementar*»; MENEZES CORDEIRO, *Teoria…,* in *Revista…,* XXIX, 296. Consultámos também do autor o *Programma da 3.ª cadeira. Historia e principios geraes de direito civil para o anno de 1885-1886,* Coimbra, 1885; *Idem,* reimpressão da tiragem de 1885, 1893.

[517] *Programma das doutrinas que têm de ser explicadas e ensinadas na sexta cadeira da Faculdade de Direito,* Coimbra, 1885; *Idem,* Coimbra, reimpressão da tiragem de 1885, 1893.

[518] *Commentario ao Código Civil portuguez (moldado nas prelecções do Ex.mo sr. Sanches da Gama, lente da sexta cadeira da Faculdade de Direito da Universidade de Coim-*

SANCHES DA GAMA, e dos dados fornecidos por MERÊA[519], MENEZES CORDEIRO[520] e MENEZES LEITÃO[521]. MERÊA refere ainda a existência de umas *Lições da 6.ª Cadeira de Direito Civil*, de 1880-1881, redigidas por DIAS DA SILVA e que se encontravam em tempos no Instituto Jurídico, mas não as conseguimos obter. A informação transmitida pelos serviços bibliotecários actualmente responsáveis foi a de que estas lições estão desaparecidas[522].

SANCHES DA GAMA regeu a 6.ª Cadeira até 1895, destarte, quase trinta anos. O assunto mais amplamente tratado era o do Livro I da Parte II do Código Civil, onde se incluía parte importante da matéria pertencente aos Direitos Reais[523/524]. De seguida passava aos contratos e obrigações em geral, mas sem chegar nunca a dar integralmente a parte desse título que lhe cabia explicar[525/526].

II – Uma análise pormenorizada dos programas existentes[527] permite verificar como SANCHES DA GAMA iniciava o curso com a matéria dos direitos originários e a classificação das coisas, a que dedicava três

---

bra, Tomo I, Coimbra, 1895, obra dedicada a SANCHES DA GAMA e cujas provas tipográficas foram por ele próprio revistas.

[519] PAULO MERÊA, *Esboço*..., in *Boletim*..., XXX, 145 e ss..

[520] MENEZES CORDEIRO, *Teoria*..., in *Revista*..., XXIX, 296, ele próprio apoiado fundamentalmente em MERÊA.

[521] MENEZES LEITÃO, *O ensino*..., 88 e 89, referindo também a escassez de elementos a este respeito e citando apenas um Programa da 6.ª Cadeira, sem menção do ano, e as referências de ASSIS TEIXEIRA, *Das obrigações a praso segundo o Codigo Civil portuguez*, in *O instituto*, Julho a Dezembro, 1875, XXI, 155 e156, nota 1, às prelecções orais de SANCHES DA GAMA, a par com o já citado *Comentário*..., I.

[522] PAULO MERÊA, *Esboço*..., in *Boletim*..., XXX, 145, nota 3, menciona também ter compulsado as sebentas de 1889-1890 e 1891-1892, obsequiosamente cedidas por ABEL DE ANDRADE, mas também não conseguimos encontrar quaisquer delas.

[523] Recorde-se aqui a circunstância de nesta altura o ensino do Direito Civil ser, de facto, o ensino do Código Civil.

[524] A outra parte competia, em obediência à sistemática do Código de Seabra, à 9.ª Cadeira.

[525] A matéria dos contratos em geral era repartida entre a 6.ª e a 9.ª Cadeiras.

[526] PAULO MERÊA, *Esboço*..., in *Boletim*..., XXX, 145.

[527] *Programma*..., 1885, *per totum*; *Idem*, reimpressão da tiragem de 1885, Coimbra, 1893.

aulas[528]. A matéria da ocupação estendia-se ao longo de cinco aulas. À posse eram consagradas oito aulas, seguidas de treze aulas sobre a prescrição. Depois disso, SANCHES DA GAMA passava a estudar os contratos e as obrigações em geral, cuja conclusão era dada pela análise das garantias em especial onde se incluía o penhor[529].

Era concretamente o seguinte o programa adoptado por SANCHES DA GAMA no ano de 1885, na parte relativa à matéria ligada aos Direitos Reais, e depois de ter procedido ao estudo das coisas e suas diferentes espécies[530]:

«5. Da occupação: Definição e requisitos d'este direito. *Objectos sobre os que pode recahir. Cod. Civ. art. 383. Direito de dar caça aos animais bravios. L. de 10 de Julho de 1776. Cod. Civ. art. 384. Restrições d'este direito. Tem por fim: a) Garantir o direito de propriedade. Cod. Civ. artt. 384 a 387 e 389 a 392. b) Regular o direito de occupação. Cod. Civ. artt. 388 e 389. c) E proteger as espécies. Cod. Civ. art. 393.*

6. Da pesca. *Disposições do nosso direito antigo. Ord. L. 5, tit. 88; Resol. De 9 de Setembro de 1773, e Decr. de 6 de Maio de 1830. Exercício d'este direito. Cod. Civ. artt. 395, 397 e 399. Restricções. Cod. Civ. artt. 396 e 398. Cod. Admi. De 1878 art. 104.*

7. Occupação dos animaes bravios que voltaram á sua natural liberdade. *Cod. Civ. art. 400. Dos animaes habituados a certa guarida ordenada por industria do homem. Cod. Civ. artt. 40 e 402. Fundamento destas disposições. Occupação dos animaes ferozes e maléficos evadidos da clausura. O direito de os occupar está sujeito a restrições. art. 403. Motivos que justificam esta providência.*

8. Occupação dos animaes domésticos. *Os abandonados pertencem desde logo ao inventor. Cod. Civ. art. 404. Direitos e obrigações do inventor de animaes perdidos ou extraviados. Cod. Civ. artt. 405 409. Responsabilidade civil e responsabilidade penal. art. 423; Nov. ref. Penal art. 91. Occupação das cousas moveis perdidas. Ord. L.1. tit. 26; Decr. de 13 de Agosto de 1832, art. 1; Cod. Civ. artt. 413 a 420 e Cod. Pen. E Nov. ref. Penal. art. cit.*

---

[528] *Programma...*, 3 e 4.
[529] Cfr. *Programma...*, 18 a 20.
[530] A respeito destas v. *Programma...*, 4, às quais SANCHES DA GAMA dedicava a quarta lição.

9. Occupação dos thesouros e cousas escondidas. *Definição de thesouro e suas características. Obrigações do inventor. Cod. Civ. artt. 422, 406, 407 e 423. Direitos do inventor e do proprietario de predio em que for achado o thesouro. Cod. Civ. artt. 423 e 424. Modos por que a legislação romana regulou estes direitos. Cod. Theodos., liv. 10, tit. 18, contit. 2.ª; Inst. De rer. Divis. § 39; L. un. Cod. de thesaur. Disposição do projecto do cod. Hespanhol, art, 395. Apreciação d'esta doutrina.*

10. Responsabilidade do inventor, que, sem a devida auctorisação, procura thesouros: *a) em predio alheio Cod. Civ. art. 425. b) Em predios municipaes, ou do estado. Cod. Civ. art. 426. c) ou que se apropria do thesouro, em prejuizo de terceiro. Cod. Civ. art. 427; Cod. Penal. artt. 421 e 423; nov. ref. Penal, art. 91.*

11. Da posse. *Estado do direito patrio ao tempo da promulgação do codigo. Noção de posse. Cod. Civ. art. 474. O que sejam* actos facultativos *e de mera* tolerancia.*Porque não constituem posse? Correspondem á posse aquirida precariò. L. 4 §§ 25 e 26 e l. 31 § 4 D. de usucap.; Cod. Civ. art. 474; § 1.º; Cod. Civ. Fr. art. 2232; Proj. do Cod. Hesp. art. 1950. Conservação da posse. Cod. Civ. art. 474 § 2 e art. 482; L. 3 § 9 e L. 25 D.* de adquir. Vel amitt. possess.

12. Classificação da posse: *– a) De* boa *e de* má fé. *Cod. Civ. artt. 475 e 476. importancia e effeitos d'esta divisão. Cod. Civ. artt 494 e 496, 495 e 497, 498 e 500; 526 e 527, 528, 529 e 532. A posse presume-se de boa fé. Cod. Civ. art. 478; Cod. Civ. Fr. Art. 2268. Excepções. Cod. Civ. artt. 487, 495 § 4 b). Em* nome proprio *e* em nome alheio. *Cod. Civ. artt. 477 e 481; Cod. Civ. Fr. art. 2230.*

13. Cousas que podem ser objecto de posse. *Cod. Civ. art. 479. Pessoas que a podem adquirir. Cod. Civ. artt. 480 e 507, n.º 1. Perda da posse: a) voluntariamente. Cod. Civ. art. 482, n.º 1 e 2. b) Necessariamente Cod. Civ. art. 482, n.º 3 e 4, 472 § 2 e 717 § 1. Deverá o anno da nova posse contar-se em conformidade com a regra geral do artigo 560.º? Cod. Civ. art. 487, 504 § un., 390; 688 e 690, 482 § un. e 536.*

14. Transmissão da posse aos herdeiros e sucessores. *Alv. de 9 de nov. de 1754 e Ass. de 16 de fev. de 1876; proj. do Cod. Hesp. Art. 554. Modo como se verifica essa transmissão. Cod. Civ. artt. 483, 1736, 1737 e 2011. Aplicação d'esta doutrina á contagem do praso de prescripção.*

15. Acções possessorias. *Cod. Civ. art. 484. Disposições do direito anterior. L. 1 § 9 D. uti possid.; Ord. L. 3, tit. 48, e tit. 78, e L. 4 tit. 58; Nov. Ref. Jud., art. 281. Direitos do possuidor: a) De se precaver contra a perturbação ou esbulho. Ord. L. 3 tit. 78 § 5; Cod. Civ. art 485; Cod. Do Proc. Civ. art. 492.*

b) E de se manter e fazer restituir á sua posse. Cod. Civ. artt 486 e 487, Cod. Do Proc. Civ. artt. 493 e 494. Tempo que deve durar a posse, para servir de fundamento a estas acções. Cod. Civ. artt. 488 e 489: Excepção. Cod. Civ. art. 488; Cod. Do Proc. Civ. art. 495.

16. Do desforço pessoal. *Ord. L. 4 tit. 58 § 2, Cod. Civ. art. 486. Casos em que é permitido. Cod. Civ. artt. 486, 2354, 2367 e 237.º; Proj. do Cod. Civ. artt. 578, 2561, 2641 e 2644; Act. Das Sess. da Commiss. Revi., de 14 de Janeiro de 1861; Cod. do Proc. Civ. art. 493.*

17. Effeitos da manutenção e restituição da posse. *Cod. Civ. artt. 492, 482 n.º 4, 552, n.º 1; 493, 745 e 1571. Casos em que não são applicaveis estas acções. Cod. Civ. artt. 490, 2267, 2270, 2273 e 474 § 1; Cod. Civ. Fr. art. 691; Proj. o Cod. Hesp. art. 538. Responsabilidade pelas deteriorações e perda do objecto: a) quanto ao possuidor de boa fé. Cod. Civ. art. 494; L. 31 § 3 D.* de haeredit. petit.; *Proj. Cod. Hesp. art. 434. b) Quanto ao possuidor de má fé. Cod. Civ. artt. 496, 705 e 717 § 1. Fundamento destas disposições.*

18. Direito do possuidor de boa fé aos fructos. O que sejam e suas espécies. *Cod. Civ. art. 495. Responsabilidade dos possuidores de má fé pela sua integral restituição. Ord. L. 2 tit. 53 § 5; cod. Civ. art. 497.*

19. Direito do possuidor de boa fé ás bemfeitorias voluptuarias. *Cod. Civ. artt. 500 e 502. Apreciação da possibilidade de detrimento. Cod. Civ. art. 500, § 2. Compensação das bemfeitorias com as deteriorações. Cod. Civ. art. 500, § 2. Compensação das bemfeitorias com as deteriorações. Cod. Civ. artt. 765, 501 e 2220. Melhoramentos estranhos á intervenção do evicto. Cod. Civ. art. 503; Proj. Do Cod. Hesp. art. 433.*

21. Da prescrição em geral. Noção e fundamento d'este direito. Suas espécies. *Cod. Civ. art. 505; Proj. do Cod. Hesp. art.1933; Cod. Civ. Fr. art. 2219. Breve noticia historica da prescrição: a) Segundo o direito romano. L. 3 D.* de usurpat. et. usucap.; *L. un. Cod.* de usucap. transf. *b) Segundo o direito canonico.* cap. 5 e cap.ult. X de precript. *c) Segundo o direito pátrio. L. de D. Diniz de 1399; Ord. Aff. L. 4. tit. 49 e tit. 108; Ord. Man. L. 4 tit. 33 e L. 4 tit. 80; L. de 4 de fevereiro de 1534 ; Ord. Philip. L. 4 tit. 79. d) Segundo os codigos modernos: Cod. Civ. Fr.artt. 2240; 2241 e 2262; Cod. Austr. art. 147; cod. da Pruss. part. 1, tit. 9 art. 569; Cod. da Sard. artt. 2375 e 2376. Tentativas de C. da Rocha para demonstrar que se devia julgar* antiquada *e* inexequivel *a disposição da Ord. L. 4. tit. 79. Influencia da sua opinião nas decisões dos tribunais.*

22. Cousas e direitos que podem ser objecto de prescrição. *Cod. Civ. art. 479, 550, 551 e 1152; Cod. Civ. Fr.art. 2226 e Proj. do Cod. Hesp. art. 1937. A quem aproveita? artt. 507 e 480. Renuncia d'este direito. Cod. Civ. artt. 508 e 1556; Cod. Civ. Fr.art. 2220; Proj. do Cod. Hesp. art. 1940. Fundamento d'estas disposições. Direito dos credores e das pessoas legitimamente interessadas em fazer valer a prescrição; Cod. Civ. art. 509 e 1033 a 1038; Cod. Civ. Fr.art. art. 2225; Proj. do Cod. Hesp. art. 1942. Da posse em nome alheio. Cod. Civ. artt. 510 e 552 n.º 4; Cod. Civ. Fr.artt. 2236 e 2238; Proj. do Cod. Hesp. art. 1948. Inversão do titulo. Cod. Civ. art. 510, § un.*

23. Effeitos da prescrição: *a) Adquirida por um de varios compossuidores. Cod. Civ. art. 511. Proj. do Cod. Hesp. art. 1939. b) Por um de varios comproprietários, em relação aos acessorios da propriedade. Cod. Civ. artt 512 e 2176; Act. da sessão da Commiss. revis. de 25 de Janeiro de 1861. c) Por um de varios condevedores solidários. Cod. Civ. artt 513, 752, 756 e 535. d) Pelo devedor principal em relação aos fiadores. Cod. Civ. artt. 513, § un., 848 e 854. Termos e circunstancias, em que póde ser opposta a prescrição. Cod. Civ. artt. 514, 509, 949 e 994; Cod. do Proc. Civ. art. 3, n.º 4 e § 3 n.º 2. Os juizes não a podem suprir de officio. Porque? Cod. Civ. art. 515; Cod. Civ. Fr.art. 2223; Proj. do Cod. Hesp. art. 1943; Cod. Pen. art. 126 e Ref. Penal, art. 88 n.º 2.*

24. Prescrição dos bens immobiliarios. seus requisitos. *a) Posse titulada. Cod. Civ. art. 517, n.º 1 e art. 518; § 11 Inst. de* usucap.; *L. 27, D.* de uscap.; L. 24, C. de reivindicat. *Prova da existencia do titulo. Cod. Civ. artt. 518 e 532. b) De boa fé. L. 48, § 1. D.* de adquir. rer. domin.; *Ord. L. 4, Tit. 3 § 1 e tit. 79 pr. Cap. fin. X de* prescript., *Cod. Civ. Fr.art. 2269; Cod. Civ. art. 517, n.º 2 e art. 520. c) Pacifica. O que seja? L. 3 § 4, L. 4 § 25 e 26. D.* de usucap.; *Cod. Civ. Fr.art. 2233; Proj. do Cod. Hesp. art. 1947; Cod. Civ. art. 517, n.º 3 e 521; d) Coninua. Cod. Civ. art. 517, n.º 4 e 552. e) Publica. Cod. Civ. artt. 517, n.º 5 e 523.*

25. Registo da mera posse. *Provisorio. Cod. Civ. art. 525. Definitivo. Cod. Civ. artt 524, 949 e 978; Reg.de 28 de Abril de 1870 artt. 126 a 134; Cod. do Proc. Civil. art. 195. Vantagens do registo provisorio. Cod. Civ. art. 526, n.º 1, 527 e 973.*

26. Da prescrição de cousas moveis. *Insti.*de usucap.. pr.; *Cod. Civ. Fr.art. 2279; Proj. do Cod. Hesp. art. 1962. Requisitos e fundamento d'esta prescrição. Cod. Civ. art. 532. Prescrição de cousas moveis perdidas ou obtidas por algum crime ou delicto Cod. da Austr. art. 1476; Proj. do Cod. Hesp. art. art. 1962;*

Cod. Civ. artt. 533, 405 a 408 e 413 a 420. A prescrição de 10 annos aproveitará ao inventor que não fizer as diligencias indicadas naquelles artigos? Cod. Civ. artt. 410 e 420; Cod. Pen. artt. 423 e 125; Nov. Ref. Pen., artt. 91 e 88, n.º 2; 90 e 80 § 9. Direito do que comprou o objecto em praça ou mercado publico, ou a negociante de objectos do mesmo género. Cod. Civ. Fr.art. 2280; Proj. do Cod. Hesp. art. 1962; Cod. Civ. art. 534.

27. Da prescrição negativa. *Noção e características. Boa fé na prescrição negativa, em que consiste? Cod. Civ. art. 535 § un. Prescrição de 20 e de 30 annos. Cod. Civ. art. cit. Se approveitam ambas ao devedor originário? Desde quando se conta o praso d'estas prescrições? Cod. Civ. artt. 536, 765, § 2; 739, 741, 743, 1510 e 1513; 743, 1511, 1526 e 1527. Obrigações imprescritíveis. Ord. L. 1 tit. 68, § 32; L. de 9 de Julho de 1773; § 12; Cod. Civ. artt. 537 e 2345.*

28. Prescrições de curto praso. *Seu fundamento especial. Ord. L. 4, tit. 32 e § 1 tit. 79, § 18; tit. 84, § 30 e tit. 92, § 18; Cod. Civ. Fr.art. 2271 e seguintes. Condições e prasos em que se verificam. Cod. Civ. artt. 538 a 541 e 544. Direito do credor a requerer que o prescribente jure, se a divida foi ou não paga. Cod. Civ. art. 542. Effeitos da recusa do prescribente. Ord. L. 3, tit. 59, §§ 5 e 6 e L. 4 tit. 19 § 2: Cod. Civ. art. 2525, e Cod. do Proc. Civ. art. 225. A que pessoas poderá ser deferido este juramento? Cod. Civ. art. 542, 2523, 224, n.º 17 e 2520; art. 2014, 223, n.º 1, 321 e 509; Cod. Civ. Fr.art. 1359; Cod. Com. art. 423, n.º 3.*

29. Prescrição de cinco annos do art. 543. *Seu fundamento. Estará sujeita á regra geral dos artigos 515 e 552? Cod. Civ. art. 1642 e 1648. Prescrição das obrigações com juro ou renda. Cod. Civ. art. 545, 552, n.º 4 e 559. Prescrição da obrigação de dar contas e do resultado liquido das mesmas. Cod. Civ. artt. 546, 249, 321 e 253; Proj. do Cod. Hesp. art. 1938. Prescrições especiaes exceptuadas das disposições dos artigos anteriores. Cod. Civ. artt. 107, 109, 112, 127, 353, 390, § 3, 429, § un. 433, 487, 632, 635, 688 a 690 e 1045.*

31. Interrupção da prescrição. *O que seja? em que differe da suspensão da prescrição? ord. L. 4, tit. 79, § 1, Cod. Civ. art. 559. Interrupção natural. L. 5 D. de usucap. e L. 17 D. de adquir. vel. amitt. possess. Cod. Civ. art. 552, n.º 1 e 4.º; 482 n.º 1 e 3.º e 487; 474, § 1.º. Cod. Com. art. 896; Cod. Civ. Fr.art. 2248. Interrupção civil. Cod. Civ. art. 552, n.º 2, Ord. L. 4, tit. 79, § 1. Noviss. Ref. Jud. artt. 301 e 304; Cod. Civ. art. art. 552, n.º 3; Noviss. Ref. Jud. art. 298; Cod. do Proc. Civ. artt. 364 e 368, 357 e 390.*

32. Effeitos da interrupção da prescrição: *a) Em relação aos devedores solidarios. Cod. Civ. artt. 554 e 513. b) Em relação aos devedores não solidarios. Cod. Civ. art. 557. c) Em relação aos herdeiros. Cod. Civ. artt. 555, 757 e 2115. d) Em relação ao fiador. Cod. Civ. Fr.art. 2250, Cod. Civ. artt. 556, 818, 848, 830, e 833. e) Em relação aos credores solidarios. Cod. Civ. Fr.art. 1199, Cod. Civ. artt. 558, 750 e 751. Será a doutrina do artigo 558 applicavel à suspensão da prescrição?*

Cod. Civ. artt. 550, 695, 756, 822, 854 700.

33. Modo de contar o tempo de prescrição. *Cod. Civ. Fr.art. 2260; Cod. Civ. art. 560, 561 e 562. Fundamento d'estas providencias. Quando se considera finda a prescrição, sendo o ultimo dia feriado? Cod. Civ. art. 563., Cod. da Sard. art. 2396; Proj. do Cod. Hesp. art. 1945. Apreciação d'esta doutrina. Cod. Civ. Fr.art. 2261, Ord. L. 3, tit. 18 pr., L. 3, tit. 1, § 17; Nov. Ref. Jud. art. 204 § un. e art. 856; Cod. do Proc. Civ. art. 66.*

34. Disposições transitórias. *Regra geral acerca das prescrições começadas antes da promulgação do Codigo Civil. Cod. Civ. art. 564 e art. 8; Cod. Civ. Fr. art. 2281; Proj. do Cod. Hesp. art. 1980 (1.ª parte). Modo de regular o direito declarado imprescritível. Cod. Civ. art. 565; Corr. Telles, Acções, § 282; Cod. Civ. art. 2344. Como se deverão contemplar as prescrições para as quaes o codigo estabelece paso mais curto? Cod. Civ. art. 566; Proj. do Cod. Hesp. art. 1980, (2.ª parte); Ord. L. 4, tit. 79; Cod. Civ. art. 535. Complemento das prescrições, para as quaes foi, por excepção, estabelecido praso mais longo. Cod. Civ. art. 566, § un.; Ord. L. 4, tit. 79; § 18; tit. 84, § 30; tit. 92, § 18; Cod. Civ. art. 539, § 2.º e e 540.»*

Segue-se depois, a partir da lição trinta e cinco[531], a matéria dos contratos e das obrigações em geral. É neste quadro que são tratadas as garantias, a partir da lição 65, e nomeadamente o penhor[532].

III – De acordo com MERÊA, o comentário ao Código revestia a forma tradicional, sem nada de original ou característico. A expressão

---

[531] Os números constantes do trecho que agora se transcreveu correspondem ao número das lições dadas.
[532] Cfr. novamente SANCHES DA GAMA, *Programma*…, 18 a 20.

mostrava-se, no geral, clara mas de nível pouco elevado. As obras estrangeiras manuseadas eram quase exclusivamente as francesas, com os conhecidos comentários ao *Code* de Napoleão, e uma ou outra vez as instituições de PACIFICI-MAZZONI e de CHIRONI[533].

Ainda a fazer fé em MERÊA, e apesar de ter leccionado até ao final do século, SANCHES DA GAMA não terá realizado nenhum esforço para modernizar os seus processos[534].

Mesmo assim o autor deixaria marcas. MERÊA diz-nos que alunos a cujo testemunho recorreu corroboraram a impressão deixada pelas lições litografadas, mas afirmavam ser o professor invulgarmente inteligente[535]. ABEL DE ANDRADE deixou-se mesmo cunhar profundamente por SANCHES DA GAMA, ao ponto de, conforme sublinhado já, ter não só dedicado o seu *Comentário ao Código Civil* mas, mais do que isso, moldado esta obra às prelecções do lente de Coimbra, que, repise-se, procederia ainda à revisão das provas do trabalho do primeiro. E também ASSIS TEIXEIRA alude às prelecções orais de SANCHES DA GAMA[536]. Recentemente, MENEZES LEITÃO[537] suscita a questão de saber se este professor se teria realmente limitado à exegese, atenta a circunstância de no seu programa ser constantemente referida a comparação com legislações estrangeiras e com as leis romanas. Afigura-se-nos extremamente difícil fazer um juízo definitivo acerca do nível e métodos de ensino de um professor apenas pelo respectivo programa mais ou menos sucinto. Neste caso está-se, porém, já diante de um programa com algum pormenor uma vez que na sua totalidade representa vinte páginas em letra pequena e com o constante recurso a abreviaturas. Face aos elementos disponíveis não pode deixar de impressionar o constante e cansativo mencionar de preceitos de fontes legais e, num caso específico, de um projecto (o do Código Civil espanhol). Não existem quaisquer outras referências ou elementos de comparação. Em causa, insista-se, estão sempre

---

[533] PAULO MERÊA, *Esboço*..., in *Boletim*..., XXX, 145 e 146, e nota 1.
[534] PAULO MERÊA, *Esboço*..., in *Boletim*..., XXX, 146.
[535] PAULO MERÊA, *Esboço*..., in *Boletim*..., XXX, 146, nota 2.
[536] ASSIS TEIXEIRA, *Das obrigações*..., *O instituto*, cit., 1875, XXI, 155 e 156 nota 1.
[537] MENEZES LEITÃO, *O ensino*..., 89.

preceitos de fonte legal. Com excepção de uma referência a COELHO DA ROCHA, e respectivo impacto na jurisprudência, e uma outra menção a CORREIA TELLES, não constam, de facto, do programa mais nenhuns elementos para além dos tais preceitos legais concretos[538].

Não apurámos quaisquer outros registos significativos do ensino de SANCHES DA GAMA. Em qualquer caso deve sublinhar-se a circunstância de a respectiva dissertação de Doutoramento ter incidido sobre um tema de direitos reais: a enfiteuse[539].

3.5. ANTÓNIO PEREIRA JARDIM

I – De ANTÓNIO PEREIRA JARDIM é muito pouco aquilo que se pode dizer[540]. A sua dissertação inaugural para o acto de conclusões magnas seria respeitante à matéria da enfiteuse e à limitação por esta operada sobre o direito de propriedade. Trata-se, destarte, e tal como se verificara com SANCHES DA GAMA, de um tema de Direitos Reais[541].

---

[538] A constante menção e inclusão, a propósito de todos e cada um dos assuntos abordados no programa, de artigos faz, inclusivamente, com que a respectiva transcrição para este nosso estudo tenha sido particularmente penosa, uma vez que a redacção e dactilografia de frases ou ideias é constantemente interrompida pela menção dos diversos preceitos legais referidos por SANCHES DA GAMA. A investigação e leitura que fizemos de outros programas e sumários das nossas Faculdades de Direito mostram que se trata, aliás, de um procedimento sem paralelo noutros momentos históricos da nossa ciência jurídica.

[539] *Será justo e conveniente tornar obrigatória para os senhorios a remissão dos foros emphyteuticos (Dissertação inaugural)*, Coimbra, 1861.

[540] Veja-se as escassas linhas que lhes dedicam PAULO MERÊA, *Esboço...*, in *Boletim...*, XXX, 146; MENEZES CORDEIRO, *Teoria...*, in *Revista...*, XXIX, 296 e 297; e um pouco mais desenvolvidamente MENEZES LEITÃO, *O ensino...*, 89 e ss.; e sobretudo, mas em tempos bem mais distantes, ASSIS TEIXEIRA, *António dos Sanctos Pereira Jardim*, in *O instituto*, Julho de 1887 a Junho de 1888, XXV, 397 e ss..

[541] V. *Da limitação do direito de propriedade pela constituição da enfiteuse; e dos meios adequados para a reforma em Portugal sem lesão dos direitos adquiridos*, Coimbra, 1855, dedicado a COELHO DA ROCHA, e onde, entre outras, se aborda a questão, da origem do direito de propriedade, a questão da propriedade territorial, a origem e his-

Foi encarregado da regência de Ciência e Legislação Financeira e professor catedrático da 6.ª Cadeira – Direito Civil, e da 9.ª Cadeira – Direito Civil, do 3.º ano[542]. Ocupou esta última durante quase vinte anos, mas não deixou lições escritas[543]. MERÊA alude a umas *Lições de direito civil*, coligidas por um aluno. Todavia, considera não permitirem elas ajuizar do ensino de JARDIM pois, sublinha, existirão com toda a probabilidade outras posteriores. E de facto encontrámos umas (litografadas) relativas ao ano de 1881-1882[544]. O autor deixou vários programas[545] que não oferecerão, também eles, uma luz definitiva sobre a docência de PEREIRA JARDIM[546/547]. Eles indiciam um carácter exegético[548],

---

tória da enfiteuse antes e depois da queda do império romano e em Portugal e, finalmente, a limitação do direito de propriedade pela constituição da enfiteuse e dos meios adequados para a reformar em Portugal.

[542] Neste âmbito JARDIM deixou-nos várias edições (e não simples reimpressões) de *Princípios de finanças segundo as prelecções de 1868-1869*. Confrontou-se a 4.ª ed. póstuma, Coimbra, 1891.

[543] PAULO MERÊA, *Esboço*…, in *Boletim*…, XXX, 146, nota 4, dá-nos conta da existência de umas *Lições de direito civil português no ano lectivo de 1874-1875*, recolhidas pelo aluno CONSTANTINO FERREIRA DE ALMEIDA, verdadeira raridade existente na Biblioteca da Universidade de Coimbra. A verdade é que não as conseguimos encontrar nem na Biblioteca Geral de Coimbra nem na da Faculdade de Direito de Coimbra.

[544] PEREIRA JARDIM, *Lições de Direito Civil (3.º anno), 1881-1882*, litografadas, Rua das Coisinhas, sem indicação de data. A sistematização apresenta afinidades com os programas impressos que referiremos de seguida.

[545] PEREIRA JARDIM, *Oração de sapiencia recitada na Sala dos Grandes Actos*…, 25, mostra-se acérrimo defensor da necessidade de o professor deixar alguma coisa escrita: compêndio ou pelo menos programa, para evitar «*o pessimo resultado de chegar o professor a deixar o ensino, sem ter escrito cousa alguma de proveito para elle*». Defendia, ainda, como forma de elevação do nível do ensino a permanência vitalícia dos professores nas diversas cadeiras. Essa terá, todavia, sido uma das causas precisamente de um menor brilho que o ensino, então, mostrou. No mesmo sentido cfr. MENEZES CORDEIRO, *Teoria*…, in *Revista*…, XXIX, 297.

[546] Existem programas de 1877, 1881, de 1885 (conferimos o *Programma das materias que hão de ser expostas syntheticamente na 9.ª Cadeira servindo de texto o Codigo Civil*, 3.ª ed., Coimbra, 1885), e de 1893 (*Idem*, 4.ª ed., Coimbra, 1893, [1.ª ed. *posthuma*]). Ao contrário do que vimos ter acontecido com o programa de SANCHES DA GAMA, o de JARDIM surge apresentado como uma nova edição.

apesar do autor cuidar de esclarecer que «*este programa foi feito com o intuito de evitar o uso de lições litografadas; e por isso, além dos artigos do texto, citam-se somente os códigos e leis dados na matrícula*»[549]. Mas fica mesmo assim a dúvida: como pode um programa com estas características obstar ao uso de lições litografadas se o conteúdo das prelecções não for justamente ele próprio exegético?

O programa de PEREIRA JARDIM mostra-se, em certa perspectiva, ainda mais simples do que o de SANCHES DA GAMA. Inicia-se pela Parte II, Livro II. Primeiro refere o Cap. X do Código Civil. Começa pela caução ou garantia dos contratos. Aborda, além das garantias pessoais, as garantias reais mobiliárias, entre as quais o penhor, e as garantias reais imobiliárias, cabendo aqui a hipoteca. Segue-se o registo predial[550], quadro em que, para além dos aspectos próprios, aborda a posse, e os ónus reais assim como as acções de penhora e a adjudicação de rendimentos[551]. Na sequência aparecem tratados os Capítulos XI e XII[552], do Título II[553]. A propósito dos Capítulos XII e XIV, PEREIRA JARDIM refere a matéria dos censos[554]. No contexto do Capítulo XIII o emprazamento, aforamento e enfiteuse[555/556]. Terminada esta matéria dedicar-se-ia ao estudo do Livro III, Títulos I e II[557].

---

[547] Nestes termos, também, PAULO MERÊA, *Esboço...*, in *Boletim...*, XXX, 146.
[548] No mesmo sentido MENEZES CORDEIRO, *Teoria...*, in *Revista...*, XXIX, 297.
[549] PEREIRA JARDIM, *Programma...*, 4.ª ed., 30.
[550] Depois abordado novamente muito mais à frente a propósito do Capítulo XVI do Título II (refere – *Ideia geral; – seu objecto, 1722, 374, 375 n.*ᵒˢ *1 e 2; 377, 949 e 2455; das transmissões, 1722, 957 n.º 2, § 2; – do domínio, 949, § 1; – dos encargos, 949*). V. PEREIRA JARDIM, *Programma...*, 4.ª ed., 23.
[551] Para isto o autor refere necessitar de três lições. Cfr. PEREIRA JARDIM, *Programma...*, 4.ª ed., 6.
[552] Onde se gasta uma lição. V. PEREIRA JARDIM, *Programma...*, 4.ª ed., 6.
[553] Até ao estudo dos Capítulos XII e XIV, o autor ocupa com esta matéria 29 lições. V. PEREIRA JARDIM, *Programma...*, 4.ª ed., 7 a 20.
[554] PEREIRA JARDIM, *Programma...*, 4.ª ed., 21.
[555] PEREIRA JARDIM, *Programma...*, 4.ª ed., 21, onde se indica corresponder a estes três capítulos do Código quatro lições.
[556] Segue-se, depois, e como se deu já nota, nova incursão pelo registo predial.
[557] No total o programa previa 72 lições. PEREIRA JARDIM, *Programma...*, 4.ª ed., 30.

A menção, feita pelo autor e acima transcrita, de que para além dos artigos do texto principal se citam somente os códigos e as leis dados na matrícula corresponde inteiramente ao estado do programa. Nem mais nem menos. Assim, e para além de quanto escrevemos já em nota neste parágrafo acerca do registo predial, menciona-se, ainda, a título de exemplo, a parte do programa dedicada à capacidade para hipotecar: «*Capacidade para hipotecar: – 894, 895, 819, 898, 919, 119, 1195 e 1668.*»

II – É, ainda, verdade que, num passo relevado por MENEZES CORDEIRO[558], PEREIRA JARDIM adopta expressamente, no respectivo programa, o Código Civil como texto de apoio[559]. Mas ao mesmo tempo, o autor critica explicitamente o método de leccionar Direito com base no Código Civil, apela para o recurso ao Direito Romano[560], para a interpretação das suas disposições[561], para as investigações históricas e para a crítica alicerçada nos princípios filosóficos, mediante os quais deveria ser mesmo ordenado o ensino[562]. Chega inclusivamente a afirmar que o método na ordem das matérias e na sua exposição, não só conduz a descobrir a verdade, como a compreender melhor as matérias expostas. Método esse, escreve, para o ensino que se poderia encontrar num compêndio mas não num Código: no primeiro há doutrinas e no segundo apenas prescrições que se relacionam com outras disposições do mesmo ou de outros códigos[563]. Por tudo isto, afirma, tendo os nossos estudos

---

[558] MENEZES CORDEIRO, *Teoria…*, in *Revista…*, XXIX, 297, nota 17.
[559] Veja-se o título do próprio *Programma…*.
[560] PEREIRA JARDIM, *Parecer do Dr. António dos Sanctos Pereira Jardim, vogal do conselho da Faculdade de Direito da Universidade, acerca da reforma dos estudos na mesma Faculdade*, in *O instituto*, 1885, XXXII, 123 e ss..
[561] PEREIRA JARDIM, *Parecer…*, *O instituto*, 1885, XXXII, 124 e 125.
[562] PEREIRA JARDIM, *Oração de sapiencia recitada na Sala dos Grandes Actos…*, 20 e ss..
[563] Afirmação que, por si, não põe todavia em causa o método exegético, uma vez que neste o intérprete surgia de algum modo como um geómetra a trabalhar com base em teoremas constituídos pelos preceitos da lei e relativamente aos quais deve demonstrar as respectivas ligações e tirar as consequências. Tratava-se de um pensamento que se propunha (apenas) uma consistência lógico-sintáctica e que normativamente se bastava com uma objectividade dogmática. Mas, numa primeira fase, alguns autores

por base na parte positiva os códigos[564], é forçoso que o ensino seja feito do modo a que os reduz o método[565/566/567]. Mas as ambições de PEREIRA JARDIM são extremamente limitadas. Afirma pretender a índole filosófica dos nossos estudos para levantar o ensino e a dignidade. Todavia, filia-se no novo método científico da escola positiva e afirma claramente[568]: «*não nos iludamos: a natureza da nossa eschola não é para produzir sabios profundos ou para inventar methodos. O ensino feito por compendios, comprehendendo todas ou as principaes materias de um ramo da sciencia ou de um codigo, e sujeitando o professor e o discípulo ao estudo de cada lição quasi diariamente, não é proprio para crear profundos sabios e para fazer descobertas. Nas universidades, onde apparecem sábios profundos e novas invenções, o regímen é diverso; nessas universidades predomina a sciencia, o aproveitamento dos ouvintes é coisa secundaria. Entre nós é o contrario, por isso, se essas universidades primam em aprofundar as sciencias, a nossa prima no methodo e regímen para aproveitamento dos alumnos. E se este se consegue, temos feito alguma cousa.*»

---

invocariam ainda a «equidade» e a «utilidade» para presumir a vontade do legislador. Sobre tudo isto v. CASTANHEIRA NEVES, *Escola*…, in *Digesta*, cit., II, 188.

[564] Recorde-se aqui a circunstância, já antes referida, de no ano lectivo de 1867-1868 ter sido decidido em congregação, e mediante proposta de PEDRO MONTEIRO, proprietário da 3.ª Cadeira, que o Código Civil fosse adoptado como texto nas três cadeiras da especialidade.

[565] PEREIRA JARDIM, *Parecer*…, in *O instituto*, cit., 1885, XXXII, 124.

[566] A este respeito v., também, quanto escreve MENEZES LEITÃO, *O ensino*…, 90 e 91.

[567] Lembre-se que os participantes da escola da exegese foram sobretudo autores de *comentários*, obras de exposição, interpretação e explicação dos códigos e pela própria ordem destes – acompanhando-os preceito a preceito – se comentários em sentido estrito; através de divisões em livros, títulos, capítulos e secções se tomavam o nome de tratados. Assim v. CASTANHEIRA NEVES, *Escola*…, in *Digesta*, cit., II, 190. V., também, quanto se escreveu *supra* a propósito dos métodos de exposição da escola da exegese; e ANA MARGARIDA SIMÕES GAUDÊNCIO, *O culto do texto da lei*…, in *Boletim*…, LXXIX, 681 e ss., 693 e ss., 698 e ss..

[568] *Oração de sapiencia recitada na Sala dos Grandes Actos*…, 27.

3.6. LOPES PRAÇA

I – LOPES PRAÇA doutorou-se em 1869[569], mas apenas ingressou no corpo docente da Faculdade em 1881[570]. Regeu a 9.ª Cadeira de 1888 a 1900, com curta interrupção, a quem pertencia em propriedade[571]. Deixou lições litografadas correspondentes a diversos anos, referindo MERÊA a existência de pelo menos as relativas aos seguintes anos lectivos: 1890-1891, 1893-1894, 1894-1895, 1896-1897 e 1897-1898. Existem na Faculdade de Direito de Coimbra as de 1894-1895[572] e as de 1896-1897.

---

[569] Com *Theses de direito as que presidindo o Preclarissimo e sapientíssimo Senhor Doutor Adrião Pereira Forjaz de Sampaio defendia na Universidade de Coimbra para obter o grau de Doutor José Joaquim Lopes Praça*, Coimbra, sem data, mas de 1869, também referidas por *Theses de Direito que offerece para defender no seu acto de conclusões magnas José Joaquim Lopes Praça.*

[570] Cfr. FORTUNATO DE ALMEIDA, *Dr. José Joaquim Lopes...*, *Boletim...*, VII, 270 e ss.; PAULO MERÊA, *Esboço...*, in *Boletim...*, XXX, 146 e 147; PINHARANDA GOMES, *Introdução à vida e obra de Lopes Praça*, in LOPES PRAÇA, *Historia da philosofia em Portugal nas suas relações com o movimento geral da filosofia*, 3.ª ed., fixação do texto, introdução, notas e bibliografia por PINHARANDA GOMES, Lisboa, 1988, 15 e ss. [a primeira edição é como se sabe de 1868]; MARGARIDA MEXIA DE MENDIA, *José Joaquim Lopes Praça: 1844-1920*, I, *Um caminho independente*, Lisboa, 1999, com destaque para a inserção biográfica entre as páginas 25 e 26, embora toda a obra seja de grande interesse.

[571] PAULO MERÊA, *Esboço...*, in *Boletim...*, XXX, 147, referindo ainda o facto de nos anos de 1891 a 1893 a regência da cadeira ter sido assegurada por ALVES MOREIRA e FERNANDES VAZ. Cfr., ainda, BRAGA DA CRUZ, *A revista de legislação*, ..., 432, em nota; e MENEZES LEITÃO, *O ensino...*, 92.

[572] Conforme refere MENEZES LEITÃO, *O ensino...*, 92, nota 381, são de LOPES PRAÇA, *As lições de direito civil ao 3.º ano jurídico*, recolhidas por RICARDO PAES GOMES e AUGUSTO HENRIQUES DAVID, Coimbra, 1894-1895, e que têm estado catalogadas na Biblioteca da Faculdade de Direito de Coimbra em nome dos compiladores. Na primeira página desta obra encontra-se manuscrito Dr. MARNOCO. Mas as lições não são de MARNOCO E SOUZA, apenas ingressado no corpo docente em 1898, tratando-se provavelmente de mera referência ao anterior proprietário da obra. No momento em que procedemos à consulta desta obra foi-nos transmitida a informação de que o lapso estaria a ser corrigido. Em qualquer caso, estas lições têm muito pouca relevância para a nossa matéria. A primeira lição é dedicada à gestão de negócios.

II – As principais matérias ensinadas foram: privilégios e hipotecas, casamento, sucessões, direito de propriedade, responsabilidade civil e provas. Conforme refere a propósito MENEZES CORDEIRO[573], é fácil, aliás à semelhança do que vimos suceder com os programas de SANCHES DA GAMA e de PEREIRA JARDIM, verificar os confusos efeitos da sistemática napoleónica. De acordo com o relato de MERÊA, os assuntos mencionados não eram, todavia, professados conjuntamente, variando o programa conforme os anos[574].

Além disso, e apesar de não deixar de «(...) *manter a sua exposição dentro dos quadros do Código Civil, cingindo-se ao roteiro deste e fazendo o comentário das suas disposições*», usa «(...) *de uma relativa liberdade na maneira de agrupar os preceitos legais, e intercala com frequência capítulos sem carácter exegético, tendentes a expor princípios gerais, como introdução ou como fecho ao comentário de uma série de artigos*»[575]. Confronta amiudadas vezes a doutrina do Código de Seabra com a de outros códigos civis, definindo as várias correntes e procedendo à respectiva apreciação[576]. A circunstância, porém, de raras vezes fazer citações torna difícil perceber as suas influências e leituras[577].

Destas lições dirá MERÊA: sem assinalarem uma era nova no Direito Civil, concorrem para atribuir ao ensino da nova geração de professores um carácter louvável que iria retirar a faculdade do seu, já anteriormente referido, período de menor brilhantismo[578].

As outras à matéria sucessória. E é apenas neste último quadro que alguns institutos de Direitos Reais são mencionados, como o usufruto ou a propriedade (cfr. 214 e ss.).
[573] MENEZES CORDEIRO, *Teoria…*, in *Revista…*, XXIX, 301.
[574] PAULO MERÊA, *Esboço…*, in *Boletim…*, XXX, 147.
[575] PAULO MERÊA, *Esboço…*, in *Boletim…*, XXX, 147.
[576] Assim, também, PAULO MERÊA, *Esboço…*, in *Boletim…*, XXX, 147.
[577] Do mesmo modo PAULO MERÊA, *Esboço…*, in *Boletim…*, 147, nota 3.
[578] Mas a obra de LOPES PRAÇA ultrapassa em muito o campo do Direito Civil. Deixaria contributos extremamente importantes nos domínios da História do Direito e da Filosofia (veja-se, por exemplo, de LOPES PRAÇA, *Historia da philosofia…*, per totum) e, ainda, do Direito Público. A este último respeito v., *colorandi causa*, quanto escrevem MARNOCO E SOUZA e ALBERTO DOS REIS, *A Faculdade de Direito e o seu ensino*, Coimbra, 1907, 33 a 35; e JORGE MIRANDA, *Relatório…*, 394 e 401 a 403, que justamente procede no seu relatório a um faseamento no qual o início de

Em 1901, LOPES PRAÇA receberia a incumbência governamental de escrever a História do Direito Pátrio, retirando-se do ensino[579].

3.7. GUILHERME MOREIRA

I – Segue-se, do ponto de vista cronológico, GUILHERME MOREIRA[580], que, ao ingressar no ensino universitário em 1891, foi encarregado do ensino da 9.ª Cadeira, tendo-a, realmente, regido desde Março de 1891 e durante parte do ano de 1891-1882, no impedimento de LOPES PRAÇA[581]. MERÊA, e na sua esteira BRAGA DA CRUZ[582] e MENEZES CORDEIRO[583], afirmam que na exposição das matérias – regimes matrimoniais, doações, contrato de sociedade – MOREIRA adoptou um método semelhante ao do titular. Nessa data surgem já, manuscritas por TEIXEIRA DE ABREU, umas lições de Direito Civil, devidas a GUILHERME MOREIRA. O estilo é apontado como revelador de alguma elaboração doutrinária, mas com frequentes transcrições literais[584].

Nesta altura MOREIRA procederia à importante actualização do ensino da história[585], mas o seu principal contributo para o desenvol-

---

um dos períodos é marcado pelo aparecimento de LOPES PRAÇA, a quem o Professor de Lisboa sublinha pertencer a primeira explanação de fundo do Direito Constitucional. Quanto a MENEZES CORDEIRO, *Teoria*..., in *Revista*..., XXIX, 300, dirá de LOPES PRAÇA: «*Conhecido, sobretudo, pelo seu Direito Constitucional Portuguez, LOPES PRAÇA foi, primeiro, um historiador e, depois, um civilista.*»

[579] V. PAULO MERÊA, *Esboço*..., in *Boletim*..., XXX, 148, que nos dá também a indicação, em nota, segundo a qual, depois de LOPES PRAÇA se ter retirado, foi a cadeira regida, ainda neste período, por TEIXEIRA DE ABREU, FERNANDES VAZ (em acumulação), FRANCISCO FERNANDES e JOSÉ TAVARES.

[580] Assim, também, PAULO MERÊA, *Esboço*..., in *Boletim*..., XXX, 148.

[581] Para uma referência a todo o percurso lectivo de GUILHERME MOREIRA v., BRAGA DA CRUZ, *A revista de legislação*..., I, 431 e ss..

[582] BRAGA DA CRUZ, *A revista de legislação*..., I, 432, em nota.

[583] MENEZES CORDEIRO, *Teoria*..., in *Revista*..., XXIX, 301, nota 29.

[584] MENEZES LEITÃO, *O ensino*..., 91.

[585] PAULO MERÊA, *Esboço*..., in *Boletim*..., XXX, 149; BRAGA DA CRUZ, *A revista de legislação*..., I, 433 e 434. A propósito da renovação, por esta altura, do ensino da

vimento do Direito Civil teria de esperar pelo período seguinte, aberto precisamente pela figura deste insigne jurista[586].

3.8. TEIXEIRA DE ABREU

I – TEIXEIRA DE ABREU regeu, a partir do ano lectivo de 1896--1897, a 6.ª Cadeira, que lhe seria atribuída em propriedade em 1897. Regeu também extraordinariamente a 9.ª Cadeira em 1899-1900[587].

Foi ele o primeiro a adoptar – nesta época – o sistema das lições impressas, da autoria e responsabilidade do professor[588]. As lições de TEIXEIRA DE ABREU foram adoptadas como compêndio da respectiva cadeira. Nelas trata-se: dos direitos originários[589], das coisas[590] e da ocupação[591], com destaque para a caça[592], pesca[593] e águas[594/595].

II – Nas *Lições,* TEIXEIRA DE ABREU segue um método exegético temperado: na exposição da matéria cinge-se à ordem do Código

---

história, v., ainda, e a título simplesmente exemplificativo MARNOCO E SOUZA e ALBERTO DOS REIS, *A faculdade de Direito*..., 53 e ss..

[586] Cfr., *infra*, quanto se escreve a propósito deste autor na Parte I, 5, deste nosso estudo.

[587] A partir da reforma de 1901 as cadeiras de Direito Civil entrariam num sistema de *roulement*, pelo que TEIXEIRA DE ABREU seria abrangido por ele. Cfr. BRAGA DA CRUZ, *A revista de legislação*..., I, 433 e ss., e nota 1052.

[588] PAULO MERÊA, *Esboço*..., in *Boletim*..., XXX, 150.

[589] Cfr., deste autor, *Lições de direito civil português*..., (1897); *Lições de direito civil*..., 1898, I, estas últimas dedicadas, conforme se deu oportunamente nota, a LOPES PRAÇA.

[590] Noção e espécies. V., *Lições*..., I, 1898, 17 a 198.

[591] *Lições*..., I, 1898, 199 e ss..

[592] *Lições*..., I, 1898, 206 e ss..

[593] *Lições*..., I, 1898, 247 e ss..

[594] *Lições*..., I, 1898, 400 a 470.

[595] Mas TEIXEIRA DE ABREU, *Lições*..., I, 1898, 307 e ss., aborda naturalmente também a ocupação dos animais domésticos, abandonados, perdidos ou extraviados; das coisas inanimadas (331 e ss.) entre as quais se encontram os tesouros e coisas escondidas, entre outras matérias mais (v. *Lições*..., I, 1898, 199 e ss., *passim*).

Civil, adoptando em parte as respectivas divisões, mas recorre a razões de ordem para encadear os assuntos e corrigir o rigor do método da exegese[596/597]. No *Curso*[598] pode apontar-se uma relativa elevação[599].

---

[596] Assim, também, PAULO MERÊA, *Esboço*..., in *Boletim*..., XXX, 150. V., ainda, MENEZES CORDEIRO, *Teoria*..., in *Revista*..., XXIX, 302. MARNOCO E SOUZA e ALBERTO DOS REIS, *A faculdade de Direito*..., 71 e ss., fazem um rasgado elogio às lições do Professor TEIXEIRA DE ABREU: «*Essas lições constituem dois livros: num delles estudam-se os principios geraes de direito civil e expõe-se a doutrina do estado e da capacidade; no outro tracta-se principalmente de matéria de occupação. Este último foi recebido com manifesto agrado pela opinião jurídica, tendo-se esgotado rapidamente a primeira edição.* (...) *Depois de fallar dos direitos originarios, o livro entra na materia da occupação, que divide em seis capitulos:* (...); *Capitulo primeiro* – Disposições geraes; (...) *Capitulo segundo* – Da occupação dos animaes, *comprehendendo a caça, a pesca, a occupação de animaes bravios que já tiveram dono, e a occupação de animaes domesticos abandonados, perdidos ou extraviados;* (...) *Capitulo terceiro* – Da occupação das coisas inanimadas: *cousas moveis abandonadas, cousas moveis perdidas, thesouros e causas escondidas, embarcações e outros objectos naufragados*; (...) *Capitulo quinto* – Das aguas pluviaes (...); *Capitulo sexto* – Das aguas nativas. (...). *Nas aguas pluviaes, estuda-se separadamente o que diz respeito ás aguas estagnadas e ás torrentes e enxurros. Quanto ás aguas nativas, o livro occupa-se apenas das fontes e nascentes, considerando em primeiro lugar as duas modalidades – aguas subterrâneas e aguas que brotam á superfície do solo, e tractando destas sob dois aspectos, conforme se manteem dentro do prédio onde brotam ou ultrapassam os limites desse predio.* (...) *Ainda em relação ás aguas que sáem do predio onde brotam, o livro especifica o regimen das fontes naturaes e das fontes industriaes, para tractar em ultimo logar das disposições communs a umas e outras. Por aqui se vê que as materias são agrupadas por uma ordem differente da do codigo e mais siystematica.* (...) *Para se fazer, porem, ideia do* espirito jurídico *do professor Teixeira d'Abreu, do seu poder dissecador de analyse, da penetração e agudeza do seu exame, é necessário ler algumas passagens da sua obra, das quaes destacaremos ao acaso: direitos do dono do prédio sobre as aves domesticas prejudiciaes ás sementeiras e plantações (pp. 45 e 46); discussão sobre a natureza juridica e adquisição do thesouro (pp. 184 a 194); classificação das aguas como coisas moveis (pp. 213 a 219); distincção entre a natureza juridica das aguas e a natureza do direito de as occupar ou explorar (pp. 220 a 223); analyse das relações jurídicas a que dá lugar a mudança do curso das torrentes e enxurros (pp. 245 a 253); questões que originam os artigos 450.º e 451.º do codigo civil (pp. 276 a 294); relações juridicas entre o dono do prédio, onde as aguas nascem, e os donos dos prédios visinhos para onde as aguas correm (pp. 354 e seg.), etc.*» A verdade, porém, é que estes comentários não se referem directamente à obra publicada por TEIXEIRA DE ABREU com o nome de *Lições de Direito Civil* mas sim ao *Curso de Direito Civil*.

A TEIXEIRA DE ABREU deve-se ainda a introdução de uma inovação no ensino do Direito Civil que, embora considerada de pequena envergadura[600], não deixou de corresponder a uma necessidade de então. Trata-se da chamada *Cartilha*[601], no fundo uma pequena síntese do Código Civil cuja finalidade era a de proporcionar aos alunos um conhecimento de conjunto deste ramo de Direito. Tal como nota a propósito MERÊA, a ideia não foi, contudo, realizada da forma mais aconselhável, pois adoptou-se o sistema e as definições do Código[602].

III – Para além das obras directamente destinadas ao ensino, TEIXEIRA DE ABREU deixaria ainda um conjunto de trabalhos com relevância no âmbito dos Direitos Reais. Da sua lavra ficaram-nos, de facto, estudos dedicados às servidões[603], usufruto[604], às águas[605] e propriedade[606].

Cumpre finalmente referir a circunstância de TEIXEIRA DE ABREU ter, ainda, leccionado a disciplina de Direitos Reais depois de adoptadas

---

[597] Segundo PAULO MERÊA, *Esboço*..., in *Boletim*..., XXX, 150 e nota 4, os alunos de TEIXEIRA DE ABREU guardaram uma recordação de clareza, vivacidade e elegância das suas prelecções.
[598] *Curso*..., vol. I – *Introdução, op. cit.* e designadamente, 217 e ss., onde o autor aborda as coisas e suas espécies, II – *Da aquisição*..., designadamente 17 e ss.. Este último volume compreende 412 páginas.
[599] Assim MENEZES CORDEIRO, *Teoria*..., in *Revista*..., XXIX, 302.
[600] PAULO MERÊA, *Esboço*..., in *Boletim*..., XXX, 151.
[601] Publicada com o título *Summario do Codigo civil português*. Há várias edições. Consultámos a que foi elaborada para o *Curso do 1.º anno jurídico de 1908-1909*, Coimbra, 1908. Mas v., também, *Lições de direito civil português/apontamentos das prelecções..., Introdução*, III e ss..
[602] Para uma ilustração disso mesmo v., no que aos Direitos Reais diz respeito, TEIXEIRA DE ABREU, *Summario*..., II, III, VI e VII (a propósito da posse e prescrição); XVII (enfiteuse); XXVI a XXXI (propriedade e servidões).
[603] *Das servidões*, I e II, Coimbra, 1895.
[604] Assim em parte, *Usufructo ou fideicomissio? Minuta de apellação*, Coimbra, 1903.
[605] *Das águas*, cit..
[606] *Duas questões de propriedade: minuta de apelação*, Coimbra, 1930.

as reformas do plano de estudos que vieram impor a adopção do sistema germânico. Para uma apreciação do contributo então dado por este Professor, no ensino da matéria objecto do presente relatório, remete-se para as páginas dedicadas ao ensino dos Direitos Reais no próximo parágrafo[607].

3.9. Outras manifestações da influência da exegese napoleónica: SILVA BRUSCHY, DIAS FERREIRA, ABEL DE ANDRADE e CUNHA GONÇALVES

I – Sem ligação directa ao ensino devem referir-se, ainda assim, e conforme sublinhado já anteriormente, aqui quatro autores que documentam a influência da exegese napoleónica em Portugal.

Logo após a aprovação do Código Civil de Seabra, BRUSCHY publica um *Manual de direito civil*[608] em três volumes. A nós interessa-nos apenas o segundo, onde estuda, em parte, o Direito das Coisas. Nele, aborda a noção de coisa e as suas classificações[609], a ocupação e a acessão. O autor não se limita, portanto, a seguir a exposição do Código Civil. Se o fizesse natural seria que, depois das coisas e ocupação[610], BRUSCHY viesse tratar da posse e prescrição. Porém, isso não sucede: as matérias da ocupação e da acessão são tratadas uma a seguir à outra. A razão é-nos dada pelo próprio ao escrever:

> «*O Código, logo depois de tractar da occupação, passa á posse e prescripção, deixando para a parte III, o tractar da accessão e servidões, não como meios de adquisição de direitos, mas sim como modificações da propriedade.*
>
> *Embora seja uma questão de methodo ou systema tractar d'este ou d'aquelle ponto antes ou depois d'est'outro, todavia ha tanta ligação entre a occupação e a*

---

[607] Ou seja: para o parágrafo 4.
[608] *Manual…*, (Lisboa, I, 1868, II, 1869, III, 1872).
[609] *Manual…*, II, 12 e ss..
[610] Figura a propósito da qual, diga-se, BRUSCHY segue de facto a sistematização do Código Civil de Seabra.

accessão como meios de adquirir as coisas que em uma obra doctrinal de Direito ha de ser difícil separar uma da outra.

Bem sentimos, que tambem uma das consequencias do direito de propriedade é a fruição da mesma propriedade, e n'esta fruição entra necessariamente o tornarmos nosso aquilo que accresce ao que já o era; mas isto é considerando a accessão como o resultado da propriedade, e nós consideramo-la como um modo, uma das causas da adquisição d'essa propriedade.

(...)

Nisto não discrepamos do Código senão em questão de methodo (...).»

É, pois, apenas após a acessão que BRUSCHY aborda a posse e a prescrição[611], antes de, na sequência do Código Civil de Seabra, se dedicar ao trabalho.

A verdade, porém, é que ao adoptar semelhante procedimento, e ao aproximar a ocupação da acessão, BRUSCHY mais não fez do que seguir, neste ponto, o esquema que já era tradicionalmente adoptado pelos nossos autores da pré-codificação[612/613].

II – JOSÉ DIAS FERREIRA foi lente catedrático em Coimbra, mas nunca chegaria a ensinar ali o Direito Civil. Apesar disso, publicou um importante Código Civil anotado[614]. Trata-se, porém, de uma obra assu-

---

[611] *Manual...*, II, 136 e ss..

[612] Num fenómeno que se estende ao próprio Direito Romano e ao *ius commune*. V., a título meramente exemplificativo, WALDECK, *Institutiones...*, Lib. II, Tít. I, §§ 246 e ss. [158 e ss]. Mas v., em qualquer caso, o debate no qual se enreda BRUSCHY, *Manual...*, II, 98 e ss., com referência às posições contraditórias de DU-CAURROY e MACKELDEY, acerca da acessão.

[613] Acrescente-se, ainda, não estarmos com BRUSCHY, diante de um tratamento das matérias integralmente exegético (apesar de MENEZES CORDEIRO, *Teoria...*, in *Revista...*, XXIX, 302, nota 34, o considerar plenamente integrado na corrente exegética). Mas não deixam de ser sintomáticas as observações, por exemplo, feitas, a propósito do estudo da posse, lamentando a escassez das disposições do Código Civil e afirmando a necessidade do seu estudo para as tornar exequíveis e emancipar a posse, esta pobre órfã do Direito Romano, a que acaba por dedicar, afinal, bastante importância (v. *Manual...*, 137 e ss.).

[614] Cfr. *Código Civil Portuguez annotado*, 2.ª ed., Coimbra, I, 1894, II, 1895, III, 1898, IV, 1905.

midamente exegética[615], na qual o autor anota os artigos do Código Civil seguindo assim a sua ordem e sistematização[616].

III – ABEL DE ANDRADE ficaria sobretudo notabilizado na área do Direito Penal[617]. Deixou-nos, porém, um comentário ao Código Civil[618], já por nós aqui referido quando estudámos o ensino de SANCHES DA GAMA. Trata-se de uma obra incompleta dedicada, nos seus aspectos dogmáticos, na sua maior parte ao tratamento de matérias de Direitos Reais pela ordem seguida no Código Civil de Seabra[619], segundo um método exegético marcado[620]. ABEL DE ANDRADE anteporia, porém, ao comentário ao código um estudo geral subordinado à epígrafe «*Introdução – Renovação jurídica*», onde se procede à adopção de posições de cariz antropológico e sociológico[621] ao estilo da época[622], critica-se

---

[615] Cfr. DIAS FERREIRA, *Código*..., I, XI. MENEZES CORDEIRO, *Teoria*..., in *Revista*..., XXIX, considera, atenta a circunstância de existir a preocupação de obtenção de certos princípios, estar-se na presença de uma exegese evoluída. Em contrapartida, MENEZES LEITÃO, *O ensino*..., 95, considera tratar-se de uma obra com um conteúdo extremamente exegético.

[616] O que significa abordar no *Código*..., I, as coisas a propósito dos artigos 369.º e seguintes do Código Civil (261 e ss.); a ocupação em anotação aos artigos 383.º e ss. (276 e ss.); a posse e prescrição nos artigos 474.º e ss. (331 e ss.); e no *Código*... IV, anotação aos artigos 2176.º a 2360.º (175 a 278) a restante matéria de Direito das Coisas, tudo no livro dedicado ao direito de propriedade.

[617] Ele viria a ser ainda director da Faculdade de Direito de Lisboa, para onde acabaria por pedir transferência. Para uma nota curricular acerca de ABEL DE ANDRADE, cfr., *Os setenta anos da Faculdade de Direito de Lisboa*, com palavras iniciais de SOUSA FRANCO, Lisboa, 1984, 58.

[618] Cfr. ABEL DE ANDRADE, *Commentario*..., I, *per totum*.

[619] ABEL DE ANDRADE, *Commentario*..., I, 1 e ss., 8 e ss. (relativamente às coisas), 72 a 296 (a propósito da ocupação – e em que destacamos [145 e ss.] a secção dedicada à ocupação dos tesouros na qual, entre outros aspectos, se aborda o fundamento filosófico da doutrina sobre os tesouros, a história da doutrina relativa a eles, se procede a uma crítica à doutrina admitida pelo código e à inovação de LAURENT, para se terminar com um exercício de exegese dos artigos 424.º a 427.º).

[620] No mesmo sentido v. MENEZES CORDEIRO, *Teoria*..., in *Revista*..., XXIX, 303.

[621] O apelo ao auxílio das ciências sociais consta logo da primeira página do estudo de ABEL DE ANDRADE. Cfr. *Commentario*... I, V.

[622] No mesmo sentido v. MENEZES CORDEIRO, *Teoria*..., in *Revista*..., XXIX, 303.

o idealismo jurídico alemão que prejudicaria a verdadeira compreensão dos fenómenos, ataca-se TEÓFILO BRAGA na sua orientação germanista e censura-se o sistema germânico que viria, afinal, a triunfar não muito tempo depois[623]. Do autor, nesta área, ficar-nos-ia ainda um estudo dedicado à caducidade dos ónus reais[624].

IV – CUNHA GONÇALVES[625/626] ficou, sobretudo, ligado ao seu *Tratado de direito civil*[627]. Conforme refere a propósito MENEZES CORDEIRO, tentando manter o paralelo com a exegese napoleónica, este autor situar-se-ia na terceira fase: a das tentativas de superação[628].

---

[623] ABEL DE ANDRADE, *Commentario...*, I, CXXXII e ss..
[624] ABEL DE ANDRADE, *Caducidade dos onus reaes por virtude da arrematação e adjudicação*, Coimbra, 1898.
[625] CUNHA GONÇALVES é um autor posterior aos demais referidos neste parágrafo. Na verdade, os seus escritos situam-se mesmo, do ponto de vista meramente cronológico, fora das datas usadas para situar o período agora em análise. Todavia, pelo estilo e método seguidos pelo autor preferimos, à semelhança de MENEZES CORDEIRO, *Teoria...*, in *Revista...*, XXIX, 303, abordá-lo no quadro da exegese napoleónica em Portugal.
[626] Mas para uma análise da figura de CUNHA GONÇALVES pode ver-se, designadamente, PEDRO PITA, *Discurso proferido na sessão plenária consagrada à memória do Professor Luiz da Cunha Gonçalves, em 27 de Junho de 1957*, separata do *Boletim da Academia das Ciências*, vol. XXIX – Janeiro a Julho de 1957, 1958, 29; ABEL DE ANDRADE, *Elogio histórico do Prof. Doutor Cunha Gonçalves (proferido na sessão plenária de 27 de Junho de 1957)*, separata do *Boletim da Academia das Ciências*, vol. XXIX – Janeiro a Julho de 1957, Lisboa, 1958, 29; ANTÓNIO FERREIRA, *O Doutor Luís da Cunha Gonçalves*, Porto, 1963, 65 e ss.; EDUARDO CHAVES, *Doutor Luiz da Cunha Gonçalves: alguns elementos biográficos*, in *Boletim do Ministério da Justiça*, 1982, 312, 53 e ss.; TERESA SANCHA PEREIRA, *Luís da Cunha Gonçalves: jurisconsulto 1875--1956*, ed. litografada (Câmara Municipal de Lisboa. Comissão Municipal de Toponímia), Lisboa, 2001.
[627] Cfr. CUNHA GONÇALVES, *Tratado de direito civil em comentário ao Código Civil português*, Coimbra, I, 1929, II, 1930, III, 1930, IV, 1931, V, 1932, VI, 1932, VII, 1933, VIII, 1934, IX, 1935, X, 1935, XI, 1936, XII, 1937, XIII, 1939, XIV, 1940 e XV, 1944.
[628] MENEZES CORDEIRO, *Teoria...*, in *Revista...*, XXIX, 303.

Mas o contributo de CUNHA GONÇALVES para o estudo dos Direitos Reais não se circunscreveria aos dois volumes do *Tratado*[629] em que comenta os preceitos do Código Civil de 1867 nos quais a matéria vem directamente regulada. CUNHA GONÇALVES seria ainda responsável por outras obras especificamente dedicadas a temas de Direito das Coisas: referem-se os contributos a propósito da propriedade e posse[630] e em matéria de propriedade horizontal[631].

---

[629] Sendo certo que no seu conjunto o *Tratado* de CUNHA GONÇALVES é o local onde muitos temas de Direito Civil português encontram a sua única sede de tratamento (no mesmo sentido MENEZES CORDEIRO, *Teoria*…, in *Revista*…, XXIX, 303).
[630] Cfr. CUNHA GONÇALVES, *Da propriedade e da posse*, Lisboa, 1952, obra na qual o autor volta a temas já abordados no tratado mas em termos diversos. Note-se como, fiel à perspectiva do Código Civil de Seabra, CUNHA GONÇALVES distinguia uma propriedade perfeita de uma propriedade imperfeita. Por isso, nesta sua obra relativa à propriedade e posse seria levado a tratar expressamente, em secções autónomas, a compropriedade ou indivisão (95 e ss.), a enfiteuse e o censo (131 e ss.), o usufruto e o uso (151 e ss.) e as servidões (169 e ss.). Depois de iniciar o estudo da posse o autor preocupar-se-ia com os meios de adquirir os direitos reais (195 e ss.), tratando, designadamente, da ocupação e da acessão. A obra termina com uma secção dedicada aos modos de extinção dos direitos reais, onde surgem temas como o abandono e a renúncia a par com os modos revolucionários e anormais de cessação desses direitos (citando o autor como exemplo a extinção da propriedade rústica na Rússia soviética ou o confisco em tempo de guerra).
[631] CUNHA GONÇALVES, *Da propriedade horizontal ou por andares. Breve estudo e comentário do Decreto n.º 40.333 de 14 de Outubro de 1955*, Lisboa, 1955.

4. Da recepção do pandectismo (1903) até à autonomização da Cadeira de Direitos Reais em Coimbra (1920-1921) e em Lisboa (1923 -1925)[632]

4.1. A viragem do início do século XX: GUILHERME MOREIRA e as reformas de 1901 e de 1911[633]

4.1.1. O ensino dos Direitos Reais na Faculdade de Direito de Coimbra

I – No início do século XX o Direito Civil português sofreu uma viragem categórica e de impacto significativo[634]: assistir-se-ia à transferência da ordem jurídica nacional do sistema napoleónico para o germânico, com a recepção do pandectismo.

Nome capital na recepção do pandectismo foi, sabidamente, o de GUILHERME MOREIRA[635]. Após uma primeira fase, já atrás referida,

---

[632] Conforme se verá adiante, apesar de a autonomização da disciplina dos Direitos Reais surgir em Lisboa como uma consequência da reforma de 1923, ela só aparecerá em 1925.
[633] Quanto à reforma de 1918 v. MENEZES LEITÃO, *O ensino...*, 100.
[634] V., por todos, MENEZES CORDEIRO, *Teoria...*, in *Revista...*, XXIX, 305.
[635] Para uma referência ao contributo deste último autor na viragem da ciência jurídica nacional para a terceira sistemática cfr., MENEZES CORDEIRO, *Teoria...*, in *Revista...*, XXIX, 305 e ss.; Id., *Tratado...*, I, I, 127 e 128; Id., *Da responsabilidade civil dos*

em que se manteve ainda preso ao método exegético, cingindo-se à orientação de PEDRO MONTEIRO[636], GUILHERME MOREIRA libertar-se-ia dele de forma progressiva, sendo isso já visível nas lições litografadas de 1899-1900, depois em grande parte usadas na confecção das *Instituições do direito civil*[637].

II – Em paralelo com a evolução verificada a nível doutrinal, verificaram-se nesta altura quatro reformas: as de 1901, de 1911, de 1918 e de 1923. Importa aqui abordar as reformas de 1901 e de 1911. A de 1923 dirá já respeito, no critério por nós adoptado, a um novo período na história dos Direitos Reais.

A primeira entrou em vigor em 1902-1903. Trata-se de uma reforma marcada por preocupações sociológicas e positivistas[638]. Porém, ela não deixou de considerar as necessidades culturais do Direito, alargando o ensino da história do Direito[639]. No especificamente respeitante ao Direito Civil, o Decreto n.º 4, de 24 de Dezembro de 1901[640], que

---

administradores das sociedades comerciais, Lisboa, 451 e ss.. A este respeito cfr., igualmente, BRAGA DA CRUZ, *A revista…*, I, pp. 431 e ss.; VAZ SERRA, *Centenário do nascimento do Doutor Guilherme Alves Moreira*, in *Boletim da Faculdade de Direito*, 1961, XLVII, 188 e ss; ANTUNES VARELA, *Centenário do nascimento do Doutor Guilherme Alves Moreira*, in *Idem, ibidem*, 199 e ss.; ORLANDO DE CARVALHO, *A teoria geral da relação jurídica. Seu sentido e limites*, Coimbra, 1970, 52 e ss.; FERREIRA DE ALMEIDA, *Texto e enunciado na teoria do negócio jurídico*, Lisboa, 1990, I, 22 nota (74); PAULO MOTA PINTO, *Declaração tácita e comportamento concludente*, Coimbra, 1995, 10 e ss..

[636] PAULO MERÊA, *Esboço…*, in *Boletim…*, 1952, XXVIII, 148.
[637] PAULO MERÊA, *Esboço…*, in *Boletim…*, 1952, XXVIII, 148 e 149, e nota 5.
[638] A este respeito pode ver-se ALMEIDA COSTA, «Leis, Cânones, Direito…», in *Dicionário de História…*, III, 453 e ss.; Id., *O ensino do direito em Portugal no século XX, notas sobre as reformas de 1901 e de 1911*, separata do *Boletim da Faculdade de Direito*, 1964, XXXIX, 8 e ss.; MENEZES CORDEIRO, *Teoria…*, in *Revista…*, XXIX, 306; MENEZES LEITÃO, *O ensino…*, 96 e ss.. Cfr., ainda, FACULDADE DE DIREITO DE COIMBRA, *O ensino e a investigação…*, in http://www.fd.uc.pt/Album/apresent5.html.
[639] Assim, também, MENEZES CORDEIRO, *Teoria…*, in *Revista…*, XXIX, 306.
[640] Publicado no *Diário do Governo*, I.ª Série, n.º 294, de 28 de Dezembro de 1901, e objecto de emendas nos *Diários* n.ºs 14 e 18, de 18 e de 24 de Janeiro de 1902.

aprovou a reforma, veio estabelecer que no curso geral este passaria a dispor de três cadeiras: 3.ª Cadeira – Princípios Gerais de Direito Civil, primeiro ano; 5.ª Cadeira – Direito Civil, segundo ano; 8.ª Cadeira – Direito Civil, terceiro ano[641]. Voltou-se ao modelo de *roulement* agora não já em termos bienais, como sucedera anteriormente e por mais de uma vez, mas em curso trienal se o Conselho assim o decidisse. Consagrava-se, portanto, a possibilidade de o mesmo lente reger sucessivamente as três cadeiras de Direito Civil ao longo de um período de três anos[642].

III – A passagem do século XIX para o século XX seria acompanhada de uma profunda renovação académica, assistindo-se a uma renovação quase global do seu corpo docente[643]. No espaço de tempo entre 1891 e 1900 a Faculdade de Direito teve, num quadro de quinze professores catedráticos, oito jubilações e um falecimento[644]. Quer isto dizer manterem-se, no começo do século XX, dos quinze catedráticos, ao serviço dez anos antes, apenas seis. Este movimento de aposentações em série teve como consequência um conjunto de promoções à cátedra, com a entrada para as vagas dos lentes substitutos de vários jovens doutores a formarem, com os recém-promovidos catedráticos, um renovado corpo docente potenciador da completa reanimação do ensino nos primeiros anos do século XX[645].

Paradoxalmente, este momento de profundo reavivar do ensino jurídico foi também o de significativas críticas à Faculdade, acusada de imobilismo e sectarismo[646/647/648], num fenómeno repetido, pelas suas

---

[641] Para um elenco completo do plano aprovado nesta reforma cfr. ALMEIDA COSTA, *O ensino do direito…*, 14 e ss.
[642] Acerca do modo como efectivamente esse *roulement* viria a ser concretizado v. BRAGA DA CRUZ, *A revista…*, I, 435 e ss., nota 1052.
[643] BRAGA DA CRUZ, *A revista…*, I, 449 e ss., nota 1080; e MENEZES CORDEIRO, *Teoria…*, in *Revista…*, XXIX, 310.
[644] BRAGA DA CRUZ, *A revista…*, I, 449 e ss., nota 1080, com indicação das diversas razões possíveis da legislação excepcional que permitiu a verificação deste fenómeno.
[645] BRAGA DA CRUZ, *A revista…*, I, 452.
[646] São disso exemplo os escritos de MENDES MARTINS, *A faculdade de Direito (professores e doutrinas)*, Coimbra, 1895; ou de SANTOS BABO, *Os mestres de Direito ou os Assizes da Universidade*, Coimbra, 1906.

características, ao longo da história. As modificações não tardariam. A isso mesmo se dedicaram os Doutores MARNOCO E SOUZA, JOSÉ ALBERTO DOS REIS, GUILHERME MOREIRA, MACHADO VILELA e ÁVILA LIMA, na base de cujos contributos se foram realizando alterações pontuais. No entanto, a Faculdade não demoraria muito a apresentar um projecto acabado de reforma, no qual MACHADO VILELA assumiu uma participação destacada. Este projecto ficaria consagrado em forma de lei através de Decreto de 18 Abril de 1911[649]. O sistema delineado continuava a mostrar inspirações sociológicas e positivistas. Mas um ponto específico dessa reforma, numa manifestação das linhas orientadoras que sobre ela se faziam sentir, merece ser sublinhado. Tem a ver com a proposta, formulada no quadro da reforma, no sentido de o ensino do Direito evidenciar a formação histórica deste e nas suas relações com a vida social hodierna, com a aproximação entre o apelidado Direito da escola e o chamado Direito da vida. Para isso, os professores deviam abandonar a referência às simples regras abstractas e recorrer à exemplificação prática para as explicitar. A reforma ia inclusivamente ao ponto de louvar o método de caso[650], aplicado em Harvard,

---

[647] A este propósito cfr. ALMEIDA COSTA, *O ensino...*, 24; MENEZES CORDEIRO, *Teoria...*, in *Revista...*, XXIX, 310 e 311; MENEZES LEITÃO, *O ensino...*, 97. V., também, FACULDADE DE DIREITO DE COIMBRA, *O ensino e a investigação...*, in *http://www.fd.uc.pt/Album/apresent5.html*.

[648] Seria justamente com o objectivo de responder à maré de críticas surgidas que surgiria a obra já aqui citada de MARNOCO E SOUZA e ALBERTOS DOS REIS, *A Faculdade de Direito...*, per totum.

[649] Sobre tudo isto v., a título ilustrativo, FACULDADE DE DIREITO DE COIMBRA, *O ensino e a investigação...*, in *http://www.fd.uc.pt/Album/apresent5.html*.

[650] Recentemente v. a proposta de MANUEL CARNEIRO DA FRADA, *Direito civil*, 51 e ss., e 133 e ss.. Mas o autor parece imputar o apuramento do método do caso, ou do hoje apelidado de método socrático, à Harvard Business School. Mas não é assim. O método do caso foi iniciado, sim, em Harvard, mas por um professor de Direito, LANGDELL, como modo de substituir o velho método DWIGHT de ensino do Direito nos Estados Unidos em 1870. Só cerca de meio século mais tarde é que a Harvard Business School seguiria esta prática e Medicina apenas a partir de 1985. V., por exemplo, DAVID GARVIN, *Making the case*, in *http://www.harvardmagazine.com/on-line/090322.html*. E a ser verdadeira a afirmação contida na *Legal encyclopedia Thomson Gale*, in *http://www.answers.com/topic/case-teaching*, segundo a qual

desde 1871, assim como o método da concretização por exercícios práticos, através de seminários, praticado na Alemanha⁶⁵¹.

Em execução da reforma de 1911, que viria ainda a pôr termo ao sistema de *roulement*, foram aprovados os programas das diversas disciplinas. Os relativos às disciplinas civis, da autoria de GUILHERME MOREIRA⁶⁵², consagravam a sistematização germânica do Direito Civil que⁶⁵³ ele já divulgara⁶⁵⁴ antes e adoptara no respectivo ensino⁶⁵⁵.

IV – Na reforma de 1901, o estudo dos Direitos Reais fazia-se na 5.ª Cadeira, 2.º ano, juntamente com o Direito das Obrigações⁶⁵⁶. Esta cadeira seria objecto das seguintes regências⁶⁵⁷:

LANGDELL não foi o inventor do método do caso mas apenas o responsável pela sua divulgação, ainda maior será a prioridade do ensino do Direito sobre o da Economia. É por outro lado sabido que os juristas romanos nos legaram um arquétipo deste método. Assim v. ALMEIDA COSTA, *O ensino...*, 41, nota; e MAX KASER, *En torno al método de los juristas...*, per totum.

⁶⁵¹ Sobre tudo isto v. ALMEIDA COSTA, *O ensino...*, 41 e 42; e na sua esteira, MENEZES LEITÃO, *O ensino...*, 98 e 99.

⁶⁵² No tocante ao Direito Civil coube-lhe a elaboração dos programas da 1.ª Cadeira e 2.ª Cadeira. Cfr. ALMEIDA COSTA, *O ensino...*, 46.

⁶⁵³ Conforme notado já e desenvolvido novamente mais adiante.

⁶⁵⁴ V. MARNOCO E SOUZA e ALBERTO DOS REIS, *A Faculdade de Direito...*, 68 e ss. Por isso, GUILHERME MOREIRA divide as suas *Instituições* numa parte geral (*Instituições de Direito Civil Português*, Coimbra, 1907, I), num volume dedicado ao Direito das Obrigações (*op. cit.*, Coimbra, 1911, II) e noutro referente aos Direitos Reais e ao Direito das Sucessões (*op. cit.*, pré-edição, sem indicação de local nem data, III. Trata-se de uma obra sem frontispício nem indicação de autor. No catálogo da biblioteca da Faculdade de Direito de Lisboa o trabalho é datado de 1901. MENEZES CORDEIRO, *Teoria...*, in *Revista...*, XXIX, 307, nota 7, invocando o facto de GUILHERME MOREIRA ter regido o *Civil* do 1.º ano em 1902-1903 e algumas anotações manuscritas existentes no exemplar consultado, data o Livro I, de 1903 [MENEZES LEITÃO, *O ensino...*, 107, faz o mesmo mas sem mencionar qualquer razão] e o III [referente aos Direitos Reais] de 1905).

⁶⁵⁵ Cfr., também, MENEZES CORDEIRO, *Teoria...*, in *Revista...*, XXIX, 311.

⁶⁵⁶ Cfr., MENEZES CORDEIRO, *Teoria...*, in *Revista...*, XXIX, 316, nota 28; e MENEZES LEITÃO, *O ensino...*, 101.

⁶⁵⁷ BRAGA DA CRUZ, *A revista...*, I, 435 e 436, nota 1052; MENEZES CORDEIRO, *Teoria...*, in *Revista...*, XXIX, 316; MENEZES LEITÃO, *O ensino...*, 102.

1902-1903: TEIXEIRA DE ABREU,
1903-1904: GUILHERME MOREIRA,
1904-1905: TEIXEIRA DE ABREU,
1905-1906: JOSÉ TAVARES,
1906-1907: GUILHERME MOREIRA,
1907-1908: GUILHERME MOREIRA,
1908-1909: JOSÉ TAVARES[658],
1909-1910: TEIXEIRA DE ABREU,
1910-1911: GUILHERME MOREIRA.

Na reforma de 1911, o Direito das Coisas era ensinado na 1.ª Cadeira de Direito Civil, sempre com o Direito das Obrigações[659/660/661]. Foram as seguintes as respectivas regências:

---

[658] MENEZES LEITÃO, *O ensino*..., 102, indica como regente nesse ano GUILHERME MOREIRA. MENEZES CORDEIRO, *Teoria*..., in *Revista*..., XXIX, 316, nota 28, JOSÉ TAVARES. E, de facto, de acordo com o ensinamento de BRAGA DA CRUZ, *A revista*..., I, 435 e 436, nota 1052, em 1908-1909 para não abandonar o curso que, em substituição de TEIXEIRA DE ABREU, tinha acompanhado desde o 1.º ano (1906-1907) ficou GUILHERME MOREIRA com a exclusiva titularidade do Direito Civil do 3.º ano, TEIXEIRA DE ABREU – regressado do Governo – titular do 1.º ano e JOSÉ TAVARES titular do 2.º (sendo, contudo, substituído por TEIXEIRA DE ABREU, na primeira turma, e por CALISTO, na segunda).

[659] Neste sentido MENEZES LEITÃO, *O ensino*..., 102 e 103, e nota 415. Na verdade, o programa da 1.ª Cadeira de Direito Civil (cfr. UNIVERSIDADE DE COIMBRA, FACULDADE DE DIREITO, *Programas das cadeiras e cursos e dos exames de Estado a realizar no biénio de 1914-1916*, aprovados por despacho ministerial de 20 de Agosto de 1914, Coimbra, 1914), ordenava o ensino não apenas do Direito das Obrigações em geral, mas também das obrigações em especial e ainda de todos os Direitos Reais (posse, direitos reais de gozo e garantia – e também da propriedade literária e artística e dos inventos).

[660] Recorde-se aqui novamente que as cadeiras de Direito Civil deveriam ter sido regidas sucessivamente pelo mesmo lente em curso trienal.

[661] Sublinhe-se, todavia, a circunstância já atrás evidenciada de algumas matérias de Direitos Reais serem ciclicamente objecto, num fenómeno de por vezes sucessivas duplicações parciais ou integrais, de cadeiras de natureza histórica ou introdutória. Veja-se, *colorandi causa*, neste período, os sumários *Cadeira de História do Direito Português, matérias professadas ao ano lectivo de 1911-1912*, 6 (CAEIRO DA MATA), in *Sumario das lições professadas na Faculdade de Direito da Universidade de Coimbra nos anos lectivos de 1911-1912 a 1914-1915*, sem local nem data

(entre o ano lectivo de 1912-1913 e 1920-1921 a Faculdade de Direito publicou, em versão impressa, os sumários das respectivas disciplinas. De um modo geral preferimos a consulta directa da respectiva versão manuscrita por ser a única a permitir verificar qual a forma como as diversas matérias eram efectivamente repartidas pelas diversas aulas, como estas se processavam e qual o respectivo número. Nalguns casos consultámos, porém, exclusivamente a versão impressa. Quando isso sucede fazemos sempre menção ao facto de ser essa a utilizada); *Cadeira de História do Direito Português, matérias professadas ao ano lectivo de 1912-1913,* 7 (CAEIRO DA MATA), in *Sumario das lições professadas na Faculdade de Direito da Universidade de Coimbra nos anos lectivos de 1911-1912 a 1914-1915*; *Cadeira de Direito Romano, matérias professadas no ano lectivo de 1914-1915* (PAULO MERÊA), in *Sumario das lições professadas na Faculdade de Direito da Universidade de Coimbra nos anos lectivos de 1911-1912 a 1914-1915*; 6 e ss., cuja Parte III é inteiramente dedicada aos Direitos Reais, encontrando-se dividida em quatro parágrafos que revelam um estudo extremamente aprofundado dos Direitos Reais em Roma. No primeiro desses parágrafos, intitulado «*Ideias gerais. Posse*», compreendia-se o conceito de direitos reais, propriedade e *jura in re*, coisas corpóreas e incorpóreas e finalmente a posse. No segundo, designado «*Propriedade (dominium)*» estudava-se, entre outros assuntos, os modos de aquisição da propriedade (divididos em originários [entre os quais se conta a acessão e a ocupação] e os derivados [com a separação entre formas de aquisição voluntárias e não voluntárias, sendo a propósito destas últimas estudada, designadamente, e com pormenor, a *usucapio*]), os limites ao direito de propriedade, a compropriedade, a extinção do direito de propriedade e sua sanção. O terceiro era dedicado aos *jura in re aliena*, com referência à *quasi possessio*, às diversas servidões (sublinha-se a menção à circunstância de as servidões irregulares corresponderem a uma criação dos pandectistas, e de o *usufructus* e *quasi usufructus* aparecerem como servidões pessoais); *usus*; *habitatio*; *operae servorum*; direitos reais pretórios; superfície; *jus in agro vectigali – emphiteusis*; direitos reais de garantia, alienação com *fiducia*; *pignus* e hipoteca. Finalmente, no quarto aparecem apenas dois temas: quem podia alienar; por intermédio de quem se podia adquirir com referência à regra *nihil per extraneam personam adquiriri potest* (a respeito deste princípio ou regra cfr. o nosso *A representação voluntária…*, *passim*). Além disso, nestes sumários fazem-se ainda referências noutras partes do curso às coisas. V., também, e sempre com carácter exemplificativo, *Cadeira de Direito Romano, matérias professadas no ano lectivo de 1915-1916* (PAULO MERÊA), in *Sumario das lições professadas na Faculdade de Direito da Universidade de Coimbra nos anos lectivos de 1915-1916 a 1917-1918,* sem local nem data mas com menção apenas às coisas, às acções *in rem*, e à distinção entre direitos de crédito e direitos reais; *Cadeira de Direito Romano, matérias professadas no ano lectivo de 1916-1917* (PAULO MERÊA), in *Sumario das lições professadas na Faculdade de Direito da Universidade de Coimbra nos anos lectivos de 1915-1916 a 1917--1918*, sem local nem data também com alusão às obrigações *propter rem*; *Cadeira de Direito Romano, matérias professadas no ano lectivo de 1919-1920,* in *Sumario das lições professadas na Faculdade de Direito da Universidade de Coimbra nos anos lectivos de 1918-1919 a 1920-1921*, sem local nem data agora com uma nova sistematização em que o Capítulo IV, dividido em seis parágrafos, é totalmente dedicado aos direitos reais. O primeiro parágrafo

1911-1912: GUILHERME MOREIRA[662],
1912-1913: GUILHERME MOREIRA,
1913-1914: GUILHERME MOREIRA[663],
1914-1915: GUILHERME MOREIRA[664], substituído por JOSÉ GABRIEL PINTO COELHO[665],
1915-1916: JOSÉ GABRIEL PINTO COELHO[666],
1916-1917: JOSÉ GABRIEL PINTO COELHO[667],

---

compreende as noções preliminares, entre as quais o conceito de direito real, o confronto entre este e o de direito de crédito e a sua distinção no Direito Romano com indicação da distinção entre *actiones in rem* e *actiones in personam*. O segundo é dedicado às divisões das coisas. O terceiro ao conceito de propriedade, compreendendo as suas limitações e a compropriedade. O quarto reporta-se à posse. O quinto à aquisição da propriedade, sendo objecto de 13 números distintos e quatro divisões fundamentais. No sexto surge a sanção à propriedade. Cfr., igualmente, com o mesmo programa que agora enunciamos *Cadeira de Direito Romano, matérias professadas no ano lectivo de 1920-1921*, in *Sumario das lições professadas na Faculdade de Direito da Universidade de Coimbra nos anos lectivos de 1918-1919 a 1920-1921*, sem local nem data. Quanto ao tratamento dos Direitos Reais, nesta altura, no âmbito das disciplinas introdutórias de cariz positivo dedicaremos adiante um parágrafo específico. Para aí remetemos.

[662] V. FACULDADE DE DIREITO, *Livro de assumpto das lições*, 1911 a 1912.

[663] De que ficaram os competentes sumários (cfr. *Sumários da Primeira Cadeira de Direito Civil*, 1913-1914).

[664] A designação de GUILHERME MOREIRA foi feita na *Congregação de 15 de Agosto de 1914*, in *A universidade de Coimbra no século XX, Actas da Faculdade de Direito (1911-1919)*, com introdução de MANUEL AUGUSTO RODRIGUES, I, Coimbra, 1991, 161.

[665] Esta substituição, resultante da circunstância de GUILHERME MOREIRA ter ido exercer funções de ministro da Justiça numa altura em que era também reitor da Universidade (cfr. BRAGA DA CRUZ, *A revista…*, I, 438 e 439, I, nota 1055), foi determinada na *Congregação de 2 de Fevereiro de 1915*, in *A universidade…*, I, 188. Nos sumários (*Primeira Cadeira de Direito Civil*, 1914-1915) desse ano lectivo, a lição de 3 de Fevereiro já se encontra assinada por PINTO COELHO. O governo de que GUILHERME MOREIRA fez parte apenas duraria cerca de três meses. Porém, na sequência das vicissitudes políticas então verificadas GUILHERME MOREIRA viria a ser afastado do serviço na Faculdade de Direito de Coimbra e exonerado do seu cargo de reitor pelo Decreto n.º 1763, de 22 de Junho de 1915.

[666] *Primeira Cadeira de Direito Civil. Matérias professadas no ano lectivo de 1915-1916*, in *Sumario das lições professadas na Faculdade de Direito da Universidade de Coimbra nos anos lectivos de 1915-1916 a 1917-1918*, sem local nem data.

[667] *Primeira Cadeira de Direito Civil*, 1916-1917.

1917-1918: JOSÉ GABRIEL PINTO COELHO, substituído por GUILHERME MOREIRA[668],
1918-1919: GUILHERME MOREIRA[669],
1919-1920: GUILHERME MOREIRA[670],
1920-1921: CARNEIRO PACHECO[671], substituído por MANUEL RODRIGUES[672],
1921-1922: MANUEL RODRIGUES, porventura em substituição também de CARNEIRO PACHECO que teria sido o regente inicial[673],
1922-1923: MANUEL RODRIGUES[674].

---

[668] GUILHERME MOREIRA seria então readmitido ao serviço. A *Congregação de 20 de Dezembro de 1917*, in *A universidade...*, I, 324, exprimiria, em consequência, a congratulação da Faculdade de Direito. Nos sumários (cfr. *Primeira Cadeira de Direito Civil*, 1917-1918), GUILHERME MOREIRA já assina em 10 de Janeiro de 1918.
[669] V. *Congregação de 27 de Julho de 1918*, in *A universidade...*, I, 356.
[670] *Sessão do Conselho Científico de 30 de Julho de 1919*, in *A universidade...*, II, *Actas da Faculdade de Direito (1919-1947)*, 10.
[671] V. *Sessão Ordinária do Conselho Científico de 31 de Julho de 1920*, in *A universidade...*, II, 27.
[672] *Sessão Ordinária do Conselho Científico de 16 de Fevereiro de 1921*, in *A universidade...*, II, 33.
[673] MENEZES CORDEIRO, *Teoria...*, in *Revista...*, XXIX, 317, nota 28, afirma, na verdade, ter sido também neste ano CARNEIRO PACHECO o regente, depois substituído por MANUEL RODRIGUES. MENEZES LEITÃO, *O ensino...*, considera, todavia, que o regente foi desde o início MANUEL RODRIGUES, por não ter visto sumários assinados por CARNEIRO PACHECO. Pela nossa parte encontrámos dois conjuntos de sumários datados de 1921 e relativos à primeira cadeira de Direito Civil, com um conteúdo equivalente. A apresentação é todavia diversa. Um deles está rubricado por MANUEL RODRIGUES após cada uma das lições. O outro, melhor apresentado e com uma caligrafia mais cuidada, apenas tem o nome de MANUEL RODRIGUES na última página, sendo da autoria de um copista. Esta repetição dos sumários em dois livros distintos, e escritos por mãos diversas, sem ser uma constante, acontece com frequência na Faculdade de Direito de Coimbra. Uns serão da lavra do próprio professor da cadeira e os outros elaborados por funcionários da Faculdade em volumes que reúnem a indicação do conteúdo das prelecções de todas as disciplinas de determinado ano. As actas do Conselho Científico não resolvem totalmente as dúvidas surgidas em consequência da divergência assinalada entre MENEZES CORDEIRO e MENEZES LEITÃO a par com a aparente inexistência de sumários da lavra de CARNEIRO PACHECO. A *Sessão Ordinária do Conselho Científico de 16 de Fevereiro de 1921*, in *A universidade...*, II, 33, referida já na nota anterior, procede de facto à substituição de CARNEIRO PACHECO por MANUEL RODRIGUES no ano lectivo de 1920-1921. Não achamos, todavia, nas

Verifica-se, assim, como no ensino da cadeira na qual a matéria de Direitos Reais devia ser estudada se destaca o nome de GUILHERME MOREIRA[675]. Neste mesmo intervalo deve-se ainda referir, e conforme vimos, os nomes de TEIXEIRA DE ABREU, JOSÉ TAVARES[676], JOSÉ GABRIEL PINTO COELHO e MANUEL RODRIGUES[677/678].

4.1.1.1. GUILHERME MOREIRA

I – Como se sabe, a 1.ª edição formal das *Instituições de Direito Civil* de GUILHERME MOREIRA data de 1907[679]. Existe, porém, uma pré-edição não assinada dessa obra, em vários volumes. Logo nessa pré-edição o autor, seguindo o sistema germânico[680], divide o seu curso de Direito Civil em cinco partes[681]. A terceira é, precisamente, relativa aos Direitos Reais[682].

---

actas do Conselho da Faculdade de Direito de Coimbra que se lhe seguem a distribuição do serviço docente para o ano de 1921-1922. Apenas encontrámos na *Acta da Sessão ordinária do Conselho Científico de 21 de Fevereiro de 1922*, in *A universidade…*, II, 46, a arrumação relativa ao segundo semestre deste último ano lectivo, cabendo a MANUEL RODRIGUES a «*Primeira cadeira de direito civil (2.º semestre)*».

[674] *Acta da reunião Conselho Científico de 13 de Outubro de 1922*, in *A universidade…*, II, 55.
[675] Em termos equivalentes no tocante ao ensino das obrigações MENEZES LEITÃO, *O ensino…*, 105.
[676] Com apenas uma regência.
[677] Para uma referência biográfica a propósito de cada um destes autores pode ver-se, *colorandi causa*, MENEZES LEITÃO, *O ensino…*, 105 e 107, notas 431 a 435, com indicações. Cfr., também, quanto aos três últimos *Os setenta…*, 55, 59 e 67.
[678] Relativamente a TEIXEIRA DE ABREU já se fez uma referência no período anterior, *supra*, § 3. 3, e voltar-se-á a proceder a novas menções mais adiante. No tocante a JOSÉ GABRIEL PINTO COELHO dar-se-ão algumas indicações do seu ensino dos Direitos Reais imediatamente de seguida e depois a propósito do seu magistério em Lisboa. Acerca do ensino dos Direitos Reais por MANUEL RODRIGUES pode ver-se o que se escreve *infra* no próximo § 5. Já no tocante a JOSÉ TAVARES v. igualmente *infra* § 5, na parte dedicada ao ensino dos Direitos Reais na Faculdade de Direito de Lisboa.
[679] GUILHERME MOREIRA, *Instituições do direito civil…*, Coimbra, 1907, I.
[680] Ou nas palavras de MARNOCO E SOUZA e ALBERTO DOS REIS, *A Faculdade…*, 68, o «(…) *systema germano-italiano* (…)».
[681] MARNOCO E SOUZA e ALBERTO DOS REIS, *A Faculdade…*, 68 e ss..
[682] GUILHERME MOREIRA, *Instituições…*, pré-edição, III.

No primeiro capítulo, trata-se dos direitos reais em geral[683], considerando-os como faculdades de que uma pessoa é investida sobre uma coisa, que lhe fica sujeita, no todo ou em parte, e relativamente a todas ou algumas das utilidades que pode produzir[684].

O segundo é dedicado à posse e está dividido em dois parágrafos[685]. Um, onde se ensina a noção de posse e suas diferentes espécies, seus elementos e modos como se adquire, perde e transmite. O outro, referente aos fundamentos e garantias da posse, entre as quais se contam naturalmente as acções possessórias.

Finalmente, o terceiro, intitulado «*Do direito de propriedade*», desdobra-se em duas secções compreendendo no total seis parágrafos. A primeira secção[686], referente a «*Disposições preliminares*», contém os seguintes parágrafos: noção do direito de propriedade[687]; diferentes espécies de propriedade[688]; limitações ao direito de propriedade[689]. A segunda, epigrafada «*Da aquisição do direito de propriedade*», desdobra-se num pafo contendo ideias gerais[690], seguido depois pela ocupação[691] e, finalmente, pela prescrição positiva[692].

II – Nessa segunda parte, e tal como no tratamento das outras nas quais GUILHERME MOREIRA divide o curso, notam-se aspectos de relevo[693].

Abandona-se a exposição seguindo os artigos do Código Civil para, como se viu, proceder à adopção de um esquema em que se trata os direitos reais em geral enquanto noção, a posse e a propriedade.

Cessa, também, o recurso predominante à doutrina francesa[694/695].

---

[683] *Instituições*…, III, pré-edição, 1 e ss..
[684] *Instituições*…, III, pré-edição, 1.
[685] *Instituições*…, III, pré-edição, 8 e ss., e 23 e ss..
[686] *Instituições*…, III, pré-edição, 47 e ss..
[687] *Instituições*…, III, pré-edição, 46 e ss..
[688] *Instituições*…, III, pré-edição, 55 e ss..
[689] *Instituições*…, III, pré-edição, 79 e ss..
[690] *Instituições*…, III, pré-edição, 79 e ss..
[691] *Instituições*…, III, pré-edição, 80 e ss.
[692] *Instituições*…, III, pré-edição, 129 e ss..
[693] V., também, MENEZES CORDEIRO, *Teoria*…, in *Revista*…, XXIX, 307.
[694] Cfr., novamente, a este respeito MENEZES CORDEIRO, *Teoria*…, in *Revista*…, XXIX, 307 e 308.

Tal como nota a propósito MENEZES CORDEIRO, tudo isto está interligado: no fundo assiste-se à penetração de um novo tipo de Ciência do Direito[696].

III – De acordo com o testemunho de MARNOCO e SOUZA e ALBERTO DOS REIS[697], não foi possível a GUILHERME MOREIRA explicar no triénio lectivo de 1902-1905 a matéria relativa à regulamentação da propriedade. Os sumários das aulas deste professor permitem constatar que esta parcial ou mesmo total impossibilidade de tratar dos direitos reais se manterá com frequência. Por exemplo, ao longo dos anos de 1911-1912[698], 1912-1913[699/700], 1913-1914[701], 1914-1915[702/703], 1918-1919[704], 1919-1920[705], as únicas matérias de Direito das Coisas

---

[695] No total, na parte dedicada ao Direito das Coisas GUILHERME MOREIRA cita 17 obras, algumas em vários volumes. Sete são em italiano (e entre estes aparecem CHIRONI, MAZONNI, ABELLO, FIORE, CIMBALI e PUGLIESI), cinco em francês, quatro em português e uma tradução espanhola de uma obra do holandês P. VAN BEMMELEN.
[696] MENEZES CORDEIRO, *Teoria...*, in *Revista...*, XXIX, 308.
[697] MARNOCO E SOUZA e ALBERTO DOS REIS, *A Faculdade...*, 69.
[698] *Sumários da Primeira Cadeira de Direito Civil*, 1911-1912.
[699] *Sumários da Primeira Cadeira de Direito Civil*, 1912-1913.
[700] Note-se, todavia, a circunstância de os *Programas elaborados pela Faculdade de Direito da Universidade de Coimbra de harmonia com o parecer do Conselho Superior de Instrução Pública e o art. 8 do regulamento dos exames de Estado de 21 de Agosto de 1911*, in *Diário do Governo*, n.º 109, de 10-5-1912, 1705 e 1706, contemplarem a propósito da 1.ª Cadeira de Direito Civil, uma segunda parte dedicada aos Direitos Reais em que se deveria estudar o conceito e classificação dos direitos reais, a sistematização do Código nesta matéria, a posse, a propriedade (onde se incluía também o estudo dos respectivos meios de aquisição e limites resultantes de restrições como as de vizinhança, as servidões) as propriedades imperfeitas, ónus reais e direitos de garantia e, finalmente, regime da propriedade literária, artística e dos inventos. Este programa não encontraria qualquer correspondência nos sumários da época.
[701] *Sumários da Primeira Cadeira de Direito Civil*, 1913-1914.
[702] *Sumários da Primeira Cadeira de Direito Civil*, 1914-1915.
[703] Recorde-se o facto de em 1915-1916 e 1916-1917, a regência desta disciplina ter estado confiada a JOSÉ GABRIEL PINTO COEHO.
[704] Na verdade os sumários da *Primeira Cadeira...*, 1918-1919, apenas revelam a abordagem, em matéria de direitos reais, de assuntos relacionados com a garantia das obri-

gações. Existem contudo uns outros *Sumários do Curso de Direito civil desenvolvido* (trata-se de uma disciplina de conteúdo variável consoante os anos situada no final do curso), que revelam ter GUILHERME MOREIRA nesse ano ensinado, separadamente, o tema das águas. Neles se dá conta de uma sequência de vinte e três aulas, dadas de princípios de Dezembro a finais de Fevereiro, em que são tratados os seguintes temas: 1. Modalidades das águas; suas transformações. 2. As águas que consideradas de *per se* ou relacionadas com prédios formam cursos ou depósitos são bens imóveis. 3. A água *proflueens* é coisa *nullius*; os cursos e depósitos estão apropriados. 4. Interesses múltiplos que se relacionam com as águas. 5. Necessidade de estabelecer para as águas um regime jurídico em harmonia com esses interesses. 6. Carácter peculiar que, como objecto do Código, nos oferecem as águas. 7. Apropriação colectiva e apropriação individual. 8. A classificação das águas em públicas, comuns e particulares; princípios que a informam. 9. Águas públicas; conceito. A sua enumeração é exemplificativa. 10. Especificação das águas que formam o domínio marítimo. Como se determina este domínio. 11. Especificação das águas que formam o domínio fluvial e lacustre. 12. Fontes e reservatórios públicos; critério para a sua determinação. 13. Águas comuns; conceito. A enumeração destas águas é exemplificativa. 14. Classificação das águas comuns. 15. Águas particulares. Conceito. 16. Especificação das águas particulares. 17. As águas no Direito Civil e no Direito Administrativo. Assento da matéria no Código Civil. 18. Regulamentos administrativos publicados posteriormente ao Código Civil. 19. As circunscrições hidráulicas. 20. Determinação e classificação das bacias hidráulicas. 22. Correntes de águas. Natureza jurídica das concessões. Licenças para o aproveitamento de águas. 23. Legislação que regula as correntes de águas não navegáveis nem flutuáveis. 24. Sistema do Código Civil quanto ao aproveitamento das águas dessas correntes: 1) antiguidade; 2) uso sucessivo e eventual. Opiniões contrárias; crítica. 25. Os direitos atribuídos aos prédios marginais são só para a irrigação. 26. O que são prédios adjacentes e prédios fronteiros. Como se determinam os direitos destes prédios. Sistema do projecto primitivo, da proposta de HERCULANO e do Código Civil. 27. Em que ponto da linha marginal podem ser derivadas as águas. 28. Partilha das águas entre prédios fronteiros. Partilha administrativa e judicial. Carácter da partilha administrativa quando os interessados alteram o termo sem declarações. Casos em que se pode alterar a partilha. 29. Limitações aos direitos atribuídos aos proprietários marginais. Carácter da alienação das águas a que se refere o artigo 439.º (GUILHERME MOREIRA cita o artigo 459.º). 30. Direitos adquiridos às águas correntes ao tempo em que foi publicado o Código Civil; ideias gerais. 31. Regime das correntes não navegáveis nem flutuáveis no direito anterior ao Código Civil. O direito de pré-ocupação. Concessão. Prescrição. 32. O que significam as palavras lei e uso e costume do artigo 438.º (GUILHERME MOREIRA parece indicar o artigo 458.º). 33. Títulos que compreendem a concessão expressa. A sentença na aquisição de direitos. 34. A prescrição na aquisição do direito às águas derivadas das correntes. Condições que se

abordadas são as garantias reais e as coisas. E são-no, não na lógica própria dos Direitos Reais, mas, sim, na do Direito das Obrigações[706]. No ano de 1917-1918, a regência da 1.ª Cadeira de Direito Civil esteve dividida entre JOSÉ GABRIEL PINTO COELHO e GUILHERME MOREIRA. O primeiro leccionaria de 25 de Outubro até 18 de Dezembro. GUILHERME MOREIRA desde 10 de Janeiro até ao final do ano. Ano esse em que seria possível, a GUILHERME MOREIRA, concluir o ensino da disciplina com o estudo dos Direitos Reais. Os sumários revelam um tratamento dos temas claramente nos moldes do sistema germânico[707], e aprofundado relativamente à pré-edição das *Instituições*.

Ao todo GUILHERME MOREIRA dedica catorze aulas a esta matéria[708]. A primeira aula abre com o título genérico «*Dos Direitos reais*», seguido de um Título I «*Dos Direitos reais em geral*» e um Capítulo I

---

exigem para a prescrição. Como pode provar-se. 35. Como se perde o direito às águas das correntes não navegáveis nem flutuáveis. 36. Aproveitamento das águas para abastecimento das povoações e para outros fins. 37. Aproveitamento das quedas-d'água. 38. Obrigações dos utentes das águas quanto à sua limpeza e salubridade. 39. Obrigações dos utentes e dos proprietários marginais quanto à remoção de obstáculos que embaraçam o livre curso das águas. 40. Admissibilidade das acções possessórias para defesa dos direitos adquiridos às águas. 41. Levadas e fontes comuns. Águas naturais em terreno de logradouro comum. Sobejos das águas de fontes públicas pertencentes às autoridades locais e de fontes comuns. 42. Das fontes e nascentes: direitos do proprietário dos prédios em que há fontes e nascentes, considerando-se estas fontes e nascentes como partes componentes dos mesmos prédios. 43. Casos em que há direitos sobre fontes e nascentes em prédios alheios, natureza desses direitos e como podem adquirir-se e extinguir-se. 44. Restrições ao direito de livre disposição de águas de fontes e nascentes quando delas se abastecem os habitantes dessa povoação ou local. 45. Outras restrições ao direito de livre disposição das fontes ou nascentes.

[705] *Sumários da Primeira Cadeira de Direito Civil*, 1919-1920.
[706] O que como se verá adiante, quando se estudar os últimos anos de ensino dos Direitos Reais por parte de TEIXEIRA DE ABREU, levaria este autor a apontar esta atitude de GUILHERME MOREIRA como uma demonstração de fraqueza do sistema germânico no confronto com o adoptado pelo Código Civil de Seabra.
[707] *Primeira Cadeira...*, 1917-1918.
[708] *Primeira Cadeira...*, 1917-1918.

«*Noção, caracteres e espécies de direitos reais*». Na sexta aula surge referência a um Capítulo II com o título «*Diferentes formas de propriedade*». GUILHERME MOREIRA não voltaria, porém, a adoptar este tipo de divisões ao longo do resto dos sumários. Não parece que isso se possa eventualmente dever, apenas, à circunstância de a matéria ter ficado uma vez mais incompleta. Outras razões existirão porventura. Em qualquer caso a presença da sistematização germânica faz-se sentir.

Na primeira aula na qual trata a matéria dos Direitos Reais[709], GUILHERME MOREIRA aborda o conceito de direito real, que qualifica como uma relação directa e imediata sobre uma coisa, explica ser o direito real susceptível de condicionar uma obrigação e menciona, finalmente, a circunstância de nas obrigações se poder relacionar o direito de crédito com coisas certas e determinadas. Na segunda aula o Professor aclararia o facto de «*quando um direito de crédito se relaciona com cousas determinadas que constituem garantia do mesmo crédito, desta garantia resulta, como direito real, o direito de preferência quanto aos outros credores*». De seguida daria início a um parágrafo dedicado às diferentes espécies de direitos reais, mencionando num primeiro número os direitos reais de gozo e de garantia e, depois, num segundo, o conceito tradicional de propriedade. A propósito da terceira lição, dividida em quatro pontos, GUILHERME MOREIRA abordaria: i) os elementos que no Direito Romano constituíam o direito de propriedade, referindo ser esse direito caracterizado pelo *ius abutendi*; ii) os fraccionamentos do direito de propriedade; iii) o conceito de propriedade no Código Civil; iiii) e o conceito de propriedade imperfeita. Na quarta aula, afecta ao estudo do Direito das Coisas, surgem os ónus reais. Na lição seguinte GUILHERME MOREIRA expõe o sistema do Código Civil em matéria de Direitos Reais, para lhe contrapor o plano que irá adoptar na leccionação. Na sexta prelecção, inicia--se, conforme se referiu já, um segundo capítulo dedicado às diferentes formas de propriedade. A abrir esta lição surge um parágrafo relativo a noções

---

[709] Trata-se da aula de 11 de Março de 1918. Concretamente ela consiste na quadragésima quarta lição do curso repartido entre PINTO COELHO e GUILHERME MOREIRA e na trigésima sétima da responsabilidade deste último Professor.

gerais, onde se aborda o conteúdo e extensão do direito de propriedade e as respectivas restrições e se menciona a existência de diferentes formas de propriedade. O parágrafo subsequente é referente à propriedade absoluta e à resolúvel. A sétima aula encontra-se dividida em seis pontos todos eles correspondentes a um parágrafo dedicado à propriedade singular e à comunhão. Na oitava lição, referente ao estudo do Direito das Coisas, GUILHERME MOREIRA abre um parágrafo dedicado à propriedade colectiva que se estenderia por vinte e três pontos e nove lições. É neste contexto que são abordadas questões como o domínio público e o domínio comum e a complexa temática das águas. Terminada a propriedade colectiva, e apenas a duas aulas de concluir o ano, GUILHERME MOREIRA abre um novo parágrafo dedicado à propriedade imperfeita. Limitar-se-ia, porém, a tratar da enfiteuse.

4.1.1.2. JOSÉ GABRIEL PINTO COELHO (Coimbra)

I – Nos anos lectivos de 1915-1916 e 1916-1917[710], a regência da 1.ª Cadeira esteve confiada a JOSÉ GABRIEL PINTO COELHO. No primeiro dos dois anos PINTO COELHO abordaria temas de Direitos Reais a propósito das garantias. Tal como em GUILHERME MOREIRA, o tratamento dado a essas matérias surge na lógica própria da sistematização impressa a um exclusivo curso de Direito das Obrigações no qual se entenda fazer incluir também as garantias reais[711]. Todavia, no segundo ano lectivo agora em referência, o autor dedica parte do curso aos Direitos Reais[712].

II – Na verdade, em 1916-1917, a meio da sexta aula antes do final da leccionação da 1.ª Cadeira, e depois de terminar precisamente o ensino dos direitos reais de garantia de acordo com a mesma lógica do ano precedente – enquadrados portanto no âmbito do Direito das Obrigações –,

---

[710] *Primeira Cadeira…*, 1916-1917.
[711] Cfr. *Primeira Cadeira….*, 1915-1916.
[712] *Primeira Cadeira…*, 1916-1917.

PINTO COELHO abre um novo título relativo aos Direitos Reais[713]. Contudo, limitar-se-ia a estudar a posse.

Na primeira prelecção, em que JOSÉ GABRIEL PINTO COELHO estuda a posse, é tratada a respectiva noção e espécies. A figura é concebida como uma relação de facto correlativa de uma relação de direito. Na segunda aula, abordam-se os elementos da posse, a posse em nome próprio e de outrem ou a título precário, a conversão da posse em nome de outrem em nome próprio por facto de terceiro e por oposição não repelida, feita pelo possuidor à pessoa em nome de quem possuía e, finalmente, a posse de boa e de má fé com destaque para esta última e para o artigo 476.º do Código Civil. Na terceira, trata-se a questão que consiste em saber se pode haver posse de boa fé sem título (interrogação a merecer por parte de PINTO COELHO resposta afirmativa), da posse legítima e ilegítima e dos requisitos da primeira, da posse pacífica e violenta, pública e clandestina, da aquisição da posse e em particular da aquisição das coisas apropriadas e das condições em que a podem adquirir os menores – com uma referência ao § único do artigo 480.º do Código Civil. Na quarta lição, JOSÉ GABRIEL PINTO COELHO alude ao sistema do Código Civil em matéria de posse, à doutrina consagrada no Código Civil alemão e aos actos facultativos. A quinta é consagrada ao objecto da posse, sua conservação e perda, à posse nova e continuação da posse anterior, à aquisição a título universal e a título singular e às condições em que a posse nova se pode unir à antiga. A encerrar, a sexta prelecção dedicada aos Direitos Reais compreende o fundamento da posse, as garantias da posse, com referência às acções possessórias, às condições diversas em que é assegurada a protecção da posse, à posse de mais de um ano e ao carácter especial da protecção possessória no caso do esbulho violento.

III – Importa ainda referir a circunstância de, no ano lectivo de 1916-1917, JOSÉ GABRIEL PINTO COELHO ter estado encarregado

---

[713] Na versão impressa dos Sumários da 1.ª Cadeira esse título corresponde ao Livro II sendo o Livro I relativo ao Direito das Obrigações.

da regência do curso de Direito Civil desenvolvido[714]. Trata-se, conforme se referiu já, de uma disciplina que viria a possuir um conteúdo variável, situada no final do curso. JOSÉ GABRIEL PINTO COELHO iria dedicá-la ao estudo dos Direitos Reais, à semelhança do que vimos ter sido feito por GUILHERME MOREIRA em 1918-1919[715]. Concretamente PINTO COELHO ocuparia a disciplina com o ensino do direito de propriedade e aspectos a ele directamente ligados, hoje muitos deles entendidos nos quadros das relações de vizinhança[716].

4.1.1.3. Os Direitos Reais no âmbito da 3.ª Cadeira – Noções gerais e elementares das Instituições de Direito Civil

I – Embora o ensino dos Direitos Reais se devesse nesta altura, de acordo com a reforma de 1901, fazer no quadro da 5.ª Cadeira de Direito Civil e, depois, no contexto da reforma de 1911, na 1.ª Cadeira de

---

[714] Cfr. Os *Sumários do Curso de Direito Civil desenvolvido, matérias professadas no ano lectivo de 1916-1917*, in *Sumario das lições professadas na Faculdade de Direito da Universidade de Coimbra nos anos lectivos 1915-1916 a 1917-1918*, sem local nem data.
[715] Cfr. *supra* 4. 1. 1. 1. O tema abordado seria, nesta ocasião, recorde-se, as águas.
[716] Pela sua extensão, e por aquilo que parece revelar quanto às influências científico--culturais do autor, julgamos conveniente proceder à transcrição do concreto programa executado:
«*Conceito de propriedade; a noção tradicional e as definições legais. Natureza do direito de propriedade; se envolve um poder absoluto e ilimitado. O carácter específico do direito de propriedade definido pelo conceito de direito real. O conceito de propriedade no nosso código civil.*
Ampliação abusiva do direito de propriedade; casos de uso ilegítimo e metafórico deste têrmo; acepção restrita em que o tomamos.
Extensão do direito de propriedade; a propriedade; a propriedade dos imóveis. O direito ao espaço aereo correspondente à superfície do imóvel.
Delimitação legal dêste direito; art. 2288.º do código civil. O critério do «interesse prático» ou do «interesse actualmente possível» (JHERING e PAMPLI). O direito ao sub-solo; sua delimitação – falta de uma medida específica no art. 2288.º do nosso código civil. O critério do interesse prático *ou actualmente possível; as disposições dos códigos italiano, suísso e alemão.*
Natureza do direito do proprietário em relação ao sub-solo. Intensidade do direito de propriedade, ou dos poderes nêle contidos.

Noção rigorosa de limitações ao direito de propriedade; acepção lata em que a expressão é tomada. Ponto de vista em que nos colocamos.

Classificação das limitações ao direito de propriedade.

As relações de vizinhança; o problema da regulamentação das relações de vizinhança (em relação aos imóveis).

O reconhecimento legal das restrições convencionais ou voluntárias ao direito de propriedade (servidões voluntárias); as restrições legais; restrições estabelecidas no nosso código (indicações gerais). Necessidade de se completar esta regulamentação legal das relações de vizinhança; a «obrigação de vizinhança».

A obrigação de vizinhança: quais os seus limites, ou qual o critério para a sua efectivação prática.

Tentativas da doutrina para a enunciação de um critério jurídico que deva inspirar a regulamentação extra-legal das relações de vizinhança. As distinções da doutrina quanto aos prejuízos resultantes do facto da vizinhança.

A teoria da «imissão corporea» (SPAGENBERG); a teoria da imissão baseada nas fontes romanas – o fragmento de ULPIANO. Desenvolvimento da teoria por SPAGENBERG: a imissão proveniente do uso conforme com as necessidades ordinárias da vida lícita. Crítica da teoria da imissão corporea: consequências absurdas a que levaria; danos reprovados que não ficariam abrangidos na teoria da imissão.

A teoria da responsabilidade por quási-delito.

Os critérios formulados dentro da teoria da responsabilidade por quási-delito ou da responsabilidade por culpa: o critério da violação de disposições legais, o critério do uso negligente dos direitos do proprietário; o critério da culpa intencional – *a teoria dos* actos de emulação *(teoria da* aemulatio illicita*); sua formação e desenvolvimento; a teoria dos actos de emulação e as legislações modernas.*

Crítica da teoria da culpa intencional; observações de JHERING e SORGE-VADALÁ. Tendência da jurisprudência no sentido de alargar o conceito de culpa na regulamentação das relações de vizinhança. Aplicação dêste critério.

Fórmulas apresentadas na doutrina francesa e italiana dentro da teoria da responsabilidade por culpa ou teoria da responsabilidade delitual.

A fórmula de PROUDHON: a distinção entre a violação de direitos adquiridos e a privação de simples vantagens que constituem uma mera esperança; só no primeiro caso há direito a indemnização.

Fórmula de DEMOLOMBE: o «direito de pré-ocupação*», fundamentos e base desta doutrina.*

Crítica da fórmula de DEMOLOMBE.

A fórmula de CHAUVEAU; crítica. A fórmula de BLONDEL; crítica. A fórmula de RICCI; a teoria do exercício abusivo do direito de propriedade; crítica. Impossibilidade de resolver o problema das relações de vizinhança pela ideia do exercício abusivo do direito de propriedade.

A teoria da «obrigação de vizinhança»; razões que determinaram o aparecimento desta teoria. Conveniência de apoiar o estudo da regulamentação das relações de vizinhança nas soluções da jurisprudência.

A doutrina da obrigação de vizinhança. Divergências quanto à fonte desta obrigação; a teoria da obrigação proveniente de um quási-contracto *(POTHIER), crítica. A teoria de obrigação legal (CAPITANT).*

Exposição da doutrina de CAPITANT; crítica: as observações de RIPERT. A teoria de SORGE-VADALÁ; relacionação da sua doutrina com a doutrina da responsabilidade objectiva (sem culpa); a fórmula geral de SORGE-VADALÁ: a destruição do equilíbrio natural entre os dois prédios.

A fórmula de SORGE-VADALÁ em face da doutrina, da jurisprudência e da legislação. Crítica da Doutrina de SORGE-VADALÁ.

Doutrina que seguimos quanto ao fundamento da obrigação do proprietário de reparar certos danos causados aos vizinhos. Duplo aspecto da questão: a) medidas preventivas impostas aos proprietários no interesse dos vizinhos contra determinados danos de especial gravidade; fundamento de tais medidas preventivas; b) a obrigação de reparação de certos danos causados independentemente de culpa. A ideia de exercício ou uso exorbitante da propriedade.

A ideia de exercício excessivo ou uso exorbitante da propriedade, e as disposições de alguns códigos mais recentes sôbre a regulamentação das relações de vizinhança; os artt. 906.º do código civil alemão e 679.º e 684.º do código civil suisso; o art. 554.º do código civil brasileiro.

Desenvolvimento da doutrina enunciada quanto à determinação da obrigação de indemnizar os prejuízos resultantes das relações de vizinhança; princípios a estabelecer quanto à concretização e aplicação prática do critério do uso exorbitante da propriedade; a receptibilidade pessoal e real; sua apreciação segundo um critério abstracto e geral, não concreto e individual; doutrina de JHERING.

A prova do prejuízo de que se reclama indemnização. Circunstâncias concretas a que é legítimo e necessário atender na apreciação abstracta do prejuízo; circunstâncias de tempo e de lugar.

Prejuízos resultantes de actos normais considerados em si, mas exercidos em condições anormais que os tornam «exorbitantes».

Prejuízos acidentais *resultantes do exercício de uma actividade normal e que constituem um* risco *inerente ao seu exercício.*

Prejuízos resultantes de actos objectivamente ilícitos (infracção de disposições legais ou regulamentares) mas causados sem culpa.

***

Estudo em particular de certos danos provenientes das relações de vizinhança; aplicação aos mesmos dos princípios que deixamos expostos.

As restrições ao direito de propriedade estabelecidas expressamente no nosso código em defesa da propriedade alheia. Restrições inspiradas no interêsse privado dos proprietários dos prédios vizinhos e no interêsse público.

Direito Civil, a verdade é que também neste período se assiste a uma passagem em revista, mais ou menos rápida, no âmbito da 3.ª Cadeira – Noções Gerais e Elementares das Instituições de Direito Civil, dos direitos de crédito, dos direitos reais e da família e sucessões. São disso bem eloquentes as lições de MACHADO VILELA e CARNEIRO PACHECO, compiladas por JOSÉ CORREIA DE ALMEIDA[717]. Atenta a circunstância de esta ser uma época em que os Direitos Reais eram frequentemente negligenciados no estudo da 1.ª Cadeira de Direito Civil, onde deveriam ser estudados com profundidade, tem interesse saber qual o modo como são tratados e ensinados na disciplina de Noções Gerais e Elementares das Instituições de Direito Civil, no 1.º ano do curso.

Ora, precisamente a este respeito, cumpre sublinhar a circunstância de o Livro I das lições destes dois autores[718] – MACHADO VILELA

Restrições ao direito de propriedade consignado no nosso código civil baseadas no interêsse privado dos proprietários vizinhos. Plantação de árvores e arbustos; art. 2317.º. A prática seguida anteriormente à publicação do código civil; a doutrina dos praxistas (LOBÃO e CORRÊA TÉLES). Análise do art. 2317.º: o direito de plantação livre e a faculdade reconhecida aos proprietários vizinhos.

Época em que deve realizar-se o corte permitido no art. 2317.º – interêsses atendíveis do dono da árvore; art. 15.º do código civil. Extensão do direito de corte reconhecido no art. 2317.º; se pode o proprietário vizinho desafrontar o seu prédio cortando o tronco da árvore que ultrapasse a linha divisória.

Se, não cortando o proprietário do prédio vizinho os ramos e raízes introduzidos no seu prédio durante trinta anos ou mais, adquire o dono da árvore uma servidão pela prescrição. Se o direito de corte pertence também ao dono de um prédio urbano.

Condições em que deve ser feita a rogativa; se pode fazer-se extrajudicialmente; a quem deve ser feita.

Se o dono do prédio vizinho tem direito a indemnização pelo prejuízo no seu prédio causado com o corte pelo dono da árvore.

Destino dos ramos ou raízes cortados; a quem pertencem; doutrina sancionada nalgumas legislações estrangeiras.

Direitos que são reconhecidos ao dono da árvore quanto à apanha dos frutos.»

[717] MACHADO VILELA e CARNEIRO PACHECO, *Noções geraes e elementares das instituições do Direito Civil português*, por JOSÉ DE ALMEIDA CORREIA, segundo as respectivas prelecções, 3.ª ed., Coimbra, 1919.

[718] Do ponto de vista global, a obra, com trezentas e oitenta e oito páginas, encontra-se dividida em apenas dois livros. O primeiro é referente ao estudo descritivo das

e CARNEIRO PACHECO – ser objecto de trinta e três divisões das quais dez são relativas aos direitos reais.

As primeiras páginas da obra são dedicadas aos seguintes assuntos:

> 1) Estudo descritivo da regra de direito civil[719]. 2) Fontes de Direito objectivo. Classificação[720]. 3) Começo e termo de força obrigatória das leis[721]. 4) Fontes de Direito Civil[722]. 5) Estudo descritivo das relações de direito privado[723]. 6) Estudo descritivo das obrigações ou direitos de crédito[724]. 7) Formação das obrigações[725]. 8) Formas mais importantes do objecto da prestação[726]. 9) Conteúdo ou efeitos gerais das obrigações[727]. 10) Extinção das obrigações[728].

Seguem-se, depois, cerca de quarenta páginas dedicadas ao estudo dos Direitos Reais de acordo com o seguinte plano:

> 1) Estudo descritivo dos Direitos Reais[729]. 2) Propriedade perfeita[730]. 3) Propriedade imperfeita[731]. 4) Posse[732]. 5) Direitos reais de garantia[733]. 6) Registo

---

regras de Direito Civil e das relações jurídicas de direito privado. O segundo trata do estudo teórico da regra de Direito Civil e da relação jurídica de direito privado.
[719] MACHADO VILELA e CARNEIRO PACHECO, *Noções...*, 5 e ss..
[720] MACHADO VILELA e CARNEIRO PACHECO, *Noções...*, 16 e ss..
[721] MACHADO VILELA e CARNEIRO PACHECO, *Noções...*, 24 e ss..
[722] MACHADO VILELA e CARNEIRO PACHECO, *Noções...*, 28 e ss..
[723] MACHADO VILELA e CARNEIRO PACHECO, *Noções...*, 37 e ss..
[724] MACHADO VILELA e CARNEIRO PACHECO, *Noções...*, 55 e ss..
[725] MACHADO VILELA e CARNEIRO PACHECO, *Noções...*, 63 a 64.
[726] MACHADO VILELA e CARNEIRO PACHECO, *Noções...*, 64 e ss..
[727] MACHADO VILELA e CARNEIRO PACHECO, *Noções...*, 68 e ss..
[728] MACHADO VILELA e CARNEIRO PACHECO, *Noções...*, 76 e ss..
[729] MACHADO VILELA e CARNEIRO PACHECO, *Noções...*, 83 e ss..
[730] MACHADO VILELA e CARNEIRO PACHECO, *Noções...*, 87 e ss..
[731] MACHADO VILELA e CARNEIRO PACHECO, *Noções...*, 99 e ss..
[732] MACHADO VILELA e CARNEIRO PACHECO, *Noções...*, 108 e ss., considerada pelos autores como um direito real.
[733] MACHADO VILELA e CARNEIRO PACHECO, *Noções...*, 113 e ss..

predial⁷³⁴. 7) Constituição dos direitos reais⁷³⁵. 8) Prescrição aquisitiva⁷³⁶. 9) Propriedades imperfeitas⁷³⁷. 10) Direitos reais de garantia⁷³⁸.

II – O conjunto das matérias de Direitos Reais abrangido por estas lições é aparentemente amplo e ambicioso para a época. Nota-se claramente, em toda a obra, a influência de GUILHERME MOREIRA e da sua sistematização⁷³⁹. A verdade, porém, é que, certamente por se tratar apenas de transmitir algumas noções gerais e elementares de Direito Civil português, a profundidade dedicada aos temas encontra-se longe da requerida numa disciplina cujo objecto fosse, efectivamente, no todo ou em parte, o ensino do Direito das Coisas⁷⁴⁰. Basta para o atestar verificar como todas estas matérias são cobertas em apenas cinquenta e três páginas com uma mancha tipográfica pouco densa. Não deixa aliás de ser curioso o facto de, a propósito do estudo descritivo dos direitos reais, os autores aproveitarem para apresentar a noção de pessoa⁷⁴¹ seguida da de

---

⁷³⁴ MACHADO VILELA e CARNEIRO PACHECO, *Noções*..., 119 e ss..
⁷³⁵ MACHADO VILELA e CARNEIRO PACHECO, *Noções*..., 124 a 126.
⁷³⁶ MACHADO VILELA e CARNEIRO PACHECO, *Noções*..., 127 e ss..
⁷³⁷ MACHADO VILELA e CARNEIRO PACHECO, *Noções*..., 129 a 132.
⁷³⁸ MACHADO VILELA e CARNEIRO PACHECO, *Noções*..., 132 e 133.
⁷³⁹ No mesmo sentido nos parece também pronunciar-se MENEZES CORDEIRO, *Teoria*..., in *Revista*..., XXIX, 315, nota (28).
⁷⁴⁰ Vejam-se por sintomáticas as páginas dedicadas à posse (MACHADO VILELA e CARNEIRO PACHECO, *Noções*..., 108 e ss. e 132), ou as quatro páginas referentes às chamadas propriedades imperfeitas (129 a 132), e onde os autores incluem e explicam a enfiteuse, o censo consignativo ou renda, o censo reservativo, o quinhão, o usufruto, o uso e habitação, o compáscuo, as servidões e o «direito real» de posse.
⁷⁴¹ MACHADO VILELA e CARNEIRO PACHECO, *Noções*..., 84 e 85. É certo que os autores justificam este modo de proceder em função da noção de direito real. Este surge como «*aquele que recai directa e imediatamente sobre uma coisa, de modo que entre o sujeito do direito e o seu objecto não aparece qualquer intermediário. (…) O direito real é sempre uma relação jurídica entre uma pessoa e uma coisa. Rigorosamente falando, o direito real, como todas as especies de direito, supõe sempre uma relação entre duas ou mais pessôas. E assim não deverá considerar-se perfeita a definição apresentada. Não se compreende a existencia de uma relação juridica simplesmente entre uma pessôa e uma coisa, visto que todo direito corresponde a uma obrigação, e só as pessôas são susceptíveis de direitos e obrigações, como diz o art. 1.º do nosso Código Civil. Quando definimos direito real o direito*

coisa, ou de, a respeito da propriedade perfeita, nos aparecer a noção de acção judiciária e de legítima defesa[742].

III – De acordo com MENEZES CORDEIRO, CARNEIRO PACHECO teve apenas uma fugaz passagem pela 3.ª Cadeira de Direito Civil em 1918-1919, sendo substituído por BELEZA DOS SANTOS[743], dado estar suspenso por razões políticas na sequência dos acontecimentos arbitrários que atingiram a Faculdade de Direito de Coimbra em 1919[744], retomando-a apenas em 1919-1920. Os elementos existentes entre 1911-1912 a 1917-1918 parecem assim dever-se, na perspectiva de MENEZES CORDEIRO[745], a MACHADO VILELA a quem teria estado atribuída a disciplina nessas datas[746].

Contudo, os sumários relativos ao primeiro destes anos lectivos pertencem a GUILHERME MOREIRA[747] que, das diversas matérias eventualmente susceptíveis de caberem num curso de Direitos Reais, apenas trata das coisas.

Em 1912-1913 a regência da 3.ª Cadeira pertence de facto a MACHADO VILELA. Mas o tratamento dos Direitos Reais reflectido nos sumá-

---

que recai directa e imediatamente sobre uma coisa, queremos significar que esta relação jurídica se estabelece entre uma pessôa como sujeito activo e todas as outras como sujeito passivo». Por isso, uma exacta compreensão do conceito de direito real leva os autores a apresentar a noção de coisa e de pessoa. Na verdade, porém, por detrás deste procedimento está, isso sim, o carácter elementar e propedêutico das lições agora em referência.

[742] MACHADO VILELA e CARNEIRO PACHECO, *Noções…*, 96 e ss..

[743] Facto esse devidamente reflectido nos sumários da *Cadeira de noções gerais e elementares das instituições do Direito Civil, matérias professadas no ano lectivo de 1918-1919*, in *Sumario das lições professadas na Faculdade de Direito da Universidade de Coimbra nos anos lectivos 1918-1919 a 1920-1921*, sem local nem data, 5, onde aparece o nome dos dois autores. Adiante veremos, através dos sumários manuscritos, como se repartem efectivamente as aulas e matérias entre os dois professores.

[744] Cfr. BRAGA DA CRUZ, *A revista…*, I, 555 e ss.; e MENEZES CORDEIRO, *Teoria…*, in *Revista…*, XXIX, 315 e 316, nota 28.

[745] MENEZES CORDEIRO, *Teoria…*, in *Revista…*, XXIX, 315 e 316, nota 28.

[746] MENEZES CORDEIRO, *Teoria…*, in *Revista…*, XXIX, afirma que a cadeira foi confiada a MACHADO VILELA de 1911-1912 a 1917-1918.

[747] Cfr. Sumários da *Cadeira de Noções geraes e elementares das instituições do Direito civil, matérias professadas no ano lectivo de 1911-1912*, in *Sumario das lições professadas na Faculdade de Direito da Universidade de Coimbra nos anos lectivos 1911-1912 a 1914-1915*, sem local nem data.

rios fica muito aquém do constante das lições impressas de MACHADO VILELA e CARNEIRO PACHECO, mesmo considerando o seu já mencionado carácter elementar ou propedêutico.

Em concreto MACHADO VILELA dividiria a disciplina em duas partes[748]. A primeira era dedicada ao estudo descritivo da regra de direito civil e das relações jurídicas de direito privado. Tinha dois capítulos: Cap. I – Estudo descritivo da regra de direito civil; Cap. II – Estudo descritivo das relações jurídicas de direito privado. A segunda reportava-se ao estudo teórico da regra de direito civil e das relações jurídicas de direito privado, encontrando-se, também ela, repartida por dois capítulos: Cap. I – Estudo teórico da regra de direito civil; Cap. II – Teoria da relação jurídica do direito privado[749]. A abordagem da matéria de Direitos Reais surge na primeira parte, Capítulo I, § 3, sob a epígrafe «*Estudo descritivo dos direitos reais*». Aborda aí o autor as seguintes matérias: I. Conceito e formas dos direitos reais: a) Direitos reais de gozo: α) propriedade perfeita. 1.º) Conceito descritivo da propriedade perfeita. 2.º) Poderes do proprietário: direito de fruição, direito de exclusão e de defesa; direito de restituição e de indemnização; direito de alienação. β) Propriedades imperfeitas. Estudo descritivo elementar da enfiteuse, subenfiteuse, do censo consignativo e reservativo, do quinhão, do usufruto, do uso e habitação, do compáscuo, e da servidão. λ) Modalidades da propriedade perfeita e das propriedades imperfeitas: propriedade singular; propriedade comum. b) Estudo descritivo da posse nos seus elementos e nos seus efeitos. c) Direitos reais de garantia. Conceito. Enumeração descritiva: penhor; privilégio; hipoteca, penhora, arresto, consignação e adjudicação de rendimentos, direito de retenção legal. II) Meios de constituição dos direitos reais[750].

---

[748] Cfr. *Cadeira de noções gerais e elementares das instituições do Direito Civil, matérias professadas no ano lectivo de 1912-1913*, in *Sumario das lições professadas na Faculdade de Direito da Universidade de Coimbra nos anos lectivos 1911-1912 a 1914-1915*, sem local nem data, 2.
[749] Verificava-se, pois, nestes sumários, uma melhor explicitação da sistematização adoptada do que a constante das lições divididas como vimos apenas em dois livros nas quais as matérias se seguiam umas às outras sem menção de capítulos.
[750] Referindo-se à criação do Direito Internacional privado por MACHADO VILELA, FERRER CORREIA, *Homenagem à memória de Álvaro Machado Vilela, Discurso na sessão de homenagem à memória do Mestre na Associação Jurídica de Braga, em 27-3-1960*,

Em 1913-1914 a cadeira seria leccionada conjuntamente por MACHADO VILELA e CARNEIRO PACHECO, encontrando-se os sumários assinados por ambos[751]. Mas não se notam grandes alterações quanto à matéria de Direitos Reais.

O Capítulo I, § 3, da primeira parte corresponde mesmo na íntegra ao já constante dos sumários do ano anterior. A Parte II, essa sim, surge com bastante maior amplitude aí aparecendo, em 1913-1914, na secção II, relativa ao objecto do direito, umas noções de património, direitos sobre coisas e a classificação das coisas.

Em 1914-1915[752], 1915-1916[753], 1916-1917[754] e 1917-1918[755], a regência coube novamente apenas a MACHADO VILELA. Logo no primeiro destes anos nota-se um grande desenvolvimento da matéria

---

separata da Revista de *Scientia Iuridica*, 1961, Braga, 11, considera ter sido aquele mestre fiel ao clima ideológico dominante na época em que viveu. Numa primeira fase, em que a querela dos métodos não tinha ainda atingido no nosso país a plenitude das suas consequências, o sistema de MACHADO VILELA é qualificado, por FERRER CORREIA, como tendo muito de «*jurisconceitualismo clássico*», o de SAVIGNY, de PUCHTA e do primeiro JHERING, e um cunho positivista. Passados, porém, alguns anos a crença na validade de tais ideias parece ficar perturbada (v. *op. loc. cit.*) com a influência exercida pela jurisprudência dos interesses, suas exigências e a subsequente evolução metodológica do autor.

[751] Cfr. *Cadeira de noções gerais e elementares das instituições do Direito Civil, matérias professadas no ano lectivo de 1913-1914*, in *Sumario das lições professadas na Faculdade de Direito da Universidade de Coimbra nos anos lectivos 1911-1912 a 1914-1915*, sem local nem data, 6.

[752] *Cadeira de noções gerais e elementares das instituições do Direito Civil, matérias professadas no ano lectivo de 1914-1915*, in *Sumario das lições professadas na Faculdade de Direito da Universidade de Coimbra nos anos lectivos 1911-1912 a 1914-1915*, sem local nem data, 31.

[753] *Cadeira de noções gerais e elementares das instituições do Direito Civil, matérias professadas no ano lectivo de 1915-1916*, in *Sumario das lições professadas na Faculdade de Direito da Universidade de Coimbra nos anos lectivos 1915-1916 a 1917-1918*, sem local nem data, 27.

[754] *Cadeira de noções gerais e elementares das instituições do Direito Civil, matérias professadas no ano lectivo de 1916-1917*, in *Sumario das lições professadas na Faculdade de Direito da Universidade de Coimbra nos anos lectivos 1915-1916 a 1917-1918*, sem local nem data, 31.

[755] *Cadeira de noções gerais e elementares das instituições do Direito Civil, matérias professadas no ano lectivo de 1917-1918*, in *Sumario das lições professadas na Faculdade de Direito da Universidade de Coimbra nos anos lectivos 1915-1916 a 1917-1918*, sem local nem data, 30.

sumariada e, também, no tocante aos temas de Direitos Reais, embora sem coincidir ainda com a totalidade dos temas abordados na 3.ª edição das lições compiladas por CORREIA DE ALMEIDA[756]. Em 1915-1916 surge pela primeira vez o estudo descritivo do registo predial[757]. Em 1916-1917 e 1917-1918 volta a aparecer a matéria do registo predial a fechar o estudo do Direito das Coisas e imediatamente antes do estudo descritivo elementar das relações de família. Além disso, a matéria da posse é no primeiro dos dois anos objecto de particular explicitação. Mas continua sem se verificar uma correspondência absoluta com a sistematização e conteúdos abordados na obra sobre noções gerais e elementares de MACHADO VILELA e CARNEIRO PACHECO[758]. Surge, então, a regência repartida entre CARNEIRO PACHECO e BELEZA DOS SANTOS em 1918-1919[759]. O teor dos sumários é, todavia, muito mais sintético do que o atingido nos últimos anos leccionados por MACHADO VILELA. Apenas se cobre o estudo descritivo da regra de Direito Civil ou objectivo, num capítulo dedicado ao efeito, e o estudo descritivo das relações jurídicas de Direito Privado, noutro. É no parágrafo terceiro deste segundo capítulo que nos surge o tratamento dos Direitos Reais.

---

[756] Por exemplo, a subsecção dedicada à propriedade perfeita incluía apenas as seguintes matérias: Conceito; Poderes do proprietário: I) Direito de fruição; II) Direito de transformação; III) Direito de exclusão e defesa; IV) Direito de restituição e de indemnização; V) Direito de alienação.

[757] *Cadeira de noções gerais e elementares…*, versão impressa, 9.

[758] Compare-se, por exemplo, o tratamento dado à propriedade perfeita em MACHADO VILELA e CARNEIRO PACHECO, *Noções…*, 87 e ss., com os conteúdos dos sumários deixados por MACHADO VILELA no ano de 1917-1918.

[759] *Cadeira de noções gerais de Direito Civil, matérias professadas no ano lectivo 1918-1919*, versão manuscrita. Os sumários retratam o teor de 26 aulas. CARNEIRO PACHECO leccionaria as primeiras vinte e uma. Na décima sexta os alunos faltaram. Não obstante, pode constatar-se ter sido CARNEIRO PACHECO a lavrar o sumário. Quer isto dizer que a incumbência das aulas teóricas foi assumida por este professor entre 10 de Dezembro de 1918 e 13 de Março de 1919. Todavia, de todas essas aulas apenas a última por ele leccionada se refere à matéria de Direitos Reais. Foram concretamente os seguintes os temas abordados nessa aula: 1) Direitos reais de gozo: – a) espécies; b) conceito; 2) Propriedade perfeita – a) conceito; b) poderes do proprietário. A partir daqui, e depois de um aula de apresentação, a matéria do Direito das Coisas seria ensinada por BELEZA DOS SANTOS.

Apesar de se assistir já, neste ponto, à inclusão da matéria de registo predial, a verdade é que estes sumários não revelam, pois, muito mais do que os de 1912-1913 de MACHADO VILELA[760]. As regências, em 1919-1920 e em 1920-1921, por CARNEIRO PACHECO da cadeira de Noções Fundamentais de Direito Civil não revelariam qualquer alteração de fundo[761].

IV – Mas CARNEIRO PACHECO é, ainda, autor de umas anotações ao Código Civil português anteriores à sua transferência para Lisboa[762]. Trata-se de uma obra incompleta uma vez que apenas existe o primeiro volume com anotações até ao artigo 640.º[763]. Ficam, pois, abrangidos tão-só alguns dos temas e institutos de direitos reais. Concretamente, CARNEIRO PACHECO trata das coisas que podem ser objecto de apropriação, suas diferentes espécies em relação à natureza das mesmas coisas[764], da ocupação[765/766] e da posse[767]. Mas não se está perante uma obra com

---

[760] Transcreve-se para melhor ilustração de quanto afirmamos a parte relevante dos sumários: § 3.º Direitos reais de gozo: – a) Conceito, b) Espécies; – Propriedade perfeita: a) Conceito; b) Poderes do proprietário. – Propriedades imperfeitas; a) Conceito; b) Enumeração: I – Enfiteuse, II –Subenfiteuse, III – Censo consignativo, IV – Censo reservativo, V – Quinhão, VI – Usufruto, VII – Uso e habitação, VIII – Compáscuo, IX – Servidões: a) Noção, b) Classificação. – Propriedade singular, propriedade comum – noção de propriedade colectiva. – Posse: a) Conceito; b) Elementos; c) Formas; d) Efeitos: 1) Presunção de propriedade; 2) Acções possessórias; 3) Frutos; 4) Benfeitorias; 5) Direito de retenção. – Constituição dos direitos reais de gozo: a) Generalidades; b) Propriedade perfeita; c) Propriedades imperfeitas. Registo predial.
[761] Cfr. *Cadeira de noções gerais de Direito Civil, matérias professadas no ano lectivo 1919--1920*, in *Sumario das lições professadas na Faculdade de Direito da Universidade de Coimbra nos anos lectivos 1918-1919 a 1920-1921*, sem local nem data, 4; *Cadeira de noções gerais de Direito Civil, matérias professadas no ano lectivo 1920-1921*, in *Sumario das lições professadas na Faculdade de Direito da Universidade de Coimbra nos anos lectivos 1918-1919 a 1920-1921*, sem local nem data, 4; *Cadeira de noções gerais de Direito civil, sumario das lições*, 1921-1922, embora aqui se note a ausência do estudo, a propósito do Direito das Coisas, dos direitos reais de garantia.
[762] Cfr. CARNEIRO PACHECO, *Código Civil português actualizado*, I, artigos 1.º a 640.º, Coimbra, 1920-1921.
[763] Cfr. MARCELLO CAETANO, *Doutor Carneiro Pacheco*, in *Revista da Faculdade de Direito da Universidade de Lisboa*, 1958, XII, 369 e ss..
[764] CARNEIRO PACHECO, *Código*…, I, 247 e ss..
[765] CARNEIRO PACHECO, *Código*…, I, 258 e ss..

grande elaboração dogmática, nem terá sido esse o propósito do autor. A principal preocupação consiste em fornecer ao leitor um conjunto de referências, alargadas à legislação avulsa complementar ou a disposições de vários Códigos, que se articulam com os diversos preceitos do Código Civil. Tudo acompanhado de alguns comentários explicativos.

V – Bem mais desenvolvidos seriam os seus estudos sobre o direito de retenção[768] e os privilégios creditórios[769], elaborados, também eles, no âmbito da Faculdade de Direito de Coimbra.

Concretamente, a segunda destas duas obras corresponderia à Dissertação para o concurso a assistente na Faculdade de Direito de Coimbra. Trata-se de um estudo com duzentas e trinta e nove páginas, constituídas por uma introdução e três capítulos, todos divididos por diversos parágrafos. O autor revela algumas preocupações de ordem histórica ao estudar o instituto de garantia desde o Direito Romano até ao Código de Napoleão e seus sucessores, *BGB* e Código Civil suíço[770]. A introdução compreende dois parágrafos: o primeiro dedicado à determinação do instituto de garantia e o segundo ao instituto de garantia na história: os privilégios creditórios. O Capítulo I ocupa-se da natureza jurídica e caracteres dos privilégios; o Capítulo II tem por título «*Casos de aplicação*»; e o III «*Extinção*». O número de obras e autores manuseados é relativamente escasso. Andam perto das três dezenas os nomes referenciados, incluindo os de cultores de história do Direito. O predomínio vai para os juristas de língua francesa[771]. Seguem-se os portugueses[772],

---

[766] Mas, sublinhe-se a circunstância de, no Código Civil de Seabra, a ocupação se encontrar minuciosamente regulada do artigo 384.º ao artigo 473.º, compreendendo, entre outros aspectos, uma aturada disciplina jurídica das águas.

[767] CARNEIRO PACHECO, *Código*..., I, 367 e ss..

[768] CARNEIRO PACHECO, *Do direito de retenção na legislação portuguesa*, Coimbra, 1911.

[769] CARNEIRO PACHECO, *Dos privilegios creditorios*, Coimbra, 1913.

[770] CARNEIRO PACHECO, *Dos privilegios*..., 17 e ss..

[771] Cerca de doze, onde se contam CUQ, GIRARD, PETIT, TROPLONG, LAURENT, PLANIOL e COLMET DE SANTERRE.

[772] Com referência a oito autores, entre os quais se encontram os tradicionais COELHO DA ROCHA, LOBÃO, CORREIA TELLES, PEREIRA E SOUSA, DIAS FERREIRA, GUILHERME MOREIRA, mas também o próprio CARNEIRO PACHECO.

italianos⁷⁷³ e alemães⁷⁷⁴. Destaques merecem as várias menções à *Revista de Legislação e Jurisprudência* assim como as diversas citações de jurisprudência nacional.

Quanto à primeira das duas obras acima referidas, relativa ao direito de retenção, tem cerca de duzentas páginas e, depois de uma introdução que contempla também aspectos de natureza histórica, compreende cinco capítulos: Capítulo I – Natureza jurídica; Capítulo II – Efeitos; Capítulo III – Quando existe; Capítulo IV – Extinção; Capítulo V – Exercício. No total, CARNEIRO PACHECO cita cerca de oito dezenas de autores. Vinte e cinco são portugueses⁷⁷⁵, trinta e um de língua francesa⁷⁷⁶, vinte italianos⁷⁷⁷ e quatro alemães⁷⁷⁸. Aparecem igualmente referências a várias revistas nacionais.

4.1.2. A instituição da Faculdade de Direito de Lisboa

4.1.2.1. Introdução

I – A partir de 1913, o ensino do Direito, no nosso país, passou a ser marcado pela reinstituição da Faculdade de Direito de Lisboa, origina-

---

⁷⁷³ Com menção de cinco escritores dos quais destacamos COSTA, BIANCHI, CHIRONI e MAZZONI.
⁷⁷⁴ WINDSHEID, na tradução italiana, e VOIGT, *Über das* vadimonium, na versão original.
⁷⁷⁵ Com nomes que vão desde MELLO FREIRE, COELHO DA ROCHA, CORREIA TELLES, LOBÃO, NAZARETH, PEREIRA E SOUSA e DIAS FERREIRA, até TEIXEIRA DE ABREU, GUILHERME MOREIRA, CAEIRO DA MATA, PEDRO MARTINS, BARBOSA DE MAGALHÃES, ASSIS TEIXEIRA, JOSÉ GABRIEL PINTO COELHO, ARTUR MONTENEGRO e ALBERTO DOS REIS.
⁷⁷⁶ Designadamente POTHIER, SALLEILLES, PLANIOL, BAUDRY LACANTINIÈRE, AUBRY e RAU, ZARA, LEGRAND, LAURENT, COLMET DE SANTERRE, LYON-CAEN e RENAULT, MARCADÉ e TROPLONG.
⁷⁷⁷ Entre eles MONTESSORI, COVIELLO, TARTUFARI, SCIALOJA, CHIRONI, VIVANTE, FADDA e BENSA, TARTUFARI e MAZZONI.
⁷⁷⁸ JHERING é citado através de tradução francesa e mediante a técnica *apud*. WINDSCHEID na tradução italiana de FADDA e BENSA. A obra *Die Einrede des nicht erfüllten Vertrages*, de PETERSEN, é citada directamente. Finalmente, MÜHLENBRUCH, *Doctrina pandectarum*, surge *apud* GIORGI.

riamente denominada Faculdade de Estudos Sociais e de Direito, na linha da tradição de D. Dinis, rompida com a transferência definitiva da Universidade para Coimbra em 1573[779].

O ensino jurídico em Lisboa filiou-se, fundamentalmente, na tradição de Coimbra[780]. Como é sabido, na reforma de 1911, o Direito das Coisas era ensinado na 1.ª Cadeira de Direito Civil, sempre com o Direito das Obrigações. Neste período de tempo a instrução desta cadeira, em Lisboa, foi objecto das seguintes regências:

1913-1914: ABRANCHES FERRÃO[781],
1914-1915: ABRANCHES FERRÃO[782],
1915-1916: ABRANCHES FERRÃO[783],

---

[779] Não iremos entrar na análise pormenorizada acerca das origens e evolução inicial da Faculdade de Direito de Lisboa. A este respeito pode ver-se, com diferentes enquadramentos e profundidade, MARCELLO CAETANO, *Apontamentos para a história da Faculdade de Direito de Lisboa*, in *Revista da Faculdade de Direito de Lisboa*, 1959, XII, 13 e ss.; FERNANDO EMYGDIO DA SILVA, *Discurso do mais antigo Professor da Faculdade de Direito de Lisboa*, in *Idem*, 1959, XIII, 205 e ss.; FACULDADE DE DIREITO DE LISBOA, *Os setenta anos da Faculdade de Direito...*, 17 e ss.; PALMA CARLOS, *Palavras proferidas na sessão solene dos 75 anos da Faculdade*, in *Revista da Faculdade de Direito de Lisboa*, 1989, XXX, 457 e ss.; MENEZES CORDEIRO, *Teoria...*, in *Revista...*, XXIX, 318 e 319; PEDRO SOARES MARTINEZ, *A Faculdade de Direito de Lisboa: do restabelecimento, em 1913, à consolidação em 1928*, in *Idem*, 1997, XXXVIII, 1, 38; 267 e ss.; MENEZES LEITÃO, *O ensino...*, 122 e ss.; PAULO OTERO, *Direito...*, 67.

[780] MENEZES LEITÃO, *O ensino...*, 123.

[781] *Acta n.º 15 da sessão extraordinária do Conselho de Professores da Faculdade de Estudos Sociais e de Direito da Universidade de Lisboa de 10 de Março de 1914*, in *Livro de Actas do Conselho da Faculdade de Direito e Estudos Sociais de Lisboa*, 1913-1931, 10 v.; MARCELLO CAETANO, *Apontamentos...*, in *Revista...*, XIII, 32; MENEZES CORDEIRO, *Teoria...*, in *Revista...*, XXIX, 331, nota 64; MENEZES LEITÃO, *O ensino...*, 124.

[782] *Acta n.º 25 do Conselho de Professores da Faculdade de Estudos Sociais e de Direito da Universidade de Lisboa de 8 de Janeiro de 1915*, in *Livro de Actas do Conselho...*, 1913--1931, 24 v.; MENEZES CORDEIRO, *Teoria...*, in *Revista...*, XXIX, 331, nota 64; MENEZES LEITÃO, *O ensino...*, 124.

[783] *Acta n.º 33 do Conselho de Professores da Faculdade de Estudos Sociais e de Direito de 29 de Junho de 1915*, in *Livro de Actas do Conselho...*, 1913-1931, 34 v.; MENEZES

1916-1917: ABRANCHES FERRÃO[784],
1917-1918: ABRANCHES FERRÃO[785],
1918-1919: ABRANCHES FERRÃO[786],
1919-1920: ABRANCHES FERRÃO[787],
1920-1921: ABRANCHES FERRÃO[788],
1921-1922: ABRANCHES FERRÃO[789],
1922-1923: JOSÉ GABRIEL PINTO COELHO[790].

CORDEIRO, *Teoria*…, in *Revista*…, XXIX, 331, nota 67; MENEZES LEITÃO, *O ensino*…, 124.

[784] MENEZES CORDEIRO, *Teoria*…, in *Revista*…, XXIX, 331, nota 64; e MENEZES LEITÃO, *O ensino*…, 124.

[785] MENEZES CORDEIRO, *Teoria*…, in *Revista*…, XXIX, 331, nota 64; MENEZES LEITÃO, *O ensino*…, 124.

[786] *Acta n.º 82 do Conselho Escolar da Faculdade de Direito de Lisboa de 27 de Julho de 1918*, in *Livro de Actas do Conselho*…, 1913-1931, 75 f.; MENEZES CORDEIRO, *Teoria*…, in *Revista*…, XXIX, 331, nota 64.

[787] *Acta n.º 92 do Conselho Escolar da Faculdade de Direito da Universidade de Lisboa de 2 de Agosto de 1919*, in *Livro de Actas do Conselho*…, 1913-1931, 86, v.; MENEZES CORDEIRO, *Teoria*…, in *Revista*…, XXIX, 331, nota 64; MENEZES LEITÃO, *O ensino*…, 124.

[788] A *Acta n.º 103 da Sessão Ordinária do Conselho Escolar da Faculdade de Direito da Universidade de Lisboa de 31 de Julho de 1920*, in *Livro de Actas do Conselho*…, 1913--1931, 94, atribui a regência desta disciplina a JOSÉ TAVARES e não a ABRANCHES FERRRÃO. Todavia, os sumários deste ano encontram-se integralmente subscritos por ABRANCHES FERRÃO.

[789] De acordo com MENEZES CORDEIRO, *Teoria*…, in *Revista*…, XXIX, 331, nota 64, teria sido JOSÉ TAVARES a reger esta disciplina neste ano. MENEZES LEITÃO, *O ensino*…, considera ter a regência cabido a ABRANCHES FERRÃO. E de facto os sumários da cadeira encontram-se integralmente assinados por este último. Cfr. *Sumário das lições da 1.ª Cadeira de Direito Civil*, 1921-1922. Terá porventura existido aqui um lapso na ordenação das regências ocorrido no processo de dactilografia ou na tipografia. A consulta da acta do Conselho citada na nota precedente pode ter levado MENEZES CORDEIRO a concluir no sentido de que a regência da 1.ª Cadeira de Direito Civil coube a JOSÉ TAVARES no ano lectivo de 1920-1921. Posteriormente, afigura-se plausível uma troca no processo de dactilografia do ano de 1920-1921 pelo de 1921-1922, surgindo então JOSÉ TAVARES como regente nesse último tempo.

[790] MENEZES CORDEIRO, *Teoria*…, in *Revista*…, XXIX, 331, nota 64; MENEZES LEITÃO, *O ensino*…, 124.

4.1.2.2. ABRANCHES FERRÃO

I – No que a nós nos interessa, ABRANCHES FERRÃO deixaria sumários manuscritos da 1.ª Cadeira de Direito Civil relativos aos anos de 1916-1917, 1917-1918, 1918-1919, 1919-1920, 1920-1921 e 1921--1922[791]. Ficariam também uns sumários impressos referentes ao ano lectivo de 1913-1914[792] e umas lições atinentes a 1916-1917[793/794].

A análise dos diversos elementos deixados por ABRANCHES FERRÃO parece mostrar como em todos os anos em que a matéria dos Direitos Reais esteve compreendida na 1.ª Cadeira de Direito Civil nunca houve um ensino do Direito das Coisas propriamente dito. Embora isso nem sempre sucedesse[795], seriam vários os anos em que este Professor se preocuparia em fornecer uma breve noção de direitos reais, logo a abrir o curso ou nas primeiras aulas, mas sempre em ligação com a matéria de Direito das Obrigações. Exemplifica-o o seguinte trecho das respectivas lições[796]: «*O estudo dos direitos de obrigação é a parte fundamental do direito civil. Embora os vários institutos sejam distintos entre si, podem em qualquer dêles aparecer direitos de obrigação. Assim, por exemplo, no instituto dos direitos de família aparecem direitos de obrigação (...); nos direitos de sucessão ha direitos de obrigação entre os herdeiros (...). O homem precisa de se apropriar de determinados objectos (coisas) e submetê-los ao seu dominio. O poder que o homem tem de fazer respeitar essa relação a todos os outros individuos é um «direito real». Umas vezes o individuo tem goso de todas*

---

[791] Cfr. *Sumários da 1.ª Cadeira de Direito Civil,* 1916-1917, 1917-1918, 1918-1919, 1919-1920, 1920-1921 e 1921-1922.
[792] ABRANCHES FERRRÃO, *Sumários das lições da 1.ª Cadeira de Direito Civil, matérias professadas no ano lectivo de 1913-1914,* Lisboa, 1914.
[793] ABRANCHES FERRÃO, *Primeira Cadeira de Direito Civil (2.º ano juridico),* por CARVALHO DOS SANTOS e CAMPOS FIGUEIRA, em harmonia com as prelecções feitas pelo Exmo. Senhor Dr. ABRANCHES FERRÃO ao curso de 1916-1917, Lisboa, 1917.
[794] Reportamo-nos apenas aos sumários da 1.ª Cadeira de Direito Civil nos anos em que se devia proceder nela ao ensino da matéria relativa aos direitos reais.
[795] V., por exemplo, ABRANCHES FERRRÃO, *Sumários das lições da 1.ª Cadeira de Direito Civil, matérias professadas...,* 1913-1914, 3 e ss..
[796] ABRANCHES FERRÃO, *Primeira Cadeira...,* 4.

as propriedades da coisa, outras vezes apenas de parte (…). O direito real serve ás vezes apenas para garantir os direitos de obrigação: penhor (…) hipoteca (…). A obrigação de respeitar os direitos reaes é de carácter geral e portanto o «direito real» é «absoluto» ([797]). *O titular dum direito real tem poderes sobre as coisas, o credor nunca tem poder «sobre» o devedor.»*

II – Além disso, ABRANCHES FERRÃO estudaria com regularidade, embora com profundidade variável, a propósito das garantias das obrigações, vários direitos reais de garantia.

No ano lectivo de 1913-1914, a par com a fiança, ABRANCHES FERRÃO ensinaria o penhor[798], a consignação de rendimentos[799] e, com bastante desenvolvimento, os privilégios creditórios[800].

Em 1916-917, o tratamento das garantias leva ABRANCHES FERRÃO a abordar o penhor[801], a consignação e adjudicação de rendimentos[802], os privilégios creditórios[803], as hipotecas[804], a penhora e arresto[805] e o direito de retenção legal[806/807]. Isso mesmo seria repetido nos anos de 1917-1918, 1918-

---

[797] E em nota explica-se: *«Dizem-se «direitos relativos» aqueles que só se podem fazer valer contra determinadas pessoas; «direitos absolutos» os que se podem fazer valer contra toda a gente. Os direitos de obrigação são relativos; os reaes são absolutos.»*
[798] ABRANCHES FERRRÃO, *Sumários das lições da 1.ª Cadeira de Direito Civil, matérias professadas…*, 1913-1914, 16.
[799] ABRANCHES FERRRÃO, *Sumários das lições da 1.ª Cadeira de Direito Civil, matérias professadas…*, 1913-1914, 16.
[800] ABRANCHES FERRRÃO, *Sumários das lições da 1.ª Cadeira de Direito Civil, matérias professadas…*, 1913-1914, 16 a 19, sublinhando-se que se naqueles casos nos quais os privilégios surgem acompanhados de um direito real a eles inerentes parece que deveriam fazer parte da teoria do penhor ou da hipoteca, existem, contudo, motivos para aí não serem incluídos.
[801] ABRANCHES FERRÃO, *Primeira Cadeira de Direito Civil…*, 150 a 154.
[802] ABRANCHES FERRÃO, *Primeira Cadeira de Direito Civil…*, 154 a 157.
[803] ABRANCHES FERRÃO, *Primeira Cadeira de Direito Civil…*, 157 a 165.
[804] ABRANCHES FERRÃO, *Primeira Cadeira de Direito Civil…*, 165 a 179.
[805] ABRANCHES FERRÃO, *Primeira Cadeira de Direito Civil…*, 179 e 180.
[806] ABRANCHES FERRÃO, *Primeira Cadeira de Direito Civil…*, 180 a 184.
[807] Cfr., também, a propósito do ensino de todas estas figuras no ano em referência *Sumários das Lições…*, 1916-1917.

-1919⁸⁰⁸, 1919-1920⁸⁰⁹, 1921-1922⁸¹⁰. Por sua vez os sumários de 1920-1921 encontram-se incompletos e não permitem a reconstituição do ano lectivo.

ABRANCHES FERRÃO aproveitaria ainda o estudo do concurso de credores para se referir a alguns aspectos relacionados com as preferências asseguradas pelos direitos reais de garantia e a caducidade de ónus com natureza real⁸¹¹.

III – A ABRANCHES FERRÃO coube ainda, na reforma de 1911, a regência da disciplina de Noções Gerais e Elementares das Instituições de Direito Civil de 1913-1914 a 1920-1921⁸¹², e na reforma de 1923, a 1.ª Cadeira de Direito Civil (Noções Gerais e Elementares) do 1.º ano, em 1924-1925. Correspondentes a estas regências ficaram dados extremamente parcos. MENEZES CORDEIRO refere a existência de uns elementos muito incompletos coligidos por alunos correspondentes ao ano de 1915-1916⁸¹³. Pela nossa parte encontrámos apenas elementos

---

⁸⁰⁸ *Sumários...*, 1918-1919.
⁸⁰⁹ V. *Sumários...*, 1919-1920.
⁸¹⁰ Note-se, todavia, o facto de neste ano ABRANCHES SERRÃO ter feito relativamente ao mês de Abril o seguinte lançamento: «*Durante este mez os alumnos não vieram ás aulas, tendo assim prolongado em duas semanas as ferias da Paschoa. Nos termos do § único do art. 18 da Organização e funcionamento das Faculdades de Direito, são lançados os sumários das materias que deveriam ser explicadas nos dias em que os alunos faltaram (dias 3, 5, 7, 24, 36 e 28).*» Segue-se, então, o lançamento dos assuntos referentes às garantias e, designadamente, às garantias reais.
⁸¹¹ ABRANCHES FERRÃO, *Primeira Cadeira de Direito Civil...*, 188 a 190. V., igualmente, *Sumários...*, 1916-1917, 1917-1918.
⁸¹² MENEZES CORDEIRO, *Teoria...*, in *Revista...*, XXIX, 320 e ss., e 331 em nota.
⁸¹³ De acordo com MENEZES CORDEIRO estes elementos compreenderiam apenas 16 páginas impressas com o título *Noções Gerais e Elementares das Instituições de Direito Civil Português*, lições coligidas por RODRIGUES SAIL e ACÚRSIO PEREIRA em harmonia com as lições magistrais dadas pelo Exmo. Senhor Dr. ABRANCHES FERRÃO ao curso do 1.º ano jurídico de 1915-1916. A bibliografia recomendada corresponderia à normal ao tempo, mas nota-se a ausência dos pandectistas alemães traduzidos e abundantemente usados por GUILHERME MOREIRA (assim, também, MENEZES CORDEIRO, *Teoria...*, in *Revista...*, XXIX, 320, nota 36).

igualmente incompletos relativos aos anos de 1917-1918[814] – mas cujo acesso não nos foi facultado pela Biblioteca Nacional atento o seu muito mau estado de conservação – e 1918-1919[815]. Existem, além disso, uns sumários relativos ao ano de 1924-1925[816] e 1927-1928[817]. MENEZES CORDEIRO considera possível afirmar, não obstante a insuficiência de elementos disponíveis, que FERRÃO seguia o esquema pandectista, recebido de modo indirecto. A orientação subjacente era de um positivismo de tipo sociológico[818]. Através dos sumários é possível constatar que ABRANCHES FERRÃO correu, logo em sede introdutória, todo o Direito Civil das Obrigações às Sucessões[819]. No que aos Direitos Reais diz respeito seriam os seguintes os temas tratados, após o estudo das Obrigações:

> 12. Direitos reais de gozo e direitos reais de garantia, sua noção, Propriedade; seu conceito. Exposição descritiva das propriedades imperfeitas a que se refere o artigo 2189.º do Código Civil,
> 13. Posse e prescrição. Noções gerais e descritivas.

O esquema geral das lições de *introdução* de ABRANCHES FERRÃO sofreria algumas alterações em 1927-1928. Em particular, a matéria do

---

[814] ABRANCHES FERRÃO, *Cadeira de noções gerais e elementares das instituições de Direito Civil, sumário das lições professadas no ano lectivo de 1917-1918*, Lisboa, 1918, com 19 páginas.

[815] *Noções elementares de Direito Civil: conforme as lições feitas ao curso o ano jurídico de 1918-19*, por DOMINGOS PIMENTEL, Lisboa, 1919, com 16 páginas mas que se encontra truncado.

[816] Cfr. *1.ª Cadeira de Direito Civil, Noções Gerais e Elementares*, sumários, 1924-1925.

[817] *1.ª Cadeira de Direito Civil, Noções Gerais e Elementares*, sumários, 1927-1928.

[818] MENEZES CORDEIRO, *Teoria…*, in *Revista…*, XXIX, 320 e 321.

[819] Em concreto, ABRANCHES FERRÃO dividia o curso numa introdução, na qual procedia à exposição descritiva das relações jurídicas reguladas no Código Civil e à explicitação do respectivo sistema; numa parte dedicada ao Direito em geral e, finalmente, numa outra relativa aos elementos da relação jurídica. Era na introdução que este Professor estudava o Direito das Obrigações, Direitos Reais, Direito da Família e Direito das Sucessões (cfr. *1.ª Cadeira de Direito Civil, Noções Gerais e Elementares*, sumários, cit., 1924-1925).

Direito das Obrigações, Direitos Reais, Família e Sucessões seria, apenas, objecto de uma referência muito breve logo no número um dos sumários e nos seguintes termos: «*Exposição doutrinaria e sumaria das relações jurídicas no código civil: obrigações, direitos reaes, familia e sucessões*».

IV – Uma nota final acerca do método de ensino de ABRANCHES FERRÃO. De acordo com o relatório do Director da Faculdade de Direito de Lisboa[820], o Professor ABEL DE ANDRADE, ABRANCHES FERRÃO terá sido um sequaz da chamada *escola activa* ou funcional. Opõe-se ela a um método de ensino baseado na autoridade científica do mestre. Além disso, ela busca a elaboração autónoma dos elementos da cultura, mediante integração da vida espiritual. Os seus métodos procuram manter os alunos numa atitude predominantemente activa.

4.1.2.3. O ensino dos Direitos Reais no curso de Direito Civil desenvolvido (remissão)[821]

I – O curso de Direito Civil desenvolvido, situado no 5.º ano, apresenta, sublinhe-se uma vez mais, conforme documentam os sumários disponíveis, um conteúdo variável de ano para ano. No âmbito da Faculdade de Direito de Lisboa, e tal como vimos ter sucedido em Coimbra nos anos lectivos 1916-1917 e de 1918-1919, com JOSÉ GABRIEL PINTO COELHO e com GUILHERME MOREIRA, respectivamente, foram dois os anos em que a disciplina seria dedicada aos Direitos Reais. Assim sucederia de facto em 1919-1920[822] e em 1920-1921[823].

---

[820] ABEL DE ANDRADE, *Relatório do Director, exercício de 1931-1932, Universidade de Lisboa, Faculdade de Direito*, Lisboa, 1934, 6. V., também, MENEZES LEITÃO, *O ensino...*, 130, nota 497.
[821] No tocante a este período não encontrámos sumários da 3.ª Cadeira, Noções Gerais e Elementares das Instituições de Direito Civil, relativos ao ensino da disciplina na Faculdade de Direito de Lisboa pelo que não é possível reconstruir os conteúdos que foram então ministrados nessa disciplina.
[822] *Sumários das Lições de Direito Civil....*, 1919-1920.
[823] *Sumários das Lições de Direito Civil...*, 1920-1921.

No primeiro dos dois anos lectivos a regência desta disciplina voltaria a caber a JOSÉ GABRIEL PINTO COELHO, já transferido para Lisboa. No segundo a CAEIRO DA MATA.

Quanto a JOSÉ GABRIEL PINTO COELHO, ele leccionaria, também, os Direitos Reais no âmbito da 1.ª Cadeira de Direito Civil em 1922-1923, num momento posterior ao início do ensino do Direito das Coisas enquanto disciplina autónoma na Faculdade de Direito de Coimbra, facto que fizemos coincidir com um novo período no ensino desta disciplina. Para aí se remete, portanto, de modo a procedermos a uma análise de conjunto do contributo deste Professor no ensino dos Direitos Reais na Faculdade de Direito de Lisboa.

Já o ensino por parte de CAEIRO DA MATA da matéria de Direitos Reais no curso de Direito Civil desenvolvido corresponde precisamente ao ano lectivo de 1920-1921, data do início do ensino do Direito das Coisas numa cadeira *ad hoc*. Por razões acrescidas se remete, portanto, também aqui, para o novo período.

4.1.2.4. O ensino dos Direitos Reais na cadeira de Noções Gerais e Elementares das Instituições de Direito Civil (remissão)

I – De acordo com os elementos por nós recolhidos, a matéria do Direito das Coisas foi, neste período e no âmbito da leccionação na Faculdade de Direito de Lisboa das Noções Gerais e Elementares das Instituições de Direito Civil, abordada por ABRANCHES FERRÃO. Tivemos já, todavia, oportunidade de nos referirmos ao ensino, por parte deste autor, do Direito das Coisas no quadro da 1.ª Cadeira de Direito Civil. Fizemos, então, e para permitir uma visão unitária do magistério de FERRÃO relativamente aos temas de Direitos Reais, uma breve incursão pelo seu ensino na disciplina introdutória de Direito Civil e acerca da forma como ele abordou, aí, o Direito das Coisas e matérias com ele relacionadas. Remetemos, destarte, para esse local[824].

---

[824] Cfr. *supra* 4. 1. 2. 2.

5. A criação da disciplina dos Direitos Reais

5.1. Introdução: a autonomização da disciplina em Coimbra em 1920-1921, as reformas de 1923 e de 1928 e a revisão do Código Civil de 1930

I – Conforme se notou já, devido à circunstância de só raramente[825] se conseguir ensinar os Direitos Reais na 1.ª Cadeira, eles foram autonomizados, na Faculdade de Direito de Coimbra, em 1920-1921, como disciplina própria correspondente ao terceiro semestre da 1.ª Cadeira de Direito Civil[826].

Pouco depois, e por iniciativa da Faculdade de Direito de Lisboa, foi elaborada em conjunto pelas duas Faculdades uma reforma do plano de estudos, a qual viria a ser aprovada pela Lei n.º 1370, de 21 de Setembro de 1922, posteriormente executada pelo Governo através do Decreto n.º 8578, de 8 de Janeiro de 1923[827], que viria a consagrar formalmente

---

[825] Sublinhando este aspecto pode ver-se MENEZES LEITÃO, *O ensino*..., 102 e 103. Cfr., também, MENEZES CORDEIRO, *Teoria*..., in *Revista*..., XXIX, 318.
[826] *Congregação de 19 de Fevereiro de 1918*, in *A universidade*..., I, 333.
[827] Acerca desta reforma pode ver-se MARCELLO CAETANO, *Apontamentos*..., in *Revista*..., XIII, 66 e ss.; ALMEIDA COSTA, «Leis, Cânones, Direito...», in *Dicionário de História*..., III, 468 e ss.; MENEZES CORDEIRO, *Teoria*..., in *Revista*..., XXIX, 317; e MENEZES LEITÃO, *O ensino*..., 100 e 101. Note-se que este diplo-

o pandectismo[828] com a introdução das seguintes disciplinas de Direito Civil:

1.º ano – 1.ª Cadeira de Direito Civil (Noções Gerais e Elementares);

2.º ano – 2.ª Cadeira de Direito Civil (1.º e 2.º semestres, Direito das Obrigações);

3.º ano – 3.ª Cadeira de Direito Civil (Família e Sucessões);

4.º ano – 2.ª Cadeira de Direito Civil (3.º semestre, Direitos Reais)[829].

II – Pouco tempo depois, o ano de 1928 ficaria assinalado a um duplo título no que respeita às Faculdades de Direito. Por um lado, a Faculdade de Direito de Lisboa seria extinta (através do Decreto-Lei n.º 15 365, de 12 de Abril de 1928[830]) e, depois, reinstituída pelo então ministro DUARTE PACHECO, através do Decreto n.º 16 044, de 16 de Outubro de 1928[831] – republicado com alterações em 27 de Outubro

---

ma se encontra publicado na I.ª Série do *Diário do Governo,* de 12 de Janeiro de 1923.

[828] Assim, também, MENEZES CORDEIRO, *Teoria…*, in *Revista…*, XXIX, 316 e 317.

[829] Uma consulta da totalidade do plano de estudos aprovado nesta altura pode fazer-se, na literatura jurídica, através de MARCELLO CAETANO, *Apontamentos…*, in *Revista…*, XIII, 70 e 71; e MENEZES LEITÃO, *O ensino…*, 100 e 101.

[830] Publicado no *Diário do Governo*, 1.ª Série, n.º 85, de 14 de Abril de 1928.

[831] Para uma referência aos diversos aspectos deste duplo evento cfr. *Faculdade de Direito/Razões justificativas da sua manutenção expostas nas representações que a mesma faculdade e o Senado Universitário apresentaram ao Governo da República*, 1928 (a representação apresentada pela Faculdade de Direito foi assinada por ABRANCHES FERRÃO. A do Senado Universitário por PEDRO MARTINS na qualidade de vice--reitor em exercício, e por um Professor de cada uma das seguintes Faculdades enquanto membros do Senado: Letras, Direito, Medicina, Ciências e Farmácia. Por Direito voltaria a figurar ABRANCHES FERRÃO. Por cada uma destas Faculdades assinou também um Professor na qualidade de representante dos demais. Pela de Direito constaria o nome de CARNEIRO PACHECO); e MARCELLO CAETANO, *Apontamentos…*, in *Revista…*, XIII, 94 e ss.. Dados relativos a este episódio podem ainda consultar-se nas Actas do Conselho da Faculdade. Cfr. *Acta n.º 171 de 11 de Abril de 1928*, in *Livro de Actas*, I, 163 f e v. V., também, *Acta n.º 175 de 23 de Maio de 1928*, in *Idem*, 167 f e ss.; *Acta n.º 176 de 8 de Junho de 1928*, in *Idem*, 168 v. e ss.; *Acta n.º 177 de 25 de Junho de 1928*, in *Idem*, 170 f v. e; *Acta n.º 180 de 24 de Outubro de 1928*, in *Idem*,

de 1928. Por outro, assistir-se-ia à aprovação da lei orgânica das Faculdades de Direito e de um novo plano de estudos também por força do Decreto n.º 16 044, de 16 de Outubro de 1928.

Trata-se de uma reforma marcada pelo facto de ter instituído um curso geral de quatro anos, ao fim dos quais se obtinha o grau de bacharel em Direito, e um curso complementar, destinado aos bacharéis com doze valores e que conferia a licenciatura[832]. Esta era obrigatória para o exercício da magistratura, da advocacia e dos altos cargos da administração pública.

No que ao Direito Civil diz respeito[833] seria a seguinte a distribuição das disciplinas no novo plano:
1.º ano – Cadeira de Direito Civil (Noções Fundamentais),
2.º ano – Cadeira de Direito Civil – Obrigações,
3.º ano – Curso de Direito Civil – Direitos Reais,
4.º ano – Cadeira de Direito Civil – Família e Sucessões.

III – Este período ficaria, ainda, marcado pela reforma do Código Civil operada através do Decreto n.º 19 126, de 12 de Dezembro de 1930[834]. Não se tratou, do ponto de vista do Direito Civil enquanto tal, de uma reforma de envergadura[835]. Não obstante, o artigo 949.º do Código Civil – posteriormente extinto pelo Código de Registo Predial – declarou sujeitos a registo os direitos reais sobre coisas imóveis[836].

---

171 v. e ss.. Finalmente, consultar *Os setenta...*, 91 e 92 e 95; MENEZES CORDEIRO, *Teoria...*, in *Revista...*, XXIX, 326; e MENEZES LEITÃO, *O ensino...*, 135.
[832] Para mais referências a propósito desta reforma cfr. MARCELLO CAETANO, *Apontamentos...*, in *Revista...*, XIII, 106 e ss.; *Os setenta anos...*, 97 e ss.; MENEZES CORDEIRO, *Teoria...*, in *Revista...*, XXIX, 326 e ss.; MENEZES LEITÃO, *O ensino...*, 136.
[833] Mas o plano de estudos completo pode encontrar-se, para além naturalmente do diploma que o aprovou, em MARCELLO CAETANO, *Apontamentos...*, in *Revista...*, XIII, 106 e 107; *Os setenta...*, 97 e 98; e MENEZES LEITÃO, *O ensino...*, 136.
[834] Publicado na I.ª Série do *Diário do Governo* de 16 de Dezembro de 1930.
[835] Quanto ao Direito das Obrigações cfr. MENEZES LEITÃO, *O ensino...*, 136 e 137.
[836] Cfr. OLIVEIRA ASCENSÃO, *Direito...*, 18 e 19.

5.2. O ensino dos Direitos Reais na Faculdade de Direito de Coimbra

I – A Faculdade de Direito de Coimbra iniciou, neste período, e conforme se referiu antes, a prática de proceder ao ensino autónomo dos Direitos Reais, em 1920-1921, como disciplina própria correspondente ao terceiro semestre da 1.ª Cadeira de Direito Civil[837].

Até à entrada em vigor da reforma de 1923 seriam as seguintes as regências desta disciplina (1.ª Cadeira de Direito Civil, terceiro semestre):

1920-1921: GUILHERME MOREIRA[838/839],
1921-1922: MANUEL RODRIGUES[840],
1922-1923: MANUEL RODRIGUES[841].

II – A recepção e implantação do pandectismo não se faria sem oposição. Viu-se como ABEL DE ANDRADE e TEIXEIRA DE ABREU[842], contemporâneos de GUILHERME MOREIRA, se assumiram defensores do sistema napoleónico[843]. Não obstante, ele prosseguiria em Portugal com excelentes resultados, levando o Direito Civil a assumir, em menos

---

[837] *Congregação de 19 de Fevereiro de 1918*, in *A universidade…*, I, 333.

[838] V. a *Acta do Conselho Científico de 18 de Agosto de 1920*, in *A universidade…*, II, 27.

[839] Trata-se da última regência que lhe caberia. O autor deixaria sumários deste seu último ano de leccionação. Cfr. o *Livro da 1.ª Cadeira de direito civil (3.º semestre), sumario das lições*, 1920-1921.

[840] Cfr. a *Acta do Conselho Científico de 21 de Fevereiro de 1922*, in *A universidade…*, II, 46 e 47. Cfr., igualmente, *1.ª Cadeira de direito civil (3.º semestre), sumario das lições*, 1921-1922.

[841] Existem sumários desta disciplina assinados por MANUEL RODRIGUES e correspondentes a este ano lectivo. V. *1.ª Cadeira de direito civil (3.º semestre), sumario das lições*, 1922-1923. V., também, a *Acta do Conselho Científico de 13 de Outubro de 1922*, in *A universidade…*, II, 55.

[842] Cfr. *supra* 3. 9.

[843] Para um confronto entre os diversos métodos que se disputavam à época cfr., MARNOCO E SOUZA e ALBERTO DOS REIS, *A Faculdade…*, 66 e ss.. V., também, MENEZES CORDEIRO, *Teoria…*, in *Revista…*, XXIX, 312 e ss., referindo igualmente algumas consequências nefastas que a recepção do pandectismo trouxe consigo, entre elas a de um marcado positivismo e apego excessivo aos textos.

de cinquenta anos, uma segunda reordenação que se manteria praticamente até aos nossos dias[844].

Após o desaparecimento de GUILHERME MOREIRA, as suas *Instituições* permaneceriam na Faculdade de Direito de Coimbra. O pandectismo seria objecto de consagração formal a nível sistemático no ano imediato à sua morte[845]. Na verdade, a reforma de 1923[846] introduziria, no que diz respeito ao Direito Civil, as seguintes disciplinas: 1.ª Cadeira de Direito Civil (Noções Gerais e Elementares), 1.º ano; 2.ª Cadeira de Direito Civil, 2.º ano (1.º e 2.º semestres: Direito das Obrigações); 3.ª Cadeira de Direito Civil, 3.º ano (Família e Sucessões); 2.ª Cadeira de Direito Civil, 4.º ano (3.º semestre: Direitos Reais)[847].

III – As Actas do Conselho da Faculdade de Direito de Coimbra não consentem uma reconstituição fácil das regências de Direitos Reais na vigência da reforma de 1923. Ainda assim é possível apontar para o período que individualizamos desde 1923 até 1935-1936:

1923-1924: MANUEL RODRIGUES[848],
1924-1925: MANUEL RODRIGUES[849],

---

[844] Assim, também, MENEZES CORDEIRO, *Teoria...*, in *Revista...*, XXIX, 314.
[845] V., novamente, MENEZES CORDEIRO, *Teoria...*, in *Revista...*, XXIX, 315 e ss.. Cfr., porém, MENEZES LEITÃO, *O ensino...*, 102 e nota 414, para quem foi a reforma de 1911 a impor, pela primeira vez, a adopção em termos formais da classificação germânica do Direito Civil atendendo à circunstância de o artigo 18.º § único do Decreto com força de Lei de 18 de Abril de 1911 estabelecer que nas cadeiras de Direito Civil o ensino deveria ser feito de modo a dar a conhecer aos alunos a teoria das Obrigações, dos Direitos Reais, do Direito da Família e Sucessões.
[846] Decreto n.º 8578, de 8 de Janeiro de 1923.
[847] Uma referência completa ao plano de estudos aprovado nesta reforma pode ver-se, na nossa literatura jurídica, em MARCELLO CAETANO, *Apontamentos...*, in *Revista...*, 1959, XII, 70 e ss.; MENEZES CORDEIRO, *Teoria...*, in *Revista...*, XXIX, 317 e 318; e MENEZES LEITÃO, *O ensino...*, 100 e 101.
[848] Cfr. *Livro de Sumários da 2.ª Cadeira de Direito Civil (Direitos Reais – 3.º semestre)*, 1923-1924.
[849] Não encontrámos relativamente a este ano nem acta de distribuição de serviço docente nem sumários da disciplina. Todavia, os diversos *Mapas do serviço dos professores da Faculdade de Direito de Coimbra*, 1924-1925, registam o nome de MANUEL RO-

1925-1926: MANUEL RODRIGUES[850],
1926-1927: MÁRIO DE FIGUEIREDO[851],
1927-1928: TEIXEIRA DE ABREU[852/853],
1928-1929: TEIXEIRA DE ABREU[854],
1929-1930: TEIXEIRA DE ABREU[855],
1930-1931: MÁRIO DE FIGUEIREDO[856],
1931-1932: PIRES DE LIMA[857],
1932-1933: PIRES DE LIMA[858],
1933-1934: PIRES DE LIMA[859],
1934-1935: PIRES DE LIMA[860].

DRIGUES nas regências da 1.ª Cadeira de Direito Civil, 1.ª e 2.ª turmas, e 2.ª Cadeira de Direito Civil. Ao contrário do verificado em mapas subsequentes não aparece ainda autonomizada a cadeira de Direitos Reais.

[850] Cfr. *Livro de Sumarios da 2.ª Cadeira de Direito Civil (Direitos Reais – 3.º semestre)*, 1925-1926.

[851] *Acta do Conselho Científico de 23 de Fevereiro de 1927*, in *A universidade...*, II, 131. Os *Mapas de serviço docente da Faculdade de Direito de Coimbra*, 1926-1927, confirmam esta regência em acumulação com Direito Internacional Privado e Direito Comercial.

[852] *Acta do Conselho Científico de 4 de Agosto de 1927*, in *A universidade...*, II, 143.

[853] Apenas abordaremos o ensino deste Professor neste novo período em 5. 2. 4.

[854] *Cadeira de Direitos Reais, Livro de Sumários das lições*, 1928-1929. As poucas dúvidas deixadas pela assinatura aposta no livro de sumários são desfeitas pela consulta dos *Mapas de serviço docente da Faculdade de Direito de Coimbra*, 1928-1929.

[855] Os *Mapas de distribuição de serviço docente da Faculdade de Direito de Coimbra*, 1929-1930, revelam não ter sido distribuída a este Professor qualquer regência no primeiro semestre e ter-lhe cabido no segundo a de Direitos Reais. Os sumários relativos a este ano não se encontram assinados e são diversos dos do ano anterior, conforme se deu já nota a propósito do ensinamento de TEIXEIRA DE ABREU, mas permitem imputar-lhe a respectiva autoria.

[856] Uma vez mais os *Mapas de distribuição do serviço docente da Faculdade de Direito de Coimbra*, 1930-1931, registam que MÁRIO DE FIGUEIREDO foi encarregado, nesse ano, da regência de Direito Comercial e, em acumulação, de Direito Internacional Privado e Direitos Reais.

[857] *Curso de Direitos Reais. Livro de Sumários das lições (3.º e 4.º ano)*, 1931-1932.

[858] *Curso de Direitos Reais. Livro de Sumários das lições*, 1932-1933.

[859] *Curso de Direitos Reais. Livro de Sumários das lições, 4.º ano, período transitório*, 1933--1934.

[860] *Curso de Direitos Reais. Livro de Sumários das lições, 4.º ano período transitório*, 1934-1935.

5.2.1. GUILHERME MOREIRA

I – No último ano da respectiva docência, GUILHERME MOREIRA voltaria a leccionar matéria referente aos Direitos Reais. Na verdade, coube-lhe, conforme já assinalado, em 1920-1921, a regência da 1.ª Cadeira de Direito Civil, 3.º semestre (Direitos Reais). Recorde-se aqui o facto de justamente, devido à circunstância de só raramente se conseguir ensinar os Direitos Reais na 1.ª Cadeira, terem eles sido em 1920--1921 autonomizados como 3.º semestre da 1.ª Cadeira de Direito Civil[861]. Mesmo assim, GUILHERME MOREIRA dedicaria as primeiras dezassete aulas, num total de vinte e oito, a temas de Direito das Obrigações. Os Direitos Reais só surgem, destarte, à décima oitava lição, cabendo-lhes por isso, apenas, onze aulas[862].

> O conteúdo destes sumários[863] apresenta diferenças importantes relativamente aos anteriormente analisados e da autoria de GUILHERME MOREIRA. A primeira lição de Direito das Coisas é dedicada ao conceito de direitos reais, classificação e terminologia do Código Civil. Na segunda trata-se do conceito de propriedade e de propriedade imperfeita, prolongando-se o estudo desta figura, ainda, pela terceira lição onde se aborda também as diferentes formas de propriedade e, em particular, a singular e comum[864]. À propriedade colectiva GUILHERME MOREIRA dedica, neste ano lectivo, apenas uma lição: a quarta sobre a matéria. Na prelecção subsequente são tratados os limites ao direito de propriedade. Segue-se-lhe, no dia 22 de Março 1921, o estudo da propriedade perfeita, do direito de fruição e das

---

[861] V., novamente, *Congregação de 19 de Fevereiro de 1918*, in *A universidade…*, II, 333.
[862] A explicação deste fenómeno reside, como bem nota MENEZES LEITÃO, *O ensino…*, 113, no atraso no ensino do Direito das Obrigações verificado na 1.ª Cadeira de Direito Civil no ano lectivo de 1920-1921. Não são, porém, se bem vimos e com a devida vénia, como afirma MENEZES LEITÃO, dezoito as aulas dedicadas, no 3.º semestre, à matéria de Direito das Obrigações e dez à dos Direitos Reais. Foram antes, respectivamente, dezassete e onze.
[863] Cfr. *1.ª Cadeira…*, 1920-1921.
[864] Matéria esta que em 1917-1918 só seria abordada após sete lições dedicadas ao Direito das Coisas.

partes componentes ou integrantes, acessórias e frutos. A sétima, oitava e nona lições referentes ao Direito das Coisas ocupam-se com a acessão, temática não abordada em 1917-1918. A penúltima prelecção é ocupada com o direito de transformação, limites a esse direito e com a teoria do abuso de direito. A concluir surge uma lição referente às restrições impostas à propriedade em defesa da propriedade alheia: plantação de árvores e arbustos, escavações, construção de edificações, muros e paredes-meias.

II – No essencial, nota-se uma preferência de GUILHERME MOREIRA por temas de Direito Civil, entre os quais se conta a matéria da Teoria da Relação Jurídica e o Direito das Obrigações, que viriam a prejudicar com insistência o ensino, por parte deste Professor, da disciplina de Direitos Reais. Ainda assim, o nome de GUILHERME MOREIRA ficar-lhe-ia indissociavelmente ligado. Isto, desde logo, em virtude da nova sistematização do Direito Civil que viria a ser implementada, com a consequente mudança dos conteúdos das disciplinas dedicadas a este sector da enciclopédia jurídica de que, não apenas a pré-edição das Instituições antecipadamente consagra mas, também, os sumários que este Professor nos deixou, mesmo se de forma incompleta.

III – De referir é, designadamente, ainda, e a fechar as diversas referências que temos vindo a fazer ao ensino deste grande Professor, a monografia, em dois volumes, dedicada por GUILHERME MOREIRA à matéria das águas[865], contendo, para além do mais, o segundo desenvolvimentos significativos relativamente às servidões em geral[866]. Trata-se, como o autor cuida de esclarecer na advertência que antecede o primeiro livro, de uma separata[867] dos artigos publicados na *Revista de Legislação e Jurisprudência*.

---

[865] *As águas…*, I, *Propriedade…*, *per totum*, II, *Das servidões…*, *per totum*.
[866] Cfr. *As águas…*, II, *Das servidões…*, 1 a 170, onde o autor aborda sucessivamente, no capítulo primeiro deste volume, o conceito de servidão (1 e ss.), as servidões irregulares (42 e ss.), classificação das servidões (65 e ss.), fontes das servidões (84 e ss.), exercício das servidões (127 e ss.), extinção das servidões (148 e ss.).
[867] Propriedade e edição do autor.

5.2.2. MANUEL RODRIGUES

I – Conforme vimos, neste período foram atribuídas a MANUEL RODRIGUES[868] as regências de Direitos Reais correspondentes aos anos de 1921-1922[869], 1922-1923[870], 1923-1924[871], 1924-1925[872] e 1925-1926[873]. Destes cinco anos lectivos ficaram-nos apenas sumários relativos aos de 1921-1922[874], 1922-1923[875], 1923-1924 e 1925-1926[876], e cujo conteúdo revela enorme variações de programa em prazo de tempo extremamente curto[877].

Em 1921-1923, MANUEL RODRIGUES procuraria abordar um conjunto de matérias mais ou menos alargado. Foi feita uma introdução

---

[868] Para uma referência à figura do Professor MANUEL RODRIGUES cfr. BELEZA DOS SANTOS, *O Professor Doutor Manuel Rodrigues, antigo Ministro da Justiça*, separata da *Revista da Ordem dos Advogados*, 1941, ano 1, 2.

[869] Cfr. a *Acta do Conselho Científico de 21 de Fevereiro de 1922*, cit., in *A universidade...*, II, 46 e 47.

[870] Existem, conforme se referiu, sumários desta disciplina assinados por MANUEL RODRIGUES e correspondentes a este ano lectivo (*1.ª Cadeira de direito civil (3.º semestre)...*, 1922-1923). V., também, a *Acta do Conselho Científico de 13 de Outubro de 1922*, cit., in *A universidade...*, II, 55.

[871] Cfr., de novo, *Livro de Sumarios da 2.ª Cadeira de Direito Civil (Direitos Reais...*, 1923-1924.

[872] Não encontrámos, sublinhe-se outra vez, relativamente a este ano, nem acta de distribuição de serviço docente nem sumários da disciplina. Todavia, os diversos *Mapas do serviço dos professores...*, 1924-1925, registam o nome de MANUEL RODRIGUES nas regências da 1.ª Cadeira de Direito Civil, 1.ª e 2.ª turmas, e 2.ª Cadeira de Direito Civil. Ao contrário do que acontece em mapas subsequentes, repise-se, não aparece ainda autonomizada a cadeira de Direitos Reais.

[873] Cfr., uma vez mais, *Livro de Sumarios da 2.ª Cadeira de Direito Civil (Direitos Reais...*, 1925-1926.

[874] *1.ª Cadeira de Direito Civil (3.º semestre), sumario das lições*, 1921-1923.

[875] *1.ª Cadeira de direito Civil (3.º semestre...*, 1922-1923.

[876] *Livro de Sumários da 2.ª Cadeira de Direito Civil (Direitos Reais...*, 1925-1926.

[877] Trata-se, aliás, de fenómeno verificado também no ensino por MANUEL RODRIGUES do Direito das Obrigações. Cfr. MENEZES LEITÃO, *O ensino...*, 122, que escreve: «*Não deixa de ser curiosa uma tão grande variação entre dois programas, em anos lectivos seguidos, apenas explicável em virtude da grande heterogeneidade que envolve o Direito das Obrigações. Curiosamente essa variação seria repetida nos dois anos seguintes.*»

aos direitos reais, sua noção, caracteres, classificação e figuras admitidas pelo nosso Direito. Depois disso, proceder-se-ia ao estudo do direito de propriedade, seu objecto, limitações e modos ou formas de aquisição. A forma ampla como era então encarada a propriedade levava, todavia, a referir a seu propósito realidades vistas, quer em momentos anteriores, quer posteriormente de forma autónoma. Em pormenor foi o seguinte o plano adoptado, por MANUEL RODRIGUES, nesse ano:

DIREITOS REAIS
Introdução
1. Noção. 2. Caracteres. 3. Classificação. 4. Direitos reais admitidos por direito português.

Título I
A propriedade

Capítulo I
Noções sobre o direito da propriedade
5. Conceito.

§ 1
Poderes do proprietário
6. Poderes materiais: uso, fruição e transformação. 7. Poderes jurídicos de disposição: alienação, abandono e administração.

§ 2
Objecto do direito de propriedade
8. Bens mobiliários. 9. Bens imobiliários.

§ 3
Elementos da propriedade imobiliária
10. O espaço aéreo. 11. O subsolo. 12. As minas. 13. As águas minerais. 14. As águas públicas: a) Correntes navegáveis e flutuáveis, b) Correntes não navegáveis nem flutuáveis, c) Fontes e nascentes e as correntes subterrâneas, d) As águas pluviais. 15. A caça e a pesca. 16. O tesouro.

Capítulo II
Limitações ao direito de propriedade

§ 1
Ideias gerais
17. A questão do abuso de direito e o carácter absoluto da propriedade.

§ 2
Limitações de interesse privado

18. Limitações ao direito de desapropriação previstas na lei: a) Construções, b) Plantações, c) Escavações, d) Muros e paredes-meias, e) Limitações impostas pela necessidade do aproveitamento das águas: α) A servidão de presa: casos em que a lei se impõe, β) A servidão de aqueduto, λ) A servidão de escoamento; f) Demarcação, g) Servidão legal de passagem: α) Servidão momentânea: 1) Natureza, 2) Condições necessárias, 3) A sua constituição. β) Servidão permanente: 1. Condições necessárias para a sua constituição, 2. Formas de constituição, 3. Conteúdo, 4. Prédio serviente, 5. Indemnização, 6. Retenção. 19. Limitações à faculdade de disposição: a) As cláusulas de inalienabilidade: 1) Nos contratos, 2) Nos testamentos.

§ 3
Aquisição do direito da propriedade

20. A acessão: a) Conceitos, b) Espécies. A) A acessão mobiliária: a) Casos em que tem lugar, b) Efeitos jurídicos: 1) de boa fé, 2) de má fé. B) A acessão imobiliária: a) Acessão natural: 1) Factos que lhe dão origem, 2) Efeitos; b) A acessão unilateral: 1) Factos que lhe dão origem, 2) Efeitos. 21. Alienação voluntária: A) Alienação de móveis, B) Alienação de imóveis: a) Em relação às partes e seus herdeiros e representantes, b) Em relação a terceiros: 1) O registo, 2) Actos sujeitos a registo, 3) Funções do registo, 4) Efeitos do registo. 22. Prescrição aquisitiva: A) Conceito, B) Requisitos: a) Pessoas a quem a prescrição aproveita, b) Coisas susceptíveis de prescrição, c) Posse: 1) Posse em nome próprio, 2) Posse violenta, 3) Posse não registada, 4) Posse titulada, 5) Posse de boa fé: d) Decurso de tempo, 1) Nos imóveis, 2) Nos móveis, 3) Posse dos direitos imobiliários, 4) Junção de posses; C) Efeitos da prescrição.

Em 1922-1923, o tema abordado por MANUEL RODRIGUES seria exclusivamente a posse[878]. De resto, MANUEL RODRIGUES seria, como se sabe, autor de uma monografia específica a propósito deste tema[879].

---

[878] Cfr. *1.ª Cadeira de Direito Civil (3.º semestre...*, 1922-1923.
[879] Confrontou-se MANUEL RODRIGUES, *A posse. Estudo de direito civil português*, 3.ª ed. revista, anotada e prefaciada por FERNANDO LUSO SOARES, Coimbra, 1980 (a 1.ª ed. é de 1924 e a 2.ª de 1940). Trata-se de uma obra em que o autor denota

Era o seguinte o plano da cadeira retratado no livro de sumários:

ABERTURA
A posse
Introdução

I
A ideia de posse

1. Posse causal e posse formal. 2. Posse e detenção. 3. Amplitude da posse.

II
Origem da posse

4. A posse é anterior aos interditos: I) foi criada para defesa das *possessiones*, II) constitui uma forma originária de apropriação. 5. A posse apareceu como uma consequência dos interditos: I) A hipótese de CUQ, II) Hipótese de JHERING.

III
Fundamento da posse

6. Classificação das teorias sobre o fundamento da posse. 7. Teorias absolutas – a posse protege-se porque é: I) um acto de vontade, II) constitui uma categoria económica independente. 8. Teorias relativas – a posse protege-se porque: I) É um meio de evitar a violência, II) É uma presunção de propriedade, III) É a defesa avançada da propriedade. 9. Crítica.

IV
Natureza da posse

10. A posse é um direito. 11. A posse é um direito real.

V
Terminologia

12. Conteúdo e correspondência de expressões técnicas diferentes.

---

preocupações de ordem histórica, refere com abundância a nossa jurisprudência, manuseia abundantemente a literatura jurídica italiana e cita, também, através de traduções, alguns autores alemães como SAVIGNY, WINDSCHEID e DERNBURG. Outros são ainda referenciados através da técnica *apud*.

Capítulo I
Conceito de posse
I
Evolução

13. O conceito de posse no Direito Romano. 14. O conceito de posse dos glosadores a SAVIGNY.

II
O conceito de posse nas legislações

15. Legislações que de um modo geral definem a posse como a exterioridade do direito real: I) Código Civil francês, II) Código Civil austríaco, II) Código Civil holandês, IV) Código Civil espanhol. 16. Legislações que definem a posse como um direito sobre as coisas no interesse do que detém: I) Código Civil da Prússia, II) Código Civil de Zurique, III) Código Civil alemão, IV) Código Civil suíço, V) Código Civil brasileiro.

III
O conceito de posse nas teorias

17. Classificam-se as teorias. 18. As teorias subjectivas: I) O *corpus*, II) O *animus:* 1) O *animus domini*, 2) O *animus possedendi*, 3) O *animus sibi habendi*, 4) O *animus* abstracto (teoria da causa), 19. Teorias objectivas: I) A teoria de JHERING, II) A teoria de SALEILLES.

IV
O conceito de posse no Direito português

20. No Direito anterior ao Código. 21. No Código Civil e legislação posterior: I) A teoria do Código, II) Os elementos da posse, III) A precariedade.

Capítulo II
Objecto da posse
I
A posse é um instituto do Direito das Coisas,

22. Direito antigo e moderno. 23. Direito português: I) Princípio geral, II) Estados das pessoas, III) Direitos de crédito.

II
A posse é um instituto do comércio jurídico privado

24. Princípio geral. 25. Poderes que se exercem sobre as coisas públicas: I) Direitos das pessoas de Direito Público, II) Direitos dos particulares: O uso geral, usos especiais. 26. Poderes sobre as coisas comuns: I) Baldios, II) Correntes não navegáveis. 27. A excepção de dominialidade.

III
Domínio de aplicação das relações possessórias
28. Razão de ordem. 29. O direito de propriedade: I) Extensão da posse do direito de propriedade, II) Universalidade, III) O condomínio. 30. Direitos reais de gozo: I) O usufruto, uso e habitação, II) A enfiteuse.

Um simples confronto entre o plano constante dos sumários e a sistematização da monografia sobre a posse de MANUEL RODRIGUES revela como o esquema adoptado neste ano para o ensino dos Direitos Reais é, afinal, e se bem que incompleto, com muito pequenas variações, aquele que está subjacente ao livro do autor.

Na verdade, relativamente à edição por nós consultada nota-se, apenas, no confronto com as lições, a introdução de um novo número quatro epigrafado «*Destino da posse*», passando o ponto cinco dos sumários a seis na obra sobre a posse[880]. Nesta insere-se, também, um parágrafo a mais no ponto dezassete[881] destinado a um resumo da evolução histórica retratada nas páginas anteriores da obra[882]. No número vinte[883], relativo às teorias objectivas sobre a posse, depois de abordar separadamente a teoria de JHERING e SALEILLES, MANUEL RODRIGUES insere, no livro, um parágrafo III, destinado a analisar a chamada solução «justa», inexistente nos sumários relativos ao ano de 1922-1923[884]. O ponto 31, II[885], é objecto de maior explicitação, passando a ter a seguinte formulação: «*A enfiteuse: o domínio útil e o domínio directo*». A partir daqui os temas tratados por MANUEL RODRIGUES na respectiva obra sobre a posse já não foram abordados nas lições da 1.ª Cadeira de Direito Civil, 3.º semestre, relativas ao ano lectivo de 1922-1923. A análise do estudo publicado por este Professor permite supor que a ter ficado completa a estrutura do curso seria a seguinte:

---

[880] Cfr. MANUEL RODRIGUES, *A posse*…, 12 e 15.
[881] Dezasseis, nos sumários. Cfr. *1.ª Cadeira de Direito Civil (3.º semestre*…, 1922-1923.
[882] MANUEL RODRIGUES, *A posse*…, 67 e 68.
[883] Dezanove, nos sumários. V. *1.ª Cadeira de Direito Civil (3.º semestre*…, 1922-1923.
[884] V. MANUEL RODRIGUES, *A posse*…, 81 e 82.
[885] 30, II, nos sumários. Cfr., novamente, *1.ª Cadeira de Direito Civil (3.º semestre*…, 1922-1923.

III) A servidão[886]/[887]. 31(32[888]). Direitos reais de garantia[889]: I) O penhor, II) O direito de retenção, III) A anticrese, IV) Penhora e arresto. 32(33). Direitos pessoais relacionados com as coisas[890]: I) A locação: o arrendamento, o aluguer e a parceria, II) O comodato. 33(34) Posses simultâneas[891].

Capítulo III
Aquisição da posse

I
Generalidades

34(35) Importância do estudo da aquisição da posse[892]. 35(36) Formas de aquisição[893].

II
Aquisição unilateral da posse

36(37) Razão de ordem: Secção I. O *corpus*[894]. 37(38) Caracteres que o facto deve revestir para constituir o *corpus*[895]: I) A materialidade, II) A publicidade, Secção II. O *animus*[896]. 38(39) Natureza do elemento intencional[897]. 39(40) Pessoas que podem adquirir a posse: a aquisição da mediante representação[898]. 40(41) Actos materiais que excluem o *animus* e só dão origem a detenção[899]: I) Actos facultativos, II) Actos de mera tolerância.

---

[886] Isto, recorde-se, a propósito dos direitos reais de gozo.
[887] MANUEL RODRIGUES, *A posse...*, 148 e ss..
[888] Os algarismos entre parênteses indicam a numeração constante do livro. Os que os antecedem aquela que poderia ter sido a numeração das lições.
[889] MANUEL RODRIGUES, *A posse...*, 158 e ss..
[890] MANUEL RODRIGUES, *A posse...*, 166 e ss..
[891] MANUEL RODRIGUES, *A posse...*, 171 e ss..
[892] MANUEL RODRIGUES, *A posse...*, 177.
[893] MANUEL RODRIGUES, *A posse...*, 178 e ss..
[894] MANUEL RODRIGUES, *A posse...*, 182 e ss..
[895] MANUEL RODRIGUES, *A posse...*, 182 e ss..
[896] MANUEL RODRIGUES, *A posse...*, 191 e ss.
[897] MANUEL RODRIGUES, *A posse...*, 191 e 192.
[898] MANUEL RODRIGUES, *A posse...*, 192 e ss..
[899] MANUEL RODRIGUES, *A posse...*, 195 e ss..

III
A aquisição derivada

41(42) Razão de ordem: Secção I. *A traditio*[900]. 42(43) Formas da *traditio*[901]: I) A tradição real, II) A tradição simbólica, II) A tradição fictícia; A *traditio brevi manu* e o constituto possessório, IV) Se o direito latino moderno admite, em princípio, a tradição da posse *solo consensu*. 43(44) A tradição no direito português anterior ao Código[902]. 44(45) Direito posterior ao Código[903]: I) Princípio geral, II) Formas de tradição real, III) Formas de tradição civil ou consensual, Secção II. *O animus*[904]. 45(46) O elemento intencional da aquisição derivada[905]. 46(47) O elemento intencional nos negócios jurídicos nulos[906]: I) O elemento intencional nos negócios jurídicos nulos por falta de forma ou em que há um erro obstáculo, II) O elemento intencional nos negócios jurídicos, contrários a uma lei de ordem pública, III) O elemento intencional nos negócios jurídicos simulados.

IV
Aquisição da posse pelos possuidores precários

47(48) Possuidores precários[907]. 48(49) A *traditio brevi manu*[908]. 49 (50) A inversão do título[909]: I) A inversão do título por facto próprio, II) A inversão do título por facto de terceiro.

V
Aquisição da posse por morte

50(51) Origem do princípio *le mort saisit le vif*[910]. 51 (52) A aquisição da posse por morte, no direito português[911]: I) A posse dos herdeiros, II) A posse dos legatários.

---

[900] MANUEL RODRIGUES, *A posse...*, 203 e ss..
[901] MANUEL RODRIGUES, *A posse...*, 204.
[902] MANUEL RODRIGUES, *A posse...*, 212.
[903] MANUEL RODRIGUES, *A posse...*, 213 e ss..
[904] MANUEL RODRIGUES, *A posse...*, 222 e ss..
[905] MANUEL RODRIGUES, *A posse...*, 222.
[906] MANUEL RODRIGUES, *A posse...*, 222.
[907] MANUEL RODRIGUES, *A posse...*, 229.
[908] MANUEL RODRIGUES, *A posse...*, 230 e 231.
[909] MANUEL RODRIGUES, *A posse...*, 232 e ss..
[910] MANUEL RODRIGUES, *A posse...*, 237 e ss..
[911] MANUEL RODRIGUES, *A posse...*, 240 e ss..

VI
União e acessão de posses

52(53) A possibilidade de sucessão na posse[912]. 53(54) Natureza da sucessão por morte[913]. 54(55) Natureza da sucessão por acto *inter* vivos: condições necessárias para que a acessão tenha lugar[914].

Capítulo IV
Conservação e perda da posse

I
Conservação da posse

55(56) Razão de ordem[915]. 56(57) Princípio geral[916]: I) Doutrina de SAVIGNY, II) Doutrina de JHERING, III) Direito português.

II
Perda da posse

57(58) Razão de ordem[917]. 58(59) Perda da posse *corpore et animo*[918]. 59(60) Perda da posse *solo corpore* ou *solo animo*[919]. 60(61) Perda da posse que se exerce por intermédio de representante[920].

Capítulo V
Efeitos da posse

I
A posse – presunção de propriedade

61(62) Razão de ordem[921]. 62(63) O princípio: *possideo quia possideo*[922]. 63(64) A posse – presunção de propriedade[923]. 64(65) Colisão de presunções[924].

---

[912] MANUEL RODRIGUES, *A posse*..., 245 e ss..
[913] MANUEL RODRIGUES, *A posse*..., 247 e ss..
[914] MANUEL RODRIGUES, *A posse*..., 250 e ss..
[915] MANUEL RODRIGUES, *A posse*..., 257 e 258.
[916] MANUEL RODRIGUES, *A posse*..., 257 e ss..
[917] MANUEL RODRIGUES, *A posse*..., 265 e 266.
[918] MANUEL RODRIGUES, *A posse*..., 266 a 268.
[919] MANUEL RODRIGUES, *A posse*..., 268 a 270.
[920] MANUEL RODRIGUES, *A posse*..., 270 a 272.
[921] MANUEL RODRIGUES, *A posse*..., 275 e 276.
[922] MANUEL RODRIGUES, *A posse*..., 276 e 277.
[923] MANUEL RODRIGUES, *A posse*..., 277 e ss..
[924] MANUEL RODRIGUES, *A posse*..., 280 a 282.

II
Prescrição positiva ordinária e imemorial

65(66) Prescrição positiva: sua natureza e objecto[925]. 66(67) Elementos da usucapião[926]: I) A posse e seus requisitos: a posse violenta, II) O decurso de tempo. 67(68) Modalidades da posse que influem no prazo da prescrição[927]: I) O justo título, II) A boa fé. 68(69) A prescrição imemorial[928]: I) Origem e campo de aplicação, II) Natureza e prova. 69(70) A prescrição imemorial no direito português[929].

III
Frutos, benfeitorias e acessões

70(71) A aquisição de frutos pelo possuidor de boa fé[930]: I) Noção de frutos, II) Direito aos frutos, III) Despesas de cultura. 71(72) Benfeitorias[931]: I) Necessárias, II) Úteis, III) Voluptuárias, IV) Direito de retenção dos possuidores de boa fé, por benfeitorias. 72(73) A acessão[932]: I) Acessão mobiliária, II) Acessão Imobiliária. 73(74) Prejuízos causados pelos possuidores no objecto possuído: I) Possuidores de má fé, II) Possuidores de boa fé. 74(75) Noção de possuidor de boa fé na aquisição de frutos, e momento em que cessa a posse de boa fé[933].

Capítulo VI
Protecção possessória
I

75(76) Razão de ordem[934]. 76(77) A defesa directa[935]. 77(78). A acção possessória[936]: Secção I. Legitimação activa da acção possessória. 78(79) A posse[937]: I) Direitos susceptíveis de posse, II) Posse mediata e posse imediata,

---

[925] MANUEL RODRIGUES, *A posse...*, 281 e ss.
[926] MANUEL RODRIGUES, *A posse...*, 286 e ss..
[927] MANUEL RODRIGUES, *A posse...*, 290 e ss..
[928] MANUEL RODRIGUES, *A posse...*, 297 e ss..
[929] MANUEL RODRIGUES, *A posse...*, 300 a 302.
[930] MANUEL RODRIGUES, *A posse...*, 303 e ss..
[931] MANUEL RODRIGUES, *A posse...*, 308 e ss..
[932] MANUEL RODRIGUES, *A posse...*, 312 e 313.
[933] MANUEL RODRIGUES, *A posse...*, 316 e ss..
[934] MANUEL RODRIGUES, *A posse...*, 324.
[935] MANUEL RODRIGUES, *A posse...*, 325 e 326.
[936] MANUEL RODRIGUES, *A posse...*, 326 e 327.
[937] MANUEL RODRIGUES, *A posse...*, 327 e ss..

III) Posse de direitos temporários, IV) Duração da posse: a anualidade da posse. 79(80) Capacidade para propor acções possessórias[938]. 80(81) Prova da posse[939]: I) Presunções da lei, II) Meios de prova. Secção II. Legitimação passiva da acção possessória. 81(82) Violação da posse: caracteres do acto violador da posse[940]: I) O elemento externo, II) O elemento intencional, III) Se o acto administrativo pode constituir uma ofensa da posse. 82(83) Contra quem pode ser proposta a acção possessória[941]. 83(84) O prazo dentro do qual pode ser proposta a acção[942]. 84(85) Excepções que o réu pode opor[943]: I) A autorização do possuidor, II) A excepção: *feci, sed jure feci* – a excepção de domínio, III) A excepção de caso julgado na questão da propriedade.

II
Formas de acção possessória
Secção I. Evolução: 85(86) Direito Romano[944]. 86(87) Direito Canónico[945]. 87(88) Antigo Direito português[946]. Secção II. Formas da acção possessória no Direito português actual: 88(89) Razão de ordem[947]. 89(90) A acção de prevenção[948]. 90(91) A acção de manutenção[949]. 91(92) A acção de esbulho[950], 92(93) A acção de esbulho violento[951]. 93(94) Os embargos de terceiro[952].

A limitação de uma disciplina de Direitos Reais ao ensino da posse pode causar alguma surpresa[953]. Mas não existem quaisquer dados sus-

---

[938] MANUEL RODRIGUES, *A posse*…, 334 a 336.
[939] MANUEL RODRIGUES, *A posse*…, 336 e ss..
[940] MANUEL RODRIGUES, *A posse*…, 340 e ss..
[941] MANUEL RODRIGUES, *A posse*…, 344 a 346.
[942] MANUEL RODRIGUES, *A posse*…, 346 e ss..
[943] MANUEL RODRIGUES, *A posse*…, 39 e ss..
[944] MANUEL RODRIGUES, *A posse*…, 354 e 355.
[945] MANUEL RODRIGUES, *A posse*…, 355 e 356.
[946] MANUEL RODRIGUES, *A posse*…, 356 e 357.
[947] MANUEL RODRIGUES, *A posse*…, 357 a 360.
[948] MANUEL RODRIGUES, *A posse*…, 360.
[949] MANUEL RODRIGUES, *A posse*…, 360 a 363.
[950] MANUEL RODRIGUES, *A posse*…, 363 a 364.
[951] MANUEL RODRIGUES, *A posse*…, 364 a 367.
[952] MANUEL RODRIGUES, *A posse*…, 367 e ss..
[953] Mesmo considerando o facto de o autor poder aproveitar (como faz no seu livro *A posse*…, *passim*) para, a propósito desta figura, ir fornecendo noções relativas a diver-

ceptíveis de permitir supor ter MANUEL RODRIGUES alguma vez pretendido ir mais longe. Ao contrário, o facto de os sumários abrirem imediatamente com a posse e de esta ter sido dada com grande minúcia, ao ponto de o seu próprio estudo ter ficado incompleto, sugere que o plano do Professor, neste ano lectivo, não abrangeria outros assuntos.

II – A conclusão acabada de enunciar sai, ainda, reforçada pela análise dos sumários relativos ao ano lectivo de 1923-1924. Também aqui se constata ser um único o tema ou assunto abordado por MANUEL RODRIGUES[954]: a prescrição[955]. Mais concretamente foi o seguinte o plano adoptado nesse ano lectivo:

I

1. O tempo e as relações jurídicas. 2. A prescrição. 3. A prescrição positiva. 4. A prescrição negativa. 5. Diferença entre prescrição negativa e a positiva.

II
Evolução da prescrição positiva
6. A prescrição positiva entre os romanos: I) A usucapião, II) A *praescriptio longi temporis*. 7. Fusão da usucapião com a prescrição: caracteres da

---

sos institutos, conceitos ou noções de Direitos Reais com os quais aquela se relaciona. A explicação residirá na circunstância de se continuar a aproveitar outras disciplinas de Direito Civil para se fornecer algumas noções sobre Direitos Reais. Cfr., por exemplo, MANUEL RODRIGUES *1.ª Cadeira de Direito Civil (Noções Gerais e Elementares), sumarios das lições*, 1924-1925 e *1.ª Cadeira de Direito Civil (Noções Gerais e Elementares), sumarios das lições*, 1925-1926, que revelam um estudo panorâmico e mais ou menos abrangente das diversas matérias susceptíveis de serem integradas no âmbito de uma disciplina de Direitos Reais. Cadeira cuja regência cabia nesse ano precisamente a MANUEL RODRIGUES e onde este Professor incluiria um capítulo inteiro dedicado de forma desenvolvida aos direitos reais.

[954] Em contrapartida, nesse mesmo ano, JOSÉ BELEZA dedicaria todo o § 3 das suas prelecções, relativas à 1.ª Cadeira de Direito Civil, aos Direitos Reais, dando-lhe uma amplitude bem maior do que a emprestada por MANUEL RODRIGUES à 2.ª Cadeira de Direito Civil. V. quanto se escreve *infra* no parágrafo dedicado ao ensino da Cadeira de Direito Civil, noções fundamentais, durante este período.

[955] *2.ª Cadeira de Direito Civil (Direitos…*, 1923-1924, isto apesar de aí se incluir enquanto seu elemento a posse e de nessa medida se lhe dedicar um capítulo inteiro.

prescrição a partir do momento da unificação. 8. A prescrição imemorial entre os romanos. 9. A prescrição no direito germânico: I) A prescrição de ano e dia, II) O princípio «*mobilia non habent sequelam*». 10. A prescrição no Direito Canónico. 11. A prescrição do Direito português anterior ao Código: I) A prescrição de ano e dia nos costumes e forais, II) O princípio «*mobilia non habent sequelam*», III) A prescrição, noções gerais[956].

III
Fundamento da prescrição

12. Fundamento histórico (teorias). 13. Fundamento social (teorias).

Capítulo I
Objecto da prescrição

I

A prescrição como um[957] instituto do comércio jurídico privado

14. Razão de ordem. 15. Os direitos sobre coisas públicas não são susceptíveis de prescrição. 16. Direitos sobre as coisas comuns não são susceptíveis de prescrição.

II

A prescrição só se aplica aos direitos reais

17. Evolução histórica. 18. Direito português e legislação comparada.

III

Direitos facultativos não são susceptíveis de prescrição

19. Conceito de direitos facultativos (teorias). 20. Conceito de direitos facultativos na doutrina e na jurisprudência portuguesa.

Capítulo II
A posse elemento da prescrição

21. Noção de posse: I) A noção de posse em Direito Romano, II) A noção de posse na doutrina, III) A noção de posse no Direito posterior. 22. Aquisição da posse: I) Aquisição unilateral, II) Aquisição derivada. 23. Conservação e perda da posse: I) Conservação da posse: Teoria de SAVIGNY, Teoria de JHERING. 24. Perda da posse. 25. Perda da posse exercida por terceiro.

---

[956] Mas aqui o texto encontra-se rasurado e não conseguimos apurar com rigor o que se encontra escrito.
[957] Volta a existir aqui uma rasura que levanta dúvidas.

III – Bastante mais abrangentes mostram-se os sumários elaborados por MANUEL RODRIGUES relativos ao respectivo ensino dos Direitos Reais no ano lectivo de 1925-1926[958]. Ao todo, parecem ter sido leccionadas cerca de vinte lições. Uma de abertura, uma e parte de outra para a introdução. O resto é dedicado, na perspectiva adoptada, ao direito de propriedade. Concretamente, parte da terceira lição reporta-se ao conceito de propriedade, seus caracteres e faculdades inerentes ao direito de propriedade. Haveria depois uma aula acerca do objecto do direito de propriedade, sua extensão em geral e extensão da propriedade imóvel; quatro para os elementos do subsolo desintegrados da propriedade superficiária e para as águas[959]; parte de uma aula dedicada aos tesouros. As restantes[960] às restrições ao direito de propriedade. Mas uma melhor percepção do programa adoptado por MANUEL RODRIGUES é alcançável através da directa indicação do plano por ele adoptado.

ABERTURA
Introdução
1. Direitos patrimoniais: noção e diferenciação. 2. Direito real: caracteres. 3. Conceito clássico de direito real. 4. Críticas ao conceito clássico. 5. O direito real, consideração como uma obrigação passiva universal. 6. Críticas. 7. Solução seguida: a) O lado interno do direito real, b) O lado externo. 8. Classificação dos direitos reais.

I
Direito de propriedade
9. Conceito. 10. Caracteres: a) Poder geral, b) Poder elástico, c) Poder abstracto, d) Poder exclusivo, e) Poder perpétuo. 11. Faculdades inerentes ao direito de propriedade: I) Poderes materiais: a) Poderes de uso, b) Poderes de fruição, c) Poderes de alienação; II) Poderes jurídicos: a) Poderes de administração, b) Poderes de alienação. 12. Objecto do direito de propriedade:

---

[958] Cfr. *Livro de Sumarios da 2.ª Cadeira de Direito Civil (Direitos Reais…*, 1925-1926.
[959] Deste conjunto de quatro aulas, a primeira seria repartida entre os elementos do subsolo desintegrados da propriedade superficiária e as águas. As restantes diriam apenas respeito às águas.
[960] A saber, parte de uma aula mais as onze remanescentes.

a) Coisas móveis, b) Coisas imóveis. 13. Extensão do direito de propriedade em geral: a) As partes componentes, b) As partes integrantes, c) Os frutos, d) As acessões, e) As coisas acessórias. 14. Extensão da propriedade imóvel: a) Limites horizontais, b) Limites verticais: 1) O espaço aéreo, 2) O subsolo. 15. Elementos do subsolo desintegrados da propriedade superficiária. 16. As águas: a) As nascentes, b) As correntes navegáveis e flutuáveis, c) As correntes não navegáveis nem flutuáveis. 17. As minas[961]: a) A propriedade das minas: b) Aquisição: c) Regime. 18. As águas minerais e termas: a) Propriedade, b) Aquisição, c) Regime[962]. 19. Os tesouros: a) Conceito, b) Regime. 20. Restrições ao direito de propriedade: a) Conceito (sentido lato), b) Modalidades. 21. Restrições propriamente ditas: a) Restrições de Direito Público, b) Restrições de Direito Privado. 22. Restrições de Direito Público: classificação. 23. A expropriação: a) Conceito, b) Condições e termos, c) Processo de expropriação. 24. Restrições ao direito de construir: a) Licença para construir, b) Alinhamentos, c) Condições de salubridade e de segurança a que devem obedecer as construções, d) Demolições de prédios. 25. Restrições derivadas da proximidade das estradas. 26. Restrições impostas pela vizinhança do caminho-de-ferro. 27. Restrições impostas pelo estabelecimento das linhas telefónicas, pneumáticas e de transporte de energia eléctrica. 28. Restrições impostas pela regularização das correntes do domínio público. 29. Restrições impostas pelo aproveitamento das minas e águas minerais e termais. 30. Restrições ao aproveitamento das pedreiras. 31. Restrições impostas pela necessidade de defesa da propriedade florestal. 32. Restrições impostas pela necessidade de defesa da higiene e segurança públicas. 33. Restrições impostas pela necessidade de defesa do património artístico e arqueológico. 34. Restrições de Direito Privado: a) Noção, b) Espécies. 35. Plantação de árvores e arbustos: a) Até onde pode ser feita, b) Direitos dos proprietários confinantes: 1) Natureza destes direitos, 2) Modo de exercício; c) Árvores existentes na linha divisória: 1) Presunção de comunhão, 2) Regime. 36. Escavações: a) Princípio

---

[961] Por lapso, MANUEL RODRIGUES indicaria ser este o número dezoito quando na realidade era o dezassete. A partir daqui a numeração dos sumários enfermaria sempre deste equívoco. Seguiremos a enumeração correcta.
[962] Para além da aula em que inicia o estudo do regime das águas minerais e termais, MANUEL RODRIGUES dedicaria ainda a este tema duas aulas de continuação.

geral, b) Escavações junto de acesso comum ou alheio, c) Cautelas a observar, d) Aberturas de valas na linha divisória: 37. Vistas sobre o prédio vizinho: a) Distâncias a observarem, b) Aberturas directas e oblíquas, c) Se a abertura de portas está sujeita às mesmas restrições, d) Abertura de frechas, seteiras e óculos: 1) O que são, 2) Seu valor. 38. Distância a observar na construção de goteiras ou telhados. 39. Muros e paredes-meias: razão de ordem. 40. A alienação obrigatória. 41. Obstáculos à alienação. 42. Prova da comunhão. 43. Natureza jurídica da comunhão. 44. Direitos dos consortes. 45. Obrigação dos consortes. 46. Obrigação de suportar as águas que escorrem dos prédios superiores: a) Águas pluviais e nascentes que brotam naturalmente, b) Obras necessárias à defesa dos prédios, c) Águas exploradas por indústria do homem, d) Mudança de curso das águas. 47. Servidões legais: a) Conceito, b) Espécies. 48. Servidão legal de passagem: a) Condições de estabelecimento: 1) Prédios encravados: encrave absoluto e encrave relativo, 2) Prédios rústicos e urbanos. 49. Prédios sobre que recai a servidão. 50. Regime da servidão. 51. Extinção. 52. O direito legal de preferência na servidão legal de passagem. 53. Servidão momentânea de passagem. 54. Servidão legal de aqueduto. 55. Prédios livres de servidão. 56. Direitos dos proprietários dos prédios servientes. 57. Servidão de presa: conceito e regime. 58. A compropriedade. Formas: a) Propriedade colectiva e individual, b) Formas de indivisão: 1) Indivisão voluntária, 2) Indivisão forçada: formas da indivisão forçada. 59. Natureza da compropriedade (teorias): a) Teoria da indivisão do direito, b) Teoria da quota ideal, c) Teoria de SCIALOJA. 60. A administração da coisa comum: conceito de acto de administração, poderes em que se analisa. 61. Uso da coisa comum. 62. Poderes de disposição de todos os componentes. 63. Disposição da quota. 64. Disposição de parte certa e determinada. 65. Direito de preferência na alienação da quota por um dos consortes: a) Condições, b) Venda, c) Estranhos.

Constata-se como, apesar de MANUEL RODRIGUES ter, no ano lectivo de 1925-1926, alargado significativamente o âmbito da matéria ensinada, ela ainda se mostra longe de esgotar o conteúdo possível de uma disciplina de Direitos Reais. Uma vez mais, os sumários parecem revelar ter ficado o plano inicialmente gizado pelo Professor incompleto[963].

---

[963] Até pelo facto de haver a menção a um único capítulo.

Neste caso não é, porém, possível qualquer tentativa de reconstrução do pensamento inicial de MANUEL RODRIGUES. Mas sublinhe-se a circunstância, já antes assinalada, de em 1924-1925 e 1925-1926, MANUEL RODRIGUES ter incluído nos sumários da 1.ª Cadeira de Direito Civil – Noções Gerais e Elementares, por ele igualmente leccionada, um capítulo dedicado aos direitos reais onde se cobre um conjunto de matérias mais amplo do que o abordado na 2.ª Cadeira de Direito Civil, embora naqueles pontos em que há coincidência de temas se denote, como é natural, uma menor profundidade no estudo da disciplina do primeiro ano do curso[964]. Era, no ano de 1925-1926[965], a seguinte a estrutura básica do mencionado capítulo que se iniciava com o § 37:

> Direitos Reais: conceito e classificação
> § 1
> Direito de propriedade
> 37. Conceito. 38. Caracteres. 39. Poderes em que se analisa: I) Poderes materiais, II) Poderes jurídicos. 40. Objecto: I) Coisas corpóreas: 1) Móveis, 2) Imóveis; II) Coisas incorpóreas. 41. Extensão do direito de propriedade imóvel. 42. Elementos que não fazem parte da propriedade do solo: I) As minas, II) As águas minerais, III) As águas correntes, IV) As *res nullius*: 1) A caça, 2) A pesca, 3) Os tesouros, 4) As coisas abandonadas. 43. Restrições ao direito de propriedade: Noções e espécies. 44. Restrições de Direito público. 45. Restrições de Direito privado: I) Distâncias legais, II) Muros e paredes-meias, III) Servidões legais: a) De passagem, b) Aqueduto, c) Presa. 46. Compropriedade: conceito. 47. Poderes dos comproprietários em conjunto. 48. Poderes de cada consorte. 49. Extinção da compropriedade. 50. Aquisição da propriedade. Formas. 51. Aquisição originária: a) A ocupação, b) A prescrição positiva, c) A acessão: 1) A natural e a industrial, 2) Mobiliária e imobiliária. 52. Aquisição derivada: a) A sucessão, b) O negócio jurídico. 53. A aqui-

---

[964] Cfr. *1.ª Cadeira...*, 1925-1926.
[965] Quanto ao teor do ensino realizado no ano de 1924-1925 cfr. *1.ª Cadeira...*, 1924-1925, cujo teor é essencialmente o mesmo do que o de 1925-1926. Nota-se em ambos uma exposição global do Direito Civil do tipo daquela a que ficaria, posteriormente, ligado, de modo particular, PIRES DE LIMA.

sição de imóveis e o registo. 54. Acções de defesa do direito de propriedade: a) A acção de indemnização por perdas e danos, b) A acção de reivindicação. 55. Extinção do direito de propriedade: a) Nos móveis, b) Nos imóveis.

§ 2
Propriedades imperfeitas

56. A enfiteuse: conceito. 57. Formas de constituição. 58. Direitos do senhorio directo (…). 59. Direitos do enfiteuta, (…). 60. A subenfiteuse. 61. O censo: I) O censo reservativo, II) O censo consignativo. 62. Quinhão. 63. Usufruto: conceito e elementos. 64. O quase-usufruto. 65. Formas de constituição do usufruto: usufruto legal e usufruto constituído por negócio jurídico. 66. Direitos do usufrutuário: a) A posse, b) Fruição: 1) Modo de fruição, 2) Reparações, 3) Disposição. 67. Direitos do proprietário durante o usufruto. 68. Extinção do usufruto. 69. Uso e habitação. 70. Compáscuo: conceito. 71. A servidão: conceito – a servidão irregular. 72. Caracteres: a) Inseparáveis, b) Indivisíveis. 73. Classificação: a) Contínuas e descontínuas, b) Aparentes e não aparentes, c) Legais e voluntárias. 74. Constituição: a) Negócio jurídico, b) Sentença, c) Destinação do antigo proprietário, d) A prescrição positiva. 75. Servidão: a) Poderes do proprietário do prédio dominante, b) Poderes do proprietário do prédio serviente. 76. Extinção das servidões. 77. Defesa das servidões. 78. A posse: conceito e elementos. 79. Modalidades: a) A posse pacífica, b) A posse titulada, d) A posse de boa fé. 80. Objecto. 81. Aquisição: a) Aquisição originária, b) Aquisição derivada. 82. Perda. 83. Efeitos. 84. Defesa da posse: a) Acções possessórias: b) Acção directa. 85. Registo predial: noção e objecto e fim. 86. Actos sujeitos a registo. 87. Efeitos do registo. 88. Organização do registo: os livros do registo predial. 89. Operações do registo: a) A apresentação, b) A descrição, c) A inscrição, d) O averbamento.

Digno de nota é o predomínio e extensão do direito de propriedade que leva MANUEL RODRIGUES a aparentemente abordar, por exemplo, na 2.ª Cadeira de Direito Civil a servidão como uma mera restrição ao direito de propriedade e não como um direito real de gozo menor e autónomo[966]. Na 1.ª Cadeira, os direitos reais menores aparecem, como

---

[966] Mas não deixa de ser interessante confrontar este plano de MANUEL RODRIGUES com aquele que acabaria por ser adoptado, anos mais tarde, por PIRES DE LIMA

os respectivos sumários comprovam e numa orientação conforme às concepções dominantes na época, como modalidades de propriedades imperfeitas.

IV – De notar, ainda, a circunstância de, para além da obra sobre a posse, MANUEL RODRIGUES ter deixado outros estudos com relevo ou sobre matérias de Direitos Reais[967].

(cfr. *infra* o § dedicado ao ensino dos Direitos Reais por parte de PIRES DE LIMA). Na verdade, constata-se uma muito significativa proximidade entre o plano e matérias abordadas por estes dois Professores a partir de determinado estágio do ensino de PIRES DE LIMA. Este cotejo, entre o ensino dos dois Professores e a circunstância de o programa completo de PIRES DE LIMA corresponder, com algumas alterações, ao plano de MANUEL RODRIGUES agora em análise, leva a que, apesar da presunção expressa no texto – segundo a qual o primeiro destes dois autores não teria completado o respectivo projecto – se não possa excluir a circunstância de os sumários reflectirem na verdade a totalidade do desenho da cadeira de Direitos Reais tal como concebido para esse ano pelo regente. Mas reitera-se: em MANUEL RODRIGUES, após a introdução, abre-se um primeiro capítulo que não fecha mais. Isso pode corresponder a mero lapso ou esquecimento na redacção dos sumários mas, também, ao indício segundo o qual ele teria pretendido ir mais longe. Em PIRES DE LIMA, conforme se verá, a matéria acabaria dividida por uma introdução e três capítulos: Capítulo I – Direito de propriedade (v. PIRES DE LIMA, *Lições de Direito Civil [Direitos Reais]*, por DAVID AUGUSTO FERNANDES, segundo as prelecções do Professor ao curso do 3.º ano jurídico de 1945-1946, 3.ª ed., Coimbra, 1946, 61 e ss., Capítulo II – Das restrições ao direito de propriedade [*op. cit.* 233 e ss.], Capítulo III – Das servidões [*op. cit.* 279 e ss.]).

[967] Refira-se MANUEL RODRIGUES, *Da destinação do antigo proprietário como fonte de servidão*, in *Revista de Legislação e Jurisprudência*, 1922-1923, 55, 81 a 85, 97 a 99 e 113 a 115; Id., *Restrições de utilidade pública no direito de propriedade*, in *Boletim da Faculdade de Direito*, 1923-1925, 8, 89 e ss.; Id., *Servidão Legal de passagem*, in *Revista de Legislação e Jurisprudência*, 1923-1924, 56, 145 a 147, 161 a 163, 177 a 180, 209 a 210, 273 a 275, 289 a 291; Id., *A reivindicação no Direito Civil português*, in *Idem*, 1924-1925, 57, 113 a 115, 129 a 131, 145 a 146, 161 a 162, 177 a 179, 193 a 194, 209 a 211; Id., *A compropriedade no direito civil português*, in *Idem*, 1925-1926, 58, 17 a 20, 33 a 36, 49 a 51, 65 a 68, 81 a 83, 97 a 99; Id., *Muros e paredes meias*, in *Idem, Ibidem*, 369 a 372, 385 a 387, 401 a 403.

5.2.3. MÁRIO DE FIGUEIREDO

I – Coube a MÁRIO DE FIGUEIREDO a regência de Direitos Reais nos anos lectivos de 1926-1927 e 1930-1931. Destas passagens efémeras pelo ensino dos Direitos Reais não encontrámos, todavia, vestígios que nos possam esclarecer acerca do teor imposto por este Professor à disciplina em causa[968].

5.2.4. TEIXEIRA DE ABREU

I – Depois de um interregno em que seria forçado a deixar a Faculdade, TEIXEIRA DE ABREU[969] viria, ainda, a ser encarregado da regência de Direitos Reais muito mais tarde – e já depois das reformas de 1923 e 1928[970]. Na verdade, caber-lhe-ia o ensino da disciplina de Direitos Reais nos anos lectivos de 1927-1928[971], 1928-1929[972] e 1929--1930[973]. Encontrámos sumários bastante desenvolvidos relativos aos dois

---

[968] Mas v., para uma análise do perfil de MÁRIO DE FIGUEIREDO, AFONSO QUEIRÓ, *Doutor Mário de Figueiredo. Palavras proferidas pelo Director da Faculdade de Direito no funeral do Doutor Mário de Figueiredo, em Viseu em 20 de Setembro de 1969*, in *Boletim da Faculdade de Direito*, XLV, 1969, 261 e ss.; HENRIQUE VEIGA DE MACEDO, *O Doutor Mário de Figueiredo*, Viseu, 1970; TEIXEIRA RIBEIRO, *A propósito de Mário de Figueiredo*, in *Boletim da Faculdade de Direito*, 1974, L, 351 e ss..

[969] V. a respeito das vicissitudes na origem desta interrupção de TEIXEIRA DE ABREU na Faculdade de Direito, uma vez mais, *colorandi causa*, MENEZES LEITÃO, *O ensino…*, 105, nota 431, com ulteriores indicações bibliográficas.

[970] A respeito da importância e significado destas reformas cfr. quanto se escreve *supra* e, concretamente, quanto à primeira § 5.1.

[971] *Acta do Conselho Científico de 4 de Agosto de 1927*, in *A universidade…*, II, 143.

[972] *Cadeira de Direitos Reais, Livro de Sumários das lições*, 1928-1929. As poucas dúvidas deixadas pela assinatura aposta no livro de sumários são desfeitas pela consulta dos *Mapas de serviço docente da Faculdade de Direito de Coimbra*, 1928-1929.

[973] Os *Mapas de distribuição de serviço docente da Faculdade de Direito de Coimbra* revelam não ter sido distribuída a este Professor qualquer regência no primeiro semestre e ter-lhe cabido no segundo a de Direitos Reais. Os sumários relativos a este ano não se encontram assinados e são substancialmente diversos dos do ano anterior, conforme se verá de seguida.

últimos anos lectivos. Este autor deixar-nos-ia, ainda, uns apontamentos sobre Direitos Reais[974], relativos ao seu ensino no ano de 1927-1928, assim como uns sumários impressos referentes ao mesmo ano[975], aliás constantes em parte do próprio livro de sumários de 1928-1929.

II – Nos primeiros sumários[976], o ensino dos Direitos Reais encontra-se dividido em duas partes. A primeira dedicada à noção e conceito de direito real. A segunda ao estudo do direito de propriedade. Mas vejamos com um pouco mais de minúcia.

Depois de abrir o ano lectivo, TEIXEIRA DE ABREU procura definir o objecto do curso. Nesse contexto aborda a posição dos Direitos Reais no quadro das disciplinas das Faculdades de Direito conforme o Decreto n.º 16 044, de 16 de Outubro de 1928, e procede a um con-

---

[974] TEIXEIRA DE ABREU, *Curso de Direito Civil, Apontamentos sobre direitos reais*, Tomo I, *Introdução*, para uso dos seus discípulos no respectivo curso semestral de 1927-1928 na Universidade de Coimbra, Coimbra, 1928. Mas este curso não abrangeria a totalidade das matérias constantes dos sumários manuscritos por TEIXEIRA DE ABREU. Aliás, logo a abrir o autor inclui a seguinte explicação: «*Êste curso foi iniciado, em 7 de Novembro de 1927, na persuasão de que teria de ser prolongado até final do ano lectivo. (…) Por êsse motivo dei maior amplitude a esta INTRODUÇÃO, contando com o 2.º semestre para explanar a matéria do nosso Código Civil sobre a propriedade. (…) Circunstâncias imperiosas levaram, mais tarde, a Faculdade de Direito a considerar os Direitos Reais como um curso semestral, que, por isso, deveria terminar em Fevereiro; prejudicando-se assim, o meu primitivo plano, cuja execução, por outro lado, a minha doença, pertinaz e grave, ainda veio também profundamente afectar, não me consentindo, sequer rever as provas dêstes apontamentos.*»

[975] *Sumários do curso de Direitos Reais da Faculdade de Direito da Universidade de Coimbra no ano de 1927-1928*, 1.ª Parte, Coimbra, 1927-1928. Mas estes sumários impressos têm um conteúdo mais restrito do que os manuscritos uma vez que não abordam a segunda parte do curso. Isso deve-se, talvez, ao facto de TEIXEIRA DE ABREU se encontrar aquando da sua elaboração com saúde precária. Na verdade, o autor faria constar neles, e um pouco à semelhança do que havia já feito nos *Apontamentos*, a advertência de que as referências sumariadas foram na sua maior parte extraídas de notas coligidas nos raros momentos de alívio dos incómodos de saúde de que padecia, não lhe tendo sido sequer possível rever as provas tipográficas, e exclusivamente para servirem de base às suas prelecções no curso de Direitos Reais.

[976] *Cadeira de Direitos Reais…*, 1928-1929.

fronto entre o sistema das matérias neste Decreto (sistema germânico), de um lado, e o sistema do Código Civil português do outro, «*differente d'aquelle, e inteiramente original*». Para concluir referindo «*a dificuldade de transportar para aquelle as matérias d'este, no que respeita aos direitos Reaes*».

Na lição seguinte, depois de terminar as considerações que havia já iniciado na aula anterior, TEIXEIRA DE ABREU procede ao estudo da noção de direito real. Primeiro, do conceito antigo e, depois, da noção que lhe é atribuída modernamente. Distingue os direitos reais em maiores e menores e aborda as respectivas espécies e posição de uns e outros. A propósito do conceito moderno distingue uma acepção lata e uma acepção restrita. Fecha com uma especificação dos direitos reais e das divergências manifestadas a este respeito por diversos Professores da Faculdade de Direito de Coimbra[977].

A quarta aula era dedicada a uma continuação do leccionado antes e a uma análise do elenco dos direitos reais nos Códigos da Alemanha e da Suíça, assim como na reforma do Código Civil austríaco. Merece particular realce, por TEIXEIRA DE ABREU, a circunstância de a herança aparecer nesta lista de direitos reais. São suas as seguintes palavras: «*A herança, que aqui aparece na lista dos Dtos. Reaes, já fora também incluída na lista consagrada pelo Prof. Liz Teixeira, comentando as Inst. de Paschoal José de Mello Freire.*» Um estudo mais alargado ter-lhe-ia permitido ensinar tratar-se de um fenómeno absolutamente comum aos autores de épocas anteriores e com raízes no Direito Romano, conforme se sublinhou e comprovou já neste nosso estudo em múltiplas ocasiões. Segue-se a afirmação da «*Necessidade de estudar previamente, do ponto de vista scientifico ou doutrinal, o conceito, natureza ou posição dos direitos reais no quadro dos direitos subjectivos, precisando as suas características diferenciaes, e com estas criticar e depurar as listas dos direitos reaes (…)*». E de facto, TEIXEIRA DE ABREU abordaria, de acordo com a matéria sumariada, de seguida, a posição dos direitos reais nas classificações dou-

---

[977] De acordo com TEIXEIRA DE ABREU, *Cadeira de Direitos Reais*…, 1928-1929, o número de direitos reais oscilava conforme os autores entre o número de 17 (VILELA) e o de 5 (TAVARES).

trinais dos direitos subjectivos, considerando: 1) o direito real como um direito subjectivo; 2) as diversas classificações de direitos subjectivos; 3) os direitos absolutos e relativos; 4) a crítica à classificação dos direitos em absolutos e relativos; 5) outras teorias. Tudo isto seria, depois, acompanhado de uma censura das diversas posições expostas e da afirmação da aceitação de que: «*a todo o direito subjectivo corresponde uma obrigação (…); que a obrigação geral negativa existe, realmente, tanto no direito absoluto como no relativo; mas neste último, alem, d'aquela obrigação, ou dever juridico, existe outra, que se traduza na prestação d'uma cousa ou d'um facto*[978].» Segue-se, ainda, um número dedicado aos direitos patrimoniais e pessoais e uma conclusão de acordo com a qual os direitos reais seriam: direitos subjectivos, patrimoniais e absolutos. Após a expressão destas conclusões acerca dos direitos reais, TEIXEIRA DE ABREU dedica-se aos direitos intelectuais para depois voltar novamente às principais teorias sobre os direitos reais.

III – Neste retornar à análise das teorias sobre o conceito de direitos reais, TEIXEIRA DE ABREU começa por referir a dificuldade em se distinguir os direitos reais dos de crédito, procedendo, na sequência, à indicação geral das teorias principais sobre o conceito ou natureza do direito real. Em traços esquemáticos subdivide esta abordagem da seguinte forma[979]: 1) história da classificação dos direitos em reais e de crédito. Significados diferentes do *jus in re*; 2) origem e desenvolvimento da classificação; o *jus ad rem*; 3) importância da classificação; 4) dificuldade da distinção – principal causa da dificuldade: as obrigações reais; 5) critério prático; 6) teoria clássica ou tradicional[980]; teorias personalistas ou anticlássicas[981]; 7) teoria institucional.

---

[978] Neste contexto, TEIXEIRA DE ABREU faria ainda menção à doutrina de ROGUIN, sua crítica por RIGAUD, e às posições de CARNELUTTI, GIOVENE e VENZI (direitos mistos). Cfr. *Cadeira de Direitos Reais…*, 1928-1929.
[979] Na verdade, e apesar de se estar perante meros sumários, TEIXEIRA DE ABREU manifestaria aqui preocupações de grande pormenor, fazendo-os correr, neste ponto, por largas e largas páginas nas quais colaria mesmo textos impressos dos seus *Apontamentos de Direitos Reais*.
[980] Neste contexto, para além de uma explicação genérica acerca das características da teoria clássica TEIXEIRA DE ABREU ocupar-se-ia com: a exposição da teoria de

IV – A segunda parte do Curso é dedicada, como vimos, ao Direito de propriedade.

Mais concretamente, TEIXEIRA DE ABREU procura determinar: a posição da propriedade na lista dos direitos reais[982]; as relações entre a propriedade e os restantes direitos reais; o objecto da propriedade. Sustenta não ser a propriedade definida no artigo 2167.º do Código Civil de Seabra um direito real[983]. Nele, afirma[984], estão compreendidas todas as coisas, corpóreas e incorpóreas, e entre estas os direitos de crédito. Procede, depois, a uma análise do artigo 2167.º do Código Civil[985] e refere a multiplicidade de sentidos do direito de propriedade. Neste quadro analisa a doutrina de TEIXEIRA DE FREITAS, VICENTE FERRER

AUBRY e RAU; a imediação e o absolutismo; a natureza do direito de crédito; o objecto do direito de crédito; as divergências sobre o critério geral da distinção; o confronto dos direitos reais com os direitos de crédito quanto: – aos seus elementos constitutivos, – ao objecto, – ao sujeito passivo, – às respectivas consequências, – vantagens (aqui para além de referências genéricas à sequela, preferência e à reivindicação, TEIXEIRA DE ABREU abriria parágrafos autónomos a propósito da prestação de facto por terceiro, do direito de preferência entre direitos reais conforme a sua antiguidade e ao registo e título de aquisição de direitos reais), – sanções, – modos de extinção, – de aquisição (com referência ao Direito Romano e ao nosso direito antigo), – posse, – transmissibilidade, – indivisão, – caracteres gerais, – e funções sociais.

[981] O estudo destas teorias compreenderia, para além de um conjunto de referências genéricas, os seguintes aspectos: referência à crítica da teoria clássica; controvérsia sobre o objecto do direito real consoante a perspectiva personalista ou tradicional; concepção individual ou social do direito real; novas teorias; exageros de parte a parte; DEMOGUE e seus sequazes; teoria dos direitos absolutos e relativos; e, finalmente, a doutrina de PLANIOL.

[982] TEIXEIRA DE ABREU afirma a propriedade como o principal direito real, fonte ou origem de todos os demais, e sustenta em consequência a necessidade de se lhe dar preferência no estudo especificado dos direitos reais.

[983] Não deixa de ser curiosa a ampla transcrição, em nota, mas ao longo de sete páginas dactilografadas dos sumários, de alguns dos ensinamentos de ANTÓNIO LUIZ DE SEABRA (VISCONDE DE SEABRA), *Novíssima apostilla em resposta à diatribe do Sr. Augusto Teixeira de Freitas contra o Projecto de Código Civil Portuguez*, Coimbra, 1859, a este respeito.

[984] Cfr. *Cadeira de Direitos Reais…*, 1928-1929, II Parte.

[985] Cfr. *Cadeira de Direitos Reais…*, 1928-1929, II Parte.

NETO PAIVA, menciona os sentidos subjectivo[986] e objectivo[987] do conceito de propriedade e distingue este último da propriedade moral e intelectual para rematar com uma referência à propriedade perfeita e imperfeita. Nos pontos seguintes aborda a propriedade e domínio assim como os diversos elementos da noção de propriedade constantes do artigo 2167.º: a faculdade[988] e seus diversos significados, o homem sujeito do direito de propriedade[989], a referência à necessidade de o direito dever ser aplicado na conservação da sua condição[990], a legitimidade da aquisição e a possibilidade de dispor livremente da coisa. Até o termo «*tudo*» constante do artigo 2167.º do Código de Seabra é objecto de um número específico no qual consta uma remissão para o n.º 4 da 2.ª Parte do Curso onde o autor trata, em termos genéricos, a noção de propriedade.

V – Terminados estes passos, TEIXEIRA DE ABREU dá início, nos sumários, a um novo ponto epigrafado «*Novo conceito do direito de propriedade*». Aí surge abordada a questão da função social da propriedade e a doutrina de DUGUIT acerca do papel dos direitos. Procura depois identificar vestígios desta nova orientação no nosso ordenamento.

Passa, seguidamente, o Professor de Coimbra, ao estudo das diversas espécies de propriedade, entre as quais inclui a absoluta, a resolúvel, a singular e comum, as propriedades imperfeitas e propriedade perfeita.

---

[986] Afirmando então que, considerada em relação à pessoa a quem a coisa pertence, a propriedade consiste no poder de tirar dessa coisa todas as utilidades de que a mesma é susceptível, dentro dos limites prescritos por lei.

[987] De acordo com TEIXEIRA DE ABREU, e retomando o ensinamento de FERRER NETO PAIVA, tomada objectivamente a propriedade denomina-se «propriedade de direito» ou jurídica e é aquela «*cousa "que é um meio ou condição EXTERIOR de CONSERVAÇÃO e de DESENVOLVIMENTO da vida humana"*».

[988] A que se refere o artigo 2167.º do Código de Seabra. Relembre-se que de acordo com este «*Diz-se direito de propriedade a faculdade que o homem tem, de applicar á conservação da sua existencia, e ao melhoramento da sua condição, tudo quanto para esse fim legitimamente adquiriu, e de que portanto, pode dispor livremente*».

[989] Referindo as pessoas físicas e morais, estrangeiros e associações.

[990] A este propósito, TEIXEIRA DE ABREU menciona o «*limite geral do direito de propriedade, a these do abuso de direito; opinião contrária do Prof. Guilherme Moreira (Dtos, Reais, p. 54)*».

No ponto subsequente aborda-se o direito de fruição e seu desdobramento na percepção de frutos, acessão e acesso. Cada um destes três termos em que TEIXEIRA DE ABREU desmembra a fruição seria depois objecto de tratamento em números próprios e autónomos[991]. Antes, porém, haveria tempo para uma menção aos limites verticais do direito de propriedade.

VI – Os sumários correspondentes ao ano lectivo de 1929-1930 revelam diferenças dignas de registo relativamente aos do ano precedente. Algumas reservas relativamente à sistematização germânica do Direito Civil são agora expressas de forma bem mais aberta em todo o primeiro capítulo das prelecções de TEIXEIRA DE ABREU, dedicado ao objecto do curso dos Direitos Reais[992]. Na verdade, este Professor – logo após a aula de abertura, na qual se assinala, a seguir aos cumprimentos e conselhos mais ou menos comuns aos alunos, uma referência ao método mais proveitoso para o estudo dos Direitos Reais, e a menção à indicação do plano geral das aulas teóricas e práticas – dedicaria três aulas a explicar, fundamentalmente, o silêncio do nosso Código sobre a matéria e as presumíveis causas dessa omissão. Segue-se uma lição dividida em dois pontos: um relativo à incompatibilidade do sistema do Código Civil de Seabra com a classificação dos direitos em reais e pessoais; o outro referente à conveniência de se fazer uma distinção entre o sistema legislativo e o método de ensino do Direito Civil[993]. Este último assunto – a saber,

---

[991] Seria a propósito da acessão que o autor faria uma referência às águas e no quadro do acesso seriam estudadas as servidões.

[992] Nestes sumários, para além de referências ao ensinamento de inúmeros autores continua-se a fazer menção ao *Curso de Direito Civil, apontamentos*, cit., e nalguns casos a remeter para o *Curso...*, cit., da autoria de TEIXEIRA DE ABREU (a respeito das características desta obra v. quanto se escreveu *supra* a propósito do período exegético). Note-se, todavia, o facto de justamente no *Curso de Direito Civil, apontamentos...*, 12, o autor escrever o seguinte após expor a sistematização germânica do Direito Civil: «*O nosso legislador aderiu (...) a esta moderna orientação, que está na moda, apesar dos defeitos apontados pelo Dr. TAVARES; os quais, todavia, são bem menores do que os do método exegético.*»

[993] E a este propósito TEIXEIRA DE ABREU dar-se-ia ao trabalho de fazer transcrever no livro com o registo das aulas as seguintes palavras de BEVILAQUA: «*a perfeição*

o método ensino do Direito Civil – continuaria a ser abordado, de forma exaustiva, por mais duas aulas. A primeira começa com um conjunto de considerações relativas aos processos de ensino de acordo com os Estatutos da Universidade e respectiva remissão para as Ordenações, para, na sequência, entrar na crítica aberta do sistema germânico.

De acordo com TEIXEIRA DE ABREU[994]:

«A sistematização germanica, aplicada no estudo do nosso Cod. Civil apresenta grandes dificuldades na distribuição das matérias. Exemplos:

1. A matéria dos contratos é estudada na 1.ª Cadeira de Direito Civil como apendice á matéria das obrigações, pela confessada rasão de ser aquela matéria comum aos direitos reais e aos de crédito.

2. A definição de Propriedade, compreendendo os direitos reais e os direitos de crédito ou de obrigação; e no sistema do nosso Código, como já se disse, desconhece-se a respectiva distinção. A separação da parte correspondente ao dto. real da correspondente ao dir. de crédito é extremamente difícil.

3. Os autores e Professores que aderiram ao sistema germanico, dele se afastaram frequentemente na exposição das matérias.

Exemplos:

a) O senhor Professor Alves Moreira, considerando direitos reais a hipoteca e o penhor, não trata deles na parte das suas Instit. consagrada aos Dtos. Reais, mas entre as obrigações;

b) A posse, que no sistema do nosso Código tem uma posição correcta e logica, anda aos trambolhões, sem lugar próprio, no sistema germanico, figurando ao lado dos Dtos. Reais, mesmo nas obras que não reputam a posse um dto. Real.

Por estas razões, alem doutras, me levam a considerar preferivel no ensino do Dto. Civil o sistema do nosso codigo, que foi larga e proficuamente discutido e consagrado na lei pelo voto dos nossos mais insignes jurisconsultos do nosso tempo.»

―――――――

scientifica ainda não foi atingida; e os estudiosos, aqueles que ambicionam dar à construção do direito a puresa das linhas alcançadas pelas artes plásticas, aqueles que tentam o encadeamento das regras jurídicas como um todo, cuja harmonia resulta do rigor logico, do seu arranjo, e aqueles que vêem nas leis jurídicas uma das mais elevadas expressões da vida do organismo social, ainda trabalhavam por detergir essas sombras.»
[994] Cfr. *Sumários…*, 1929-1930.

A segunda começa por mencionar os defeitos do ensino tanto em França como entre nós, quando se adoptava os próprios artigos do Código Civil. Segue-se a explanação dos diversos parágrafos dos compêndios, tanto do Direito nacional como romano e o arranjo do sistema dos artigos do Código que se segue àqueles. Faz, ainda, uma alusão à doutrina de CAPITANT nesta matéria[995] e expõe, finalmente, de forma expressa, o plano de estudo da cadeira.

Fá-lo nos seguintes moldes:

    1) Noção de direitos reais, seu conceito e comparação com os direitos de crédito, em geral;

    2) Posição dos direitos reais nas classificações doutrinais dos direitos subjectivos;

    3) Teorias antiga e moderna sobre a natureza do direito real;

    4) Elenco dos direitos reais admitidos pelo nosso direito; e estudo de cada um deles.

Trata-se de um esquema que, não obstante as críticas feitas ao sistema germânico e os louvores ao Código de Seabra, no arranjo das matérias já nada tem a ver com este último.

É ainda nesta aula que TEIXEIRA DE ABREU dá início ao II Capítulo das respectivas prelecções, referentes ao ano lectivo de 1929-1930, e onde nos apresenta: a noção de direitos reais[996], seu conceito e comparação com os direitos de crédito em geral, seguida de uma análise demorada dos direitos sobre coisa própria ou alheia, comparando estes últimos com a compropriedade, que pode existir tanto na propriedade perfeita como em relação a outros direitos reais, para a terminar com menções à «*compropriedade e herança*=Pro diviso e Pro indiviso= *Definições legais e exemplos*».

Na lição seguinte, TEIXEIRA DE ABREU procede ao confronto e distinção entre direitos reais e ónus reais[997], à distinção entre os ónus

---

[995] Seguida de remissão para os apontamentos.
[996] O autor continua a reputar o direito de propriedade como o direito real por excelência.
[997] E fá-lo, considerando que todos os direitos reais são ónus reais, mas nem todos os ónus reais são direitos reais.

reais e as obrigações reais, à posição dos direitos reais nas classificações dos direitos subjectivos e às principais teorias sobre o conceito de direitos reais.

VII – Com isto, TEIXEIRA DE ABREU termina aquela que correspondia já no ano anterior à primeira parte do curso de Direitos Reais, mas agora objecto de nova formulação. Daqui para a frente os assuntos e conteúdos dos sumários relativos ao ano de 1929-1930 mostram-se uma réplica dos do ano lectivo precedente.

5.2.5. PIRES DE LIMA (remissão)

I – Neste período, PIRES DE LIMA leccionaria a disciplina de Direitos Reais nos anos de 1931-1932[998], 1932-1933, 1933-1934[999] e 1934-1935[1000]. Ao todo ele ensinaria Direitos Reais durante vinte e um anos. Primeiro, do ano lectivo de 1931-1932 ao de 1946-1947. Depois, de 1955-1956 a 1959-1960. Significa isto ser no período seguinte, por nós individualizado, que a docência deste ilustre Professor mais se faria sentir. Com vista a procedermos a uma análise de conjunto do seu magistério, no tocante ao Direito das Coisas, remetemos pois para quanto escrevermos a propósito desse período.

---

[998] *Curso de Direitos Reais, Livro de Sumários das lições (3.º e 4.º ano)*, 1931-1932.
[999] *Curso de Direitos Reais, Livro de Sumários das lições, 4.º ano período transitório*, 1933-1934.
[1000] *Curso de Direitos Reais, Livro de Sumários das lições, 4.º ano período transitório*, 1934-1935.

5.2.6. O ensino dos Direitos Reais no âmbito da 1.ª Cadeira de Direito Civil (Noções Gerais e Elementares e – posteriormente – Noções Fundamentais)[1001]

5.2.6.1. JOSÉ BELEZA

I – Neste período coube a JOSÉ BELEZA[1002] a leccionação da 1.ª Cadeira de Direito Civil – Noções Gerais e Elementares nos anos lectivos de 1922-1923[1003], 1923-1924[1004], 1926-1927 e 1927-1928[1005]. Do seu punho ficariam lavrados sumários relativos aos anos de 1922-1923, 1923-1924. A partir destes sumários é possível verificar ter BELEZA DOS SANTOS dedicado, nesses dois anos, parte da disciplina ao ensino dos Direitos Reais.

II – Na verdade, em 1922-1923, logo após o tratamento da garantia das obrigações, BELEZA DOS SANTOS dá início a um parágrafo, com o número vinte e dois[1006], dedicado ao Direito das Coisas. É a seguinte a sequência adoptada numa explanação que se reparte por sete aulas: 22. Direitos reais de gozo, a) classificação, b) noção de direitos reais de gozo; 23. Propriedade perfeita, a) Noção, b) Poderes do proprietário; 24. Propriedades imperfeitas, a) Noção, b) Espécies e indicações sumárias do regime jurídico de cada uma das propriedades imperfeitas; 25) Con-

---

[1001] No âmbito das disciplinas introdutórias haveria ainda a assinalar, neste período, a regência por parte de CARNEIRO PACHECO da 3.ª Cadeira – Noções Gerais e Elementares, no ano de 1921-1922, de que ficaram os competentes sumários lavrados pelo punho do autor. Fez-se, todavia, já alusão ao ensino deste Professor no âmbito desta disciplina no período anterior, tendo-se, então, procedido também à análise deste ano lectivo. Remete-se, pois, para aí.
[1002] Para uma referência biográfica a propósito de BELEZA DOS SANTOS pode ver-se EDUARDO CORREIA, *Professor Dr. José Beleza dos Santos*, sem indicação de local mas de Coimbra, 1973.
[1003] *Cadeira de Noções Direito Civil, sumário das lições*, 1922-1923.
[1004] *1.ª Cadeira de Direito Civil (noções gerais), sumário das lições*, 1923-1924.
[1005] Cfr. MENEZES CORDEIRO, *Teoria…*, in *Revista…*, XXIX, 334.
[1006] Na verdade, este parágrafo deveria ser o vinte e três uma vez que o anterior parágrafo dos sumários também tem o número vinte e dois.

tinuação dos direitos reais de gozo, a) Propriedades perfeitas, b) Propriedades imperfeitas, c) Posse e prescrição; 26. Registo predial, a) Noção – fim e efeitos, b) Suas operações.

III – Em 1923-1924, BELEZA DOS SANTOS dedicaria aos Direitos Reais dez aulas. A matéria, com o número vinte e três, inicia-se após o estudo da extinção dos direitos de crédito e dos contratos em especial regulados pelo Código e efeitos deles resultantes[1007], com uma sequência onde se abordam os seguintes temas: 23. Direitos Reais – noção e classificação; 24. Direitos reais de gozo: a) A propriedade plena – noção – poderes do proprietário, 1) Direito de fruição, 2) Direito de transformação, 3) Direito de restituição e indemnização, 4) Direito de alienação; b) Restrições do direito de propriedade; c) Propriedades imperfeitas: α) Noção, β) Enumeração, 1) Enfiteuse e subenfiteuse, 2) Censo consignativo, 3) Censo reservativo, 4) Quinhão, 5) Usufruto, 6) Uso e habitação, 7) Compáscuo, 8) Servidão – noção – classificação; d) Propriedade singular e compropriedade; 25. Posse – noção – elementos – formas – efeitos: a) Presunção de titularidade; b) Frutos; c) Benfeitorias; d) Indemnização de perdas e danos; e) Direito de retenção; f) Acções possessórias; 26. Constituição de direitos reais de gozo – meios originários – meios derivados – prescrição aquisitiva; 27) Factos constitutivos das propriedades imperfeitas: a) Enfiteuse e subenfiteuse; b) Censos, c) Quinhão; d) Usufruto e habitação; e) Compáscuo; f) Servidões; 28) Aquisição da posse – actos facultativos e de mera tolerância; 29) Direitos reais de garantia: 1) Penhor, 2) Hipoteca, 3) Penhora, 4) Arresto, 5) Consignação de rendimentos, 6) Adjudicação de rendimentos; 30) Registo predial; 31) Concurso de credores.

Não se conhecem outros elementos a partir dos quais se possam obter esclarecimentos adicionais.

[1007] *1.ª Cadeira de Direito Civil (noções gerais), sumário das lições*, 1923-1924.

5.2.6.2. MANUEL RODRIGUES (remissão)

I – MANUEL RODRIGUES teria a regência da 1.ª Cadeira de Direito Civil – Noções Gerais e Elementares, nos anos de 1924-1925 e 1925-1926. Estudou-se, todavia, já o ensino do Direito das Coisas por parte deste Professor no quadro da disciplina dedicada especificamente aos Direitos Reais. Nessa altura, e para permitir uma visão de conjunto do ensino destas matérias por parte de MANUEL RODRIGUES, fez-se já uma referência e análise aos elementos por ele deixados e relativos a esta 1.ª Cadeira de Direito Civil. Remete-se, destarte, para o que então se escreveu.

5.2.6.3. VAZ SERRA

I – VAZ SERRA deixar-nos-ia sumários escritos do respectivo ensino da 1.ª Cadeira de Direito Civil – Noções Gerais e Elementares, nos anos de 1926-1927[1008], 1927-1928[1009], 1928-1929[1010], 1929-1930[1011], 1930-1931[1012] e 1934-1935[1013]. A sua análise confirma quanto, com base no testemunho de FERRER CORREIA, aluno do 1.º ano em 1929-1930, MENEZES CORDEIRO[1014] alude a propósito do ensino deste Professor. VAZ SERRA procedia a uma panorâmica global do Direito Civil do tipo daquela a que ficaria mais tarde especialmente ligado o nome de PIRES DE LIMA[1015], mas já ensaiada por outros, como MACHADO

[1008] *1.ª Cadeira de Direito Civil (noções gerais e elementares), sumário das lições*, 1926-1927.
[1009] *1.ª Cadeira de Direito Civil (noções gerais e elementares), sumário das lições*, 1927-1928.
[1010] *1.ª Cadeira de Direito Civil (noções gerais), sumário das lições*, 1928-1929.
[1011] *Cadeira de Direito Civil (noções fundamentais), sumário das lições*, 1929-1930.
[1012] *Cadeira de Direito Civil (noções fundamentais), sumário das lições*, 1930-1931.
[1013] *1.ª Cadeira de Direito Civil (noções fundamentais), sumário das lições*, 1934-1935.
[1014] MENEZES CORDEIRO, *Teoria…*, in *Revista…*, XXIX, 334, nota 72.
[1015] MENEZES CORDEIRO, *Teoria…*, in *Revista…*, XXIX, 334, nota 72, que refere ainda ter VAZ SERRA um estilo agradável e simples, dele tendo circulado vários apontamentos. Era, todavia, comum, entre os alunos, a consulta de GUILHERME MOREIRA e de JOSÉ TAVARES.

VILELA, CARNEIRO PACHECO, JOSÉ BELEZA e MANUEL RODRIGUES[1016], em Coimbra, e ABRANCHES FERRÃO, JOSÉ TAVARES[1017] e JAIME DE GOUVEIA[1018], em Lisboa. Nesta perspectiva antecipava-se, logo no primeiro ano, toda a disciplina de Direito Civil, desde as Obrigações até às Sucessões[1019].

II – Atendendo a este tipo de abordagem da disciplina, privilegiado por VAZ SERRA, a matéria de Direitos Reais seria, assim, praticamente toda ela corrida logo no primeiro ano. Isto com a particularidade de a matéria atinente aos direitos reais de garantia surgir não no quadro especificamente dedicado ao Direito das Coisas mas sim no contexto do estudo do Direito das Obrigações. Quanto à parte, concretamente, dedicada aos Direitos Reais era a seguinte a sua sistematização nos últimos sumários a que fizemos referência[1020]:

§ 3
Direitos reais
46. Noção. Classificação.

I
Direito de propriedade
47. Noção e caracteres do direito de propriedade. 48. Poderes do proprietário. Do direito de fruição e direitos em que se desdobra. Referência especial ao direito de acesso (artigo 2309.º). 49. Outras limitações. 50. Propriedade singular e propriedade comum. Compropriedade. Poderes dos comproprietários. 51. Aquisição do direito de propriedade. Aquisição originária e aquisição derivada. Estudo em especial da acessão e da prescrição aquisitiva.

[1016] Cfr. o que se refere a propósito do ensino destes professores.
[1017] Cfr., deste autor, *Os Princípios...*, I, e *Os princípios fundamentais do Direito Civil*, II, *Pessoas, cousas, factos jurídicos*, Coimbra, 1928.
[1018] V. JAIME DE GOUVEIA, *Direito civil*, por ANDRADE DE GOUVEIA e MÁRIO RODRIGUES NUNES, Lisboa, 1939.
[1019] V., no mesmo sentido, a respeito das características desta orientação MENEZES CORDEIRO, *Teoria...*, in *Revista...*, XXIX, 333.
[1020] *Cadeira de Direito Civil...*, 1934-1935, donde se constata terem sido doze as aulas dedicadas ao estudo do Direito das Coisas.

Acessão. Modalidades da acessão e regras aplicáveis. Prescrição aquisitiva. Requisitos desta prescrição. Condições a que deve satisfazer a posse. Prazos de prescrição. Prescrição aquisitiva.

II

52. Enfiteuse. Conceito. Constituição. Se a enfiteuse pode constituir-se por prescrição. Direitos do senhorio directo (foro, preferência, recuperação, oposição à divisão, sucessão, laudémio). Direitos do enfiteuta (fruição, transformação, preferência, redução e emancipação, remição). 53. Subenfiteuse. 54. Censo consignativo. 55. Censo reservativo. 56. Quinhão. 57. Usufruto. Conceito e espécies. Constituição do usufruto (em especial da possibilidade de se constituir usufruto por prescrição). Direitos e obrigações do usufrutuário. Extinção do usufruto. 58. Uso e habitação. 59. Compáscuo. 60. Servidões. Conceito. Exemplos. Caracteres. Classificação. Constituição. Exercício. Extinção.

III

61. A posse. Conceito. Elementos. Modalidade. Objecto. Aquisição (aquisição originária e derivada; se a posse se adquire por efeito do contrato; aquisição pelos simples detentores)[1021].

5.2.6.4. CABRAL DE MONCADA

I – CABRAL DE MONCADA deixar-nos-ia sumários escritos do seu ensino da disciplina introdutória de Direito Civil relativos aos anos de 1931-1932[1022] e 1933-1934[1023].

[1021] Nos sumários anteriores (1930-1931) este mesmo número encerrava o estudo da posse mas fazendo referência ainda à respectiva extinção.
[1022] *Cadeira de Direito Civil (noções fundamentais), sumário das lições*, 1931-1932. Da capa destes sumários, e depois de alterações aí introduzidas relativamente à data original, consta, todavia, corresponderem eles a 1921-1922. Mas não é assim. Não apenas essa data não corresponde às datas constantes dos próprios sumários como, além disso, relativos a esse ano existem uns sumários de MANUEL RODRIGUES referentes à mesma cadeira. Cfr. *Cadeira de Noções gerais de direito civil, sumário das lições*, 1921--1922. Acresce, ainda, a confirmar os dados anteriores, a circunstância de a lombada de todos os outros livros de sumários relativos a este ano ser encarnada. O da *Cadeira*

De acordo com indicação expressa deles constante era o seguinte o plano dos sumários de 1931-1932:

> Preliminares
> Cap. I – Conceito de Direito,
> Cap. II – Fontes de Direito,
> Cap. III – Aplicação e esfera de acção do Direito,
> Cap. IV – A relação jurídica em geral e seus elementos,
> § 1.º Os sujeitos de direito,
> § 2.º Do objecto dos direitos,
> § 3.º Dos factos e actos jurídicos,
> § 4.º Do exercício e defesa dos direitos.

A sua consulta permite, todavia, constatar que a matéria sumariada termina abruptamente no § 2 do Capítulo IV, com a referência às fontes das obrigações. Não aparece, pois, qualquer menção a matéria relacionada com os direitos reais. Ainda assim, desse ano, existem também sumários redigidos pelo punho de CABRAL DE MONCADA relativos às aulas práticas. Nelas pode, justamente, constatar-se terem sido dedicadas ao Direito das Coisas pelo menos[1024] três aulas. Uma relativa aos direitos reais no Código Civil e colocação da matéria, noção de propriedade e poderes nela compreendidos, espécies de propriedades e noção de censo consignativo, reservativo e de quinhão e compáscuo. Outra dedicada às coisas e frutos. Finalmente, a terceira refere-se à posse.

II – Os sumários de 1933-1934 revelam uma estrutura completamente diferente. Eles seguem, em parte[1025], a sistematização do Código

---

de Direito Civil (noções..., cit., agora em referência, esse, é o único com o dorso castanho. Do ponto de vista da sua arrumação na prateleira onde se encontram os sumários da Faculdade de Direito de Coimbra desta época continuam, porém, colocados ao lado dos de 1921-1922, em conformidade com a data neles inserida após emendas.
[1023] *Cadeira de Direito Civil (noções fundamentais), sumário das lições*, 1933-1934.
[1024] Estes sumários das aulas práticas apenas se referem aos meses de Fevereiro e de Março.
[1025] Na verdade, depois de um conjunto de referências a diversas noções introdutórias fundamentais, a 5 de Dezembro inicia-se uma série de aulas em que se analisa o plano do Código e procede a um ensino conforme com a sua sistematização.

de Seabra. As matérias de Direitos Reais são pois aí abordadas na sequência com que aparecem naquele Código Civil. Primeiro as constantes da Parte II do Código. Depois as disciplinadas na Parte III.

III – CABRAL DE MONCADA foi um historiador[1026] e filósofo do Direito de envergadura. Deve-se-lhe o ressurgir, no século XX, da especulação jusfilosófica[1027]. No âmbito da regência de Direito Civil – Noções Fundamentais, publicou as *Lições de Direito Civil* que iriam até à quarta edição[1028]. No prefácio da 1.ª edição, depois reproduzido nas edições posteriores, CABRAL DE MONCADA reserva a disciplina, apenas, para a parte geral no estudo do Direito Civil, única susceptível, no dizer do autor, rigorosamente e em boa pedagogia, de caber dentro da cadeira, como objecto de estudo teórico e propedêutico[1029], num passo que se afasta assim da orientação consistente em proceder a uma exposição global do Direito Civil do tipo daquela a que ficaria mais tarde especialmente ligado o nome de PIRES DE LIMA[1030], mas foi, como se referiu já, igualmente ensaiada, em momentos distintos, por outros como MACHADO VILELA, CARNEIRO PACHECO, JOSÉ BELEZA e MANUEL RODRIGUES, em Coimbra, e ABRANCHES FERRÃO, JOSÉ TAVARES e JAIME DE GOUVEIA, em Lisboa. Na verdade, CABRAL

[1026] Refira-se aqui, pela sua especial ligação ao tema do presente relatório, *A traditio e a transferência da propriedade imobiliária no direito português: séculos XII-XV, contribuições para a história do Direito português*, in *Estudos de história do direito*, Coimbra, I, 1948, 1 e ss.; Id., *A «posse de ano e dia» nos costumes municipais portugueses*, in *Estudos de História do Direito*, Coimbra, 1948, I, 227 e ss..

[1027] BRAGA DA CRUZ, *Discurso. Homenagem ao Professor Doutor Luís Cabral de Moncada na sua jubilação universitária*, in *Boletim da Faculdade de Direito*, 1958, XXXIV, 281 e ss.; AFONSO QUEIRÓ, *Discurso. Homenagem ao Professor Doutor Luís Cabral de Moncada na sua jubilação universitária*, in *Idem*, 294 e ss.; MENEZES CORDEIRO, *Teoria…*, in *Revista…*, XXIX, 333. Para uma referência à bibliografia de CABRAL DE MONCADA, cfr. MÁRIO ALBERTO DOS REIS FARIA, *Bibliografia do Doutor Luís Cabral de Moncada*, in *Boletim da Faculdade de Direito*, 1974, L, 323.

[1028] *Lições de Direito Civil*, 4.ª ed. revista, Coimbra, 1995. Trata-se naturalmente de obra póstuma. As anteriores edições datam de 1959 (3.ª ed.); 1954 volume I, 1955, volume II (2.ª ed.), 1932 (1.ª ed.).

[1029] Cfr. CABRAL DE MONCADA, *Lições…*, 4.ª ed., prefácio à 1.ª ed., 22.

[1030] MENEZES CORDEIRO, *Teoria…*, in *Revista…*, XXIX, 334, nota 72.

DE MONCADA afirmaria expressamente que o estudo do sistema dos diferentes direitos mais concretos e especializados das pessoas na sua vida civil, como os direitos de família, os direitos de crédito, os reais e os de sucessão, constitui objecto da parte especial do Direito Civil e tem o seu lugar nas disciplinas do segundo, terceiro e quarto anos do curso[1031/1032].

5.3. A Faculdade de Direito de Lisboa

5.3.1. Introdução

I – Conforme se acabou de ver, os Direitos Reais passaram, com a reforma de 1923, a ser leccionados na segunda cadeira de Direito Civil, terceiro semestre, relativo ao quarto ano.

De acordo com MARCELLO CAETANO, ao contrário do verificado em Coimbra, onde a existência de sumários da *2.ª Cadeira de Direito Civil (Direitos Reais – 3.º semestre)* com data de 1923-1924, sugere uma imediata implementação desta reforma logo a partir deste ano lectivo[1033], em Lisboa a nova legislação só teria tido aplicação ao quarto ano do curso e, portanto, aos Direitos Reais, em 1925-1926[1034]. MENEZES CORDEIRO refere, contudo, ter pertencido primeiro a JOSÉ TAVARES, em 1923-1924, e, depois, a CARNEIRO PACHECO, em 1924-1925, a regência da 2.ª Cadeira de Direito Civil, 3.º semestre (4.º ano, posteriormente 3.º), período em que vigoraria, pois, já relativamente ao Di-

---

[1031] CABRAL DE MONCADA, *Lições...*, I, 4.ª ed., prefácio à 1.ª ed., 22.
[1032] Quanto às características do ensino de CABRAL DE MONCADA no âmbito da disciplina introdutória de Direito Civil v., por todos, MENEZES CORDEIRO, *Teoria...*, in *Revista...*, XXIX, 334 e 335.
[1033] Cfr. *2.ª Cadeira...*, 1923-1924. Note-se, de resto, que em Coimbra a autonomização do Direito das Coisas é anterior à própria reforma.
[1034] Cfr. MARCELLO CAETANO, *Apontamentos...*, in *Revista...*, XIII, 68 (onde se refere ser o ano de 1922-1923 o correspondente ao primeiro ano de aplicação da nova reforma), 74 (mencionado encontrar-se em 1923-1924, no segundo ano o primeiro curso da nova reforma) e 91 (agora claramente no sentido de ter sido esse o primeiro ano em que a nova reforma foi aplicada ao quarto ano).

reito das Coisas, a nova estrutura aprovada em 1923[1035]. As actas do Conselho da Faculdade não resolvem as dúvidas suscitadas pelos depoimentos desencontrados destes dois autores, pois não indicam expressamente qual a distribuição de serviço docente em 1923-1924 e em 1924-1925. O *Anuário da Universidade de Lisboa* não foi publicado nestes anos e, destarte, também não oferece quaisquer pistas. Todavia, os livros de termos da Faculdade de Direito existentes na Reitoria apenas registam lançamentos da 2.ª Cadeira de Direito Civil, 3.º semestre, a partir do ano de 1925-1926.

II – Foram, então, as seguintes as regências verificadas neste período na Faculdade de Direito de Lisboa:

[1035] MENEZES CORDEIRO, *Teoria…*, in *Revista…*, XXIX, 331. Isto sem embargo de o autor assinalar quanto aos anos 1923-1924, 1924-1925, 1925-1926 e 1927-1928, não lhe ter sido possível recolher elementos documentais ou testemunhais completos, seguros. A *Acta n.º 128 da Sessão Ordinária do Conselho da Faculdade de Direito de 8 de Agosto de 1923*, in *Livro de Actas do Conselho…*, 1913-1931, 119 f., na qual foi deliberada a distribuição do serviço docente para o ano lectivo de 1923-1924, limita-se a remeter para o quadro de distribuição de disciplinas e respectivo horário que se não encontra anexo ao livro de actas. Por sua vez, na *Acta n.º 133 da Sessão Ordinária do Conselho da Faculdade de Direito de 17 de Junho de 1924*, in *Livro de Actas…*, 1913-1931, 122 f., menciona-se a aprovação do projecto de distribuição de disciplinas para o ano de 1924-1925, também, sem fazer qualquer menção sobre qual foi ela efectivamente. Finalmente, na *Acta n.º 140 da Sessão Ordinária do Conselho da Faculdade de Direito de 7 de Agosto de 1925*, in *Livro de Actas do Conselho…*, 1913-1931, 129 v. e 130 f., é indicado ter o Conselho aprovado os programas para o ano lectivo próximo (1925-1926); aprovado o horário das aulas; votado que imediatamente após o encerramento das aulas, em cada ano lectivo, fossem publicados os sumários das lições e que da Faculdade de Direito de Coimbra se obtivesse informação sobre se se mantém a distribuição estabelecida no artigo 4.º do Decreto n.º 8578, de 8 de Janeiro de 1923, ou se o semestre de Direito Civil (Direitos Reais) não deverá ser antes regido no terceiro ano, passando a Cadeira de Direito Civil do 3.º Ano (Direito da Família e Sucessões) para o 4.º ano. Na *Acta n.º 152 da Sessão Ordinária do Conselho da Faculdade de Direito de 14 de Agosto de 1926*, in *Livro de Actas do Conselho…*, 1913-1931, 137 f., consta a indicação da aprovação da resolução de publicação dos sumários das lições dadas no anterior ano lectivo de forma a poderem ser distribuídos na abertura do próximo ano. Não encontrámos, porém, nas actas relativas a 1925-1926 qualquer referência quanto à sequência da diligência a fazer junto da Faculdade de Direito de Coimbra.

1925-1926: CARNEIRO PACHECO[1036],
1926-1927: CARNEIRO PACHECO[1037],
1927-1928: CARNEIRO PACHECO[1038],
1928-1929: JOSÉ TAVARES[1039],
1929-1930: JOSÉ TAVARES[1040],
1930-1931: JOSÉ TAVARES[1041],
1931-1932: JOSÉ TAVARES[1042],
1932-1933: PEDRO MARTINS[1043],

[1036] *Direitos reais, sumarios*, 1925-1926. Cfr., igualmente, MARCELLO CAETANO, *Apontamentos...*, in *Revista...*, XIII, 91.
[1037] MENEZES CORDEIRO, *Teoria...*, in *Revista...*, XXIX, 330, em nota.
[1038] MENEZES CORDEIRO, *Teoria...*, in *Revista...*, XXIX, 331, em nota.
[1039] MENEZES CORDEIRO, *Revista...*, in *Revista...*, XXIX, 332, em nota.
[1040] *Sumários das Lições de Direitos Reais*, 1929-1930.
[1041] *Sumários das Lições de Direitos Reais*, 1930-1931.
[1042] *Sumários das Lições de Direitos Reais*, 1931-1932. De acordo com MENEZES CORDEIRO, *Teoria...*, in *Revista...*, XXIX, 332, em nota, a regência de Direitos Reais, no ano lectivo de 1931-1932, teria cabido a ABRANCHES FERRÃO. Mas os sumários correspondentes a este ano estão assinados por JOSÉ TAVARES. Por sua vez, a *Acta n.º 208 da Sessão Ordinária do Conselho da Faculdade de Direito de 17 de Junho de 1924*, in *Livro de Actas...*, 1913-1931, 197, menciona expressamente que, a propósito dos programas das matérias das cadeiras e cursos, respectiva distribuição das cadeiras e horário para o ano lectivo de 1931-1932, se resolveu fazer continuar em vigor quanto valia para o ano de 1930-1931. Ora, não só os *Sumários das Lições de Direitos Reais*, 1930-1931, são, também, da autoria de JOSÉ TAVARES, como, além disso, o próprio MENEZES CORDEIRO, *Teoria...*, in *Revista...*, XXIX, 332, em nota, dá conta de nesse ano a regência ter cabido a TAVARES. Para mais, o *Anuário da Universidade de Lisboa*, 1931-1932, 21, aponta também o nome de JOSÉ TAVARES como regente neste ano lectivo. O mesmo sucede com o ABEL DE ANDRADE, *Relatório do Director, exercício de 1931-1932...*, 81. V., ainda, *Mapa I, Distribuição do serviço docente (1931-932)*, in *Revista da Faculdade de Direito da Universidade de Lisboa*, II, 1934, 522.
[1043] Segundo MENEZES CORDEIRO, *Teoria...*, in *Revista...*, XXIX, 332, nota 64, esta regência teria cabido a BARBOSA DE MAGALHÃES. E de facto, de acordo com a *Acta n.º 219 do Conselho Escolar da Faculdade de Direito de Lisboa, de 2 de Agosto de 1932*, in *Livro de Actas do Conselho da Faculdade de Direito de Lisboa*, 1931 a 1958, 9 v., terá sido BARBOSA DE MAGALHÃES a ensinar Direitos Reais neste ano. Porém, o *Anuário da Universidade de Lisboa*, 1932-1933, 129, regista ter ela pertencido a JOSÉ TAVARES. A BARBOSA DE MAGALHÃES coube o Direito Comercial. Por sua vez,

1933-1934: JOSÉ TAVARES[1044],
1934-1935: JOSÉ TAVARES[1045].

III – Menção, ainda, para o facto de nesta altura merecer destaque, também, o ensino dos Direitos Reais realizado por JOSÉ GABRIEL PINTO COELHO na 1.ª Cadeira de Direito Civil, no ano lectivo de 1922-1923. É este um assunto a tratar mais adiante.

5.3.2. CARNEIRO PACHECO

I – CARNEIRO PACHECO seria transferido para a Faculdade de Direito de Lisboa, na sequência de proposta formulada pelo Conselho desta instituição em Fevereiro de 1921[1046].

---

os sumários encontram-se subscritos por PEDRO MARTINS que é igualmente dado como tendo sido a pessoa a quem coube efectivamente a regência da disciplina por ABEL DE ANDRADE, *Relatório do Director, exercício de 1932-1933, Universidade de Lisboa, Faculdade de Direito*, Lisboa, 1936, 67.

[1044] MENEZES CORDEIRO, *Teoria*…, in *Revista*…, XXIX, 332, nota 64, regista novamente BARBOSA DE MAGALHÃES como encarregado da regência de Direitos Reais. Este dado não é, todavia, confirmado pelo *Anuário da Universidade*…, 1933--1934, 61, que indica, uma vez mais, ter BARBOSA DE MAGALHÃES ficado neste ano lectivo com o Direito Comercial e com o Processo Civil e Comercial. A *Acta n.º 235 do Conselho Escolar da Faculdade de Direito de Lisboa, de 4 de Fevereiro de 1934*, in *Livro de Actas do Conselho da Faculdade de Direito*…, 1931 a 1958, regista a pertença da regência de Direitos Reais, no ano lectivo de 1933-1934, a JOSÉ TAVARES.

[1045] MENEZES CORDEIRO, *Teoria*…, in *Revista*…, XXIX, 332, nota 64, volta a apontar BARBOSA DE MAGALHÃES. O *Anuário da Universidade*…, 1934-1935, 63, torna a indicar BARBOSA DE MAGALHÃES apenas no Direito Comercial e Processual Civil e Comercial. A *Acta n.º 239 do Conselho Escolar da Faculdade de Direito de Lisboa, de 7 de Agosto de 1934-1935*, in *Livro de Actas do Conselho da Faculdade de Direito*…, 1931 a 1958, 34 v., procede à distribuição do serviço docente para o primeiro semestre onde não se inclui os Direitos Reais. Não aparece, porém, nenhuma outra acta com a distribuição relativa ao segundo semestre.

[1046] MARCELLO CAETANO, *Apontamentos*…, in *Revista*…, XIII, 64, que refere ter sido nessa altura proposta também a transferência do Professor JOÃO TELO DE MAGALHÃES COLLAÇO. V., ainda, *Os setenta*…, 62.

Não foi a sugestão bem aceite no Ministério, onde, de resto, os ministros se sucediam a grande velocidade[1047]. Tornou-se indispensável a insistência da Faculdade para, finalmente, o decreto de transferência ser publicado com data de 23 de Agosto[1048]. CARNEIRO PACHECO assistiria, pela primeira vez, a uma reunião do Conselho em 10 de Março de 1922[1049].

II – No tocante ao seu ensino dos Direitos Reais em Lisboa, CARNEIRO PACHECO deixar-nos-ia uns sumários manuscritos relativos ao ano de 1925-1926[1050]. Eles reflectem o conteúdo de 42 aulas[1051], com início em 6 de Novembro de 1925 e termo em 21 de Junho de 1926. As prelecções encontravam-se assim divididas: abertura – uma lição; introdução – três lições; propriedade – seis lições; ocupação – onze lições; acessão – quatro lições; prescrição positiva e posse – nove lições[1052]; organização da propriedade – sete lições[1053]. Uma análise atenta dos sumários permite concluir que o projecto gizado por CARNEIRO PACHECO para este ano lectivo terá ficado por realizar na íntegra. Em concreto, e de acordo com os sumários, foi o seguinte o plano adoptado e executado:

> ABERTURA DO CURSO
> Introdução
> 1. Conceito de direitos reais. 2. Diferenciação técnica dos direitos reais. 3. Classificação e enumeração dos direitos reais. 4. Sistema da legislação portuguesa. 5. Bibliografia.

[1047] MARCELLO CAETANO, *Apontamentos...*, in *Revista...*, XIII, 64.
[1048] MARCELLO CAETANO, *Apontamentos...*, in *Revista...*, XIII, 64.
[1049] MARCELLO CAETANO, *Apontamentos...*, in *Revista...*, XIII, 67.
[1050] *Sumários de Direitos Reais*, 1925-1926.
[1051] Deve notar-se terem os sumários das aulas de 20 e 22 de Janeiro de 1926 sido lavrados em conjunto, sucedendo o mesmo com os de 25 e 27 de Janeiro desse mesmo ano.
[1052] Sendo que, de acordo com os sumários, a uma delas (a de 26 de Março de 1923) faltaram os alunos. A matéria seria, como competia, ainda assim sumariada.
[1053] Note-se, porém, serem todos estes temas abordados como divisões de um capítulo amplo dedicado à propriedade.

Capítulo I
A propriedade
§ 1.º – Preliminares: 6. Conceito e definição legal de propriedade. 7. Conteúdo da propriedade. 8. Extensão da propriedade. 9. Espécies de propriedade. § 2.º – Aquisição da propriedade: 10. Ideias gerais. 11. Ocupação. I – Conceito e elementos. 12. II – Ocupação de animais. 13. III – Ocupação de coisas inanimadas. 14. IV – Ocupação de águas, minerais e substâncias vegetais ou animais. 15. Acessão. I – Conceito e espécies. 16. II – Acessão natural. 17. III – Acessão industrial. 18. Prescrição positiva. I – Noção e fundamentos. 19. II – Objecto da prescrição. 20. III – Quem pode adquirir por prescrição. 21. IV – Requisitos da posse para a prescrição. 22. V – Lapso de tempo para a prescrição. 23. Suspensão e interrupção da prescrição. 24. Efeitos da prescrição. § Organização da propriedade: 25. Ideias preliminares. 26. Direito de fruição. 27. Direito de transformação, relações de vizinhança. 28. Direito de transformação, relações em matéria de águas. 29. Direito de exclusão e defesa.

III – Entre outros aspectos nota-se a ausência de qualquer tratamento das coisas e da matéria de registo predial. Seriam estas, todavia, matérias que CARNEIRO PACHECO abordaria no âmbito do seu ensino da Cadeira introdutória de Direito Civil leccionada ao primeiro ano[1054].

5.3.3. JOSÉ TAVARES

I – JOSÉ TAVARES era bacharel em Filosofia e licenciado em Direito em 1887 pela Faculdade de Direito de Coimbra. Doutorou-se

---

[1054] Cfr. CARNEIRO PACHECO, *Direito Civil*, segundo as prelecções feitas pelo Exmo. Senhor Dr. Carneiro Pacheco, ao curso do 1.º ano jurídico de 1929/30 coligidas por JOAQUIM DA SILVA PINTO, Lisboa, 1931, 152 e ss.; *Direito Civil*, segundo as prelecções feitas pelo Exmo. Senhor Dr. CARNEIRO PACHECO, ao curso do 1.º ano jurídico coligidas por JACINTO RODRIGUES BASTOS e ANTÓNIO DA MOTTA VEIGA, nos meses de Abril e Maio de 1932, Lisboa, sem data, 17 a 39. V., igualmente, *Direito Civil, noções fundamentais, 1.º ano*, 1930-1931; *Direito Civil, noções fundamentais, 1.º ano, sumarios*, 1931-1932.

em 1889 pela mesma faculdade, onde foi lente substituto no ano imediato e catedrático em 1904. Foi demitido por motivos políticos em 1911 e reintegrado em 1914. Nesse ano, também, a seu pedido, foi transferido para a Faculdade de Direito de Lisboa para o 4.º grupo[1055].

II – Coube, como se viu, a JOSÉ TAVARES suceder a CARNEIRO PACHECO na regência de Direitos Reais nos anos de 1928-1929[1056], 1929-1930[1057], 1930-1931[1058], 1931-1932[1059], 1933-1934[1060] e 1934-

---

[1055] *Os setenta...*, 55.
[1056] MENEZES CORDEIRO, *Teoria...*, in *Revista...*, XXIX, 332, em nota.
[1057] *Sumários das Lições de Direitos...*, 1929-1930.
[1058] *Sumários das Lições de Direitos...*, 1930-1931.
[1059] *Sumários das Lições de Direitos...*, 1931-1932. Recorde-se aqui, uma vez mais, quanto se sublinhou já antes a respeito de quem foi o Professor encarregado desta regência: de acordo com MENEZES CORDEIRO, *Teoria...*, in *Revista...*, XXIX, 332, em nota, a docência de Direitos Reais, no ano lectivo de 1931-1932, teria cabido a ABRANCHES FERRÃO. Mas os sumários correspondentes a este ano estão assinados por JOSÉ TAVARES. Por sua vez, a *Acta n.º 208 da Sessão Ordinária do Conselho da Faculdade de Direito de 17 de Junho de 1924*, cit., in *Livro de Actas...*, 1913-1931, 197, refere expressamente que, a propósito dos programas das matérias das cadeiras e cursos, distribuição das cadeiras e horário para o ano lectivo de 1931-1932, se resolveu fazer continuar em vigor quanto valia para o ano de 1930-1931. Ora, conforme se evidenciou atrás, e se menciona agora outra vez, não só os *Sumários das Lições de Direitos Reais*, 1930-1931, são, também, da autoria de JOSÉ TAVARES, como, além disso, o próprio MENEZES CORDEIRO, *Teoria...*, in *Revista...*, XXIX, 332, em nota, dá conta de nesse ano a regência ter cabido a TAVARES. Para mais, o *Anuário da Universidade...*, 1931-1932, 21, aponta também o nome de JOSÉ TAVARES como regente neste ano lectivo. O mesmo sucede com ABEL DE ANDRADE, *Relatório do Director, exercício de 1931-1932...*, 81. V., por fim, *Mapa I, Distribuição do serviço docente...*, in *Revista da Faculdade de Direito...*, 1934, II, 522.
[1060] Voltamos a recordar as dúvidas existentes quanto à atribuição desta regência. Conforme se deu nota, MENEZES CORDEIRO, *Teoria...*, in *Revista...*, XXIX, 332, nota 64, regista BARBOSA DE MAGALHÃES como encarregado da docência de Direitos Reais neste ano. Este dado não é, todavia, confirmado pelo *Anuário da Universidade...*, 1933-1934, 61, que indica, uma vez mais, ter BARBOSA DE MAGALHÃES ficado neste ano lectivo com o Direito Comercial e com o Processo Civil e Comercial. A *Acta n.º 235 do Conselho Escolar da Faculdade de Direito de Lisboa, de 4 de Fevereiro de 1934*, in *Livro de Actas do Conselho da Faculdade de Direito...*, 1931 a 1958, regista a pertença da regência de Direitos Reais, no ano lectivo de 1933-1934, a JOSÉ TAVARES.

-1935[1061]. Do seu ensino, nesta disciplina, deixar-nos-ia sumários manuscritos relativos aos anos de 1929-1930, 1930-1931 e 1931-1932. A configuração apresentada não é, porém, a típica de um documento com a natureza de sumários porquanto as matérias se não encontram repartidas pelas aulas leccionadas[1062].

Uma análise dos documentos manuscritos por JOSÉ TAVARES mostra uma certa continuidade nos três anos lectivos retratados. Assiste-se é certo a algumas variações entre os três sumários, mas elas não reflectem particulares mudanças quanto aos conteúdos, métodos e posições adoptadas ou preconizadas.

Em 1929-1930[1063] surge-nos tratado, em primeiro lugar, o conceito e caracteres dos direitos reais, a sua determinação – com inclusão entre eles da posse – e respectiva classificação. É depois estudado o direito de propriedade, suas definições, conceito, elementos essenciais e conteúdo, os seus caracteres segundo a escola clássica e a teoria realista, a doutrina da função social, o fundamento do direito de propriedade, as suas diferentes espécies, os seus modos e títulos de aquisição e, finalmente, as limitações a este direito. Terminado o ensino da propriedade, JOSÉ TAVARES aborda a posse, sua definição, conceito e diversos sentidos da palavra. Analisa, ainda, as diversas teorias sobre o fundamento jurídico da posse, os seus elementos constitutivos e as doutrinas de JHERING e SAVIGNY – a propósito do *corpus* e do *animus* –, as diferentes espécies

---

[1061] Uma vez mais sublinhamos os dados díspares quanto à regência dos Direitos Reais neste ano. Tal como se referiu antes, MENEZES CORDEIRO, *Teoria…*, in *Revista…*, XXIX, 332, nota 64, volta a apontar BARBOSA DE MAGALHÃES. O *Anuário da Universidade…*, 1934-1935, 63, torna a indicar BARBOSA DE MAGALHÃES apenas no Direito Comercial e Processual Civil e Comercial. A *Acta n.º 239 do Conselho Escolar da Faculdade de Direito de Lisboa, de 7 de Agosto de 1934-1935*, in *Livro de Actas do Conselho da Faculdade de Direito…*, 1931 a 1958, 34, v., procede à distribuição do serviço docente para o primeiro semestre onde não se inclui os Direitos Reais. Não aparece, porém, nenhuma outra acta com a distribuição relativa ao segundo semestre.
[1062] Note-se, todavia, não ser este fenómeno uma particularidade exclusiva dos sumários redigidos por JOSÉ TAVARES. Muitos outros de que já demos, ou daremos, aqui conta ao longo de toda a obra apresentam a mesma configuração porventura mais própria de um programa.
[1063] *Sumários das Lições de Direitos…*, 1929-1930.

de posse, as antigas distinções da posse, os efeitos e garantias desta figura. O curso termina com uma referência ao usufruto, sua definição e objecto, modos de constituição, direitos e obrigações do usufrutuário e extinção do usufruto[1064].

No ano de 1930-1931 não são muitas as alterações a assinalar. Nota-se um maior desenvolvimento da matéria relativa ao conteúdo da propriedade e aos caracteres deste direito. Em contrapartida, a matéria das limitações sofre uma pequena compressão. Já o estudo da posse fica incompleto, terminando com a referência às suas diferentes espécies. O usufruto, esse, não é sequer abordado[1065].

Em 1931-1932 volta a abordar-se os efeitos jurídicos da posse e as acções possessórias. O usufruto, todavia, torna a não ser estudado[1066].

III – O confronto entre o teor dos diversos sumários – os quais, se comparados entre si, parecem atestar a circunstância de JOSÉ TAVARES não ter conseguido terminar o plano por ele proposto para a cadeira, pelo menos nos anos de 1930-1931 e 1931-1932, por as matérias sumariadas estarem aquém das constantes dos sumários em 1929-1930[1067] –

[1064] V., novamente, *Sumários das Lições de Direitos...*, 1929-1930.
[1065] Cfr. *Sumários das Lições de Direitos...*, 1930-1931.
[1066] *Sumários das Lições de Direitos...*, 1931-1932.
[1067] Transcrevem-se para melhor ilustração e noção mais precisa do esquema adoptado por este Professor os sumários de 1929-1930, de todos os que mais matérias abarcam: «*Noção e caracteres dos direitos reais. Determinação dos direitos reais – Direitos reais típicos: a propriedade, a posse, o usufruto, a enfiteuse e a servidão. Classificação dos direitos reais. Direitos reais sobre cousa propria e sobre cousa alheia; direitos reais de gôzo e de garantia. Conceito do direito de propriedade* – dominium *e* proprietas; *dois tipos de definição doutrinal da propriedade. Conceito da propriedade segundo o codigo civil. Os três elementos essenciais da propriedade: o poder, pertença e fim lícito. Definições da propriedade nos codigos estrangeiros. Conteúdo do direito de propriedade. A teoria da universalidade inscindivel do poder jurídico do domínio. Doutrina do desmembramento do domínio em diversos poderes –* jus utendi, jus fruendi, jus abutendi. *Sistema do nosso codigo e dos estrangeiros. Conteúdo objectivo da propriedade territorial. O princípio absoluto do domínio em toda a altura e profundidade; suas limitações nos códigos modernos. Caracteres do direito de propriedade segundo a escola clássica e segundo a moderna escola realista. A teoria da propriedade como função social. Fundamento do direito de propriedade – diversas teorias: o direito natural, a ocupação, e contracto social, a lei, a utilidade social e o trabalho. Diferentes*

a par com o duplo facto de, por um lado, JOSÉ TAVARES indicar como direitos reais típicos a propriedade, a posse, o usufruto, a enfiteuse e a servidão[1068] e, por outro, sistematizar e desenvolver a disciplina apenas em torno do conceito de direito real, da propriedade, da posse e do usufruto – ou mesmo só do conceito de direito real, da propriedade e de

---

espécies de propriedade. Propriedade absoluta e resoluvel, perfeita e imperfeita, singular e comum. Diversos tipos de compropriedade. Propriedade material e imaterial, imobiliária e mobiliária, individual e colectiva, particular ou comum. Os diversos modos ou títulos de aquisição da propriedade; sua classificação: originários *e* derivados, inter vivos *e* mortis causa, a título oneroso *e* gratuito, a título singular *e a* título universal. *Limitações ou restrições do direito de propriedade; de direito ou interesse publico, e de direito ou interesse privado. Limitações de direito publico: expropriação, minas, viação e comunicações, urbanisação e defesa da agricultura. Limitações de direito privado: aproveitamento das águas, servidões necessarias e relações de vizinhança. Diversas teorias sobre as restrições do direito de propriedade. A posse; definição e conceito. Diversos sentidos do termo posse.* Jus possessionis *ou posse formal e* jus possedendi *ou posse causal. Teorias sobre o fundamento jurídico da posse. Elementos constitutivos da posse: o* corpus *e o* animus. *Doutrina de Savigny e de Jhering. Diferentes espécies de posse: de boa fé e de má fé, em nome próprio e em nome de outrem, titulada, pacifica, publica e continua. Antigas distinções da posse: natural e civil; posse e quasi posse, justa e injusta, perfeita e imperfeita. Efeitos da posse: a presunção de propriedade; frutos e bemfeitorias; a prescrição. Prescrição dos móveis e dos imóveis. Garantia da posse: acções possessórias: acção preventiva contra o receio de turbação ou esbulho; acção de manutenção e acção de restituição. Usufruto; definição e objecto. Modos de constituição do usufruto. Direitos e obrigações do usufrutuário. Extinção do Usufruto.»*

[1068] V. os *Sumários das Lições de Direitos*..., 1929-1930, e *Sumários das Lições de Direitos*..., 1930-1931. Cfr., também, JOSÉ TAVARES, *Os princípios fundamentais*..., I, 615 e ss., justificando a posição no sentido de restringir os direitos reais de gozo aos cinco tipos clássicos. O uso e habitação não seriam, em si, direitos reais porque seriam simples modalidades do usufruto. Já o quinhão e o compáscuo corresponderiam a meras modalidades de compropriedade. Relativamente ao censo haveria que distinguir as suas duas variantes: o reservativo é equiparado à enfiteuse, o consignativo, pela sua analogia, com a consignação de rendimentos. Além disso, por ser o efeito e garantia de uma obrigação, não deveria qualificar-se como direito real. Na verdade, JOSÉ TAVARES rejeitaria a categoria dos direitos reais de garantia por serem acessórios de um crédito. Para uma síntese do pensamento de TAVARES nesta matéria pode ver-se, por exemplo, JAIME DE GOUVEIA, *Direitos Reais*, segundo as lições magistrais feitas ao curso do terceiro ano jurídico de 1935-1936, compiladas por ANTÓNIO DE CASTRO GUIMARAIS, EMÍDIO DA CRUZ e JOÃO MARQUES, Lisboa, 1935, 164.

uma análise parcial da posse[1069] – permite a suspeita segundo a qual o projecto por ele formulado para a cadeira seria mais ambicioso, tendo sempre ficado por executar na plenitude: ele compreenderia, certamente, na visão daquele Professor, o estudo de todos os direitos reais por ele identificados como típicos. Esta suposição reforça-se através da consulta da sua obra *Os princípios fundamentais do Direito Civil*[1070]. Se bem virmos, o primeiro volume contém um conjunto de referências gerais sobre o Direito e a relação jurídica, o Direito objectivo e subjectivo, uma referência à codificação do Direito Civil, após o que se segue uma referência mais ou menos sintética dos quatro ramos do Direito Civil. Os direitos reais aparecem no Capítulo VI. No total ele possui cerca de uma centena de páginas[1071]. Nelas consta, logo a abrir, uma remissão para a referência feita ao conceito e caracteres dos direitos reais[1072] no Capítulo III, dedicado ao direito subjectivo[1073]. Segue-se, depois, a determinação e classificação dos direitos reais[1074]; o direito de propriedade – conceito, caracteres, conteúdo e fundamento[1075], diferentes espécies de propriedade –; a posse[1076] – conceito, fundamento e espécies, efeitos da posse, acções

---

[1069] Como sucedeu em 1930-1931.
[1070] Cfr. JOSÉ TAVARES, *Os princípios...*, I, 285 e ss.; 615 e ss.. Acerca das características desta obra cfr. MENEZES CORDEIRO, *Teoria...*, in *Revista...*, XXIX, 323.
[1071] V. JOSÉ TAVARES, *Os princípios...*, I, 615 a 711. A que haverá que juntar as cerca de dez páginas constantes do Capítulo III, relativo ao direito subjectivo, onde se estuda a noção de direitos reais e de crédito e se procede à respectiva contraposição.
[1072] Concebidos como os que «(...) *atribuem ao titular um poder directo e imediato sôbre uma coisa, poder que é pleno e ilimitado, isto é, exerce-se em toda a sua extensão sôbre a cousa sujeita ao domínio da pessoa, e dá lugar à propriedade, que é o direito real mais completo, o direito real por excelência; ou é menos pleno e exerce-se só em parte, limitadamente a algumas utilidades económicas das cousas, e dá lugar aos direitos reais menores sôbre cousa alheia, como a servidão e o usufruto.* (...) *O direito real* (jus in re) *recai directa e imediatamente sôbre uma cousa, de modo que entre o sujeito do direito e o seu objecto não aparece intermediário algum, podendo por isso exercer-se contra toda e qualquer pessoa.* (...) *Aos direitos reais corresponde um* dever geral *ou* universal (...) *e* negativo (...)». Cfr. JOSÉ TAVARES, *Os princípios...*, I, 285 e ss..
[1073] JOSÉ TAVARES, *Os princípios...*, I, 285 e ss..
[1074] JOSÉ TAVARES, *Os princípios...*, I, 614 e ss..
[1075] JOSÉ TAVARES, *Os princípios...*, I, 619 e ss..
[1076] JOSÉ TAVARES, *Os princípios...*, I, 644 e ss..

possessórias –; e o usufruto[1077]. Reconhece-se até aqui o conteúdo dos três sumários atrás referidos. Só que a obra de JOSÉ TAVARES não termina, no que aos Direitos Reais diz respeito, aqui. No livro o autor trata ainda do uso e habitação, enfiteuse e servidões[1078]. Partindo-se do princípio segundo o qual JOSÉ TAVARES pretenderia seguir no seu ensino dos Direitos Reais[1079] pelo menos a matéria por ele incluída no capítulo dedicado a esta matéria na sua obra, fica claramente confirmada a suspeita acima enunciada: o plano de ensino de JOSÉ TAVARES para a disciplina de Direitos Reais era, na verdade, mais amplo do que o executado nos anos relativamente aos quais existem sumários. O cotejo directo entre os conteúdos mencionados nos sumários e os conteúdos efectivamente constantes de *Os princípios fundamentais do Direito Civil* deixam muito poucas dúvidas quanto ao paralelismo entre uns e outros.

Apenas uma nota final, no tocante ao programa, para referir a circunstância de ficarem de fora, do esquema pensado por JOSÉ TAVARES para a disciplina de Direitos Reais, as coisas. O autor só se referiria a elas no segundo volume do seu livro[1080], cujo conteúdo, e conforme refere a propósito MENEZES LEITÃO[1081], não ultrapassa o que seria o programa tradicional de uma disciplina de Teoria Geral do Direito Civil.

IV – TAVARES ocupar-se-ia, ainda, da regência da 1.ª Cadeira de Direito Civil (Noções Gerais e Elementares), logo aquando da sua criação[1082]. Neste âmbito, ele é apontado como um dos defensores, na Facul-

---

[1077] JOSÉ TAVARES, *Os princípios*..., I, 663.
[1078] Sendo que muito de tudo isto é feito com um carácter relativamente introdutório.
[1079] Tanto mais quanto é certa a circunstância de MARCELLO CAETANO, *Apontamentos*..., in *Revista*..., XIII, 73, escrever a propósito do ano lectivo de 1922-1923: «(...) *O Dr. José Tavares que nesse ano publicou o I.º volume do seu livro* Os princípios fundamentais do Direito Civil, *cuja matéria, prelecionada em largas pinceladas, constitui o programa da Cadeira de Direito Civil* (...).» Cfr., também, MENEZES CORDEIRO, *Teoria*..., in *Revista*..., XXIX, 322. É de supor ter o autor aplicado a mesma metodologia na disciplina de Direitos Reais, dando agora maior profundidade às matérias tratadas.
[1080] *Os princípios*..., II, *Pessoas*..., 241 a 369.
[1081] MENEZES LEITÃO, *O ensino*..., 132.
[1082] Cfr. MENEZES CORDEIRO, *Teoria*..., in *Revista*..., XXIX, 322 e ss., e 331, em nota.

dade de Direito de Lisboa[1083], da orientação pedagógica consistente em dar logo no primeiro ano do curso uma visão panorâmica de todo o Direito Civil. Isso mesmo é documentado através da esquematização de *Os princípios fundamentais,* cuja obra, repise-se, num passo já aqui assinalado[1084], era adoptada em traços largos como programa da disciplina[1085]. Os sumários existentes confirmam, com algumas variantes, proceder JOSÉ TAVARES, de facto, logo em sede de estudo introdutório do Direito a uma visão geral do Direito Civil no seu conjunto[1086].

V – JOSÉ TAVARES tem sido referido como adversário da recepção pandectística iniciada por GUILHERME MOREIRA[1087]. E de facto o autor formula um conjunto de reparos e críticas importantes à classificação germânica dos direitos[1088]. Mas as críticas acabam, afinal, se bem vimos, por se situar, na visão do autor, apenas ao nível científico, afirmando JOSÉ TAVARES poder aceitar a classificação «(…) *como sistema legislativo, tanto mais que tem vantagens do ponto de vista doutrinário*»[1089]. A verdade é que, afinal, o próprio autor, invocando a circunstância de a sistematização germânica ter em Portugal um carácter oficial e legal,

---

[1083] Assim, para além das diversas referências a este propósito feitas já neste nosso trabalho e a que continuaremos a proceder, pode ver-se MENEZES CORDEIRO, *Teoria…,* in *Revista…,* XXIX, 322 e ss., e 338.
[1084] V. quanto se escreve *supra* em nota, neste parágrafo e nesta subdivisão, a propósito do ensino de TAVARES.
[1085] Mas v., novamente, nesse mesmo sentido MARCELLO CAETANO, *Apontamentos…,* in *Revista…,* XIII, 73; e MENEZES CORDEIRO, *Teoria…,* in *Revista…,* XXIX, 322.
[1086] Assim pode ver-se *Noções geraes e elementares de Direito Civil, sumários,* 1926-1927. Concretamente no tocante ao Direito das Coisas seriam as seguintes as matérias sumariadas: Direitos Reais; determinação e classificação. O direito de propriedade e a posse. Usufruto, enfiteuse e servidões. MENEZES CORDEIRO, *Teoria…,* in *Revista…,* XXIX, 331, nota 64, atribui ainda a regência da disciplina introdutória de Direito Civil, no ano de 1925-1926 a JOSÉ TAVARES. Todavia, nesse ano, os sumários estão assinados por JOSÉ GABRIEL PINTO COELHO (cfr. *Noções geraes e elementares de Direito Civil, sumários,* 1925-1926).
[1087] Assim MENEZES LEITÃO, *O ensino…,* 132, invocando o ensinamento de RIBEIRO DE FARIA.
[1088] Cfr. *Os princípios fundamentais…,* I, 295 e ss., e 320.
[1089] *Os princípios fundamentais…,* I, 320.

sendo consignada na organização do ensino do Direito Civil nas nossas Faculdades de Direito, segue essa mesma classificação[1090]. Na realidade, *Os princípios fundamentais do Direito Civil,* em termos cabalmente demonstrados por MENEZES CORDEIRO, representam uma contínua recepção do pandectismo[1091]. Não insistiremos neste ponto.

5.3.4. PEDRO MARTINS

I – PEDRO MARTINS doutorou-se pela Faculdade de Direito em 1901. Foi, desde 1902, lente substituto e, depois, em 1906, catedrático. Catorze anos após as respectivas provas de Doutoramento, em 1915 foi transferido para Lisboa onde ingressou no grupo de histórico-jurídicas[1092]. Foi, ainda, Vice-Reitor da Universidade de Lisboa em 1927-1928 e Director da Faculdade de Direito, de 1929 a 1931, assim como Doutor «*Honoris causa*» pela Faculdade de Direito de Lião[1093].

II – A PEDRO MARTINS caberia, como vimos, uma singular e fugaz passagem pela disciplina de Direitos Reais, traduzida numa regência única da cadeira em 1932-1933[1094]. Mesmo assim ele deixar-nos-ia uns

---

[1090] Isso mesmo é, aliás, referido também por MENEZES LEITÃO, *O ensino…*, 132.
[1091] MENEZES CORDEIRO, *Teoria…*, in *Revista…*, XXIX, 323 e 324.
[1092] *Os setenta anos….*, 56.
[1093] *Os setenta anos…*, 56, com ulteriores indicações quanto à actividade política de PEDRO MARTINS.
[1094] Recordamos aqui os diversos elementos e informações contraditórias acerca de quem teria sido o professor encarregado da disciplina neste ano lectivo. De acordo com MENEZES CORDEIRO, *Teoria…*, in *Revista…*, XXIX, 332, nota 64, sublinhe-se novamente, esta regência teria cabido a BARBOSA DE MAGALHÃES. E na realidade, de acordo com a *Acta n.º 219 do Conselho Escolar…*, in *Livro de Actas do Conselho…*, 1931 a 1958, 9 v., terá sido BARBOSA DE MAGALHÃES a ensinar Direitos Reais neste ano. Não obstante, o *Anuário da Universidade…*, 1932-1933, 129, regista ter ela pertencido a JOSÉ TAVARES. A BARBOSA DE MAGALHÃES coube o Direito Comercial. Finalmente, os sumários encontram-se subscritos por PEDRO MARTINS, que é, igualmente, dado como tendo sido a pessoa a quem coube efectivamente a regência da disciplina por ABEL DE ANDRADE, *Relatório do Director…*, 67.

sumários através dos quais é possível ter alguma percepção do ensino, por parte deste Professor, da disciplina de Direitos Reais[1095]. E dizemos alguma, desde logo, devido à circunstância de os sumários se encontrarem lavrados em bloco e não em função das aulas preleccionadas. Em todo o caso, torna-se fácil perceber o modo como PEDRO MARTINS estrutura o curso. Ele encontra-se dividido em torno de três núcleos fundamentais. A saber: a) conceito ou noção de direitos reais; b) direito de propriedade; c) posse. Relativamente ao conceito ou noção de direitos reais este Professor ocupar-se-ia com a delimitação do conceito e caracteres dos direitos reais e sua distinção face aos direitos de crédito, determinação, classificação e enumeração dos direitos reais. A análise em torno do direito de propriedade centrar-se-ia, por sua vez, no respectivo conceito, definição, elementos essenciais, conteúdo, objecto e extensão, caracteres e natureza, fundamento jurídico, limitações, espécies, modos ou títulos de aquisição. Finalmente, a propósito da posse, PEDRO MARTINS, revelando significativas preocupações de ordem histórica, ensina a ideia geral da figura em referência, conceito, elementos, objecto da posse, linhas gerais de aplicação, fundamento da protecção possessória, espécies de posse, sua aquisição, manutenção e extinção e efeitos jurídicos[1096].

[1095] *Sumários de Direitos Reais*, 1932-1933.
[1096] Transcreve-se, para maior pormenorização todo o teor do Curso de Direitos Reais ministrado por PEDRO MARTINS:
   «*Conceito e caracteres dos direitos reais e sua diferenciação dos direitos de crédito. Determinação, classificação e enumeração dos direitos reais. Sistematisação doutrinal e legal. Os direitos reais no sistema do codigo civil portugues. Direito de propriedade: a) conceitos doutrinais tipicos; b) conceitos de varios codigos extrangeiros (frances, italiano, hespanhol, alemão, suisso, brasileiro; c) exame critico d'uns e d'outros; d) definição do direito de propriedade. Conceito de direito de propriedade e seus elementos essenciais segundo o codigo civil português. Conteúdo do direito de propriedade: poder juridico, objeto e extensão material; doutrina efectiva dos referidos codigos extrangeiros e do codigo civil português. Caracteres e natureza do direito de propriedade segundo as teorias classica e moderna. Teoria sobre o fundamento juridico de propriedade e seu exame critico. Limitações ou restrições do direito de propriedade: motivos, criterios e classificações. Especies de propriedade; divisões doutrinais e legais. Modos ou titulos, geraes e específicos, de adquisição da propriedade. Posse: ideia geral; conceito e elementos: a) no direito romano; b) nos codigos extrangeiros (frances,*

5.3.5. JOSÉ GABRIEL PINTO COELHO (Lisboa) e o seu ensino dos Direitos Reais no âmbito da 1.ª Cadeira de Direito Civil (Obrigações) e do Curso de Direito de Civil desenvolvido

I – Licenciado pela Faculdade de Direito de Coimbra em 1908, JOSÉ GABRIEL PINTO COELHO doutorou-se em 1909, tendo feito concurso para lente substituto em 1910. Tornou-se catedrático nesse ano[1097]. Em 1919 foi, porém, transferido para a Faculdade de Direito de Lisboa. Aí ocupou a direcção da Faculdade, em 1936-1937, a vice-reitoria da Universidade, entre 1937 e 1947, e a reitoria, de 1947 a 1956. Foram várias as regências por ele assumidas, com destaque para o Direito Comercial[1098]. A nós interessa-nos, porém, apenas as regências das Cadeiras de Direito Civil e, dentro destas, aquelas onde o autor tenha tratado os direitos reais.

II – De acordo com MENEZES LEITÃO[1099], quanto ao ensino de JOSÉ GABRIEL PINTO COELHO em Lisboa, os primeiros sumários por este deixados relativos à disciplina onde era leccionado o Direito das Obrigações – *i.e.* a 1.ª Cadeira de Direito Civil – datam de 1926--1927. Deve recordar-se aqui a circunstância de, até à reforma de 1923, o ensino dos Direitos Reais se dever fazer juntamente com o Direito das Obrigações. Ora, existe na Biblioteca da Faculdade de Direito um conjunto de três livros com os sumários manuscritos de diversas disciplinas

---

italiano, hespanhol, da Prussia, alemão, suisso e brasileiro); c) na doutrina, particularmente nas teorias de Savigny e de Jhering. Conceito e elementos de posse no antigo direito português e segundo o novo codigo civil. Objecto de posse e linhas geraes da esfera da aplicação da relação pocessoria no direito civil português. Fundamento da protecção juridica da posse: teorias abstractas e relativas e seu exame critico; doutrina do codigo civil português. Espécies de posse no direito romano, em o nosso antigo e atual direito. Adquisição, conservação e perda da posse. Efeitos juridicos da posse: a) quanto ao dominio; b) relativamente a frutos, bemfeitorias e prejuizos; e c) aos meios de defeza.»
[1097] V. *Os setenta anos…*, 59.
[1098] *Idem.*
[1099] MENEZES LEITÃO, *O ensino…*, 139.

leccionadas na Faculdade de Direito de Lisboa no ano de 1922-1923, e também da 1.ª Cadeira de Direito Civil. Estes sumários não se encontram assinados. Sabe-se que nesse ano a regência da 1.ª Cadeira de Direito Civil esteve entregue, precisamente, a JOSÉ GABRIEL PINTO COELHO[1100]. A particularidade reside na circunstância de o conteúdo sumariado apenas reflectir matéria de Direitos Reais e não compreender qualquer tema de Direito das Obrigações.

O documento disponível parece corresponder a um autêntico programa da cadeira, ou parte dele, uma vez que as matérias aparecem elencadas sob uma epígrafe única, sem indicação da sua repartição pelas aulas e sem qualquer menção às datas da sua leccionação, exactamente como sucede em programas ou sumários impressos – mas é menos vulgar, embora não inédito, em textos escritos à mão.

Basicamente, a matéria abordada cobre a noção e conceito de direito real, seu confronto com as obrigações, a sua determinação e classificação; o direito de propriedade, sua noção, conceito, fundamento, espécies, restrições, modos de aquisição e meios de defesa; a posse, seu conceito e elementos, teoria dos graus e espécies de posse[1101]. Fica, todavia, a in-

---

[1100] MENEZES CORDEIRO, *Teoria...*, in *Revista...*, XXIX, 331, nota 64; e MENEZES LEITÃO, *O ensino...*, 124.

[1101] *Sumários da 1.ª Cadeira de Direito Civil*, 1922-1923. Transcreve-se o seu teor para uma mais exacta ideia das matérias leccionadas:

«*Direitos Reaes: Classificação dos direitos subjectivos: direitos de personalidade e direitos patrimoniais. Divisão dos direitos patrimoniais em direitos reaes e direitos de credito ou obrigações. Diversos conceitos do direito real. Confronto entre os direitos reaes e de obrigação. Determinação e classificação dos direitos reaes: direitos reaes perfeitos e imperfeitos ou menos plenos (*iura in re aliena*); direitos reaes de goso e de garantia. Crítica. Direitos de propriedade: noção e conceito. Conteúdo-caracteres do direito de propriedade. Doutrinas sobre o fundamento da propriedade: a ocupação, o direito natural, o contrato social, a lei, a utilidade social e o trabalho. Diferentes espécies de propriedade: absoluta e resolúvel, singular e comum; perfeita e imperfeita, individual e colectiva, privada e publica, particular e social. Restrições ao direito de propriedade. Restrições de direito publico e de direito privado. As denominadas restrições de direito privado social. Teorias sobre as restrições de direito privado. Modos de adquisição da propriedade: meios originários e derivados: título universal e singular ou particular. Acções de defeza da propriedade: a acção de reivindicação, a acção negatória, o embargo de obra nova, a acção de* danno ternuto*»* (a expressão

terrogação que consiste em saber se estes sumários reflectem com fidelidade as prelecções, nesse ano, de JOSÉ GABRIEL PINTO COELHO, no âmbito da 1.ª Cadeira de Direito Civil, ou se estarão incompletos?

III – Mas dois anos antes de 1922-1923, já JOSÉ GABRIEL PINTO COELHO tinha ensinado matéria de Direitos Reais, então no curso de Direito Civil desenvolvido, em 1919-1920. Também esta disciplina gravitaria, no cunho a ela impresso por PINTO COELHO, essencialmente, em torno do direito de propriedade. Todavia, nessa altura com mais incidência ainda porquanto, de acordo com os sumários disponíveis, não seria ensinada nenhuma outra matéria. Além disso, a perspectiva de abordagem foi diversa da adoptada na 1.ª Cadeira de Direito Civil. No Direito Civil desenvolvido o foco é colocado na extensão e limitações ao direito de propriedade contra um tratamento mais abrangente deste direito em 1922-1923[1102]. Dos sumários relativos ao curso de Direito Civil destaca-se a compreensão dos direitos reais como envolvendo sempre uma relação entre pessoas.

---

constante dos sumários é *ipsis verbis* esta encontrando-se, de resto, sublinhada tal como sucede com as expressões em latim. Neste caso está-se, porém, não perante latim mas sim italiano, com um lapso. A expressão correcta seria *danno tenuto* – e não *danno ternuto* – cujo significado é dano sofrido. Mas o equívoco não é tão raro quanto isso. Uma pesquisa na Internet, com recurso à palavra-chave «*ternuto*», revela a existência de diversos sítios ou páginas em que, devido a gralha, a palavra aparece em lugar de *tenuto* e com o significado deste último termo). «*Posse: conceito e elementos – detenção material e animus possedendi. Ordenamento jurídico e social da protecção da posse. Teoria dos graus de posse: posse simples, posse legítima e posse de boa fé. As diferentes espécies de posse no nosso codigo civil: posse em nome próprio e em nome de outrem; posse de bôa e de má fé; posse titulada, registada, pacífica continua e publica.*»

[1102] Depois de uma aula dedicada à abertura do curso, objecto deste e plano de estudo, JOSÉ GABRIEL PINTO COELHO registaria, ainda, nos sumários, pelo seu próprio punho, seis lições, com termo a 13 de Dezembro, assim divididas: 1) As limitações do direito de propriedade provenientes das relações de vizinhança. Posição do problema. A questão da organização da propriedade. Conceito de propriedade; noção tradicional; caracteres deste direito. Noção de propriedade no Código Civil português; 2) Crítica da noção tradicional do direito de propriedade. O direito de propriedade, como direito real, importa sempre uma relação entre pessoas. O direito de propriedade não pode ser um direito absoluto e ilimitado; 3) O direito de propriedade não é um direito exclu-

5.3.6. O ensino dos Direitos Reais por CAEIRO DA MATA no quadro da disciplina de Direito Civil desenvolvido

I – CAEIRO DA MATA tornou-se Doutor em Direito pela Universidade de Coimbra em 1906, ali chegando à cátedra no mesmo ano. Foi entre outras, regente das disciplinas de Direito Comercial e de Direito Criminal[1103]. Seria transferido para a Faculdade de Direito da Universidade de Lisboa, tendo sido reitor desta universidade[1104].

II – Em Lisboa, CAEIRO DA MATA não se incumbiria nunca da regência da disciplina de Direitos Reais. Não obstante, no ano de 1921--1922 dedicaria o Direito Civil desenvolvido ao ensino dos Direitos Reais. Os sumários retratam apenas cinco aulas leccionadas entre 7 de Março de 1921 e 20 de Abril do mesmo ano. No essencial o curso estruturou--se em torno de um capítulo preliminar – relativo, por um lado, ao conteúdo dos direitos reais e seu confronto com os direitos de crédito e, por outro, aos caracteres do direito de propriedade – e de um título único, por sua vez dividido em dois capítulos. Esse título reporta-se às limitações do direito de propriedade, contendo o respectivo Capítulo I um conjunto de noções gerais enquanto o segundo se reportava às restrições inerentes à ideia de propriedade individual[1105/1106].

---

sivo de utilização da coisa. Direitos atribuídos a terceiros sobre a coisa alheia, exemplos no direito português e nas modernas legislações estrangeiras. Princípio doutrinal sobre o assunto. Restrição do direito de propriedade na delimitação do objecto do nosso estudo; 4) Extensão do direito de propriedade. O direito do proprietário ao espaço aéreo correspondente à superfície do imóvel. Controvérsia sobre o assunto; a origem romanista deste direito; crítica; fundamento deste direito; 5) Limites do direito reconhecido ao proprietário sobre o espaço aéreo correspondente ao imóvel – fundamento destes limites. As fórmulas de JHERING, PROUDHON e PANJALONI; 6) Desenvolvimento da tese do interesse prático ou interesse possível; interesse específico da propriedade reconhecida sobre a coluna aérea: a ideia de uso não nocivo desse espaço por terceiros.

[1103] *Os setenta...*, 61.
[1104] *Os setenta...*, 61.
[1105] *Sumario das lições ao curso de Direito Civil desenvolvido*, 1921-1922.
[1106] Em concreto as lições seriam divididas da seguinte forma. A aula de 7 de Março seria de abertura do curso. A de 9 de Março foi preenchida com o Capítulo preliminar:

5.3.7. O ensino dos Direitos Reais na 1.ª Cadeira de Direito Civil – Noções Gerais e Elementares de Direito Civil (remissões)

I – Neste período ocuparam-se da regência da 1.ª Cadeira de Direito Civil – Noções Gerais e Elementares de Direito Civil, ABRANCHES FERRÃO e JOSÉ TAVARES. Ambos deram, como vimos, testemunho, no contexto da Faculdade de Direito de Lisboa, da orientação que consistia em fornecer, logo em sede introdutória e no primeiro ano do curso, uma panorâmica alargada do Direito Civil. Por isso mesmo, foram levados a abordar matéria de Direitos Reais logo nesse primeiro ano. Disso demos, aliás, já conta quando procedemos à análise do magistério desses dois professores a propósito das disciplinas onde legalmente se deveria cumprir leccionação do Direito das Coisas. Não voltaremos, destarte, a repisar quanto dissemos já. Remete-se, simplesmente, para o escrito a este respeito[1107].

II – Igualmente neste período também coube a CARNEIRO PACHECO a regência da 1.ª Cadeira de Direito Civil – Noções Gerais e Elementares de Direito Civil, além da Disciplina de Direito Civil (Noções Fundamentais) após a reforma de 1928[1108]. Tal como com os au-

---

1) Conteúdo dos direitos reais; direitos reais e direitos de crédito; 2) Caracteres do direito de propriedade. A de 11 de Março tratou do Título I, limitações ao direito de propriedade, Capítulo I, noções gerais; 3) Causas limitadoras do exercício do direito de propriedade: a) defeito da pessoa; b) imperfeições do direito de propriedade: α) derivadas de convenção; β) derivadas da lei. A de 14 de Março disse respeito aos números 4, 5 e 6 do plano do curso. O primeiro dos três era relativo às restrições legais do direito de propriedade: a) inerentes à ideia de propriedade individual; b) contrárias à ideia de propriedade individual; o segundo aos limites das restrições legais ao direito de propriedade e o terceiro ao poder competente para estabelecer restrições ao direito de propriedade. Finalmente, a última aula registada, leccionada em 20 de Abril, ocupou-se do Capítulo II, restrições inerentes à ideia de propriedade individual, com um número único, correspondente ao número sete do plano geral, dedicado às limitações à propriedade em virtude dos princípios gerais e ao quase-contrato de vizinhança.

[1107] V., *supra* 4. 1. 2. 2 e 5. 3. 3.
[1108] Segundo MENEZES CORDEIRO, *Teoria*..., in *Revista*..., XXIX, 332, nota 65, coube-lhe a regência da Cadeira de Direito Civil do primeiro ano de 1928-1929 a 1933-

tores anteriormente mencionados, para permitir uma visão de conjunto da leccionação por este Professor das matérias conexionadas com o Direito das Coisas, procedemos a uma breve referência ao magistério de CARNEIRO PACHECO, na parte que nos interessa e no quadro da disciplina *introdutória* ao Direito Civil, quando analisámos o seu ensino dos Direitos Reais[1109]. Remete-se, pois, também agora, para aí.

III – Relativamente aos outros regentes da cadeira *introdutória* de Direito Civil neste período, os elementos disponíveis apenas permitem constatar uma muito breve referência a matérias que poderiam igualmente ser tratadas no contexto dos Direitos Reais, como sucede com o estatuto das Coisas.

-1934, e em parte nos anos de 1934-1935 e 1935-1936. Porém, os sumários de 1928--1929 estão assinados por JOSÉ GABRIEL PINTO COELHO (cfr. *Direito Civil, 1.º ano, sumários*, 1928-1929).
[1109] Cfr. *supra* 5. 3. 2.

6. De 1935-1936 ao Código Civil de 1966

6.1. Introdução. O dualismo COIMBRA/LISBOA. A reforma de 1945 e a tentativa de elevação da disciplina de Direitos Reais a cadeira anual

I – O ano lectivo de 1935-1936 corresponde àquele em que JAIME DE GOUVEIA começaria a leccionar a disciplina de Direitos Reais. Adiante analisaremos especificamente o contributo deste professor no âmbito do ensino do Direito das Coisas. Cumpre, todavia, referir, desde já, a circunstância de ter cabido a este autor o mérito de, pela primeira vez, ter abordado os Direitos Reais pelo prisma de uma parte geral[1110]. A sua lição seria depois seguida – descontadas as episódicas excepções imediatamente posteriores à revolução de 25 de Abril de 1974 e de JOSÉ ALBERTO VIEIRA mais tarde – com desenvolvimentos diversos por quase todos quantos na Faculdade de Direito de Lisboa, tendo deixado algum tipo de registo do respectivo ensino, regeram a cadeira de Direitos Reais.

Este esquema ou modo de proceder ao ensino do Direito das Coisas não seria, porém, adoptado em Coimbra, onde a cadeira, marcada, porventura, pela feição característica predominantemente assumida na respec-

---

[1110] Expressamente neste mesmo sentido v. MENEZES CORDEIRO, *Direitos*..., 23 e 24 e 30.

tiva Faculdade de Direito pelas disciplinas introdutórias de Direito Civil – ao jeito de MACHADO VILELA[1111], CARNEIRO PACHECO[1112], MANUEL RODRIGUES[1113], VAZ SERRA[1114], sobretudo PIRES DE LIMA[1115] e ANTUNES VARELA[1116] – e pelo antecipar nelas de grande número de matérias de Direitos Reais, revestiria um carácter mais fragmentário[1117/1118].

II – Adiante referir-nos-emos com mais pormenor às vantagens de se procurar a elaboração de uma teoria geral dos Direitos Reais[1119]. Por agora, diremos apenas não se revelar a nova forma de proceder ao estudo deste ramo do Direito Civil, iniciada por JAIME DE GOUVEIA e com os desenvolvimentos posteriores que lhe seriam emprestados – com destaque para LUIS PINTO COELHO[1120], PAULO CUNHA[1121], GOMES DA SILVA[1122], DIAS MARQUES[1123] e, a partir da década de sessenta do

---

[1111] V. o que se escreveu *supra* 4. 1. 1. 3.
[1112] Cfr. *supra* 4. 1. 1. 3
[1113] Veja-se quanto se escreveu a propósito do ensino, por este Professor, das disciplinas introdutórias de Direito Civil *supra* 5. 2. 2.
[1114] Confira-se quanto se escreveu *supra* 5. 2. 6. 3.
[1115] V. *infra* 6. 2. 1, em nota.
[1116] Cfr. *infra* 6. 2. 3.
[1117] Assim, também, MENEZES CORDEIRO, *Teoria*..., in *Revista*..., XXIX, 337, nota 77.
[1118] Isto sem prejuízo de não ser possível falar, ao nível do ensino dessas disciplinas introdutórias, de escolas diversas. Num passo devidamente sublinhado por MENEZES CORDEIRO, *Teoria*..., in *Revista*..., XXIX, 338, a grande divisão pedagógica – dar ou não uma visão panorâmica de todo o Direito Civil logo no primeiro ano – atravessou ambas as faculdades. Em Lisboa adoptaram-na ABRANCHES FERRÃO, JOSÉ TAVARES e o próprio JAIME DE GOUVEIA. Em Coimbra depuseram contra ela GUILHERME MOREIRA e CABRAL DE MONCADA (cfr. 5. 2. 6. 4. o que se escreve no parágrafo e período precedente a respeito do ensino deste Professor).
[1119] Cfr. *infra*, Parte II.
[1120] V. quanto se escreve a respeito do ensino, por este Professor, da disciplina de Direitos Reais *infra*, no presente parágrafo, na parte relativa à Faculdade de Direito de Lisboa.
[1121] Cfr., igualmente, *infra* no presente parágrafo quanto escrevemos acerca do ensino deste insigne Professor da Faculdade de Direito de Lisboa.
[1122] V. *infra*, sempre no presente parágrafo, a parte dedicada ao ensino do Direito das Coisas na Faculdade de Direito de Lisboa.

século passado, OLIVEIRA ASCENSÃO e, mais tarde, desde finais da década de setenta, da mesma centúria, e princípios do século XXI MENEZES CORDEIRO –, inócua. Bem pelo contrário, como oportunamente se sublinhará. Sem se reduzir uma à outra, conhece-se a importância, ao nível do pensamento em geral e do pensamento jurídico em concreto, do método relativamente aos conteúdos[1124] – ao ponto de se chegar a dizer ser o *quid* função do *quidmodo*, o *que* provir do *como* ou o conteúdo representar um produto da forma ou de se afirmar que no *princípio é o método* e se proceder à consideração da actual situação do nosso tempo como uma cultural situação metodológica[1125/1126] – e da sistematização sobre as próprias saídas substantivas[1127]. É, pois, este um marco a assi-

---

[1123] V., novamente, *infra* no presente parágrafo, na parte relativa ao ensino dos Direitos Reais na Faculdade de Direito de Lisboa, o que escrevemos a respeito deste Professor. Veja-se, também, *infra* as páginas dedicadas a DIAS MARQUES naquele que identificámos como correspondendo ao último período do ensino dos Direitos Reais.

[1124] Cfr. CASTANHEIRA NEVES, *O sentido*…, in *Boletim*…, Volume Comemorativo, 122 e 123.

[1125] V., novamente, CASTANHEIRA NEVES, *O sentido*…, in *Boletim*…, Volume Comemorativo, 116 e ss..

[1126] Rejeita-se aqui, desde já, claramente qualquer tipo de niilismo contemporâneo que redunde na passagem da verdade para o método; qualquer cepticismo ou abandono da verdade materialmente objectiva a favor de uma auto-sustentável ou auto-reflexiva analítica sobre o pensamento e o pensável; o abandono da intenção material a favor de critérios instrumentalmente funcionais; ou, se se quiser, a passagem da teleologia à metodologia e a consideração do *metodologismo* como o sucessor do formalismo na preterição da intencionalidade às *transcendências fundamentantes* no universo jurídico a que se vem assistindo desde a modernidade secularizada. A respeito das críticas que têm sido feitas a propósito da situação cultural do nosso tempo como uma cultural situação metodológica e do juízo fortemente negativo concitado por esse entendimento v., por todos, com indicações, CASTANHEIRA NEVES, *O sentido*…, in *Boletim*…, Volume Comemorativo, 121 e 122. Contra a aceitação das diversas formas de encarar o Direito na mera perspectiva de um qualquer funcionalismo ou simples modo de proceder v., ainda, do mesmo autor, *Metodologia*…, *passim*, e por exemplo, 47 e ss.; e *O Direito hoje e com que sentido. O problema actual da autonomia do direito*, Lisboa, 2002, *per totum*.

[1127] V. quanto escreve a este respeito MENEZES CORDEIRO, *Da boa fé*…, I e II, *passim*, acerca da teoria evolutiva dos sistemas e da ideia de sistema (do mesmo autor v. ainda *Ciência do direito e metodologia jurídica*…, *per totum*, em especial 42 e ss., e 56

nalar, fazendo-o coincidir com o começo de um novo período na história do ensino dos Direitos Reais.

III – Este período seria também aquele em que se procederia à reforma do plano de estudos das Faculdades de Direito de 1945. Numa breve síntese, procurou extinguir-se o bacharelato[1128]. As Faculdades passariam, após um curso de cinco anos, a conceder o grau de licenciado[1129]. Na base estiveram dois projectos apresentados, cada um por uma das Faculdades e que depois foram transformados num só[1130]. O plano aprovado consa-

---

e ss.; e no que concretamente aos Direito das Coisas diz respeito *Evolução juscientífica...*, in *Estudos...*, I, 201 e ss., e designadamente, 222, onde se escreve: «(...) *À medida que seja alcançada, a teoria geral de Direitos Reais não viabiliza apenas, no campo cognitivo, um domínio mais aperfeiçoado da matéria e uma melhoria nas formas de comunicação a ela atinentes. A teoria geral de Direitos Reais permite obter e justificar soluções novas para os problemas jurídicos as quais se revelam, à partida, mais consentâneas com os objectivos globais e particulares prosseguidos pelo Direito, na área das ordenações corpóreas*»; Id., *Direitos Reais, sumários*, cit., 18 e ss.. Cfr., também, MENEZES CORDEIRO, *Teoria...*, in *Revista...*, XXIX, 351); e, também, embora de forma parcelar o nosso *A representação...*, 228 e ss., 267 e ss..

[1128] Nos termos do artigo 13.º/4 do Decreto n.º 20 550, de 26 de Novembro de 1931, e do Estatuto Judiciário com as alterações e novas regras introduzidas pelo Decreto n.º 22 779, de 29 de Junho de 1933, os bacharéis não podiam desempenhar actividade como advogados, magistrados, notários contadores, escrivães das Relações, chefes de secretaria judicial e distribuidores gerais, mas apenas conservadores do registo predial e do registo civil e escrivães dos juízos de Direito, e inclusivamente nesses cargos tinham precedência os doutores e licenciados, conforme o artigo 17.º do Decreto n.º 16 044, de 16 de Outubro de 1928.

[1129] Para mais pormenores acerca desta reforma v. TEIXEIRA RIBEIRO, *A reforma das Faculdades de Direito*, in *Boletim da Faculdade de Direito*, 1945, XXI, 618 e ss.; MARCELLO CAETANO, *Apontamentos...*, in *Revista...*, XIII, 147 e ss.; ALMEIDA COSTA, «*Leis, cânones, Direito*»..., in *Dicionário de História...*, III, 477; MENEZES CORDEIRO, *Teoria...*, in *Revista...*, XXIX, 339 e ss.; MENEZES LEITÃO, *O ensino...*, 160 e ss..

[1130] Uma consulta desses projectos pode fazer-se através de TEIXEIRA RIBEIRO, *A reforma...*, in *Boletim...*, 1945, XXI, 623 e ss.. Cfr. também a *Acta n.º 288 do Conselho da Faculdade de Direito da Universidade de Lisboa de 26 de 1941*, in *Livro de Actas do Conselho da Faculdade...*, II, 65 f. e ss..

graria essencialmente as posições da Faculdade de Direito de Coimbra[1131]. De entre as propostas formuladas por Lisboa, que não foram aceites[1132], destaca-se aqui, no tocante ao *curriculum*, a defesa da elevação a Cadeira anual da disciplina de Direitos Reais[1133]. Mas ela manter-se-ia como simples disciplina semestral e, no dizer de MENEZES CORDEIRO[1134], com danos pesados uma vez que o respectivo alargamento teria permitido estudar o Direito dos bens imateriais[1135]. No que ao Direito Civil vinha

---

[1131] Assim, também, MENEZES LEITÃO, *O ensino*..., 161. Para além de um confronto directo pode, ainda, encontrar-se uma análise comparativa dos dois projectos em TEIXEIRA RIBEIRO, *A reforma*..., in *Boletim*..., 1945, XXI, 618 e ss..

[1132] Para ulteriores desenvolvimentos v., na literatura jurídica, MENEZES CORDEIO, *Teoria*..., in *Revista*..., XXIX, 339, nota 80; e MENEZES LEITÃO, *O ensino*..., 161.

[1133] Em rigor o projecto da Faculdade de Direito de Lisboa apenas previa os Direitos Reais como um curso e não como uma disciplina. Quer isto dizer estar em causa apenas um semestre e não dois. É na exposição enviada ao vice-reitor da Universidade, pelo director da Faculdade, e destinada a informar o ministro sobre qual o parecer da Faculdade que se faz menção à necessidade, afirmada como indispensável, de alargar a disciplina de Direito das Coisas. V. *Acta n.º 288 do Conselho da Faculdade de Direito da Universidade de Lisboa de 26 de 1941*, cit., in *Livro*..., II, 67 f..

[1134] MENEZES CORDEIRO, *Teoria*..., in *Revista*..., XXIX, 339, nota 80.

[1135] Não iremos ocupar-nos agora da questão que consiste em saber se a disciplina de Direitos Reais deve ou não cobrir essas matérias. Isso será feito a propósito do programa que se irá propor. Em todo o caso vejam-se desde já as considerações apontando em sentido contrário, por razões técnicas, de OLIVEIRA ASCENSÃO, *Direito*..., 38 e ss.. Também RUI PINTO DUARTE, *Curso*..., 29 e ss., admitindo a tese, que rejeitamos, segundo a qual poderiam existir Direitos Reais sobre coisas não corpóreas ou que os direitos de autor e de propriedade industrial serão eventualmente direitos de propriedade e defendendo, além disso, a admissibilidade da existência de direitos sobre direitos, coloca sérias dúvidas quanto à possibilidade de uma dogmática comum dos direitos reais sobre as coisas corpóreas e dos direitos sobre as bens imateriais. Mas, mesmo quando isso fosse alcançável, afirma, a sua exposição conjunta seria didacticamente desaconselhável. Em sentido diverso manifesta-se MENEZES CORDEIRO, *Direitos*..., 339 nota 339, que, referindo-se a uma experiência efectuada por OLIVEIRA ASCENSÃO de modo a alargar os Direitos Reais por forma a abranger também o Direito dos bens imateriais, considera ter sido ela coroada do maior êxito, e, conforme se refere no texto, qualifica de pesado dano a impossibilidade a que a limitação dos Direitos Reais a um semestre vota esse estudo conjunto. Note-se, a fechar, não

dizendo respeito, a estruturação curricular das disciplinas ficou ordenada do seguinte modo[1136]:

1.º ano – Cadeira de Introdução ao Estudo do Direito,
2.º ano – Cadeira de Direito Civil (Teoria Geral),
3.º ano – Cadeira de Direito Civil (Direito das Obrigações),
4.º ano – Curso de Direito Civil (Direitos Reais),
4.º ano – Curso de Direito Civil (Direito da Família),
4.º ano – Curso de Direito Civil (Direito das Sucessões).

A antiga Cadeira de Direito Civil – Noções Fundamentais, do 1.º ano, seria, assim, desdobrada em duas: a Introdução ao Estudo do Direito, que não tem apenas a ver com o Direito Civil[1137], e a Parte Geral do Direito Civil, apresentada como uma Teoria Geral, merecedora de consagração legal expressa[1138].

Era, em todos os aspectos, o triunfo do sistema de HEISE[1139].

6.2. O ensino dos Direitos Reais na Faculdade de Direito de Coimbra

I – O presente período ficaria marcado, na Faculdade de Direito de Coimbra, pela figura e presença de PIRES DE LIMA.

A começar, e como se cuidará de referir adiante, na disciplina de *Introdução* ao Direito Civil do primeiro ano, ensinada por este Professor durante largos anos e onde se procedia, desde logo, a uma autêntica

---

ter sido essa experiência a única no sentido de abranger o estudo de matérias referentes a bens imateriais no âmbito da disciplina de Direitos Reais. Também LUÍS PINTO COELHO faria referências à propriedade industrial, direitos de exclusivo e propriedade intelectual embora de modo não sistemático.

[1136] Para uma consulta de todo o plano pode ver-se, por exemplo, *Comissão de reestruturação da Faculdade de Direito de Lisboa (Relatório)*, Lisboa, 1977, 111 e ss. (este relatório seria ainda publicado na *Revista da Faculdade de Direito da Universidade de Lisboa*, 1992, XXXIII).
[1137] Cfr. MENEZES CORDEIRO, *Teoria*..., in *Revista*..., XXIX, 340.
[1138] MENEZES CORDEIRO, *Teoria*..., in *Revista*..., XXIX, 340.
[1139] Assim, também, MENEZES CORDEIRO, *Teoria*..., in *Revista*..., XXIX, 340. Para mais pormenores a respeito deste sistema v. *infra*.

antecipação deste sector da enciclopédia jurídica, com o consequente abordar, aí, de inúmeras matérias de Direitos Reais.

Mas, também, e muito particularmente na regência da disciplina de Direitos Reais que ocupou, com um interregno entre 1947-1948 e 1955--1956 (momento correspondente ao exercício de funções governamentais), desde o ano de 1931-1932[1140] a 1959-1960.

II – Além de PIRES DE LIMA leccionaram também a disciplina de Direitos Reais, neste período, FERRER CORREIA, EDUARDO CORREIA, ANTUNES VARELA e HENRIQUE MESQUITA.

Em concreto foram as seguintes as regências desta Cadeira no período agora em referência:

1935-1936: PIRES DE LIMA[1141],
1936-1937: PIRES DE LIMA[1142],
1937-1938: PIRES DE LIMA[1143],
1938-1939: PIRES DE LIMA[1144],
1939-1940: PIRES DE LIMA[1145],
1940-1941: PIRES DE LIMA[1146],
1941-1942: PIRES DE LIMA[1147],
1942-1943: PIRES DE LIMA[1148],
1943-1944: PIRES DE LIMA[1149],

[1140] Para os anos compreendidos entre 1931-1932 e 1935-1936 v. as indicações fornecidas *supra* 5. 2.
[1141] *Curso de Direitos Reais. Livro de Sumários das lições, 3.º ano*, 1935-1936.
[1142] *Curso de Direitos Reais. Livro de Sumários das lições*, 1936-1937.
[1143] *Curso de Direitos Reais. Livro de Sumários das lições*, 1937-1938. V., também, os *Mapas de serviço docente da Faculdade de Direito de Coimbra*, 1937-1938.
[1144] *Mapa de apuramento da distribuição do serviço docente para efeitos do art. 15.º do Decreto--Lei n.º 20 258, de 31 de Agosto de 1931*, 1938-1939.
[1145] *Mapa de apuramento da distribuição do serviço docente para efeitos do art. 15.º do Decreto--Lei n.º 20 258, de 31 de Agosto de 1931*, 1939-1940.
[1146] *Curso de Direito Civil (Direitos Reais)*, 1940-1941.
[1147] *Curso de Direito Civil (Direitos Reais)*, 1941-1942.
[1148] *Mapa de apuramento da distribuição do serviço docente para efeitos do art. 15.º do Decreto--Lei n.º 20 258, de 31 de Agosto de 1931*, 1942-1943.
[1149] *Curso de Direito Civil (Direitos Reais)*, 1943-1944.

1944-1945: PIRES DE LIMA[1150],
1945-1946: PIRES DE LIMA[1151],
1946-1947: PIRES DE LIMA[1152],
1947-1948: FERRER CORREIA[1153],
1948-1949: EDUARDO CORREIA[1154],
1949-1950: EDUARDO CORREIA[1155],
1950-1951: ANTUNES VARELA[1156],
1951-1952: ANTUNES VARELA[1157],
1952-1953: ANTUNES VARELA[1158],
1953-1954: ANTUNES VARELA[1159/1160],
1955-1956: PIRES DE LIMA[1161],

[1150] *Curso de Direito Civil (Direitos Reais)*, 1944-1945.
[1151] *Curso de Direito Civil (Direitos Reais)*, 1945-1946.
[1152] *Curso de Direito Civil (Direitos Reais), P.T.*, 1946-1947.
[1153] Cfr. *Mapa de apuramento da distribuição do serviço docente para efeitos do art.º 15.º do Decreto-Lei n.º 20 258, de 31 de Agosto de 1931*, 1947-1948.
[1154] O *Mapa de apuramento da distribuição do serviço docente para efeitos do art.º 15.º do Decreto-Lei n.º 20 258 de 31 de Agosto de 1931*, 1948-1949, indica ter cabido a EDUARDO CORREIA a regência dos Direitos Reais, quer relativa ao período transitório, quer à nova reforma.
[1155] No *Mapa de apuramento da distribuição do serviço docente para efeitos do art.º 15.º do Decreto-Lei n.º 20 258, de 31 de Agosto de 1931*, 1949-1950, volta a constar EDUARDO CORREIA como encarregado da disciplina de Direitos Reais, quer no tocante ao período transitório, quer no que diz respeito à nova reforma, sendo as aulas regidas em conjunto.
[1156] *Curso de Direito Civil. Direitos Reais, Livro de Sumários das lições (3.º ano P.T. e 4.º N. R)*, 1950-1951. V., igualmente, *Mapa de apuramento da distribuição do serviço docente para efeitos do art. 15.º do Decreto-Lei n.º 20 258, de 31 de Agosto de 1931*,1950-1951.
[1157] *Mapa de apuramento da distribuição do serviço docente para efeitos do art.º 15.º do Decreto-Lei n.º 20 258, de 31 de Agosto de 1931*, 1951-1952.
[1158] *Mapa de apuramento da distribuição do serviço docente para efeitos do art.º 15.º do Decreto-Lei n.º 20 258 de 31 de Agosto de 1931*, 1952-1953.
[1159] *Mapa de apuramento da distribuição do serviço docente para efeitos do art.º 15.º do Decreto-Lei n.º 20 258 de 31 de Agosto de 1931*, 1953-1954.
[1160] O *Mapa de distribuição do serviço docente (artigo 15.º do Decreto-Lei n.º 20 258, de 13 de Agosto de 1931)*, 1954-1955, regista o facto de nesse ano PIRES DE LIMA desempenhar as funções de ministro da Educação. Curiosamente não encontrámos nenhuma menção nos mapas do Professor a quem coube nesse ano a regência de Direitos Reais.
[1161] *Mapa de distribuição do serviço docente (artigo 15.º do Decreto-Lei n.º 20 258, de 13 de Agosto de 1931)*, 1955-1956.

1956-1957: PIRES DE LIMA[1162],
1957-1958: PIRES DE LIMA[1163],
1958-1959: PIRES DE LIMA[1164],
1959-1960: PIRES DE LIMA[1165],
1960-1961: HENRIQUE MESQUITA[1166],
1961-1962: HENRIQUE MESQUITA/PIRES DE LIMA[1167],
1962-1963: HENRIQUE MESQUITA[1168],
1963-1964: HENRIQUE MESQUITA[1169],
1964-1965: HENRIQUE MESQUITA[1170],

[1162] *Mapa de distribuição do serviço docente (artigo 15.º do Decreto-Lei n.º 20 258, de 13 de Agosto de 1931)*, 1956-1957.

[1163] *Mapa de distribuição do serviço docente (artigo 15.º do Decreto-Lei n.º 20 258, de 13 de Agosto de 1931)*, 1957-1958.

[1164] *Mapa de distribuição do serviço docente (artigo 15.º do Decreto-Lei n.º 20 258, de 13 de Agosto de 1931)*, 1958-1959.

[1165] *Mapa de distribuição do serviço docente (artigo 15.º do Decreto-Lei n.º 20 258, de 13 de Agosto de 1931)*, 1959-1960.

[1166] *Mapa de distribuição do serviço docente (artigo 15.º do Decreto-Lei n.º 20 258, de 13 de Agosto de 1931)*, 1960-1961.

[1167] De acordo com indicação de MANUEL HENRIQUE MESQUITA, *Curriculum vitae*, Coimbra, Maio de 1990, 6, coube-lhe, designadamente, a regência do curso de Direitos Reais em 1961-1962 e 1962-1963. MESQUITA indica, todavia, de seguida, sem que fique claro se se está a reportar aos dois anos lectivos – como nos parece – ou tão-só ao último, que essa regência apenas durou até 31 de Dezembro. Note-se que o livro de sumários por nós encontrado e datado de 1961-1962 (cfr. *Curso de Direitos Reais. Livro de Sumários das lições*, 1961-1962) somente se encontra assinado por HENRIQUE MESQUITA até 4 de Novembro de 1961. A partir daí, e até ao encerramento do curso, a assinatura é de PIRES DE LIMA.

[1168] *Mapa de distribuição do serviço docente (artigo 15.º do Decreto-Lei n.º 20 258, de 13 de Agosto de 1931)*, 1962-1963. Conforme se refere, porém, na nota anterior, a informação dada pelo próprio HENRIQUE MESQUITA é a de que nesse ano apenas lhe coube esta regência até Dezembro. A partir daí o ensino terá provavelmente pertencido a PIRES DE LIMA.

[1169] *Mapa de distribuição do serviço docente (artigo 15.º do Decreto-Lei n.º 20 258, de 13 de Agosto de 1931)*, 1963-1964.

[1170] *Mapa de distribuição do serviço docente (artigo 15.º do Decreto-Lei n.º 20 258, de 13 de Agosto de 1931)*, 1964-1965.

1965-1966: HENRIQUE MESQUITA[1171],
1966-1967: HENRIQUE MESQUITA[1172].

6.2.1. PIRES DE LIMA

I – Conforme se acabou de referir, PIRES DE LIMA leccionaria a disciplina de Direitos Reais durante vinte e um anos. Primeiro, do ano lectivo de 1931-1932 ao de 1946-1947. Depois, de 1955-1956 a 1959--1960 e mais tarde com repartição de regência com HENRIQUE MESQUITA – como sucederia no ano de 1961-1962 e provavelmente em 1962-1963. Entre 1947 e 1955 PIRES DE LIMA foi ministro da Educação.

Ficaram abundantes dados relativos ao primeiro destes dois períodos de ensino. Na verdade, para além de ter deixado inúmeros sumários referentes aos diferentes cursos que leccionou entre 1931 e 1947[1173], de PIRES DE LIMA existem, também, umas lições de Direitos Reais, em várias edições[1174], segundo as respectivas prelecções[1175]. Finalmente, encontram-

---

[1171] *Mapa de distribuição do serviço docente (artigo 15.º do Decreto-Lei n.º 20 258, de 13 de Agosto de 1931)*, 1965-1966.
[1172] *Curso de Direitos Reais. Livro de Sumários das lições*, 1966-1967.
[1173] Confira-se, por exemplo, *Curso de Direitos...*, 1931-1932; *Curso de Direitos...*, 1932-1933 (com início em 20 de Outubro de 1932), *Sumários, Direitos Reais*, 1932-1933 (com início em Março de 1932); *Curso de Direitos...*, 1933-1934 (com início em 19 de Outubro de 1933); *Sumários, Direitos Reais*, 1933-1934 (com início em 1 de Março de 1934); *Curso de Direitos...*, 1934-1935 (com início em 18 de Outubro de 1934); *Curso de Direitos Reais*, 1934-1935 (com início em 7 de Março de 1935); *Curso de Direitos...*, 1935-1936; *Curso de Direitos...*, 1936-1937; *Curso de Direitos...*, 1937-1938; *Curso de Direito...*, 1940-1941; *Curso de Direito...*, 1941-1942; *Curso de Direito...*, 1943-1944; *Curso de Direito...*, 1944-1945; *Curso de Direito...*, 1945-1946; *Curso de Direito...*, 1946-1947.
[1174] Consultámos PIRES DE LIMA, *Lições de Direito civil (Direitos Reais)*, de harmonia com as prelecções ao 3.º ano jurídico de 1932-1933, compiladas por ELÍSIO C. VILAÇA e DAVID AUGUSTO FERNANDES, Coimbra, 1933; *Lições de Direito Civil (Direitos Reais)*, de harmonia com as prelecções ao 3.º ano jurídico de 1940-1941, compiladas por DAVID AUGUSTO FERNANDES, Coimbra, 1941; *Lições de Direito*

-se umas lições dedicadas exclusivamente ao ensino do direito relativo à propriedade das águas[1176].

Já relativamente ao segundo período do ensino de PIRES DE LIMA encontrámos as Lições de 1958[1177] e os sumários de 1955-1956[1178] e de 1961-1962, sendo que neste último a regência da disciplina foi repartida com HENRIQUE MESQUITA.

II – A análise da informação encontrada permite detectar uma enorme estabilidade nas matérias de Direitos Reais ensinadas por PIRES DE LIMA. Nos primeiros anos, ainda se assiste a um desenvolvimento importante dos conteúdos ensinados por este Professor. Destaque particular merece a evolução verificada do ano de 1931-1932 para o de 1932--1933. Na verdade, neste último ano, e relativamente ao anterior, as prelecções de PIRES DE LIMA mantêm-se, salvo pequenos arranjos de sistematização e de numeração, inalteradas até ao estudo do «*Uso e exploração de águas particulares*», correspondente ao número 16 do plano

---

Civil (Direitos Reais), 3.ª ed., segundo as prelecções do Professor ao curso do 3.º ano jurídico de 1945-1946, compiladas por DAVID AUGUSTO FERNANDES, Coimbra, 1946.

[1175] A 3.ª edição é formalmente apresentada como sendo criação de DAVID AUGUSTO FERNANDES. Existe inclusivamente um prefácio de DAVID AUGUSTO FERNANDES que lhe é imputado na sua qualidade de autor do livro. Contudo, o próprio DAVID FERNANDES escreve claramente: «*Neste livro eu tenho apenas a autoria formal: reuni as prelecções do Professor Pires de Lima o melhor que pude e soube. E até mesmo este trabalho me não pertence exclusivamente, pois aquele Ex.mo Professor reviu estas Lições e deu-me todos os elementos para a sua actualização, em harmonia com o plano de curso e com a legislação posterior a 1941.*»

[1176] PIRES DE LIMA, *Da propriedade das águas*, extracto das prelecções compiladas por ARMANDO PAULA RAMOS, Coimbra, 1939. A justificação apresentada para a publicação destas lições separadas da restante matéria prende-se com as alterações introduzidas por PIRES DE LIMA, no curso de Direitos Reais, na parte respeitante à propriedade das águas. Do ponto de vista sistemático é, porém, a estabilidade e continuidade a sobressaírem.

[1177] PIRES DE LIMA, *Lições de Direito Civil (Direitos Reais)*, 4.ª ed., de harmonia com as prelecções ao curso do 4.º ano jurídico de 1957-1958 da Universidade de Coimbra, Coimbra, 1958.

[1178] *Curso de Direito Civil (Direitos Reais) – sumários das Lições*, 1955-1956.

começado no primeiro dos dois anos. A partir daqui surge, todavia, matéria nova relativa às restrições ao direito de propriedade. Terminado o ensino deste tema, PIRES DE LIMA volta a fazer coincidir o teor dos sumários relativos aos dois anos, mas introduzindo, agora, nos últimos, um conjunto de referências a propósito da servidão legal de passagem que correspondem a uma novidade no confronto com os registos antecedentes. A concluir o curso aparece, em 1932-1933, outro novo tema, no confronto com o sucedido no ano lectivo anterior: a compropriedade. Tem interesse estabelecer um confronto directo entre os dois programas:

1931-1932[1179] PIRES DE LIMA Abertura do Curso Introdução	1932-1933[1180] PIRES DE LIMA Plano Geral do Curso – Bibliografia
1. Conceito jurídico de património, a. Doutrina clássica, Crítica, b. Doutrina moderna, Crítica, c. Solução adoptada,	1. Conceito jurídico de património, a. Doutrina clássica. Crítica, b. Doutrina moderna. Crítica, c. Solução adoptada,
2. Importância do conceito de património, a. Separação de patrimónios, b. Sub-rogação real,	2. Importância do conceito de património, a. Separação de patrimónios, b. Sub-rogação real,
3. Elementos que constituem o património,	3. Elementos que constituem o património,
4. Conceito de Direitos Reais, a. Doutrina clássica,	4. Conceito de Direitos Reais, a. Doutrina clássica,

---

[1179] *Curso de Direitos...*, 1931-1932.
[1180] Cfr. *Curso de Direitos...*, 1932-1933 (iniciados em 20 de Outubro de 1932). Nos sumários relativos ao curso de Direitos Reais, leccionado no segundo semestre, aparecem igualmente as restrições à propriedade, mas existem alguns acertos na esquematização e numeração, além de que a matéria termina, tal como no ano anterior, com a servidão de escoamento, e, portanto, antes de se iniciar o estudo da compropriedade. Cfr. *Curso de Direitos...*, 1931-1932. Note-se que o plano constante dos sumários ultrapassa largamente o teor das *Lições de Direito Civil...*, *per totum*, correspondentes a este ano lectivo que não vão além do Capítulo II dedicado às restrições ao direito de propriedade.

b. Doutrinas personalistas,
c. Doutrina de Duguit,
d. Crítica,
  i. Lado interno do direito real,
  ii. Lado externo,
5. Consequências normais do conceito de direito real,
  a. Direito de sequela,
  b. Direito de preferência,
6. Enumeração dos direitos reais.
    Capítulo I
    Direito de propriedade
7. Conceito,
8. Caracteres,
  a. Poder directo,
  b. Poder indeterminado,
  c. Poder exclusivo,
  d. Poder perpétuo,
9. Faculdades inerentes ao direito de propriedade,
  a. Poderes materiais,
    i. *jus utendi*,
    ii. *jus fruendi*,
    iii. *jus abutendi*,
  b. Poderes jurídicos,
    i. Alienação,
    ii. Administração,
10. Objecto do direito de propriedade,
  a. Coisas imóveis,
  b. Coisas móveis,
11. Extensão do direito de propriedade,
  a. Partes componentes,
  b. Partes integrantes,
  c. Frutos,
  d. A acessão,
  e. As coisas acessórias,

b. Doutrinas personalistas,
c. Doutrina de Duguit,
d. Crítica,
  i. Lado interno do direito real,
  ii. Lado externo,
5. Consequências normais do conceito de direito real,
  a. Direito de sequela,
  b. Direito de preferência,
6. Enumeração dos direitos reais,
    Capítulo I
    Direito de propriedade
7. Conceito,
8. Caracteres,
  a. Poder directo,
  b. Poder indeterminado,
  c. Poder exclusivo,
  d. Poder perpétuo,
9. Faculdades inerentes ao direito de propriedade,
  a. Poderes materiais,
    i. *jus utendi*,
    ii. *jus fruendi*,
    iii. *jus abutendi*,
  b. Poderes jurídicos,
    i. Alienação,
    ii. Administração,
10. Objecto do direito de propriedade,
  a. Coisas imóveis,
  b. Coisas móveis,
11. Extensão do direito de propriedade,
  a. Partes componentes,
  b. Partes integrantes,
  c. Frutos,
  d. A acessão,
  e. As coisas acessórias,

12. Extensão da propriedade imóvel,
   a. Limites horizontais,
   b. Limites verticais,
      i. Espaço aéreo,
      ii. O subsolo,
13. Elementos do solo e do subsolo desintegrados da propriedade superficiária,
   a. As minas,
   b. Os tesouros,
   c. As águas minerais,
   d. As correntes de água não navegáveis nem flutuáveis e as águas fluviais que atravessam prédios particulares,
14. Propriedade das águas,
   a. Natureza jurídica das águas,
   b. Classificação e modalidades das águas,
   c. O Decreto n.º 5787-III[1181], e os direitos adquiridos,
   d. Direitos ressalvados pelo artigo 438.º e § único do art. 444.º do Código Civil,
15. Uso e concessão de águas públicas,
16. Uso e exploração de águas particulares,
17. Servidão de águas. Noções gerais,
   a. Conceito de servidão,
   b. Servidões irregulares,
   c. Classificação das servidões,
      i. Contínuas e descontínuas,
      ii. Aparentes e não aparentes,
	12. Extensão da propriedade imóvel,
	   a. Limites horizontais,
	   b. Limites verticais,
	      i. Espaço aéreo,
	      ii. O subsolo,
	13. Elementos do solo e do subsolo desintegrados da propriedade superficiária,
	   a. As minas,
	   b. Os tesouros,
	   c. As águas minerais,
	   d. As correntes de água não navegáveis nem flutuáveis e as águas fluviais que atravessam prédios particulares,
	14. Propriedade das águas,
	   a. Natureza jurídica das águas,
	   b. Classificação e modalidades das águas,
	15. O Decreto n.º 5787-IIII e os direitos adquiridos,
	16. Direitos ressalvados pelo artigo 438.º e § único do art. 444.º do Código Civil,
	17. Uso e concessão de águas públicas,
	18. Uso e exploração de águas particulares,
	19. Restrições ao Direito de propriedade. Conceito e modalidades,
	20. Expropriação por utilidade pública,
	   a. Conceito,
	   b. Condição de fundo,
	   c. Processo de expropriação.

[1181] Este decreto é de 10 de Maio de 1919.

d. Fontes das servidões,
e. Exercício das servidões,
f. Extinção das servidões.
18. Servidão de presa,
   a. Conceito,
   b. Aquisição,
   c. Extinção,
19. Servidão de aqueduto,
   a. Conceito,
   b. Prédios por onde pode ser constituída,
   c. Condições em que é imposta,
   d. Constituição da servidão,
   e. Exercício da servidão,
   f. Extinção,
20. Servidão de escoamento,
   a. Conceito e modalidades,
   b. Constituição, conservação e extinção da servidão de escoamento.
21. Restrições ao direito de construir,
   a. Licença para construção,
   b. Alinhamento,
   c. Condições de salubridade e segurança,
   d. Demolição de prédios,
22. Restrições derivadas da proximidade das estradas,
23. Restrições impostas pela vizinhança do caminho-de-ferro,
24. Restrições impostas pelo estabelecimento das linhas telefónicas, de transporte de energia eléctrica e outras, Restrições de Direito Privado,
25. Plantação de árvores e arbustos,
26. Escavação,
27. Construções e edificações,
   a. Vistas sobre o prédio vizinho,
   b. Goteiras dos telhados,
28. Muros e paredes-meias,
   a. Aquisição obrigatória,
   b. Prova da comunhão,
   c. Natureza jurídica da comunhão,
   d. Direitos e obrigações dos consortes,
29. Obrigação de receber as águas que decorrem naturalmente dos prédios superiores, a obrigação de fazer as obras necessárias à defesa do prédio,
30. Servidões legais. Noções gerais,
   a. Conceito de servidão,
   b. Servidões irregulares,
   c. Classificações das servidões,
   d. Extinção das servidões,

31. Servidão legal de passagem,
   a. Conceito,
   b. Prédios a favor dos quais pode ser constituída a servidão,
   c. Prédios sujeitos à servidão,
   d. Direitos e obrigações dos sujeitos activos e passivos das servidões,
   e. Cessação da servidão,
   f. Servidão momentânea de passagem,
32. Servidão de presa,
   a. Conceito,
   b. Aquisição,
   c. Extinção,
33. Servidão de aqueduto,
   a. Conceito,
   b. Prédios por onde pode ser constituída,
   c. Condições em que é imposta,
   d. Constituição da servidão,
   e. Exercício da servidão,
   f. Extinção,
34. Servidão de escoamento,
   a. Conceito e modalidades,
   b. Constituição, conservação e extinção da servidão de escoamento,
35. Compropriedade,
   a. Propriedade colectiva e indivisão,
   b. Natureza jurídica da compropriedade,
   c. Administração e uso da coisa comum,
   d. Poderes de disposição,

	1. Dos consortes em conjunto,
	2. Da quota pelo consorte,
	3. Da parte certa e determinada da coisa por um só dos consortes,
	4. Direito de preferência,
	e. Extinção da compropriedade.

As alterações efectuadas nos anos seguintes são quase sempre de pormenor ou de sucessivos ajustamentos[1182], oscilando PIRES DE LIMA, de ano para ano e de semestre para semestre, ora no sentido de uma aproximação ao esquema de 1931-1932, ora num maior avizinhamento ao plano de 1932-1933[1183]. Em particular são frequentes os anos ou semestres em que não aborda a compropriedade. Aliás, os próprios sumários de 1932-1933, relativos ao ensino dos Direitos Reais no segundo semestre desse ano lectivo, conforme sublinhámos já anteriormente em nota, reflectem isso mesmo: eles terminam, ao contrário dos referentes ao primeiro semestre, com a matéria da servidão, deixando por abordar a compropriedade[1184]. Mais, quando PIRES DE LIMA ensina os Direitos Reais

---

[1182] Por exemplo, a partir de 1934-1935 no número quatro referente ao conceito de direito real PIRES DE LIMA introduz uma nova alínea, a acrescer a todas as anteriores que se mantêm, para abordar a doutrina de DEMOGUE. Noutros casos, as adaptações são mais minuciosas: desdobram-se ou concentram-se alguns números, altera-se ou melhora-se a respectiva designação, especifica-se um pouco melhor, ou ao invés mais concisamente, quais os conteúdos abordados (por exemplo, a propósito da classificação das coisas a respectiva enumeração nem sempre é feita de forma igualmente circunstanciada). Certas menções variáveis são mesmo em certos casos fruto de simples contingências ou episódios ocasionais como, por exemplo, nas aulas de 13 e 20 de Setembro de 1934, nas quais PIRES DE LIMA, depois de sumariar a matéria, refere o facto de terem faltado todos os alunos (cfr. *Curso de Direitos…*, 1934-1935).

[1183] Muito próximo do programa de 1932-1933 é o conteúdo reflectido, por exemplo, pelos sumários de 1935-1936, embora, e com excepção do número dezoito, um pouco mais sintéticos.

[1184] Além disso, tal como em 1931-1932, de passagem, também não é nesses sumários referenciado o tema ou figura da servidão legal de passagem.

no segundo semestre a regra é mesmo a do não tratamento da compropriedade, terminando o curso com a servidão de escoamento ou mesmo antes – isto mesmo se no primeiro semestre desse ano a figura foi por ele ensinada[1185]. E é, também, com a matéria das servidões, e concretamente com a de escoamento, que encerra a 3.ª edição das lições de Direitos Reais do Professor PIRES DE LIMA, redigidas e publicadas por DAVID AUGUSTO FERNANDES[1186].

III – Fenómeno igualmente digno de registo é a grande proximidade entre, por um lado, o programa adoptado por PIRES DE LIMA, na versão mais alargada, e, por outro, o plano que, em 1925-1926, MANUEL RODRIGUES deixou espelhado nos seus sumários e certamente terá servido de inspiração ao primeiro dos dois Professores. Tem uma vez mais interesse proceder ao cotejo directo entre os dois esquemas.

1925-1926 MANUEL RODRIGUES[1187]	1932-1933 PIRES DE LIMA[1188]
Abertura	Abertura
Introdução	Plano Geral do Curso
1. Direitos patrimoniais, noção e diferenciação,	– Bibliografia
2. Direito real: caracteres,	1. Conceito jurídico de património,
3. Conceito clássico de direito real,	a. Doutrina clássica, Crítica,
4. Críticas ao conceito clássico,	b. Doutrina moderna Crítica,
5. O direito real, consideração como uma obrigação passiva universal,	c. Solução do Direito português,
6. Críticas,	2. Importância do conceito jurídico de património,
	a. Separação de patrimónios,

[1185] Mas note-se que mesmo no primeiro semestre foram frequentes os anos em que PIRES DE LIMA não tratou a compropriedade. Cfr., *colorandi causa*, *Curso de Direitos…*, 1943-1944 e 1944-1945.
[1186] Cfr. *Lições…*, 279 e ss..
[1187] *Livro de sumários da 2.ª Cadeira de Direito Civil (Direitos Reais…* 1925-1926.
[1188] Cfr. *Curso de Direitos…*, 1931-1932 (iniciado em 20 de Outubro de 1932).

7. Solução seguida,
   a. O lado interno do direito real,
   b. O lado externo,
8. Classificação dos direitos reais,

I
Direito de propriedade

9. Conceito,
10. Caracteres,
   a. Poder geral,
   b. Poder elástico,
   c. Poder abstracto,
   d. Poder exclusivo,
   e. Poder perpétuo,
11. Faculdades inerentes ao direito de propriedade,
   I) Poderes materiais,
     a) Poderes de uso,
     b) Poderes de fruição,
     c) Poderes de alienação,
   II) Poderes jurídicos,
     a) Poderes de administração,
     b) Poderes de alienação,
12. Objecto do direito de propriedade,
   a) Coisas móveis,
   b) Coisas imóveis,
13. Extensão do direito de propriedade em geral,
   a) As partes componentes,
   b) As partes integrantes,
   c) Os frutos,
   d) As acessões,
   e) As coisas acessórias,
14. Extensão da propriedade imóvel,
   a) Limites horizontais,
   b) Limites verticais,

   b. Sub-rogação real,
3. Elementos que constituem o património,
4. Conceito de Direitos Reais,
   a. Doutrina clássica,
   b. Doutrinas personalistas,
   c. Doutrina de Duguit,
   d. Crítica,
     i. Lado interno do direito real,
     ii. Lado externo,
5. Consequências normais do conceito de direito real,
   a. Direito de sequela,
   b. Direito de preferência,
6. Enumeração dos direitos reais,

Capítulo I
Direito de propriedade

7. Conceito,
8. Caracteres,
   a. Poder directo,
   b. Poder indeterminado,
   c. Poder exclusivo,
   d. Poder perpétuo,
9. Faculdades inerentes ao direito de propriedade,
   a. Poderes materiais,
     i. *jus utendi*,
     ii. *jus fruendi*,
     iii. *jus abutendi*,
   b. Poderes jurídicos,
     i. Alienação,
     ii. Administração,
10. Objecto do direito de propriedade,
   a. Coisas imóveis,
   b. Coisas móveis.

1) O espaço aéreo,
2) O subsolo,
15. Elementos do subsolo desintegrados da propriedade superficiária,
16. As águas,
   a) As nascentes,
   b) As correntes navegáveis e flutuáveis,
   c) As correntes não navegáveis nem flutuáveis,
17. As minas,[1189]
   a) A propriedade das minas,
   b) Aquisição,
   c) Regime,
18. As águas minerais e termas,
   a) Propriedade,
   b) Aquisição,
   c) Regime,[1190]
19. Os tesouros,
   a) Conceito,
   b) Regime.
20. Restrições ao direito de propriedade,
   a) Conceito (sentido lato),
   b) Modalidades,
21. Restrições propriamente ditas,
   a) Restrições de Direito Público,
   b) Restrições de Direito Privado,

11. Extensão do direito de propriedade,
   a. Partes componentes,
   b. Partes integrantes,
   c. Frutos,
   d. A acessão,
   e. As coisas acessórias,
12. Extensão da propriedade imóvel,
   a. Limites horizontais,
   b. Limites verticais,
      i. Espaço aéreo,
      ii. O subsolo,
13. Elementos do solo e do subsolo desintegrados da propriedade superficiária,
   a. As minas,
   b. Os tesouros,
   c. As águas minerais,
   d. As correntes de água não navegáveis nem flutuáveis e as águas fluviais que atravessam prédios particulares,
14. Propriedade das águas,
   a. Natureza jurídica das águas,
   b. Classificação e modalidades das águas,
15. O Decreto n.º 5787-IIII e os direitos adquiridos,

[1189] Conforme se referiu já, por lapso MANUEL RODRIGUES indicaria ser este o número dezoito quando, na realidade, era o dezassete. A partir daqui a numeração dos sumários enfermaria sempre deste equívoco. Seguiremos a enumeração correcta.
[1190] Para além da aula em que inicia o estudo do regime das águas minerais e termais, MANUEL RODRIGUES dedicaria ainda a este tema duas aulas de continuação.

22. Restrições de Direito Público: classificação,
23. A expropriação,
   a) Conceito,
   b) Condições e termos,
   c) Processo de expropriação,
24. Restrições ao direito de construir,
   a) Licença para construir,
   b) Alinhamentos,
   c) Condições de salubridade e de segurança a que devem obedecer as construções,
   d) Demolições de prédios,
25. Restrições derivadas da proximidade das estradas,
26. Restrições impostas pela vizinhança do caminho-de-ferro,
27. Restrições impostas pelo estabelecimento das linhas telefónicas, pneumáticas e de transporte de energia eléctrica,
28. Restrições impostas pela regularização das correntes do domínio público,
29. Restrições impostas pelo aproveitamento das minas e águas minerais e termais,
30. Restrições ao aproveitamento das pedreiras,
31. Restrições impostas pela necessidade de defesa da propriedade florestal,
32. Restrições impostas pela necessidade de defesa da higiene e segurança públicas,

16. Direitos ressalvados pelos artigos 438.º e § único do art. 444.º do Código Civil,
17. Uso e concessão de águas públicas,
18. Uso e exploração de águas particulares,
19. Restrições ao Direito de propriedade. Conceito e modalidades,
20. Expropriação por utilidade pública,
   a. Conceito,
   b. Condição de fundo,
   c. Processo de expropriação,
21. Restrições ao direito de construir,
   a. Licença para construção,
   b. Alinhamento,
   c. Condições de salubridade e segurança,
   d. Demolição de prédios,
22. Restrições derivadas da proximidade das estradas,
23. Restrições impostas pela vizinhança do caminho-de-ferro,
24. Restrições impostas pelo estabelecimento das linhas telefónicas, pneumáticas e de transporte de energia eléctrica, Restrições de Direito Privado,
25. Plantação de árvores e arbustos,
26. Escavação,
27. Construções e edificações,
   a. Vistas sobre o prédio vizinho,
   b. Goteiras dos telhados,
28. Muros e paredes-meias,
   a. Aquisição obrigatória,

33. Restrições impostas pela
    necessidade de defesa
    do património artístico
    e arqueológico,
34. Restrições de Direito Privado,
    a) Noção,
    b) Espécies,
35. Plantação de árvores e arbustos,
    a) Até onde pode ser feita,
    b) Direitos dos proprietários
       confinantes,
       1) Natureza destes direitos,
       2) Modo de exercício,
    c) Árvores existentes na linha
       divisória,
       1) Presunção de comunhão,
       2) Regime,
36. Escavações,
    a) Princípio geral,
    b) Escavações junto de acesso
       comum ou alheio,
    c) Cautelas a observar,
    d) Aberturas de valas na linha
       divisória,
37. Vistas sobre o prédio vizinho,
    a) Distâncias a observar,
    b) Aberturas directas e oblíquas,
    c) Se a abertura de portas está
       sujeita às mesmas restrições,
    d) Abertura de frechas, seteiras
       e óculos,
       1) O que são,
       2) Seu valor,
38. Distância a observar
    na construção de goteiras
    ou telhados,

   b. Prova da comunhão,
   c. Natureza jurídica da
      comunhão,
   d. Direitos e obrigações
      dos consortes,
29. Obrigação de receber as águas
    que decorrem naturalmente dos
    prédios superiores, a obrigação
    de fazer as obras necessárias
    à defesa do prédio,
30. Servidões legais. Noções gerais,
    a. Conceito de servidão,
    b. Servidões irregulares,
    c. Classificações das servidões,
    d. Extinção das servidões,
31. Servidão legal de passagem,
    a. Conceito,
    b. Prédios a favor dos quais pode
       ser constituída a servidão,
    c. Prédios sujeitos à servidão,
    d. Direitos e obrigações dos
       sujeitos activos e passivos
       das servidões,
    e. Cessação da servidão,
    f. Servidão momentânea
       de passagem,
32. Servidão de presa,
    a. Conceito,
    b. Aquisição,
    c. Extinção,
33. Servidão de aqueduto,
    a. Conceito,
    b. Prédios por onde pode ser
       constituída,
    c. Condições em que é imposta,
    d. Constituição da servidão,

39. Muros e paredes-meias: razão de ordem,
40. A alienação obrigatória,
41. Obstáculos à alienação,
42. Prova da comunhão,
43. Natureza jurídica da comunhão,
44. Direitos dos consortes,
45. Obrigação dos consortes,
46. Obrigação de suportar as águas que escorrem dos prédios superiores,
    a) Águas pluviais e nascentes que brotam naturalmente,
    b) Obras necessárias à defesa dos prédios,
    c) Águas exploradas por indústria do homem,
    d) Mudança de curso das águas,
47. Servidões legais,
    a) Conceito,
    b) Espécies,
48. Servidão legal de passagem,
    a) Condições de estabelecimento,
        1) Prédios encravados: encrave absoluto e encrave relativo,
        2) Prédios rústicos e urbanos,
49. Prédios sobre que recai a servidão,
50. Regime da servidão,
51. Extinção,
52. O direito legal de preferência na servidão legal de passagem,
53. Servidão momentânea de passagem,
54. Servidão legal de aqueduto,
55. Prédios livres de servidão,

   e. Exercício da servidão,
   f. Extinção,
34. Servidão de escoamento,
   a. Conceito e modalidades,
   b. Constituição, conservação e extinção da servidão de escoamento,
35. Compropriedade,
   a. Propriedade colectiva e indivisão,
   b. Natureza jurídica da compropriedade,
   c. Administração e uso da coisa comum,
   d. Poderes de diposição,
      1. Dos consortes em conjunto,
      3. Da quota pelo consorte,
      3. Da parte certa e determinada da coisa por um só dos consortes,
      4. Direito de preferência,
   e. Extinção da compropriedade.

56. Direitos dos proprietários dos
    prédios servientes,
57. Servidão de presa: conceito e regime,
58. A compropriedade. Formas:
    a) Propriedade colectiva
       e individual,
    b) Formas de indivisão,
       1) Indivisão voluntária,
       2) Indivisão forçada: formas
          da indivisão forçada,
59. Natureza da compropriedade
    (teorias),
    a) Teoria da indivisão do direito,
    b) Teoria da quota ideal,
    c) Teoria de SCIALOJA,
60. A administração da coisa
    comum: conceito de acto
    de administração, poderes em
    que se analisa.
61. Uso da coisa comum,
62. Poderes de disposição de todos
    os componentes,
63. Disposição da quota,
64. Disposição de parte certa
    e determinada,
65. Direito de preferência
    na alienação da quota
    por um dos consortes,
    a) Condições,
    b) Venda,
    c) Estranhos.

IV – A análise dos vários elementos deixados por PIRES DE LIMA, ou relativos ao seu ensino dos Direitos Reais, faculta ainda um conjunto de observações importantes: em todos os anos em que se dedicou à leccionação do Direito das Coisas este Professor parece nunca ter leccionado a posse. De fora ficaram também, por opção sistemática, a maioria dos direitos reais menores[1191]. Nada disto se altera, aliás, quando PIRES DE LIMA retoma, entre 1955-1956 e 1959-1960, o ensino dos Direitos Reais. Dessa altura apenas encontrámos, no que a sumários diz respeito, os relativos aos anos de 1955-1956 e de 1961-1962. Neste último ano a regência foi, como se referiu, repartida entre PIRES DE LIMA e HENRIQUE MESQUITA. Mesmo assim constata-se uma continuidade absoluta com o programa adoptado anteriormente, num fenómeno igualmente confirmado pelas lições de 1958. As matérias são as mesmas, com exactamente o mesmo alinhamento e continuidade do que as constantes da anterior edição – património – direito de propriedade – propriedade de águas – restrições ao direito de propriedade – servidões[1192]. De notar, todavia, a inserção, nas lições, de dois apêndices: um com a inclusão da Resolução Régia de 17 de Agosto de 1775, relativa ao domínio e posse das águas de ribeiros particulares; o outro referente ao Alvará de 27 de Novembro de 1804, relativo à construção de canais, levadas e aquedutos.

V – O contributo de PIRES DE LIMA para o estudo e desenvolvimento dos Direitos Reais iria, porém, muito mais longe do que o imediatamente proporcionado pelo ensino desta Cadeira. Na verdade, cumpre aqui destacar uma vasta obra do autor no tocante ao Direito das Coisas. Caber-lhe-ia mesmo efectuar os anteprojectos do Código Civil de 1966 em matéria de propriedade[1193], de enfiteuse[1194], direito de

---

[1191] Matérias estas, como veremos de seguida, tratadas no curso de Direito Civil leccionado ao primeiro ano, residindo nesta particularidade – aliás presente também em MANUEL RODRIGUES – a explicação para o carácter mais fragmentário assumido pelo ensino dos Direitos Reais realizado por este Professor (mas também por ANTUNES VARELA), num passo, aliás, já sublinhado por MENEZES CORDEIRO, *Teoria...*, in *Revista...*, XXIX, 337, nota 77.
[1192] Cfr. *Lições...*, 3.ª e 4.ª eds., *per totum*.
[1193] PIRES DE LIMA, *Direito de propriedade: anteprojecto para o futuro Código Civil*, in *Boletim do Ministério da Justiça*, 1963, 123, 225 e ss..
[1194] PIRES DE LIMA, *Enfiteuse (anteprojecto de um título do futuro Código Civil)*, separata do *Boletim do Ministério da Justiça*, Lisboa, 1957, 66.

superfície[1195] e servidões prediais[1196]. Seria igualmente autor de diversos estudos dedicados, entre outros, às coisas[1197], às águas[1198], ao usufruto, uso e habitação[1199], à propriedade, superfície e usucapião[1200/1201] e responsável por umas lições de *Direito Civil*[1202], que depois evoluíram para umas *Noções fundamentais de Direito Civil*, em dois volumes, objecto de várias edições[1203], nas quais se procede ao ensino preliminar da matéria de Direitos

---

[1195] PIRES DE LIMA, *Direito de superfície: anteprojecto para o futuro Código Civil*, in *Boletim do Ministério da Justiça*, 1963, 123, 217 e ss..

[1196] PIRES DE LIMA, *Servidões prediais (anteprojecto de um título do futuro Código Civil)*, separata do *Boletim do Ministério da Justiça*, 1957, 64.

[1197] PIRES DE LIMA, *Das coisas*, separata do *Boletim do Ministério da Justiça*, 1960, 91.

[1198] PIRES DE LIMA, *Le problème des eaux au Portugal*, extracto do *Bulletin international de Droit agricole*, Roma, 1942 ; Id., *Renúncia ao aproveitamento de águas públicas*, in *Revista de Legislação e de Jurisprudência*, 1945-1946, 78, 17 a 19 e 33 a 37.

[1199] PIRES DE LIMA, *Usufruto, uso e habitação*, separata do *Boletim do Ministério da Justiça*, 79, Lisboa, 1958.

[1200] PIRES DE LIMA e LOBO XAVIER, *Três pareceres jurídicos. Negócio indirecto e negócio simulado – direito de propriedade, direito de superfície e usucapião – o arrolamento de bens do casal e o art.º 1413.º do Código de Processo Civil*, separata da *Revista de Direito e Estudos Sociais*, XVIII, Janeiro-Dezembro, n.ºs 1, 2, 3, e 4, Coimbra, 1972.

[1201] Mas v., ainda de entre a infindável lista de obras e títulos do autor, *Cessação da servidão de passagem (notas ao art.º 2131.º do Cód. Civil)*, in *Revista de Legislação e de Jurisprudência*, 1944-1945, 77, 3 e ss..

[1202] PIRES DE LIMA, *Direito civil*, por FAUSTO GAITTO de acordo com as prelecções ao 1.º ano jurídico de 1940-1941, Coimbra, 1941. Nestas lições, o § 4 é dedicado à matéria dos direitos reais. A sistematização adoptada é, mais ou menos, a mesma da seguida nas prelecções de Direitos Reais. A profundidade com que os temas são tratados é, porém, menor. Além disso, há uma diferença importante no programa das duas disciplinas. No primeiro ano, em sede de matéria de Direitos Reais, estuda-se a enfiteuse, o censo consignativo, o censo reservativo, o quinhão, o usufruto, uso e habitação, o compáscuo (tudo a par com as servidões), enquanto modalidades ou formas de propriedades imperfeitas. Finalmente, o tema da posse, considerada pelo autor como o segundo dos direitos reais de gozo, após a propriedade, é também estudado no primeiro ano (cfr. *op. cit.*, 332 e ss., e 368 e ss.). As garantias reais, essas, são ensinadas por PIRES DE LIMA, também no primeiro ano, no § 2 dedicado ao Direito das Obrigações.

[1203] Para já refere-se PIRES DE LIMA, *Noções fundamentais de direito civil*, lições proferidas ao 1.º ano jurídico de 1944-1945, por JOÃO DE MATOS ANTUNES VARELA, I e II, Coimbra, 1945 (parte deste estudo seria usado mais tarde para fazer, com o patrocínio da Fundação Oriente, uma edição bilingue em Português e Inglês com o título *Fundamental concepts of civil law – Extracts from volume II, Lectures to the 1st year Law course of 1944-45 (family law and sucession)*, sem indicação de local ou data mas de 1997 (o livro tem também, no interior, título em português). Esta obra segue, no que aos Direitos Reais diz respeito, o esquema da mencionada na nota anterior. É também aqui que nos aparecem a enfiteuse, o censo consignativo, o censo reservativo, o quinhão, o usufruto, uso e habitação, o compáscuo (tudo sempre ao lado das servidões) e a posse (cfr. *op. cit.*, II, 66 e ss., 125 e ss.). Abandona-se porém a qualificação da posse como o segundo direito real de gozo. Apenas se menciona que a posse formal, considerada independentemente da legitimidade do direito, constitui um instituto autónomo, um direito em si, com elementos, efeitos e categoria jurídica independente. Essa qualificação da posse como o direito real de gozo, ao lado da propriedade, reaparece, todavia, depois em edições posteriores. Cfr. PIRES DE LIMA e ANTUNES VARELA, *Noções fundamentais de direito civil*, 4.ª ed., Coimbra, 1957, II, 120; e PIRES DE LIMA e ANTUNES VARELA, *Noções fundamentais de direito civil*, 5.ª ed., Coimbra, 1962, II, 130. Note-se a circunstância, de resto devidamente assinalada entre nós (cfr. MENEZES CORDEIRO, *Teoria…*, in *Revista…*, XXIX, 336), de PIRES DE LIMA ter tido uma actuação importante no nosso panorama jurídico, mas de ser nas *Noções fundamentais* que deixaria porventura maiores marcas. Numa orientação devidamente sublinhada por MENEZES CORDEIRO, *Teoria…*, in *Revista…*, XXIX, 336 e 337, PIRES DE LIMA abandona a orientação que era preconizada neste âmbito por GUILHERME MOREIRA a favor de JOSÉ TAVARES. A matéria ordenava-se numa primeira parte, de cariz introdutório, onde eram tratados os conceitos básicos (normas e respectivas classificações, fontes, Código Civil, interpretação e aplicação e o direito subjectivo e respectivas classificações); numa segunda parte na qual se procedia ao estudo descritivo das relações de Direito privado; e numa terceira parte que tinha por objectivo abarcar toda a relação jurídica. Com o tempo a terceira parte seria suprimida, concentrando-se a obra na segunda, tendo esta por seu turno deixado de referir os direitos de personalidade, com desenvolvimento da tetrapartição germânica nos seus ramos. O aspecto mais típico deste ensino residia no desenvolvimento dado ao estudo descritivo de todo o *Direito Civil*. A matéria era objecto, logo no início do curso, de uma autêntica antecipação e com algum pormenor. Tudo ao ponto de se chegar a ensinar temas ou assuntos que depois não tinham qualquer correspondência em qualquer outra disciplina do curso, como sucedia com os contratos em especial, naquilo que é, de resto, uma das vantagens do método adoptado. Todavia, a profundidade e aprendizagem críticas eram afectadas, com sacrifício também das noções introdutórias (sobre tudo isto cfr. quanto escreveu já MENEZES CORDEIRO, *op. loc. cit.*, que afirma ainda estar-se, num pano de fundo positivista e conceptualista, perante uma síntese curiosa entre o pandectismo formal e o escolasticismo tradicional). PIRES DE LIMA deixaria sumários escritos relativos ao respectivo ensino da disciplina introdutória de Direito Civil. Cfr. *Cadeira de Direito Civil (noções fundamentais), 1.º ano, sumários das lições*, 1939-1940; *Cadeira de Direito Civil (noções fundamentais), 1.º ano, sumários das lições*, 1940-

Reais. Menção ainda para o *Código Civil anotado*. No primeiro volume desta obra são comentados os preceitos relativos às coisas[1204/1205]. O terceiro volume, por seu turno, compreende as anotações aos diversos preceitos contidos no Livro III do Código Civil[1206]. Trata-se, segundo notícia da própria editora, de obra publicada apenas em 1972 porque a sua preparação abrangeu já o momento fatídico da pesada perda do iniciador da obra[1207]. Tudo isto sem contar com as inúmeras anotações a decisões jurisprudenciais e outras onde surgem questões com relevância em matéria de direitos reais[1208].

-1941; *Cadeira de Direito Civil (noções fundamentais), 1.º ano, sumários das lições*, 1941-
-1942; *Cadeira de Direito Civil (noções fundamentais), 1.º ano, sumários das lições*, 1942-
-1943; *Cadeira de Direito Civil (noções fundamentais), 1.º ano, sumários das lições*, 1943-
-1944; *Cadeira de Direito Civil (noções fundamentais), 1.º ano, sumários das lições*, 1944-
-1945. Eles confirmam o cenário acabado de retratar com base nas *Noções fundamentais*.

[1204] PIRES DE LIMA e ANTUNES VARELA, *Código Civil anotado*, I, 1.ª ed., Coimbra, 1967, anotações aos artigos 202.º e ss., 129 e ss.; *Idem*, 4.ª ed., com a colaboração de HENRIQUE MESQUITA, Coimbra, 1987, anotações aos artigos 202.º e ss., 192 e ss.. Pode também ver-se PIRES DE LIMA e ANTUNES VARELA, *Código Civil português*, Coimbra, 1948, anotações aos artigos 369.º e ss. e 2167.º e ss., 149 e ss. e 720 e ss., mas ainda com anotações e observações muito parcas.

[1205] Mas veremos adiante como, não obstante a ligação entre as coisas e os Direitos Reais, na nossa perspectiva, o estudo das coisas deve ser realizado, ao menos em parte, na disciplina de Teoria Geral do Direito Civil e não no âmbito dos Direitos Reais.

[1206] PIRES DE LIMA e ANTUNES VARELA, *Código Civil...*, III, 1.ª ed., Coimbra, 1972, anotações aos artigos 1251.º e ss., e *Idem*, 2.ª ed., com a colaboração de HENRIQUE MESQUITA, Coimbra, 1987, anotações aos artigos 1251.º e ss., 1 e ss..

[1207] Cfr. em *www.livrariajurídica.com*. Concretamente, de acordo com o prefácio de ANTUNES VARELA ao *Código Civil...*, III, 1.ª e 2.ª eds., PIRES DE LIMA colaborou ainda, nos termos em que a conjugação de esforços entre ambos se processou desde o início da obra, até meio da secção que, no capítulo da propriedade das águas, trata do aproveitamento das mesmas. Daí para a frente foi, todavia, apenas possível utilizar o rascunho abreviado que, em relação a cada artigo, servia de ponto de partida aos seus comentários feitos com crescente desenvolvimento.

[1208] Assim, umas vezes a título principal outras de modo incidental, *Anotação ao Acórdão do STJ de 2 de Maio de 1939*, in *Revista de Legislação e de Jurisprudência*, 1939-1940, 72, 367 (autorização para abrir janela sobre prédio – autorização para construção de parede encostada ao muro circundante de um pátio); *Anotação ao Acórdão do STJ de 21 de Julho de 1939*, in *Idem, Ibidem*, 414 e ss. (servidão aparente); *Anotação ao Acórdão do STJ de 24 de Maio de 1940*, in *Idem*, 1940-1941, 73, 300 e ss. (aquisição de águas); *Anotação ao Acórdão do STJ de 31 de Maio de 1940*, in *Idem*, *Ibidem*, 236 e ss. (direito de preferência conferido aos proprietários de prédios vizinhos); *Aquisição às águas por prescrição (notas a um Acórdão)*, in *Idem*, *Ibidem*, 331 e 332.; *Aproveitamento de águas particulares por parte de terceiros (notas a um acórdão e ao artigo 105.º do decreto das águas)*, in *Idem*, 1942-1943, 75, 193 e ss.; *Direitos dos proprietários sobre as nascentes de água existentes nos seus prédios (notas a um parecer da Procuradoria Geral da República)*, in *Idem, Ibidem*, 321 e ss.; *Anotação ao Acórdão do STJ de 9 de Julho de 1946*, in *Idem*, 1946-1947, 79, 333 e s. (direito de preferência dos consortes); *Anotação ao Acórdão do STJ de 6 de Maio de 1955*, in *Idem*, 1955-1956, 88, 220 a 222 (impacto da escavação em prédio vizinho); *Anotação ao parecer da Procuradoria Geral da República de 7 de Julho de 1955*, in *Idem*, 1956-1957, 89, 14 e 15 (aquisição por pré-ocupação anterior ao Código Civil do direito às águas de corrente não navegável nem flutuável para accionamento de moinho); *Anotação ao Acórdão do STJ de 4 de Maio de 1956*, in *Idem*, *Ibidem*, 278 e ss. (qualificação do arrendamento, não como um direito real, mas sim como um direito de crédito – pacto fiduciário); *Anotação ao Acórdão do STJ de 11 de Julho de 1957*, in *Idem*, 1957-1958, 90, 384 (inexistência de direito de preferência na venda de uma de duas casas gémeas, com apenas em comum uma parede, o telhado e a fossa); *Anotação ao Acórdão do STJ de 14 de Janeiro de 1958*, in *Idem*, 1958-1959, 91, 185 a 187 (servidão aparente); *Anotação ao Acórdão do STJ de 1 de Julho de 1958*, in *Idem*, 1959-1960, 92, 15 e 16 (servidão de águas); *Anotação ao Acórdão do STJ de 14 de Novembro de 1958*, in *Idem*, *Ibidem*, 63 e 64 (aquisição de águas por usucapião); *Anotação ao Acórdão do STJ de 17 de Outubro de 1958*, in *Idem*, *Ibidem*, 80 (usucapião de águas); *Anotação ao Acórdão do STJ de 14 de Novembro de 1958*, in *Idem*, *Ibidem*, 95 e 96 (aquisição de águas de baldio em virtude de pré-ocupação anterior ao Código Civil); *Anotação ao Acórdão do STJ de 14 de Novembro de 1958*, in *Idem*, *Ibidem*, 187 e 188 (aquisição do direito ao uso das águas – constituição de servidão – infracção aos artigos 2276.º e 2278.º do Código Civil); *Anotação ao Acórdão do STJ de 17 de Março de 1959*, in *Idem*, *Ibidem*, 222 a 224 (restituição provisória da posse de um caminho público); *Anotação ao Acórdão do STJ de 12 de Maio de 1959*, in *Idem*, *Ibidem*, 350 e 351 (constituição de servidão por destinação do pai de família); *Anotação ao Acórdão do STJ de 15 de Dezembro de 1959*, in *Idem*, 1960-1961, 93, 30 a 32 (escolha de prédio sobre o qual há-de incidir servidão de passagem em benefício de prédio encravado); *Anotação ao Acórdão do STJ de 26 de Junho de 1959*, in *Idem*, *Ibidem*, 41 a 43 (enfiteuse); *Anotação ao Acórdão do STJ de 31 de Maio de 1960*, in *Idem*, 1961-1962, 94, 60 (regime das águas); *Anotação ao Acórdão do STJ de 25 de Novembro de 1960*, in *Idem*, *Ibidem*, 218 e ss. (pré-ocupação de águas – direitos adquiridos à data da promulgação do Código Civil – reconhecimento pelo Decreto n.º 5787-III); *Anotação ao Acórdão do STJ de 28 de Novembro de 1961*, in *Idem*, 1962-1963, 95, 263 a 265 (águas – servidão); *Anotação ao Acórdão do STJ de 28 de Novembro de 1961*, in *Idem*, *Ibidem*, 249 a 250 (extinção do direito do quinhoeiro por prescrição independentemente de inversão do título da posse); *Anotação ao Acórdão do STJ de 1 de Maio de 1961*, in *Idem, Ibidem*, 367 a 368 (corte de raízes proveniente de prédio vizinho – eventual indemnização por danos provocados); *Anotação ao Acórdão do STJ de 12 de Junho de 1962*, in *Idem*, 1963-1964, 96, 25 e ss. (pré-ocupação de águas – aplicação do regime da Lei das águas [Decreto n.º 5787-III] – necessidade de título aquisitivo anterior ao Código Civil); *Anotação ao Acórdão do STJ de 30 de Novembro de 1962*, in *Idem, Ibidem*, 190 a 192 (proposta de acção para se declararem inexistentes certos atravessadouros, carreiros ou caminhos); *A permanência de sinais na constituição das servidões por destinação do antigo proprietário (apostila a uma anotação)*, in *Idem, Ibidem*, 209 e ss.; *Anotação ao Acórdão do STJ de 11 de Setembro 1962*, in *Idem, Ibidem*, 217 e 218 (utilização de caminho – posse e mera tolerância – prescrição de servidão descontínua na falta de justo título); *Anotação ao Acórdão do STJ de 8 de Março de 1963*, in *Idem, Ibidem*, 282 (extinção de servidão de passagem constituída em benefício de prédio encravado); *Anotação ao Acórdão do STJ de 23 de Abril de 1963*, in *Idem, Ibidem*, 334 a 336 (interstício – servidão); *Anotação ao Acórdão do STJ de 13 de Dezembro de 1963*, in *Idem*, 1964-1965, 97, 265 e 266 (aproveitamento de águas públicas – pré-ocupação – aquisição); *Anotação ao Acórdão do STJ de 18 de Fevereiro de 1964*, in *Idem, Ibidem*, 286 e 287, 291 e 292 (manutenção da posse); *Anotação ao Acórdão do STJ de 17 de Abril de 1964*, in *Idem, Ibidem*, 349 a 352 (obras em prédio confinante – janelas e frestas); *Anotação ao Acórdão do STJ de 3 de Julho de 1964*, in *Idem*, 1965-1966, 98, 89 e ss. (pré-ocupação de águas públicas); *Anotação ao Acórdão do TRC de 25 de Junho de 1965*, in *Idem, Ibidem*, 172 e ss., 179 e 180 (mudança de servidão legal de passagem); *Anotação ao Acórdão do STJ de 15 de Dezembro de 1964*, in *Idem, Ibidem*, 223 (águas públicas e particulares na Madeira); *Anotação ao Acórdão do STJ de 12 de Fevereiro de 1965*, in *Idem, Ibidem*, 286 (constituição de servidão aparente entre dois prédios do mesmo dono depois separados – autor do acto destinatário simples comproprietário); *Anotação ao Acórdão do STJ de 1 de Junho de 1965*, in *Idem, Ibidem*, 379-380 (usucapião); *Direitos adquiridos sobre águas correntes navegáveis ou flutuáveis (Comentário a um Acórdão do STJ)*, in *Idem*, 1966-1967, 99, 2 a 4, 17 a 20; *Anotação ao Acórdão do STJ de 8 de Fevereiro de 1966*, in *Idem, Ibidem*, 239-240 (distinção entre janelas e frestas, seteiras e óculos); *Anotação ao Acórdão do STJ de 1 de Julho de 1966*, in *Idem*, 1967-1968, 100, 12 e ss. (acessão); *Anotação ao Acórdão do STJ de 24 de Fevereiro de 1967*, in *Idem, Ibidem*, 279 e 280 (ocupação de terrenos em Moçambique); *Anotação ao Acórdão do STJ de 3 de Março de 1967*, in *Idem, Ibidem*, 327 e ss. (tipicidade dos direitos reais – servidões pessoais); *Anotação ao Acórdão do STJ de 9 de Junho de 1969*, in *Idem, Ibidem*, 384 (direito de preferência em benefício de prédio encravado). PIRES DE LIMA prefaciaria, finalmente, JOÃO AUGUSTO VELOSO DE ALMEIDA, *Comentário à lei das águas*, Coimbra, 1937; *Idem*, 2.ª ed. actualizada por JOSÉ SALGADO e FRANCISCO FARIA, Braga, 1958; e MÁRIO TAVARELA LOBO, *Destinação do pai de família. Servidões e águas*, Coimbra, 1964.

6.2.2. FERRER CORREIA e EDUARDO CORREIA

I – FERRER CORREIA ensinaria, como vimos, a disciplina de Direitos Reais no ano lectivo de 1947-1948. Jurista notável e multifacetado, deixaria obra em vários domínios da enciclopédia jurídica, com destaque para o Direito Internacional Privado, o Direito Comercial e o Direito Civil[1209/1210]. Não encontrámos, porém, vestígios materiais da fugaz passagem deste ilustre Professor pelo ensino do Direito das Coisas. É sabido, todavia, ter FERRER CORREIA assumido o encargo da regência da disciplina de *Introdução* em 1947-1948 e 1949-1950, por ocasião do desempenho por PIRES DE LIMA das funções de ministro da Educação que, conforme mencionado já, ocorreram de 1947 a 1955. Ora, FERRER CORREIA manteria aí, com alguns aditamentos, as lições de PIRES DE LIMA[1211]. Viu-se atrás como a feição característica das lições de *Introdução* de PIRES DE LIMA acabava por se repercutir na própria estruturação da disciplina de Direitos Reais. É, pois, bem plausível que, também neste último âmbito, se tenha verificado durante o magistério de FERRER CORREIA igualmente o influxo de PIRES DE LIMA e respectivas lições de Direitos Reais.

A fechar a referência ao ensino do Direito das Coisas, por FERRER CORREIA, deve assinalar-se, ainda, o estudo realizado por este Professor, no contexto do Direito Internacional Privado, acerca dos conflitos de leis no âmbito da propriedade e outros direitos reais[1212].

[1209] Embora tivesse cultivado outros ramos como, por exemplo, o Direito Penal.
[1210] A figura de FERRER CORREIA dispensa apresentações. Mesmo assim a seu respeito pode ver-se RUI DE ALARCÃO, *Elogio de Ferrer Correia*, separata do número especial do *Boletim da Faculdade de Direito, Estudos em homenagem ao Prof. Dr. António A. Ferrer Correia*, Coimbra, 1985; ORLANDO DE CARVALHO, *Perfil de António de Arruda Ferrer Correia*, Coimbra, 1985; FERRER CORREIA, *Nota biográfica de António de Arruda Ferrer Correia*, separata do *Boletim da Faculdade de Direito de Coimbra*, Coimbra, 1986.
[1211] MENEZES CORDEIRO, *Teoria…*, in *Revista…*, XXIX, 336.
[1212] Cfr. *Os conflitos de leis no domínio da propriedade e demais direitos reais*, in *Revista de Direito Comparado Luso-Brasileiro*, 1985, Janeiro, ano 4, 1 e ss..

II – Outra passagem relativamente rápida pelo ensino dos Direitos Reais foi a de EDUARDO CORREIA. Tal como se viu antes, leccionaria esta disciplina nos anos de 1948-1949 e 1949-1950. Professor ilustre e de grandes predicados, EDUARDO CORREIA atingiria particular notoriedade no cultivo do Direito Penal[1213]. Não encontrámos, todavia, e à semelhança do verificado com FERRER CORREIA, quaisquer elementos que nos permitam reconstituir o teor do respectivo ensino no âmbito dos Direitos Reais. Também aqui se afigura, todavia, altamente provável a manifestação de uma influência específica por parte do anterior magistério de PIRES DE LIMA, ocupado que estava este, nesta altura, com o cargo de ministro da Educação.

6.2.3. ANTUNES VARELA

I – Também ANTUNES VARELA teve a regência de Direitos Reais durante quatro anos, coincidentes com as funções governamentais de PIRES DE LIMA. No caso de ANTUNES VARELA coube-lhe o ensino do Direito das Coisas entre 1950 e 1954. Dessas regências ficaram-nos uns sumários referentes ao ano lectivo de 1950-1951, mas aparentemente incompletos[1214]. Neles abrangem-se as aulas dadas ao 3.º ano do período transitório e 4.º ano da nova reforma. Ao todo encontram-se sumariadas 17 aulas. O conteúdo dos sumários revela, inequívoca e compreensivelmente, uma filiação na escola de PIRES DE LIMA[1215].

A primeira aula é dedicada à explicitação do objecto da cadeira, à exposição das críticas feitas à sistematização germânica das relações jurídicas e à sua refutação. Seguem-se quatro aulas a propósito da noção de património. Depois, uma aula dividida em dois pontos: um relativo às

---

[1213] V. a Introdução e as notas biobibliográficas de EDUARDO CORREIA publicadas logo a abrir o *Boletim da Faculdade de Direito, Estudos em homenagem ao Prof. Doutor Eduardo Correia*, 1984.
[1214] *Curso de Direito Civil, Direitos...*, 1950-1951.
[1215] Sendo que este, como se viu, se encontrava, no tocante ao programa adoptado, em parte marcado por MANUEL RODRIGUES.

consequências da concepção de património adoptada; a outra acerca dos direitos reais e de crédito e sua distinção uns dos outros. As duas lições seguintes são relativas às características dos direitos reais, à sua enumeração e ao princípio da tipicidade. Seguem-se três aulas referentes ao direito de propriedade e cinco respeitantes à propriedade das águas.

II – Do ponto de vista substantivo é possível detectar e destacar a caracterização do direito real como um poder – factual ou jurídico – directo e imediato sobre as coisas. Procede-se à crítica de *iure constituendo* do princípio da tipicidade e afirma-se como características fundamentais do direito de propriedade o facto de ele corresponder a: um poder directo e imediato; um poder indeterminado; um poder exclusivo; um poder perpétuo; e um poder ilimitado[1216]. Quanto aos poderes contidos no domínio, ANTUNES VARELA considera serem eles: a) poderes materiais: 1) direito ou poder de uso; 2) poder de fruição; 3) poder de modificação e destruição da substância da coisa; b) poderes jurídicos: 1) alienação; 2) administração[1217].

[1216] A filiação em PIRES DE LIMA e através deste em MANUEL RODRIGUES é aqui bem evidente.
[1217] Uma vez mais a proximidade com PIRES DE LIMA e MANUEL RODRIGUES é visível. Mas tem interesse também aqui conhecer o plano integral constante dos sumários lavrados por ANTUNES VARELA para o ano de 1950-1951. Vejamos:
1.Objecto da Cadeira. Críticas modernas feitas à sistematização germânica das relações jurídicas. Introdução. 2. Noção de património. 3. Património e noções afins. 4. Doutrina clássica sobre o património. Crítica. 5. Posição adoptada. 6. Consequências da posição adoptada sobre o património. 7. Direitos reais e direitos de crédito. Sua distinção. 8. Consequências da caracterização do direito real como um poder – factual ou jurídico – directo e imediato sobre as coisas. 9. Enumeração dos direitos reais: a) direitos reais de gozo; b) direitos reais de garantia; c) direitos reais de aquisição. 10 Princípio da tipicidade ou do *numerus clausus*. Consagração legal e justificação doutrinal do princípio. Sua crítica no plano do direito constituendo. Direito de Propriedade. 11. Direito de propriedade. Conceito. 12. Características fundamentais do direito de propriedade: a) poder directo e imediato; b) poder indeterminado; c) poder exclusivo; d) poder perpétuo; e) poder ilimitado. 13. Poderes contidos no domínio: a) Poderes materiais: 1) direito ou poder de uso; 2) poder de fruição; 3) poder de modificação e destruição da substância da coisa, b) Poderes jurídicos: 1) alienação; 2) administra-

III – Tal como em PIRES DE LIMA, a posse parece ficar deliberadamente de fora. Como de fora ficam a maior parte dos direitos reais menores. ANTUNES VARELA é, porém, sabidamente, co-autor das *Noções fundamentais de Direito Civil* onde estes temas são estudados[1218/1219]. Eles aparecem, além disso, tratados também no *Código Civil anotado* de que ANTUNES VARELA é também co-responsável juntamente com PIRES DE LIMA[1220]. O autor não incluiria na sua vasta obra nenhum título

ção. 14. Limites materiais da propriedade sobre imóveis. 15. Elementos do solo e do subsolo desintegrados da chamada propriedade superficiária: 1) minas; 2) tesouros; 3) águas minerais; 4) águas não navegáveis nem flutuáveis e águas fluviais que atravessam prédios particulares. Propriedade e uso das águas. 16. Natureza jurídica das águas. 17. Classificação e modalidades das águas: direito anterior ao Código Civil; Código Civil; Decreto n.º 5787-III. Correntes navegáveis e flutuáveis. Correntes não navegáveis nem flutuáveis. Fontes e nascentes. Águas pluviais. Águas subterrâneas. 18. Direitos adquiridos sobre determinadas modalidades de águas, ressalvadas pelo Decreto n.º 5787-III e pelo Código Civil. Alusão muito geral a essa ressalva. 19. Regime de apropriação e de aproveitamento das diversas águas anterior ao Código Civil. 20. Títulos de aquisição das águas ressalvado pelo Código Civil: a) quanto às correntes não navegáveis nem flutuáveis; b) quanto às fontes e nascentes. 21. Títulos de aquisição de águas no domínio do Código Civil. 22. Regime de aproveitamento das águas públicas no domínio do Decreto n.º 5787-III e da legislação posterior: 1) correntes navegáveis e flutuáveis.
[1218] Cfr. PIRES DE LIMA e ANTUNES VARELA, *Noções fundamentais de Direito Civil*, 5.ª ed., Coimbra, 1962, II. Seria ainda publicada uma 6.ª ed., Coimbra, 1965, mas apenas do vol. I, que não atinge os Direitos Reais.
[1219] O que, atenta a repercussão assumida pela configuração das *Noções fundamentais* e do ensino introdutório, por PIRES DE LIMA, do Direito Civil (no qual ANTUNES VARELA participaria também e em moldes idênticos entre 1950-1951 e 1953-1954) sobre a disciplina de Direitos Reais torna ainda mais facilmente perceptível a influência que aquele Professor teria, no tocante ao Direito das Coisas, sobre ANTUNES VARELA.
[1220] Cfr. PIRES DE LIMA e ANTUNES VARELA, *Código Civil...*, I, 1.ª ed., anotação aos artigos 202.º e ss., 179 e ss.; *Idem*, 4.ª ed., I, anotação aos artigos 202.º e ss., 192 e ss.; III, 1.ª ed. anotação aos artigos 1251.º e ss.; *Idem*, 4.ª ed., III, anotação aos artigos 1251.º e ss., 1 e ss.. De acordo com ANTUNES VARELA, *Prefácio ao Código Civil...*, III, e conforme se deu já nota, PIRES DE LIMA colaborou nos moldes usuais, até meio da secção que, no capítulo da propriedade das águas, trata do aproveitamento delas. Daí para a frente apenas foi possível contar com um rascunho muito breve de

específico destinado ao estudo dos Direitos Reais. Não obstante, e para além do livro de *Noções fundamentais* agora referido, deixaria contributos nesta área a assinalar. Mencionem-se, desde logo, as páginas escritas pelo autor em *Das obrigações em geral*, obra que ANTUNES VARELA qualificaria como a menina dos seus olhos, na parte acerca da distinção entre obrigações e direitos reais[1221]. Mas cabe recordar também diversas anotações à jurisprudência dos nossos tribunais em matéria de Direitos Reais[1222].

6.2.4. HENRIQUE MESQUITA (remissão)

I – Neste período HENRIQUE MESQUITA estaria encarregado da regência de Direitos Reais desde 1961-1962 até ao respectivo final[1223]. Seria, porém, no período seguinte que este Professor se ocuparia maior número de anos com a disciplina de Direitos Reais e mais importante se tornaria o seu contributo na matéria. São de resto escassos os elementos relativos ao ensino do Direito das Coisas por parte de HENRIQUE MESQUITA antes do actual Código Civil.

PIRES DE LIMA. Entre o ponto que marca o termo do contributo de PIRES DE LIMA e o começo das anotações do usufruto ANTUNES VARELA contou, segundo informação dada pelo próprio, com a colaboração de HENRIQUE MESQUITA. Mas também essa colaboração se interrompeu quando HENRIQUE MESQUITA partiu para África, em cumprimento do seu serviço militar. A partir do artigo 1349.º em diante ANTUNES VARELA assume a paternidade quase exclusiva pelas anotações realizadas. Para uma referência ao papel do *Código Civil anotado* no desenvolvimento da chamada exegese (aliás comum e inevitável após a publicação de um Código particularmente quando de envergadura) germânica v. MENEZES CORDEIRO, *Teoria…*, in *Revista…*, XXIX, 353 e ss..

[1221] Refere-se aqui ANTUNES VARELA, *Das obrigações em geral*, 10.ª ed., 3.ª reimpressão da edição de 2000, I, Coimbra, 2005, 164 e ss..

[1222] Cfr, por exemplo, *Anotação ao Acórdão do STJ – 10-10-1985*, in *Revista de Legislação e de Jurisprudência*, 1991-1992, 124, 18 e ss. (registo predial); *Anotação ao Acórdão do STJ – 25-2-1986*, in *Revista de Legislação e de Jurisprudência*, 1991-1992, 124, 339 e ss. (posse e direito de retenção).

[1223] Sendo que, tal como antes notado, nos dois primeiros anos lectivos a regência não seria exclusiva.

6.3. O ensino dos Direitos Reais na Faculdade de Direito de Lisboa

6.3.1. Introdução

I – Conforme se sublinhou anteriormente, foi nesta altura que JAIME GOUVEIA abordaria em termos pioneiros o ensino dos Direitos Reais pelo prisma de uma parte geral[1224], num passo depois seguido pelos diversos regentes desta disciplina no contexto da Faculdade de Direito de Lisboa[1225]. Foi este ainda, na Faculdade de Direito de Lisboa, um período marcado por uma maior instabilidade na regência de Direitos Reais, concedida a diferentes professores. Em Coimbra, no mesmo período, a figura dominante foi claramente a de PIRES DE LIMA. Apenas na sua ausência aquando do desempenho de funções governamentais é que FERRER CORREIA, EDUARDO CORREIA e ANTUNES VARELA procederam à respectiva leccionação. Mais tarde, desempenharia também o encargo da regência HENRIQUE MESQUITA. Foi diversa a situação em Lisboa. À frente da regência de Direitos Reais estiveram nesta altura JAIME DE GOUVEIA, LUÍS PINTO COELHO, PAULO CUNHA, GOMES DA SILVA, PALMA CARLOS, DIAS MARQUES e OLIVEIRA ASCENSÃO. E se se nota um claro predomínio das regências de LUÍS PINTO COELHO, em contraponto com as passagens mais fugazes pela disciplina de PAULO CUNHA, GOMES DA SILVA e PALMA CARLOS, não é, em Lisboa, possível apontar uma preponderância de ninguém tão forte como a que PIRES DE LIMA impôs no ensino dos Direitos Reais.

II – Em concreto foram, então, as seguintes as regências de Direitos Reais na Faculdade de Direito de Lisboa no período agora em análise:

1935-1936: JAIME DE GOUVEIA,
1936-1937: JAIME DE GOUVEIA,

[1224] Assim, também, MENEZES CORDEIRO, *Direitos...*, 23, 24 e 30.
[1225] Com a excepção correspondente ao período que sucedeu à revolução de 25 de Abril de 1974 e ao ensino de JOSÉ ALBERTO COELHO VIEIRA, conforme se deu já oportunamente nota e se verá mais circunstanciadamente adiante.

1937-1938: JAIME DE GOUVEIA,
1938-1939: JAIME DE GOUVEIA[1226],
1939-1940: LUÍS PINTO COELHO[1227],

[1226] Assim, e relativamente a todas estas regências de JAIME DE GOUVEIA, MENEZES CORDEIRO, *Teoria*…, in *Revista*…, XXIX, 332, em nota. Note-se, todavia, a circunstância de nem nas Actas do Conselho, nem na *Revista da Faculdade*, nem no *Anuário da Universidade* se encontrar assinalada qualquer regência de Direitos Reais no ano lectivo de 1938-1939.

[1227] MENEZES CORDEIRO, *Teoria*…, in *Revista*…, XXIX, 332, em nota, aponta como tendo sido regente de Direitos Reais, neste ano, JOSÉ GABRIEL PINTO COELHO. E, de facto, assim consta da *Acta n.º 273 do Conselho Escolar da Faculdade de Direito de Lisboa, de 1 de Agosto de 1939*, in *Livro de Actas do Conselho da Faculdade de Direito*…, 1931 a 1958, 54 f.. Porém, logo na reunião seguinte do Conselho (cfr. *Acta n.º 274 do Conselho Escolar da Faculdade de Direito de Lisboa, de 12 Outubro de 1939*, in *Livro de Actas do Conselho da Faculdade de Direito*…, 1931 a 1958, 54 v.), a distribuição de serviço docente na disciplina de Direitos Reais seria alterada, passando a ficar dela encarregado PEDRO MARTINS. Este Professor viria, todavia, a morrer no princípio do ano lectivo (v. MARCELLO CAETANO, *Apontamentos*…, in *Revista*…, XIII, 140 e 141). Seria, entretanto, contratado em 1940, como professor auxiliar LUÍS PINTO COELHO (v. quanto se escreve a respeito deste Professor no parágrafo que especificamente lhe é dedicado, a propósito do ensino dos Direitos Reais na Faculdade de Direito de Lisboa, durante este período), ainda a tempo de vir a leccionar a disciplina. Comprova-o não apenas o testemunho de MARCELLO CAETANO, *Apontamentos*…, in *Revista*…, XIII, 141, referindo expressamente ter ficado a cargo de LUÍS PINTO COELHO a disciplina de Direitos Reais; mas também, de forma inequívoca, as lições de Direitos Reais a este imputáveis, correspondentes, conforme indicação constante do frontispício, ao ano lectivo de 1939-1940 (cfr. LUÍS PINTO COELHO, *Direitos reais*, por PEDRO DA CÂMARA RODRIGUES DE FREITAS e CARMINDO RODRIGES DE FERREIRA, súmula das lições proferidas, Lisboa 1939-1940; e Id., *Propriedade*, por ALVES PEIXOTO e MARTINS SOUTO, súmula das lições proferidas ao curso jurídico do 3.º ano, Lisboa, sem data, mas com a seguinte nota, no verso da folha de rosto: «*O presente trabalho é um suplemento das* "Lições de Direitos reais" *publicadas sobre as prelecções do mesmo Prof. Luiz Pinto Coelho, por Rodrigues de Freitas e Rodrigues Ferreira.* (…) *É mais precisamente o desenvolvimento de uma das partes do § 1 do Cap. II (O objecto da relação jurídica «direito real»); sendo um suplemento pressupõe a existência das lições a que deve naturalmente acrescentar-se e em cujo programa se integra.*» Deste ano ficaram uns sumários incompletos e não assinados. Cfr. *Sumários das lições de Direitos Reais,* 1939-1940. É, todavia, possível imputá-los, em função dos dados existentes, e nomeadamente das informações constantes dos dois volumes que

1940-1941: LUÍS PINTO COELHO[1228],
1941-1942: LUÍS PINTO COELHO[1229],
1942-1943: LUÍS PINTO COELHO[1230],
1943-1944: LUÍS PINTO COELHO[1231],
1944-1945: LUÍS PINTO COELHO[1232],
1945-1946: LUÍS PINTO COELHO[1233],
1946-1947: LUÍS PINTO COELHO[1234],

---

ficaram a constituir as suas lições nesse ano, a LUÍS PINTO COELHO. De resto, se alguma dúvida restasse quanto à autoria desses sumários o seu teor coincide claramente com aquele que veio a ser o esquema adoptado por PINTO COELHO nos textos impressos que, da sua responsabilidade, nos ficaram e já referimos nesta nota).

[1228] V. Acta n.º 281 do Conselho Escolar da Faculdade de Direito de Lisboa, de 2 de Agosto de 1940, in Livro de Actas do Conselho da Faculdade de Direito..., 1931 a 1958, 58 f..

[1229] Há sumários incompletos e não assinados. A Acta n.º 289 do Conselho Escolar da Faculdade de Direito de Lisboa, de 1 de Agosto de 1941, in Livro de Actas do Conselho da Faculdade de Direito..., 1931 a 1958, 71 v., esclarece ter a regência pertencido a LUÍS PINTO COELHO. Cfr., também, MENEZES CORDEIRO, Teoria..., in Revista..., XXIX, 332, em nota.

[1230] Cfr. Sumários das Lições de Direitos reais, 1942-1943. V., também, a Acta n.º 289 do Conselho Escolar da Faculdade de Direito de Lisboa, de 1 de Agosto de 1941, in Livro de Actas do Conselho da Faculdade de Direito..., 1931 a 1958, 71 f.; e a Acta n.º 298 do Conselho Escolar da Faculdade de Direito de Lisboa, de 30 de Julho de 1942, in Livro de Actas do Conselho da Faculdade de Direito..., 1931 a 1958, 80 f..

[1231] Tal como disposto na Acta n.º 304 do Conselho Escolar da Faculdade de Direito de Lisboa, de 29 de Julho de 1943, in Livro de Actas do Conselho da Faculdade de Direito..., 1931 a 1958, 84, v..

[1232] Neste ano o Anuário nada regista quanto à regência de Direitos Reais (cfr. Anuário da Universidade..., 1944-1945, 29 e 30). Mas ficaram-nos umas lições de PINTO COELHO relativas ao ensino dos Direitos Reais no ano lectivo de 1944-1945 (cfr. LUÍS PINTO COELHO, Lições de Direitos Reais (segundo as prelecções Do Senhor Professor Doutor Luís da Câmara Pinto Coelho ao Curso jurídico de 1944-45), por MARIA JÚLIA LOPES CARDOSO, MARIA LUCÍLIA MIRANDA SANTOS e CLEMENTE ROGÉRIO, Lisboa, 1944-1945); e uns sumários relativos a esse ano (Sumários das Lições de Direitos Reais, 1944-1945).

[1233] Conforme resulta dos Sumários das Lições de Direitos Reais, 1945-1946; e, da Acta n.º 326 do Conselho Escolar da Faculdade de Direito de Lisboa, de 31 de Julho de 1945, in Livro de Actas do Conselho da Faculdade de Direito..., 106 v..

[1234] Cfr. Distribuição das regências na Faculdade de Direito de Lisboa no ano lectivo de 1945-1946, in Revista da Faculdade de Direito da Universidade de Lisboa, IV, 1947,

1947-1948: LUÍS PINTO COELHO[1235],
1948-1949: LUÍS PINTO COELHO[1236],
1949-1950: PAULO CUNHA[1237],
1950-1951: LUÍS PINTO COELHO[1238],
1951-1952: LUÍS PINTO COELHO[1239],
1952-1953: LUÍS PINTO COELHO[1240],

---

250. Cfr., também, *Acta n.º 333 do Conselho Escolar da Faculdade de Direito de Lisboa, de 31 de Julho de 1947*, in *Livro de Actas do Conselho da Faculdade de Direito…*, 113 v..

[1235] V. *Distribuição de regências na Faculdade de Direito de Lisboa no ano lectivo de 1947-1948*, in *Revista da Faculdade de Direito da Universidade de Lisboa*, 1948, V, 283.

[1236] Consulte-se *Distribuição de regências na Faculdade de Direito de Lisboa no ano lectivo de 1948-1949*, in *Revista da Faculdade de Direito da Universidade de Lisboa*, 1948, VI, 1949, 291. V., também, *Acta n.º 345 do Conselho Escolar da Faculdade de Direito de Lisboa, de 27 de Julho de 1946*, in *Livro de Actas do Conselho da Faculdade de Direito…*, 125 f.. Apurámos assim informação diversa da fornecida por MENEZES CORDEIRO, *Teoria…*, in *Revista…*, XXIX, 352, em nota, que regista como regente de Direitos Reais, neste ano, PAULO CUNHA.

[1237] Assim, MENEZES CORDEIRO, *Teoria…*, in *Revista…*, XXIX, 352, em nota; e, ainda, *Distribuição de regências na Faculdade de Direito de Lisboa no ano lectivo de 1949-1950*, in *Revista da Faculdade de Direito da Universidade de Lisboa*, 1950, VII, 405 e 406, indicando ter pertencido a este Professor a regência dos Direitos Reais, 3.º ano, de acordo com a reforma de 1928, e Direitos Reais, 4.º ano, conforme a reforma de 1945.

[1238] MENEZES CORDEIRO, *Teoria…*, in *Revista…*, XXIX, 352, em nota. Cfr., também, *Sumários das Lições de Direitos Reais (sumários)*, 1950-1951; *Distribuição de regências na Faculdade de Direito de Lisboa no ano lectivo de 1950-1951*, in *Revista da Faculdade de Direito da Universidade de Lisboa*, 1950, VII, 330, também com a regência dos Direitos Reais, 3.º ano, de acordo com a reforma de 1928, e Direitos Reais, 4.º ano, conforme a reforma de 1945.

[1239] V. *Sumários das Lições de Direitos Reais*, 1951-1952; e MENEZES CORDEIRO, *Teoria…*, in *Revista…*, XXIX, 352, em nota. Cfr. ainda *Vida interna, ano lectivo de 1951-1952*, in *Revista da Faculdade de Direito da Universidade de Lisboa*, 1958, XII, 307.

[1240] Nesse ano o mapa de distribuição de regências não refere a quem coube a disciplina de Direitos Reais. Cfr. *Vida interna, ano lectivo de 1952-1953*, in *Revista da Faculdade de Direito…*, 1958, XII, 315 e 316. O nome de LUÍS PINTO COELHO não é sequer mencionado. Mas v., no sentido referido no texto, MENEZES CORDEIRO,

1953-1954: LUÍS PINTO COELHO[1241],
1954-1955: GOMES DA SILVA[1242],
1955-1956: GOMES DA SILVA[1243],
1956-1957: GOMES DA SILVA[1244],
1957-1958: PALMA CARLOS[1245],
1958-1959: DIAS MARQUES[1246],
1959-1960: DIAS MARQUES[1247],

Teoria..., in *Revista...*, XXIX, 352; e, ainda, *Acta n.º 370 do Conselho Escolar da Faculdade de Direito de Lisboa, de 26 de Julho de 1942*, in *Livro de Actas do Conselho da Faculdade de Direito...*, 155 v..

[1241] V. *Vida interna, ano lectivo de 1953-1954*, in *Revista da Faculdade de Direito da Universidade de Lisboa*, 1958, XII, 325. Cfr., igualmente, MENEZES CORDEIRO, *Teoria...*, in *Revista...*, XXIX, 352, em nota. Note-se, ainda, o facto de relativamente a esse ano nos terem ficado umas lições impressas de LUÍS PINTO COELHO, *Direitos reais*, apontamentos das lições ao 4.º ano jurídico de 1953-1954, Lisboa, 1954.

[1242] Cfr. MENEZES CORDEIRO, *Teoria...*, in *Revista...*, XXIX, 352, em nota. V., novamente, em sentido concordante, *Vida interna, ano lectivo de 1954-1955*, in *Revista da Faculdade de Direito da Universidade de Lisboa*, 1958, XII, 333.

[1243] Neste sentido, MENEZES CORDEIRO, *Teoria...*, in *Revista...*, XXIX, 352, em nota; e, antes, *Vida interna, ano lectivo de 1955-1956*, in *Revista da Faculdade de Direito da Universidade de Lisboa*, 1958, XII, 341.

[1244] MENEZES CORDEIRO, *Teoria...*, in *Revista...*, XXIX, 352, em nota; e *Vida interna, ano lectivo de 1956-1957*, in *Revista da Faculdade de Direito...*, 1958, XII, 351.

[1245] MENEZES CORDEIRO, *Teoria...*, in *Revista...*, XXIX, 352, em nota. A mesma indicação é fornecida pela Revista da Faculdade. Cfr. *Vida interna, ano lectivo de 1957--1958*, in *Revista da Faculdade de Direito da Universidade de Lisboa*, 1958, XII, 361. Ficaram uns sumários (cfr. *Curso de Direitos Reais. Sumários*, 4.º ano, 1957-1958) mas sem indicação do responsável. As fontes indicadas permitem detectar a respectiva autoria: trata-se de PALMA CARLOS.

[1246] Curiosamente MENEZES CORDEIRO, *Teoria...*, in *Revista...*, XXIX, 352, em nota, não indica a quem teria pertencido a regência de Direitos Reais neste ano lectivo. É, porém, inequívoco ter sido DIAS MARQUES. Cfr. DIAS MARQUES, *Direitos Reais, (Parte Geral)*, I, *Lições feitas aos cursos de 1958-59 e 1959-60 da Faculdade de Direito de Lisboa*, Lisboa, 1960, *Prefácio*, onde o autor afirma ter sido provisoriamente encarregado da Regência do Curso de Direitos Reais, durante os anos lectivos de 1958--59 e 1959-60. V., também, o *Anexo II, Distribuição de regências*, in *Revista da Faculdade de Direito da Universidade de Lisboa*, 1959, XIII, 304.

[1247] Cfr. a nota anterior. Deste ano ficaram, também, uns sumários não assinados. Cfr. *Direitos Reais (sumários)*, 1959-1960. Curiosamente o *Anexo I* ao *Relatório do Director*

1960-1961: DIAS MARQUES[1248],
1961-1962: DIAS MARQUES[1249],
1962-1963: OLIVEIRA ASCENSÃO,
1963-1964: OLIVEIRA ASCENSÃO,
1964-1965: OLIVEIRA ASCENSÃO,
1965-1966: OLIVEIRA ASCENSÃO,
1966-1967: OLIVEIRA ASCENSÃO.

6.3.2. JAIME DE GOUVEIA

I – JAIME DE GOUVEIA (1886-1948), primeiro anista em Coimbra e formado já pela Faculdade de Direito de Lisboa, em 1917, foi o primeiro Doutor por esta Faculdade. Tornou-se professor extraordinário por concurso ao grupo de Ciências Jurídicas, em 1931, e professor ordinário em 1938[1250]. Deixou-nos duas dissertações em matéria de Direitos Reais[1251], nas quais, conforme já devidamente sublinhado entre nós[1252], se revela uma certa predilecção pela doutrina francesa numa manifestação de algum retrocesso doutrinário no confronto com outras obras da mesma natureza e época.

II – Num dado acabado de referir, coube a JAIME DE GOUVEIA a regência da cadeira de Direitos Reais nos anos de 1935-1936 a 1938-
-1939. Desse seu magistério ficaram-nos umas lições compiladas por alunos e elaboradas logo em 1935. Atendendo à importância do novo

---

da Faculdade (1959-1960), in *Revista da Faculdade de Direito da Universidade de Lisboa*, 1961-1962, XV, 433 e 434, da autoria de INOCÊNCIO GALVÃO TELLES, com a indicação da composição do corpo docente não contém, contra o que aconteceu nos outros relatórios publicados antes, a distribuição do serviço docente.
[1248] MENEZES CORDEIRO, *Teoria…*, in *Revista…*, XXIX, 352, em nota.
[1249] MENEZES CORDEIRO, *Teoria…*, in *Revista…*, XXIX, 352, em nota.
[1250] *Os setenta…*, 71.
[1251] A saber: JAIME DE GOUVEIA, *Construção jurídica da propriedade*, Lisboa, 1919; e *Da responsabilidade contratual*, Lisboa, 1932.
[1252] MENEZES CORDEIRO, *Teoria…*, in *Revista…*, XXIX, 329, nota 57.

prisma adoptado mostra-se conveniente explicitar aqui a sistematização adoptada por este Professor:

§ 1.º – Definição e conceito de direito real

1 – Conceito clássico. 2 – Caracteres diferenciais entre os direitos reais e os direitos de crédito ou obrigações, segundo o conceito clássico: a) Quanto aos elementos, b) Quanto à natureza, c) Quanto ao exercício, d) Quanto à acção ou sanção das relações jurídicas, e) Quanto aos modos de aquisição, f) Quanto à prescrição, g) Quanto ao instituto da posse, h) Quanto às garantias, i) Quanto à estrutura interna. 3 – Crítica da doutrina clássica. 4 – Teses monistas: a) Doutrina monista personalista, b) Doutrina monista objectivista, c) Crítica destas doutrinas. 5 – O nosso conceito de direito real. 6 – Distinção entre direitos reais e direitos de crédito, à face da nossa doutrina. 7 – Interesse prático da questão: a enumeração dos direitos reais feita pelo Código Civil é taxativa.

§ 2.º – Das coisas

8 – Noções gerais. 9 – Noção jurídica das coisas. 10 – Noções legais das coisas. 11 – Classificação das coisas. 12 – Coisas no comércio e fora do comércio. 13 – Coisas corpóreas e incorpóreas – Os direitos sobre direitos. 14 – Coisas fungíveis e não fungíveis. 15 – Coisas consumíveis e não consumíveis. 16 – Coisas divisíveis e indivisíveis. 17 – Coisas móveis e imóveis: A) – Valor e alcance desta classificação, B) – Sistema do Código na determinação dos imóveis e dos móveis. Subdivisão de uns e outros, C) – Coisas mobiliárias e imobiliárias. Natureza da disposição do art. 377.º, D) – Significado da expressão «móveis de tal casa ou prédio», E) – Imóveis por natureza e por acção do homem, F) – Imóveis por disposição da lei: b) Partes integrantes dos prédios rústicos e urbanos; c) Os direitos inerentes aos prédios rústicos e urbanos; d) Fundos consolidados, imobilizados perpétua ou temporariamente; g) Coisas móveis – Móveis por antecipação. 18 – Coisas principais e acessórias. 19 – Frutos e suas divisões: a) Classificação dos frutos. 20 – Coisas simples e compostas. Universalidades de facto e de direito, Do Património. 21 – Exposição das diversas teorias sobre o património: A) – A teoria clássica. 22 – B) – Segunda concepção. 23 – C) – Terceira concepção. 24 – D) – Quarta concepção. 25 – E) – Quinta concepção. 26 – F) – Sexta concepção. 27 – Redução das teorias sobre o património a duas teorias fundamentais. 28 – As teorias do património na doutrina jurídica portuguesa. 29 – A nossa doutrina sobre

o património – Centros patrimoniais autónomos: a) Bens do ausente, b) Bens dos cônjuges, c) Bens dotais, d) Bens da herança, e) Estabelecimento comercial, f) Massa falida. 30 – Da sub-rogação real: a) A doutrina clássica, b) Doutrina de CAPITANT, c) A nossa doutrina sobre a sub-rogação real. Crítica das doutrinas precedentes, d) A doutrina da sub-rogação real à face do nosso direito positivo. 31 – Coisas públicas. Conceito de «domínio público»: a) Coisas públicas, comuns e particulares. 32 – Direitos reais administrativos.

NOÇÕES GERAIS SOBRE DIREITOS REAIS

§ 1.º – Determinação e classificação

33 – Propriedade e posse. Direitos reais sobre coisa própria e direitos reais sobre coisa alheia. 34 – *Jura in re aliena*. Direitos reais de gozo e direitos reais de disposição.

A POSSE

§ 1.º – Origem e natureza jurídica da posse dos direitos reais

35 – Ideia de posse. Posse causal e posse formal. 36 – Origem da Posse: a) Teoria de SAVIGNY, b) Teoria de JHERING, c) Teoria de NIEBHUR. 37 – Natureza da posse. 38 – Elementos constitutivos da posse.

§ 2.º – Posse e detenção

39 – Conceito de detenção ou posse precária. 40 – Perpetuidade da condição do possuidor precário. 41 – Importância da distinção entre possuidores e detentores. Dupla presunção legal sobre a qualidade de possuidor e detentor.

§ 3.º – Conceito e qualidades de posse

42 – Evolução do conceito de posse: a) – Quanto ao objecto, b) – Quanto ao *corpus*, c) – Quanto ao *animus*. 43 – O instituto possessório nas legislações estrangeiras. 44 – O instituto possessório no direito português anterior ao Código civil. 45 – O conceito da posse no Código civil português e legislação posterior. 46 – Qualidades ou requisitos da posse: A) – Posse de boa fé, B) – Posse em nome próprio, C) – Posse pública, D) – Posse pacífica, E) – Posse contínua, F) – Posse titulada. 47 – Vícios da posse: a) – Posse clandestina, b) – Posse violenta, c) – Posse descontínua.

§ 4.º – Aquisição e perda da posse

48 – Aquisição da posse. 49 – Perda da posse. 50 – Junção de posses.

§ 5.º – Efeitos da posse

51 – Explicação prévia. 52 – Efeitos da posse.

§ 6.º – Acções possessórias
53 – Evolução. 54 – As acções possessórias no Código civil português. 55 – Alterações introduzidas pelo Código de processo civil.
Da Propriedade
§ 1.º – Conceito e atributos da Propriedade
56 – Insuficiência dos códigos civis para a regulamentação da propriedade. 57 – Caracteres da propriedade. 58 – A propriedade como função social.
§ 2.º – Poderes do proprietário
59 – Os poderes do proprietário no Direito Romano. 60 – Os poderes do proprietário nos Códigos modernos. 63 – Justificação das limitações dos poderes do proprietário.
§ 3.º – Limites aos poderes do proprietário
64 – Diversidade e natureza dessas limitações.
§ 4.º – Espécies de propriedade
65 – Critérios de classificação científica da propriedade. 66 – Propriedade absoluta e propriedade resolutiva. 67 – Propriedade singular e propriedade comum. 68 – Propriedade perfeita e propriedade imperfeita.

III – Do ponto de vista das influências culturais sente-se, nestas lições, uma clara predilecção pela literatura jurídica portuguesa e pelos autores franceses.

Entre os autores nacionais aparecem citados MELLO FREIRE, COELHO DA ROCHA, LOBÃO, LIZ TEIXEIRA, BORGES CARNEIRO, CORREIA TELLES, VISCONDE DE SEABRA, DIAS FERREIRA, TEIXEIRA DE ABREU, GUILHERME MOREIRA, JOSÉ TAVARES, CABRAL DE MONCADA, MANUEL RODRIGUES, CUNHA GONÇALVES, PIRES DE LIMA, PAULO CUNHA e o próprio JAIME DE GOUVEIA. Mesmo assim, LIZ TEIXEIRA e BORGES CARNEIRO surgem mencionados através da técnica *apud* a partir de um escrito de PAULO CUNHA[1253]. MELLO FREIRE, LOBÃO e SEABRA são citados uma só vez. No contexto das obras de historiografia jurídica aparece referido PEDRO MARTINS[1254]. No tocante aos publicistas surgem

---

[1253] Concretamente *Do património. Estudo de Direito Privado*, Lisboa, 1934.
[1254] Também uma única vez.

mencionados MARCELLO CAETANO[1255], CARLOS MOREIRA e CARLOS DE OLIVEIRA[1256]. MARNOCO E SOUZA aparece citado a propósito da *Sciência económica*[1257]. Surgem-nos, ainda, mencionados a *Revista de Legislação e Jurisprudência*, o *Boletim dos Tribunais* e a *Revista dos Tribunais* a par com algumas decisões jurisprudenciais[1258] – estas a propósito das acções possessórias.

No quadro dos escritores italianos apenas deparamos quatro nomes: COVIELLO, com o seu manual de direito civil; FERRARA e o seu tratado de Direito Civil; e, finalmente, FADDA e BENZA. Estes dois últimos, porém, apenas citados uma vez. Os primeiros duas vezes.

Entre os juristas tudescos, JHERING e a respectiva obra sobre a posse aparece citado uma vez através de tradução francesa.

Verifica-se também uma referência isolada a SÃO TOMÁS DE AQUINO embora sem qualquer indicação de obra[1259].

A literatura jurídica francesa, com início em POTHIER, é, em termos comparativos, abundantemente usada. Ao todo surgem-nos cerca de trinta nomes, muitos citados de forma repetida e alguns, também, com várias obras. Para além de POTHIER, nomes clássicos como AUBRY (1803-1883) e RAU (1803-1877), HAURIOU (1856-1929), DUGUIT (1859-1928), BAUDRY-LACANTINIÈRE, ESMEIN, PLANIOL e RIPERT e HENRI CAPITANT marcam presença, entre vários outros.

IV – Não é, porém, a este nível que a obra de JAIME DE GOUVEIA haveria de deixar as respectivas marcas. Ela permite detectar, num aparente traço crescente nos Professores da Faculdade de Direito de Lisboa, uma particular aptidão sistemática[1260]. As matérias são encadeadas

---

[1255] Uma vez, com a uma obra de História do Direito.
[1256] Com uma citação.
[1257] Também com uma citação.
[1258] Num total de oito.
[1259] O mesmo sucede aliás com uma menção em nota de rodapé a DANTE seguida de transcrição de uma frase do autor. Cfr. JAIME DE GOUVEIA, *Direitos…*, 232, nota 2.
[1260] Nos mesmos termos mas perante a *Teoria geral do direito civil* de DIAS MARQUES, MENEZES CORDEIRO, *Teoria…*, in *Revista…*, XXIX, 351. Em JAIME GOUVEIA, e no caso concreto dos *Direitos Reais*, esta capacidade de sistematização, traduzida na

numa seriação dinâmica, em que nos surge primeiro aquilo que é uma verdadeira parte geral e, depois, uma parte especial. Tudo isto, aliás, particularmente significativo, por se estar no âmbito do Código de Seabra. Num fenómeno já aqui evidenciado, e tal como demonstrado pela moderna teoria dos sistemas, este tipo de ordenações não são indiferentes: elas proporcionam novas leituras do material existente e facultam abordagens enriquecedoras de institutos variados[1261]. Procurando uma síntese do plano da obra de JAIME DE GOUVEIA acima transcrito, verifica-se a abordagem, nesta, num plano introdutório e genérico, do conceito de direito real de acordo com a doutrina clássica – procedendo-se, como se viu, a este propósito a uma análise dos caracteres diferenciais entre os direitos reais e os direitos de crédito –, a doutrina monista personalista e a doutrina monista[1262]. Segue-se a adopção de um critério próprio de direito real visto simultaneamente pelo seu lado interno e externo e definido como «(...) *a relação jurídica que se estabelece entre os titulares do direito e todas as outras pessoas que se obrigam a respeitar o poder que o titular tem de tirar da cousa, objecto do direito, todas as utilidades que a ordem jurídica consente*»[1263].

---

abordagem da matéria pelo prisma de uma parte geral, não deixa de coexistir com uma certa dificuldade na explicitação e articulação formal dos diversos temas. O autor é confuso quanto à indicação do local onde começam e terminam os diversos capítulos; impondo ao leitor o esforço de perceber como as matérias surgem entre si ligadas. Mas este facto não prejudica a substância da perspectiva abordada. Apenas torna mais difícil a sua percepção. MENEZES CORDEIRO, *Teoria...*, in *Revista...*, XXIX, 330, reportando-se às lições de JAIME DE GOUVEIA, *Direito Civil*, segundo as magistrais prelecções feitas ao curso do 1.º ano jurídico de 1939-1940, coligidas por F. C. ANDRADE DE GOUVEIA e MÁRIO RODRIGUES NUNES, sem indicação de local, 1939, sublinha mesmo o carácter desordenado do texto em causa.

[1261] Assim, e de entre a bibliografia já citada *supra* 6. 1, refere-se agora MENEZES CORDEIRO, *Teoria...*, in *Revista...*, XXIX, 351.

[1262] JAIME DE GOUVEIA, *Direitos...*, 3 a 12. Convém sublinhar a circunstância de para este autor a coisa objecto do direito real tanto poder ser uma coisa corpórea como uma coisa incorpórea. Esta circunstância tem impacto nos conteúdos tratados pelo autor, levando-o a abordar, a propósito das coisas, o próprio conceito de património, figura sobre a qual se tem discutido se pode, ou não, recair um direito real.

[1263] JAIME DE GOUVEIA, *Direitos...*, 12.

Face a esta doutrina, JAIME DE GOUVEIA procura, depois, fixar a distinção entre direitos reais e direitos de crédito. Distinção que, para o autor, não corresponde apenas a um processo técnico pelo facto de estes dois conceitos, além de técnicos, serem também científicos[1264]. Ela baseia-se, segundo o autor, na natureza dos próprios fenómenos que as obrigações e os direitos reais garantem e, destarte, em dados jurídicos, correspondendo às necessidades do homem e às solicitações da vida social[1265]. Nesta perspectiva, direitos reais e direitos de crédito distinguem-se pelo seu objecto e pelos sujeitos passivos[1266]. O objecto das obrigações é representado pela prestação enquanto o dos direitos reais é uma coisa do mundo exterior[1267]. Quanto ao sujeito passivo ele seria nos direitos de crédito sempre uma pessoa certa e determinada enquanto nos reais corresponderia a alguém indeterminado. Na verdade, nas situações reais o sujeito passivo só se determinaria depois da violação dessa situação e reivindicação do direito[1268].

A utilidade desta distinção justifica-a, em seguida, JAIME DE GOUVEIA, não em função de um mero interesse científico, mas em razão de uma utilidade prática ligada à circunstância de os direitos reais corresponderem a uma enumeração taxativa. Quem defender, como os personalistas, terem os direitos reais natureza idêntica aos direitos de crédito terá, na opinião do autor, de aceitar fatalmente a natureza exemplificativa dos direitos reais legalmente tipificados. Não assim, de acordo com GOUVEIA, quem os definir como uma relação que se estabelece entre o titular do direito e todos os outros homens, pela razão simples de que através de convenção se não pode estabelecer um vínculo em que o sujeito passivo é toda a gente[1269].

[1264] JAIME DE GOUVEIA, *Direitos...*, 13.
[1265] JAIME DE GOUVEIA, *Direitos...*, 15.
[1266] JAIME DE GOUVEIA, *Direitos...*, 16.
[1267] JAIME DE GOUVEIA, *Direitos...*, 16, admitindo mesmo que essa coisa seja incorpórea.
[1268] JAIME DE GOUVEIA, *Direitos...*, 16.
[1269] JAIME DE GOUVEIA, *Direitos...*, 16 a 18.

V – Assente a noção e conceito de direito real e os respectivos traços individualizadores, no confronto com os direitos de crédito, GOUVEIA dá início a um novo parágrafo dedicado ao estudo do objecto desses direitos: as coisas[1270]. Esta matéria é estudada com o pormenor que o plano seguido pelo autor revela[1271], sendo na sequência estudado também com alguma profundidade a figura jurídica do património, que qualifica de universalidade jurídica[1272]. Mas na exposição das diversas teorias sobre

---

[1270] A razão de ser da abordagem das coisas nesta sede é explicada da seguinte forma por JAIME DE GOUVEIA, *Direitos...*, 19 a 20, citando JOSÉ TAVARES: «*Um dos elementos essenciais da relação jurídica é o objecto, sôbre o qual incide o poder ou o dever jurídico. Sendo assim, também na relação jurídica de direito real devemos encontrar, entre os seus elementos, o objecto. (...) Ao focarmos êste ponto devemos, todavia, precaver-nos contra possíveis confusões entre o objecto da relação jurídica e o objecto dos direitos subjectivos. (...) O objecto da relação jurídica é o interêsse que se procura tutelar com o seu estabelecimento. (...) A expressão* objecto de direitos *tem dois significados tam diferentes que até muitos autores os traduzem por palavras diversas –* objecto e conteúdo *– designando-se pela primeira o objecto imediato do direito, isto é, aquilo que recai sob o poder do homem, e pela segunda o objecto* mediato, *isto é aquilo a que o direito subjectivo se destina, aquilo que por causa do direito se torna possível, ou seja o objecto final do direito. É assim que, por exemplo, nos direitos de crédito ou de obrigação se chama objecto tanto o facto do devedor ou a prestação, como a cousa de que se goza em virtude da prestação*», para continuar depois suas próprias palavras: «*Todos os direitos subjectivos teem o seu objecto, mas êste varia, porém, com a natureza da relação jurídica: nos direitos de crédito o objecto é a prestação e só mediatamente nos aparece a cousa; nos direitos de família é a própria pessoa sujeita ao poder jurídico; nos direitos reais é a cousa. Por aqui se vê que a relação existente entre o objecto de direito e a cousa é uma relação de género a espécie: o objecto é tudo aquilo sobre que se exerce qualquer direito; a cousa é somente o objecto dos direitos reais. (...) É por esta razão que nós entendemos que a noção de cousa e a respectiva classificação devem ser apresentadas numa introdução ao estudo dos direitos reais e não como uma noção geral respeitante a todo o direito. Foi essa a orientação seguida por Windscheid no primeiro ensaio de codificação do direito civil alemão, orientação esta abandonada em ensaios posteriores, de tal modo que no projecto definitivo do Código e, no próprio Código, nos aparece a matéria das cousas como noção fundamental de todo o direito.*»

[1271] Sendo de notar a circunstância de nesta sede se discutir a classificação dos próprios direitos reais em móveis ou imóveis (cfr. JAIME DE GOUVEIA, *Direitos...*, 62 e ss.), problemas de acessão (82 e ss., a propósito da distinção entre partes integrantes e pertenças) ou de usufruto (96 e 97, no quadro das coisas simples e compostas – universalidades de facto e de direito).

[1272] JAIME DE GOUVEIA, *Direitos...*, 111 e ss..

o património, GOUVEIA toma por guia o ensinamento de PAULO CUNHA, conforme cuida, aliás, de esclarecer[1273]. Relativamente à questão da sub-rogação real universal dos bens que saem do património geral por aqueles que nele entram, ela é abordada na perspectiva da defesa dos interesses dos credores sobre o património do devedor, para ser considerada pelo autor como uma mera superfatação que nada explica. A noção de património e a ideia de fungibilidade mostram-se, em seu entender, suficientes para alcançar os resultados desejados. A reter é, de acordo com GOUVEIA, apenas a ideia de sub-rogação especial, com relevo, designadamente, em matéria hipotecária[1274]. Tudo, para terminar o estudo das coisas com uma análise daquelas que são públicas e do conceito de domínio público[1275] seguida de um estudo dos direitos reais administrativos.

VI – Concluída a introdução com a observação das coisas, GOUVEIA inicia um novo capítulo dedicado a noções gerais sobre os direitos reais[1276]. Examinados, como se viu, logo de início, o conceito e os caracteres dos direitos reais, procura agora JAIME DE GOUVEIA proceder à sua determinação e classificação para em seguida examinar os princípios fundamentais da figura jurídica de cada um deles[1277]. Para execução dessa tarefa, e com base na ponderação segundo a qual o tipo mais completo e mais característico do direito real é o direito de propriedade, GOUVEIA considera dever partir da definição deste direito, entendido como o poder, de uma determinada pessoa, sobre as coisas que legitimamente adquire por de tirar delas todas as utilidades económicas que a ordem jurídica lhe consente[1278].

[1273] JAIME DE GOUVEIA, *Direitos...*, 101.
[1274] JAIME DE GOUVEIA, *Direitos...*, 125 e ss..
[1275] Contexto este em que JAIME DE GOUVEIA, *Direitos...*, 131 e ss., *maxime* 147 e ss., aborda o problema da natureza jurídica do domínio público, pronunciando-se a favor do entendimento segundo o qual os bens subordinados a este regime não se encontram sujeitos apenas a certos poderes de administração e fiscalização mas, sim, a um direito de propriedade, pese embora a sua natureza especial (por um lado, limitada pela ideia de utilidade pública e, por outro, ampliada pela qualidade do seu titular).
[1276] JAIME DE GOUVEIA, *Direitos...*, 157 e ss..
[1277] JAIME DE GOUVEIA, *Direitos...*, 157.
[1278] JAIME DE GOUVEIA, *Direitos...*, 157 e 158.

Muito semelhante à propriedade é, de acordo com GOUVEIA, a posse, também ela considerada como um direito real, agora correspondente ao poder exercido pelo homem sobre as coisas de que se apoderou ainda que lhe não pertençam em propriedade[1279]. Tanto o proprietário como o possuidor tiram, no dizer do autor, da coisa as utilidades por esta fornecida. Mas enquanto o proprietário adquiriu já legitimamente a coisa por ele desfrutada, o possuidor exerceria o seu poder jurídico sobre algo que lhe não pertence ainda. A partir daqui, e invocando o ensinamento de JOSÉ TAVARES[1280], chega GOUVEIA à distinção entre direitos reais sobre coisa própria e direitos reais *in re aliena*. De facto, considerando os dois tipos principais de direitos reais, GOUVEIA afirma, parafraseando e citando TAVARES, darem eles lugar à classificação em direitos reais sobre coisa própria e sobre coisa alheia. A propriedade é incluída no primeiro termo da classificação. A posse, considerada inteiramente análoga à propriedade, de tal modo que com o decurso de tempo nele se converte por usucapião, seria um *ius in re aliena*[1281]. Nos termos do Código Civil de Seabra eram consideradas como propriedades imperfeitas a enfiteuse e subenfiteuse, o censo, o quinhão, o usufruto, uso e habitação, o compáscuo e as servidões. GOUVEIA contesta a classificação, considerando-a defeituosa. Não por se mostrar incompleta, mas por considerar propriedades institutos dela distintos. Excluindo a enfiteuse todas estas situações correspondem no dizer do autor a direitos reais *in re aliena*[1282].

Dentro dos direitos sobre coisa alheia JAIME DE GOUVEIA distingue, ainda, os direitos reais de gozo e os direitos reais de disposição[1283]. Seriam direitos reais de gozo sobre coisa alheia o censo, o quinhão, o usufruto, uso e habitação, o compáscuo e as servidões[1284]. Os direitos

---

[1279] JAIME DE GOUVEIA, *Direitos*..., 158. É a mesma a noção de posse apresentada por JOSÉ TAVARES, *Os princípios*..., I, 615.
[1280] Cfr. JOSÉ TAVARES, *Os princípios*..., I, 616.
[1281] Assim JAIME DE GOUVEIA, *Direitos*..., 158. V., também, JOSÉ TAVARES, *Os princípios*..., I, 615 e 616.
[1282] JAIME DE GOUVEIA, *Direitos*..., 160 e 161.
[1283] Expressão proposta em alternativa à de «direitos reais de garantia».
[1284] JAIME DE GOUVEIA, *Direitos*..., 164, assim divergindo de TAVARES.

reais de disposição corresponderiam ao penhor, à hipoteca, à anticrese e às figuras processuais do arresto, penhora e adjudicação de rendimentos[1285].

A fechar a obra GOUVEIA introduz, finalmente, dois capítulos que corresponderão à respectiva parte especial, onde estuda a posse e a propriedade[1286], de acordo com o programa e sistematização acima mencionados.

VII – Cabe referir, ainda, a circunstância de JAIME DE GOUVEIA ter tido um papel na disciplina de Direito Civil (Noções Fundamentais) em 1934-1935, substituindo CARNEIRO PACHECO[1287], sendo-lhe, depois, a regência distribuída em 1939-1940[1288]. Deste seu último ensino ficaram umas lições impressas recolhidas por alunos[1289]. A respectiva análise mostra um esquema semelhante ao de JOSÉ TAVARES: uma introdução seguida de uma perspectiva global de todo o Direito Civil, das Obrigações às Sucessões[1290]. Trata-se além disso, e no dizer de MENEZES CORDEIRO, de uma obra com um conteúdo revelador de uma heterogeneidade patente que não chega para encobrir, todavia, um

---

[1285] JAIME DE GOUVEIA, *Direitos...*, 164.
[1286] JAIME DE GOUVEIA, *Direitos...*, 167 e ss., e 222 e ss..
[1287] MENEZES CORDEIRO, *Teoria...*, in *Revista...*, XXIX, 329.
[1288] Seria, aliás, este o último ano em que JAIME DE GOUVEIA desempenharia funções docentes. Em virtude de declarações críticas feitas a propósito da Concordata, envolveu-se em disputa com o ministro da Educação (MÁRIO DE FIGUEIREDO), tendo sido punido com suspensão em processo disciplinar e submetido a junta médica. Sem exercício efectivo desde Janeiro de 1941 passou à inactividade sem qualquer vencimento em 15 de Novembro de 1941. Cfr. MARCELLO CAETANO, *Apontamentos...*, in *Revista...*, XIII, 144 e ss.; e MENEZES CORDEIRO, *Teoria...*, in *Revista...*, XXIX, 329, nota 59.
[1289] JAIME DE GOUVEIA, *Direito Civil*, segundo as magistrais prelecções feitas ao curso do 1.º ano jurídico de 1939-1940, coligidas por F. C. ANDRADE DE GOUVEIA e MÁRIO RODRIGUES NUNES, sem indicação de local, 1939.
[1290] JAIME DE GOUVEIA, *Direito...*, 3 e ss., 275 e ss. (Obrigações, onde se compreendem os direitos reais de garantia), 379 e 380 (censo e enfiteuse), 403 e ss. (Direitos Reais), 459 e ss. (Direito da Família) e 526 e ss. (sucessões).

positivismo marcado[1291], subjacente de resto também a outras obras anteriores do autor[1292]. No que aos Direitos Reais diz respeito o autor dedicar-lhes-ia o parágrafo segundo desta sua obra, logo após o estudo do Direito das Obrigações e antes de iniciar a abordagem ao Direito da Família. A matéria começava com o número 25 no plano global de exposição e encontrava-se assim ordenada:

§ 2.º
Direitos Reais
– Conceito e definição de direito real. – Conceito clássico. – O nosso conceito de direito real. – Crítica da doutrina clássica. – Determinação e classificação dos direitos reais. – Propriedade e posse. – *Jura in re aliena*. – Poderes do proprietário: a) no Direito Romano, b) nos códigos modernos. – Justificação das limitações dos poderes do proprietário. – Origem e natureza jurídica da posse. – Elementos constitutivos da posse. – Conceito de posse no Código Civil português e legislação posterior. – Qualidades ou requisitos da posse. – Vícios da posse. – Efeitos da posse.

[1291] MENEZES CORDEIRO, *Teoria...*, in *Revista...*, XXIX, 330, referindo a circunstância de JAIME DE GOUVEIA se manifestar ao mesmo tempo seguidor de DUGUIT, bergsoniano e aceitador das teses de STAMMLER. Em rigor, JAIME DE GOUVEIA aceita as teses de DUGUIT manifestando progressivo distanciamento, afirma-se em parte bergsoniano, admite certas noções stammlerianas mas confessa não rejeitar PACCHIONI e hesitar entre a escola clássica do naturalismo e a escola de STAMMLER. Cfr. JAIME DE GOUVEIA, *Direito...*, 23 (onde o autor refere que a tese *Construção jurídica da propriedade* abunda das ideias de DUGUIT embora, entretanto, GOUVEIA se tenha afastado de alguns princípios), 24 ([...] *mas sou bastante bergsoniano. Compreendo, ao contrário do que diz Duguit, que se não pode dispensar a ciência do estudo do Absoluto»*) e 63 e ss..

[1292] Veja-se, por exemplo, a forma como JAIME DE GOUVEIA, *Direitos...*, 33, arruma a questão que consiste em saber se pode haver direitos sobre direitos, limitando-se a invocar nesse sentido o facto de a lei os parecer admitir: «*Acima de todas as teorias por mais persuasivas e sedutoras que nos pareçam, devemos antepôr-lhes, sempre, a lei positiva.*» Há aqui uma clara renúncia ao trabalho dogmático e de construção científica em favor de um positivismo claro.

A análise do texto revela não haver aqui praticamente nada de novo e original no confronto com as lições de Direitos Reais. A parte que vai do conceito e definição do direito real à determinação e classificação dos direitos reais[1293] corresponde a um resumo da introdução às lições de Direito das Coisas[1294]. Os parágrafos dedicados à propriedade e posse e aos *jura in re aliena*[1295] são a transposição dos números 33 e 34 das lições proferidas ao terceiro ano. A matéria compreendida entre a epígrafe relativa à origem e natureza jurídica da posse e os efeitos desta figura *iuris*[1296] é *ipsis verbis* a mesma que a constante dos números 35 a 38[1297], 45 e 46[1298] e 51 a 52[1299] da obra relativa aos Direitos Reais. Os pontos relativos aos poderes do proprietário no Direito Romano e nos Códigos modernos e à justificação das limitações dos poderes dos proprietários[1300] foram extraídos dos parágrafos 59 a 61 das lições elaboradas em 1935[1301]. Significa isto que no tocante à matéria de Direito das Coisas as lições relativas à disciplina introdutória do curso correspondem a uma mera versão abreviada – e dotada de uma sistematização diferente – do texto destinado aos alunos da disciplina de Direitos Reais. E abreviada, não por as matérias ensinadas e abordadas por JAIME DE GOUVEIA se mostrarem, em si e por si, menos aprofundadas do que as leccionadas ao terceiro ano, mas por serem menos os assuntos referidos – e só então por esta última via se poder dizer existir, de facto, menor profundidade, porquanto havendo coincidência de temas ou problemas não se assistir a nenhuma diferença de tratamento.

[1293] V. JAIME DE GOUVEIA, *Direito…*, 404 a 405.
[1294] Cfr. JAIME DE GOUVEIA, *Direitos…*, 1 a 16.
[1295] JAIME DE GOUVEIA, *Direito…*, 405 a 415.
[1296] JAIME DE GOUVEIA, *Direito…*, 427 a 458.
[1297] JAIME DE GOUVEIA, *Direitos…*, 157 a 177.
[1298] JAIME DE GOUVEIA, *Direitos…*, 196 a 205.
[1299] JAIME DE GOUVEIA, *Direitos…*, 210 a 214.
[1300] JAIME DE GOUVEIA, *Direito…*, 415 a 425.
[1301] JAIME DE GOUVEIA, *Direitos…*, 237 a 246.

6.3.3. LUÍS PINTO COELHO

I – Licenciado pela Faculdade de Direito de Lisboa em 1933, e doutorado em 1939 com uma dissertação intitulada *Da compropriedade no Direito português*[1302], LUÍS PINTO COELHO tornou-se professor auxiliar em 1940. Em 1943 ascende por concurso a professor extraordinário – com uma tese designada *Da compropriedade (comunhão) no Direito português*[1303] – e a catedrático em 1944[1304].

Apesar de ter iniciado as respectivas funções em 1940, na sequência de um conjunto de vicissitudes – já anteriormente retratadas[1305] –,

---

[1302] Cfr. LUÍS PINTO COELHO, *Da compropriedade no Direito português*, Lisboa, 1939, onde o autor defende, entre nós, a doutrina de SCIALOJA quanto à natureza da compropriedade, considerando dar ela lugar a uma pluralidade de sujeitos e de direitos de propriedade sobre um bem com recíproca limitação de uns direitos pelos outros (cfr. *op. loc. cit.*, 120 e ss., *maxime* 134 a 136).

[1303] *Da compropriedade (comunhão) no Direito português*, Lisboa, 1943, II. As duas obras formam, no entender expresso pelo autor no prefácio do segundo volume, uma continuidade e mostram uma clara inversão metodológica uma vez que o primeiro tema a ser tratado, após algumas considerações de natureza introdutória e de ordem histórica breves, é o da natureza jurídica da compropriedade ou comunhão.

[1304] *Os setenta...*, 118.

[1305] Mas recordemos aqui quanto se deu oportunamente devida conta: MENEZES CORDEIRO, *Teoria...*, in *Revista...*, XXIX, 332, em nota, aponta como tendo sido regente de Direitos Reais, neste ano, JOSÉ GABRIEL PINTO COELHO. E, na realidade, é isso a constar da *Acta n.º 273 do Conselho Escolar da Faculdade de Direito de Lisboa, de 1 de Agosto de 1939*, in *Livro de Actas do Conselho da Faculdade de Direito...*, 1931 a 1958, 54 f.. Porém, logo na reunião seguinte do Conselho (cfr. *Acta n.º 274 do Conselho Escolar da Faculdade de Direito de Lisboa, de 12 Outubro de 1939*, in *Livro de Actas do Conselho da Faculdade de Direito...*, 1931 a 1958, 54 v), a distribuição de serviço docente na disciplina de Direitos Reais seria alterada, passando a ficar dela encarregado PEDRO MARTINS. Este Professor viria, todavia, a morrer no princípio do ano lectivo (v. MARCELLO CAETANO, *Apontamentos...*, in *Revista...*, XIII, 140). Foi, entretanto, contratado em 1940, como professor auxiliar, LUÍS PINTO COELHO, ainda a tempo de vir a leccionar a disciplina. Comprova-o não apenas o testemunho de MARCELLO CAETANO, *Apontamentos...*, in *Revista...*, XIII, 141, referindo expressamente ter ficado a cargo de LUÍS PINTO COELHO a disciplina de Direitos Reais; mas também, de forma inequívoca, as lições de Direitos Reais da responsabilidade deste, correspondentes, conforme indicação constante da folha de rosto,

LUÍS PINTO COELHO viria, ainda, a tempo de leccionar, em 1939--1940, a disciplina de Direitos Reais e cuja regência tinha sido primeiro distribuída a JOSÉ GABRIEL PINTO COELHO e, depois, a PEDRO MARTINS[1306]. E viria para permanecer à frente da cadeira por largo tempo. Conforme vimos, para além do ano de 1939-1940, coube-lhe a regência de Direitos Reais em 1940-1941[1307], 1941-1942[1308], 1942--1943[1309], 1943-1944[1310], 1944-1945[1311], 1945-1946[1312], 1946-1947[1313],

---

ao ano lectivo de 1939-1940. Cfr. LUÍS PINTO COELHO, *Direitos...*, rosto; e *Propriedade*, cit., donde consta no verso da folha de rosto uma nota indicando corresponderem ao ano de 1939-1940. Deste ano ficaram, ainda, e conforme se deu já nota, uns sumários incompletos e não assinados. Cfr. *Sumários das lições de Direitos...*, 1939--1940. É, todavia, possível imputá-los, em função dos dados existentes, e nomeadamente das informações constantes dos dois volumes que ficaram a constituir as suas lições nesse ano, a LUÍS PINTO COELHO. De resto, se alguma dúvida restasse quanto à autoria desses sumários o seu teor coincide claramente com aquele que veio a ser o esquema adoptado por PINTO COELHO nos textos impressos que, da sua responsabilidade, nos ficaram e já referimos nesta nota.

[1306] Não confirmamos assim a informação de MENEZES CORDEIRO, *Teoria...*, in *Revista...*, XXIX, 330, segundo o qual o primeiro ano de actividade docente de LUÍS PINTO COELHO teria correspondido a 1940-1941.

[1307] Cfr., conforme se indicou, a *Acta n.º 281 do Conselho Escolar da Faculdade de Direito de Lisboa, de 2 de Agosto de 1940*, in *Livro de Actas do Conselho da Faculdade de Direito...*, 1931 a 1958, 58 f..

[1308] Há sumários incompletos e não assinados. A *Acta n.º 289 do Conselho Escolar da Faculdade de Direito de Lisboa, de 1 de Agosto de 1941*, in *Livro de Actas do Conselho da Faculdade de Direito...*, 1931 a 1958, 71 v., esclarece ter a regência pertencido a LUÍS PINTO COELHO. Cfr., também, MENEZES CORDEIRO, *Teoria...*, in *Revista...*, XXIX, 332, em nota.

[1309] Cfr., novamente, *Sumários das Lições...*, 1942-1943. V., também, a *Acta n.º 289 do Conselho Escolar da Faculdade de Direito de Lisboa, de 1 de Agosto de 1941*, in *Livro de Actas do Conselho da Faculdade de Direito...*, 1931 a 1958, 71 f.; e a *Acta n.º 298 do Conselho Escolar da Faculdade de Direito de Lisboa, de 30 de Julho de 1942*, in *Livro de Actas do Conselho da Faculdade de Direito...*, 1931 a 1958, 80 f..

[1310] Conforme documenta a *Acta n.º 304 do Conselho Escolar da Faculdade de Direito de Lisboa, de 29 de Julho de 1943*, in *Livro de Actas do Conselho da Faculdade de Direito...*, 1931 a 1958, 84 v..

[1311] Neste ano o *Anuário* nada regista quanto à regência de Direitos Reais (cfr. *Anuário da Universidade...*, 1944-1945, 29 e 30). Mas, insista-se, ficaram-nos umas lições de

1947-1948[1314], 1948-1949[1315], 1950-1951[1316], 1951-1952[1317], 1952--1953[1318] e 1953-1954[1319]. Tudo num total de treze anos à frente da mesma disciplina, com um pequeno interregno, em 1949-1950, ano em que regeria PAULO CUNHA. Desta sua passagem pelo ensino do Direito das Coisas, LUÍS PINTO COELHO deixar-nos-ia um conjunto de ele-

---

PINTO COELHO relativas ao ensino dos Direitos Reais no ano lectivo de 1944-1945 (cfr. LUÍS PINTO COELHO, *Lições de Direitos Reais...*, *per totum*); e uns sumários relativos a esse ano (*Sumários das Lições...*, 1944-1945).

[1312] Conforme se conclui em face dos *Sumários das Lições...*, 1945-1946; e da *Acta n.º 326 do Conselho Escolar da Faculdade de Direito de Lisboa, de 31 de Julho de 1945*, in *Livro de Actas do Conselho da Faculdade de Direito...*, 106 v..

[1313] Isso mesmo resulta da *Distribuição das regências na Faculdade de Direito de Lisboa no ano lectivo de 1945-1946*, cit., in *Revista...*, IV, 1947, 250. Cfr., também, *Acta n.º 333 do Conselho Escolar...*, in *Livro de Actas do Conselho da Faculdade de Direito...*, 113 v..

[1314] *Distribuição de regências na Faculdade de Direito de Lisboa no ano lectivo de 1947--1948*, cit. in *Revista...*, 1948, V, 283.

[1315] *Distribuição de regências na Faculdade de Direito de Lisboa no ano lectivo de 1948--1949*, cit., in *Revista...*, 1948, VI, 1949, 291. V., também, *Acta n.º 345 do Conselho Escolar da Faculdade...*, in *Livro de Actas do Conselho da Faculdade de Direito...*, 125 f.. Apurámos assim informação diversa da fornecida por MENEZES CORDEIRO, *Teoria...*, in *Revista...*, XXIX, 352, em nota, que regista como regente de Direitos Reais, neste ano, PAULO CUNHA.

[1316] MENEZES CORDEIRO, *Teoria...*, in *Revista...*, XXIX, 352, em nota. Cfr., também, *Sumários das lições...*, 1950-1951; *Distribuição de regências na Faculdade de Direito de Lisboa no ano lectivo de 1950-1951*, cit. in *Revista...*, VII, 330, também com a regência dos Direitos Reais, 3.º ano, de acordo com a reforma de 1928, e Direitos Reais, 4.º ano, conforme a reforma de 1945.

[1317] *Sumários das Lições...*, 1951-1952.

[1318] Nesse ano o mapa de distribuição de regências não refere a quem coube a disciplina de Direitos Reais. Cfr. *Vida interna, ano lectivo de 1952-1953*, cit., in *Revista da Faculdade de Direito...*, 1958, XII, 315 e 316. O nome de LUÍS PINTO COELHO não é sequer mencionado. Mas v., no sentido referido no texto, MENEZES CORDEIRO, *Teoria...*, in *Revista...*, XXIX, 352; e, ainda, *Acta n.º 370 do Conselho Escolar da Faculdade...*, in *Livro de Actas do Conselho da Faculdade de Direito...*, 155 v..

[1319] V. *Vida interna, ano lectivo de 1953-1954*, cit. in *Revista...*, 1958, XII, 325. Cfr., igualmente, MENEZES CORDEIRO, *Teoria...*, in *Revista...*, XXIX, 352, em nota. Note-se, ainda, o facto, aliás já anteriormente sublinhado, de relativamente a esse ano nos terem ficado umas lições impressas de Direitos Reais da autoria de LUÍS PINTO COELHO.

mentos que fomos já referindo ao longo deste nosso relatório. Menção, em primeiro lugar, para os sumários relativos aos anos de 1939-1940, 1944-1945, 1945-1946, 1950-1951 e 1951-1952[1320]. Depois, para os elementos impressos: dois volumes coligidos pelos alunos, relativos ao ano de 1939-1940. Umas pequenas lições, igualmente coligidas por alunos, referentes a 1944-1945, e umas outras respeitantes a 1953-1954.

II – Os sumários de 1939-1940 encontram-se lavrados em bloco. A sua análise revela corresponderem eles a uma versão sintética de quanto acabaria por ficar registado nas lições coligidas pelos alunos. É o seguinte o respectivo teor[1321]:

«*Introdução*
1) Objecto do curso. 2) Importância dos direitos reais: sob o ponto de vista politico-económico-social e sob o ponto de vista da tecnica jurídica. 3) Método a seguir: determinação do conceito de direitos reais e seu exame sob o aspecto puramente jurídico e sob o aspecto político (lato sensu*). Estabelecimento de principios da teoria geral da relação juridica.*
Cap. I
Natureza juridica dos direitos reais
§ 1.º Generalidades. § 2.º Principais teorias: 1) de Ziebarth; 2) classica*; ou do poder imediato; 3)* moderna *ou do poder absoluto; 4) mista. Crítica e posição tomada: preferência da teoria clássica. § 3.º Corolários do conceito de direitos reais: 1 – Existência da coisa; 2 – Inerência do direito à coisa: a) direito de sequela; b) inseparabilidade do direito da coisa; 3 – Referência do direito à totalidade da coisa; 4 – Permanência; 5 – Preferência – refutação. § 4.º Determinação e classificação das divisões reais. 1 – Generalidades; 2 – Elemento determinador; 3 – Enumeração: A – Generalidades; B – Código Civil; a) domínio ou propriedade perfeita; b) propriedades imperfeitas; c) garantias reais das obrigações; d) a questão da posse. C – Outras leis. 4 – Elemento classificador; 5 – Classificações. § 5.º As-*

[1320] Ficaram também umas folhas soltas redigidas pelo punho de PINTO COELHO com elementos de distinta índole relativos ao ano lectivo de 1941-1942 e de difícil análise.
[1321] *Sumários das Lições…*, 1939-1940.

pectos legislativos dos direitos reais: 1 – Generalidades; 2 – Caracter da enumeração legal: a) de jure condento; *b)* de jure condito; *3 – Cautelas impostas pelos direitos reais; a) efectivo exercício; b)* numerus clausus; *c) cognoscibilidade exterior. § 6.º Direitos reais e direitos de crédito: 1 – Generalidades; 2 – As doutrinas monistas; a) subjectivistas; b) objectivistas; 3 – Diferenças essenciais.*
       Capítulo II
    As relações jurídicas "direitos reais".»

  Uma comparação entre estes sumários e o texto compilado por PEDRO DA CÂMARA RODRIGUES e CARMINDO RODRIGUES FERREIRA permite concluir no sentido de uma inteira coincidência entre ambos no que toca à Introdução e ao Capítulo I dos sumários[1322]. A partir daqui a matéria deixa, todavia, de reflectir adequadamente o ensino ministrado nas aulas teóricas. O Capítulo II é apenas mencionado nos sumários por referência ao seu título. Nenhuma outra indicação deles consta. Uma consulta das lições impressas permite, porém, constatar dividir-se esse capítulo da seguinte forma[1323]:

      As relações de direitos reais
  § 1 – Os sujeitos: 1. Generalidades. 2. Categorias de sujeitos. 3. Nacionais: a) Singulares, b) Colectivos. 4. Estrangeiros: a) Singulares, b) Colectivos. 5. Doutrina da contitularidade de direitos. § 2 – O objecto: 1. Generalidades. 2. Limitação do nosso estudo. 3. O problema dos direitos sobre direitos. § 3 – O facto jurídico: 1. Generalidades. 2. Limitação do nosso estudo. 3. Ocupação. § 4 – Objecto da relação jurídica[1324]: 1. Generalidades. Indicação do método a seguir. Limites deste estudo. 2. Os direitos reais de gozo e de disposição: Limitações do direito de propriedade, Limites ao poder de disposição: subjectivos e objectivos, Limitações ao poder de gozo, Conclusões.

[1322] Cfr. LUÍS PINTO COELHO, *Direitos*…, 5 a 218.
[1323] V. LUÍS PINTO COELHO, *Direitos*…, 219 e ss..
[1324] LUÍS PINTO COELHO, *Propriedade*, cit., *per totum*.

O método subjacente a este esquema tem, segundo o próprio LUÍS PINTO COELHO, a circunstância de para o estudo de problemas importantes apenas se dispor de dois meses e meio úteis de lições[1325]. Esta circunstância depõe, conforme refere o autor, contra o método tradicional ou mais generalizado de se dar algumas noções sobre a natureza dos direitos reais, fazer-se a comparação entre eles e os direitos de crédito, proceder-se à determinação dos direitos reais e passar-se ao estudo de cada um deles em separado[1326]. Consequência deste modo de proceder é, afirma, invariavelmente não se chegar ao fim do programa. Quando muito, depois dos princípios gerais, estuda-se um ou dois institutos com manifesto prejuízo para uma visão de conjunto ou panorâmica do regime dos direitos reais[1327]. Por isso, LUÍS PINTO COELHO só numa parte do curso seguirá o que apelida de método comum. Afigura-se-lhe indispensável aprofundar o estudo da natureza dos direitos reais, e isso irá permitir confrontá-los, como entidade abstracta, com os direitos de crédito; depois, sustenta, as mesmas conclusões a que se chegar sobre a natureza do direito permitirão tirar certas consequências, como o determinar se há só certos direitos reais, ou se poderá haver um número ilimitado deles[1328].

Depois de tudo isto, jogando com as conclusões anteriores, pretende PINTO COELHO fazer uma apreciação sistemática, e em conjunto, dos diversos direitos reais como relações jurídicas, decompondo-os nos seus elementos constitutivos: sujeito, objecto, facto e garantia[1329].

Desta forma, preconiza, talvez haja menor possibilidade, em confronto com o outro sistema, de informar, de transmitir conhecimentos, mas ganha-se na função de formar[1330]. Função esta, entendida como a que consiste em dar aos estudiosos os elementos para com tempo poderem adquirir mais conhecimentos. Por isso, e nas palavras do próprio autor,

---

[1325] LUÍS PINTO COELHO, *Direitos…*, 8.
[1326] LUÍS PINTO COELHO, *Direitos…*, 8.
[1327] LUÍS PINTO COELHO, *Direitos…*, 8.
[1328] LUÍS PINTO COELHO, *Direitos…*, 8.
[1329] LUÍS PINTO COELHO, *Direitos…*, 8.
[1330] LUÍS PINTO COELHO, *Direitos…*, 9.

na segunda parte do curso trata-se principalmente de «(...) metodologia; *ou seja, deve-se procurar* ensinar a aprender, *dando algumas ferramentas que, mais tarde, na vida, possam ajudar a abrir caminho através das dificuldades».* Não obstante, não parece que a segunda parte, nos moldes formulados pelo autor, apresente grandes virtualidades. Para além da hoje firmada crítica da técnica da relação jurídica, não se afigura que a forma de proceder de PINTO COELHO, nesta segunda parte, traga grandes benefícios ou ganhos para a compreensão da matéria de Direitos Reais. Quanto à primeira parte, ela é, em grande medida, tributária da mesma inversão metodológica sentida já na dissertação do autor: em ambos os casos começa-se com o estudo da natureza das realidades envolvidas – num, a compropriedade, no outro, os direitos reais. E se é certo que no tocante ao ensino desta matéria existem razões metodológicas que justificam ou podem justificar que se forneça, logo a abrir, aos alunos um conjunto de dados acerca do conceito de direito real, a verdade é que a forma como LUÍS PINTO COELHO argumenta, funda e estrutura o seu raciocínio parece, de facto, revelar algum conceptualismo.

III – Quanto à matéria sumariada em 1942-1943, ela encontra-se repartida por um total de 19 aulas, sendo objecto de pormenor muito significativo. Sem prejuízo de se continuar a vislumbrar uma linha de continuidade com os ensinamentos de 1939-1940, verifica-se, todavia, algum desenvolvimento e evolução a aproximarem o autor já dos conteúdos que viriam a fazer parte das Lições que seriam publicadas de acordo com as prelecções dadas ao ano de 1944-1945[1331]. Foi a seguinte a matéria sumariada em 1942-1943[1332]:

> «*Apresentação. Método de trabalho.*
> *1.ª Lição* (...)
> *1. Localização dos direitos reais no campo do direito privado. No sistema da escola germano-italiana (instituição); no campo dos direitos patrimoniais.*

[1331] V. LUÍS PINTO COELHO, *Lições...*, per totum.
[1332] *Sumários das lições...*, 1942-1943.

2. *Importância dos direitos reais e do seu estudo.*

A que advem da sua natureza patrimonial (referência à questão social); a da sua genérica capacidade e idoneidade para satisfação de necessidades humanas; a que vem da sua posição relativamente às obrigações (aquelas são o fim, ou objectivo, destas).

3. *Sistema das lições. O método mais corrente, de tratamento isolado de cada um dos direitos reais, após breves noções gerais sôbre o conceito de direitos reais. O sistema preferível, de procurar formular uma teoria geral, em que, mais tarde, o aluno possa basear estudos mais profundos dos varios dirs. reais.*

Cap. 1.º *Natureza jurídica dos direitos reais*

4. *O conceito de direito real seu aparecimento na doutrina (Savigny); sua difusão atraves da escola germano-italiana. Sua aceitação em Portugal: as "Instituições" de Coelho da Rocha; o Cód. Reg. Predial de 1929 (art.º 180); o dec. 19/26, na nova redacção que deu ao art.º 949 do Cód. Civ. Comparação sumária com alguns Códs. estrangeiros posteriores ao nosso.*

Necessária influência da doutrina na elaboração de um conceito de direito real entre nós. Ponto de partida: o art.º 949. Possibilidade de extensão do conceito a outros direitos não abrangidos no art.º 949. Necessidade de fixação da natureza juríd. dos dirs. reais.

5. *Algumas teorias mais importantes. A) A teoria de Ziebarth: dir. real é o que confere a faculdade de obter coactivamente a coisa sôbre que recai. Crítica: além de outras aberrações mais ou menos infundadas, é fundamental a de que a teoria só nos oferece um elemento externo de determinação, quanto é necessário apreciar é o conteúdo dos direitos, pois êste é que explica a coercibilidade.*

2.ª Lição (…)

B) A Teoria do poder directo, teoria classica. Direito real é o que recai directa e imediatamente sôbre a coisa. Critica fundamental (Windcheid, Planiol): esquece que a relação juridica é uma relação entre pessoas.

C) A teoria do poder absoluto, ou teoria personalista. Seu fundamento na critica à teoria anterior. O direito real é um poder de absoluta (geral) exclusão dos não-titulares.

Crítica fundamental: referindo o poder só às pessoas, não dá conta do conteúdo positivo do poder; não são apenas os dirs. reais que são absolutos (são-no, também, os direitos chamados pessoalíssimos), portanto, o poder de exclusão geral não serve para caracterizar os dirs. reais.

D) A teoria mista: o dir. real é um poder de exclusão de todos conferindo um poder directo. Entre o aspecto interno e externo não ha relação de causa e efeito. São aspectos concomitantes.

Crítica global. São aproveitaveis os elementos fornecidos pela doutrina moderna e pela doutrina mista, mas só para esclarecimento tecnico do conceito. Na sua formulação, é verdadeira e suficiente a doutrina classica.

A nossa lei permite, realmente as várias conclusões das doutrinas (art.ᵒˢ 2167 e 2169, 863 e 800 n.º 2.º; 888 e 892).

3.ª Lição (...)

6. – *Desenvolvimentos do conceito de direitos reais.*

A) O pressuposto da existência da coisa. Necessidade da existência jurídica, referida a um determinado património (exclusão da "res nullius"); a possibilidade da coisa não ter autonomia no património (ex: o minério antes de extraído).

B) A inerência do direito à coisa – Dois aspectos a considerar: a) o da seqüela, ou faculdade de o titular seguir a coisa através das migrações dela; b) o da inseparabilidade do direito da coisa; o primeiro interessa especialmente nas relações entre o titular e terceiros (com direitos sôbre a coisa, ou não); o segundo interessa especialmente ao titular nas suas relações com a coisa (nem sequer êle pode desligar o dir. da coisa). Alguns desvios ao principio da seqüela.

C) O dir. real refere-se à totalidade da coisa. Especial relevância deste princípio nos casos em que os direitos não absorvam, por si mesmos, tôdas as utilidades que as coisas podem produzir ou, sequer, uma dada categoria delas (ex: dir. de uso, dir. de servidão).

D) O dir. real é tendencialmente permanente. Tende a existir enquanto existir a coisa melhor dizendo, a coisa, em principio, será objecto de dir. real enquanto existir, porque as suas utilidades são imanentes.

4.ª Lição (...)

D) ... *(continuação).* Por isso, o exercício do dir. não o extingue, antes o não exercício é que pode levar à sua extinção. Comparação dos dirs. reais com os dirs. de crédito, sob êste aspecto; valor relativo destas observações: a) porque ha dirs. reais que não podem ser perpétuos (ex. usufruto, invento) ou podem não o ser, se nova intervenção do titular os não mantiver em vida (ex. marcas comerciais); b) porque ha dirs. de crédito que também se não extinguem em qualquer exercício (ex. obrigações com trato sucessivo, obrigações negativas); c) porque ha direitos reais que se esgotam com o exercício (dirs. reais de garantia).

E) Segundo alguns autores, o direito real dá preferência ao titular em relação a qualquer outro dir. real que posteriormente se constitua sôbre a mesma coisa. A doutrina do Prof. Pires de Lima. As minhas observações: pode haver coincidência do direito sem que haja incompatibilidade, verdadeira concorrencia. Quando se trata de direitos realmente inconciliaveis, não ha, mesmo assim, lugar a verdadeira preferência, pois não ha 2 direitos sôbre a mesma coisa. Só um deles se constitui; o outro é apenas um dir. pessoal, a exigir a restituição do preço e eventual indemnização de perdas e danos.

A preferência, verdadeira e própria, só existe entre dirs. reais de garantia.

5.ª Lição (...)

7. Análise do poder que recai sôbre as coisas, ou direito real.

É um poder jurídico. Tem caracter patrimonial, visando a percepção das utilidades económicas que a coisa pode produzir. Espécies de utilidades: o valor de uso e o valor de troca; grande variedade de tipos de direitos, variando a continuação entre os poderes de uso e de troca, e variando quantitativamente a possibilidade de aproveitamento do valor de uso. Exs. a propriedade, a enfiteuse, o usufruto, a hipoteca (art.ᵒˢ 2167 e 2169 – 1673, 1677 e 1678 – 2197, 2207 e 2201 – 888 e 903).

O problema do direito de retenção. A retenção será uma categoria de utilidades a considerar ao lado do valor de uso e do valor de troca? Termos em que se põe o problema.

6.ª Lição (...)

O dir. de retenção (cont.ão)

Porque o poder é absoluto, oponível não só ao devedor mas também a qualquer outra pessoa que venha a ter direitos sôbre a coisa, ha quem entenda ser um dir. real. Mas o dir. é precário, pois cessa quando o credor abrir mão da coisa retida. Em certo modo, a faculdade de retenção é uma utilidade, mas é muito relativa, pois sendo apenas um instrumento de pressão sôbre o devedor, ficará ineficaz se o devedor fôr insensível a essa pressão.

Dum modo geral, a retenção, ou detenção, só terá valor como modo de permitir o aproveitamento das utilidades de gozo ou de assegurar o aproveitamento das utilidades de disposição, pelo que me inclino a considerar a detenção por si só como incapaz de determinar a atribuição, a qualquer direito, da categoria de direito real.

8. Enumeração dos direitos reais.

Generalidades; breve resenha histórica; direito romano, direito francês, direito italiano, direito germanico. O nosso direito anterior ao Cód. Civ. (Ref.ª de Coelho da Rocha).

A. No Cód. Civ. – O art.º 949, como ponto de partida para uma enumeração. Determinação do seu alcance. Legitimidade do seu alargamento imediato aos moveis. Começo da enumeração pela que está feita no art.º 2189.

I. A propriedade. Refer.ᵃˢ muito gerais ao poder de uso e de disposição.

7.ª Lição (...)

II. Propriedades imperfeitas. A enumeração do art.º 2189; sua incorrecção perante o art.º 2169; a falta de referência do direito de mera propriedade (explicação pelo conceito tradicional das propriedades imperfeitas como limitações do dir. de prop.ᵈᵉ); a referência do censo e a existência de duas modalidades do censo (refer.ª à redacção do § unico do art.º 2189.

a) Enfiteuse. Noção. Problema da transmissão do domínio directo, reservando o prop.º o domínio util.

A colocação da matéria; seus defeitos. A possibilidade de constituição por prescrição e por testamento (vd. art.º 1755, § único).

Análise dos poderes do foreiro e do senhorio (art.ᵒˢ 1673, 1676, 1677, ... ao foreiro; art.ᵒˢ 1653, 1673, 1676, 1672 e 1663 quanto ao senhorio directo).

8.ª Lição (...)

Análise dos poderes do foreiro e do senhorio (cont.ᵃᵒ).

Os poderes de ambos são direitos reais. Possibilidade de conceber as relações resultantes da enfiteuse como relações de compropriedade, muito especial quanto à fruição, uso, administração e disposição, mas em que o senhorio directo conserva o direito a uma parte indivisa do prédio, correspondente ao valor do foro e mais um quinto, tendo o direito de devolução no caso de morte do foreiro sem herdeiros legitimários ou legít.

b) A sub-enfiteuse – Em que consiste; sua distinção da alienação do prazo. Sua proibição, pelo Cód., para futuro.

Análise sumária da situação do enfiteuta principal.

c) O censo. – As duas espécies; diferente importância delas. A forma de censo reservativa, proibida para futuro (art.º 1706) e em grande parte equiparada à enfiteuse. Possivel diferença quanto à especificidade dos frutos com que haja de pagar--se a prestação do censo. Explicação do art.º 1709 pelo caracter menos gravoso do censo, em comparação com a enfiteuse.

O censo consignativo (art.º 1644 e segs.), definição; descrição da relação jurídica. Semelhanças com a enfiteuse, se se considerar possível a transmissão, pelo proprietário, do domínio directo dos prédios, discussão da doutrina em volta da natureza do censo consignativo; a opinião do Dr. J. Tavares, discordante da que considera o censo um direito real. Refutação.

A duração da relação; possibilidade de duração determinada ou indeterminada; a possibilidade de reembolso; a possibilidade do distrato.

d) O quinhão. Noção desta propriedade imperfeita. Sua qualificação como simples modalidade da compropriedade. Sua natureza real, portanto.

9.ª Lição – 26.XI.42 (...)

e) O usufruto, o uso e a habitação. Antigas servidões pessoais, destacadas do género "servidão" do direito romano.

Noção legal de usufruto (art.º 2197); insuficiência dessa noção, que não contem elementos bastantes para distinguir nitidamente a figura de usufruto de outras (ex. arrendamento ou aluguer).

Modos de constituição do usufruto (art.º 2198); exemplificação.

Modalidades de usufruto quanto à sua duração (n.º 1.º do art.º 2241).

Conteúdo do dir. de usuf.: noções gerais (art.ºs 2202, 2206 e 2207). O princípio "salva rerum substantia"; aplicações (art.ºs 2217 e 2223); excepções: coisas que se deterioram com o uso (art.º 2208) e coisas fungíveis ou objecto de usufruto impróprio (art.º 2209).

Termo do usufruto – art.º 2241.

Exame dos poderes do proprietário e do usufrutuário. A cisão da propriedade perfeita em dois poderes: o de uso e o de disposição. Natureza real de ambos, deduzida principalmente da indicação taxativa do art.º 2241, onde não se encontra como forma de extinção do direito – de um fruto a alienação da coisa usufruída.

Os direitos de uso e habitação. Noção – art.º 2254 e § único. Suas relações com o usufruto; a posição do Prof. José Tavares, que eu adopto. Discussão doutrinária.

Principais diferenças entre êstes direitos e o de usufruto.

f) A da medida do aproveitamento de utilidades (art.ºs 2197. e 2202, para o usufruto, art.º 2254 e 2257 para o uso e habitação).

B) A transmissibilidade: permitida quanto ao usufruto (art.º 2207), proibida quanto ao uso e habitação (art.ºs 2258).

Possibilidade de anulação dessas diferenças: a da quantidade desaparece quando as necessidades do usuário ou morador forem absorventes das utilidades da coisa; a da transmissib.ᵈᵉ depende do titulo constitutivo, pelo que pode desaparecer a transmissib.ᵈᵉ do usufruto e a intransmissib.ᵈᵉ do uso e habitação. (respectiva.ᵗᵉ: art.ºs 2201 e 2255).

Dúvidas quanto a êste último ponto; dificuldades que resultariam da transmissão, em virtude da regra do limite.

Subsistência, em qualquer caso, das diferenças naturais referidas.

10.ª Lição (…)

Problema relativo ao objecto do direito de uso. Embora, em princípio, possa admitir-se que recaia sôbre coisas incorporeas, a lei para configurá-lo como direito a colher em espécie utilidades de certa coisa, pelo que parece preferível limitá-lo a coisas corporeas.

f) O compáscuo. Noção legal; sua explicação. As duas modalidades de compáscuo previstas nos art.ᵒˢ 2264 e 2265; só a segunda tem os requisitos do art.º 2262.

Cuidados a ter na interpretação do título constitutivo (§ unico do art.º 2265) do compáscuo, tendentes a determinar a sua natureza obrigacional ou real.

A possibilidade de libertação do encargo perpétuo de compáscuo. Semelhança com a remissão de foro. Sua natureza de expropriação por utilidade particular.

g) As servidões. Noção legal; sua explicação. As servidões irregulares, a que se refere o art.º 2286 (exemplo).

Modos de constituição da servidão (art.º 2271); incorreção do preceito legal: a) por distinguir a "natureza das coisas" da "lei"; b) por parecer considerar a lei como frente directa da relação. As servidões voluntárias: por testamento e por contrato (art.º 2275); por destinação do pater familias *ou do antigo proprietário (art.º 2274).*

Multiplicidade de formas de servidão; quanto ao seu conteúdo: positivas, negativas, de passagem, de aqueduto, de ar e luz, de vistas, etc; quanto ao seu uso: continuas e descontinuas; quanto à sua ([1333]*): aparentes e não aparentes.*

A consagração expressa da inseparabilidade (art.º 2269).

Extinção da servidão (art.º 2279).

Exame dos poderes do titular da servidão. Sua natureza real.

11.ª Lição (…)

III – Garantias reais das obrigações

Breve remessa para o art.º 949 do Cód. Civ., ponto de partida da enumeração dos direitos reais.

Breve rememoração do conceito e especies de garantias das obrigações: o património do devedor, garantia comum dos credores: sua eventual insuficiência;

[1333] Uma vez mais LUÍS PINTO COELHO não conclui uma frase dos sumários. Por uma questão de fidelidade deixa-se tal qual está.

as garantias especiais (tipo pessoal e tipo real). Referencia à colocação da matéria no Cód. Civ.

a) O penhor. Conceito de penhor no Cód. Civ., sendo essencial a entrega da coisa ao credor ou a 3.º (art.ºˢ 855, 858 e 860, n.º 2.º). Evolução do conceito de penhor: o Cód. Com. e a "entrega simbólica"; o posterior desenvolvimento do crédito agrícola mobiliário. A terminologia proposta por G. Moreira, em vista dessa evolução, que permitia a conservação do penhor nas mãos do devedor. A unidade do instituto pignoratício através da sua evolução; o constituto possessório. Refer.ª do relatório do dec. n.º de ([1334]) sôbre penhor constituído sôbre títulos de crédito a favor de estabelecimentos bancários.

Breve notícia da discussão em volta da natureza do penhor. A opinião de J. Tavares; a posição contraditória do Dr. C. Gonçalves.

Determinação do conteúdo do direito:

– disposição eventual (art.º 863); gôzo condicionado pela entrega da coisa e pelo seu uso não perigoso (art.º 862).

Qualificação como direito real. – Refer.ª às contradições do Dr. Cunha Gonçalves sôbre os direitos que não atribuem gozo e sôbre a necessidade de entrega da coisa b) A consignação de rendimentos. Noção legal. Sua designação freqüente, na doutrina e em leis estrangeiras, de anticrese. Sua diversa qualificação; J. Tavares nega que seja um dir. real. Para algumas legislações não é, efectivamente. (Refer.ª á evolução do dir. italiano, onde a anticrese era expressamente considerada como de efeitos restritos às partes e seus herdeiros, mas hoje, pela reforma do Cód., desapareceu êsse preceito, dizendo-se que a consignação dura até que o crédito esteja satisfeito).

12.ª Lição (…)

Determinação das caracteristicas da consig. no nosso direito positivo; é um poder directo sôbre as coisas, pois: não cessa pela alienação do prédio ou outros bens (art.ºˢ 877, 874, § 1.º) produz efeitos quanto a terceiros (art.º 875). A confirmação dos art.ºˢ 1022 e 1023 (Refer.ª destes preceitos à preferência que caracteriza os dirs. reais de garantia); o limite do art.º 907 Cód. Proc. Civ., preceito especial, muito especial para arrematação, que não invalida, pois, a natureza da consignação (notar que essa especialidade se refere, antepondo-a, não só à consignação mas também a outros direitos).

[1334] Note-se que é o próprio LUÍS PINTO COELHO a deixar este espaço em branco e a não fornecer qual a indicação do Decreto em causa.

= Peculiar natureza do direito de consignação de rend.¹⁰⁵: visa garantir a obrigação, mas garante cumprindo; tem função de garantia, mas estructura de gôzo. Ao contrário das normais garantias, não incide sôbre o valor de troca, nem depende do não cumprimento da obrigação.

= Objecto da consignação: bens imobiliários (art.º 873); incorrecção do § 2.º al. f) do art.º 949, que fala genericamente em sujeição a registo, quando a consignação pode recair sôbre bens não sujeitos a reg. predial (os titulos da dívida públ., art.º 375, n.º 3.º); explicação desta pequena anomalia em regra a consig. de rend. recai sôbre prédios. A publicidade quanto a 3.ᵒˢ.; art.º 875 Cód. Civ., Cód. Notar., art.º 163.

= Modalidades quanto ao gôzo dos bens: art.º 874. A opinião de G. Moreira; crítica: em tôdas as modalidades o poder do credor recai directamente sôbre os bens.

= A teoria do Dr. P. Jacome quanto à extensão do dir.: não é possivel a consig. para pagamento só de juros (arg.ᶜᵃᵒ do art.º 877). Refutação: é errado o ponto de que parte, dizendo que a consignação importa novação.

c) *Privilégios creditórios*. Noção legal. – art.º 878. Justifica-se em atenção à causa do crédito; é diverso, pois, das outras garantias, que podem garantir qualquer crédito, independentemente de causa determinada.

= Espécies de privilégios: art.º 889.

= Diversa eficácia das várias espécies: o art.º 1021 do Cód. Civ.

= Discussão em volta da natureza do privil. cred., as opiniões extremas do Prof. Carneiro Pacheco e do Prof. J. de Gouveia. A posição intermédia do Prof. J. Moreira.

= Nossa preferência pela deste último, em face do art.º 1021. Mas o dir. real não é o privilégio; acompanha-o.

= Determinação, à face dêste art.º 1021, dos privilégios que são acompanhados da sequela: art.ᵒˢ 880, 881 e 887. (Ref.ª ao caso do art.º 882, n.º 4, que tem aparência de seqüela, mas em que não há).

13.ª Lição (…)

d) *A hipoteca*. Noção legal: art.º 888. Refer.ª à existência da hipoteca sôbre alguns móveis (Ex. os navios, que a lei considera bens móveis (Cód. Com., art.º 485) e, no entanto, sujeitos a hipoteca – art.ᵒˢ 584 e segs.). O seu aspecto de preferência: art.º 1005.

Como opera: art.º 903. Interpret. dêste preceito.

Natureza de direito real. Recai directa e imediatamente sôbre os bens – art.º 892. Na execução, não podem ser penhorados outros bens antes das hipotecas: Cód. Proc. Civ., art.º 835.

É um dir. real que tende ao eventual aproveitamento do valor de troca. É um direito acessório do crédito, mas independente dêle; pode manter-se o crédito e desaparecer a garantia hipotecária: ex: destruição do prédio (arg.º do art.º 902 e do art.º 892).

Referência à moderna teoria processualista que nega à hipoteca a natureza de direito real. Remessa para as aulas práticas.

IV) A questão da posse. Noção corrente de posse. A dupla noção jurídica, de posse causal ou posse exercício de um direito e posse formal ou posse meio de adquirir direitos (art.ºˢ 2173 e 474 do Cód. Civ. – êste desenvolvido nos art.ºˢ 475 e 505.

Irrelevância, nalguns casos, da distinção entre posse causal e formal: por ex., para o efeito da defesa possessória.

Limitação do nosso estudo sumário à posse formal.

Dúvidas quanto à sua natureza. Preferencia pela doutrina que a considera um direito, embora de contextura mais débil do que aquela do direito que ela imita ou reproduz. (Cit. de algumas disposições tendente a tutelar a posse: sua defeza, preventiva e repressiva: direito de indemnização – art.º 492; direito aos frutos – art.º 495).

Dúvidas quanto à qualificação do direito. É um instituto do direito das coisas *(Prof. M. Rodrigues); mas ha direito diversos sôbre coisas. Daí ter a posse a natureza que tiver o dir. a que é paralela. A não ser que se perfilhe a doutrina do Prof. M. Rodrigues de que a posse recai sôbre direitos e, nesse caso, considerando os dirs. possuidos como coisas, poderá dizer-se que a posse é sempre um direito real.*

A melhor colocação. O estudo da posse é a que lhe damos, no fim da enumeração dos dirs. a que ela pode referir-se.

14.ª Lição (…)

B – Figuras processuais de direitos reais

1. Na fase executiva do processo:

a) A penhora. Noções gerais da execução: a execução directa e indirecta. O art.º 821 do Cód. Proc. Civ. Como se determinam os bens a penhorar: a nomeação (art.º 834); os bens que não carecem de nomeação (art.º 835). Efeitos de penhora: a garantia (art.º 847 Cód. Proc.; cfr. art.º 1022 Cód. Civ.)

Comparação com as garantias prévias.

b) A adjudicação de rendimentos. A graduação de créditos (Cód. Proc. Civ., art.º 868); as várias formas de pagamento (art.º 872); a adjudicação (art.º 874). A adjudicação de rendimentos: art.º 878; sua semelhança com a consignação.

Diferenças: a diferença dos factos originadores (contrato e sentença); a diferença de extensão (na consignação, a importância em dívida, na adjudicação também as custas – Cód. Proc. Civ., art.º 880, al. 2.ª); a diferença de objecto (a adjudicação parece ser restrita a imóveis, pela referência da lei ao arrendamento deles – art.º 880 C.P.C.); a diferença de organização (a adjudicação só pode ser organizada na forma de arrendamento).

2. Na fase preventiva: o arresto. Sua natureza: processo preventivo e conservatório (art.ᵒˢ 386 e segs. C.P.C.). É preparatório de uma acção (art.º 387). Em que casos pode ter lugar (art.º 409); limitação do nosso estudo ao caso do n.º 3.º. Efeitos do arresto: os da penhora (art.º 413). Semelhança das duas figuras: quanto ao objecto e quanto ao modo (art.º 412).

15.ª Lição
Recapitulação da enumeração feita.

Novo exame da aparente contradição de enumerar como divisões reais certos direitos e situações que o art.º 949 expressamente coloca para sequela categoria. O pouco interesse em distinguir, quando a lei sujeita todos os direitos ao mesmo regime (o do registo); a dificuldade em formular um conceito util de onus real, dadas as figuras a que o art.º 949 dá essa designação; o inconveniente de incluir em categorias diferentes figuras semelhantes (censo consignativo e consignação de rendimentos).

9. Natureza da enumeração dos direitos reais

Aspecto em que o problema pode ser posto. Limitação ao aspecto de jure condito. Aspectos a sub-distinguir: o positivo (poderá haver outros direitos reais?) e o negativo (todos os direitos enumerados são sempre reais?)

Resposta negativa na primeira questão. O argumento da tradição romano-latina; a inexistência de disposições expressas que destruam essa orientação, como houve e ha noutras legislações (cods. saxonico, alemão, suisso).

A importância económico-social dos dirs. reais aconselhando a tutela dos interesses de 3.ᵒˢ pela indicação taxativa dos dirs. reais. O inconveniente que haveria em permitir esses tipos de direitos desacompanhados da obrigação de registo. A decadência da orientação da plena liberdade das partes quanto à constituição de dirs. reais mesmo na legislação de raiz germanica.

A 2.ª questão. Remissão do seu exame (vd. n.º 17).

16.ª Lição
10. Classificação dos direitos reais.

A conveniência da classificação. Os vários critérios usualmente empregados: o que atende ao vínculo de pertença que respeita à coisa e o que atende à função dos direitos (direitos reais sôbre coisa própria e sôbre coisa alheia – dirs. reais de gôzo e de garantia). Critica dessas classificações.

O critério preferido, correspondente ao critério usado para a determinação dos dirs. reais: o que atende à natureza do valor sôbre que incide o direito. Direitos reais de gôzo e disposição; direitos reais de gôzo; direitos reais de disposição.

Desenvolvimento do sentido de "poder de disposição". É um aproveitamento do valor de troca mediante a coacção do titular do dir. sôbre o titular da propriedade. O poder de disposição é, em regra, livre (art.ᵒˢ 2169 e 2359) mas, em certos casos – havendo um dir. autónomo de disposição (ex. hipoteca, penhor) – o titular pode ser compelido a dispor.

Aplicação do critério adoptado:

I - Propriedade e posse; enfiteuse. A questão do penhor que, cumprindo um poder de disposição, pode tambem conferir poderes de uso (art.ᵒ 862); exame desta questão; deve considerar-se o poder de uso apenas um elemento natural do dir. de penhor; portanto, o penhor não deve ser incluído neste 1.ᵒ termo da classificação.

17.ª Lição

(cont.ão)

II – Direitos reais de gôzo. Usufruto e suas modalidades; censo; consignação e adjudicação de rendimentos; servidão; posse destes vários direitos.

Observação: na classif. adoptada a consignação de rend.ᵗᵒˢ é um dir. real de gôzo; na classif. que atende à função, é um dir. real de garantia, logo, não de gôzo.

III – Privilegios creditórios; hipoteca; penhor; arresto e penhora. A mera propriedade.

Obs. A diferença entre o poder directo, autónomo de disposição do mero proprietário e o poder eventual de disposição dos titulares dos dirs. reais chamados só de disposição (hipoteca, penhor, etc.); ou seja, diferença entre o poder residuário do mero prop.ᵒ e o poder do credor garantido pelo valor duma coisa. Aquele tem maior valor autónomo, em atenção à virtualidade de expansão do direito em si mesmo.

11. Caracter "necessário" da "realidade" dos dirs. Enumerados.

A segunda questão atrás referida (n.ᵒ 9). A "realidade" é, "de jure condito", ínsita nos dirs. enumerados. Dirs. de conteúdo semelhante, mas sem "realidade" não ficariam sujeitos ao regime legal da propriedade, usufruto, etc. Alguns dos preceitos de que resulta a "realidade" de alguns poderes estão claramente fora do alcance da vontade dos particulares (exs. art.ᵒˢ 2255, 2261 e 2279).

12. A política legislativa e os direitos reais.

(variabilidade da sua enumeração – de jure condendo*)*

O legislador, intérprete das exigências do meio social; a variabilidade das formas técnicas de tutela das relações sociais. O problema quanto aos dirs. patrimoniais: a mais ou menos enérgica defesa.

A distinção a fazer entre o legislador constitucional e o legislador comum. Maior liberdade de acção do primeiro. Limites ao seu poder, quanto à tutela real de interesses: a justa apreciação das necessidades e conveniências sociais (liberdade mas não arbítrio); a exigência de existência de interesses relativos a coisas em sentido tecnico – conseqüente exclusão da possibilidade de direitos reais sôbre o que não pode ser coisa (ex. a pessoa humana).

O legislador comum, perante o problema. Subordinação à lei constitucional; a subordinação do Estado à Moral e ao Direito. O preceito expresso do art.º 15.º, n.º 8.º da Constituição; a propriedade perfeita, desde que reconhecida, é necessariamente real, e reconhecida erga omnes; os outros são concebiveis como relativos ou pessoais, tudo dependendo da orientação do legislador.

18.ª Lição

13. *Cautelas impostas pela natureza dos direitos reais.*

A particular importância da tutela real dos interesses em relação a terceiros; cautelas aconselhadas; remissão para o n.º 9: o numerus clausus; outras medidas legislativas.

a) A exigência (tendencial) de um efectivo exercício dos direitos reais.

O interesse social ligado ao aproveitamento das utilidades económicas das coisas; conseqüente tutela dêsse interêsse. Semelhantes manifestações, mas de caracter individualistico, na legislação anterior à fase actual: a extinção de direitos reais pelo não uso (servidão, art.º 2279, n.º 2.º) em benefício dos titulares de outros dirs. sôbre a mesma coisa.

A uma orientação, expressamente afirmada no art.º 35 da Constituição Política, que atribui à propriedade uma função social. Seu caracter tendencial, permitindo ao legislador concretizar o princípio na regulamentação dos institutos jurídicos; natural limitação do princípio às relações em que o Bem Comum deva sobrepôr-se aos Bens Particulares. O sentido lato, económico, da expressão propriedade, que não depende de determinada organização juridica.

O desenvolvimento dos princípios constitucionais nas disposições dos art.ºˢ 11- -13 do Estatuto do Trabalho Nacional.

Aplicação concreta dos novos principios na lei da Propriedade Industrial (lei 1972) e no seu regulamento, o Cód. Prop.ᵈᵉ Indust. (dec. 30679, de 24 de

Agosto de 1940); os principios da caducidade dos direitos exclusivos (art.⁰ˢ 71, n.º 1.º E 124, n.º 3.º do Cód.) e da exigência dum efectivo e conveniente exercício (art.⁰ˢ 30, 44, 66, etc.). Antecedentes desta orientação na legislação da propriedade intelectual (Cód. Civ., art.º 578 e dec. 13725, art.º 31).

b) Cognoscibilidade exterior.

Justificação e antiguidade do seu reconhecimento; as formalidades no dir. romano (a mancipatio e a in jure cessio).

Tendência para a generalização. As dificuldades quanto aos móveis.

O registo: de imóveis e de algumas espécies de móveis (navios, viaturas automóveis; propriedade intelectual).

19.ª Lição.

14. Direitos reais e direitos de crédito.

Generalidades. A posição (normalmente) do problema da distinção no limiar do estudo dos dirs. reais. Preferência pela orientação seguida, que supõe o conhecimento dos dois conceitos a comparar.

As soluções abstractamente possíveis e já sustentadas: a identidade e a diversidade de conceitos, a unidade e a dualidade.

Razão de ordem: a orientação clássica é dualista, pelo que se deve primeiro examinar as teorias que se opõem a essa dualidade – teorias monistas. Sub-distinção destas.

As teorias monistas:

a) teoria personalista ou subjectivista. Sua origem nas observações de Windscheid; remissão para o estudo do conceito de dir. real. Aproveitamento por Planiol e outros (inclusive Carnelutti). A doutrina da obrigação passiva universal; as secundárias, diferenças que ela admite; substituição pela distinção entre dirs. absolutos e relativos.

A doutrina de Demogue, da unidade dos dirs. patrimoniais no conceito dos dirs. pessoais.

Crítica destas duas teorias. O lado externo do dir. é, só por si, incaracterístico, é esencial a todo o dir. subjectivo. O lado externo do dir. não representa uma obrigação em sentido rigoroso; a abstenção geral é uma condição de exercício do direito.»

IV – Salta à vista a circunstância de, no ano agora em referência, a matéria ensinada por LUÍS PINTO COELHO não abranger a segunda parte das lições de 1939-1940. Isto num fenómeno que acabaria por ter inteira correspondência com as de 1944-1945, coligidas por MARIA JÚLIA LOPES CARDOSO, MARIA LUCÍLIA MIRANDA SANTOS e CLEMENTE ROGÉRIO. Também neste pequeno volume seria omitido o tratamento de qualquer segunda parte, embora lhe fosse feita uma referência[1335]. Era em síntese o programa dessas lições, correspondente às primeiras dezassete aulas referidas nos sumários das prelecções de 1944-1945[1336]:

> «1 – Objecto do curso: a) O problema da determinação e alcance da expressão "direitos reais", b) O problema da natureza jurídica dos direitos reais; em que consiste, c) Noção elementar de direitos reais, d) Importância dos direitos reais: no aspecto económico e no aspecto jurídico. 2 – Plano geral das lições
> Parte I
> Determinação do conceito de direitos reais
> Capítulo I
> Natureza jurídica dos Direitos Reais
> 3 – A doutrina clássica ou do poder imediato: a) Exposição, b) Principais objecções críticas, c) Apreciação das objecções referidas. 4 – A doutrina moderna "personalista" ou de poder absoluto: a) Exposição, b) Principais objecções, c) Apreciação das objecções. 5 – A doutrina mista do poder imediato e absoluto: a) Exposição, b) Apreciação da doutrina; razões da sequência. 6 – Doutrina preferível: a) Preferência pela doutrina clássica, b) Aparência de síntese contida na doutrina mista. 7 – Análise do conceito admitido de direitos reais: a) Possibilidade e conveniência duma análise do conceito tendendo ainferir desenvolvimentos úteis do mesmo conceito, b) O pressuposto da necessidade da existência actual da coisa, objecto do direito, c) A consequência da inerência do direito à coisa; os seus diversos aspectos, consoante é vista pelo lado da oponibilidade do direito (direito de seguimento ou sequela) ou é vista pelo lado do próprio titular (a inseparabilidade do direito da coisa), d) A consequência da referência do direito à totalidade da coisa,

---

[1335] Cfr. *Lições...*, 16.
[1336] Cfr. *Lições...*, *per totum*; e *Direitos...*, sumários, 1944-1945.

e) A consequência da permanência, f) A consequência da preferência. – Crítica.

Capítulo II
Enumeração e classificação dos direitos reais

8 – Elemento determinador dos direitos reais: a) A natureza jurídica do poder, b) A sua natureza patrimonial, c) A patrimonialidade relacionada com as utilidades económicas que as coisas são susceptíveis de produzir, d) A grande variedade de formas jurídicas que pode revestir o aproveitamento das utilidades económicas de gozo e de disposição, e) O problema respeitante à admissibilidade de outras categorias de utilidades: o problema de direito de retenção. 9 – Enumeração dos direitos reais: a) Variabilidade com os direitos positivos, variáveis no tempo e nos lugares, b) O direito positivo português vigente, c) O ponto de partida, d) A propriedade perfeita: os poderes de fruição e transformação e o direito de alienação, e) As propriedades imperfeitas: a enfiteuse; a subenfiteuse; o censo; o quinhão; o usufruto, uso e habitação: o compáscuo, as servidões. 10 – Enumeração de outras relações com base no conceito admitido: a) Legitimidade de alargamento da enumeração, b) Os chamados direitos reais de garantia; divergência dos autores acerca da sua admissibilidade; a nossa opinião baseada no critério económico, c) As garantias reais: 1) O penhor, 2) As consignações de rendimentos, 3) Os privilégios creditórios, 4) A hipoteca, d) A questão da posse. Os dois conceitos de posse (causal e formal), limitação do nosso estudo à posse formal. 1 – Problema da natureza da posse: seu duplo aspecto – facto ou direito? se direito, de que natureza? 2 – Opiniões contrárias à defendida neste curso, sua refutação; 3 – Doutrina preferida; e) Figuras reguladas no Código de Processo Civil: 1) A adjudicação de rendimentos, 2) A penhora, 3) O arresto. 11 – Caracteres da enumeração feita nos números anteriores: a) Definição do problema, b) Planos em que o problema pode ser posto, c) Exame do problema no campo do direito constituído, d) Exame do problema no campo do direito constituendo. 12 – Classificação dos direitos reais: a) O número, relativamente grande, de direitos reais aconselha a sua classificação, b) Variedade de critérios de classificação possíveis; limitação aos mais úteis, c) Critérios mais frequentemente empregados, d) Apreciação dos critérios referidos; sua utilidade (particularmente em virtude da sua longa consagração), e) O critério harmónico com o elemento escolhido nestas lições para determinação dos direitos reais, f) Aplicação aos direitos reais enumerados, g) Comparação com

a classificação, parcialmente coincidente, dos direitos reais em direitos de gozo e de garantia.

Capítulo III
Cautelas impostas ao legislador pela natureza
dos direitos reais

13 – Generalidades: a) Justificação deste estudo, b) Indicação do conteúdo deste capitulo e razão de sequência. 14 – Cognoscibilidade exterior: a) Noção geral, b) Breves noções desta matéria no direito romano, c) Influência no sistema germânico do registo; sua expansão e generalização crescente, d) Manifestações destas providências no direito português. 15 – Exigência de efectivo exercício dos direitos: a) Carácter meramente tendencial desta exigência, b) Sua justificação em vista da função económico-social dos bens materiais, c) Exigência do exercício dos direitos ao Código Civil e demais legislação; o princípio geral da prescrição; suas manifestações concretas quanto ao usufruto, uso e habitação e quanto à servidão. Carácter predominantemente individualista desta exigência no Código Civil, d) A evolução nos tempos mais modernos: a afirmação do predomínio do bem comum; a afirmação da função social da riqueza; o artigo 85.º da Constituição Política da República de 1938; os preceitos complementares contidos no Estatuto do Trabalho Nacional (artigos 11.º e 13.º), e) Necessidade de definição pela lei do que se pode considerar função social: incompetência do julgador e do intérprete para determinar em que consiste a função social dos bens, f) Aplicação concreta do principio da função social dos direitos na legislação vigente sobre propriedade industrial: manifestações diversas do mesmo principio: caducidade dos direitos não exercidos; obrigação do exercício dos direitos em harmonia com o interesse da economia nacional.

Capítulo IV
Os direitos reais e os direitos de crédito

16 – Generalidades: a) A orientação geral da doutrina, mantendo a distinção tradicional entre os dois grupos de relações, b) A orientação, relativamente moderna, que nega a distinção tradicional. Modalidades da corrente unitária ou monista razão de sequência, c) Método de estudo: verificar se deve manter-se ou não a distinção; em caso afirmativo, procurar definir os elementos de distinção. 17 – A doutrina monista subjectivista ou personalista: a) Seu fundamento: a doutrina de PLANIOL (ou do poder absoluto) baseada no essencial personalidade das relações jurídicas, b) Diferenças acessórias admiti-

das pela doutrina: quanto ao objecto e quanto ao sujeito passivo da obrigação, c) Prática substituição da clássica divisão dos direitos privados patrimoniais (direitos reais e direitos de crédito) pela divisão em direitos absolutos e relativos, d) A doutrina de DEMOGUE: crítica à doutrina de PLANIOL e distinção dos direitos consoante o conteúdo (direitos de conteúdo forte e direitos de conteúdo fraco), e) Apreciações e refutação da doutrina monista subjectivista: na modalidade de PLANIOL; na modalidade de DEMOGUE. 18 – A doutrina monista objectivista ou patrimonial: a) Os direitos de crédito concebidos como direitos sôbre o património do devedor: diferenças; determinação ou indeterminação dos bens sôbre que recai o direito, b) Pressuposto da doutrina: a cisão do direito de crédito em dois vínculos – o *"debitum"* e a *"obligatio"*; – a exclusiva eficácia do último, c) Crítica da doutrina: seu exagero; consequências inadmissíveis a que leva. 19 – Necessidade de distinção entre direitos reais e direitos de crédito: a) Subsistência da doutrina clássica, b) A doutrina de CARNELUTTI, c) Relacionação da doutrina de CARNELUTTI com outras semelhantes, mas menos completas, d) Preferência pela doutrina de CARNELUTTI com ligeira reserva quanto à estrutura ou comando correspondente aos direitos de crédito.»

Uma comparação entre – por um lado – o programa resultante da análise das lições de PINTO COELHO, correspondentes a 1944-1945, e – por outro – os sumários, relativos ao mesmo ano, revela não cobrirem as lições impressas toda a matéria efectivamente leccionada[1337]. É que, a partir da décima oitava lição e até à vigésima quarta (correspondendo esta última ao final das aulas), LUÍS PINTO COELHO dedica-se a ensinar a matéria constante da segunda parte do seu curso de Direitos Reais. Foi o seguinte o conteúdo dessas aulas:

[1337] Aliás, isso mesmo resulta, também, da comparação das matérias efectivamente tratadas nas lições e o plano delas constante (a este último respeito, v. LUÍS PINTO COELHO, *Lições...*, 16. V., também, *Direitos...*, sumários, 1944-1945, o plano do curso aí constante e que corresponde exactamente ao referido nas lições impressas).

«18.ª Lição
Parte II
Cap. I – O sujeito da relação jurídica
19. Limitação do estudo
a) Remissões para os princípios gerais, b) Limitação à indicação sumária de especialidades.
20. Espécies de sujeitos
a) Aplicação dos quadros gerais: nacionais e estrangeiros; pessoas singulares e colectivas, b) O principio da equiparação entre nacionais e estrangeiros, c) Indicação sumária de especialidades relativas às pessoas colectivas; impostos pela natureza dos bens ou pela protecção (tutela) imposta pela natureza da pessoa, d) A soberania nacional e os dirs. reais de pessoas colectivas de direito publico estrangeiras, e) A defesa da economia nacional; restricções à adquirição de dirs. reais sôbre certos bens por parte de estrangeiros.

19.ª Lição
Cap. II – Objecto da relac. Jurid. de direito real
21. Generalidades
a) Rememoração do conceito de objecto da relação jurídica, b) Limitação do nosso estudo. Razão de ordem.
§ 1.º A Propriedade
22. Interesses da propriedade
a) Sua antiguidade e generalidade, b) Multiplicidade de aspectos que pode revestir o seu estudo: sociológico, histórico, económico, filosófico, politico, jurídico, etc. Interdependência destes varios aspectos, c) Limitação do nosso estudo ao aspecto juridico, embora sem perder de vista os aspectos que êste reflecte, d) Concepção corrente da propriedade como direito natural (Coelho da Rocha; Cód. Civ., art.ᵒˢ 359, n.º 4 e 366; a Constituição politica de 1933, art.º 8.º , n.º 15; o Estatuto do Trabalho Nacional, art.ᵒˢ 11 e segs.).
23. Conceito do direito de propriedade
a) O art.º 2167 do Cód. Civ.; sua relação com o art.º 366, b) Esforço geral da doutrina para a formulação de um conceito de propriedade; dificuldades a vencer; orientações mais seguidas (o domínio, ou sujeição da coisa; o vinculo de pertença), c) Definições de leis estrangeiras (exs.): francesa, alemã, brasileira, d) Exame da definição do art.º 2167: sua correcção substancial; sua incorrecção formal (não prevê todos os limites), e) Forma preferida: a do Prof. José Tavares.

20.ª Lição

24. Conteúdo do dir. de propriedade

a) Sentido da expressão "conteúdo": poderes conferidos ao proprietário; dificuldade de uma especificação rigorosa, b) A tripartição enunciada pelos jurisconsultos romanos: jus utendi, fruendi et abutendi; a enumeração dos comentadores, que acrescentaram: jus possidendi; jus disponendi; jus alienandi et jus vindicandi, c) A enumeração do art.º 2169 do Cód. Civ.; distinção, que permite, em conteúdo positivo e conteúdo negativo, d) A enumeração dos poderes em harmonia com os critérios seguidos para determinar e classificar os direitos reais: o dir. de prop.ᵈᵉ atribui poderes de gozo e de disposição; os primeiros podem ser esquematizados nos poderes de usar e de fruir; os seguintes nos de transformação e de alienação. Observação sôbre a nossa concepção da faculdade de alienação que, em rigor, pertence à esfera da capacidade do sujeito e não ao conteúdo do direito.

25. Objecto da propriedade

a) Rememoração da noção de "objecto do direito", b) Rememoração da noção de coisa e dos problemas que em seu tôrno se agitam, como sejam o da "corporalidade" e o da admissibilidade dos direitos subjectivos na categoria das coisas. Reputação breve da exigência da corporalidade e da consideração dos dirs. subjectivos como coisas.

21.ª Lição

c) Delimitação material do objecto da propriedade; restricção do problema quanto aos imóveis e mais particularmente quanto aos prédios rústicos; distinção entre sub-solo e solo, entre solo e camada acrea sobrestante. O direito de superfície (art.º 2308); a propriedade de casas por andares (2335).

I – O art.º 2288 sôbre os limites do dir. de fruição, II – A Constituição art.º 49, n.ᵒˢ 1.º e 5.º e § 2.º, III – Comparação da nossa lei com as leis estrangeiras mais próximas, IV – Principais dúvidas a resolver: A) Poderá haver propriedade do espaço aereo?, B) O que deverá considerar-se espaço aereo susceptível de ocupação?, C) Que requisitos deverá ter o interesse do proprietário para que seja legítima a exclusão dos não proprietários.

22.ª Lição

26. Espécies de propriedade

a) Desclassificação do art.º 2168, b) Limitação do nosso estudo a breves referências à 1.ª e à 3.ª daquelas classificações; a 2.ª foi já estudada, c) A distinção entre prop.ᵈᵉ absoluta e prop.ᵈᵉ resoluvel; advertência quanto ao sentido da palavra absoluta, atendendo a que se costuma dizer que o dir. de prop.^{de} é um dir. absoluto. Importância relativamente pouco importante desta distinção, d) A distinção entre propriedade singular e prop.^{de} comum.

Termos restritos em que é necessário entender a chamada exclusividade do dir. de prop.^{de}; é caracteristica da prop.^{de} singular, e pode referir-se ainda à propriedade comum mas entendida então quanto aos estranhos à propriedade. O instituto da compropriedade: sua importância, sua natureza, sua caracterização como prop.^{de} perfeita.

27. Restricções ou limitações do dir. de prop.

a) Sua necessidade, resultante da própria função económico-social da prop.^{de}; sua admissão no Cód. Civ. (art.º 2170), b) Espécies de limitações: quanto à natureza frút. ou prior. dos interesses que as impõem: – quanto à sua causa, ou origem, – quanto à natureza das normas jurídicas que as estabelecem; critica, c) A nossa distinção, baseada na dos poderes que são afectados pelas restrições; possibilidade de combinar êste critério com os anteriores, d) Sentidos e limites em que podem actuar as limitações: impedir o proprietário de fazer ou permitir ao não proprietário que faça (paralização do poder de exclusão; variabilidade de amplitude das limitações, desde a privação da propriedade até simples condicionamento do exercício dos poderes, e) Razão de ordem e indicação da seqüência: limitação do nosso estudo a algumas das mais importantes limitações, partindo das mais amplas para as mais restrictas.

23.ª Lição

28. A expropriação

a) Noção geral e ampla: privações do direito de propriedade, b) Diversas formas que pode assumir; remissões para os números seguintes, c) Sentido amplo da expressão "propriedade", como objecto da expropriação, d) Caracter restrito da expropriação, no sentido de que só pode ter lugar nos casos e condições estabelecidas na lei.

29. A expropriação de interesse colectivo

I – A expropriação por utilidade pública

a) Antiguidade deste instituto, b) A sua consagração, como principio abstracto, no Cód. Civ. – art.^{os} 2171 e 2360; aplicação concreta no próprio Cód. Civ. – art.º 587, e § único, e art.º 618, c) Sua consagração, como principio abstracto, no Estatuto do Trabalho Nacional, art.º 13.º, d) Sua consagração concreta em inúmeros diplomas posteriores ao Cód. Civ.; moderna expansão do instituto em medida nunca antes conhecida: quanto às entidades que têm direito a expropriar; quanto aos bens que podem ser objecto da expropriação; quanto ao volume das expropriações, e) Conservação, todavia, do caracter excepcional ou restrito do Instituto.

A existência de processo ou processos especiais de expropriação, f) A indemnização como característica da expropriação por utilidade pública.

30 – II – A requisição

a) Sua integração no género "expropriação" quando leve à privação da propriedade, b) O instituto da requisição é, contudo, pluriforme e heterogéneo, c) Indicação sumária das formas que pode assumir; semelhança que algumas têm com outros institutos, como o da locação, o empréstimo, etc., d) A indemnização não é da essência do instituto da requisição; mas existe quando importa privação da propriedade – espécie do género expropriação, e) A expropriação baseia-se no interesse colectivo; mas, por vezes, satisfá-lo através da realização directa de interesses particulares (ex. requisição de (?)[1338] *para indústrias privadas), f) Larga aplicação do instituto da requisição nos tempos presentes: exemplificação.*

24.ª Lição

31 – III – Apreensão

a) Sua natureza de sanção pela violação de normas de direito publico (ex.: apreensões de instrumentos de crimes, como os de assambarcamento e especulação, e delito contra a economia nacional) ou, esporadicamente, de direito privado (ou neles integrados); ex.: contrafacção de marcas, b) A apreensão não dá nunca direito a indemnização, c) É de caracter excepcional e, portanto, de aplicação restricta.

32. IV – O confisco

a) Mero interesse histórico; sua proibição pela Constituição, b) Seu caracter penal e de utilidade colectiva, c) Sua referência à totalidade dos bens do punido.

33. Expropriação por utilidade particular

a) Sua admissão na lei portuguesa, b) Agrupamento, dos casos admitidos pela lei, em duas categorias: em cumprimento de obrigação assumida pelo proprietário (execução); independentemente de obrigação do proprietário, c) Ambas as categorias podem referir-se à propriedade perfeita ou a propriedades imperfeitas, d) A expropriação por utilidade privada supõe sempre uma contrapartida ou contra-valor; a diferença está em que, na 1.ª espécie, o contra-valor antecede a expropriação; na 2.ª é conseqüência dela.

[1338] Não conseguimos, neste ponto, decifrar a letra de PINTO COELHO pelo que falta uma palavra.

34 – A) A Execução
a) Natureza especial da execução; remissão para o estudo do direito Processual, b) Importa uma limitação subjectiva do dir. de prop.^{de}.

35 – B) Expropriação por utilidade particular
a) Limitação de caracter objectivo, resultante directamente da lei: 1) Arvores existentes em prédio alheio – art.º 2308 dir. irremucional à expropriação; faculdade de o condicionar, no tempo, por meio de convenção. A prop.^{de} das arvores é uma reminiscencia do dir. de superfície, 2) Prédios encravados – art.º 2309. Condições do exercício do dir. de expropriação. A que prédios respeita; interpretação do art.º 456, 3) Remissão de foro – art.º 1654, § 1º., 4) Distrato de censo consignativo – art.º 1648, 5) Desoneração do compáscuo – art.º 2266, 6) Expropriação de águas sobrantes – art.º 460, 7) Comunhão de açude – art.º 464. A expropriação tem, aqui, especial caracter: o proprietario primitivo deixa de ser proprietário exclusivo para ser comproprietário, 8) Comunhão de muro – art.^{os} 2328 e 2333. Aplicação da observação feita acerca da comunhão de açude.»

V – A matéria sumariada em 1945-1946[1339] revela, ainda, os traços do cunho impresso por LUÍS PINTO COELHO ao ensino dos Direitos Reais no ano anterior, embora terminem abruptamente com o estudo da matéria da posse. Nos anos de 1950-1951[1340] e de 1951-1952[1341] os sumários, que continuam a ser extremamente pormenorizados, revelam já uma enorme proximidade com o texto impresso que serviria de apoio às lições de 1953-1954. Relativamente ao primeiro dos dois anos nota-se o aparecimento pela primeira vez do estudo do direito de superfície[1342] e a colocação da polémica em torno do arrendamento, seu enquadramento e qualificação. Ao mesmo tempo, sente-se a omissão, na matéria sumariada, da referência à matéria da posse. A análise da superfície e do arrendamento manter-se-ia nos anos seguintes. Quanto à posse ela seria neles retomada.

[1339] *Sumário das Lições...*, 1945-1946.
[1340] V. *Sumários das Lições...*, 1950-1951.
[1341] *Sumários das Lições...*, 1951-1952.
[1342] Introduzido entre nós, como se viu, pela Lei 2030, de 22 de Junho de 1948.

No culminar do ensino dos Direitos Reais, em 1953-1954, por parte de LUÍS PINTO COELHO é possível, através das lições impressas que nos deixaria, detectar ser, em síntese, o seguinte o programa por ele adoptado[1343]:

>1. Objecto do curso. 2. Métodos de estudo. 3. Plano de estudo.
>Capítulo I
>4. Conceito de direito real. 5. Método a seguir no estudo dos direitos reais. 6. Diversidade de doutrinas propostas. 7. Doutrina preferível.
>Capítulo II
>8. Generalidades. 9. A necessidade de existência actual da coisa. 10. Inerência do direito à coisa. 11. Referência do direito à totalidade. 12. Permanência do direito real. 13. Preferência: a) Direito de retenção, b) Direito de prelação.
>Figuras afins dos direitos reais
>14. Generalidades. 15. a) Relações reais que englobam prestações de pessoa certa e determinada. 16. b) Direitos pessoais com efeitos reais. 17. c) Direitos sobre coisas incorpóreas. 18. d) Direitos ad rem.
>Capítulo III
>Determinação dos Direitos Reais
>18. Generalidades. 19. Elementos determinados.
>Enumeração dos direitos reais
>20. Generalidades. 21. Domínio ou propriedade perfeita. 22. A enfiteuse e a subenfiteuse. 23. Censo. 24. O quinhão. 25. O usufruto. 26. Uso e habitação. 27. Compáscuo. 28. As servidões[1344]. 29. Enumeração de outras relações com base no conceito admitido. 30. Garantias reais das obrigações. 31. a) Penhor. 32. b) Consignação de rendimentos. 33. c) Privilégios creditórios. 34. d) Hipoteca. 35. e) Adjudicação. 36. f) Arresto e penhora. 37. g) Arrendamento. 38. h) A posse. 39. Caracteres da enumeração feita nos números anteriores.

[1343] Cfr. LUÍS PINTO COELHO, Lições..., *per totum*.
[1344] LUÍS PINTO COELHO não autonomizaria formalmente nas lições de 1953-1954 o tratamento do direito de superfície, ao contrário do verificado nos sumários de 1950-1951, mas a matéria é aí tratada logo após a servidão (v. LUÍS PINTO COELHO, *Lições...*, 91). Provavelmente assistiu-se aqui apenas a um lapso de sistematização, que de resto não seria o único, uma vez que a numeração dos diversos assuntos tratados nas lições apresenta mais de uma incorrecção patente.

Capítulo IV
40. *Classificação dos direitos reais. 41. a) Direitos reais de gozo. 42. b) Direitos reais de disposição. 43. c) Direitos reais de gozo e disposição.*
Capítulo V
44. *Cautelas impostas ao legislador pela natureza dos direitos reais.*
Capítulo VI
45. *Direitos reais e direitos de crédito. 46. Doutrina monista personalista. 47. Doutrina monista objectivista ou patrimonial. 48. Distinção entre direitos reais e direitos de crédito.*

O teor deste programa, somado ao conteúdo dos sumários de 1950--1951 e 1951-1952, parece indiciar a circunstância de, no final da respectiva docência dos Direitos Reais, PINTO COELHO vir a abandonar a segunda parte do curso, tal como ela aparece em 1939-1940 e 1944--1945, estruturada em torno da relação jurídica.

VI – Menção, ainda, para a circunstância de LUÍS PINTO COELHO ter tido importante contributo naquele que viria a ser o Livro III do Código Civil de 1966, referente ao Direito das Coisas. Na verdade o seu nome ficaria, neste Código, ligado à matéria da posse, da usucapião e da compropriedade[1345].

6.3.4. PAULO CUNHA

I – PAULO CUNHA ocuparia, como se viu, duas regências de Direitos Reais num mesmo e único ano[1346]. Na verdade, em 1949-1950[1347] coube-lhe ensinar esta disciplina ao 3.º ano, de acordo com a reforma

---

[1345] Cfr. LUÍS PINTO COELHO, *Da posse*, in *Boletim do Ministério da Justiça*, 1959, 88, 139 e ss.; *Da usucapião*, in *Idem, Ibidem*, 159 e ss.; *Da comunhão de propriedade e da comunhão de outros direitos reais*, in *Boletim do Ministério da Justiça*, 1961, n.ºs 102, 181 e ss., e 103, 155 e ss..
[1346] Para uma referência acerca do ilustre e destacado vulto de PAULO CUNHA veja-se FACULDADE DE DIREITO DE LISBOA, *Notas biográficas sobre o Professor Paulo Cunha (1908-1986)*, in *Boletim da Faculdade de Direito. Estudos em Homenagem ao*

de 1928, e ao 4.º ano, conforme a reforma de 1945. Desse ensino não encontrámos sumários lavrados pelo próprio. Ficaram, todavia, umas lições compiladas por CARLA FERNANDA SANTOS e CASTRO MENDES[1348].

II – A análise das lições de PAULO CUNHA revela uma elaborada teoria geral dos Direitos Reais, em moldes próprios e estruturada em torno de umas considerações preliminares seguidas de três Capítulos distintos. O primeiro[1349], relativo ao conceito[1350] e caracterização dos direitos reais, e o segundo[1351], atinente à respectiva classificação, revelam-se pela sua importância, extensão, e conteúdos como correspondentes à parte geral do estudo da disciplina. O terceiro[1352], ocupa-se, fundamentalmente, com a determinação dos direitos reais no Direito positivo português, tendo, depois, a concluir uma secção dedicada ao problema de saber se para os direitos reais vigora ou não o princípio da tipicidade[1353]. Em concreto foi o seguinte o plano adoptado por este Ilustre Professor:

Professor Doutor Paulo Cunha, Lisboa, 1989, 9 e ss.; OLIVEIRA ASCENSÃO, *Palavras do Presidente do Conselho Científico, Prof. Doutor José de Oliveira Ascensão, ao Prof. Doutor Paulo Cunha em 6 de Maio de 1986*, in *Idem*, 15 e ss.; INOCÊNCIO GALVÃO TELLES, *Homenagem ao Prof. Doutor Paulo Cunha*, in *Idem*, 19 e ss.; PEDRO SOARES MARTINEZ, *Paulo Cunha: o jurista, o universitário, o político e o homem*, in *Idem*, 33 e ss. Cfr. também PAULO DE PITTA E CUNHA, *Na sessão de homenagem ao Prof. Paulo Cunha*, in *Idem*, 29 e ss..

[1347] *Distribuição de regências na Faculdade de Direito de Lisboa…*, in *Revista…*, 1950, VII, 405 e 406 com a regência dos Direitos Reais, 3.º ano, de acordo com a reforma de 1928, e Direitos Reais, 4.º ano, conforme a reforma de 1945.

[1348] Cfr. PAULO CUNHA, *Curso…*, 1949-1950.

[1349] PAULO CUNHA, *Curso…*, 23 e ss..

[1350] Sendo que PAULO CUNHA, *Curso…*, 52, acaba por definir o direito real como um poder directo sobre as coisas.

[1351] PAULO CUNHA, *Curso…*, 103 e ss..

[1352] PAULO CUNHA, *Curso…*, 163 e ss..

[1353] PAULO CUNHA, *Curso…*, 292 e ss..

Preliminares

1 – Objecto do Curso de Direitos Reais. 2 – Importância dos direitos reais na evolução histórica e na época presente. A função final dos direitos reais em confronto com a função instrumental dos outros direitos patrimoniais. 3 – Assento legislativo de matéria de direitos reais.

Capítulo I
Conceito e caracterização
dos Direitos Reais
Secção I – Conceito

4 – Noção elementar de direitos reais. 5 – Patrimonialidade dos direitos reais. 6 – A) Doutrina clássica. 7 – B) Doutrinas personalistas ou obrigacionistas. 8 – Modalidades extremas. 9 – Modalidades atenuada. 10 – C) Doutrina que se propõe determinar o conceito de direito real através da distinção entre lado interno e lado externo da relação jurídica. 11 – D) Doutrina sustentada. 12 – E) Doutrinas realistas. 13 – Modalidades extremas. 14 – Modalidades atenuadas (a dicotomia da relação obrigacional). 15 – Doutrinas negativistas. 16 – Síntese.

Secção II – Caracteres

17 – Generalidades. § 1.º – Sequela: 18 – Noção de sequela. 19 – Manifestações da sequela conforme se trata de direito real máximo ou de direitos reais menores. 20 – Da questão de saber se há circunstâncias que privem de sequela o direito real. 21 – Da questão de saber se a sequela pode verificar-se a respeito de direitos não reais. Exame da conexão íntima entre o direito e a coisa nos direitos obrigacionais constantes de títulos de crédito; essa conexão nada tem de comum com o direito de sequela. § 2.º – A chamada preferência: prevalência: 22 – Apresentação frequente da preferência como característica comum de todos os direitos reais. 23 – Da questão de saber se a preferência é efectivamente comum a todos os direitos reais. 24 – A prevalência e o registo predial: a inoponibilidade resultante da falta de registo não constitui, em rigor, excepção ou desvio da prevalência (remissão para a alínea a) do n.º 20). 25 – Da questão de saber se, além dos direitos reais de garantia tal como são comummente entendidos, haverá outros direitos dotados de preferência; necessidade de examinar o caso de direito de retenção e o caso de direito de prelação. 26 – Exame de direito de retenção. 27 – Exame de direito de prelação. 28 – Referência às primazias de direito público, vulgarmente chamadas «preferências» que nada têm de ver com os direitos reais. § 3.º – Com-

plemento da caracterização dos direitos reais: 29 – Necessidade de considerar outros caracteres frequentemente enunciados. 30 – Impossibilidade de separar o direito da coisa sobre que recai. 31 – Referência de direito à totalidade da coisa. 32 – Permanência do direito.

Secção III – Exame de algumas figuras de fronteira

33 – Conveniência de examinar aqui algumas figuras que se situam na periferia do conceito de direito real, para concluir se merecem ou não esta qualificação. 34 – Direitos reais integrados por obrigações. 35 – Direitos reais sobre coisas incorpóreas. 36 – *Iura ad rem*. 37 – Os chamados direitos pessoais com efeitos reais.

Capítulo II
Classificação dos direitos reais

38 – Razão de ordem.

Secção I – Classificações doutrinais

39 – Orientação geral. § 1.º – Classificação que atende ao carácter de protecção provisória ou definitiva dos interesses: 40 – Classificação. 41 – Carácter especial dos direitos reais de protecção provisória. Conveniência de, nas classificações seguintes, atender só aos direitos reais de protecção definitiva, deixando em plano separado os direitos reais de protecção provisória. § 2.º – Classificação que atende ao tipo de dominação (modos de aproveitamento da coisa): 42 – Caracterização deste critério de classificar. 43 – 1.º grupo – direitos reais de desfruto. 44 – 2.º grupo – direitos reais de realização pecuniária. 45 – 3.º grupo – direitos reais de retenção. 46 – 4.º grupo – direitos reais de aquisição. 47 – A distinção clássica entre direitos reais de gozo e direitos reais de garantia. Sua combinação com a antecedente. § 3.º – Classificação que atende à extensão das faculdades de dominação: 48 – 1.º termo: direito real máximo. 49 – 2.º termo: direitos reais menores. 50 – Relação entre os direitos reais menores e o domínio. A formação de um direito real menor produz desmembramento do domínio ou apenas a sua limitação? 51 – Direitos reais ocorrentes nos casos de limitação do domínio. 52 – Direitos reais ocorrentes nos casos de desmembramento do domínio. § 4.º – Classificação que atende ao critério da autonomia ou subordinação das relações jurídicas: 53 – Caracterização do critério. 54 – Classificação. 55 – Distinção entre direitos reais puros (relações de conteúdo puramente real) e direitos reais integrados por obrigações *propter rem*. Estas obrigações pertencem, por força de critério da autonomia, ao Direito das Coisas. 56 – Quadro geral das

posições que no plano dos direitos patrimoniais resultam do critério da autonomia. § 5.º – Classificação que atende à determinação individual ou real do sujeito activo do direito real: 57 – 1.º termo: direitos reais com sujeito individualmente determinado. São a regra. 58 – 2.º termo: direitos reais com sujeito determinado *ex re* (direitos subjectivamente reais ou direitos reais *propter rem*). § 6.º – Classificação que atende ao critério da singularidade ou pluralidade se sujeitos: 59 – Colocação do problema. 60 – Generalidades sobre a contitularidade. 61 – Da questão de saber se a indivisão pode ser considerada como contitularidade de um direito real. 62 – Exame dos casos de comunhão. 63 – Paralelo entre os tipos de comunhão de domínio e os tipos de indivisão.

Secção II – Classificações legais

64 – Orientação geral. 65 – Classificação que atende ao conteúdo dos direitos. 66 – Classificação que atende ao grau de radicação da titularidade dos direitos. 67 – Classificação que atende à singularidade ou pluralidade dos sujeitos.

Capítulo III
Determinação dos direitos reais no direito positivo português

§ 1.º – Indicações gerais: redução das indagações aos direitos reais de gozo e de aquisição. Secção I – Direitos reais de gozo. 68 – Domínio. 69 – Enfiteuse e subenfiteuse. 70 – Censo consignativo. 71 – Censo reservativo. 72 – Quinhão. 73 – Usufruto e quase-usufruto. 74 – Direito de uso e direito de habitação. 75 – Servidões prediais. 76 – Compáscuo. 77 – A superfície. 78 – Problema das servidões pessoais. 79 – O problema do arrendamento. 80 – A colónia (Ilha da Madeira). 81 – Outros casos: a) O fideicomisso, b) Doação com direito de reversão e restantes casos de transmissões com retrato, c) O dote.

Secção II – Direitos reais de aquisição

82 – Generalidades: importância e definição da figura. 83 – Distinção entre o direito real de aquisição e figuras afins. 84 – Correspondência entre os direitos reais de aquisição e as reservas para aquisição. 85 – Casos diferentes que se reconduzem à ideia de reservas para aquisição. 86 – Casos a considerar nas reservas para ocupação: A) Direitos reais sobre coisas já existentes com dono. 87 – B) Direitos reais de aquisição de coisas já existentes, sem dono: I) Em favor de reservatórios individualmente determinados. 88 – II) Em

favor de certo reservatório colectivamente determinado, ou seja, em favor de certa comunidade de reservatórios. 89 – Reservas para incorporação de trabalho. 90 – O problema dos direitos reais administrativos.

    Secção III – Do problema de saber se para os direitos reais vigora o regime do *numerus apertus* ou do *numerus clausus*

    91 – A solução não pode deixar de ser de que vivem em regime de *numerus clausus* todos os direitos reais: razões. 92 – Quadro dos direitos reais no nosso Direito. Recondução da classificação adoptada à classificação tradicional.

Constata-se a ausência de qualquer tratamento das coisas. PAULO CUNHA sublinha, aliás, logo de começo[1354] não lhe parecer estar esta matéria carecida de estudo no âmbito da disciplina de Direitos Reais atendendo à circunstância de ela corresponder a um tema já tratado em Teoria Geral do Direito Civil[1355]. De fora ficam igualmente os direitos reais de garantia devido ao facto de o seu exame caber, na perspectiva do autor, ao Direito das Obrigações[1356]. Uma análise mais desprevenida poderia indicar não ter sido também abrangida a matéria da posse. Mas não é assim. Ela surge, designadamente, na secção II, Capítulo II, relativa às classificações doutrinárias dos direitos reais. Concretamente a propósito da distinção dos direitos reais conforme concedam uma protecção provisória ou definitiva, sendo enquadrada no âmbito dos primeiros,

---

[1354] PAULO CUNHA, *Curso*…, 10.
[1355] Será também no âmbito da Teoria Geral que PAULO CUNHA aborda o essencial da matéria referente ao registo predial como o comprova, *Direito Civil: conclusão do estudo da teoria geral da relação jurídica*, apontamentos das aulas da 2.ª Cadeira de Direito Civil da Faculdade de Direito da Universidade de Lisboa no ano de 1936-1937, coligidos por MARIA LUIZA BÁRTHOLO e JOAQUIM MARTINHO, Lisboa, sem indicação de data mas de 1937, tomo II, volume único, 386 e ss..
[1356] Assim PAULO CUNHA, *Curso*…, 163. Cfr., também, do autor, *Da garantia nas obrigações*, apontamentos das aulas do 5.º ano de Direito Civil da Faculdade de Direito da Universidade de Lisboa coligidas por EUDORO PAMPLONA CORTE-REAL, 1938-1939, 11 e 112 e ss.; *Direito das obrigações. A garantia na relação obrigacional*, lições coligidas pelo aluno ORLANDO COURRÈGE, Lisboa, 1942, 31 e 32, 53 e ss..

como a sua modalidade mais característica[1357]. De notar ainda a circunstância de PAULO CUNHA admitir a existência de direitos reais sobre coisas incorpóreas mas não considerar como objecto possível destes o património.

III – O estudo de matérias concernentes aos Direitos Reais, por parte de PAULO CUNHA, não se ficaria, porém, pelas lições relativas a esta disciplina. MENEZES CORDEIRO mencionou-nos ter PAULO CUNHA elaborado um escrito sobre a posse que, todavia, e infelizmente, se terá perdido. Mas cabe aqui, ainda, referir com relevância neste âmbito, para além das lições de Teoria Geral de Direito Civil e de Direito das Obrigações já atrás citadas, também as de Introdução ao Estudo do Direito[1358]. Menção igualmente, neste quadro, para a dissertação de Doutoramento de PAULO CUNHA relativa à figura do património[1359]. Esta última corresponde a uma obra em que o Mestre procura responder ao lamento de MARCELLO CAETANO e CABRAL DE MONCADA relativamente à falta de estudos no nosso país que, contrapondo-se àqueles outros em que só o saber técnico se afirma, tratem também dos grandes problemas jurídicos, colocando-se no plano alto da especulação[1360]. O autor deixaria, todavia, para um segundo volume, que, de acordo com a vontade de PAULO CUNHA, deveria ter sido publicado posteriormente, o tratamento *ex professo* de um conjunto de questões susceptíveis de o levarem

---

[1357] PAULO CUNHA, *Curso*..., 104 e ss., com menção também à nalguns casos chamada posse tabular.
[1358] PAULO CUNHA, *Cadeira de Introdução ao Estudo do Direito*, apontamentos do aluno MAURÍCIO CANELAS, Lisboa, I, 1946-1947, 89 e ss., contrapondo os direitos reais às obrigações, II, 1945-1946, 700 e ss., onde a concluir a obra se inclui um capítulo final epigrafado «Noções especiais de alguns institutos jurídicos», que aborda figuras relativas ao Direito das Coisas como a ocupação, a posse e a prescrição aquisitiva.
[1359] Cfr. PAULO CUNHA, *Do património, estudo de direito privado*, Lisboa, 1934, *passim*, e por exemplo, 190 a 192, 202, 206, 212 e ss. (com referências à transmissão *mortis causa* da posse), 305 a 307, e 314 e ss.
[1360] PAULO CUNHA, *Do património*..., X e ss..

a abordar com maior profundidade ainda aspectos atinentes aos direitos reais. Assim poderia, porventura, ter acontecido com a investigação acerca da estrutura dos direitos de crédito, reservada para o mencionado segundo volume, onde o Mestre poderia eventualmente ter encetado o respectivo confronto com os direitos reais.

6.3.5. GOMES DA SILVA

I – Encarregado da regência de direitos reais apenas durante três anos lectivos, compreendidos entre 1954-1955 e 1956-1957[1361], GOMES DA SILVA também não nos deixaria quaisquer sumários das suas lições de Direitos Reais ou lições impressas da sua própria e exclusiva autoria. Ainda assim, o seu pensamento em matéria de Direitos Reais seria objecto de vários registos. Registos esses que começam logo com os respectivos trabalhos estudantis[1362].

Na verdade, imediatamente na tese de licenciatura, a segunda das obras escritas por GOMES DA SILVA enquanto estudante – *Ensaio sobre o direito geral de garantia nas obrigações*[1363] –, o autor procura – naquilo que é, para empregar as palavras de RUY DE ALBUQUERQUE[1364], um verdadeiro livro de tese – demonstrar que o direito de execução é um direito real de garantia sobre o património do devedor, considerado como uma universalidade[1365].

[1361] Cfr. quanto se escreveu *supra* 6. 3. 1, II, e MENEZES CORDEIRO, *Teoria…*, in *Revista…*, XXIX, 352, em nota. V., novamente, em sentido concordante, *Vida interna…*, in *Revista…*, 1958, XII, 333, 341 e 351.

[1362] Para uma referência pormenorizada à obra, carreira e figura de GOMES DA SILVA v. RUY DE ALBUQUERQUE, *O Prof. Manuel Duarte Gomes da Silva, o Mestre e o Homem por detrás da obra*, in *Estudos em Homenagem ao Professor Doutor Manuel Gomes da Silva*, 2001, 9 e ss..

[1363] GOMES DA SILVA, *Ensaio sobre o direito geral de garantia nas obrigações*, Lisboa, 1965 (mas de 1939), separata de *Ciência e Técnica Fiscal*, n.ᵒˢ 70, 7 e 72 (Outubro, Novembro e Dezembro de 1964).

[1364] RUY DE ALBUQUERQUE, *O Prof. Manuel Duarte Gomes da Silva…*, in *Estudos…*, 16.

[1365] GOMES DA SILVA, *Ensaio…*, 20. Concretamente o autor dividiria o plano da obra em dois capítulos. Um em que procura determinar se o direito de execução é uma

Logo no primeiro capítulo desta obra GOMES DA SILVA encara e descarta as orientações que reconduzem, do ponto de vista da respectiva estrutura, os direitos reais a obrigações, por, segundo alguns autores, ao credor apenas restar o direito de executar os bens do devedor[1366]. Dado este passo, o autor pondera duas orientações fundamentais: a opinião segundo a qual a obrigação é um vínculo pessoal entre devedor e credor, com mero reflexo indirecto nos bens do devedor, e a opinião de que as obrigações são direitos reais[1367]. Divididas estas duas grandes direcções em várias correntes particulares, GOMES DA SILVA acabaria por vir a sustentar que a obrigação compreende o direito à prestação de carácter puramente patrimonial e o direito de execução do património do devedor «*autêntico direito sobre os bens do devedor, semelhante a uma hipoteca, por exemplo*»[1368], numa formulação enquadrável na chamada doutrina mista da *Schuld und Haftung*[1369].

Nesta sua análise sobre o problema de saber se o direito de execução consiste num direito real GOMES DA SILVA vai debruçar-se sobre a respectiva noção e características[1370], considerando como notas essen-

---

faculdade autónoma em relação ao poder que o credor tem de exigir do devedor a prestação (direito à prestação); outro em que se visa determinar a natureza do direito de execução (*op. loc. cit.*).

[1366] Cfr. GOMES DA SILVA, *Ensaio*…, 24 e ss. Fá-lo por considerar que elas não têm para o Mestre interesse por se referirem à estrutura dos direitos reais e não à das obrigações, sendo que apenas esta lhe interessava. V., também, RUY DE ALBUQUERQUE, *O Prof. Manuel Duarte Gomes da Silva*…, in *Estudos*…, 16.

[1367] V. GOMES DA SILVA, *Ensaio*…, 24 e ss., 26; e RUY DE ALBUQUERQUE, *O Prof. Manuel Duarte Gomes da Silva*…, in *Estudos*…, 16.

[1368] GOMES DA SILVA, *Ensaio*…, 27, 123 a 142, 145 e ss..

[1369] Para uma análise da doutrina da *Schuld und Haftung* (subscrita, por exemplo, também por INOCÊNCIO GALVÃO TELLES, *Das universalidades. Estudo de Direito privado*, Lisboa, 1940, 105 e ss.) assim como das demais orientações que se propõem explicar o conceito e estrutura da obrigação pode ver-se, por último, entre nós, *colorandi causa*, MENEZES LEITÃO, *Direito das Obrigações*, I, *Introdução, da constituição das obrigações*, 5.ª ed., Coimbra, 2006, 67 e ss., e 81 e ss..

[1370] GOMES DA SILVA, *Ensaio*…, 159 e ss.. GOMES DA SILVA viria a considerar, nesta sua obra (160) como direito real «(…) *aquele que confere ao seu titular um poder directo e imediato sobre uma coisa determinada, e que é oponível a todas as outras pes-*

ciais a existência de uma coisa determinada[1371], que sobre ela recaia um poder imediato de pessoa e a oponibilidade *erga omnes* com a consequente sequela[1372].

Segue-se a distinção entre direitos reais de gozo e direitos reais de garantia, na sequência da qual GOMES DA SILVA propõe a qualificação do direito de execução como um direito real[1373] de garantia[1374].

II – Na respectiva dissertação de Doutoramento – *Conceito e estrutura da obrigação*[1375] –, GOMES DA SILVA voltaria a tratar questões relacionadas com os Direitos Reais.

Na verdade, o autor abordaria nesta sua obra, entre outros aspectos, a delimitação dos direitos de crédito face ao conceito e estrutura dos direitos reais. Não cabe nos propósitos deste nosso trabalho proceder a uma recensão completa desta obra[1376]. Diremos apenas, fazendo nossas palavras alheias, tratar-se, em determinados pontos, e sem prejuízo da clara autonomia das duas obras, de uma revisão do *Ensaio*...[1377]. A estrutura da segunda parte é, arquitectonicamente, coincidente com o capí-

---

soas». Uma análise mais pormenorizada e aprofundada da totalidade desta obra pode confrontar-se em RUY DE ALBUQUERQUE, *O Prof. Manuel Duarte Gomes da Silva*..., in *Estudos*..., 16 e ss..

[1371] Mas essa coisa não tem de ser na perspectiva do autor uma coisa corpórea. V. GOMES DA SILVA, *Ensaio*..., 160 e ss., admitindo a existência de direitos reais sobre direitos e de direitos reais sobre universalidades.

[1372] Mas com rejeição da ideia de preferência. V., a respeito de quanto se escreve no texto, GOMES DA SILVA, *Ensaio*..., 160 e ss.; e RUY DE ALBUQUERQUE, *O Prof. Manuel Duarte Gomes da Silva*..., in *Estudos*..., 20.

[1373] GOMES DA SILVA, *Ensaio*..., 166 e ss..

[1374] GOMES DA SILVA, *Ensaio*..., 180; e RUY DE ALBUQUERQUE, *O Prof. Manuel Duarte Gomes da Silva*..., in *Estudos*..., 22.

[1375] GOMES DA SILVA, *Conceito e estrutura da obrigação*, reimpressão da edição de 1943, Lisboa, 1971.

[1376] De resto, já realizada por RUY DE ALBUQUERQUE, *O Prof. Manuel Duarte Gomes da Silva*..., in *Estudos*..., 22 e ss..

[1377] Assim RUY DE ALBUQUERQUE, *O Prof. Manuel Duarte Gomes da Silva*..., in *Estudos*..., 23.

tulo primeiro da dissertação de licenciatura[1378]. Acresce existirem diversas afinidades parciais entre as duas obras na terceira parte. O estudo da noção e características do direito real reaparece, embora com outras vestes, aqui[1379], à semelhança do que sucedera no Capítulo II, § 3 do *Ensaio*...[1380]. E sempre no quadro da determinação da natureza do direito de execução. As posições substantivas materiais não sofrem alteração de um escrito para outro: quer no tocante às características fundamentais dos direitos reais, quer relativamente ao enquadramento a dar ao direito de execução – considerado sempre como um direito real de garantia. Na tese de doutoramento GOMES DA SILVA dá, todavia, quanto ao último aspecto, um passo mais e procura determinar, em concreto, que direito real de garantia seria esse, para avançar a posição segundo a qual se trataria de um direito de garantia comum[1381].

A concluir GOMES DA SILVA procede, no que a nós nos interessa, ao confronto dos direitos de crédito com os direitos reais[1382] nos seguintes moldes: «(...) *demonstrado que o direito que recai no património do devedor é distinto do direito à prestação e tem natureza de real, e provado, portanto, que o direito fundamental do credor tem por objecto exclusivo um acto humano, é fácil de ver que todos os direitos que se exercem directamente sôbre coisas hão-de diferir sempre, e de modo essencial, do direito à prestação. O fim para que este é concedido deve alcançar-se por meio de um acto humano, enquanto o objectivo dos direitos reais se consegue pela utilização directa das coisas; a diferença entre os dois direitos é, pois, absoluta e radical. Por isso devemos entender que todos os poderes imediatos sôbre coisas constituem direitos reais.*»

III – Relativamente ao curso de Direitos Reais apurámos a existência de três versões das lições de GOMES DA SILVA[1383]. Uma, referente ao

---

[1378] No mesmo sentido v., novamente, RUY DE ALBUQUERQUE, *O Prof. Manuel Duarte Gomes da Silva...*, in *Estudos...*, 23.
[1379] GOMES DA SILVA, *Conceito...*, 232 e ss..
[1380] GOMES DA SILVA, *Ensaio...*, 159 e ss..
[1381] GOMES DA SILVA, *Conceito...*, 244 e 245.
[1382] GOMES DA SILVA, *Conceito...*, 261 e 262.
[1383] RUY DE ALBUQUERQUE, *O Prof. Manuel Duarte Gomes da Silva...*, in *Estudos...*, 63, referencia duas: as de 1954-1955 e as de 1956-1957.

ano lectivo de 1954-1955, devida em conjunto aos alunos ANTÓNIO PEDRO DA PONTE e ANTÓNIO PROTÁSIO[1384]. Outra, relativa ao ano de 1955-1956, fruto do labor das alunas MARIA DE JESUS LAMAS e MARIA TEREZA PIRES[1385]. Finalmente, a terceira encontra-se subscrita pelo também então aluno ANTÓNIO BRAZ TEIXEIRA[1386]. A primeira conta com 143 páginas e não possui qualquer índice. A segunda tem apenas 76 páginas, divididas em 22 números estruturados em torno de quatro parágrafos e dois capítulos. O texto de BRAZ TEIXEIRA é composto no total por 123 páginas.

Não iremos proceder aqui e agora à recensão pormenorizada das lições de Direitos Reais de GOMES DA SILVA. Esse trabalho foi já realizado por RUY DE ALBUQUERQUE. Deixaremos apenas algumas notas.

Realizando um confronto entre a primeira e a última versão[1387] cumpre notar a circunstância de aquela terminar com uma nota de *culpa nostra*, assinada por ANTÓNIO PEDRO DA PONTE, na assunção

---

[1384] GOMES DA SILVA, *Curso de Direitos Reais*, apontamentos das lições proferidas no 4.º ano jurídico de 1954-1955 organizados por ANTÓNIO PEDRO DA PONTE e ANTÓNIO PROTÁSIO, Lisboa, 1955.

[1385] GOMES DA SILVA, *Curso de Direitos Reais*, apontamentos das lições proferidas no Curso do 4.º ano jurídico de 1955-1956, compilados pelas alunas MARIA DE JESUS LAMAS e MARIA TEREZA PIRES, Lisboa, 1955.

[1386] *Curso de Direitos Reais*, apontamentos das lições proferidas no Curso do 4.º ano jurídico de 1956-1957, coligidos por ANTÓNIO BRAZ TEIXEIRA, Lisboa, 1957.

[1387] Quanto à segunda era em concreto a seguinte a sistematização adoptada:

Introdução
1. Noção elementar de direito real: a) Noção corrente de direito real, b) Posição geral da lei quanto à ideia de direito real. 2. Fundamento e importância dos direitos reais: a) Fundamento e importância individual e social da propriedade, b) A questão quanto aos outros direitos reais. 3. Índole dos direitos reais e reflexos dela na orientação do curso; plano deste.
PARTE GERAL
Capítulo I
Formação do conceito de direito real e problemas por ele suscitados
4. Objecto do capítulo. 5. Esboço das origens da ideia de direito real: a) Tempos primitivos, b) Direito romano clássico, c) A obra dos glosadores, d) Doutrina

posterior, e) Posição da doutrina portuguesa anteriormente ao Código Civil. 6. SAVIGNY e a classificação germânica dos direitos subjectivos: a) Classificação dos direitos subjectivos segundo SAVIGNY, b) A chamada classificação germânica. 7. Ideias gerais sobre a controvérsia doutrinal acerca do direito real, e da distinção entre este e obrigação. 8. Crise destas doutrinas.

Capítulo II
Estrutura e caracteres do direito real
§ 1.º
Doutrina clássica do direito real

9. Conceito de direito real segundo a doutrina clássica. 10. Caracteres do direito real, segundo a doutrina clássica (corolários da noção de direito real): a) O pressuposto da existência actual da coisa, b) Inerência do direito à coisa; corolários: a sequela e a inseparabilidade, c) Referência do direito à totalidade da coisa, d) Permanência, e) Preferência.

§ 2.º
Doutrinas que tendem a reduzir a obrigação a direito real

11. Generalidades. 12. Referência à concepção da obrigação como propriedade de um acto do devedor. 13. Teorias que deslocam o fulcro da obrigação para o património do devedor: a) Ideias gerais, b) Concepção da obrigação como relação entre patrimónios, c) Concepção da obrigação como meio de adquirir a propriedade. 14. Concepção da obrigação como vínculo complexo: a) Exposição, b) Apreciação. 15. Doutrina defendida sobre a estrutura da obrigação e a função que nela desempenham os poderes sobre o património.

§ 3.º
Doutrinas que procuram aproximar o direito real da obrigação

16. Indicações genéricas. 17. Aspecto negativo – críticas feitas à doutrina clássica. 18. Aspecto positivo: caracterização do chamado direito real: a) Modalidades extremas, b) Modalidades atenuadas. 19. Apreciação das doutrinas personalistas: a) Apreciação das críticas à doutrina clássica, b) Apreciação do aspecto positivo: 1) Doutrinas extremas, 2) Doutrinas atenuadas.

§ 4.º
Doutrina mista

20. Exposição. 21. Crítica. 22. Síntese dos resultados obtidos nos parágrafos anteriores: a) Breve revisão das teorias enunciadas nos parágrafos anteriores, b) Formulação do conceito clássico, baseada na distinção entre faculdade e pretensão: o direito real como faculdade de dominação. 23. Dificuldades suscitadas pelos conceitos expostos; deficiências dos conceitos clássicos. 24. Construção do direito real: a) Conceitos básicos: 1) Considerações gerais, 2) Caracterização do direito subjectivo pela ideia de interesse, 3) Noção de poder, 4) Noção defendida de direito subjectivo e sua distinção de noção de poder, b) Caracterização dos direitos subjectivos como entidades autónomas. Dependência em que essa autonomia se encontra, em parte, do regime legal, c) Aplicação das noções expostas ao direito real.

de erros de palavras e de ideias devidos, segundo expressamente se afirma, «*à modéstia das qualidades do compilador* (…)» das notas. Do ponto de vista sistemático ela apresenta além disso deficiências que avultam no contraste com a versão de 1957[1388]. Faltam frequentemente epígrafes. Nalguns casos os números correspondem a epígrafes. Noutros, as epígrafes estão divididas em números com autonomia em relação a elas, por seriados subsequentemente a alguns que as precedem[1389]. A segunda

---

25. Necessidade de apreciar os caracteres do direito real, segundo a doutrina clássica, para averiguar se existem traços comuns e exclusivos de todos os direitos reais, reveladores da autonomia destes: a) Pressuposto da existência actual da coisa e referência à totalidade, b) A inseparabilidade e a permanência, c) A sequela, d) A preferência.

[1388] Cfr., no mesmo sentido, RUY DE ALBUQUERQUE, *O Prof. Manuel Duarte Gomes da Silva…*, in *Estudos…*, 63. Muito sinteticamente era a seguinte a sistematização expressamente adoptada da primeira versão do *Curso…*, apontamentos…, por ANTÓNIO DA PONTE e ANTÓNIO PROTÁSIO:

Introdução
Generalidades sobre os direitos reais
1. Noção doutrinal e legal. 2. Fundamento e importância dos direitos reais. 3. Plano do estudo dos «Direitos Reais».
Capítulo I
Parte geral
4. Origem da noção de direito real. 5. A posição dos autores nacionais anteriores ao Código Civil. 6. Evolução posterior. 7. Traços fundamentais da doutrina de SAVIGNY. 8. A Estrutura dos direitos reais na doutrina análise das várias posições: A) Teoria Clássica do direito real: I) Características apontadas à relação direito – coisa, II) Atributos ou faculdades contidas no direito real; B) Doutrinas monistas. 9. Os vários pontos de vista do monismo realista. 10. Apreciação crítica dos pontos de vista monistas extremos. 11. Crítica da teoria personalista: C) Teoria ecléctica. 13. (não existe número 12) Crítica. 14. Direito subjectivo e poder. 15. Nova distinção entre direitos reais e direitos de crédito. 16. Índices de autonomia nos direitos reais. 17. Inerência. 18. Sequela. 19. Preferência. 20. O problema das obrigações «*propter rem*». 21. Classificação e enumeração sumária dos direitos reais: I) Enumeração dos direitos reais, II) Classificação dos direitos reais.

Note-se apenas que a numeração aqui expressa não corresponde à adoptada na segunda versão do *Curso…*, *per totum*, que peca por diversas incorrecções e imprecisões.
[1389] V., novamente, RUY DE ALBUQUERQUE, *O Prof. Manuel Duarte Gomes da Silva…*, in *Estudos…*, 63.

versão, claramente mais sucinta que qualquer das anteriores, possui menos dois capítulos do que a terceira[1390]. Na verdade, nesta última, depois de abordar, no Capítulo I, a formação do conceito de direito real e, no Capítulo II, a estrutura e caracteres do direito real, GOMES DA SILVA inclui, ainda, dois outros capítulos respectivamente destinados ao estudo das classificações legais e doutrinais dos direitos reais[1391] e à sua aquisição e perda.

IV – De acordo com RUY DE ALBUQUERQUE, materialmente o esquema fixado por GOMES DA SILVA para as suas lições corresponde a uma introdução[1392]. Pela nossa parte, diríamos corresponder ela a algo mais: a uma verdadeira parte geral do seu curso (ainda quando porventura incompleta), não se tendo entrado no estudo da parte especial, claramente subjacente ao projecto inicial, por mera falta de tempo. Era, aliás, o próprio GOMES DA SILVA quem expressamente previa a sistematização do seu curso numa parte geral e numa parte especial. Disso mesmo nos dá conta RUY DE ALBUQUERQUE – na obra que redigiu sobre e em homenagem ao Professor MANUEL DUARTE GOMES DA SILVA – ao escrever: «*Relativamente ao plano traçado este ficava incompleto. Ele previa uma introdução com as generalidades sobre*

[1390] Por deficiências de sistematização não se constata, através da mera menção ao plano, a existência nesta de uma maior cobertura de matérias relativamente a quanto sucedia na primeira versão. Até parece, em certa medida, o contrário, atenta a circunstância de formalmente a parte geral apenas conter um capítulo. Mas não é assim. Matérias que aparecem referidas como correspondentes a simples números do Capítulo I cabem por exemplo no Capítulo III presente na terceira versão e omisso da primeira.

[1391] Tem-se ouvido dizer que nos seus diversos anos de regência dos Direitos Reais GOMES DA SILVA não teria leccionado nunca a matéria da posse. Mas não é verdade. Esta aparece referida em diversos locais das lições e particularmente a propósito da classificação dos direitos reais (e logo na primeira versão, *Curso...*, apontamentos..., por ANTÓNIO DA PONTE e ANTÓNIO PROTÁSIO, 136), no quadro da distinção entre os chamados direitos reais com protecção definitiva, de um lado, e com protecção provisória, do outro, preferindo-lhe, de resto, o autor a nomenclatura direitos reais efectivos e direitos reais putativos.

[1392] RUY DE ALBUQUERQUE, *O Prof. Manuel Duarte Gomes da Silva...*, in *Estudos...*, 97.

os direitos reais, uma parte respeitante aos aspectos comuns a todos os direitos sobre coisas; uma outra, na qual seria estudada cada um deles (...) a exiguidade de tempo de ministração se antepunha ao projecto traçado, não obstante todos os esforços de síntese e a singeleza da exposição. Como é duro ser autor didacta![1393]»

Do ponto de vista substantivo, as lições revelam diversas alterações de compreensão do direito real relativamente a quanto era defendido no *Ensaio...* e no *Conceito e estrutura...*[1394]. Deve ter-se presente a circunstância de as lições serem posteriores a *O dever de prestar e o dever de indemnizar*[1395] onde o autor avançaria com um conjunto de posições inovadoras em diversos campos da ciência jurídica e do Direito Civil e, nomeadamente, em matéria de direito subjectivo. As posições então formuladas a este respeito levariam, depois, GOMES DA SILVA a entender e propor, enquanto regente da disciplina de Direitos Reais, uma noção de direito subjectivo real diversa da anteriormente sustentada, agora como um direito subjectivo cujo conteúdo é a afectação autónoma[1396] de uma coisa a um fim de uma pessoa[1397]. Trata-se no dizer de

---

[1393] RUY DE ALBUQUERQUE, *O Prof. Manuel Duarte Gomes da Silva...*, in *Estudos...*, 101. Já na segunda versão do *Curso...*, 11 e 12, apontamentos..., por MARIA DE JESUS LAMAS e MARIA TEREZA PIRES afirmava GOMES DA SILVA ir dividi-lo «(...) *numa parte geral em que estudaremos as noções fundamentais, e numa parte especial em que estudaremos cada tipo de direito real ou cada direito real*». Do ponto de vista sistemático, e tal como o revela o plano da segunda versão acima transcrito, terminada a introdução, toda a matéria a partir do primeiro capítulo, inclusive, das lições é, expressamente, colocada por GOMES DA SILVA naquilo a que ele próprio chama Parte Geral. V., ainda, quanto o autor escrevia na primeira versão do *Curso...*, apontamentos..., por ANTÓNIO DA PONTE e ANTÓNIO PROTÁSIO, 21 a 23.

[1394] A este respeito cfr. quanto se escreveu *supra* no presente parágrafo.

[1395] GOMES DA SILVA, *O dever de prestar e o dever de indemnizar*, Lisboa, 1944, 27 e ss..

[1396] No sentido de não se tratar da possibilidade de utilização ou uso de uma coisa ligada a colaborações pessoais que se forem afastadas desencadeiam o fim do contrato. Nesta perspectiva, serão direitos de crédito aqueles nos quais a afectação da coisa surgir ligada a um aspecto pessoal de colaboração sob a forma de prestação (como sucede com o arrendamento mas não já com a enfiteuse) e em que, portanto, o aspecto real é meramente

MENEZES CORDEIRO da primeira tentativa séria, entre nós, de reformulação do conceito de direito real, extraindo-o do deserto a que o havia conduzido a querela entre os autores «clássicos» e «modernos»[1398]. GOMES DA SILVA rejeita as teses moderna e mista. Dá a sua adesão de princípio à tese clássica, simplesmente, atendendo à circunstância de ter repudiado a ideia de direito subjectivo entendido como poder; acaba por pisar terrenos bem distantes dos percorridos pela ideia de poder directo e imediato[1399/1400]. Pode, pois, dizer-se, com RUY DE ALBUQUERQUE[1401], que a organização do *Curso…* obedece a uma integração plena no plano de conjunto da obra de GOMES DA SILVA, congregando-se com os grandes temas tratados, nomeadamente o direito subjectivo. E sublinhamos nós agora que essa inserção se faz sentir inclusivamente no plano da evolução sentida neste âmbito quanto à noção de direito real e de aspectos como a sequela e a preferência[1402].

---

acessório. V., por exemplo, *Curso…*, apontamentos… compilados por MARIA DE JESUS LAMAS e MARIA TEREZA PIRES VICENTE, 65 e ss.; *Curso…, apontamentos…*, por ANTÓNIO DA PONTE e ANTÓNIO PROTÁSIO, 98 e ss., 109 e ss.; *Curso…*, apontamentos…, por BRAZ TEIXEIRA, 72 e ss., e 80.

[1397] *Curso…*, apontamentos… compilados por MARIA DE JESUS LAMAS e MARIA TEREZA PIRES VICENTE, 71 e 72. V., também, a primeira versão do *Curso…, apontamentos…*, por ANTÓNIO DA PONTE e ANTÓNIO PROTÁSIO, 109 e ss..

[1398] MENEZES CORDEIRO, *Direitos…*, 253, embora o autor não faça menção à exigência expressa da construção de GOMES DA SILVA no sentido de se dever exigir a autonomia da afectação da coisa para se poder falar em direito real, referindo, apenas, que o trabalho de renovação encetado por GOMES DA SILVA o habilitou a definir o direito real como a afectação de uma coisa aos fins de uma pessoa.

[1399] GOMES DA SILVA, *Curso…*, apontamentos…, (segunda versão) por MARIA DE JESUS LAMAS e MARIA TEREZA PIRES, 98 e ss., 103 e ss..

[1400] No sentido do texto v., também, MENEZES CORDEIRO, *Direitos…*, 253.

[1401] RUY DE ALBUQUERQUE, *O Prof. Manuel Duarte Gomes da Silva…*, in *Estudos…*, 101.

[1402] Veja-se, por exemplo, *supra* neste parágrafo quanto defendia neste âmbito GOMES DA SILVA antes de *O dever de prestar…* e quanto viria a preconizar no *Curso* (cfr. *Curso…*, apontamentos… compilados por MARIA DE JESUS LAMAS e MARIA TEREZA PIRES VICENTE, 66 e ss.; e *Curso…*, apontamentos…, por ANTÓNIO DA PONTE e ANTÓNIO PROTÁSIO, 98 e ss.; *Curso…*, apontamentos…, por BRAZ TEIXEIRA 72 e ss.).

6.3.6. **PALMA CARLOS**

I – A PALMA CARLOS coube, como vimos, uma única regência de Direitos Reais no ano lectivo de 1957-1958[1403]. Do autor não se conhecem quaisquer lições de Direitos Reais. Num texto da autoria material de DIAS MARQUES, mas da responsabilidade formal de alunos seus, aparece, todavia, referência a umas *Lições de Direitos Reais*, imputadas a PALMA CARLOS[1404]. Ao longo do texto aparecem, ainda, transcrições de ensinamentos, em matéria possessória, atribuídos a PALMA CARLOS e num caso com indicação de se tratar de citação extraída das mencionadas lições[1405]. Curiosamente não aparece nesta obra de DIAS MARQUES nenhuma referência às lições de Direitos Reais de PAULO CUNHA[1406]. Estranha-se também a circunstância de não termos detectado mais nenhuma referência às lições de PALMA CARLOS, nem em obras de outros autores nem na própria dissertação de Concurso para Professor Extraordinário elaborada por DIAS MARQUES[1407] e datada do mesmo ano que

---

[1403] V., novamente, MENEZES CORDEIRO, *Teoria…*, in *Revista…*, XXIX, 352, em nota. A mesma indicação é, quanto à regência desta disciplina nesse ano lectivo, sublinhe-se outra vez, fornecida pela *Revista da Faculdade*. Cfr. *Vida interna…*, in *Revista…*, 1958, XII, 361.

[1404] DIAS MARQUES, *Direitos Reais (Da prescrição aquisitiva)*, apontamentos coligidos por MANUEL MALHEIRO DIAS e LUIZ QUEIROZ DE BARROS, Lisboa, 1960, 99.

[1405] DIAS MARQUES, *Direitos Reais (Da prescrição…*, 40, nota 2 e 52, e nota 2.

[1406] É o seguinte o elenco dos livros constantes da bibliografia de DIAS MARQUES.
  Direitos Reais (Da prescrição…, 99:
  «*Prof. Manuel Rodrigues* – "A Posse"
  Prof. Pires de Lima – "O casamento putativo"
  "Lições de Direitos Reais"
  Prof. Palma Carlos – "Lições de Direitos Reais"
  Prof. Galvão Telles – "Manual Direito das Obrigações"
  Doutor Dias Marques – "Prescrição extintiva"
  "Teoria Geral do Direito Civil"
  Prof. Manuel de Andrade – Teoria Geral da Relação Jurídica"
  Prof. José Alberto dos Reis – "Processos Especiais" vol. I
  Jean Carbonnier – "Droit Civil (les biens)"
  Giffard – "Précis de Droit Romain"».

[1407] *Prescrição aquisitiva*, Lisboa, 1960, I e II, 363.

o texto compilado por MANUEL MALHEIRO DIAS e LUIZ QUEIROZ DE BARROS. Na verdade, na bibliografia geral da referida dissertação a única obra de PALMA CARLOS aí mencionada é o *Ensaio sobre o litisconsórcio*, imediatamente seguido de uma referência a «*Paulo Cunha – Lições de Direitos Reais proferidas ao Curso de 1949-50, coligidas por Maria Fernanda Santos e Castro Mendes*». Estas lições de Direitos Reais de PAULO CUNHA são na realidade o *Curso de Direito Civil, Direitos Reais*, que temos vindo a citar. Tudo isto levanta a dúvida sobre se de facto tais lições terão existido ou se isso se deve a um lapso. Verificamos existir um *curriculum vitae* do Professor PALMA CARLOS na Universidade de Lisboa, Serviço de Documentação, mas encontra-se datado de 1955 sendo, destarte, anterior às eventuais lições de Direitos Reais. Do espólio deixado por PALMA CARLOS à Ordem dos Advogados parece não constarem tais lições[1408]. Existem, todavia, na zona de reservados da biblioteca da Faculdade de Direito de Lisboa, uns sumários de Direitos Reais sem indicação de autor correspondentes precisamente ao ano lectivo de 1957-1958. A coincidência de data destes sumários com a regência de PALMA CARLOS permite imputar-lhos.

II – A exacta percepção do ensino de PALMA CARLOS não é facilitada pela circunstância de os sumários se encontrarem lavrados em bloco e não por aulas. Ainda assim, constata-se um tratamento abrangente de diversas matérias de direitos reais estruturado em três capítulos. O primeiro relativo aos direitos reais em geral. O segundo referente à posse. O terceiro e último alusivo aos direitos reais de gozo e de disposição – mas que tudo indica ter ficado incompleto. Foi, concretamente, o seguinte o esquema implementado por PALMA CARLOS:

[1408] Não por não lhes ser feita qualquer menção na curta nota da Ordem dos Advogados com o título *Professor Adelino da Palma Carlos: importante espólio doado à Ordem*, in *Boletim da Ordem dos Advogados*, 1994, 1, Jan.-Fev., 46; ou sequer na Compilação de elementos sobre o Bastonário Adelino da Palma Carlos, do Centro de Documentação Jurídica da Ordem dos Advogados, Lisboa, 2002, mas por não termos encontrado nenhuma obra do autor com esse nome na Biblioteca da Ordem.

Capítulo I
Direitos Reais em Geral

1 – Conceito de Direito Geral; principais teorias sobre a sua natureza jurídica: I) Prolegómenos, II) Teoria clássica do direito real, III) Teoria personalista, IV) Teoria ecléctica ou integral, V) Noção de direito real. 2 – Caracteres e consequências dos direitos reais: I) Razão de ordem, II) Enunciação dos principais caracteres do direito real: A) Impossibilidade de separar o direito da coisa sobre que recai, B) Indeterminação do sujeito passivo e, por vezes, do activo, C) Especialidades do modo de aquisição, D) Possibilidade de extinção por abandono, E) Permanência; III) Consequências dos direitos reais: A) Atribuição do direito de sequela, B) Atribuição do direito de preferência. 3 – Classificação dos direitos reais: I) Termos gerais do problema, II) Classificação tradicional, III) Classificações da doutrina italiana, IV) Classificação da doutrina espanhol, V) Classificação mais generalizada na doutrina portuguesa, VI) Direitos reais de gozo, VII) Garantias das obrigações recaindo sobre coisas, VIII) Classificação adoptada: A) Direitos reais de gozo e disposição, B) Direitos reais de mero gozo, C) Direitos reais de garantia.

Capítulo II
Posse

4 – Conceito e âmbito: I) Dificuldade de construir o conceito de posse, II) Sentidos vulgares da palavra posse, III) A posse em sentido técnico, IV) Construção do sentido técnico de posse: teorias subjectivistas, V) O primeiro elemento da posse: a *animus*, VI) O segundo elemento da posse: o *corpus*, VII) Teorias objectivistas. 5 – O conceito de posse no direito português: I) Teoria do Código, II) Primeira opinião (RIBEIRO de MAGALHÃES, SILVA CARVALHO, DIAS DA SILVA, JOSÉ ALBERTO DOS REIS), III) Segunda opinião (ALMEIDA AZEVEDO), IV) Terceira opinião (DIAS FERREIRA, MANUEL RODRIGUES, JOSÉ TAVARES), V) Solução adoptada, VI) Posse e detenção, VII) *Corpus* sem *animus sibi habendi*, VIII) Existência de preceito legal a excluir a posse. 6 – Fundamento do carácter jurídico da posse: I) Necessidade da fundamentação jurídica da posse; II) Teorias absolutas: a) Teoria da vontade, b) Teoria da posse como categoria económica independente; III) Teorias relativistas: a) Teoria de ordem jurídica, b) Teoria da propriedade; IV) Solução adoptada. 7 – Classificação ou divisão da posse: I) Razão de ordem, II) Posse directa e posse indirecta, III) Posse justa e posse injusta, IV) Posse de boa fé e posse de má fé, V) Posse contínua ou permanente e posse descon-

tínua ou temporária, VI) Posse titulada e posse não titulada, VII) Posse de menos de ano e dia e posse de mais de ano e dia. 8 – Composse: I) Generalidades: a figura da composse, II) A composse no direito português, III) Objecto da composse, IV) Casos em que se verifica a composse. 9 – Aquisição da posse: I) Modos de aquisição da posse, II) Aquisição da posse por acto próprio, III) Aquisição da posse por acto alheio. 10 – Efeitos da posse: I) Os efeitos da posse na doutrina, II) Os efeitos da posse no direito português. 11 – Perda da posse: I) Casos de perda da posse. 12 – Protecção possessória: I) Evolução histórica da protecção possessória, II) A protecção possessória no direito português, III) Acções determinadas pela natureza do acto violador da posse e acções determinadas pela origem desse acto, IV) Acções de prevenção, V) Acções de manutenção, VI) Acções de restituição, VII) Acções possessórias determinadas pela origem do acto violador, VIII) Legitimidade e capacidade para as acções possessórias, IX) Conversão das acções possessórias em acções de domínio, X) Caducidade do direito de acção.

Capítulo III
Direitos reais de gozo e de disposição
Secção I
Propriedade

13 – Conceito e âmbito – noções gerais: I) Noção legal, II) Elementos do direito de propriedade, III) Poderes do proprietário, IV) Direitos filiais da propriedade: A) Direito de fruição, B) Direito de transformação, C) Direito de exclusão e indemnização, D) Direito de alienação. 14 – Fundamento do direito de propriedade. 15 – Diferentes espécies de propriedade: I) Propriedade absoluta e propriedade resolúvel, II) Propriedade singular e propriedade comum, III) Propriedade perfeita e propriedade imperfeita, IV) Outras classificações. 16 – Extensão material da propriedade. 17 – Restrições legais da propriedade: I) De interesse público, II) De interesse privado. 18 – Aquisição da propriedade: I) Noção de modos de adquirir, II) Classificação dos modos de adquirir, III) Sistema da lei portuguesa, IV) Ocupação, V) Acessão, VI) Usucapião. 19 – Causas de extinção da propriedade. 20 – Defesa da propriedade.

6.3.7. DIAS MARQUES

I – DIAS MARQUES seria encarregado da regência de Direitos Reais em dois momentos distintos. Primeiro entre 1958-1959[1409] e 1961--1962. Depois, em momento posterior à entrada em vigor do actual Código Civil e da revolução de Abril de 1974. Atenta a grande distância entre as duas regências e de entre elas se terem verificado factos de fundamental importância com repercussão directa na periodização por nós adoptada optaremos por referir separadamente o ensino realizado por este Professor nos dois momentos distintos, em detrimento da opção por vezes adoptada neste trabalho, de analisar unitariamente o magistério de determinado professor. Do magistério do Professor no primeiro período ficaram-nos uns sumários lavrados em bloco com a indicação das diversas matérias tratadas, com o seguinte teor:

Título I
Parte Geral
§ 1.º
Os Direitos Reais
1 – Objecto deste Curso. 2 – Direitos Patrimoniais e não Patrimoniais. 3 – Direitos Absolutos e Direitos Relativos. 4 – Definição de Direito Real. 5 – Direitos Reais, Direitos de Crédito e Direitos de Personalidade. 6 – Continuação. 7 – Continuação. 8 – Método de Exposição.
§ 2.º
Caracteres dos Direitos Reais
9 – Generalidades. 10 – Sequela. 11 – Prevalência.

[1409] Conforme se mencionou antes, MENEZES CORDEIRO, *Teoria*…, in *Revista*…, XXIX, 352, em nota, não indica, quando procede à indicação dos diversos regentes das disciplinas de direito civil entre a reforma de 1945 e a segunda codificação, a quem teria pertencido a regência de Direitos Reais no ano lectivo de 1958-1959. É, porém, e tal como sublinhado, inequívoco ter sido DIAS MARQUES o regente. Cfr., novamente, DIAS MARQUES, *Direitos Reais*…, I, *Prefácio*, onde o autor afirma ter sido provisoriamente encarregado da Regência do Curso de Direitos Reais, durante os anos lectivos de 1958-1959 e 1959-1960. V., também, o *Anexo II, Distribuição de regências*, cit. in *Revista*…, 1959, XIII, 304. Relativamente ao ano de 1959-1960 ficaram, como previamente referido, uns sumários não assinados (cfr. *Direitos*…., *(sumários)*).

§ 3.º
Objecto dos Direitos Reais

12 – Generalidades. 13 – Coisas. 14 – Classificação das Coisas. 15 – Coisas Corpóreas e Incorpóreas. 16 – Coisas Genéricas e Específicas; Fungíveis e Infungíveis. 17 – Coisas Consumíveis e Inconsumíveis. 18 – Coisas Divisíveis e Indivisíveis. 19 – Coisas Presentes e Futuras. 20 – Coisas Móveis e Imóveis. 21 – Cont.; Subclassificação das Coisas Móveis e Imóveis. 22 – Coisas Registáveis e não Registáveis. 23 – Coisas no Comércio e Coisas fora do Comércio. 24 – Coisas Simples e Complexas. 25 – Coisas Compostas e Colectivas. 26 – Coisas Principais e Acessórias. 27 – Cont.; Pertenças. 28 – Cont.; Frutos. 29 – Cont.; Benfeitorias.

§ 4.º
Classificação dos Direitos Reais

30 – Generalidades. 31 – Direitos Reais de protecção definitiva e de protecção provisória. 32 – Direitos Reais de desfruto, de realização pecuniária, de retenção e de aquisição. 33 – Direitos Reais de gozo e de garantias. 34 – Direito Real máximo e Direitos Reais menores. 35 – Direitos Reais autónomos e subordinados. 36 – Direitos Reais de titularidade imediata e de titularidade mediata. 37 – Direitos Reais de titularidade singular e de titularidade plural. 38 – Propriedade perfeita e imperfeita. 39 – Propriedade absoluta e resolúvel. 40 – Propriedade singular e propriedade comum.

§ 5.º
Elenco dos Direitos Reais

41 – Direito de propriedade. 42 – Domínio útil e domínio directo. 43 – Censo reservativo. 44 – Censo consignativo. 45 – Quinhão. 46 – Direito de arrendamento. 46 – Direito de superfície[1410]. 47 – Direito de implante. 48 – Usufruto. 49 – Direitos de uso e habitação. 50 – Direito de compáscuo. 51 – Direito de servidão. 52 – Penhor. 53 – Hipoteca. 54 – Privilégios creditórios. 55 – Consignação de rendimentos. 56 – Adjudicação de rendimentos. 57 – Penhora; seus efeitos reais. 58 – Arresto preventivo; seus efeitos reais. 59 – Ónus de pagamento da taxa de rega e beneficiação. 60 – Ónus de pagamento da anuidade de amortização de empréstimos feitos pela Junta de Colonização Interna. 61 – Direitos de retenção. 62 – Direitos reais de aquisição. 63 – Posse de direitos reais.

[1410] O número 46 aparece repetido duas vezes no próprio original.

§ 6.º
Limitações ao Direitos Reais
Secção I
Noção e classificação

64 – Noção. 65 – Classificação das limitações dos direitos reais. 66 – Cont.; limitações actuais e limitações virtuais. 67 – Limitações por compressão e limitações por extinção (virtual). 68 – Cont.: limitações intrínsecas (permanentes) e extrínsecas (acidentais). 69 – Cont.: limitações gerais e especiais. 70 – Cont.: limitações objectivas e subjectivas. 71 – Cont.: limitações de direito privado e limitações de direito público. 72 – Síntese das classificações como Teorias. 73 – Método de exposição.

Secção II
Limitações de direito privado

74 – Generalidades.

Subsecção I
Limitações actuais

75 – Apanha de frutos. 76 – Minas e escavações. 77 – Abertura de portas e janelas. 78 – Telhados. 79 – Escoamento. 80 – Emissão de árvores e arbustos. 81 – Plantação de eucaliptos.

Subsecção II
Limitações virtuais

82 – Árvores em terreno alheio. 83 – Muros e paredes-meias. 84 – Servidões legais. 85 – Cont.: servidão de passagem. 86 – Cont.: servidão de presa. 87 – Cont.: servidão de aqueduto. 88 – Cont.: servidão de escoamento.

Secção III
Limitações de direito público

89 – As limitações de direito público; mais espécies.

Subsecção I
Limitações por compressão

§ 1.º
Servidões administrativas

90 – Noção. 91 – Enumeração.

§ 2.º
Outras limitações

92 – Enumeração.

Subsecção II
Limitações por extinção (virtual)
93 – A extinção virtual dos direitos reais. 94 – Requisição. 95 – Expropriação.

§ 7.º
Publicidade dos Direitos Reais

II – Além destes sumários, DIAS MARQUES deixar-nos-ia, no âmbito da sua regência do Direito das Coisas, também umas lições de Direitos Reais inteiramente da sua autoria e impressas, num fenómeno sem paralelo na Faculdade de Direito de Lisboa desde JOSÉ TAVARES[1411], correspondentes, de acordo com indicação expressa do autor, às lições feitas aos cursos de 1958-1959 e 1959-1960 e que permitem ter uma noção mais pormenorizada e completa, quer dos conteúdos ministrados, quer da sistematização adoptada.

No que concerne ao sistema seguido assiste-se a uma coincidência praticamente total entre os sumários e as lições até ao respectivo número 88[1412]. Até aí existe uma muito pequena diferença resultante do facto de nas lições se introduzir, entre o estudo da servidão legal de passagem e a servidão de presa, um número dedicado às servidões legais de águas. Para além do mencionado número 89 constata-se uma maior pormenorização das lições no confronto com os sumários. Isso faz supor ter DIAS MARQUES conseguido alcançar maior desenvolvimento no ensino da parte final das matérias no primeiro dos dois anos a que se referem as lições, mas ao qual se não reportam os sumários[1413]. Foi o seguinte o esquema adoptado, a partir do ponto em referência, nos *Direitos Reais*:

[1411] V., no mesmo sentido, MENEZES CORDEIRO, *Teoria*…, in *Revista*…, XXIX, 325 referindo-se à *Teoria Geral* do autor.

[1412] Até a repetição do n.º 46 que vimos constar dos sumários aparece nas lições escritas. Cfr. DIAS MARQUES, *Direitos*…. I, 137 e 142.

[1413] Recorde-se aqui a circunstância de no frontispício do texto das lições DIAS MARQUES esclarecer corresponderem elas ao ensino feito aos cursos de 1958-1959 e 1959-1960. Os sumários, esses, respeitavam apenas ao último dos dois anos em referência. De resto o próprio DIAS MARQUES, *Direitos*…, I, prefácio, dá nota da existência de algumas divergências entre os programas de 1958-1959 e de 1959-1960 ao

Secção III

Limitações de Direito Público

90. As limitações de direito público; as suas espécies.

Subsecção I

§ 1.º

91. Noção. 92. Enumeração; águas. 93. Cont.: vias de comunicação e transporte. 94. Cont.: instalações militares. 95. Cont.: monumentos nacionais.

§ 2.º

Outras limitações

96. Enumeração. 97. Cont.: salubridade, segurança e estética. 98. Cont.: cultura. 99. Cont.: política económica. 100. Cont.: defesa nacional. 101. Cont.: processo.

Limitações por extinção (virtual)

102 – A extinção virtual dos direitos reais. 103 – Cont.: requisição. 104 – Cont.: expropriação por utilidade pública. 105 – A publicidade dos actos e direitos. 106 – A publicidade registral. 107 – Técnica da publicidade registral. 108 – Os registos reais. 109 – Continuação. 110 – Continuação. 111 – A actividade registral; sua natureza. 112 – Continuação.

III – A explicitação das razões subjacentes à adopção do plano acima retratado fornece-a o próprio DIAS MARQUES no prefácio da sua obra – e depois na explanação do método de exposição – ao referir que, tendo sido encarregado provisoriamente da regência do Curso de Direitos Reais nos anos lectivos de 1958-1959 e 1959-1960, na elaboração das

---

escrever: «*A obra dada ao público – que foi sendo paulatinamente impressa desde Novembro de 1958 até esta data – só em parte reproduz o programa dos mencionados cursos de 1958-59 e de 1959-60. Estes, aliás, apresentaram entre si algumas ligeiras variantes.*

Tanto em um como em outro desses cursos, mas sobretudo no de 1959-60, feito já depois da publicação do novo Código do Registo Predial, procurámos traçar com desenvolvimentos, os princípios fundamentais comuns a que obedece a instituição do registo dos factos e direitos relacionados com as coisas (registo predial, de navios, automóveis, etc.). Mas por se tratar de matéria sobre que ainda não julgamos a nossa reflexão suficientemente amadurecida, não a incluímos neste volume, aguardando que, em futuras regências deste curso, de que porventura sejamos encarregados, nos seja possível dar-lhe uma forma digna de publicação.»

lições destinadas a servir de suporte ao seu ensino se lhe deparou, desde logo, um primeiro problema: o da determinação da matéria a leccionar[1414]. Atendendo à circunstância de não lhe parecer possível leccionar, «(...) *no limitado tempo de um semestre lectivo, percorrer, ainda que só per summa capita, todo o vastíssimo campo dos direitos reais, houve que escolher-se para tema das lições aquele que melhor quadrasse aos objectivos de um curso como o que deve ser feito nestas circunstâncias e que são simultaneamente os da formação e da informação jurídica dos alunos.*

Tal tema seria, quanto a nós, o do regime dos direitos reais na parte comum, às suas diversas figuras.

Mas sucede que a legislação assim como o maior número dos autores, são particularmente escassos no que respeita à explicitação de princípios genéricos capazes de abarcar as diversas espécies que se integram nesta categoria de direitos antes se limitando, sem preocupações generalizadoras, à sua consideração individualizada ou monográfica.

A nossa principal tarefa, e também a nossa maior dificuldade, consistiu, pois, em transportar para o campo do que poderemos chamar a teoria geral dos direitos reais tudo quanto nos pareceu que aí poderia ser ùtilmente incluído. A nota dominante da metodologia deste curso, está, assim, no estabelecimento de um conjunto integrado e sistemático de noções capaz, por um lado, de fornecer uma visão genérica dos direitos reais e, por outro, de servir de ponto de partida para o estudo de cada um deles.»

Nessa teoria geral, atento «(...) o carácter limitado, quase embrionário da parte geral dos direitos reais (...)» deve incluir-se, na opinião do autor, antes de mais a determinação e natureza dos direitos reais, o estudo dos respectivos caracteres do seu objecto, a sua classificação, uma referência abreviada aos diversos direitos reais, a divisão e enumeração das restrições de direito público e privado e, complementarmente, o estudo do registo[1415]. Por razões pedagógicas e metódicas[1416], DIAS MARQUES enxertaria, ainda, na parte geral, uma descrição da configuração mais geral dos diversos direitos reais de gozo.

[1414] Cfr. DIAS MARQUES, *Direitos*..., I, Prefácio e 27 e 28.
[1415] DIAS MARQUES, *Direitos*..., I, 27 e 28.
[1416] DIAS MARQUES, *Direitos*..., I, 28.

De fora das lições de Direitos Reais impressas e da autoria de DIAS MARQUES ficou o essencial da matéria relativa à posse[1417]. Aparecem, é certo, referências à figura. Assim sucede com o número 63[1418], do parágrafo 5 (relativo ao elenco dos direitos reais[1419]) do Título I, Parte Geral[1420]. Todavia, o essencial da matéria leccionada sobre a posse acabaria por ser vertida em vários textos policopiados e da responsabilidade dos alunos[1421]. São disso exemplo os apontamentos coligidos por CARVALHO FERNANDES e LOPES DE SOUSA[1422] ou por MANUEL MALHEIRO DIAS E LUIZ QUEIROZ DE BARROS[1423]. Este último corresponde a um trabalho cujo título é, conforme referido já anteriormente, *Direitos Reais (da prescrição aquisitiva)*. Só que a propósito da prescrição aquisitiva DIAS MARQUES aproveitaria para proceder a um conjunto de referências alargadas sobre a posse, procurando sujeitar mesmo a análise da posse prescricional na chamada técnica do negócio jurídico[1424]. Foi, então, o seguinte o esquema seguido:

    1. Generalidades. 2. Sentidos da palavra da Posse. 3. Elementos da Posse Formal. 4. A investidura possessória: A) – 1) Investidura por acto puramente

---

[1417] Isto não obstante a advertência feita por DIAS MARQUES, *Direitos*..., I, Prefácio, de que a «(...) *preocupação de focar, sobretudo, os aspectos gerais dos direitos reais levou-nos a incluir, na regência dos citados cursos, a matéria da posse, instituição que, não obstante as suas particularidades, é, afinal dotada de um amplo grau de generalidade, pois como adiante afirmaremos no lugar próprio, ela não é verdadeiramente um entre outros direitos reais, mas com mais exactidão*, "uma forma particular da titularidade de tais direitos, que vem a ser a titularidade possessória ou aparente, contraposta à titularidade real ou definitiva"».
[1418] Epigrafado «Posse de direitos reais».
[1419] DIAS MARQUES, *Direitos*..., I, 115 e ss..
[1420] DIAS MARQUES, *Direitos*..., I, 183 e ss..
[1421] Embora isso não signifique que esta matéria seja tratada de forma avulsa sem ligação à restante sistemática elaborada por DIAS MARQUES.
[1422] DIAS MARQUES, *A posse*, Lisboa, 1959; texto a que, todavia, não tivemos acesso.
[1423] V. DIAS MARQUES, *Direitos Reais (Da prescrição*..., *per totum*. De notar a circunstância de o texto agora em referência conter ainda um conjunto de hipóteses destinadas às aulas práticas.
[1424] DIAS MARQUES, *Direitos Reais (Da prescrição*..., 17 e 18.

unilateral, 2) Certas formas de investidura unilateral; B) – 1) Investidura bilateral, 2) Certas formas de investidura bilateral especial. 5. Conservação da Posse. 6. Posse Prescricional. 7. Extinção da Posse. 8. Pressupostos da Posse Prescricional: A) Capacidade: § 1.º Capacidade das pessoas singulares, § 2.º Capacidade das pessoas colectivas; B) Idoneidade prescricional do objecto ou usucapibilidade: § Único – Usucapibilidade das coisas; C) Legitimidade: § 1.º Legitimidade activa, § 2.º Legitimidade passiva. 9. Requisitos da prescrição. 10. Razão de ordem. 11. Teoria dos prazos de prescrição. 12. Suspensão prescricional. 13. Interrupção da prescrição. 14. Natureza do prazo posterior à interrupção. 15. Prazos da prescrição. 16. Razão de ordem. 17. Efeitos substantivos do facto prescricional. 18. Momento da aquisição do direito usucapido. 19. Modos de produção dos efeitos prescricionais. 20. Âmbito da prescrição. 21. Renunciabilidade do direito adquirido. 22. Regime processual da usucapião. 23. Qualificação da prescrição como uma «*exceptio juris*». 24. Aspectos processuais da prescrição. 25. Momento da dedução da prescrição. 26. Ónus da prova. 27. Aspectos processuais e especiais da prescrição. 28. Outros efeitos da posse formal diferentes da prescrição: § 1.º Acções possessórias, § 2.º Processo. 29. Os embargos de terceiro. 30. Outros efeitos da posse formal.

Quanto à matéria relativa à publicidade, não obstante as diversas referências que lhe são feitas nas lições de Direitos Reais escritas por DIAS MARQUES, ela seria também objecto de um texto compilado por MANUEL ALEXANDRE ALVIM[1425/1426].

[1425] DIAS MARQUES, *A publicidade dos Direitos Reais*, apontamentos compilados por MANUEL ALEXANDRE ALVIM, Lisboa, 1960. Trata-se de uma obra dividida em torno dos seguintes três capítulos: Capítulo I – Generalidades; Capítulo II – O registo predial; Capítulo III – Outros registos (este capítulo encontra-se dividido nas seguintes quatro secções: I – registo comercial; II – o registo de automóveis; III – o registo da propriedade industrial; IV – o registo da propriedade intelectual).
[1426] Para além dos três elementos policopiados a que se faz agora referência RUI PINTO DUARTE, *O ensino dos Direitos Reais. Propostas e elementos de trabalho*, Lisboa, 2004, 32, nota 47, admite ainda a possibilidade de existência de outros textos da mesma natureza. A existirem não os localizámos.

IV – Menção final para, a já antes referida, tese de concurso para professor extraordinário de DIAS MARQUES, subordinada ao título *Prescrição aquisitiva*[1427], em dois volumes, e desenvolvida, do ponto de vista da sua estrutura fundamental, num conjunto de referências preliminares[1428] seguidas dos seguintes sete capítulos: 1) Estrutura da posse[1429]; 2) Natureza jurídica da posse prescricional[1430]; 3) Pressupostos da posse prescricional[1431]; 4) Requisitos da posse prescricional[1432]; 5) O prazo prescricional[1433]; 6) Efeitos da posse prescricional[1434]; 7) Regime processual da usucapião[1435]. Estes sete capítulos dividem-se, no seu conjunto, substancialmente, em três partes distintas embora sem correspondência formal no texto[1436]. A primeira, e mais extensa, trata do facto prescricional. Dela consta não só o estudo do facto da posse com todos os requisitos que condicionam e graduam a sua relevância aquisitiva mas também o prazo prescricional, analisando já as suas várias espécies já as diversas vicissitudes que podem ocorrer no seu desenvolvimento[1437]. Correspondem-lhe os primeiros cinco capítulos[1438]. A segunda parte é relativa aos efeitos da prescrição aquisitiva, coincidindo com o sexto capítulo[1439]. Finalmente, a terceira reporta-se aos efeitos processuais da usucapião e encontra-se vertida no último capítulo da obra[1440].

[1427] DIAS MARQUES, *Prescrição*…, I e II, *per totum*.
[1428] DIAS MARQUES, *Prescrição*…, I, 7 e ss..
[1429] DIAS MARQUES, *Prescrição*…, I, 65 e ss..
[1430] DIAS MARQUES, *Prescrição*…, I, 113 e ss..
[1431] DIAS MARQUES, *Prescrição*…, I, 271 e ss.; II, 1 e ss..
[1432] DIAS MARQUES, *Prescrição*…, II, 53 e ss..
[1433] DIAS MARQUES, *Prescrição*…, II, 202 e ss..
[1434] DIAS MARQUES, *Prescrição*…, II, 289 e ss..
[1435] DIAS MARQUES, *Prescrição*…, I, 5 e 6.
[1436] DIAS MARQUES, *Prescrição*…, I, 5.
[1437] DIAS MARQUES, *Prescrição*…, I, 5 e 6.
[1438] DIAS MARQUES, *Prescrição*…, I, 5 e 6.
[1439] DIAS MARQUES, *Prescrição*…, I, 5 e 6.
[1440] DIAS MARQUES, *Prescrição*…, I, 5 e 6.

6.3.8. OLIVEIRA ASCENSÃO (remissão)

I – No período agora em análise competiram, tal como se deu oportunamente nota, a OLIVEIRA ASCENSÃO as regências de Direitos Reais entre 1962-1963 e 1966-1967.

Ao contrário do que preconizámos quanto à análise dos diversos anos de ensino do Direito das Coisas por DIAS MARQUES – separado por dois momentos em que se sucedem dois períodos históricos mas também intercalado por um hiato temporal importante – parece-nos que a referência e apreciação do contributo de OLIVEIRA ASCENSÃO para o ensino dos Direitos Reais só tem a ganhar com a sua apreciação unitária.

II – Atendendo à circunstância de ter sido no próximo período que mais intenso foi o ensino dos Direitos Reais por OLIVEIRA ASCENSÃO, podendo até, nalguma medida, ser tido, também, como um dos factores dele marcantes, remete-se agora para as considerações que faremos no local dedicado a esse outro período.

7. A segunda codificação e a evolução subsequente

7.1. A entrada em vigor do Código Civil

I – Momento marcante deste novo período é a entrada em vigor do novo Código Civil. Tal como referido por MENEZES CORDEIRO[1441], o quadro do ensino do Direito Civil não foi directa e imediatamente afectado pelo novo Código. A ordenação germânica das matérias acolhida pelo diploma fora há muito adoptada no ensino realizado nas Faculdades de Direito. No que ao Direito das Coisas diz respeito, atente-se na circunstância de o esforço de renovação da disciplina que vinha sendo conduzido por OLIVEIRA ASCENSÃO lançar as suas raízes, sem qualquer quebra, a 1962, data, quer da elaboração da respectiva dissertação de Doutoramento, quer do início do ensino dos Direitos Reais por este autor[1442]. Ainda assim, a presença de um novo Código Civil, de natureza bem distinta do anterior, teve repercussões que justificam a consideração, na data da sua entrada em vigor, de outro marco evolutivo no ensino do Direito[1443].

[1441] MENEZES CORDEIRO, *Teoria…*, in *Revista…*, XXIX, 353.
[1442] Cfr. as indicações dadas *supra* nos parágrafos 6. 3. 1, 6. 3. 8 e *infra* 7. 5. 1.
[1443] Nos mesmos termos v. MENEZES CORDEIRO, *Teoria…*, in *Revista…*, XXIX, 353.

II – A apreciação crítica dos méritos e deméritos do actual Código Civil encontra-se feita entre nós[1444]. Não iremos retomá-la. Cumpre apenas fazer algumas referências a um conjunto de questões atinentes ao Direito das Coisas.

Os trabalhos preparatórios do Código Civil, actualmente em vigor, prolongaram-se por mais de vinte anos. As grandes opções de base que nele ficariam consubstanciadas foram, todavia, tomadas logo em 1944, pouco depois de uma comissão, presidida por VAZ SERRA e composta por MANUEL DE ANDRADE, PIRES DE LIMA e PAULO CUNHA ter iniciado as suas funções[1445].

III – Esquecendo, por ora, a Constituição da República Portuguesa, importante suporte legislativo do Direitos das Coisas, é no Código Civil que se encontra fundamentalmente a disciplina dos Direitos Reais[1446]. Trata-se, quanto a este particular, de um diploma pouco inovador. Dele diria mesmo OLIVEIRA ASCENSÃO[1447] perpetuar em quase todos os domínios a situação normativa antecedente, interpretada segundo a *Revista de Legislação e de Jurisprudência*[1448]. Interpretação essa, no dizer do

---

[1444] V., por exemplo, ORLANDO DE CARVALHO, *Teoria geral da relação jurídica. Seu sentido e limites*, 2.ª ed., 1981, *passim* e 61 e ss., 73 e ss.; MENEZES CORDEIRO, *Direitos...*, 25 e ss.; Id., *Teoria...*, in *Revista...*, XXIX, 353 e 354; Id., *Tratado...*, 109 e ss.; MENEZES LEITÃO, *O ensino...*, 189 e ss..
[1445] Assim cfr. MENEZES CORDEIRO, *Direitos...*, 24. Fundamental a leitura de VAZ SERRA, *A revisão geral do Código Civil. Alguns factos e comentários*, in *Boletim do Ministério da Justiça*, 1947, 2, 24 e ss..
[1446] V., na mesma direcção, por exemplo, OLIVEIRA ASCENSÃO, *Direito...*, 24; RUI PINTO, *Direitos reais...*, 39; e CARVALHO FERNANDES, *Lições de Direitos Reais*, 4.ª ed., 2.ª reimpressão, Lisboa, 2005, 28.
[1447] OLIVEIRA ASCENSÃO, *Direito...*, 24.
[1448] OLIVEIRA ASCENSÃO, *Direito...*, 24. Também MENEZES CORDEIRO, *Direitos... (sumários)*, 31, dirá do Livro III do Código Civil ser ele o que menos diferenças relativamente ao Direito anterior veio introduzir. As modificações limitaram-se a uma melhor arrumação da matéria – sem, todavia, ir ao ponto de, num breve capítulo, se introduzirem os princípios gerais de Direitos Reais –, à introdução de algumas definições – aliás, e como é sabido, discutíveis – e à resolução de querelas pontuais, causadas pelo Código de Seabra. A própria introdução do direito de superfície é tida

autor, particularmente rígida e individualizante, ao ponto de nem a circunstância de desde 1933 ter sido proclamado, em sede constitucional, o princípio da função social – a que de resto se fazia claro eco no ensino, pelas faculdades, do Direito das Coisas (inclusivamente antes da Constituição de 1933)[1449] – ter deixado qualquer marca no Código no tocante aos Direitos Reais[1450]. Essa situação atravessou inalterada o chamado período socialista ou revolucionário assim como o actual período democrático[1451]. Só a evolução da ciência do Direito permite atribuir-lhe a diversos níveis um novo conteúdo.

Dentro do Código Civil o principal assento da matéria de Direitos Reais encontra-se no respectivo Livro III. A sua responsabilidade material coube, conforme se foi dando nota[1452], a LUÍS PINTO COELHO[1453] no que à posse, usucapião e compropriedade diz respeito e a PIRES DE LIMA quanto à demais matéria[1454]. Os trabalhos do primeiro seriam bastante alterados nas revisões ministeriais sem qualquer razão conhecida[1455].

No domínio do Código de Seabra nenhum sector deste diploma era referido especificamente aos Direitos Reais[1456]. A matéria encontrava-se espalhada e dividida ao longo do diploma.

---

por este autor por pouco significativa atenta a circunstância, já aqui antes assinalada, de a sua previsão já ter ocorrido, com limitações, através da Lei n.º 2030.

[1449] Cfr. *supra*, por exemplo, 5. 2. 4, 5. 3. 3, 6. 3. 2, 6. 3. 3.

[1450] OLIVEIRA ASCENSÃO, *Direito*…, 24. V., porém, MENEZES CORDEIRO, *Direitos*…, 24 e 25, sublinhando, como aspecto relevante para o Direito das Coisas, a circunstância de o novo Código ser um «código social» no qual a ordem pública e a protecção dos fracos serão desenvolvidas.

[1451] V. OLIVEIRA ASCENSÃO, *Direito*…, 24; CARVALHO FERNANDES, *Lições*…, 28. V., também, a propósito do período socialista quanto escreve ORLANDO DE CARVALHO, *Direito das Coisas (do Direito das Coisas em geral)*, Coimbra, 1977, 7 e ss..

[1452] V. *supra* 6. 3. 3. V.

[1453] Veja-se LUÍS PINTO COELHO, *Da posse*, cit. in *Boletim*…, 1959, 88, 139 e ss.; *Do usucapião*, cit., in *Idem, Ibidem*, 159 e ss.; Id., *Da comunhão*…, in *Boletim*…, 1961, 102, 181 e ss. e 103, 155 e ss..

[1454] Cfr. *supra* 6. 2. 1.

[1455] MENEZES CORDEIRO, *Direitos*… (*sumários*), 30.

[1456] Cfr. *supra* 3. 1.

Na sua origem o Livro III do novo código divide-se em seis títulos:

I – Da posse,
II – Do direito de propriedade[1457],
III – Do usufruto, uso e habitação,
IV – Da enfiteuse (entretanto abolida),
V – Direito de superfície,
VI – Das servidões prediais.

A consagração do Direito das Coisas como um ramo de Direito objectivo não seria acompanhada de expressa recepção da categoria do direito subjectivo real[1458].

Ainda assim nenhuma dúvida subsiste no sentido segundo o qual o legislador pressupôs a categoria ampla dos direitos reais subjectivos. Mas constata-se a circunstância de, a par da posse – que não nos parece corresponder realmente a um direito subjectivo real embora seja indiscutivelmente uma figura jurídica de extrema importância em sede de Direitos Reais –, o Livro III apenas se reportar aos direitos reais de gozo. Tudo o resto parece estar ausente deste livro, faltando inclusivamente remissões para outros locais do diploma[1459]. Os direitos reais de garantia foram deixados para o Livro II, relativo ao Direito das Obrigações, enquanto os de aquisição têm tratamento disperso[1460]. Os livros referentes ao Direito da Família e das Sucessões disciplinam os direitos reais conexos com as figuras jurídicas que esses ramos de Direito institucionali-

---

[1457] Aqui se tratando também a propriedade horizontal.
[1458] OLIVEIRA ASCENSÃO, *Direito...*, 19.
[1459] OLIVEIRA ASCENSÃO, *Direito...*, 25.
[1460] Sublinhando este mesmo aspecto mas com enquadramentos nem sempre totalmente coincidentes v. MENEZES CORDEIRO, *Direitos...*, 25; RUI PINTO, *Direitos reais...*, 39; CARVALHO FERNANDES, *Lições...*, 28 e 29. Ficaram para o livro relativo ao Direito das Obrigações também figuras como o arrendamento. Veremos, porém, adiante, não nos parecer estar-se neste caso, ou outros que lhe têm sido aproximados, perante direitos reais.

zam[1461]. De fora do Livro III ficariam também as coisas, reguladas nos artigos 202.º a 216.º.

A matéria dos registos seria definitivamente excluída do Código Civil. O essencial da matéria das águas foi deixado para legislação extravagante[1462]. Objecto de legislação especial seria, ainda, um conjunto de questões que condicionam o direito de propriedade[1463], assim como o regime da caça e da pesca. Também não seria abrangido o Direito Mineiro ou o Direito Agrário[1464] e a denominada propriedade intelectual[1465/1466].

IV – Ao contrário do verificado com o Direito das Obrigações, graças ao esforço de VAZ SERRA, não se procedeu, aquando da preparação do Livro III, à elaboração prévia de estudos doutrinários sobre os temas a tratar, aparecendo, tão-só, por vezes, breves justificações[1467]. Acresce que diversamente, também, do verificado no Direito das Obrigações e na parte geral não houve, fora do quadro de preparação do Código, um trabalho de reconversão doutrinária, à luz da terceira sistemática capaz de se repercutir sobre o novo diploma[1468]. Em contrapartida, parece ter-se verificado uma importante influência do *Codice Civile* de 1942[1469], o que

---

[1461] Veja-se, assim também, e por exemplo, OLIVEIRA ASCENSÃO, *Direito...*, 25; e CARVALHO FERNANDES, *Lições...*, 29.
[1462] Mas v. os artigos 1385.º e ss., e 1557.º e ss..
[1463] Sendo que muitas dessas questões são de direito público. Aparecem, todavia, referências muito genéricas a matérias do domínio público, expropriações e requisição (cfr. artigos 1304.º, 1308.º e 1310.º do Código Civil).
[1464] Note-se que em rigor se trata de um sector da enciclopédia jurídica que apesar das afinidades com os Direitos Reais mantém a sua autonomia científica (cfr. MENEZES CORDEIRO, *Direitos...*, 171 e ss.; e OLIVEIRA ASCENSÃO, *Direito...*, 23).
[1465] Mas também aqui, e tal como sublinhámos já antes neste nosso trabalho, não nos parece estar-se diante de direitos reais mas de direitos de exclusivo ou monopólio. É esta uma questão à qual ainda voltaremos mais à frente.
[1466] Sobre o conjunto de questões agora referidas v. ORLANDO DE CARVALHO, *Direito...*, 89 e ss.; MENEZES CORDEIRO, *Direitos...*, 24 e ss., 41 e ss.; OLIVEIRA ASCENSÃO, *Direito...*, 18 e ss., 24 e ss..
[1467] Na mesma direcção MENEZES CORDEIRO, *Direitos... (sumários)*, 31.
[1468] V., novamente, MENEZES CORDEIRO, *Direitos... (sumários)*, 31.
[1469] MENEZES CORDEIRO, *Direitos... (sumários)*, 31.

pelas características deste diploma explicará a recuperação pelo Código Civil português, ao menos aparentemente, de soluções próprias do Direito Romano[1470].

Tudo isto leva o Livro III do Código Civil a apresentar um conjunto de características muito próprias.

Foi em primeiro lugar ele que mais imperfeitamente recebeu a terceira sistemática e mais se mostra impenetrável ao pensamento jurídico alemão, tendo em contrapartida acolhido as soluções italianas de 1942, num fenómeno gerador de tensões[1471].

Na perspectiva da organização e estrutura do Código no tocante ao Direito das Coisas nota-se uma arrumação da matéria quase empírica[1472] – isto num código que adoptaria, do ponto de vista do seu esquema global, a sistematização germânica, com uma parte geral, à semelhança do *BGB* e que do de vista técnico se apresenta, não obstante todas as críticas, como um diploma de muito elevado nível[1473] – porventura em virtude do princípio da tipicidade ou *numerus clausus* dos direitos reais[1474]. Este relativo casuísmo tem causado estranheza, por contrastante com o carácter sistemático e científico que deve possuir um Código Civil[1475]. Focam-se, por exemplo, temas gerais a propósito de situações singulares ou de ligações ocasionais com certas figuras. Em contrapartida, noutros casos, particulariza-se o que é geral. Assiste-se, além disso, a alterações

---

[1470] No mesmo sentido, outra vez, MENEZES CORDEIRO, *Direitos… (sumários)*, 31.
[1471] MENEZES CORDEIRO, *Direitos… (sumários)*, 31 e 32.
[1472] No mesmo sentido v. OLIVEIRA ASCENSÃO, *Direito…*, 30 e ss., explicando essa circunstância pelo facto de o Código Civil não comportar os capítulos em que normalmente se situaria o tratamento dos aspectos comuns em toda a sua técnica: o capítulo do conteúdo das situações jurídicas, dentro da parte geral, e o capítulo das disposições gerais, dentro do Direito das Coisas.
[1473] Afirmando isso mesmo pode ver-se MENEZES CORDEIRO, *Direitos… (sumários)*, 32.
[1474] A respeito desta figura refere-se *colorandi causa*, e entre tantos outros possíveis, OLIVEIRA ASCENSÃO, *A tipicidade dos Direitos Reais*, Lisboa, 1968, *per totum*; JORGE MIRANDA, *A tipicidade dos Direitos Reais*, separata da *Rivista di Diritto Agrario*, 1971, L, 4, *per totum* (onde justamente se procede à recensão da obra de OLIVEIRA ASCENSÃO acabada de citar).
[1475] Assim v. OLIVEIRA ASCENSÃO, *Direito…*, 30.

de terminologia susceptíveis de criar dificuldades diversas[1476]. Finalmente, as previsões genéricas limitam-se aparentemente a um direito real: a propriedade. Na verdade quase todas as matérias constantes dos artigos 1302.º e seguintes do Código Civil ou possuem âmbito geral ou escondem princípios gerais debaixo de uma equívoca referência a um tipo de direito real[1477]. Isto num fenómeno, aliás, expressamente consagrado e reconhecido através de uma técnica menos apropriada no Título II, Capítulo I, Secção II, epigrafada «*Defesa da propriedade*». Esta secção termina com a estatuição constante do artigo 1315.º, por força da qual «*As diposições precendentes são aplicáveis, com as necessárias correcções, à defesa de todo o direito real*»[1478].

V – O surgimento de um novo Código Civil implica, como é normal em situações desta natureza[1479], um esforço de exegese e levantamento dos novos preceitos em vigor. No sentido de levar a bom porto esse esforço foram realizadas várias obras, sublinhando, neste contexto, MENEZES CORDEIRO o terceiro volume do *Código Civil anotado* de PIRES DE LIMA e ANTUNES VARELA, com a colaboração de HENRIQUE MESQUITA. Nota, o mesmo autor, ainda, os escritos ligados ao ensino de HENRIQUE MESQUITA, ORLANDO DE CARVALHO e MOTA PINTO – o segundo dos quais numa perspectiva jurídico--científica mais alargada e mais aprofundada[1480].

[1476] Sobre quanto agora se alude pode ver-se pormenorizadamente OLIVEIRA ASCENSÃO, *Direito...*, 30 e 31, onde o autor refere a circunstância de o problema acerca da eventual prescrição, ou não, dos poderes e direitos contidos nos direitos reais apenas ser regulado a propósito do direito de demarcação, ficando por resolver todos os outros casos, num fenómeno de cariz inverso, ou o facto de as causas de constituição e de extinção dos diversos direitos reais virem previstas para cada um deles e não de forma genérica.
[1477] V., novamente, OLIVEIRA ASCENSÃO, *Direito...*, 32.
[1478] Sublinhando esta mesma particularidade v. OLIVEIRA ASCENSÃO, *Direito...*, 32.
[1479] V. MENEZES CORDEIRO, *Teoria...*, in *Revista...*, XXIX, 353 e ss.; e *Direitos... (sumários)*, 37.
[1480] MENEZES CORDEIRO, *Direitos... (sumários)*, 37.

MENEZES CORDEIRO designa mesmo o período que se seguiu ao actual Código como o da exegese germânica[1481], em virtude do maior apego da doutrina e da jurisprudência[1482] ao texto e da presença de um positivismo intenso com o esvaziar das referências metalegais. Não obstante a afirmada e incontestável crise dos Direitos Reais[1483], parece-nos que a afirmação não quadrará totalmente ao ensino do Direito das Coisas, mesmo se puder, porventura, caber a este sector do Direito Civil quando considerado na globalidade. E por várias razões.

Em primeiro lugar, essa crise já existia antes do actual Código Civil.

Em segundo lugar, ela não é específica do caso português. Continua a ser vulgar, designadamente na Alemanha, e num fenómeno que se evidenciará com mais pormenor adiante, as obras de Direitos Reais abrirem logo com a matéria respeitante à posse, seguidas do estudo dos diversos tipos de direitos reais. Tudo isto, quando muito, antecedido de

---

[1481] Cfr. MENEZES CORDEIRO, *Teoria...*, in *Revista...*, XXIX, 353 e ss.). MENEZES LEITÃO, *O ensino...*, 193, reputa, todavia, a afirmação de exagerada quanto ao Direito das Obrigações.

[1482] Especificamente no que à jurisprudência, imediatamente subsequente ao Código Civil, em matéria de Direito das Coisas, diz respeito v. MENEZES CORDEIRO, *Direitos... (sumários)*, 38, sublinhando mesmo a circunstância, capaz de suscitar reflexões curiosas quanto à força da continuidade cultural e quanto aos limites de concretização da lei, uma recusa de aplicação de preceitos claros mas pouco estudados ou pouco divulgados como sucedeu com o artigo 85.º do Código de Registo Predial de 1967, referente aos efeitos substantivos do registo, e com o artigo 1301.º do Código Civil, relativo a coisa adquirida a comerciante a *non domino*.

[1483] Assim pode ver-se, designadamente, OLIVEIRA ASCENSÃO, *Direito...*, 32 e ss.. Deste autor v., ainda, acerca da crise dos Direitos Reais, no confronto com quanto sucede com o Direito das Obrigações, *A tipicidade...*, 13, apontando também a alteração das condições sociais ligada à aceleração da vida moderna como uma causa da perda de vitalidade dos Direitos Reais. Cfr., porém, em certo sentido contra a ideia dessa decadência social dos direitos reais, ORLANDO DE CARVALHO, *Direito das coisas...*, 84 e ss.; e MENEZES CORDEIRO, *Direitos...*, 38, para quem o declínio económico dos direitos reais acarreta mesmo vantagens de ordem técnico-científica para o seu estudo: a discussão política da apropriação dos bens produtivos desloca-se do Direito Civil para o do Direito Constitucional e para a Ciência Política (cfr., também, com interesse MENEZES CORDEIRO, *Direitos... (sumários)*, 43).

um breve capítulo ou parágrafo introdutório relativo aos princípios dos Direitos Reais e à natureza das coisas e dos direitos reais[1484].

Em terceiro lugar, e como se verá adiante, muito em virtude do esforço de OLIVEIRA ASCENSÃO, este período coincide *grosso modo* com aquele em que se daria início e processaria uma reelaboração do ensino dos Direitos Reais, de molde a retirá-lo do ponto morto em que se encontrava tanto em Portugal como no estrangeiro[1485].

7.2. As alterações do plano de curso de 1972, de 1975 e 1977, 1983 (FDL), 1989 (FDC), 2003 e 2006 da (FDL e FDC) correspondente este último ao chamado processo de Bolonha

I – Foi este um período marcado por diversas reformas do plano de estudos das Faculdades de Direito de Coimbra e de Lisboa. De facto esse plano seria revisto em 1972 e 1975 em ambas. Em 1977, 1983 e 2003 na Faculdade de Direito de Lisboa. Em 1978-1979 e 1989 na Faculdade de Direito de Coimbra. Foi, ainda, aprovado em 2006 um novo plano de estudos em ambas as Faculdades[1486], para fazer face ao chamado processo de Bolonha, em cumprimento da Lei n.º 49/2005, de 30 de Agosto, e do Decreto-Lei n.º 74/2006, de 24 de Março.

Não iremos proceder agora a uma análise pormenorizada dos diversos planos de estudos em referência. Não encetaremos, sequer, uma análise global acerca do impacto que, em termos gerais, cada uma delas teve no ensino da Ciência do Direito. Aliás isso mesmo já foi entre nós realizado em grande parte e de forma cabal[1487] pelo que seria espúrio retomar

---

[1484] Sobre o ensino do Direito das Coisas ao tempo em que escreve (1979) pode ver-se MENEZES CORDEIRO, *Direitos…*, 31 e 32.
[1485] Isso mesmo é, de resto, sublinhado pelo próprio MENEZES CORDEIRO, *Direito…*, 30 e 31; Id., *Direitos… (sumários)*, 38.
[1486] Cfr. quanto à Faculdade de Direito de Coimbra: *http://www.fd.uc.pt/_pdf/bolonha/planocurriculardireito1ciclo.pdf*; e *Impresso de criação/alteração de plano de estudos*, in *http://www.fd.uc.pt/_pdf/bolonha/planocurricular1ciclodireito.pdf*
[1487] Assim v. MENEZES CORDEIRO, *Teoria…*, in *Revista…*, XXIX, 362 e ss., 372 e ss.; e MENEZES LEITÃO, *O ensino…*, 193 e ss., 214, 223. É ainda certo que as razões subjacentes à não abordagem de alguns dos aspectos destas reformas pelos autores

agora essas questões. Sublinharemos, tão-só, os aspectos com relevância no tocante ao Direito Civil e ao Direito das Coisas.

Menção antes disso, porém, para a circunstância de ter sido este um período marcado por fortes convulsões estudantis e universitárias. A mais importante seria a que resultaria da revolução de 25 de Abril de 1974, a merecer de resto tratamento específico.

II – No que às diversas reformas antes mencionadas diz respeito cumpre sublinhar o facto de com a reforma de 1972[1488] ter passado a existir uma estruturação do curso em semestres, ficando as disciplinas civis, arrumadas da seguinte forma[1489]: a Teoria geral do Direito Civil ocuparia, lado a lado com a Introdução ao Direito, dois semestres no primeiro ano do curso; ao Direito das Obrigações caberiam igualmente dois semestres situados no segundo ano; o Direito da Família ocuparia o primeiro semestre do segundo ano; o Direito das Sucessões o segundo semestre; e os Direitos Reais ficariam com o primeiro semestre do terceiro ano.

Esta reforma, objecto de importantes críticas[1490/1491], quase não chegaria, porém, a ser executada em consequência da revolução de 25 de Abril

---

em referência justificam também que os não abordemos aqui. As alterações do plano de curso aprovadas em 2003 e em 2006 não foram obviamente abordadas por MENEZES CORDEIRO e MENEZES LEITÃO. Mas também aqui julgamos dispensável proceder a considerações aprofundadas. V., ainda assim, *Bolonha, Posição do Presidente do Conselho Científico* (GUILHERME DE OLIVEIRA), in *http://www.fd.uc.pt/_pdf/-posicaopresidenteccbolonha.pdf*; e ainda a documentação disponível em *http://www.-fd.uc.pt/_pdf/bolonha/relatorioadequacao1ciclodireito.pdf*; e sempre no âmbito da Faculdade de Direito de Coimbra em *http://www.fd.uc.pt/_pdf/bolonha/relatorio adequacao2ciclodireito.pdf*. Cfr., ainda, JORGE MIRANDA, *Propostas sucessivas sobre o plano de estudos de Direito*, Lisboa, 2006, 141 e ss..

[1488] V. uma breve referência a esta reforma em FACULDADE DE DIREITO DE COIMBRA, *O ensino…*, in *http://www.fd.uc.pt/Album/apresent5.html*.

[1489] Quanto ao plano completo v., por exemplo, *Relatório da Comissão de Reestruturação da Faculdade de Direito de Lisboa…*, 107 e ss. (também publicado na *Revista da Faculdade de Direito de Lisboa*, 1992, XXXIII, 635 e ss.).

[1490] Dela dirá MENEZES CORDEIRO, *Teoria…*, in *Revista…*, XXIX, 365, ter representado uma perversão do curso de Direito, num retrocesso cultural sem precedentes.

[1491] Entre outros aspectos altamente criticados previa-se novamente o grau de bacharel em Direito.

de 1974, ter dado lugar à «reforma de 1975». Foi este o momento em que pela primeira vez se diferenciaria a estrutura dos cursos das Faculdades de Direito de Coimbra e de Lisboa. No tocante a Coimbra manteve-se a divisão em semestres[1492]. Além disso assistiu-se a uma efectiva redução das disciplinas civis: com excepção do Direito das Obrigações elas seriam todas reduzidas a um semestre. Em Lisboa, a Teoria Geral do Direito Civil[1493] passaria para o segundo ano – ficando no primeiro uma cadeira anual de Teoria do Direito –, altura em que se ensinava também os Direitos Reais. As Obrigações situavam-se no terceiro ano e a Família e Sucessões no quarto. Note-se a particularidade de apenas estas duas corresponderem a disciplinas semestrais. Direitos Reais passava a anual[1494].

Novidade no plano do Direito Civil é a passagem de Direitos Reais a disciplina anual, naquela que – como se viu – tinha correspondido a uma aspiração da Faculdade de Direito de Lisboa aquando da reforma de 1945. Este alargamento, em si mesmo dotado de claras vantagens, era, todavia, negativamente contrabalançado, ao nível da estrutura do plano, pela circunstância de a matéria ser ensinada em simultâneo com a Teoria Geral do Direito Civil. Isto obrigava a antecipar em Direitos Reais matérias que apenas eram leccionadas em Teoria Geral em momentos mais tardios. É, por exemplo, o caso da noção de Direito subjectivo[1495].

Neste período a Faculdade de Direito de Lisboa teve, ainda, três reformas. Uma realizada em 1977, de acordo com o plano da comissão coordenadora. Outra aprovada pela Portaria n.º 911/83, de 3 de Outu-

---

[1492] O plano de estudos da Faculdade de Direito de Coimbra pode ver-se em *Comissão de Reestruturação da Faculdade de Direito de Lisboa...*, 115 e ss. (=*Revista da Faculdade de Direito...*, 1992, XXXIII, 706 e ss.). A disciplina de Direitos Reais é situada no primeiro trimestre do 3.º ano como curso semestral.

[1493] Que passou a anual.

[1494] Um plano de estudos completo pode facilmente consultar-se na nossa literatura jurídica em MENEZES CORDEIRO, *Teoria...*, in *Revista...*, XXIX, 362 e 363; e MENEZES LEITÃO, *O ensino...*, 197 e 198. Cfr., também, *Comissão de Reestruturação da Faculdade de Direito de Lisboa...*, 113 e ss. (=*Revista da Faculdade de Direito...*, 1992, XXXIII, 702 e ss.).

[1495] MENEZES CORDEIRO, *Teoria...*, in *Revista...*, XXIX, 361.

bro. A terceira deliberada em reunião do Conselho Científico em 2 de Novembro de 2006 ao abrigo do chamado processo de Bolonha.

No tocante à primeira cumpre reter a circunstância de conforme a proposta da comissão de reestruturação se situar uma disciplina de Introdução ao Direito, no primeiro semestre, do primeiro ano, e uma disciplina de Teoria Geral do Direito Civil, no segundo semestre desse mesmo ano. Os Direitos Reais foram colocados no primeiro semestre do segundo ano. A Família surge no primeiro semestre do terceiro ano e as Sucessões no segundo semestre do quarto ano[1496].

Na reforma de 1983 o plano de estudos determina a passagem dos Direitos Reais para o terceiro ano.

Já na revisão operada em 2003[1497], o plano de estudos ficou com a seguinte estrutura:

Disciplinas comuns		carga horária semanal
1.º Ano		
Introdução ao Estudo do Direito	Anual	5
História do Direito	Anual	5
Ciência Política e Direito Constitucional	Anual	5
Economia Política	Anual	5
2.º Ano		
Teoria Geral do Direito Civil	Anual	5
Direito Administrativo I	Anual	5
Relações Económicas Internacionais e Direito da Economia	Anual	5
Direito Constitucional II e Direito Internacional Público	Anual	5

[1496] *Comissão de Reestruturação da Faculdade de Direito de Lisboa…*, 67 e ss. (= *Revista da Faculdade de Direito…*, 1992, XXXIII, 680).

[1497] Aprovada por Deliberação n.º 616/2003, Universidade de Lisboa – Reitoria (publicada no *Diário da República,* n.º 101, II.ª Série, de 2 de Maio de 2003) sob proposta do Conselho Científico da Faculdade de Direito desta Universidade, e pela Deliberação n.º 40/2002, da Comissão Científica do Senado de 30 de Setembro.

3.º Ano

Direito das Obrigações	Anual	5
Direito Processual Civil I	Anual	5
Direitos Reais	Anual	3
Direito Financeiro e Fiscal	Anual	5
Direito Comunitário	Anual	5

4.º Ano

Direito Penal I	Anual	5
Direito da Família e das Sucessões	Anual	5

Menção de Histórico-Jurídicas

Direito Romano	Semestral	5
Direito Processual Civil II	Semestral	5

Menção de Jurídico-Económicas

Finanças Públicas II	Semestral	5
Direito Fiscal II	Semestral	5

Menção de Jurídico-Políticas

Direito Público	Semestral	5
Direito Constitucional III	Semestral	5

Menção de Ciências Jurídicas

Direito Processual Civil II	Semestral	5
Direito Privado/Direito Comparado/ /Direito Romano/Direito dos Contratos	Semestral	5

Menção de Ciências Internacionais e Comunitárias

Direito Comparado ou Direito Fiscal Internacional e Comunitário	Semestral	5
Direito Internacional e Direito do Mar	Semestral	5

5.º Ano

Direito do Trabalho	Anual	5
Direito Processual Penal	Semestral	5

Menção de Histórico-Jurídicas

Direito Internacional Privado	Semestral	5
História do Pensamento Jurídico	Semestral	5
História das Relações Internacionais	Semestral	5
Filosofia do Direito	Semestral	5

Uma disciplina a indicar anualmente pelo Conselho Científico	Semestral	5
Menção de Jurídico-Económicas		
Direito Internacional Privado	Semestral	5
Economia Portuguesa	Semestral	5
Direito Internacional Económico ou Direito dos Valores Mobiliários	Semestral	5
Direito da Economia II	Semestral	5
Uma disciplina a indicar anualmente pelo Conselho Científico	Semestral	5
Menção de Jurídico-Políticas		
Direito Internacional Privado	Semestral	5
Filosofia do Direito	Semestral	5
Contencioso Administrativo	Semestral	5
Direitos Fundamentais	Semestral	5
Uma disciplina a indicar anualmente pelo Conselho Científico	Semestral	5
Menção de Ciências Jurídicas		
Direito Internacional Privado	Anual	5
Direito Penal II	Semestral	5
Filosofia do Direito	Semestral	5
Uma disciplina a indicar anualmente pelo Conselho Científico	Semestral	5
Menção de Ciências Internacionais e Comunitárias		
Direito Internacional Privado	Anual	5
Direitos Fundamentais ou Direito Internacional Económico	Semestral	5
Relações Internacionais ou Direito do Comércio Internacional	Semestral	5
Uma disciplina a indicar anualmente pelo Conselho Científico	Semestral	5

Nota-se neste plano de estudos o aparecimento da disciplina de Direitos Reais enquanto disciplina anual. A circunstância, porém, de a sua carga horária ser reduzida para três horas (uma aula teórica e duas práticas) confere-lhe na realidade a estrutura de uma disciplina semestral.

Prevendo uma licenciatura em quatro anos (oito semestres) – e preconizando a manutenção de um quinto ano – integrado no Mestrado «*de Bolonha*» – para o acesso à magistratura e à advocacia, seria finalmente o seguinte o plano de estudos aprovado pela Faculdade de Direito de Lisboa na reunião do Conselho Científico de 2 de Novembro de 2006[1498], no contexto do designado processo de Bolonha:

PLANOS DE ESTUDOS DA LICENCIATURA
Disciplinas Obrigatórias
1.º Ano

1.º Semestre	2.º Semestre
Introdução ao Direito – I	Introdução ao Direito – II
Teoria Geral do Direito Civil – I	Teoria Geral do Direito Civil – II
Direito Constitucional – I	Direito Constitucional – II
Direito Romano	História do Direito Português
Economia – I	OPÇÃO
Tecnologia de Informação e Comunicação	Língua Estrangeira

2.º Ano

1.º Semestre	2.º Semestre
Direito das Obrigações – I	Direito das Obrigações – II
Direito Administrativo – I	Direito Administrativo – II
Direito da Família	Direito das Sucessões
Direito Internacional Público	Direito da União Europeia
OPÇÃO	Finanças Públicas

3.º Ano

1.º Semestre	2.º Semestre
Direito Comercial – I	Direito Comercial II – Sociedades Comerciais
Direito Processual Civil – I	Direito Processual Civil – II
Direito Penal – I	Direito Penal – II
OPÇÃO	Direitos Reais
Direito dos Contratos – I	OPÇÃO

[1498] Acta n.º 12 de 2006. O novo plano de curso está, também, disponível em *http://www.fd.ul.pt/cursos/lic/docs/novoplanodecurso.pdf*.

4.º ano

1.º Semestre	2.º Semestre
Direito do Trabalho – I	Direito do Trabalho – II
Direitos Fundamentais	Contencioso Administrativo
Direito Processual Civil – III	e Tributário
Direito Internacional Privado – I	Direito Processual Penal
Direito Fiscal	OPÇÃO A
	OPÇÃO B

Disciplinas Optativas
1.º Ano
2.º Semestre
Filosofia do Direito
Sociologia do Direito
História das Ideias Políticas
Economia – II

2.º Ano
1.º Semestre
História do Pensamento Jurídico
História das Relações Internacionais
Direito Comparado
Ciência Política

3.º Ano

1.º Semestre	2.º Semestre
Direito da Economia	Direito do Contrato – II
Direito Internacional Económico	Direito dos Valores Mobiliários
Direito Bancário	Direito Marítimo
Direito dos Seguros	Direito Administrativo – III
Economia Internacional	Direito dos Mercados Financeiros

4.º Ano
Opção A
Direito da Propriedade Intelectual
Direito do Urbanismo
Direito Internacional Público – II
Direito Penal – III
Justiça Constitucional

Direito da Sociedade da Informação
Direito Comercial – III
União Económica e Monetário
Opção B
Direito Internacional Privado – II
Direito do Ambiente
Direito do Comércio Internacional
Direito Processual Civil – IV
Protecção Internacional dos Direitos da Pessoa Humana
Direito da Bioética
Contencioso da União Europeia
Direito Fiscal Internacional

É o regresso da disciplina de Direitos Reais ao esquema tradicional de um curso semestral.

Enquanto isso, em Coimbra, para além, do plano aprovado em 1989[1499], com as alterações introduzidas em 1993[1500] e em 2000[1501/1502] foi, no âmbito do chamado processo de Bolonha, prevista a seguinte estrutura curricular[1503]:

[1499] Conforme a Portaria n.º 914/89, de 17 de Outubro, *Diário da República*, n.º 239, I.ª Série, de 17 de Outubro.

[1500] Pelo Despacho n.º 11/93 (2.ª Série) – Universidade de Coimbra, Serviços Centrais, Serviços Académicos, publicado no *D.R.*, n.º 98, II.ª Série, de 27 de Abril de 1993, suplemento.

[1501] Pelo Despacho n.º 9369/2000 (2.ª Série) – Universidade de Coimbra, Serviços Académicos, publicado no *D.R.*, n.º 105, II.ª Série, de 6 de Maio de 2000.

[1502] O plano em vigor na Faculdade de Direito de Coimbra no ano lectivo de 2006--2007 encontra-se em *https://woc.uc.pt/fduc/course/planocurricular.do?courseId=1*. Note-se que, neste plano, Direitos Reais assume a configuração de uma disciplina anual. Isso não permitiu, porém, o alargamento dos conteúdos ministrados relativamente a quanto tradicionalmente sucede numa disciplina semestral. Cfr. HENRIQUE MESQUITA, *Direito das Coisas (sumários)*, 1996-1997; Id., *Idem*, 1997-1998; Id., *Idem*, 1999-2000; Id., *Idem*, 2000-2001; Id., *Idem*, 2001-2002; SANTOS JUSTO, *Direito das coisas (sumários)*, 2004-2005; Id., *Idem*, 2005-2006, in *https://woc.uc.pt/fduc/class/geralsummary.do?idclass=16&idyear=2*.

[1503] Cfr. *http://www.fd.uc.pt/_pdf/bolonha/planocurriculardireito1ciclo.pdf*. O regime de transição pode ser consultado em *http://www.fd.uc.pt/_pdf/bolonha/regimedetransicaodireito1ciclo.pdf*.

1.º Ciclo

1.º Semestre		2.º Semestre	
Introdução ao Direito I	6[1504]	Introdução ao Direito II	6
Economia Política I	6	Economia Política II	6
Direito Romano	6	História do Direito Português	6
Direito Constitucional I	6	Direito Constitucional II	6
Teoria Geral do Dir. Civil I	6	Teoria Geral do Direito Civil II	6
Direito Administrativo I	6	Direito Administrativo II	6
Direito Comunitário I	6	Direito Comunitário II	6
Direito Internacional Público	6	Direito Financeiro	6
Direito das Obrigações I	6	Direito das Obrigações II	6
Direito Penal I	6	Direito Penal II	6
Direito do Trabalho	6	Direito Fiscal	6
Direito Processual Civil I	6	Direito Processual Civil II	6
Direito Administrativo III	6	Contratos Civis ou Contratos Públicos	6
Direito Comercial I	6	Direito Comercial II	6
Direito das Coisas	6	Metodologia do Direito	6
Direito da Família e dos Menores	6	Dir. Patrimonial da Família e Sucessões	6
Direito Penal III	6	Direito Processual Penal	6
Direito Internacional Privado	3	Direito Processual Civil III (Processo Executivo)	6
Medicina Legal	3	Língua estrangeira	3

7.3. O ensino do Direito das Coisas e a revolução de 25 de Abril (1974-1977)

I – A revolução de 25 de Abril de 1974 levaria à aprovação e entrada em vigor da Constituição da República Portuguesa de 1976. Esta trazia, de início, uma visão da propriedade, mencionada no artigo 89.º, dos meios de produção na qual o sector privado era apresentado como

---

[1504] Esta coluna corresponde ao número de créditos atribuídos a cada disciplina.

um resto, apenas subsistente na fase de transição para o socialismo[1505]. Era, destarte, de supor que isso levasse a uma alteração profunda dos Direitos Reais[1506/1507]. Mas não foi isso que sucedeu. Registaram-se alterações legislativas com impacto a propósito da reforma agrária[1508] e baldios e à extinção da enfiteuse e da colonia[1509] – vedados, estes últimos, pelo então artigo 101.º/2 da Constituição da República Portuguesa. Assistiu-se também a referências à posse útil[1510] até 1989 e que configurava uma autêntica situação de gozo de determinados bens comunitários[1511]. Num aparente paradoxo, porém, a revisão subsequente do Código Civil operada pelo Decreto-Lei n.º 496/77, de 25 de Novembro, altera significativamente o Direito da Família e, parcialmente, o Direito das Sucessões, mas deixa intocado o Direito das Coisas[1512]. Houve, é certo, diversas alterações a nível da locação. Todavia, numa posição que clarificaremos adiante, não nos parece ser esta uma figura de Direitos Reais. Acresce que as medidas de protecção do locatário já habituais no Direito anterior limitaram a sua actuação a um nível infracientífico[1513].

[1505] Assim, também, OLIVEIRA ASCENSÃO, *Direito…*, 28.
[1506] Vejam-se por significativas as considerações proferidas por ORLANDO DE CARVALHO, *Direito…*, 7 a 9, em nota prévia.
[1507] Contra a possibilidade de se autonomizar o conceito de «constituição real» v. MENEZES CORDEIRO, *Direitos…*, 47.
[1508] Para um estudo desta matéria numa perspectiva de um curso de Direitos Reais destacamos, a título exemplificativo, MENEZES CORDEIRO, *Direitos…*, 92 e ss., 104 e ss.. V., ainda, do autor *Evolução…*, in *Estudos…*, I, 208, sublinhando a circunstância de a reforma agrária, que provocou novas fórmulas de aproveitamento da terra, ter operado num plano jurídico-cultural distante da técnica privada, relevando a nível de Direito Administrativo e Direito Económico.
[1509] V., a este respeito, MENEZES CORDEIRO, *Direitos…*, 119 e ss.; e OLIVEIRA ASCENSÃO, *Direito…*, 639 e ss., e 649 e ss..
[1510] Mas a figura, num dado devidamente assinalado por MENEZES CORDEIRO, *Evolução…*, in *Estudos…*, I, 208, não teria projecção prática e muito menos científica.
[1511] Para um enquadramento desta figura consulte-se, por todos, OLIVEIRA ASCENSÃO, *Direito…*, 483 e ss..
[1512] Sublinhando este mesmo aspecto pode ver-se OLIVEIRA ASCENSÃO, *Direito…*, 28 e 29.
[1513] No mesmo sentido v. MENEZES CORDEIRO, *Evolução…*, in *Estudos…*, I, 208.

O maior sopro criativo ficaria assim reservado para a introdução, entre nós, do direito real de habitação periódica, numa retocagem do elenco dos direitos reais de gozo que já não acontecia desde a introdução do direito de superfície. Esta medida, já nada relacionada com a situação vivida na sequência da revolução de 25 de Abril de 1974, não teve, contudo, o cariz prático e científico de uma alteração de fundo na disciplina jurídica das coisas corpóreas[1514]. E menos ainda o tiveram modificações como as realizadas em 1991 a propósito do direito de superfície. Mais significativas parecem algumas alterações, bem recentes, em matéria de direitos reais de garantia, com destaque para a alienação fiduciária em garantia (cfr. Decreto-Lei n.º 105/2004, de 8 de Maio, que transpôs para a ordem jurídica portuguesa a Directriz n.º 2002/47/CE, do Parlamento Europeu e do Conselho, de 6 de Junho), a provocar o regresso à antiga figura romana da *fiducia cum creditore*[1515]. Tudo mesmo assim a saber claramente a pouco.

II – A um outro nível, a revolução de 25 de Abril de 1974 produziu profundas consequências no ensino do Direito em Portugal[1516]. A Faculdade de Direito de Lisboa foi a escola mais atingida pela crise académica posterior a 1974[1517]. Pode mesmo dizer-se que a Revolução produziu um grave interregno no ensino da Faculdade de Direito de Lisboa que

---

[1514] Na mesma direcção v., novamente, MENEZES CORDEIRO, *Evolução*..., in *Estudos*..., I, 208.
[1515] Assim, também, SANTOS JUSTO, *Direitos Reais*, Coimbra, 2007, 488.
[1516] Veja-se a este respeito MENEZES CORDEIRO, *Teoria*..., in *Revista*..., XXIX, 359 e ss..
[1517] MENEZES CORDEIRO, *Teoria*..., in *Revista*..., XXIX, 361 e ss.. Quanto à situação na Faculdade de Direito de Coimbra escreve este autor: «(...) *acompanhou a de Lisboa, mas apenas até certo ponto. Também nela houve "saneamentos" políticos, mas o corpo docente não foi todo atingido. O sistema de avaliação conheceu uma total permissividade, com aprovações nas disciplinas conseguidas através da mera entrega de trabalhos: Mas como se conservou a expressão numérica dos resultados, não houve, junto da opinião pública, o desgaste provocado pelos "aptos" de Lisboa, mais tarde convertidos em 10.*» Veja-se, ainda, MENEZES LEITÃO, *O ensino*..., 198; FACULDADE DE DIREITO DE COIMBRA, *O ensino*..., in *http://www.fd.uc.pt/Album/apresent6.html*; e SANTOS JUSTO, *A crise da romanística*, separata do *Boletim da Faculdade de Direito*, Coimbra, 1996, 83 e ss..

quase o paralisou de imediato em virtude da decisão dos estudantes de facilitar as aprovações e de introduzir conteúdos políticos e marxistas em todas as cadeiras[1518]. Os professores acabariam por ser, de facto, todos afastados. Pouco tempo depois seria a vez de metade dos assistentes, saindo os restantes por solidariedade. Num curtíssimo espaço de tempo, a Faculdade via-se privada de todo o seu corpo docente[1519]. Do ponto de vista jurídico-científico civil este período seria para a Faculdade desastroso. As exigências de controlo ideológico, intenso como nunca antes, conduziram na Faculdade a um movimento tendente ao abandono dos elementos de estudo usados na Faculdade anteriormente à Revolução (com frequência substituídos por quaisquer outros disponíveis) e à adopção, como textos introdutórios ou mesmo básicos, de obras de MARX, ENGELS, LENINE, ESTALINE, etc.[1520].

III – No que especificamente aos Direitos Reais diz respeito, refere MENEZES CORDEIRO[1521] dois sumários da disciplina com o seguinte teor[1522]:

DIREITOS REAIS

I – Introdução
    A. Análise materialista: instrumentos fundamentais,
        1. Meios de produção, força de trabalho e relações de produção,
        2. Classes sociais e luta de classes,

[1518] V. MENEZES CORDEIRO, *Teoria…*, in *Revista…*, XXIX, 374 e ss., que fala de uma vulgarização do ensino em sentido técnico recorrendo à noção sugerida por BRUNNER e MITTEIS e, mais tarde, aclarada por WIEACKER e outros e proposta, entre nós, por SEBASTIÃO CRUZ, *Da «solutio». Época post-clássica ocidental, «solutio», e «Vulgarrecht»*, Coimbra, I, 1, 1974, 3 e ss., 14 e ss., 17 e *passim*, para explicar a situação do Direito Romano entre 230 a 395 e depois, sobretudo, a partir desta última data.
[1519] MENEZES CORDEIRO, *Teoria…*, in *Revista…*, XXIX, 367; e MENEZES LEITÃO, *O ensino…*, 196.
[1520] Sobre tudo isto v. MENEZES CORDEIRO, *Teoria…*, in *Revista…*, XXIX, 375 e 376, referindo ainda que na prática MARX acabava por ser sacrificado aos demais.
[1521] MENEZES CORDEIRO, *Teoria…*, in *Revista…*, XXIX, 379, nota 38.
[1522] Mas a que não tivemos directamente acesso.

3. Níveis estruturais da sociedade civil,
4. A estrutura ideológica,
5. A estrutura jurídico-política,
6. Modo de produção e formação social,
B. O Direito e a ordem jurídica (...),
II – O Direito real

Sempre de acordo com MENEZES CORDEIRO[1523], na sequência aparecia, apresentada como elementos de lições de 1974-1975 uma bibliografia introdutória onde para além das obras habituais de ALTHUSSER, BACHOFEN, ENGELS, MARX, MORGAN, P. ASUKANIS e STUCKA se refere OLIVEIRA ASCENSÃO, BLOCH, GANHOF, HEGEL, LENINE, MONCADA, VITAL MOREIRA, POKROVSKY, SARROTE e MAO TSÉ-TUNG.

O outro, Direitos Reais/Esquema Geral do Curso, datado de 28 de Junho de 1975, estava nas palavras de MENEZES CORDEIRO concebido da seguinte forma[1524]:

«*1.º Recomenda-se o estudo pelo livro do Prof. Mota Pinto cujo esquema é o que foi seguido.*
2.º Recomenda-se a leitura do livro de Engels «A origem da Família, da Propriedade e do Estado» (sic)*, como base mínima para reflexão e crítica da cadeira.*»

IV – Encontrámos, além disso, uns sumários desenvolvidos da autoria de LIMA ARAÚJO e MANUEL REIS[1525] correspondentes ao ano de 1975-1976, uns apontamentos, conforme indicação constante do seu frontispício, elaborados e revistos (*sic*) por LIMA ARAÚJO[1526] e relativos

---

[1523] MENEZES CORDEIRO, *Teoria*..., in *Revista*..., XXIX, 379, nota 38.
[1524] Cfr., uma vez mais, *Teoria*..., in *Revista*..., XXIX, 379, nota 38.
[1525] LIMA ARAÚJO e MANUEL REIS, *Direitos Reais*, sumários desenvolvidos, Lisboa, 1975-1976.
[1526] LIMA ARAÚJO, *Direitos Reais*, apontamentos das lições de Direitos Reais ao segundo ano, turma C no ano lectivo de 1976, elaborado e revistos pelo próprio, Lisboa, 1977.

ao ano de 1976-1977, e outros de MARIA JOÃO SOLLER[1527] pertinentes ao mesmo ano mas relativos a outra turma.

Os primeiros, com um total de 207 páginas, encontravam-se estruturados em torno do seguinte esquema básico:

I

A – Conceito de direitos reais. B – Classificação dos direitos reais.
C – Situações jurídicas *proter rem*. D – Tipicidade dos Direitos Reais.

II

A posse

III

Direitos Reais de Gozo
A – O Direito de propriedade. B – Direitos reais menores.

IV

Arrendamento rural

V

Reforma Agrária

VI

Publicidade nos Direitos Reais

O apuro técnico-científico da obra não é grande. O discurso é simples. As questões abordadas são, todavia, no essencial, tratadas mais num plano jurídico do que num plano político – embora preocupações desta natureza se façam claramente sentir aquando do tratamento do direito de propriedade e na inserção no plano de um capítulo dedicado ao arrendamento rural e outro à reforma agrária[1528].

[1527] MARIA JOÃO SOLLER, *Direitos Reais (plano da cadeira)*, sem indicação de local (mas de Lisboa), 1976-1977 (esta obra encontra-se na biblioteca da Faculdade de Direito de Lisboa não estando impresso no seu rosto o nome da autora. Todavia ele foi acrescentado à mão. Além disso é também em seu nome que o texto se encontra catalogado).

[1528] Sendo que, conforme referimos já noutro local, nos parece ter o Direito Agrário autonomia relativamente aos Direitos Reais.

Do ponto de vista global o esquema adoptado representa um claro retrocesso relativamente a quanto era praticado já antes, em particular por OLIVEIRA ASCENSÃO[1529]. Retorna-se, em grande medida, a casuísmos anteriores e em parte presentes, como se viu, no próprio Código Civil. Por exemplo, a matéria da ocupação e acessão é tratada apenas no quadro do direito de propriedade, abordando-se individualmente a propósito de cada um dos direitos reais de gozo as suas formas de constituição, exercício e extinção.

No plano substantivo as referências a uma propriedade aparente para explicar a recondução da tutela derivada do registo predial aparecem promissoras. Tudo se desvanece, porém, numa decepcionante consideração de que o proprietário aparente é afinal o alienante de coisa alheia.

Finalmente, no tocante à bibliografia, aparece uma lista final com o seguinte conteúdo:

> «ASCENSÃO, Oliveira – "Direitos reais"
> BAUR, Fritz – "Lehrbuch des Sachenrechts"
> CARVALHO, Orlando – "Direito Civil" (Direito das coisas)"
> CUNHA, Paulo – "Direito Civil – Apontamentos"
> GIERKE, Julius Von – "Das Sachenrecht des bürgerlichen Rechts"
> GONÇALVES, Cunha – "Da Propriedade e da Posse"
> FERNANDES, Blasco Hugo – "O que é a reforma agrária"
> LEFRANC, Georges – "O socialismo reformista"
> LIMA, Pires – "Lições de Direito Civil (Direitos Reais)"
> KRONROD, Kolacek, VLAJIC, Volkov – "O que é a propriedade socialista?"
> MESQUITA, Henrique – "Direitos Reais"
> PINTO, C. A. Mota – "Direitos Reais"
> RODRIGUES, Manuel – "A posse"
> VARELA, Antunes – "Das obrigações em Geral"
> VENTURA, Raúl – "História de Direito Romano".»

V – Os segundos – isto é, os apontamentos de Direitos Reais de LIMA ARAÚJO – apresentam um maior desenvolvimento, embora se notem ainda características da anterior obra em que o autor participou.

[1529] Cfr. quanto se escreve a respeito do ensino deste autor *infra* 7. 5. 1.

O anterior Capítulo I, agora mais aprofundado, surge epigrafado «Parte geral», nele cabendo o estudo do conceito de direito real e a respectiva classificação. O Capítulo II diz respeito à posse. O Capítulo III aos direitos reais de gozo. Segue-se, no Capítulo IV, o estudo dos direitos reais de garantia e de aquisição. A encerrar, o Capítulo V diz respeito à publicidade dos direitos reais. Nota-se o desaparecimento dos capítulos relativos ao arrendamento rural e à reforma agrária. Introduz-se em contrapartida o estudo – superficial – dos direitos reais de garantia e de aquisição – sem deixar de se sublinhar, por um lado, a circunstância de o ensino dos primeiros se fazer tradicionalmente no quadro do Direito das Obrigações e, por outro, a dificuldade dos segundos atento o facto de não serem objecto de um tratamento de conjunto no Código Civil[1530]. Mas o plano global traçado fica, uma vez mais, muito aquém do que OLIVEIRA ASCENSÃO havia já alcançado logo nos primeiros anos do respectivo ensino da matéria na Faculdade de Direito de Lisboa[1531]. Particularmente incompreensível é, não obstante as explicações oferecidas pelo autor[1532], a circunstância de a propriedade – de resto expressamente qualificada como o paradigma dos demais direitos sobre coisas[1533] – corresponder ao último direito real de gozo a ser estudado[1534] e o usufruto ao primeiro[1535].

No tocante à bibliografia, ela é substancialmente aumentada no confronto com os sumários em que LIMA ARAÚJO figura como co-autor. O seu número passa para um total de cinquenta e cinco títulos. Aparecem, por exemplo, obras, antes em falta, de GUILHERME MOREIRA, PINTO COELHO, DIAS MARQUES e OLIVEIRA ASCENSÃO.

[1530] LIMA ARAÚJO, *Direitos…*, 415 e ss..
[1531] Cfr. *infra* 7. 5. 1.
[1532] LIMA ARAÚJO, *Direitos…*, 156, invoca como justificação para esta originalidade do seu ensino o facto de o estudo do direito de propriedade se lhe apresentar, naquele momento, de perfil incerto ou nebuloso. Para essas dúvidas muito teriam contribuído, no dizer do autor, fenómenos como a ocupação de imóveis, a reforma agrária e o próprio tratamento constitucional que lhe conferiu a lei fundamental de 1976.
[1533] Cfr. LIMA ARAÚJO, *Direitos…*, 313.
[1534] LIMA ARAÚJO, *Direitos…*, 313 e ss..
[1535] LIMA ARAÚJO, *Direitos…*, 157 e ss..

Destaca-se, ainda, a presença, através das traduções francesas, de obras de SAVIGNY e de JHERING sobre a posse. Ao mesmo tempo alargam-se as referências a obras de conteúdo político, surgindo nomes como os de ENGELS e de LENINE[1536].

VI – Quanto aos terceiros sumários – da autoria de MARIA JOÃO SOLLER –, eles correspondem a um volume com 208 páginas donde consta: a) um plano da matéria leccionada; b) a indicação do livro básico de estudo; c) uma breve bibliografia complementar da qual – apesar de muito sucinta[1537] – não estão ausentes indicações relativas a obras de Teoria Geral do Direito e marxismo ou Direito e luta de classes; d) um conjunto de textos de apoio[1538], destinados a completar o livro base recomendado, versando, apenas, sobre alguns pontos considerados incompletos por MARIA JOÃO SOLLER[1539].

O esquema adoptado por MARIA JOÃO SOLLER revela claramente a preocupação de estruturação do curso numa teoria geral dos Direitos Reais dividida em quatro partes[1540]. A primeira corresponde a uma introdução. A segunda a uma parte geral. A terceira é relativa aos direitos reais em especial. É na parte geral que se estuda o conceito de direito real, o seu objecto, a classificação dos direitos reais, e, depois, num capítulo em tudo semelhante aos demais ali compreendidos a dinâmica dos direitos reais. Na parte especial eram sucessivamente estudados a posse, a propriedade e os direitos reais menores. No capítulo dedicado a este começava a autora por fazer uma remissão para o Direito das Obrigações seguida de uma menção à distinção entre garantias especiais das obrigações em reais e não reais. Abria, depois, um parágrafo dedicado

---

[1536] Cfr. LIMA ARAÚJO, *Direitos...*, 443 e ss..
[1537] Dela constam dezasseis títulos todos em língua portuguesa.
[1538] Tudo num total de nove textos. A saber: sobre objecto dos direitos reais (MARIA JOÃO SOLLER, *Direitos...*, 19 a 36), ónus reais (37 a 46), tipicidade (47 a 59), dinâmica dos direitos reais (61 a 112), dinâmica da posse (113 a 134), usucapião (135 a 150), direito de propriedade no Código Civil de 1966 – aspectos gerais (151 a 180), aquisição da propriedade (181 a 199), propriedade e águas (200 a 207).
[1539] MARIA JOÃO SOLLER, *Direitos...*, 17.
[1540] V. MARIA JOÃO SOLLER, *Direitos...*, 3 a 13.

aos direitos reais de aquisição onde se tratavam o contrato-promessa com eficácia real e o direito real de preferência. Só após isso é que surgiam os direitos reais de gozo menores. Finalmente, a quarta parte reportava-se ao registo que ficava por integrar na teoria geral pretendida.

Como elemento de estudo bibliográfico para servir de suporte ao ensino assim estruturado indicava MARIA JOÃO FOLLER as lições de MOTA PINTO coligidas pelos alunos ÁLVARO MOREIRA e CARLOS FRAGA[1541], num fenómeno que não pode deixar de causar alguma surpresa não fora as circunstâncias da época. É que, conforme se verá, o esquema adoptado por MOTA PINTO encontrava-se, quer na sistematização adoptada, quer na profundidade – umas vezes maior outras menor – sugerida pelas diversas rubricas e números abertos por SOLLER no seu plano, bem longe de quanto se propugnava. Tudo num hiato não suprido pelos textos de apoio, nem do ponto de vista sistemático nem do ponto de vista dos assuntos abordados[1542]. A explicação para esta particularidade fornece-a MENEZES CORDEIRO[1543]: no «(…) *movimento tendente ao abandono dos elementos de estudo usados na Faculdade antes da Revolução, para que nada parecesse na mesma, as* Lições *de Lisboa foram substituídas, pura e simplesmente, por quaisquer outras disponíveis – normalmente as de Coimbra* (…). *Assim, a* Teoria Geral *passou a ser dada pelas Lições de MOTA PINTO, as* Obrigações *pelas de ANTUNES VARELA,* Direitos Reais *pelas de alunos, segundo aulas de MOTA PINTO, e as de* Família *e de* Sucessões *pelas de PEREIRA COELHO; o* Código Civil Anotado *de PIRES DE LIMA/ ANTUNES VARELA era sempre citado* (…); *tudo isto operou na medida em que, nas diversas disciplinas, ainda se leccionasse Direito* (…)»

Este movimento foi, sempre no dizer de MENEZES CORDEIRO, geral e quase absoluto. Nalguns casos ele poderia ser explicado pelo súbito afluxo de licenciados em Coimbra. Os licenciados em Lisboa adoptaram,

---

[1541] MOTA PINTO, *Direitos reais*, segundo as prelecções ao 4.º ano jurídico de 1970--1971, por ÁLVARO MOREIRA e CARLOS FRAGA, Coimbra, 1971.
[1542] Por exemplo, a matéria do registo era a este nível completamente desamparada.
[1543] MENEZES CORDEIRO, *Teoria…*, in *Revista…*, XXIX, 375.

porém, com frequência a mesma atitude[1544]. Invocar-se-á, porventura, a inexistência de elementos disponíveis em algumas disciplinas, ou, mesmo, a melhor qualidade dos elaborados em Coimbra. Noutros, num passo devidamente sublinhado pelo Mestre[1545], isso a ser afirmado, não teria qualquer credibilidade. Atingidas foram particularmente as obras que mais vincavam a nascente escola de Lisboa: abandonou-se, sem mais, os livros de CASTRO MENDES, em Teoria Geral e Processo, de OLIVEIRA ASCENSÃO, em Introdução e em Direitos Reais, de PESSOA JORGE, no Direito das Obrigações e em Processo Executivo, de GALVÃO TELLES em Obrigações e Sucessões e de CAVALEIRO DE FERREIRA em Penal e Processo Penal[1546].

No caso específico de MARIA JOÃO SOLLER tudo isto se agrava dada a clara e directa filiação, no que à sistematização adoptada e estruturação do curso diz respeito, em OLIVEIRA ASCENSÃO. Filiação, no entanto, bem menos conseguida do que a já, então, superiormente adoptada por este. Basta sublinhar, a título exemplificativo, o facto de ASCENSÃO propor, pelo menos a partir de 1964-1965[1547], a abordagem à estática e à dinâmica dos direitos reais como dois títulos distintos da parte geral. MARIA JOÃO SOLLER considerava a dinâmica como um mero capítulo dentro da parte geral, ao lado dos dedicados respectivamente ao conceito de direito real, ao seu objecto, classificações, características e, ainda, à abordagem das figuras de qualificação duvidosa e aos princípios fundamentais dos direitos reais[1548]. Além disso, OLIVEIRA ASCENSÃO lograra já, também pelo menos desde 1964-1965, a plena integração do registo na teoria geral dos direitos reais por ele elaborada[1549]. Não o conseguiu SOLLER. Finalmente – e sem desejo de alongarmos em excesso a apreciação do respectivo plano –, o tratamento dos direitos reais de garantia e de aquisição, em conjunto com os direitos de gozo

---

[1544] MENEZES CORDEIRO, *Teoria...*, in *Revista...*, XXIX, 375, nota 36.
[1545] MENEZES CORDEIRO, *Teoria...*, in *Revista...*, XXIX, 376, nota 37.
[1546] MENEZES CORDEIRO, *Teoria...*, in *Revista...*, XXIX, 376.
[1547] V. OLIVEIRA ASCENSÃO, *Sumários de Direitos Reais*, 1964-1965.
[1548] Cfr. MARIA JOÃO SOLLER, *Direitos...*, 3 a 5.
[1549] Assim veja-se OLIVEIRA ASCENSÃO, *Sumários...* 1964-1965.

menores, numa rubrica intitulada precisamente *direitos reais menores*, e na qual, para mais, se deixa para último lugar os direitos reais de gozo parece uma escolha altamente contestável.

VII – Em Coimbra os percalços foram bem menores. Como se verá de seguida, entre 1974 e 1977, com excepção do ano de 1976-1977, em que a disciplina de Direitos Reais seria leccionada por FERNANDO JORGE COUTINHO DE ALMEIDA, as regências seriam essencialmente asseguradas por ORLANDO DE CARVALHO que já ensinava a cadeira antes de 25 de Abril de 1974 e continuaria a fazê-lo depois da normalização universitária. Quanto a FERNANDO JORGE COUTINHO DE ALMEIDA não encontrámos quaisquer registos do seu magistério. Relativamente a ORLANDO DE CARVALHO procederemos à análise do respectivo contributo para o estudo do Direito das Coisas nos próximos parágrafos.

7.4. O ensino dos Direitos Reais na Faculdade de Direito de Coimbra

I – Os anos largos anos que medeiam entre a entrada em vigor do actual Código Civil e os dias de hoje são marcados, na Faculdade de Direito de Coimbra, por uma relativa estabilidade nas regências da disciplina de Direitos Reais. Tanto quanto pudemos apurar foram elas as seguintes:

1967-1968: HENRIQUE MESQUITA[1550],
1968-1969: ORLANDO DE CARVALHO[1551],
1969-1970: ORLANDO DE CARVALHO[1552],

[1550] *Mapa de distribuição do serviço docente (artigo 15.º do Decreto-Lei n.º 20 258, de 13 de Agosto de 1931)*, 1967-1968.
[1551] *Mapa de distribuição do serviço docente (artigo 15.º do Decreto-Lei n.º 20 258, de 13 de Agosto de 1931)*, 1968-1969.
[1552] *Curso de Direitos Reais. Livro de Sumários das lições*, 1969-1970.

1970-1971: MOTA PINTO[1553],
1971-1972: ORLANDO DE CARVALHO[1554],
1972-1973: ORLANDO DE CARVALHO[1555],
1973-1974: ORLANDO DE CARVALHO[1556],
1974-1975: ORLANDO DE CARVALHO[1557] e GUILHERME DE OLIVEIRA[1558],
1975-1976: ORLANDO DE CARVALHO[1559],
1976-1977: FERNANDO JORGE COUTINHO DE ALMEIDA[1560],
1977-1978: JOSÉ ANTÓNIO DE FRANÇA PITÃO[1561],
1978-1979: ORLANDO DE CARVALHO[1562],
1979-1980: ORLANDO DE CARVALHO[1563],
1980-1981: ORLANDO DE CARVALHO,

[1553] *Mapa de distribuição do serviço docente (artigo 15.º do Decreto-Lei n.º 20 258, de 13 de Agosto de 1931)*, 1970-1971.

[1554] *Curso de Direitos Reais. Livro de Sumários das lições*, 1971-1972.

[1555] *Curso de Direitos Reais. Livro de Sumários das lições*, 1972-1973.

[1556] *Mapa de distribuição do serviço docente (artigo 15.º do Decreto-Lei n.º 20 258, de 13 de Agosto de 1931)*, 1973-1974.

[1557] *Mapa de distribuição do serviço docente (artigo 15.º do Decreto-Lei n.º 20 258, de 13 de Agosto de 1931)*, 1974-1975, com indicação de ter cabido a ORLANDO DE CARVALHO uma regência de Direitos Reais do 3.º ano e outra do 4.º ano.

[1558] *Curso de Direitos Reais. Livro de Sumários das Lições*, 1974-1975. Cfr., também, *Mapa de distribuição do serviço docente (artigo 15.º do Decreto-Lei n.º 20 258, de 13 de Agosto de 1931)*, 1974-1975, onde se constata estar GUILHERME DE OLIVEIRA encarregado de aulas magistrais de Direitos Reais, no 4.º ano.

[1559] *Mapa de distribuição do serviço docente (artigo 15.º do Decreto-Lei n.º 20 258, de 13 de Agosto de 1931)*, 1975-1976.

[1560] Conforme o *Mapa de distribuição do serviço docente (artigo 15.º do Decreto-Lei n.º 20 258, de 13 de Agosto de 1931)*, 1976-1977, ficou encarregado das aulas magistrais do 3.º e 4.º anos.

[1561] De acordo com o *Mapa de distribuição do serviço docente (artigo 15.º do Decreto-Lei n.º 20 258, de 13 de Agosto de 1931)*, 1977-1978, ficou encarregado dos Direitos Reais do 3.º e 4.º anos.

[1562] *Mapa de distribuição do serviço docente (artigo 15.º do Decreto-Lei n.º 20 258, de 13 de Agosto de 1931)*, 1978-1979.

[1563] *Sumários das aulas teóricas, Direitos Reais (1.ª e 2.ª turmas)*, 1979-1980; *Direitos Reais (sumários)*, 1979-1980.

1981-1982: ORLANDO DE CARVALHO,
1982-1983: ORLANDO DE CARVALHO[1564],
1983-1984: ORLANDO DE CARVALHO,
1984-1985: ORLANDO DE CARVALHO[1565],
1985-1986: ORLANDO DE CARVALHO[1566],
1986-1987: ORLANDO DE CARVALHO,
1987-1988: ORLANDO DE CARVALHO,
1988-1989: ORLANDO DE CARVALHO,
1989-1990: ORLANDO DE CARVALHO,
1990-1991: ORLANDO DE CARVALHO,
1991-1992: ORLANDO DE CARVALHO,
1992-1993: ORLANDO DE CARVALHO[1567],
1993-1994: HENRIQUE MESQUITA[1568],
1994-1995: ORLANDO DE CARVALHO[1569],
1995-1996: ORLANDO DE CARVALHO[1570],
1996-1997: HENRIQUE MESQUITA[1571],
1997-1998: HENRIQUE MESQUITA[1572],

[1564] *Direitos Reais (sumários)*, 1982-1983.
[1565] *Direitos Reais (sumários – 1.ª e 2.ª turmas)*, 1984-1985.
[1566] *Direitos Reais (sumários)*, 1985-1986.
[1567] *Direito das Coisas (sumários)*, 1992-1993; *Direito das Coisas (sumários 1.ª turma)*, 1992-1993; *Direitos das coisas (sumários 2.ª turma)*, 1992-1993.
[1568] Relativamente aos anos lectivos de 1980-1981, 1981-1982, 1983-1984, 1986-1987 a 1989-1990 e 1993-1994, não conseguimos obter documentação (não tendo sido aos serviços da Faculdade de Direito de Coimbra possível facultar-nos o acesso às Actas do Conselho Científico daquela Faculdade correspondentes a estes anos) que nos permitisse verificar directamente qual a distribuição do serviço docente e a atribuição da regência de Direitos Reais. As indicações constantes do texto são o resultado de informação gentilmente prestada pela Senhora Dr.ª JOANA TRINDADE, após diligências por ela própria feitas junto da Faculdade de Direito de Coimbra, onde desempenha as suas funções.
[1569] *Direito das Coisas (sumários)*, 1994-1995.
[1570] V. *Acta da Reunião ordinária do Conselho Científico de 31 de Julho de 1995*.
[1571] *Direito das Coisas (sumários)*, 1996-1997.
[1572] *Direito das Coisas (sumários)*, 1997-1998.

1998-1999: HENRIQUE MESQUITA[1573],
1999-2000: HENRIQUE MESQUITA[1574],
2000-2001: HENRIQUE MESQUITA[1575],
2001-2002: HENRIQUE MESQUITA[1576],
2002-2003: HENRIQUE MESQUITA,
2003-2004: HENRIQUE MESQUITA,
2004-2005: SANTOS JUSTO[1577],
2005-2006: SANTOS JUSTO,
2006-2007: SANTOS JUSTO.

Com uma única excepção representada por COUTINHO DE ALMEIDA, encontrámos registos relativos ao ensino dos Direitos reais por todos estes regentes[1578]. Iremos abordar esse ensino de seguida. Antes disso, apenas uma nota para sublinhar a circunstância de neste período não ser mais possível falar de dualismo entre Coimbra e Lisboa. Desde logo porque, conforme se verá, são vários os Professores que naquela adoptam o esquema da divisão da disciplina numa parte geral e numa parte especial. Por outro lado, tal como se porá igualmente em evidência, aparecem em Lisboa docentes a abdicar desta abordagem.

7.4.1. ORLANDO DE CARVALHO

I – Conforme verificámos, ORLANDO DE CARVALHO iniciou a sua regência de Direitos Reais em 1968-1969, tendo permanecido à frente dessa disciplina, com interrupções, até 1995-1996[1579].

[1573] *Direito das Coisas (sumários)*, 1998-1999.
[1574] *Direito das Coisas (sumários)*, 1999-2000.
[1575] *Direito das Coisas (sumários)*, 2000-2001.
[1576] *Direito das Coisas (sumários)*, 2001-2002.
[1577] *Direito das Coisas...*, 2004-2005.
[1578] Embora não a propósito de todas as regências mencionadas no texto.
[1579] Cfr. *supra* 7.4.

Os primeiros elementos desse ensino por nós encontrados são umas lições policopiadas, de Direito das Coisas, datadas de 1969-1970[1580]. Apesar de inacabado, o texto em referência permite claramente detectar a circunstância de ORLANDO DE CARVALHO abordar a disciplina na perspectiva de uma parte geral. Basta atentar na circunstância de ele se encontrar dividido numa introdução[1581] – com importantes considerações a propósito da evolução histórica dos direitos reais acompanhadas de diversas indicações de Direito Comparado – seguida de um capítulo epigrafado «*Do Direito das Coisas em geral*», por sua vez subdividido em dois parágrafos referentes o primeiro à «noção do Direito das Coisas»[1582] e o segundo aos princípios constitucionais dos Direitos Reais[1583].

II – Seguem-se uns sumários relativos ao ano de 1972-1973[1584]. A estrutura do programa neles adoptado é muito semelhante ao esquema subjacente às lições que acabámos de mencionar. A divisão do curso numa parte geral e numa parte especial torna-se, porém, bem mais clara uma vez que ela é assumida expressamente. Na verdade, neles ORLANDO DE CARVALHO divide claramente o curso numa introdução seguida, depois, por dois capítulos: um epigrafado «Dos Direitos Reais em geral»[1585] e o outro «Do Direito das Coisas em especial»[1586].

III – Em 1977, ORLANDO DE CARVALHO volta a publicar umas lições de Direitos Reais. Trata-se de uma obra onde se aproveita em grande medida o texto de 1969-1970 – assistindo-se, todavia, a maiores desenvolvimentos – e que pretende apenas focar o Direito das Coisas em geral. Em rigor, a obra permanece, uma vez mais, inacabada. Mesmo

---

[1580] ORLANDO DE CARVALHO, *Direito Civil (Direito das Coisas)*, Coimbra, 1969--1970.
[1581] ORLANDO DE CARVALHO, *Direito...*, 3 e ss..
[1582] ORLANDO DE CARVALHO, *Direito...*, 84 e ss..
[1583] ORLANDO DE CARVALHO, *Direito...*, 148 e ss..
[1584] *Curso de Direito Civil (Direitos Reais), sumários das lições*, 1972-1973.
[1585] Este capítulo continua a ser dividido em dois nos precisos moldes das lições.
[1586] Nota-se, contudo, no que ao terceiro capítulo diz respeito, a circunstância de nesse ano os sumários apenas abrangerem a posse.

assim, entre os vários exemplares por nós consultados, encontrámos um no qual após o texto impresso se seguem algumas folhas[1587] numeradas manualmente e escritas à máquina onde o autor dá indicações de, com elas, ter completado o plano proposto para o tratamento da parte geral do Direito das Coisas[1588/1589]. Foi, então, o seguinte o programa adoptado:

Introdução
Cap. I
Noção de direito das coisas
Sumário:

1. O direito das coisas como direito patrimonial: direito das coisas e direitos da pessoa (sobre a própria pessoa e sobre a pessoa de outrem). 2. O direito das coisas dentro do direito patrimonial: direito das coisas e direitos de crédito. Impossibilidade de os distinguir pelo simples nexo com a pessoa, concretizado na prestação. 3. Necessidade de repor o velho problema de distinção entre direitos das coisas e direitos de crédito: a) A doutrina clássica ou realista. 4. b) A doutrina personalista ou obrigacionista. 5. c) A doutrina de DEMOGUE. Seu interesse para a reponderação do problema. 6. d) A busca de uma superação ou de uma síntese entre realismo e personalismo. Os erros e os acertos das duas doutrinas: A pertinência da crítica personalista (refutação das objecções contra a «obrigação passiva universal»). 7. A verdade subsistente da doutrina realista. 8. A tentativa de síntese – o lado interno e o lado externo do direito das coisas. 9. Insuficiência, porém, de uma distinção que se funde apenas numa perspectiva estrutural: necessidade de uma perspectiva funcional. Os interesses característicos do direito das coisas: interesse de imediação e interesse de estabilização. 10. Interesses tendenciais ou habituais do direito das coisas. 11. Noção de direito das coisas. 12. Reflexão metodológica.

[1587] Num total de 58.
[1588] ORLANDO DE CARVALHO, *Direito das Coisas...*, (folha dactilografada) 58.
[1589] Isto apesar da falta do apêndice referido por ORLANDO DE CARVALHO, *Direito das Coisas...*, 9, na nota prévia a esta obra.

Cap. II
Princípios constitucionais
do Direito das Coisas
Sumário:
1. A) Princípios ligados ao lado interno: I – Princípio da coisificação. 2. II – Princípio da actualidade ou da imediação. 3. III – Princípio da especialidade ou da individualização. 4. IV – Princípio da compatibilidade ou da exclusão. 5. V – Princípio da elasticidade ou da consolidação. 6. B) Princípios ligados ao lado externo: I – Princípio da tipicidade. 7.: II – Princípio do *numerus clausus* ou da taxatividade. 8. Referência, para compreensão dos princípios ulteriores, aos sistemas de compatibilização entre os interesses subjacentes ao interesse de estabilização que preside ao lado externo (regularidade da constituição do direito das coisas e indiscutibilidade dessa constituição): sistema do título e do modo, sistema do modo e sistema do título. Enquadramento do direito português no sistema do título. 9.: III – Princípio da causalidade. O problema do *numerus clausus* dos contratos reais *quoad effectum*. 10.: IV – Princípio da consensualidade. 11.: V – Princípio da publicidade.

Parte do número 9 do Capítulo II do programa agora referido consta das laudas dactilografadas anteriormente mencionadas e não do livro publicado. O princípio da consensualidade, esse, é já tratado exclusivamente nessas folhas enquanto o princípio da publicidade não merece referência autónoma. É no quadro da questão do consenso que ORLANDO DE CARVALHO faz algumas referências ao sistema de registo[1590]. Em contrapartida, incluídas no texto dactilografado mas não no programa acabado de transcrever surge um parágrafo dedicado às características do Direito das Coisas[1591] e outro às grandes formas de ordenação do domínio e modalidades de direitos das coisas[1592].

[1590] ORLANDO DE CARVALHO, *Direito das Coisas*…, (folha dactilografada) 12 e ss.. De notar a circunstância de ORLANDO DE CARVALHO ter publicado em matéria de registo um artigo intitulado *Terceiros para efeitos de registo*, in *Boletim da Faculdade de Direito*, Coimbra, 1994, LXX, 97 e ss..
[1591] ORLANDO DE CARVALHO, *Direito das Coisas*…, (folha dactilografada) 15 e ss..
[1592] ORLANDO DE CARVALHO, *Direito das Coisas*…, (folha dactilografada) 25 a 58.

IV – Os sumários posteriormente disponíveis – aliás nem sempre completos – continuam a revelar uma estruturação, por parte de ORLANDO DE CARVALHO, da disciplina de Direitos Reais em torno de uma introdução, de uma parte geral e de uma parte especial[1593]. Isso mesmo é susceptível de ser comprovado através dos de 1994-1995 – os últimos encontrados –, cuja configuração (aliás no que à parte geral diz respeito muito próximos das lições de 1977) é a seguinte:

I
Do Direito das Coisas em geral
§ 1.º – Introdução

1. Bens, escassez e conflitos de interesses. O acesso do homem aos bens: fase transitiva e intransitiva de acesso. Intransitividade e dominialidade. Controle de bens e controle dos meios de subsistência. Carácter pragmático do Direito das Coisas. 2. Os sistemas de domínio: a) O sistema romano (1.ª e 2.ª fases), b) O sistema feudal, c) O sistema capitalista: individualista e oligopolista, d) O sistema socialista. A derrocada do sistema, e) Fisionomia do sistema dominial português.

[1593] Cfr. *Direitos Reais, sumários,* 1979-1980; *Idem,* 1982-1983; *Idem,* 1984-1985; *Direito das Coisas, sumários,* 1992-1993; *Idem,* 1994-1995. Não se afigura assim inteiramente correcta a afirmação proferida por RUI PINTO DUARTE, *O ensino...,* 33, segundo a qual ORLANDO DE CARVALHO abdicava quase inteiramente do estudo sistemático dos direitos reais em especial restringindo o seu ensino à noção de Direito das Coisas, aos princípios constitucionais do Direito das Coisas e ao estudo da posse. Posse essa que seguiria as matérias anteriormente referidas e cujo estudo seria feito através de ORLANDO DE CARVALHO, *Introdução à posse,* in *Revista de Legislação e de Jurisprudência,* 1989-1990, 122, 65 a 69, 104 a 108, 262 a 266, 292 a 294, 1990-1991, 123, 73 a 74, 353 a 355, 1991-1992, 124, 259 a 264 e 292 a 294. A consulta que fizemos dos sumários disponíveis não confirma as indicações de RUI PINTO DUARTE. Mesmo em anos como os de 1979-1980 em que se nota um tratamento aprofundado da matéria da posse no final do curso esta surge precisamente num capítulo dedicado aos direitos reais em especial, sendo a seguinte a estrutura adoptada: Introdução, Parte I: Do Direito das Coisas em geral, Cap. I Noção de Direito das Coisas, Cap. II, Princípios constitucionais, Cap. III, Cap. IV As grandes formas de ordenação de domínio, Parte II: Cap. I, Da ordenação dominial provisória (a posse). Já em 1992-1993 a posse é tratada depois do estudo dos direitos reais de gozo e dos direitos reais de garantia.

§ 2.º
Noção de direito das coisas

1. O direito das coisas dentro do direito patrimonial (macrojuridicamente): direito das coisas e direito das obrigações. Impossibilidade de os distinguir pelo simples nexo com a pessoa, concretizado na prestação. Necessidade de repor o velho problema da distinção entre direito de crédito e direitos reais. A doutrina realista. A doutrina personalista (posição de DEMOGUE). A busca de uma síntese (superação) entre realismo e personalismo. Os erros e acertos das duas doutrinas. O lado interno e o lado externo do direito das coisas. Urgência de uma perspectiva funcional. Os interesses característicos do direito das coisas (mediação e estabilização). Noção de Direito das Coisas. 2. Reflexão metodológica.

§ 3.º
Princípios constitucionais do direito das coisas

1. Princípios ligados ao lado interno: a) Princípio da coisificação, b) Princípio da actualidade ou imediação, c) Princípio da especialidade ou individualização, d) Princípio da compatibilidade ou da exclusão, e) Princípio da elasticidade ou da consolidação. 2. Princípios ligados ao lado externo: a) Princípio da tipicidade, b) Princípio da taxatividade, c) Princípio da causalidade. O aparente conflito entre os interesses subjacentes ou interesse de estabilização (regularidade e indiscutibilidade). As três vias para solução do conflito: o sistema do título e modo (dupla dependência); o sistema do modo; o sistema do título. O sistema português como um sistema rigorosamente de título. Noções de título e de modo. A produção de efeitos reais depende da existência, validade e precedência do título. Restrições à causalidade: a tutela da boa fé – 1.º adquirente (alienação sem legitimidade); a tutela de 3.ºs (os arts. 243.º e 291.º do C. Civil). A tutela de 3.ºs em geral através do efeito do registo. d) Princípio da consensualidade, e) Princípio da publicidade. Registo declarativo e constitutivo; registo facultativo e obrigatório; registo definitivo e provisório. Sistema Torrens. Sistema do livre fundiário. Sistema de inscrição (diferenças do sistema de transcrição). Verdade substancial e verdade registal. Efeitos do registo: automática; central; laterais. As relações entre o art. 291.º C. Civil e o art. 17.º do Código de Registo Predial.

§ 4.º
Características do direito das coisas

1. Características do lado interno: a) Independência do direito em face das pretensões positivas a que possa dar origem. 2. Características do lado externo: a) Sequela, b) Prevalência.

§ 5.º
As grandes formas de ordenação do domínio
Ordenação dominial definitiva e ordenação dominial provisória. Instrumentos de uma e de outra. As categorias de direitos das coisas: 1. Direitos reais de utilização ou de gozo.
Tipos de direitos reais de gozo
a) Direito de propriedade: 1. Propriedade exclusiva, 2. Comunhão na propriedade, 3. Compropriedade, 4. Propriedade horizontal, b) Direito de usufruto, c) Direito de uso e habitação, d) Direito real de habitação periódica, e) Direito de superfície, f) Direito de servidão.

7.4.2. HENRIQUE MESQUITA

I – A HENRIQUE MESQUITA foram confiadas regências de Direitos Reais desde 1960-1961 até 1967-1968 e, depois, em 1993-1994[1594] e 1996-1997 até 2003-2004. Conforme notámos anteriormente não encontrámos particulares dados referentes ao ensino dos Direitos Reais por parte de HENRIQUE MESQUITA relativo ao período anterior à publicação do actual Código Civil. Os sumários de 1961-1962 são da autoria repartida entre este Professor e PIRES DE LIMA, sendo, porém, este último o principal responsável por quanto o primeiro apenas assinaria as aulas iniciais.

II – Logo em 1967 HENRIQUE MESQUITA publicaria, porém, umas lições de Direitos Reais, policopiadas, onde preconizava a necessidade de se alterar a orientação que desde há vários anos se dava – por vezes[1595] – ao curso de Direitos Reais[1596]. E isto pela razão segundo a qual, no entender do autor, os motivos anteriormente justificativos do privilegiar de determinados temas, como as águas, em detrimento de um tratamento abrangente dos diversos direitos reais, desapareceram

---

[1594] Mas conforme se deu oportunamente notícia não pudemos confirmar este dado.
[1595] Esta expressão é nossa.
[1596] Cfr. HENRIQUE MESQUITA, *Direitos Reais*, Coimbra, 1967, 3 e ss..

com o actual Código Civil. Esta abordagem genérica é, todavia, e como logo cuida de o esclarecer, por vezes feita sumariamente[1597]. Além disso, HENRIQUE MESQUITA confessa um desvio ao percurso que se propôs encetar – o do tratamento de toda a matéria dos direitos reais: na parte introdutória, a propósito do objecto dos direitos reais procede-se ao estudo das coisas – matéria em bom rigor, e no seu entendimento (num passo, de resto, por nós sufragado), pertencente à Teoria Geral do Direito Civil mas que – afirma – por carência de tempo não era aí leccionada[1598]. Neste quadro, as lições publicadas por HENRIQUE MESQUITA obedeceriam à seguinte estrutura[1599]:

Introdução

1. Conceito de direito real. 2. Distinção entre os direitos reais e os direitos de crédito. 3. Consequências da eficácia absoluta dos direitos reais. 4. Objecto dos direitos reais: as coisas. Classificação das coisas. 5. Princípios dominantes na constituição dos direitos reais: a) Princípio da tipicidade ou do *numerus clausus*, b) Princípio da consensualidade, c) Princípio da publicidade. 6. Classificação dos direitos reais.

Capítulo I

A Posse

§ 1.º – Noções gerais

7. Conceito de posse: a) Concepção objectiva, b) Concepção subjectiva. 8. Objecto da posse. 9. Fundamento da protecção sucessória. 10. Natureza jurídica da posse. 11. Composse. 12. Caracteres da posse.

§ 2.º – Aquisição da posse

13. Generalidades. 14. Aquisição originária. 15. Aquisição derivada.

§ 3.º – Conservação e perda da posse

16. Conservação da posse. 17. Perda da posse.

§ 4.º – Efeitos da posse

18. Presunção da titularidade do direito. 19. Usucapião. 20. Direitos do possuidor em relação aos frutos produzidos pela coisa. 21. Direitos do possui-

---

[1597] HENRIQUE MESQUITA, *Direitos*..., 4.
[1598] HENRIQUE MESQUITA, *Direitos*..., 4.
[1599] HENRIQUE MESQUITA, *Direitos*..., *per totum*.

dor em relação às benfeitorias feitas na coisa. 22. Responsabilidade do possuidor pela perda ou deterioração da coisa.

§ 5.º – Defesa da posse

23. Generalidades. 24. Meios de defesa da posse: a) Acção directa, b) Acções possessórias: I – Acção de prevenção, II – Acção de manutenção de posse, III – Acção de restituição de posse, IV – Acção de restituição no caso de esbulho violento, V – Embargos de terceiro. 25. Legitimidade nas acções possessórias. 26. Caducidade das acções de manutenção e de restituição de posse. 27. Efeitos da manutenção e da restituição da posse.

Capítulo II
O Direito de Propriedade
§ 1.º – Generalidades

28. Conceito. 29. Objecto. 30. Extensão objectiva do direito de propriedade. 31. Modos de aquisição da propriedade. 32. Modalidades de propriedade. 33. Restrições ao direito de propriedade: A) Restrições legais: I – Restrições de direito público ou estabelecidas no interesse da colectividade, II – Restrições (sobre imóveis) derivadas das relações de vizinhança: a) Emissão de fumo, produção de ruídos e factos semelhantes, b) Restrições de natureza preventiva a afastar o perigo de prejuízos para os prédios vizinhos, c) Passagem forçada momentânea, d) Escoamento natural das águas, e) Construções e edificações, f) Plantação de árvores e arbustos e apanha de frutos, g) Paredes e muros de meação, h) Restrições sobre o direito de tapagem; III – Restrições (em relação a imóveis) respeitantes a actos de terceiro que, pela altura ou profundidade a que tenham lugar, não haja interesse em impedir: B) Restrições convencionais. 34. Defesa da propriedade.

§ 2.º – Regime jurídico das águas

35. Nota prévia.

Secção 1.ª – Águas públicas

36. Classificação. 37. Regime jurídico. 38. Regime jurídico (cont.). 39. Regime jurídico (cont.).

Secção 2.ª – Águas particulares

40. Classificação. 41. Regime jurídico: a) Águas de fontes e nascentes. 42. Regime jurídico (cont.): b) Águas pluviais e lagos e lagoas. 43. Regime jurídico (cont.): c) Águas subterrâneas. 44. Regime jurídico (cont.): d) Águas originariamente públicas. 45. Águas fruídas em comum segundo determinado uso e costume de facto.

§ 3.º – Compropriedade
46. Conceito. Compropriedade e comunhão. Comunhão e sociedade. 47. Fontes da compropriedade. 48. Natureza jurídica. 49. Regime jurídico: a) Uso da coisa comum, b) Administração da coisa comum, c) Disposição ou oneração (total ou parcial) da coisa comum. 50. Extinção da compropriedade.
§ 4.º – Propriedade horizontal
51. Noção e razões justificativas do instituto. Antecedentes legislativos. 52. Modos de constituição. 53. Regime jurídico. 54. Natureza jurídica.

O esquema acabado de retratar não reflecte porém a totalidade do magistério de HENRIQUE MESQUITA no ano lectivo a que as lições se reportam. Na verdade elas ficariam inacabadas, sendo possível constatar através dos sumários referentes ao ano em questão ter ainda sido ensinada a matéria relativa ao usufruto, uso e habitação, direito de superfície e servidões[1600]. De fora ficaria porém, e entre outras, a temática do registo.

III – Os sumários referentes ao último período de regência do Direito das Coisas por HENRIQUE MESQUITA revelam uma alteração da sistematização e dos conteúdos relativamente à etapa terminada em 1966-1967. Nota-se, porém, uma enorme estabilidade desses mesmos conteúdos em todo o tempo que medeia entre 1996-1997 e os últimos anos de leccionação por MESQUITA do curso de Direitos Reais. Na verdade, nesse plano, ao longo de todos estes anos, a única alteração relevante reside na circunstância de a partir de 1997-1998 se passar a estudar a problemática do registo predial ao contrário do sucedido no ano lectivo antecedente. Seria, então, e de acordo com os sumários de 1997--1998[1601], 1998-1999[1602], 1999-2000[1603], 2000-2001[1604] e 2001-2002[1605]

[1600] Cfr. *Curso de Direitos Reais, sumários das lições*, 1966-1967.
[1601] V. *Direito das Coisas, sumários,* 1997-1998.
[1602] *Direito das Coisas, sumários,* 1998-1999.
[1603] *Direito das Coisas, sumários,* 1999-2000.
[1604] *Direito das Coisas, sumários,* 2000-2001.
[1605] *Direito das Coisas, sumários,* 2001-2002.

(sendo estes os últimos existentes) o programa em torno do qual HENRIQUE MESQUITA estruturaria o seu ensino:

> – Apresentação, descrição sumária do conteúdo da cadeira e indicação de bibliografia. – Bibliografia recomendada[1606]: 1. Função dos direitos reais e das obrigações, como meios ou esquemas jurídicos através dos quais o homem obtém ou goza os bens de que carece. 2. Distinção entre os direitos reais e as obrigações: a) Teoria clássica: o direito real como um poder directo e imediato sobre uma coisa, b) Teoria personalista ou obrigacionista: o direito real como relação entre o titular e todas as demais pessoas, adstritas à chamada obrigação passiva universal. Referência à teoria do efeito externo das obrigações. Diferença existente, mesmo no quadro desta teoria, entre o regime dos direitos reais e o regime das obrigações, c) Teoria ecléctica ou mista, d) Crítica da teoria personalista e da teoria ecléctica. As obrigações como relações de cooperação (e, portanto, necessariamente intersubjectivas) e os direitos reais como relações de domínio ou soberania. O dever geral de abstenção como consequência ou corolário do domínio. – Enquadramento, no conceito de direito real, das chamadas obrigações *propter rem* e dos deveres de conteúdo positivo impostos ao titular de um direito real por normas de direito público. – Outras diferenças entre os direitos reais e as obrigações. – Pontos de contacto ou afinidades entre os direitos reais e as obrigações. 3. Consequências da caracterização dos direitos reais como relações de domínio, dotadas de eficácia absoluta: a) O poder ou direito de sequela, b) Preferência, no caso de constituição de direitos reais incompatíveis, do direito primeiramente constituído. Sentido ou significado da preferência no campo dos direitos reais de gozo. Casos em que não existe preferência do direito primeiramente constituído e casos de preferência em matéria de direitos de crédito. 4. Obrigações reais, *ob rem* ou *propter rem*: conceito e princípios fundamentais sobre o seu regime jurídico. 5. Ónus reais: noção e exemplos. 6. O problema dos direitos reais *in faciendo*: inadmissibilidade desta figura jurídica. 7. Prin-

---

[1606] Essa bibliografia era a seguinte. Para o estudo da Parte Geral do curso: HENRIQUE MESQUITA, *Obrigações reais e ónus reais*, Coimbra, 1990, 9 até à 264. Para o estudo da Parte Especial: HENRIQUE MESQUITA, *Direitos…*, *per totum*; PIRES DE LIMA e ANTUNES VARELA, *Código Civil…*, 2.ª ed., III, *per totum*.

cípios dominantes em matéria de direitos reais: a) Princípio da taxatividade, do *numerus clausus* ou da tipicidade, b) Princípio da consensualidade, c) Princípio da publicidade. O registo predial: remissão para o número seguinte, d) Princípio da incidência dos direitos reais sobre a totalidade da coisa que constitui o respectivo objecto, e) Princípio da especialidade ou da unicidade do objecto. 8. Noções elementares sobre o registo predial: a) Modalidades de actos de registo: a descrição, a inscrição e os averbamentos, b) Princípios fundamentais que regem o registo predial: – Princípio da instância, – Princípio da legalidade, – Princípio do trato sucessivo, – Princípio da legitimação registal, – Princípio da prioridade, c) Eficácia *inter partes* dos actos não registados, d) Consequências da falta de registo. Conceito de terceiros para efeitos de registo, e) Presunções decorrentes do registo. 9. Classificação dos direitos reais: a) Crítica da classificação tradicional, que distingue entre direitos reais de gozo e direitos reais de garantia, b) Classificação adoptada: I – A posse como categoria autónoma (direito real provisório), II – A propriedade plena, como figura paradigmática dos direitos reais, III – Direitos reais limitados de gozo: confronto com os direitos pessoais de gozo. Enumeração dos direitos reais de gozo admitidos por lei e remissão, para aulas ulteriores, da análise do seu regime jurídico, IV – Direitos reais de garantia: noção de cada um deles e descrição sumária do respectivo regime jurídico, V – Direitos reais de aquisição e de garantia[1607]. 10. Qualificação de direitos cuja natureza jurídica, real ou obrigacional, é objecto de controvérsia: a) Direito do arrendatário, b) Direito de preferência dotada de eficácia em relação a terceiros, c) Direito do promissório, no contrato-promessa de transmissão ou constituição de direitos reais sobre imóveis, ou sobre móveis sujeitos a registo, quando as partes lhe atribuam «eficácia real». 11. Objecto dos direitos reais: as coisas. 12. Classificação das coisas: a) Coisas imóveis e móveis, b) Coisas simples e compostas, c) Coisas fungíveis e não fungíveis, d) Coisas consumíveis e não consumíveis, e) Coisas divisíveis e indivisíveis, f) Coisas principais e coisas acessórias ou pertenças, g) Coisas presentes e coisas futuras, h) Frutos. 13. Benfeitorias: a) Distinção entre benfeitorias e acessões, b) Modalidades de benfeitorias.

[1607] NOTA: Para o estudo dos direitos reais de garantia, recomenda-se ANTUNES VARELA, *Das Obrigações*…, II, sem menção das páginas.

PARTE II
Os Direitos Reais em Especial
Capítulo I
A Posse

14. Conceito de posse: concepção subjectiva e concepção objectiva. Consagração da concepção subjectiva no Código Civil Português. 15. Objecto da posse. 16. Fundamento da protecção possessória. 17. Natureza jurídica da posse. 18. Composse. 19. Caracteres da posse: a) Posse titulada e não titulada, b) Posse de boa fé e posse de má fé, c) Posse pacífica e posse violenta, d) Posse pública e posse oculta. 20. Aquisição da posse: a) Aquisição originária, b) Aquisição derivada: a acessão da posse. 21. Conservação da posse. 22. Perda da posse. 23. Efeitos da posse: a) Presunção da titularidade do direito, b) Usucapião. As escrituras de justificação notarial da aquisição de um direito real por usucapião (arts. 89.º e segs. do Cód. do Notariado): sua natureza jurídica, c) Direitos e obrigações do possuidor em relação aos frutos da coisa, d) Direitos do possuidor em relação às benfeitorias por ele realizadas, e) Responsabilidade do possuidor pela perda ou deterioração da coisa. 24. Defesa da posse: A) Acção directa (art. 1277.º), B) Acções possessórias: a) Acção de prevenção (art. 1276.º), b) Acção de manutenção (art. 1278.º), c) Acção de restituição (art. 1278.º), d) Acção de restituição em caso de esbulho violento (art. 1279.º), e) Embargos de terceiro (art. 1285.º do Cód. Civil e arts. 351.ª e segs. do Cód. de Processo Civil).

Capítulo II
Direito de Propriedade

25. Conceito. 26. Características que distinguem o direito de propriedade dos outros direitos reais: a) Indeterminação dos poderes, b) Elasticidade, c) Perpetuidade. 27. Objecto. 28. Extensão objectiva do direito de propriedade; elementos desintegrados da propriedade superficiária. 29. Modos de aquisição da propriedade: a) Contrato, b) Sucessão por morte, c) Usucapião, d) Ocupação, e) Acessão. Espécies e respectivo regime jurídico. 30. Modalidades de propriedade: a) Propriedade perpétua, b) Propriedade temporária, c) Propriedade resolúvel. 31. Restrições ao direito de propriedade: I – Restrições Legais: a) Restrições de direito público ou estabelecidas no interesse da colectividade, b) Restrições de direito privado, destinadas a resolver conflitos decorrentes das relações de vizinhança, c) Restrições relativas a imóveis e respeitantes a actos de terceiro que, pela altura ou profundidade

a que têm lugar, não haja interesse em impedir (art. 1344.º, n.º 2); II – Restrições convencionais: art. 1306.º, n.º 1. 32. Defesa da propriedade: I – Meios de defesa extrajudiciais; II – Meios de defesa judiciais: a) Acção de prevenção contra o dano, b) Acção de reivindicação (art. 1311.º), c) Acção negatória, d) Acção de simples apreciação positiva.

§ 1.º
Propriedade das águas

33. Razões justificativas da autonomização do regime das águas no Código Civil. 34. Classificação das águas em públicas e particulares. Referência aos direitos adquiridos sobre águas públicas. 35. Regime jurídico das águas particulares: a) Águas das fontes e nascentes (arts. 1389.º a 1392.º), b) Águas pluviais e águas dos lagos e lagoas particulares (art. 1393.º), c) Águas subterrâneas (arts. 1394.º a 1396.º), d) Águas originariamente públicas (art. 1397.º).

§ 2.º
Compropriedade

36. Conceito de compropriedade: – Compropriedade e comunhão, – Comunhão vulgar e comunhão de mão comum ou propriedade colectiva, – Comunhão e sociedade. 37. Fontes da compropriedade. 38. Natureza jurídica da compropriedade. 39. Regime jurídico: a) Regime relativo à quota de cada consorte, b) Regime relativo à coisa comum: actos de uso, actos de administração e actos de disposição. 40. Extinção da compropriedade: termos em que são admitidos os actos de indivisão.

§ 3.º
Propriedade Horizontal

41. Noção. 42. Modos de constituição. 43. Regime jurídico: a) Fracções autónomas, b) Partes comuns: poderes do administrador e da assembleia de condóminos. 44. Aplicação do regime da propriedade horizontal aos conjuntos imobiliários (art. 1438.º – A). 45. Natureza jurídica.

§ 4.º
Direito Real de Habitação Periódica

46. Razões que levaram à criação desta figura real. 47. Noção: arts. 1.º e 3.º. 48. Modo de constituição: a) pressupostos: arts. 5.º e 6.º. 49. Regime jurídico: a) A transmissibilidade e onerabilidade do direito: art. 12.º, b) Poderes relativos ao exercício do direito: art. 21.º, c) Obrigação, a cargo do titular do direito, de pagamento de uma prestação periódica: arts. 22.º e 23.º, d) renunciabilidade do direito: art. 42.º, e) assembleia geral dos titulares dos

direitos reais de habitação periódica: arts. 34.º e 35.º. 50. Negociação de direito de habitação periódica com eficácia meramente obrigacional [«Direitos de habitação turística»]: arts. 45.º e segs.. 51. Natureza jurídica. 52. Normas de protecção ao consumidor: a) Deveres de informação, b) Regras sobre publicidade, c) Direito de resolução. 53. Normas de carácter sancionatório.
§ 5.º
Usufruto, Uso e Habitação
54. Noção de usufruto: art. 1439.º: – Desconformidade entre a noção legal e o regime do usufruto de coisas consumíveis (art. 1451.º), – Coisas e direitos que podem constituir objecto de uma relação de usufruto. 55. Regras sobre a constituição do usufruto: a) Modos de constituição: art. 1440.º, b) Usufruto simultâneo e usufruto sucessivo (art. 1441.º); o direito de acrescer no usufruto simultâneo (art. 1442.º). 56. Duração do usufruto: art. 1443.º. 57. Direitos e obrigações do usufrutuário: A) Natureza supletiva do regime legal (ver art. 1445.º); B) Direitos do usufrutuário: a) Alienação e oneração do direito de usufruto (art. 1444.º), b) Uso e fruição do objecto do usufruto (art. 1446.º); regime especial do usufruto de coisas consumíveis (art. 1451.º), c) Benfeitorias úteis e voluptuárias (art. 1450.º); C) Obrigações do usufrutário: arts. 1468.º e segs.. 58. Extinção do usufruto (art. 1476.º); perda parcial e transformação do usufruto (art. 1478.º). 59. Direitos de uso e habitação: noção e regime legal (arts. 1484.º e segs.): – Distinção entre servidões e restrições legais ao direito de propriedade. 65. Classificação das servidões: a) Positivas e negativas, b) Contínuas e descontínuas, c) Aparentes e não aparentes: art. 1548.º, n.º 2. 66. Modos de constituição: arts. 1547.º-1549.º. 67. Exercício das servidões: arts. 1564.º e segs.. 68. Extinção das servidões: art. 1569.º. 69. Servidões legais: A) Servidão legal de passagem: arts. 1550.º e segs., B) Servidões legais de águas: a) Servidões para aproveitamento de águas alheias: arts 1557.º-1558.º, b) Servidão legal de presa: arts. 1559.º-1560.º, c) Servidão legal de aqueduto: arts. 1561.º e 1562.º, d) Servidão legal de escoamento: art. 1563.º.[1608]

[1608] Para o estudo desta matéria HENRIQUE MESQUITA recomendava PIRES DE LIMA e ANTUNES VARELA, *Código Civil...*, III, 2.ª ed., 163 e ss..

7.4.3. MOTA PINTO

I – MOTA PINTO ocupou-se apenas uma vez da disciplina de Direitos Reais, em 1970-1971. Deixou-nos, mesmo assim, umas lições, já aqui antes referidas, compiladas pelos alunos ÁLVARO MOREIRA e CARLOS FRAGA[1609]. Trata-se de uma obra composta por uma introdução e dois títulos fundamentais.

O primeiro, epigrafado «Noções gerais»[1610], encontra-se dividido em cinco capítulos onde são abordadas questões relativas ao conceito de direito real, às características dos direitos reais e seu confronto com os direitos de crédito, aos princípios regulamentadores da constituição e vida dos direitos reais, à classificação destes e às hipóteses de qualificação real duvidosa ou controvertida.

O segundo é relativo aos direitos reais em especial e compreende a posse, a propriedade em geral, a propriedade de imóveis, a compropriedade, a propriedade horizontal, o direito de superfície, servidões prediais, o usufruto, uso e habitação.

II – Foi, nos seus traços fundamentais, o seguinte o programa adoptado por MOTA PINTO:

Introdução
Capítulo I
Âmbito de aplicação e sentido do direito das coisas,
isto é, da disciplina dos direitos reais
Capítulo II
Exemplificação, regulamentação legal
e terminologia
Título I
Capítulo I
Conceito de direito real

[1609] MOTA PINTO, *Direitos…, per totum.*
[1610] Cfr. MOTA PINTO, *Direitos…*, 25.

Capítulo II
Características dos direitos reais. Confronto
com os direitos de crédito

A) Eficácia absoluta. B) Direito de sequela ou de seguimento. C) Direito de preferência ou de prevalência. D) Permanência dos direitos reais e transitoriedade dos direitos de crédito. Rejeição desta ideia. E) Inerência da coisa ao seu titular. F) Características do objecto dos direitos reais. G) Outras características.

Capítulo III

Princípios regulamentadores da constituição e da vida dos direitos reais: A) Princípio da especialidade, B) Princípio da transmissibilidade, C) Princípio da elasticidade, D) Princípio da tipicidade.

Classificação dos direitos reais

Capítulo IV

A) Posse. B) Propriedade. C) Direitos reais limitados.

I – Direitos reais de gozo

II – Direitos reais de garantia

III – Direitos reais de aquisição

A) Direito de preferência. B) Contrato promessa com eficácia real.

Hipóteses de qualificação real duvidosa ou controvertida

A) Direito do locatário. B) Direito de retenção. C) O direito do destinatário de uma proposta irrevogável de alienação de uma coisa. D) Ónus reais.

Direitos reais em especial

Capítulo I

Indicação de sequência

Capítulo II

A posse

A) Noção. B) Elementos da posse.

I – Elemento material (*corpus*)

II – Elemento psicológico (*animus*)

III – Necessidade de coexistência do *corpus* e do *animus*

α) Concepção objectiva. β) Concepção subjectiva. δ) Posição legal.

C) Fundamento da tutela jurídica da posse.

I – Defesa da paz pública

II – Dificuldade de prova do direito definitivo

III – Valor económico da posse

D) Objecto da posse. E) Caracteres da posse.

    I – Posse titulada e não titulada
    II – Posse pacífica e posse violenta
    III – Posse pública e posse oculta
    IV – Posse de boa fé e posse de má fé

F) Efeitos da posse.

    I – Valor probatório da posse
    II – Direitos do possuidor em relação aos frutos
    III – Direitos do possuidor relativamente a benfeitorias
    IV – Contencioso possessório

A) Acção de prevenção. B) Acção de manutenção da posse. Γ) Acção de restituição da posse. Δ) Acção de restituição no caso de esbulho violento. E) Embargos de terceiro.

    V – A posse como criadora de direitos

G) Natureza jurídica da posse.

Capítulo III
A propriedade
Subcapítulo I
A propriedade em geral

A) Controvérsia entre a propriedade individual e a propriedade comunitária. B) Fenomenologia da propriedade ao longo da história e no momento actual. C) Características do direito de propriedade no nosso sistema.

Subcapítulo II
Propriedades de imóveis

A) Conteúdo. B) Limitações aos poderes do proprietário.

    I – Restrições de direito público
    II – Restrições de interesse particular

Subcapítulo III
Compropriedade

A) Noção. B) Distinção da sociedade. C) Natureza jurídica. D) Regime jurídico. E) Extinção da compropriedade.

Subcapítulo IV
Propriedade horizontal

A) Referência histórica e determinantes do instituto. B) Noção e domínio de aplicação. C) Natureza jurídica. D) Modos de constituição. E) Direitos e obrigações ou encargos dos condóminos. F) Administração das partes comuns do edifício.

Capítulo IV
Direito de superfície

A) Noção legal. B) A propriedade do solo. C) Objecto do direito de superfície. D) Constituição. E) Direitos e deveres do superficiário e do proprietário do solo. F) Extinção.

Capítulo V
Servidões prediais

A) Noção. B) Características.

    I – Inseparabilidade
    II – Indivisibilidade
    III – Atipicidade do conteúdo
    IV – Ligação objectiva da servidão

C) Constituição.

    I – Contrato
    II – Testamento
    III – Usucapião
    IV – Destinação do pai de família
    V – Sentença judicial

D) Modalidades.

    I – Voluntários e legais
    II – Positivas, negativas e desvinculativas

E) Exercício. F) Mudança. G) Extinção.

    I – Confusão
    II – Não uso
    III – «Usucapio libertatis»
    IV – Renúncia e decurso do prazo
    V – Desnecessidade
    VI – Remição

Capítulo VI
O USUFRUTO

A) Indicação de sequência. B) Noção. C) Características.

    I – Temporariedade
    II – Plenitude do gozo do objecto

A) Alienabilidade do usufruto. B) Ausência de especial limitação pelo fim.

    III – Princípio da conservação da forma e substância
    IV – Usufruto sobre direitos
    1 – Contrato

2 – Testamento
3 – Usucapião
4 – Disposição da lei
E) Usufruto sucessivos ou simultâneos. F) Direitos do usufrutuário.
I – Doutrina geral
II – Casos especiais
G) Obrigações do usufrutuário. H) Extinção.
I – Morte ou decurso do tempo
II – Confusão
III – Não uso
IV – Perda
V – Renúncia
VI – Mau uso
I – Restituição
Capítulo VII
Uso e habitação.

7.4.4. JOSÉ ANTÓNIO DE FRANÇA PITÃO

I – FRANÇA PITÃO seria incumbido da regência de Direitos Reais no ano lectivo de 1977-1978. Dessa sua regência ficou-nos um texto compilado por alunos[1611], com cento e sessenta páginas, cuja estrutura é a seguinte:

Cap. I – Introdução. Evolução do domínio nos vários sistemas económicos.
Cap. II – Noção de direito das coisas.
Cap. III – Princípios constitucionais dos direitos reais.
Cap. IV – Grandes formas da ordenação do domínio.

[1611] *Do direito das coisas em geral*, por LUÍS MANUEL MENDES BARRÃO ROCHA, PEDRO MANUEL PORTO DE AGUIAR, RICARDO ANTÓNIO VIEIRA DA VEIGA FERRÃO, notas esquemáticas de acesso ao estudo da cadeira de Direitos Reais, segundo as lições preleccionadas ao 3.º ano jurídico no ano lectivo de 1977/78, Coimbra, 1979.

II – Já antes, porém, provavelmente com data de 1976, FRANÇA PITÃO deixar-nos-ia, em conjunto com BORGES PINTO, um texto policopiado relativo ao Direito das Coisas e onde deveriam ser abordadas as grandes formas de ordenação do domínio. Na realidade a obra acabaria por abranger apenas um conjunto de referências relativamente superficiais aos direitos reais de gozo e de garantia e, com um pouco mais de pormenor, à posse[1612].

7.4.5. SANTOS JUSTO

I – Da sua, ainda, curta regência de Direitos Reais, SANTOS JUSTO deixa-nos já um conjunto de elementos relevantes que nos permitem

---

[1612] Cfr. FRANÇA PITÃO e BORGES PINTO, *Direito das coisas*, 1976. O volume a que tivemos acesso corresponde a uma obra incompleta com cento e onze páginas de texto surgindo, todavia, após a lauda 111 um índice iniciado numa página com o número 169. O conteúdo do índice não retrata a existência de tal número de páginas, terminando a indicação do último número com referência à folha 107. Dá-se aqui conta da estrutura desta obra que é a seguinte:

Introdução. As grandes formas de ordenação do domínio. A = Ordenação dominial definitiva. 1. Direitos reais de gozo. 1.1. Direito de propriedade. 1.2. Direito de usufruto. 1.3. Direito de uso e habitação. 1.4. Direito de enfiteuse. 1.5. Direito de superfície. 1.6. Direito de servidão. 2. Direitos reais de aquisição. 3. Direitos reais de garantia. B = Ordenação dominial provisória. 1. A posse. 1.1. Evolução de conceito de posse. 1.2. Função da posse. 1.3. Fundamentos e interesse que determinam o relevo jurídico que os atribui à posse. 1.4. Objecto da posse. 1.5. Natureza jurídica da posse. 1.6. Capacidade para adquirir a posse. 1.7. Figuras afins da posse. 1.8. Caracteres da posse. 1.8.1. Posse titulada ou não titulada. 1.8.2. Posse de boa ou má fé. 1.8.3. Posse pacífica ou violenta. 1.8.4. Posse pública ou oculta. 1.9. Aquisição da posse. 1.9.1. Formas de aquisição da posse. 1.9.2. Aquisição originária. 1.9.2.1. Inversão do título de posse. 1.9.2.2. Prática reiterada. 1.9.2.3. Esbulho. 1.9.2.4. Ocupação. 1.9.3. Aquisição derivada. 1.9.3.1. Tradição material ou simbólica efectuada pelo antigo possuidor. 1.9.3.2. Traditio *brevi manu*. 1.9.3.3. Constituto possessório. 1.10. Sucessão na posse. 1.11. Acessão na posse. 1.12. Conservação da posse. 1.13. Perda da posse. 1.14. Defesa da posse. 1.15. Efeitos da posse. 2. Usucapião. 2.1. Posse titulada e título de aquisição. 2.2. Prazos. 2.2.1. Usucapião de imóveis. 2.2.2. Usucapião de móveis sujeitos a registo. 2.2.3. Usucapião de móveis. 2.2.4. Suspensão e interrupção do prazo da usucapião. 2.2.5. Protecção de terceiros de boa fé.

apreciar o seu teor com profundidade. Na verdade, pertinentes ao ensino por este Professor da disciplina de Direitos Reais, encontrámos uns sumários relativos aos anos de 2004-2005[1613], 2005-2006[1614] e 2006-2007[1615], um estudo intitulado *Direito das Coisas, Tópicos*, datado de 2004, com um total de 249 páginas dactilografadas[1616] e, finalmente, o livro *Direitos Reais*[1617].

II – Como nota comum a todos estes elementos destaca-se uma muito clara divisão da cadeira de Direito das Coisas em duas partes: uma geral e outra especial. Nos anos de 2004-2005, 2005-2006 o curso é estruturado em torno de dezanove tópicos[1618]. A parte geral é composta por doze enquanto da especial fazem parte sete estruturados, em traços largos, da seguinte forma[1619]:

I
PARTE GERAL
Tema 1: Introdução. Tema 2: Natureza jurídica[1620]. Tema 3: Obrigações reais. Tema 4: Pretensão real. Tema 5: Ónus real. Tema 6: Direitos reais e direitos de crédito. Tema 7: Direitos reais de gozo. Tema 8: Características dos

---

[1613] SANTOS JUSTO, *Direito das Coisas...*, 2004-2005.
[1614] V. *https://woc.uc.pt/fduc/class/geralsummary.do?idclass=16&idyear=2*.
[1615] Cfr. *https://woc.uc.pt/fduc/class/geralsummary.do?idclass=16&idyear=3*, estes ainda em curso de elaboração.
[1616] SANTOS JUSTO, *Direito das Coisas, Tópicos (das matérias leccionadas na Faculdade de Direito da Universidade de Coimbra, no ano lectivo 2004-2005)*, pol., Coimbra, 2004.
[1617] SANTOS JUSTO, *Direitos...*, per totum.
[1618] V. SANTOS JUSTO, *Direito...*, sumários, 2004-2005; Id., *Direito..., Tópicos...*, per totum; Id. *https://woc.uc.pt/fduc/class/geralsummary.do?idclass=16&idyear=2*. No primeiro ano (2004-2005), porém, os sumários revelam terem sido efectivamente leccionados nas aulas teóricas dezoito tópicos.
[1619] Para uma referência mais pormenorizada do programa implementado por SANTOS JUSTO cfr. as indicações fornecidas na nota anterior. Menção, apenas, para a circunstância de os sumários, constantes do sítio da Faculdade de Direito de Coimbra, conterem um pequeno lapso de transposição para a página da Faculdade do qual resulta a inserção na terceira aula da matéria referente ao tópico 14 relativo ao direito de propriedade. A fazer fé nos elementos do ano anterior o conteúdo dessa aula terá sido ocupado com o estudo da teoria clássica e personalista dos Direitos Reais.
[1620] Subentende-se: dos direitos reais.

direitos reais. Tema 9: Objecto dos direitos reais. As coisas. Tema 10: Princípios dominantes na constituição dos direitos reais. Tema 11: Classificação dos direitos reais. Tema 12: Natureza jurídica do direito do arrendatário.

II
PARTE ESPECIAL

Tema 13: Posse. Tema 14: Propriedade. Tema 15: Águas particulares. Tema 16: Compropriedade. Tema 17: Propriedade horizontal. Tema 18: Usufruto. Tema 19: Uso e habitação.

Nesta estrutura merece, designadamente, realce a circunstância de a matéria de registo predial ser tratada com profundidade a propósito dos princípios dominantes na constituição dos direitos reais. Destaque-se também a compreensão da posse como um direito real com a sua inclusão na parte especial.

III – No ano lectivo de 2006-2007, mantém-se a divisão básica do curso numa parte geral e numa parte especial enquanto se assiste, ao mesmo tempo, a diversos acertos no que à primeira diz respeito e ao desenvolvimento da segunda – com inserção nela das matérias relativas ao direito de superfície, servidões prediais, direito real de habitação periódica, direitos reais de aquisição e direitos reais de garantia[1621/1622] ausentes dos anteriores planos – ficando o programa com a seguinte configuração:

Livro I – Parte geral

Título I. Caracterização; Capítulo I, Introdução. Capítulo II, Características. Capítulo III, Princípios estruturantes. Capítulo IV, Modalidades. Capítulo V, Natureza jurídica. Título II. Registo, Capítulo I, Caracterização. Capítulo II, Regras registais e substantivas. Coordenação. Título III. Figuras ligadas a direitos reais; Capítulo I, Obrigação real. Capítulo II, Pretensão real. Capítulo III, Ónus real. Título IV. Direitos reais e direitos de crédito; Capítulo I, Posição da doutrina. Capítulo II, Algumas situações jurídicas. Título V. Objecto: as coisas; Capítulo I, Noção. Capítulo II, Classificação.

[1621] SANTOS JUSTO, *Direitos...*, 387 e ss., 403 e ss.; 429 e ss., 447 e ss.., 518 e ss..
[1622] Destacando-se no âmbito do tratamento dado a estes últimos a circunstância de se incluir aqui o estudo do penhor financeiro e da alienação fiduciária em garantia (SANTOS JUSTO, *Direitos...*, 486 e ss.).

Livro II – Direitos reais de gozo

Título I. Posse; Capítulo I, Caracterização. Capítulo II, Classificação. Capítulo III, Efeitos. Capítulo IV, Aquisição. Secção I. Aquisição originária; Secção II. Aquisição derivada. Capítulo V, Conservação. Capítulo VI, Tutela. Secção I. Introdução, Secção II. Autotutela, Secção III. Acções possessórias. Capítulo VII, Perda. Título II. Propriedade; Capítulo I, Caracterização. Capítulo II, Modalidades. Capítulo III, Limitações legais. Secção I. Por interesse público, Secção II. Por interesse privado. Capítulo IV, Aquisição. Secção I. Aquisição originária, Subsecção I. Ocupação; Subsecção II. Acessão; Subsecção III. Usucapião; Secção II. Aquisição derivada. Capítulo V, Tutela. Secção I. Meios extrajudiciais; Secção II. Meios judiciais. Capítulo VI, Extinção. Título III. Águas particulares; Capítulo I, Caracterização. Capítulo II, Aproveitamento. Título IV. Compropriedade; Capítulo I, Caracterização. Capítulo II, Regime jurídico. Título V. Propriedade horizontal; Capítulo I, Caracterização. Capítulo II, Constituição. Modificação. Capítulo III, Regime jurídico. Título VI. Usufruto; Capítulo I, Caracterização. Capítulo II, Constituição. Capítulo III, Regime jurídico. Secção I. Geral, Secção II. Especial, Secção III. Obrigações do usufrutuário. Capítulo IV, Extinção. Secção I. Regime geral; Secção II. Regime especial; Secção III. Efeito. Título VII. Uso e habitação. Título VIII. Direito de superfície. Capítulo I, Caracterização. Capítulo II, Constituição. Capítulo III, Regime jurídico. Capítulo IV, Extinção. Título IX. Servidões prediais; Capítulo I, Introdução. Capítulo II, Caracterização. Capítulo III, Constituição. Capítulo IV, Modalidades. Capítulo V, Regime jurídico. Capítulo VI, Extinção. Título X. Habitação periódica; Capítulo I, Caracterização. Capítulo II, Constituição, Modificação, Transmissão. Capítulo III, Regime jurídico. Capítulo IV, Extinção.

Livro III – Direitos reais de aquisição

Título I. Modalidades; Capítulo I, Direito de preferência com eficácia real. Capítulo II, Contrato-promessa com eficácia real. Capítulo III, Outras figuras. Livro IV. Direitos reais de garantia. Título I. Modalidades; Capítulo I, Consignação de rendimentos. Capítulo II, Penhor. Capítulo III, Hipoteca. Capítulo IV, Privilégios creditórios. Capítulo V, Direito de retenção. Capítulo VI, Contratos de garantia financeira.

Nota digna de especial menção consiste na circunstância de SANTOS JUSTO dar especial importância à formação e evolução histórica das diversas figuras reais que trata, sendo, a par com MENEZES COR-

DEIRO[1623], um dos poucos professores a cumprir a exigência metodológica de consideração da dimensão histórica do Direito. Não iremos aprofundar nesta sede a temática do historicismo jurídico. Trata-se de tarefa em parte já antes mencionada a ser abordada com maior profundidade mais adiante quando nos debruçarmos expressamente sobre os aspectos metodológicos do ensino dos Direitos Reais. Por agora diremos apenas o seguinte: o Direito é – sabe-se hoje – uma realidade histórico-cultural fruto de uma evolução paulatina das sociedades, o que inviabiliza explicações puramente lógicas ou racionais do fenómeno jurídico. A consideração da dimensão histórica do Direito afigura-se a esta luz imprescindível: o Direito é, de facto, em grande medida, história[1624].

IV – A par deste conjunto de elementos agora acabados de referir e que se encontram directamente ligados ao magistério, por SANTOS JUSTO, da disciplina de Direitos Reais este autor daria ainda à estampa um conjunto de estudos de natureza histórica da maior importância em sede de Direito das Coisas. Cumpre neste âmbito sublinhar, desde logo, o terceiro volume da obra *Direito privado romano* inteiramente dedicado aos Direitos Reais[1625]. Mas outras menções devem ainda ser feitas. Pense-se nos trabalhos dedicados às garantias reais das obrigações no Direito Romano[1626], à *cautio damni infecti*[1627] ou às relações de vizinhança[1628].

[1623] V. *infra* 7. 5. 2.
[1624] Para já refere-se, apenas, a título ilustrativo, na literatura jurídica dogmática, MENEZES CORDEIRO, *Tratado*..., I, I, 112 (sublinhando a circunstância de o Direito das Obrigações e o Direito Real serem, no essencial, Direito Romano actual); e MENEZES LEITÃO, *Direito*..., I, 108, invocando a natureza cultural do Direito. Adiante poderão consultar-se diversas outras referências. V., também, SANTOS JUSTO, *Direito privado romano* – III *(Direitos Reais)*, Coimbra, 1997, nota prévia.
[1625] SANTOS JUSTO, *Direito privado*..., III, Coimbra, 1997.
[1626] SANTOS JUSTO, *Garantias reais das obrigações (Direito Romano)*, segundo as prelecções ao 5.º ano jurídico no ano lectivo de 1987-1988, Coimbra 1988.
[1627] SANTOS JUSTO, *A «cautio damni infecti» (época clássica)*, in *Estudos em Homenagem ao Professor Doutor Manuel Gomes da Silva*, Coimbra, 2000, 573 e ss. (a *cautio damni infecti* é – nas palavras do próprio autor (v. 581) – a garantia em que por impossibilidade do magistrado, o proprietário de um imóvel – *aedes* ou *fundus* – ou o autor de uma obra em curso [*opus*] promete indemnizar o vizinho se ocorrerem os danos temidos por um *vitium aedium, arboris, loci aut operis*).
[1628] SANTOS JUSTO, *As relações de vizinhança*, in *Revista Xurídica da Universidade de Santiago de Compostela*, 1993, II, 2.

7.5. O ensino dos Direitos Reais na Faculdade de Direito de Lisboa

I – Num claro contraste com o sucedido em Coimbra, as regências de DIREITOS REAIS nos anos agora em consideração foram, descontado um período inicial marcado pelo ensino de OLIVEIRA ASCENSÃO, inúmeras. Este facto, associado à ausência ou escassez frequente de elementos, tornou espinhosa a respectiva reconstituição[1629]. Apurámos as seguintes:

1967-1968: OLIVEIRA ASCENSÃO[1630],
1968-1969: OLIVEIRA ASCENSÃO[1631],
1969-1970: OLIVEIRA ASCENSÃO[1632],
1970-1971: OLIVEIRA ASCENSÃO[1633],
1971-1972: OLIVEIRA ASCENSÃO[1634],

[1629] Conforme refere a propósito MENEZES LEITÃO, *O ensino...*, 214, nota 882, entre 1974 e 1978, não houve reuniões do Conselho. No ano de 1978-1979 não encontrámos nenhuma acta com essa distribuição, não obstante a indicação em sentido contrário fornecida por MENEZES LEITÃO, *op. loc. cit.*. A partir de 1981 as actas deixaram de conter indicação de serviço docente.

[1630] *Acta n.º 483 do Conselho Escolar da Faculdade de Direito de Lisboa, de 29 de Julho de 1967*, in *Livro de Actas do Conselho da Faculdade de Direito...*, 100 v.

[1631] *Acta n.º 491 do Conselho Escolar da Faculdade de Direito de Lisboa, de 27 de Julho de 1967*, in *Livro de Actas do Conselho da Faculdade de Direito...*, 119 v.

[1632] Conforme indicação constante da *Revista da Faculdade de Direito da Universidade de Lisboa*, que assim retoma a tradição, interrompida desde 1960, com o vol. XIV, de indicar as regências atribuídas nos diversos anos lectivos. Cfr. *Vida Interna, ano lectivo 1969-1970, distribuição do serviço Docente*, in *Revista da Faculdade de Direito da Universidade de Lisboa*, 1970-1971, XXIII, 378.

[1633] A *Acta n.º 526 de 30 de Julho de 1971 do Conselho Escolar da Faculdade de Direito de Lisboa*, in *Livro de Actas do Conselho da Faculdade de Direito de Lisboa*, IV, 1970-1973, 44 f., apenas refere a distribuição de serviço docente no ano lectivo de 1971-1972 até ao 3.º ano. Não há qualquer menção à regência da disciplina de Direitos Reais. Todavia a pertença desta regência a OLIVEIRA ASCENSÃO pode ser confirmada através de outra fonte. V. *Vida Interna, ano lectivo 1970-1971, distribuição do serviço Docente*, in *Revista da Faculdade de Direito da Universidade de Lisboa*, 1970-1971, XXIII, 391.

[1634] Cfr. *Acta n.º 553 de 29 de Julho de 1971 do Conselho Escolar da Faculdade de Direito de Lisboa*, in *Livro de Actas...*, IV, 1970-1973, 115 v.. Cfr., igualmente, *Vida Interna,*

1972-1973: OLIVEIRA ASCENSÃO[1635],
1973-1974: OLIVEIRA ASCENSÃO[1636],
1975-1976: LIMA ARAÚJO,
1976-1977: LIMA ARAÚJO,
1976-1977: MARIA JOÃO SOLLER[1637],
1977-1978[1638]: Encarregados de turma – MENEZES CORDEIRO,
– LIMA ARAÚJO,
– CARDOSO MOTA,
– ARMANDO ALBUQUERQUE E SOUSA,
– JOSÉ ALBERTO SÁ DE FIGUEIREDO
1978-1979[1639]: Encarregados de turma – LIMA ARAÚJO,
– CARDOSO MOTA,
1979-1980[1640]: Coordenador – OLIVEIRA ASCENSÃO,
Regentes – LIMA ARAÚJO,
– CARDOSO MOTA, ou
– ANTÓNIO PINTO DUARTE[1641],

---

ano lectivo 1970-1971, distribuição do serviço Docente, in *Revista da Faculdade de Direito da Universidade de Lisboa*, 1972, XXIV, 401.

[1635] Cfr. *Acta n.º 578 de 31 de Julho de 1971 do Conselho Escolar da Faculdade de Direito de Lisboa*, in *Livro de Actas...*, IV, 1970-1973, 164 v.; e *Vida Interna, ano lectivo 1972--1973, distribuição do serviço Docente*, in *Revista da Faculdade de Direito da Universidade de Lisboa*, 1972, XXIV, 416.

[1636] *Acta n.º 587 do Conselho Escolar da Faculdade de Direito de Lisboa, de 19 de Maio de 1973*, in *Livro de Actas do Conselho da Faculdade de Direito...*, V e VI, 4. v.

[1637] LIMA ARAÚJO e MARIA JOÃO SOLLER regeram a disciplina em turmas diferentes.

[1638] V. *Documento de Distribuição do serviço docente 1977-1978*.

[1639] Cfr. *Documento de Distribuição do serviço docente 1978-1979*.

[1640] *Acta da reunião do Conselho Científico n.º 31 de 25 de Julho de 1979*, in *Livro de Actas do Conselho Científico*, 1978-1979, II.

[1641] Apesar de na *Acta da reunião do Conselho Científico n.º 31...*, in *Livro...*, 1978-1979, II, ser indicado apenas como colaborador, no *Documento de Distribuição do serviço docente* consta, todavia, a menção de que a regência caberá a PINTO DUARTE se CARDOSO MOTA for equiparado a bolseiro fora do país. Este último documento apresenta o teor resultante das deliberações do Conselho Científico de 25 de Junho e de 10 de Outubro de 1979.

1980-1981[1642]: Coordenador – OLIVEIRA ASCENSÃO,
    Regentes – ANTÓNIO PINTO DUARTE,
    – CARDOSO MOTA,
    – LIMA ARAÚJO,
1981-1982[1643]: Coordenador – OLIVEIRA ASCENSÃO,
    Regente da turma A – ANTÓNIO PINTO DUARTE[1644],
    Regente da turma B: JESUS DOS SANTOS,
    Regente da turma da noite – ANTÓNIO PINTO DUARTE
1982-1983[1645]: Coordenador – DIAS MARQUES,
    Regente da turma A de dia – ANTÓNIO PINTO DUARTE,
    Regente da turma B de dia – ANTÓNIO PINTO DUARTE,
    Regente da turma da noite – EDUARDO DOS SANTOS[1646],

[1642] *Acta da reunião do Conselho Científico n.º 49 de 4 de Julho de 1980*, in *Livro de Actas...*, 1978-1979, II. Esta distribuição de serviço docente seria todavia, aparentemente, alterada no segundo semestre. Nessa altura OLIVEIRA ASCENSÃO passaria, além de coordenador, a ter, também, a regência da turma de dia e LIMA ARAÚJO a da noite. CARDOSO MOTA passa a colaborador. Cfr. *Documento de Distribuição do serviço docente no ano lectivo 1980/1981 (2.º semestre)*.

[1643] *Documento de Distribuição do serviço docente 1981-1982 (ciências jurídicas)*.

[1644] Num dos inúmeros documentos de distribuição do serviço docente que encontrámos relativos a este ano lectivo o nome de PINTO DUARTE encontra-se rasurado à mão e substituído pelo de OLIVEIRA ASCENSÃO.

[1645] *Documento de Distribuição do serviço docente – ano escolar 1982-1983 (aprovada pelo Conselho Científico em reunião de 28/7/1982)*.

[1646] O nome que consta do *Documento de Distribuição...*, para o ano de 1982-1983, em Direitos Reais é o de MARIA DO PATROCÍNIO PAZ FERREIRA. Encontra-se, porém, um outro documento manuscrito com a distribuição do serviço docente nesse ano, em Direitos Reais, com a indicação de que a regência da noite caberia a EDUARDO DOS SANTOS. Além disso existem, também, uns *Sumários de Direitos Reais, 1982-1983*, assinados por EDUARDO DOS SANTOS. Isto significa que as regências não correspondem efectivamente ao que consta do Documento dactilografado de

1983-1984[1647]: Neste ano não houve leccionação da disciplina em virtude de ter transitado do segundo para o terceiro ano,
1984-1985[1648]: Coordenador – OLIVEIRA ASCENSÃO,
Regente da turma de dia – PINTO DUARTE[1649],
Regente da turma da noite – JESUS DOS SANTOS,
1985-1986[1650]: Coordenador – MENEZES CORDEIRO,
Regente da turma A de dia – JESUS DOS SANTOS,
Regente da turma B de dia – FERNANDES TOMÁS,
Regente da turma da noite – JESUS DOS SANTOS,
1986-1987[1651]: Coordenador – MENEZES CORDEIRO,
Regente turma A de dia – JESUS DOS SANTOS,
Regente da turma B de dia – PEDRO PAIS DE VASCONCELOS,
Regente da turma da noite – JESUS DOS SANTOS,
1987-1988[1652]: Coordenador – DIAS MARQUES,
Regente das turmas de dia e da noite: JESUS DOS SANTOS,

---

distribuição do serviço docente. Por último, e a confirmar isso mesmo, EDUARDO DOS SANTOS deixar-nos-ia um *Curso de Direitos Reais, I, Introdução. Direitos reais de gozo*, Lisboa, 1983, de cujo frontispício consta a indicação de que é relativo ao ano lectivo de 1982-1983, turno da noite.

[1647] O *Documento de Distribuição do serviço docente 1984-1985 (ciências jurídicas)*, nada regista de forma expressa quanto à regência ou coordenação dos Direitos Reais nesse ano. Aparece apenas uma menção numa folha solta, sem qualquer indicação, do nome de PINTO DUARTE que não se enquadra em nenhuma das regências atribuídas.

[1648] *Documento de Distribuição do serviço docente 1984-1985 (ciências jurídicas)*.

[1649] Neste ano MENEZES CORDEIRO deixar-nos-ia uns sumários policopiados relativos à disciplina de Direitos Reais (cfr. MENEZES CORDEIRO *Direitos Reais (sumários)*, Lisboa, 1984-1985). Trata-se, porém, de um trabalho executado no âmbito da docência realizada pelo Mestre na, então, Faculdade de Ciências Humanas da Universidade Católica.

[1650] *Documento de Distribuição do serviço docente 1985-1986 (ciências jurídicas)*.

[1651] *Documento de Distribuição do serviço docente 1986-1987 (ciências jurídicas)*.

[1652] *Documento de Distribuição do serviço docente 1987-1988*.

1988-1989[1653]: Coordenador e regente das turmas de dia
 e da noite – OLIVEIRA ASCENSÃO,
1989-1990[1654]: Coordenador – MENEZES CORDEIRO,
 Regente da turma de dia e da turma da noite – DYLE CAMPELO,
1990-1991[1655]: Coordenador – DIAS MARQUES,
 Regente da turma de dia e da turma da noite – ANA MARIA PERALTA,
1991-1992[1656]: Coordenador: MIGUEL TEIXEIRA DE SOUSA,
 Regente da turma de dia e da turma da noite – ANA PERALTA,
1992-1993[1657]: Coordenador – DIAS MARQUES,
 Regente da turma de dia e da turma da noite – CONCEIÇÃO VALDÁGUA,
1993-1994: Coordenador – MARQUES DOS SANTOS[1658],

[1653] *Acta da reunião do Conselho Científico de 12 de Outubro de 1988*, in *Livro de Actas do Conselho Científico*, 6-4-1988 a 27-6-1990, 33 f..

[1654] *Acta da reunião do Conselho Científico n.º 12 de 26 de Julho de 1988*, in *Livro de Actas do Conselho Científico*, 6-4-1988 a 27-6-1990, 79 f.. Note-se, porém, a circunstância de no horário com as disciplinas do terceiro ano e relativo a 1989-1990 figurar, na turma da noite, o nome de OLIVEIRA ASCENSÃO.

[1655] *Acta da reunião do Conselho Científico n.º 11 de 11 de Julho de 1989*, in *Livro de Actas do Conselho Científico*, 11-7-1990 a 20-2-1991. No anexo a esta acta com a distribuição do serviço docente para o ano de 1991-1992, encontram-se dactilografados os nomes de OLIVEIRA ASCENSÃO (como coordenador) e de ANA PERALTA (enquanto regente das turmas de dia e da noite). Porém, estes nomes encontram-se riscados e à mão foram escritos os indicados no texto. Apurámos, contudo, junto da Professora Ana Paula Costa e Silva que a regência coube de facto a ANA PERALTA.

[1656] V. *Acta da reunião do Conselho Científico n.º 7/91 de 5 de Junho de 1991*, in *Livro de Actas do Conselho Científico*, 1991.

[1657] Cfr. *Acta da reunião do Conselho Científico n.º 11/92 de 29 Julho de 1992*, in *Livro de Actas do Conselho Científico*, 1992.

[1658] Esta informação foi-nos fornecida por JOÃO MENEZES LEITÃO a quem se prestam agradecimentos académicos.

Regente da turma de dia e da turma da noite – JOÃO MENEZES LEITÃO[1659],
1994 -1995: PEDRO ROMANO MARTINEZ (turma de dia)[1660],
1994-1995: MARGARIDA COSTA PEREIRA (turma da noite)[1661],
1995 -1996: PEDRO ROMANO MARTINEZ (turma de dia)[1662],
1995-1996: JOSÉ LUIS RAMOS (turma da noite)[1663],
1996-1997: PEDRO ROMANO MARTINEZ (turma de dia)[1664],
1996-1997: JOSÉ LUIS RAMOS (turma da noite)[1665],
1997-1998: PEDRO ROMANO MARTINEZ,
1997-1998: JOSÉ LUÍS RAMOS (turma da noite)[1666],
1998-1999: PEDRO ROMANO MARTINEZ (turma de dia)[1667],
1999-2000: OLIVEIRA ASCENSÃO (dia e noite)[1668],
2000-2001: JANUÁRIO GOMES (turma A e B)[1669],
2000-2001: JOSÉ ALBERTO VIEIRA (turma da noite),

[1659] V. *Faculdade de Direito de Lisboa, Horário, 1993-1994, 3.º ano turno da tarde*; *Faculdade de Direito de Lisboa, Horário, 1993-1994*, 3.º ano turno da noite.
[1660] *Direitos Reais (sumários)*, 1.º semestre, 1994-1995. Cfr., também, *Acta da reunião do Conselho Científico n.º 5/94 de 25 de Maio de 1994*, in *Livro de Actas do Conselho Científico*, 1994; e *Acta da reunião do Conselho Científico n.º 6/94 de 5 de Junho de 1994*, in *Livro...*, 1994.
[1661] *Acta da reunião do Conselho Científico n.º 6/94...*, in *Livro...*, 1994; e também *Faculdade de Direito de Lisboa, Horário, 1994-1995, 3.º ano turno da noite*.
[1662] *Direitos Reais (sumários)*, 1.º semestre, 1995-1996.
[1663] *Faculdade de Direito de Lisboa, Horário, 1995-1996, 3.º ano turno da noite*.
[1664] *Direitos Reais (sumários)*, 1997-1998. V., igualmente, *Acta da reunião do Conselho Científico n.º 9/95 de 7 de Junho de 1995*, in *Livro de Actas do Conselho Científico*, 1995.
[1665] *Acta da reunião do Conselho Científico n.º 10/96 de 7 de Junho de 1996*, in *Livro de Actas do Conselho Científico*, 1996.
[1666] *Faculdade de Direito de Lisboa, Horário, 1997-1998, 3.º ano turno da noite*.
[1667] *Faculdade de Direito de Lisboa, Horário, 1998-1999, 3.º ano turno da tarde*.
[1668] V. *Direitos Reais (sumários – dia)*, 1999-2000; e *Direitos Reais (sumários – noite)*, 1999-2000. Um número importante das aulas leccionadas na turma do dia foi efectivamente leccionado por JOÃO MENEZES LEITÃO. No termo do segundo semestre (dia) houve também três aulas dadas por JANUÁRIO DA COSTA GOMES.
[1669] *Direitos Reais (sumários – turma A)*, 2000-2001; *Direitos Reais (sumários – turma B)*, 2000-2001.

2001-2002: JANUÁRIO GOMES (turmas A e B)[1670],
2001-2002: JOSÉ ALBERTO VIEIRA (turma da noite),
2002-2003: JANUÁRIO GOMES (turmas A e B)[1671],
2002-2003: JOSÉ ALBERTO VIEIRA (turma da noite),
2003-2004: JANUÁRIO GOMES (turmas A e B)[1672],
2003-2004: PAULA COSTA E SILVA (turma da noite),
2004-2005: JOSÉ ALBERTO VIEIRA (turmas A e B),
2004-2005: PAULA COSTA E SILVA (turma da noite),
2005-2006: PEDRO DE ALBUQUERQUE (turmas A e B),
2005-2006: JOSÉ ALBERTO VIEIRA (turma da noite),
2006-2007: PEDRO DE ALBUQUERQUE (turmas A e B),
2006-2007: JOSÉ ALBERTO VIEIRA (turma da noite).

Vamos de seguida proceder à análise do ensino daqueles relativamente aos quais encontrámos elementos ilustrativos do respectivo magistério, com a ressalva, porém, dos compreendidos no período de 1974-1977 uma vez que isso já foi feito anteriormente.

7.5.1. OLIVEIRA ASCENSÃO

I – O ensino dos Direitos Reais na Faculdade de Direito de Lisboa ficaria particularmente marcado, a partir da década de sessenta do século passado, por OLIVEIRA ASCENSÃO.

Assiste-se desde o início do respectivo ensino a uma melhor sistematização da matéria, num fenómeno que iria sendo aperfeiçoado ao longo dos anos. Isso mesmo pode ser documentado, quer através dos sucessivos sumários disponíveis, quer mediante as próprias lições poli-

---

[1670] *Direitos Reais (sumários – turma A)*, 2001-2002; *Direitos Reais (sumários – turma B)*, 2001-2002.
[1671] *Direitos Reais (sumários – turma A)*, 2002-2003; *Direitos Reais (sumários – turma B)*, 2002-2003.
[1672] *Direitos Reais (sumários – turma A)*, 2002-2003; *Direitos Reais (sumários – turma B)*, 2002-2003.

copiadas ou publicadas[1673]. Assim, logo em 1962-1963, no primeiro ano em que leccionaria a disciplina, OLIVEIRA ASCENSÃO procura estruturar o curso numa marcada divisão fundamental entre uma parte geral e uma parte especial como o atesta o seguinte plano por ele gizado:

PARTE GERAL
Título I
Introdução
Capítulo I
Objecto do curso de direitos reais
1. A classificação germânica das relações jurídicas. 2. O problema terminológico. 3. Objecto do direito das coisas. 4. Noção provisória.
Capítulo II
Natureza do direito das coisas
5. A doutrina dominante. 6. Direito comum e direito institucional. 7. O Direito das coisas como parte do direito comum.
Capítulo III
O direito da coisas e a lei positiva
8. O direito de propriedade no código civil. 9. Assunto legislativo de outros direitos reais. 10. Outras matérias relevantes.

[1673] V. OLIVEIRA ASCENSÃO, *Direitos Reais. Sumários*, 1962-63; Id. *Idem*, 1963--1964; Id., *Idem*, 1964-1965; Id., *Curso de Direitos Reais*, prelecções para uso dos alunos do 4.º ano, Lisboa, 1963; Id., *Lições de Direitos Reais*, proferidas ao curso do 4.º ano de 1965-1966, Lisboa, 1966, com dois apêndices integrados na obra concernentes o primeiro ao Direito Agrário e o outro ao Direito de Autor (v. 447 e ss.); Id., *Lições de Direitos Reais*, proferidas ao curso do 4.º ano de 1966-1967, Lisboa, 1966, com um apêndice integrado na obra relativo ao Direito Agrário (v. 495 a 532) e outro autonomizado referente ao Direito de Autor com o título *Lições de Direitos reais. Apêndice. Direito de autor*, proferidas ao curso do 4.º ano de 1966-1967, Lisboa, 1966; Id., *Direitos Reais*, Lisboa, I, 1969, II, 1970, III, 1970 (o primeiro volume corresponde à estática, o segundo à dinâmica, o terceiro à parte especial, compreendendo ainda, um apêndice relativo ao Direito de Autor); Id., *Direitos Reais*, 2.ª ed., reprodução da edição de 1971, Lisboa, 1973; Id., *Direitos Reais*, 3.ª ed., Lisboa, 1978; Id., *Direito Civil, Reais*, 4.ª ed. refundida, Coimbra, 1983; Id., *Direito…*, (5.ª ed.).

Capítulo IV
PARTE GERAL e PARTE ESPECIAL
11. Posição do problema. 12. A necessidade da parte geral.

Título II
Conceito de direito real

Capítulo I
Noções prévias
1. Razão de ordem. 2. Direito subjectivo. 3. Direito subjectivo e dever. 4. Conteúdo do direito e direitos subordinados. 5. Direito real e lei positiva.

Capítulo II
A evolução histórica
6. A formação do conceito de direito real. 7. A pandectística. 8. A evolução subsequente.

Capítulo III
Crítica das teorias dominantes
9. Teorias fundamentais. 10. O poder directo. 11. Teoria mista. 12. O poder absoluto. 13. O aparecimento das doutrinas monistas. 14. Crítica da relação absoluta. 15. Um novo critério da absolutidade.

Capítulo IV
Reconstrução do conceito
16. Situações jurídicas independentes de relacionação intersubjectiva. 17. A inerência. 18. A posição de terceiros. 19. Direito real e direito absoluto.

Capítulo V
Consequências do direito real
20. As posições doutrinárias. 21. A sequela. 22. Noção; actuação. 23. Das excepções à sequela. 24. O debate doutrinário sobre a preferência. 25. O problema nos direitos reais de garantia. 26. A preferência como consequência do direito real.

Título III
Objecto do direito real

Capítulo I
As coisas
1. Razão de ordem. 2. Coisas corpóreas e incorpóreas. 3. Coisa móveis e imóveis. 4. Conceito de imóvel. 5. Águas. 6. Prédios rústicos e urbanos. 7. Limites verticais dos prédios. 8. Limitação em profundidade. 9. Limitação em altura.

Capítulo II
Princípios concernentes ao objecto
dos direitos reais

10. Necessidade da existência actual da coisa. 11. A inseparabilidade do direito e da coisa. 12. A referência do direito à totalidade da coisa. 13. Os direitos a partes da coisa. 14. Conclusão.

Título IV
Fundamento dos direitos reais

1. O «fundamento da propriedade». 2. A extensão a todos os direitos patrimoniais. 3. O problema no direito das coisas. 4. Os bens de produção. 5. Os direitos reais menores.

Título V
Direito real e função social

Capítulo I
Implicações do princípio

1. A propriedade absoluta. 2. A função social da propriedade e a Constituição Política. 3. Consequências do princípio. 4. Limites do princípio.

Capítulo II
As limitações dos direitos reais

5. As «limitações da propriedade». 6. Pretensas restrições à relevância da função social. 7. Classificações fundamentais. 8. Estrutura das limitações. 9. Integração no conteúdo do direito real. 10. Da existência de relacionação intersubjectiva. 11. A expropriação. 12. Outras limitações de interesse público.

Título VI
A tipicidade

1. O princípio do *numerus clausus*. 2. Os poderes do intérprete na qualificação de figuras legais. 3. Direitos reais consuetudinários. 4. Tipicidade e conteúdo do direito real.

Título VII
Constituição e extinção de Direitos Reais

Título VIII
As relações jurídicas reais

1. Noção. 2. Conflitos entre direitos e partes da coisa. 3. Conflitos de vizinhança. 4. As servidões coactivas. 5. Conflitos de sobreposição. 6. Comunhão. 7. Hierarquia. 8. Preferência. 9. Constituição voluntária.

Título IX
Classificações dos direitos reais
1. Direitos reais sobre móveis e sobre imóveis. 2. Direito real máximo e direitos reais menores. 3. Direitos reais de gozo e de garantia.
Título X
Direito real e registo predial
1. A publicidade.
Capítulo I
Dogmática do registo predial
2. Princípios fundamentais.
Capítulo II
Técnica do registo predial
3. Princípios técnicos.
PARTE ESPECIAL
Título I
A posse
1. Posse causal e posse formal. 2. Objecto da posse. 3. A posse através da história. 4. O *corpus*. 5. O *animus*. 6. Modalidades da posse. 7. Efeitos da posse. 8. A posse é um direito real. 9. Aquisição da posse.
Título II
A propriedade
1. Conteúdo da propriedade. 2. Essência da propriedade. 3. Propriedade das águas.
Título III
A enfiteuse
1. Conceito. 2. Natureza jurídica.
Título IV
A superfície
1. A situação complexa. 2. O regime.
Título V
Censos, quinhão e compáscuo
Título VI
Usufruto, uso e habitação
1. Conceito de usufruto. 2. Regime. 3. Usufruto de créditos. 4. Uso e habitação.

Título VII
Arrendamento
Título VIII
Servidão
1. Conceito. 2. Modalidades. 3. Regime.

Os sumários de 1963-1964 demonstram uma sistematização mais perfeita, sobressaindo a adopção, por OLIVEIRA ASCENSÃO, da divisão do curso numa estática e numa dinâmica. Nota-se além disso, e como particularidade, a circunstância de a parte especial ser tratada dentro da própria estática, destarte, antes da própria dinâmica, como o atesta o seguinte plano elaborado por este Professor[1674]:

Título I
Generalidades
Secção I
Objecto do curso de direitos reais
1. A formação do conceito de direitos reais. 2. O problema terminológico. 3. A expressão «direitos reais» na ordem jurídica portuguesa. 4. Conteúdo do direito das coisas.

Secção II
Natureza do direito das coisas
5. A doutrina dominante. 6. Direito comum e direito institucional. 7. O direito das coisas como parte do direito comum.

Secção III
Direito Agrário
8. Formação do conceito. 9. A unidade. 10. A autonomia.

Secção IV
O direito das coisas e a lei positiva
11. O «direito de propriedade» no código civil. 12. Assento legislativo de outros direitos reais. 13. Outras matérias relevantes.

[1674] De relevo, também a circunstância de nesta altura a matéria do registo ser tratada num capítulo final ainda não integrada na teoria geral dos Direitos Reais, que OLIVEIRA ASCENSÃO elaboraria.

Secção V
Sistema
14. A doutrina dominante. 15. A necessidade da teoria geral. 16. A estática e a dinâmica.

PARTE I
A estática
Capítulo I
Conceito de direito real
Secção I
Noções prévias
1. Razão de ordem. 2. Direito subjectivo. 3. Direito subjectivo e dever. 4. Conteúdo do direito e direitos subordinados.

Secção II
Exame de alguns tipos legais
5. Justificação. 6. A propriedade: 1.º O direito de fruição, 2.º O direito de transformação, 3.º O direito de exclusão e defesa, 4.º O direito de restituição e de indemnização dos direitos violados, 5.º O direito de alienação. 7. O usufruto, 8. A servidão.

Secção III
A evolução histórica
9. A formação do conceito e as figuras de fronteira. 10. A pandectística. 11. A evolução subsequente.

Secção IV
Crítica das teorias dominantes
12. Teorias fundamentais. 13. O poder directo. 14. Teoria mista. 15. O poder absoluto. 16. O aparecimento das doutrinas monistas. 17. Crítica da relação absoluta. 18. Um novo conceito de absolutidade.

Secção V
Reconstrução do conceito
19. Situações jurídicas independentes de relacionação intersubjectiva. 20. A inerência. 21. A posição dos terceiros. 22. Direito real e direito absoluto.

Secção VI
Consequências do direito real
23. As posições doutrinárias. 24. A sequela. 25. Noção; actuação. 26. Das excepções à sequela. 27. O debate doutrinário sobre a preferência. 28. O pro-

blema nos direitos reais de garantia. 29. A preferência como consequência do direito real.

Capítulo II
Objecto do direito real
Secção I
As coisas

1. Razão de ordem. 2. Coisas corpóreas e incorpóreas (bens intelectuais e direitos). 3. Coisas móveis e imóveis. 4. Conceito de imóvel. 5. Águas. 6. Prédios rústicos e urbanos.

Secção II
Princípios concernentes ao objecto do direito real

7. Necessidade da existência actual da coisa. 8. A inseparabilidade do direito e da coisa. 9. A referência do direito à totalidade da coisa. 10. Os direitos a partes da coisa. 11. Conclusão.

Capítulo III
O direito real e a ordem económico-social

1. O «fundamento da propriedade». 2. A extensão a todos os direitos patrimoniais. 3. O problema no Direito das Coisas. 4. Os bens de produção. 5. A propriedade como instituição de direito natural: alcance do princípio. 6. Os direitos reais menores.

Capítulo IV
Direito real e função social
Secção I
Enunciado e alcance do princípio

1. A propriedade absoluta. 2. A afirmação do princípio da função social. 3. Manifestações práticas. 4. Insuficiência de regulamentação do princípio.

Secção II
As limitações da propriedade

5. Generalidades. 6. Pretensas limitações à relevância da função social. 7. Classificações fundamentais. 8. Estrutura das limitações. 9. Integração no conteúdo do direito real. 10. Da existência de relacionação intersubjectiva.

Secção III
As limitações de interesse público em especial

11. Modalidades. 12. Obrigações positivas no interesse público. 13. A expropriação. 14. Expropriação e outras restrições por utilidade pública. 15. Ser-

vidão administrativa, restrição por utilidade pública e garantia constitucional de propriedade.

Capítulo V
A tipicidade

1. O princípio do *numerus clausus*. 2. Os poderes do intérprete na qualificação de figuras legais. 3. Direitos reais consuetudinários. 4. Tipicidade e conteúdo do direito real.

Capítulo VI
As relações jurídicas reais

1. Noção. 2. Conflitos entre direitos e partes da coisa. 3. Conflitos de vizinhança. 4. Servidão coactiva. 5. Conflitos de sobreposição. 6. Comunhão. 7. Hierarquia. 8. Preferência. 9. Constituição voluntária.

Capítulo VII
Classificações dos direitos reais

1. Direitos reais sobre móveis e sobre imóveis. 2. Direito real máximo e direitos reais menores. 3. Direitos reais simples e complexos. 4. Direitos reais de gozo, garantia, aquisição e ónus reais.

Capítulo VIII
Direitos reais de gozo

1. Preliminares.

Secção I
A posse

1. A posse através da história. 2. A posse causal: exclusão desta figura. 3. A posse e o direito «possuído». 4. O *corpus*. 5. O *animus:* a exclusão da posse em nome alheio. 6. O *animus* (cont.): caracterização. 7. Posse antiga e posse nova. 8. Posse titulada e posse não titulada. 9. Posse de boa fé e posse de má fé. 10. Posse efectiva e posse civil. 11. Efeitos de posse. 12. A posse é um direito real.

Secção II
A propriedade

1. Conteúdo da propriedade. 2. O direito de fruição e os limites verticais dos prédios. 3. Limitação em profundidade. 4. Limitação em altura. 5. A indeterminação dos poderes do proprietário. 6. Propriedade temporária. 7. Essência da propriedade. 8. Propriedade das águas. 9. A ressalva dos direitos adquiridos. 10. Títulos de aquisição de direitos: lei, uso e costume, concessão expressa, sentença e prescrição.

Secção III
Usufruto, uso e habitação
1. Conceito. 2. Regime. 3. Usufruto de créditos. 4. Uso e habitação.
Secção IV
Servidão
1. Conceito. 2. Modalidades. 3. Regime. 4. As servidões de águas: a) Servidão de presa. 5. b) Servidão de aqueduto. 6. c) Servidão de escoamento.
Secção V
Enfiteuse
1. Conceito. 2. Natureza jurídica. 3. Regime.
Secção VI
Superfície
1. A situação complexa. 2. Regime.
Secção VII
Arrendamento
1. Modalidades. 2. A «transitoriedade do arrendamento». 3. Natureza jurídica.
Secção VIII
Quinhão e compáscuo
Capítulo IX
Direitos reais de garantia
Secção I
Generalidades
Secção II
Retenção
1. Conceito. 2. Regime. 3. Natureza jurídica.
Capítulo X
Ónus reais
Secção I
Censo
Secção II
Ónus de amortização de empréstimos concedidos pela Junta de Colonização Interna
Capítulo XI
Direitos reais de aquisição

Secção I
Generalidades
1. Categorias. 2. Aquisição da coisa. 3. Aquisição de produtos ou partes da coisa. 4. Aquisição de outras coisas.
Secção II
Direito de prelação
1. Natureza jurídica. 2. Fuguras afins.
PARTE II
A dinâmica
Capítulo I
Introdução
1. Razão de ordem. 2. Constituição, transmissão, modificação e extinção. 3. A forma.
Capítulo II
Constituição de direitos reais
Secção I
Generalidades
1. Razão de ordem. 2. Causas genéricas e específicas. 3. A servidão constituída por destinação do pai de família.
Secção II
Ocupação
1. Conceito. 2. Objecto.
Secção III
Acessão
1. Conceito. 2. Espécies.
Secção IV
Usucapião
1. Conceito. 2. A posse prescricional.
Secção V
Constituição de posse
Capítulo III
Transmissão de direitos reais
Capítulo IV
Modificação de direitos reais

Capítulo V
Extinção de direitos reais
1. Extinção e perda de direitos reais. 2. Modalidades. 3. Expropriação. 4. Renúncia. 5. Não uso. 6. Confusão. 7. Remição. 8. Desnecessidade.
Capítulo VI
Direito real e registo predial
1. A publicidade.
Secção I
Dogmática do registo predial
2. Princípios fundamentais: I – Princípio da instância, II – Princípio da legalidade, III – Princípios respeitantes ao valor ou efeitos do registo.
Secção II
Técnica do registo predial
3. Princípios técnicos do registo predial: I – Princípio da realidade, ou da base real, II – Princípio da tipicidade, III – Princípio do trato sucessivo, IV – Princípio da prioridade.

Em 1964-1965, porém, OLIVEIRA ASCENSÃO colocaria o estudo dos diversos tipos de direitos reais, não na estática, mas numa parte especial subsequente à parte geral. A matéria do registo seria, por sua vez, transferida para a dinâmica deixando, destarte, de integrar um capítulo autónomo no final. Nesse ano seria, então, o seguinte o programa adoptado[1675]:

Título I
Generalidades
Secção I
Objecto do curso de direitos reais
1. A formação do conceito de direitos reais. 2. O problema terminológico. 3. A expressão «direitos reais» na ordem jurídica portuguesa. 4. Conteúdo do direito das coisas.

[1675] Cfr. *Direitos…, sumários*, 1964-1965.

Secção II
Natureza do direito das coisas

5. A doutrina dominante. 6. Direito comum e direito institucional. 7. O direito das coisas como parte do direito comum.

Secção III
O direito das coisas e a lei positiva

8. O «direito de propriedade» no código civil. 9. Assento legislativo de outros direitos reais. 10. Outras matérias relevantes.

Secção IV
Sistema

11. A doutrina dominante. 12. A necessidade da teoria geral. 13. A estática e a dinâmica.

PARTE GERAL
Título II
A estática
Capítulo I
Conceito de direito real
Secção I
Noções prévias

14. Razão de ordem. 15. Direito subjectivo. 16. Direito subjectivo e dever. 17. Conteúdo do direito e direitos subordinados.

Secção II
Exame de alguns tipos legais

18. Justificação. 19. A propriedade. 20. O usufruto. 21. A servidão.

Secção III
A evolução histórica

22. A formação do conceito e as figuras de fronteira. 23. A pandectística. 24. A evolução subsequente.

Secção IV
Crítica das teorias dominantes

25. Teorias fundamentais. 26. O poder directo. 27. Teoria mista. 28. O poder absoluto. 29. O aparecimento das doutrinas monistas. 30. Crítica da relação absoluta. 31. Um novo conceito de absolutidade.

Secção V
Reconstrução do conceito
32. Situações jurídicas independentes de relacionação intersubjectiva. 33. A inerência. 34. A posição dos terceiros. 35. Direito real e direito absoluto.

Secção VI
Consequências do direito real
36. As posições doutrinárias. 37. A sequela. 38. Noção; actuação. 39. Das excepções à sequela. 40. O debate doutrinário sobre a preferência. 41. O problema nos direitos reais de garantia. 42. A preferência como consequência do direito real.

Capítulo II
Objecto do direito real
Secção I
As coisas
43. Razão de ordem. 44. Coisas corpóreas e incorpóreas. 45. Os direitos. 46. Coisas móveis e imóveis. 47. Conceito de imóvel. 48. Águas. 49. Prédios rústicos e urbanos.

Secção II
Princípios concernentes ao objecto do direito real
50. Necessidade da existência actual da coisa. 51. A inseparabilidade do direito e da coisa. 52. A referência do direito à totalidade da coisa. 53. Os direitos a partes da coisa. 54. Conclusão.

Capítulo III
O direito real e a ordem económico-social[1676]
55. O «fundamento da propriedade». 56. A posição legal na justificação. 57. Os bens de produção. 58. A propriedade como instituição de direito natural: alcance do princípio. 59. Os direitos reais menores.

Capítulo IV
Direito real e função social

[1676] Nos sumários consta a indicação de que esta matéria foi dada em aulas práticas.

Secção I
Enunciado e alcance do princípio
60. A propriedade absoluta. 61. A função pessoal do direito real. 62. A função social na Constituição vigente. 63. Divergências na apreciação do princípio. 64. Manifestações práticas. 65. Insuficiência de regulamentação do princípio.
Secção II
As «limitações da propriedade»
66. Generalidades. 67. Pretensas limitações à relevância da função social. 68. Classificações fundamentais. 69. Estrutura das limitações. 70. Integração no conteúdo do direito real. 71. Da existência da relacionação intersubjectiva.
Secção III
A limitação de interesse público em especial
72. Modalidades. 73. Obrigações positivas no interesse público. 74. A expropriação. 75. Expropriação e outras restrições por utilidade pública. 76. Servidão administrativa, restrição por utilidade pública e garantia constitucional da propriedade.

Capítulo V
A tipicidade
77. O princípio do *numerus clausus*. 78. Os poderes do intérprete na qualificação de figuras legais. 79. Direitos reais consuetudinários. 80. Tipicidade e conteúdo do direito real.

Capítulo VI
As relações jurídicas reais
81. Noção. 82. Relações simples e complexas. 83. Conflitos entre direitos a partes da coisa. 84. Conflitos de vizinhança. 85. Servidão coactiva. 86. Servidão administrativa. 87. Conflitos de sobreposição. 88. Comunhão. 89. Hierarquia. 90. Preferência. 91. Constituição voluntária.

Capítulo VII
Classificações dos direitos reais
92. Direitos reais sobre móveis e sobre imóveis. 93. Direito real máximo e direitos reais menores. 94. Direitos reais simples e complexos. 95. A bipartição: direitos de garantia e direitos de gozo. 96. A – Direitos reais de gozo. 97. B – Direitos reais de garantia. 98. C – Ónus reais. 99. D – Direitos reais de aquisição.

Título III
A dinâmica

Capítulo I
Introdução
100. Razão de ordem. 101. Constituição, transmissão, modificação e extinção. 102. A forma. 103. A relevância da boa fé.
Capítulo II
Constituição de direitos reais
104. Razão de ordem.
Secção I
Ocupação
105. Conceito. 106. Objecto.
Secção II
Acessão
107. Conceito. 108. Espécies.
Secção III
Usucapião
109. Conceito. 110. A posse prescricional.
Capítulo III
Transmissão de direitos reais
111. Generalidades.
Capítulo IV
Modificação de direitos reais
112. Generalidades.
Capítulo V
Extinção de direitos reais
113. Extinção e perda de direitos reais. 114. Modalidades. 115. Expropriação. 116. Perda da coisa. 117. Impossibilidade definitiva de exercício. 118. Renúncia. 119. Não uso. 120. Confusão. 121. Remição.
Capítulo VI
Direito real e registo predial
122. Introdução.
Secção I
O registo predial
123. A publicidade. 124. Princípio da instância. 125. Princípio da legalidade. 126. A descrição. 127. A tipicidade. 128. Princípio do trato sucessivo. 129. Princípio da prioridade.

Secção II
Efeitos do registo
130. Modalidades. 131. Publicidade constitutiva. 132. Publicidade enunciativa. 133. Publicidade confirmativa ou consolidativa. 134. Terceiros. 135. A fé pública. 136. A publicidade aparente. 137. A má fé. 138. O sub-adquirente de boa fé.

PARTE ESPECIAL
Título I
Direitos reais de gozo
Capítulo I
Generalidades
139. Razão de ordem.

Capítulo II
A posse
140. A posse através da história. 141. A posse causal: exclusão desta figura. 142. A posse e o direito «possuído». 143. O *corpus*. 144. O *animus:* a exclusão da posse com nome alheio. 145. O *animus* (cont.): caracterização. 146. Posse antiga e posse nova. 147. Posse titulada e posse não titulada. 148. Posse de boa fé e posse de má fé. 149. Posse efectiva e posse civil. 150. Constituição da posse. 151. Efeitos da posse. 152. A posse é um direito real. 153. A perda da posse.

Capítulo III
Propriedade
154. Conteúdo da propriedade. 155. O conteúdo do direito e de limites verticais dos prédios. 156. Limitação em profundidade. 157. Limitação na altura. 158. A indeterminação dos poderes do proprietário. 159. Propriedade temporária. 160. Essência da propriedade. 161. Propriedades especiais.

Capítulo IV
Usufruto, uso e habitação
162. Conceito. 163. Regime. 164. Usufruto de créditos. 165. Uso e habitação.

Capítulo V
Servidão
166. Conceito. 167. Modalidades. 168. Regime. 169. A destinação do pai de família. 170. Desnecessidade.

Capítulo VI
Enfiteuse
171. Conceito. 172. Natureza jurídica. 173. Regime.

Capítulo VII
Superfície
174. A situação complexa. 175. Regime.
Capítulo VIII
Arrendamento
176. Modalidades. 177. A «transitoriedade» do arrendamento. 178. Natureza jurídica.
Capítulo IX
Quinhão e compáscuo
179. Generalidades.
Título II
Direitos reais de garantia
Secção I
Generalidades
180. Razão de ordem.
Secção II
Retenção
181. Conceito. 182. Regime. 183. Natureza jurídica.
Título III
Ónus reais
184. Censo. 185. Ónus de amortização de empréstimos concedidos pela Junta de Colonização Interna.
Título IV
Direitos reais de aquisição
Secção I
Generalidades
186. Categorias de direitos de aquisição. 187. Aquisição da coisa. 188. Aquisição de produtos ou partes da coisa. 189. Aquisição de outras coisas.
Secção II
Direito de prelação
190. Natureza jurídica. 191. Figuras afins.
Apêndice I
Direito agrário
192. A formação do conceito. 193. A empresa agrícola.

Esta estrutura básica manter-se-ia, depois, com variantes diversas, vindo a consolidar-se, em 1993, na última edição do livro *Direito Civil. Reais*[1677].

Neste último esquema cabe, designadamente, assinalar, no confronto com quanto sucedera noutros momentos do respectivo ensino, a circunstância de OLIVEIRA ASCENSÃO ter abandonado as incursões que

---

[1677] E a consolidar-se nos seguintes termos:
　　　　　　　　　Introdução
　　　　　　　　　Capítulo I
　　　　　A categoria «direitos reais»
1. A determinação positiva dos direitos disciplinados. 2. A função prática e a variabilidade dos processos técnicos. 3. A formação da categoria «direito real». 4. A imprecisão terminológica. 5. Conteúdo do Direito das Coisas.
　　　　　　　　　Capítulo II
　　　　　Natureza do direito das coisas
6. Direito comum e direito institucional. 7. A integração no direito comum.
　　　　　　　　　Capítulo III
　　　　Assento legislativo do Direito das Coisas
8. Matérias reguladas no Código. 9. Matérias deixadas de fora do Código. 10. Legislação superveniente.
　　　　　　　　　Capítulo IV
　　　　　　　　　Sistema
11. A situação legal. 12. A situação doutrinária. 13. A necessidade da teoria geral. 14. Programa.
　　　　　　　　　Capítulo V
　　　　　Conceito do direito real
15. A limitação à coisa corpórea. 16. Direitos sobre Direitos e sobre universalidades. 17. As bases do conceito. 18. O critério; o objecto ou o conteúdo. 19. O direito real como direito absoluto. 20. A pretensão real. 21. O direito real como direito inerente a uma coisa. 22. Direitos inerentes mas não funcionais. 23. Conclusão: direito funcionalmente dirigido à afectação da coisa.
　　　　　　　　　Título I
　　　　　　　　　A posse
　　　　　　　　　Secção I
　　　　　Demarcação do instituto
24. Razão de ordem. A «posse útil»: remissão. 25. Origem histórica. Posse e propriedade. 26. Objecto. 27. Significado da extensão dos meios de defesa da pessoa. 28. Âmbito de aplicação. 29. Posse e aquisição de direito real. 30. Fundamento. 31. O carácter abstracto. A mera posse.

Secção II
A situação de facto
32. A posse é um facto ou um direito? 33. A constituição da posse. Emposse, apossamento ou investidura. 34. *Corpus*. 35. O problema do *animus*. 36. Posição adoptada. 37. A detenção. 38. Actos facultativos. 39. A inversão do título. 40. Classificações da posse. 41. Posse titulada e não titulada. 42. Posse de boa fé e de má fé. 43. Posse pacífica e posse violenta. 44. Posse pública e posse oculta. 45. Posse efectiva e posse civil.
Secção III
A situação jurídica
46. Conteúdo. 47. *Commoda possessionis*. 48. Benfeitorias. 49. A tutela judicial da posse. 50. Vicissitudes. A aquisição da posse. 51. Constituto possessório. 52. A posse ou entrega judicial. 53. Transmissão. 54. Extinção. 55. Em particular, a extinção da posse em consequência do apossamento por terceiro. 56. A sobreposição de posses. 57. Posse e interesse legítimo. 58. A posse é um direito subjectivo. 59. A posse não é um direito real.
Título II
PARTE GERAL – ESTÁTICA
Capítulo I
O direito real e a ordem económico-social
60. História. Roma e Idade Média. 61. A evolução subsequente. 62. O «fundamento da propriedade». 63. Posição do problema. 64. Justificação da propriedade privada dos bens de produção. 65. O problema da restrição dos titulares privados. 66. Direito de propriedade e sistema económico-social. 67. Os direitos reais menores. 68. Direito real e ordem constitucional.
Capítulo II
A tipicidade
69. O *numerus clausus*. 70. Direito a constituir. 71. Os poderes do intérprete na qualificação de figuras legais. 72. Objecto da tipicidade. 73. A conversão legal. 74. Lei e costume como fontes de direitos reais.
Capítulo III
Classificação dos direitos reais
75. Sobre móveis e sobre imóveis. 76. Direitos reais simples e complexos. 77. «Coisas» públicas e particulares. 78. Domínio eminente. 79. Direitos comuns. 80. Os baldios. 81. A tripartição: direitos de gozo, de garantia e de aquisição. 82. Direitos reais de gozo. 83. O poder de transformação. 84. A delimitação dos prédios em altura e em profundidade. 85. Limitação em profundidade. 86. Limitação em altura. 87. Direitos reais de garantia. 88. Direitos reais de aquisição.
Capítulo IV
Função Social
Secção I
Enunciado e alcance do princípio
89. Propriedade absoluta, abuso e função. 90. Posições tomadas pela lei positiva. 91. A Constituição de 1976. 92. Divergência na apreciação do princípio constitucio-

nal. 93. Consequências da consagração do princípio do abuso de direito. 94. Significado actual do princípio. 95. O sistema de intervenções do legislador.
Secção II
As «limitações da propriedade»
96. Generalidades. 97. Distinções fundamentais. 98. Estrutura das limitações. 99. Integração no conteúdo do direito real. 100. Restrição e relacionação intersubjectiva.
Secção III
As limitações de interesse público em especial
101. Interesse público e direito público. 102. Classificações. 103. Obrigações positivas no interesse público. 104. A ablação ou oneração para fins públicos de direitos privados. 105. A expropriação como restrição. 106. A utilidade pública. A caducidade. A reversão. 107. Expropriação e restrições equiparáveis de direitos reais. 108. A rejeição de um pretenso conceito constitucional autónomo de expropriação. 109. As exigências da garantia constitucional da propriedade.
Capítulo V
As relações jurídicas cujos sujeitos
são qualificados pela titularidade
de direitos reais
110. Noção. 111. Regime e divisão fundamental. 112. Natureza da relação jurídica real. 113. A tipicidade das situações jurídicas *propter rem*. 114. Relações simples e complexas. 115. Conflitos entre direitos a partes da coisa. 116. Conflitos de vizinhança: caracterização. 117. Generalidades. Vizinhança e responsabilidade. 118. Emissões. 119. Demarcação e tapagem. 120. Construções, plantações e escavações. 121. Faculdade de acesso ou passagem por prédio alheio. 122. Servidão legal ou coactiva. 123. Servidão administrativa. 124. Posição adoptada. 125. Conflitos de sobreposição. 126. Comunhão. 127. Regime. 128. Natureza jurídica. 129. Hierarquia. 130. Prevalência. 131. O desmembramento do domínio. A propriedade dividida. 132. A oneração do direito maior.
Título III
PARTE GERAL – A DINÂMICA
Capítulo I
Noções prévias
133. A produção de efeitos reais. 134. Os factos jurídicos com efeitos reais. 135. A tipicidade dos factos. 136. Negócio jurídico. 137. A forma. 138. A relevância de má fé. 139. A expropriação por utilidade particular.
Capítulo II
Constituição
140. Razão de ordem.
Secção I
Usucapião
141. Objecto. 142. A posse prescricional. 143. Outros requisitos da usucapião.

Secção II
Acessão
144. Âmbito de incidência. 145. O limite na união de coisas. 146. Acessão industrial. 147. A aquisição por acessão é automática ou potestativa?
Capítulo III
Transmissão
148. A alienabilidade. 149. Aspectos da transmissão negocial. 150. Aspectos da transmissão por acto de autoridade. 151. Remissão.
Capítulo IV
Modificação
152. Factos modificativos. 153. O título. 154. A tipicidade das relações jurídicas reais. 155. A especificidade da relação negocial de vizinhança. 156. As cláusulas acessórias típicas. 157. Termo. 158. Condição. 159. Cláusulas suspensivas e resolutivas. 160. Cláusulas de reversão.
Capítulo V
Publicidade
161. Introdução.
Secção I
O registo predial
162. Função. 163. A instância. 164. A legalidade. 165. A descrição. 166. Objecto de registo. 167. A tipicidade. 168. Trato sucessivo e 1.ª inscrição. 169. Suprimento do trato sucessivo. 170. A imposição da inscrição prévia pelo disponente. 171. Princípio da prioridade.
Secção II
Efeitos substantivos do registo
172. A fé pública. 173. A desconformidade do registo. 174. Conjugação das presunções fundadas na posse e no registo. 175. Registo constitutivo. 176. Registo enunciativo. 177. Registo declarativo: crítica. 178. Registo confirmativo ou consolidativo. 179. A aquisição do direito pelo pseudo-adquirente. 180. Registo atributivo. 181. A tutela do subadquirente em relação a acto inválido. 182. A subaquisição baseada em nulidade registal. 183. A omissão da inscrição e suas consequências. 184. Reconstituição do sistema da lei portuguesa. 185. Requisitos. 186. Limites da fé pública do registo. 187. A relevância da usucapião. 188. Conclusão. 189. Significado do registo provisório.
Capítulo VI
Extinção
190. Equacionamento. 191. Expropriação. 192. Sujeitos. 193. Direito à indemnização. 194. A medida da indemnização. 195. Reversão. 196. Natureza. 197. Perda da coisa. 198. Impossibilidade definitiva de exercício. 199. Renúncia. 200. Prescrição. 201. Caducidade. 202. Não uso: caracterização. 203. Âmbito. 204. A *usucapio libertatis*. 205. Extinção do direito menor por «confusão». 206. A cessação duma situação de facto qualificativa do direito.

Capítulo VII
Violação
207. Pretensão real e ilicitude. 208. A violação de situações jurídicas *propter rem*.

Capítulo VIII
Defesa
209. Generalidades. A acção directa. 210. Pretensões reais. 211. Acções reais. 212. Reivindicação. 213. Configuração. 214. Prova. 215. Aspectos complementares. 216. Acção negativa. 217. Acção confessória. 218. Acção de demarcação.

Título IV
PARTE ESPECIAL
219. Razão de ordem.

Subtítulo I
Direitos reais de gozo
Capítulo I
Propriedade
Secção I
Aspectos comuns
220. Generalidades. 221. Conteúdo. 222. Essência da propriedade.

Secção II
Ocupação e figuras afins
223. Conceito. 224. Objecto. 225. Coisas perdidas. 226. Tesouros. 227. Formas de aquisição de coisas *nulhus* pelo Estado.

Secção III
Propriedades especiais. A propriedade horizontal
228. A noção de propriedade especial. 229. A propriedade temporária. 230. Caracterização da propriedade horizontal. 231. Natureza jurídica. 232. Regime. 233. Órgãos. 234. Competência da assembleia.

Capítulo II
Usufruto, uso e habitação
235. Conceito de usufruto. 236. Regime supletivo. 237. Vicissitudes. 238. Conteúdo: a) Poderes. 239. b) Vinculações. 240. Natureza jurídica. O usufruto de créditos. 241. Uso e habitação. 242. As atribuições preferenciais.

Capítulo III
Posse útil
243. Apresentação do tema. 244. A dualidade de acepções de posse útil. 245. Natureza jurídica.

Capítulo IV
Servidão
246. Conceito. 247. Servidão administrativa. 248. Conteúdo. 249. O «proveito» outorgado pela servidão. 250. A destinação do pai de família. 251. Modalidades. 252. Regime. 253. As servidões de águas: a) Servidão de presa. 254. b) Ser-

vidão de aqueduto. 255. c) Servidão de escoamento. 256. Servidão de passagem, atravessadouro, caminho público. 257. A desnecessidade.

Capítulo V
Direito de habitação periódica

258. Traços distintivos. 259. Duração. 260. Pressupostos. 261. Conteúdo. 262. A situação do proprietário. 263. Vicissitudes.

Capítulo VI
A enfiteuse: abolição

264. Remissão.

Capítulo VII
Superfície

265. Situação actual. 266. O tipo da superfície. 267. Objecto. 268. Duração. 269. Conteúdo. 270. Vicissitudes. 271. Estrutura.

Capítulo VIII
Arrendamento

272. Modalidades. 273. A «transitoriedade». 274. Natureza jurídica.

Capítulo IX
Quinhão

275. A situação. 276. Natureza jurídica.

Capítulo X
Compáscuo

277. Generalidades.

Subtítulo II
Direitos reais de garantia

278. Remissão. 279. Posse, desapossamento e constituição do penhor e da retenção. 280. Posse, desapossamento e extinção do penhor e da retenção. 281. Conclusão. 282. Retenção e tipicidade. 283. Privilégio creditório e prevalência.

Subtítulo III
Direitos reais de aquisição

284. Preliminares.

Capítulo I
Aquisição de direitos sobre a coisa-objecto
Secção I
Em geral

285. Aquisição potestativa. 286. Aquisição automática. 287. As expectativas reais.

Secção II
Contrato-promessa com eficácia real

288. Pressupostos. 289. Valor dos actos de disposição do promitente. 290. Eficácia real e execução específica. 291. Conjugação de eficácia real e execução específica. 292. O carácter de direito real de aquisição. 293. Avaliação do sistema da lei portuguesa.

Secção III
Direito de preferência
294. Terminologia e modalidades. 295. Natureza jurídica. 296. Regime. 297. Fraccionamento e emparcelamento de prédios rústicos.
Capítulo II
Aquisição de direitos sobre produtos
ou partes da coisa-objecto
298. Generalidades.
Capítulo III
Aquisição de direitos sobre coisas relacionadas
com a coisa-objecto
299. Generalidades.
Capítulo IV
Os ónus reais
300. Noção. 301. Modalidades. 302. Natureza jurídica. As teorias. 303. Posição adoptada.
Título V
Natureza do direito real
Secção I
A evolução histórica
304. A formação do conceito e as figuras de fronteira. 305. A pandectística. 306. A evolução subsequente.
Secção II
Crítica das teorias dominantes
307. Teorias-padrão. 308. O poder directo. 309. Teorias mistas. 310. O poder absoluto. 311. Sobre a relação absoluta. 312. Doutrinas monistas. 313. A posição dos terceiros.
Secção III
Reconstrução do conceito
314. Situações jurídicas independentes de relacionação intersubjectiva. 315. Direito real e direito absoluto. 316. Inerência. 317. Direitos absolutos e inerentes não reais. 318. A consideração funcional.
Secção IV
Consequências do direito real
319. As posições doutrinárias. 320. "Características" inaceitáveis. 321. A sequela. 322. Noção, actuação. 323. Só os direitos reais têm sequela? 324. Todos os direitos reais têm sequela? 325. A prevalência: a) O debate doutrinário. 326. b) O problema nos direitos reais de garantia. 327. c) A prevalência e consequência do direito real. 328. Existência actual e determinação da coisa. 329. A inseparabilidade do direito e da coisa. 330. A referência do direito à totalidade da coisa: a) A tese. 331. b) Os direitos a partes da coisa. 332. c) Conclusão.

chegou a fazer pelo Direito Agrário e pelo Direito de Autor assim como a compreensão da posse como um direito real e deixar, portanto, de a tratar na parte especial. Ela é transferida para a introdução, onde é estudada quase na totalidade. Reaparece, depois, uma referência à usucapião na dinâmica, no capítulo dedicado à constituição dos direitos reais.

Menção, também, para o facto de a acessão, na sequência de um contributo original de MENEZES CORDEIRO[1678] nesse sentido, deixar de ser encarada e tratada como uma figura jurídica específica do direito de propriedade para ser abordada no quadro mais amplo da matéria dedicada, na dinâmica, à constituição dos direitos reais em geral.

Referência final merece a circunstância de, na sua estrutura básica, a última edição de *Direito Civil. Reais*, se encontrar dividida em seis partes: Introdução, Posse, Parte geral – Estática, Parte geral – Dinâmica, Parte especial e Natureza do direito real. Considerando o facto de a primeira e a última integrarem também importantes aspectos gerais da teoria dos direitos reais, apenas duas das seis divisões em que OLIVEIRA ASCENSÃO estrutura a sua obra se referem a aspectos específicos de determinadas figuras de direitos reais[1679].

II – Os últimos elementos relativos ao ensino por OLIVEIRA ASCENSÃO da disciplina de Direitos Reais correspondem, todavia, aos

---

Apêndice I
Enfiteuse
333. A situação actual. 334. Conceito. 335. O domínio útil. 336. O domínio directo. 337. O não uso da enfiteuse. 338. Natureza jurídica. 339. Estrutura.
Apêndice II
Colonia
340. Caracterização. 341. Natureza jurídica. 342. Demídia. 343. Reconhecimento e abolição.

[1678] MENEZES CORDEIRO, *Evolução...*, in *Estudos...*, I, 222 e 223, e já antes, do mesmo autor, *Direitos...*, 510 e ss..

[1679] Em termos próximos RUI PINTO DUARTE, *O ensino...*, 33. Sublinhe-se, ainda, a circunstância de o tratamento efectivamente dedicado aos direitos reais de garantia, ao contrário do que pode sugerir a circunstância de lhes ser dedicado um capítulo específico, apenas cobrir alguns aspectos muito particulares que apenas têm sede adequada no quadro do Direito das Coisas e não também no das Obrigações.

sumários relativos ao ano lectivo de 1999-2000 referentes, quer à turma de dia, quer à da noite[1680]. Trata-se de documentos importantes porque revelam mudanças no magistério deste Professor não apenas entre eles mas no confronto com quanto vimos constar da obra *Direito Civil. Reais*. Os sumários relativos à turma da noite respeitam a prelecções realizadas no primeiro semestre do ano em referência e apresentam o seguinte conteúdo[1681]:

> Apresentação. Introdução. O Direito das Coisas. A formação do conceito de direito real. Conceito de direito real. Caracterização. Posse. Considerações introdutórias. A demarcação do instituto. Posse (continuação). A situação de facto. Registo Predial. Efeitos substantivos. Acórdãos uniformizadores de jurisprudência. Posse (continuação). Detenção, classificações da posse. Posse (continuação). Classificações. Efeitos. Defesa. Vicissitudes. Posse (continuação, recessão, acessão, extinção). Usucapião. Usucapião (conclusão). Natureza jurídica da posse. Fundamento de «propriedade». Tipicidade dos direitos reais. Tipicidade (continuação). Direitos reais de gozo, garantia e aquisição – classificações de Direitos Reais. Classificações de Direitos reais (continuação). Função social da propriedade. As situações jurídicas *propter rem*. Relações jurídicas reais (continuação). Vicissitudes dos direitos reais. Constituição. A acessão. Transmissão. Modificação. Extinção. Defesa dos direitos reais. Direitos Reais em especial. Propriedade. Propriedade horizontal. Usufruto. Uso e habitação. Início da servidão. Servidão. Direito real de habitação periódica. Superfície. Referência ao arrendamento, quinhão e compáscuo. Direitos reais de garantia. Direitos Reais de Aquisição.

O esquema básico é, ainda, de forma mais resumida ou sintética, o consagrado em *Direito Civil. Reais*. Sobressai, todavia, a circunstância de a matéria do registo aparecer tratada não na dinâmica mas intercalada no meio do ensino da posse.

[1680] Cfr. *Direitos…, Sumários (Dia)*, 1999-2000; e *Direitos…, Sumários (noite)*, 1999-2000.
[1681] Conforme se sublinhou já antes parte importante das aulas relativas a este semestre foram leccionadas por JOÃO MENEZES LEITÃO. De acordo, porém, com o respectivo testemunho, a quem uma vez mais se deixam os devidos agradecimentos académicos, a responsabilidade pela sistematização adoptada pertence a OLIVEIRA ASCENSÃO.

Os sumários relativos à turma de dia contêm a indicação de matéria leccionada no segundo semestre de 1999-2000. As mudanças são aqui múltiplas, com o abandono de grande parte dos resultados, até então, alcançados por OLIVEIRA ASCENSÃO e consagração de uma nova ordem[1682]. Há, na verdade, diversas originalidades que vão desde a circunstância de a primeira aula ser dedicada ao Direito de Autor e da Informática[1683], passando pelo facto de a posse apenas ser tratada depois da matéria da tipicidade[1684] e da classificação dos direitos reais[1685], ou de a parte especial surgir antes da dinâmica até à ocorrência de a publicidade aparecer tratada após o estudo dos direitos reais de gozo mas antes de matérias como os direitos reais de aquisição, o fundamento da propriedade, a sua função social e as relações entre titulares de direitos reais e de a comunhão surgir incluída na dinâmica. Em concreto foi o seguinte o esquema adoptado:

> Direito de Autor e da Informática. A formação do Direito das Coisas. Importância. Sistema de exposição. Direito das Coisas como ramo do Direito. Tipicidade dos direitos reais. Classificações direitos reais. Direitos reais de gozo, garantia e aquisição. Bens reais. Conceito de direito real. Direitos inerentes e direitos reais. Posse. Início do estudo. Referência histórica. Objecto. Posse e aquisição direito real. Fundamento. Situação abstracta. Posse. Situação jurídica. Constituição da posse *corpus* e *animus* (teoria subjectivista e objec-

---

[1682] Isto sem embargo da circunstância, que nos foi referida por JOÃO MENEZES LEITÃO, então colaborador de OLIVEIRA ASCENSÃO, de nalguns casos a ordem pela qual a matéria foi efectivamente leccionada nas aulas teóricas obedecer a razões conjunturais e não corresponder necessariamente ao programa previamente adoptado. Deliberada foi, isso sim, a anteposição da parte especial à parte geral. Sublinhe-se, novamente, a circunstância de as três últimas aulas terem sido da responsabilidade de JANUÁRIO GOMES.
[1683] Originalidade de monta não obstante a aula não ter sido directamente assegurada por OLIVEIRA ASCENSÃO como o próprio cuidou de fazer constar do livro de sumários.
[1684] Matéria incluída por OLIVEIRA ASCENSÃO, *Direito...*, 153 e ss., na parte geral – estática.
[1685] Também eles antes incluídos na parte geral – estática. Cfr. OLIVEIRA ASCENSÃO, *Direito...*, 164 e ss..

tivista). Orientação adaptada. A detenção. Detenção (conclusão). Inversão do título. Classificações. Efeitos da posse. Posse: meios de tutela. Reforma processual e meios de tutela judicial de posse. Vicissitudes. Natureza jurídica. Propriedade: conceito e natureza. Propriedades especiais. Propriedades temporárias. Propriedade horizontal. Usufruto – regime e natureza. Uso e habitação. Servidão, conceito. Posse útil. Servidão. Direito real de habitação periódica. Enfiteuse (abolição). Superfície. Arrendamento. Quinhão e compáscuo. Direitos reais de garantia. Aspectos de publicidade e posse e oponibilidade da hipoteca, penhor, retenção e privilégios creditórios. Dinâmica. Factos jurídicos com efeitos reais. Coisas genéricas de constituição de direitos reais. O regime jurídico. A usucapião. A acessão. A acessão (cont.). Transmissão. Modificação. Extinção. Extinção (continuação). Violação dos direitos reais. Defesa dos direitos reais. Comunhão. A compropriedade.

III – Paralelamente a tudo isto, OLIVEIRA ASCENSÃO introduziu, entre nós, novos aspectos da problemática geral dos Direitos Reais e reformulou, também, vários conceitos. Com múltiplos escritos publicados na área do Direito das Coisas, OLIVEIRA ASCENSÃO exploraria, ainda, áreas não visitadas pela doutrina jurídica ocidental, como a das relações jurídicas reais[1686/1687]. Ele desenvolveria aspectos básicos do regime dos direitos reais, ligados a matérias de ponta da teoria jurídica, como o da tipicidade[1688], e reformularia, como se viu, em geral, a disciplina dos Direitos Reais, com a elaboração difícil mas necessária de uma verdadeira teoria geral neste domínio[1689].

A propósito do contributo de OLIVEIRA ASCENSÃO para os Direitos Reais escreveria MENEZES CORDEIRO, em termos que se sufragam, ter o primeiro conduzido isoladamente, durante décadas, uma reelaboração da matéria com o fito de a retirar do ponto morto a que,

---

[1686] OLIVEIRA ASCENSÃO, *As relações jurídicas reais*, Lisboa, 1962.
[1687] No mesmo sentido de quanto se refere no texto v. MENEZES CORDEIRO, *Direitos... (sumários)*, 38.
[1688] *A tipicidade...*, *per totum*. Voltamos a referir aqui a recensão a esta obra de JORGE MIRANDA, *A tipicidade dos Direitos...*, *per totum*.
[1689] Assim, também, MENEZES CORDEIRO, *Direitos... (sumários)*, 38.

por diversos factores a que se fez já referência, ela fora levada em Portugal e no estrangeiro[1690]. OLIVEIRA ASCENSÃO transportaria – para continuar a fazer nossas as palavras de MENEZES CORDEIRO – a literatura jurídica portuguesa relativa aos Direitos Reais à vanguarda das suas congéneres[1691].

7.5.2. MENEZES CORDEIRO

I – MENEZES CORDEIRO iniciaria a respectiva regência dos Direitos Reais em 1977-1978, publicando, logo em 1979, o livro *Direitos Reais*, em dois volumes, como fruto desse seu ensino[1692]. Trata-se de uma obra com particularidades muito próprias, nomeadamente quanto às matérias estudadas, e, em parte, fruto das preocupações específicas do tempo em que foi elaborada, mas situada na linha iniciada por OLIVEIRA ASCENSÃO. Ela divide-se numa Introdução, seguida de três partes: os direitos reais na ordem jurídica portuguesa (Parte I), Teoria Geral dos Direitos Reais (Parte II – composta por uma anatomia e uma fisiologia do direito real) e dos Direitos reais em especial (Parte III).

II – Apesar de corresponder a um trabalho de juventude[1693], os *Direitos Reais* de MENEZES CORDEIRO marcariam importante posição na doutrina portuguesa. Neles o autor, para além de uma sistematização conseguida[1694], procuraria abordar temas novos nesta matéria, reformular conceitos – com destaque para as posições defendidas a propósito do conceito de direito subjectivo e de direito real[1695] e seu confronto

---

[1690] MENEZES CORDEIRO, *Direitos... (sumários)*, 38.
[1691] MENEZES CORDEIRO, *Direitos... (sumários)*, 38.
[1692] Esta obra seria mais tarde republicada num só volume. É este que vimos citando.
[1693] O autor tinha, apenas, cerca de vinte e cinco anos quando a escreveu.
[1694] Destaca-se, por exemplo, a circunstância de figuras como a ocupação e a acessão serem trazidas para o âmbito da teoria geral do Direito das Coisas, enquanto formas de constituição de diversas figuras jurídicas subjectivas reais e não apenas da propriedade. Cfr. MENEZES CORDEIRO, *Direitos...*, 477 e ss., e 490 e ss..
[1695] Nomeadamente a proposta da categoria dos direitos reais naturais que não mais se pode perder.

com os direitos de crédito, em particular no que diz respeito à questão da respectiva oponibilidade *erga omnes* – e apresentaria aquela que é, na nossa opinião, a par com o estudo posterior de SANTOS JUSTO, a obra, destinada ao ensino dos Direitos Reais, que melhor se nos afigura cumprir as exigências metodológicas impostas pelo reconhecimento da inalienável dimensão histórica do Direito. Repisem-se aqui, e sem prejuízo de quanto dissemos já a este respeito noutros locais e voltaremos a sublinhar mais adiante[1696], as palavras escritas quando procedemos à análise do ensino dos Direitos Reais por SANTOS JUSTO[1697]: o Direito é – sabe-se hoje – uma realidade histórico-cultural fruto de uma evolução paulatina das sociedades, o que inviabiliza explicações puramente lógicas ou racionais do fenómeno jurídico. A consideração do historicismo ou da dimensão histórica do Direito afigura-se a esta luz, e como veremos mais desenvolvidamente ainda durante este trabalho, absolutamente imprescindível: o Direito é, de facto, em grande medida, história[1698]. MENEZES CORDEIRO cumpre esta exigência ao proceder ao estudo histórico de figuras como os ónus reais[1699], a usucapião[1700], a ocupação e o *thesaurus*[1701], a acessão[1702], as acções possessórias[1703], a posse[1704], a propriedade[1705], a propriedade horizontal[1706], o usufruto[1707], o uso e a

---

[1696] Quando procedermos ao estudo dos aspectos e exigências metodológicas a cumprir no ensino dos Direitos Reais.
[1697] Cfr. *supra* 7. 4. 5.
[1698] Voltamos, por ora, e a título ilustrativo, a referir apenas na literatura jurídica dogmática, MENEZES CORDEIRO, *Tratado*…, I, I, 112 (sublinhando a circunstância de o Direito das Obrigações e o Direito Real serem, no essencial, Direito Romano actual); e MENEZES LEITÃO, *Direito*…, I, 108, invocando a natureza cultural do Direito. Adiante – repise-se – poderão consultar-se diversas outras referências.
[1699] MENEZES CORDEIRO, *Direitos*…, 366 e ss..
[1700] MENEZES CORDEIRO, *Direitos*…, 465 e ss..
[1701] MENEZES CORDEIRO, *Direitos*…, 479 e ss..
[1702] MENEZES CORDEIRO, *Direitos*…, 492 e ss..
[1703] MENEZES CORDEIRO, *Direitos*…, 579 e ss..
[1704] MENEZES CORDEIRO, *Direitos*…, 604 e ss..
[1705] MENEZES CORDEIRO, *Direitos*…, 616 e ss..
[1706] MENEZES CORDEIRO, *Direitos*…, 634 e ss..
[1707] MENEZES CORDEIRO, *Direitos*…, 645 e ss..

habitação, o direito do locatário[1708], o direito de superfície[1709], as servidões[1710], o penhor[1711] e a hipoteca[1712]. Mas vejamos qual foi, em concreto, o plano adoptado por MENEZES CORDEIRO:

        Introdução
    1 – O direito civil patrimonial; a «propriedade». 2 – O âmbito dos «direitos reais»; necessidade de uma delimitação histórica. 3 – O direito romano. 4 – A evolução posterior. 5 – A Revolução Francesa; repercussões doutrinais. 6 – A pandectística alemã; confronto com a civilística francesa; zonas de influência. 7 – O direito das coisas e a evolução da civilística portuguesa. 8 – O Código Civil de 1966. 9 – Crítica ao sistema germânico. 10 – Problemas actuais do direito das coisas. 11 – O ensino dos Direitos Reais em Portugal. 12 – O ensino do Direito das Coisas no estrangeiro. 13 – Bibliografia geral. 14 – A importância do direito das coisas.
        PARTE I
        Os direitos reais na ordem jurídica portuguesa
    15 – Preliminar.
        Capítulo I
        Da constituição patrimonial privada
    § 1.º Noção de constituição patrimonial privada
    16 – Constituição formal e constituição material. 17 – Normas e princípios constitucionais. 18 – Normas preceptivas e normas programáticas. 19 – Noção de constituição patrimonial privada; inconsequência da via da «constituição real».
    § 2.º Metodologia e fontes
    20 – Metodologia. 21 – Disposições constitucionais patrimoniais. 22 – Antecedentes históricos. 23 – Os projectos presentes na Constituição de 1976.

[1708] MENEZES CORDEIRO, *Direitos*…, 665 e ss..
[1709] MENEZES CORDEIRO, *Direitos*…, 706 e ss..
[1710] MENEZES CORDEIRO, *Direitos*…, 720 e ss..
[1711] MENEZES CORDEIRO, *Direitos*…, 741 e ss..
[1712] MENEZES CORDEIRO, *Direitos*…, 754 e ss..

§ 3.º Nível preceptivo; área formal

24 – Fontes do direito patrimonial. 25 – A interpretação da lei patrimonial. 26 – Estrutura do comando patrimonial. 27 – A aplicação da norma patrimonial; as sanções.

§ 4.º Nível preceptivo; área substancial

28 – O conteúdo da norma patrimonial. 29 – A «propriedade» privada. 30 – O sector público; noção. 31 – O conteúdo do sector público. 32 – O sector cooperativo. 33 – Os princípios cooperativos. 34 – Os critérios de distinção dos sectores de propriedade dos meios de produção; conclusões.

§ 5.º Nível programático

35 – Normas e princípios programáticos. 36 – A apropriação colectiva; terminologia. 37 – As indemnizações. 38 – A reforma agrária. 39 – O Plano e os circuitos comerciais. 40 – A posse útil e a propriedade social.

§ 6.º Perfil e sentido da constituição patrimonial privada

41 – Perfil da constituição patrimonial privada. 42 – Sentido da constituição patrimonial privada.

Capítulo II
Aspectos infraconstitucionais

43 – Sequência.

§ 1.º Da reforma agrária

44 – Generalidades; nota histórica. 45 – As reformas agrárias no mundo. 46 – Âmbito da reforma agrária portuguesa. 47 – Expropriações e nacionalizações. 48 – Os baldios. 49 – O arrendamento rural. 50 – Extinção da enfiteuse e da colonia. 51 – O crédito agrícola e as unidades colectivas de produção. 52 – A lei das bases gerais da Reforma Agrária; conclusões.

§ 2.º Do domínio público

53 – Generalidades; conceito; o domínio privado. 54 – A propriedade pública; as coisas públicas. 55 – O domínio público e o direito vigente. 56 – O conteúdo do domínio público. 57 – O aproveitamento do domínio público por particulares. 58 – O domínio público e os sectores de propriedade dos meios de produção; conclusões.

§ 3.º A propriedade social no direito comparado

59 – Justificação. 60 – Generalidades; as críticas ao sistema da URSS. 61 – A autogestão; princípios gerais. 62 – A empresa em autogestão. 63 – A propriedade social. 64 – A natureza da propriedade social. 65 – Socialismo de autogestão e socialismo de Estado.

Capítulo III
Os direitos reais no direito português
§ 1.º Os direitos reais e o Estado
66 – Generalidades. 67 – O direito administrativo. 68 – O direito económico. 69 – O direito fiscal. 70 – O direito processual civil. 71 – O direito criminal.
§ 2.º Os direitos reais no direito privado
72 – Generalidades. 73 – O direito privado não patrimonial. 74 – O direito de autor. 75 – O direito da «propriedade» industrial. 76 – O direito das obrigações. 77 – O direito da família e das sucessões. 78 – O direito comercial. 79 – O direito agrário.
§ 3.º Os direitos reais e as normas de conflitos
80 – O direito internacional privado. 81 – A aplicação das leis no tempo.
§ 4.º Os direitos reais e a lei
82 – O Código Civil. 83 – Legislação extravagante. 84 – Enumeração; diplomas gerais. 85 – Diplomas especiais (continuação).
PARTE II
Teoria geral dos direitos reais
86 – Justificação.
Capítulo I
Anatomia do direito real
Secção I
Do conceito de direito real
87 – Preliminar.
§ 1.º Das coisas
88 – Noção jurídica de coisa. 89 – Coisas corpóreas e incorpóreas. 90 – Coisas móveis e coisas imóveis. 91 – Prédios rústicos e urbanos. 92 – Outras coisas imóveis. 93 – As aplicações da distinção entre as coisas móveis e imóveis. 94 – Coisas simples e coisas compostas. 95 – Coisas fungíveis e coisas não fungíveis. 96 – Coisas consumíveis e coisas não consumíveis. 97 – Coisas divisíveis e coisas indivisíveis. 98 – Coisas principais e coisas acessórias. 99 – Coisas presentes e coisas futuras. 100 – Frutos. 101 – Benfeitorias. 102 – Coisas no comércio e coisas fora do comércio.
§ 2.º Do direito subjectivo
103 – Concepções clássicas. 104 – As concepções de compromisso; críticas. 105 – A posição defendida.

§ 3.º A formulação clássica; crítica

106 – O poder directo e imediato sobre uma coisa. 107 – A natureza do poder directo e imediato. 108 – Apreciação crítica.

§ 4.º A formulação moderna: crítica

109 – O poder absoluto. 110 – A natureza do poder absoluto. 111 – Apreciação crítica.

§ 5.º Formulações do compromisso: críticas

112 – As teses mistas. 113 – As estruturas de harmonização. 114 – Apreciação crítica.

§ 6.º Necessidade de uma reformulação: posição adoptada

115 – A necessidade de uma reformulação. 116 – A reformulação de GINOSSAR: apreciação. 117 – A reformulação de OLIVEIRA ASCENSÃO: apreciação. 118 – A reformulação de GOMES DA SILVA: apreciação. 119 – A reformulação defendida: conclusão.

Secção II

Da compreensão do conceito de direito real

120 – Preliminar.

§ 7.º Direitos reais e direitos de crédito

121 – O monismo realista de GAUDEMET. 122 – O monismo pessoalista de DEMOGUE. 123 – O dualismo; o direito pessoal; diferenças específicas.

§ 8.º Da publicidade dos direitos reais

124 – Generalidade; os tipos de publicidade. 125 – Nota histórica. 126 – Publicidade e coisas imóveis; função e objecto do registo predial. 127 – Continuação; os princípios do registo. 128 – Continuação; os efeitos do registo; presunções *iuris tantum*. 129 – Continuação; os efeitos do registo; presunções *iuris et de iure;* aquisição tabular. 130 – Continuação; os efeitos do registo; a constituição de direitos. 131 – Continuação; efeitos do registo; o registo consolidativo e o registo enunciativo. 132 – Nota de direito comparado; o registo constitutivo alemão. 133 – Publicidade e coisas móveis; a posse. 134 – Continuação; presunções *iuris tantum* derivadas da posse. 135 – Continuação; presunções *iuris et de iure* derivadas da posse no direito comparado. 136 – Continuação; a posse constitutiva de direitos. 137 – Continuação; a «posse enunciativa». 138 – A posse como publicidade; apreciação de teses contrárias; síntese com os efeitos do registo. 139 – A publicidade como característica dos direitos reais: conclusões.

§ 9.º Da pretensa eficácia *erga omnes* dos direitos reais:
a chamada absolutidade

140 – Absolutidade e eficácia *erga omnes*. 141 – Direitos reais ineficazes ou inoponíveis. 142 – Direitos de crédito oponíveis *erga omnes*. 143 – Do estudo de VAZ SERRA; apreciação; nota de jurisprudência. 144 – Oponibilidade dos direitos e boa fé; a possível relatividade dos direitos reais.

§ 10.º A sequela e a pretensa prevalência: da inerência

145 – A sequela. 146 – A pretensa prevalência. 147 – Da inerência; a tese de GIORGIANNI; posição defendida.

§ 11.º A tipicidade dos direitos reais

148 – A tipicidade normativa. 149 – *Numerus clausus* e analogia. 150 – *Numerus clausus* de direitos reais. 151 – A tipicidade dos direitos reais; limites; consequências. 152 – Apreciação do princípio da tipicidade dos direitos reais.

§ 12.º Outras características; conclusões;
direitos reais e direitos de crédito

153 – Afectação da totalidade da coisa. 154 – Da pretensa permanência; da posse; outras características. 155 – Direitos reais e direitos de crédito; conclusões.

Secção III
Da extensão do conceito de direito real

156 – Justificação e sequência.

§ 13.º Classificação de direitos reais

157 – Classificações quanto ao objecto; remissão. 158 – Direitos reais de protecção definitiva e de protecção provisória; crítica. 159 – Direito real máximo e direitos reais menores; oneração ou desmembramento da propriedade. 160 – Direitos reais simples e complexos. 161 – Direitos reais puros e direitos reais combinados; direitos integrantes e integrados. 162 – Direitos reais absolutos, relativos e mistos. 163 – Direitos reais de gozo, e aquisição.

§ 14.º Dos direitos de gozo como categoria autónoma

164 – A doutrina de GIORGIANNI. 165 – As críticas. 166 – A natureza jurídica do gozo.

§ 15.º Dos ónus reais

167 – Generalidades; nota histórica. 168 – Construção jurídica do ónus real; a obrigação *propter rem*. 169 – Os ónus reais no direito português vigente. 170 – Os ónus reais como direitos reais.

§ 16.º As relações jurídicas reais

171 – Situações jurídicas *propter rem*, ónus reais e relações jurídicas reais. 172 – Modalidades de relações jurídicas reais. 173 – Natureza das relações jurídicas reais.

§ 17.º Enumeração dos direitos reais

174 – Remissão.

Secção IV
Do conteúdo do direito real

175 – Preliminar; conteúdo positivo e negativo.

§ 18.º Conteúdo positivo dos direitos reais

176 – O conteúdo dos direitos reais de gozo; a posse. 177 – Do conceito de posse. 178 – A doutrina subjectiva da posse; desenvolvimento. 179 – A doutrina objectiva da posse; confronto. 180 – As aplicações das doutrinas da posse. 181 – A posse no direito português; a pretensa orientação subjectiva do Código Civil. 182 – O âmbito da posse no direito português. 183 – A posse objectiva como conteúdo dos direitos reais de gozo. 184 – O conteúdo dos direitos reais de garantia. 185 – O conteúdo dos direitos reais de aquisição.

§ 19.º O conteúdo negativo dos direitos reais; as limitações

186 – Tipos de limitações. 187 – Limitações gerais; a função social; o abuso do direito. 188 – Limitações especiais. 189 – Técnicas jurídicas das limitações.

§ 20.º O conteúdo negativo dos direitos reais; as restrições

190 – Tipos de restrições. 191 – Restrições independentes. 192 – Restrições de vizinhança; generalidades. 193 – Continuação; as emissões. 194 – Continuação; instalações prejudiciais, escavações, ruína de construção e obras defensivas de águas. 195 – Continuação; demarcação e tapagem. 196 – Continuação; construções e edificações; escoamento natural das águas. 197 – Continuação; plantações de árvores e arbustos. 198 – Continuação; passagem forçada momentânea e apanha de frutos. 199 – Continuação; paredes e muros de meação. 200 – Restrições de sobreposição; generalidades. 201 – Continuação; a comunhão; generalidades. 202 – Continuação; natureza jurídica da comunhão; as teorias; posição adoptada. 203 – Continuação; regime jurídico da comunhão. 204 – Continuação; conflito hierárquico. 205 – Continuação; conflito prevalente.

Capítulo II
Fisiologia do direito real

206 – Preliminar e sequência.

§ 1.º Factos jurídicos com eficácia real

207 – Dos factos jurídicos em geral. 208 – Da eficácia real. 209 – Classificações dos factos jurídicos com eficácia real.

Secção I
Da constituição de direitos reais
§ 2.º Da constituição da posse

210 – O apossamento. 211 – A inversão do título da posse.

§ 3.º Da usucapião

212 – Generalidades; nota histórica. 213 – Condições da usucapião; a posse. 214 – Continuação; da usucapibilidade e dos prazos. 215 – A contagem dos prazos; suspensão e interrupção. 216 – Funcionamento da usucapião; natureza.

§ 4.º Da ocupação, do achamento e da aquisição do tesouro

217 – A ocupação no Código Civil; crítica. 218 – A *occupatio* e a aquisição das *res derelictas*; evolução posterior. 219 – A aquisição do *thesaurus*; evolução posterior. 220 – A ocupação de coisas inanimadas; a caça e a pesca; os enxames de abelhas. 221 – O achamento e a aquisição do tesouro. 222 – A ocupação, o achamento e a aquisição de tesouro; constituição apenas de propriedade?

§ 5.º Da acessão, da união e da especificação

223 – A acessão no Código Civil; crítica. 224 – A acessão e suas modalidades, a *specificatio* e a *commixtio* no direito romano. 225 – A evolução aglutinante da acessão. 226 – A acessão natural e a acessão industrial imobiliária. 227 – A acessão industrial mobiliária (união ou confusão). 228 – A especificação. 229 – Da inconveniência do conceito unitário de acessão. 230 – A acessão, a união e a especificação; constituição apenas do direito de propriedade? 231 – Da acessão e da aquisição de benfeitorias.

§ 6.º Da constituição negocial e da constituição legal

232 – Princípios gerais; remissão.

Secção II
Da transmissão de direitos reais
§ 7.º A transmissibilidade geral dos direitos reais

233 – Noção geral; transmissão entre vivos e *mortis causa*. 234 – A regra geral da transmissibilidade dos direitos reais. 235 – Factos jurídicos transmissivos; funcionamento.

§ 8.º Da transmissão da posse

236 – A tradição. 237 – O constituto possessório. 238 – Transmissão da posse por contrato. 239 – Da sucessão na posse.

§ 9.º Das intransmissibilidades

240 – Tipos de intransmissibilidade. 241 – Fraccionamento e emparcelamento. 242 – A intervenção do Estado na economia.

Secção III
Da modificação de direitos reais
§ 10.º Dos factos modificativos e seus efeitos

243 – Noção de modificação. 244 – Classificação de factos modificativos. 245 – Modificações negociais.

Secção IV
Da extinção de direitos reais
§ 11.º Da extinção da posse

246 – Generalidades; o abandono; perda ou destruição da coisa. 247 – O esbulho.

§ 12.º Da destruição e deterioração da coisa;
do abandono e da renúncia

248 – Da destruição da coisa. 249 – Da deterioração da coisa; impossibilidade de exercício do direito. 250 – Do abandono e da renúncia.

§ 13.º Da constituição de direito incompatível
e da confusão

251 – Da constituição de direito incompatível. 252 – Da confusão.

§ 14.º Da prescrição, da caducidade e do não uso

253 – Da prescrição. 254 – Da caducidade. 255 – Do não uso.

§ 15.º Da exposição por utilidade pública, da nacionalização,
do confisco e de outras formas de extinção coactiva

256 – Da expropriação por utilidade pública; conceito e nota histórica. 257 – Continuação; natureza. 258 – Continuação; o processo. 259 – Do confisco e da apreensão. 260 – Das nacionalizações, das expropriações no âmbito da Reforma Agrária e de outras formas de extinção coactiva.

Capítulo III
Da patologia dos direitos reais

261 – Justificação; sequência.

Secção I
Da violação pelo titular do direito
§ 1.º Patologia anatómica

262 – Generalidades; violação das regras do registo; posse oculta. 263 – Inobservância da tipicidade legal. 264 – Violação das normas de conteúdo; sanções.

§ 2.º Patologia fisiológica

265 – Generalidades; da ineficácia real. 266 – A exigência de boa fé. 267 – Violações e intransmissibilidades específicas. 268 – Violações formais; a conformação legal.

Secção II
Da violação por terceiro
§ 3.º Das acções possessórias

269 – Generalidades; nota histórica; os *interdicta*. 270 – A acção directa e a restituição provisória de posse. 271 – Acções de prevenção, manutenção e restituição; os embargos de terceiro. 272 – A posse judicial,

§ 4.º Das acções reais

273 – Generalidades; nota histórica; a acção directa. 274 – Da reivindicação. 275 – Acção de simples apreciação, acção negatória; acção confessória e acção de demarcação.

§ 5.º Das acções pessoais, da responsabilidade civil
e da defesa pública

276 – Das acções pessoais. 277 – Da responsabilidade civil e da defesa pública.

PARTE III
Dos direitos reais em especial

278 – Justificação; sequência.

Capítulo I
Dos direitos reais de gozo
§ 1.º Da posse

279 – Generalidades; posse causal e posse formal. 280 – Síntese dos efeitos possessórios. 281 – Nota histórica. 282 – A função da posse. 283 – A natureza da posse; teses em confronto. 284 – Continuação; posição adoptada; a posse é um direito real de gozo.

§ 2.º Da propriedade

285 – Generalidades; nota histórica. 286 – Conceito; teorias em confronto; críticas. 287 – Características; da plenitude e da exclusividade; a elasticidade. 288 – Pretensas características; absolutidade e perpetuidade; a indivisibilidade. 289 – Noção de propriedade defendida.

§ 3.º Da propriedade horizontal

290 – Do conteúdo da propriedade. 291 – Generalidades; nota histórica. 292 – Natureza da propriedade horizontal. 293 – Construção jurídica;

objecto. 294 – Características e conteúdo da propriedade horizontal. 295 – Da administração das partes comuns.

§ 4.º Do usufruto

296 – Generalidades; nota histórica. 297 – Características do usufruto. 298 – Conteúdo do usufruto; generalidades; *salva rerum substantia*. 299 – Continuação; especificações positivas e negativas; a nua-propriedade. 300 – Natureza do usufruto; posição adoptada. 301 – Objecto do usufruto; o «quase- -usufruto»; o «usufruto» de créditos. 302 – Especialidades fisiológicas do usufruto.

§ 5.º Do uso e da habitação

303 – Generalidades; nota histórica. 304 – Os conteúdos do uso e da habitação.

§ 6.º Do direito do locatário

305 – Generalidades; nota histórica. 306 – Do conteúdo geral do direito do locatário. 307 – A natureza do direito do locatário; orientações pessoalistas. 308 – Continuação; orientações realistas. 309 – Continuação; expansão das orientações realistas; as teses de DERRUPPÉ e de LAZZARA. 310 – Continuação; o realismo em Portugal; a posição de PAULO CUNHA em especial. 311 – Continuação; conclusão; o direito do locatário é um direito real de gozo. 312 – Construção jurídica da locação; o direito à renda como ónus real. 313 – Do arrendamento em geral; modalidades; o arrendamento urbano para habitação. 314 – Do arrendamento rural; do regime especial vigente nos Açores.

§ 7.º Dos direitos do parceiro pensador,
do comodatário e do depositário

315 – Da parceria pecuária; generalidades; regime. 316 – O direito do parceiro pensador é um direito real. 317 – Do comodato; generalidades; conteúdo. 318 – O direito do comodatário é um direito real. 319 – Do depósito; generalidades; conteúdo. 320 – O direito do depositário não é um direito real.

§ 8.º Do direito de superfície

321 – Generalidades; nota histórica. 322 – Modalidades de superfície. 323 – Conteúdo da superfície; o objecto; o direito de sobreelevação. 324 – Natureza da superfície; teses em confronto; posição adoptada. 325 – Especificidades de regime. 326 – Da Lei dos Solos. 327 – Do direito derivado do Decreto-Lei n.º 547/74, de 22 de Outubro.

§ 9.º Das servidões

328 – Generalidades; nota histórica. 329 – Os princípios clássicos das servidões e o direito civil vigente. 330 – Modalidades de servidões; o conteúdo. 331 – Especifidades de regime. 332 – Das servidões legais de passagem. 333 – Das servidões legais de águas.

§ 10.º Do quinhão e do compáscuo

334 – Noções; conteúdo. 335 – Das naturezas do quinhão e do compáscuo.

Capítulo II
Dos direitos reais de garantia

336 – Generalidades; inserção sistemática.

§ 1.º Do penhor

337 – Generalidades; nota histórica; *fiducia cum creditore e datio pigoris*. 338 – Da natureza do penhor; as teorias; crítica; posição adoptada. 339 – Características do penhor; modalidades. 340 – Do conteúdo do penhor. 341 – Do «penhor» de créditos.

§ 2.º Da hipoteca

342 – Generalidades; nota histórica; *conventio pignoris*. 343 – Notas de direito comparado; *Hypothek, Grundschuld* e *Rentenschuld*. 344 – Natureza da hipoteca; remissão. 345 – Características da hipoteca. 346 – Modalidades de hipotecas. 347 – Do conteúdo positivo da hipoteca. 348 – Do conteúdo negativo da hipoteca; redução e expurgação.

§ 3.º Da consignação de rendimentos

349 – Generalidades; conteúdo.

§ 4.º Dos privilégios creditórios

350 – Generalidades; modalidades; conteúdo.

§ 5.º Do direito de retenção

351 – Generalidades.

§ 6.º Do arresto, do arrolamento e da penhora

352 – Remissão.

Capítulo III
Dos direitos reais de aquisição

353 – Generalidades; classificações; delimitação. 354 – Pretensos direitos reais de aquisição.

§ 1.º Da preferência real

355 – Generalidades; modalidades. 356 – Regime da preferência real convencional.

§ 2.º Da promessa real
357 – Generalidades. 358 – Regime da promessa real.

MENEZES CORDEIRO não voltaria, descontadas as coordenações anteriormente assinaladas, a reger a disciplina de Direitos Reais na Faculdade de Direito de Lisboa. Não obstante, no âmbito do seu seu magistério na Universidade Católica submeteria, mais tarde, o programa que acabámos de referir a reformulações[1713] – acompanhadas de algumas mudanças substantivas de posição[1714] – com o abandono da anterior Parte I (dedicada aos Direitos Reais na ordem jurídica portuguesa) e a adopção de uma sistematização parcialmente diversa, vindo a fixar-se no, ano de 2000, da seguinte forma:

§ 1.º Introdução
1 – O Direito privado patrimonial comum. 2 – «Direitos Reais» como uma categoria cultural; o tradicionalismo. 3 – Direitos Reais na teoria evolutiva dos sistemas. 4 – A evolução em Portugal; o Código Civil de 1966; a doutrina e a jurisprudência. 5 – Bibliografia geral. 6 – Importância e perspectiva de Direitos Reais.

PARTE I
Dogmática básica
Capítulo I
Das coisas
Secção I
A ideia de coisa na ciência do direito
§ 2.º Evolução geral
7 – O pensamento greco-latino. 8 – As classificações romanas. 9 – A evolução intermédia; os bens. 10 – As codificações.

[1713] V., designadamente, MENEZES CORDEIRO, *Direitos reais…*, 1984-1985; Id., *Idem*, Lisboa, 1998. Nestes o programa desdobrava-se apenas numa introdução, numa teoria geral dos Direitos Reais e numa parte especial.
[1714] Como sucede, por exemplo, acerca do entendimento que o autor foi propondo para o direito real na sua contraposição com o direito de crédito ou com a autonomização da categoria dos direitos pessoais de gozo.

§ 3.º A experiência portuguesa

11 – Das origens ao Código de Seabra. 12 – O Código Civil. 13 – Coisas ou bens.

§ 4.º Noção e papel

14 – Considerações gerais. 15 – Características. 16 – Sentido jurídico e papel.

Secção II
As coisas e o âmbito do direito civil

§ 5.º Das *res extra commercium* ao domínio público

17 – O problema no Direito civil. 18 – Evolução geral no Direito romano e no período intermédio. 19 – As construções actuais do domínio público.

§ 6.º Teoria do domínio público

20 – A evolução em Portugal. 21 – Noção e conteúdo. 22 – Regime e natureza. 23 – A utilização do domínio público pelos particulares. 24 – O domínio privado do Estado.

§ 7.º Domínios públicos em especial

25 – Classificações e aspectos gerais. 26 – Os domínios hídrico e marítimo. 27 – O domínio aéreo. 28 – O domínio geológico. 29 – Os domínios rodoviário e ferroviário. 30 – Os domínios telegráfico, telefónico e eléctrico. 31 – Os domínios cultural e histórico. 32 – Domínio militar. 33 – Os cemitérios.

§ 8.º Património cultural e artístico

34 – Evolução geral. 35 – A Lei do Património Cultural Português. 36 – O IPPAR, outros diplomas; os bens culturais.

§ 9.º Baldios

37 – Evolução até à República. 38 – A I República e o Estado Novo. 39 – O regime subsequente a 1974-1975. 40 – A Lei dos Baldios (Lei n.º 68/93, de 4 de Setembro). 41 – A natureza. 42 – Segue; posição adoptada perante a Lei dos Baldios.

Secção III
Modalidades de coisas

§ 10.º Classificações; coisas corpóreas e incorpóreas

43 – Classificações legais. 44 – Coisas corpóreas. 45 – Coisas incorpóreas; bens intelectuais e outras. 46 – Programação de computador («software»).

§ 11.º Os imóveis; prédios, águas e partes integrantes

47 – A distinção. 48 – Os prédios rústicos e urbanos. 49 – Os limites dos prédios. 50 – Os prédios urbanos. 51 – As águas. 52 – Árvores, arbustos, frutos e direitos. 53 – Partes integrantes. 54 – O regime; consequências.

§ 12.º Os móveis

55 – Categoria geral. 56 – Móveis sujeitos a matrícula e a registo. 57 – A energia. 58 – Coisas representativas; dinheiro; títulos de crédito e cartões.

§ 13.º Coisas fungíveis, consumíveis e deterioráveis

59 – Coisas fungíveis e não fungíveis. 60 – Coisas consumíveis e não consumíveis. 61 – Coisas deterioráveis e duradouras.

§ 14.º Coisas divisíveis, futuras e principais

62 – Coisas divisíveis e indivisíveis. 63 – Coisas presentes e futuras.

§ 15.º Coisas simples e compostas

64 – Coisas simples. 65 – Coisas compostas. 66 – *Tertium genus?* Posição adoptada.

§ 16.º Coisas acessórias, frutos e benfeitorias

67 – Coisas principais e acessórias ou pertenças. 68 – Segue; o regime. 69 – Frutos. 70 – Benfeitorias.

Secção IV

Os animais

§ 17.º A justificação da tutela

71 – Generalidades. 72 – Fundamentação ética. 73 – Fundamentação sociocultural.

§ 18.º A protecção jurídica

74 – Desenvolvimento histórico. 75 – Protecção internacional e comunitária. 76 – A Lei de Protecção aos Animais; outros diplomas. 77 – A protecção civil.

Capítulo II

Do direito real

§ 19.º Do direito subjectivo

78 – Concepções clássicas e sua evolução. 79 – A moderna escola jurídico-formal; posição defendida.

§ 20.º Do direito real

80 – Concepções clássicas e sua evolução. 81 – Concepção defendida; doutrina de OLIVEIRA ASCENSÃO; crítica.

Parte II

Teoria geral dos direitos reais

Capítulo I

Princípios gerais de direitos reais

§ 21.º A inerência; pretensas características

82 – A inerência. 83 – A pretensa absolutidade. 84 – As pretensas sequela e prevalência.

§ 22.º A publicidade

I – Generalidades

85 – Evolução; tipos de publicidade. 86 – O registo; os Códigos do Registo Predial de 1983 e de 1984.

II – Os princípios do Registo Predial

87 – O princípio da instância. 88 – O princípio da legalidade. 89 – O princípio do trato sucessivo. 90 – O princípio da prioridade. 91 – O princípio da obrigatoriedade; o encargo do registo.

III – Efeitos do Registo Predial

92 – Efeitos presuntivos; os vícios do registo. 93 – A aquisição tabular. 94 – Efeitos consolidativo, enunciativo e constitutivo.

IV – A inscrição de acções

95 – O dispositivo vigente.

V – Publicidade espontânea

96 – A publicidade derivada da posse; «posse vale título». 97 – Publicidade e direitos reais.

§ 23.º A tipicidade

98 – A doutrina dos tipos. 99 – *Numerus clausus* e analogia em Direitos Reais. 100 – A tipicidade dos Direitos Reais.

§ 24.º Outros princípios

101 – Outros princípios.

Capítulo II
As concretizações dos direitos reais

§ 25.º As classificações dos direitos reais

102 – Direitos reais simples e complexos. 103 – Direitos reais de gozo, de garantia e de aquisição. 104 – Outras classificações.

§ 26.º Os direitos de gozo como categoria autonoma

105 – A doutrina de GIORGIANNI. 106 – Apreciação.

§ 27.º Situações jurídicas *propter rem*

107 – Natureza; modalidades. 108 – Ónus reais. 109 – Relações jurídicas reais.

Capítulo III
Conteúdo geral dos direitos reais

§ 28.º A posse

110 – Remissão.

§ 29.º A delimitação negativa dos direitos reais

111 – A técnica da delimitação negativa. 112 – Delimitações gerais e delimitações especiais.

§ 30.º O direito de vizinhança

113 – O fenómeno da vizinhança. 114 – As restrições de vizinhança.

§ 31.º A sobreposição de direitos reais

115 – A comunhão. 116 – Sobreposição hierárquica e sobreposição prevalente.

Capítulo IV
As vicissitudes dos direitos reais

Secção I
A constituição

§ 32.º Da usucapião

117 – Generalidades, evolução e escopo. 118 – Remissão.

§ 33.º Da ocupação, do achamento e da aquisição do tesouro

119 – Generalidades. 120 – Ocupação. 121 – Achamento e aquisição do tesouro.

§ 34.º Da acessão, da união e da especificação

122 – Generalidades. 123 – Acessão natural. 124 – Acessão em sentido próprio. 125 – União ou confusão. 126 – Especificação.

§ 35.º Constituição negocial

127 – Eficácia real e autonomia privada.

Secção II
A transmissão

§ 36.º A transmissão dos direitos reais

128 – Transmissão e sucessão. 129 – Transmissibilidade e consensualidade. 130 – Fraccionamento e emparcelamento. 131 – A intervenção do Estado.

Secção III
Modificação e extinção

§ 37.º Da modificação dos direitos reais

132 – Modificações, espécies, regime.

§ 38.º Destruição e deterioração

133 – Noções e regime.

§ 39.º Abandono e renúncia
134 – Noções e regime.
§ 40.º Da constituição de direitos incompatíveis e da confusão
135 – Hipóteses, consequências.
§ 41.º Da prescrição, da caducidade e do não uso
136 – A repercussão do tempo nas situações jurídicas reais. 137 – O regime.
§ 42.º Da extinção pelo Estado
138 – Expropriação, confisco, apreensão, nacionalização e reforma agrária.

Capítulo V
A defesa dos direitos reais
§ 43.º Defesas reais
139 – Generalidades. 140 – Reivindicação. 141 – Meios.
§ 44.º Defesas gerais
142 – Acções pessoais. 143 – Responsabilidade civil.

PARTE III
Dos direitos reais em especial
Capítulo I
Direitos reais de gozo
§ 45.º Da propriedade
144 – Generalidades; evolução. 145 – Características, plenitude e exclusividade. 146 – Natureza. 147 – Conteúdo.
§ 46.º Da propriedade horizontal
148 – Origem e evolução. 149 – Características e natureza. 150 – Conteúdo e regime.
§ 47.º Do usufruto
151 – Origem e evolução. 152 – Características e natureza. 153 – Conteúdo; *salva rerum substantia*. 154 – «Usufrutos imperfeitos»; «usufruto» de crédito e «quase-usufruto».
§ 48.º Do uso e da habitação
155 – Função e conteúdo.
§ 49.º Do direito do locatário
156 – Evolução. 157 – Características e natureza. 158 – Construção e regime geral.
§ 50.º Do direito de habitação periódica
159 – Características, natureza e regime.

§ 51.º Do direito de superfície

160 – Evolução, modalidades. 161 – Conteúdo e regime; o direito de sobreelevação. 162 – Natureza jurídica.

§ 52.º Das servidões

163 – Origem, evolução e modalidades. 164 – Princípios gerais e regime. 165 – Servidões legais.

Capítulo II
Dos direitos reais de garantia

§ 53.º Direitos reais de garantia

166 – Remissão.

Capítulo III
Dos direitos reais de aquisição

§ 54.º Da preferência real

167 – Origem, modalidades e regime.

§ 55.º Da promessa real

168 – Natureza e regime.

§ 56.º Pretensos direitos reais de aquisição

169 – Pretensos direitos reais de aquisição.

Constata-se a divisão da disciplina numa introdução seguida de três partes distintas tal como no primeiro programa adoptado pelo autor. Só que a mencionada tripartição é agora diversa, correspondendo a uma *Dogmática Básica*, uma *Teoria Geral dos Direitos Reais* e um estudo dos *Direitos Reais em Especial*. Tudo isto com um claro predomínio das duas primeiras partes, cabendo à última apenas vinte e seis números num total de 169[1715].

III – Autor de uma obra extremamente abundante e profícua, MENEZES CORDEIRO seria, ainda, responsável por inúmeros estudos dedicados ao Direito das Coisas e temas com ele conexos. Destacamos aqui, a título meramente ilustrativo, os trabalhos relativos à natureza do direito do locatário[1716], à evolução juscientífica e Direitos Reais[1717]

[1715] RUI PINTO DUARTE, *O ensino...*, 33, refere respectivamente 24 e 167.
[1716] *Da natureza do direito do locatário*, separata da *Revista da Ordem dos Advogados*, 1980.
[1717] MENEZES CORDEIRO, *Evolução...*, in *Estudos...*, I, 201 e ss..

e sobre a posse[1718]. Este último merece, aliás, especial relevância por ter, na origem, servido de base a uma lição proferida pelo autor em 10 de Julho de 1997, no âmbito de provas públicas de agregação, prestadas na Faculdade de Direito da Universidade de Lisboa[1719]. Além disso, é para ela que MENEZES CORDEIRO remete os respectivos alunos quanto ao estudo da posse[1720].

7.5.3. ANTÓNIO PINTO DUARTE

I – Do ensino por parte de ANTÓNIO PINTO DUARTE da disciplina de Direitos Reais encontrámos uns sumários, lavrados pela mão do próprio, relativos aos anos de 1979-1980, 1981-1982 e 1982-1983[1721]. A respectiva análise e confronto revela profundas diferenças entre o programa seguido no primeiro dos três anos e os demais. Na verdade, o plano adoptado em 1979-1980 permite constatar uma divisão do curso nos moldes que vinham sendo propugnados por OLIVEIRA ASCENSÃO[1722], com uma introdução, uma parte geral (dividida em estática e dinâmica) e a fechar uma parte especial, nos termos que se seguem:

[1718] MENEZES CORDEIRO, *A posse: perspectivas dogmáticas actuais*, 2.ª reimpressão da 3.ª edição, Coimbra, 2005.
[1719] Note-se a circunstância de MENEZES CORDEIRO ter proposto, como tema da lição a realizar nas respectivas provas de agregação, o tratamento unitário de um tema (a posse) que, tal como os respectivos programas por nós acima transcritos o atestam, no seu ensino dos Direitos Reais ao curso da Faculdade de Direito de Lisboa reparte por diversas sedes e números. Como veremos mais tarde julgamos apresentar a primeira perspectiva e enquadramento algumas vantagens.
[1720] Cfr. MENEZES CORDEIRO, *Direitos... (sumários)*, 115.
[1721] ANTÓNIO PINTO DUARTE, *Direitos Reais (Sumários)*, 1979-1980; Id., *Idem*, 1981-1982; Id. *Idem*, 1982-1983.
[1722] E, ao tempo, também já por MENEZES CORDEIRO.

1.ª Aula
Introdução

Objecto do curso de direitos reais: 1. A formação de categoria direitos reais. 2. A imprecisão terminológica. 3. A expressão direitos reais nas leis portuguesas. 4. Conteúdo do direito das coisas. Natureza do direito das coisas: 5. A doutrina dominante. 6. Direito comum e direito institucional. 7. O direito das coisas como parte do direito comum. O direito das coisas e a lei positiva: 8. O direito de propriedade no domínio do Código Civil de 1867. 9. Matérias reguladas no Código. 10. Matérias estranhas ao Código. Sistema: 11. A situação legal. 12. A situação doutrinária. 13. A necessidade da teoria geral,. 14. Programa do curso.

2.ª Aula
Parte geral – A estática

Conceito de direito real: 15. Noção de direito subjectivo. 16. A evolução histórica. 17. Teorias-padrão: poder directo, poder absoluto, teorias mistas, teorias monistas. 18. Crítica das diversas teorias. 19. Sobre a relação absoluta. 20. A posição dos terceiros. 21. Reconstrução do conceito: situações jurídicas independentes de relacionação intersubjectiva, direito real e direito absoluto, inerência e «realidade», conceito funcional de direito real.

3.ª Aula

Consequências do direito real: 22. As posições doutrinais. 23. A sequela; noção; actuação. 24. Só os direitos reais têm sequela? 25. Todos os direitos reais têm sequela? Problema das possíveis excepções à sequela. 26. A prevalência: debate doutrinário. 27. O problema nos direitos reais de garantia – referência aos privilégios creditórios. 28. A prevalência é consequência do direito real.

4.ª Aula

Objecto do direito real: As coisas. 29. Coisas corpóreas e incorpóreas. 30. Coisas móveis e imóveis. 31. Coisas presentes e futuras. 32. Coisas principais e acessórias: Princípios concernentes ao objecto do direito real. 33. Existência actual e determinação da coisa. 34. Inseparabilidade do direito e da coisa.

5.ª Aula

35. Referência do direito à totalidade da coisa – direitos a partes da coisa: Classificação de direitos reais. 36. Direitos reais sobre móveis e imóveis. 37. Direitos reais simples e complexos. 38. Direitos reais de gozo, garantia e de aqui-

sição. 39. Direitos de gozo e limites verticais dos prédios. 40. Limitação em profundidade.

6.ª Aula

Os Direitos Reais e a Constituição de 1976: 41. A Constituição patrimonial privada. 42. Análise dos arts. 62, 89 e 90. 43. Referência aos conceitos de posse útil e propriedade social – Lei da Autogestão – n.º 68/78 de 16 de Outubro.

7.ª Aula

Direito Real e Função Social: 44. A propriedade absoluta. 45. A função pessoal do direito real. 46. Posições tomadas pela lei positiva. 47. Divergências na apreciação de um princípio constitucional. 48. Consequências da consignação do princípio do abuso do direito. 49. Significado actual do princípio – a Constituição de 1976. 50. Deficiências da regulamentação. As limitações da propriedade: 51. Generalidades. 52. Classificações fundamentais. 53. Estrutura das limitações. 54. Integração no conteúdo do direito real. 55. Da existência de relacionação intersubjectiva.

8.ª Aula

As limitações de interesse público em especial: 56. Interesse público e direito público. 57. Classificações. 58. Obrigações positivas no interesse público. 59. A expropriação. 60. Indemnização. 61. Desapropriação e restrições equiparáveis dos direitos reais. 62. As exigências da garantia constitucional da propriedade.

9.ª Aula

Posse: 63. A posse através da história. 64. A situação de facto – caracterização. 65. Emposse, apossamento ou investidura. 67. Objecto. 68. O *corpus*.

10.ª Aula

69. O *animus*. 70. Objectivismo e subjectivismo. 71. A lei portuguesa. 72. A situação jurídica – relação com a situação de facto. 73. A detenção. 74. A manutenção da posse após a perda situação de facto.

11.ª Aula

75. A aquisição da posse. 76. A aquisição da posse sem investidura na situação de facto. 77. A posse não efectiva. 78. Conteúdo da situação jurídica. 79. Classificações da posse. 80. Âmbito da posse.

12.ª Aula

81. Direito de crédito e posse. 82. A sobreposição de posses. 83. Perda da posse. A tipicidade: 84. O *numerus clausus*. 85. Os poderes do intérprete na

qualificação das figuras legais. 86. Objecto da tipicidade. 87. Lei e costume como fontes de direitos reais.

13.ª Aula

Parte geral – A dinâmica

88. A produção de efeitos reais. 89. Os factos jurídicos com efeitos reais. 90. A tipicidade destes factos. 91. Negócio jurídico. 92. A forma. 93. A relevância da má fé. 94. A expropriação por utilidade particular. Constituição: 95. Usucapião. Transmissão: 96. A alienabilidade. 97. Aspectos da transmissão negocial – arts. 408 e 409 do Código Civil. 98. Remissão. Modificação: 99. Factos modificativos. 100. O título. Extinção: 101. Extinção e perda. 102. Modalidades. 103. Apropriação. 104. Perda da coisa. 105. Impossibilidade definitiva de exercício. 106. Renúncia.

14.ª Aula

107. Prescrição. 108. Caducidade. 109. Não uso. 110. Confusão. 111. A cessação de uma situação de facto qualificativa do direito. 112. O problema no penhor e na retenção. Publicidade e Direitos Reais: 113. O registo predial: função. 114. Princípio da instância.

15.ª Aula

115. Princípio da legalidade. 116. A tipicidade. 117. Trato sucessivo. 118. Princípio da prioridade. 119. A descrição. 120. Objecto do registo. Efeitos substantivos do registo: 121. A fé pública. 122. Registo condicionante de eficácia absoluta. 123. Registo enunciativo. 124. Registo confirmativo ou consolidativo.

16.ª Aula

125. Registo constitutivo. 126. Aquisição pelo registo. 127. O sistema de referências ao registo do Código Civil. 128. A relevância do registo substancialmente inválido. 129. Beneficiário do registo constitutivo – posição adoptada. 130. Relevância da usucapião. Defesa: 131. Generalidades. 132. A reivindicação.

PARTE ESPECIAL[1723]

Propriedade: 133. Conteúdo. 134. Ocupação. 135. Achado ou achamento. 136. Formas de reversão automática para o Estado. 137. Acessão. 138. Propriedade temporária.

[1723] Dos sumários não consta esta menção ao facto de se iniciar aqui a parte especial. É, todavia, claro que assim é.

17.ª Aula

139. Essência da propriedade. 140. Propriedades especiais. Propriedade horizontal: 141. Caracterização. 142. Regime. 143. Órgãos. 144. Competência da assembleia dos condóminos. Usufruto, uso e habitação: 145. Conceito. 146. Regime. 147. Conteúdo: poderes e vinculações. 148. Natureza jurídica. O usufruto de créditos. 149. Uso e habitação.

18.ª Aula – Direito de superfície

150. Situação actual. 151. O tipo da superfície. 152. Objecto e duração. 153. Conteúdo e estrutura. 154. Referência à colonia. Situação jurídica *propter rem*: 155. Noção. 156. Regime e divisão fundamental.

19.ª Aula

157. Natureza da relação jurídica real. 158. Relações simples e complexas. 159. Conflitos entre direitos a partes da coisa. 160. Conflitos de vizinhança. 161. Conflitos de sobreposição. 162. Comunhão: regime e natureza jurídica. 163. Hierarquia. 164. Prevalência. 165. Oneração ou desmembramento?

20.ª Aula

Servidão: 166. Conceito. 167. Conteúdo. 168. O proveito outorgado pela servidão. 169. A desnecessidade. 170. Modalidades de servidão. 171. Regime. 172. As servidões de águas. 173. A destinação do pai de família. Arrendamento: 174. Modalidades. 175. Natureza jurídica. 176. Quinhões e compáscuo. Direitos Reais de Aquisição: 177. Classificação. 178. Aquisição da coisa-objecto: potestativo e automático. 179. Aquisição de produtos ou partes da coisa-objecto. 180. Aquisição de coisas relacionadas com a coisa--objecto. 181. Direito de preferência em especial – noção. 182. Modalidades. 183. Natureza jurídica. 184. Regime. 185. Terminologia: distinção da prevalência.

II – Nota-se a preconização da necessidade de uma teoria geral, depois efectivamente implementada, a importância atribuída ao impacto da Constituição de 1976 sobre os direitos reais, o estudo da função social da propriedade, tudo com filiações aparentes em OLIVEIRA ASCENSÃO e MENEZES CORDEIRO. Originalidade, a nosso ver discutível, de ANTÓNIO PINTO DUARTE seria a inclusão da posse na teoria geral dos Direitos Reais na respectiva estática, logo a seguir às aulas dedicadas ao estudo dos Direitos Reais e da Constituição de 1976, da função social dos direitos reais e das respectivas limitações.

Tudo isto seria, porém, abandonado nos anos seguintes em favor de um esquema ou programa global cuja lógica sistemática é difícil de apreender. No último dos três anos de que encontrámos sumários foi o seguinte o plano adoptado por ANTÓNIO PINTO DUARTE[1724]:

1.ª Aula
Os direitos reais. Objecto do curso. Natureza do direito das coisas. O direito das coisas e a lei. Conceito do direito real.

2.ª Aula
Conceito de direito real (continuação).

3.ª Aula
Conceito do direito real (conclusão). Os ónus reais. Consequências do direito real – sequela.

4.ª Aula
«Excepções» à sequela: posse vale título; aquisições pelo registo. Prevalência.

5.ª Aula
Objecto do direito real. As coisas. Noção e classificações.

6.ª Aula
Posse. Caracterização. Teorias objectivista e subjectivista. A lei portuguesa.

7.ª Aula
Situação de facto/situação jurídica posse. Aquisição e extinção da posse. Classificações.

8.ª Aula
Efeitos da posse. Âmbito.

9.ª Aula
Natureza da posse. Tipicidade dos direitos reais.

10.ª Aula
Classificações de direitos reais.

11.ª Aula
Função social dos direitos reais.

12.ª Aula
Função social dos direitos reais (conclusão).

[1724] Cfr. ANTÓNIO PINTO DUARTE, *Direitos…*, 1982-1983.

13.ª Aula
Direito de propriedade.
14.ª Aula
Propriedade horizontal. Direito de usufruto.
15.ª Aula
Direito de usufruto (conclusão). Direito de uso e habitação.
16.ª Aula
Direito de superfície.
17.ª Aula
Servidão.
18.ª Aula
Arrendamento. Breve referência à sua natureza jurídica. Dinâmica dos direitos reais.
19.ª Aula
Dinâmica dos direitos reais – continuação. O registo predial.
20.ª Aula
Conclusão do registo predial. Situações *propter rem*. Direitos reais de garantia – análise sucinta.
21.ª Aula
Direitos reais de garantia – conclusão. Direitos reais de aquisição – o direito de preferência em especial.

Não é, sublinhe-se novamente, fácil compreender o esquema apresentado. O essencial da posse é, como se vê, tratado entre o objecto dos direitos reais e a tipicidade. A dinâmica surge, apenas, depois das considerações de cariz especial[1725] a propósito dos direitos reais de gozo. Após a dinâmica volta o estudo de figuras ou tipos cujo tratamento cabe numa parte especial[1726/1727].

[1725] Aliás, intercalada, ficando entre duas partes de natureza geral.
[1726] Por sua vez, portanto, intercalada entre dois conjuntos de matéria de índole especial.
[1727] São grandes as similitudes deste plano com o adoptado em 1981-1982 e cujo teor era o seguinte:
1.ª Aula
A categoria Direitos Reais. Natureza do Direito das coisas. O Direito das coisas e a lei positiva. Sistema.

2.ª Aula
Conceito de Direito Real.
3.ª Aula
Conceito de Direito Real (conclusão). Consequências do conceito.
4.ª Aula
Consequências do conceito (conclusão).
5.ª Aula
Objecto: coisas corpóreas. Classificações de coisas e princípios relativos ao objecto.
6.ª Aula
A posse – demarcação do instituto.
7.ª Aula
A situação de facto.
8.ª Aula
A situação jurídica.
9.ª Aula
A tipicidade. Classificações de direitos reais.
10.ª Aula
Direito real e Função social. Propriedade. Aspectos comuns.
11.ª Aula
Propriedade – causas de aquisição específicas. Propriedades especiais – a propriedade horizontal.
12.ª Aula
A propriedade horizontal (conclusão).
13.ª Aula
Direito real e Relação jurídica. As situações jurídicas *propter rem*.
14.ª Aula
Usufruto. A propriedade horizontal (conclusão).
15.ª Aula
Dinâmica: Constituição, Transmissão, Modificação, Extinção.
16.ª Aula
Publicidade: O Registo Predial. Defesa do Direito Real.
17.ª Lição
Servidão.
18.ª Lição
Direito de superfície.
19.ª Lição
Referência à Enfiteuse e Colónia. Direitos Reais de Aquisição.

7.5.4. LIMA ARAÚJO

I – Já atrás nos referimos ao ensino de LIMA ARAÚJO entre 1974--1977. Vamos agora analisar o respectivo magistério nos anos de 1978--1979 e 1979-1980[1728] à turma da noite. Das respectivas prelecções ficaram uns sumários, escritos pelo seu punho.

Os referentes a 1978-1979 apresentam um conteúdo relativamente elementar e retratam apenas a realização de um conjunto reduzido de aulas (treze no total). É o seguinte o seu teor[1729]:

>1.ª Aula
>Apresentação e referência ao plano do curso, métodos de avaliação e composição da equipa docente.
>2.ª Aula
>Conceito de direito real. Terminologia e teses realista e personalista.
>3.ª Aula
>Conceito de direito real (cont.). Tese dualista. Outras Teses. Conclusão. Direitos reais e direitos de crédito.
>4.ª Aula
>Características e consequências dos direitos reais. Eficácia absoluta – o direito de sequela e o direito de prevalência ou preferência.
>5.ª Aula
>Características e consequências dos direitos reais (cont.). Tipicidade. Permanência não é característica do direito real.
>6.ª Aula
>Situações jurídicas *propter rem*. Relações jurídicas reais. Ónus reais. Breve referência à classificação dos direitos reais.

Mesmo assim este plano ainda é mais confuso do que o de 1982-1983. A dinâmica surge agora enxertada entre os direitos reais de gozo. O mesmo sucede com a referência aos direitos reais e à relação jurídica e com as situações *propter rem*, tudo elencado entre a propriedade horizontal e o usufruto.

[1728] Nestes dois anos LIMA ARAÚJO leccionou a disciplina de Direitos Reais à turma da noite.

[1729] LIMA ARAÚJO, *Direitos Reais, sumários*, 1978-1979.

7.ª Aula

A posse. Conceito e natureza. Posse não é um direito subjectivo. Posse é um direito real. Posse no Código.

8.ª Aula

A posse (cont.). Objecto da posse. Aquisição e conservação da posse. Espécies de posse: posse titulada e posse não titulada. Posse pública e posse oculta. Posse de boa-fé e posse de má-fé. Posse pacífica e posse violenta.

9.ª Aula

Espécies de posse (conclusão): outras classificações. Posse precária. Efeitos da posse: Presunção da titularidade do direito real.

10.ª Aula

Efeitos da posse (cont.): Contencioso possessório.

11.ª Aula

Efeitos da posse (cont.): Usucapião. Perda da posse.

12.ª Aula

Direito de propriedade: A noção de propriedade no direito português actual: A propriedade na Constituição e no Código Civil. Modos de aquisição: ocupação. Acessão.

13.ª Aula

Direito de Propriedade (cont.). Acessão (cont.). Breve alusão às restrições do direito de propriedade: Direito de demarcação e servidões naturais. Propriedades especiais – propriedade intelectual e propriedade temporária.

Os sumários de 1979-1980 cobrem um número maior de aulas e de matérias. A estrutura básica adoptada é, porém, a mesma[1730]:

1.ª Aula

Apresentação. Considerações gerais sobre o curso e métodos de avaliação de conhecimentos.

2.ª Aula

Parte Geral. Conceito de Direito Real. Terminologia. Conceito: Teoria realista e personalista.

[1730] LIMA ARAÚJO, *Direitos Reais, sumários*, 1979-1980.

3.ª Aula

Conceito de Direito Real (cont.). Tese dualista e conclusão. Direitos reais e direitos de crédito.

4.ª Aula

Direitos reais e direitos de crédito (cont.). Características e consequências dos direitos reais. a) Eficácia absoluta – o direito de sequela.

5.ª Aula

b) Eficácia absoluta – o direito de prevalência ser de preferência, c) Tipicidade, d) Permanência não é característica do direito real.

6.ª Aula

Situações jurídicas *propter rem*. Relações Jurídicas Reais.

7.ª Aula

Relações Jurídicas Reais (cont.). Ónus Reais.

8.ª Aula

Classificação de direitos reais. Breve aproximação de algumas teses. Direitos reais móveis e direitos reais imóveis. Direitos reais simples e direitos reais complexos.

9.ª Aula

Direitos de propriedade, posse e direitos reais limitados. Classificação clássica: direitos reais de gozo, de garantia e de aquisição.

10.ª Aula

A posse. Conceito e natureza. Posse não é um direito subjectivo. Posse é um direito real[1731]. Posse no código.

11.ª Aula

Objecto de posse. Aquisição e conservação da posse.

12.ª Aula

Espécies de posse. Efeitos de posse. Presunção de titularidade do direito real.

13.ª Aula

Efeitos de posse (cont.). Contencioso possessório.

14.ª Aula

Efeitos de posse (cont.). Usucapião. Perda de posse.

[1731] Não obstante a contradição agora revelada consta efectivamente dos sumários que a posse seria um direito real apesar de não ser um direito subjectivo.

15.ª Aula

Direito de propriedade. A noção de propriedade no direito português actual. Modo de aquisição: ocupação e acessão. Restrições do direito de propriedade.

16.ª Aula

Propriedades especiais: Propriedade intelectual. Propriedade temporária. Propriedade aparente. Compropriedade.

17.ª Aula

Compropriedade (cont.). Propriedade horizontal.

18.ª Aula

Propriedade horizontal (cont.). Natureza jurídica. Regime. O direito de usufruto. Conceito.

19.ª Aula

O direito de usufruto (cont.). Natureza jurídica. Usufruto de coisas consumíveis. Usufruto e servidão pessoal (breve aproximação). Modos de constituição do usufruto.

20.ª Aula

O direito de usufruto (cont.). Espécies, exercício e extinção. Os direitos de uso e habitação. Análise do art. 1488.º. O direito de superfície. Conceito e objecto.

21.ª Aula

O direito de superfície (cont.). Natureza jurídica. Constituição, exercício e extinção.

22.ª Aula

Servidões prediais. Conceito e natureza. Constituição. Servidões legais.

23.ª Aula

Servidões prediais (cont.). Modalidades de servidões. Exercício. Extinção.

24.ª Aula

Servidões prediais. Conclusão. O Registo Predial (princípios e finalidades).

25.ª Aula

O Registo Predial (vícios). Revisões e final do curso.

LIMA ARAÚJO deixaria, ainda, em conjunto com ROBOREDO SEARA, uns apontamentos policopiados de Direitos Reais relativos ao ano de 1979-1980. A respectiva análise revela uma estrutura semelhante à constante dos sumários – e que se encontrava já presente nos apontamentos anteriormente referidos de *Direitos Reais* em cuja elaboração LIMA ARAÚJO participou[1732/1733] – com uma divisão em seis títulos: parte geral, posse, direitos reais de gozo, direitos reais de garantia, direitos reais de aquisição e publicidade. Esta obra permite surpreender um conjunto de características que já tínhamos vislumbrado na anterior análise[1734] do ensino de LIMA ARAÚJO. Não se rejeita uma teoria geral dos Direitos Reais mas a sua elaboração é bem mais incipiente do que a já então alcançada por OLIVEIRA ASCENSÃO[1735], com um muito maior casuísmo[1736]. Nota-se, finalmente, um certo conceptualismo marcado pela sistemática análise da natureza jurídica dos diversos institutos e figuras antes de se estudar o respectivo regime jurídico[1737/1738].

[1732] V. *supra* 7. 3, IV.
[1733] Embora agora com diversas afinações de pormenor. Destaca-se a circunstância de LIMA ARAÚJO ter abandonado a originalidade constante de tratar a propriedade depois de todos os outros direitos reais de gozo.
[1734] *Supra* 7. 3, IV.
[1735] Basta ver que possuindo os apontamentos um total de 639 páginas apenas 127 são correspondentes à parte qualificada de geral (cfr. LIMA ARAÚJO e ROBOREDO SEARA, *Direitos Reais*, Lisboa, 1980).
[1736] Isto não obstante as proclamações de LIMA ARAÚJO e ROBOREDO SEARA, *Direitos...*, 23, no sentido de que na parte especial tentarão, na medida do possível, relacionar – naquilo que afirmam expressamente poderia ser perspectivado numa dinâmica parte geral – alguns aspectos comuns e ou específicos entre os direitos reais de gozo.
[1737] Assim v., por exemplo, LIMA ARAÚJO e ROBOREDO SEARA, *Direitos...*, 173 e ss. (quanto à posse), 403 e ss. (usufruto), 482 e ss. (superfície), 501 e ss. (servidões). Curiosamente, numa opção correcta, a natureza da propriedade só é tratada no final do capítulo respectivo (382 e ss.).
[1738] A consulta de LIMA ARAÚJO e ROBOREDO SEARA, *Direitos...*, 173 e ss., permite, ainda, e designadamente, resolver a perplexidade gerada pela qualificação nos sumários da posse como um direito real mas não como um direito subjectivo. Na verdade, os autores qualificam a posse como um direito subjectivo e depois referem o debate em torno da questão que consiste em saber se ela corresponde a um direito subjectivo. Feito isto, sem invocarem propriamente razões para rebater a respectiva posição, acusam OLIVEIRA ASCENSÃO de pormenor ou rigorismo (*sic*) quando considera não ser a posse um direito real para, depois, sem afirmarem porquê, sustentarem ser possível e devido atribuir à posse natureza real.

7.5.5. CARDOSO MOTA

I – Da sua regência de Direitos Reais CARDOSO MOTA deixar-nos-ia dois sumários escritos pela sua própria mão[1739]. O primeiro, relativo a 1979-1980, mais desenvolvido, retrata um total de vinte aulas e encontra-se estruturado numa parte geral e numa parte especial. Esta última ficaria largamente incompleta uma vez que não se passaria da propriedade horizontal:

1.ª Aula
Apresentação. Indicação de material didáctico.

2.ª Aula
Introdução. A necessidade dos Direitos Reais. Sua vocação carismática ou paradigmática. Enquadramento no sistema geral do direito objectivo. Terminologia.

3.ª Aula
O conceito de Direito Real. Teorias realistas, personalistas, hiperpersonalistas e hiper-realistas.

4.ª Aula
Críticas às posições delineadas. Teorias eclécticas. Posição adoptada.

5.ª Aula
Desenvolvimentos do conceito. A iminência. A eficácia absoluta. Tipicidade.

6.ª Aula
A sequela. Manifestações processuais. Conceito. Terminologia. Limitações ao funcionamento. O registo.

7.ª Aula
A prevalência. Terminologia. Conceito. Limitações ao funcionamento.

[1739] V. CARDOSO MOTA, *Direitos Reais, sumários*, 1979-1980 (estes sumários não se encontram assinados nem contêm indicação do seu autor. É, porém possível imputá-los a CARDOSO MOTA); Id., *Idem*, 1980-1981 (estes já com expressa indicação de serem da autoria de CARDOSO MOTA).

8.ª Aula
Aproveitamento das características da tutela dos direitos reais ao nível das posições creditícias. Os direitos reais de garantia. A venda com reserva de propriedade e o *leasing*.

9.ª Aula
A venda a retro. Os negócios fiduciários. Princípios constitucionais e sua ligação ao conceito do Direito Real.

10.ª Aula
Os princípios constitucionais referentes ao lado externo do conceito de Direito Real.

11.ª Aula
Conclusão do tema da sessão anterior.

12.ª Aula
PARTE ESPECIAL
A ordenação dominial provisória. Posse causal e posse formal. Definição dos elementos da posse. Escola subjectiva e escola objectiva.

13.ª Aula
As concepções objectiva e subjectiva na legislação portuguesa. Fundamento da tutela jurídica da posse.

14.ª Aula
Classificações da posse. Sua relevância.

15.ª Aula
Efeitos da posse. Natureza jurídica do instituto.

16.ª Aula
A propriedade. Sua importância. Ensaio de elaboração conceitual.

17.ª Aula
A propriedade de imóveis. A distinção móveis/imóveis contraposta à que intercede entre bens registáveis e não registáveis. Limites materiais à propriedade de um imóvel. Limitações de interesse público e de interesse privado.

18.ª Aula
A propriedade das águas; breve referência. A compropriedade. Concepções romanista e germanista. Natureza jurídica e regime legal.

19.ª Aula
A propriedade horizontal. Origens. Razões da expansão. Natureza jurídica.

20.ª Aula
Direitos e deveres dos condóminos. Órgãos: Natureza e funcionamento.

II – Os sumários de 1980-1981 mostram diversas diferenças em relação aos anteriores. O conjunto de matérias tratadas naquela que poderia *grosso modo* corresponder à parte geral é diverso. A quantidade de aulas retratadas é inferior: apenas catorze lições se encontram reflectidas nos sumários. Mas o que sobretudo chama a atenção é – para além da circunstância de a totalidade da matéria ter uma vez mais ficado em parte significativa por leccionar[1740] e de a numeração se mostrar deficiente – a desarrumação sistemática do plano adoptado e executado. Assim, a posse surge entre os princípios dos Direitos Reais e a classificação dos mesmos, por sua vez seguida das situações *propter rem* e as relações jurídicas reais, como o atesta a seguinte sumariação das aulas:

1.ª Aula
Introdução: 1. A necessidade dos direitos reais; sua vocação carismática ou paradigmática. 2. Enquadramento no sistema geral do direito objectivo. 3. A questão terminológica.

2.ª Aula
1. Conceito de Direito Real. Doutrinas realistas – a concepção clássica. Teorias personalistas – a concepção moderna. Reformulação de pretensão absoluta.

3.ª Aula
1. Conceito de Direito Real (continuação). As teorias monistas. As teorias mistas ou ecléticas. As propostas reformuladoras.

4.ª Aula
1. Desenvolvimento do conceito de Direito Real. A sequela. A prevalência.

5.ª Aula
Conclusão da problemática em análise.

6.ª Aula
1. O objecto do Direito Real. Noção de coisa. Bens não susceptíveis de serem objecto de direitos reais. Classificações das coisas e sua relevância em sede de direitos reais.

[1740] Desta vez na rubrica destinada aos direitos reais de gozo surge apenas a menção à propriedade.

7.ª Aula

1. O objecto do Direito Real (continuação). Princípio da actualidade ou imediação. Princípio da especialidade ou individualização. Preferência do direito à totalidade da coisa. Inseparabilidade do direito e da coisa.

8.ª Aula

1. A posse. A posse através da história. *Ratio essendi* da posse. Posse causal e posse formal. Os elementos da posse: *corpus* e *animus*. Concepções objectiva e subjectiva. Posição da lei portuguesa.

9.ª Aula

1. A posse (continuação). Aquisição e perda da posse – o constituto possessório e a inversão do título. Objecto e âmbito.

10.ª Aula

1. A posse (continuação). Caracteres da posse – espécies de posse. Efeitos da posse – *commoda possessionis*.

11.ª Aula

1. A posse (conclusão). Tutela da posse – tutela extrajudicial, embargos de terceiro, acções possessórias, posse ou entrega judicial. União de posses – sucessão e acessão. Qualificação jurídica da posse.

12.ª Aula

1. Classificação dos direitos reais. Direitos reais móveis e imóveis. Direitos reais simples e complexos. Classificação clássica.

13.ª Aula

1. Breve noção de situações jurídicas *propter rem*. Relações jurídicas reais. Tipicidade.

14.ª Aula

1. Usucapião. 2. Parte especial. Direitos reais de gozo. 1. A propriedade.

7.5.6. EDUARDO DOS SANTOS

I – EDUARDO DOS SANTOS deixar-nos-ia, do seu ensino em Direitos Reais, um primeiro volume, policopiado, de umas lições de Direitos Reais, referentes ao ano de 1982-1983[1741], e um segundo vo-

---

[1741] V. EDUARDO DOS SANTOS, *Curso…*, I, *Introdução…*, *per totum*.

lume, igualmente policopiado, dessas mesmas lições agora relativas ao ano lectivo de 1986-1987[1742]. Note-se, todavia, a circunstância de este segundo volume corresponder a prelecções realizadas não na Faculdade de Direito de Lisboa mas, sim, no departamento de Direito da Universidade Livre. Ficariam, entretanto, uns sumários escritos pela sua mão referentes ao primeiro dos anos lectivos mencionados[1743]. A análise destes últimos apresenta a vantagem, relativamente às lições, de reflectir a totalidade do ensino de EDUARDO DOS SANTOS num só ano. Eles são objecto de uma divisão fundamental em duas partes, antecedidas de uma introdução. A primeira corresponde a uma teoria geral dos Direitos Reais. A segunda ao tratamento dos direitos reais em especial, no qual se incluem a hipoteca e o penhor. É, em pormenor, o seguinte o plano retratado nos mencionados sumários:

> Apresentação. Plano do curso. Bibliografia geral
> Introdução:
> 1. Direitos reais e direito das coisas. 2. Direitos reais e direitos patrimoniais. 3. Direitos reais e sua função social. 4. A expressão «direito real» na história. 5. Fontes dos direitos reais. 6. Bibliografia geral.
> PARTE I – TEORIA GERAL DOS DIREITOS REAIS
> 1. IDENTIFICAÇÃO DOS DIREITOS REAIS. 1.1. Em geral. 1.2. Conceito de direito real. 1.2.1. Em geral. 1.2.2. Teoria de ZIEBARTH. 1.2.3. Teoria clássica. 1.2.4. Teoria monista realista. 1.2.5. Teorias personalistas. 1.2.5.1. Em geral. 1.2.5.2. Teoria dos direitos absolutos e relativos. 1.2.5.3. Teoria dos direitos fortes e débeis. 1.2.6. Teoria dos elementos interno e externo do direito real. 1.2.7. Outras teorias. 1.2.7.1. Teoria de GINOSSAR. 1.2.7.2. Teoria de GIORGIANNI. 1.2.7.3. Teoria do Prof. M. GOMES DA SILVA. 1.2.7.4. Teoria do Prof. J. OLIVEIRA ASCENSÃO. 1.2.8. Conclusão. 1.3. Objecto do direito real. 1.3.1. Em geral. 1.3.2. Noção jurídica de «coisa». 1.3.3. A «coisa» objecto de direito real. 1.3.3.1. Coisas corpóreas. 1.3.3.2. Coisas incorpóreas. 1.3.3.2.1. Em geral. 1.3.3.2.2. Bens intelectuais. 1.3.3.2.3.

[1742] Cfr. EDUARDO DOS SANTOS, *Curso de Direitos Reais*, II, *Direitos Reais de garantia e de aquisição*, Lisboa, 1986.
[1743] EDUARDO DOS SANTOS, *Sumários...*, 1982-1983.

Direitos sobre direitos? 1.3.3.2.4. Bens da personalidade. 1.3.3.2.5. Universalidades. 1. 3.3.3. Coisas móveis ou imóveis. 1.3.3.4. Coisas simples e compostas. 1.3.3.5. Coisas fungíveis e não fungíveis. 1.3.3.6. Coisas consumíveis e não consumíveis. 1.3.3.7. Coisas divisíveis e indivisíveis. 1.3.3.8. Coisas principais e acessórias. 1.3.3.9. Coisas presentes e futuras. 1.3.3.10. Coisas no comércio e fora do comércio. 1.3.3.11. Frutos. 1.3.3.11. Benfeitorias. 1.4. Caracteres dos direitos reais. 1.4.1. Sequela. 1.4.1.1. Regra geral. 1.4.1.2. Excepções. 1.4.1.2.1. A usucapião. 1.4.1.2.2. O registo. 1.4.1.2.3. Sobre se a «posse vale título». 1.4.1.3. Sobre se só os direitos reais têm sequela. 1.4.2. Preferência ou prevalência. 1.4.2.1. Regra geral. 1.4.2.2. Sobre se só os direitos reais de garantia têm preferência. 1.4.2.3. Excepções. 1.4.2.3.1. O registo. 1.4.2.3.2. Privilégios creditórios. 1.4.2.4. Conclusão. 1.5. Princípios fundamentais dos direitos reais. 1.5.1. Em geral. 1.5.2. Especialidade. 1.5.3. Tipicidade. 1.5.4. Transmissibilidade. 1.5.5. Consensualidade. 1.5.6. Elasticidade. 1.5.7. Publicidade. 1.5.7.1. O registo. 1.5.7.1.1. Em geral. 1.5.7.1.2. Função do registo predial. 1.5.7.1.3. Princípios do registo predial. 1.5.7.1.3.1. Princípio da instância. 1.5.7.1.3.2. Princípio da legalidade. 1.5.7.1.3.3 Princípio do trato sucessivo. 1.5.7.1.3.4. Princípio da prioridade. 1.5.7.1.4. Efeitos do registo predial. 1.5.7.1.4.1. Prescrição *iuris tantum*. 1.5.7.1.4.2. Registo constitutivo. 1.5.7.1.4.3. Registo enunciativo ou declarativo. 1.5.7.1.4.4. Registo confirmativo. 1.5.7.2. A posse. 1.6 Classificação dos direitos reais. 1.6.1. Em geral. 1.6.2. Direitos reais de gozo. 1.6.3. Direitos reais de garantia. 1.6.4. Direitos reais de aquisição. 1.6.5. Tipos duvidosos ou controvertidos. 1.6.5.1. Locação. 1.6.5.2. Retenção. 1.6.5.3. Herança. 1.6.5.4. Promessa irrevogável de alienação de coisa. 1.6.5.5. Ónus e obrigações reais. 1.6.5.5.1. Em geral. 1.6.5.5.2. Obrigações *propter rem*. 1.6.5.5.2.1. Terminologia. 1.6.5.5.2.2. Conceito. 1.6.5.5.2.3. Caracteres. 1.6.5.5.2.3.1. Acessoriedade. 1.6.5.5.2.3.2. Transmissão da obrigação *proptem rem* por transmissão do direito real. 1.6.5.5.2.3.3. Renúncia e abandono liberatório. 1.6.5.5.2.3.4. Tipicidade. 1.6.5.5.2.4. Natureza jurídica. 1.6.5.5.2.4.1. Teoria da realidade. 1.6.5.5.2.4.2. Teoria personalista. 1.6.5.5.2.4.3. Teoria mista. 1.6.5.5.2.4.4. Teoria ecléctica. 1.6.5.5.2.4.5. Conclusão.
 2. DA CONSTITUIÇÃO DOS DIREITOS REAIS À SUA EXTINÇÃO. 2.1. Em geral. 2.2. Da constituição dos direitos reais. 2.2.1. Negócio jurídico. 2.2.2. Usucapião. 2.2.2.1. Em geral. 2.2.2.2. Conceito. 2.2.2.3. Fundamento. 2.2.2.4. Modalidades. 2.2.2.4.1. Usucapião imobiliário e mobi-

liário. 2.2.2.4.2. Usucapião do direito de propriedade e dos demais direitos reais de gozo. 2.2.2.5. Requisitos. 2.2.2.5.1. Posse. 2.2.2.5.2. Usucapibilidade das coisas. 2.2.2.5.3. Decurso do tempo. 2.2.2.5.3.1. Usucapião de imóveis. 2.2.2.5.3.2. Usucapião de móveis. 2.2.2.5.3.3. Suspensão e interrupção dos prazos. 2.3. Da transmissão dos direitos reais. 2.4. Da modificação dos direitos reais. 2.5. Da extinção dos direitos reais. 2.5.1. Em geral. 2.5.2. Perda da coisa. 2.5.3. Restrição da coisa. 2.5.4. Abandono ou renúncia. 2.5.5. Expropriação. 2.5.5.1. Em geral. 2.5.5.2. Expropriação por utilidade pública. 2.5.5.2.1. Conceito. 2.5.5.2.2. Declaração de utilidade pública. 2.5.5.2.3. Posse administrativa. 2.5.5.2.4. Processo expropriativo. 2.5.5.2.4.1. Processo comum. 2.5.5.2.4.2. Processo urgente. 2.5.5.2.5. Pagamento das indemnizações. 2.5.6. Prescrição, caducidade e não uso. 2.5.6.1. Prescrição. 2.5.6.2. Caducidade. 2.5.6.3. Não uso. 2.5.7. «Reunião».

PARTE II – DIREITOS REAIS EM ESPECIAL

Capítulo I – DIREITOS REAIS DE GOZO. I – POSSE. 1. Etimologia da posse. 2. A posse nas concepções romana, germânica e canónica. 2.1. Concepção romana. 2.1.1. Segundo SAVIGNY. 2.1.2 Segundo JHERING. 2.2 Concepção germânica. 2.3 Concepção canónica. 3. Sentidos da posse. 3.1 A posse como poder de facto. 3.2 A posse como poder jurídico. 3.2.1 Em geral. 3.2.2 A posse como conteúdo de determinados direitos. 3.2.3. A posse *per se*. 4. Fundamento da posse. 4.1. Em geral. 4.2. Teorias absolutas. 4.2.1. Teoria da vontade. 4.2.2. Teoria do valor económico. 4.3. Teorias relativas. 4.3.1. Teoria da necessidade de impedir a violência. 4.3.2. Teorias da propriedade. 4.3.3. Teorias mistas. 5. A posse no direito português. 5.1. Noção de posse. 5.2. Mera detenção. 5.3. Composse. 5.4. Objecto da posse. 5.5. Aquisição da posse. 5.5.1. Em geral. 5.5.2. Aquisição originária. 5.5.2.1. Prática reiterada, com publicidade, dos actos materiais correspondentes ao exercício do direito. 5.5.2.2 Inversão do título da posse. 5.5.3. Aquisição derivada. 5.5.3.1. Tradição da coisa. 5.5.3.2. Constituto possessório. 5.5.3.3. *Traditio brevi manu*. 5.5.3.4. Sucessão *mortis causa*. 5.6. Conservação e defesa da posse. 5.6.1. Conservação da posse. 5.6.2. Defesa da posse. 5.6.2.1. Em geral. 5.6.2.2. Acção directa. 5.6.2.3. Acções possessórias. 5.6.2.3.1. Em geral. 5.6.2.3.2. Acção de prevenção da posse. 5.6.2.3.3. Acção de manutenção da posse. 5.6.2.3.4. Acção de restituição da posse. 5.6.2.3.5. Embargos de terceiros. 5.7. Efeitos da posse. 5.7.1. Em geral. 5.7.2. Presunção da titularidade do direito. 5.7.3. Usucapião. 5.7.4. Frutos. 5.7.5. Benfeitorias. 5.7.6. Perda

ou deterioração da coisa. 5.8. Perda da posse. 5.8.1. Em geral. 5.8.2. Abandono. 5.8.3. Perda, deterioração ou colocação da coisa fora do comércio. 5.8.4. Cedência.
II – PROPRIEDADE. Conceito. 1.1. Propriedade e domínio. 1.2. Teorias sobre o conceito e a natureza da propriedade. 1.3. Conclusão. 1.3.1 Relação propriedade-domínio; Conceito legal de propriedade. 2. Caracteres do direito de propriedade. 2.1. Plenitude. 2.2. Exclusividade. 2.3. Ilimitação. 2.4. Indeterminação. 2.5. Elasticidade. 2.6. Perpetuidade. 3. Fundamento do direito de propriedade. 3.1. Teorias clássicas. 3.1.1. Teoria do acto individual. 3.1.2. Teorias do acto colectivo. 3.2. Teorias modernas. 3.2.1. Teorias «racionalistas». 3.2.2 Teorias sociológicas. 4. Conteúdo do direito de propriedade. 4.1. Em geral. 4.2. Poderes de livre disposição. 4.2.1. Alienação. 4.2.2. Oneração. 4.2.3. Transformação. 4.3. Poderes de livre aproveitamento. 4.3.1. Uso. 4.3.2. Fruição. 4.3.3. Acessão. 4.4. Poderes de exclusão. 4.4.1. Individualização da coisa. 4.4.1.1. Demarcação. 4.4.1.2. Tapagem. 4.4.2. Posse exclusiva. 4.4.3. Defesa. 4.4.3.1. Acção directa. 4.4.3.2. Legítima defesa. 4.4.3.3. Reivindicação. 4.4.3.4. Acção negatória. 4.4.3.5. Acção de indemnização. 5. Limites do direito de propriedade. 5.1. Em geral. 5.2. Limites genéricos do direito de propriedade. 5.2.1. Abuso do direito. 5.2.2. Estado de necessidade. 5.3. Limites específicos da propriedade de imóveis. 5.3.1. Limites no interesse público. 5.3.1.1. Em geral. 5.3.1.2. Limites do espaço aéreo e do subsolo. 5.3.2. Limites no interesse privado. 5.3.2.1. Em geral. 5.3.2.2. «Emissão de fumo, produção de ruídos e factos semelhantes». 5.3.2.3. Obras, instalações ou depósitos de substâncias corrosivas ou perigosas. 5.3.2.4. Escavações. 5.3.2.5. Ruína de construção. 5.3.2.6. Obras defensivas das águas. 5.3.2.7. Passagem forçada momentânea. 5.3.2.8. Apanha de frutos. 5.3.2.9. Sebes vivas. 5.3.2.10. Escoamento natural das águas. 5.3.2.11. Construções e edificações. 5.3.2.11.1. Abertura de janelas, portas, varandas e obras semelhantes. 5.3.2.11.2. Frestas, seteiras, óculos para luz e ar. 5.3.2.11.3. Estilicídio. 5.3.2.12. Paredes e muros de meação. 5.4 Restrições de carácter convencional. 6. Aquisição do direito de propriedade. 6.1. Em geral. 6.2. Ocupação. 6.2.1. Conceito e requisitos. 6.2.2. Capacidade. 6.2.3. Objecto. 6.2.4. Animais e coisas móveis perdidas. 6.2.5. Tesouros. 6.3. Acessão. 6.3.1. Conceito de acessão. 6.3.2. Espécies de acessão. 6.3.2.1. Acessão natural e industrial. 6.3.2.2. Acessão mobiliária e imobiliária. 6.3.3. Acessão natural. 6.3.3.1. Em geral. 6.3.3.2. Aluvião. 6.3.3.3. Avulsão. 6.3.3.4. Mudança do leito. 6.3.3.5. Ilhas

e monchias. 6.3.4. Acessão industrial. 6.3.4.1.1. União. 6.3.4.1.1.1. União de boa fé. 6.3.4.1.1.2. União de má fé. 6.3.4.1.1.3. Confusão casual. 6.3.4.1.2. Especificação. 6.3.4.1.2.1. Especificação de boa fé. 6.3.4.1.2.2. Especificação de má fé. 6.3.4.2. Acessão industrial imobiliária. 6.3.4.2.1. Obras, sementeiras ou plantações em terreno alheio. 6.3.4.2.1.1. Com coisas próprias. 6.3.4.2.1.1.1. De boa fé. 6.3.4.2.1.1.2. De má fé. 6.3.4.2.1.2. Com coisas alheias. 6.3.4.2.2. Prolongamento do edifício por terreno alheio. 7. Modalidades do direito de propriedade; Compropriedade e propriedade horizontal; Servidões – Superfície, Usufruto, uso e habitação, Hipoteca e penhor.

II – Estes sumários sugerem um certo equilíbrio entre a teoria geral e a parte especial. À introdução seriam dedicados seis números, à teoria geral dos Direitos Reais cento e quarenta e três enquanto à parte especial caberiam um pouco menos de cento e setenta. Por sua vez, em termos de lições dadas a introdução e a parte geral ocuparam nove aulas e meia, enquanto à parte geral EDUARDO DOS SANTOS dedicaria sete prelecções e meia.

A ideia deixada pelos sumários é, porém, imediatamente desfeita através da consulta das lições escritas. O primeiro volume possui um total de setecentas e quarenta páginas, sendo que a introdução e a teoria geral apenas ocupam as primeiras duzentas e sessenta e sete[1744]. O segundo volume, esse, com quatrocentas e trinta e quatro páginas é todo ele dedicado aos direitos reais de garantia e de aquisição[1745/1746].

III – Menção final para a circunstância de EDUARDO DOS SANTOS ter, actualmente, em mãos um projecto de publicação de uma obra relativa à evolução histórica dos Direitos Reais no nosso sistema jurídico desde o Direito Romano até à actualidade. Em cumprimento desse projecto o autor deu já à estampa um primeiro volume dedicado, na

---

[1744] Cfr. EDUARDO DOS SANTOS, *Curso…*, I, *per totum*.
[1745] V. EDUARDO DOS SANTOS, *Curso…*, II, *per totum*.
[1746] Em termos de números ou rubricas é também enorme a desproporção entre a teoria geral e a parte especial. Desproporção, claro está, neste caso, em favor da parte especial.

sua maior parte, aos Direitos Reais no Direito Romano[1747]. Restarão, ainda, duas partes: numa propõe ocupar-se com uma introdução *«geral sobre as eventuais cortes de Lamego, dos forais (...) dos bens da Coroa e bens do príncipe, da Lei das Sesmarias e da propriedade vinculada (Lei da Avoenga, morgados e capelas), e, seguidamente (...)»* estudar os nossos Direitos Reais no sistema de PASCOAL DE MELLO FREIRE, COELHO DA ROCHA e no Código Civil de SEABRA. Na outra, EDUARDO DOS SANTOS abordará os Direitos Reais na actualidade e para a qual se propõe servir-se da ajuda das lições publicadas no âmbito da respectiva regência de Direitos Reais na Faculdade de Direito de Lisboa em 1982-1983[1748].

7.5.7. DIAS MARQUES

I – Da participação no ensino dos Direitos Reais por DIAS MARQUES depois da entrada em vigor do actual Código Civil encontrámos um programa, relativo ao ano de 1992-1993[1749], com indicação de corresponder a este Professor a coordenação da disciplina e sem menção da pessoa a quem coube efectivamente a regência – *in casu* CONCEIÇÃO VALDÁGUA[1750]. Este facto permite imputar a autoria do programa directamente a DIAS MARQUES.

Conforme se viu antes, na sua primeira passagem pelo ensino dos Direitos Reais, DIAS MARQUES elaboraria uma teoria geral do Direito das Coisas onde foram incluídas a determinação e natureza dos direitos reais, o estudo dos respectivos caracteres, do seu objecto, a sua classifi-

---

[1747] Cfr. EDUARDO DOS SANTOS, *Direitos Reais de ontem e de hoje*, I, *Direito Romano. Sua introdução em Portugal e seus Direitos Reais*, Lisboa, 2006.
[1748] V. EDUARDO DOS SANTOS, *Direitos...*, 7.
[1749] DIAS MARQUES, *Direitos Reais, Programa e Bibliografia*, in FACULDADE DE DIREITO DE LISBOA, *Curso de licenciatura. Programa das disciplinas (com indicação da bibliografia fundamental)*, Lisboa, 1993, 107 e ss..
[1750] V. FACULDADE DE DIREITO DE LISBOA, *Horário, 3.º ano, tarde*, 1992-1993; Id., *Horário, 3.º ano, noite*, 1992-1993.

cação, uma referência abreviada aos diversos direitos reais, a divisão e enumeração das restrições de direito público e privado e, complementarmente, o ensino do registo. Naquelas regências seria, ainda, incluída a posse, atenta a generalidade de que se encontra dotada[1751], e, por razões pedagógicas e metódicas, enxertada na parte geral uma descrição da configuração mais geral dos diversos direitos reais de gozo[1752].

II – O plano para 1992-1993 não é estranho às preocupações que se encontravam subjacentes aos anteriores programas. Mas ele revela uma natural evolução. Desde logo, para além da teoria geral DIAS MARQUES prevê, também, uma parte especial[1753].

Introdução
1. Noção preliminar de Direitos Reais. 2. Regulamentação dos Direitos Reais no Direito Vigente. 2.1. Situação dos Direitos Reais no Ordenamento Jurídico. 2.2. Fontes e forma de tratamento. 3. Questão terminológica. 4. Delimitação do objecto de estudo.
PARTE I
Teoria geral dos direitos reais
Capítulo I
Conceito de direito real
1. Evolução doutrinária. 1.1. Direito romano. 1.2. Tese clássica. 1.3. Tese moderna. 1.4. Teses mistas. 2. Crítica às teses anteriores. 3. Posição adoptada. 3.1. Perfil subjectivo do direito real. 3.2. Perfil objectivo do direito real.
Capítulo II
Objecto dos direitos reais
1. Noção de coisa. 2. Classificação das coisas. 2.1. Coisas corpóreas e incorpóreas. 2.2. Coisas móveis e imóveis. 2.3. Coisas presentes e futuras. 2.4. Coisas principais e acessórias.

[1751] V. *supra* 6. 3. 7.
[1752] Cfr. *supra* 6. 3. 7.
[1753] Que mesmo assim parecia estar pensada já nas anteriores regências. Cfr. DIAS MARQUES, *Direito…*, I, 28.

Capítulo III
Características dos direitos reais
1. Inerência. 1.1. Noção. 1.2. Manifestações. 2. Oponibilidade. 2.1. Noção. 2.2. Oponibilidade e absolutidade. 3. Sequela. 3.1. Noção. 3.2. Manifestações. 4. Tipicidade. 4.1. Noção. 4.2. Fundamentos. 4.3. Extensão. 4.4. Consequências da violação. 5. Publicidade. 5.1. Noção e tipos de publicidade. 5.2. Publicidade sobre imóveis: Registo predial. 5.2.1. Função do registo. 5.2.2. Princípios do registo predial. 5.2.2.1. Princípios da instância. 5.2.2.2. Princípio da legalidade. 5.2.2.3. Princípio da tipicidade. 5.2.2.4. Princípio do trato sucessivo. 5.2.2.5. Princípio da prioridade. 5.2.3. Efeitos substantivos do registo. 5.2.3.1. Efeito presuntivo. 5.2.3.2. Efeito condicionante da eficácia. 5.2.3.3. Efeito consolidativo. 5.2.3.4. Efeito constitutivo. 5.2.3.5. Efeito enunciativo. 5.3. Publicidade sobre móveis.

Capítulo IV
Classificação dos direitos reais
1. Direitos reais simples e complexos. 2. Direitos reais de gozo, garantia e aquisição. 3. Direito real máximo e direitos reais menores.

Capítulo V
Conteúdo dos direitos reais
1. Conteúdo positivo. 2. Conteúdo negativo. 2.1. Limitações gerais. 2.2. Limitações especiais. 2.3. Restrições independentes. 2.4. Restrições de conflito. 2.4.1. Restrições de vizinhança: noção e principais modalidades. 2.4.2. Restrições de sobreposição: os conflitos entre direitos reais e as diversas vias, de solução. 2.4.2.1. Comunhão. Regime e natureza. 2.4.2.2. Hierarquia. 2.4.2.3. Prevalência. 3. Relações jurídicas reais.

Capítulo VI
Continuação. A posse
1. Conceito. 1.1. As diversas concepções de posse. 1.2. Posse e detenção. 2. Fundamento da tutela jurídica da posse. 3. Âmbito. 4. Caracteres da posse. 4.1. Posse titulada e não titulada. 4.2. Posse pacífica e posse violenta. 4.3. Posse pública e posse oculta. 4.4. Posse de boa fé e de má fé. 5. Efeitos da posse. 5.1. Publicidade. 5.2. Presunção de titularidade. 5.3. Aquisição de frutos. 5.4. Benfeitorias. 5.5. Aquisição do direito: usucapião. 5.5. 1. Noção e requisitos. 5.5. 2. Extensão. 5.6. Outros efeitos da posse. 6. Constituição e vicissitudes. 6.1. Constituição. 6.2. Transmissão. 6.3. Extinção. 7. Tutela.

7.1. Acção directa. 7.2. Acções possessórias. 7.3. Embargos de terceiro. 7.4. Posse ou entrega judicial. 8. Natureza jurídica.

Capítulo VII
Nascimento e vicissitudes
dos direitos reais

1. Constituição. 1.1. Constituição legal. 1.2. Constituição negocial. 1.3. Constituição por usucapião. Remissão. 2. Transmissão. 2.1. Transmissibilidade e consensualidade. 2.2. Intransmissibilidades. 3. Modificação. 3.1. Noção. 3.2. Classificação dos factos modificativos. 4. Extinção. 4.1. Destruição e deterioração da coisa. 4.2. Abandono e renúncia. 4.3. Prescrição, caducidade e não uso. 4.4. Confusão. 4.5. Expropriação.

Capítulo VIII
Defesa dos direitos reais

1. Defesas reais. 1.1. Acção de reivindicação. 1.2. Acção de simples apreciação. 2. Defesas gerais. 2.1. Acções pessoais. 2.2. Acções penais.

PARTE II
Direitos reais em especial

Capítulo I
Direitos reais de gozo

1. Propriedade. 1.1. As diversas concepções de propriedade. 1.2. Caracterização do direito de propriedade. 1.3. Modos específicos de aquisição. 1.3.1. Ocupação. Modalidades e seus regimes. 1.3.2. Acessão. Modalidades e seus regimes. 1.3.3. Especificação. 1.4. Propriedade horizontal. 1.4.1. Pressupostos e modos de constituição. 1.4.2. Regime jurídico das fracções autónomas. 1.4.3. Regime jurídico das partes comuns. 1.4.4. Natureza jurídica. 2. Usufruto. 2.1. Noção e utilidades. 2.2. Conteúdo. 2.2.1. Delimitação positiva. 2.2.2. Delimitação negativa. 2.3. Especialidades do objecto: quase-usufruto e usufruto de créditos. 2.4. Vicissitudes. 2.5. Os direitos de uso e habitação. 2.5.1. Regime. 2.5.2. Natureza. 3. Superfície. 3.1. Noção e objecto. 3.2. Conteúdo. 3.2.1. Conteúdo positivo. 3.2.2. Conteúdo negativo. 3.3. Natureza jurídica. 4. Servidões. 4.1. Noção e características. 4.2. Conteúdo. 4.3. Modalidades. 4.3.1. Aparentes e não aparentes. 4.3.2. Positivas, negativas e desvinculativas. 4.3.3. Coactivas e não coactivas. 4.4. Modos de constituição e de extinção específicos. 4.4.1. Constituição por destinação de pai de família. 4.4.2. Extinção por *usucapio libertatis*. 4.4.3. Extinção por desnecessidade. 5. Direito real de habitação periódica. 5.1. Sede legal. 5.2. Fun-

damentos. 5.3. Características próprias: objecto e duração. 5.4. Conteúdo. 5.5. Natureza.

Capítulo II
Direitos reais de aquisição
1. Considerações gerais. 2. Modalidades. 3. Análise sumária dos tipos de direitos reais de aquisição. 3.1. Expectativa jurídica real. 3.2. Ónus real.

Capítulo III
Direitos reais de garantia
1. Considerações gerais. 2. Análise sumária dos tipos de direitos reais de garantia.

7.5.8. PEDRO ROMANO MARTINEZ

I – Da respectiva passagem pelo ensino dos Direitos Reais, PEDRO ROMANO MARTINEZ deixar-nos-ia uns sumários escritos pelo seu próprio punho relativos aos anos de 1994-1995[1754], 1995-1996[1755] e 1997-1998[1756]. No seu conjunto eles reflectem um ensino bem sistematizado em torno de três capítulos fundamentais: introdução, teoria geral dos direitos reais e parte especial.

Na configuração dada por este Professor à disciplina foi o seguinte o programa adoptado no último dos três anos agora referidos:

APRESENTAÇÃO
Capítulo I
Introdução
1 – A categoria «direitos reais». 2 – Assento legislativo. 3 – Sistema. 4 – Conceito de direito real. 5 – Natureza do direito real.
Capítulo II
Teoria geral dos direitos reais

[1754] *Direitos..., sumários*, 1994-1995.
[1755] *Direitos..., sumários*, 1995-1996.
[1756] *Direitos..., sumários*, 1997-1998.

Secção I
Princípios gerais

6 – Tipicidade. 7 – Inerência. 8 – Sequela. 9 – Eficácia *erga omnes*. 10 – Prevalência. 11 – Publicidade: a) Ideia geral, b) Registo predial, b) Registo predial (cont.), c) Registo de bens móveis, d) Efeitos substantivos do registo, d) Efeitos substantivos do registo (cont.). 12 – Função social.

Secção II
Tipos de direitos reais

13 – Classificação dos direitos reais: a) Aspectos gerais, b) Direitos reais de gozo, de garantia e de aquisição. 14 – Relações jurídicas reais: a) Aspectos gerais, b) Conflitos de direitos reais; comunhão e préstimos.

Secção III
Vicissitudes dos direitos reais

15 – Constituição: a) Regras gerais; negócios jurídicos, b) Constituição da posse, b) Constituição da posse (cont.), c) Usucapião, d) Ocupação, e) Acessão, união e especificação. 16 – Transmissão: a) Regras gerais, b) Particularidades na transmissão de posse, b) Particularidades na transmissão de posse (cont.). 17 – Modificação. 17 – Modificação (cont.). 18 – Extinção; Aula de dúvidas. 19 – Violação e defesa.

Capítulo III
Direitos reais em especial

Secção I
Posse

20 – Demarcação do instituto. 21 – Situação de facto. 21 – Situação de facto (cont.). 22 – Situação jurídica.

Secção II
Direitos reais de gozo

23 – Propriedade: a) Aspectos comuns, b) Propriedades especiais; propriedade horizontal. 24 – Usufruto. 25 – Uso e habitação. 26 – Superfície. 26 – Superfície (cont.). 27 – Servidão. 28 – Direitos de habitação periódica. 29 – Direitos reais abolidos ou em vias de extinção (referência).

Secção III
Direitos reais de garantia

30 – Noção. 31 – Consignação de rendimentos. 32 – Penhor. 33 – Hipoteca. 34 – Privilégios creditórios. 35 – Direitos de retenção, Direitos reais de aquisição (referência).

7.5.9. JANUÁRIO GOMES

I – JANUÁRIO GOMES teria, conforme vimos, a regência de Direitos Reais, turmas A e B, durante os quatro anos compreendidos entre 2000-2001 e 2003-2004[1757]. Dele ficaram-nos sumários relativos a todos os anos em que ensinou a disciplina e, ainda, uns programas constantes do Guia Pedagógico da Faculdade de Direito de Lisboa[1758].

A análise dos diversos elementos deixados revela uma relativa estabilidade dos conteúdos ensinados e da sua sistematização, notando-se mesmo assim algumas alterações entre o primeiro e o último dos anos ensinados em que seria o seguinte o programa proposto:

PARTE I
Capítulo I – Introdução
1. A determinação positiva dos direitos disciplinados. 2. A função e a variabilidade dos processos técnicos. 3. A formação da categoria «direito real». 4. A imprecisão terminológica. 5. Conteúdo do Direito das Coisas. 6. O Direito das Coisas como direito privado. 7. Assento legislativo do Direito das Coisas. 8. Sistema.
Capítulo II – Conceito de Direito Real.
Características
9. Os direitos reais como direitos subjectivos. 10. O debate sobre a noção de direito real. 11. Direitos reais e direitos de crédito. 12. Características e natureza do direito real.
Capítulo III – A tipicidade
13. Consagração, sentido e âmbito do *numerus clausus* em direitos reais. 14. A conversão legal.

[1757] *Direitos...*, *(sumários – turma A)*, 2000-2001, *Idem*, 2001-2002, *Idem*, 2002-2003; 2003-2004; *Direitos...*, *(sumários – turma B)*, 2000-2001, *Idem*, 2001-2002, *Idem*, 2002-2003; 2003-2004.
[1758] V. FACULDADE DE DIREITO DE LISBOA, *Guia Pedagógico*, Lisboa, 2002--2003, 118 e ss.; Id., *Idem*, 2003-2004, 138 e ss..

Capítulo IV – A publicidade

15. Razão e tipos de publicidade. 16. Princípios do registo predial. 17. Efeitos do registo predial. 18. A publicidade espontânea. Noção e remissão.

Capítulo V – Classificações dos Direitos Reais

19. A tripartição: direitos reais de gozo, de garantia e de aquisição. 20. Direitos reais de gozo. 21. Direitos reais de garantia. 22. Direitos reais de aquisição. 23. Outras classificações.

PARTE II – DIREITOS REAIS EM ESPECIAL

Título I – Direitos reais de gozo

Capítulo I – A Propriedade

24. Introdução. 25. Ocupação. 26. Acessão. 27. A compropriedade. 28. A propriedade temporária. 29. A propriedade horizontal. 30. A propriedade fiduciária.

Capítulo II – Usufruto, uso e habitação

31. Conceito. 32. Conteúdo. 33. Vicissitudes. 34. Uso e habitação.

Capítulo III – Direito de superfície

35. Noção e características. 36. Conteúdo. 37. Vicissitudes. 38. Estrutura.

Capítulo IV – Servidão

39. Conceito e características. 40. Modalidades. 41. Vicissitudes. 42. Extinção. 43. Servidão administrativa. Notas e remissão.

Capítulo V – A posse

44. Introdução. A função da posse. 45. Evolução geral do instituto. 46. Posse e detenção. 47. Classificações da posse. 48. Vicissitudes da posse. 49. Efeitos da posse. 50. Efeitos (cont.). Posse e publicidade. 51. Efeitos (cont.). A usucapião. 52. Defesa possessória. 53. A prática do sistema e a sua extensão. 54. Natureza da posse. 55. O caso da posse útil.

Capítulo VI – Direito Real de Habitação Periódica

56. Noção e características. 57. Conteúdo. 58. Vicissitudes.

Capítulo VII – A enfiteuse, o quinhão,
o compáscuo e a colonia

59. A enfiteuse. 60. O quinhão. 61. O compáscuo. 62. A colonia.

Título II – Direitos reais de garantia

Capítulo único – Direitos reais de garantia

63. Introdução. 64. Consignação de rendimentos. 65. Penhor. 66. Hipoteca. 67. Privilégios creditórios. 68. Direitos de retenção. 69. A penhora. 70. O arresto. 71. O caso do direito de propriedade com funções de garantia.

Título III – Direitos reais de aquisição
Capítulo único – Direitos reais de aquisição
72. Introdução. 73. Direito do beneficiário de promessa com eficácia real. 74. Direito do titular de direito de preferência com eficácia real. 75. Outras situações.
Título IV – Situações duvidosas
Capítulo I – O «caso» do arrendamento
76. Noção e características. 77. Conteúdo. 78. Natureza jurídica.
Capítulo II – O «caso» das obrigações reais
e dos ónus reais
79. Introdução. Situações jurídicas *propter rem*. 80. Obrigações reais. Caracterização e natureza. 81. Ónus reais. Caracterização e natureza.
PARTE III – A ESTÁTICA E A DINÂMICA
DOS DIREITOS REAIS
A – Estática
Capítulo I – Direito Real e ordem económico-social
82. Introdução. 83. Evolução histórica. 84. Fundamento e justificação da propriedade. 85. Direito de propriedade e sistema económico-social. 86. Os direitos reais menores. 87. Direito real e ordem constitucional.
Capítulo II – Função social
88. Enunciado e alcance do princípio. 89. As limitações da propriedade. 90. As limitações (cont.). As limitações de interesse público.
Capítulo III – Relações entre titulares de Direitos Reais
91. Introdução. 92. Relações jurídicas reais. 93. Conflitos entre direitos a partes da coisa. 94. Conflitos de vizinhança. 95. Conflitos de sobreposição.
B – Dinâmica
96. Introdução.
Capítulo IV – Constituição
97. Usucapião. Remissão. Perspectiva geral. 98. Acessão. Remissão. Perspectiva geral.
Capítulo V – Transmissão
99. A transmissibilidade geral dos direitos reais. 100. A remissão.
Capítulo VI – Modificação
101. Factos modificativos. 102. Cláusulas acessórias típicas. 103. Cláusulas de reversão.

Capítulo VII – Extinção
104. Expropriação. 105. Outras modalidades.
Capítulo VIII – Violação
106. Pretensão real e ilicitude. 107. Violação das situações jurídicas *propter rem*.
Capítulo IX – Defesa
108. Introdução. 109. Meios de defesa extrajudicial. 110. Acção de reivindicação. 111. Acção negatória e acção confessória. 112. Acção de demarcação.

II – Nota-se, como principal particularidade neste programa, a circunstância[1759] de este Professor, na esteira de quanto fizera OLIVEIRA ASCENSÃO no ano de 1999-2000 (turma de dia), antepor a parte especial à parte geral, mantendo-se, todavia, a estruturação do curso em três partes: introdução, parte especial e estática e dinâmica. Mas outros aspectos merecem ainda saliência.

No tocante a figuras como a acessão e a ocupação JANUÁRIO GOMES mantém-se nos quadros tradicionais, não seguindo neste particular MENEZES CORDEIRO e OLIVEIRA ASCENSÃO, porquanto continua a incluí-las no estudo do direito de propriedade.

Relativamente à posse ela é considerada como um direito real de gozo e, destarte, aí tratada. Sobressai, porém, a circunstância de a sua abordagem surgir apenas, depois do estudo da propriedade, usufruto, uso e habitação, direito de superfície e servidão e a anteceder figuras como o direito real de habitação periódica, a enfiteuse, o quinhão, o compáscuo e a colonia.

III – No seu conjunto o programa em referência é abrangente. A análise dos sumários escritos revela, todavia, e como parece aliás natural face ao escasso número de aulas disponível para o ensino dos Direitos Reais, uma grande diversidade no tratamento dos diversos temas[1760], mas

---

[1759] Já presente nos primeiros sumários deixados por JANUÁRIO GOMES.
[1760] V., por exemplo, JANUÁRIO GOMES, *Direitos…, (sumários – turma A)*, 2000--2001, *Idem*, 2001-2002, *Idem*, 2002-2003; 2003-2004; *Direitos…, (sumários – turma B)*, 2000-2001, *Idem*, 2001-2002, *Idem*, 2002-2003; 2003-2004.

também múltiplas alterações ou sacrifícios ao programa predefinido. Tomando por referência os sumários relativos ao ano de 2003-2004, as matérias introdutórias – onde JANUÁRIO GOMES faz incluir a publicidade – ocupam sete aulas[1761]. Duas aulas são reservadas à introdução aos direitos reais de gozo, à propriedade e à compropriedade. A ocupação, achamento e acessão são tratados numa aula, após a conclusão da compropriedade e antes da aula e meia dedicada à propriedade horizontal[1762]. O usufruto, uso, habitação, superfície, servidões prediais, direito real de habitação periódica[1763], arrendamento[1764], obrigações reais, ónus reais[1765] e direitos reais de aquisição[1766] preenchem seis aulas e meia. Só então surge, e ao contrário do que o programa publicado no início do ano permitiria supor[1767], a primeira aula dedicada à posse, num total de cinco lições completas acrescidas de parte de outra. As três últimas aulas do curso cobrem, além da conclusão da matéria da posse, os direitos reais de garantia[1768], assim como toda a estática e dinâmica. Estas

---

[1761] Contando com a indicação de que a aula de 21 de Novembro foi leccionada não obstante a circunstância de não ter podido ser lançada ao livro atenta a greve dos funcionários.
[1762] Quando no programa esta matéria surge a propósito da propriedade, logo após a introdução e antes da compropriedade e da propriedade temporária, horizontal e fiduciária (cfr. o programa referido *supra* no presente parágrafo e, ainda, FACULDADE DE DIREITO DE LISBOA, Guia..., 2003-2004, 139).
[1763] Cujo tratamento no programa é posterior à posse.
[1764] No programa o arrendamento surge apenas no Título IV da Parte I, após o estudo dos direitos reais de aquisição e de garantia.
[1765] Também as obrigações e ónus reais são incluídos no programa no Título IV da Parte I, após o estudo dos direitos reais de aquisição e de garantia.
[1766] Sendo que de acordo com o programa publicado (cfr. *supra* o presente parágrafo e, ainda, FACULDADE DE DIREITO DE LISBOA, Guia..., 2003-2004, 141), os direitos reais de aquisição deveriam ter sido tratados no Título II da Parte I, entre o estudo dos direitos reais de gozo e os de garantia.
[1767] Cfr., novamente, o programa referido *supra* no presente parágrafo e, ainda, FACULDADE DE DIREITO DE LISBOA, Guia..., 2003-2004, 140.
[1768] Embora não apareça qualquer referência ao aresto e à propriedade com funções de garantia constantes do programa (v. *supra* o presente parágrafo e, ainda, FACULDADE DE DIREITO DE LISBOA, Guia..., 2003-2004, 141).

são mesmo incluídas exclusivamente numa única aula final, onde não foi possível cobrir todas as matérias que de acordo com o programa dela deveriam fazer parte[1769/1770].

7.5.10. ANA PAULA COSTA E SILVA

I – ANA PAULA COSTA E SILVA teria uma curta passagem pela disciplina de Direitos Reais em 2003-2004 e 2004-2005. Como testemunhos do respectivo ensino desta cadeira ficaram-nos os competentes livros de sumários relativos aos dois anos lectivos em referência e um programa relativo ao primeiro dos dois anos[1771].

O programa, extremamente condensado, apresentava o seguinte teor:

[1769] De acordo com o livro de sumários foram as seguintes as matérias nela leccionadas: função social, conflitos de direitos reais, defesa e violação dos direitos reais. Não foram, destarte, relativos à estática e dinâmica, tratados os seguintes temas: direito real e ordem económica e social, constituição, transmissão, modificação e extinção dos direitos reais.

[1770] Idêntico confronto entre o programa de 2002-2003 (v. *Guia...*, 2002-2003, 118 e ss., sendo que a principal nota distintiva entre o programa adoptado neste ano e o de 2003-2004 residirá na circunstância de a posse ser tratada no quadro dos direitos reais de gozo logo a seguir à propriedade) e os sumários relativos a esse ano lectivo revela menor número de diferenças entre quanto foi projectado e quanto seria executado. Mesmo assim existem diversas divergências entre os dois textos, aliás coincidentes com algumas das detectadas em 2003-2004. Assim, a matéria da ocupação e da acessão encontra no programa de 2002-2003 exactamente a mesma localização e inserção sistemática que no plano de 2003-2004. Todavia, e tal como em 2003-2004, elas seriam efectivamente tratadas, apenas depois do estudo da compropriedade (v. JANUÁRIO GOMES, *Direitos...*, (sumários – turma A), 2002-2003; Id., *Direitos...*, (sumários – turma B), 2002-2003). Também quanto à estática e dinâmica, no seu todo, se constata ter-lhe sido dedicada apenas uma aula inteira (a final) e parte de outra. É o seguinte o teor dos sumários relativos a essas duas aulas (as últimas do curso): direitos reais de aquisição, conflitos de direitos reais, a função social, introdução à expropriação, extinção de direitos reais, violação de direitos reais. De fora, embora constantes do programa desse ano, ficaram os Direitos Reais e a ordem económico-social, a constituição, transmissão e modificação.

[1771] Cfr. FACULDADE DE DIREITO DE LISBOA, *Guia...*, 2003-2004, 145.

I – Introdução
II – A posse
III – A tipicidade de direitos reais
IV – Os tipos de direitos reais
   i) Direitos reais de gozo,
   ii) Direitos reais de garantia,
   iii) Direitos reais de aquisição,
V – Reconstrução dogmática do conceito de direito real.

II – Numa primeira aproximação, PAULA COSTA E SILVA parece afastar-se completamente da linha de ensino dos Direitos Reais que desde JAIME DE GOUVEIA, e com algumas oscilações ou compassos de espera, se vinha aprofundando e solidificando na Faculdade de Direito de Lisboa. A consulta dos sumários revela que não é, porém, assim, adoptando neles claramente, esta Professora, uma sistematização em torno de uma introdução, uma parte geral (com uma estática e uma dinâmica) e uma parte especial, tudo concluído com uma aula dedicada à reconstrução do conceito real. As variações verificadas entre os dois anos não são muito significativas e, embora no primeiro surja mesmo, expressamente, a divisão em estática e dinâmica sendo, além disso, claramente detectável da separação básica entre parte geral e parte especial, tudo isto é, também, facilmente perceptível nos sumários do segundo ano lectivo leccionado e cujo teor é o seguinte:

Introdução
Posse
Efeitos da posse
Posse e detenção
Posse e detenção (recapitulação)
Características e natureza
Natureza jurídica de posse
Tipicidade dos direitos reais
Tipicidade
Tipos
Função social dos Direitos Reais
Relações jurídicas reais

Factos reais. Usucapião
Acessão
Condição e termo
Transmissão
Extinção
Factos extintivos
Registo
Direitos reais de gozo
Direitos reais de garantia
Direitos reais de aquisição
Reconstrução do conceito de direito real.

III – A concluir, referência para a circunstância de ANA PAULA COSTA E SILVA ter ainda publicado, aquando da sua passagem pelo ensino dos Direitos Reais, e por causa dela, uma obra relativa à posse[1772]. Nesse seu estudo defende a autora a existência não de um mas de dois tipos de posse distintos (a formal e a causal), mas que poderiam por sua vez ser reconduzidos a um tipo de que derivariam, possuindo este a natureza de um direito subjectivo real[1773].

[1772] Cfr. ANA PAULA COSTA e SILVA, *Posse ou posses*, 2004, Coimbra, 5.

[1773] V. ANA PAULA COSTA e SILVA, *Posse…*, *per totum*. Não iremos entrar aqui na análise, em toda a sua extensão, das posições expressas pela autora. Sempre diremos, todavia, chegar COSTA e SILVA à conclusão acerca da realidade da posse em diálogo directo com OLIVEIRA ASCENSÃO. Ora, este autor afasta a qualificação da posse como direito real pelo facto de esta se fundar no comportamento de determinada pessoa e não apenas na situação objectiva do bem. Além disso, tal como o proprietário, o possuidor pode pedir a restituição ou reintegração da coisa. Todavia, e este argumento é visto por OLIVEIRA ASCENSÃO como decisivo, o possuidor só o pode fazer de quem esteja na posse da coisa e tenha esbulhado ou tenha conhecimento do esbulho enquanto o proprietário o pode fazer contra qualquer um (cfr. OLIVEIRA ASCENSÃO, *Direito…*, 130 e 131: Id., *Propriedade e posse – Reivindicação e reintegração*, in *Estudos em Memória do Professor Doutor João de Castro Mendes*, Lisboa, sem data, mas de 1995, 19 e ss., *maxime* 31). A isto objecta ANA PAULA COSTA E SILVA com o seguinte raciocínio: «(…) *não será sempre assim, seja qual for a natureza da situação jurídica de base quando o observador visa qualificá-la a partir da pretensão? Não se pode escrever também para o proprietário, que ele apenas pode actuar a pretensão de res-*

7.5.11. JOSÉ ALBERTO COELHO VIEIRA

I – JOSÉ ALBERTO COELHO VIEIRA ficou já à frente da regência de Direitos Reais em seis diferentes anos lectivos. Assim sucedeu efectivamente, conforme se viu antes[1774], em 2000-2001, 2001-2002, 2002--2003, 2004-2005, 2005-2006 e 2006-2007[1775]. Deste seu já longo ensino da matéria – a fazer dele um dos professores a quem mais vezes neste período foi confiada a docência desta disciplina – VIEIRA apenas nos deixou os sumários escritos lavrados pelo respectivo punho. A análise desses sumários revela diferenças, muitas vezes significativas, de ano para ano. Nota dominante a todos eles é um carácter predominantemente fragmentário, estranho à orientação sistematizadora que, na Faculdade de Direito de Lisboa, a disciplina quase sempre assumiu.

II – No seu primeiro ano de ensino, JOSÉ ALBERTO COELHO VIEIRA dedicaria – descontada a apresentação – as primeiras três

---

tituição contra quem se encontra na posse ou na detenção da coisa? Será que este direccionamento necessário da pretensão retira, à situação do proprietário, a respectiva natureza absoluta? (…) Diremos que não. Se é claro que, analisada a situação jurídica do ponto de vista da violação, toda ela adquire carácter relativo, a caracterização de uma situação deve prescindir da perspectiva da actio. *Ora, se pensarmos na posse, esta, tal como a propriedade, não integra qualquer elemento de relação na sua estrutura. O possuidor, tal como o proprietário que se presume que ele é, satisfaz-se exclusivamente através da coisa. Neste aproveitamento dispensa-se a cooperação de terceiro. Ora, estes são os contornos da situação possessória. (…) Face ao que antecede, diremos que a posse é, uma situação jurídica marcada pela finalidade, apresentando-se, estruturalmente, como situação jurídica real.»* Mas parece-nos, com o devido respeito, que a objecção não atinge o cerne da posição de OLIVEIRA ASCENSÃO. Na verdade, para este, relevante é a circunstância de o possuidor apenas poder, nos termos do artigo 1281.º do Código Civil, intentar a acção de restituição contra o esbulhador e herdeiros ou contra quem estiver na posse da coisa e tiver conhecimento do esbulho. Havendo transferência da posse do esbulhador para terceiro de boa fé cessa a possibilidade de restituição da coisa ao esbulhado. Nada disto se verifica com a propriedade. O direito deste não é paralisado pela boa fé do terceiro em cujo poder se encontra a coisa.

[1774] Cfr. *supra* 7. 5.
[1775] Com excepção de 2004-2005, em que teve as duas turmas de dia, estas regências foram asseguradas ao curso nocturno.

aulas[1776] à análise do Direito das Coisas como ramo do Direito Civil, à referência ao objecto dos direitos reais, a uma menção aos direitos reais de gozo, garantia e aquisição e sua inserção sistemática na lei portuguesa e, finalmente, ao estudo do conceito de direito real, dos princípios da tipicidade e da consensualidade e da classificação dos direitos reais. Seguem-se cinco aulas relativas à posse. Entra-se depois, de imediato, no estudo dos direitos reais de gozo com cinco aulas referentes à propriedade e três dedicadas respectivamente ao usufruto, superfície e servidões prediais. A terminar três aulas são dedicadas ao registo predial e uma à acção de reivindicação.

Está-se, como se vê, longe, muito longe, de uma tentativa sequer de elaboração de qualquer teoria geral dos Direitos Reais e, portanto, também daquela que era e é a tradicional linha de ensino da disciplina na Faculdade de Direito de Lisboa. Surpreende, ainda, a menção à distinção entre direitos reais de gozo, de garantia e de aquisição antes mesmo do estudo do conceito de direito real e fora da sua localização aquando do estudo da respectiva classificação.

III – No ano de 2001-2002 não é possível reconstruir o princípio do programa adoptado por COELHO VIEIRA dado que, apesar de assinadas no respectivo livro de sumários, das primeiras quatro aulas a de apresentação é a única a conter indicação do seu conteúdo[1777]. A primeira matéria que nos aparece mencionada é, assim, à quinta lição, a do registo predial, ocupando três aulas. Segue-se a posse e a usucapião com cinco aulas, a propriedade e suas espécies com seis lições, o direito de usufruto com duas, a superfície e as servidões cada com uma. O curso termina com uma hora dedicada às acções reais e outra às relações jurídicas reais e aos conflitos de direitos reais.

Entretanto, poder-se-ia admitir que os sumários de 2002-2003 lançariam alguma luz acerca de qual teria sido o conteúdo omisso das primeiras lições do ano anterior não fora a circunstância de se detectar entre ambos profundas diferenças de programa. Basta atentar na circuns-

---

[1776] Cfr. *Direitos Reais (sumários) – primeiro semestre noite*, 2000-2001.
[1777] Cfr. *Direitos Reais (sumários) – noite*, 2001-2002.

tância de nos últimos a posse – abordada nos dois anos lectivos anteriores em sede introdutória – ser apenas ensinada por JOSÉ ALBERTO VIEIRA no contexto dos direitos reais de gozo[1778] – e após o estudo da propriedade, usufruto[1779] – o que, sem ser inédito, não deixa de causar estranheza.

IV – Apenas no quarto ano do respectivo ensino se nota, em JOSÉ ALBERTO COELHO VIEIRA, uma pequena cedência às exigências de uma teoria geral dos Direitos Reais, com a menção, após o estudo do registo, em conjunto aos factos constitutivos, modificativos, translativos e extintivos dos direitos reais de gozo[1780]. A reconstituição do conteúdo das aulas permite detectar o programa adoptado. As duas primeiras lições ocupam-se com a introdução, inserção sistemática, objecto dos direitos reais e os princípios da tipicidade, da consensualidade e da causalidade. Na terceira menciona-se o princípio da absolutidade, da inerência, da transmissibilidade e da publicidade, terminando com uma alusão ao princípio «posse vale título». Seguem-se três aulas dedicadas à publicidade e ao registo predial, duas aos factos constitutivos, modificativos, translativos e extintivos dos direitos reais de gozo, uma às acções reais e quatro à posse[1781]. Os direitos reais de gozo são objecto de oito aulas assim distribuídas: cinco para a propriedade e suas espécies, uma para o usufruto, outra para o uso e habitação e direito de superfície e a

---

[1778] O que parece, desde logo, evidenciar uma alteração relativamente à forma de compreensão da natureza jurídica da figura.
[1779] Cfr. *Direitos Reais (sumários) – noite,* 2002-2003. Em concreto COELHO VIEIRA dedica duas aulas à inserção sistemática dos direitos reais, respectivo objecto, conceito de direito real e características do direito real (com referência à inerência, à sequela e à tipicidade). Seguem-se cinco aulas dedicadas à publicidade dos direitos reais, sete relativas à propriedade e suas espécies, três para o direito de usufruto, uso e habitação (sendo que é este o primeiro ano em que COELHO VIEIRA refere estes dois direitos), direito de superfície e servidões prediais, respectivamente. Surge-nos, depois, a posse e a usucapião com seis aulas. A terminar dedica-se uma aula às acções reais e duas aos direitos reais de garantia.
[1780] Cfr. *Direitos Reais (sumários),* turma A, 2004-2005, Id., *Idem,* turma B.
[1781] Que volta, destarte, a ser tratada antes dos direitos reais de gozo.

última para as servidões prediais. O ano conclui-se com três lições destinadas ao tratamento dos direitos reais de garantia.

Do programa subjacente a estes sumários sobressai, designadamente, a circunstância de não haver nenhuma menção expressa ou individualizada à explicação do conceito de direito real enquanto tal[1782] e a ausência de qualquer referência a figuras como as relações jurídicas cujos sujeitos são qualificados pela titularidade de direitos reais ou ao direito real de habitação periódica[1783]. Não terá isso ficado a dever-se a mera falta de tempo circunstancial mas sim a opção deliberada de JOSÉ ALBERTO VIEIRA. E isto porquanto o esquema é replicado em 2005-2006, apenas com variações quanto às aulas, e seu número, dedicadas a cada um dos diversos temas constantes já dos sumários do ano anterior e a omissão da matéria relativa aos direitos reais de garantia: após o estudo da servidão predial surge uma aula final dedicada às acções reais[1784/1785].

[1782] A sua compreensão terá ficado diluída na referência aos vários princípios de direitos reais, numa opção que, todavia, contrasta com o que é comum. Para além de um ou vários capítulos dedicados aos princípios dos direitos reais ou à sua caracterização, normalmente inclui-se também um ou mais relativos ao conceito ou noção de direito real propriamente dito, à sua natureza e confronto com os direitos de crédito. V., por exemplo, MOTA PINTO, *Direitos...*, 27 a 125; SANTOS JUSTO, *Direitos...*, 11 a 53. Ambos dedicam capítulos específicos aos princípios regulamentadores da constituição e vida dos direitos reais. Mas isso não os leva a suprimir os demais. V., também, MENEZES CORDEIRO, *Direitos...*, 188 e ss.; e CARVALHO FERNANDES, *Lições...*, 37 e ss..

[1783] É esta aliás uma constante do ensino de JOSÉ ALBERTO COELHO VIEIRA: nele nunca se alude ao direito real de habitação periódica.

[1784] Cfr. *Direitos Reais (sumários)*, turma da noite, 2005-2006.

[1785] Além destes registos manuscritos com os sumários das respectivas lições, COELHO VIEIRA deixar-nos-ia ainda com relevância em sede de direitos reais *Arrendamento de imóvel dado em garantia*, in *Estudos em Homenagem ao Professor Doutor Inocêncio Galvão Telles*, Coimbra, 2003, IV, 437 a 450.

7.6. O ensino dos Direitos Reais noutras Faculdades de Direito nacionais

I – O período que medeia entre 1977 e os dias de hoje encontra-se profundamente marcado por uma multiplicação, aliás exagerada, de Faculdades de Direito[1786].

Na grande maioria dos casos o ensino nas novas escolas fez-se com base no desempenho de funções, em regime de acumulação, de professores provenientes das Faculdades de Direito do Estado, onde, de forma natural, reproduziam o ensino que também ministravam nas Faculdades de onde eram oriundos[1787].

Não se mostra, assim, necessário, nem sequer possível num trabalho com estas características, uma menção pormenorizada do ensino dos Direitos Reais em todas as Faculdades de Direito portuguesas[1788]. Faremos, destarte, apenas algumas referências acerca desse ensino na Faculdade de Direito do Porto, na Faculdade de Direito da Universidade do Minho, na Faculdade de Direito da Universidade Nova, na Faculdade de Direito (Lisboa) da Universidade Católica e na Faculdade de Direito da Universidade Lusíada.

II – No que à Faculdade de Direito do Porto diz respeito a disciplina é actualmente leccionada por FRANCISCO LIBERAL FERNANDES[1789], que estrutura, nas suas grandes linhas, o programa em torno de uma introdução seguida dos seguintes cinco capítulos:

I) Objecto do Direito das Coisas,
II) A ordenação dominial provisória,

[1786] V., em sentido equivalente, MENEZES LEITÃO, *O ensino...*, 245, com outras indicações.
[1787] Cfr., novamente na mesma direcção, MENEZES LEITÃO, *O ensino...*, 245.
[1788] V., nos mesmos termos, mas no tocante ao Direito das Obrigações, uma vez mais, MENEZES LEITÃO, *O ensino...*, 245.
[1789] Este docente possui de acordo com a informação fornecida pela respectiva Faculdade a categoria de assistente (v. *http://sigarra.up.pt/fdup/funcionarios_geral.FormView?P_CODIGO=240666*).

III) A ordenação dominial definitiva: princípios constitucionais dos direitos das coisas,
IV) Características dos Direitos das Coisas,
V) Dos Direitos reais em especial[1790].

Nota-se claramente a existência de capítulos relativos a uma parte geral – além da introdução, os quatro primeiros – e um referente àquilo que corresponderá à parte especial[1791].

[1790] Em toda a sua extensão o programa apresentado possui a seguinte configuração:
   Introdução: Dos direitos das coisas em geral: 1 – Noção de direito das coisas: o paradigma do pleno domínio. As grandes formas de ordenação do domínio. 2 – Distinção entre direitos das coisas, direitos de crédito e direitos da pessoa.
   Cap. I – O objecto dos direitos das coisas: 1 – Noção jurídica de coisa. 2 – Classificação das coisas.
   Cap. II – A ordenação dominial provisória: a posse: 1 – Noção de posse. Os grandes problemas da posse. 2 – Os sistemas possessórios. A posição do sistema português. 3 – Posse causal e posse formal. Posse e mera detenção. Capacidade para possuir. 4 – Objectos da posse. Direitos em termos dos quais se pode possuir. 5 – Características da posse. 6 – Formas de aquisição da posse. 7 – Conjunções da posse. 8 – Efeitos da posse; a usucapião. Suspensão e interrupção da usucapião.
   Cap. III – A ordenação dominial definitiva: princípios constitucionais dos direitos das coisas: 1 – Princípios ligados ao lado interno do direito das coisas. 2 – Princípios ligados ao lado externo do direito das coisas.
   Cap. IV – Características do direito das coisas: 1 – Características ligadas ao lado interno do direito das coisas. 2 – Características ligadas ao lado externo do direito das coisas.
   Cap. V – Dos direitos reais em especial: 1 – Direito reais de gozo. 1.1 – Direito de propriedade. Formas de aquisição. Características. Limites. Defesa da propriedade. Compropriedade e comunhão. Propriedade horizontal. 1.2 – Direito de usufruto e direitos de uso e habitação. 1.3 – Direito de superfície. 1.4 – Servidão predial. 1.5 – Direito real de habitação periódica. 2 – Direitos reais de garantia. 3 – Direitos reais de aquisição.

[1791] Por isso RUI PINTO DUARTE, O ensino..., 34, considera que LIBERAL FERNANDES enfileira na corrente que procura estruturar o curso numa parte geral e numa parte especial, considerando, todavia, estar-se perante uma versão radical (sic) desta orientação.

III – Na Faculdade de Direito da Universidade do Minho o ensino dos Direitos é assegurado por COUTO GONÇALVES, que adopta um programa estruturado numa introdução seguida dos seguintes quatro capítulos: Cap. I – Conceito de direito real; Cap. II – Características do direito real; Cap. III – O objecto do direito real; Cap. IV – Direitos reais em especial[1792].

[1792] É em pormenor o seguinte o programa adoptado e que nos foi gentilmente enviado pelo próprio Professor COUTO GONÇALVES, a quem manifestamos os nossos agradecimentos académicos (mas v., também, COUTO GONÇALVES, *Sumários de Direitos Reais (textos de apoio e casos práticos resolvidos)*, sem indicação do local, 2005):

Introdução: – Âmbito de aplicação e sentido dos direitos reais. – Função dos direitos reais: as relações obrigacionais como meios de acesso aos bens e as relações reais como expressão do directo domínio sobre as coisas. – Exemplificação, regulamentação legal e terminologia.

Cap. I – Conceito de direito real: – Noção clássica de direito real. A concepção realista. – As concepções personalistas. – As concepções eclécticas. – A posição adoptada. O direito real como relação jurídica entre uma pessoa e uma coisa: relação de domínio ou soberania (Henrique Mesquita).

Cap. II – 1 – Características do direito real: Confronto com o direito de crédito. – O direito real como relação de domínio: A posição de domínio do titular sobre determinada coisa. – A eficácia absoluta e o poder de sequela do direito real. – O direito de crédito como relação intersubjectiva: o direito do credor à prestação do devedor. – A eficácia relativa do direito de crédito. – A natureza obrigacional dos direitos pessoais de gozo. 2 – O objecto do direito real: – A noção de coisa. – As espécies de coisa. – As características da coisa: a actualidade e a especialidade. As excepções.

Cap. III – Princípios constituintes do direito real: – Princípio da tipicidade taxativa. – Princípio da consensualidade. – Princípio da publicidade. O Registo como meio de publicidade sobre imóveis e certos móveis sujeitos a registo. Conceito de terceiros para efeitos de registo predial. – Princípio da elasticidade. – Princípio da compatibilidade.

Cap. IV – Direitos reais em especial: Classificação de direitos reais: os direitos reais de gozo, os direitos reais de garantia e os direitos reais de aquisição: 1 – A Posse: – A concepção objectiva. – A concepção subjectiva. – A concepção legal. – Objecto da posse. – Características da posse. – Modos de aquisição. – Efeitos da posse. A usucapião. – Natureza jurídica da posse. 2 – Propriedade: Características. Modos de aquisição. Formas de propriedade: a) A propriedade dos imóveis. Restrições de interesse particular à propriedade de imóveis, b) A compropriedade. Natureza jurídica e poderes dos comproprietários. O direito a exigir a divisão,

IV – Estrutura e sentido bem diversos são, todavia, os que vêm sendo dados, na Faculdade de Direito da Universidade Nova, à disciplina de Direitos Reais, leccionada por RUI PINTO DUARTE, desde 1999--2000 até hoje. No exercício da seu magistério PINTO DUARTE publicou um livro de Direitos Reais destinado aos respectivos alunos[1793]. Trata-se de uma obra composta por uma pequena introdução com trinta e duas páginas, seguidas, depois, por seis capítulos dedicados respectivamente aos direitos reais de gozo[1794], aos direitos reais de garantia[1795], aos direitos reais de aquisição[1796], à posse[1797], à Constituição e direitos reais[1798] e finalmente ao conceito de direito real e seu lugar na dogmática jurí-

---

c) A propriedade horizontal. Pressupostos de constituição. Os modos de constituição. Referência de um modo especial ao contrato de compra e venda e ao significado e alcance jurídicos do título constitutivo da propriedade horizontal prévio aos negócios de alienação. O regime jurídico das fracções autónomas e das partes comuns. O regime jurídico da propriedade horizontal. 3 – Direitos Reais Limitados: 3.1. – Direitos Reais de Gozo, 3.1.1. – Usufruto: – Noção, características, modos de constituição e extinção do usufruto. Direitos e obrigações do usufrutuário, 3.1.2. – Uso e Habitação. A especificidade destes direitos em confronto com o usufruto. 3.1.3. – Direito Real de Habitação Periódica: – Noção, Natureza e Conteúdo. 3.1.4. – Direito de Superfície: – Noção. Objecto do direito de superfície; as situações possíveis, – Os modos de constituição, – A propriedade do solo, – Direitos e encargos do superficiário e do proprietário, – Modos de extinção, – Natureza jurídica. A controvérsia à volta do direito do superficiário. Visão dualista ou unitária. 3.1.5. – Servidões Prediais: – Noção, – Características, – Modos de constituição, – Servidões legais. Espécies, – Modos de extinção. 3.2. – Direitos Reais de Garantia: Breve análise ao regime legal de cada um dos direitos: consignação de rendimentos; penhor; hipoteca; privilégios creditórios especiais; direito de retenção. 3.3. – Direitos Reais de Aquisição: Referência à controvérsia doutrinal acerca da figura suscitada de um modo mais aprofundado pela posição de Henrique Mesquita. A perspectiva tradicional de encarar o problema com relevo especial para o enquadramento conceptual das figuras do contrato-promessa com eficácia real e do pacto de preferência legal ou convencional com eficácia real.

[1793] PINTO DUARTE, *Curso…*, 2.ª ed., *per totum*.
[1794] PINTO DUARTE, *Curso…*, 43 e ss.; Id., *Idem*, 2.ª ed., 45 e ss..
[1795] PINTO DUARTE, *Curso…*, 203 e ss.; Id., *Idem*, 2.ª ed., 213 e ss..
[1796] PINTO DUARTE, *Curso…*, 255 e ss.; Id., *Idem*, 2.ª ed., 267 e ss..
[1797] PINTO DUARTE, *Curso…*, 265 e ss.; Id., *Idem*, 2.ª ed., 277 e ss.
[1798] PINTO DUARTE, *Curso…*, 295 e ss.; Id., *Idem*, 2.ª ed., 307 e ss..

dica¹⁷⁹⁹. Estamos perante um programa que nos suscita sérias divergências. O autor rejeita, aliás, de forma assumida¹⁸⁰⁰, qualquer necessidade de elaboração de uma teoria geral dos Direitos Reais, numa opção, a nosso ver, muito discutível. Considera a operacionalidade do conceito de direito real muito limitada e afirma ter a disciplina de Direitos Reais o seu núcleo formado pelo direito de propriedade e por alguns direitos que são «*desmembramentos dele*» (*sic*)¹⁸⁰¹. Isto ao ponto de chegar a afirmar não ser o conhecimento do seu regime apto a servir de base à resolução de problemas sociais que, por natureza, convocam a totalidade das normas funcionalmente (*sic*) relevantes¹⁸⁰². No campo específico dos Direitos Reais, PINTO DUARTE acaba mesmo por concluir no sentido de que se deveria abandonar o actual tratamento da matéria para se seguir modelos semelhantes a alguns que têm sido praticados em Direito do Ambiente e do Urbanismo, estruturados em torno dos problemas sociais reflectidos nos direitos reais. Conclui, porém, no sentido segundo o qual ainda seria cedo para tentar semelhante revolução – que como por vezes sucede com algumas convulsões desta natureza representaria, a nosso ver, um sério retrocesso científico: a evolução não deve ir no sentido do abandono do esforço de elaboração dogmática que até aqui tem sido seguido, em favor de uma casuística, mais ou menos elaborada, como a proposta por RUI PINTO DUARTE, mas sim na direcção, inversa, já há muito indicada por MENEZES CORDEIRO, de aprofundamento do trabalho sistemático e constante aperfeiçoamento da teoria geral dos Direitos Reais¹⁸⁰³. A afirmação da necessidade de utilização da jurisprudência, feita por PINTO DUARTE, como meio de conhecimento de problemas

---

¹⁷⁹⁹ PINTO DUARTE, *Curso*…, 307 e ss.; Id., *Idem*, 2.ª ed., 321 e ss..
¹⁸⁰⁰ PINTO DUARTE, *Curso*…, 40 e 41; Id., *Idem*, 2.ª ed., 43; Id. *O ensino*…, 30 e ss..
¹⁸⁰¹ PINTO DUARTE, *Curso*…, 309; Id., *Idem*, 2.ª ed., 323. A inclusão nele de figuras consideradas pelo autor tão distantes do direito de propriedade como os chamados direitos reais de aquisição dever-se-ia muito mais a critérios didácticos do que ao reconhecimento de proximidades estruturais.
¹⁸⁰² PINTO DUARTE, *Curso*…, 308 e ss.; Id., *Idem*, 2.ª ed., 322 e ss..
¹⁸⁰³ MENEZES CORDEIRO, *Evolução*…, in *Estudos*…, I, 201 e ss., 218 e ss.. As chamadas pontes para outras disciplinas jurídicas e saberes não jurídicos a que alude RUI PINTO DUARTE, *O ensino*…, 24 e 25 e 45 e ss., ficam muito aquém do esforço necessário neste âmbito. Também não convencem as justificações do autor segundo

e do Direito[1804] efectivamente vigente merece aplauso. Mas a verdade é que o autor, apesar de afirmar como uma das características próprias do seu *Curso de Direitos Reais* a utilização de centenas de decisões judiciais[1805], não nos parece proceder a um manuseio metodologicamente adequado das mesmas por não proceder à indicação, ainda que resumida, da matéria factual que está na respectiva base.

V – Na Faculdade de Direito da Universidade Católica (Lisboa), CARVALHO FERNANDES, após uma introdução, divide o seu curso em duas partes, intitulando a primeira *«Dos Direitos Reais em geral»* e a segunda dos *«Direitos reais em particular»*[1806]. A adopção, por este autor, de um plano de estudo em cuja base se encontra a procura de elaboração de uma teoria geral dos direitos reais e a divisão do curso nas duas mencionadas partes parece-nos um aspecto a louvar. Julgamos, contudo, e com a devida vénia, poderem ser evitadas algumas inversões conceptuais que, segundo nos parece, vão para além do ditado por compromissos devidos a razões didácticas, explicativas ou pedagógicas[1807]. Além disso,

---

o qual o programa por ele proposto não envolve uma renúncia à sistematização, pois ele teria implícita a sua comparação. Tratar, por exemplo, a propósito de cada direito real dos seus modos de aquisição, de extinção e do seu conteúdo tornaria evidente o que haveria de comum e de diferente nos diversos direitos reais. Mas dir-se-á precisamente: *quoad erat demonstrandum*. Quanto justamente se tem verificado é deixar o modo de proceder louvado por PINTO DUARTE oculto aquilo que ele considera implícito, não conseguindo na verdade proceder à respectiva percepção e explicitação em termos adequados. Atente-se, por exemplo, na *usucapio libertatis*. Nada do que RUI PINTO DUARTE, *Curso*…, 187 e 188; Id., *Idem*, 2.ª ed., 198 e 199, diz a este respeito permite a quem o leia (e particularmente a um aluno) concluir pela possibilidade de nessa figura, regulada especificamente a propósito da servidão, se encontrar uma possível causa genérica de extinção de direitos reais. PINTO DUARTE não alude pura e simplesmente ao problema porque o método por ele adoptado não o justifica ou consente. E os exemplos desta natureza poder-se-iam multiplicar.

[1804] RUI PINTO DUARTE, *O ensino*…, 23 e 24.
[1805] PINTO DUARTE, *Curso*…, 5; Id., *Idem*, 2.ª ed., 7.
[1806] CARVALHO FERNANDES, *Lições*…, 37 e ss., 265 e ss..
[1807] Refira-se, por exemplo, a circunstância de CARVALHO FERNANDES, *Lições*…, 269 e ss. e 334 e ss., proceder à qualificação jurídica da posse ou da natureza jurídica da propriedade antes de analisar os respectivos regimes jurídicos.

assiste-se a um frequente replicar a propósito de diversos direitos reais de gozo de secções ou divisões intituladas «vicissitudes» quando a parte geral já contém um capítulo quarto precisamente dedicado a elas – a saber, à constituição, transmissão, modificação, extinção, transmissão e defesa dos direitos reais. Pensamos, sempre com o devido respeito, ser, do ponto de vista sistemático, possível alcançar melhores resultados.

VI – Finalmente, na Faculdade de Direito da Universidade Lusíada, em Lisboa, depois de um período em que o ensino dos Direitos Reais foi marcado por PENHA GONÇALVES[1808], o encargo da regência desta disciplina cabe actualmente a JOSÉ ALBERTO GONZALEZ, no curso diurno, e a SÉRGIO PIRES BRÁS no período da noite. Do primeiro dos dois docentes existe um conjunto de elementos relativos ao respectivo magistério não inteiramente coincidentes[1809]. Centrando a análise na 3.ª edição de *Direitos Reais*, GONZALEZ divide o seu ensino naquilo a que chama «*Direitos Reais*» e «*Direito Registal imobiliário*».

Sente-se a falta de unidade sistemática entre estas duas partes do curso. Além disso, e no tocante aos «Direitos Reais», GONZALEZ inicia--os com uma primeira parte a que chama «*modelos de direitos reais*», na realidade correspondente a uma parte especial[1810], seguida de uma «*construção do direito real*», baseada numa compreensão desta figura jurídica nos moldes da velha e gasta ideia de relação jurídica que se transpõe para o binómio pessoa/coisa[1811], e de uma terceira parte apelidada precisamente «*Relação jurídica pessoa/coisa*», onde o autor se propõe construir

---

[1808] Este autor dividia, também ele, o respectivo curso numa introdução seguida de parte geral e de uma parte especial (cfr. PENHA GONÇALVES, *Curso de direitos reais*, 2.ª ed., Lisboa, 1993, *per totum*).
[1809] Referimo-mos designadamente a JOSÉ ALBERTO GONZALEZ, *Direitos Reais (parte geral). Direito registal imobiliário*, 2.ª ed., Lisboa, 2002; *Direitos Reais e Direito registal imobiliário*, 3.ª ed., Lisboa, 2005; *Direitos Reais, programa*, 2004-2005, in http:/-/www.lis.ulusiada.pt/cursos/graduacao/licenciaturas/direito/programas/2217_-2004_2005.pdf; Id., *Direitos Reais, programa*, 2005-2006, in http://www.lis.ulusia-da.pt/cursos/graduacao/licenciaturas/direito/ programas/ 02217_a.pdf.
[1810] V. *Direitos...*, 15 e ss..
[1811] *Direitos...*, 53 e ss..

uma parte geral dos Direitos Reais com base na mencionada – e criticável – ideia de relação jurídica, explanando-a sucessivamente através dos seguintes capítulos e secções: Cap. I – Termos da relação; Secção I – Pessoa; Secção II – Coisa; Cap. II – Facto; Secção I – Titularidade efectiva; Secção II – Titularidade aparente – posse; Cap. III Conteúdo; Cap. IV – Garantia –, sem contudo apresentar, na nossa opinião, quaisquer ganhos nesta forma de proceder[1812]. Ao contrário, introduz-se no âmbito dos Direitos Reais – onde tinha sido definitivamente superado – um factor de constrangimento e entropia.

O último programa elaborado por GONZALEZ, e disponível através da Internet[1813], apresenta algumas diferenças importantes relativamente ao que acabámos de analisar. Sublinha-se a circunstância de o registo ser de certo modo integrado na restante matéria, logo em sede introdutória, e o facto de a parte geral da relação jurídica (correspondente à parte geral do curso) passar a anteceder a parte especial que compreende o estudo dos direitos reais de gozo e termina com uma análise relativamente demorada da posse.

[1812] A crítica à técnica da relação jurídica encontra-se feita, entre nós, de forma absolutamente conclusiva há décadas (v. a este respeito por todos MENEZES CORDEIRO, *Teoria…*, in *Revista…*, XXIX, 411 e ss.). Não voltaremos por isso a ela. Sempre diremos, todavia, como a abordagem dos direitos reais na perspectiva da relação jurídica transporta inúmeros inconvenientes para o âmbito desta matéria. Sublinhando agora, tão-só, alguns aspectos específicos da construção de GONZALEZ, a secção dedicada à pessoa é toda ela dispensável. De aproveitável apenas as referências à contitularidade, que, todavia, podem ser arrumadas com benefício noutras sedes. A menção à coisa só é aproveitável para quem, ao contrário daquilo que nos parece, considere dever o estatuto das coisas ser abordado em Direitos Reais. Mas também, para isso, a técnica da relação jurídica é dispensável por não se afigurar necessária. No tocante ao facto, que poderia efectivamente condizer com um capítulo de uma teoria geral dos Direitos Reais, são também várias as críticas susceptíveis de ser feitas. Basta pensar na sua divisão em duas secções, correspondentes uma à titularidade efectiva e outra à titularidade aparente, a que equivaleria a posse, aliás, insuficientemente estudada. Também as matérias relativas ao conteúdo e à garantia nos parecem deixar por cobrir inúmeros aspectos.

[1813] Cfr. ALBERTO GONZALEZ, *Direitos Reais…*, 2005-2006, in *http://www.lis.-ulusiada.pt/cursos/graduacao/licenciaturas/direito/programas/02217_a.pdf*.

Quanto ao programa de SÉRGIO PIRES BRÁS, ele adopta, também, a perspectiva de divisão do curso numa parte geral[1814] e numa parte especial a que se justapõe no final, sob a designação de «Parte complementar», a matéria do registo predial[1815].

[1814] Sendo que a parte geral compreende os seguintes capítulos: I – Introdução; II – Natureza e conceito de direito real; III – Traços característicos dos direitos reais em geral; IV – Figuras afins dos direitos reais; V – Confronto dos direitos reais com outras classes de direitos reais de direitos subjectivos; VI – Classificações de direitos reais; VII – Tipologia dos direitos reais no ordenamento jurídico português; VIII – Vicissitudes. A parte especial inicia-se com a posse e segue com os direitos reais de gozo.
[1815] V. SÉRGIO PIRES BRÁS, *Direitos Reais, programa*, 2005-2006, in *http://www.-lis.ulusiada.pt/ cursos/graduacao/licenciaturas/direito/programas/02217_pl.pdf*.

8 – O ensino dos Direitos Reais no estrangeiro

8.1. Introdução

I – Não é naturalmente possível proceder aqui a qualquer estudo exaustivo acerca do modo como o ensino dos Direitos Reais vem sendo realizado nas diversas universidades estrangeiras. Limitar-nos-emos, destarte, a algumas considerações meramente exemplificativas, quer no que diz respeito aos países escolhidos, quer no tocante às Faculdades ou autores mencionados.

II – Feita esta ressalva iremos, sucessivamente, analisar o ensino dos Direitos Reais em Moçambique (atentas as relações da Universidade EDUARDO MONDLANE com a Faculdade de Direito de Lisboa), Alemanha, Espanha, França e Itália.

8.2. O ensino dos Direitos Reais na Universidade EDUARDO MONDLANE (Moçambique)

I – Começamos a análise do estudo dos Direitos Reais no estrangeiro pela Universidade EDUARDO MONDLANE atenta a circunstância de ser esta uma instituição de ensino com a qual a Faculdade de Direito de Lisboa mantém relações de cooperação e de, no âmbito dessa cooperação, RUI PINTO ter dado à estampa um livro intitulado *Di-*

reitos Reais de Moçambique (Teoria Geral dos Direitos Reais – Posse)[1816]. Como o próprio nome indica trata-se de uma obra em que se procede a uma (aliás bem sistematizada e conseguida) elaboração de uma teoria geral dos Direitos Reais – Parte I – e ao tratamento da posse[1817] nos seguintes moldes:

Introdução
§ 1.º Introdução.
Capítulo único – Apresentação dos direitos reais
§ 2.º A categoria *Direito das Coisas* ou *Direitos Reais*. § 3.º Sistema e estudo dos Direitos Reais,
PARTE I
Teoria geral dos direitos reais
Capítulo I – Análise do direito real
Secção I – O direito real
§ 4.º Conceito e natureza de direito real. § 5.º Caracteres do direito real. § 6.º Figuras de qualificação duvidosa. § 7.º Classificações de direitos reais.
Secção II – O objecto do direito real
§ 8.º Coisa e objecto da afectação em termos reais. § 9.º Classificações de coisas.
Capítulo II – Conteúdo do direito real
Secção I – Conteúdo positivo e conteúdo negativo
§ 10.º Aspectos preliminares. Conteúdo positivo dos direitos reais. § 11.º Conteúdo negativo dos direitos reais.
Secção II – Das relações jurídicas reais em especial
§ 12.º Caracterização geral. § 13.º As relações entre titulares de direitos a partes da coisa. § 14.º As relações de vizinhança. § 15.º As relações de sobreposição.
Capítulo III – Vicissitudes do direito real
Secção I – Apresentação
§ 16.º Aspectos gerais.

[1816] RUI PINTO, *Direitos Reais de Moçambique...*, per totum.
[1817] A parte especial não é assim abordada.

Secção II – Constituição

§ 17.º A usucapião. § 18.º A ocupação, o achamento e a aquisição de tesouro. § 19.º A acessão e a especificação. § 20.º O negócio jurídico. § 21.º A lei, os actos judiciais e os factos administrativos. A reversão automática a favor do Estado.

Secção III – Transmissão

§ 22.º A transmissibilidade geral dos direitos reais. As intransmissibilidades.

Secção IV – Modificação

§ 23.º Noção, os factos modificativos e o título. A modificação negocial.

Secção V – Publicidade

§ 24.º A publicidade e os direitos reais. § 25.º O registo predial.

Secção VI – Extinção

§ 26.º Introdução. Extinção por facto jurídico comum. § 27.º Extinção por efeito de acto de autoridade administrativa ou judicial,

Secção VII – Violação e tutela

§ 28.º Violação e tutela.

PARTE II

Posse

Capítulo I – Análise da posse

Secção I – Apresentação, pressupostos, âmbito e espécies

§ 29.º Apresentação. § 30.º Pressupostos. § 31.º Âmbito e espécies da posse.

Secção II – Efeitos

§ 32.º Os efeitos da posse ou *commoda possessionis*. § 33.º A usucapião.

Capítulo II – Vicissitudes, tutela e natureza jurídica

Secção I – Vicissitudes

§ 34.º Constituição e transmissão. § 35.º Modificação e extinção da posse.

Secção II – Tutela

§ 36.º Meios de defesa da posse.

Secção II – Natureza jurídica.

II – Sendo RUI PINTO assistente da FACULDADE DE DIREITO DE LISBOA, trata-se, compreensivelmente, de uma obra muito marcada pela doutrina portuguesa. A par desta, claramente dominante, surgem também algumas referências a autores franceses, italianos e a ENNEC-

CERUS, KIPP e WOLFF. Apesar das respectivas influências culturais[1818], bem patentes no livro, a realidade específica do país é contemplada pelo autor, naquele que – tal como bem nota OLIVEIRA ASCENSÃO, no respectivo prefácio[1819] – é provavelmente o primeiro livro de Direito moçambicano onde (não obstante a circunstância de não contemplar a parte especial) se aborda cientificamente a matéria do curso de Direitos Reais. Num passo igualmente sublinhado por OLIVEIRA ASCENSÃO, a atenção dispensada por RUI PINTO à realidade de Moçambique ganha relevo em matéria imobiliária, fruto da posição resultante da Constituição, da Lei de Terras e de outras fontes normativas, como sucede com a acessão, matéria em que o autor pondera, além do Código Civil, outras fontes de Direito moçambicano[1820].

Entre outros aspectos dignos de realce, menção ainda para a constante ilustração das explicações das posições e teses expressas através da utilização de múltiplos exemplos concretos a partir dos quais se procura assegurar uma melhor compreensão das diversas matérias.

8.3. O ensino dos Direitos Reais na Alemanha

I – No que ao ensino na Alemanha dos Direitos Reais diz respeito iremos, repise-se, a título meramente exemplificativo, começar por fazer algumas referências ao ensino dos Direitos Reais nas Faculdades de Direito de Hamburgo, Tubinga, Heidelberga, Munique e Bremen.

[1818] RUI PINTO, *Direitos...*, 10, afirma mesmo, aquando da explicitação dos objectivos que se propôs, com o seu trabalho, procurar atingir, de modo sistemático completo, e tanto quanto possível, uma sumariação e análise do pensamento de OLIVEIRA ASCENSÃO e MENEZES CORDEIRO, cujos ensinamentos – no dizer expresso de RUI PINTO – representam a base da visão tida pelo autor a propósito do Direito das Coisas. O mesmo é tentado, em menor grau, relativamente ao pensamento de HENRIQUE MESQUITA, MOTA PINTO, PIRES DE LIMA e ANTUNES VARELA, PENHA GONÇALVES, CARVALHO FERNANDES e RUI PINTO DUARTE.
[1819] V. OLIVEIRA ASCENSÃO, *Prefácio* a RUI PINTO, *Direitos...*, 5.
[1820] RUI PINTO, *Direitos...*, 316 e 317, 324 e ss.. Mas os exemplos poder-se-iam multiplicar. Refira-se, *colorandi causa*, apenas mais um caso: o da extinção de direitos reais por não uso (456).

Na Faculdade de Direito da Universidade de Hamburgo o estudo dos Direitos Reais encontra-se repartido entre duas disciplinas obrigatórias, situadas uma no terceiro semestre e a outra no quarto. A primeira é dedicada ao ensino das estruturas gerais e a segunda aos direitos reais de garantia[1821].

Na Faculdade de Direito de Tubinga, a partir do início de 2007, os Direitos Reais são ensinados na disciplina de Direito Civil IV, situada no terceiro semestre[1822]. Também na Faculdade de Direito de Heidelberga existe uma disciplina de Direito Civil no terceiro semestre onde são ministrados ensinamentos[1823] de Direito das Obrigações e Direitos Reais. Na Faculdade de Direito de Munique aparece uma disciplina de Direitos Reais no terceiro trimestre[1824], dedicada às coisas móveis e imóveis[1825/1826]. Já na Faculdade de Direito de Bremen a disciplina de Direitos Reais aparece no quarto semestre[1827].

II – Do ponto de vista dos programas e conteúdos ensinados nas mais diferentes faculdades e adoptados pelos mais diversos professores encontram-se variações significativas. Nalguns casos, o modelo adoptado é o de uma introdução, com maior ou menor dimensão, onde se abordam noções de carácter geral, seguida do estudo da posse e dos direitos reais

---

[1821] Para uma referência ao plano de estudos completo desta Faculdade cfr. *Lehrveranstaltung*, in *http://studium.jura.uni-hamburg.de/vorlesungsv/vvanzeige.php?id=17-&cmd=anzeigen_ganz#2417*.

[1822] *Studienplan*, in *http://www.jura.uni-tuebingen.de/studium/normen/studienplan.htm*.

[1823] Uma vez mais o plano de estudos completo encontra-se disponível através da Internet. Cfr. *Studienplan Wintersemester*, in *http://www.uni-heidelberg.de/institute/fak2/documents/ Studienplan_WS.doc*; e *Studienplan Sommersemester*, in *http://www.uni-heidelberg.de/institute/fak2/ documents/Studienplan_SS.doc*.

[1824] Situada portanto naquele que corresponde à *Mittelphase* do curso.

[1825] Convém, todavia, mencionar a circunstância de esta disciplina aparecer nas universidades alemãs na fase de revisão e aprofundamento que antecede o exame final.

[1826] Para uma análise do plano de estudos desta Faculdade cfr. *Kommentiertes Vorlesungsverzeichnis Juristische Fakultät München*, in *http://www.fachschaft.jura.uni-muenchen.de/studium/kvv%20wise%202006-2007%20Endversion.pdf*.

[1827] V. *http://www-user.uni-bremen.de/~jura/*.

em especial[1828] – incluindo com frequência os de garantia e nalguns casos, também, figuras consideradas como intermédias entre os direitos reais e os direitos de crédito. Noutros, a matéria é dividida em duas partes fundamentais: uma dedicada aos direitos reais sobre coisas móveis, a outra aos direitos relativos a bens imóveis. Surgem, finalmente, exemplos nos quais esta divisão básica é, ainda, articulada com uma parte geral contendo os aspectos comuns aos direitos reais sobre coisas móveis e sobre coisas imóveis[1829].

[1828] É, por exemplo, esse o caso de SCHAPP e SCHUR, *Sachenrecht*, 3.ª ed., Munique, 2002. V., também, JAN WILHELM, *Sachenrecht*, 2.ª ed.; WÖRLEN, *Sachenrecht*, 6.ª ed., com a colaboração de METZLER-MÜLLER, Munique, 2005; MANFRED WOLF, *Sachenrecht*, 22.ª ed., Munique, 2006; Id., *Idem*, 23.ª ed., Munique, 2007 (este autor estuda a posse no segundo capítulo da respectiva obra, logo dedicado à propriedade).

[1829] É claramente esse o caso de JÖRN ECKERT, *Sachenrecht*, 4.ª ed., Baden-Baden, 2005. Mas v. assim também, *colorandi causa*, RALPH WEBER, *Sachenrecht*, I, *Beweglichen Sachen*, II, *Grundstücksrecht*, ambos de Baden-Baden, 2005 (o primeiro volume encontra-se dividido em cinco partes fundamentais. A primeira, apelidada de «Princípios fundamentais», contém três parágrafos: um com uma referência histórica à evolução dos Direito das Coisas na Alemanha, o outro relativo aos conceitos fundamentais de Direitos Reais e o terceiro referente à natureza dos Direitos Reais a par com uma breve menção dos diversos direitos reais em especial [27 a 58]. A segunda parte ocupa-se com a posse e sua protecção [59 a 83]. Por sua vez, a terceira parte [94 a 259] é preenchida com o estudo do direito de propriedade [sendo que neste contexto se chega a tratar da matéria das garantias]. A quarta compreende as pretensões derivadas da propriedade. Finalmente, a quinta trata do *Pfandrecht* e do usufruto. Quanto ao segundo volume, está também estruturado em torno de cinco partes básicas. A primeira [25 a 104] é preenchida com os princípios fundamentais do Direito Imobiliário das Coisas [e designadamente os aspectos que este apresenta em comum com o Direito das Coisas móveis a par da consideração daqueles que são específicos do primeiro]. A segunda versa sobre a aquisição da propriedade imobiliária. A terceira é relativa aos mecanismos destinados a assegurarem a aquisição da propriedade [133 a 164]. Na quarta surgem os direitos reais de garantia imobiliária, com a particularidade de se fazer incluir aí também o usufruto [165 a 256]. Por último, a quinta parte é dedicada aos outros direitos reais limitados); FELIX HÜTTE e MARLENA HELBRON, *Sachenrecht*, I, 2.ª ed., Grasberga em Bremen, 2005 (estamos aqui perante um tomo em doze capítulos. No primeiro é oferecida uma panorâmica acerca das bases fundamentais do Direito das Coisas, designadamente, no que toca ao respectivo objecto, à sua

8.4. Os Direitos Reais em Espanha

I – No que ao país vizinho diz respeito procederemos a algumas referências, com carácter ilustrativo, ao ensino dos Direitos Reais na Faculdade de Direito da Universidade de Salamanca, no curso de Direito da Universidade Carlos III em Madrid, na licenciatura em Direito da Faculdade de Ciências Jurídicas, Económicas e Empresariais da Universidade António de Nebrija também em Madrid e na Faculdade de Direito da Universidade Pompeu Fabra[1830].

---

ordenação sistemática e aos princípios caracterizadores deste ramo de Direito. Os capítulos segundo e terceiro reportam-se ao conceito de coisa e à relação que alegadamente entre esta e as pessoas se estabelece. Nos capítulos quarto, quinto e sexto lida-se com o conteúdo e a aquisição legal e negocial da propriedade sobre coisas móveis. Nos capítulos sete e oito é analisada a protecção da propriedade através dos §§ 985, 1004 e 1006 do *BGB* e a regulamentação das relações proprietário-possuidor. Finalmente, nos capítulos nove a doze surge-nos o penhor sobre coisas móveis, a expectativa do comprador com reserva de propriedade, a propriedade fiduciária ou em garantia e o usufruto sobre coisas móveis); ROLPH SCHMIDT, *Sachenrecht*, II, *Immobiliarsachenrecht. Kreditsicherungsrecht*, 2.ª ed., Grasberga em Bremen, 2005 (este outro volume possui onze capítulos. São eles os seguintes: Capítulo I – Introdução no direito imobiliário das coisas; Capítulo II – Propriedade imóvel e seus elementos; Capítulo III – Conteúdo e limites da propriedade imóvel; Capítulo IV – Transmissão da propriedade imóvel; Capítulo V – A anotação prévia; Capítulo VI – O direito de preferência real; Capítulo VII – Direitos reais de garantia/garantia do crédito; Capítulo VIII – legitimação registal; Capítulo IX – Usufruto, servidão, ónus reais e direito de superfície; Capítulo X – Hierarquia dos direitos reais sobre coisas imóveis; Capítulo XI – Direito de propriedade de habitação). Muito menos acentuada é a atitude de KARL HEINZ SCHWAB e HANNS PRÜTTING, *Sachenrecht*, 32.ª ed. da obra fundada por FRIEDRICH LENT, Munique, 2006. Este livro encontra-se dividido numa introdução e cinco capítulos. O primeiro é relativo à posse, o segundo ao direito imobiliário em geral, o terceiro à propriedade, o quarto à garantia do crédito e o quinto a outros direitos sobre coisa alheia.

[1830] Ainda assim, para uma consulta à forma como se vem procedendo ao ensino dos Direitos Reais noutras universidades espanholas pode ver-se, *colorandi causa*, e para além dos exemplos referidos no texto, relativamente à Faculdade de Ciências Sociais e Jurídicas da Universidade de Jaez, *http://www.ujaen.es/serv/vicord/secretariado/secplan/csyj/1102/Programa_1102_8502.pdf*, e *http://www.ujaen.es/serv/vicord/secretariado/secplan/csyj/1802/Programa_1802_8502.pdf*, ambos com indicação pormenorizada

II – Em Salamanca existe, no quarto semestre, uma disciplina de Direito Civil III cujo conteúdo é preenchido pelos «Direitos Reais e hipotecário»[1831]. A disciplina é, no ano de 2006-2007, objecto de duas regências distintas. Uma a cargo de JOSÉ ANTONIO MARTIN PEREZ e a outra da responsabilidade de CARMEN GONZÁLEZ LEON.

JOSÉ ANTONIO MARTIN PEREZ[1832] divide a disciplina em duas partes fundamentais. A primeira dessas duas partes encontra-se, por seu turno, dividida em sete capítulos: a) doutrina do direito real; b) posse; c) propriedade; d) dinâmica e tutela da propriedade e dos direitos reais; e) direitos de gozo[1833]; f) direitos reais de garantia; g) direitos reais de aquisição. A segunda, essa, é dedicada ao direito do registo imobiliário.

Não muito diferente é a sistematização do programa adoptado por CARMEN GONZÁLEZ LEON[1834]. Também ela procede a uma repartição dual da disciplina, sendo a segunda parte consagrada ao direito do registo imobiliário (ocupando nove aulas). A primeira compreende os seguintes seis capítulos: a) introdução (a que dedica três aulas); b) a posse (seis aulas); c) propriedade (nove aulas); d) direitos reais de gozo[1835] (quatro aulas); e) direitos reais de garantia (cinco aulas); f) direitos reais de aquisição (uma aula).

III – Na Universidade Carlos III, em Madrid, é dedicada ao estudo dos direitos reais a disciplina de Direito Civil IV, do segundo ano e lec-

---

dos programas adoptados; e para a Faculdade de Direito da Universidade de Alicante, igualmente com menção circunstanciada do programa adoptado, *http://cv1.cpd-.ua.es/WebCv/ConsPlanesEstudio/cvFichaAsi.asp?wcodasi=4800&wLengua=C&scaca=2006-07*.

[1831] O plano de estudos desta Faculdade encontra-se disponível através do endereço de Internet *ftp://ftp.usal.es/documentacion/guias/Guia_Derecho.pdf*, 25, 51.

[1832] Pode consultar-se o programa da disciplina adoptado por este professor em *ftp://ftp.usal.es/documentacion/guias/Guia_Derecho.pdf*, 176 e ss..

[1833] Sendo que aqui do que realmente se trata é dos direitos reais de gozo menores.

[1834] Também o programa seguido por esta professora se encontra disponível em *ftp://ftp.usal.es/documentacion/guias/Guia_Derecho.pdf*, 182 e ss..

[1835] Uma vez mais estão aqui em causa os direitos reais de gozo menores.

cionada no segundo quadrimestre por CARLOS RAFAEL GOMEZ DE LA ESCALERA[1836].

O respectivo programa é extremamente sucinto. Dele consta apenas a menção de que, em Direitos Reais, se estudam as questões referentes à atribuição e distribuição dos bens: propriedade, posse, direitos reais limitados e registo predial[1837].

Indica-se, além disso, uma bibliografia básica donde constam, entre outros, os volumes das obras de direito civil, dedicados aos Direitos Reais, de ALBALADEJO, CASTAN, COSSIO, DÍEZ-PICAZO, DÍEZ-PICAZO e GULLÓN, ESPÍN, LACRUZ, PUIG BRUTAU e ROCA SASTRE.

IV – Também em Madrid, na licenciatura em Direito da Faculdade de Ciências Jurídicas, Económicas e Empresariais da Universidade António de Nebrija se encontra uma disciplina de Direito Civil II, no primeiro semestre do segundo ano, dedicada aos direitos reais. A cadeira é leccionada por MARIA GOÑI e apresenta a seguinte estrutura[1838]: 1) introdução; 2) posse; 3) propriedade; 4) direitos reais.

A nível de elementos de estudo aponta-se o terceiro volume do *Sistema de Derecho Civil*, de DÍEZ-PICAZO e GULLÓN como correspondendo ao «manual» adoptado. Refere-se também como bibliografia básica as obras de ALBALADEJO, LACRUZ e CASTÁN TOBEÑAS, juntamente com outra catalogada de complementar.

V – Na Faculdade de Direito da Universidade Pompeu Fabra existe, além de uma disciplina optativa de direito imobiliário[1839] – cujo conteúdo é sumariamente descrito como respeitando à segurança jurídica

---

[1836] O plano da licenciatura em Direito nesta Universidade consta do seguinte endereço *http://www.uc3m.es/uc3m/gral/ES/ESCU/escu01b.html.*
[1837] Para uma consulta deste programa pode entrar-se no endereço de Internet *http://www3.uc3m.es/reina/Fichas/fichas_1/0110312.html.*
[1838] Este programa pode ser consultado em *http://www.nebrija.com/estudios/carreras-universitarias/programas-asignaturas/derecho/DP2135-derecho-civil-II.pdf.*
[1839] O plano de estudos desta Faculdade encontra-se em *http://www.upf.edu/fdret/cast/general/pla-est.htm#2.*

e tráfego imobiliário, registo da propriedade e hipoteca[1840] –, uma disciplina de Direito Civil III onde se estuda, justamente, os Direitos Reais.

Não se encontra indicação, no sítio desta Faculdade, de quem é o professor encarregado da regência desta disciplina. Não obstante, está disponível um programa[1841], referente ao ano de 2006-2007, compreendendo dez temas: 1) direitos reais em geral; 2) a propriedade; 3) restrições à propriedade e relações de vizinhança; 4) as situações de comunhão; 5) as propriedades especiais[1842]; 6) aquisição e extinção dos direitos reais; 7) os direitos reais sobre coisa alheia; 8) os direitos reais de aquisição; 9) os direitos reais de garantia; 10) a publicidade dos direitos reais imobiliários.

As indicações bibliográficas voltam a compreender, designadamente, menções às obras de Direito Civil de ALBALADEJO, DÍEZ-PICAZO, DÍEZ-PICAZO e GULLÓN ou LACRUZ, a par de outras a autores que escrevem em catalão.

8.5. O ensino dos Direitos Reais em França

I – Em França escolhemos, sempre *colorandi causa*, a Faculdade de Direito da Universidade RENÉ DESCARTES Paris V, a Faculdade de Direito, Ciências Políticas e Sociais da Universidade Paris XIII, a Faculdade de Direito, Ciências Políticas, Económicas e de Gestão de Nice SOPHIA-ANTIPOLIS[1843], a Faculdade de Direito da Universidade de

---

[1840] O respectivo programa está acessível através do endereço: *http://www.upf.edu-/pra/3311/ 11811.htm*.
[1841] Cfr. *http://www.upf.edu/pra/3311/12508.htm*.
[1842] Abrange-se aqui a propriedade dos recursos naturais e os direitos de propriedade intelectual.
[1843] Outros exemplos poderiam ainda ser escolhidos, embora não seja fácil obter o plano de estudos de algumas das mais importantes Faculdades de Direito francesas por ele não se encontrar disponível em linha. Ainda assim veja-se, sempre com carácter simplesmente indicativo, o plano de estudos do Centro Audiovisual de Estudos Jurídicos em *http://www.e-cavej.net/universite-paris-droit/FORMATION-JURIDIQUE/13/92/-nos-cours-enregistres.html#l3*.

Montpellier I e a Faculdade de Direito e de Economia da Universidade da Reunião.

II – Na Faculdade de Direito da Universidade RENÉ DESCARTES Paris V, são diversas as disciplinas dedicadas ao estudo dos Direitos Reais.

De facto, no plano de curso da *licence* em Direito, 3.º ano, encontra-se prevista, desde logo, uma disciplina de Direito Civil das Coisas no quinto semestre[1844]. Além dela, e no mesmíssimo semestre, aparece também uma disciplina de Direito Administrativo das Coisas e uma outra destinada ao estudo da história das pessoas e dos direitos reais. A frequência destas três disciplinas depende de várias escolhas e variantes pelas quais os alunos podem optar.

III – Idêntico proliferar de cadeiras cujo objecto é constituído pelos direitos reais se verifica na Faculdade de Direito, Ciências Políticas e Sociais da Universidade Paris XIII, durante a *licence en Droit*.

No plano de curso do segundo ano, terceiro e quatro trimestres[1845], aparecem (concretamente no último), subordinadas à epígrafe «*Unité 5: Unité d'enseignements de parcours*», quatro disciplinas obrigatórias entre as quais se encontra o Direito das Coisas. Por sua vez, no plano do terceiro ano surge, no sexto semestre, uma disciplina[1846] de história dos Direitos Reais a par com a indicação de que no estudo do Direito Administrativo especial se procede também ao ensino de matérias relativas ao Direito das Coisas[1847].

IV – Já na Faculdade de Direito, Ciências Políticas, Económicas e de Gestão de Nice SOPHIA-ANTIPOLIS aparecem, no plano de estudos da licenciatura em Direito, no quarto semestre, como unidade de «en-

---

[1844] Cfr. isso mesmo em *http://www.droit.univ-paris5.fr/IMG/pdf/LMD_licence_3_droit.pdf*.
[1845] Este plano está acessível através do endereço de Internet *http://www.univ-paris-13.fr/dsps/L2droit.htm*.
[1846] Também aqui como «*enseignements de parcours*».
[1847] Cfr. *http://www.univ-paris13.fr/dsps/L3droit.htm*.

seignements complementaires», duas disciplinas obrigatórias entre as quais uma de Direitos Reais[1848].

Nota-se a circunstância de os dois primeiros anos, que correspondiam ao antigo DEUG[1849], e o terceiro ano serem fundidos numa formação única com seis semestres designada *licence*.

V – Na Faculdade de Direito da Universidade de Montpellier I os Direitos Reais são, antes de mais, ensinados numa disciplina semestral situada no primeiro ano da *licence*[1850]. Trata-se de um ensino de iniciação, destinado a estudantes debutantes, com vista a fornecer uma perspectiva muito global sobre noções essenciais mas sem permitir uma reflexão aprofundada sobre as diversas temáticas tratadas.

No quarto ano existe uma disciplina semestral optativa para os estudantes de *Master* 1, em que se ensina os Direitos Reais com base ao recurso de relação jurídica, seja ela entendida como relação entre pessoas a propósito de uma coisa, entre pessoas e coisas ou entre coisas. Mas veremos adiante com mais pormenor qual o programa e conteúdo deste ensino.

VI – Finalmente, na Faculdade de Direito e de Economia da Reunião prevê-se no plano de estudos da *licence* em Direito nível 2 – DEUG, segundo ano, primeiro semestre, uma disciplina de direito privado das coisas[1851]. Por sua vez, no plano de curso da *licence* em Direito nível 3 – *licence* em Direito menção geral – encontra-se contemplada uma cadeira de Direito Administrativo das Coisas[1852].

[1848] Cfr. *http://www.unice.fr/droit/regimeL-34droit.htm*.

[1849] Tratava-se do antigo nível elementar (1.º Ciclo) de dois anos, onde se obtinha o diploma de estudos universitários gerais. Cfr., na nossa literatura, MENEZES LEITÃO, *O ensino…*, 266.

[1850] As informações que se seguem no texto foram-nos fornecidas pela Professora MARIE-LAURE MATHIEU IZORCHE, a quem se deixam vivos agradecimentos académicos.

[1851] V. *http://www.univ-reunion.fr/universite/composantes/ droit/formations/ Maquettes/ L2DROIT. pdf*.

[1852] Cfr. *http://www.univ-reunion.fr/universite/composantes/droit/formations/Maquettes/L3DROIT. pdf*.

VII – No que aos programas e conteúdos adoptados diz respeito existem oscilações e variações diversas.

É, todavia, possível individualizar algumas tendências básicas. Tal como na Alemanha surge-nos com frequência um modelo em que a sistematização observada procede a um tratamento diverso dos direitos reais sobre coisas imóveis, por um lado, e dos direitos relativos a bens móveis, do outro[1853]. Noutros casos o programa e os conteúdos correspondem a um modelo diferente em que a divisão fundamental entre direitos reais relativos a coisas imóveis e direitos reais incidentes sobre coisas móveis não está presente ou não assume significado particular. O esquema adoptado é, então, normalmente, o de uma introdução, com maior ou me-

---

[1853] Assim, por exemplo, PATRICK COURBE, *Droit Civil. Les biens*, 3.ª ed., Paris, 2005, professor na Universidade de Rouen, procede a uma estruturação da sua obra numa introdução, um livro primeiro dedicado ao Direito comum das coisas (destinado ao tratamento da propriedade e da posse), e um livro segundo dividido em duas partes: uma relativa aos imóveis (trata-se da propriedade e seus desmembramentos e da posse), a outra concernente aos móveis (posse vale título, e ocupação); GÉRARD CORNU, *Droit civil. Introduction, les personnes, les biens*, 12.ª ed., Paris, 2005, professor na Universidade de Paris II Panthéon-Assas, divide a parte, deste seu livro dedicado a aspectos variados do Direito Civil, referente aos Direitos Reais (concretamente o livro II, 377 e ss.) num título preliminar (com dois capítulos relativos ao património e aos bens), uma primeira parte apelidada de teoria geral da propriedade privada (onde estuda o direito de propriedade, a posse e quanto designa por gozo partilhado, uma segunda parte destinada ao tratamento das diversas espécies de propriedade consideradas sob a relação do objecto ao qual se aplicam) com três títulos (um pertinente ao direito imobiliário, outro ao regime das coisas móveis corpóreas e o terceiro à propriedade de coisas incorpóreas); CHRISTIAN LARROUMET, *Droit Civil*, II, *Les biens, droits réels principaux*, 5.ª ed., Paris, 2006, também professor na Universidade de Panthéon-Assas (Paris), sistematiza o respectivo livro de Direitos Reais numa introdução, seguida de um capítulo introdutório e de três títulos distintos (o primeiro é designado de teoria geral dos principais [sic] direitos reais, o segundo é referente aos principais [sic] direitos reais imobiliários e o terceiro aos principais [sic] direitos reais mobiliários [na realidade a chamada teoria geral dos principais direitos reais é apenas um tratamento de certos direitos ou figuras de Direitos Reais, em especial naquilo que lhes é comum independentemente de incidirem sobre coisas móveis ou imóveis, a saber: a posse, propriedade e o usufruto]. Nos dois outros títulos voltam a abordar-se as mesmas matérias anteriormente mencionadas, considerando agora as especificidades ditadas pela circunstância de esses direitos incidirem sobre coisas imóveis ou móveis).

nor dimensão, onde se abordam noções de carácter geral, seguida do estudo da posse e dos direitos reais em especial[1854].

[1854] V., por exemplo, SOPHIE DRUFFIN-BRICCA e LAURANCE-CAROLINE HENRY, *Droit Civil. Les biens*, Paris, 2004, ambas *Maître de conférences* na Faculdade de Direito de Nice SOPHIA-ANTIPOLIS (cuja sistematização é a seguinte: introdução, parte I – propriedade individual [dividida em dois títulos. O primeiro é relativo ao direito de propriedade e compreende os seguintes caps.: 1) noção de propriedade, 2) extensão do direito de propriedade. O segundo é referente à aquisição e protecção da propriedade tendo dois caps.: 1) a aquisição da propriedade pela posse; 2) a prova da propriedade] e parte II [compreendendo dois títulos. Um relativo à compropriedade e o outro à propriedade desmembrada (*sic*) – incluindo-se neste último o estudo das servidões, do usufruto, uso e habitação e direitos reais deles próximos]); SOPHIE SCHILLER, *Droit des biens*, 2.ª ed., Paris, 2005, *Maître de conférences* na Universidade Paris-XIII (com uma introdução, parte preliminar, parte II – a propriedade, parte III – a propriedade desmembrada [onde se trata o usufruto e as servidões], parte IV a propriedade colectiva); PHILIPE SIMLER, *Les biens*, 3.ª ed., Grenoble, 2006 – (com uma introdução, primeira parte – os conceitos: propriedade e posse, segunda parte – estatuto primário da propriedade, terceira parte – meios particulares de apropriação); REBOUL-MAUPIN, *Droit des biens*, Paris, 2006, *Maître de conférences* na Universidade de Versailles-Saint-Quentin-en-Yvelines (que procede a uma programação com base numa introdução [onde é apresentada a noção de *bien* – optámos por não traduzir o termo nem por coisa nem por bem – e de coisa assim como a de património], e seguida de sete capítulos distintos relativos aos direitos reais em especial e à posse [a saber: 1) apresentação geral do direito das coisas; 2) classificação dos *biens*: distinções principais; 3) distinções anexas; 4) os direitos relativos aos *biens*; 5) a propriedade: relação entre as pessoas e as coisas ou bens; 6) a posse: relação de facto entre as pessoas e as coisas ou bens; 7) o exercício do direito de propriedade; 8) a aquisição da propriedade; 9) a prova e protecção da propriedade; 10) a propriedade desmembrada criadora de direitos: usufruto e direitos reais vizinhos do usufruto; 11) da propriedade desmembrada criadora de uma relação de interdependência entre vários bens imóveis; 12) propriedade colectiva – sendo que em causa aqui estão distintas formas de indivisão e a propriedade horizontal]); FRANÇOIS TERRÉ e PHILIPPE SIMLER, *Droit Civil. Les biens*, Paris, 2006, o primeiro professor emérito da Universidade Panthéon-Assas (Paris II) e o segundo professor emérito da Universidade Robert-Schuman (Estrasburgo III), (com uma introdução, um título introdutório referente à propriedade e à posse, primeira parte – propriedade individual, segunda parte – propriedades colectivas, terceira parte – propriedade desmembrada). Parecendo corresponder à primeira vista a um caso particular, reconduz-se ainda ao mesmo modelo a sistematização adoptada por PHILIPE MALAURIE e LAURENT AYNÉS, *Les biens*, 2.ª ed., Paris, 2005, o primeiro

Encontram-se, porém, situações em que o figurino adoptado se mostra completamente diferente de qualquer um dos modelos agora referidos.

Sirva, em primeiro lugar, de exemplo a disciplina do quarto ano da, anteriormente referida, Faculdade de Direito de Montpellier, em que se ensina os direitos reais e na qual MARIE-LAURE MATHIEU-IZORCHE[1855] lecciona a cadeira com base na ideia de relação jurídica, entendida ora como relação entre pessoas a propósito de uma coisa, ora entre pessoas e coisas, ora, ainda, entre coisas. Nestes termos, e depois de uma reflexão sobre as noções de propriedade, direitos reais, distinções entre os bens e noção de património, é feita uma distinção básica entre relações de direito e relações de facto. São apresentadas como relações de direito: a propriedade individual; as relações colectivas como a indivisão e a compropriedade; os direitos reais sobre coisa alheia (usufruto, uso e habitação, locação e outros mecanismos conferindo um direito real temporário sobre coisa alheia); as apelidadas de relações entre coisas (servidões) e o gozo partilhado entre várias pessoas. As relações de facto (são qualificadas como tal a posse e a ocupação) surgem propondo-se directamente a possibilidade da sua transformação em relações de Direito (assim se considera suceder por exemplo no caso de funcionamento da usucapião).

A terminar encara-se aquilo a que se chama os conflitos de relações.

8.6. O ensino dos Direitos Reais em Itália

I – O ensino dos Direitos Reais em Itália apresenta particularidades de monta quando confrontado com Portugal ou os restantes Estados analisados. Na verdade, não existe naquele país uma disciplina *ad hoc*

---

professor emérito na Universidade de Panthéon-Assas (Paris II) e o segundo professor emérito na Universidade Panthéon-Sorbonne (Paris I), (a obra divide-se em dois livros. Um é referente às riquezas e está subdividido em dois títulos: 1) móveis e imóveis, 2) distinções secundárias. O outro é relativo aos direitos sobre as riquezas, sendo que aí nos aparecem tratados o direito de propriedade, o usufruto e uso, a superfície, vizinhança e servidões).

[1855] Cfr. *Droit civil. Les biens*, Paris, 2006.

destinada ao ensino do Direito das Coisas. O estudo dessa matéria faz-se numa cadeira, de âmbito mais ou menos introdutório, onde são abordadas globalmente diversas matérias de introdução ao Direito e Direito Civil. Isso mesmo pode ser comprovado através dos exemplos proporcionados pela Faculdade de Jurisprudência da Universidade *La Sapienza* de Roma[1856], pela Faculdade de Jurisprudência da Universidade de Verona[1857] ou pela Faculdade de Jurisprudência de Bolonha[1858/1859].

[1856] Segundo informações obtidas será esta a maior Faculdade de Direito em Itália e uma das mais prestigiadas. Para uma análise do plano de estudos desta Faculdade cfr. *http://w3.uniroma1. it/ius/iusordo/ius/infostud.htm*. Quanto ao programa das várias turmas da disciplina de Instituições de Direito Privado, onde se procede ao ensino dos direitos reais, v. *http://w3.uniroma1. it/ius/iusordo/ius/5istdirprivato.htm#ISTITUZIO-NIDIDIRITTOPRI*. Note-se que nesta Faculdade as diversas turmas existentes se encontram respectivamente a cargo de NICOLÒ LIPARI, MASSIMO BIANCA, GIANFRANCO PALERMO, GUIDO ALPA e ANTONIO MASI.

[1857] A página desta Faculdade está disponível em *http://www.giurisprudenza.univr.it/-fol/main*. Quanto ao plano de estudos v. *http://www.giurisprudenza.univr.it/fol/main-?ent=oi&cs=274*. Finalmente, o programa da disciplina de Instituições de Direito Privado, onde se lecciona brevemente a matéria de Direitos Reais, pode consultar-se em *http://www.giurisprudenza.univr. it/fol/main?ent=oi&codiceCs=G52&codins-=10234&cs=274&discr=Matricole+dispari&discrCd=;* e também em *http://www.giurisprudenza.univr.it/fol/main?ent=oi&codiceCs=G52&codins =10119&cs=274&discr-=Matricole+dispari&discrCd=*.

[1858] A matéria de Direitos Reais é ensinada nesta Faculdade na disciplina de Direito Privado situada no primeiro ano. O plano de estudos pode ser visto em *http://www.-giuri.unibo.it/Giurisprudenza/ Didattica/LaureeMagistrali/2006/Piano_didattico_-del_corso_di_laurea_Magistrale_in_Giurisprudenza.htm*, e ainda na seguinte morada: *http://www.giuri.unibo.it/Giurisprudenza/Didattica/ Lauree/2006/Piano_didattico_-SG_Curriculum_Francese.htm#IIanno*. O programa da disciplina de Direito Privado no ano lectivo de 2005-2006 (a cargo de FLAVIO PECCENINI) pode ser consultado em *http://www.giuri.unibo.it/Giurisprudenza/Didattica/Insegnamenti/dettaglio.htm?AnnoAccademico= 2005&IdComponenteAF= 30796&CodDocente=014423&CodMateria=11316#programma*; enquanto o programa da cadeira em 2006-2007 (leccionada por LUIGI BALESTRA) se pode ver através do seguinte endereço de Internet: *http://www.giuri.unibo.it/Giurisprudenza/Didattica/Insegnamenti/ dettaglio.htm?AnnoAccademico=2005&IdComponenteAF=30796&CodDocente=014423&CodMateria=11 316#programma*.

[1859] Mas outras referências se podem ainda colher no mesmo sentido. Assim cfr., designadamente, o que se passa na Faculdade de Jurisprudência da Universidade dos

II – A nível bibliográfico aparecem, nestas cadeiras, recomendados aos alunos como elementos de estudo, nomeadamente, os *manuais, tratados,* ou *instituições* de Direito Civil de autores como ALPA, BESSONE, BIANCA, GALGANO, PERLINGIERI, RESCIGNO, ROPPO, TORRENTE, TRABUCHI ou TRIMARCHI[1860].

Estudos de Florença (cujo sítio corresponde a *www.giuris.unifi.it*); ou das Faculdades de Direito de Milão e Piacenza da Universidade Católica do Sagrado Coração (o *link* para os respectivos sítios encontra-se disponível em *http://www3.unicatt.it/pls/unicatt/consultazione.mostra_pagina?id_pagina=5*).

[1860] Cfr., entre outras, as indicações bibliográficas fornecidas por LUIGI BALESTRA no quadro da disciplina de Direito Privado na Faculdade de Direito da Universidade de Bolonha em *http://www.giuri.unibo.it/Giurisprudenza/Didattica/Insegnamenti/dettaglio.htm?AnnoAccademico=2006&IdComponenteAF=204132&CodDocente=032192 &CodMateria=11316*. As recomendações fornecidas pelos diversos professores da disciplina de Instituições de Direito Privado na Faculdade de Jurisprudência da Universidade de Roma podem consultar-se em *http://w3.uniroma1.it/ ius/iusordo/ ius/5ist-dirprivato.htm#ISTITUZIONIDIDIRITTOPRI*.

# PARTE II

PROGRAMA, CONTEÚDO E MÉTODOS

1. Opções científico-pedagógicas e metodológicas

1.1. Teoria geral ou fundamental estruturação da disciplina em torno de cada direito real em especial

I – A análise que anteriormente realizámos permite constatar a existência, a par com outros menos significativos, de dois modelos fundamentais de ensino dos Direitos Reais, quer no que diz respeito ao método de ensino, quer no tocante aos conteúdos.

Um primeiro arquétipo de ensino dos Direitos Reais é, como se viu, aquele em que a disciplina surge considerada e estruturada basicamente em torno das diversas figuras típicas que compõem este ramo de Direito. Consideração e estrutura essa antecedida, normalmente, de apenas algumas considerações de âmbito introdutório. Além disso, nalguns casos fazem-se ainda referências, mais ou menos avulsas, à posse[1861] e ao registo[1862].

O segundo paradigma procura desenvolver a disciplina numa teoria geral dos direitos reais, seguida, depois, de uma parte especial dedicada às várias figuras tipicamente consagradas pelo legislador.

[1861] Quando não qualificada como um direito real de gozo. Sendo esse o caso, a posse é tratada normalmente em conjunto com estes.
[1862] Por vezes, procura-se enquadrar o registo no quadro do tratamento dado aos direitos reais de gozo e em particular à propriedade.

II – Depois de tudo quanto fomos dizendo ao longo do presente trabalho não causará surpresa a afirmação segundo a qual a nossa preferência vai, decididamente, para o segundo dos modelos agora enunciados. As razões são as que nalguma medida fomos invocando ao longo deste estudo. Na verdade, tal como oportunamente sublinhado, parece-nos que só a mencionada linha de abordagem do ensino do Direito das Coisas permitirá a este ramo do Direito sair da insipiência científica e dogmática a que foi durante muito tempo votado[1863]. Soçobram, a nosso ver, claramente os argumentos daqueles que, como RUI PINTO DUARTE[1864], depõem em sentido contrário. A demonstração disso mesmo encontra-se feita, entre nós, por OLIVEIRA ASCENSÃO e MENEZES CORDEIRO[1865] e foi já aqui, anteriormente, aflorada. Faremos agora apenas algumas observações complementares a este respeito.

III – Cumpre, desde logo, chamar a atenção para a circunstância de à luz de uma adequada compreensão do problema metodológico da interpretação-aplicação do Direito este intervir em bloco e não de forma compartimentada[1866]. A integração sistemática dos Direitos Reais expri-

---

[1863] Cfr., por exemplo, quanto escrevemos *supra* Parte I, 6.1, II. V., porém, FRITZ BAUR, *Entwicklungstendenzen...*, in *Juristische...*, 1987, 19, 161.
[1864] PINTO DUARTE, *Curso...*, 40 e 41; Id. *O ensino...*, 30 e ss..
[1865] MENEZES CORDEIRO, *Evolução...*, in *Estudos...*, I, 201 e ss.; OLIVEIRA ASCENSÃO, *Direito...*, 34 e ss..
[1866] Além de MENEZES CORDEIRO, *Evolução...*, in *Estudos...*, I, 211 e ss., voltamos a sublinhar aqui, para um enquadramento do processo de interpretação-aplicação do Direito à luz de uma adequada metodologia jurídica, de entre a nossa bibliografia jurídica, CASTANHEIRA NEVES, *Questão-de-facto...*, I, *A crise, passim*, e por exemplo 214 e ss.; Id., *O princípio da legalidade...*, in *Digesta...* I, 428 e ss.; Id., *Interpretação...*, in *Idem*, II, 337 e ss.; Id., *O actual problema...*, in *Idem*, II, 249 e ss.; Id., *Método...*, in *Idem*, II, 283 e ss.; Id., *Metodologia jurídica...*, *passim* e 83 e ss.; Id., *O actual problema metodológico...*, *per totum*; Id., *O sentido actual da metodologia...*, in *Boletim...*, Volume Comemorativo,115 e ss., *maxime* 134 e ss.; e JOSÉ BRONZE, *Lições de introdução...*, 875 e ss. V., também, MENEZES CORDEIRO, *Da boa fé...* I, 36 e ss.; Id., *Lei...*, in *Polis...*, III, cols.1046 e ss., ou, mais sinteticamente, SANTOS JUSTO, *Direito...*, I, 51. Mais recentemente, ainda, pode-se cfr. SANDRA MARTINHO RODRIGUES, *A interpretação jurídica...*, *passim*, e designadamente, 1 e ss.,

me justamente esta realidade[1867], que não pode ser escamoteada: seguir outro caminho é, pura e simplesmente, trilhar uma via dogmática, metodológica e cientificamente incorrecta e errada, sem correspondência com o real processo de aplicação-interpretação do Direito. A afirmação segundo a qual sendo assim se não deveria, todavia, confundir planos, mantendo autonomizado o didáctico[1868] – que acabaria por se deixar amarrado ao espartilho do princípio da tipicidade[1869] –, é, a nosso ver, inaceitável. O ensino deve obedecer às coordenadas do próprio processo de interpretação-aplicação do Direito, apenas se podendo admitir concessões muito ligeiras e sempre acompanhadas da advertência das razões disso justificativas. Estruturar todo um curso em torno de uma ficção sem correspondência ao real processo de concretização do Direito, invocando genéricas conveniências didácticas[1870], que se não justificam nem se indicam realmente quais são, é, com a devida vénia, artificialismo e formalismo que se não vê como justificar. Considerações deste tipo são, aliás, directamente responsáveis pelo grassar do irrealismo metodológico

---

23 e ss., 147 e ss.; e CRISTINA QUEIROZ, *A interpretação...*, in *Estudos...*, I, 267 e ss.. V., ainda, quanto se escreve a propósito do desenvolvimento dos Direitos Reais através da metodologia interpretativo-aplicativa *infra* nota 1924.
[1867] MENEZES CORDEIRO, *Evolução...*, in *Estudos...*, I, 221.
[1868] Nessa direcção se pronuncia PINTO DUARTE, *Curso...*, 40 e 41; Id. *O ensino...*, 30 e ss..
[1869] No sentido de que o princípio da tipicidade é em grande parte responsável pela estagnação científica em matéria de Direitos Reais pode ver-se MENEZES CORDEIRO, *Evolução...*, in *Estudos...*, I, 221; e ELSA SEQUEIRA SANTOS, *Analogia e tipicidade em Direitos Reais*, in *Estudos em Homenagem ao Professor Doutor Inocêncio Galvão Telles*, 2003, IV, 468. Para um estudo acerca das razões do aparecimento e significado do princípio da tipicidade cfr. – além da obra de OLIVEIRA ASCENSÃO, *A tipicidade...*, *per totum*, e por exemplo 73 e ss. – PHILIP HECK, *Grundgriß des Sachenrechts*, 2.ª reimpressão da edição de 1930, Aalen, 1970, 84 e ss.; WOLFGANG WIELAND, Numerus clausus *der dinglichen Rechte. Zur Entstehung und Bedeutung eines zentralen zivilrechtlichen Dogmas*, in *Wege europäischer Rechtsgeschichte. Karl Kroeschell zum 60. Geburtstag*, Francoforte no Meno, Berna, Nova Iorque, Paris, 1987, 623 e ss..
[1870] Assim, na nossa perspectiva, PINTO DUARTE, *Curso...*, 40 e 41; Id. *O ensino...*, 30 e ss..

vigente e que vem sendo denunciado entre nós, desde a década de oitenta do século passado, por MENEZES CORDEIRO[1871]. Há que pôr cobro a ele definitivamente.

Num fenómeno relativamente ao qual insistiremos com mais profundidade adiante e sobre o qual discorremos também logo em sede introdutória do presente trabalho, o Direito está necessariamente ligado ao caso concreto e à decisão. Ora, por este prisma pode dizer-se que em cada problema concreto não se aplica esta ou aquela norma: é sempre o Direito na sua totalidade a intervir[1872]. No enquadramento jurídico dos conflitos suscitados pelos direitos reais não ocorre apenas o funcionar das normas clássicas compreendidas no Livro III do Código Civil[1873]. Toda a ciência jurídica é convocada a depor[1874].

IV – Já atrás sublinhámos a importância, ao nível do pensamento em geral, e do pensamento jurídico em concreto, do método relativamente aos conteúdos[1875] – ao ponto, repise-se, de se chegar a dizer ser

---

[1871] Cfr. MENEZES CORDEIRO, *Da boa fé...*, I, *passim* e, por exemplo, 34, 36, 400 e ss..
[1872] Assim pode ver-se, a título exemplificativo, PEDRO DE ALBUQUERQUE, *A aplicação do prazo prescricional do n.º 1 do 498.º do Código Civil à responsabilidade civil contratual*, separata da *Revista da Ordem dos Advogados*, 1989, Dezembro, 49, 819 e 820, recordando a afirmação de STAMMLER segundo a qual quando alguém aplica um preceito de um Código aplica todo o Código; e MENEZES CORDEIRO, *Evolução...*, in *Estudos...*, I, 221. V., também, no caso particular dos Direitos Reais, JOHANNES SONTIS, *Strukturelle Betrachtungen zum Eigentumsbegriff*, in *Festschrift für Karl Larenz zum 70. Geburtstag*, organizado por GOTTHARD PAULUS, UWE DIEDERISCHEN, e CLAUS-WILHELM CANARIS, Munique, 1973, 981, autor que sublinha a circunstância de a liberdade do proprietário depender, ao fim e ao cabo, do conjunto da ordem jurídica.
[1873] Na mesmíssima direcção v. MENEZES CORDEIRO, *Evolução...*, in *Estudos...*, I, 221. Não faz, pois, qualquer sentido falar a propósito da elaboração de uma teoria geral dos Direitos Reais de uma abstracção falseante como, com o devido respeito, pretende indevidamente RUI PINTO DUARTE, *O ensino...*, 35. Falseante será, isso sim, a nosso ver, a negação da necessidade de uma teoria geral dos Direitos Reais.
[1874] V., novamente, em sentido equivalente MENEZES CORDEIRO, *Evolução...*, in *Estudos...*, I, 221.
[1875] Cfr. CASTANHEIRA NEVES, *O sentido...*, in *Boletim...*, Volume Comemorativo, 122 e 123.

o *quid* função do *quidmodo*, o *que* provir do *como* ou o conteúdo representar um produto da forma ou de se afirmar que no *princípio é o método* e se proceder à consideração da actual situação do nosso tempo como uma cultural situação metodológica[1876/1877] – e da sistematização sobre as próprias saídas substantivas[1878]. No que aos Direitos Reais diz respeito, num passo devidamente sublinhado por MENEZES CORDEIRO, à medida que seja conseguida, a teoria geral não faculta apenas um domínio mais conseguido da matéria e uma melhoria nas formas de comunicação a ela referentes. A teoria geral de Direitos Reais permite alcançar e legitimar soluções novas para os problemas jurídicos, as quais se reve-

---

[1876] V., novamente, CASTANHEIRA NEVES, *O sentido…*, in *Boletim…*, Volume Comemorativo, 116 e ss..

[1877] Rejeita-se aqui, sublinhe-se outra vez, claramente qualquer tipo de niilismo contemporâneo que redunde na passagem da verdade para o método; qualquer cepticismo ou abandono da verdade materialmente objectiva a favor de uma auto-sustentável ou auto-reflexiva analítica sobre o pensamento e o pensável; o abandono da intenção material a favor de critérios instrumentalmente funcionais; ou, se se quiser, a passagem da teleologia à metodologia e a consideração de que seria o *metodologismo* o sucessor do formalismo na preterição da intencionalidade às *transcendências fundamentantes* no universo jurídico a que se vem assistindo desde a modernidade secularizada. A respeito das críticas que têm sido feitas a propósito da situação cultural do nosso tempo como uma cultural situação metodológica e do juízo fortemente negativo que esse entendimento concita v., por todos, com indicações, CASTANHEIRA NEVES, *O sentido…*, in *Boletim…*, Volume Comemorativo, 121 e 122. Contra a aceitação das diversas formas de encarar o Direito na mera perspectiva de um qualquer funcionalismo ou simples modo de proceder v., ainda, do mesmo autor, *Metodologia…*, *passim*, e por exemplo, 47 e ss.; e *O Direito hoje e com que sentido. O problema actual da autonomia do direito*, Lisboa, 2002, *per totum*.

[1878] V. quanto escreve a este respeito MENEZES CORDEIRO, *Da boa fé…*, I e II, *passim*, acerca da teoria evolutiva dos sistemas e da ideia de sistema (do mesmo autor v. ainda *Ciência do direito e metodologia jurídica…*, *per totum*, em especial 42 e ss., e 56 e ss.; e no que concretamente ao Direito das Coisas diz respeito *Evolução juscientífica…*, in *Estudos…*, I, 201 e ss., e designadamente, 222; Id., *Direitos Reais*, sumários, cit., 18 e ss.. Cfr. também MENEZES CORDEIRO, *Teoria…*, in *Revista…*, XXIX, 351); e, também, embora de forma parcelar o nosso *A representação…*, 228 e ss., 267 e ss..

lam, à partida, mais adequadas com as finalidades globais e particulares prosseguidas pelo Direito na área da ordenação das coisas corpóreas[1879].

Exemplo dos bons resultados proporcionados pela teoria geral dos Direitos Reais é a possibilidade de generalização de múltiplas normas consagradas apenas a propósito do direito de propriedade. Entre elas conta-se, designadamente, a consideração da figura da acessão como forma genérica de aquisição de direitos ou modificação destes em virtude da alteração da coisa-objecto[1880]. Mas outras situações podem ser referidas. Pense-se nas regras relativas aos limites materiais da propriedade contidas no artigo 1344.º do Código Civil. Concebidas aparentemente para um tipo particular de direito real – a propriedade – elas valem, na realidade, perante quem quer que tenha o gozo efectivo do imóvel, independentemente do seu título. E o mesmo se pode dizer relativamente ao artigo 1346.º do Código Civil[1881] – preceito que, de resto, tem estado na base de múltiplas decisões jurisprudenciais[1882] a partir das quais se tem

---

[1879] MENEZES CORDEIRO, *Evolução...*, in *Estudos...*, I, 222. V. MANFRED WOLF, *Beständigkeit und Wandel...*, in *Neue...*, 1987, 2647 e ss., autor que sublinha a circunstância de nos Direitos Reais, ao contrário do que sucede com as Obrigações, o desenvolvimento científico se fazer não tanto ao nível dos conflitos de interesses diários e das respectivas soluções, mas sim, e no essencial, através de alterações de conteúdos, princípios e métodos.

[1880] Cfr. MENEZES CORDEIRO, *Evolução...*, in *Estudos...*, I, 222 e 223 e nota 62, mas apenas a propósito da acessão enquanto forma genérica de aquisição de direitos reais. E, de facto, fala-se vulgarmente de acessão enquanto forma de aquisição de direitos reais. Julgamos, todavia, que a acessão não é apenas uma forma de aquisição de direitos mas, também, o pode ser simplesmente de coisas ou outros objectos (o Código Civil parece tratar como acessão hipóteses em que, em rigor, os objectos acrescidos não são coisas. Assim cfr. MENEZES CORDEIRO, *Direitos...*, 499 e 500; e OLIVEIRA ASCENSÃO, *Direito...*, 303 e 304). Quando seja esse o caso parece-nos assistir-se, apenas, a uma modificação, alargamento ou transformação do direito do beneficiário da acessão. Voltaremos a esta questão adiante a propósito do programa e conteúdo da disciplina.

[1881] Quanto a este preceito v. RUI PINTO, *Direitos...*, 25.

[1882] *STJ – 27-03-2007* (SILVA SALAZAR), in *www.dgsi.pt* (direito ao ambiente); *STJ – 24-10-2007* (SILVA SALAZAR), in *www.dgsi.pt* (direito de propriedade), considerando embora em ambos os casos não haver lesão; *STJ – 22-09-2005* (PEREIRA DA SILVA), in *www.dgsi.pt* (ambiente – poluição – direitos fundamentais); *STJ – 10-05-2005*

vindo a construir um autêntico Direito Privado do Ambiente[1883] – ou múltiplas outras disposições que regulam as relações de vizinhança entre prédios[1884] ou, ainda, a propósito do regime da compropriedade[1885].

(LOPES PINTO), in *www.dgsi.pt* (direito de personalidade – ambiente – violação – poderes do Supremo Tribunal de Justiça); *STJ* – *07-04-2005* (BETTENCOURT DE FARIA), *www.dgsi.pt* (direito de propriedade); *STJ* – *28-04-2004* (NUNO CAMEIRA), in *www.dgsi.pt* (iniciativa privada – direito de propriedade – colisão de direitos); *STJ* – *15-01-2004* (FERREIRA GIRÃO), in *www.dgsi.pt* (conflito de direitos); *STJ* – *17-01-2001* (QUIRINO SOARES), in *www.dgsi.pt* (ambiente) apenas com indicação do sumário); *STJ* – *22-10-1998* (NORONHA NASCIMENTO), in *www.dgsi.pt* (direitos fundamentais – direito ao repouso – direito à integridade física – poluição – conflito de direitos); *STJ* – *26-04-1995* (CARDONA FERREIRA), in *www.dgsi.pt* (direito à vida).

[1883] No sentido segundo o qual aquilo a que hoje se chama Direito do Ambiente encontrou em tempos uma regulamentação de base dual ou bifronte, constituída por regras de Direito Privado e regras de Direito Público, v. FRITZ BAUR, *Entwicklungstendenzen...*, *Juristische...*, 1986, 19, 165 e 166, referindo a importância das regras de Direito Privado relativas a emissões e relações de vizinhança a par com as normas de Direito Público igualmente referentes ao direito de vizinhança, às emissões e à protecção do ambiente. Veja-se, também, BAUR, *Zur Entstehung des Umweltschutzrechts aus der Sachenrecht des BGB*, in *Juristen Zeitung*, 1987, 42, 317 e ss., onde se sublinha interpenetração mútua na protecção do ambiente de normas de Direito Público e de Direito Privado, com relevância para o Direito das Coisas, facultando este muitas vezes não apenas a protecção de interesses individuais mas também colectivos como sucede por exemplo com as regras relativas às emissões. Por sua vez o próprio Direito do Ambiente acaba por condicionar também o Direito das Coisas, e concretamente o conteúdo de diversos direitos reais, como bem nota, por exemplo, a propósito da propriedade MANFRED WOLF, *Beständigkeit und Wandel...*, in *Neue...*, 1987, 2647 e ss.. A referência aos Direitos Reais públicos é uma constante que vem de longe. V., por exemplo, e sem recuar muito OTTO MAYER, *Deutsches Wervaltungsrecht*, 3.ª ed., Munique e Lípsia, 1924, II, 1 e ss.. Numa outra perspectiva fala de um Direito das coisas públicas HANS-JÜRGEN PAPIER, *Recht der öffentlichen Sachen*, 3.ª ed., Berlim, Nova Iorque, 1988. Cfr., ainda, quanto se diz *infra* acerca da revelevância do Direito Público no quadro dos Direitos Reais.

[1884] Na direcção segundo a qual é realmente possível, por interpretação, determinar que muitos dos preceitos relativos à propriedade não são na verdade dele exclusivos pode ainda ver-se, *colorandi causa*, ELSA SEQUEIRA SANTOS, *Analogia...*, *Estudos...*, IV, 493. No sentido de acordo com o qual o direito de vizinhança se mostra fundamental para fixação do exacto regime dos direitos sobre imóveis pode ver-se MENEZES

Mas o fenómeno não é privativo do regime jurídico da propriedade, com a respectiva função paradigmática ou modelar dos demais direitos reais. Normas gerais podem ser isoladas mesmo perante regimes privativos de certos tipos de direitos reais menores. Refira-se, com carácter ilustrativo, a extinção de direitos reais menores por via da *usucapio libertatis*, prevista no artigo 1574.º do Código Civil, que se deve entender como comum e não exclusiva das servidões prediais onde aparece regulada[1886].

V – Resultados palpáveis de uma teoria geral dos Direitos Reais podem também ser verificados e constatados aquando da indagação sobre se certas normas repetidas a propósito de diversas figuras de direito real são capazes de comportar uma redução dogmática em termos de integrar um princípio, num passo também já sublinhado e demonstrado por MENEZES CORDEIRO[1887].

CORDEIRO, *Evolução…*, in *Estudos…*, I, 231, e nota 78 (v., ainda do autor MENEZES CORDEIRO, *Direitos…*, 422 e ss., sublinhando a generalidade da regulamentação relativa à matéria das restrições de vizinhança não obstante a circunstância de apenas surgir a propósito da propriedade); e na literatura jurídica tudesca WESTERMANN, *Die Funktion des Nachbarrechts. Zugleich eine Untersuchung der Bedeutung eines Immissionschutzgesetz*, in *Festschrift für Karl Larenz zum 70. Geburtstag*, organizado por GOTTHARD PAULUS, UWE DIEDERISCHEN e CLAUS-WILHELM CANARIS, Munique, 1973, 1003 e ss. e 1006.

[1885] V., de resto, o disposto no artigo 1404.º do Código Civil.

[1886] Assim OLIVEIRA ASCENSÃO, *Direito…*, 413; ELSA SEQUEIRA SANTOS, *Analogia…*, *Estudos…*, IV, 493; e RUI PINTO, *Direitos reais…*, 24 e 459.

[1887] MENEZES CORDEIRO, *Evolução…*, in *Estudos…*, I, 223 e 224, que exemplifica com a figura da renúncia referida a propósito de várias figuras reais dispersas mas omitida pelo Código Civil para a propriedade. Ora da natureza da propriedade como direito subjectivo, da sua transmissibilidade e dos preceitos que admitem a renúncia a direitos reais extrai-se a regra da renunciabilidade do domínio mesmo quando aferida a bens imóveis (cfr. OLIVEIRA ASCENSÃO, *Direito…*, 416 e 417, e na sua esteira MENEZES CORDEIRO, *Direitos…*, 547; Id., *Evolução…*, in *Estudos…*, I, 224; ELSA SEQUEIRA SANTOS, *Analogia…*, *Estudos…*, IV, 493. Limitativas se mostram as posições de HENRIQUE MESQUITA, *Obrigações…*, 371 e ss.; e CARVALHO FERNANDES, *Lições…*, 247 e ss.).

Aceitando embora como indiscutível a circunstância segundo a qual a tipicidade dos direitos reais não obsta à possibilidade de o intérprete--aplicador proceder à qualificação, ou não, de determinada figura como tendo natureza real[1888], não nos parece viável considerar os direitos pessoais de gozo como direitos reais[1889] – nem mesmo o caso apresentado como paradigmático do direito do locatário[1890]. Falta-lhe a inerência e absolutidade característica dos direitos reais[1891]. Não nos parece, pois, que por esta perspectiva a apreensão do regime dos Direitos Reais, num plano próprio da realidade subjacente, habilite o intérprete-aplicador a reformular o elenco clássico dos direitos reais singulares[1892]. Mas isso não obsta, mesmo assim, a que uma teoria geral dos direitos reais permita evidenciar a circunstância de vários dispositivos contidos no Livro III do Código Civil se mostrarem aplicáveis a outros direitos que não os reais e precisamente aos direitos pessoais de gozo. Assim sucederá, por hipótese, com o artigo 1339.º relativamente ao comodatário ou arren-

---

[1888] Nessa direcção v., por exemplo, OLIVEIRA ASCENSÃO, *Direito...*, 155 e ss.; e ELSA SEQUEIRA SANTOS, *Analogia...*, *Estudos...*, IV, 488 e 489.

[1889] Acerca destes direitos e respectiva qualificação pode ver-se, na nossa literatura jurídica, com diferente profundidade e ângulos de análise, designadamente: MENEZES CORDEIRO, *Direitos...*, 357 e ss.; ANDRADE MESQUITA, *Direitos pessoais de gozo*, Coimbra, 1999; NUNO MANUEL PINTO OLIVEIRA, *Direito das obrigações*, I, Coimbra, 2005; MENEZES LEITÃO, *Direito...*, I, 106 e ss..

[1890] Sobre a natureza jurídica do direito do locatário pode ver-se, entre nós, *colorandi causa*, PAULO CUNHA, *Direitos...*, 227 e ss.; PINTO COELHO, *Direitos...*, (1954), 119 e ss.; GOMES DA SILVA, *Curso...*, *apontamentos...* compilados por MARIA DE JESUS LAMAS e MARIA TEREZA PIRES VICENTE, 65 e ss.; *Curso..., apontamentos...* ANTÓNIO DA PONTE e ANTÓNIO PROTÁSIO 98 e ss., 109 e ss.; DIAS MARQUES, *Prescrição...*, I, 214 e ss.; OLIVEIRA ASCENSÃO, *As relações...*, 230 e ss.; Id., *Direito...*, 536 e ss.; MENEZES CORDEIRO, *Da natureza..., per totum*; Id., *A posse...*, 72 e 73, 163 e 164; JOSÉ ALBERTO VIEIRA, *Arrendamento...*, in *Estudos...*, IV, 447.

[1891] Assim, também, JOSÉ ALBERTO VIEIRA, *Arrendamento...*, in *Estudos...*, IV, 447.

[1892] Como chegou a sustentar MENEZES CORDEIRO, *Evolução...*, in *Estudos...*, I, 224 e 225, antes de rever a sua posição nesta matéria. Actualmente MENEZES CORDEIRO, *A posse...*, 72 e 73, continua a sustentar a estrutura real do direito do locatário assim como dos outros direitos pessoais de gozo. Considera, porém, que têm natureza creditícia resultante de uma clivagem de ordem histórico-cultural.

datário de prédio rústico que faça sementeira com sementes alheias[1893]. A esse mesmo comodatário ou arrendatário poderá ainda, e por exemplo, aplicar-se o disposto no artigo 1349.º ou no artigo 1346.º do Código Civil[1894].

VI – Num passo evidenciado e sublinhado, novamente, por MENEZES CORDEIRO[1895], a busca de novas e mais proveitosas soluções em matéria de Direito das Coisas não se pode, todavia, ficar pelo esforço científico de uma elaboração do regime dos Direitos Reais à luz de coordenadas metodológicas adequadas e de uma correcta compreensão do Direito e do seu processo de concretização. A integração sistemática da decisão jurídica em matéria de Direitos Reais não se deve quedar pelo espaço tradicional restrito do Direito das Coisas, antes devendo atender, como resulta, aliás, de quanto anteriormente se escreveu, à globalidade da ordem jurídica[1896].

Nesse sentido têm clara aplicação no âmbito do Direito das Coisas[1897], moldando inequivocamente o respectivo regime jurídico, figuras gerais

---

[1893] MENEZES CORDEIRO, *Evolução…*, in *Estudos…*, I, 223, nota 62; e ELSA SEQUEIRA SANTOS, *Analogia…*, *Estudos…*, IV, 492.

[1894] Assim também com referência a estes concretos preceitos ELSA SEQUEIRA SANTOS, *Analogia…*, *Estudos…*, IV, 492.

[1895] MENEZES CORDEIRO, *Evolução…*, in *Estudos…*, I, 225.

[1896] MENEZES CORDEIRO, *Evolução…*, in *Estudos…*, I, 225.

[1897] V., novamente, MENEZES CORDEIRO, *Evolução…*, in *Estudos…*, I, 226 e 227. Cfr., também, *STJ – 26-3-1980* (OCTÁVIO DIAS GARCIA), in *Boletim do Ministério da Justiça*, 1980, 295, 426 e ss. (abuso de direito do proprietário), aliás referido e apreciado igualmente por MENEZES CORDEIRO. Na literatura jurídica tudesca cfr., entre outros, MÜHL, *Treu und Glauben im Sachenrecht,* in *Neue juristische Wochenschrift*, 1956, 1657 e ss., com uma referência à evolução que se foi verificando nesta matéria na Alemanha; MANFRED WOLF, *Beständigkeit und Wandel…*, in *Neue…*, 1987, 2652; HANS HERMANN SEILER, *Staudingers Kommentar zum bürgerlichen Gesetzbuch mit Einführungsgesetz und Nebengesetzen*, Berlin, 2000, III, *Einleitung zum Sachenrecht*, comentários aos §§ 854 a 882, introdução, anotações 7 e ss., 9 e ss. e anotações 77 e ss., 41 e ss., *maxime* anotação 86 d), 46 e 47, rejeitando embora a ideia avançada por SCHMIDT de um novo Direito Real por força da aplicação a este ramo do Direito do § 242 do *BGB*; STADLER, *Soergels Bürgerliches Gesetzbuch mit Einführungsgestz und Nebengesetzen*, vol. 14, *Sachenrecht 1*, Estugarda, 2002, §§ 854-984, parágrafo introdutório, 4.

como o abuso de direito e o princípio da boa fé[1898], num manifesto potenciar do dinamismo dos regimes aparentemente estáticos dos Direitos Reais[1899]. Factor de modelação dos Direitos Reais se mostra também, e não obstante a tipicidade aí vigente, o princípio da autonomia contratual, como bem o ilustra, por exemplo, o regime jurídico da condição[1900] ou as regras relativas à redução ou conversão de negócios jurídicos. Particularmente importante na delimitação do âmbito e conteúdo de vários direitos reais se mostra, ainda, o apelo constante feito na jurisprudência alemã, mas igualmente na nossa[1901], aos direitos fundamentais[1902] e de personalidade de terceiros com os quais o exercício dos primeiros pode colidir[1903/1904].

[1898] No sentido segundo o qual o abuso de direito é uma regra da máxima generalidade, aplicando-se a todas as situações jurídicas, aliás, inclusivamente para além do Direito Civil, pode ver-se PEDRO DE ALBUQUERQUE, *Responsabilidade...*, 67 e ss., com indicações.
[1899] V., novamente, MENEZES CORDEIRO, *Evolução...*, in *Estudos...*, I, 226 e 227.
[1900] Assim MANFRED WOLF, *Beständigkeit und Wandel...*, in *Neue...*, 1987, 2651.
[1901] Cfr., novamente, *STJ – 22-09-2005* (PEREIRA DA SILVA), in *www.dgsi.pt* (ambiente – poluição – direitos fundamentais); *STJ – 10-05-2005* (LOPES PINTO), in *www.dgsi.pt* (direito de personalidade – ambiente – violação – poderes do Supremo Tribunal de Justiça); *STJ – 07-04-2005* (BETTENCOURT DE FARIA), *www.dgsi.pt* (direito de propriedade); *STJ – 28-04-2004* (NUNO CAMEIRA), in *www.dgsi.pt* (iniciativa privada – direito de propriedade – colisão de direitos); *STJ – 15-01-2004* (FERREIRA GIRÃO), in *www.dgsi.pt* (conflito de direitos); *STJ – 17-01-2001* (QUIRINO SOARES), in *www.dgsi.pt* (ambiente), apenas com indicação do sumário); *STJ – 22-10-1998* (NORONHA NASCIMENTO), in *www.dgsi.pt* (direitos fundamentais – direito ao repouso – direito à integridade física – poluição – conflito de direitos); *STJ – 26-04-1995* (CARDONA FERREIRA), in *www.dgsi.pt* (direito à vida).
[1902] De resto, e tal como sublinhado entre nós por MENEZES CORDEIRO, *Evolução...*, in *Estudos...*, I, 232, a interpenetração a que se assiste a este nível é bilateral.
[1903] Na nossa doutrina v., a este respeito, MENEZES CORDEIRO, *Evolução...*, in *Estudos...*, I, 231.
[1904] Cfr., ainda, enquanto manifestação no âmbito dos Direitos Reais de normas contidas no Livro I, Parte Geral, do Código Civil o que se diz *infra* no presente parágrafo acerca do sentido a atribuir ao artigo 291.º do Código Civil e sua relevância em sede de aquisição tabular.

Mas outras disposições, fora do âmbito da parte geral do Código Civil ou do respectivo Livro III, jogam na concretização dinâmica e evolutiva dos Direitos Reais na base de uma integração sistemática alargada.

São disso mesmo evidência os artigos 408.º e 409.º do Código Civil[1905]. Exemplo extremamente feliz e profícuo é, além disso, a aplicação feita, aos direitos reais, por MENEZES CORDEIRO, do dispositivo previsto nos artigos 402.º e seguintes do Código Civil para as obrigações naturais. Assim, um direito real adquirido na sequência de um contrato de jogo e aposta dará, de acordo com o sentido normativo do artigo 1245.º do Código Civil, apenas origem a direitos reais naturais[1906]. É esta, aliás, uma conclusão que não vemos como contestar. Uma vez alcançada a figura dos direitos reais naturais com recurso à integração sistemática real-obrigacional é, depois, fácil constatar ser essa noção que está em causa justamente em situações como a invocação contra o titular de determinado direito real da usucapião ou aquisição tabular. A posição crítica, formulada por OLIVEIRA ASCENSÃO[1907] e CARVALHO FERNANDES[1908], quanto à aceitação da ideia segundo a qual o fenómeno da aquisição através das regras do registo não opera a extinção do direito real do anterior titular não convence não apenas por não parecer proce-

---

[1905] A questão da qualificação dogmática da posição quer do vendedor quer do comprador mostra-se controvertida assim como se mostra, também, discutido o próprio enquadramento do negócio com reserva de propriedade. A este respeito v., entre nós, designadamente, LIMA PINHEIRO, *A cláusula de reserva de propriedade (algumas reflexões sobre a função, regime e natureza jurídica)*, Coimbra, 1988, 43 e ss., 93 e ss., 108 e ss.; ANA MARIA PERALTA, *A posição jurídica do comprador na compra e venda com reserva de propriedade*, Coimbra, 1990, 154 e ss.; PEDRO ROMANO MARTINEZ, *Direito das Obrigações (Parte especial) contratos. Compra e venda, locação, empreitada*, 2.ª ed., Coimbra, 2001, 36 a 37 e nota 4; MENEZES LEITÃO, *Direito...*, III, 63 e ss.. Pela nossa parte julgamos não se poder contestar a natureza real das situações em que ambos ficam investidos.

[1906] MENEZES CORDEIRO, *Evolução...*, in *Estudos...*, I, 227 e 228. MENEZES CORDEIRO usa aqui a expressão entre aspas. Noutro local (MENEZES CORDEIRO, *Direitos...*, 302) fala em direitos reais inoponíveis. Não vemos todavia razão para se não falar em direitos reais naturais sem mais.

[1907] OLIVEIRA ASCENSÃO, *Direito...*, 362 e 363.

[1908] CARVALHO FERNANDES, *Lições de direitos...*, 142 e 143.

dente nenhum dos argumentos invocados[1909] mas, também, por ela parecer desatender a inevitabilidade dessa figura em casos como os da aquisição de direitos reais em virtude de contrato de jogo e aposta e o paralelismo entre esse direito e a situação do prejudicado pela aquisição tabular[1910].

[1909] Diz-se que a fragilidade da ideia de direito real natural, em que ficaria investido o sujeito prejudicado pela aquisição tabular, consiste em deixar na sombra a posição do adquirente. Este tem, em virtude do registo, um direito que produz todos os efeitos de um direito real. E se assim é, então, ele possui de facto um direito real. Além disso, e considerando agora a posição do titular do direito preexistente, dir-se-ia que um direito que não produz efeitos não é um direito. E, portanto, o que o registo faria, naquelas situações em que dá prevalência ao direito do terceiro, seria liquidar ou suprimir o direito preexistente. Só que as coisas não parecem ser exactamente assim. O regime do direito do pseudo-adquirente não é de facto absolutamente coincidente com o do titular de um autêntico direito real. Ele assenta apenas na tutela conferida pelo registo e na subsistência dos pressupostos associados por lei a essa tutela. Desaparecidos estes, cessa a protecção legal. Nada disso se passa com os direitos reais fundados em razões substantivas. Há, pois, uma diferença de efeitos e de regime entre as duas situações. Confundi-las é confundir tutela da aparência ou da confiança com a realidade substantiva. Também não é correcto dizer-se não produzir o direito preexistente efeitos se não for registado e se, entretanto, se assistir ao registo a título oneroso por terceiro de boa fé. O efeito característico do direito preexistente é o de ter a virtualidade de desaparecidos os pressupostos de que a lei de registo faz depender a tutela de terceiro este direito reassumir a sua plenitude. Negar que neste caso se está perante uma situação ainda juridicamente relevante equivaleria, por exemplo, a negar a relevância jurídica àqueles direitos subjectivos que correspondem a simples expectativas ou situações jurídicas cujo cumprimento não é judicialmente exigível.

[1910] Mas a posição que acabámos de defender não nos leva a ter de rever agora a posição no sentido de que a absolutidade é característica dos direitos reais. A afirmação poderá à primeira vista causar estranheza. Mas julgamos que ela se mostra incontestável (para mais quando à ideia de absolutidade se lhe dê o sentido por nós emprestado e correspondente àquele atribuído por OLIVEIRA ASCENSÃO, *Direito...*, 45 e ss., para quem: «*Direitos absolutos são os direitos não relativos; são independentes de uma relação. Todo o problema consistirá portanto na caracterização dos direitos relativos.*» Na resolução desta questão OLIVEIRA ASCENSÃO afirma: «*direito relativo é o que assenta numa relação. E a relação jurídica é uma figura perfeitamente demarcada, pois supõe sujeitos determinados, cuja posição é reciprocamente delimitada*» [em sentido equivalente cfr., por exemplo, FRITZ BAUR, *Entwicklungstendenzen...*, in *Juristische...*, 1987, 19, 162]. A crítica das pretensas relações absolutas, encetada, designadamente, por OLI-

VEIRA ASCENSÃO torna o conceito de relação jurídica operacional. Contra este entendimento da ideia de absolutidade pronuncia-se MENEZES CORDEIRO, *Direitos… sumários*, 59 e ss., 63 e ss.. E isto, designadamente, por considerar haver direitos reais não absolutos. Afastada a ideia de que o aproveitamento proporcionado pelo direito real é tão-só naturalístico, conceber-se-ia a possibilidade de direitos reais relativos, i. e., de direitos reais que se concretizem através de adstrições de terceiros que lhe sejam simétricas: a servidão de vistas, pela qual o beneficiário, podendo abrir janelas a menos de metro e meio da sua extrema, aproveita a obrigação do vizinho de não construir a menos de metro e meio da sua própria – artigo 1362.º –, concretiza--se no cumprimento do dever em causa de não construir. Haveria relação jurídica e o direito é real. Do mesmo modo, nas obrigações surgem créditos absolutos. Assim, por exemplo, o direito que tenha o destinatário de uma proposta contratual de a aceitar – artigos 228.º e 230.º: é um direito potestativo, que não depende de quaisquer deveres simétricos; à sua frente existe, tão-só, uma sujeição. Mas não nos parece, de facto, poder dizer-se que na perspectiva adoptada pelo Professor OLIVEIRA ASCENSÃO os direitos reais não são absolutos. No exemplo proposto pelo Professor MENEZES CORDEIRO há uma diferença entre a situação ou servidão de vistas constituída por força do artigo 1362.º do Código Civil e uma outra na qual, por mero acordo das partes, dois vizinhos contratem não dever um deles construir a menos de certa distância do muro ou construção adjacente. Imaginemos, recorrendo às palavras de OLIVEIRA ASCENSÃO, *Direito…*, 46 e ss., *«que uma coisa é reivindicada pelo titular do direito real de propriedade a um detentor que a recebeu de boa fé. Fora o esbulhador quem lhe vendera abusivamente a coisa. (…) O proprietário terá de demonstrar a invalidade dos actos jurídicos que levaram até à aquisição da coisa pelo seu detentor actual? (…) Não tem. O proprietário só tem de demonstrar a sua propriedade; é o que basta para exigir a entrega da coisa (art. 1311.º). Baseia-se em razões absolutas; não em qualquer vínculo que atingisse especificamente o detentor, diferentemente de qualquer outra pessoa. No que respeita ao detentor, basta verificar-se o mero pressuposto fáctico da detenção para que surja a obrigação de restituir. Por isso, se o detentor objectar que adquiriu a coisa por acto oneroso, que estava de boa fé, ou qualquer outra circunstância respeitante à sua relação com anteriores possuidores da coisa, o proprietário responderá olimpicamente:* "Não estou para discutir. Provei a minha propriedade. É quanto me basta para que a coisa me deva ser restituída." *É a posição típica de quem se baseia em razões absolutas»*. A obrigação, mesmo com a sua eficácia externa, é sempre relativa. Ela assenta numa relação. A respectiva pretensão é dirigida contra alguém determinado pela posição que ocupa naquela relação. Portanto, alguém cuja conduta o tornou suporte de deveres de que individualizadamente ele é titular. De modo diverso, como bem sublinha OLIVEIRA ASCENSÃO, o direito real, fundado em razões absolutas, exerce-se sem atenção a uma vinculação particular de ninguém. O sujeito passivo da pretensão real é designado pela simples circunstância objectiva e exterior de representar um obstáculo ao direito real. Não existe qualquer apreciação individualizada do seu comportamento, não há qualquer desvalor que lhe respeite: *«até o lícito ou o ilícito são indiferentes. Basta que se configure o obstáculo objec-*

tivo ao exercício do direito real. Por isso, a acção de reivindicação, por exemplo, pode dirigir-se contra qualquer detentor, nada interessando que este esteja ou não implicado numa violação do direito real.» O Direito real é um direito absoluto, porque a sua tutela se funda em razões absolutas, e «*não na demonstração de que o sujeito está individualmente vinculado por uma relação constitutiva do direito*». No plano processual, o facto tem, como sublinha o autor, projecção na categoria das acções reais. Se bem que esta categoria seja meramente doutrinária, atendendo à circunstância de a lei processual as mencionar mas não as diferenciar, não deixam as acções destinadas a produzir efeitos reais de se distinguir das restantes. Quer na acção de reivindicação, que é a acção real por excelência, quer em toda a acção real de condenação, há uma causa de pedir característica. O titular prova em termos abstractos o seu direito e em seguida extrai dele uma pretensão contra o réu, por este se ter colocado em posição de desconformidade com o domínio exclusivo que lhe é concedido por esse direito. Pelo contrário, na acção pessoal o autor prova uma relação jurídica que o liga ao réu, e seguidamente tira dessa relação a pretensão em juízo. O direito aparece sempre como causa de pedir. Porém, no primeiro dos dois casos o direito não é a contrapartida de qualquer posição particular do réu; no segundo, a fixação do direito supõe precisamente a determinação da relação particular que liga autor e réu [sobre tudo isto v., insista-se, OLIVEIRA ASCENSÃO, *Direito...*, 46 e ss.]. Todos estes aspectos que vimos caracterizarem a absolutidade do direito real estão presentes no artigo 1362.º do Código Civil. O titular da servidão de vistas tem apenas que provar a existência do seu direito sem ter de demonstrar a existência de uma vinculação particular de ninguém [imagine-se, por exemplo, ter a construção sido erguida não pelo proprietário do terreno mas por um esbulhador. Nos termos do artigo 1362.º a construção não poderá subsistir, independentemente de o esbulhador continuar ou não na posse da coisa. E o mesmo se dirá se a construção tiver sido feita pelo usufrutuário, pelo titular do direito de superfície, por locatário, por simples detentor ou até mesmo por um qualquer terceiro incógnito que abusivamente a levantou contra a própria vontade do dono do terreno, tendo posteriormente desaparecido sem deixar rasto. Outros exemplos em que se coloca em evidência a diferença, do ponto de vista da respectiva relatividade ou absolutidade, entre situações aparentemente equivalentes consoante elas tenham, ou não, natureza real podem confrontar-se em FRITZ BAUR, *Entwicklungstendenzen...*, in *Juristische...*, 1987, 19, 162. Interessa recordar também aqui a última formulação de direito real proposta por GOMES DA SILVA, *Curso..., apontamentos...* compilados por MARIA DE JESUS LAMAS e MARIA TEREZA PIRES VICENTE, 65 e ss.; *Curso..., apontamentos...* ANTÓNIO DA PONTE e ANTÓNIO PROTÁSIO 98 e ss., 109 e ss., enquanto afectação autónoma de uma coisa ao fim de uma pessoa. Nesta perspectiva, serão direitos de crédito – apenas – aqueles nos quais a afectação da coisa surgir ligada a um aspecto pessoal de colaboração sob a forma de prestação – como sucede com o arrendamento mas não já com a enfiteuse – e em que, portanto, o aspecto real é meramente acessório]. Além disso, ele precisa [isso sim] de atestar o obstáculo objectivo ao exercício do direito real. Não assim na hipótese paralela de alguém assumir o dever de natureza

VII – As soluções concretas proporcionadas por Direitos Reais evoluem, ainda, em obediência a uma integração sistemática que ultrapassa a textura civil[1911]. O fenómeno ocorre com disposições de natureza constitucional[1912], mas também com o Direito Internacional Público[1913] e o Direito Comunitário[1914] e, sobretudo, em razão de um conjunto extenso de normas de Direito Público interno e ordinário especialmente vocacionado para intervir em sectores como os da propriedade imobiliária[1915].

---

creditícia de não construir a certa distância. Aí o sujeito activo terá de proceder à demonstração de que o sujeito passivo está individualmente vinculado por uma relação constitutiva do direito. MENEZES CORDEIRO diz, ainda, existirem direitos absolutos, i.e., fora de qualquer relação intersubjectiva, que não são reais. Mas isso mesmo é desde logo afirmado por OLIVEIRA ASCENSÃO. Esta constatação impede de distinguir os direitos reais de outros direitos apenas em função do seu carácter absoluto, mas não impede de reconhecer serem os direitos reais também absolutos). A aceitação de um direito real natural não obriga a rever o conceito ou noção de direito real civil pela mesma razão que a aceitação da existência de uma obrigação natural não impede a consideração da obrigação civil como o vínculo em virtude do qual uma pessoa fica adstrita para com outra à realização de uma prestação.

[1911] No mesmo sentido v. MENEZES CORDEIRO, *Evolução…*, in *Estudos…*, I, 229, citando, JOHANNES SONTIS, *Strukturelle…*, in *Festschrift…*, 981, autor que, tal como se referiu já antes, sublinha a circunstância de a liberdade do proprietário depender, ao fim e ao cabo, do conjunto da ordem jurídica. V., finalmente, quanto escrevemos no presente parágrafo acerca da circunstância de a concretização do Direito no caso particular implicar sempre a convocação da totalidade da ordem jurídica.

[1912] Veja-se na literatura jurídica tudesca, com mero carácter exemplificativo, MANFRED WOLF, *Beständigkeit und Wandel…*, in *Neue…*, 1987, 2647 e ss..

[1913] Cfr. FAUSTO DE QUADROS, *A protecção da propriedade privada pelo Direito Internacional*, Coimbra, 1998, *passim*. V., também, HANS HERMANN SEILER, *Staudingers…*, III, *Einleitung…*, comentário aos §§ 854-882, anotação 114, 60 e 61 a propósito do Direito das Coisas e o Direito Internacional Privado alemão.

[1914] A este respeito cfr. RUI PINTO DUARTE, *Direito comunitário e direitos reais*, in *Estudos em Homenagem ao Prof. Doutor Inocêncio Galvão Telles*, IV, 2003, 450 e ss., em termos que todavia se não acompanham por o autor alargar demasiado o conceito de direito real, fazendo caber nele realidades, a nosso ver, completamente distintas da figura. Já antes nos manifestámos no sentido segundo o qual a propriedade industrial e intelectual não têm natureza real.

[1915] MENEZES CORDEIRO, *Evolução…*, in *Estudos…*, I, 229 e s.; e já antes, na doutrina alemã, sublinhando o mesmo aspecto FRITZ BAUR, *Entwicklungstendenzen…*,

VIII – Num fenómeno ao qual demos já diversas vezes ênfase[1916] e a que voltaremos novamente adiante, a tarefa de aplicação e concretização do Direito possui natureza constitutiva. O conhecimento da actividade dos órgãos aplicadores surge, destarte, como fundamental e imprescindível na caracterização e conhecimento do Direito positivo[1917/1918]. Recorde-se aqui quanto antes escrevemos acerca da unidade da ordem jurídica: ela não é pressuposta nem já dada. Trata-se de um aspecto só alcançável através de uma auto-reconstrução *a posteriori*. O Direito não se encontra nos escaninhos dos Códigos, em textos estáticos, mas na respectiva aplicação e concretização[1919]. E, por isso, na realidade, a unidade, não é o resultado de uma mera interpretação, mas de uma criação do Direito, ela não é obra do legislador mas do jurista[1920], pela simples razão sublinhada entre nós por RUY DE ALBUQUERQUE, de que

---

in *Juristische*..., 1987, 19, 161. Cfr., ainda, MANFRED WOLF, *Beständigkeit und Wandel*..., in *Neue*..., 1987, 2647 e ss., 2649 e 2650 (fazendo desde logo eco às normas relativas às emissões); HANS HERMANN SEILER, *Staudingers*..., III, *Einleitung*..., comentário aos §§ 854-882, anotações 87 e ss., 47 e ss., com indicações acerca da constante importância que, do ponto de vista histórico, o Direito Público teve no quadro dos Direitos Reais; STADLER, *Soergels Bürgerliches Gesetzbuch*..., vol. 14, *Sachenrecht 1*, cit., §§ 854-984, parágrafo introdutório, 20 e 21; RINNE, *Münchener Kommentar zum Bürgerlichen Gestezbuch*, VI, *Sachenrecht*, §§ 854-1296, 4.ª ed., Munique, 2004, parágrafo introdutório, 8. Fazendo finca-pé na enorme importância que o Direito Público tem tido no ultrapassar e na superação da monotonia e cristalização a que a concepção do Direito das Coisas subjacente ao *BGB* pareceria ir condenar aquele ramo de Direito pode ver-se WOLFGANG WIELAND, *Funktion und systematische Stellung des Sachenrechts*..., in *Staudinger's Kommentar zum Bürgerlichen Gesetzbuch mit Einführungsgesetz und Nebengesetz –100 Jahre BGB – 100 Jahre Staudinger*...., 107 e ss..

[1916] E nomeadamente *supra* I, Introdução, 2.
[1917] Como se procurará, de resto, demonstrar com mais profundidade de seguida num parágrafo autónomo deste nosso trabalho. Agora interessa-nos apenas um aspecto parcelar deste fenómeno: a integração dos diversos ramos de Direito por ele provocada.
[1918] MENEZES CORDEIRO, *Evolução*..., in *Estudos*..., I, 235.
[1919] Ainda quando meramente pressuposta.
[1920] CASTANHEIRA NEVES, *A Unidade*..., in *Digesta*..., II, 168 e 170, com indicações, e reportando-se a EHERLICH e a PARESCE.

o Direito não é ele próprio obra do legislador, a quem se deve apenas o direito positivo, mas dos juristas[1921].

Este estado de coisas permite, todavia, transcender a separação clássica entre Direito substantivo e Direito adjectivo[1922], num fenómeno extensível também a actividades jurídicas instrumentais perante o Direito material como o registo e o notariado[1923/1924].

[1921] *Direito…*, 753 e ss., e 791 e ss., sublinhando, repise-se, a superação do abismo entre *ser* e *dever ser*, correspondendo o Direito a um *sendo*.

[1922] Assim MENEZES CORDEIRO, *Evolução…*, in *Estudos…*, I, 233, referindo, por exemplo, o relevo material das normas relativas aos prazos. Para mais desenvolvimentos a este respeito cfr. PEDRO DE ALBUQUERQUE, *Responsabilidade…*, 111 e ss., e nota 338, com indicações acerca da natureza substantiva ou processual deste tipo de normas.

[1923] V., novamente, MENEZES CORDEIRO, *Evolução…*, in *Estudos…*, I, 233, que indica cinco pontos nos quais se corporiza o relevo substantivo do registo: – nos efeitos substantivos directos do registo através do fenómeno da aquisição tabular; – no efeito presuntivo geral do registo; – nos efeitos condicionantes do registo em virtude do princípio da legitimação consagrado no artigo 9.º do Código de Registo Predial; – no princípio da legalidade vertido no artigo 68.º do Código de Registo Predial; – na própria regulação interna dos serviços do registo. Apenas uma nota para afirmar que, sem negar a respectiva importância substantiva, a nosso ver, o artigo 9.º do Código de Registo Predial não tem todo o alcance a ele emprestado por MENEZES CORDEIRO. De acordo com este autor no preceito em questão recorreu-se ao esquema de condicionar a liberdade própria do alienante. Com isso não se instituiu apenas uma restrição à autonomia privada: ter-se-ia conseguido um processo equivalente a submeter os negócios com eficácia real relativos a prédios à sindicância prévia dos serviços públicos do registo, com o relevo material que tal situação envolve. Parece, portanto, apontar na linha da nulidade de acordo com o disposto nos artigos 220.º e 294.º do Código Civil. Para OLIVEIRA ASCENSÃO, *Direito…*, 347 e ss.; CARVALHO FERNANDES, *Lições…*, 119 e ss.; ISABEL PEREIRA MENDES, *Código de registo predial anotado, e comentado com formulário*, 15.ª ed., Coimbra, 2006, anotação ao artigo 9.º, 130 e ss.; o desrespeito pelo princípio da legitimação e pelo artigo 9.º apenas coloca em causa a legitimação formal do negócio não a sua legitimação substantiva. E, na nossa opinião, têm razão. O artigo 9.º é um preceito de registo predial. E é uma norma de registo predial que nos diz não poderem ser titulados os factos de que resulte transmissão de direitos ou constituição de encargos sobre imóveis sem estarem os bens definitivamente inscritos a favor da pessoa de quem se adquire o direito ou contra a qual se constitui o encargo. A norma é portanto clara ao fixar o seu âmbito de aplicação e a consequência da respectiva inobservância. A não ser feito o registo a favor de quem adquire o direito este facto não pode ser titulado. Só isso. Mais nada. Não há aqui que falar ou admitir qualquer nulidade. A ser efectivamente titulado as sanções deverão recair sobre o notário. Uma nota mais para manifestarmos, com a devida vénia e respeito, também a nossa discordância relativamente ao entendimento do regime da aquisição tabular preconizado por MENEZES CORDEIRO no tocante à articulação entre o artigo 291.º do Código Civil e o artigo 17.º do Código de Registo Predial. O Mestre delimita o alcance do artigo 291.º do Código Civil face ao regime do artigo 17.º do CRP, considerando aplicar-se o primeiro aos casos de inexistência de registo prévio a favor do alienante do bem. Assim, se alguém alienasse um bem que ainda não tinha sido objecto de registo a um outro sujeito e ele registasse, quando o negócio fosse nulo ou anulável poder-se-ia assistir à impossibilidade de invocação da invalidade e, destarte, a uma aquisição nos termos do artigo 291.º do Código Civil, conquanto naturalmente se verificassem os demais pressupostos constantes dessa norma. Nos casos em que se assiste a uma invalidade do negócio de transmissão e o alienante registou previamente o seu direito aplicar-se-ia o regime do artigo 17.º do CRP. Quer dizer: ao contrário do resultante de uma primeira leitura, o artigo 17.º do CRP não se aplicaria apenas aos casos de nulidade do registo. Ele estabeleceria também a solução para as hipóteses de invalidade substancial do negócio de transmissão do direito ao qual se reporta o facto registado. Independentemente de se tratar de invalidade registal ou substancial a declaração de nulidade não prejudicaria os direitos adquiridos a título oneroso por terceiro de boa fé, se o registo dos competentes factos for anterior ao registo de acção de nulidade. Isto, portanto, e mesmo na eventualidade de se estar perante uma situação de invalidade substantiva – e tudo sem qualquer dependência do período de carência de três anos estabelecido no artigo 291.º do Código Civil. Este preceito, insista-se, só valeria para as hipóteses nas quais não houvesse registo prévio a favor do alienante ou transmitente. Só nesse caso se teria de observar o período de quarentena de três anos. Só que cabe perguntar qual é, nesta perspectiva, o fundamento da solução estabelecida no artigo 291.º do Código Civil? Não será certamente a boa fé, pois, nesse caso não se compreenderia a circunscrição da possibilidade de aquisição tabular fundada no artigo 291.º aos casos de bens sujeitos a registo. Também os bens não sujeitos a registo deveriam seguir o esquema contemplado neste preceito. Também não é a realização do registo pelo terceiro porque o registo em geral não é atributivo. Só pode ser a fé pública do registo (no mesmo sentido OLIVEIRA ASCENSÃO, *Direito…*, 368). Como há a presunção da verdade dos factos registados, por sua vez decorrente do princípio da legalidade, a razão última da aquisição nos termos do artigo 291.º do Código Civil está na fé pública outorgada ao registo. Isto quer dizer que para além dos requisitos expressos neste preceito há outro nele implícito e só ele explica o desvio que o preceito traz consigo às regras relativas à invalidade dos negócios e actos jurídicos. A aquisição pelo registo só se verifica se o «direito» do alienante se encontrar previamente inscrito. Falha portanto a tentativa de procurar conciliar o regime do artigo 291.º do Código Civil, de um lado, com o do artigo 17.º do CRP, do outro, através da aplicação do

IX – Perguntar-se-á se a aceitação de quanto agora acabámos de expor acerca das virtualidades da teoria geral dos Direitos Reais e da ideia de desenvolvimento sistemático deste ramo de Direito não vem, de algum modo, colidir com as posições por nós anteriormente expressas acerca das características do juízo jurídico e do probabilismo, da razoabilidade ou plausibilidade e do casuísmo enquanto elementos essenciais e mesmo de validade do Direito[1925]. Mas a resposta é claramente negativa, como logo resulta aliás de quanto dissemos já em sede introdutória ao presente trabalho[1926]. A natureza prudencial do Direito não se afigura, numa óptica correcta, mais contestável[1927]. Os aspectos argumentativos e tópi-

---

primeiro apenas às hipóteses para as quais não houve registo prévio. Se no momento da aquisição, o registo não proclamava o direito do alienante, não há motivo para funcionar qualquer forma de aquisição tabular. Como nota OLIVEIRA ASCENSÃO, *Direito...*, 370, no sentido aqui expresso depõe, ainda, o artigo 9.º do CRP. Este preceito exige que os direitos de que se dispõe estejam definitivamente inscritos a favor do disponente para as disposições poderem ser tituladas. Isso implica que só em hipóteses marginais, sobretudo em casos nos quais a lei não foi observada, possa haver aquisições de direitos sobre imóveis que não pressuponham a preexistência de um registo desconforme. Esses casos marginais seguem a sua sorte: a pseudo-aquisição não é sanada pelo registo.

[1924] Para uma referência ao desenvolvimento dos Direitos Reais e à respectiva integração vertical através do apuramento da metodologia interpretativo-aplicativa v. MENEZES CORDEIRO, *Evolução...*, in *Estudos...*, I, 230 e ss.. Para uma menção mais alargada ao problema metodológico da interpretação-aplicação do Direito pode ver-se o que escrevemos *supra* a este respeito na Introdução deste nosso trabalho e a bibliografia aí citada. Referimos aqui apenas poder esse desenvolvimento dos Direitos Reais ser conseguido não só através do aprofundar da metodologia interpretativo-aplicativa do Direito em geral mas também ao nível da interpretação dos próprios negócios jurídicos. Neste último sentido cfr., por exemplo, MANFRED WOLF, *Beständigkeit und Wandel...*, in *Neue...*, 1987, 2652, sublinhando, ainda, e tal como MENEZES CORDEIRO, a necessidade de ponderação das consequências das diversas soluções.

[1925] Cfr. *supra* I, Introdução.
[1926] V., *supra* Introdução, 2 e, designadamente, XI.
[1927] Ideia defendida entre nós e demonstrada de forma cabal por RUY DE ALBUQUERQUE. Mas aceita-a também, e por exemplo, MENEZES CORDEIRO, ao contrário de RUY DE ALBUQUERQUE (cfr., nomeadamente, do autor *Reflexões assistemáticas sobre a moderna romanística espanhola*, in separata da *Revista da Faculdade de*

cos dessa realização prudencial também não nos parecem poder merecer discussão. Isso mesmo é desde logo afirmado pelos defensores da tópica e das teorias da argumentação como é o caso de RUY DE ALBUQUERQUE[1928]. Mas é-o, também, pelos defensores da ideia de sistema móvel, como sucede, entre nós, com MENEZES CORDEIRO[1929].

Fazendo nossas palavras alheias diremos não dever a essência do Direito ser procurada no plano da transcendência abstracta de um sistema jurídico delimitado dogmaticamente *a priori*[1930], mas, sim, no plano da realização prático-material da sua materialização histórica, dado que só a resolução dos concretos problemas jurídicos, sob o signo da justiça, se oferece como a alternativa humana para os problemas jurídicos[1931]. Não significará isto assumir-se o Direito necessariamente como tendo uma essência tópico-problemática pura ou radical em oposição à ideia de sistema. Mas já implicará uma interpenetração ou complementaridade específica entre *Problemdenken* e *Systemdenken*[1932]. Tem-se dito, é certo, revelar o pensamento argumentativo ou tópico em particular uma atitude anti-sistemática[1933], ou representar a tópica a negação radical do pensamento sistemático no qual desde o século XVI, se forjou a ciência do direito[1934], sustentando-se que o pensamento tópico se afirma e apresenta

---

Direito da Universidade de Lisboa, Coimbra, 2001, XLVII, n.º 1, 40 e ss.), um claro defensor da ideia de sistema (v., *colorandi causa*, MENEZES CORDEIRO, *Evolução...*, in *Estudos...*, I, 236).
[1928] Assim e a título exemplificativo, *Direito..., passim*.
[1929] V. MENEZES CORDEIRO, *Evolução...*, in *Estudos...*, I, 215 e 216.
[1930] Veja-se o que se escreveu já antes, por diversas vezes, neste trabalho, e designadamente logo em sede introdutória e, também, no presente parágrafo, no sentido de corresponder a unidade do Direito a um resultado alcançado *a posteriori*.
[1931] Cfr. CASTANHEIRA NEVES, *Por um outro pensamento jurídico...*, in *Boletim...*, 2005, LXXXI, 12, referindo-se a CARLOS NEDEL e ao encontro que esta afirmação representa com quanto o próprio Mestre de Coimbra tem ele próprio defendido.
[1932] Contra pronuncia-se ADOLF ARNDT, *Gesetz...*, in *Neue Juristische...*, 1963, 1277, autor para o qual se assistiria a uma contraposição radical entre tópica e sistema, baseando-se no significado diverso dos princípios jurídicos numa e noutro e na equiparação do sistema ao sistema axiomático.
[1933] LARENZ, *Metodologia...*, 215.
[1934] Cfr. MENEZES CODEIRO, *Da boa fé...*, II, 1148.

na crítica à sistemática. Por isso o fracasso desta representaria o sucesso daquela e vice-versa[1935]. Mas nenhuma destas afirmações deve ser sobrevalorizada. Tópica e sistema, pensamento problemático e pensamento sistemático, deixaram na verdade de ser considerados pela metodologia jurídica como antinómicos[1936] e têm-se, antes, como duas intenções indispensáveis e complementares, depois que o sistema jurídico se compreendeu aberto e a realização do Direito se sabe de índole problemática, sem prejuízo embora de uma maior acentuação de uma ou outra das perspectivas complementares[1937/1938], a não colocar em causa a circunstân-

---

[1935] V., novamente, MENEZES CODEIRO, *Da boa fé...*, II, 1142.

[1936] Embora MENEZES CODEIRO, *Da boa fé...*, II, 1151 e 1152, e nota 127, afirme não ser orientação da doutrina tópica mais recente a aproximação entre esta e a sistemática. A linha iria, afirma o autor, no sentido da acentuação dos aspectos formais. Não é, porém, esse o caminho trilhado, entre nós, por RUY DE ALBUQUERQUE nem, por exemplo em Espanha, por GARCIA AMADO, *Teorías de la tópica jurídica*, Madrid, 1988, *passim*.

[1937] CASTANHEIRA NEVES, *A unidade...*, in *Digesta...*, 115, com indicações. V., também, *O instituto jurídico dos assentos...*, 239 e ss..

[1938] Há quem defenda essa compatibilidade numa perspectiva de prevalência, apesar de tudo, do pensamento tópico, quem, diversamente, considere o pensamento tópico e o pensamento sistemático em pé de igualdade, e, finalmente, aqueles que defendem a prevalência do sistema. Restritivo quanto à complementaridade entre pensamento tópico e pensamento sistemático se mostra, por exemplo, CANARIS, *Pensamento sistemático e conceito de sistema na ciência do Direito*, introdução e tradução de ANTÓNIO MENEZES CORDEIRO, Lisboa, 1989, *per totum*, e 245 e ss. e 255 e ss. (v., também, a este respeito do mesmo autor *Feststellung von Lücken im Gesetz. Eine methodologische Studie über Voraussetzungen und Grenzen der richterlichen Rechtsfortbildung* praeter legem, Berlim, 2.ª ed., 1983, 107 e ss., e nota 172). CANARIS recorda a contraposição de NICOLAI HARTMANN entre forma de pensar sistemática e aporética no sentido que lhe é dado por este autor. De acordo com HARTMANN o pensamento sistemático parte do todo. Em primeiro lugar está a concepção, a qual se mantém dominante. O ponto de vista não é indagado mas, antes do mais, compatibilizado. A partir dele, determinam-se os problemas. Quando os conteúdos problemáticos se não coadunem com ele, são excluídos, considerando-se como questões falsamente colocadas. O pensamento aporético procede de modo inverso. Ele não duvida da existência do sistema nem do operar deste, porventura, como determinante latente do seu próprio discorrer, de que está consciente ainda quando o não abranja (v., também, MENEZES CORDEIRO, *Da boa fé...*, 1145). CANARIS considera não atingir o arquétipo hartmanniano o pensamento sistemático mas tão-só o sistema que recusa como problemas aparentes as questões nele não ordenáveis, mas seria ainda seguro que o pensamento aporético, ao contrário da tópica, admitiria o sistema. Só em certos domínios como o da concretização de conceitos ou cláusulas gerais carecidas de complemento valorativo, no preenchimento de lacunas rebeldes ao sistema ou no âmbito do direito internacional privado se poderia reconhecer um maior peso ao pensamento tópico. Relativamente à tópica, CANARIS julga a apregoada ligação dos problemas como falsa ou trivial. Falsa quando pretenda manifestar uma adstrição perene da proposição normativa ao problema concreto que mais ou menos casualmente lhes tenha dado origem; trivial quando vise exprimir representar cada conceito ou proposição de Direito a solução de um problema jurídico o qual deve ser visto, por isso, como subjacente a eles. Mas, perante estas considerações de CANARIS, cumpre atentar no seguinte. Em primeiro lugar, os problemas não se encontram apenas subjacentes aos conceitos e proposições de Direito que oferecem soluções. Eles têm uma dimensão constitutiva dessa própria solução do Direito e repercutem-se sobre o próprio sistema. Depois, CANARIS não tem razão quando procura sublinhar a trivialidade da ligação, acentuada pela tópica, da solução ao problema. Convém recordar aqui uma vez mais a importância e a dimensão constitutiva do caso concreto ao ponto de não haver Direito fora dele ou pelo menos que o não tenha implícito. Já aqui o dissemos e enfatizámos diversas vezes. Mas se é assim, e não parece poder duvidar-se desta conclusão, então a referência à ligação ao problema só se torna trivial quando o Direito for definitivamente visto e encarado como resolução de casos concretos, evitando-se metadiscursos a eles alheios (no mesmo sentido MENEZES CORDEIRO, *Da boa fé...*, II, 1145 e 1146). Só que esta orientação não contestada, nem contestável, é pouco afirmada e menos ainda praticada. Veja-se o divórcio ou ostracismo a que, salvo honrosas excepções, a doutrina vota a jurisprudência. Tem, pois, o máximo interesse a focagem dada pela tópica à dimensão problemática do discurso jurídico. Além disso, quando CANARIS imputa a autoridade da proposição jurídica ao Direito positivo e não ao endoxo aristotélico torna-se vulnerável à acusação de positivismo ou mesmo axiomatismo (cfr., novamente, MENEZES CORDEIRO, *Da boa fé...*, II, 1145 e 1146). Maior abertura, numa perspectiva ainda assim algo restritiva e afirmando a superioridade do pensamento sistemático sobre o tópico, é revelada, entre nós, por MENEZES CORDEIRO. O autor mostra-se um claro defensor do pensamento sistemático, da ideia de sistema – visto como um sistema aberto, móvel, heterogéneo e cibernético – e severo crítico da tópica pura (v., por exemplo, *Da boa fé...*, II, 1134 e ss.; e *Ciência do direito e metodologia jurídica...*, *passim*). Apesar disso, não deixa de referir também a circunstância de a tópica ter um papel de relevo insusceptível de ser esquecido: em termos extensivos – afirma – pode proclamar-se que todo o Direito se consubstancia apenas na solução de problemas concretos. Essa solução resulta de uma decisão humana, que liga a fonte aos casos e que, por natureza, se ampara em argumentos mais ou menos lassos, consoante as circunstâncias; além disso, em termos intensivos a tópica surge quando, perante uma lacuna, um conceito indeterminado ou quebra intra-sistemática se deva construir uma solução incapaz de encontrar uma saída unívoca (*Tratado...*, I, I, 63 e ss., e nota 114).

Mas MENEZES CORDEIRO vai bem mais longe e afirma que a apreciação positiva da tópica como processo eficaz de combater debates dominados por desenvolvimentos linguísticos deve ater-se nos campos variados da sua realização num prisma juscientífico (*Da boa fé...*, II, p. 1143, nota 102). E nessa perspectiva MENEZES CORDEIRO refere ou sublinha os seguintes aspectos por ele considerados meritórios na tópica. A assimilação da tópica ao pensamento problemático satisfaz, quando aplicada ao Direito, uma característica importante da natureza prudencial em jogo neste domínio, não obstante o facto de mesmo antes de VIEHWEG a caracterização do Direito como «Ciência de problemas» ter sido feita, por exemplo, por MAX SALOMON. A Ciência do Direito, já se insistiu aqui diversas vezes, constitui-se e exprime-se na resposta a casos concretos. Ora, sublinha-o MENEZES CORDEIRO, o chamado caso concreto, em Direito, exemplifica da melhor maneira a ideia que de problema dá a tópica: o caso concreto corresponde a uma questão da qual se tem um entendimento provisório (acerca da articulação ou ligação deste entendimento provisório e a ideia de sistema v., por todos, GARCIA AMADO, *Teorías...*, 166 e 167); este entendimento provisório origina a pergunta a ser respondida. Dá-se por esta via corpo à constatação do progresso da Ciência Jurídica, na base de problemas – ou de casos problemáticos –, sejam eles reais ou construídos pelos juristas para diversos efeitos. Como resulta da própria noção que de problema nos deixou VIEHWEG, e num passo igualmente sublinhado por MENEZES CORDEIRO, sem a operacionalidade do pré-entendimento todo o pensamento problemático fica comprometido. A questão de base é identificável graças aos pré-julgamentos da matéria conflituosa carecida de enquadramento jurídico; a pergunta, engendrada para a resposta que de provisória torna definitiva a apreensão susceptível de permitir a sua formulação é passível de apreensão pelo próprio entendimento da solução preconizada. Data aliás de ARISTÓTELES a ideia de que, no discurso dialéctico, se progride, afinal, da solução para as premissas (MENEZES CORDEIRO, *Da boa fé...*, II, 1144). Mas não ficam por aqui os contributos da tópica louvados por MENEZES CORDEIRO. O pensamento problemático assume, antes de mais, uma função geral na redefinição do discurso jurídico. Na sua crítica ao axiomatismo fechado, a tópica trilha, na realidade, um caminho já percorrido, de modo reiterado e repetido, por diversas orientações metodológicas. Só que a tópica fá-lo de modo mais global e nisso tem, afirma MENEZES CORDEIRO, mais mérito. As críticas comuns ao axiomatismo incidem em pontos particulares que, como as lacunas e as cláusulas gerais, não teriam cobertura face a tal sistemática. A tópica moderna, ao aclarar os nexos linguísticos que ligam fontes, princípios e a aplicação, combate o sistema de axiomas fechado em toda a sua extensão e não apenas aspectos pontuais. A tópica põe a nu, sempre no dizer de MENEZES CORDEIRO, a ilusão de um dedutivismo absoluto, exprime a substituição, reclamada há muito do processo subsuntivo pela decisão voluntária do aplicador-intérprete e apela ao estabelecer de instâncias sindicantes que, sob o véu da dedução, denunciem as criptocausalidades alojadas. O acentuar do relevo do caso concreto conta-se, ainda, no dizer deste autor, entre os contributos úteis da tópica. Um outro aspecto de relevo posto pela tópica, e sublinhado

cia, igualmente sublinhada por CASTANHEIRA NEVES, de que a tópica e o sistema se integram no todo jurídico como momentos da sua dialéctica constitutiva[1939], ou que a metodologia tem um momento tópico e se não deve subscrever um monismo metodológico[1940/1941/1942].

---

também por MENEZES CORDEIRO, à reflexão e ao pensamento jurídico prende-se com o restabelecer da argumentação. Desde o momento em que, auxiliado pela tópica, se veja, em definitivo, a presença, na aplicação jurídica, de um processo decisório, em detrimento da interpretação e subsunção mecânicas, há que atinar nos factores modeladores da vontade. Esta exprime-se como produto de razões orientadas dos modos mais diversos mas cujo conjunto inculca o sentido assumido, afinal, na decisão correcta. A orientação do esquema destinado à saída jurídica final, estando em jogo um conflito de interesses, depende de duas linhas que, a partir de um dissenso inicial, procuram, na conclusão, o consenso (MENEZES CORDEIRO, *Da boa fé...*, II, 1149 e 1150).

[1939] V. CASTANHEIRA NEVES, *Unidade...*, 115. Na literatura jurídica espanhola pode ver-se, a este respeito e a título meramente ilustrativo, GARCIA AMADO, *Teorías...*, 169.

[1940] CASTANHEIRA NEVES, *Unidade...*, 126.

[1941] A ideia de complementaridade entre tópica e sistema é particularmente visível na chamada tópica material que, dotada de dados científicos, vise a prossecução da justiça. Porque esta tem como postulado a proscrição do arbítrio revela-se sob a tópica material o perfil do sistema. Em rigor não falta mesmo quem afirme não se estar já neste cenário perante uma tópica (assim MENEZES CORDEIRO, *Da boa fé...*, II, 1153 e 1154). Mas não falta, também, quem considere não corresponder já a um sistema a ideia de sistema aberto e móvel (MENEZES CORDEIRO considera-o aberto, móvel, heterogéneo e cibernético). É esse o caso entre nós de RUY DE ALBUQUERQUE, *Reflexões assistemáticas sobre a moderna romanística...*, 40 e 41, para quem as ideias de sistema aberto e móvel são contradições *in adjecto* (de RUY DE ALBUQUERQUE, desvalorizando a ideia de sistema e enfatizando a importância do caso e da casuística pode ainda ver-se *Da compensabilidade dos créditos e débitos civis e comerciais dos bancos nacionalizados (para uma interpretação do artigo 853.º, n.º 1, c) do Código Civil)*, separata dos *Estudos em honra do Professor Paulo Cunha*, Lisboa, 1989, 1 e ss., propondo designadamente a metodologicamente adequada substituição do aforismo comum entre os jus-historiadores segundo a qual «*ao princípio era o caso*» por «*o caso é o princípio*»). Mas era também essa a posição do próprio VIEHWEG que, não obstante a acusação de apenas estar com a sua atitude a procurar contornar a estreiteza das bases críticas dos seus alicerces, descobre posições tópicas em orientações que, não redundando em axiomatismos, poderiam constituir alternativa à sua própria tese, assim procedendo com doutrinas que vão desde a jurisprudência dos interesses até à sistemática móvel (cfr. *Topik*..., 5.ª ed., p. 95 e ss.). V., também, quanto escreve a este respeito MENEZES CORDEIRO, *Da boa fé*..., II, 1136 e 1137. É, ainda, essa a posição, entre outros susceptíveis de serem aqui referidos, de HANS-MARTIN PAWLOWSKI, *Methodenlehre für juristen. Theorie der Norm und der Gesetzes*, Heidelberga, Karlsruhe, 1981, 244 e 245. De acordo com este autor, na medida da inviabilidade de um sistema jurídico geral e abstracto que seja completo e omnicompreensivo de todo o material normativo, a referência na prática a um sistema não ofereceria verdadeiros critérios de decisão, mas simplesmente tópicos. Por isso, quando alguém se refere a semelhante tipo de sistema aberto e móvel terá de se aceitar essa referência para efeitos de argumentação, mas sem com isso se chegar a fixar um resultado concreto para a questão a decidir. Pelo que a invocação deste sistema não completo poderia afinal mostrar-se meramente retórica, acabando debaixo de método tópico subjacente a este tipo de raciocínio. E de facto, por exemplo, WALDEMAR SCHRECKENBERGER, *Rhetorische Semiotik. Analyse von Texten des Grundgesetzes und von rhetorischen Grundstrukturen der Argumentation des Bundesverfassungsgerichts*, Friburgo, Munique, 1978, 363 e ss., afirma serem os dois modelos de argumentação jurídica – o sistemático e o problemático – formas retóricas complementares sem qualquer característica de exclusão mútua. A este respeito pode, ainda, ver-se na literatura jurídica do país vizinho GARCIA AMADO, *Teorías*..., 169 e 170, lembrando (156 e ss.) os inúmeros defensores da ideia de um sistema tópico bem como as críticas que lhe têm sido movidas. Entre nós considerando relevar a noção de sistema tópico de arranjos linguísticos pode ver-se MENEZES CORDEIRO, *Da boa fé*..., II, 1151 e 1152.

[1942] A ideia de compatibilidade e complementaridade entre um *Problemdenken* e um *Systemdenken* é, para além dos autores já referidos nas notas anteriores, ainda sustentada com matizes diversos (umas vezes não afirmando qualquer ordem de precedência, outras considerando que o pensamento problemático apresenta essa precedência, outras ainda caber ela ao pensamento sistemático), e sempre *colorandi causa*, por NORBERT HORN, *Zur Bedeutung der Topiklehre Theodor Viehwegs für eine einheitliche Theorie des juristischen Denkens*, in *Neue juristische Wochenschrift*, 1967, 601 e ss., 605 e 606; HEINRICH HENKEL, *Einführung in die Rechtsphilosophie. Grundlagen des Rechts*, 2.ª ed., Munique, 1977, 531; LUDWIG RAISER, *Rechtswissenschaft und Rechtspraxis*, in *Neue juristische Wochenschrift*, 1964, 1201 e ss., 1203 e 1204; ESSER, *Grundsatz und Norm in der richterlichen Fortbildung des Privatrechts. Rechtsvergleichende Beiträge zur Rechtsquellen- und Interpretationslehre*, 4.ª ed. inalterada, Tubinga, 1990, 7 e ss., 141 e ss., 308 e ss.; Id., *Wertung, Konstruktion und Argument im Zivilurteil*, Karlsruhe, 1965, 21 e 22; Id., *Vorverständnis*..., *passim*, 16 e ss., 19, 151 e ss., 251 e ss.; FRIEDRICH MÜLLER, *Normstruktur und Nomativität. Zum Verhältnis von Recht und Wirklichkeit in der juristischen Hermeneutik entwickelt an Fragen der Verfassungsinterpretation*, Berlim, 1966, 56 e ss., autor segundo o qual quem contrapuser pensamento sistemático ao tópico o fará por incompreensão de quanto está em jogo; Id., *Juristische Methodik*, 2.ª ed., Berlim, 1976, 80; UWE DIEDERICHSEN, *Topisches und systematisches Denken in der Jurisprudenz*, in *Neue Juristische Wochenschrift*, 1966,

19, 701 e ss.; JÜRGEN RÖDIG, *Die Denkform der alternative in der Jurisprudenz*, 1969, Berlim, Heidelberga, Nova Iorque, 51, sublinhando a incompreensão da ideia de pensamento sistemático por parte de quem o contrapõe à tópica; OTA WEINBERGER, *Topik und Plausibilitätsargumentation*, in *Archiv für Rechts- und Sozialphilosophie*, 1973, 59, 17 e ss., 25 e 26; KRIELE, *Theorie...*, 119 e ss., 133 e ss., 150 e ss.; SAMUEL STOLJAR, *System and Topoi*, in *Rechtstheorie. Zeitschrift für Logik, Methodenlehere Kybernetik und Soziologie des Rechts*, 1981, 12, 385 e ss., *maxime* 387 e ss. (sendo STOLJAR professor em Camberra este texto encontra-se escrito em Inglês); GARCIA AMADO, *Teorías...*, 138 e ss.. Menção particular deve fazer-se a HARRO OTTO, *Methode und System in der Rechtswissenschaft*, in *Archiv für Rechts- und Sozialphilosophie*, 1969, 55, 493 e ss., 508 e 509, que afirma a ideia de uma tensão entre pensamento sistemático e pensamento problemático. Não se trata, no entender do autor, de aceitar qualquer dualismo metódico do qual resulte uma complementação recíproca entre tópica e sistemático-axiomática. Semelhante modo de proceder traria, de acordo com OTTO, consigo os inconvenientes de ambos os métodos e procuraria conciliar o inconciliável. Quanto se deve buscar, isso sim, é, na perspectiva do autor, uma autêntica síntese dos aspectos essenciais de ambos os métodos onde esteja presente a tensão constante entre os dois e a sua dialéctica diante de cada problema concreto. Entre nós pode ver-se, ainda, CASTANHEIRA NEVES, autor que apesar de criticar clara e duramente a pura tópica (v., por exemplo, *Questão-de-facto...*, I, 601 e ss. nota 14; e *Metodologia...*, 72 e ss.) considera residir a racionalidade do pensamento jurídico naquela que se constitui segundo a dialéctica judicativa sistema/problema (é claramente esse o sentido da sua *Metodologia..., per totum.* Cfr., ainda, *Unidade...*, in *Digesta...*, II, 168 e ss.; e, muito brevemente, nessa mesma direcção *Por um outro pensamento...*, in *Boletim...*, 2005, LXXXI, 12). Se bem vimos, na mesma linha com que CASTANHEIRA NEVES identifica na dialéctica problema/sistema a tensão dinamizadora e o núcleo intencional da judicativo-concreta realização do Direito, cfr. JOSÉ BRONZE, *O jurista...*, in *Ab uno...*, 103 e ss.; ou do mesmo autor, *Lições...*, 606 e ss., e 699 (autor que fala de um sistema tópico-hermenêutico) e 831. São além disso de CASTANHEIRA NEVES, *Unidade...*, in *Digesta...*, II, 114 e 115, as seguintes palavras: «(...) *a tópica é sobretudo uma metodologia que não deixa também nunca de operar no pressuposto de uma ordem invocada hermeneuticamente em termos, poderá dizer-se, do* common sense *(ainda que o* common sense *jurídico). Os topoi vão implicados por um problema e, correlativamente, especificam-no, só que o problema surge em função das exigências de um contexto significante, aquele mesmo contexto de que os* topoi, *na sua pré-compreensão, se alimentam e vão precipitando nos seus critérios. Por isso a tópica foi historicamente sempre associada à hermenêutica e a hermenêutica só se realiza adequadamente no* modus *tópico. E como se sabe, um dos princípios tradicionais da hermenêutica é o «canône da unidade» (o esquema, se quisermos, da relação todo e partes).»*

1.2. O carácter cultural e a dimensão histórica do Direito

I – De acordo com a *communis opinio* histórica, filosófica e jurídica, o aparecimento do historicismo encontra-se relacionado com as rápidas mudanças socioeconómicas e políticas dos finais do século XVIII, princípios do século XIX. No núcleo filosófico desta corrente de pensamento encontra-se a ideia do homem como ser histórico[1943]. Fala-se, nesta perspectiva, de uma historização fundamental da concepção do homem e do mundo ao longo do século XIX. Os seres humanos e suas criações são tomados como produtos históricos apenas inteligíveis à luz dos respectivos antecedentes e, portanto, da respectiva história[1944]. Além disso, afirma-se, a ascensão da história a ciência, operada durante os séculos XVIII e XIX, leva-a a assumir uma função condutora no âmbito das ciências sociais[1945], assistindo-se a uma historização geral do pensamento. O método histórico e a sua óptica passam, nesta altura, a cunhar as diversas matérias humanísticas, surgindo em todas elas escolas históricas. Foi assim com o Direito, mas foi também assim, e por exemplo, com a economia ou a própria teologia[1946]. Reivindica-se, nos múltiplos níveis existentes, a individualidade histórico-cultural de cada época. A ideia de ascensão ou progresso das sucessivas gerações, com vista à perfeição plena da última delas, é descartada por incompatível com a justiça divina: numa síntese, dir-se-á, pura e simplesmente, não ser possível afirmar a melhor alma dos homens de hoje relativamente aos do passado[1947]. Procuram-

---

[1943] V. FRIEDRICH JAEGER e JORG RÜSEN, *Geschichte des Historismus. Eine Einführung*, Munique, 1992, 20. Na nossa literatura pode ver-se, por exemplo, para uma breve caracterização do historicismo, ANTÓNIO HESPANHA, *O Direito e a história. Os caminhos de uma história renovada das realidades jurídicas*, Coimbra, 1971, 21 e ss., e 27 e 28; PEDRO BARBAS HOMEM, *História do pensamento jurídico. Guia de estudo*, Lisboa, 2004, 150 e 151, nota 239.

[1944] Veja-se, *colorandi causa,* quanto escreve a este respeito JOHAN GUSTAV DROYSEN, *Historik*, edição crítica de PETER LEYH, Estugarda-Bad Cannstatt, 1977 (reimpressão da edição de Oldenburgo 1857), I, *passim* e 13 e 14.

[1945] Cfr., por exemplo, ANNETTE WITTKAU, *Historismus: Zur Geschichte des Begriffs und des problems*, 2.ª ed., Gotinga, 1994, 13.

[1946] Sobre tudo isto pode ver-se CONTRERAS PELAEZ, *Savigny…*, 22 a 27.

[1947] V. quanto a este respeito escreve, designadamente, RUY DE ALBUQUERQUE, *Reflexões…*, 33 e 34.

-se novos métodos e uma fundamentação epistemológica própria para as ciências humanas[1948]. No campo específico da Ciência jurídica afasta-se, diz-se, a ideia de um Direito natural tal como ele tinha sido concebido em Oitocentos e desenvolve-se a escola histórica do Direito[1949] a cujos

---

[1948] Cfr., novamente, CONTRERAS PELAEZ, *Savigny...*, 25 e ss..

[1949] Como se sabe a escola histórica encontra um precursor em GUSTAV HUGO, mas o seu grande expoente foi SAVIGNY (interessam sobretudo as obras *Vom Beruf unserer Zeit für Gesetzgebung und Rechtswissenschaft* [1814], in *Thibaut und Savigny. Zum 100 jhärigen Gedächtnis des Kampfes um ein einheitliches bürgerliches Recht für Deutschland – 1814-1914*, introdução e selecção de textos por JACQUES STERN Berlim, 1914, 69 e ss.; Id., *Die historische Schule in der Rechtswissenschaft Vom Zweck dieser Zeitschrift* [1815], in *Grundgedanken der Historischen Rechtsschule 1814-1840*, org. por E. WOLF, Francoforte no Meno, 1965, 14 e ss. [mas refira-se também do autor *Entstehung des positiven Rechts*, in *Idem*, 3 e ss., com origem no estudo *Vom Beruf...*, 75 e ss.; e *Der Bildungswert des römischen Rechts*, in *Idem*, 21 e ss., com elementos provenientes do prefácio ao *Sistema de Direito Romano*]; *System des heutigen römischen Rechts*, 2.ª reimpressão da edição de 1840, Aalen 1981, *Vorrede*, IX e ss.. As lições de SAVIGNY não foram publicadas durante a sua vida, mas ainda assim tiveram particular impacto junto de quem as ouviu, sendo comum a afirmação de que, mesmo sem poderem ter desempenhado, então, uma influência literária elas acabaram por dominar gerações inteiras de juristas. Na sua metodologia jurídica [confrontou-se *Metodologia jurídica*, tradução de SANTA-PINTER, Buenos Aires, 1979], escrita aos 22 anos, estavam, como nota a propósito WIEACKER, *História...*, 440, já expressas a maior parte das posições fundamentais do conjunto da sua obra. Por razões diversas a apresentação é em geral apenas esquemática [importante, igualmente, para uma compreensão de SAVIGNY são as suas *Vorlesungen über juristische Methodologie 1802-1842*, publicadas e com introdução de ALDO MAZZACANE, nova edição alargada, Francoforte no Meno, 2004]). Para uma análise dos contornos e características essenciais desta escola de pensamento e do seu *caput* refere-se, com carácter meramente indicativo, de entre a infindável bibliografia sobre o tema e com origem nos mais diversos países, KANTOROWICZ, *Was ist uns Savigny* [1911], in *Rechtshistorischen Schriften*, por HELMUT COING e GERHARD IMMEL, Karlsruhe, 1970, 397 e ss., onde se sublinha (a p. 399), entre outros aspectos, a circunstância de SAVIGNY ter para a sua época dedicado uma atenção surpreendentemente reduzida à filosofia; Id., *Savigny and the historical school of law*, in *Idem*, 419 e ss.; Id., *Volksgeist und historische Rechtsschule*, in *Idem*, 435 e ss.; Id., *Savignys marburger Methodenlehre*, in *Idem*, 465 e ss.; onde o autor altera a sua posição acerca da escassez das preocupações e profundidade, para a época, dos estudos de SAVIGNY; WOLFGANG FIKENTSCHER, *Methoden...*, 37 e ss.; WIEACKER, *História...*, 430 e ss.; LARENZ, *Metodologia...*,

ensinamentos se teria ficado a dever a, hoje, sua irreversível dimensão histórica. Tudo em contraste com as tentativas, surgidas designadamente com o desenvolvimento do *mos geometricus* no século XVII, de submeter o Direito aos métodos exactos das ciências naturais, com tudo quanto isso trazia de a-histórico ou de ausência de percepção do sentido histórico da realidade jurídica[1950].

II – Na realidade as coisas não se afiguram, porém, tão simples. Enquanto movimento filosófico o historicismo encontrará antecedentes em HERDER (1744-1803)[1951], mas também em VICO (1668-1744)[1952], MONTESQUIEU (1689-1755), VOLTAIRE (1694-1778) e JUSTUS MÖSER (1720-1794). No domínio do Direito não falta mesmo quem encontre provas da presença de um pensamento histórico muitos séculos antes e nas mais variadas correntes do pensamento. Foi desde logo isso,

---

9 e ss.; CASTANHEIRA NEVES, *Escola histórica do Direito*, in *Digesta*, II, cit., 203 e ss.; SANTOS JUSTO, *A crise da romanística*, separata do *Boletim da Faculdade de Direito*, Coimbra, 1996, LXXII, 27 e ss.; Id., *Nótulas...*, 57 e ss.; JOACHIM RÜCKERT, *Friedrich Karl von Savigny*, in *Juristas universales*, por RAFAEL DOMINGO, Madrid, 2004, III, 59 e ss.; CONTRERAS PELÁEZ, *Savigny...*, 66 e ss.; PEDRO BARBAS HOMEM, *História do pensamento...*, 53 e 54, 149 a 151; JOSÉ BRONZE, *Lições...*, 342 e ss. e 781 e ss..

[1950] V., com carácter ilustrativo, quanto escreve GERHARD DILCHER, *Vom Beitrag der Rechtsgeschichte zur Zivilrechtswissenschaft*, in *Archiv für die civilistische Praxis*, 1984, 184, 252 e ss.. Veja-se, também, o que escrevemos no nosso *A representação...*, 267 e 268, e as indicações aí constantes a propósito de algumas das características fundamentais do jusracionalismo; e sempre de modo exemplificativo, SANTOS JUSTO, *Nótulas...*, 41 e ss. e 49 e ss., tanto com respeito ao jusracionalismo como ao iluminismo.

[1951] Para muitos o verdadeiro pai do historicismo.

[1952] Porventura o maior precursor do historicismo logo a seguir a HERDER. Consultámos VICO, *Princípios de una ciencia nueva en torno a la naturaleza común de las naciones*, prólogo e tradução de JOSÉ CARNER, México, 1941, I e II. Para uma apreciação mais aprofundada do contributo de VICO no quadro da metodologia jurídica v., *colorandi causa*, KRIELE, *Theorie...*, 125 e ss., 129 e ss., sublinhando a circunstância apontada por WIEHWEG, HENNIS e outros de ter sido VICO a assumir, contra DESCARTES, a defesa da tópica e da sua imprescindibilidade.

de acordo com DIETER WYDUCKEL[1953], a suceder com o humanismo e a nova compreensão do Direito Romano por este postulada[1954]. Em Portugal, VERNEY, um iluminista, viria a preconizar, relativamente ao estudo a realizar nas Faculdades de Leis e Canônes, uma orientação histórico-crítica[1955]. A reforma pombalina da Universidade, essa, afirmaria, como se viu em devido tempo[1956], através do *Compêndio histórico do estado da Universidade de Coimbra* e dos *Estatutos da Universidade de Coimbra*, em termos extremamente impressivos a necessária e imprescindível aliança entre a história e o estudo do Direito[1957].

[1953] DIETER WYDUCKEL, *Schnittstellen von Rechtstheorie und Rechtsgeschichte. Warum die Rechtsgeschichte der Rechtstheorie und die Rechtsgeschichte der Rechtstheorie bedarf*, in *Theorie des Rechts und der Gesellschaft. Festschrift für Werner Krawietz zum 70. Geburtstag*, Berlim, 2003, 113.

[1954] Para uma caracterização genérica do humanismo jurídico pode consultar-se, entre tantos e tantos outros, uma vez mais o nosso *A representação…*, 228 e ss., com indicações; e SANTOS JUSTO, *Nótulas…*, 37 e ss..

[1955] Cfr. quanto se escreve *supra*, Parte I, § 2. 1. Note-se, apenas, aqui a circunstância de, tal como observado por FERNANDO ARAÚJO, *O Direito e a sua realização histórica segundo Cabral Moncada*, in Ab uno ad omnes. *75 anos da Coimbra Editora*, Coimbra, 1998, 26, precisamente CABRAL DE MONCADA, *Um «iluminista…*, in *Estudos…*, 84-85, nota 1, enaltecer a intuição pragmática de autores como VICO e VERNEY (considerando, aliás, que o primeiro pode ter influenciado o segundo), que sem procurarem substituir a Razão pela História apresentavam uma intuição dos limites que a vigência histórica impõe à realização das soluções racionais. Em particular no que a VERNEY diz respeito, MONCADA afirmaria: «*este, ao contrário do maior número de racionalistas da sua época, parece ter tido bem clara a ideia de que não basta a razão abstracta para conduzir o critério e a política dos governantes, mas é mister tomar em consideração também os particularismos e os condicionalismos das nações. Mais: descobre-se talvez nalgumas passagens da sua obra filosófica um como que "sentido histórico" imanente na vida dos povos, que não pode deixar de ser considerado também manifestação da Ratio.*»

[1956] V., novamente, *supra*, Parte I, § 2. 1.

[1957] Veja-se o que escrevemos *supra*, Parte I, § 2. 1. Refira-se em qualquer caso, aqui, a forma absolutamente denodada como o *Compendio…*, Parte II, Cap. II, §§ 182 e ss., 233 e ss. (onde entre outros aspectos se afirma ser a ligação entre a história e a jurisprudência tão íntima como a que a alma tem com o corpo), §§ 198 e ss., nono estrago, 244 e ss., procede à defesa da história para o estudo da jurisprudência, referindo, entre outros aspectos, o facto de a ignorância da história literária fazer os homens

A qualificação do século XVIII como o século da natureza, por contraste com o século XIX correspondente ao século da história, traduz uma visão convencional da personalidade filosófica de ambos[1958]. Embora exista parte de verdade nessa qualificação, como qualquer outra dicotomia, ela terá muito de redutor e de simplificador. Em particular a ideia tradicional do Iluminismo como movimento anti-histórico, marcado pelo universal e cego para o particular tem sido, nos últimos anos, objecto de progressivas revisões. Não falta, na verdade, quem afirme ser a famosa e proclamada cegueira histórica da ilustração, em grande parte, um mito forjado pelo Romantismo na procura da afirmação da respectiva identidade frente à época das Luzes[1959].

III – Não obstante todos os rótulos usados e as proclamações de fé formuladas, SAVIGNY e a sua escola histórica do Direito acabariam mesmo por ditar, em virtude de uma mal balanceada[1960] dialéctica entre

---

parciais, sectários e aferrados a certas opiniões por não terem notícia de outras e sublinhando, também, a circunstância de a historiografia confundir o pedantismo, a tirania, o *maquiavelismo* literário, o trazonismo, a charlatanaria dos eruditos, os impostores, plagiários etc., além de ser imprescindível para a escolha e conhecimento dos métodos a adoptar e para a preparação dos estudantes. Para uma referência mais profunda ao valor da História do Direito na reforma pombalina do ensino universitário pode ver-se RUI DE FIGUEIREDO MARCOS, *História do Direito. Relatório sobre o programa, o conteúdo e os métodos de ensino*, Coimbra, 1999, 15 e ss..

[1958] CONTRERAS PELÁEZ, *Savigny...*, 36.

[1959] Assim CONTRERAS PELÁEZ, *Savigny...*, 36, com indicações, sublinhando, entre outros aspectos, a circunstância de a insensibilidade do Romantismo frente à consciência histórica do Iluminismo (ou pelo menos de algum iluminismo) corresponder à primeira demonstração de que a fina sensibilidade histórica alardeada pelos românticos não é, afinal, totalmente merecida. Aliás, não falta quem como HORST MÖLLER, *Vernunft und Kritik. Deutsche Aufklärung im 17. und 18. Jahrhundert*, Suhrcamp, Francoforte no Meno, 1986, 144 e 145, considere deverem as raízes da compreensão moderna da história ser procuradas não no Romantismo, nem no Historicismo ou na escola histórica do Direito, mas no Iluminismo.

[1960] A contradição do pensamento da escola histórica e as aporias a que conduz corresponde a um fenómeno conhecido e devidamente sublinhado pela doutrina. Remetemos, por exemplo, para FIKENTSCHER, *Methode...*, III, 51 e ss.; GERHARD DILCHER, *Vom Beitrag der Rechtsgeschichte...*, in *Archiv...*, 1984, 184, 251 e 259 e ss., sublinhando

a ideia de sistema[1961] e a dimensão histórica do Direito, a supressão ou desaparecimento da compreensão da dimensão histórico-cultural, se se quiser da epocalidade, da realidade jurídica[1962], com o aparecimento da jurisprudência dos conceitos[1963]. O verdadeiro legado da escola histórica e da dimensão histórica do Direito acabaria na opinião de diversos autores por competir à corrente germanista da escola histórica, ou, se se preferir, aos germanistas dela dissidentes[1964].

---

a ideia presente, também noutros autores e, designadamente, em FIKENTSCHER, segundo a qual o modelo savignyano de uma ciência histórica do Direito se encontrava desde o início condenado a perder a ligação à história pois os contornos específicos da sua fixação no Direito Romano levavam-no a surgir de costas voltadas para o futuro; DIETER WYDUCKEL, *Schnittstellen von Rechtstheorie und Rechtsgeschichte. Warum die Rechtsgeschichte der Rechtstheorie und die Rechtsgeschichte der Rechtstheorie...*, in *Theorie...*, 117; CONTRERAS PELÁEZ, *Savigny...*, 63 e ss.; JOSÉ BRONZE, *Lições...*, 345 e 346.

[1961] Recorde-se que além da dimensão histórica a escola histórica afirmava também uma dimensão sistemática do Direito.

[1962] A este respeito v., por exemplo, JOSÉ BRONZE, *Lições...*, 345 e ss..

[1963] São de todos conhecidos os seus contornos e origens. Ainda assim indicam-se, com simples carácter ilustrativo, a este respeito as seguintes obras: WIEACKER, *História...*, 494 e ss.; LARENZ, *Metodologia...*, 21 e ss.; CANARIS, *Pensamento...*, 27 e ss.; ARTHUR KAUFMANN, *A problemática da filosofia do direito...*, in *Introdução à Filosofia do Direito...*, 167 e ss.; PEDRO DE ALBUQUERQUE, *A representação voluntária...*, 354 e ss., JOSÉ BRONZE, *Lições...*, 784 e ss.; SANTOS JUSTO, *Nótulas...*, 59 e ss..

[1964] Assim claramente DILCHER, *Vom Beitrag der Rechtsgeschichte...*, in *Archiv...*, 1984, 184, 259 e ss.. Para uma mais aprofundada análise acerca das ligações e desencontros entre a escola histórica do Direito e os germanistas pode ver-se, a título ilustrativo, a obra clássica de OTTO VON GIERKE, *Die historische Rechtsschule und die Germanisten*, Berlim, 1903, *per totum* (consultou-se OTTO VON GIERKE, *Die Grundbegriffe des Staatsrechts und die neuesten Staatsrechtstheorien, Tübingen, 1915, Naturrecht und deutsches Recht, Frankfurt a. M. 1883, Die historische Rechtsschule und die Germanisten, Berlin, 1903*, reimpressão num único volume, Aalen, 1973); e mais recentemente WIEACKER, *História...*, 430 e 459 e ss., 475 e ss. Na doutrina espanhola cfr., sublinhando o custo que a corrente germanista também importou para a ligação entre a história do Direito e a elaboração dogmática da ciência jurídica, BRUNO AGUILERA (BRACHET), *Introducción jurídica a la historia del Derecho*, 2.ª ed., Madrid, 1996, 50 e ss., e 129 e 130.

Na verdade, SAVIGNY, em vez do histórico, acabou afinal por preferir o a-histórico, num claro incumprimento por parte da escola histórica do respectivo programa. O que ele pretendia era atingir a (kantiana)[1965] ideia de racionalidade sistemático-dogmática[1966], num fenómeno que acabaria por degenerar no conceptualismo. Desenvolvimentos posteriores, no sentido da superação da jurisprudência dos conceitos, como o movimento do Direito livre[1967] ou a jurisprudência dos interesses[1968] têm sido acusados de não possuírem a profundidade histórico-filosófica necessária[1969].

[1965] Acerca da importância do pensamento kantiano em SAVIGNY pode ver-se, entre outros, KANTOROWICZ, *Savignys marburger...*, in *Rechtshistorische...*, 460; FIKENTSCHER, *Methode...*, III, 37 e ss.; e entre nós JOSÉ BRONZE, *Lições...*, 345 e 346.

[1966] Assim, expressamente, JOSÉ BRONZE, *Lições...*, 346.

[1967] Para um enquadramento deste movimento pode ver-se, entre tantos outros, LARENZ, *Metodologia...*, 77 e ss.; CASTANHEIRA NEVES, *Método jurídico...*, in *Digesta...*, 311 e 312; Id., *Escola do Direito livre*, in *Idem*, II, 193 e ss.; ARTHUR KAUFMANN, *A problemática da filosofia do direito...*, in *Introdução à Filosofia do Direito...*, 174 e ss.; JOSÉ BRONZE, *Alguns marcos do século na história do pensamento metodológico-jurídico*, in *Boletim da Faculdade de Direito de Coimbra*, Volume Comemorativo, 2003, 157 e ss.; JOSÉ BRONZE, *Lições...*, 794 e ss.; SANTOS JUSTO, *Nótulas...*, 68 e ss..

[1968] Refere-se, *colorandi causa*, para uma análise das características fundamentais da jurisprudência dos interesses, ARTHUR KAUFMANN, *A problemática da filosofia do direito...*, in *Introdução à Filosofia do Direito...*, 172 e ss.; LARENZ, *Metodologia...*, 63 e ss.; CASTANHEIRA NEVES, *Método jurídico...*, in *Digesta...*, II, 312 e 313; Id., *Jurisprudência dos interesses*, in, *Idem*, II, 215 e ss.; JOSÉ BRONZE, *Alguns marcos do século...*, in *Boletim...*, Volume Comemorativo, 2003, 159 e ss.; JOSÉ BRONZE, *Lições...*, 801 e ss.; SANTOS JUSTO, *Nótulas...*, 71 e ss..

[1969] Não vamos entrar agora nesse debate no sentido de saber se é verdadeiramente assim. Não seria este o local adequado para o fazer. Mesmo assim pode ver-se quanto escreve a este respeito GERHARD DILCHER, *Vom Beitrag der Rechtsgeschichte...*, in *Archiv...*, 1984, 184, 260 e 261, embora este autor de algum modo excepcione JHERING e o seu contributo (mas v., concretamente, o escrito por JHERING, *Unsere Aufgabe*, in *Jherings Jahrbücher für die Dogmatik des heutigen römischen und heutigen Privatrechts*, 1857, 16, a propósito da posição da história perante a ciência do Direito. Cfr., também, FIKENTSCHER, *Methode...*, III, 73 e 74); e EDUARD PICKER, *Rechtsdogmatik und die Rechtsgeschichte*, in *Archiv für die Civilistische Praxis*, 2001, 201, 767 e ss.. Note-se que apesar dos estudos históricos realizados por KANTOROWICZ (pense-se,

IV – Importa, todavia, sublinhar claramente o carácter epocal e histórico do Direito, a sua dimensão histórica e a sua historicidade. São estes os aspectos fundamentais de uma correcta e adequada compreensão, filosófica, metodológica e científica da realidade jurídica[1970]. ORESTANO

---

colorandi causa, nos vários artigos contidos nos já aqui citados *Rechtshistorische Schriften*, ou nos *Studies in the glossators of the roman law, newly discovered writings of the twelfth century*, editados e explicados por HERMANN KANTOROWICZ, com a colaboração de WILLIAM BUCKLAND, reimpressão da edição de Cambridge, 1938, com adenda e corrigenda por PETER WEIMAR, Aalen, 1969; para além da participação de KANTOROWICZ na *History of legal science*, importante obra destinada a compreender três volumes, em que o primeiro abarcaria a ciência jurídica Antiga e do Oriente [e, portanto, compreenderia designadamente o Direito Grego, Romano e Bizantino], o segundo seria referente à Idade Média [com menção do Direito Romano, Canónico, Germânico, Francês e Inglês] e o terceiro reportar-se-ia ao Direito moderno em diversos países europeus e nos Estados Unidos da América, com especial referência ao desenvolvimento da jurisprudência geral, do Direito Internacional, do Direito Canónico e do Direito Comparado. O início da Segunda Guerra Mundial ditaria a suspensão deste projecto, entretanto condenado pela morte de KANTOROWICZ, em Fevereiro de 1940, de forma definitiva. Do trabalho preliminar realizado pouco resta. Ficou-nos, porém, um ensaio, destinado a servir de prólogo ao primeiro volume, com o título *The definition of law* – consultou-se HERMANN KANTOROWICZ, *La definición del derecho*, edição de A. H. CAMPBELL, 1964, introdução de A. L. GOODHART, tradução de J.M. DE LA VEJA, Madrid, 1964) e da sua afirmação acerca da historicidade do Direito, este jurista manifestou-se, em determinados momentos, de forma profundamente crítica contra a compreensão histórica do Direito preconizada pela escola histórica. Indício claro disso encontra-se, por exemplo, em GNAEUS FLAVIUS (H. KANTOROWICZ), *Der Kampf um die Rechtswissenschaft*, Heidelberga, 31, 33 e 34; ou ainda em HERMANN KANTOROWICZ, *Probleme der Strafrechtsvergleichung*, in *Monatsschrift für Kriminalpsycologie und Strafrechtsreform*, 1908, 4.º ano, Abril 1907-Março 1908, 104 e ss., e 108. Ainda assim, v. a menção de RUY DE ALBUQUERQUE, *História...*, 114, à importância do contributo dado por KANTOROWICZ (em *La definición...*, *passim*) no sentido de se dever considerar a historicidade na própria elaboração do conceito de Direito. Cfr., também, MANUEL JESÚS RODRIGUEZ, *Hermann Kantorowicz*, in *Juristas universales*, por RAFAEL DOMINGO, Madrid, 2004, III, 950 e ss., para uma referência às influências científico-culturais, designadamente a nível filosófico, de KANTOROWICZ.

[1970] Aspectos que perpassam largamente pela obra, por exemplo, e circunscrevendo-nos à literatura jurídica nacional, de RUY DE ALBUQUERQUE (v., designadamente, *História...*, 114 e ss.; *Reflexões assistemáticas sobre a moderna romanística...*, 32 e ss.);

dirá mesmo que a progressiva tomada de consciência da historicidade do Direito é uma das maiores conquistas do pensamento jurídico moderno[1971]. Quem não tiver o sentido histórico do Direito só pode ter dele uma visão estática[1972]. Ora o Direito é uma realidade *in fieri*[1973]. E apesar de a sensibilidade histórica, como forma de sensibilidade ao tempo, poder em si mesma ser prévia ao estudo da história ou mesmo independente dele, o seu cultivo pela meditação e investigação leva ao respectivo desenvolvimento[1974]. O recurso à história permite libertarmo-nos do particular

---

mas também de CASTANHEIRA NEVES (cfr., entre outras, *Metodologia*…, *passim*, designadamente, 228); ou JOSÉ BRONZE (v. *Lições*…, *passim*, nomeadamente, 678 e ss. e 741, onde o autor fala de uma historicidade extensiva, intensiva, prospectiva e reconstrutiva do Direito. Na historicidade reconstrutiva convergem as outras modalidades referidas, sendo que ela mais não é do que a directa expressão da dinâmica do *corpus iuris*, presente quando se fala por exemplo da índole dinâmica que anima o sistema jurídico. Cfr., ainda, quanto se escreveu já acerca da importância da história para o pensamento jurídico *supra* na Introdução ao presente estudo, § 2.

[1971] RICARDO ORESTANO, *Introduzione allo studio storico del diritto romano*, Bolonha, 1987, 176.

[1972] RUY DE ALBUQUERQUE, *História*…, 114. Cfr., também, SANTOS JUSTO, *A crise*…, 101 e ss., recordando, designadamente, na esteira de ALVAREZ SUAREZ, a propósito do Direito Romano, constituir este o humanismo dos juristas. Quem ignorar a história e o Direito Romano irá pelo mundo com olhos de cego sem saber de onde vem nem para onde vai nem qual é o sentido do que o rodeia.

[1973] SANTOS JUSTO, *A crise*…, 103.

[1974] RUY DE ALBUQUERQUE, *História*…, 114. Acerca do valor da história, e em particular do cultivo do Direito Romano, e da compreensão da historicidade do jurídico para a compreensão e estudo do Direito pode, ainda, ver-se na literatura jurídica nacional, por exemplo, CABRAL DE MONCADA, *Elementos de história do Direito Romano*, Coimbra, 1923, I, 9 e ss.; Id., *A actual crise do romanismo na Europa*, in *Estudos de História do Direito*, Coimbra, II, 1949, 217 e ss., 227 e ss., 244 e ss.; Id., *O direito*…, in *Boletim*…, 1971, XLVII, 5; ANTÓNIO HESPANHA, *O Direito e a história*…, 44 e ss..; SEBASTIÃO CRUZ, *Direito Romano. Relatório (nos termos da alínea a) do n.º 1 do art.º 9.º do Decreto n.º 301/72, de 14 de Agosto, de harmonia com o art.º 4.º do mesmo Diploma)*; Id., *Prólogo* a *Direito romano (ius romanum)*, I, Introdução. Fontes, 4.ª ed. revista e actualizada, Coimbra, 1984, XIX; Id., *Direito Romano (ius romanum)*, in *Polis*, 1984, II, 558 e ss., 563 e ss.; Id., *Actualidade e utilidade dos estudos romanísticos*, 5.ª ed., Coimbra, 1987; RUY DE ALBUQUERQUE, *Direito*

e atingir a essência[1975]. Se não nos soltarmos da consideração particular de um momento da ordem jurídica cronologicamente coincidente com a nossa própria existência, não alcançaremos o irredutível do Direito.

---

romano. Considerações a propósito de um livro de Moreira Alves, separata de *Scientia Iuridica*, Braga, 1974, 21 e ss.; Id., *Em prol do Direito Romano*, in *Estudos de Direito Romano*, Lisboa, 1989, I, 7 e ss.; Id., *Reflexões...*, 32 e ss.; MENEZES CORDEIRO, *Teoria...*, in *Revista...*, XXIX, 402 e ss.; Id., *Tratado...*, I, I, 58, 59 e ss., 112 e 113; MARTIM DE ALBUQUERQUE, *História das instituições...*, in *Revista...*, 1984, XXV, 113 e ss.; FERNANDO ARAÚJO, *A actualidade dos estudos romanísticos*, in *Estudos de Direito Romano*, Lisboa, 1989, 15 e ss.; Id., *O Direito e a sua realização histórica...*, in *Ab uno...* 19 e ss.; MARCELO REBELO DE SOUSA, *Introdução ao estudo do Direito*, Lisboa, 2000, 284 e ss.; JOSÉ DUARTE NOGUEIRA, *Objecto e método na história do Direito*, separata dos *Estudos em homenagem ao Prof. Doutor Raúl Ventura*, Coimbra, 2003, 242 e ss., 245 e ss.; SANTOS JUSTO, *A crise...*, 13 e ss., 101; RUI DE FIGUEIREDO MARCOS, *História do Direito...*, maxime, 63 e ss.; ANTÓNIO PEDRO BARBAS HOMEM, *História do pensamento jurídico...*, maxime, 26 e ss., 84 e ss., 145 e ss., 234 e 235. Na literatura de língua espanhola (ou para quem prefira castelhana), pode ver-se, de entre a vária bibliografia relevante a este propósito, nomeadamente, ALVARO D'ORS, *Presupuestos críticos para el estudio del Derecho Romano*, Salamanca, 1943, 11 e ss.; JUAN IGLESIAS, *Derecho romano y esencia del Derecho*, in *Derecho romano y esencia del Derecho*, Barcelona, 1957, 7 e ss.; LUIS DÍEZ-PICAZO, *El sentido histórico del derecho Civil*, Madrid, 1959, 5 e ss.; GUILLERMO FLORIS MARGADANT S., *El significado del derecho Romano dentro de la enseñanza jurídica contemporánea*, México, 1960, maxime, 64 e 65, ALVAREZ SUAREZ, *La jurisprudencia...*, passim, e por exemplo, 85, e 162 e ss.; BRUNO AGUILERA, *Introducción jurídica...*, passim, e 120 e ss.. De entre os autores italianos v., por todos, RICARDO ORESTANO, *Introduzione...*, passim, e 175 e ss., 291 e ss., 307 e ss., 571 e ss., 593 e ss.. Na doutrina jurídica de língua alemã remetemos, sempre *brevitatis causa*, para HEINRICH MITTEIS, *Vom Lebenswert der Rechtsgeschichte*, Weimar, 1947, maxime 59 e ss., e 83 e ss.; DIETER GRIMM, *Rechtswissenschaft und Geschichte*, in *Rechtswissenchaft und Nachbarwissenschaften*, II, *Geschichte, Logik, Linguistik, Informatik, Friedensforschung, Finanzen, Didaktik*, Munique, 1976, 9 e ss.; GERHARD DILCHER, *Vom Beitrag der Rechtsgeschichte...*, in *Archiv...*, 1984, 184, 247 e ss.; EDUARD PICKER, *Rechtsdogmatik*, in *Archiv...*, 201, 765 e ss..

[1975] RUY DE ALBUQUERQUE, *Reflexões...*, 32; e na mesma linha, considerando que o conhecimento das raízes romanas do Direito Civil são fundamentais para atingir a respectiva essência, SANTOS JUSTO, *A crise...*, 103, falando com RICARDO PANERO, e 111, agora dialogando com ALVAREZ SUAREZ; e MENEZES CORDEIRO, *Tratado...*, I, I, 61.

É a história, tomada como acompanhamento do tempo – como passado, presente e futuro[1976] –, dimensão que não se detém e nos abre uma perspectiva coerente de análise[1977]. A distinção entre conhecimento científico e histórico, com origens precisas no pensamento oitocentista, sobretudo com a idolatria ideológica da *Rechtswissenchaft* tudesca, longe de ter levado ao progresso da ciência do Direito, conduziu, isso sim, a um mar de dificuldades e escolhos entre os quais se debate e de que deve sair para, abandonando as torres de marfim e o exclusivo deleite intelectual de quantos nelas vivem, se tornar de novo operacional para a vida[1978].

[1976] Por isso RUY DE ALBUQUERQUE, *Reflexões*…, 34; Id., *História*…, 117 e 118, afirma dever a História do Direito ser capaz de ligar o passado, o presente e o futuro e considera não ter ela simples valor explicativo mas antes se assumir como verdadeira instância crítica. V., também, CASTANHEIRA NEVES, *Questão-de-facto*…, I, 853 e 854, onde se escreve «(…) *que também o presente faz história, ou que da mesma forma que o presente, em que somos, recebe por herança um passado, também ele "faz passado" para o futuro, e fá-lo na medida, precisamente, em que transcende as objectivações já realizadas e institui novos sentidos*» (num passo a que dá, igualmente, eco RUI DE FIGUEIREDO MARCOS, *História*…, 63, 64 e 65, sublinhando ainda a importância da reflexão crítica e problemática perante a norma, possibilitada pela História do Direito); FERNANDO ARAÚJO, *A actualidade*…, in *Estudos*…, 61 e ss.; SANTOS JUSTO, *A crise*…, 116, no sentido de que a história do Direito ao relacionar o homem com o passado lhe possibilita o acesso ao presente e ao futuro, e 122 e ss., quanto ao valor crítico da história. A respeito desse mesmo valor de instrumento crítico da história relativamente ao Direito e à função ética por aquela desempenhada cfr., na esteira de RUY DE ALBUQUERQUE, PEDRO BARBAS HOMEM, *História do pensamento*…, 235. A fechar esta nota referência para ANTÓNIO HESPANHA, *O Direito e a história*…, 41 e 42; e, novamente, para RUY DE ALBUQUERQUE, *História*…, 197 e 198, quando, falando com LÉVY STRAUSS, nos dizem que «*tudo é história, o que foi dito ontem é história, o que foi dito há um minuto é história*».
[1977] RUY DE ALBUQUERQUE, *Reflexões*…, 32, acrescenta ainda «*como qualquer fenómeno correspondente à vida, a chamada ordem jurídica não representa senão um momento de experiência, indesligável das correspondentes raízes, dos antecedentes, das causas iniciais, de quanto lhe segue – termos todos estes que tomamos por equivalentes e complementares para exprimir o nosso pensamento*». V., ainda, FERNANDO ARAÚJO, *O Direito*…, in *Ab uno*…, 26 e 27, ao sublinhar a circunstância de o Direito começar por ser história e só retroactivamente aceder ao plano da razão.
[1978] Assim, também, ORESTANO, *Introduzione*…, 307.

V – A ciência do Direito não só não pode prescindir da análise histórica como se mostra essencialmente histórica[1979]. A historicidade do Direito com o ser uma dimensão co-natural deste, sublinha-o RUY DE ALBUQUERQUE[1980], leva à necessidade da respectiva ponderação na própria elaboração do conceito de Direito e, acrescentamos nós agora, também no esforço de construção ou elaboração dogmática[1981].

[1979] RUY DE ALBUQUERQUE, *Reflexões...*, 32, que afirma o carácter essencialmente histórico do Direito e da ciência jurídica em si mesma (e para além da circunstância relativa de cada uma das competentes manifestações corresponder a um marco cronológico determinado) e rotula de ingenuidade a «(...) *ideia daqueles conspícuos doutores que, mediante o recurso a uma simples sintaxe nominalista, separam o direito da história, reduzindo o primeiro à chamada ordem jurídica positiva e remetendo para ela tudo quanto não tiver o selo impositivo do reconhecimento actual do poder. O título de cientista, que tantas vezes ostentam, não lhes cabe, representa uma usurpação. Para além de tanto quanto se tem dito sobre a improcedência do positivismo, o erro comum de todas as doutrinas que se integram nesta designação reside no facto de não terem compreendido a noção de tempo*». Já antes embora numa perspectiva diferente e com base em pressupostos diversos CABRAL DE MONCADA, *Filosofia do Direito e do Estado*, II, *Doutrina e crítica*, Coimbra, 1966,114, falava da temporalidade e da historicidade como «determinações ônticas» do Direito positivo, como aspectos incindíveis da sua positividade; num passo a que dá, depois, eco FERNANDO ARAÚJO, *O Direito...*, in Ab uno..., 21.
[1980] RUY DE ALBUQUERQUE, *História...*, 14.
[1981] Para uma referência à problemática da ligação da dogmática jurídica à história – não se trata, agora, apenas, daquela outra questão que consiste em saber se a história do Direito deve ser delimitada pela dogmática, não é essa a questão predominantemente em causa, mas aquela outra da historicidade do Direito e com ela da própria dogmática e do contributo que a história produz para a sua operacionalidade. Mesmo assim, no sentido segundo o qual se mostra crítica a análise «(...) *da realidade, obtida através do estudo histórico, com os meios dogmáticos actuais. Consegue-se, assim, um conhecimento histórico juridicamente operacional, que ganha dimensão com o seu inserir no pensamento jurídico, sobretudo quando os modelos sistemáticos, em evolução dialéctica, passaram a integrar, em definitivo, a capacidade humana de raciocinar em termos jurídicos*» manifesta-se MENEZES CORDEIRO, *Da Boa fé...*, I, 59; e PEDRO BARBAS HOMEM, *História do pensamento...*, 27 e *passim*, e por exemplo, 87 e 88, 67, 93, 118, 152 (mas v., a p. 69, a afirmação do erro metodológico de utilizar os conceitos modernos ao passado, ou 75). V., também, quanto escreve RUY DE ALBUQUERQUE, *As represálias. Estudo de História do Direito português (SÉCS. XV E XVI)*, Lisboa, 1972, I, XXII,

O positivismo acabaria por reduzir a relevância da história à consideração do elemento histórico no processo de interpretação da lei. E mesmo este era com frequência reconduzido à exposição de motivos fornecida pelo próprio legislador[1982]. Conhece-se, todavia, hoje a improcedência das várias correntes positivistas, assim como se descobriu já a improcedência dos argumentos ou razões que estiveram na base da separação entre a ciência do Direito, a dogmática e a história[1983]. A historicidade

---

acerca da utilidade da *Dogmengeschichte* quando correctamente elaborada; e, finalmente, a respeito da história dogmática ou de uma dogmática da história, RUI DE FIGUEIREDO MARCOS, *História*…, 70 e ss. – pode ver-se, por exemplo, GUILLERMO FLORIS MARGADANT S., *El significado*…, *passim*, 9 e 64 e 65, 89 e ss., 105 e ss., manifestando maior preferência para um neopandectismo do que para um neo-humanismo; PIETRO COSTA, *Emilio Betti: Dogmatica, politica, storiografia*, in *Quaderni Fiorentini per la storia del pensiero giuridico moderno*, 1978, 7, 311 e ss., e 321 e ss.; EDUARD PICKER, *Rechstdogmatik und Rechtsgeschichte*…, in *Archiv*…, 201, 765 e ss., 826 e ss., 848 e ss.; MENEZES CORDEIRO, *Tratado*…, I, I, 61 e 62, autor que escreve: «a dogmática jurídica está intimamente ligada à história, quer em termos puramente cognitivos, quer em moldes argumentativos.» Mas v., ainda, com interesse, entre nós, e para além das referências já feitas a RUY DE ALBUQUERQUE, MENEZES CORDEIRO e PEDRO BARBAS HOMEM, SEBASTIÃO CRUZ, *Direito Romano. Relatório*…, 62 a 64, ao recordar corresponder o primeiro e grande aspecto dogmático do estudo do *Ius Romanum* ao facto de este conter a orientação geral da ciência jurídica e não apenas à circunstância de nesse *Ius* existirem institutos que correspondem a outros tantos modernos, sem prejuízo de essa correspondência também constituir um aspecto dogmático; Id., *Direito Romano*…, in *Polis*, cit., II, 558 e ss., sublinhando, para além do valor formativo, o interesse prático actual do estudo do Direito Romano; FERNANDO ARAÚJO, *A actualidade*…, in *Estudos*…, 15 e ss., *passim*, e, por exemplo, 25 e ss., 32, 70 e 71; SANTOS JUSTO, *A crise*…, 109 e 110, 111 e ss., e 116; e RUI DE FIGUEIREDO MARCOS, *História*…, 65 e 70 e ss., onde se refere, designadamente, a posição do penalista KARL BINDING, para quem a história não representava senão a dogmática jurídica na sua progressiva conformação; e um pouco mais remotamente, na nossa doutrina, ANTÓNIO HESPANHA, *O Direito*…, 51 e 52.

[1982] Sublinhando estes dois aspectos pode ver-se GERHARD DILCHER, *Vom Beitrag der Rechtsgeschichte*…, in *Archiv*…, 1984, 184, 251 e ss..

[1983] A este respeito pode ver-se, entre os autores tudescos, EDUARD PICKER, *Rechstdogmatik und Rechtsgeschichte*…, in *Archiv*…, 201, 774 e ss., referindo criticamente, entre outras dessas supostas razões de separação entre a História do Direito e a dogmática jurídica, o desenvolvimento e a especialização das diversas disciplinas, a codificação – com o apontado fim da autoridade das fontes e a desarticulação da substância jurídica em dois momentos completamente distintos e de distância invencível (a saber, a antiga, de um lado, e a codificada, do outro) marcada pela separação entre passado e presente – e o positivismo com o seu característico *Trennungsdenken*. Esta separação entre história e dogmática jurídica manter-se-ia, depois, como pensamento reactivo num enquadramento cujas raízes metodológicas e filosóficas e outras, não é agora possível retomar, mas em que, no dizer de PICKER, desempenharia algum papel uma compreensão da função da história reduzida a uma ciência ideográfica (como, de resto, pretende WIEACKER, *História*..., 1 e ss., *maxime* 6, nota 14, onde o autor chega a afirmar que «(...) *o sistema, princípios doutrinais e conceitos (i. e., a dogmática) de uma ordem jurídica sucessivamente vigente não são, em sentido restrito, objectos de uma exposição "ideográfica" (no sentido de Rickert): eles têm, enquanto tais, tão pouca história como as leis da natureza ou os princípios lógicos – embora o seu surgir na consciência dos juristas dogmáticos e dos compartícipes (...) do direito se subordine às mutações históricas. A sua evolução é, na verdade, constituída apenas por mutações na consciência, nas convicções e nas regras dos "corpos" (...) históricos dos juristas. Só a conexão da actual dogmática com as anteriores, através da tradição, provoca a ilusão de que a dogmática teria uma história*» [para uma referência a um entendimento diverso da história, com um programa não meramente contemplativo, especulativo e ideográfico, mas em que se propõe, também, uma união entre presente e história, no quadro da própria literatura jurídica tudesca, cfr., EDUARD PICKER, *Rechstdogmatik und Rechtsgeschichte*..., in *Archiv*..., 201, 786 e ss., e as indicações aí dadas. Cfr., também, sempre entre os autores de língua alemã, acerca dos problemas metodológicos suscitados pela História do Direito, HEINRICH MITTEIS, *Vom Lebenswert*..., 7 e ss.. Ainda entre os autores de língua estrangeira, agora castelhana, remetemos, sempre *colorandi causa*, para MARGADANT S., *El significado*..., *passim*, e, por exemplo, logo a páginas 8 e ss.]). Actualmente as posições dominantes a respeito da articulação entre a história e a dogmática situar-se-iam, de acordo com PICKER, numa encruzilhada. No cerne da questão encontraríamos, sempre no dizer do autor, um antagonismo metódico como expressão de uma controvérsia fundamental entre os defensores de uma compreensão ideográfica da história (mas também – acrescente-se – neo-humanista), de um lado, e as doutrinas de cariz «monotético» (*monotetisch*) e aplicativas (e anticríticas ou mesmo neopandectísticas – tornadas célebres pelo grito de KOSCHAKER de um regresso a SAVIGNY) – sem embargo de apesar das diferenças metodológicas de fundo as concretas apresentações ou desenvolvimentos poderem apresentar resultados muito surpreendentes, em que os contrastes nem sempre se fazem assumir com a intensidade suposta. Os problemas, debates e conflitos metodológicos no que à História do Direito diz respeito são profundos e diversos. Para uma referência a este amplo campo de debate pode ver-se, para além de MITTEIS e PICKER e das abordagens que dedicam ao tema, na nossa literatura jurídica, sublinhando distintos aspectos de metodologia da História do Direito e assumindo posições não coincidentes, CABRAL DE MON-

do ordenamento jurídico conduz de maneira directa à historicidade dos diferentes elementos englobados no seu todo, sejam eles legislativos ou prudenciais[1984]. Escrevendo, novamente, com a ajuda da pena de RUY DE ALBUQUERQUE[1985], dir-se-á que se «(...) *a historicidade da norma pode levar o jurista exegético ou dogmático a fazer história como Monsieur Jourdan fazia prosa, já a consideração não da norma ou instituto isolado mas do ordenamento como conjunto complexivo força-o a assumir uma posição conscientemente histórica, mesmo se o seu intento for apenas conscientemente "prático"* (...)». Por isso se dirá não ser nunca demasiado reclamar do jurista dogmático uma educação histórica tão vasta e sólida quanto possível[1986]. Esta oferece préstimos incomensuráveis, nomeadamente na *interpretatio* (entendida esta com o seu sentido amplo) das normas, na compreensão das instituições jurídicas, na descoberta do sentido do exercício da função judicativa e na reconstituição da metódica prática do Direito[1987]. Ao contrário do pretendido por WIEACKER[1988],

---

CADA, *O problema metodológico na ciência da história do direito português*, in *Estudos de História do Direito*, Coimbra, 1949, II, 179 e ss.; RUY DE ALBUQUERQUE, *As represálias...*, XX e ss., onde se defende não apenas uma compreensão integral do Direito na história mas também a utilidade da *Dogmengeschichte* desde que entendida de forma adequada (que justamente procurámos fazer e seguir no nosso *A representação..., passim*); Id., *História...*, 127 e ss. (v., ainda, RUY DE ALBUQUERQUE e MARTIM DE ALBUQUERQUE, *História...*, I, 41 e ss.); SEBASTIÃO CRUZ, *Direito Romano. Relatório...*, 62 e ss.; FERNANDO ARAÚJO, *A actualidade...*, in *Estudos...*, 15 e ss., 45 e ss., 65 e ss.; SANTOS JUSTO, *A crise...*, 66 e 101 e ss., 112 e ss., a propósito do Direito Romano; RUI DE FIGUEIREDO MARCOS, *História...*, 65 e ss.; e PEDRO BARBAS HOMEM, *História do pensamento...*, 31 e ss., com amplas indicações tanto ao nível da doutrina estrangeira como nacional. Mesmo assim, para uma análise da importância do impacto das descobertas da moderna filosofia e metodologia, particularmente da jurídica, e designadamente do fenómeno da pré-compreensão e da espiral hermenêutica, no estabelecimento da necessária ligação e conexão entre História do Direito e dogmática voltamos a referir PICKER, *Rechtsdogmatik...*, in *Archiv...*, 201, 802 e ss..
[1984] RUY DE ALBUQUERQUE, *História...*, 115.
[1985] RUY DE ALBUQUERQUE, *História...*, 115.
[1986] Pois, como bem sublinha a propósito RUI DE FIGUEIREDO MARCOS, *História...*, 83, não basta reclamar ao historiador do Direito uma sólida e vasta formação dogmática.
[1987] Tudo isto é devidamente evidenciado por RUI DE FIGUEIREDO MARCOS, *História...*, 83. Recorde-se aqui a instância crítica que a história representa perante o Direito, conforme sublinhado por RUY DE ALBUQUERQUE, *Reflexões...*, 34;

a dogmática também representa, afirmou-o impressivamente RUI DE FIGUEIREDO MARCOS[1989], (...) *um teatro histórico, onde se solta a energia criadora do espírito jurídico em digressão pelo tempo e onde naturalmente se pode assistir ao nascimento e ao ocaso de instituições, à ascensão e queda de doutrinas e, inclusive, ao reflexo intelectualizado do jogo confuso de factores do ordenamento social que agem, entre si, muitas vezes de forma imprevista*»[1990].

VI – A ordem jurídica é consabidamente um produto secular no qual confluem elementos de diversa proveniência cronológica e, destarte, função ou representação de diferentes concepções do mundo[1991]. Por isso mesmo se tem dito corresponder a História do Direito ao laboratório do jurídico e que a contemplação histórica do Direito constitui a única forma de experimentação teórica ao alcance do jurista[1992].

Id., *História...*, 117 e 118; RUI DE FIGUEIREDO MARCOS, *História...*, 64 e 65; SANTOS JUSTO, *A crise...*, 122 e ss.; e PEDRO BARBAS HOMEM, *História do pensamento...*, 235.

[1988] *História...*, 6, nota 14.
[1989] RUI DE FIGUEIREDO MARCOS, *História...*, 83.
[1990] RUI DE FIGUEIREDO MARCOS, *História...*, 83.
[1991] Assim expressamente também RUY DE ALBUQUERQUE, *História...*, 115. Cfr. igualmente quanto escrevem a este respeito FERNANDO ARAÚJO, *O Direito...*, in Ab uno..., 23; SANTOS JUSTO, *A crise...*, 116; e RUI DE FIGUEIREDO MARCOS, *História...*, 63 e 88, todos sublinhando ou enfatizando a ideia, já expressa por RUY DE ALBUQUERQUE, segundo a qual o Direito não surge de geração espontânea nem se sustenta a si mesmo ou, se se preferir, abruptamente do nada ou de singulares, autónomos e isolados actos de génio, sejam eles legislativos ou jurisprudenciais, antes faz parte de um contexto histórico constituinte e reconstituinte.
[1992] RUY DE ALBUQUERQUE, *História...*, 116. O recurso à ideia de história-laboratório ou do valor experimental da história é, de resto, de curso corrente. Assim, e para além de RUY DE ALBUQUERQUE, pode ver-se, *colorandi causa*, SEBASTIÃO CRUZ, *Direito Romano. Relatório...*, 32; Id., *Direito Romano...*, in *Polis*, cit., II, 563; SANTOS JUSTO, *A crise...*, 116; RUI DE FIGUEIREDO MARCOS, *História...*, 39, recordando a circunstância de o relatório da Faculdade de Direito, que serviu de vestíbulo à lei de aprovação da reforma de 1901, proclamar que os avanços registados nos diversos ramos jurídicos se deviam principalmente ao uso constante da observação e comparação dos factos e ao emprego do método indutivo e exaltar a história como um vasto laboratório. Não surpreende, por isso, o título da obra de GUIDO FASSÓ, *La storia come esperienza giuridica*, Milão, 1953.

A inovação só é compreensível quando dialecticamente equacionável com o velho, o anterior, o precedente[1993]. Por isso mesmo pôde RUY DE ALBUQUERQUE afirmar que o grau de consciência da historicidade do Direito é correlativo ao grau de desenvolvimento da cultura jurídica[1994]. A reconstituição histórica, escreve, «(…) *representa um factor criativo do entendimento intuitivo da essência irredutível do* ius (…)»[1995].

VII – Os estudos histórico-jurídicos desempenham um papel de relevo na superação dos positivismos e conceptualismos e assumem, portanto, um papel de extrema importância a nível metodológico-jurídico.

Desde logo, o Direito Romano mostra-se frontalmente contrário ao positivismo jurídico[1996], como o demonstra, designadamente, a consideração das relações, ao tempo, entre *ius*, *lex* e *iurisprudentia*[1997]. Na verdade, o Direito Romano e a História do Direito[1998] desmistificam o pensamento jurídico positivista do Direito, que identificando lei e Direito monopoliza a lei como *fons iuris*[1999], e consciencializam o jurista

---

[1993] RUY DE ALBUQUERQUE, *Reflexões…*, 33.
[1994] RUY DE ALBUQUERQUE, *Reflexões…*, 34.
[1995] RUY DE ALBUQUERQUE, *Reflexões…*, 34.
[1996] Sublinhando este mesmo aspecto pode ver-se SANTOS JUSTO, *A crise…*, 51 e ss., e 104. Cfr., também, SEBASTIÃO CRUZ, *Direito…*, in *Polis*, cit., II, 565. V., igualmente, as considerações proferidas a este respeito por FERNANDO ARAÚJO, *A actualidade…*, in *Estudos…*, 61 e ss..
[1997] Para a qual se têm voltado diversas das novas propostas recentes de superação do monismo das fontes conforme nota RUY DE ALBUQUERQUE, *Direito romano…*, 25 e 26.
[1998] Assim, também, RUI DE FIGUEIREDO MARCOS, *História…*, 64 e 65, autor que escreve: «À *história do direito está reservada, por excelência, a missão de demonstrar que o direito em que vivemos em cada época nunca constitui obra definitiva. Ganha assim um distanciamento em relação à norma que lhe permite assumir um princípio de reflexão crítica e problemática. Da história do direito o estudante receberá sempre uma preciosa dotação que o incentiva a um trabalho de constante repensamento, enquanto as disciplinas que no direito positivo fazem exclusiva profissão de fé tendem, muito naturalmente, a engolfar o jurista no estreito horizonte da ordem jurídica vigente, em busca de um perdurável* ius certum.»
[1999] A respeito da distinção entre lei e Direito cfr. quanto se escreveu já *supra*, na Parte I, Introdução, 2, e, ainda, quanto se volta a referir *infra* no próximo parágrafo. Por

para a sua função constitutiva e criadora [2000] em contraste com o servilismo e instrumentalização a que o positivismo o votava[2001]. Muito justamente RUY DE ALBUQUERQUE[2002] sublinha a função ética da História do Direito, particularmente expressa no estudo das experiências modernas do Direito nulo[2003]. Por isso, afirma, «(...) *se tem escrito que a* História do Direito *constitui uma escola de civismo para o jurista, face ao poder*». A consideração do que é o tempo, da sua noção, impede-nos de tomar como Direito apenas aquilo que em cada momento nos é dito impor-se coactivamente[2004]. A crítica da ordem jurídica e o desenvolvimento constitutivo do Direito fazem parte dela própria, não lhe são extrínsecas[2005].

A História do Direito, revelando a historicidade das figuras científico-dogmáticas e dos pontos de argumentação no discurso dos juristas, é um factor fundamental na desmistificação dessas entidades teóricas e, destarte, de superação do positivismo[2006].

Em síntese dir-se-á que o conhecimento histórico-jurídico é, para o jurista, incluindo o dogmático, uma escola de liberdade[2007].

---

ora e para além das referências, nomeadamente bibliográficas, a esse respeito menção apenas para quanto escrevem acerca deste importante aspecto do Direito Romano na superação moderna do absolutismo da lei e do seu monopólio do justo RUY DE ALBUQUERQUE, *Direito romano*..., 25 e 26; FERNANDO ARAÚJO, *A actualidade*..., in *Estudos*..., 61 e ss.; SEBASTIÃO CRUZ, *Direito Romano*..., in *Polis*, cit., II, e 565; SANTOS JUSTO, *A crise*..., 106.

[2000] A respeito dessa função constitutiva do jurista volta a remeter-se para quanto se escreveu já *supra*, na Parte I, Introdução, § 2, e, se volta a referir *infra* no próximo parágrafo.
[2001] SEBASTIÃO CRUZ, *Direito Romano*..., in *Polis*, cit., II, 565; e SANTOS JUSTO, *A crise*..., 106.
[2002] RUY DE ALBUQUERQUE, *História*..., 118.
[2003] V. na mesmíssima direcção PEDRO BARBAS HOMEM, *História do pensamento*..., 86, referindo ainda o ensino por parte de RUY DE ALBUQUERQUE da História do Pensamento Jurídico.
[2004] RUY DE ALBUQUERQUE, *Reflexões*..., 33.
[2005] Cfr. novamente RUY DE ALBUQUERQUE, *História*..., 114 e ss.; RUY DE ALBUQUERQUE, *Reflexões*..., 33 e ss.V., ainda, quanto se escreve a este respeito *supra*, na Introdução, § 2, e *infra* no § 1.3.
[2006] ANTÓNIO HESPANHA, *O direito*..., 51.
[2007] Invocando algo de equivalente pode ver-se SEBASTIÃO CRUZ, *Direito Romano. Relatório*..., 29, quanto ao Direito Romano; e, em geral quanto ao conhecimento histórico, PEDRO BARBAS HOMEM, *História do pensamento*..., 86.

VIII – Tudo isto assume especial acuidade quando em jogo se encontra o Direito Civil[2008/2009].

[2008] Para uma referência, exemplificativa, a diversos autores nacionais, cultores de distintas áreas da enciclopédia jurídica, que sendo também dogmáticos do Direito, ou não pertencendo aos quadros da secção ou grupo de ciências histórico-jurídicas das respectivas faculdades ou, ainda, não se assumindo como jus-historiadores de raiz, têm sido apontados como modelares no cumprimento da exigência metodológica de ponderação da historicidade no estudo do Direito, cfr. as indicações de RUY DE ALBUQUERQUE, *Em prol do Direito*…, in *Estudos*…, 10; e PEDRO BARBAS HOMEM, *História do pensamento*…, 26 e ss. (mas v., também, quanto escreve RUY DE ALBUQUERQUE, *Direito romano*…, 20, e a referência aí feita, designadamente, a INOCÊNCIO GALVÃO TELLES). Os nomes indicados passam por juristas como, MARCELLO CAETANO, SOAREZ MARTINEZ, CASTANHEIRA NEVES, JORGE MIRANDA, MENEZES CORDEIRO, PAULO OTERO, MARIA DA GLÓRIA FERREIRA PINTO GARCIA, ANTÓNIO JOSÉ BRANDÃO, PAULO FERREIRA DA CUNHA e ANTÓNIO BRAZ TEIXEIRA. Mas este quadro não esgota, e no que designadamente à lista de civilistas diz respeito, o panorama daqueles que – nem sempre atribuindo a mesma profundidade à História do Direito ou fazendo dela o mesmo uso a nível dos respectivos estudos de natureza dogmática – poderiam, de entre os autores actuais, ser aqui referidos. Recorde-se a circunstância de alguns dos juristas antes mencionados terem inclusivamente sido responsáveis pela regência de disciplinas históricas e estado na origem da elaboração dos respectivos textos escritos como sucedeu com INOCÊNCIO GALVÃO TELLES, CASTRO MENDES, DIAS MARQUES (veja-se INOCÊNCIO GALVÃO TELLES, *Apontamentos para a história do Direito das Sucessões*, separata da *Revista da Faculdade de Direito da Universidade de Lisboa*, Lisboa, 1963; CASTRO MENDES, *Cadeira de história do Direito Romano, Apontamentos das lições dadas ao 1.º ano jurídico de 1965-1956*, Lisboa, 1965; e DIAS MARQUES, *História do Direito português*, cit.). Também MARCELLO CAETANO, juspublicista de craveira, escreveria várias obras de natureza histórico-jurídica, de entre as quais destacamos a já antes citada *História do Direito Português*. Um apontamento final para a circunstância de nomes incontornáveis da história do juscivilismo nacional, como MELLO FREIRE e COELHO DA ROCHA, serem também jus-historiadores (e mesmo autores que emprestaram ao seu estudo do Direito Civil um cunho exegético como DIAS FERREIRA, PEDRO MONTEIRO ou PEREIRA JARDIM [v. *supra* o que se escreve a respeito do ensino do Direito Civil por estes autores na primeira parte do presente trabalho] sairiam em defesa da necessidade dos estudos históricos para uma adequada formação jurídica). E mais recentemente outro vulto insubstituível da civilística portuguesa esteve ligado ao ensino de disciplinas históricas. Referimo-nos a GUILHERME MOREIRA. Para uma evolução da História do Direito e do seu magistério cfr., entre nós, RUI DE FIGUEIREDO MARCOS, *História*…, 9 e ss..

Nas palavras de MENEZES CORDEIRO[2010] o Direito Civil português é Direito Romano actual[2011]. O *Ius Romanum* tem, destarte, múltiplas características importantes que relevam para o estudo do nosso próprio Direito[2012]. Entre elas cumpre destacar a circunstância de ele corresponder a um Direito histórico-cultural, por contraposição a voluntarístico, surgido em resultado de uma paulatina evolução da história. Trata-se, além disso, de um Direito existencial que se manifesta na repetição dos fenómenos que legitima[2013].

O estudo do Direito Civil vigente pressupõe, insista-se, com particular intensidade, conhecimentos de Direito Romano[2014]. O entendimento da história do Direito e do Direito Romano é fundamental para des-

---

[2009] Sublinhando a importância específica da história no Direito no ensino do Direito Civil pode ver-se, entre nós, MENEZES CORDEIRO, *Teoria*..., in *Revista*..., XXIX, que escreve: «*Como qualquer disciplina jurídica – mas com uma acuidade bem mais marcada – o Direito civil deve ser entendido como o produto da História e da Cultura, no qual apenas parcialmente se pode imiscuir a vontade consciente dos homens. E esta por seu turno é, também, histórica, no mais próprio sentido do termo*», sublinhando, ainda, a circunstância de este estado de coisas ser reconhecido pelas mais diversas correntes actuais do pensamento.
[2010] MENEZES CORDEIRO, *Tratado*..., I, I, 59.
[2011] MENEZES CORDEIRO, *Teoria*..., in *Revista*..., XXIX, 402; Id., *Tratado*..., I, I, 59; e SANTOS JUSTO, *Direito privado*..., III, nota prévia. Já antes SEBASTIÃO CRUZ, *Direito Romano. Relatório*..., 25 e 26, nota (16), e 31, lembrava a penetração do Direito Romano nos Direitos actuais, sistemas que o acolheram nas suas entranhas como coisa própria e de tal maneira o consideram seu, que ainda hoje princípios e instituições do Direito Romano nutrem os ordenamentos jurídicos sobretudo dos povos europeus e, entre eles, de Portugal. Os Códigos Civis elaborados no século XIX baseiam-se, afirma, fundamentalmemte nos princípios romanos. E os Códigos do século XX são actualizações dos Códigos Civis do século XIX. Tudo ao ponto de se falar de «*transfusão*» do *Ius Romanum* para o Direito actual e para a ciência jurídica moderna; e FERNANDO ARAÚJO, *A actualidade*..., in *Estudos*..., 45 e ss., que na esteira de outros autores considera, fazendo a demonstração de quanto afirma (não sem algumas ambiguidades e hesitações), ser o Direito Romano a matéria-prima dos ordenamentos actuais, para concluir que «(...) *podemos ver em boa medida no direito actual um direito romano apógrafo*».
[2012] MENEZES CORDEIRO, *Tratado*..., I, I, 59.
[2013] MENEZES CORDEIRO, *Tratado*..., I, I, 59.
[2014] MENEZES CORDEIRO, *Tratado*..., I, I, 62.

mistificar nesta como noutras áreas do saber jurídico falsas imagens[2015]. É, por exemplo, errado, e centrando agora a nossa atenção num instituto específico de Direitos Reais, ver no Direito Romano um ordenamento «(…) *que faz da propriedade um instrumento poderoso de um fundamental individualismo egoísta, caracterizando-a como um* ius utendi, fruendi et abutendi»[2016].

Mas o conhecimento das figuras romanas, do *Ius Romanum* e da História do Direito mostra-se, além disso (e por isso), fundamental no plano do funcionamento dos institutos civis e reais actuais[2017]. Esquemas ou figuras como as da usucapião, ocupação, achamento e aquisição de tesouro, acessão, união e especificação, acções possessórias, acções reais, posse, propriedade, comunhão, usufruto, superfície e servidões, postulam na sua aplicação o manuseamento de dados alargados que abrangem elementos históricos, particularmente romanos[2018].

Acresce que a História do Direito, e particularmente o Direito Romano, é – como de resto bem se compreende depois de quanto antes se disse em geral a propósito da historicidade do Direito – imprescindível para explicar o *porquê* da generalidade das soluções jurídicas civis[2019]. Continuando a recorrer às palavras de MENEZES CORDEIRO, dir--se-á, a este respeito, ser, do ponto de vista universitário, impensável ministrar conhecimentos sem os justificar[2020]. Ora, em Direito a justificação de uma solução é, antes de mais, explicar como ela surgiu, como se tem concretizado ao longo da história, que interesses e valores serviu e quais as consequências e resultados da respectiva aplicação[2021]. Impõe--se, destarte, o fornecimento aos alunos de Direito Civil – no caso vertente de Direitos Reais – e aos leitores em geral de factores de tipo histórico, nos quais imperam os elementos românicos na origem do

---

[2015] Cfr., em sentido equivalente, SANTOS JUSTO, *A crise…*, 114.
[2016] SANTOS JUSTO, *A crise…*, 114 e 115.
[2017] MENEZES CORDEIRO, *Tratado…*, I, I, 62.
[2018] Em sentido muito próximo MENEZES CORDEIRO, *Tratado…*, I, I, 62.
[2019] MENEZES CORDEIRO, *Tratado…*, I, I, 62.
[2020] MENEZES CORDEIRO, *Tratado…*, I, I, 62.
[2021] MENEZES CORDEIRO, *Tratado…*, I, I, 62.

Direito Civil[2022]. Donde o tratamento das diversas rubricas de Direitos Reais acima referidas dever ser antecedido de uma colocação histórica mínima que, de modo quase invariável, obriga a referir a sua origem e evolução no Direito Romano[2023/2024].

Se tudo isto não bastasse para o *Ius Romanum* se olhou ainda, com claros propósitos de construção jurídica, perante a insuficiência de algumas figuras ou institutos, para acudirem às novas e crescentes exi-

---

[2022] MENEZES CORDEIRO, *Teoria…*, in *Revista…*, XXIX, 62 (mas v., também, 112, onde o autor liga o Direito das Obrigações e os Direitos Reais à tradição românica, considerando-os, no essencial, Direito Romano actual [para uma referência à *Gewere* como base do antigo Direito Germânico das Coisas cfr. WILHELM EDUARD ALBRECHT, *Die Gewere als grundlagen des älteren deutschen Sachenrechts*, reimpressão da edição de Conisberga, 1828, Aalen, 1967]. Já o Direito da Família e o Direito das Sucessões teriam uma origem posterior, com acentuados reflexos canónicos e germânicos. Sobre tudo isto pode ver-se na literatura jurídica de língua alemã ANDREAS B. SCHWARZ, *Zur Entstehung des modernen Pandektensystems*, in *Zeitschrift der Savigny-Stiftung-Stifung für Rechtsgeschichte, romanistische Abteilung*, 1921, 578 e ss., *maxime* 581).

[2023] Assim, também, MENEZES CORDEIRO, *Teoria…*, in *Revista…*, XXIX, 403, sublinhando, acertadamente, que tudo isto deve ser feito a par com disciplinas autónomas destinadas a estudos histórico-jurídicos mais aprofundados e ministradas por especialistas. Note-se, ainda, que o esforço do jurista dogmático deve ser realizado com respeito pelas regras da interpretação histórica e integrada no desenvolvimento geral do tema de modo a evitar censuras como as que são movidas por HESPANHA, *O Direito e a história…*, 45 e nota 59. Em bom rigor o estudo histórico a fazer mesmo pelo jurista dogmático deverá ser em certo sentido o inverso de uma «investigação preliminar». Ele deve buscar nos pontos divergentes as razões da crítica à moderna dogmática, chamando-a à relatividade da sua posição histórica, como nota a propósito do jusromanismo FERNANDO ARAÚJO, *A actualidade…*, in *Estudos…*, 48 (citando, depois, RUY DE ALBUQUERQUE, *História…*, 118, quando escreve: «*A consideração crítica do Direito moderno através da história permite uma* inventio *de soluções que se coloca para além do que a este respeito fornecerá a simples consideração do antecedente*»). Pela nossa parte foi esse o esforço que nos propusemos e procurámos realizar no nosso *A representação…*, *per totum*.

[2024] Veja-se, por exemplo, o que faz MENEZES CORDEIRO, *Direitos…*, *passim*, ou SANTOS JUSTO, *Direitos…*, *passim*. Cfr., ainda, quanto se escreveu *supra* a respeito do ensino dos Direitos Reais por parte destes autores.

gências da vida actual[2025]. Assim sucede, por exemplo, com a *fiducia*[2026], em virtude de a hipoteca não se ter mostrado suficientemente satisfatória[2027]. Aos juristas de hoje coloca-se o problema da oportunidade de pensar novas garantias reais[2028], num processo em que se devem ponderar interesses de algum modo contrapostos. Ora a eles não ficaram alheios os juristas romanos, nomeadamente, no que diz respeito à *fiducia* e à hipoteca[2029/2030]. É, pois, esta uma matéria em cujo desenvolvimento não pode deixar de se olhar para o Direito Romano[2031].

Por último, a importante função de combate ao positivismo desempenhada pelo estudo do Direito Romano e pela História do Direito assumem no contexto dos Direitos Reais particular acuidade conhecida que é tendência[2032] aí experimentada, designadamente por força do princípio da tipicidade, para a lógica dedutiva e conceptual e para o reduzido sentimento que a fixação legal das diversas figuras parece deixar à necessidade de um controlo social e jurisprudencial de conformidade com a justiça[2033].

[2025] SANTOS JUSTO, *A crise…*, 115.
[2026] Sobre a *fiducia cum creditore* v., por todos, VIEIRA CURA, Fiducia cum creditore *(aspectos gerais)*, separata do *Suplemento ao Boletim da Faculdade de Direito*, Coimbra, 1990, com referências também à *fiducia* em geral. Quanto à *fiducia cum amico* pode ver-se o nosso *A representação…*, 90 e 91, com amplas indicações (algumas das quais igualmente relativas à fidúcia em geral).
[2027] ALMEIDA COSTA, *Alienação fiduciária em garantia e Aquisição de casa própria. Notas de Direito Comparado*, separata da revista *Direito e Justiça*, 1980, I, 1980, Lisboa, *passim*, e 52 e ss.; e SANTOS JUSTO, *A crise…*, 115.
[2028] ALMEIDA COSTA, *Alienação fiduciária…*, 55 e 56; SANTOS JUSTO, *A crise…*, 115.
[2029] V., novamente, ALMEIDA COSTA, *Alienação fiduciária…*, 55 e 56; SANTOS JUSTO, *A crise…*, 115.
[2030] De resto, ainda recentemente, e na sequência da Directriz n.º 2002/47/CE, do Parlamento Europeu e do Conselho, de 6 de Junho, o Decreto-Lei n.º 105/2004, de 8 de Maio, veio aprovar o regime dos chamados contratos de garantia financeira, com particularidades de monta no que às garantias reais diz respeito. Sublinha-se, por exemplo, a admissibilidade do pacto comissório no caso de penhor financeiro. Para uma análise deste regime v., por todos, SANTOS JUSTO, *Direitos…*, 486 e ss.
[2031] SEBASTIÃO CRUZ, *Direito Romano…*, in *Polis*, cit., II, 566 e 567.
[2032] Chega a falar-se a este respeito de predestinação.
[2033] MANFRED WOLF, *Beständigkeit und Wandel…*, in *Neue…*, 1987, 2652.

Por tudo isto, o Direito Civil – e os Direitos Reais em particular – só se torna verdadeiramente aliciante quando aprendido na sua plenitude histórica e cultural. Não há, na verdade, «*nada de mais contrário ao espírito universitário do que a apresentação de matérias ou soluções sem uma justificação ou uma explicação quanto aos seus sentido, alcance e conteúdo*».

IX – Deve, pois, concluir-se em definitivo, e para empregar uma vez mais as palavras de MENEZES CORDEIRO[2034], no sentido de não poder um «(...) *relatório destinado a apoiar e explicitar um* (...)» programa de uma disciplina de Direito Civil – no caso, de Direitos Reais – nos princípios do século XXI, «(...) *e na concreta Faculdade de Direito de Lisboa, ignorar ou escamotear a* (...) *gravidade*» da história. A História do Direito «(...) *constitui uma forma de multiplicação de vivências, quase sempre sem sucedâneo. Por isso, suprimi-la ou diminuí-la equivale a retirar ao jurista possibilidades imensas, a tirar-lhe a experiência* (...)»[2035].

1.3. A revisão da teoria das fontes de Direito e sua importância ao nível da compreensão da tarefa da dogmática jurídica. O relevo do Direito jurisprudencial

I – O termo «fontes de Direito» possui uma pluralidade de sentidos que o torna equívoco. Ele pode, nomeadamente, tomar-se enquanto significando as fontes do conhecimento[2036], enquanto fontes genéticas[2037], como fontes de validade jurídica[2038] ou, finalmente, como fontes de juridicidade – isto é, enquanto os constituintes da normatividade jurídica ou os modos particulares por força dos quais certa normatividade se

---

[2034] MENEZES CORDEIRO, *Teoria*..., in *Revista*..., XXIX, 402 e 403.
[2035] RUY DE ALBUQUERQUE, *História*..., 125.
[2036] Enquanto referido aos locais onde se encontra o Direito e se manifesta.
[2037] No sentido de forças ou factores que se encontram na origem do Direito.
[2038] Ou seja, como realidade fundamentante da normatividade jurídica.

constitui como de Direito[2039]. A nós interessar-nos-á apenas o último destes sentidos[2040/2041].

Não sendo indiferentes os vários significados comportados pela expressão fontes de Direito, se, com CASTANHEIRA NEVES, desejarmos intencionar por essa fórmula o problema específico da positividade jurídica ou da sua vinculante positivação enquanto Direito, deverá reconhecer-se remeter-nos o ângulo que lhe corresponde à matriz constituinte da juridicidade. Ora essa matriz não é outra senão a experiência jurídica, com os vários momentos que nela devam ser reconhecidos[2042].

Bastará olhar para a história para logo se verificar existirem três tipos-padrão ou paradigmáticos polarizadores dessa experiência: a consuetudinária, a legislativa e a jurisdicional[2043].

II – A experiência jurídica consuetudinária não é nos dias de hoje, certamente, a experiência nuclearmente constituinte do Direito – sem prejuízo da relevância por ela ainda hoje possuída, quer na ordem jurídica interna, quer na ordem jurídica internacional[2044].

[2039] Sobre tudo isto v. CASTANHEIRA NEVES, *Fontes de Direito. Contributo para uma revisão do seu problema*, in *Digesta*, II, 7 e ss., maxime 9 e 10.

[2040] No mesmo sentido, para além da obra e autor citado na nota anterior v., também, com interesse JOSÉ BRONZE, *Lições...*, 684 e ss..

[2041] Importa ainda referir a circunstância de o problema das fontes de Direito implicar o próprio problema do Direito em si mesmo (CASTANHEIRA NEVES, *Fontes...*, in *Digesta*, cit., II, 7 e ss.; JOSÉ BRONZE, *Lições...*, 684 e ss.). E a este respeito deve ter-se aqui presente quanto antes escrevemos logo na Introdução, 2, ao presente trabalho.

[2042] CASTANHEIRA NEVES, *Relatório...*, 112 e ss.; Id., *Fontes...*, in *Digesta*, cit., II, 7 e ss., e 14 e 15; e JOSÉ BRONZE, *Lições...*, 687 e ss..

[2043] Assim v., novamente, CASTANHEIRA NEVES, *Fontes...*, in *Digesta*, cit., II, 7 e ss., e 14 e ss.; e JOSÉ BRONZE, *Lições...*, 687 e ss., ambos com importantes referências a propósito de cada uma delas.

[2044] Neste sentido, também, CASTANHEIRA NEVES, *Fontes...*, in *Digesta*, cit., II, 35. Para um enquadramento genérico da relevância do costume em Portugal v. VIEIRA CURA, *O costume como fonte de Direito em Portugal*, in *Boletim da Faculdade de Direito*, 1998, LXXXIV, 240 e ss., e 260, com referência à questão do reconhecimento do Direito

Diferentemente se tem dito corresponderem as coisas com a experiência jurídica legislativa. Tal como entendida actualmente a legislação, à luz desta «vivência» o Direito vai, por um lado, constitutivamente referido a leis tomadas enquanto normas jurídicas formal, oficial e autoritariamente prescritas por um poder dotado de competência para o efeito e, por outro, mais do que por elas constituído é com elas identificado[2045].

Finalmente, a experiência jurisdicional é de índole prudencial[2046/2047],

---

consuetudinário estrangeiro, do Direito consuetudinário canónico, da vigência do costume como estatuto pessoal, da recepção do costume pela lei dos baldios (acerca desta figura e seus contornos jurídico v., por todos, MENEZES CORDEIRO, *Tratado de Direito Civil*, cit., I, II, *Das Coisas*, 2.ª ed., Coimbra, 2002, 88 e ss.; assim como as indicações fornecidas por RUI PINTO DUARTE, *Curso...*, 2.ª ed., 62 e nota 170), da relevância do costume internacional na ordem jurídica portuguesa e do costume constitucional (a este respeito cfr., entre outros, as posições de MARCELO REBELO DE SOUSA, *Direito constitucional*, I, *Introdução à teoria da Constituição*, Braga, 1979, 48 e ss.; PAULO OTERO, *Direitos históricos e não tipicidade pretérita dos Direitos fundamentais*, in Ab uno ad omnes. *75 anos da Coimbra Editora, 1920-1995*, Coimbra, 1998, 1061 e ss., 1074 e ss.; JORGE MIRANDA, *Manual de Direito Constitucional*, II, 5.ª ed., Coimbra, 2003, 132 e ss.. Mas pode ainda ver-se, além das múltiplas indicações dadas por VIEIRA CURA, *colorandi causa*, OLIVEIRA ASCENSÃO, *O Direito...*, 264 e ss.; JOSÉ BRONZE, *Lições...*, 691 e ss.; e SANTOS JUSTO, *Introdução ao estudo do Direito*, 2.ª ed., Coimbra, 2003, 206 e ss., *maxime*, 215 e ss., referindo ainda como um exemplo concreto de costume *contra legem* o caso da *colonia* na Madeira).

[2045] Ulteriores desenvolvimentos a este respeito podem confrontar-se em CASTANHEIRA NEVES, *Fontes...*, in *Digesta*, cit., II, 25 e ss.; e JOSÉ BRONZE, *Lições...*, 697 e ss..

[2046] CASTANHEIRA NEVES, *Fontes...*, in *Digesta*, cit., II, 28 e ss.., e 14 e 15; e JOSÉ BRONZE, *Breves...*, 184 e 185; Id. *Lições...*, 623 e 697 e ss.. Note-se trazerem os diferentes modelos de juridicidade consigo diversos modelos de jurisdição conforme refere CASTANHEIRA NEVES, *Entre o «legislador», a «sociedade» e o «juiz»...*, in *Revista...*, 1998, 131, 298 e ss., mencionando o normativismo legalista, o funcionalismo jurídico e o jurisprudencialismo. O primeiro corresponde ao modelo perspectivado pelo individualismo moderno-liberal e iluminista. No segundo, o referente não é já o indivíduo, mas a sociedade como fenómeno específico. Nele vai envolvida a político-socialização do Direito ou a sua redução a uma engenharia social. Diversamente, quanto ao terceiro, pode dizer-se residir o sentido do jurisprudencialismo na perspectiva do homem-pessoa. Para ulteriores referências ao significado da juris-

remetendo-nos ao concreto juízo normativo[2048]. Ela arranca expressamente de um concreto problema jurídico sob a forma de uma *controvérsia*. A experiência jurisdicional não deixa de postular uma normatividade. Mas trata-se de uma normatividade problematizada na específica *controvérsia* e, portanto, indeterminada (dotada, destarte, de uma permanente abertura) e exigindo sempre uma constituinte concretização normativa[2049] a realizar através de um mediador cuja actividade assume natureza constitutiva e configuração de um juízo prático-prudencial[2050].

---

dição no actual estado de Direito v., CASTANHEIRA NEVES, *O instituto*..., 412 e ss.; Id., *Da jurisdição no actual Estado-de-Direito*, in Ab uno ad omnes. *75 anos da Coimbra Editora, 1920-1995*, Coimbra, 1998, 177 e ss., com relevância directa sobre quanto se disse *supra* na Introdução, 2, acerca da compreensão do Direito e se vai escrevendo, também, ao logo do presente parágrafo.

[2047] Acerca da natureza prudencial do Direito v. quanto se escreveu *supra* no § 2 da Introdução deste trabalho. Por ora destacamos RUY DE ALBUQUERQUE, *Direito*..., *per totum*.

[2048] Sublinhe-se aqui novamente a relevância já antes assinalada (v. *supra*, Introdução, 2) do caso como *prius* metodológico.

[2049] V., novamente, quanto se escreveu já de relevante a este respeito *supra*, Introdução, 2.

[2050] Sobre tudo isto v. CASTANHEIRA NEVES, *Fontes*..., in *Digesta*, cit., II, 29 a 34. Novamente acerca do juízo enquanto julgamento, ou se se preferir acerca do juízo jurídico, no sentido de este não possuir carácter apodíctico nem a fundamentação por ele expressa se poder impor como uma demonstração, apenas lhe sendo viável uma solução argumentativa da solução obtida, susceptível, tão-só, de lograr plausibilidade ou aceitabilidade v., por todos, entre nós, CASTANHEIRA NEVES, *Metodologia*..., 30 e ss. (mas v., também, *O instituto*..., 416 e 417; *Método*..., in *Digesta*..., 309 e ss.; e *Entre o «legislador», a «sociedade» e o «juiz»*..., in *Revista*..., 1998, 131, 298 e ss.); e JOSÉ BRONZE, *Lições*..., 623 e 697 e ss.. Cfr., igualmente, quanto escreve, a respeito do probabilismo, da razoabilidade ou plausibilidade e do casuísmo enquanto elementos essenciais e mesmo de validade do Direito, RUY DE ALBUQUERQUE, *Direito*..., 751 e ss., e por exemplo 792, 793, 797 e ss.. Acerca do momento decisório--autoritário ou decisório-dogmático como instante (invencível) da racionalidade jurídica pode, ainda, ver-se, na doutrina de língua alemã, OTTMAR BALLWEG, *Rechtswissenschaft und Jurisprudenz*, Basileia, 1970, 108 e ss.; KRIELE, *Theorie*..., 191 e ss.; Id., *Recht und Praktische*..., 40 e ss.; RENÉ A. RHINOW, *Rechtsetzung und Methodik. Rechtstheoretische Untersuchungen zum gegenseitigen Verhähltnis von Rechtsetzung und Rechtsanwendung*, Basileia, Estugarda, 1979, 124 e ss. (mas v., também, com interesse

Nos juízos decisórios jurisdicionais vai, como bem sublinha CASTA-NHEIRA NEVES, pressuposta e intencionalmente invocada uma normativa validade que se não pretende modificar ou substituir por outra que programaticamente se estabeleça. Trata-se, apenas, de a afirmar nos casos da sua problemática realização. Mas esta afirmação não afasta, antes pressupõe, fazer-se isso mediante uma determinação constitutiva concretizadora e num processo de permanente e renovada constituição[2051]. A criação material sem inovação formal através de juízos decisórios concretos verifica-se, além do mais, e como tem sido bem notado, em termos de exemplares concretos para decisões análogas (de precedentes), à qual se pode seguir uma generalização normativa nomeadamente pela construção de modelos dogmáticos e mesmo uma generalização formal dos fundamentos de decisão[2052].

III – A experiência jurisdicional é aquela em que o universo jurídico se revela mais profundamente dotado de especificidade e autonomia. E isto pelo sentido de normatividade nela referido[2053], pela natureza dos elementos normativos que constitui e com os quais trabalha, pelo tipo de racionalidade e de metodologia com que opera. Tudo a ir dando lugar a um mundo intencional próprio, nos fundamentos, na objectividade normativa e no modo de pensar (a colocar-nos perante uma clara distinção da socialidade e a permitir a resistência perante as tentativas de funcionalidade política[2054]). Por essa razão se pode, num passo já aqui antes

---

para quanto temos vindo a sustentar ao longo deste trabalho acerca da compreensão do Direito e do pensamento jurídico, 149 e ss., 164 e ss.); todos estes, aliás, recenseados, também, por CASTANHEIRA NEVES, *Fontes...*, in *Digesta*, cit., II, 32, nota 71, com outras indicações adicionais.

[2051] Acerca da natureza constitutiva do processo de interpretação(compreensão)-aplicação do Direito v., desde logo, quanto escrevemos *supra* a abrir esta obra na Introdução, 2. Concretamente sobre o ponto em referência no texto v. CASTANHEIRA NEVES, *Fontes...*, in *Digesta*, cit., II, 31 e ss..
[2052] CASTANHEIRA NEVES, *Fontes...*, in *Digesta*, cit., II, 33.
[2053] E que como bem nota CASTANHEIRA NEVES, *Fontes...*, in *Digesta*, cit., II, 34, surge como pressuposto e resultado.
[2054] CASTANHEIRA NEVES, *Fontes...*, in *Digesta*, cit., II, 34.

sublinhado diversas vezes[2055], chamar a atenção para a circunstância de não ser a *ratio* própria do jurídico e da sua experiência normativa a cartesiana, a sistemático-axiomática e demonstrativa, mas sim a tópico-problemática, a retórico-dialéctica, a dialéctico-prudencial, etc., precisamente a *ratio* jurisdicional-jurisprudencial[2056].

IV – A teoria tradicional das fontes de Direito[2057], e ainda porventura dominante, encontra-se claramente marcada por uma compreensão positivista do Direito[2058]. Nela vai confundida a *auctoritas* jurídica com a autoridade política ou com o poder. O Direito é imputado exclusivamente ao Estado, dotado do monopólio da criação jurídica. O problema das fontes é visto como um problema político-constitucional de delimitação dos poderes estaduais com competência para criar Direito e de definição dos moldes dessa criação. A fonte de Direito é identificada com a prescrição legislativa e entendida, como conceito formal, pois só as formas de prescrição jurídica politicamente legítimas e juridicamente autoritárias importariam[2059]. À jurisdição e à jurisprudência – como ao costume – é recusada a qualidade de fonte do Direito. Tratar-se-ia mesmo de uma consequência do princípio da separação de poderes. Atribuída ao poder judicial apenas a aplicação do Direito legalmente posto e pressu-

---

[2055] Cfr., quanto antes se escreveu já supra na Introdução, 2, ao presente estudo, mas também o que se disse, por exemplo, no corrente parágrafo acerca da estrutura do julgamento ou do juízo jurídico.

[2056] Assim, também, expressamente CASTANHEIRA NEVES, *Fontes…*, in *Digesta*, cit., II, 34. V. ainda JOSÉ BRONZE, *As margens e o rio (da retórica jurídica à metodonomologia)*, in *Boletim da Faculdade de Direito*, 1997, LXXIII, 81 e ss.; Id., *A metodonomologia…*, por exemplo, 588; *Lições…*, 697 e ss.; e de novo, RUY DE ALBUQUERQUE, *Direito…*, *per totum*.

[2057] Para uma primeira caracterização dessa teoria e referência aos seus principais defensores entre muros cfr., por todos, FREITAS DO AMARAL, *Manual de introdução ao Direito*, I, com a colaboração de AFONSO PEREIRA, Coimbra, 2004, 355 e ss..

[2058] Encontrando-se essa teoria das fontes impressivamente dominada pelo princípio da separação dos poderes e pela ideia de lei como expressão da vontade geral ou da vontade popular através do mecanismo da representação.

[2059] Sobre tudo isto cfr. CASTANHEIRA NEVES, *Fontes…*, in *Digesta*, cit., II, 38 e ss.. V., também, o escrito por JOSÉ BRONZE, *Lições…*, 700 e 701.

posto, as suas decisões só vinculariam as partes e, apenas, com o respectivo trânsito em julgado. Isso não impedia, é certo, a constatação da sua influência material na aplicação do Direito, com o subsequente reconhecimento não da qualidade de fonte mas de autoridade dotada de valor persuasivo ou de razoabilidade[2060]. E a igual tratamento é votada, como se sabe, até por maioria de razão, a doutrina.

Sucede, porém, encontrar-se a tradicional teoria das fontes de Direito sujeita a profunda crítica e revisão – até pela superação dos próprios pressupostos filosóficos e metodológicos a ela subjacentes – ao ponto de se afirmar estar já superada[2061]. Não obstante, ela vai-se mantendo numa

---

[2060] V., novamente, CASTANHEIRA NEVES, *Fontes...*, in *Digesta*, cit., II, 42. Uma análise de diversas perspectivas de compreensão da jurisprudência e do seu valor ou desvalor enquanto fonte de Direito pode ainda confrontar-se, por exemplo, e recentemente através de FREITAS DO AMARAL, *Manual de introdução...*, I, 445 e ss.. Entre nós foi-se um pouco mais longe com a figura jurídica dos assentos (a este respeito v. CASTANHEIRA NEVES, *O instituto...*, *per totum*; JOSÉ BRONZE, *Lições...*, 702 e ss., sublinhando a circunstância de a fixação no formalmente pré-escrito, com total inconsideração da dimensão constituenda da normatividade jurídica ter concorrido para instaurar uma situação paradoxal: o positivismo tinha no dever de obediência à lei, por parte dos tribunais, um dos seus princípios estruturantes. Só que a aplicação lógico-dedutiva dessa mesma lei, imposta ao aplicador do Direito, não era suficiente para garantir a buscada uniformidade da jurisprudência, quebrada pelo necessário e realmente constitutivo processo de interpretação-aplicação. Assistia-se, por isso, à situação de solução diferente de casos normativamente semelhantes, num fenómeno destrutivo dos alicerces axiológicos do positivismo que não podia, destarte, conformar-se com a situação vivida. Procurou-se, pois, assegurar-se a institucionalização, em todos os ordenamentos integrados na família do sistema jurídico de legislação, de antídotos destinados a combater o veneno da sempre possível disparidade de jurisprudência. Entre nós o caminho escolhido foi, em 1926, o dos assentos, incapazes de esconderem a sua linhagem positivista), mas o que aí se tinha era, como nota CASTANHEIRA NEVES, *Fontes...*, in *Digesta*, cit., II, 42, a atribuição de um poder formalmente prescritivo ao Supremo Tribunal de Justiça, com o exercício por este de uma função verdadeiramente legislativa. E isso, para além do problema da respectiva constitucionalidade – na base da origem da respectiva abolição –, compelia a incluir os assentos entre as fontes formais de Direito como resultava do artigo 2.º do Código Civil.

[2061] Justamente para uma análise dessa mesma crítica pode ver-se, *colorandi causa*, com diferentes perspectivas ou enquadramentos, CASTANHEIRA NEVES, *Fontes...*, in

certa rotina doutrinal e académica, como bem sublinha a propósito CASTANHEIRA NEVES. E não apenas no respeitante ao ensino da Introdução ao Direito quando se trata de leccionar, precisamente, a matéria das fontes de Direito. A forma de proceder à instrução do Direito em geral e se elabora o pensamento transmitido aos estudantes é, com frequência, alicerçada num processo em que a teoria tradicional das fontes parece estar omnipresente. A jurisprudência judicial é, ou totalmente desprezada, ou quando muito relegada para um lugar secundário com menção apenas a alguns arestos, de forma mais ou menos isolada, a maior parte das vezes sem alusão, sequer, à factualidade subjacente. Por sua vez, a doutrina considerada é tomada, tão-só, como um elemento mais no diálogo estabelecido com a lei, entendida esta como fonte exclusiva de um Direito pré-dado, simples objecto de um conhecimento a desvendar ou descobrir de uma realidade estabelecida e pressuposta. Importa, destarte, sublinhar a crítica e superação da teoria tradicional das fontes e procurar integrá-la no pensamento jurídico transmitido e a ensinar.

V – Os resultados mais logrados – nos quais o hoje reconhecido pluralismo das fontes se vem a confirmar – encontram-se na vertente metodológica[2062]. Isso foi perceptível logo a partir do século XIX, em França com GÉNY[2063], e na Alemanha com a escola do Direito livre, a ju-

---

Digesta, cit., II, 44 e ss.; FREITAS DO AMARAL, *Manual de introdução…*, I, 360 e ss.; JOSÉ BRONZE, *Lições…*, 684 e ss., *maxime* 714 e ss.. Mesmo assim SANTOS JUSTO, *Introdução…*, 185, não deixa de afirmar a propósito da teoria tradicional tratar-se «(…) *duma teoria que, embora se considere hoje superada no seu sentido fundamental* (…), *não deixou ainda de ser dominante e, por isso, explica-se que, na exposição das fontes do direito, não nos afastemos dos seus postulados*».

[2062] CASTANHEIRA NEVES, *Fontes…*, in *Digesta*, cit., II, 49 e ss.. JOSÉ BRONZE, *Lições…*, 726 e 727, chega mesmo a sustentar desvelar-se a metodologia como verdadeira «fonte de Direito».

[2063] Consultou-se GÉNY, *Méthode d'interprétation et sources en droit privé positif*, reimpressão da 2.ª ed., Paris, 1919, em dois volumes. Não obstante, a primeira edição é de 1899. Para uma análise do contributo metodológico de GÉNY e da *libre recherche scientifique du droit* pode ver-se, *colorandi causa*, CASTANHEIRA NEVES, *Método*

risprudência dos interesses e, depois, com a jurisprudência dos valores[2064], com a consequência daqui resultante da constatação dos limites da lei como critério do jurídico, assim como da insustentabilidade da pretensão em ser ela a revelar e fornecer por si só, directa ou indirectamente, o Direito[2065].

Independentemente das censuras e reparos que cada uma das orientações metodológicas anteriormente referidas[2066] merece, elas acabariam por demonstrar não se encontrar o Direito histórico-socialmente realizado todo ele na lei, tendo antes de se procurar em *topoi* diferentes dela[2067], e que uma parte importante do ordenamento jurídico vigente – e informador da prática jurídica – era, para empregar as palavras de CASTANHEIRA NEVES, de constituinte determinação jurisdicional, quando não de inequívoca criação jurisprudencial[2068]. Foi assim no espaço jurídico *praeter legem*, das chamadas lacunas *intra legem*, das cláusulas gerais, dos conceitos indeterminados, etc.[2069]. Mas foi, também, assim no próprio domínio da interpretação que a pressuposição ou predeterminação legal pretendia cobrir ou assegurar[2070], com o reconhecimento

---

jurídico…, in *Digesta*…, 310 e 311; JOSÉ BRONZE, *Alguns marcos do século*…, in *Boletim*…, Volume Comemorativo, 2003, 154 e ss.; Id., *Lições*…, 790 e ss..

[2064] Uma vez mais encontramo-nos perante uma corrente de pensamento que tem sido objecto de incontáveis estudos. Mencionamos, a título exemplificativo, LARENZ, *Metodologia*…, 163 e ss.; JOSÉ BRONZE, *Alguns marcos do século*…, in *Boletim*…, Volume Comemorativo, 2003, 171 e ss.; Id., *Lições*…, 821 e ss.. Quanto às outras escolas ou movimentos também aludidos no texto mas relativamente aos quais se não dão aqui indicações v. a literatura referida em 1. 2 da Parte II deste nosso trabalho.
[2065] Assim, também, CASTANHEIRA NEVES, *Fontes*…, in *Digesta*, cit., II, 50 e 51.
[2066] Ou mesmo da circunstância de a jurisprudência dos interesses continuar de modo expresso a defender a ideia tradicional de obediência à lei. Na verdade, ainda quando assim fosse, ela não deixava de fomentar o contributo do julgador para a realização concreta do Direito mesmo se através das normas legais, propugnando, além disso, uma ampla autonomia normativamente criadora no domínio da integração das lacunas.
[2067] CASTANHEIRA NEVES, *Fontes*…, in *Digesta*, cit., II, 50.
[2068] CASTANHEIRA NEVES, *Fontes*…, in *Digesta*, cit., II, 50.
[2069] CASTANHEIRA NEVES, *Fontes*…, in *Digesta*, cit., II, 50 e 51.
[2070] Cfr., novamente, CASTANHEIRA NEVES, *Fontes*…, in *Digesta*, cit., II, 51.

do momento constitutivo a ela inerente[2071]. Da convergência de todos estes momentos resultaria um Direito prudencial[2072] e, dentro deste, um *Richterrecht*, um Direito de criação judicial ou jurisdicional[2073] a trazer o reconhecimento segundo o qual no sistema de Direito positivo vigente[2074] participa de modo significativo e importante a normatividade jurídica autonomamente constituída pela actividade jurisdicional. E participa não como um simples momento jurisprudencial do Direito mas como um autêntico Direito jurisprudencial[2075]. Isto a fazer com que a juris-

---

[2071] Sobre esta questão v. quanto se escreve *supra* na Introdução, 2, ao presente estudo. Ainda assim, voltamos a remeter, de entre a bibliografia relevante sobre a matéria, e na nossa doutrina, para CASTANHEIRA NEVES, *Questão-de-facto*... I, *passim*, e por exemplo 214 e ss.; Id., *O princípio*..., in *Digesta*..., I, 428 e ss.; Id., *Interpretação*..., in *Idem*, II, 337 e ss.; Id., *O actual problema*..., in *Idem*, II, 249 e ss.; Id., *Método*..., in *Idem*, II, 283 e ss.; Id., *Metodologia*..., *passim* e 83 e ss.; Id., *O actual problema*..., *per totum*; Id., *O sentido actual*..., in *Boletim*..., Volume Comemorativo, 2003, 115 e ss., *maxime* 134 e ss.; e JOSÉ BRONZE, *Lições*..., 875 e ss. V., também, MENEZES CORDEIRO, *Lei*..., in *Polis*, cit., 1985, III, cols. 1046 e ss..
[2072] Dele nos fala conclusivamente, entre nós, por exemplo, RUY DE ALBUQUERQUE, *Direito*..., *per totum*.
[2073] CASTANHEIRA NEVES, *Fontes*..., in *Digesta*, cit., II, 51. V., também, a título simplesmente ilustrativo, HASSEMER, *Sistema jurídico*..., in *Introdução*..., 283, ao escrever: «(...) *a ideia de que o veredicto judicial decorria, inequivocamente da norma codificada, foi, entretanto superada. Ela deu lugar ao reconhecimento de que o juiz cria direito.*»
[2074] Conforme refere CASTANHEIRA NEVES, *Fontes*..., in *Digesta*, cit., II, 51, do sistema que a prática comunitário-jurídica assimila e cumpre.
[2075] E de acordo com CASTANHEIRA NEVES, *Fontes*..., in *Digesta*, cit., II, 51, e nota 132, trata-se ainda de um Direito jurisdicional, de um *Richterrecht*, enquanto modalidade particular do mais amplo Direito prudencial ou *Juristenrecht*, para cujas distinções se remete, aliás com o Mestre de Coimbra, para LUIGI LOMBARDI, *Saggio*..., nomeadamente, 371 e ss., e 468 e ss. (refira-se ter sido parte desta obra traduzida para o alemão e publicada com o título *Geschichte des Freirechts*). Sobre este último autor e sobre o Direito jurisprudencial ou a actividade dos juristas enquanto fonte de Direito v. o interessante estudo de DIEGO POOLE DERQUI, *El derecho de los juristas y sus implicaciones. Un diálogo com Lombardi*..., *per totum*, *maxime* 1 e ss. (onde se sublinha como a crise da função da lei enquanto fonte exclusiva do Direito potenciou uma renovada dimensão pretoriana da produção jurídica, ao ponto de o reconhecimento do papel do juiz ter levado a caracterizar a actual situação jurídica

prudência surja como fonte de Direito no próprio quadro de sistemas tidos por fundamentalmente legislativos[2076], num passo, a nosso ver, não mais susceptível de discussão[2077].

---

como suplantação de um *Gesetzsrecht* por um *Richterrecht* e se procura caracterizar a pessoa de LUIGI LOMBARDI, suas influências doutrinais e seu legado ou contributo para a compreensão do Direito), 37 e ss., e 365 e ss.. Concretamente a distinção entre o Direito jurisprudencial e o momento jurisprudencial do Direito pode fazer-se de acordo com LOMBARDI da seguinte forma (371 e ss.): o Direito jurisprudencial é parte do Direito positivo. O momento jurisprudencial do Direito refere-se apenas ao instante em que o Direito objectivo é interpretado pelos juristas. Fundamental é o reconhecimento de que a jurisprudência se não limita a conhecer um Direito pressuposto e inteiramente dado ou formado. Ela contribui, conforme se sublinhou já aliás *supra* no capítulo introdutório, 2, para a formação desse mesmo Direito possuindo natureza criativa.

[2076] Retomando uma formulação do Supremo Tribunal alemão, de que faz eco entre nós CASTANHEIRA NEVES, *Fontes…*, in *Digesta*, cit., II, 52 (sublinhando a circunstância de ao espírito nos vir a célebre afirmação de BÜLOW segundo a qual não é a lei mas sim a lei e a função jurisdicional a criarem à comunidade o seu Direito [cfr., do autor, *Gesetz…*, *per totum*, e por exemplo, 45, onde se afirma não permitir a lei a imediata criação de Direito, ou 47, local no qual BÜLOW afirma claramente não ser a lei ela própria a fonte de Direito ou o legislador, ele mesmo, a fornecer a substância jurídica: o Direito não se encontra fácil e comodamente disponível a níveis superficiais]), o Direito realizado tornou-se num misto de Direito legal e de Direito judicial. Lembre-se, aqui, e de passagem, uma vez mais, o já distante ensinamento filosófico de SÃO TOMÁS DE AQUINO, ao considerar o *jus* como algo de objectivo e concreto, como um *medium rei* entre as operações ou coisas exteriores e uma pessoa (cfr., a este respeito, novamente, MICHEL VILLEY, *La promotion de la loi…*, in *La Seconda Scolastica…*, 53 e ss.); e mais recentemente, e entre nós, os escritos e investigações autónomas de GOMES DA SILVA, *O dever de prestar…*, I, 27 e ss.; Id., *Esboço de uma concepção personalista…*, 113 e ss., e particularmente, 145, na qual, recorde-se, se pode ler: «(…) *a realidade jurídica em si mesma é concreta*», ou 150, onde se escreve «(…) *é ao conjunto destes três elementos – a ordem jurídica objectiva, que contém as formas do direito, a subjectiva, que é a matéria onde tais formas se hão-de actuar, e a vida jurídica, expressão do dinamismo por que se opera tal actuação – que propriamente se dá o nome de direito*».

[2077] V. em sentido equivalente, mas ainda mais categórico, CASTANHEIRA NEVES, *Fontes…*, in *Digesta*, cit., II, 52.

VI – Procurando referir apenas alguns tópicos a propósito da revisão das fontes de Direito[2078] cumpre sublinhar, em primeiro lugar, por residir o nosso problema no desvendar o modo de constituição da juridicidade vigente, então, que o nó górdio e ponto basilar de toda a questão não é o poder mas a vigência[2079]. O Direito é a normatividade histórico-comunitariamente assumida como Direito. Ela será, pois, assim Direito quando corresponda a um dever-ser[2080] que é ou, se se preferir, e para empregar agora as palavras de RUY DE ALBUQUERQUE, quando surja como um dever-ser feito através de um sendo[2081]. Ambos são em si mesmos consubstanciais[2082]. Donde, o necessário é, como sublinha CASTANHEIRA NEVES, a consideração do processo global de constituição do Direito vigente. Pois reconhece-se hoje a existência desse Direito vigente sem ele ter sido formalmente prescrito[2083] e de

---

[2078] Para mais pormenores v., sobre este assunto, *colorandi causa*, e apenas entre nós CASTANHEIRA NEVES, *Fontes*…, in *Digesta*, cit., II, 7 e ss., *maxime* 54 e ss.; e JOSÉ BRONZE, *Lições*…, 685 e ss., *maxime* 714 e ss.. Cfr., também, mas com um enquadramento bem distinto dos dois autores anteriores, os esforços de FREITAS DO AMARAL, *Manual de introdução*…, I, 367 e ss..
[2079] CASTANHEIRA NEVES, *Fontes*…, in *Digesta*, cit., II, 55; e JOSÉ BRONZE, *Lições*…, 715.
[2080] CASTANHEIRA NEVES, *Fontes*…, in *Digesta*, cit., II, 55.
[2081] V. o que se escreveu já a este respeito *supra*, Introdução, 2. Mas cfr., ainda assim, também a propósito da caracterização do Direito como um dever-ser que tenha também ser e portanto como um dever-ser que é, CASTANHEIRA NEVES, *Curso de introdução*…, 352 e 353; Id., *O papel do jurista*…, in *Boletim*…, 1968, XLIV, 121 e ss.; JOSÉ BRONZE, *O jurista*…, *in* Ab uno…, 86 e 87, nota 27; ou como um sendo, RUY DE ALBUQUERQUE, *Direito*…, 753 e ss., e 791 e ss.. Na literatura jurídica tudesca destaque para FIKENTSCHER, *Methoden des Rechts*…, III, 10 e ss..
[2082] RUY DE ALBUQUERQUE, *Direito*…, 791 e ss., 793, nota 146.
[2083] V., desde logo, CASTANHEIRA NEVES, *Fontes*…, in *Digesta*, cit., II, 55, mas também quanto se escreveu *supra* na Introdução, 2, ao presente trabalho, e quanto se escreve *infra* neste parágrafo. Cfr., também, JOSÉ BRONZE, *Lições*…, 727 (ao afirmar não ser o Direito apenas constituído pelo legislador, participando na sua criação mais instâncias, com diversas legitimidades e outros modos de actuação, dentre as quais se destaca a jurisprudência judicial, através da judicativa concreta dos problemas específicos que é chamada a resolver) e 742 e ss..

situações formalmente declaradas como sendo Direito mas que não logram ou dispõem de vigência[2084].

Contra semelhante realidade afigura-se, a nosso ver, vã qualquer tentativa de invocar o princípio da separação dos poderes. A autonomia do poder legislativo fica completamente salvaguardada reconhecendo-lhe tão-só a ele a competência para os actos de carácter legislativo[2085]. Mas isso não significa caber só à lei a constituição e criação do Direito em regime de monopólio[2086]. Além disso, o reconhecimento de outras

---

[2084] V. CASTANHEIRA NEVES, *Fontes...*, in *Digesta*, cit., II, 55; RUY DE ALBUQUERQUE, *Direito...*, *passim*, e 791.

[2085] CASTANHEIRA NEVES, *Fontes...*, in *Digesta*, cit., II, 56.

[2086] CASTANHEIRA NEVES, *Fontes...*, in *Digesta*, cit., II, 56. V., também, RUY DE ALBUQUERQUE, *Direito romano...*, 25; Id., *História...*, 119, afirmando já, então, a sua convicção na necessidade de se transformar a ordem jurídica moderna, dominada pelo culto exclusivo da lei, numa ordem pluralista, na qual o Direito prudencial ocupe um lugar de relevo, reformando à luz da experiência histórico-prudencial a jurídica moderna e rematando ser o Direito coisa demasiado séria para ser deixado ao monopólio do Estado; e, depois, desenvolvendo precisamente essa linha, muitos anos mais tarde em *Direito...*, *per totum*; ou, ainda, recentemente, JOSÉ BRONZE, *Lições...*, 727 e 742 e ss; e PEDRO BARBAS HOMEM, *História do pensamento...*, 21 e 22, recordando o aforismo segundo o qual o Direito não pode ser resumido à opinião decretada pelo dono do Diário da República. Na literatura jurídica tudesca pode ver-se, com mero carácter ilustrativo, sobre esta temática KRIELE, *Theorie...*, 157 e ss.; Id., *Recht...*, 71 e ss.. Perguntar-se-á, onde fica, perante quanto se tem vindo a afirmar, o dever de obediência dos tribunais à lei que se sustenta encontrar-se constitucionalmente consagrado no artigo 203.º da nossa Constituição. Dever esse cuja defesa é encetada entre nós, conforme referido noutro local deste trabalho, por JOÃO PEDRO MARCHANTE, *Das lacunas da lei de* iure constituto..., *per totum*, *maxime* 40 e ss.; Id., *Da detecção de lacunas...*, 60 e ss.. Mas voltamos a sublinhar: a lei, por si só, e independentemente de um processo de realização, não é susceptível de ser aplicada aos casos concretos. Conforme refere a propósito JHERING, *Geist...* (*O espírito do Direito romano...*, III, 16), num passo devidamente sublinhado entre nós por CASTANHEIRA NEVES, *Metodologia...*, 25, e ao qual fizemos já referência antes, «*O direito existe para se realizar. A realização é a vida, e a verdade do direito é o próprio direito. O que realmente não sucede, o que só tem existência nas leis e no papel, é unicamente um espectro do direito, meras palavras nada mais*». Ora esse processo de realização, e correspondente interpretação por ele convocada, não equivalem a problemas analíticos, exegéticos ou sequer estritamente hermenêuticos. São problemas normativos, com uma dimensão constitutiva, que tornam qualquer tentativa de reduzir o Direito à lei formal uma autêntica impossibilidade metodológica (v. quanto se escreve ainda *supra* na Introdução, 2, a este respeito e a bibliografia aí citada). É este, insista-se outra vez, um obstáculo insuperável e (não superado) por JOÃO PEDRO MARCHANTE, cujas posições acerca da lei como única fonte de Direito se rejeitam veementemente. De resto, e como refere a propósito MENEZES CORDEIRO, *Tratado*..., I, I, 140, o artigo 202.º/1 da Constituição manda que os tribunais apliquem a justiça. Isso transcende, necessariamente, a lei em sentido estrito. O constituinte usou lei em sentido amplo, com um significado semelhante ao que lhe era dado na tradição romana. A interpretação criativa está legitimada pelo artigo 202.º/1 da Constituição. Aliás, e como nota novamente MENEZES CORDEIRO, nem o legislador constitucional pode mudar a natureza das coisas. Em sentido aproximado v. HASSEMER, *Sistema jurídico*..., in *Introdução*..., 292 e ss., ao considerar absurdo insistir, contra o reconhecimento do carácter vago e poroso dos conceitos legais, ter o juiz de se ater apenas à lei: «*Ele não o pode fazer*. (...) *Não há lei que possa determinar a evolução da jurisprudência*», referindo ainda o facto de a jurisprudência forçada ao cumprimento cego da lei ir encontrar expedientes que apenas formalmente garantem essa obediência (v., também, as interessantes considerações proferidas a este respeito por CASTANHEIRA NEVES, *Metodologia*..., 217 e 218 e 221 e 222, com concreta referência à experiência jurídica dos tribunais alemães e franceses. Em particular, no caso desta última, todo o seu trabalho criador ia por ela sendo imputado à própria lei, como se fossem decisões inovadoras apenas na «interpretação» da fonte legal. Foi necessário, como recorda o Mestre de Coimbra, o balanço do centenário do *Code Civil* para se verificar claramente como aquela imputação era apenas um expediente de legitimação, pelo uso das fórmulas ortodoxas, de quanto era na verdade uma autêntica e notável criação. Também JOSÉ BRONZE, *Lições*..., 745, afirma ser «(...) *hoje impensável, para qualquer jurista, a (míope) identificação do direito à lei, tipificadora de um positivismo ingénuo – que (não deixemos de o acrescentar) exigiria, para se cumprir, a institucionalização de um horizonte puramente fictício* (...)» e invoca para o comprovar a experiência jurisprudencial, sendo que, conforme explicita, o simples manusear de uma colectânea de sentenças proferidas pelos tribunais de imediato revela a enorme importância da jurisprudência judicial e da jurisprudência dogmática na experiencialmente densificada e racionalmente elaborada modelação do *corpus iuris*). Nada poderá parar a inevitável variação jurisprudencial. A propósito da distinção entre *ius* e *lex* pode, ainda, ver-se quanto escrevemos *supra* no § 2 da Introdução, e por exemplo, a bibliografia aí citada, designadamente, na nota 131. Na verdade, conforme refere a propósito LUHMANN, *Die Stellung der Gerichte im Rechtssystem*, in *Rechtstheorie. Zeitschrift für Logik, Methodenlehere Kybernetik und Soziologie des Rechts*, 1990, 21, 470; e na sua esteira CASTANHEIRA NEVES, *Entre o «legislador», a «sociedade» e o «juiz»*..., in *Revista*..., 1998, 130, 11, a vinculação à lei não significa vinculação à legislação.

fontes constitutivas do Direito vigente nada tem a ver com o princípio da separação dos poderes[2087]. Só assim não seria se se admitisse o insustentável[2088] postulado de que o Direito é da exclusividade do poder político ou de que um e outro se identificam[2089]. Não é, destarte, o princípio da separação dos poderes, em si mesmo, a opor-se à pertinência de quanto se tem vindo a escrever ao longo destas páginas mas, isso sim, a (in)compreensão estatista-legalista do Direito[2090]. A ideia de Estado, a pouco e pouco, transformou-se, na verdade, por excesso de confiança, na ideia de Direito do Estado[2091]. A doutrina da divisão dos poderes interpretada no sentido de subtrair ao juiz qualquer função normativa para a conferir aos órgãos de vontade geral, acaba por procurar conformar a consciência do juiz e do jurista a um legalismo passivo e formalista[2092]. Mas essa interpretação deve ter-se por superada.

VII – Polarizando-se a perspectiva adequada de consideração do problema na categoria da vigência – ou se se quiser também da experiência jurídica – isso implica vários momentos que comprometem todo o pensamento jurídico e caracterizam a referida experiência. CASTANHEIRA NEVES[2093] e JOSÉ BRONZE[2094] individualizam a este propósito um *momento material*, um *momento de validade* e um *momento constituinte*. Não iremos proceder à consideração individualizada da problemática suscitada por cada um destes momentos. Sublinhar-se-á aqui, apenas, em jeito de sinopse, determinar a particular conjugação desses momentos, mediante uma dialéctica própria e específica, a síntese constitutiva da

---

[2087] Assim, também, CASTANHEIRA NEVES, *Fontes...*, in *Digesta*, cit., II, 56.
[2088] V., novamente, entre nós, designadamente, e por a nosso ver concludente, a demonstração de que assim não é realizada por RUY DE ALBUQUERQUE, *Direito...*, *per totum*.
[2089] CASTANHEIRA NEVES, *Fontes...*, in *Digesta*, cit., II, 56.
[2090] CASTANHEIRA NEVES, *Fontes...*, in *Digesta*, cit., II, 56.
[2091] LOMBARDI, *Saggio...*, 203; e entre nós, na sua esteira PEDRO BARBAS HOMEM, *História do pensamento...*, 109.
[2092] LOMBARDI, *Saggio...*, 203 e 204.
[2093] CASTANHEIRA NEVES, *Fontes...*, in *Digesta*, cit., II, 56 e ss..
[2094] JOSÉ BRONZE, *Lições...*, 715 e ss..

normativa vigência jurídica[2095], portanto, muito para além da lei ou do suposto Direito legislado.

Reconhecer-se-á, é certo, papel importante, mas não categórico ou decisivo, à lei. São hoje, como se sabe, múltiplos os limites que lhe vêm sendo assinalados e, a nosso ver, incontestáveis: limites funcionais mas, também, limites normativos[2096]. Quanto a estes podem, de resto, ser eles divididos em quatro tipos diferentes. Apontam-se, em primeiro lugar, limites normativos objectivos constatáveis quando se verifica ficar o Direito legalmente positivado sempre aquém da extensão dos problemas concretos a resolver – e por isso se diz ser o sistema aberto e não fechado –, num fenómeno a postular um autónomo desenvolvimento do Direito através da sua realização e muito para além da integração de lacunas tal como esta é tradicionalmente entendida[2097]. Existem, depois, limites normativos intencionais resultantes da circunstância de as normas legais se situarem – em regra – no plano geral e abstracto enquanto a dimensão dos casos-problema a decidir no do particular e concreto. Ora esta dis-

---

[2095] Cf. CASTANHEIRA NEVES, *Fontes*…, in *Digesta*, cit., II, 56 e ss.; e JOSÉ BRONZE, *Lições*…, 715 e ss.

[2096] Cfr. CASTANHEIRA NEVES, *O instituto*…, 209 e ss.; Id., *Fontes*…, in *Digesta*, cit., II, 74 e ss.; Id., *Entre o «legislador», a sociedade» e o «juiz»*…, in *Revista*…, 1998, 130, 293 e ss.; e JOSÉ BRONZE, *Lições*…, 722 e ss..

[2097] V. CASTANHEIRA NEVES, *Fontes*…, in *Digesta*, cit., II, 75; Id., *Entre o «legislador», a sociedade» e o «juiz»*…, in *Revista*…, 1998, 130; e JOSÉ BRONZE, *Lições*…, 724 e 725. A propósito do problema da integração de lacunas e seus desenvolvimentos pode ver-se, *colorandi causa,* e de entre a multidão de autores que se têm ocupado desta matéria, com diferentes enquadramentos, e centrando a nossa atenção apenas na literatura jurídica alemã e portuguesa, ENGISCH, *Der Begriff der Rechtslücke. Eine analytische Studie zu Wilhelm Sauers Methodenlehre*, in *Festschrift für Wilhelm Sauer zum seinem 70. Geburtstag*, Berlin, 1949, 85 e ss.; Id., *Introdução ao pensamento*…, 222 e ss.; RENÉ A. RHINOW, *Rechtsetzung und Methodik*…, 37 e ss.; CANARIS, *Feststellung von Lücken*…, *per totum*; CASTANHEIRA NEVES, *Metodologia*…, 207 e ss., insistindo numa perspectiva metodológica – por nós sufragada – em função da qual se alarga o espaço que o seu preenchimento representa na autónoma constituição do Direito; JOÃO PEDRO MARCHANTE, *Das lacunas da lei de* iure constituto…, *per totum*; Id., *Da detecção de lacunas*…, *per totum*, mas agora numa orientação da qual claramente nos demarcamos; e, finalmente, JOSÉ BRONZE, *Lições*…, 953 e ss., numa perspectiva tida novamente por adequada – todos com indicações.

tância entre norma e caso exigirá uma tarefa de concretização que como se sabe e se sublinhou antes já por diversas vezes[2098] tem natureza constituinte[2099]. Detectam-se, em terceiro lugar, limites normativos temporais[2100]. Facilmente se compreenderá depois do que dissemos já, no parágrafo anterior, integrarem as normas legais, assim como os demais fundamentos e critérios do sistema jurídico, a esfera do prático-histórico, razão pela qual se pode dizer representar o tempo um seu elemento essencial[2101]. Por isso mesmo, uma norma legal ainda formalmente em vigor pode vir a ser considerada caduca ou obsoleta. Surgem, em quarto e último lugar, limites de validade[2102]. Na verdade, e recorrendo agora ao ensinamento de JOSÉ BRONZE, a experiência de redensificação e/ou constituição da normatividade em vigor, provocada

---

[2098] Cfr., *supra*, Introdução, 2, e ainda o que se escreveu ao longo do presente parágrafo.

[2099] Recorde-se, uma outra vez, a propósito da recente hipótese de quebra da insolubilidade da relação entre o conceito abstracto e o caso real MENEZES CORDEIRO, *Ciência do direito e metodologia jurídica...*, 35 e ss., 41 e ss., 67 e ss.. Esta quebra, repise-se, resulta da compreensão da realização do Direito como algo de unitário e da consequente aceitação da relação comunicativa entre o caso e a norma (mas também do reconhecimento da natureza constituinte da decisão). Apenas em análise abstracta – e porque *non datur scientia de individuo* – é possível decompor a referida realização em várias fases, as quais, porém, só funcionam em conjunto. O caso é hoje entendido como parte de um todo vivo, que vai desde a localização da fonte à delimitação dos factores relevantes ao ponto de, como antes se sublinhou, por exemplo, a própria ontologia do direito ser fixada por ARTHUR KAUFMANN, *Vorüberlegung...*, in *Rechtstheorie...*, 1986, 17, 257 e ss., na relação entre o caso e a norma. Sobre a importância da analogia no vencer a distância entre caso e a norma cfr., por exemplo, CASTANHEIRA NEVES, *O princípio...*, 457 e ss.; e JOSÉ BRONZE, *A metodonomologia entre a semelhança e a diferença (reflexão problematizante dos pólos da radical matriz analógica do discurso jurídico)*, Coimbra, 1994. Cfr., também, quanto a propósito da analogia escreve JOSÉ BRONZE, *O jurista...*, in Ab uno..., 91 e ss..

[2100] Assim CASTANHEIRA NEVES, *Fontes...*, in *Digesta*, cit., II, 77 e ss.; Id., *Entre o «legislador», a sociedade» e o «juiz»...*, in *Revista...*, 1998, 130; e JOSÉ BRONZE, *Lições...*, 729 e ss..

[2101] JOSÉ BRONZE, *Lições...*, 729 e ss..

[2102] CASTANHEIRA NEVES, *Fontes...*, in *Digesta*, cit., II, 78; Id., *Entre o «legislador», a sociedade» e o «juiz»...*, in *Revista...*, 1998, 130, 295; e JOSÉ BRONZE, *Lições...*, 735.

pela actividade jurisprudencial – seja ela judicial ou dogmática – a par com a acção legislativa, vai desvelando princípios que dela «(…) *reflexivo--poieticamente se inferem e trans-objectivamente se destacam, mas fundamentantemente a predicam e intencionalmente a caracterizam, e que conformam um* ius *diferente da* lex»[2103]. Princípios em função dos quais se pode controlar e ajuizar, em nome do Direito, o conteúdo normativo-jurídico das normas prescritas legislativamente[2104].

VIII – Face a todos estes limites normativos das normas legais e com o reconhecimento de que neles vai implicada uma certa intenção do Direito que as trancende, compreender-se-á, como bem sublinha CASTANHEIRA NEVES, só pela superação constitutiva desses limites, a cumprir na concreta realização jurídica, concorrerem a legislação e as respectivas normas para a constituição do Direito enquanto tal[2105]. Constituição que se revela na dinâmica (normativa) da sua própria realização judicativa e impõe como conclusão continuar a ter a lei certamente uma prerrogativa mas não o monopólio da criação do Direito[2106]. Tudo com o decorrente espaço ocupado por outros modos de formação do Direito não passíveis de exclusão pela lei, por força dos seus limites funcionais, ou que, atentos os limites normativo-materiais, se revelam necessários dado a experiência jurídica actual da realização do Direito os exigir em complemento (constituinte) da legislação[2107].

[2103] JOSÉ BRONZE, *Lições*…, 78. Mas v., também, o que escrevemos já *supra* na Introdução, 2.
[2104] Assim, por exemplo, CASTANHEIRA NEVES, *Fontes*…, in *Digesta*, cit., II, 78. V., igualmente, do mesmo autor *O instituto*…, 216 e s..
[2105] CASTANHEIRA NEVES, *Fontes*…, in *Digesta*, cit., II, 78 e 79; Id., *Entre o «legislador», a sociedade» e o «juiz»*…, in *Revista*…, 1998, 130, 295.
[2106] V., novamente, CASTANHEIRA NEVES, *Entre o «legislador», a sociedade» e o «juiz»*…, in *Revista*…, 1998, 130, 295; e já antes RUY DE ALBUQUERQUE, *História*…, 119; Id., *Direito*…, *per totum*; e JOSÉ BRONZE, *Lições*…, 727 e 742 e ss., entre nós, enquanto na literatura jurídica alemã se destaca, de novo, com mero carácter ilustrativo, KRIELE, *Theorie*…, 157 e ss.; Id., *Recht*…, 71 e ss.. Contra, numa orientação a nosso ver sem sucesso e, com a devida vénia, claramente repudiável e a repudiar JOÃO PEDRO MARCHANTE, *Das lacunas*…, *maxime* 40 e ss.; Id., *Da detecção*…, *maxime* 60 e ss..
[2107] CASTANHEIRA NEVES, *Fontes*…, in *Digesta*, cit., II, 79.

Entre os modos de formação do Direito insusceptíveis de serem excluídos pela lei atentos os seus limites funcionais encontram-se e são possíveis os ordenamentos autónomos constituídos por corpos sociais e instituições reconhecidos pelo Estado, por estatutos associativos, convenções ou pactos entre grupos ou sectores sociais e, ainda, actos de natureza negocial e contratual[2108].

Por sua vez, entre os segundos encontra-se a jurisdição, particularmente a jurisprudência judicial[2109]. Sede privilegiada da experiência histórica do Direito e da sua realização concreta, a jurisdição revela-se, destarte, como o sujeito da válida reconstituição da juridicidade do *corpus iuris*, ou se se preferir a força motriz da actualização do ordenamento jurídico[2110] que deste modo se projecta para o futuro, comprovando-se, finalmente, perante o horizonte mutável das expectativas sociais[2111]. Tudo, a provocar uma continuada assunção reconstituinte da consciência jurídica geral que assim se vai objectivando[2112]. E desta actividade (normativamente constituinte de natureza jurisprudencial) da jurisdição resulta

---

[2108] CASTANHEIRA NEVES, *Fontes*..., in *Digesta*, cit., II, 79 e ss., rejeitando ainda a concepção positivista que negava natureza de fonte àqueles actos de autonomia privada não repetidores do paradigma da heteronomia normativa própria da legislação.

[2109] Cfr., novamente, CASTANHEIRA NEVES, *Fontes*..., in *Digesta*, cit., II, 82 e ss., mas também, e por exemplo, do autor *Metodologia*..., *passim* e, designadamente, 217 e ss. V., também, JOSÉ BRONZE, *Lições*..., 742 e ss., com referência, em nota, ao relevo da jurisprudência, tanto judicial como dogmática, na reconstrução do próprio Direito Constitucional.

[2110] CASTANHEIRA NEVES, *Fontes*..., in *Digesta*, cit., II, 82.

[2111] Em termos equivalentes CASTANHEIRA NEVES, *Fontes*..., in *Digesta*, cit., II, 82.

[2112] CASTANHEIRA NEVES, *Fontes*..., in *Digesta*, cit., II, 82 e 83, notando ainda ser esta ordem jurídica que se pode dizer historicamente *in action* e por isso verdadeiramente vigente, num passo já sublinhado por GÉNY, *Méthode*..., I, 212 e ss.; ou BÜLOW, quando este afirmava não poder a lei criar directamente Direito por ser apenas um projecto disso mesmo. Como refere, entre nós, CASTANHEIRA NEVES, recorrendo a uma fórmula já presente noutros autores, poderá mesmo dizer-se que se o legislador se mostra soberano no princípio é a jurisprudência que, ao proferir a última palavra, se mostra soberana no fim. Ao espírito vem-nos novamente o ensinamento de SÃO TOMÁS DE AQUINO, anteriormente referido neste estudo em mais de uma ocasião, assim como o bem mais recente de GOMES DA SILVA, *O dever de prestar*..., I, 27 e ss.; Id., *Esboço de uma concepção personalista*..., 113 e ss., e particularmente, 145 ou 150.

o *Richterrecht*[2113], já anteriormente aludido. Das decisões concretas de realização do Direito vão-se inferindo, através de uma generalização integrante das suas *rationes decidendi*, normas, *topoi* normativos, princípios normativo-jurídicos e inclusivamente institutos jurídicos, que permitem uma objectivação normativo-dogmática (e são por ela redensificados), tornando-se vigentes – ou seja, normativamente vinculantes[2114].

Esta objectivação não será, porém, possível sem o contributo da doutrina ou se se preferir do pensamento jurídico[2115]. É ele a provocar a reelaboração normativo-dogmática a partir da experiência (constituinte) da casuística para que se torne explícita a sua normatividade jurídica[2116]. E nesse seu operar, o pensamento jurídico actua não apenas de forma recognitiva, mas mais do que isso, participa na reconstituição do Direito e mesmo na sua criação *ex novo*[2117]. E o desenvolvimento e reconstituição da normatividade devido ao pensamento jurídico doutrinal ou dogmático permite, também a ele, qualificá-lo como fonte de Direito[2118]. Fala a este respeito CASTANHEIRA NEVES de duas faces da elaboração doutrinal. Uma complementar ou de continuação da normatividade jurisdicional. A outra de antecipante ou autónoma perante a realização jurisdicional. As duas são, todavia, e como bem nota o Mestre de Coim-

---

[2113] CASTANHEIRA NEVES, *Fontes*…, in *Digesta*, cit., II, 83. V., também, JOSÉ BRONZE, *A metodonomologia*…, 577 e ss. e 590; e *Lições*…, 742.

[2114] Cfr. CASTANHEIRA NEVES, *Fontes*…, in *Digesta*, cit., II, 88 e 89, sublinhando a circunstância de através da mencionada inferência se irem recuperando, em termos explícitos, aqueles elementos normativos que as decisões jurisprudenciais foram assimilando e manifestando em termos implícitos ao ultrapassarem os limites normativos materiais da legislação; e JOSÉ BRONZE, *A metodonomologia*…, 590; Id., *Lições*…, 658 e ss., 742. Cfr., também, quanto escreve o primeiro dos dois autores mencionados nesta nota em *Metodologia*…, 185 e 186.

[2115] V. os autores e obras citados na nota imediatamente anterior com destaque, uma vez mais, para CASTANHEIRA NEVES.

[2116] CASTANHEIRA NEVES, *Fontes*…, in *Digesta*, cit., II, 89; JOSÉ BRONZE, *A metodonomologia*…, 590; Id., *Lições*…, 662.

[2117] CASTANHEIRA NEVES, *Fontes*…, in *Digesta*, cit., II, 89 e ss.; JOSÉ BRONZE, *A metodonomologia*…, 521 e ss.; Id., *Lições*…, 660 e ss., e 742 e 743.

[2118] JOSÉ BRONZE, *A metodonomologia*…, 590; Id., *Lições*…, 742 e 743. V., também, CASTANHEIRA NEVES, *Fontes*…, in *Digesta*, cit., II, 89 e 90.

bra, indiscerníveis num *continuum* normativo-dogmático ao ponto de se dever dizer ser a articulação de ambas e do seu mencionado *continuum* a verdadeiramente constituir – na unidade totalizante da jurisprudência jurisdicional e da jurisprudência doutrinal – a jurisprudência[2119]. Por isso, mais do que de dois modos distintos de constituição da juridicidade deverá mencionar-se apenas um só de natureza integral: a jurisprudência. Em alternativa poderá falar-se de um Direito dos juristas[2120], de um *Juristenrecht* ou de Direito jurisprudencial, se considerado esse modo integral constituinte sobretudo pelos seus resultados[2121]. E é esta jurisprudência em sentido amplo a que, com CASTANHEIRA NEVES[2122], por seu turno recordando BETTI[2123] e ESSER[2124], se pode considerar a decisiva objectivação da consciência jurídica da comunidade[2125].

[2119] Assim CASTANHEIRA NEVES, *Fontes...*, in *Digesta*, cit., II, 90; Id., *Metodologia...*, 185 e 186; e JOSÉ BRONZE, *Lições...*, *passim*, 658 e ss., 698 e 699 e 743, onde o autor esquematiza do seguinte modo as relações que se estabelecem entre estas duas formas de jurisprudência: «*a jurisprudência judicial colhe na prático-normativamente comprometida elaboração dogmática o fundamento da racionalidade das decisões judicativas que profere; e a jurisprudência dogmática recebe da normativa-juridicamente intencionada experiência jurisdicional a realidade que a reflecte. Ou, se nos dispusermos a sintetizar tudo quanto acabámos de acentuar numa simples pergunta e na resposta que se lhe deve dar: quando é que a jurisprudência judicial e a jurisprudência dogmática são fontes do direito? Quando o dialecticamente articulado contributo de uma e outra, nas suas diversas, e já mencionadas, possíveis expressões, permitir a manifestação de juridicidade vinculante, i. e., de normatividade jurídica vigente.*» V., também, LOMBARDI, *Saggio...*, 442, nota 129, autor de resto igualmente recenseado por CASTANHEIRA NEVES.
[2120] Cuja defesa é cabalmente feita entre nós por RUY DE ALBUQUERQUE, *Direito...*, *per totum*.
[2121] CASTANHEIRA NEVES, *Fontes...*, in *Digesta*, cit., II, 90.
[2122] CASTANHEIRA NEVES, *Fontes...*, in *Digesta*, cit., II, 90.
[2123] BETTI, *Interpretazione della legge e degli atti giuridici. Teoria generale e dogmatica*, 2.ª ed., Milão, 1971, 324 e ss..
[2124] ESSER, *Richterrecht, Gerichtsgebrauch und Gewohnheitsrecht*, in *Festschrift für Fritz von Hippel zum 70. Geburtstag*, Tubinga, 1967, 125.
[2125] Mas v., ainda, o que de fundamental escreve RUY DE ALBUQUERQUE, *O Direito...*, *per totum*, a propósito do sentido e alcance do Direito dos juristas.

IX – Tudo isto com uma nota final. A normatividade jurídica constituída pela forma antes referida só será verdadeiramente Direito se, através de um momento de objectivação, se puder dizer vigente[2126]. E para isso ela terá de se integrar (objectivamente) no *corpus iuris*[2127]. A questão está em saber como se dá essa integração[2128]. O critério da vigência não pode levar-nos a pensar encontrar-se em última análise a razão da juridicidade na eficácia social ou em qualquer ideia de reconhecimento[2129]. Só o pensamento jurisprudencial dominante, como o mediador juridicamente intencional da comunidade e da sua prática, e no qual desempenha um papel decisivo a *communis opinio doctorum* correspondente à consciência esclarecida daquele pensamento[2130], procederá a essa integração da normatividade jurídica constituída no sistema jurídico[2131].

[2126] CASTANHEIRA NEVES, *Fontes*…, in *Digesta*, cit., II, 91 e ss.; e JOSÉ BRONZE, *Lições*…, 743 e ss., com as remissões aí constantes.

[2127] CASTANHEIRA NEVES, *Fontes*…, in *Digesta*, cit., II, 91.

[2128] Pergunta a que, como menciona a propósito CASTANHEIRA NEVES, *Fontes*…, in *Digesta*, cit., II, 91, não pode ser poupada a própria legislação.

[2129] Assim, também, CASTANHEIRA NEVES, *Fontes*…, in *Digesta*, cit., II, 91 e 92, com desenvolvimentos. V., também, RUY DE ALBUQUERQUE, *Direito*…, *per totum*.

[2130] Cfr. CASTANHEIRA NEVES, *Fontes*…, in *Digesta*, cit., II, 93. V., também, com interesse RUY DE ALBUQUERQUE, *Direito*…, *per totum*; enquanto na literatura jurídica estrangeira destacamos LOMBARDI, *Saggio*…, 459 e 460, chamando a atenção para o papel da *communis opinio doctorum*, cujos ensinamentos são, de resto, tomados em consideração pelos dois autores nacionais agora mencionados.

[2131] CASTANHEIRA NEVES, *Fontes*…, in *Digesta*, cit., II, 93, com referência ao modo como em seu entender se procede a essa integração.

2. Métodos de ensino, programa e conteúdo (justificação complementar)

I – De quanto fomos dizendo nas páginas anteriores[2132] decorre amplamente justificado e fundamentado o método de ensino e, destarte, também, em grande medida, os conteúdos a que a disciplina dos Direitos Reais deve, na nossa perspectiva, obedecer e cumprir.

Uma primeira nota, apenas, para sublinhar não irmos insistir aqui e agora, e descontada a reflexão imposta pelo chamado processo de «Bolonha» e pela adopção de um novo regulamento de avaliação, em questões como as consistentes em saber qual o modo como devem ser leccionadas as aulas plenárias ou as aulas práticas (agora designadas aulas de orientação), como se devem articular umas com outras, quantos testes deverão os alunos realizar, etc. É nossa clara convicção estar, a este nível[2133], o tema esgotado pelos diversos relatórios apresentados em provas

---

[2132] Não nos referimos apenas a quanto acabámos de escrever nos parágrafos anteriores da Parte II deste nosso trabalho mas, também, a tudo quanto fomos afirmando ao longo deste estudo. Sublinhamos particularmente, além do escrito na já mencionada Parte II, as diversas considerações proferidas na Introdução, 2, designadamente, a propósito da necessidade de se preservar e fomentar, nesta época de mudanças e questionamentos por vezes precipitados, a Universidade científico-cultural ou a Universidade filosófica e do papel que nela o professor deve ter na formação de um pensamento jurídico com características e uma estrutura muito próprias e particulares e que por isso mesmo – e para o ser – terá de se mostrar necessariamente autónomo.

[2133] E uma vez mais descontada a reflexão imposta pela adopção de um novo regulamento de avaliação.

académicas nas nossas Faculdades de Direito, não sendo, além disso, a este nível, com a devida vénia, e conforme se cuidou de referir logo no início do presente trabalho, as várias propostas apresentadas, a nosso ver, e com uma ou outra ressalva, verdadeiramente diferenciadoras. É esse, aliás, um dado posto a nu há várias décadas por MENEZES CORDEIRO ao escrever, num passo por nós já antes citado, que «*Entre disciplinas jurídicas não há diferenças apreciáveis no tocante aos métodos de ensino, numa situação que se prolonga mesmo em sectores auxiliares ou indirectamente jurídicos (…): a componente relatório "métodos de ensino teórico e prático" não é diferenciadora*»[2134].

A nossa proposta é, parece-nos, bem mais ampla e profunda. Ela postula a necessidade de aplicação ao ensino dos Direitos Reais[2135] de um conjunto de ensinamentos e aportações da moderna metodologia jurídica, num passo que, salvo algumas excepções, não tem sido dado nem assumido na leccionação do Direito em geral e dos Direitos Reais em particular. As menções a aspectos relativos ao funcionamento das aulas e métodos de avaliação serão, apenas, as tornadas necessárias pelas recentes alterações ao plano de estudos, regime de avaliação e calendário escolar.

II – Preconiza-se, como se viu, na esteira, por exemplo, de MENEZES CORDEIRO, o aproveitamento das possibilidades do sistema e da moderna sistemática para se estruturar o curso em torno de uma teoria geral[2136], de forma a continuar o esforço que consiste em tirar a disciplina do ponto morto ao qual foi, nomeadamente, conduzida pelo princípio da tipicidade.

Esta teoria geral, tal como a vemos, terá de se mostrar, todavia, com o devido respeito, bem diferente daquelas que são oferecidas, designadamente, por OLIVEIRA ASCENSÃO e CARVALHO FERNANDES.

[2134] MENEZES CORDEIRO, *Teoria…*, in *Revista…*, XXIX, 204 e ss.. Mas v., também, quanto escrevia já antes JORGE MIRANDA, *Relatório…*, «(…) *tem-se a percepção de que já está tudo dito e que se corre o risco de repetir coisas óbvias e triviais*»; e, mais recentemente, na sua esteira RUI DE FIGUEIREDO MARCOS, *História…*, 102.

[2135] Mas o que se diz para os Direitos Reais vale também para o ensino da generalidade das Disciplinas.

[2136] A que acrescerá uma parte especial.

E quando dizemos isso não estamos a intencionar em primeira linha – ou ainda – a ordem de exposição das matérias e seu encadeamento. O que pretendemos significar é, isso sim, a necessidade de ela acolher os aspectos metodológicos sublinhados ao longo da segunda parte do nosso trabalho. Por um lado, ela não pode ignorar ou escamotear a dimensão histórico-cultural do Direito e a importância do estudo da história para a elaboração e desenvolvimento dogmático (que verificámos ter uma dimensão autenticamente constitutiva quando assumida a dogmática na sua plenitude). Por isso o estudo dos Direitos Reais deve ser também em grande parte o estudo histórico do Direito das Coisas na linha do preconizado e aplicado por MENEZES CORDEIRO no seu ensino da disciplina. Por outro, ela terá – pelas razões acabadas de ver e de explicitar no parágrafo anterior – de incorporar a jurisprudência, entendida esta em sentido amplo de forma a compreender a jurisprudência jurisdicional e a jurisprudência doutrinal. E isto, porque, conforme se mencionou antes, ambas constituem afinal uma única unidade totalizante. Na perspectiva em que nos colocamos não nos parece mais possível continuar a ensinar com base num discurso obtido a partir da simples, ou esmagadoramente predominante, consideração da doutrina e da lei num diálogo que não vai para além destes dois momentos da juridicidade ou do Direito. A dogmática genuína[2137] não pode, sob pena de não cumprir o seu papel, continuar a fechar-se sem consideração da jurisprudência judicial[2138]. Apenas a ponderação dos dois momentos ou dimensões implicados no conceito amplo de jurisprudência nos coloca perante o Direito autêntico[2139] ou, se se preferir, numa outra perspectiva,

---

[2137] E que portanto assume um papel bem diferente do meramente reprodutivo que lhe assacava o positivismo.

[2138] Até porque, ao fazê-lo, renuncia também, e para além dos aspectos sublinhados no parágrafo anterior, ao seu papel estabilizador e de controlo e de sindicância das decisões judiciais que se vão impondo. A este respeito cfr. JOSÉ BRONZE, *A metodonomologia...*, 521 e ss.; Id., *Lições...*, 662.

[2139] Embora como bem nota JOSÉ BRONZE, *Lições...*, 662 e ss., existam ainda outros extractos de constitutivos *corpus iuris* na sua totalidade e aos quais fizemos de resto referência no parágrafo anterior.

perante o autêntico Direito dos juristas continuamente renovado e em contínua renovação.

III – Dir-se-á, insista-se, que o cumprimento das exigências metodológicas no estudo e ensino dogmático do Direito positivo implicados no reconhecimento da dimensão sistemática do Direito, por um lado, mas também histórica, por outro, assim como na aceitação da dimensão constitutiva da jurisprudência entendida na sua globalidade[2140] não tem sido, suficientemente assumida, nem em Portugal[2141] nem no estrangeiro. Não pode, porém, deixar de se preconizar e defender a necessidade de se aumentar o número de quantos se esforçam por cumprir o programa de um ensino alinhado com o postulado pela mais moderna e convincente metodologia jurídica de diferentes quadrantes. Na realização desse programa alcançar-se-á, além do mais, mais facilmente a Universidade enquanto instituição de cultura e ciência, que preconizámos e defendemos noutro local deste estudo, e proceder-se-á à sua defesa contra o verdadeiro ataque a que o ensino superior, na verdadeira acepção da palavra, tem vindo a ser sujeito entre nós. Só assim nos parece, de facto, possível tentar «sustentar» os nossos estudantes e formar juristas na verdadeira acepção da palavra[2142] que serão também homens e não meros sujeitos

---

[2140] E destarte com interpenetração da jurisprudência judicial com a jurisprudência dogmática ou doutrinal.

[2141] RUI PINTO DUARTE afirma no *Prefácio* à primeira edição do seu *Curso*…, não corresponder ele a um amontoado de notas solipsas nem a umas lições a memorizar pelos alunos mas a um conjunto de exposições sintéticas com indicação das fontes usadas, as quais consistem não apenas em variadíssima Doutrina, mas também em centenas de decisões jurisprudenciais, com especial ênfase para as proferidas nos últimos anos. Mas o autor rejeita a teoria geral dos Direitos Reais. Não toma em consideração a dimensão histórica do Direito nem se preocupa com o estudo histórico dos Direitos Reais. Finalmente, e no que à utilização da jurisprudência (judicial) diz respeito, ela também não nos parece a mais adequada uma vez que não há um manusear efectivo do caso ou problema subjacente às decisões citadas, sendo que, como se sabe hoje, o *prius* metodológico é dado precisamente pelo caso.

[2142] Conforme sublinha RUY DE ALBUQUERQUE, *Direito romano*…, 24 a 27, a propósito da aceleração histórica e a proliferação legislativa em que vivemos e antes nunca vista, com um constante desabar de diplomas sobre o jurista, se este fenómeno num primeiro

degradados à qualidade de técnicos ou engenheiros sociais. Tudo num claro desafio por uma constante exigência que os materialismos, consumismos e superficialismos, que tanto procuram marcar e caracterizar os nossos dias, rejeitam e penalizam, por nem sequer serem capazes de a entender[2143].

---

olhar parece trazer consigo a necessidade da idolatria legal (e da degradação do jurista um simples técnico – diríamos nós), conduz, na realidade, à imposição de saídas bem diversas e à própria crise do legalismo. O jurista não pode, recorda o autor, conhecer, de antemão, a regulamentação minuciosa de todas as situações, possuir todas as chaves. O legislador está constantemente a mudar as fechaduras – desactualizando um tipo de saber com tal feição. O espírito legalista erigiu numa espécie de aforismo incontestável a afirmação segundo a qual com uma simples penada o legislador desactualiza bibliotecas inteiras. Mas, escreve RUY DE ALBUQUERQUE, o «(...) *jurista precisa não de chaves – mas de uma gazua. De uma gazua consistente numa forma mentis específica, misto de intuição e de poder crítico. Desactualizem-lhe as bibliotecas, privem-no mesmo dos livros, que se ele for jurista, jurista há-de continuar a ser*». Para continuar mais adiante: «(...) *Quem souber perceber as forças operantes, os motivos, a razão das opções tem consigo uma sensibilidade e uma inteligência que lhe permitem operar para além do contingente. Foi esse o segredo da jurisprudência romana. É isso que o jurista moderno tem de procurar para si, sob pena de ser um servidor banal do sistema, um serventuário acrítico.*»

[2143] SANTOS JUSTO, *A crise...*, 102 e 103, parafraseando BROGGINI, recorda-nos a necessidade de resistência contra a resignação e o imperativo de se manter a fé na Universidade, como fonte de saber e de inovação do saber, do saber especializado e do saber universal. Na Europa a cultura jurídica é cultura universitária. Abandonar as exigências de formação científico-cultural nas faculdades de Direito é, assim, desamparar e deixar cair por terra a cultura científico-jurídica do velho continente. Veja-se, por outro lado, o desolador resultado traçado por PEDRO BARBAS HOMEM, *História do pensamento...*, 83 e ss., acerca da experiência por ele realizada para avaliar da formação histórica – mas diríamos, nós também, cultural – dos alunos à chegada ao primeiro ano do curso de licenciatura na Faculdade de Direito de Lisboa, revelador de um desconhecimento tão profundo a fazer, nas palavras do próprio autor, lembrar a teoria da *tábua rasa*, tornando os jovens presa fácil de todos os *relativismos* e *indiferentismos*. Nota, todavia, o autor ser este esquecimento o resultado intencional das experiências pedagógicas a que foram submetidos. Não pode pensar-se conformarem-se os alunos com este diagnóstico. São a tristeza e a revolta o que muitas vezes BARBAS HOMEM afirma encontrar. Tristeza porque a ignorância implica a incapacidade de compreender (o presente); revolta porque esta incompreensão implica a incapacidade para agir sobre o presente e, assim, ser autor do seu destino. A destruição da educação

IV – Dito isto, impõe-se, todavia, uma ressalva importante. Desde o descrédito do conceptualismo que se sabe apenas se poder abordar em termos conclusivos aspectos atinentes à natureza, qualificação dogmática ou estrutura de uma determinada figura depois de se proceder ao estudo do respectivo regime jurídico. Nesta linha o estudo do conceito, características próprias e estrutura dos Direitos Reais apenas deveriam ser abordados no final da cadeira, depois de se ter estudado toda a matéria da disciplina. Mas esse modo de proceder seria do ponto de vista pedagógico e didáctico inadequado, por deixar os alunos no escuro até ao final do curso de Direitos Reais acerca de uma noção para eles abolutamente central. Propõe-se, pois, por razões didáctico-pedagógicas, uma cedência a quanto seria ditado por puras exigências científicas, dogmáticas e de metodologia jurídica. E cedência no sentido de se propor, como é, de resto, corrente entre nós[2144] (num dado confirmado pela análise histórica efectuada acerca do ensino da disciplina no nosso país), a inclusão no princípio do curso de um conjunto de referências a propósito da noção e conceito de Direito Real, de modo a habilitar os alunos com os dados necessários ao prosseguimento do seu estudo, para depois se voltar, no fim do curso de Direito das Coisas, com mais profundidade, ao estudo da natureza do Direito Real e suas características[2145]. É esta, todavia, uma questão relacionada já, também, com o concreto programa a adoptar e seu encadeamento, assunto que apenas trataremos um pouco mais adiante.

---

a que se vem assistindo nos últimos anos, continua o autor, tem um resultado terrível para as suas vítimas. A destruição da liberdade para agir, porque só quem conhece pode agir com consciência da sua liberdade. Regista-se a menção por BARBAS HOMEM, como exemplo, das descerebradas reformas do legislador educativo a proposta em 2002 de uma modificação do ensino secundário pela qual é criado o curso tecnológico de serviço jurídico. Termina o autor afirmando não estar porventura longe o curso universitário de engenharia jurídica (que, acrescentamos nós agora, lamentavelmente, muitos por certo aplaudiriam de pé).

[2144] Veja-se, *colorandi causa*, MENEZES CORDEIRO, *Direitos…*, 224 e ss..
[2145] Como faz, aliás, OLIVEIRA ASCENSÃO, *Direito…*, 38 e ss., 597 e ss..

V – Ainda no tocante à sistematização do programa e conteúdos adoptados, uma palavra relativamente à questão de saber se a parte geral deve anteceder a parte especial ou se, ao invés, deve ser esta a anteceder aquela. A maioria dos Professores que procede à estruturação do curso de Direitos Reais numa parte geral e numa parte especial opta pelo primeiro modelo. Existem, porém, casos mais ou menos pontuais, reveladores da opção inversa: faz-se anteceder a parte geral da especial. Qual a melhor opção?

Pela nossa parte temos dúvidas. De um lado, e em tese, parece fazer todo o sentido estudar primeiro a teoria geral dos Direitos Reais e só depois os direitos reais em especial. Mas, do outro, e do ponto de vista pedagógico, esta escolha pode trazer consigo o risco de se cair num excessivo grau de abstracção: lecciona-se aos alunos a estática e a dinâmica de direitos por eles ainda desconhecidos. A anteposição da parte especial evitaria, assim, o perigo de o ensino se tornar demasiado impalpável para os estudantes. Julgamos, porém, ser possível escapar à dificuldade agora expressa, ainda, de outra forma, mantendo a parte geral antes da especial: basta, para acautelar uma possível sensação de desnorte que os alunos possam, eventualmente, sentir, fazer uma breve referência às diversas modalidades, categorias e elenco dos direitos reais e suas caraterísticas na parte geral, depois aproveitada na parte especial.

VI – Uma outra escolha importante diz respeito ao momento para se proceder ao estudo da posse. Uma opção frequentemente adoptada é a de ensinar esta figura a propósito dos direitos reais de gozo. Julgamos, todavia, não ser a posse um direito real de gozo, razão pela qual pensamos não a devermos tratar nessa sede. Uma outra alternativa possível seria a de se proceder à sua análise, na parte geral, a propósito do conteúdo dos direitos reais. Contra essa escolha depõe, porém, e a nosso ver, a existência de uma posse não causal ou formal e, destarte, desligada de qualquer direito real. Parece-nos, assim, preferível abordar a posse no quadro das características dos direitos reais. Mais concretamente a posse pode ser leccionada quando se refere a publicidade dos direitos reais e especificamente a publicidade espontânea.

Trata-se de uma escolha que, para além das razões já invocadas, apresenta a nosso ver várias vantagens. Do ponto de vista de uma intuitiva compreensão dos alunos a posse será vista quase como um fundamento lógico prévio dos Direitos Reais. O seu estudo nas primeiras aulas da cadeira só apresenta, assim, na nossa opinião, vantagens. Igualmente vantajosa nos parece ser a ligação da posse e usucapião atenta a íntima conexão existente entre as duas figuras. Por isso, propõe-se o tratamento conjunto de ambas. Mais adiante, quando se encara as formas de constituição dos Direitos Reais, bastará fazer apenas algumas considerações gerais acerca da usucapião seguidas de uma remissão para quanto se disse já aquando do estudo da posse.

VII – Igualmente problemático poderá parecer o local para estudo dos limites verticais e em profundidade do direito de propriedade. Na medida em que a questão, também, se põe, em grande parte, quanto aos outros direitos reais de gozo afigura-se-nos dever tratar-se este problema no quadro do conteúdo dos direitos reais.

Sublinhámos, anteriormente, parecer-nos a acessão não apenas uma causa de aquisição e modificação da propriedade mas também de outros direitos reais, razão pela qual deve ser incluída no contexto da teoria geral dos direitos reais. Não temos a mesma opinião quanto à ocupação. Os exemplos apontados[2146] no sentido de demonstrar ter a ocupação natureza genérica não se nos antolham, com a devida vénia, convincentes, depondo contra a referida natureza fortes razões de ordem prática[2147]. Estamos perante uma forma de constituição de direitos reais muito primitiva e, destarte, muito ligada a situações de facto[2148]. Julgamos, pois, muito difícil, sem fazer apelo ao *animus* que, claramente, pensamos não ter lugar na ocupação, ser concebível apoderar-se alguém de uma coisa exercendo poderes de facto que se não possam imputar à propriedade. A menção ao direito de retenção previsto no artigo 1323.º do Código Civil no sentido de a ocupação ser fonte, além da propriedade, também, pelo menos, da retenção não se nos afigura, com todo o respeito, susten-

---

[2146] A este propósito v. MENEZES CORDEIRO, *Direitos*..., 489 e s.
[2147] Assim MENEZES CORDEIRO, *Direitos*..., 489.
[2148] Cfr., novamente, MENEZES CORDEIRO, *Direitos*..., 489.

tável. Esse direito existe precisamente na medida em que não tenha havido ocupação mas simples achamento, com obrigação de restituição. O seu fim é o de acautelar o direito, do achador obrigado a entregar as coisas encontradas, a eventual indemnização pelo prejuízo sofrido a par com o pagamento das despesas realizadas assim como do prémio estipulado por lei.

A circunstância de a ocupação poder dar origem a uma situação de comunhão e, por arrasto a um direito de preferência entre os comproprietários, também não depõe, a nosso ver, em favor do carácter geral da figura. Não podendo nós fazer, aqui e agora, essa demonstração sempre diremos entendermos, tal como OLIVEIRA ASCENSÃO, não ser a compropriedade uma propriedade especial[2149], mas sim uma relação jurídica real[2150]. Além disso, importa referir ainda – mesmo se *brevitatis causa* deixamos a demonstração da nossa posição para outra oportunidade –, no que à correspondente natureza diz respeito, depararmos na compropriedade com uma pluralidade de direitos de propriedade sobre uma mesma coisa. Quanto é constituído pela ocupação é, assim, e apenas, um direito de propriedade de cujo conteúdo decorre, atenta a *«relação»* entre esse direito e os direitos dos outros comproprietários, por sua vez, um direito de preferência. Não é, pois, a nosso ver, a ocupação a fonte imediata do direito de preferência.

VIII – A fechar estas explicações complementares, julgamos ser de voltar a sublinhar a importância, já atrás assinalada, ao nível do pensamento em geral e do pensamento jurídico em concreto, do método relativamente aos conteúdos[2151]. Não é, na verdade, possível encarar de forma

---

[2149] Acerca da noção de propriedade especial v. OLIVEIRA ASCENSÃO, *Direito civil...*, 456 e ss..
[2150] Parece-nos, por isso, melhor proceder-se ao seu estudo não a propósito da propriedade mas sim a respeito do conteúdo dos direitos reais, mais concretamente quando se analisa a comunhão.
[2151] Cfr. CASTANHEIRA NEVES, *O sentido...*, in *Boletim...*, Volume Comemorativo, 122 e 123, assim como o que se escreveu *supra*, Parte I, 6. 1. V., por último, quanto se referiu a propósito da necessidade de uma teoria geral dos Direitos Reais.

absolutamente estanque e separada o problema dos conteúdos e métodos de ensino. Na medida em que se preconiza a adopção, enquanto método de leccionação ou exposição, de uma teoria geral dos Direitos Reais, ou o simultâneo reconhecimento da dimensão histórica do Direito Civil e da natureza constitutiva da jurisprudência tudo isso terá, naturalmente, repercussões sobre os próprios conteúdos.

3. A implementação do programa proposto no quadro do novo regulamento de avaliação. O funcionamento das aulas plenárias e das aulas de orientação. Os métodos de avaliação

I – O novo regulamento de avaliação para o curso de licenciatura (1.º ciclo – 8 semestres) aprovado pelo Conselho Directivo da Faculdade de Direito de Lisboa e em vigor no ano lectivo de 2007-2008, impõe aos professores, designadamente, as seguintes responsabilidades ao nível da docência:

Artigo 10.º
(Organização da Docência)
1. Os regentes das disciplinas, em harmonia com o professor coordenador, entregam ao Conselho Directivo o programa desenvolvido da disciplina e a bibliografia, por forma a que uma semana antes do início das aulas, sejam divulgados no sítio da Faculdade na internet e nos lugares de estilo.
2. Cabe aos regentes fiscalizar os registos obrigatórios de assiduidade dos alunos, organizar o trabalho nas aulas de orientação, harmonizar o ensino e a avaliação nas respectivas turmas, elaborar os testes de frequência e os exames finais, bem como os respectivos tópicos de correcção, assinar as pautas em que as notas de avaliação contínua forem lançadas.
3. Qualquer anomalia na leccionação, nomeadamente o incumprimento dos prazos fixados na aplicação do método de avaliação contínua deve ser pronta e fundamentadamente comunicada ao Conselho Directivo, pelo regente.

É no quadro daqui resultante que os professores e assistentes deverão leccionar as aulas e avaliar os alunos.

De acordo com o artigo 8.º do Regulamento são dois os métodos de avaliação de conhecimentos: o de avaliação contínua e o método de avaliação final. O artigo 11.º/1 determina serem automaticamente admitidos a um percurso de frequência em avaliação contínua os alunos que se inscrevem numa disciplina. Por sua vez, o artigo 11.º/2 estatui:

> Os alunos matriculados que fiquem com a sua situação escolar irregular, nomeadamente por terem prestações de propinas ou taxas por pagar, apenas podem ser admitidos condicionalmente, pelo Conselho Directivo, à prestação de provas e à frequência das aulas, ficando o lançamento das respectivas notas condicionado à regularização da sua situação escolar.

Além disso o artigo 15.º do Regulamento estabelece as seguintes causas de exclusão da avaliação contínua:

> (...) os alunos inscritos em avaliação contínua não adquirem direito à respectiva classificação, ficando o seu nome nas pautas de avaliação contínua sem a respectiva nota, quando:
> a) Não obtenham aproveitamento positivo na avaliação contínua;
> b) Tenham faltado a ¹/₄ das aulas de orientação efectivamente leccionadas.
> 2. Nos casos acima indicados os alunos ficam automaticamente admitidos no método de avaliação final, devendo proceder à sua inscrição no exame final nos prazos indicados no mapa de exames.

De acordo com os artigos 21.º e seguintes do Regulamento, o método de apreciação dos conhecimentos do aluno em avaliação final assentará numa prova escrita a realizar no final do semestre abrangendo a totalidade do programa. O exame escrito terá a duração de noventa minutos[2152].

[2152] A duração desta prova parece-nos francamente curta. A não se desejar manter uma prova de três horas, duas parece-nos o mínimo para se garantir o nível de exigência necessária a uma adequada avaliação dos conhecimentos dos alunos. Além disso, uma

Se o estudante obtiver uma classificação igual ou superior a doze valores ficará dispensado de prestar qualquer outra prova de avaliação e será essa a classificação final obtida na disciplina, sem prejuízo do regime estabelecido para as melhorias de nota. Quando a classificação obtida no exame for de 10 ou 11 valores, o aluno é admitido a prestar uma prova oral de avaliação, sendo a classificação final obtida na disciplina resultado da seguinte ponderação: a classificação do exame escrito vale 50%; e a da prova oral vale 50%.

II – Mais complicado é o regime de avaliação contínua. O Regulamento começa por estabelecer, numa norma de conteúdo genérico (artigo 2.º/1), mas de especial acuidade no quadro da avaliação contínua, que as aulas serão leccionadas em regra por professores. Já as aulas de orientação podem ser asseguradas por assistentes ou assistentes-estagiários, orientados e coordenados pelo professor-regente (artigo 2.º/2)[2153]. Com esta norma dá-se corpo a um esquema de leccionação novo assente também numa nova terminologia. Em certo sentido parece deixar de existir a separação entre aulas teóricas e práticas. Passa a haver aulas e aulas de orientação. As aulas serão plenárias. As de orientação realizadas em pequenas unidades de avaliação.

Num passo que deve ser assinalado, o artigo 12.º determina a propósito da frequência das aulas:

> 1. A avaliação contínua é feita em quatro horas lectivas semanais, sendo duas de aulas de orientação.
>
> 2. As aulas têm a duração de 50 minutos (tempo lectivo) e não pode haver tempos lectivos seguidos da mesma turma e disciplina com o mesmo docente.
>
> 3. Se a aula tiver início dez minutos depois ou terminar antes das horas previstas para tal, o tempo lectivo não é considerado como aula para efeitos do disposto nas normas do Regulamento de Avaliação.

---

maior duração da prova permitiria, também, ao aluno um maior tempo de reflexão e de ambientação.

[2153] Não se faz qualquer alusão aos monitores e seu papel.

Este preceito – naquilo que é agora essencial – articula-se com o artigo 2.º anteriormente referido mas, também, com o artigo 14.º particularmente com o seu n.º 1/c). É o seguinte o teor do último normativo agora em referência:

> 1. Para atribuição da classificação em avaliação contínua, os alunos têm de realizar obrigatoriamente três elementos de avaliação distintos:
> a) Uma frequência escrita única para toda a turma, com um valor de 50% na composição final da classificação;
> b) Elementos de avaliação oral individual com um valor de 30% na composição final da classificação;
> c) Assiduidade e outros elementos escritos ou orais com um valor de 20% na composição final da classificação.

Se bem se notar, o Regulamento ao estabelecer que a avaliação contínua se faz em quatro horas lectivas semanais, sendo duas delas de orientação, e ao estabelecer um conjunto de três elementos de realização obrigatória para essa avaliação, entre as quais a assiduidade, está a determinar duas coisas da maior importância: a primeira é a de se dever proceder ao controlo de assiduidade em todas as aulas[2154], inclusivamente as plenárias. A segunda é a de que também nas aulas plenárias se pode fazer avaliação. Esse mesmo entendimento é confirmado ainda pelo artigo 4.º ao impor dever ter a avaliação oral individual referida no artigo 17.º, pelo menos, a duração de quinze minutos a ser realizada nas aulas (sem distinguir entre as aulas plenárias e as de orientação – permite-se, aliás, inclusivamente que essa avaliação se possa fazer fora das aulas[2155]).

[2154] Discorda-se, pois, com a devida vénia, do entendimento expresso pelo Presidente do Conselho Directivo, na reunião do Conselho Científico de 26-09-2006, no sentido segundo o qual, nos termos do Regulamento, a verificação da assiduidade dos alunos nas aulas plenárias é facultativa.
[2155] Obviamente nesse caso terá de existir uma marcação prévia por parte do docente que for realizar a avaliação.

III – A implementação do controlo de assiduidade nas aulas plenárias não se afigura linear atento o número de presenças a conferir. A quantidade de discentes inviabiliza a possibilidade de uma chamada de todos os inscritos.

A forma de controlo que se nos afigura mais fácil – e cuja adopção foi, de resto, sugerida já pelo Professor JORGE MIRANDA na reunião do pleno do Conselho Científico de 26-09-2006 – assentaria na atribuição aos alunos de lugares fixos nos anfiteatros. Ao mesmo tempo, o Conselho Directivo instruiria os funcionários, até à data encarregados da guarda dos livros de sumários e das folhas de presença das aulas práticas (agora de orientação), para passarem pelas aulas plenárias e apontarem os números dos lugares vagos.

Não tendo, até agora, o Conselho Directivo decidido adoptar a via acabada de enunciar, resta aos docentes tentarem encontrar outros caminhos possíveis para a verificação da assiduidade dos alunos. Vejamos quais nos parecem poder ser eles.

Uma vez que, nos termos do Regulamento, passa a existir ou, pelo menos, a poder existir avaliação contínua também nas aulas plenárias terá de passar a existir, igualmente para elas, fichas de alunos semelhantes às usadas nas aulas de orientação. Utilizando essas fichas poderá um assistente, recorrendo às fotografias nelas apostas, ir marcando as faltas dos alunos ausentes enquanto o professor se encarrega da leccionação. Mas trata-se de um mecanismo que não é, antes pelo contrário, desprovido do risco de erros.

Outro caminho possível é o de fazer circular uma folha a ser assinada por todos os alunos e onde colocarão ainda o respectivo nome e número. Para melhor controlo os estudantes devem inserir, logo no princípio do semestre, nas respectivas fichas de aulas plenárias a assinatura que usarão para marcar a respectiva presença na folha a fazer circular. Uma vez mais, porém, este mecanismo apresenta alguns inconvenientes. A começar desde logo pela morosidade do controlo a efectuar, *a posteriori*, das assinaturas. Uma forma de facilitar esse controlo pode passar por se fazer passar, não uma qualquer lauda em branco na qual os estudantes colocarão os seus dados na exacta sequência por que se encontram sentados, mas a própria lista, a fornecer pelos serviços em cada tempo lectivo plenário juntamente com o livro de sumários, dos alunos inscritos em avaliação contínua na disciplina em causa. Cada um dos discentes assinará, assim, em frente do seu número e nome devidamente dactilografado e por ordem alfabética. Tudo isto seria, depois, confrontado com as fichas individuais e as assinaturas nelas apostas. O trabalho de controlo a realizar após a aula ficaria simplificado mas continuaria a ser moroso, difícil e sujeito a erros[2156].

Uma terceira hipótese consiste numa chamada parcial ou por amostra. Este método apresenta a vantagem de ser de longe o mais simples. Mas ele não implica um pleno controlo da assiduidade dos alunos, funcionando mais como um meio destinado a incentivar os alunos a estarem presentes.

Ponderados as vantagens e inconvenientes das alternativas agora expostas a nossa preferência vai, claramente, para a atribuição aos alunos de lugares fixos verificando um funcionário, em cada tempo lectivo, quais os vazios. Todavia, por ter o ano já começado e não ter sido implementado este método julgamos dever-se adoptar um esquema misto. Nele, a verificação da assiduidade será feita, simultaneamente, através de uma chamada presencial, por amostra, de alguns alunos e pela circulação da lista de inscritos para ser assinada. A conferência das faltas com base nela poderia ser ocasionalmente feita na integralidade, através do confronto das assinaturas nelas apostas com as constantes da ficha ou lista assinadas no início do semestre. Na generalidade dos casos, porém, o exame da folha será feito apenas a um conjunto de alunos. Ainda assim, os alunos ficam cientes da existência de um instrumento susceptível de permitir ao docente, em qualquer momento, a verificação integral das presenças.

IV – Não menores do que as anteriormente referidas se nos apresentam as dificuldades de implementação do regime de avaliação contínua.

[2156] Note-se que se for este o método escolhido para realizar o controlo das faltas nas aulas plenárias se não houver verificação com base no confronto com as assinaturas apostas na ficha individual ou numa lista de alunos que se tenha feito circular no princípio do ano poder haver fraudes resultantes de alguns alunos presentes assinarem por colegas ausentes.

Começando pelos elementos de avaliação oral referidos no artigo 14.º/1/b), estabelece o artigo 17.º, já o vimos, deverem eles ser obtidos através de interrogatório ou interrogatórios personalizados e públicos a cada aluno cujo somatório não pode representar menos de quinze minutos. Embora podendo fazer-se também nas aulas plenárias e mesmo fora dos tempos lectivos, dir-se-ia que as aulas de orientação seriam as melhor vocacionadas para a sua efectivação. Trata-se de unidades de pequena dimensão nas quais o contacto entre aluno e professor é mais próximo do que o existente nas lições plenárias. Sucede, todavia, poderem as aulas de orientação ter até trinta alunos. Para interrogar personalizadamente semelhante número de estudantes durante, pelo menos um quarto de hora, serão necessários quatrocentos e cinquenta minutos. Como as aulas de orientação têm a duração de cinquenta minutos seria necessário, pelo menos, um total de nove aulas só para a mencionada interrogação individualizada. Isto, admitindo que não se fazia qualquer chamada, nem existia nenhum compasso, atraso ou dúvidas colocadas pelos alunos. Como não é possível, até em termos regulamentares, prescindir da verificação da assiduidade nas aulas de orientação para efeitos de avaliação e como é, além disso, utópico considerar não colocarem os alunos uma única dúvida nessas nove aulas parece ter de se admitir, com algum optimismo, não ser possível dispensar mais de quarenta minutos seguidos por tempo lectivo de orientação ao interrogatório personalizado. A ser assim, e admitindo ainda naturais contratempos e imprevistos de diversa ordem, o número de aulas de orientação necessário para realizar o interrogatório personalizado consumirá pelo menos doze aulas de orientação. Isto, num cenário em que estas são reduzidas de três para duas por semana. Portanto, num quadro onde o seu número total andará, com o calendário lectivo já aprovado e sem contar com os feriados, no ano de 2007-2008, em cerca de vinte e quatro tempos de orientação no primeiro semestre e vinte e seis no segundo semestre[2157]. Tudo visto, a ser realizada, apenas, nas aulas de orientação

---

[2157] Parte-se do pressuposto de que as aulas de orientação começam na semana seguinte à data marcada para o início das aulas plenárias.

a apreciação individualizada ocupará metade delas, sem qualquer possibilidade de leccionação efectiva ou orientação real.

Se a isto somarmos, agora, a exigência constante do artigo 14.º/1/c) de a avaliação dever basear-se, ainda, noutros elementos escritos ou orais e se se considerar não parecer razoável consumirem também eles menos de quinze minutos por aluno a conclusão é a de que, se tudo se concentrar nas aulas de orientação, não haverá um só minuto disponível para leccionar matéria. A totalidade será consumida na avaliação e na resolução de dúvidas pontuais colocadas pelos alunos. Bem vistas as coisas parece, por isso, imprescindível transferir, de facto, parte da avaliação, cujo peso face ao ensino de matéria aumenta com o novo Regulamento, ou para as aulas plenárias ou para fora dos tempos lectivos. Até porque o Estatuto da Carreira Docente continua a prever, não aulas e aulas de orientação como faz o Regulamento, mas, sim, aulas teóricas, teórico-práticas e práticas. Ora, nas aulas práticas deve ser realizado, pelo menos, algum efectivo trabalho prático orientado e não apenas avaliação.

V – No quadro específico das aulas plenárias tem sido, até aqui, uso com algum curso na nossa Faculdade, reservar algumas delas para a realização dos testes de frequências. Propõe-se que, na medida possibilitada pela necessidade de cumprimento dos programas, o tempo dessas aulas passe a ser usado para realização do interrogatório individualizado mencionado no artigo 14.º/1/b)[2158] e a frequência escrita, agora única por força do artigo 16.º do Regulamento, seja efectuada fora do tempo normal previsto para a disciplina. Tudo isto deve ser previamente preparado em trabalho conjunto dos regentes e assistentes. Mesmo assim, e partindo do pressuposto de que a avaliação não deve exceder metade das aulas de orientação e de que a outra metade deve servir para ministrar conhecimentos – e admitindo até que, em certa medida, se pode fazer

---

[2158] Seria, pois, de toda a conveniência que os responsáveis pelas aulas de orientação pudessem também intervir nas aulas plenárias. Não permite, porém, o artigo 2.º/1 e 2, nessa medida pouco compatível com o artigo 71.º do Estatuto da Carreira Docente Universitária.

a orientação e a administração de conhecimentos de forma simultânea e conjugada – isso não será suficiente para assegurar, em termos de tempo, todas as exigências impostas pelo novo Regulamento no respeitante à avaliação contínua. Julgamos, pois, afigurar-se, realmente, necessário o uso da faculdade concedida pelo artigo 17.º do Regulamento no sentido de se fazer essa avaliação fora dos tempos lectivos normais, num passo que a nosso ver se pode, porventura até, enquadrar no disposto no artigo 71.º/3 do Estatuto da Carreira Docente Universitária.

A importância da realização de uma efectiva e adequada avaliação personalizada, mesmo se fora dos tempos lectivos normais, é tanto mais importante quanto é certa a circunstância de o novo Regulamento vir a situar a frequência escrita única, não no final do semestre, mas, sim, no início do último mês de aulas da disciplina (artigo 16.º/1). Além disso, para a realização da frequência exige-se a leccionação apenas de dois terços da matéria (artigo 16.º/2). Aliás, em termos de normal funcionamento e implementação da calendarização dos programas seria, em regra, mais coisa menos coisa, sempre essa a quantidade de matéria leccionada no início do último mês de aulas da disciplina, uma vez que no novo plano curricular e com a actual calendarização cada semestre apenas comporta cerca de três meses de aulas[2159]. De facto os tempos lectivos do primeiro semestre do ano escolar de 2007-2008 começaram, na Faculdade de Direito de Lisboa, em 24 de Setembro de 2007 e terminam em 22 de Dezembro do mesmo ano. Por sua vez os do segundo semestre iniciam-se em 11 de Fevereiro de 2008 e encerram em 24 de Maio, com uma interrupção para férias da Páscoa entre 19 e 25 de Março. É expectável ser o calendário dos próximos anos equivalente a este. Por isso, em termos normais, quando for realizada a frequência única apenas estará, na maioria dos casos, em termos de plausibilidade e probabilidade, ensinado cerca de dois terços do programa das diversas disciplinas.

Sucede, a acrescer a quanto agora referimos, estabelecer o artigo 20.º/1 do Regulamento, ficar o aluno com doze valores ou mais de avaliação

---

[2159] Por mês entende-se um período corrido de cerca de trinta dias.

contínua imediatamente aprovado, sendo essa a avaliação obtida na disciplina. Quer isto dizer: se a prova de avaliação contínua correr bem a um estudante e ele esperar obter pelo menos doze na avaliação contínua não mais voltará a fazer qualquer estudo aprofundado das matérias ensinadas depois da mencionada frequência, excepto se a isso for obrigado ou tiver uma aplicação fora do comum. Em termos de resultado, isso significaria poderem obter aprovação todos os alunos com doze ou mais, se não se apresentarem a melhoria de nota, estudando apenas dois terços do programa ensinado. Como, por ano, existem dois semestres os alunos com mais de doze poderiam, em tese, licenciar-se estudando apenas quatro sextos de todos os programas e conteúdos leccionados na nossa Faculdade. Isso não é, porém, admissível e a única forma de o evitar é, a nosso ver, sujeitar, por sistema, os alunos, com susceptibilidade de obterem mais de doze, a interrogatórios durante os últimos dias de aulas de cada semestre e respeitantes a toda a matéria que tenha sido leccionada depois da frequência.

VI – Uma palavra final, no que ao funcionamento das aulas diz respeito, para nos voltarmos a referir ao exercício das lições plenárias.

Estas, pelo número de alunos nelas presentes, não são, já o mencionámos, as ideais para a realização de uma avaliação contínua. Propõe-se, por isso, que, no quadro do Estatuto da Carreira Docente Universitária e de acordo com a prática corrente até agora vigente na Faculdade de Direito de Lisboa, elas continuem a ser aulas predominantemente de ensino, e não tanto de avaliação. E sendo de ensino parece-nos deverem elas permanecer, também, predominantemente teóricas, assistindo-se à sua conversão em aulas teórico-práticas apenas pontualmente, quando isso se justifique ou resulte da necessidade de cumprir exigências impostas pelo Regulamento de avaliação.

VII – Questão diversa da até aqui analisada é a de saber se, ao abrigo do novo Regulamento de avaliação e com o reforço da carga avaliativa por ele imposta, é possível implementar um programa de Direitos Reais, sujeito ao método e exigência por nós propostos. Dito de outra maneira: atenta a quantidade de horas exigidas, a partir de 2007-2008, para avaliação ainda haverá a possibilidade de se ensinar uma disciplina de Direitos Reais onde, além do tratamento em especial de direitos reais típicos, esteja presente uma teoria geral desses Direitos? E existirá espaço para se cumprirem, ao nível do ensino, as anteriormente aludidas exigências resultantes da dimensão histórica do Direito, por um lado, e da revisão das fontes com o reconhecimento da natureza constitutiva da decisão, do outro? São estas perguntas tanto mais pertinentes quanto é certo no plano de estudos agora em vigor – resultante da necessidade, governamentalmente imposta, de adopção do chamado regime de «Bolonha» – os Direitos Reais apenas ocuparem um semestre.

Como ponto de partida às interrogações formuladas deve assentar-se que «Bolonha» e a consequente revisão do plano de estudos não pode, em circunstância alguma, servir de pretexto para se diminuir o rigor no plano do ensino. O mesmo se deve dizer quanto às condicionantes impostas pelas regras de avaliação. Estas não podem nunca servir de argumento para se deixar de ensinar correctamente. Por isso, à invocação de acordo com a qual «Bolonha» e o novo regulamento dela decorrente tornam mais difícil leccionar só se pode responder aumentando o esforço no sentido de o ensino efectivo não vir a padecer com as adversidades que lhe foram criadas.

Dito isto importa ainda considerar o seguinte.

Bem vistas as coisas, a Disciplina de Direitos Reais tem sido histórica e tradicionalmente um curso semestral. Aliás, o concreto figurino que no ano lectivo de 2006-2007 estava em vigor na Faculdade de Direito de Lisboa para os Direitos Reais não era, em rigor, o de uma disciplina anual. Na verdade, apesar de a matéria ser ensinada ao longo de todo o ano lectivo, só havia, para ela, uma aula teórica por semana, contrariamente às duas existentes para as outras cadeiras. E, também, o número de aulas práticas semanais era inferior ao das restantes disciplinas. Na verdade, no plano de estudos actual, com o calendário existente para o ano de 2007-2008, o tempo de unidades de aulas teóricas será no primeiro semestre em regra de vinte e seis e no segundo de vinte e oito. Significa isto que, no tocante aos Direitos Reais[2160], se não assiste a nenhuma re-

---

[2160] Mas também relativamente à generalidade das outras disciplinas.

dução de aulas magistrais. A quantidade de tempos lectivos para aulas plenárias existente nos últimos anos – em que se estendia o ensino do Direito das Coisas pelos dois semestres – era equivalente ao proporcionado pelo novo plano.

Ora, a análise que conduzimos, no presente trabalho, acerca do ensino dos Direitos Reais ao longo dos tempos, mostra como uma teoria geral do Direito das Coisas acompanhada do estudo em especial dos diversos direitos reais tem cabido perfeitamente no número de horas colocado à disposição dos docentes que decidiram optar por este modelo de ensino da disciplina – cumprindo por norma o programa estabelecido[2161]. Isto mesmo naqueles casos em que se não descurou a abordagem e tratamento histórico das matérias de Direitos Reais.

VIII – Mais problemático pode parecer o cumprimento do programa ao nível das aulas de orientação. Mesmo assim parece-nos ser, também, a este nível perfeitamente possível cumprir em termos de elevada exigência e profundidade de ensino o programa de uma teoria geral dos Direitos Reais em que estejam presentes os aspectos metodológicos cujo cumprimento consideramos imprescindível. Na base desta nossa afirmação não se encontra, aliás, uma simples conjectura. Durante a respectiva licenciatura o relator do presente trabalho testemunhou, a partir dos bancos da escola, como o Professor MENEZES CORDEIRO e as suas equipas leccionaram, no curso de Direito da Universidade Católica, na perspectiva de uma bem conseguida teoria geral, os Direitos Reais, em vários anos, numa disciplina semestral em que as aulas práticas eram apenas duas por semana e, portanto, em número equivalente ao que agora o Direito das Coisas terá na Faculdade de Direito de Lisboa. O facto de nós próprios termos sido, então, aluno do Mestre permite-nos atestar como, nessas duas aulas práticas semanais, MENEZES CORDEIRO e a respectiva equipa transmitiam aos seus discípulos, de forma totalmente esclarecedora, eficaz e integral o programa da teoria geral dos Direitos Reais leccionado. Há, é certo, uma diferença resultante de quanto

---

[2161] Nós próprios o fizemos já.

vimos serem as imposições resultantes da avaliação que a partir de agora se terá de efectuar obrigando os docentes a ocuparem mais tempo com essa avaliação e menos tempo a ensinar de facto. Como proceder? A resposta está em grande parte já dada: maximizando as possibilidades de flexibilização da avaliação dos alunos em termos de horários – a frequência única não deve ser realizada durante os tempos lectivos; na medida do necessário deve aproveitar-se integralmente a possibilidade de o interrogatório individualizado ser feito fora do tempo de aulas de orientação. Mas existem, ainda, outros caminhos que passarão por uma muito cuidada articulação entre docente e alunos na preparação das aulas práticas[2162]. Ganhar-se-á, certamente, muito tempo se logo no início do semestre forem fornecidos aos alunos, ou dadas as indicações para o efeito, os diversos elementos de trabalho a usar nas aulas de orientação. Quando em causa esteja o ensino e não apenas a avaliação, no final de cada tempo lectivo de orientação o professor ou assistente deve comunicar, além das matérias a tratar, de entre os colocados à disposição dos discentes, quais os casos práticos ou decisões jurisprudenciais que irão ou poderão ser usados na próxima orientação, para estes se familiarizarem, antecipadamente, com o seu teor. Parece-nos, agora mais do que nunca, dever evitar-se longos ditados susceptíveis de consumirem minutos preciosos de outro modo aproveitáveis para o ensino.

IX – Uma maximização dos tempos disponíveis, quer nas aulas magistrais quer nas práticas, pode, ainda, ser alcançada através de uma criteriosa selecção das matérias e de um evitar de duplicações com outras disciplinas[2163]. Temos, particularmente, em vista o estudo das coisas e seu

---

[2162] Julgamos de facto que o novo Regulamento não vem apenas colocar exigências acrescidas aos docentes no sentido de permitir a existência de ensino nas aulas de orientação e não apenas avaliação. Ele aumenta também o nível da prestação pedida aos alunos.

[2163] Deve recordar-se aqui a circunstância de, durante o diálogo que no processo de adopção do novo plano de curso se estabeleceu entre professores e alunos, um dos pontos relativamente aos quais estes manifestaram preocupação foi, justamente, o de se evitar o ensino repetido das mesmas matérias em disciplinas diferentes.

estatuto assim como os direitos reais de aquisição[2164] e de garantia. Uma vez mais a análise histórica que fizemos, acerca do ensino dos Direitos Reais ao longo dos tempos, permitiu-nos verificar como essas matérias são, umas vezes deixadas de fora da disciplina de Direitos Reais outras nela incluídas. Isto sem embargo de as coisas e respectivo estatuto serem também estudados com frequência em Teoria Geral do Direito Civil e de os direitos reais de garantia e de aquisição se encontrarem amiúde integrados no Direito das Obrigações, dando origem a repetições que, a nosso ver, se podem e devem evitar deixando as coisas, precisamente, para a Teoria Geral e os direitos reais de aquisição e de garantia para as Obrigações.

É verdade que, por acontecerem, também, situações nas quais as coisas não são tratadas na Teoria Geral e os direitos reais de aquisição e de garantia nas Obrigações – por os respectivos regentes ou coordenadores considerarem tratar-se de matérias a incluir no Direito das Coisas –, a fazer-se a opção por nós proposta no sentido de deixar estes assuntos fora da nossa cadeira, se corre o risco inverso de nenhuma destas matérias ser afinal leccionada. É este um ponto no qual o ensino do Direito

---

[2164] Temos naturalmente em vista o estudo do contrato-promessa e do direito de preferência com eficácia real. Não outras situações jurídicas também qualificadas como sendo direitos reais de aquisição e susceptíveis de, num muito breve capítulo ou parágrafo, serem confortavelmente estudadas em Direitos Reais. V., por exemplo, o que faz SANTOS JUSTO, *Direitos...*, 454 e 455. Mesmo assim entendemos com MENEZES CORDEIRO, *Direitos...*, 773, só se dever falar de direitos reais de aquisição *proprio sensu* quando haja autonomia na afectação. Caso contrário, depararemos com faculdades integradas em direitos reais complexos. O estudo dessas faculdades pode fazer-se a propósito dos direitos reais em que se verifiquem. Não nos parecem, designadamente, direitos reais de aquisição o direito de pesca, mineração, caça, aproveitamento de águas ou pesquisa de tesouros como sustentava PAULO CUNHA, *Curso...*, 262 e ss., 272 e ss. (v., também, a distinção operada por OLIVEIRA ASCENSÃO, *Direito...*, 555 e ss., a propósito dos direitos reais de aquisição). Conforme demonstra MENEZES CORDEIRO nos casos dos direitos de mineração e aproveitamento de águas públicas e mineromedicinais, quando existam, são direitos reais de gozo de minas, águas e nascentes, não constituindo a suposta aquisição mais do que o resultado de uma comum faculdade de fruição. Nos outros deve perguntar-se se é necessária, ou não, a ocupação ou achado para a aquisição do direito. Mostrando-se, como nos parece, a resposta afirmativa, então, é a ocupação a fonte do novo direito.

Civil só teria a ganhar com uma concertação de programas semelhante à que se procurou implementar na nossa Faculdade, sob proposta de MARCELLO CAETANO, em 1949-1950[2165]. E a concertação, em nosso entender, devia ir no sentido antes apontado de se deixar o estudo das coisas para a Teoria Geral e o dos direitos reais de garantia e de aquisição para o Direito das Obrigações. Quanto a estes últimos é mesmo prática, que se poderia dizer consolidada, o estudo do contrato-promessa e do direito de preferência com eficácia real no âmbito das Obrigações[2166]. Já em favor da associação das garantias reais ao Direito das Obrigações e não aos Direitos Reais invocava, há muito, VAZ SERRA[2167] o facto de ser essa a orientação tradicional portuguesa no ensino do Direito Civil, a par com a circunstância de a função das garantias reais consistir em proteger e assegurar o cumprimento de créditos. O estudo das garantias com eficácia real no âmbito do Direito das Obrigações facilita, assim, o entendimento da própria dinâmica obrigacional[2168]. Concretamente na Faculdade de Direito de Lisboa a via de proceder ao tratamento das garantias reais no quadro do Direito das Obrigações foi preconizada ou seguida, por exemplo, por PAULO CUNHA[2169], OLIVEIRA ASCENSÃO[2170] e PEDRO ROMANO MARTINEZ[2171/2172/2173]. Finalmente, no que

---

[2165] V. MARCELLO CAETANO, *Apontamentos...*, in *Revista...*, XIII, 173 e ss..

[2166] V., *colorandi causa*, INOCÊNCIO GALVÃO TELLES, *Direito das obrigações*, 7.ª ed. revista e actualizada, Coimbra, 1997, 148 e 168 e ss.; ANTUNES VARELA, *Das obrigações...*, I, 374 e 375, 382 e ss.; PEDRO ROMANO MARTINEZ, *Direito das obrigações (apontamentos)*, 2.ª ed., Lisboa, 204, 177 e ss.; e MENEZES LEITÃO, *Direito...*, I, 246 e ss., 249 e ss..

[2167] VAZ SERRA, *A revisão...*, in *Boletim...*, 1947, 2, 35.

[2168] Recorde-se aqui, apenas, a circunstância de à própria tradição a que alude VAZ SERRA estar ligado o nome de GUILHERME MOREIRA.

[2169] Assim PAULO CUNHA, *Curso...*, 163. Cfr., também, do autor, *Da garantia...*, 11 e 112; *Direito das obrigações. A garantia...*, 31 e 32, 53 e ss..

[2170] OLIVEIRA ASCENSÃO, *Direito civil...*, 545, autor que, embora não sem um lamento, justifica o limitado tratamento que dá aos direitos reais de garantia na obra agora citada em razão da dupla circunstância de, por um lado, os limites de tempo impostos ao ensino da cadeira não permitirem uma abordagem global e aprofundada da temática e, por outro, as principais figuras serem logo tratadas no quadro do Direito das Obrigações.

ao estudo das coisas diz respeito a verdade é que, independentemente de quaisquer considerações susceptíveis de se fazer a respeito da sua melhor localização nos Direitos Reais ou na Teoria Geral do Direito Civil, actualmente essa matéria é efectivamente ensinada, na Faculdade de Direito de Lisboa[2174], em todas as turmas, na disciplina de Teoria Geral do Direito Civil[2175].

[2171] V., *Direito…*, 299 e ss..
[2172] Vão, contudo, em sentido diverso as opções de MENEZES CORDEIRO, *Direito das obrigações*, Lisboa, reimpressão da edição de 1980, Lisboa, 1987, I e II; e MENEZES LEITÃO, *Direito…*, I, 5.ª ed., II, 4.ª ed., Coimbra, 2006, e III, cit., 4.ª ed..
[2173] Em Coimbra tem sido essa também a opção seguida por SINDE MONTEIRO. Cfr. o programa deste professor de que dá nota MENEZES LEITÃO, *O ensino…*, 229 e ss.. V., igualmente, SINDE MONTEIRO, *Sumários da 1.ª Turma de Direito das Obrigações – 2006-2007*, in *https://woc.uc.pt/fduc/class/geralsummary.do?idclass=18&idyear=3*.
[2174] Ao contrário do verificado na Faculdade de Direito de Coimbra onde, na disciplina de Teoria Geral do Direito Civil, apenas se fazem algumas considerações mais ou menos introdutórias às coisas. Cfr., por exemplo, PINTO MONTEIRO, *Sumários da 1.ª turma de Teoria Geral do Direito Civil – 2005-2006*, in *https://woc.uc.pt/fduc/class/geralsummary.do?idclass=28&idyear=2*; CAPELO DE SOUSA, *Sumários da 2.ª turma de Teoria Geral do Direito Civil – 2005-2006*, in *https://woc.uc.pt/fduc/class/geralsummary.do?idclass=96&idyear=2*; Id., *Sumários da 1.ª turma de Teoria Geral do Direito Civil – 2006-2007*, in *https://woc.uc.pt/fduc/class/geralsummary.do?idclass=28&idyear=3*; SOUSA RIBEIRO, *Sumários da 2.ª turma de Teoria Geral do Direito Civil – 2006-2007*, in *https://woc.uc.pt/fduc/class/geralsummary.do?idclass=96&idyear=3*.
[2175] As regências de Teoria Geral do Direito Civil têm, na Faculdade de Direito de Lisboa, cabido nos últimos anos a MENEZES CORDEIRO (turma A – dia), PEDRO PAIS DE VASCONCELOS (turma B – dia) e MARIA DO ROSÁRIO PALMA RAMALHO (cfr. *Teoria Geral do Direito Civil. Sumários*, turma da noite, 2006-2007, onde se pode verificar dedicar esta Professora três aulas inteiras às coisas). MENEZES CORDEIRO viria num primeiro momento, a afirmar (*Teoria…*, in *Revista…*, XXIX, 497) que «*a vertigem abstraccionista do Código Civil, preso à discutível e ultrapassada técnica da relação jurídica, separou as coisas do seu regime: doutro modo, nada teria para incluir como "objecto" da referida relação. Não é possível tratar as coisas sem o seu regime: este comenta as diversas classificações, dando sentido aos seus termos. Por outro lado, a experiência ensina que, em Direitos Reais, se torna sempre necessário rememorar as matérias atinentes às coisas. (…) Propõe-se que, em Teoria Geral, se faça tão-só uma referência à matéria dos artigos 202.º e ss., remetendo-se o seu aprofundamento para Direitos Reais*».

Uma outra matéria em que se afigura necessária uma concertação de programas prende-se com a questão dos direitos pessoais de gozo. Também aqui a nossa opção vai no sentido de se deixar essa matéria para outras disciplinas de Direito Civil. Em primeiro lugar por, conforme referimos já antes, não nos parecer estar-se aqui diante de direitos reais[2176]. Em

---

Não obstante, mais tarde, viria a incluir na parte geral do seu tratado de Direito Civil (v. *Tratado...*, I, II, *per totum*), um estudo alargado e aprofundado das coisas. Também PEDRO PAIS DE VASCONCELOS inclui na sua *Teoria geral do direito civil*, 3.ª ed., Coimbra, 2005, 213 e ss., um conjunto de referências importantes a propósito das coisas.

[2176] Omitindo agora a bibliografia citada já noutro local deste trabalho a propósito dos direitos pessoais de gozo pode ver-se, no sentido de quanto se refere no texto, ao nível da jurisprudência *STJ – 19-01-2006* (ALBERTO SOBRINHO), in *www.dgsi.pt* (propriedade horizontal – parte comum – direito real – direito pessoal); *STJ – 13-01-2005* (LUCAS COELHO), in *Idem* (revisão de sentença estrangeira – competência internacional – partilha dos bens do casal – bem imóvel – interpretação da lei); *STJ – 01-07-2004* (FERREIRA DE ALMEIDA), in *Idem* (execução específica – promitente--vendedor – cônjuge – contrato-promessa de compra e venda – bem comum – consignação em depósito – depósito do preço); *STJ – 27-04-2004* (LOPES PINTO), in *Idem* (posse); *STJ – 24-04-2004* (NUNO CAMEIRA), in *Idem* (direito pessoal de gozo); *STJ – 21-11-2003* (QUIRINO SOARES), in *Idem* (arrendamento – conflito de direitos – abuso de direito); *STJ – 09-10-2003* (OLIVEIRA BARROS), in *Idem* (venda executiva – arrendamento); *STJ – 17-06-2003* (AFONSO DE MELO), in *Idem* (empreitada – dono de obra – comitente); *STJ – 13-01-2000* (MIRANDA GUSMÃO), in *Idem* (contrato-promessa de compra e venda); *STJ – 23-11-1999* (MACHADO SOARES), in *Idem* (arrendamento para comércio ou indústria); *STJ – 25-09-1999* (COSTA SOARES), in *Idem* (estabelecimento comercial – direito ao trespasse – privilégio creditório – reclamação de créditos); *STJ – 05-02-1998* (LOPES PINTO), in *Idem* (embargos de terceiro – mera detenção – posse – *animus* – *corpus* – tradição da coisa); *STJ – 22-02-1994* (FERNANDO FABIÃO), in *Idem* (arrendamento – aquisição – usucapião); *STJ – 01-06-1993* (PEREIRA CARDIGOS), in *Idem* (falência – arrendamento – locatário – usufrutuário – direito ao arrendamento – massa falida – escritura pública – nulidade – apenas com indicação de sumário); *STJ – 09-03-1989* (ELISEU FIGUEIRA), in *Idem* (direito de preferência – apenas com a indicação do sumário); *RL – 15-03-2007* (ANA PAULA BOULAROT), in *Idem* (propriedade horizontal – parte comum – usucapião); *RL – 16-05-2006* (ABRANTES GERALDES), in *Idem* (abuso de direito – comodato – reivindicação – direito pessoal de gozo – efeitos – terceiros); *RL – 03-10-1991* (SOUSA DINIS), in *Idem* (direito liti-

segundo lugar porque, independentemente da sua natureza, as mais características figuras que integram o elenco dos direitos pessoais de gozo, podem e devem ser estudadas na disciplina de contratos em especial – igualmente integrante do plano de estudos iniciado no ano lectivo de 2007-2008.

---

gioso – arrendamento – tresspasse); *RP – 09-02-2006* (PINTO DE ALMEIDA), in *Idem* (propriedade horizontal – parte comum – direito real – direito pessoal); *RP – 07-04-2004* (JOSÉ FERRAZ), in *Idem* (comodato – eficácia).

4. Programa e conteúdos

4.1. Considerações preliminares

I – O artigo 44.º, n.º 2, do Decreto-Lei n.º 448/79, de 13 de Novembro, estabelece dever o candidato a concurso para Professor Associado apresentar um relatório onde se inclua o programa, os conteúdos e os métodos de ensino teórico e prático das matérias da disciplina, ou de uma das disciplinas, do grupo a que respeita o concurso. Grande parte desse trabalho encontra-se feita[2177]. Importa agora explicitar em concreto em que consistirá o programa a adoptar e os conteúdos propostos. Antes disso, impõe-se, contudo, um esclarecimento.

II – A lei faz, como se viu, uma referência ao programa e conteúdos. Trata-se, todavia, a nosso ver de uma redundância. Como nota a propósito RUI PINTO DUARTE[2178], o programa de uma disciplina envolve conteúdos e os conteúdos representam o núcleo do respectivo programa: o programa é, no fundo, uma seriação de conteúdos. Facilmente se compreenderá, depois de quanto escrevemos acerca do problema metodológico da interpretação e da distinção entre *ius* e *lex*, não nos parecer

---

[2177] E feita, quer na Introdução, 2, ao presente trabalho, quer nos diversos parágrafos da respectiva Parte II.
[2178] *O ensino*..., 9 e 10.

invocável, em sentido contrário, o argumento extraído da simples consideração da letra da lei. Aliás, mesmo numa perspectiva positivista estrita ou enfeudada à consideração do carácter vinculativo do artigo 9.º do Código Civil – de que em devido tempo nos demarcámos[2179] – se dirá, para efeitos do estabelecido no número 3 daquele preceito, dever a exigência do Decreto-Lei n.º 448/79, de 13 de Novembro, ser entendida no sentido de se tomar o conjunto «programa e conteúdos» como significando um programa que contenha conteúdos. Ou de outra forma: um programa do qual se extraía o conteúdo dos seus pontos. A via frequentemente adoptada de se apresentar um programa mais sintético, seguido depois de um outro mais pormenorizado a que se dá o nome de conteúdo representa, a nosso ver, uma duplicação que pode, com a devida vénia, ser ultrapassada com vantagem para a compreensão do conjunto se se apresentar, desde logo, um programa particularizado de cujas rubricas e proposições resulte o respectivo conteúdo[2180]. Segue-se, pois, neste particular a orientação de autores como MENEZES CORDEIRO[2181] e JOSÉ ARTUR DUARTE NOGUEIRA[2182], entre outros. Mesmo assim, sublinhe-se, como quanto dissemos antes na Parte II deste nosso trabalho e, em particular, em 1.1 representa já uma defesa, explicação e explicitação, expressa e declarada por um programa baseado numa teoria geral dos Direitos Reais seguida de uma parte especial dedicada a diversos direitos reais em concreto.

Julga-se mesmo assim continuar a poder dizer-se, com FAUSTO DE QUADROS, não exigir a lei uma explicitação em detalhe de todas as matérias incluídas no programa: no fundo o que relatório deve indicar quanto aos conteúdos do ensino de uma disciplina não andará muito longe de uns sumários da mesma[2183], ainda quando, porventura, alargados ou circunstanciados.

[2179] Mas que é, por exemplo, a posição de RUI PINTO DUARTE, *O ensino...*, 9.
[2180] Assim, também, MENEZES CORDEIRO, *Teoria...*, in *Revista...*, XXIX, 417.
[2181] MENEZES CORDEIRO, *Teoria...*, in *Revista...*, XXIX, 417 e ss.; Id., *Direito bancário...*, 196 e ss., maxime 208.
[2182] *Direito romano. Relatório sobre o programa, o conteúdo e os métodos de ensino*, suplemento à *Revista da Faculdade de Direito da Universidade de Lisboa*, 1999.
[2183] *Direito internacional público I – programas, conteúdos e métodos de ensino*, in *Revista da Faculdade de Direito de Lisboa*, 1991, XXXII, 351 e ss., 423. Recorde-se, também, aqui,

4.2. O concreto programa e conteúdos propostos

I – INTRODUÇÃO

1. Evolução e delimitação histórica do Direito das Coisas,
2. Conceitos e noções introdutórias. Os direitos reais no sistema das fontes. Os direitos reais e a Constituição da República Portuguesa,
3. Teoria geral e parte especial,

II – PARTE GERAL
TÍTULO I
ESTÁTICA E CARACTERIZAÇÃO DOS DIREITOS REAIS

Capítulo I – Conceito e caracterização do direito real (considerações preliminares),
§ 1 – Introdução à evolução histórica,
4. O Direito Romano,
5. Evolução posterior: da glosa à segunda codificação,
6. O direito real após a segunda codificação,
§ 2 – A formulação clássica,
7. O poder directo e imediato,
8. Crítica,
§ 3 – A formulação moderna,
9. O poder absoluto e a relação passiva universal,
10. Crítica,
11. As teorias mistas,
12. Crítica,
§ 4 – Reformulação; posição adoptada,
13. Primeira abordagem às diversas tentativas de reconstrução do conceito de direito real,

---

quanto escreve MENEZES CORDEIRO, *Teoria…*, in *Revista…*, XXIX, 417, ao afirmar não caber nesta prova a elaboração de umas *lições* mas tão-só um programa perceptível no respectivo conteúdo, que pode, de acordo com este Professor, nem sequer chegar a uns sumários desenvolvidos, correspondendo antes a uns meros sumários.

14. Tomada de posição provisória: o direito real como um direito subjectivo absoluto, inerente a uma coisa e funcionalmente dirigido à afectação desta aos fins do sujeito,
15. Explicitação da noção de absolutidade e de afectação funcional,
16. Rejeição, à luz do conceito adoptado de absolutidade, da existência de direitos reais relativos ou com aspectos relativos,
17. Ausência de incompatibilidade entre a consideração do direito real como um direito absoluto, de uma banda, e a aceitação de existência de direitos reais naturais, da outra. A necessidade de se distinguir os direitos reais civis e absolutos dos direitos reais naturais. O lugar paralelo das obrigações civis, de um lado, e naturais, do outro,
Capítulo II – Compreensão e características dos direitos reais,
§ 1 – Direitos reais e direitos de crédito,
18. Comparação introdutória. Remissão,
§ 2 – A inerência, sequela e prevalência,
19 – Noção e considerações gerais. Remissão,
§ 3 – A tipicidade dos direitos reais,
20. Tipicidade normativa,
21. *Numerus clausus* de direitos reais,
22. Tipicidade e analogia,
23. Tipicidade e qualificação de figuras como direitos reais,
24. Objecto da tipicidade,
25. Consequências da tipicidade,
26. A tipicidade e as fontes de Direito não legais,
27. Fundamento do princípio da tipicidade. Apreciação,
§ 4. A publicidade dos direitos reais,
28. Noções gerais e evolução e tipos,
29. Publicidade e direitos reais,
Divisão I – A publicidade espontânea. A posse,
30. Apresentação e compreensão intuitiva da posse,
Subdivisão I – Evolução histórica,
31. Direito Romano,
32. Evolução posterior até à segunda codificação,
Subdivisão II – Dogmática actual da posse,
Secção I – Função, objecto, e enquadramento preliminar da posse,
33. Função da posse,

34. Objecto da posse; direitos susceptíveis de posse,
35. A independência da posse relativamente ao direito de fundo e o seu carácter formal,
36. A posse como situação jurídica e não meramente fáctica,
Secção II – Modalidades ou classificações da posse,
37. Posse causal e posse formal,
38. Posse civil e interdictal, posse efectiva e não efectiva,
39. Posse titulada e não titulada,
40. Posse de boa e de má fé,
41. Posse pacífica e posse violenta,
42. Posse pública e a chamada posse oculta,
43. Imprescindibilidade de publicidade para a constituição da posse. Necessidade de se articular a referência à posse oculta com o disposto no artigo 1256.º/1/d) e 2 do Código Civil. O controlo material de uma coisa adquirido ocultamente mas entretanto tornado público deve considerar-se posse oculta se não for conhecido do esbulhado. Necessidade de conhecimento efectivo por parte deste e não apenas de existência de cognoscibilidade. A posse oculta e o problema da usucapião,
44. Sobreposição de posses,
Secção III – Vicissitudes da posse,
Subsecção I – Constituição ou aquisição da posse e sua transmissão,
45. O apossamento,
46. A questão do *corpus*,
47. O problema do *animus*,
48. A posição mista do Código Civil português e a questão da detenção. Adesão à posição de MENEZES CORDEIRO quanto ao entendimento do artigo 1253.º do Código Civil,
49. A inversão do título da posse,
50. A tradição material e simbólica,
51. O constituto possessório,
52. Sucessão na posse,
Subsecção II – Modificação da posse,
53. Considerações gerais,
54. Modificações objectivas com impacto no conteúdo da posse,
Subsecção III – Extinção ou perda da posse,
55. O abandono, perda e destruição da coisa,

56. O apossamento de terceiro por mais de um ano,
57. Prevalência da melhor posse,
58. Cedência,
59. O regime do artigo 1257.º/2 do Código Civil e o não uso,
60. A expropriação por utilidade pública e o esbulho seguido de boa fé de terceiros,
Secção IV – Efeitos da posse,
Subsecção I – A publicidade e a presunção de titularidade,
61. Considerações gerais,
62. Presunção de titularidade do direito,
Subsecção II – Uso e fruição e regime do risco,
63. Faculdades de uso e fruição da coisa,
64. O regime do risco e responsabilidade pela perda ou deterioração da coisa. A aplicação do artigo 807.º/2/b) do Código Civil ao possuidor de má fé,
Subsecção III – As benfeitorias e encargos,
65. Benfeitorias e seu regime na posse,
66. Encargos,
Subsecção IV – Usucapião,
67. Introdução,
68. Evolução histórica,
69. Dogmática geral,
70. A acessão na posse,
71. Usucapião de imóveis,
72. Usucapião de móveis,
Secção V – Tutela possessória,
Subsecção I – Introdução,
73. Introdução,
Subsecção II – Autotutela e outros meios comuns destinados a proteger a posse,
74. Acção directa, legítima defesa e estado de necessidade,
75. A acção de simples apreciação positiva da mera posse,
Subsecção III – Os meios possessórios específicos,
76. Acção de restituição provisória,
77. Acção de prevenção,
78. Acção de manutenção,

79. Acção de restituição,
80. Embargos de terceiro,
81. Defesa da composse,
Secção VI – A natureza da posse,
82. As diversas teorias,
83. A posse como direito subjectivo de natureza não real,
Divisão II – A publicidade registal, o registo predial,
Secção I – Considerações gerais,
84. Noções introdutórias,
85. Evolução histórica,
86. Modalidades dos actos de registo,
Secção II – Princípios do registo predial,
87. Enumeração,
88. O princípio da instância,
89. O princípio da legalidade,
90. Princípio da tipicidade (enunciação do problema e tomada de posição),
91. O princípio do trato sucessivo,
92. O princípio da legitimação registal. Limitação dos efeitos da respectiva violação à pessoa do notário e sua irrelevância no plano da validade substantiva,
93. O princípio da prioridade,
94. O registo e a situação de encargo que lhe corresponde,
Secção III – Efeitos do registo predial,
95. A fé pública,
96. A delimitação da fé pública em virtude dos vícios do registo. Os vícios substantivos e os vícios registais. A inexistência, a nulidade e a irregularidade registais. Os actos sujeitos a registo substancialmente inválidos,
97. O registo enunciativo,
98. O registo consolidativo,
99. O registo constitutivo,
100. O registo atributivo: o regime dos artigos 5.º e 17.º do Código de Registo Predial e do artigo 291.º do Código Civil, e os seus requisitos ou pressupostos comuns,
101. Aplicação do artigo 5.º do Código de Registo Predial aos casos

de incompleição registal provocados por dupla alienação. Noção de terceiro,
102. Aplicação do artigo 291.º do Código Civil aos casos de invalidade substancial, de acto sujeito a registo, em virtude de comportamento de pseudo-adquirente. Concomitante rejeição da tese que procura limitar a aplicação do preceito em análise aos casos de ausência de registo prévio. Necessidade deste para aplicação da solução consagrada no artigo 291.º do Código Civil,
103. Aplicação do artigo 17.º do Código de Registo Predial aos casos de nulidade registal,
104. Sujeição da aquisição prevista no artigo 17.º do Código de Registo Predial ao período de carência de três anos previsto no artigo 291.º do Código Civil,
105. Enquadramento dogmático do efeito da aquisição tabular: a subsistência do direito do prejudicado como direito real natural,
§ 5 – Outros princípios,
106. Referência a outros princípios e sua pertinência,
Capítulo III – Extensão dos direitos reais,
§ 1 – Classificações dos direitos reais,
107. Direitos reais de gozo, garantia e aquisição,
108. Direitos reais simples e complexos,
109. Direito real máximo e direitos reais menores,
110. Outras classificações,
§ 2 – Situações jurídicas *propter rem*,
111. Conceito e modalidades,
Secção I – Os ónus reais,
112. Evolução histórica,
113. O ónus real e a obrigação *propter rem*: distinção,
114. Regime jurídico,
115. Natureza jurídica,
§ 3 – As relações jurídicas *propter rem*,
116. Modalidades de relações jurídicas *propter rem*,
117. Natureza jurídica,
118. A questão da tipicidade das situações jurídicas *propter rem*,

Capítulo IV – O conteúdo dos direitos reais,
§ 1 – O conteúdo positivo,
119. O conteúdo positivo dos direitos reais de gozo, o problema da posse e as faculdades contidas no gozo (remissão),
120. O conteúdo positivo dos direitos reais de garantia e de aquisição (breve referência),
§ 2 – O conteúdo negativo dos direitos reais,
Secção I – Introdução,
121. Distinção entre limitações e restrições; adopção da arrumação de MENEZES CORDEIRO com recondução das primeiras às excepções à permissividade de que beneficia o titular do direito real e das segundas a excepções equivalentes a permissões dirigidas a terceiros relativamente a uma coisa que é objecto de um direito real pertencente a determinado titular,
Subsecção I – As limitações,
122. Limitações gerais e limitações especiais. A questão da função social da propriedade e o abuso de direito; o problema dos limites em altura e em profundidade,
123. As limitações especiais,
124. Classificações e técnicas,
Subsecção II – As restrições,
125. Tipos de restrições: restrições independentes e restrições de conflito,
126. Restrições independentes,
127. Restrições de conflito, modalidades: relações de vizinhança e de sobreposição (comunhão, conflito hierárquico e conflito prevalente),
128. Restrições de vizinhança, considerações gerais e caracterização,
129. Emissões de fumo, produção de ruídos e factos semelhantes – pressupostos, conceito de *prédio vizinho*, regime,
130. Instalações prejudiciais, escavações e ruína de construção,
131. Escoamento natural de águas e obras defensivas,
132. Construções e edificações,
133. Faculdade de acesso ou passagem por prédio alheio: a chamada passagem forçada e a apanha de frutos,
134. Demarcação e tapagem,

135. Sobreposição de direitos reais, caracterização e categorias,
136. A comunhão, caracterização, espécies e delimitação,
137. Regime jurídico da comunhão,
138. Natureza jurídica da comunhão. Análise das principais teses: a posição segundo a qual se estaria perante um caso de personalidade jurídica; a orientação dos direitos sobre quotas; a posição do direito único com pluralidade de sujeitos e a da pluralidade de direitos sobre uma mesma coisa,
139. Defesa da construção segundo a qual a comunhão corresponde a uma pluralidade de direitos sobre uma única coisa,
140. Conflito hierárquico e conflito prevalente,

TÍTULO II
AS VICISSITUDES DOS DIREITOS REAIS

Capítulo I – Aspectos gerais,
141. Os efeitos ou vicissitudes reais,
142. Os factos jurídicos reais,
143. Inexistência de tipicidade quanto aos factos reais,
144. O negócio jurídico real,
145. Cláusulas acessórias típicas: termo, condição e modo,
Capítulo II – A constituição dos direitos reais,
§ 1 – Da usucapião,
146. A usucapião como título aquisitivo fundamental de direitos reais no nosso ordenamento (remissão),
§ 2 – Da aquisição tabular,
147. A aquisição de direitos reais através do registo predial (remissão),
§ 3 – A acessão, da união e especificação,
148. Generalidades, a acessão no Código Civil – crítica,
149. Evolução histórica,
150. Acessão natural,
151. Aluvião,
152. Avulsão,
153. Mudança de leito,
154. Formação de ilhas e mouchões,
155. Lagos e lagoas,

156. A acessão industrial mobiliária,
157. A união ou confusão,
158. A especificação,
159. A acessão industrial imobiliária: obras sementeiras ou plantações e prolongamento de edifício por terreno alheio,
160. Ausência de conceito unitário de acessão,
161. A acessão, união e especificação como modos de aquisição e ou transformação,
162. Beneficiário em caso de pluralidade de direitos sobre a coisa,
163. Modo de operar da aquisição,
164. Da acessão e das benfeitorias – distinção. O caso particular da posse,
§ 4 – Constituição negocial,
165. Princípios gerais: autonomia privada e eficácia real (remissão),
Capítulo III – Transmissão de direitos reais,
166. Transmissão, princípios e noções gerais (remissão),
167. O caso específico da remição,
Capítulo IV – Modificação dos direitos reais,
168. Noção de modificação,
169. Classificação dos factos modificativos,
170. Modificação por alteração da coisa-objecto,
171. O caso específico da acessão, união ou especificação,
172. A aquisição tabular enquanto causa de transformação dos direitos reais civis em direitos reais naturais,
173. Modificação negocial,
Capítulo V – Extinção dos direitos reais,
§ 1 – Extinção por facto jurídico comum,
174. Considerações gerais,
175. Desaparecimento ou destruição da coisa,
176. Não uso,
177. Impossibilidade definitiva de exercício,
178. A *usucapio libertatis*,
179. Abandono e renúncia,
180. Prescrição e caducidade,
181. Confusão,

182. Outros factos: a extinção de direitos reais em consequência da verificação de factos aquisitivos,
§ 2 – Extinção pelo Estado,
183. Expropriação, confisco e outras formas de extinção coactiva,
Capítulo VI – Defesa dos Direitos Reais,
184. Considerações gerais. O problema da violação e sua licitude ou ilicitude,
§ 1 – Os meios de defesa extrajudiciais,
185. Os diversos meios de defesa extrajudiciais (remissão),
§ 2 – Os meios de defesa judiciais,
186. Nota histórica,
187. Acção de reivindicação,
188. Acção confessória,
189. Acção negatória,
190. As acções de prevenção no âmbito das relações de vizinhança,
191. A acção de demarcação,

III – PARTE ESPECIAL
DIREITOS REAIS DE GOZO

Capítulo I – A propriedade,
§ 1 – Considerações gerais e introdutórias,
192. Evolução histórica,
193. Noção e características fundamentais,
194. Essência da propriedade,
§ 2 – A aquisição através de ocupação, achamento e da aquisição de tesouros,
195. A ocupação na nossa lei. Observações críticas,
196. Evolução histórica: ocupação e tesouro,
197. Requisitos da ocupação e objecto,
198. Caça e pesca,
199. Animais selvagens com guarida própria,
200. Animais ferozes fugidos,
201. Enxames de abelhas,
202. Animais e coisas móveis perdidas (o achamento),
203. A aquisição de tesouro,

Capítulo II – Propriedades especiais,
§ 1 – Aspectos gerais e modalidades,
204. Noção de propriedade especial
205. A propriedade temporária e a propriedade horizontal (remissão),
§ 2 – A propriedade horizontal,
206. Referência histórica,
207. Características jurídicas da propriedade horizontal,
208. Regime jurídico da propriedade horizontal – aspectos gerais,
209. A importância do título constitutivo,
210. O conteúdo da propriedade horizontal,
211. Os encargos,
212. A administração das partes comuns,
213. A natureza jurídica da propriedade horizontal,
Capítulo III – Usufruto, uso e habitação,
§ 1 – Usufruto,
214. Considerações gerais,
215. Evolução histórica,
216. Características essenciais,
217. Carácter supletivo do regime do usufruto,
218. Conteúdo do usufruto,
219. Especificações positivas e negativas do usufruto; a nua propriedade,
220. Especialidades em sede de vicissitudes do usufruto,
221. Natureza jurídica, quase-usufruto e usufruto de créditos,
§ 2 – Uso e habitação,
222. Generalidades e evolução histórica,
223. Conteúdo e regime jurídico,
224. Natureza jurídica,
Capítulo IV – Servidões prediais,
225. Aspectos gerais e evolução histórica,
226. Características gerais,
227. Modalidades (legais e voluntárias, aparentes e não aparentes, positivas, negativas e desvinculativas),
228. Conteúdo,
229. Especialidades de regime em sede de vicissitudes das servidões,
230. Os casos das servidões legais de passagem e das servidões de águas,

231. As servidões legais de passagem, atravessadouros e caminhos públicos, de escoamento,
232. Servidões de águas: servidão de presa, servidão de aqueduto e servidão de escoamento,
Capítulo V – Direito de superfície,
233. Considerações gerais,
234. Evolução histórica,
235. Objecto da superfície, direito de sobreelevação e construção ou manutenção de obra sob solo alheio,
236. Conteúdo,
237. Especificidades de regime no tocante à superfície,
238. Estrutura e natureza do direito de superfície,
Capítulo VI – Direito Real de habitação periódica,
239. Considerações gerais,
240. Evolução histórica,
241. Conteúdo e regime jurídico,
242. Vicissitudes próprias,

IV – NATUREZA DO DIREITO REAL

243. Evolução histórica. Considerações gerais. Remissão,
244. Crítica das posições dominantes e das recentes tentativas de reconstrução do conceito de direito real,
245. Posição adoptada: o direito real como um direito subjectivo absoluto e inerente traduzido numa permissão jurídica de aproveitamento de uma coisa corpórea.

5. Calendarização das aulas e elementos de estudo

I – Não propomos nenhuma calendarização rígida do programa e conteúdos que acabámos de expor. As aulas são, antes de mais, actos de comunicação com os alunos. Deve ser em função da intensidade da ligação estabelecida entre o Professor e os discentes que o primeiro avaliará, em concreto, se deve manter o ritmo, quais os problemas a carecerem de explicação mais pormenorizada e demorada e quais aqueles outros onde pode ir um pouco mais depressa. Sem prejuízo da séria preparação requerida para cada uma delas, as aulas devem assumir-se em grande medida como uma *actividade criativa*[2184].

II – O programa avançado será suportado por elementos escritos da responsabilidade do próprio regente e actualmente em preparação. Desses elementos constarão as referências bibliográficas complementares de entre as quais se destacam, na nossa doutrina, *colorandi et brevitatis causa*: *Os Direitos Reais* e *A Posse* de MENEZES CORDEIRO; *O Direito Civil. Reais*, de OLIVEIRA ASCENSÃO; as *Lições de Direito Reais* de CARVALHO FERNANDES; e os *Direitos Reais* de SANTOS JUSTO. Os mencionados elementos escritos serão abundantemente acompanhados de referências jurisprudenciais. Mesmo assim, e para utilização nas aulas

---

[2184] No mesmo sentido fundamental de quanto se expressa v. MENEZES CORDEIRO, *Teoria…*, in *Revista…*, XXIX, 446 e 447.

práticas, sugere-se *Direitos Reais. Jurisprudência seleccionada para as aulas práticas*[2185]. A par com esta jurisprudência é, ainda, fornecido aos alunos, nas lições de orientação, um conjunto de casos práticos fotocopiados e da responsabilidade das diversas equipas que foram coordenadas pelo opositor ao presente concurso nas suas anteriores regências de Direitos Reais. Entre eles, contam-se todos os testes e exames realizados nos anos lectivos de 2005-2006 e 2006-2007 pelas turmas A e B da disciplina de Direitos Reais.

[2185] *Direitos Reais. Jurisprudência seleccionada para as aulas práticas*, organização de JANUÁRIO GOMES, com a colaboração de CATARINA MARTINS SILVA, ELSA SEQUEIRA SANTOS, CLÁUDIA MONGE, DIOGO PEREIRA DUARTE e SOFIA FERREIRA ENRIQUEZ, Lisboa, 2004.

Bibliografia

ABREU (TEIXEIRA DE),
- *Das servidões*, I e II, Coimbra, 1895.
- *Lições de direito civil português/apontamentos das prelecções de Teixeira d'Abreu, no ano lectivo de 1897-1898*, Coimbra, 1897.
- *Lições de direito civil português, para uso dos seus discípulos*, Coimbra, 1898, I.
- *Usufructo ou fideicomissio? Minuta de apellação*, Coimbra, 1903.
- *Da adquisição de direitos*, Coimbra, 1904-1905.
- *Curso de direito civil*, I – *Introdução,* Coimbra, 1910, II – *Da adquisição de direitos*, Coimbra, 1904-1905.
- *Summario do Codigo civil português. Curso do 1.º anno jurídico de 1908-1909*, Coimbra, 1908.
- *Das águas*, 1919, Coimbra, 1917.
- *Curso de Direito Civil, apontamentos sobre direitos reais*, Tomo I, *Introdução*, para uso dos seus discípulos no respectivo curso semestral de 1927-1928 na Universidade de Coimbra, Coimbra, 1928.
- *Sumários do curso de Direitos Reais da Faculdade de Direito da Universidade de Coimbra no ano de 1927-1928*, 1.ª parte, Coimbra, 1927-1928.
- *Duas questões de propriedade: minuta de apelação*, Coimbra, 1930.

ACHTERBERG (NORBERT),
- *Rechtstheoretische Grundlage einer Kontrolle der Gesetzgebung durch die Wissenschaft*, in *Rechtstheorie. Zeitschrift für Logik, Methodenlehre, Kybernetik und Soziologie des Rechts*, 1970, I.

ALARCÃO (RUI DE),
- *Elogio de Ferrer Correia*, separata do número especial do *Boletim da Faculdade de Direito, Estudos em homenagem ao Prof. Dr. António A. Ferrer Correia*, Coimbra, 1985.

ALBRECHT (WILHELM EDUARD),
— *Die Gewere als grundlagen des älteren deutschen Sachenrechts*, reimpressão da edição de Conisberga, 1828, Aalen, 1967.

ALBUQUERQUE (MARTIM DE),
— *História das instituições — Relatório sobre o programa, conteúdo e métodos de ensino*, in *Revista da Faculdade de Direito de Lisboa*, 1984, XXV.

ALBUQUERQUE (MARTIM DE),
— v. ALBUQUERQUE (RUY DE).

ALBUQUERQUE (PEDRO DE),
— *A aplicação do prazo prescricional do n.º 1 do 498.º do Código Civil à responsabilidade civil contratual*, separata da *Revista da Ordem dos Advogados*, 1989, Dezembro.
— *A representação voluntária em direito civil*, Coimbra, 2004.
— *Direito ao cumprimento de prestação de facto, o dever de a cumprir e o princípio* nemo ad factum cogi potest. *Providência cautelar, sanção pecuniária compulsória e caução*, separata da *Revista da Ordem dos Advogados*, 2005, 65, II.
— *Responsabilidade processual por litigância de má fé, abuso de direito e responsabilidade civil em virtude de actos praticados no processo. A responsabilidade por pedido infundado de declaração da situação de insolvência ou indevida apresentação por parte do devedor*, Coimbra, 2006.
— *Anotação ao Acórdão do STJ – 02-03-2004. Contrato-promessa, procuração irrevogável e acção de preferência,* in *Cadernos de Direito Privado*, Janeiro-Março de 2006.
— *Os limites à pluriocupação dos membros do conselho geral e de supervisão e do conselho fiscal*, Coimbra, 2007.

ALBUQUERQUE (PEDRO DE)
e PEREIRA (MARIA DE LURDES),
— *A responsabilidade civil das autoridades reguladoras*, in *Regulação e Concorrência*, Coimbra, 2005.

ALBUQUERQUE (RUY DE),
— *Poesia e lei*, in *Esmeraldo*, 1955, números 5-6 (= in *Poesia e Direito*, in suplemento à *Revista da Faculdade de Direito de Lisboa*, Coimbra, 2007).
— *As represálias. Estudo de História do Direito português (SÉCS. XV E XVI)*, Lisboa, 1972, I.
— *Direito romano. Considerações a propósito de um livro de Moreira Alves*, separata de *Scientia Iuridica*, Braga, 1974.
— *História do Direito Português — Relatório (nos termos da alínea a) do n.º 1 do Art. 9.º do Decreto n.º 301/72, de 14 de Agosto, de harmonia com o art. 4.º do mesmo diploma)*, in *Revista da Faculdade de Direito de Lisboa*, 1985, XXVI.

– *Da compensabilidade dos créditos e débitos civis e comerciais dos bancos nacionalizados (para uma interpretação do artigo 853.º, n.º 1, c) do Código Civil)*, separata dos *Estudos em honra do Professor Paulo Cunha*, Lisboa, 1989.
– *Em prol do Direito Romano*, in *Estudos de Direito Romano*, Lisboa, 1989, I.
– *Apreciação crítica do Relatório sobre o programa, o conteúdo e os métodos de ensino apresentado pelo Prof. Doutor António dos Santos Justo no concurso para Professor Agregado*, in separata da *Revista da Faculdade de Direito da Universidade de Lisboa*, Coimbra, 2000, XLI, 1.
– *Direito de juristas – Direito de Estado*, separata da *Revista da Faculdade de Direito da Universidade de Lisboa*, 2001, XLII.
– *Reflexões assistemáticas sobre a moderna romanística espanhola*, in separata da *Revista da Faculdade de Direito da Universidade de Lisboa*, Coimbra, 2001, XLVII.
– *O Prof. Manuel Duarte Gomes da Silva, o Mestre e o Homem por detrás da obra*, in *Estudos em Homenagem ao Professor Doutor Manuel Gomes da Silva*, 2001.
– *Para uma revisão da ciência medieval: a integração da* auctoritas *poética no discurso dos juristas (*ars inveniendi*)*, Suplemento à *Revista da Faculdade de Direito de Lisboa*, Lisboa, 2007.

ALBUQUERQUE (RUY DE)
e ALBUQUERQUE (MARTIM DE),
 – *História do Direito Português*, 12.ª ed., Lisboa, I, 2005.

ALMEIDA (FERREIRA DE),
 – *Texto e enunciado na teoria do negócio jurídico*, Lisboa, 1990, I.

ALMEIDA (FORTUNATO DE),
 – *Dr. José Joaquim Lopes Praça*, in *Boletim da Faculdade de Direito*, 1921-1923, VII.

ALMEIDA (JOÃO AUGUSTO SIMÕES VELOSO DE),
 – *Comentário à lei das àguas*, prefácio e notas de PIRES DE LIMA, Coimbra, 1937; e 2.ª ed. actualizada por JOSÉ SALGADO e FRANCISCO TINOCO DE FARIA, com prefácio de PIRES DE LIMA, Braga, 1958.

ALMEIDA (M. LOPES D'),
 – v. BRANDÃO (MÁRIO).

AMADO (GARCIA),
 – *Teorías de la tópica juridica*, Madrid, 1988.

AMARAL (FREITAS DO),
– *Relatório sobre o programa, os conteúdos e os métodos do ensino de uma disciplina de direito administrativo*, separata da *Revista da Faculdade de Direito de Lisboa*, 1985.
– *Da necessidade de revisão dos artigos 1.º a 13.º do Código Civil*, in *Themis*, 2000, I.
– *Manual de introdução ao Direito*, I, com a colaboração de AFONSO PEREIRA, Coimbra, 2004.

AMSELEK (PAUL) [direcção],
– *Théorie du Droit et science*, Paris, 1994.

ANDRADE (ABEL DE),
– *Commentario ao Código Civil portuguez (moldado nas prelecções do Ex.mo sr. dr. Sanches da Gama, lente da sexta cadeira da Faculdade de Direito da Universidade de Coimbra)*, Tomo I, Coimbra, 1895.
– *Caducidade dos onus reaes por virtude da arrematação e adjudicação*, Coimbra, 1898.
– *Elogio histórico do Prof. Doutor Cunha Gonçalves (proferido na sessão plenária de 27 de Junho de 1957)*, separata do *Boletim da Academia das Ciências*, vol. XXIX – Janeiro a Julho de 1957, 1958.

ANDRADE (ANTÓNIO ALBERTO DE),
– *Vernei e a cultura do seu tempo*, Coimbra, 1965.

ANDRADE (MANUEL DE),
– v. CAMÂRA (HENRIQUE DE BRITO).

ANTUNES (ENGRÁCIA),
– *Direito das sociedades comerciais, perspectivas do seu ensino*, Coimbra, 2000.

ARAÚJO (FERNANDO),
– *A actualidade dos estudos romanísticos*, in *Estudos de Direito Romano*, Lisboa, 1989.
– *O Direito e a sua realização histórica segundo Cabral Moncada*, in *Ab uno ad omnes. 75 anos da Coimbra Editora*, Coimbra, 1998.

ARAÚJO (LIMA),
– *Direitos Reais*, apontamentos das lições de Direitos Reais ao segundo ano, turma C no ano lectivo de 1976, elaborados e revistos pelo próprio, Lisboa, 1977.
– *Direitos Reais, sumários*, 1978-1979.
– *Direitos Reais, sumários*, 1979-1980.

ARAÚJO (LIMA) e SEARA (ROBOREDO),
– *Direitos Reais*, Lisboa, 1980.

ARCHI (G. G.),
– *Giustiniano e l'insegnamento del diritto*, in *L'educazione giuridica*, II, *Profile storici*, Perugia, 1979.

ARISTÓTELES,
– *Ética Eudimiana*, in *Obras*, tradução para o espanhol de FRANCISCO SAMARANCH, Madrid, 1967.
– *Tópicos, Tratados de lógica (Órganon)*, tradução para o espanhol de MIGUEL SANMARTIN, Madrid, 1982.
– *Ética a Nicómaco*, tradução de JULIÁN MARIAS, Madrid, 1985.
– *Retórica*, tradução e notas de Manuel Alexandre Júnior, Paulo Farmhouse Alberto, Abel de Nascimento Pena, introdução de MANUEL ALEXANDRE JÚNIOR, Lisboa, 1998.

ARNDT (ADOLF),
– *Gesetz und Richterrecht*, in *Neue Juristische Wochenschrift*, 1963.

ASCENSÃO (OLIVEIRA),
– *As relações jurídicas reais*, Lisboa, 1962.
– *Direitos Reais. Sumários*, 1962-1963.
– *Curso de Direitos Reais*, prelecções para uso dos alunos do 4.º ano, Lisboa, 1963.
– *Direitos Reais. Sumários*, 1963-1964.
– *Sumários de Direitos Reais*, 1964-1965.
– *Lições de Direitos Reais*, proferidas ao curso do 4.º ano de 1965-1966, Lisboa, 1966, com dois apêndices integrados na obra concernentes o primeiro ao Direito Agrário e o outro ao Direito de Autor.
– *Lições de Direitos Reais*, proferidas ao curso do 4.º ano de 1966-1967, Lisboa, 1966, com um apêndice integrado na obra relativo ao Direito agrário (v. 495 a 532) e outro autonomizado referente ao Direito de autor com o título *Lições de Direitos reais. Apêndice. Direito de autor*, proferidas ao curso do 4.º ano de 1966-1967, Lisboa, 1966.
– *A tipicidade dos Direitos Reais*, Lisboa, 1968.
– *Direitos Reais*, Lisboa, I, 1969, II, 1970, III, 1970.
– *Direitos Reais*, 2.ª ed., reprodução da edição de 1971, Lisboa, 1973.
– *Direitos Reais*, 3.ª ed., Lisboa, 1978.
– *Direito Civil, Reais*, 4.ª ed. refundida, Coimbra, 1983.
– *Palavras do Presidente do Conselho Científico, Prof. Doutor José de Oliveira Ascensão, ao Prof. Doutor Paulo Cunha em 6 de Maio de 1986*, in *Boletim da*

Faculdade de Direito. Estudos em Homenagem ao Professor Doutor Paulo Cunha, Lisboa, 1989.
– *Parecer sobre «Aspectos Metodológicos e Didácticos do Direito Processual Civil» – Relatório apresentado pelo Doutor Miguel Teixeira de Sousa ao concurso para preenchimento de uma vaga de Professor Associado*, in *Revista da Faculdade de Direito da Universidade de Lisboa*, Coimbra, 1994, XXXV, 2.
– *Propriedade e posse – Reivindicação e reintegração*, in *Estudos em Homenagem do Professor Doutor João de Castro Mendes*, Lisboa, sem data, mas de 1995.
– *Parecer sobre o «Relatório sobre o Programa, o Conteúdo e os Métodos do Ensino da Disciplina de Direito e Processo Civil (Arrendamento) – Apresentado pelo Doutor Manuel Henrique Mesquita no Concurso para Professor Associado na Faculdade de Direito de Coimbra»*, in *Revista da Faculdade de Direito de Lisboa*. 1996, XXXVII, 2.
– *Parecer sobre «O ensino do Direito Comparado» do Doutor Carlos Ferreira de Almeida*, in *Revista da Faculdade de Direito da Universidade de Lisboa*, 1997, XXXVIII, 2.
– *O Relatório sobre «O programa, o conteúdo e os métodos de ensino» de Direito da Família e das Sucessões do Doutor Rabindranath Capelo de Sousa*, in separata da *Revista da Faculdade de Direito da Universidade de Lisboa*, 1999, XL, 1 e 2.
– *Parecer sobre o «Relatório» com o programa, os conteúdos e os métodos de ensino teórico e prático da disciplina de «Introdução ao Direito», do Doutor Fernando José Bronze*, in separata da *Revista da Faculdade de Direito da Universidade de Lisboa*, Coimbra, 1999, XL, 1 e 2.
– *Direitos Reais (sumários – Dia)*, 1999-2000.
– *Direitos Reais (sumários – Noite)*, 1999-2000.
– *Direito Civil – Reais*, 5.ª edição, reimpressão, Coimbra, 2000.
– *Parecer sobre o Relatório apresentado pela Doutora Fernanda Palma no concurso para Professor Associado na Faculdade de Direito de Lisboa*, in *Revista da Faculdade de Direito da Universidade de Lisboa*, 2000, XLI, 1.
– *O relatório sobre o programa, conteúdo e métodos de ensino de uma disciplina de Direito Comercial do Doutor Jorge Manuel Coutinho de Abreu*, in *Revista da Faculdade de Direito da Universidade de Lisboa*, 2000, XLI, 2.
– *O relatório do Doutor Luís de Menezes Leitão sobre «O ensino do Direito das obrigações*, in *Revista da Faculdade de Direito de Lisboa»*, 2001, XLII, 1.
– *O direito. Introdução e teoria geral*, 13.ª ed. refundida, Coimbra, 2005.

AYNÉS (LAURENT),
– v. MALAURIE (PHILIPE).

BABO (SANTOS),
– *Os mestres de direito ou os Assizes da Universidade*, Coimbra, 1906.

BACHOF (OTTO),
– *Grundgesetz und Richtermacht*, Tubinga, 1959.

BALLWEG (OTTMAR),
— *Rechtswissenschaft und Jurisprudenz*, Basileia, 1970.

BAUR (FRITZ),
— *Entwicklungstendenzen in Sachenrecht*, in *Juristen-Jahrbuch*, 1967/ /1968, 8.
— *Entwicklungstendenzen in Sachenrecht*, in *Juristische Arbeitsblätter*, 1987, 19.
— *Zur Entstehung des Umweltschutzrechts aus der Sachenrecht des BGB*, in *Juristen Zeitung*, 1987.

BETTI (EMILIO),
— *Interpretazione della legge e degli atti giuridici. Teoria generale e dogmatica*, 2.ª ed., Milão, 1971.

BLANC (VIRIATO SERTORIO DE FARIA),
— *Elogio histórico do Sr. José Homem Corrêa Telles, Desembargador da Relação do Porto, e socio honorario da associação dos Advogados de Lisboa*, in CORREIA TELLES, *Questões e varias resoluções de direito emphyteutico (obra posthuma)*, 2.ª ed., Coimbra, 1868, III.

BOCKELMANN (PAUL),
— *Richter und Gesetz*, in *Rechtsprobleme in Staat und Kirche. Festschrift für Rudolf Smend zum 70. Geburtstag*, Gotinga, 1952.

BONFANTE (PIETRO),
— *Corso di Diritto Romano*, vol. II, parte I, *La proprietà*, Milão, 1966, vol. II, parte II, *La proprietà*, Milão, 1968, vol. III, *Diritti Reali*, Milão, 1972.

BONNECASE (JULIEN),
— *L'école de l'exégèse en droit civil. Les traits distinctifs et ses méthodes d'aprés la profession de foi de ses plus illustres représentants*, 2.ª ed., Paris, 1924.

BRACHET (BRUNO AGUILERA),
— *Introducción jurídica a la historia del Derecho*, 2.ª ed., Madrid, 1996.

BRAGA (THEOPHILO),
— *História da universidade de Coimbra nas suas relações com a instrução publica portugueza*, I, *1289 a 1555*, II, Lisboa, 1892, *1555 a 1700*, Lisboa, 1895, IV, *1801 a 1872*, Lisboa, 1902.

BRANDÃO (MÁRIO) e ALMEIDA (M. LOPES D'),
— *A universidade de Coimbra — Esboço da sua história*, Coimbra, 1937.

BRÁS (SÉRGIO PIRES),
- *Direitos Reais, programa*, 2005-2006, in *http://www.lis.ulusiada.pt/ cursos/graduacao/licenciaturas/direito/programas/02217_pl.pdf.*

BRISSAUD (J.),
- *Manuel d'histoire du Droit privé*, Paris, 1908.

BRITO (WLADIMIR),
- *Direito internacional público. Programa, conteúdos e métodos do ensino*, Braga, 2005.

BRONZE (JOSÉ),
- *Breves Considerações sobre o estado actual da questão metodonomológica*, separata do *Boletim da Faculdade de Direito*, Coimbra, 1993.
- *A metodonomologia entre a semelhança e a diferença (reflexão problematizante dos pólos da radical matriz analógica do discurso jurídico)*, Coimbra, 1994.
- *As margens e o rio (da retórica jurídica à metodonomologia)*, in *Boletim da Faculdade de Direito*, 1997, LXXIII.
- *O jurista: pessoa ou andróide?* in Ab uno ad omnes. *75 anos da Coimbra Editora*, Coimbra, 1998.
- *Pensamento jurídico (teoria da argumentação)*, pol., Coimbra, 2003.
- *Alguns marcos do século na história do pensamento metodológico-jurídico*, in *Boletim da Faculdade de Direito de Coimbra*, Volume Comemorativo, 2003.
- *Lições de introdução ao direito*, 2.ª ed., Coimbra, 2006.

BRUSCHY,
- *Manual de direito civil portuguez segundo a novissima legislação*, Lisboa, I, 1868, II, 1869, III, 1872.

BUFNOIR,
- *Propriété et contrat: théorie des modes d'acquisition des droits réels et des sources des obligations*, 2.ª ed. conforme com a primeira, lições recolhidas e publicadas por BARTIN, PILLET, DESCHAMPS, SALLEILLES, DESLANDRES, TIMBAL, introdução de GUILLOUARD e prefácio de BARTIN, Paris, 1924.

BÜLOW,
- *Gesetz und Richteramt*, reimpressão da edição de 1885, Aalen, 1972.

BUSSI (EMILIO),
- *La formazione dei dogmi di diritto privato nel diritto comune*, Milão, 1937, I.

CAETANO (MARCELLO),
– *Doutor Carneiro Pacheco*, in *Revista da Faculdade de Direito da Universidade de Lisboa*, 1958, XII.
– *Apontamentos para a história da Faculdade de Direito de Lisboa*, in *Revista da Faculdade de Direito de Lisboa*, 1959, XII.
– *O ensino do direito em Portugal no século XX, notas sobre as reformas de 1901 e de 1911*, separata do *Boletim da Faculdade de Direito*, 1964, XXXIX.
– *A reforma dos estudos jurídicos*, separata da *Revista da Faculdade de Direito da Universidade de Lisboa*, 1966, XX.
– *História do Direito português (sécs. XII-XVI)*, seguida de *Subsídios para a história das fontes do Direito em Portugal no século XVI*, 4.ª ed., Lisboa, 2000.

CAMÂRA (HENRIQUE DE BRITO),
ANDRADE (MANUEL DE) e CRUZ (BRAGA DA),
– *Centenário de Manuel António Coelho da Rocha*, separata do *Boletim da Faculdade de Direito*, 1950, XXVI.

CANARIS,
– *Feststellung von Lücken im Gesetz. Eine methodologische Studie über Voraussetzungen und Grenzen der richterlichen Rechtsfortbildung* praeter legem, Berlim, 2.ª ed., 1983.
– *Pensamento sistemático e conceito de sistema em ciência do Direito*, introdução e tradução de MENEZES CORDEIRO, Lisboa, 1989.
– *Función, estructura y falsación de las teorías jurídicas*, tradução de DANIELA BRÜCKNER e JOSÉ LUIS DE CASTRO, Madrid, 1995.

CARLOS (ADELINO DA PALMA),
– *Curso de Direitos Reais. Sumários*, 4.º ano, 1957-1959.
– *Borges Carneiro*, in *Jurisconsultos portugueses do século XIX*, PINTO LOUREIRO, Lisboa, II.
– *Palavras proferidas na sessão solene dos 75 anos da Faculdade*, in *Revista da Faculdade de Direito de Lisboa*, 1989, XXX.

CARNEIRO (BORGES),
– *Direito civil de Portugal, contendo tres livros: I Das pessoas, II das Cousas, III Das obrigações e das acções*, Livro II, *Das Cousas*, IV, Lisboa, 1840.

CARVALHO (NUNES DE) e NORONHA (AZEVEDO FARO DE),
– *Programa da terceira e quarta Cadeiras do curso bienal de Direito romano*, in *O instituto*, 1855, III.

CARVALHO (ORLANDO DE),
– *Curso de Direitos Reais. Livro de Sumários das lições*, 1969-1970.

– *Direito Civil (Direito das Coisas)*, Coimbra, 1969-1970.
– *A teoria geral da relação jurídica. Seu sentido e limites*, Coimbra, 1970.
– *Curso de Direitos Reais. Livro de Sumários das lições*, 1971-1972.
– *Curso de Direitos Reais. Livro de Sumários das lições*, 1972-1973.
– *Direito das coisas (do Direito das Coisas em geral)*, Coimbra, 1977.
– *Sumários das aulas teóricas, Direitos Reais (1.ª e 2.ª Turmas)*, 1979-1980, 1982-
-1983, 1984-1985
– *A teoria geral da relação jurídica. Seu sentido e limites*, 2.ª ed., 1981.
– *Direitos Reais (sumários)*, 1982-1983.
– *Direitos Reais (sumários – 1.ª e 2.ª Turmas)*, 1984-1985.
– *Perfil de António de Arruda Ferrer Correia*, Coimbra, 1985.
– *Direitos Reais (sumários)*, 1985-1986.
– *Direito das Coisas (sumários 1.ª Turma)*, 1992-1993.
– *Terceiros para efeitos de registo*, in *Boletim da Faculdade de Direito*, Coimbra, 1994, LXX.
– *Direito das Coisas (sumários)*, 1994-1995.
– *Introdução à posse*, in *Revista de Legislação e de Jurisprudência*, 1989-1990, 122, 1990-1991, 123, 1991-1992, 124.

CASTALDO (ANDRÉ),
– v. LÉVY (JEAN PHILIPPE).

CASTRO (CHAVES E),
– *Parecer sobre a reforma da Faculdade de Direito*, in *O instituto*, 1887, XXXIV.

CHANGEUX (JEAN-PIERRE) [direcção],
– *La vérité dans les sciences*, Paris, 2003.

CHAVES (EDUARDO),
– *Doutor Luiz da Cunha Gonçalves: alguns elementos biográficos*, in *Boletim do Ministério da Justiça*, 1982, 312.

COELHO (JOSÉ GABRIEL PINTO),
– *Primeira Cadeira de Direito Civil. Matérias professadas no ano lectivo de 1915-
-1916*, in *Sumarios das lições professadas na Faculdade de Direito da Universidade de Coimbra nos anos lectivos de 1915-1916 a 1917-1918*, sem local nem data.
– *Primeira Cadeira de Direito Civil*, 1916-1917.
– *Curso de Direito Civil desenvolvido, matérias professadas no ano lectivo de 1916-
-1917*.
– *Sumários da 1.ª Cadeira de Direito Civil*, 1922-1923.
– *Noções geraes e elementares de Direito Civil, sumários*, 1925-1926.

– *Direito Civil, 1.º ano, sumários*, 1928-1929.
– v. MOREIRA (GUILHERME).

COELHO (LUÍS PINTO),
– *Direito Civil. Noções fundamentais*, por MENDES DE ALMEIDA e AGOSTINHO DE OLIVEIRA, Lisboa, 1936-37.
– *Da compropriedade no Direito português*, Lisboa, 1939.
– *Direitos reais*, por PEDRO DA CÂMARA RODRIGUES DE FREITAS e CARMINDO RODRIGES DE FERREIRA, súmula das lições proferidas, Lisboa, 1939-1940.
– *Sumários das lições de Direitos Reais,* 1939-1940.
– *Sumários das Lições de Direitos reais,* 1942-1943.
– *Da compropriedade (comunhão) no Direito português,* II, Lisboa, 1943.
– *Lições de Direitos Reais (segundo as prelecções Do Senhor Professor Doutor Luís da Câmara Pinto Coelho ao Curso jurídico de 1944-45)*, por MARIA JÚLIA LOPES CARDOSO, MARIA LUCÍLIA MIRANDA SANTOS e CLEMENTE ROGÉRIO, Lisboa, 1944-1945.
– *Sumários das Lições de Direitos Reais,* 1944-1945.
– *Sumários das Lições de Direitos Reais,* 1945-1946.
– *Sumários das Lições de Direitos Reais (sumários),* 1950-1951.
– *Sumários das Lições de Direitos Reais,* 1951-1952.
– *Direitos reais*, apontamentos das lições ao 4.º ano jurídico de 1953-1954, Lisboa, 1954.
– *Da posse*, in *Boletim do Ministério da Justiça*, 1959, 88.
– *Do usucapião*, in *Boletim do Ministério da Justiça*, 1959, 88.
– *Da comunhão de propriedade e da comunhão de outros direitos reais*, in *Boletim do Ministério da Justiça*, 1961, 102 e 103.
– *Propriedade*, por ALVES PEIXOTO e MARTINS SOUTO, súmula das lições proferidas ao curso jurídico do 3.º ano, Lisboa, sem data, mas de 1939-1940.

COING (HELMUT),
– *L'insegnamento della giurisprudenza nell'epoca dell'illuminismo*, in *L'educazione giuridica*, II, *Profile storici*, Perugia, 1979.
– *Europäisches privatrecht* I, *Älteres gemeines Recht (1500 bis 1800)*, Munique, 1986, II, *19. Jahrhundert. Überblick über die Entwicklung des Privatrechts in den ehemals gemeinrechtlichen ländern*, Munique, 1989.

CORDEIRO (MENEZES),
– *Da natureza do direito do locatário*, separata da *Revista da Ordem dos Advogados*, 1980.
– *Da Boa fé no direito civil*, Lisboa, 1984, I e II.
– *Direitos Reais (sumários)*, Lisboa, 1984-1985.

– *Lei (aplicação da)*, in *Polis. Enciclopédia Verbo da Sociedade e do Estado*, Lisboa/São Paulo, 1985, III.
– *Evolução juscientífica e direitos reais*, in *Estudos de Direito Civil*, Coimbra, 1987.
– *Direito das obrigações*, Lisboa, reimpressão da edição de 1980, Lisboa, 1987, I e II.
– *Teoria Geral do Direito Civil. Relatório, Apresentado nos termos do artigo 449 do Decreto-Lei n.º 4487 /79, de 13 de Novembro, para o concurso destinado ao preenchimento de uma vaga de professor associado do 4.º grupo (Ciências Jurídicas), da Faculdade de Direito da Universidade de Lisboa*, Lisboa, 1987 (=*Revista da Faculdade de Direito da Universidade de Lisboa*, 1988, XXIX).
– *Ciência do direito e metodologia jurídica nos finais do século XX*, separata da *Revista da Ordem dos Advogados*, Lisboa, 1989.
– *Direitos reais*, reimpressão da edição de 1979, Lisboa, 1993.
– *Direito bancário. Relatório apresentado nos termos do artigo 9.º/1, a) do Decreto-Lei n.º 301/72, de 4 de Agosto, aplicável por força do artigo 24.º desse mesmo diploma, e do artigo 12.º do Decreto-Lei 11.º 263/80, de 7 de Agosto, para a prestação de provas de agregação, em Direito na Universidade de Lisboa*, Lisboa, 1996 (=*Direito bancário. Relatório apresentado nos termos do artigo 9.º/1, a) do Decreto-Lei n.º 301/72, de 4 de Agosto, aplicável por força do artigo 24.º desse mesmo diploma, e do artigo 12.º do Decreto-Lei 11.º 263/80, de 7 de Agosto, para a prestação de provas de agregação, em Direito na Universidade de Lisboa*, Coimbra, 1997).
– *Direitos Reais (sumários)*, Lisboa, 1998.
– *Direitos Reais, sumários*, Lisboa, 2000.
– *Tratado de Direito Civil*, I, II, *Das Coisas*, 2.ª ed., Coimbra, 2002.
– *Tratado de Direito Civil*, I, *Parte Geral*, I, 3.ª ed., Coimbra, 2005.
– *A posse: perspectivas dogmáticas actuais*, 2.ª reimpressão da 3.ª edição, Coimbra, 2005.
– *Da responsabilidade civil dos administradores das sociedades comerciais*, Lisboa.

CORNU (GÉRARD),
– *Droit civil. Introduction, les personnes, les biens*, 12.ª ed., Paris, 2005.

CORREIA (EDUARDO),
– *Professor Doutor José Beleza dos Santos*, 1973.

CORREIA (FERRER),
– *Homenagem à memória de Álvaro Machado Vilela, Discurso na sessão de homenagem à memória do Mestre na Associação Jurídica de Braga, em 27-3-1960*, separata da Revista de *Scientia Iuridica*, 1961, Braga.
– *Os conflitos de leis no domínio da propriedade e demais direitos reais*, in *Revista de Direito Comparado Luso-Brasileiro*, 1985, Janeiro, ano 4.

– *Nota biográfica de António de Arruda Ferrer Correia*, separata do *Boletim da Faculdade de Direito de Coimbra*, Coimbra, 1986.

CORREIA (SÉRVULO),
– *Direito administrativo II (Contencioso Administrativo). Relatório sobre programa, conteúdos e métodos de ensino. Relatório apresentado nos termos do art.º 44, n.º 2 do Estatuto da Carreira Docente Universitária no Concurso Documental para o preenchimento de uma vaga de Professor Associado do 3.º Grupo (Ciências Jurídico-Políticas) da Faculdade de Direito da Universidade de Lisboa*, Lisboa, 1993.

COSTA (ALMEIDA),
– *Romanismo e bartolismo no Direito português*, in *Boletim da Faculdade de Direito*, 1960, XXXVI.
– *Mello Freire, Temas de História do Direito*, in *Boletim da Faculdade de Direito*, 1968, LXIV.
– *Apontamentos de história do direito*, Lisboa, 1979.
– *«Leis, Cânones, Direito, Faculdades de»*, in *Dicionário de História de Portugal*, organizado por JOEL SERRÃO, III, Porto, 1981.
– *Debate jurídico e solução pombalina*, in *Boletim da Faculdade de Direito. Estudos em Homenagem aos Profs. Doutores M. Paulo Mêrea e G. Braga da Cruz –* II, 1982.
– *História do direito português*, 2.ª ed., Lisboa, 1992.

COSTA (EMYGIDIO),
– *Elogio pronunciado na Associação dos Advogados de Lisboa no dia 27 de Maio de 1841, por occasião de se mandar collocar na salla das conferencias o retrato do preclarissimo JC Manoel Borges Carneiro*, in BORGES CARNEIRO, *Direito civil de Portugal, contendo tres livros: I Das pessoas, II das Cousas, III Das obrigações e das acções*, Livro II, *Das Cousas*, Lisboa, 1840, IV.

COSTA (MÁRIO JÚLIO DE ALMEIDA)
e MARCOS (RUI DE FIGUEIREDO),
– *Reforma pombalina dos estudos jurídicos*, in *O Marquês de Pombal e a Universidade*, Coimbra, 2000 [= *Boletim da Faculdade de Direito*, 1999, LXXXV].

COSTA (ORLANDO GUEDES DA),
– *A universidade e a formação profissional – um esboço*, in *Revista da Faculdade de Direito da Universidade do Porto*, 2006, III.

COSTA (PIETRO),
– *Emilio Betti: Dogmatica, politica, storiografia*, in *Quaderni Fiorentini per la storia del pensiero giuridico moderno*, 1978, 7.

COSTA (VINCENTIO JOSEPHO FERREIRA CARDOZO DA),
— *Elementa juris emphyteutici commoda methodo juventuti academicae adornata*, Coimbra, 1789.
— *Analyse das theses de direito emphyteutico*, Coimbra, 1814.
— *Que he o Código Civil*, Lisboa, 1822.

COURBE (PATRICK),
— *Droit Civil. Les biens*, 3.ª ed., Paris, 2005.

CRUZ (BRAGA DA),
— *Formação histórica do moderno direito privado português e brasileiro*, separata da *Scientia Iuridica*, Braga, sem data.
— *Discurso. Homenagem ao Professor Doutor Luís Cabral de Moncada na sua jubilação universitária*, in *Boletim da Faculdade de Direito*, 1958, XXXIV.
— *A revista de legislação e jurisprudência. Esboço da sua história*, Coimbra, 1975, I.
— *La formation du droit civil portugais moderne et le Code de Napoléon*, in *Obras Esparsas*, Coimbra, 1981, II, 2.ª parte.
— v. CAMÂRA (HENRIQUE DE BRITO).

CRUZ (SEBASTIÃO),
— *Direito Romano. Relatório (nos termos da alínea a) do n.º 1 do art.º 9.º do Decreto n.º 301/72, de 14 de Agosto, de harmonia com o art.º 4.º do mesmo Diploma)*.
— *Da «solutio». Época post-clássica ocidental, «solutio», e «Vulgarrecht»*, Coimbra, I, 1, 1974.
— *Direito romano (ius romanum)*, I, *Introdução. Fontes*, 4.ª ed. revista e actualizada, Coimbra, 1984, XIX.
— *Direito Romano (ius romanum)*, in *Polis*, 1984, II.
— *Actualidade e utilidade dos estudos romanísticos*, 5.ª ed., Coimbra, 1987.

CUNHA (PAULO),
— *Do património. Estudo de Direito Privado*, Lisboa, 1934.
— *Direito Civil: conclusão do estudo da teoria geral da relação jurídica*, Apontamentos das aulas da 2.ª cadeira de Direito Civil da Faculdade de Direito da Universidade de Lisboa no ano de 1936-1937, coligidos por MARIA LUIZA BÁRTHOLO e JOAQUIM MARTINHO, Lisboa, sem indicação de data mas de 1937, tomo II, volume único.
— *Da garantia nas obrigações*, apontamentos das aulas do 5.º ano de Direito Civil da Faculdade de Direito da Universidade de Lisboa coligidos por EUDORO PAMPLONA CORTE-REAL, 1938-1939.
— *Direito das obrigações. A garantia na relação obrigacional*, lições coligidas pelo aluno ORLANDO COURRÈGE, Lisboa, 1942.

— *Cadeira de Introdução ao Estudo do Direito*, apontamentos do aluno MAURÍCIO CANELAS, Lisboa, I, 1946-1947.
— *Curso de Direito Civil, Direitos Reais*, por CARLA FERNANDA SANTOS e CASTRO MENDES, Lisboa, 1949/1950.

CUNHA (PAULO DE PITA E)
— *Na sessão de homenagem ao Prof. Paulo Cunha*, in *Boletim da Faculdade de Direito. Estudos em Homenagem ao Professor Doutor Paulo Cunha*, Lisboa, 1989.

CUNHA (PAULO FERREIRA DA),
— *Lições preliminares de filosofia do direito*, 2.ª ed., Coimbra, 2002.
— *Memória, método e direito*, Coimbra, 2004.

CURA (VIEIRA),
— Fiducia cum creditore *(aspectos gerais)*, separata do *Suplemento ao Boletim da Faculdade de Direito*, Coimbra, 1990.
— *O costume como fonte de Direito em Portugal*, in *Boletim da Faculdade de Direito*, 1998, LXXXIV.

DERQUI (DIEGO POOLE),
— *El derecho de los juristas y sus implicaciones. Un diálogo com Lombardi Valluari*, Madrid, 1988.

DIEDERICHSEN (UWE),
— *Topisches und systematisches Denken in der Jurisprudenz*, in *Neue Juristische Wochenschrift*, 1966, 19.

DÍEZ-PICAZO (LUIS),
— *El sentido histórico del derecho Civil*, Madrid, 1959.

DILCHER (GERHARD),
— *Vom Beitrag der Rechtsgeschichte zur Zivilrechtswissenschaft*, in *Archiv für die civilistische Praxis*, 1984, 184.

DORAL (JOSE MARIA MARTINEZ),
— *La estructura de conocimiento jurídico*, Pamplona, 1963.

D'ORS (ALVARO),
— *Presupuestos críticos para el estudio del Derecho Romano*, Salamanca, 1943.

DROYSEN (JOHAN GUSTAV),
— *Historik*, edição crítica de PETER LEYH, Estugarda-Bad Cannstatt, 1977 (reimpressão da edição de Oldenburgo 1857), I.

DRUFFIN-BRICCA (SOPHIE)
e HENRY (LAURANCE-CAROLINE),
— *Droit Civil. Les biens*, Paris, 2004.

DUARTE (DIOGO PEREIRA),
— v. GOMES (JANUÁRIO DA COSTA) [organização].

DUARTE (ANTÓNIO PINTO),
— *Direitos Reais (Sumários)*, 1979-1980.
— *Direitos Reais (Sumários)*, 1981-1982.
— *Direitos Reais (Sumários)*, 1982-1983.

DUARTE (RUI PINTO),
— *Curso de direitos reais*, Cascais, 2002.
— *Direito comunitário e direitos reais*, in *Estudos em Homenagem ao Prof. Doutor Inocêncio Galvão Telles*, IV, 2003.
— *Ensino dos Direitos Reais. Propostas e elementos de trabalho*, Lisboa, 2004.
— *Curso de direitos reais*, 2.ª ed., Cascais, 2007.

ECKERT (JÖRN),
— *Sachenrecht*, 4.ª ed., Baden-Baden, 2005.

ENES (GRAÇA),
— *A universidade e o ensino do Direito em Portugal – responder aos desafios*, in *Revista da Faculdade de Direito da Universidade do Porto*, 2006, III.

ENGISCH,
— *Die Einheit der Rechtsordnung*, Heidelberga, 1935.
— *Der Begriff der Rechtslücke. Eine analytische Studie zu Wilhelm Sauers Methodenlehre*, in *Festschrift für Wilhelm Sauer zum seinem 70. Geburtstag*, Berlim, 1949.

ENRIQUEZ (SOFIA FERREIRA),
— v. GOMES (JANUÁRIO DA COSTA) [organização].

ERMINI (GIUSEPPE),
— *L'educazione del giurista nella tradizione del «diritto comune»*, in *L'educazione giuridica*, II, *Profile storici*, Perugia, 1979.

ESSER,
— *Wertung, Konstrution und Argument im Zivilurteil*, Karlsruhe, 1965.
— *Richterrecht, Gerichtsgebrauch und Gewohnheitsrecht*, in *Festschrift für Fritz von Hippel zum 70. Geburtstag*, Tubinga, 1967.

– *Vorverständnis und Methodenwahl in der Rechtsfindung*, Francoforte no Meno, 1972.
– *Grundsatz und Norm in der richterlichen Fortbildung des Privatrechts. Rechtsvergleichende Beiträge zur Rechtsquellen- und Interpretationslehre*, 4.ª ed. inalterada, Tubinga, 1990.

FARIA (MÁRIO ALBERTO DOS REIS),
– *Bibliografia do Doutor Luís Cabral de Moncada*, in *Boletim da Faculdade de Direito*, 1974, L.

FASSÓ (GUIDO),
– *La storia come esperienza giuridica*, Milão, 1953.

FELTMANIUS (GERARDUS),
– *Tractatus de jure in re & ad rem*, Duisburgo, 1676.

FERNANDES (CARVALHO),
– *Lições de Direitos Reais*, 4.ª ed., Lisboa, 2005.

FERNANDEZ (ALEJANDRINO),
– *Presupuestos de una concepción jurisprudencial del Derecho romano*, Santiago de Compostela, 1976.

FERRÃO (ABRANCHES),
– *Sumários das lições da 1.ª Cadeira de Direito Civil, matérias professadas no ano lectivo de 1913-1914*, Lisboa, 1914.
– *Noções elementares de Direito Civil: conforme as lições feitas ao curso o ano jurídico de 1918-19*, por DOMINGOS PIMENTEL, Lisboa, 1919.
– *Primeira Cadeira de Direito Civil (2.º ano juridico)*, por CARVALHO DOS SANTOS e CAMPOS FIGUEIRA, em harmonia com as prelecções feitas pelo Ex.mo Senhor Dr. ABRANCHES FERRÃO ao curso de 1916-1917, Lisboa, 1917.
– *Sumários da 1.ª Cadeira de Direito Civil*, 1916-1917.
– *Sumários da 1.ª Cadeira de Direito Civil*, 1917-1918.
– *Sumários da 1.ª Cadeira de Direito Civil*, 1918-1919.
– *Sumários da 1.ª Cadeira de Direito Civil*, 1919-1920.
– *Sumários da 1.ª Cadeira de Direito Civil*, 1920-1921.
– *Sumários da 1.ª Cadeira de Direito Civil*, 1921-1922.
– *1.ª Cadeira de Direito Civil, Noções Gerais e Elementares, sumários*, 1924-1925.
– *1.ª Cadeira de Direito Civil, Noções Gerais e Elementares, sumários*, cit., 1927-1928.

FERREIRA (ANTÓNIO),
– *O Doutor Luís da Cunha Gonçalves*, Porto, 1963.

FERREIRA (EDUARDO PAZ),
– *União Económica e Monetária – Um guia de estudo*, Lisboa, 1999.

FERREIRA (JOSÉ DIAS),
– *Codigo civil portuguez annotado*, Lisboa, 2.ª edição, I, 1894, II, 1895, III, 1898, IV, 1905.

FIKENTSCHER (WOLFGANG),
– *Methoden des Rechts in Vergleichender Darstellung*, III, *Mittelseuropäischer Rechtskreis*, Tubinga, 1976.

FRADA (CARNEIRO DA),
– *Direito civil, responsabilidade civil. O método do caso*, Coimbra, 2006.

FREIRE (MELLO),
– *Tratado encyclopedico, compendiario, practico, systematico dos interditos e remédios possessorios geraes, especiaes, conforme o direito romano, pátrio e uso das nações*, Lisboa, 1829.
– *Tractado practico de morgados*, 2.ª ed., Lisboa, 1814, e 3.ª ed., Lisboa, 1841.
– *Institutiones juris civilis lusitani cum publici tum privati*, Liber tertius, De jure rerum, 4.ª ed., Coimbra, 1845.
– *A história do direito civil português*, tradução de MIGUEL PINTO DE MENEZES, in *Boletim do Ministério da Justiça*, 1968, 173, 174 e 175.
– *Instituições de direito civil português, tanto público como particular*, tradução de MIGUEL PINTO DE MENEZES, in *Boletim do Ministério da Justiça*, 1967, 161, 162, 163, 164, 165, 166, 168, 170 e 171.

GAMA (SANCHES DA),
– *Programma da 3.ª cadeira. Historia e principios geraes de direito civil para o anno de 1885-1886*, Coimbra, 1885.
– *Programma das doutrinas que têm de ser explicadas e ensinadas na sexta cadeira da Faculdade de Direito*, Coimbra, 1885.
– *Da limitação do direito de propriedade pela constituição da enfiteuse; e dos meios adequados para a reforma em Portugal sem lesão dos direitos adquiridos*, Coimbra, 1855.

GARVIN (DAVID),
– *Making the case*, in http://www.harvardmagazine.com/on-line/090322.html.

GAUDÊNCIO (ANA MARGARIDA SIMÕES),
– *O culto do texto da lei na escola da exegese: seu sentido e limites*, in Boletim da Faculdade de direito, 2003, LXXIX.

GÉNY,
– *Méthode d'interprétation et sources en droit privé positif*, 2.ª ed., 1919, I.

GIERKE (OTTO VON),
– *Personengemeinschaften und Vermögensbegriff im Entwurf eines Bürgerlichen Gesetzbuches für das Deutsche Reich*, in Entwurf eines Bürgerlichen Gesetzbuches, por BEKKER e FISCHER, Berlim, 1893.
– *Der Entwurf eines Bürgerlichen Gesetzbuches und das deutsche Recht*, Lípsia, 1989.
– *Die historische Rechtsschule und die Germanisten, Berlin, 1903* (consultou-se Die Grundbegriffe des Staatsrechts und die neuesten Staatsrechtstheorien, Tübingen, 1915, Naturrecht und deutsches Recht, Frankfurt a. M. 1883, Die historische Rechtsuchule und die Germanisten, Berlim, 1903, reimpressão num único volume, Aalen, 1973).

GOMES (JANUÁRIO DA COSTA),
– *Direitos Reais (sumários – turma A)*, 2000-2001.
– *Direitos Reais (sumários – turma B)*, 2000-2001.
– *Direitos Reais (sumários – turma A)*, 2001-2002.
– *Direitos Reais (sumários – turma B)*, 2001-2002.
– *Direitos Reais (sumários – turma A)*, 2002-2003.
– *Direitos Reais (sumários – turma B)*, 2002-2003.
– *Direitos Reais, programa ano 2002-2003*, in Guia Pedagógico (FDL), Lisboa, 2002-2003.
– *Direitos Reais (sumários – turma A)*, 2003-2004.
– *Direitos Reais (sumários – turma B)*, 2003-2004.
– *Direitos Reais, programa ano 2002-2003*, in Guia Pedagógico (FDL), Lisboa, 2003-2004.
– *O ensino do direito marítimo – o soltar das amarras do direito da navegação marítima. Relatório sobre o programa, conteúdos e métodos de ensino. Relatório apresentado nos termos do art. 44.º, n.º 2 do Estatuto da Carreira Docente Universitária, no concurso documental para provimento de 14 lugares de professor associado do 4.º Grupo (Ciências Jurídicas) da Faculdade de Direito da Universidade de Lisboa (Novembro de 2004)*, Coimbra, 2005.

GOMES (JANUÁRIO DA COSTA) [organização],
– *Direitos Reais. Jurisprudência seleccionada para as aulas práticas*, com a colaboração de CATARINA MARTINS SILVA, ELSA SEQUEIRA SANTOS,

CLÁUDIA MONGE, DIOGO PEREIRA DUARTE e SOFIA FERREIRA ENRIQUEZ, Lisboa, 2004.

GOMES (PINHARANDA),
— *Introdução à vida e obra de Lopes Praça*, in LOPES PRAÇA, *Historia da philosofia em Portugal nas suas relações com o movimento geral da filosofia*, 3.ª ed., fixação do texto, introdução, notas e bibliografia por PINHARANDA GOMES, Lisboa, 1988.

GONÇALVES (COUTO),
— *Sumários de Direitos Reais (textos de apoio e casos práticos resolvidos)*, sem indicação do local, 2005.

GONÇALVES (CUNHA),
— *O problema da codificação do direito civil*, Coimbra, 1906.
— *Tratado de direito civil em comentário ao código civil português*, Coimbra, I, 1929, II, 1930, III, 1930, IV, 1931, V, 1932, VI, 1932, VII, 1933, VIII, 1934, IX, 1935, X, 1936, XI, 1937, XII, 1938, XIII, 1940, XIV, 1942 e XV, 1944.
— *Da propriedade e da posse*, Lisboa, 1952.
— *Da propriedade horizontal ou por andares. Breve estudo e comentário do Decreto n.º 40 333 de 14 de Outubro de 1955*, Lisboa, 1955.

GONÇALVES (PENHA),
— *Curso de direitos reais*, 2.ª ed., Lisboa, 1993.

GONZALEZ (JOSÉ ALBERTO),
— *Direitos Reais (parte geral). Direito registal imobiliário*, 2.ª ed., Lisboa, 2002.
— *Direitos Reais e Direito registal imobiliário*, 3.ª ed., Lisboa, 2005.
— *Direitos Reais, programa*, 2004-2005, in *http://www.lis.ulusiada.pt/cursos/graduacao /licenciaturas/direito/programas/2217_2004_2005.pdf*.
— *Direitos Reais, programa*, 2005-2006, in *http://www.lis.ulusiada.pt/cursos/graduacao /licenciaturas/direito/programas/02217a.pdf*.

GOUVEIA (JAIME DE),
— *Construção jurídica da propriedade*, Lisboa, 1919.
— *Da responsabilidade contratual*, Lisboa, 1932.
— *Direitos Reais*, segundo as lições magistrais feitas ao curso do terceiro ano jurídico de 1935-1936, compiladas por ANTÓNIO DE CASTRO GUIMARAIS, EMÍDIO DA CRUZ e JOÃO MARQUES, Lisboa, 1935.
— *Direito Civil*, segundo as magistrais prelecções feitas ao curso do 1.º ano jurídico de 1939-1940, coligidas por F. C. ANDRADE DE GOUVEIA e MÁRIO RODRIGUES NUNES, sem indicação de local, 1939.

GRIMM (DIETER),
- *Rechtswissenschaft und Geschichte*, in *Rechtswissenchaft und Nachbarwissenschaften*, II, *Geschichte, Logik, Linguistik, Informatik, Friedensforschung, Finanzen, Didaktik*, Munique, 1976.

GROTIUS,
- *De iure belli ac pacis*, Amesterdão, 1720.
- *Jurisprudence of Holland*, edição bilingue, texto, tradução e notas por ROBERT WARDEN LEE, reimpressão da segunda edição de Oxford, 1953, Aalen, 1977, I.

HAHN,
- *De iure rerum et iuris in re speciebus*, Helmstadt, 1647.

HASSEMER (WINDFRIED),
- *Sistema jurídico e codificação: a vinculação do juiz à lei*, in *Introdução à Filosofia do Direito e à Teoria do Direito Contemporâneas*, org. de A. KAUFMANN e de W. HASSEMER, tradução de MARCOS KEEL e MANUEL SECA DE OLIVEIRA, revisão científica de A. M. HESPANHA, Lisboa, 2002.

HECK (PHILIP),
- *Grundgriß des Sachenrechts*, 2.ª reimpressão da edição de 1930, Aalen, 1970.

HELBRON (MARLENA),
- v. HÜTTE (FELIX).

HENKEL (HEINRICH),
- *Einführung in die Rechtsphilosophie. Grundlagen des Rechts*, 2.ª ed., Munique, 1977.

HENRY (LAURANCE-CAROLINE),
- v. DRUFFIN-BRICCA (SOPHIE).

HERCULANO (ALEXANDRE),
- *Estudos sobre o casamento civil (por ocasião do opúsculo do Sr. Visconde de Seabra sobre este assunto)*, 1885, 3.ª ed., Lisboa, 1865.

HESPANHA (ANTÓNIO),
- *O Direito e a história. Os caminhos de uma história renovada das realidades jurídicas*, Coimbra, 1971.

HEYMANN (ERNST),
- *Zur Geschichte des jus ad rem*, in *Festschrift Otto Gierke zum siebzigsten Geburtstag*, Weimar, 1911.

HOMEM (PEDRO BARBAS),
- Ius *e* lex, in *Estudos de Direito Romano*, I, Lisboa, 1989.
- *História do pensamento jurídico. Guia de estudo*, Lisboa, 2004.

HORN (NORBERT),
- *Zur Bedeutung der Topiklehre Theodor Viehwegs für eine einheitliche Theorie des juristischen Denkens*, in *Neue juristische Wochenschrift*, 1967.

HUBERUS (U.),
- *Jus in re & ad rem*, in *Digressiones justinianae*, 3.ª ed., Francoforte, 1696.

HÜTTE (FELIX) e HELBRON (MARLENA),
- *Sachenrecht*, I, 2.ª ed., Grasberga em Bremen, 2005.

IGLESIAS (JUAN),
- *Derecho romano y esencia del Derecho*, in *Derecho romano y esencia del Derecho*, Barcelona, 1957.

JAEGER (FRIEDRICH) e RÜSEN (JORG),
- *Geschichte des Historismus. Eine Einführung*, Munique, 1992.

JARDIM (PEREIRA),
- *Da limitação do direito de propriedade pela constituição da enfiteuse; e dos meios adequados para a reforma em Portugal sem lesão dos direitos adquiridos*, Coimbra, 1855.
- *Oração de sapiencia recitada na Sala dos Grandes Actos da Universidade de Coimbra no dia 16 de Outubro de 1885*, Coimbra, 1885.
- *Lições de Direito Civil (3.º anno), 1881-1882*, litografadas, Rua das Coisinhas, sem indicação de data.
- *Parecer do Dr. António dos Sanctos Pereira Jardim, vogal do conselho da Faculdade de Direito da Universidade, acerca da reforma dos estudos na mesma Faculdade*, in *O instituto*, 1885, XXXII.
- *Princípios de finanças segundo as prelecções de 1868-1869*, 4.ª ed. póstuma, Coimbra, 1891.
- *Programma das materias que hão de ser expostas syntheticamente na 9.ª Cadeira servindo de texto o Codigo Civil*, 3.ª ed., Coimbra, 1885.
- *Programma das materias que hão de ser expostas syntheticamente na 9.ª Cadeira servindo de texto o Codigo Civil*, 4.ª ed., Coimbra, 1893.

JHERING,
- *Unsere Aufgabe*, in *Jherings Jahrbücher für die Dogmatik des heutigen römischen und heutigen Privatrechts*, 1857.

– *Geist des römischen Rechts auf den verschiedenen Stufen seiner Entwicklung*, 6.ª e 7.ª eds., Lípsia, II, II, 1923 (confrontou-se também a edição em língua portuguesa *O espírito do Direito romano, nas diversas fases do seu desenvolvimento*, de RAFAEL BENAION, Rio de Janeiro, 1943, III).

JUSTO (SANTOS),
– *Garantias reais das obrigações (Direito Romano)*, segundo as prelecções ao 5.º ano jurídico no ano lectivo de 1987/1988, Coimbra 1988.
– *As relações de vizinhança*, in *Revista Xurídica da Universidade de Santiago de Compostela*, II, 1993.
– *Código de Napoleão e o direito ibero-americano*, separata do *Boletim da Faculdade de Direito*, LXXI, Coimbra, 1995.
– *A crise da romanística*, separata do *Boletim da Faculdade de Direito*, Coimbra, 1996.
– *Direito privado romano – III (Direitos Reais)*, Coimbra, 1997.
– *A «cautio damni infecti» (época clássica)*, in *Estudos em Homenagem ao Professor Doutor Manuel Gomes da Silva*, Coimbra, 2000.
– *Direito privado romano – I – Parte geral (Introdução. Relação jurídica. Defesa dos Direitos)*, I, 2.ª ed., Coimbra, 2000.
– *Introdução ao estudo do Direito*, 2.ª ed., Coimbra, 2003.
– *Direito das Coisas (sumários)*, 2004-2005.
– *Direito das Coisas, Tópicos (das matérias leccionadas na Faculdade de Direito da Universidade de Coimbra, no ano lectivo 2004-2005)*, pol., Coimbra, 2004.
– *Nótulas de história do pensamento jurídico (história do Direito)*, Coimbra, 2005.
– *Direito das Coisas (sumários)*, 2005-2006, in *https://woc.uc.pt/fduc/class/geralsummary.do?idclass=16&idyear=2*
– *Direito privado romano – I – Parte geral (Introdução. Relação jurídica. Defesa dos Direitos)*, I, 3.ª ed., Coimbra, 2006.
– *Direitos Reais*, Coimbra, 2007.

KANTOROWICZ,
– *Probleme der Strafrechtsvergleichung*, in *Monatsschrift für Kriminalpsycologie und Strafrechtsreform*, 1908.
– *La definición del derecho*, edição de A. H. CAMPBELL, 1964, introdução de A. L. GOODHART, tradução de J.M. DE LA VEJA, Madrid, 1964.
– *Studies in the glossators of the roman law, newly discovered writings of the twelfth century*, editados e explicados por HERMANN KANTOROWICZ, com a colaboração de WILLIAM BUCKLAND, reimpressão da edição de Cambridge, 1938, com adenda e corrigenda por PETER WEIMAR, Aalen, 1969.
– *Der Kampf um die Rechtswissenschaft*, Heidelberga.
– *Was ist uns Savigny* [1911], in *Rechtshistorischen Schriften*, por HELMUT COING e GERHARD IMMEL, Karlsruhe, 1970.

– *Savigny and the historical school of law*, in *Rechtshistorischen Schriften*, por HELMUT COING e GERHARD IMMEL, Karlsruhe, 1970.
– *Volksgeist und historische Rechtsschule*, in *Rechtshistorischen Schriften*, por HELMUT COING e GERHARD IMMEL, Karlsruhe, 1970.
– *Savignys marburger Methodenlehre*, in *Rechtshistorischen Schriften*, por HELMUT COING e GERHARD IMMEL, Karlsruhe, 1970.

KASER (MAX),
– *Eigentum und Besitz im älteren römischen Recht*, 2.ª ed., Colónia, Graz, 1956.
– *En torno al método de los juristas romanos*, tradução de JUAN MIQUEL, VALLADOLID, 1964.

KASER (MAX) e KNÜTEL (ROLF),
– *Römisches Privatrecht*, 18.ª ed., Munique, 2005.

KAUFMANN (ARTHUR),
– *Gesetz und Recht*, in *Existenz und Ordnung. Festschrift für Erik Wolf zum 60. Geburtstag*, Francoforte no Meno, 1962.
– *Vorüberlegung zu einer juristischen Logik und Ontologie der Relationen. Grundlegend einer personalen Rechtstheorie*, in *Rechtstheorie. Zeitschrift für Logik, Methodenlehere Kybernetik und Soziologie des Rechts*, Berlim, 1986.
– *A problemática da filosofia do direito ao longo da história*, in *Introdução à Filosofia do Direito e à Teoria do Direito Contemporâneas*, org. de A. KAUFMANN e de W. HASSEMER, tradução de MARCOS KEEL e MANUEL SECA DE OLIVEIRA, revisão científica de A. M. HESPANHA, Lisboa, 2002.

KELSEN,
– *Teoria pura do direito*, 4.ª ed., tradução de BAPTISTA MACHADO, Coimbra, 1976.

KNÜTEL (ROLF),
– v. KASER (MAX).

KOSCHAKER,
– *Europa und das Romische Recht*, 4.ª ed., Munique, Berlim, 1966.

KRIELE,
– *Theorie der Rechtsgewinnung entwickelt am Problem der Verfassungsinterpretation*, Berlim, 1976.
– *Recht und Praktische Vernunft*, Gotinga, 1979.

LACAMBRA (LUIS LEGAZ Y),
– *Droit naturel et méthode dogmatique dans l'enseignement du droit en Espagne*, in *L'educazione giuridica*, II, *Profile storici*, Perugia, 1979.

LALINDE (JESUS),
– *Iniciación histórica al derecho español*, Barcelona, 1970.

LANDESBERG (ERNST),
– *Die Glosse des Accurssius und ihre Lehre von Eigenthum. Rechts- und dogmenchichtliche Untersuchung*, Lípsia, 1883.

LANGHANS (ALMEIDA),
– *Antologia do pensamento jurídico português – Pascoal de Mello Freire dos Reis (1738-1798)*, in Boletim do Ministério da Justiça, 1955, 49.

LARANJO (JOSÉ),
– *A organização dos estudos na Faculdade de Direito*, in O instituto, Julho de 1893 a Dezembro de 1894, LXI.

LARENZ (KARL),
– *Metodologia da ciência do direito*, 3.ª ed., tradução de JOSÉ LAMEGO, 1997.

LARROUMET (CHRISTIAN),
– *Droit Civil*, II, Les biens, droits réels principaux, 5.ª ed., Paris, 2006.

LEICHT (P. S.),
– *Storia del diritto italiano. Il diritto privato*, II, Diritti reali e di sucessioni, Milão, 1960.

LEITÃO (MENEZES),
– *O enriquecimento sem causa no direito civil*, Cadernos de Ciência e Técnica Fiscal, Lisboa, 1996.
– *O ensino do direito das obrigações. Relatório sobre o programa, conteúdo e métodos de ensino da disciplina. Relatório apresentado nos termos do art. 44.º, n.º 2, do Estatuto da Carreira Docente Universitária, no concurso documental para o preenchimento de 10 vagas de professor associado do 4.º Grupo (Ciências Jurídicas) da Faculdade de Direito da Universidade de Lisboa*, Coimbra, 2001.
– *Garantia das obrigações. Relatório sobre o programa, conteúdos e métodos de ensino. Relatório apresentado nos termos do art. 9.º, n.º 1, alínea a) do Decreto-Lei n.º 301/72, de 14 de Agosto, aplicável por força do artigo 24.º do mesmo diploma e do artigo 12.º do Decreto-Lei n.º 236/80, de 7 de Agosto, em provas de agregação no 4.º Grupo (Ciências Jurídicas) da Faculdade de Direito da Universidade de Lisboa*, Coimbra, 2004.
– *Direito das Obrigações*, I, Introdução, da constituição das obrigações, 5.ª ed., Coimbra, 2006, III, Contratos em especial, 4.ª ed., Coimbra, 2006.

LEPOINTE (GABRIEL),
– *Droit romain et ancien droit français (droit des biens)*, Paris, 1958.

LÉVY (JEAN PHILIPPE) e CASTALDO (ANDRÉ),
– *Histoire du droit civil*, Paris, 2002.

LIMA (PIRES DE),
– *Curso de Direitos Reais. Livro de Sumários das lições (3.º e 4.º ano)*, 1931-1932.
– *Curso de Direitos Reais. Livro de Sumários das lições*, 1932-1933.
– *Lições de Direito civil (Direitos Reais)*, de harmonia com as prelecções ao 3.º ano jurídico de 1932-1933, compiladas por ELÍSIO C. VILAÇA e DAVID AUGUSTO FERNANDES, Coimbra, 1933.
– *Curso de Direitos Reais. Livro de Sumários das lições, 4.º ano período transitório*, 1933-1934.
– *Curso de Direitos Reais. Livro de Sumários das lições, 4.º ano período transitório*, 1934-1935.
– *Curso de Direitos Reais. Livro de Sumários das lições, 3.º ano*, 1935-1936.
– *Curso de Direitos Reais. Livro de Sumários das lições*, 1936-1937.
– *Curso de Direitos Reais. Livro de Sumários das lições*, 1937-1938.
– *Da propriedade das águas*, extracto das prelecções, compiladas por ARMANDO PAULA RAMOS, Coimbra, 1939.
– *Cadeira de Direito Civil (noções fundamentais), 1.º ano, sumários das lições*, 1939-1940.
– *Anotação ao Acórdão do STJ de 2 de Maio de 1939*, in *Revista de Legislação e de Jurisprudência*, 1939-1940, 72.
– *Anotação ao Acórdão do STJ de 21 de Julho de 1939*, in *Revista de Legislação e de Jurisprudência*, 1939-1940, 72.
– *Anotação ao Acórdão do STJ de 24 de Maio de 1940*, in *Revista de Legislação e de Jurisprudência*, 1940-1941, 73.
– *Anotação ao Acórdão do STJ de 31 de Maio de 1940*, in *Revista de Legislação e de Jurisprudência*, 1940-1941, 73.
– *Aquisição às águas por prescrição (notas a um Acórdão)*, in *Revista de Legislação e de Jurisprudência*, 1940-1941, 73.
– *Curso de Direito Civil (Direitos Reais)*, 1940-1941.
– *Cadeira de Direito Civil (noções fundamentais), 1.º ano, sumários das lições*, 1940-1941.
– *Lições de Direito civil (Direitos Reais)*, de harmonia com as prelecções ao 3.º ano jurídico de 1940-1941, compiladas por DAVID AUGUSTO FERNANDES, Coimbra, 1941.
– *Direito civil*, por FAUSTO GAITTO de acordo com as prelecções ao 1.º ano jurídico de 1940-1941, Coimbra, 1941.
– *Curso de Direito Civil (Direitos Reais)*, 1941-1942.

– *Cadeira de Direito Civil (noções fundamentais), 1.º ano, sumários das lições*, 1941-1942.
– *Le problème des eaux au Portugal*, extracto do *Bulletin international de Droit agricole*, Roma, 1942.
– *Cadeira de Direito Civil (noções fundamentais), 1.º ano, sumários das lições*, 1942-1943.
– *Aproveitamento de águas particulares por parte de terceiros (notas a um acórdão e ao artigo 105.º do decreto das águas)*, in *Revista de Legislação e de Jurisprudência*, 1942-1943, 75.
– *Direitos dos proprietários sobre as nascentes de água existentes nos seus prédios (notas a um parecer da Procuradoria Geral da República)*, in *Revista de Legislação e de Jurisprudência*, 1942-1943, 75.
– *Curso de Direito Civil (Direitos Reais)*, 1943-1944.
– *Cadeira de Direito Civil (noções fundamentais), 1.º ano, sumários das lições*, 1943-1944.
– *Curso de Direito Civil (Direitos Reais)*, 1944-1945.
– *Cadeira de Direito Civil (noções fundamentais), 1.º ano, sumários das lições*, 1944-1945.
– *Cessação da servidão de passagem (notas ao art. 2131.º do Cód. Civil)*, in *Revista de Legislação e de Jurisprudência*, 1944-1945, 77.
– *Noções fundamentais de direito civil*, lições proferidas ao 1.º ano jurídico de 1944-1945, por JOÃO DE MATOS ANTUNES VARELA, I e II, Coimbra, 1945.
– *Cessação da servidão de passagem (notas ao art. 2131.º do Cód. Civil)*, in *Revista de Legislação e de Jurisprudência*, 1944-1945, 77.
– *Curso de Direito Civil (Direitos Reais)*, 1945-1946.
– *Renúncia ao aproveitamento de águas públicas*, in *Revista de Legislação e de Jurisprudência*, 1945-1946, 78.
– *Lições de Direito Civil (Direitos Reais)*, 3.ª ed., segundo as prelecções do Professor ao curso do 3.º ano jurídico de 1945-1946, compiladas por DAVID AUGUSTO FERNANDES, Coimbra, 1946.
– *Curso de Direito Civil (Direitos Reais), sumários, P.T.*, 1946-1947.
– *Anotação ao Acórdão do STJ de 9 de Julho de 1946*, in *Revista de Legislação e de Jurisprudência*, 1946-1947, 79.
– *Anotação ao Acórdão do STJ de 6 de Maio de 1955*, in *Revista de Legislação e de Jurisprudência*, 1955-1956, 88.
– *Anotação ao parecer da Procuradoria Geral da República de 7 de Julho de 1955*, in *Revista de Legislação e de Jurisprudência*, 1956-1957, 89.
– *Anotação ao Acórdão do STJ de 4 de Maio de 1956*, in *Revista de Legislação e de Jurisprudência*, 1956-1957, 89.
– *Enfiteuse (anteprojecto de um título do futuro Código Civil)*, separata do *Boletim do Ministério da Justiça*, 66, Lisboa, 1957.

– *Servidões prediais (anteprojecto de um título do futuro Código Civil)*, separata do *Boletim do Ministério da Justiça*, 64, Lisboa, 1957.
– *Anotação ao Acórdão do STJ de 11 de Julho de 1957*, in *Revista de Legislação e de Jurisprudência*, 1957-1958, 90.
– *Usufruto, uso e habitação*, separata do *Boletim do Ministério da Justiça*, 79, Lisboa, 1958.
– *Lições de Direito Civil (Direitos Reais)*, 4.ª ed., de harmonia com as prelecções ao curso do 4.º ano jurídico de 1957-1958 da Universidade de Coimbra, Coimbra, 1958.
– *Anotação ao Acórdão do STJ de 14 de Janeiro de 1958*, in *Revista de Legislação e de Jurisprudência*, 1958-1959, 91.
– *Anotação ao Acórdão do STJ de 17 de Março de 1958*, in *Revista de Legislação e de Jurisprudência*, 1958-1959, 92.
– *Anotação ao Acórdão do STJ de 1 de Julho de 1958*, in *Revista de Legislação e de Jurisprudência*, 1959-1960, 92.
– *Anotação ao Acórdão do STJ de 17 de Outubro de 1958*, in *Revista de Legislação e de Jurisprudência*, 1959-1960, 92.
– *Anotação ao Acórdão do STJ de 14 de Novembro de 1958*, in *Revista de Legislação e de Jurisprudência*, 1959-1960, 92.
– *Anotação ao Acórdão do STJ de 12 de Maio de 1959*, in *Revista de Legislação e de Jurisprudência*, 1959-1960, 92.
– *Das coisas*, separata do *Boletim do Ministério da Justiça*, 1960, 91.
– *Anotação ao Acórdão do STJ de 26 de Junho de 1959*, in *Revista de Legislação e de Jurisprudência*, 1959-1961, 93.
– *Anotação ao Acórdão do STJ de 15 de Dezembro de 1959*, in *Revista de Legislação e de Jurisprudência*, 1959-1961, 93.
– *Anotação ao Acórdão do STJ de 31 de Maio de 1960*, in *Revista de Legislação e de Jurisprudência*, 1961-1962, 94.
– *Anotação ao Acórdão do STJ de 25 de Novembro de 1960*, in *Revista de Legislação e de Jurisprudência*, 1961-1962, 94.
– *Anotação ao Acórdão do STJ de 1 de Maio de 1961*, in *Revista de Legislação e de Jurisprudência*, 1962-1963, 95.
– *Anotação ao Acórdão do STJ de 28 de Novembro de 1961*, in *Revista de Legislação e de Jurisprudência*, 1962-1963, 95.
– *Anotação ao Acórdão do STJ de 12 de Junho de 1962*, in *Revista de Legislação e de Jurisprudência*, 1963-1964, 96.
– *Anotação ao Acórdão do STJ de 11 de Setembro 1962*, in *Revista de Legislação e de Jurisprudência*, 1963-1964, 96.
– *Anotação ao Acórdão do STJ de 30 de Novembro de 1962*, in *Revista de Legislação e de Jurisprudência*, 1963-1964, 96.
– *Anotação ao Acórdão do STJ de 8 de Março de 1963*, in *Revista de Legislação e de Jurisprudência*, 1963-1964, 96.

– *Anotação ao Acórdão do STJ de 23 de Abril de 1963*, in *Revista de Legislação e de Jurisprudência*, 1963-1964, 96.
– *Direito de propriedade: anteprojecto para o futuro Código Civil*, in *Boletim do Ministério da Justiça*, 1963, 123.
– *Direito de superfície: anteprojecto para o futuro Código Civil*, in *Boletim do Ministério da Justiça*, 1963, 123.
– *Direito de propriedade: anteprojecto para o futuro Código Civil*, in *Boletim do Ministério da Justiça*, 1964, 123.
– *Anotação ao Acórdão do STJ de 13 de Dezembro de 1963*, in *Revista de Legislação e de Jurisprudência*, 1964-1965, 97.
– *Anotação ao Acórdão do STJ de 18 de Fevereiro de 1964*, in *Revista de Legislação e de Jurisprudência*, 1964-1965, 97.
– *Anotação ao Acórdão do STJ de 17 de Abril de 1964*, in *Revista de Legislação e de Jurisprudência*, 1964-1965, 97.
– *Anotação ao Acórdão do STJ de 3 de Julho de 1964*, in *Revista de Legislação e de Jurisprudência*, 1965-1966, 98.
– *Anotação ao Acórdão do STJ de 15 de Dezembro de 1964*, in *Revista de Legislação e de Jurisprudência*, 1965-1966, 98.
– *Anotação ao Acórdão do TRC de 25 de Junho de 1965*, in *Revista de Legislação e de Jurisprudência*, 1965-1966, 98.
– *Anotação ao Acórdão do STJ de 12 de Fevereiro de 1965*, in *Revista de Legislação e de Jurisprudência*, 1965-1966, 98.
– *Anotação ao Acórdão do STJ de 1 de Junho de 1965*, in *Revista de Legislação e de Jurisprudência*, 1965-1966, 98.
– *Anotação ao Acórdão do STJ de 8 de Fevereiro de 1966*, in *Revista de Legislação e de Jurisprudência*, 1966-1967, 99.
– *Direitos adquiridos sobre águas correntes navegáveis ou flutuáveis (Comentário a um acórdão do STJ)*, in *Revista de Legislação e de Jurisprudência*, 1966--1967, 99.
– *Anotação ao Acórdão do STJ de 1 de Julho de 1966*, in *Revista de Legislação e de Jurisprudência*, 1967-1968, 100.
– *Anotação ao Acórdão do STJ de 24 de Fevereiro de 1967*, in *Revista de Legislação e de Jurisprudência*, 1967-1968, 100.
– *Anotação ao Acórdão do STJ de 3 de Março de 1967*, in *Revista de Legislação e de Jurisprudência*, 1967-1968, 100.
– *Anotação ao Acórdão do STJ de 9 de Junho de 1969*, in *Revista de Legislação e de Jurisprudência*, 1967-1968, 100.
– *Arrendamento da propriedade rústica. Projecto de proposta de lei sobre arrendamento da propriedade rústica*, in *Boletim da Faculdade de Direito*, XXXVII.

LIMA (PIRES DE) e MESQUITA (HENRIQUE),
– *Curso de Direitos Reais. Livro de Sumários das lições*, 1961-1962.

LIMA (PIRES DE) e VARELA (ANTUNES),
- *Código Civil português*, Coimbra, 1948.
- *Noções fundamentais de direito civil*, 4.ª ed., Coimbra, 1957, II.
- *Noções fundamentais de direito civil*, 5.ª ed., Coimbra, 1962, II.
- *Código Civil anotado*, 1.ª ed., I, Coimbra, 1967, III, Coimbra, 1972.
- *Código Civil anotado*, 2.ª ed., com a colaboração de HENRIQUE MESQUITA, Coimbra, 1987, III.
- *Código Civil anotado*, 4.ª ed., com a colaboração de HENRIQUE MESQUITA, Coimbra, 1987, I.
- *Noções fundamentais de direito civil*, 6.ª ed., Coimbra, 1965, I.
- *Fundamental concepts of civil law – Extracts from volume II, Lectures to the 1st year Law course of 1944-45 (family law and sucession)*, sem indicação de local ou data mas de 1997 (o livro tem também, no interior, título em português).

LIMA (PIRES DE) e XAVIER (LOBO),
- *Três pareceres jurídicos. Negócio indirecto e negócio simulado – direito de propriedade, direito de superfície e usucapião – o arrolamento de bens do casal e o art.º 1413.º do Código de Processo Civil*, separata da *Revista de Direito e Estudos Sociais*, XVIII, Janeiro-Dezembro, n.ºs 1, 2, 3, e 4, Coimbra, 1972.

LIPP (MARTIN),
- *Die Bedeutung des Naturrechts für die Ausbildung der Allgemeinen Lehren des deutschen Privatrechts*, Berlim, 1980.

LOBÃO (MANUEL DE ALMEIDA E SOUSA),
- *Tractado practico de morgados*, 2.ª ed., Lisboa, 1814, e 3.ª ed., Lisboa, 1841.
- *Discurso juridico, historico e critico sobre os direitos dominicaes e provas d'elle n'este reino em favor da coroa, seus donatarios e outros mais senhorios particulares; juntamente. Convicção fundamental das theses de hum papel sedicioso, que grassa manuscripto com esse titulo – Advertencias de um curioso em favor dos lavradores que forem vexados e opprimidos com títulos falsos, e tombos nullos, ou com pertenções além dos titulos legitimos*, Lisboa, 1813, reimpressão de 1865.
- *Tractado practico, e critico de direito emphitêutico, conforme a legislação, e costumes deste reino e uso actual das nações*, volumes I e II, Lisboa, 1814, reedição de 1928.
- *Tractado historico encyclopedico, critico, practico, sobre todos os direitos relativos a cazas quanto às matérias civis e criminais*, Lisboa, 1817.
- *Tractado practico das avaliações, e dannos*, Lisboa, 1826, I.
- *Tractado pratico e compendiario das aguas, dos rios, fontes publicas, ribeiros e nascentes dellas (Obra apurada em que se adopta o mais racionável da legislação Romana; cortado o que he hoje reprovado pelo uso moderno das nações)*, Lisboa, 1827.

- *Tratado encyclopedico, compendiario, practico, systematico dos interditos e remédios possessorios geraes, especiaes, conforme o direito romano, pátrio e uso das nações*, Lisboa, 1829.
- *Dissertação VIII. ou tractado encyclopedico pratico sobre os direitos relativos a arvores*, do Fascículo de dissertações juridico-praticas, tomo I, Lisboa, 1829.
- *Dissertação X. Acquestos conjugaes quando o matrimonio he contrahido conforme o direito comum, conforme Wesel de Connubial. Bonor. Societat. Tract. 2. Cap. 2 e outros mais DD.*, da Collecção de dissertações juridico-praticas, em suplemento ás notas ao livro terceiro das Instituições, Lisboa, 1839, artigo VII.
- *Notas do uso practico e criticas, adicções, illustrações e remissões á imitação das de Muller a Struvio sobre todos os títulos e todos os parágrafos do livro terceiro das instituições do direito civil lusitano do Dr. Pascoal José de Mello Freire*, Lisboa, 1883, Parte III.

LOBO (MÁRIO TAVARELA),
- *Destinação do pai de família. Servidões e águas*, Coimbra, 1964.

LOMBARDI (LUIGI),
- *Saggio sul diritto giurisprudenziale*, reimpressão inalterada, Milão, 1975.

LOUREIRO (JOSÉ PINTO),
- *O jurisconsulto Manuel de Almeida e Sousa*, in *Boletim da Faculdade de Direito*, 1942, XVIII (=*Jurisconsultos portugueses do Século XIX*, organização de PINTO LOUREIRO, I, Lisboa, 1960).
- *Jurisconsultos portugueses*, in *Jurisconsultos portugueses do século XIX*, organização de PINTO LOUREIRO, I, Lisboa, 1960.

LUHMANN,
- *Die Stellung der Gerichte im Rechtssystem*, in *Rechtstheorie. Zeitschrift für Logik, Methodenlehere Kybernetik und Soziologie des Rechts*, 1990.

MACEDO (HENRIQUE VEIGA DE),
- *O Doutor Mário de Figueiredo*, Viseu, 1970.

MACKELDEY,
- *Manuel de droit romain, contenant la théorie des institutes precedée d'une introduction a l'étude du droit romain*, tradução de J. Beving, 3.ª edição em língua francesa, Bruxelas, 1846, edição esta realizada a partir da última edição alemã de 1833.

MAGALHÃES (ASSIS TEIXEIRA DE),
- *Águas correntes não navegáveis nem flutuáveis segundo o direito civil moderno*, Coimbra, 1876.

MAILLIEUX (F.),
– *L'exégèse des codes et la nature du raisonnement juridique*, Paris, 1908.

MALAFOSSE (J. DE),
– v. OURLIAC (P.).

MALAURIE (PHILIPE) e AYNÉS (LAURENT),
– *Les biens*, 2.ª ed., Paris, 2005.

MANCHEGO (JOSÉ PALOMINO) [direcção],
– *Discusión sobre el carácter anticientífico del Derecho*, Lima, 1999.

MARCHANTE (JOÃO PEDRO),
– *Das lacunas da lei* de iure constituto: *noção* maxime*, da delimitação da juridicidade aferidora do dever de juridificar implícito nas lacunas (ou: da detecção de lacunas da lei)*, pol., Lisboa, 1999.
– *Da detecção de lacunas da lei no direito português*, pol., Lisboa, 2001.

MARCOS (RUI DE FIGUEIREDO),
– *O jusracionalismo setecentista em Portugal*, in *Direito natural, justiça e política*, Porto.
– *A legislação pombalina*, in *Boletim da Faculdade de Direito* – Suplemento XXXIII, 1990.
– *História do Direito. Relatório sobre o programa, o conteúdo e os métodos de ensino*, Coimbra, 1999.
– v. COSTA (MÁRIO JÚLIO DE ALMEIDA).

MARGADANT S. (GUILLERMO FLORIS),
– *El significado del derecho Romano dentro de la enseñanza jurídica contemporánea*, México, 1960.

MARQUES (DIAS),
– *História do direito português*, apontamentos das lições ao 1.º ano jurídico, 1955/1956, Lisboa, 1955.
– *Direitos Reais (sumários)*, 1959-1960.
– *Direitos Reais, (Parte Geral)*, I, *Lições feitas aos cursos de 1958-59 e 1959-60 da Faculdade de Direito de Lisboa*, Lisboa, 1960.
– *A publicidade dos Direitos Reais*, apontamentos compilados por MANUEL ALEXANDRE ALVIM, Lisboa, 1960.
– *Direitos Reais (Da prescrição aquisitiva)*, apontamentos coligidos por MANUEL MALHEIRO DIAS e LUIZ QUEIROZ DE BARROS, Lisboa, 1960.
– *Prescrição aquisitiva*, Lisboa, 1960, I e II.

– *Direitos Reais, Programa e Bibliografia*, in FACULDADE DE DIREITO DE LISBOA, *Curso de licenciatura. Programa das disciplinas (com indicação da bibliografia fundamental)*, Lisboa, 1993.

MARQUES (MÁRIO REIS),
– *O liberalismo e a codificação do direito civil em Portugal. Subsídios para o estudo da implantação em Portugal do direito moderno*, in *Boletim da Faculdade de Direito*, suplemento, 1986, XXIX.

MARTINEZ (PEDRO ROMANO),
– *Direitos Reais (sumários)*, 1.º semestre, 1995-1996.
– *Direitos Reais (sumários)*, 1997-1998.
– *Direito das Obrigações (Parte especial) contratos. Compra e venda, locação, empreitada*, 2.ª ed., Coimbra, 2001.
– *Direito das obrigações (apontamentos)*, 2.ª ed., Lisboa.

MARTINEZ (PEDRO SOARES),
– *Paulo Cunha: o jurista, o universitário, o político e o homem*, in *Boletim da Faculdade de Direito. Estudos em Homenagem ao Professor Doutor Paulo Cunha*, Lisboa, 1989.
– *A Faculdade de Direito de Lisboa: do restabelecimento, em 1913, à consolidação em 1928*, in *Revista da Faculdade de Direito da Universidade de Lisboa*, 1997, XXXVIII, 1.
– *O direito bancário – Análise de um relatório universitário*, separata da *Revista da Faculdade de Direito da Universidade de Lisboa*, Coimbra, 2000, LXI, 2.

MARTINS (MENDES),
– *A faculdade de direito (professores e doutrinas)*, Coimbra, 1895.

MASSON (PIERRE),
– *Contribution a l'étude des rapports de la propriété et de l'usufruit chez les romanistes du moyen age et dans le droit français*, Dijon, 1933.

MATA (CAEIRO DA)
– *Cadeira de História do Direito Português, matérias professadas ao ano lectivo de 1911-1912*, in *Sumario das Lições Professadas na Faculdade de Direito da Universidade de Coimbra nos anos lectivos de 1911-1912 e 1914-1915*, sem local nem data.
– *Cadeira de História do Direito Português, matérias professadas ao ano lectivo de 1912-1913*, in *Sumario das Lições Professadas na Faculdade de Direito da Universidade de Coimbra nos anos lectivos de 1911-1912 e 1914-1915*, sem local nem data.
– *Sumario das lições ao curso de Direito Civil desenvolvido*, 1921-1922.

MATHIEU-IZORCHE (MARIE-LAURE),
– *Droit civil. Les biens*, Paris, 2006.

MAYER (OTTO),
– *Deutsches Wervaltungsrecht*, 3.ª ed., Munique e Lípsia, 1924, II.

MELLO (SAMPAIO E),
– *O ensino do direito pátrio na universidade de Coimbra* (1772-1805), pol., Lisboa, 1985.

MENDES (CASTRO),
– *Cadeira de história do Direito Romano. Apontamentos das lições dadas ao 1.º ano jurídico de 1965-1956*, Lisboa, 1965.

MENDES (ISABEL PEREIRA),
– *Código de registo predial anotado, e comentado com formulário*, 15.ª ed., Coimbra, 2006.

MENDIA (MARGARIDA MEXIA DE),
– *José Joaquim Lopes Praça: 1844-1920*, I, *Um caminho independente*, Lisboa, 1999.

MERÊA (PAULO),
– *Cadeira de Direito Romano, matérias professadas no ano lectivo de 1914-1915*, in *Sumario das lições professadas na Faculdade de Direito da Universidade de Coimbra nos anos lectivos 1911-1912 a 1914-1915*, sem local nem data.
– *Cadeira de Direito Romano, matérias professadas no ano lectivo de 1915-1916*, in *Sumario das lições professadas na Faculdade de Direito da Universidade de Coimbra nos anos lectivos 1915-1916 a 1917-1918*, sem local nem data.
– *Primeira Cadeira de Direito Civil. Matérias professadas no ano lectivo de 1915--1916*, in *Sumario das lições professadas na Faculdade de Direito da Universidade de Coimbra nos anos lectivos 1915-1916 a 1917-1918*, sem local nem data.
– *Cadeira de Direito Romano, matérias professadas no ano lectivo de 1916-1917*.
– *Primeira Cadeira de Direito Civil*, 1916-1917, in *Sumario das lições professadas na Faculdade de Direito da Universidade de Coimbra nos anos lectivos 1915--1916 a 1917-1918*, sem local nem data.
– *Súmula histórica da história do direito português*, in *Boletim da Faculdade de Direito*, 1918-1920, V, 1920-1921, VI.
– *Cadeira de Direito Romano, matérias professadas no ano lectivo de 1919-1920*, in *Sumario das lições professadas na Faculdade de Direito da Universidade de Coimbra nos anos lectivos 1918-1919 a 1920-1921*, sem local nem data.

– *Cadeira de Direito Romano, matérias professadas no ano lectivo de 1920-1921*, in *Sumario das lições professadas na Faculdade de Direito da Universidade de Coimbra nos anos lectivos 1918-1919 a 1920-1921*, sem local nem data.
– *Um manuscrito de Mello Freire*, in *Boletim da Faculdade de Direito*, 1938-1939, XV.
– *Recensão a L. Cabral de Moncada, Um «iluminista» português do século XVIII: Luiz António Verney (com um «apêndice» de novas cartas e documentos inéditos)*, Coimbra, 1941.
– *O ensino do direito em Portugal de 1805 a 1836*, in *Jurisconsultos portugueses do Século XIX* (direcção de JOSÉ PINTO LOUREIRO), I, Lisboa, 1947.
– *Esboço de uma história da Faculdade de Direito*, in *Boletim da Faculdade de Direito*, 1952, XXVIII, 1954, XXIX e XXX.
– *Como nasceu a Faculdade de Direito*, separata do *Boletim da Faculdade de Direito em homenagem ao Prof. Dr. José Alberto dos Reis*, 2.ª ed. corrigida, 1956.
– *Lance de olhos sobre o ensino do direito (cânones e Leis) desde 1772 até 1804*, in *Boletim da Faculdade de Direito*, 1957, XXXIII.
– *Notas sobre alguns lentes de Direito Pátrio no período 1772-1804*, separata do *Boletim da Faculdade de Direito*, 1961, XXXVI.
– *Relação dos professores da Faculdade de Direito desde a sua criação em 1836*, in *Boletim da Faculdade de Direito*, 1965, XLV.

MESQUITA (ANDRADE),
– *Direitos pessoais de gozo*, Coimbra, 1999.

MESQUITA (HENRIQUE),
– *Curso de Direitos Reais, sumários das lições*, 1966-1967.
– *Direitos Reais*, Coimbra, 1967.
– *Direito das Coisas (sumários)*, 1996-1997.
– *Curriculum vitae*, Coimbra, Maio de 1990.
– *Obrigações reais e ónus reais*, Coimbra, 1990.
– *Direito das Coisas (sumários)*, 1997-1998.
– *Direito das Coisas (sumários)*, 1998-1999.
– *Direito das Coisas (sumários)*, 1999-2000.
– *Direito das Coisas (sumários)*, 2000-2001.
– *Direito das Coisas (sumários)*, 2001-2002.
– v. LIMA (PIRES DE).

MEYNIAL (E.),
– *Notes sur la théorie du domaine divise (domaine direct et domaine utile) du XIIe au XIVe siècle dans les romanistes. Étude de dogmatique juridique*, sem indicação de local nem data (mas tratar-se-á de uma separata dos *Mélanges Fitting* datados de 1908).

MIRANDA (JORGE),
— *A tipicidade dos Direitos Reais*, separata da *Rivista di Diritto Agrario*, 1971.
— *Relatório com o programa, os conteúdos e os métodos do ensino de direitos fundamentais*, separata da *Revista da Faculdade de Direito de Lisboa*, XXVI (separata sem indicação de data [mas de 1985]).
— *Apreciação do Relatório sobre Direito Comunitário I – Programa, conteúdo e métodos de Ensino*, in *Revista da Faculdade de Direito da Universidade de Lisboa*, 1999, XL, 1 e 2.
— *Parecer sobre o Relatório com o Programa, os Conteúdos e os métodos do ensino teórico e prático da cadeira de Direito Administrativo – I apresentado pelo Doutor Paulo Otero*, in *Revista da Faculdade de Direito da Universidade de Lisboa*, 1999, XL, 1 e 2.
— *Manual de Direito Constitucional*, II, 5.ª ed., Coimbra, 2003.
— *Propostas sucessivas sobre o plano de estudos de Direito*, Lisboa, 2006.

MITTEIS (HEINRICH),
— *Vom Lebenswert der Rechtsgeschichte*, Weimar, 1947.

MÖLLER (HORST),
— *Vernunft und Kritik. Deutsche Aufklärung im 17. und 18. Jahrhundert*, Suhrcamp, Francoforte no Meno, 1986.

MONCADA (CABRAL DE),
— *Elementos de história do Direito Romano*, Coimbra, 1923.
— *O «século XVIII» na legislação de Pombal*, in *Boletim da Faculdade de Direito*, 1925-1926, IX.
— *Cadeira de Direito Civil (noções fundamentais) sumário das lições*, 1931-1932.
— *Cadeira de Direito Civil (noções fundamentais) sumário das lições*, 1932-1933.
— *Um «iluminista» português do século XVIII: Luiz António Verney (com um «apêndice» de novas cartas e documentos inéditos)*, Coimbra, 1941.
— *A traditio e a transferência da propriedade imobiliária no direito português: séculos XII-XV, contribuições para a história do Direito português*, in *Estudos de História do Direito*, Coimbra, 1948, I.
— *O «século XVIII» na legislação de Pombal*, in *Estudos de História do Direito*, Coimbra, 1948, I.
— *A «posse de ano e dia» nos costumes municipais portugueses*, in *Estudos de História do Direito*, I, Coimbra, 1948.
— *Conceito e função da jurisprudência segundo Verney*, in *Boletim do Ministério da Justiça*, 1949, 14.
— *A actual crise do romanismo na Europa*, in *Estudos de História do Direito*, II, Coimbra, 1949.
— *O problema metodológico na ciência da história do direito português*, in *Estudos de História do Direito*, Coimbra, 1949, II.

– *Italia e Portogallo nel' Setecento (conferenza tenuta a Roma in occasione dell'esposizione del libro portoghese – Maggio 1949)*, Lisboa, 1949.
– *Filosofia do direito e do estado*, 2.ª ed., revista e acrescentada, I, Coimbra, 1955, II, *Doutrina e crítica*, Coimbra, 1966.
– *O Direito como objecto de conhecimento*, in Boletim da Faculdade de Direito, 1971, XLVII.
– *Lições de direito civil, parte geral*, 1932 (1.ª ed.), volume I, 3.ª ed., Coimbra, 1954, volume II (2.ª ed.), Coimbra, 1955, 3.ª ed., Coimbra, 1959, 4.ª ed., Coimbra, 1962 e publicada em 1995.

MONGE (CLÁUDIA),
– v. GOMES (JANUÁRIO DA COSTA) [organização].

MONTEIRO (PINTO),
– *La codification en Europe: le Code Civil Portugais*, in Boletim da Faculdade de Direito, Coimbra, 1992, LXVIII.
– *Sumários da 1.ª turma de Teoria Geral do Direito Civil – 2005-2006*, in https:// woc.uc.pt/fduc/class/geralsummary.do?idclass=28&idyear=2.

MONTEIRO (SINDE),
– *Responsabilidade por conselhos, recomendações ou informações*, Coimbra, 1989.
– *Manuel de Andrade e a influência do BGB sobre o Código Civil português de 1966*, in Revista de Legislação e de Jurisprudência, 1999-2000, 132.
– *Sumários da 1.ª Turma de Direito das Obrigações – 2006-2007*, in https://woc. uc.pt/fduc/class/geralsummary.do?idclass=18&idyear=3.

MOREIRA (GUILHERME),
– *Instituições do direito civil*, pré-edição, sem indicação de local nem data, III.
– *Instituições do direito civil português*, I, *parte geral*, Coimbra, 1907.
– *Cadeira de Noções geraes e elementares das instituições do Direito civil, matérias professadas no ano lectivo de 1911-1912*, in Sumario das lições professadas na Faculdade de Direito da Universidade de Coimbra nos anos lectivos 1911-1912 a 1914-1921, sem local nem data.
– *Sumários da Primeira Cadeira de Direito Civil*, 1911-1912.
– *Sumários da Primeira Cadeira de Direito Civil*, 1912-1913.
– *Sumários da Primeira Cadeira de Direito Civil*, 1913-1914.
– *Sumários da Primeira Cadeira de Direito Civil*, 1914-1915.
– *Sumários do curso de Direito Civil desenvolvido, matérias professadas no ano lectivo de 1916-1917*.
– *Sumários da Primeira Cadeira de Direito Civil*, 1918-1919.
– *Sumários do Curso de Direito Civil desenvolvido*, 1918-1919.
– *Sumários da Primeira Cadeira de Direito Civil*, 1919-1920.

– *1.ª Cadeira de direito civil (3.º semestre), sumario das lições*, 1920-1921.
– *As águas no direito civil português*, I, *Propriedade das águas*, Coimbra, 1920, e II, *Das servidões*, Coimbra, 1922.

MOREIRA (GUILHERME) e COELHO (JOSÉ GABRIEL PINTO),
– *Sumários da Primeira Cadeira de Direito Civil*, 1914-1915.
– *Sumários da Primeira Cadeira de Direito Civil*, 1917-1918.

MOTA (CARDOSO),
– *Direitos Reais, sumários*, 1979-1980.
– *Direitos Reais, sumários*, 1980-1981.

MOZOS (LOS),
– *Metodología y ciencia en el derecho privado moderno*, Madrid, 1977.

MÜHL,
– *Treu und Glauben im Sachenrecht,* in *Neue juristische Wochenschrift,* 1956.

MÜLLER (FRIEDRICH),
– *Normstruktur und Nomativität. Zum Verhältnis von Recht und Wirklichkeit in der juristischen Hermeneutik entwickelt an Fragen der Verfassungsinterpretation*, Berlin, 1966.

NEIVA (ANTÓNIO BANDEIRA DE)
– *Observações sobre o Codigo Civil*, Coimbra, 1860.

NEIVA (ANTÓNIO BANDEIRA DE) e RUAS (JOSÉ MANOEL),
– *Direito Civil Portuguez (curso biennal)*, in *O instituto*, 1855-1866, IV.

NEVES (CASTANHEIRA),
– *Questão-de-facto – Questão-de-direito ou o problema metodológico da juridicidade (Ensaio de uma reposição crítica)*, I, *A crise*, Coimbra, 1967.
– *O papel do jurista no nosso tempo*, in *Boletim da Faculdade de Direito*, 1968, XLIV.
– *Relatório com a justificação do sentido e objectivo pedagógico, o programa, os conteúdos e os métodos de um curso de «INTRODUÇÃO AO ESTUDO DO DIREITO»*, Coimbra, 1976.
– *O Instituto jurídico dos «assentos» e a função jurídica dos supremos tribunais*, Coimbra, 1983.
– *Metodologia jurídica. Problemas fundamentais*, Coimbra, 1993.
– *A unidade do sistema jurídico: o seu problema e o seu sentido (diálogo com Kelsen)*, in *Digesta. Escritos acerca do Direito do pensamento jurídico, da sua metodologia e outros*, Coimbra, 1995, II.

- *Escola do direito livre*, in *Digesta. Escritos acerca do direito, do pensamento jurídico, da sua metodologia e outros*, Coimbra, 1995, II.
- *Escola histórica do Direito*, in *Digesta. Escritos acerca do direito, do pensamento jurídico, da sua metodologia e outros*, Coimbra, 1995, II.
- *Fontes de Direito. Contributo para uma revisão do seu problema*, in *Digesta. Escritos acerca do direito, do pensamento jurídico, da sua metodologia e outros*, Coimbra, 1995, II.
- *Interpretação jurídica*, in *Digesta, Escritos acerca do direito, do pensamento jurídico, da sua metodologia e outros*, Coimbra, 1995, II.
- *Método jurídico*, in *Digesta, Escritos acerca do direito, do pensamento jurídico, da sua metodologia e outros*, Coimbra, 1995, II.
- *O actual problema metodológico da realização do direito*, in *Digesta, Escritos acerca do direito, do pensamento jurídico, da sua metodologia e outros*, Coimbra, 1995, II.
- *O princípio da legalidade criminal*, in *Digesta. Escritos acerca do direito, do pensamento jurídico, da sua metodologia e outros*, Coimbra, 1995, I.
- *Protocolo de acordo entre o governo e as federações e associações académicas e associações de estudantes tendo em vista a reforma do ensino superior*, in *Digesta. Escritos acerca do Direito, do pensamento jurídico, da sua metodologia e outros*, Coimbra, 1995, II.
- *Reflexões críticas sobre um projecto de «estatuto da carreira docente»*, in *Digesta. Escritos acerca do direito, do pensamento jurídico, da sua metodologia e outros*, Coimbra, 1995, II.
- *Entre o «legislador», a «sociedade» e o «juiz» ou entre «sistema», «função» e «problema» – os modelos actualmente alternativos da realização jurisdicional*, in *Revista de Legislação e de Jurisprudência*, 1998, 130 e 131 [=*Boletim da Faculdade de Direito*, 1998, LXXIV].
- *Da «jurisdição no actual Estado-de-Direito*, in *Ab uno ad omnes. 75 anos da Coimbra Editora, 1920-1995*, Coimbra, 1998.
- *O Direito hoje e com que sentido. O problema actual da autonomia do direito*, Lisboa, 2002.
- *O actual problema metodológico da interpretação jurídica*, Coimbra, 2003, I.
- *O sentido actual da metodologia jurídica*, in *Boletim da Faculdade de Direito*, Volume Comemorativo, 2003.
- *A crise actual da filosofia do direito no contexto global da crise global da filosofia. Tópicos para a possibilidade de uma reflexiva reabilitação*, Coimbra, 2003.
- *Escola da Exegese*, in *Polis, Enciclopédia Verbo da Sociedade e do Estado*, II.
- *Por um outro pensamento jurídico. Comentário a «Uma Tópica Jurídica – Clareira para a emergência do Direito», de Antônio Carlos Nedel*, in *Boletim da Faculdade de Direito*, Coimbra, 2005, LXXXI.

NOGUEIRA (JOSÉ ARTUR DUARTE),
- *Objecto e método na história do Direito (algumas considerações)*, separata de *Estudos em homenagem ao Professor Doutor Raúl Ventura*, Coimbra, 2003.

– *Direito romano. Relatório sobre o programa, o conteúdo e os métodos de ensino*, suplemento à *Revista da Faculdade de Direito da Universidade de Lisboa*, Lisboa, 1999.

NOGUEIRA (RICARDO RAYMUNDO),
– *Prelecções de Direito Patrio que fez no anno lectivo de 1795 a 1796*, in *O instituto*, 1859, VIII, 1863, XII, 1864, XIII, 1865, XIV, 25-27, 49-51.
– *Prelecções de Direito publico interno de Portugal*, in O *instituto*, 1858, VI, 1859, VII.

NORONHA (AZEVEDO FARO DE),
– v. CARVALHO (NUNES DE).

OLIVEIRA (GUILHERME),
– *Curso de Direitos Reais. Livro de Sumários das lições*, 1974-1975.

OLIVEIRA (NUNO MANUEL PINTO),
– *Direito das obrigações*, I, Coimbra, 2005.

ORESTANO (RICARDO),
– *Introduzione allo studio storico del diritto romano*, Bolonha, 1987.

OTERO (PAULO),
– *Direitos históricos e não tipicidade pretérita dos Direitos fundamentais*, in Ab uno ad omnes. *75 anos da Coimbra Editora, 1920-1995*, Coimbra, 1998.
– *Direito Administrativo – Relatório de uma disciplina apresentado no concurso para professor associado na Faculdade de Direito da Universidade de Lisboa*, 2.ª ed., publicado em suplemento à *Revista da Faculdade de Direito da Universidade de Lisboa*, Lisboa, 2001.
– *Direito da vida, Relatório sobre o programa, conteúdos e métodos de ensino*, Coimbra, 2004.

OTTO (HARRO),
– *Methode und System in der Rechtswissenschaft*, in *Archiv für Rechts- und Sozialphilosophie*, 1969.

OURLIAC (P.) e MALAFOSSE (J. DE),
– *Droit romain et ancien droit*, II, *Les biens*, Paris, 1961.

PACHECO (CARNEIRO),
– *Do direito de retenção na legislação portuguesa*, Coimbra, 1911.
– *Dos privilegios creditorios*, Coimbra, 1913.

– *Cadeira de noções gerais de Direito Civil, matérias professadas no ano lectivo 1919-1920*, in *Sumario das lições professadas na Faculdade de Direito da Universidade de Coimbra nos anos lectivos de 1918-1919 a 1920-1921*, sem local nem data.
– *Cadeira de noções gerais de Direito Civil, matérias professadas no ano lectivo 1920-1921*, in *Sumario das lições professadas na Faculdade de Direito da Universidade de Coimbra nos anos lectivos de 1918-1919 a 1920-1921*, sem local nem data.
– *Código Civil português actualizado*, I, artigos 1.º a 640.º, Coimbra, 1920-1921.
– *Livro de sumários da 3.ª Cadeira – Noções Gerais e Elementares*, no ano de 1921--1922.
– *Cadeira de noções gerais de Direito civil, sumario das lições*, 1921-1922.
– *Direitos reais, sumarios*, 1925-1926.
– *Direito Civil*, segundo as prelecções feitas pelo Ex.mo Senhor Dr. Carneiro Pacheco, ao curso do 1.º ano jurídico de 1929/30 coligidas por JOAQUIM DA SILVA PINTO, Lisboa, 1931.
– *Direito Civil, noções fundamentais, 1.º ano*, 1930-1931.
– *Direito Civil, noções fundamentais, 1.º ano*, 1931-1932.
– *Direito Civil*, segundo as prelecções feitas pelo Ex.mo Senhor Dr. CARNEIRO PACHECO, ao curso do 1.º ano jurídico coligidas por JACINTO RODRIGUES BASTOS e ANTÓNIO DA MOTTA VEIGA, nos meses de Abril e Maio de 1932, Lisboa, sem data.
– v. VILELA (MACHADO).

PACHECO (CARNEIRO) e SANTOS (BELEZA DOS),
– *Cadeira de noções gerais de direito civil, matérias professadas no ano lectivo 1918--1919*, in *Sumario das lições professadas na Faculdade de Direito da Universidade de Coimbra nos anos lectivos de 1918-1919 a 1920-1921*, sem local nem data.

PAPIER (HANS-JÜRGEN),
– *Recht der öffentlichen Sachen*, 3.ª ed., Berlim, Nova Iorque, 1988.

PAWLOWSKI (HANS-MARTIN),
– *Methodenlehre für juristen. Theorie der Norm und der Gesetzes*, Heidelberga, Karlsruhe, 1981.

PELÁEZ (FRANCISCO CONTRERAS),
– *Savigny y el historicismo jurídico*, Madrid, 2005.

PERALTA (ANA MARIA),
– *A posição jurídica do comprador na compra e venda com reserva de propriedade*, Coimbra, 1990.

PEREIRA (MARIA DE LURDES),
– v. ALBUQUERQUE (PEDRO DE)

PEREIRA (TERESA SANCHA),
– *Luís da Cunha Gonçalves: jurisconsulto 1875-1956*, ed. litografada (Câmara Municipal de Lisboa. Comissão Municipal de Toponímia), Lisboa, 2001.

PERELMAN,
– *Logique Juridique. Nouvelle réthorique*, Paris, 1976.
– *Ética e direito*, tradução de JOÃO DUARTE, Lisboa, 2002.

PICCINELLI (FERDINANDO),
– *Studî e richerche intorno alla definizione:* Dominium est ius et abutendi re sua, quatenus iuris ratio patitur, reimpressão da edição de Florença 1886, com introdução de LUIGI CAPOGROSSI COLOGNESI, Nápoles, 1980.

PICKER (EDUARD),
– *Rechtsdogmatik und die Rechtsgeschichte*, in *Archiv für die Civilistische Praxis*, 2001, 201.

PINHEIRO (LUÍS DE LIMA),
– *A cláusula de reserva de propriedade (algumas reflexões sobre a função, regime e natureza jurídica)*, Coimbra, 1988.
– *Um direito internacional privado para o século XXI. Relatório sobre o programa, os conteúdos e os métodos de ensino do direito internacional privado*, separata da *Revista da Faculdade de Direito da Universidade de Lisboa*, 2001.

PINTO (BORGES),
– v. PITÃO (FRANÇA).

PINTO (CARLOS MOTA),
– *Da cessão da posição contratual*, Coimbra, 1970, XVII.
– *Direitos reais*, segundo as prelecções ao 4.º ano jurídico de 1970-1971, por ÁLVARO MOREIRA e CARLOS FRAGA, Coimbra, 1971.

PINTO (PAULO MOTA),
– *Aparência de poderes de representação e tutela de terceiros, reflexão a propósito do artigo 23.º do Decreto-Lei n.º 178/86 de 3 de Julho*, in *Boletim da Faculdade de Direito*, 1993, LXIX.
– *Declaração tácita e comportamento concludente*, Coimbra, 1995.

PINTO (RUI),
– *Direitos reais de Moçambique (Teoria Geral dos Direitos Reais – Posse)*, Coimbra, 2006.

PITA (PEDRO),
— *Discurso proferido na sessão plenária consagrada à memória do Professor Luís da Cunha Gonçalves, em 27 de Junho de 1957*, separata do *Boletim da Academia das Ciências*, vol. XXIX, Janeiro a Julho de 1957, Lisboa, 1958.

PITÃO (FRANÇA),
— *Do direito das coisas em geral*, por LUÍS MANUEL MENDES BARRÃO ROCHA, PEDRO MANUEL PORTO DE AGUIAR, RICARDO ANTÓNIO VIEIRA DA VEIGA FERRÃO, notas esquemáticas de acesso ao estudo da cadeira de Direitos Reais, segundo as lições preleccionadas ao 3.º ano jurídico no ano lectivo de 1977/78, Coimbra, 1979.

PITÃO (FRANÇA) e PINTO (BORGES),
— *Direito das coisas*, s. l. 1976.

PRAÇA (LOPES),
— *Theses de Direito que offerece para defender no seu acto de conclusões magnas José Joaquim Lopes Praça*, sem data, mas de 1869.
— *Estudos sobre o Codigo Civil, sobre a rescisão do contracto de compra e venda por lesão e vicios redhibitorios, segundo o artigo 1582 do Codigo Civil Portuguez*, Coimbra, 1870.
— *As lições de direito civil ao 3.º ano jurídico*, recolhidas por RICARDO PAES GOMES e AUGUSTO HENRIQUES DAVID, Coimbra, 1894-1895.
— *Historia da philosofia em Portugal nas suas relações com o movimento geral da filosofia*, 3.ª ed., fixação do texto, introdução, notas e bibliografia por PINHARANDA GOMES, Lisboa, 1988.

PRÜTTING (HANNS),
— v. SCHWAB (KARL HEINZ).

PUCHTA,
— *Pandekten*, 12.ª ed. por SCHIRMER a partir de anterior edição de RUDORFF, Lípsia, 1877.

PUFENDORF,
— *De jure naturae et gentium libri octo*, reprodução fotográfica da edição de 1688, com introdução de WALTER SIMONS, Londres, 1934, vol. I.

PUGLIESE,
— *Diritti reali*, in *Enciclopedia del Diritto*, 1964, XII.

QUADROS (FAUSTO DE),
– *Direito internacional público I – programas, conteúdos e métodos de ensino*, in *Revista da Faculdade de Direito de Lisboa*, 1991, XXXII.
– *A protecção da propriedade privada pelo Direito Internacional*, Coimbra, 1998.

QUEIRÓ (AFONSO),
– *Discurso. Homenagem ao Professor Doutor Luís Cabral de Moncada na sua jubilação universitária,* in *Boletim da Faculdade de Direito*, 1958, XXXIV.
– *Doutor Mário de Figueiredo. Palavras proferidas pelo Director da Faculdade de Direito no funeral do Doutor Mário de Figueiredo, em Viseu em 20 de Setembro de 1969*, in *Boletim da Faculdade de Direito*, 1969, XLV.

QUEIROZ (CRISTINA),
– *A interpretação jurídica*, in *Estudos em Homenagem ao Professor Doutor Marcello Caetano no centenário do seu nascimento*, Coimbra, 2006, I.

R. (J.R.),
– *Índice do Curso de direito civil portuguez do Illustrissimo Senhor António Ribeiro de Liz Teixeira, Lente e Vice Reitor que foi da Universidade*, ordenado por J.R.R., Coimbra, 1848.

RADBRUCH,
– *Einführung in die Rechtswissenschaft*, 12.ª ed., cuidada após a morte do autor por KONRAD ZWEIGERT, Estugarda, 1969.

RAISER (LUDWIG),
– *Rechtswissenschaft und Rechtspraxis*, in *Neue juristische Wochenschrift*, 1964.

RAMALHO (MARIA DO ROSÁRIO PALMA),
– *Teoria Geral do Direito Civil. Sumários*, turma da noite, 2006-2007.

RAVANIS (JACOBUS DE),
– *Summa feodorum* (confrontou-se a 2.ª edição a cargo de CORRADO PECORELLA, Nápoles, 1959).

REBOUL-MAUPIN,
– *Droit des biens*, Paris, 2006.

RECASENS-SICHES,
– *La naturaleza del pensamiento juridico*, separata da *Revista de Legislación y jurisprudencia*, 1971, ano CXX, segunda época, I. LXII (230 da colecção).

REIS (ALBERTO DOS),
– v. SOUZA (MARNOCO E).

RHINOW (RENÉ A.),
– *Rechtsetzung und Methodik. Rechtstheoretische Untersuchungen zum gegenseitigen Verhähltnis von Rechtsetzung und Rechtsanwendung*, Basileia, Estugarda, 1979.

RIAZA (ROMAN),
– *Notas para la historia del concepto del* 'ius in re', in *Filosofía y letras*, 1930.

RIBEIRO (LUÍS DA SILVA),
– *Vicente Cardoso Costa*, in *Jurisconsultos portugueses do Século XIX*, direcção de PINTO LOUREIRO, I, Lisboa, 1960.

RIBEIRO (SOUSA),
– *Sumários da 2.ª turma de Teoria Geral do Direito Civil – 2006-2007*, in *https://woc.uc.pt/fduc/class/geralsummary.do?idclass=96&idyear=3*.

RIBEIRO (TEIXEIRA),
– *A reforma das Faculdades de Direito*, in *Boletim da Faculdade de Direito*, 1945, XXI.
– *A propósito de Mário de Figueiredo*, in *Boletim da Faculdade de Direito*, 1974, L.

RIGOBELLO (ARMANDO),
– *Le problème de l'éducation juridique dans «Der Streit der Fakultäten» de I. Kant*, in *L'educazione giuridica*, II, *Profile storici*, Perugia, 1979.

RINNE,
– *Münchener Kommentar zum Bürgerlichen Gestezbuch*, VI, *Sachenrecht*, 4.ª ed., Munique, 2004, § introdutório.

ROCHA (COELHO DA),
– *Instituições de direito civil portuguez, para uso dos seus discípulos*, 2.ª ed., Coimbra, 1848, I.
– *Ensaio sobre a historia do governo e da legislação de Portugal, para servir de introdução ao estudo do direito patrio*, 2.ª ed., Coimbra, 1843; 3.ª, ed., Coimbra, 1851; 6.ª ed., Coimbra, 1887.

RÖDIG (JÜRGEN),
– *Die Denkform der alternative in der Jurisprudenz*, 1969, Berlim.

RODRIGUES (MANUEL),
— *1.ª Cadeira de direito civil (3.º semestre), sumario das lições*, 1921-1922.
— *1.ª Cadeira de direito civil (3.º semestre), sumario das lições*, 1922-1923.
— *Da destinação do antigo proprietário como fonte de servidão*, in *Revista de Legislação e jurisprudência*, 1922-1923, 55.
— *Livro de sumários da 2.ª Cadeira de Direito Civil (Direitos Reais — 3.º semestre)*, 1923-1924.
— *Servidão Legal de passagem*, in *Revista de Legislação e jurisprudência*, 1923--1924, 56.
— *1.ª Cadeira de Direito Civil (Noções Gerais e Elementares), sumarios das lições*, 1924-1925.
— *1.ª Cadeira de Direito Civil (Noções Gerais e Elementares), sumarios das lições*, 1925-1926.
— *Livro de sumarios da 2.ª Cadeira de Direito Civil (Direitos Reais — 3.º semestre)*, 1925-1926.
— *Restrições de utilidade pública do direito de propriedade*, in *Boletim da Faculdade de Direito*, 1923-1925, 8.
— *A reivindicação no Direito Civil português*, in *Revista de Legislação e jurisprudência*, 1924-1925, 57.
— *A compropriedade no direito civil português*, in *Revista de Legislação e jurisprudência*, 1925-1926, 58.
— *Muros e paredes meias*, in *Revista de Legislação e jurisprudência*, 1925-1926, 58.
— *A posse. Estudo de direito civil português*, 3.ª ed. revista, anotada e prefaciada por FERNANDO LUSO SOARES, Coimbra, 1980.

RODRIGUES (SANDRA MARTINHO),
— *A interpretação jurídica no pensamento de Ronald Dworkin (uma abordagem)*, Coimbra, 2005.

RODRIGUEZ (MANUEL JESÚS),
— *Hermann Kantorowicz*, in *Juristas universales*, por RAFAEL DOMINGO, Madrid, 2004, III.

ROSSHIRT (CONRAD FRANZ),
— *Dogmengeschichte des Civilrechts*, reimpressão da edição de Heidelberga de 1853, Sockstadt no Meno, 2006.

RUAS (JOSÉ),
— v. NEIVA (ANTÓNIO BANDEIRA DE).

RÜCKERT (JOACHIM),
— *Friedrich Karl von Savigny*, in *Juristas universales*, por RAFAEL DOMINGO, Madrid, 2004, III.

RÜSEN (JORG),
– v. JAEGER (FRIEDRICH).

SÁ (ALVES DE),
– *A emphyteose e o usufructo*, Lisboa, 1887.

SALEILLES,
– *De la possession des meubles: études de droit allemand et de droit français*, Paris, 1907.

SAMPAIO (FRANCISCO COELHO DE SOUSA E),
– *Prelecções de Direito patrio publico e particular, offerecidas ao serenissimo senhor D. João Principe do Brasil*, Primeira e Segunda Parte *Em que se trata das noções preliminares e do direito publico portuguez*, Coimbra, 1793.
– *Observações às Prelecções de Direito Pátrio*, Lisboa, 1805.

SANCHES (ANTÓNIO RIBEIRO),
– *Cartas sobre a educação da mocidade*, com prefácio e notas de JOAQUIM FERREIRA, Porto, sem data.

SANTOS (BELEZA DOS),
– *O Professor Doutor Manuel Rodrigues, antigo Ministro da Justiça*, separata da *Revista da Ordem dos Advogados*, 1941, ano I, 2.
– v. PACHECO (CARNEIRO).

SANTOS (EDUARDO),
– *Sumários de Direitos Reais*, 1982-1983.
– *Curso de Direitos Reais*, I, *Introdução. Direitos reais de gozo*, ano lectivo 1982//1983, turma da noite, Lisboa, 1983.
– *Curso de Direitos Reais*, II, *Direitos Reais de garantia e de aquisição*, Lisboa, 1986.
– *Direitos Reais de ontem e de hoje*, I, *Direito Romano. Sua introdução em Portugal e seus Direitos Reais*, Lisboa, 2006.

SANTOS (ELSA SEQUEIRA),
– *Analogia e tipicidade em Direitos Reais*, in *Estudos em Homenagem ao Professor Doutor Inocêncio Galvão Telles*, 2003, IV.
– v. GOMES (JANUÁRIO DA COSTA) [organização].

SANTOS (MARQUES DOS),
– *Defesa e ilustração do Direito Internacional Privado*, suplemento à *Revista da Faculdade de Direito da Universidade de Lisboa*, Coimbra, 1998.

SAVIGNY,
- *Vom Beruf unserer Zeit für Gesetzgebung und Rechtswissenschaft* [1814], in *Thibaut und Savigny. Zum 100 jhärigen Gedächtnis des Kampfes um ein einheitliches bürgerliches Recht für Deutschland – 1814-1914*, introdução e selecção de textos por JACQUES STERN, Berlim, 1914.
- *Die historische Schule in der Rechtswissenschaft Vom Zweck dieser Zeitschrift* [1815], in *Grundgedanken der Historischen Rechtsschule 1814-1840*, org. por E. WOLF, Francoforte no Meno, 1965.
- *Entstehung des positiven Rechts*, in *Grundgedanken der Historischen Rechtsschule 1814-1840*, org. por E. WOLF, Francoforte no Meno, 1965.
- *Der Bildungswert des römischen Rechts*, in *Grundgedanken der Historischen Rechtsschule 1814-1840*, org. por E. WOLF, Francoforte no Meno, 1965.
- *System des heutigen römischen Rechts*, 2.ª reimpressão da edição de 1840, Aalen 1981.
- *Metodologia jurídica*, tradução de SANTA-PINTER, Buenos Aires, 1979.
- *Vorlesungen über juristische Methodologie 1802-1842*, publicadas e com introdução de ALDO MAZZACANE, nova edição alargada, Francoforte no Meno, 2004.

SCHAPP e SCHUR,
- *Sachenrecht*, 3.ª ed., Munique, 2002.

SCHERILLO (GAETANO),
- *Il concetto di diritto reali – considerazioni storico-dogmatiche*, in *Studi in onore di Emilio Betti*, Milão, 1962, II.

SCHILLER (SOPHIE),
- *Droit des biens*, 2.ª ed., Paris, 2005.

SCHMIDT (ROLPH),
- *Sachenrecht*, II, *Immobiliarsachenrecht. Kreditsicherungsrecht*, 2.ª ed., Grasberga em Bremen, 2005.

SCHRECKENBERGER (WALDEMAR),
- *Rhetorische Semiotik. Analyse von Texten des Grundgesetzes und von rhetorischen Grundstrukturen der Argumentation des Bundesver-fassungsgerichts*, Friburgo, Munique, 1978.

SCHULZ,
- *History of Roman legal science*, Oxford, 1953.

SCHUR,
- v. SCHAPP.

SCHWAB (KARL HEINZ) e PRÜTTING (HANNS),
— *Sachenrecht*, 32.ª ed. da obra fundada por FRIEDRICH LENT, Munique, 2006.

SCHWARZ (ANDREAS B.),
— *Entstehung des modernen Pandektensystems*, in *Zeitschrift der Savigny-Stiftung für Rechtsgeschichte*, XLII,1921.

SEABRA (ANTÓNIO LUIZ DE)
[VISCONDE DE SEABRA],
— *Novíssima apostilla em resposta à diatribe do Sr. Augusto Teixeira de Freitas contra o Projecto de Código Civil Portuguez*, Coimbra, 1859.

SEARA (ROBOREDO),
— v. ARAÚJO (LIMA).

SEGOLONI (DANILO),
— '*Practica*', '*Practicus*', '*Practicare*' *in Bartolo e in Baldo*, in *L'educazione giuridica*, II, *Profile storici*, Perugia, 1979.

SEILER (HANS HERMANN),
— *Staudingers Kommentar zum bürgerlichen Gesetzbuch mit Einführungsgesetz und Nebengesetzen*, Berlim, 2000, III, introdução.

SERRA (VAZ),
— *1.ª Cadeira de Direito Civil (noções gerais e elementares), sumário das lições*, 1926-1927.
— *1.ª Cadeira de Direito Civil (noções gerais e elementares), sumário das lições*, 1927-1928.
— *1.ª Cadeira de Direito Civil (noções gerais), sumário das lições*, 1928-1930.
— *Cadeira de Direito Civil (noções fundamentais), sumário das lições*, 1929-1930.
— *Cadeira de Direito Civil (noções fundamentais), sumário das lições*, 1930-1931.
— *1.ª Cadeira de Direito Civil (noções fundamentais), sumário das lições*, 1934--1935.
— *A revisão geral do Código Civil. Alguns factos e comentários*, in *Boletim do Ministério da Justiça*, 1947, 2.
— *Centenário do nascimento do Doutor Guilherme Alves Moreira*, in *Boletim da Faculdade de Direito*, 1961, XLVII.

SILVA (ANA PAULA COSTA E),
— *Direitos Reais, programa ano 2003-2004*, in *Guia Pedagógico (FDL)*, Lisboa, 2003-2004.

- *Posse ou posses*, 2004, Coimbra.
- *Direito dos valores mobiliários. Relatório apresentado nos termos do art. 44.º do Decreto-Lei n.º 448/79, de 13 de Novembro, no concurso para provimento de catorze vagas de Professor Associado do 4.º grupo (Ciências Jurídicas) da Faculdade de Direito da Universidade de Lisboa*, Lisboa, 2005.

SILVA (CALVÃO DA),
- *Direito bancário: relatório apresentado para a prestação de provas de agregação (Ciências Jurídicas), na Faculdade de Direito da Universidade de Coimbra*, Coimbra, 2001.

SILVA (CATARINA MARTINS),
- v. GOMES (JANUÁRIO DA COSTA) [organização].

SILVA (FERNANDO EMYGDIO DA),
- *Discurso do mais antigo Professor da Faculdade de Direito de Lisboa*, in *Revista da Faculdade de Direito da Universidade de Lisboa*, 1959, XIII.

SILVA (GOMES DA),
- *O dever de prestar e o dever de indemnizar*, Lisboa, 1944, I.
- *Curso de Direitos Reais*, apontamentos das lições proferidas no 4.º ano jurídico de 1954-1955 organizados por ANTÓNIO PEDRO DA PONTE e ANTÓNIO PROTÁSIO, Lisboa, 1955.
- *Curso de Direitos Reais*, apontamentos das lições proferidas no Curso do 4.º ano jurídico de 1955-1956, compilados pelas alunas MARIA DE JESUS LAMAS e MARIA TEREZA PIRES, Lisboa, 1955.
- *Curso de Direitos Reais*, apontamentos das lições proferidas no Curso do 4.º ano jurídico de 1956-1957, coligidos por ANTÓNIO BRAZ TEIXEIRA, Lisboa, 1957.
- *Esboço de uma concepção personalista do direito. Reflexões em torno da utilização do cadáver humano para fins terapêuticos e científicos*, separata da *Revista da Faculdade de Direito da Universidade de Lisboa*, Lisboa, 1965.
- *Ensaio sobre o direito geral de garantia nas obrigações*, separata de *Ciência e Técnica Fiscal*, Lisboa, 1965.
- *Conceito e estrutura da obrigação*, reimpressão da edição de 1943, Lisboa, 1971.

SILVA (NUNO ESPINOSA GOMES DA),
- *História do pensamento jurídico*, Lisboa, 1996/1995.

SILVA (VASCO PEREIRA DA),
- *Ensinar Direito (a direito) contencioso administrativo*, Coimbra, 1999.

SIMLER (PHILIPE),
– *Les biens*, 3.ª ed., Grenoble, 2006.
– v. TERRÉ (FRANÇOIS).

SOARES (FERNANDO JOSÉ GAUTIER LUSO),
– *As instituições de Coelho da Rocha. Contributo para a formação do direito civil português moderno: alguns aspectos*, pol., Lisboa, 1996-1997.

SOARES (TERESA LUSO),
– Interpretatio prudentium, *objecto e natureza*, in *Estudos de Direito Romano*, Lisboa, 1991, II.

SOLLER (MARIA JOÃO),
– *Direitos Reais (plano da cadeira)*, sem indicação de local (mas de Lisboa), 1976-
-1977.

SONTIS (JOHANNES),
– *Strukturelle Betrachtungen zum Eigentumsbegriff*, in *Festschrift für Karl Larenz zum 70. Geburtstag*, organizado por GOTTHARD PAULUS, UWE DIEDE-
RISCHEN e CLAUS-WILHELM CANARIS, Munique, 1973.

SOUSA (ALMEIDA E),
– v. LOBÃO.

SOUSA (CAPELO DE),
– *Sumários da 2.ª turma de Teoria Geral do Direito Civil – 2005-2006*, in https://
woc.uc.pt/fduc/class/geralsummary.do?idclass=96&idyear=2.
– *Sumários da 1.ª turma de Teoria Geral do Direito Civil – 2006-2007*, in https://
woc.uc.pt/fduc/class/geralsummary.do?idclass=28&idyear=3.

SOUSA (MARCELO REBELO DE),
– *Direito constitucional*, I, *Introdução à teoria da Constituição*, Braga, 1979.
– *Direito constitucional I, Relatório*, Lisboa, 1986.
– *Introdução ao estudo do direito*, Lisboa, 2000.

SOUSA (MIGUEL TEIXEIRA DE),
– *Aspectos metodológicos e didácticos do direito processual civil. Relatório apresentado, nos termos do art.º 44.º, n.º 2, do Estatuto da Carreira Docente Universitária, no concurso para preenchimento de uma vaga de Professor Associado na Faculdade de Direito de Lisboa e relativo ao programa, conteúdo e métodos de ensino da Disciplina de Direito Processual Civil – I*, Lisboa, 1993, (= separata da *Revista da Faculdade de Direito da Universidade de Lisboa*, 1994, XXXV).

SOUZA (MARNOCO E),
– *Historia das instituições do direito romano, peninsular e português, prelecções feitas ao curso do 2.º anno jurídico do anno de 1904 a 1905*, 3.ª ed., Coimbra, 1910.

SOUZA (MARNOCO E) e REIS (ALBERTO DOS),
– *A Faculdade de Direito e o seu ensino*, Coimbra, 1907.

STADLER,
– *Soergels Bürgerliches Gesetzbuch mit Einführungsgestz und Nebengesetzen*, vol. 14, *Sachenrecht 1*, Estugarda, 2002.

STEIN (PETER),
– *Legal Theory and the Reform of Legal Education in midnineteenth Century England*, in *L'educazione giuridica*, II, *Profile storici*, Perugia, 1979.

STOLJAR (SAMUEL),
– *System and Topoi*, in *Rechtstheorie. Zeitschrift für Logik, Methodenlehere Kybernetik und Soziologie des Rechts*, 1981.

SUAREZ (ALVAREZ),
– *Esquema de la distinción entre derechos reales y personales*, in *Revista de la Facultad de derecho de Madrid*, 1943, 12.
– *La jurisprudencia romana en la hora presente*, Madrid, 1966.

TARELLO (GIOVANNI),
– *Scuola dell'esegesi*, in *Novissimo Digesto Italiano*, 1969, XVI.

TAVARES (JOSÉ),
– *Noções geraes e elementares de Direito Civil, sumários*, 1926-1927.
– *Os princípios fundamentais do Direito Civil*, II, *Pessoas, cousas, factos jurídicos*, Coimbra, 1929.
– *Os princípios fundamentais do direito civil*, 2.ª ed., I, *Primeira parte, Teoria geral do Direito Civil*, Coimbra, 1929.
– *Sumários das Lições de Direitos Reais*, 1929-1930.
– *Sumários das Lições de Direitos Reais*, 1930-1931.
– *Sumários das Lições de Direitos Reais*, 1931-1932.

TEIXEIRA (ASSIS),
– *Das obrigações a praso segundo o Codigo Civil portuguez*, in *O instituto*, Julho a Dezembro de 1875, XXI.
– *António dos Sanctos Pereira Jardim*, in *O instituto*, Julho de 1887 a Junho de 1888, XXV.

TEIXEIRA (LIZ),
- *Curso de direito civil portuguez ou commentario ás instituições do Senhor Paschoal José de Mello Freire sobre o mesmo Direito*, 1.ª ed., Parte primeira, *Do Direito das pessoas*, Coimbra, 1845, 2.ª ed., Coimbra, 1848, Parte segunda, divisão primeira, *Do direito das cousas com relação á propriedade ilimitada*, Coimbra, 1845, Parte segunda, divisão segunda, *Do direito das cousas com relação à propriedade limitada*, sem indicação de local nem data (mas de 1845).

TELLES (CORREIA),
- *Digesto Portuguez ou tratado dos direitos e obrigações civis accomodado ás leis e costumes da nação portugueza; para servir subsidio ao novo Codigo Civil*, 4.ª ed., Coimbra, 1853, I; e *Digesto Portuguez ou tratado dos modos de adquirir a propriedade, de a gozar e administrar, e de a transferir por derradeira vontade para servir de subsidio ao novo Codigo Civil*, 4.ª ed., Coimbra, 1853, III.
- *Questões e varias resoluções de direito emphyteutico (obra posthuma)*, 2.ª ed., Coimbra, 1868.

TELLES (INOCÊNCIO GALVÃO),
- *Das universalidades. Estudo de Direito privado*, Lisboa, 1940.
- *Verney e o iluminismo italiano*, in *Revista da Faculdade de Direito da Universidade de Lisboa*, 1950.
- *Apontamentos para a história do Direito das Sucessões*, separata da *Revista da Faculdade de Direito da Universidade de Lisboa*, Lisboa, 1963.
- *Homenagem ao Prof. Doutor Paulo Cunha*, in *Boletim da Faculdade de Direito. Estudos em Homenagem ao Professor Doutor Paulo Cunha*, Lisboa, 1989.
- *Direito das obrigações*, 7.ª ed., revista e actualizada, Coimbra, 1997.

TELLES (MIGUEL GALVÃO),
- *Direitos aboslutos e relativos*, in *Estudos em homenagem ao Prof. Doutor Joaquim Moreira da Silva Cunha*, Coimbra, 2005.

TERRÈ (FRANÇOIS),
- *L'éducation juridique dans l'école de l'exégese et dans l'école scientifique*, in *L'educazione giuridica*, II, *Profile storici*, Perugia, 1979.

TERRÉ (FRANÇOIS) e SIMLER (PHILIPPE),
- *Droit Civil. Les biens*, Paris, 2006.

THIBAUT,
- *Vertheidigung meiner Begriffe über ius personarum und rerum wider den Herrn Professor Hübner*, in *Versuche über einzelne Theile des Theorie des Rechts*, 2.ª ed., Jena, 1817.

– *Ueber dingliches und personliches Rechts*, in *Versuche über einzelne Theile des Theorie des Rechts.*
– *Systems des Pandekten-Rechts*, 9.ª ed., Jena, I, 1846.

VARELA (ANTUNES),
– *Curso de Direito Civil, Direitos Reais. Livro de Sumários das lições (3.º ano P.T. e 4.º N. R)*, 1950-1951.
– *Centenário do nascimento do Doutor Guilherme Alves Moreira*, in *Boletim da Faculdade de Direito*, 1961, XLVII.
– *Anotação ao Acórdão do STJ – 10-10-1985*, in *Revista de Legislação e de Jurisprudência*, 1991-1992, 124.
– *Anotação ao Acórdão do STJ – 25-02-1986*, in *Revista de Legislação e de Jurisprudência*, 1991-1992, 124.
– *Das obrigações em geral*, 10.ª ed., 3.ª reimpressão da edição de 2000, I, Coimbra, 2005.
– v. LIMA (PIRES DE).

VASCONCELOS (PEDRO PAIS DE),
– *Teoria geral do direito civil. Relatório apresentado em 1998 no concurso para professor associado nos termos do artigo 44.º, n.º 2, da lei n.º 19/80*, Lisboa, 2000, separata da *Revista da Faculdade de Direito da Universidade de Lisboa*, 2000.
– *Teoria geral do direito civil*, 3.ª ed., Coimbra, 2005.

VELOSO (FRANCISCO JOSÉ),
– *Prefácio* à versão portuguesa das *Instituições de direito criminal português*, in *Boletim do Ministério público*, de MIGUEL PINTO DE MENESES, 1966.

VERNEY (LUÍS ANTÓNIO),
– *Verdadeiro metodo de estudar para ser útil à Republica, e à Igreja: proporcionado ao estilo, e necessidade de Portugal,* Valência (mas de facto Nápoles) I, e II, 1746.

VICO,
– *Principios de una ciencia nueva en torno a la naturaleza común de las naciones*, prólogo e tradução de JOSÉ CARNER, México, 1941, I e II.

VIEHEWEG,
– *Topik und Jurisprudenz/Ein Beitrag zur rechtswissenschaftlichen Grundlagenforschung*, 5.ª ed., Munique, 1974.

VIEIRA (JOSÉ ALBERTO COELHO),
– *Direitos Reais (sumários) – primeiro semestre noite*, 2000-2001.

– *Direitos Reais (sumários) – noite*, 2001-2002.
– *Direitos Reais (sumários) – noite*, 2002-2003.
– *Arrendamento de imóvel dado em garantia*, in *Estudos em Homenagem ao Professor Doutor Inocêncio Galvão Telles*, Coimbra, 2003, IV.
– *Direitos Reais (sumários)*, Turma A, 2004-2005.
– *Direitos Reais (sumários)*, Turma da noite, 2005-2006.

VILELA (MACHADO),
– *Cadeira de noções gerais e elementares das instituições do Direito Civil, matérias professadas no ano lectivo de 1912-1913*, in *Sumario das lições professadas na Faculdade de Direito da Universidade de Coimbra nos anos lectivos de 1911--1912 a 1914-1915*, sem local nem data.
– *Cadeira de noções gerais e elementares das instituições do Direito Civil, matérias professadas no ano lectivo de 1914-1915*, in *Sumario das lições professadas na Faculdade de Direito da Universidade de Coimbra nos anos lectivos de 1911--1912 a 1914-1915*, sem local nem data.
– *Cadeira de noções gerais e elementares das instituições do Direito Civil, matérias professadas no ano lectivo de 1915-1916,* in *Sumario das lições professadas na Faculdade de Direito da Universidade de Coimbra nos anos lectivos de 1915--1916 a 1917-1918*, sem local nem data.
– *Cadeira de noções gerais e elementares das instituições do Direito Civil, matérias professadas no ano lectivo de 1916-1917*, in *Sumario das lições professadas na Faculdade de Direito da Universidade de Coimbra nos anos lectivos de 1915--1916 a 1917-1918*, sem local nem data.
– *Cadeira de noções gerais e elementares das instituições do Direito Civil, matérias professadas no ano lectivo de 1917-1918*, in *Sumario das lições professadas na Faculdade de Direito da Universidade de Coimbra nos anos lectivos de 1915--1916 a 1917-1918*, sem local nem data.

VILELA (MACHADO) e PACHECO (CARNEIRO),
– *Cadeira de noções gerais e elementares das instituições do Direito Civil, matérias professadas no ano lectivo de 1913-1914*, in *Sumario das lições professadas na Faculdade de Direito da Universidade de Coimbra nos anos lectivos de 1911--1912 a 1914-1915*, sem local nem data.
– *Noções geraes e elementares das instituições do Direito Civil português*, por JOSÉ DE ALMEIDA CORREIA, segundo as respectivas prelecções, 3.ª ed., Coimbra, 1919.

VILLEY (MICHEL),
– *Le «ius in re» du droit romain classic au droit moderne (suivi des fragments pour un dictionnaire du langage des glossateurs)*, in *Conférences faites à l'Institut de droit Romain en 1947*, Paris, 1950.

– *La formation de la pensée juridique moderne. Cours d'histoire de la philosophie du droit*, Paris, 1961-1962.
– *Sur l'art du dialogue dans l'histoire de l'éducation juridique*, in *L'educazione giuridica*, II, *Profile storici*, Perugia, 1979.
– *La promotion de la loi et du droit subjectif dans la seconde scolastique*, in *La Seconda Scolastica nella Formazione del Diritto Privato Moderno. Incontro di studio*, Florença, 16-19 de Outubro de 1972, a cargo de PAOLO GROSSI, Milão, 1973.

VOGEL (WERNER),
– *Franz Hotmann und die Privatrechtswissenchat seiner Zeit*, Münster, 1960.

WALDECK,
– *Institutiones juris civilis Heineccianae*, Coimbra, 1814.

WEBER (RALPH),
– *Sachenrecht*, I, *Beweglichen Sachen*, II, *Grundstücksrecht*, de Baden-Baden, 2005.

WEINBERGER (OTA),
– *Topik und Plausibilitätsargumentation*, in *Archiv für Rechts und Sozialphilosophie*, 1973, 59.

WESTERMANN,
– *Die Funktion des Nachbarrechts. Zugleich eine Untersuchung der Bedeutung eines Immissionschutzgesetz*, in *Festschrift für Karl Larenz zum 70. Geburtstag*, organizado por GOTTHARD PAULUS, UWE DIEDERISCHEN e CLAUS-WILHELM CANARIS, Munique, 1973.

WIEACKER,
– *História do direito privado moderno*, tradução de A. M. HESPANHA da 2.ª edição de 1967, 3.ª ed., Lisboa, 2004.

WIEGAND (WOLFGANG),
– *Funktion und systematische Stellung des Sachenrechts im BGB*, in *Staudingers Kommentar zum Bürgerlichen Gesetzbuch mit Einführungsgesetz und Nebengesetzen. 100 Jahre BGB – 100 Jahre Staudinger. Beiträge zum Symposium vom 18.-20. Juni 1998 in München*, Munique, 1998.

WIELAND (WOLFGANG),
– *Numerus clausus der dinglichen Rechte. Zur Entstehung und Bedeutung eines zentralen zivilrechtlichen Dogmas*, in *Wege europäischer Rechtsgeschichte. Karl*

Kroeschell zum 60. Geburtstag, Francoforte no Meno, Berna, Nova Iorque, Paris, 1987.

WILHELM (JAN),
– Sachenrecht, 2.ª ed.

WITTKAU (ANNETTE),
– Historismus: Zur Geschichte des Begriffs und des problems, 2.ª ed., Gotinga, 1994.

WOLF (ERIK),
– Grosse Rechtsdenker der deutschen Geistesgeschichte, 4.ª ed., Tubinga, 1963.

WOLF (MANFRED),
– Sachenrecht, 22.ª ed., Munique, 2006, 23.ª ed., Munique, 2007.

WÖRLEN,
– Sachenrecht, 6.ª ed., com a colaboração de METZLER-MÜLLER, Munique, 2005.

WYDUCKEL (DIETER),
– Schnittstellen von Rechtstheorie und Rechtsgeschichte. Warum die Rechtsgeschichte der Rechtstheorie und die Rechtsgeschichte der Rechtstheorie bedarf, in Theorie des Rechts und der Gesellschaft. Festschrift für Werner Krawietz zum 70. Geburtstag, Berlim, 2003.

XAVIER (LOBO),
– v. LIMA (PIRES DE).

ZIPPELIUS,
– Juristische Methodenlehre, eine Einführung, 6.ª ed., Munique, 1994.

Outras fontes[1]

COMPENDIO,
– *Compendio historico do estado da universidade de Coimbra no tempo da invasão dos denominados jesuítas e dos estragos feitos nas sciencias e nos professores, e directores que a regiam pelas maquinações, e publicações dos novos estatutos por elles fabricados*, Lisboa, 1772.

ESTATUTOS,
– *Estatutos da Universidade de Coimbra*, Coimbra, 1972, reimpressão dos *Estatutos compilados debaixo da immediata e suprema inspecção de ELREY D. JOSÉ I. nosso Senhor pela junta de providencia literaria creada pelo mesmo Senhor para restauração das sciencias, artes liberaes nestes reinos, e todos os seus dominios ultimamente roborados por sua Magestade na sua lei de 28 de Agosto do presente ano*, Lisboa, 1772.

FACULDADE DE DIREITO DE COIMBRA,
– *Programas elaborados pela Faculdade de Direito da Universidade de Coimbra de harmonia com o parecer do Conselho Superior de Instrução Pública e o art. 8 do regulamento dos exames de Estado de 21 de Agosto de 1911*, in *Diário do Governo*, n.º 109, de 10-5-1912.
– *Programas das cadeiras e cursos e dos exames de estado a realizar no biénio de 1914-1916, aprovados por despacho ministerial de 20 de Agosto de 1914*, Coimbra, 1914.
– *Congregação de 15 de Agosto de 1914*, in *A universidade de Coimbra no século XX, Actas da Faculdade de Direito (1911-1919)*, com introdução de MANUEL AUGUSTO RODRIGUES, I, Coimbra, 1991.

---

[1] As fontes citadas são indicadas neste índice por referência à entidade responsável e por ordem cronológica. Aquelas que não tenham data são mencionadas no final.

– *Congregação de 2 de Fevereiro de 1915*, in *A universidade de Coimbra no século XX, Actas da Faculdade de Direito (1911-1919)*, I, Coimbra, 1991.
– *Congregação de 20 de Dezembro de 1917*, in *A universidade de Coimbra no século XX, Actas da Faculdade de Direito (1911-1919)*, I, Coimbra, 1991.
– *Congregação de 19 de Fevereiro de 1918*, in *A universidade de Coimbra no século XX, Actas da Faculdade de Direito (1911-1919)*, I, Coimbra, 1991.
– *Congregação de 27 de Julho de 1918*, in *A universidade de Coimbra no século XX, Actas da Faculdade de Direito (1911-1919)*, com introdução de MANUEL AUGUSTO RODRIGUES, I, Coimbra, 1991.
– *Sessão do Conselho Científico de 30 de Julho de 1919*, in *A universidade de Coimbra no século XX*, II, *Actas da Faculdade de Direito (1919-1947)*, com introdução de MANUEL AUGUSTO RODRIGUES, Coimbra, 1995.
– *Sessão Ordinária do Conselho Científico de 31 de Julho de 1920*, in *A universidade de Coimbra no século XX*, II, *Actas da Faculdade de Direito (1919-1947)*, com introdução de MANUEL AUGUSTO RODRIGUES, Coimbra, 1995.
– *Acta do Conselho Científico de 18 de Agosto de 1920*, in *A universidade de Coimbra*, II, *Actas da Faculdade de Direito (1919-1947)*, com introdução de MANUEL AUGUSTO RODRIGUES, Coimbra, 1995.
– *Sessão Ordinária do Conselho Científico de 16 de Fevereiro de 1921*, in *A universidade de Coimbra no século XX*, II, *Actas da Faculdade de Direito (1919--1947)*, com introdução de MANUEL AUGUSTO RODRIGUES, Coimbra, 1995.
– *Acta da Sessão ordinária do Conselho Científico de 21 de Fevereiro de 1922*, in *A universidade de Coimbra no século XX*, II, *Actas da Faculdade de Direito (1919-1947)*, com introdução de MANUEL AUGUSTO RODRIGUES, Coimbra, 1995.
– *Acta do Conselho Científico de 13 de Outubro de 1922*, cit., in *A universidade de Coimbra*, II, *Actas da Faculdade de Direito (1919-1947)*, com introdução de MANUEL AUGUSTO RODRIGUES, Coimbra, 1995.
– *Mapas do serviço dos professores da Universidade de Coimbra*, 1924-1925.
– *Mapas de serviço docente da Faculdade de Direito de Coimbra*, 1926-1927.
– *Acta do Conselho Científico de 23 de Fevereiro de 1927*, in *A universidade de Coimbra*, II.
– *Acta do Conselho Científico de 4 de Agosto de 1927*, in *A universidade de Coimbra*, II.
– *Mapas de serviço docente da Faculdade de Direito de Coimbra*, 1928-1929.
– *Mapas de distribuição de serviço docente da Faculdade de Direito de Coimbra*, 1929-1930.
– *Mapas de distribuição do serviço docente da Faculdade de Direito de Coimbra*, 1930-1931.
– *Mapa de apuramento da distribuição do serviço docente para efeitos do art. 15.º do Decreto-Lei n.º 20.258, de 31 de Agosto de 1931*, 1939-1940.

– *Mapa de apuramento da distribuição do serviço docente para efeitos do art. 15.º do Decreto-Lei n.º 20.258, de 31 de Agosto de 1931,* 1942-1943.
– *Mapa de apuramento da distribuição do serviço docente para efeitos do art. 15.º do Decreto-Lei n.º 20.258, de 31 de Agosto de 1931,* 1947-1948.
– *Mapa de apuramento da distribuição do serviço docente para efeitos do art. 15.º do Decreto-Lei n.º 20.258, de 31 de Agosto de 1931,* 1948-1949.
– *Mapa de apuramento da distribuição do serviço docente para efeitos do art. 15.º do Decreto-Lei n.º 20.258, de 31 de Agosto de 1931,* 1949-1950.
– *Mapa de apuramento da distribuição do serviço docente para efeitos do art. 15.º do Decreto-Lei n.º 20.258, de 31 de Agosto de 1931,* 1950-1951.
– *Mapa de apuramento da distribuição do serviço docente para efeitos do art. 15.º do Decreto-Lei n.º 20.258, de 31 de Agosto de 1931,* 1951-1952.
– *Mapa de apuramento da distribuição do serviço docente para efeitos do art. 15.º do Decreto-Lei n.º 20.258, de 31 de Agosto de 1931,* 1952-1953.
– *Mapa de apuramento da distribuição do serviço docente para efeitos do art. 15.º do Decreto-Lei n.º 20.258, de 31 de Agosto de 1931,* 1953-1954.
– *Mapa de distribuição do serviço docente (artigo 15.º do Decreto-Lei n.º 20.258, de 13 de Agosto de 1931),* 1954-1955.
– *Mapa de distribuição do serviço docente (artigo 15.º do Decreto-Lei n.º 20.258, de 13 de Agosto de 1931),* 1955-1956.
– *Mapa de distribuição do serviço docente (artigo 15.º do Decreto-Lei n.º 20.258, de 13 de Agosto de 1931),* 1956-1957.
– *Mapa de distribuição do serviço docente (artigo 15.º do Decreto-Lei n.º 20.258, de 13 de Agosto de 1931),* 1957-1958.
– *Mapa de distribuição do serviço docente (artigo 15.º do Decreto-Lei n.º 20.258, de 13 de Agosto de 1931),* 1958-1959.
– *Mapa de distribuição do serviço docente (artigo 15.º do Decreto-Lei n.º 20.258, de 13 de Agosto de 1931),* 1959-1960.
– *Mapa de distribuição do serviço docente (artigo 15.º do Decreto-Lei n.º 20.258, de 13 de Agosto de 1931),* 1960-1961.
– *Mapa de distribuição do serviço docente (artigo 15.º do Decreto-Lei n.º 20.258, de 13 de Agosto de 1931),* 1962-1963.
– *Mapa de distribuição do serviço docente (artigo 15.º do Decreto-Lei n.º 20.258, de 13 de Agosto de 1931),* 1963-1964.
– *Mapa de distribuição do serviço docente (artigo 15.º do Decreto-Lei n.º 20.258, de 13 de Agosto de 1931),* 1964-1965.
– *Mapa de distribuição do serviço docente (artigo 15.º do Decreto-Lei n.º 20.258, de 13 de Agosto de 1931),* 1965-1966.
– *Mapa de distribuição do serviço docente (artigo 15.º do Decreto-Lei n.º 20.258, de 13 de Agosto de 1931),* 1967-1968.
– *Mapa de distribuição do serviço docente (artigo 15.º do Decreto-Lei n.º 20.258, de 13 de Agosto de 1931),* 1968-1969.

– *Mapa de distribuição do serviço docente (artigo 15.º do Decreto-Lei n.º 20.258, de 13 de Agosto de 1931)*, 1970-1971.
– *Mapa de distribuição do serviço docente (artigo 15.º do Decreto-Lei n.º 20.258, de 13 de Agosto de 1931)*, 1973-1974.
– *Mapa de distribuição do serviço docente (artigo 15.º do Decreto-Lei n.º 20.258, de 13 de Agosto de 1931)*, 1974-1975.
– *Mapa de distribuição do serviço docente (artigo 15.º do Decreto-Lei n.º 20.258, de 13 de Agosto de 1931)*, 1975-1976.
– *Mapa de distribuição do serviço docente (artigo 15.º do Decreto-Lei n.º 20.258, de 13 de Agosto de 1931)*, 1976-1977.
– *Mapa de distribuição do serviço docente (artigo 15.º do Decreto-Lei n.º 20.258, de 13 de Agosto de 1931)*, 1977-1978.
– *Mapa de distribuição do serviço docente (artigo 15.º do Decreto-Lei n.º 20.258, de 13 de Agosto de 1931)*, 1978-1979.
– *Acta da Reunião ordinária do Conselho Científico de 31 de Julho de 1995*.
– *O ensino e a investigação do Direito em Portugal e a Faculdade de Direito da Universidade de Coimbra*, Coimbra, s. l, s. d., 6 e ss. (= *www.fd.uc.pt*).
– *Bolonha, Posição do Presidente do Conselho Científico* (GUILHERME DE OLIVEIRA), in *http://www.fd.uc.pt/_pdf/posicaopresiden-teccbolonha.pdf*.
– *Impresso de criação/alteração de plano de estudos*, in *http://www.fd.uc.pt/_pdf/bolonha/planocurricular1ciclodireito.pdf*.

FACULDADE DE DIREITO DE LISBOA,
– *Acta n.º 15 da sessão extraordinária do Conselho de Professores da Faculdade de Estudos Sociais e de Direito da Universidade de Lisboa de 10 de Março de 1914*, in *Livro de Actas do Conselho da Faculdade de Direito e Estudos Sociais de Lisboa*, 1913-1931.
– *Acta n.º 25 do Conselho de Professores da Faculdade de Estudos Sociais e de Direito da Universidade de Lisboa de 8 de Janeiro de 1915*, in *Livro de Actas do Conselho da Faculdade de Direito e Estudos Sociais de Lisboa*, 1913-1931.
– *Acta n.º 33 do Conselho de Professores da Faculdade de Estudos Sociais e de Direito de 29 de Junho de 1915*, in *Livro de Actas do Conselho da Faculdade de Direito e Estudos Sociais de Lisboa*, 1913-1931.
– *Acta n.º 82 do Conselho Escolar da Faculdade de Direito de Lisboa de 27 de Julho de 1918*, in *Livro de Actas do Conselho da Faculdade de Direito e Estudos Sociais de Lisboa*, 1913-1931.
– *Acta n.º 92 do Conselho Escolar da Faculdade de Direito da Universidade de Lisboa de 2 de Agosto de 1919*, in *Livro de Actas do Conselho da Faculdade de Direito e Estudos Sociais de Lisboa*, 1913-1931.
– *Acta n.º 103 da Sessão Ordinária do Conselho Escolar da Faculdade de Direito da Universidade de Lisboa de 31 de Julho de 1920*, in *Livro de Actas do Conselho da Faculdade de Direito e Estudos Sociais de Lisboa*, 1913-1931.

– A *Acta n.º 128 da Sessão Ordinária do Conselho da Faculdade de Direito de 8 de Agosto de 1923*, in *Livro de Actas do Conselho da Faculdade de Direito e Estudos Sociais de Lisboa*, 1913-1931.
– *Acta n.º 133 da Sessão Ordinária do Conselho da Faculdade de Direito de 17 de Junho de 1924*, in *Livro de Actas do Conselho da Faculdade de Direito e Estudos Sociais de Lisboa*, 1913-1931.
– *Acta n.º 140 da Sessão Ordinária do Conselho da Faculdade de Direito de 7 de Agosto de 1925*, in *Livro de Actas do Conselho da Faculdade de Direito e Estudos Sociais de Lisboa*, 1913-1931.
– *Acta n.º 152 da Sessão Ordinária do Conselho da Faculdade de Direito de 14 de Agosto de 1926*, in *Livro de Actas do Conselho da Faculdade de Direito e Estudos Sociais de Lisboa*, 1913-1931.
– *Acta n.º 171 de 11 de Abril de 1928*, in *Livro de Actas*, I, 1913 a 1931.
– *Acta n.º 175 de 23 de Maio de 1928*, in *Livro de Actas*, I, 1913 a 1931.
– *Acta n.º 176 de 8 de Junho de 1928*, in *Livro de Actas*, I, 1913 a 1931.
– *Acta n.º 177 de 25 de Junho de 1928*, in *Livro de Actas*, I, 1913 a 1931.
– *Acta n.º 180 de 24 de Outubro de 1928*, in *Livro de Actas*, I, 1913 a 1931.
– *Faculdade de Direito/Razões justificativas da sua manutenção Expostas nas representações que a mesma faculdade e o Senado Universitário apresentaram ao Governo da República*, 1928.
– *Acta n.º 208 da Sessão Ordinária do Conselho da Faculdade de Direito de 17 de Junho de 1924*, in *Livro de Actas do Conselho da Faculdade de Direito e Estudos Sociais de Lisboa*, 1913-1931.
– *Acta n.º 219 do Conselho Escolar da Faculdade de Direito de Lisboa, de 2 de Agosto de 1932*, in *Livro de Actas do Conselho da Faculdade de Direito de Lisboa*, 1931 a 1958.
– *Anuário da Universidade de Lisboa*, 1931-1932.
– *Anuário da Universidade de Lisboa*, 1932-1933.
– *Anuário da Universidade de Lisboa*, 1933-1934.
– *Anuário da Universidade de Lisboa*, 1934-1935.
– *Anuário da Universidade de Lisboa*, 1938-1939.
– *Anuário da Universidade de Lisboa*, 1944-1945.
– *Acta n.º 235 do Conselho Escolar da Faculdade de Direito de Lisboa, de 4 de Fevereiro de 1934*, in *Livro de Actas do Conselho da Faculdade de Direito de Lisboa*, 1931 a 1958.
– *Acta n.º 239 do Conselho Escolar da Faculdade de Direito de Lisboa, de 7 de Agosto de 1934-1935*, in *Livro de Actas do Conselho da Faculdade de Direito de Lisboa*, 1931 a 1958.
– *Acta n.º 273 do Conselho Escolar da Faculdade de Direito de Lisboa, de 1 de Agosto de 1939*, in *Livro de Actas do Conselho da Faculdade de Direito de Lisboa*, 1931 a 1958.

– Acta n.º 274 do Conselho Escolar da Faculdade de Direito de Lisboa, de 12 Outubro de 1939, in Livro de Actas do Conselho da Faculdade de Direito de Lisboa, 1931 a 1958.
– Acta n.º 281 do Conselho Escolar da Faculdade de Direito de Lisboa, de 2 de Agosto de 1940, in Livro de Actas do Conselho da Faculdade de Direito de Lisboa, 1931 a 1958.
– Acta n.º 288 do Conselho da Faculdade de Direito da Universidade de Lisboa de 26 de 1941, in Livro de Actas do Conselho da Faculdade de Direito de Lisboa.
– Acta n.º 289 do Conselho Escolar da Faculdade de Direito de Lisboa, de 1 de Agosto de 1941, in Livro de Actas do Conselho da Faculdade de Direito de Lisboa, 1931 a 1958.
– Acta n.º 298 do Conselho Escolar da Faculdade de Direito de Lisboa, de 30 de Julho de 1942, in Livro de Actas do Conselho da Faculdade de Direito de Lisboa, 1931 a 1958.
– Acta n.º 304 do Conselho Escolar da Faculdade de Direito de Lisboa, de 29 de Julho de 1943, in Livro de Actas do Conselho da Faculdade de Direito de Lisboa, 1931 a 1958.
– Acta n.º 326 do Conselho Escolar da Faculdade de Direito de Lisboa, de 31 de Julho de 1945, in Livro de Actas do Conselho da Faculdade de Direito de Lisboa, 1931 a 1958.
– Acta n.º 333 do Conselho Escolar da Faculdade de Direito de Lisboa, de 31 de Julho de 1947, in Livro de Actas do Conselho da Faculdade de Direito de Lisboa, 1931 a 1958.
– Acta n.º 345 do Conselho Escolar da Faculdade de Direito de Lisboa, de 27 de Julho de 1946, in Livro de Actas do Conselho da Faculdade de Direito de Lisboa, 1931 a 1958.
– Acta n.º 370 do Conselho Escolar da Faculdade de Direito de Lisboa, de 26 de Julho de 1942, in Livro de Actas do Conselho da Faculdade de Direito de Lisboa, 1931 a 1958.
– Acta n.º 483 do Conselho Escolar da Faculdade de Direito de Lisboa, de 29 de Julho de 1967, in Livro de Actas do Conselho da Faculdade de Direito de Lisboa.
– Acta n.º 553 de 29 de Julho de 1971 do Conselho Escolar da Faculdade de Direito de Lisboa, in Livro de Actas do Conselho da Faculdade de Direito de Lisboa, IV, 1970-1973.
– Acta n.º 526 de 30 de Julho de 1971 do Conselho Escolar da Faculdade de Direito de Lisboa, in Livro de Actas do Conselho da Faculdade de Direito de Lisboa, IV, 1970-1973.
– Acta n.º 578 de 31 de Julho de 1971 do Conselho Escolar da Faculdade de Direito de Lisboa, in Livro de Actas do Conselho da Faculdade de Direito de Lisboa, IV, 1970-1973.

– *Acta n.º 587 do Conselho Escolar da Faculdade de Direito de Lisboa, de 19 de Maio de 1973*, in *Livro de Actas do Conselho da Faculdade de Direito de Lisboa*, V e VI.
– *Acta da reunião do Conselho Científico n.º 31 de 25 de Julho de 1979*, in *Livro de Actas do Conselho Científico*, 1978-1979, II.
– *Acta da reunião do Conselho Científico n.º 49 de 4 de Julho de 1980*, in *Livro de Actas do Conselho Científico*, 1978-1979, II.
– *Mapa I, Distribuição do serviço docente (1931-932)*, in *Revista da Faculdade de Direito da Universidade de Lisboa*, II, 1934.
– *Relatório do Director* (Prof. Doutor Abel de Andrade), *exercício de 1931-1932*, Universidade de Lisboa, Faculdade de Direito, Lisboa, 1934.
– *Relatório do Director* (Prof. Doutor Abel de Andrade), *exercício de 1932-1933*, Universidade de Lisboa, Faculdade de Direito, Lisboa, 1936.
– *Distribuição das regências na Faculdade de Direito de Lisboa no ano lectivo de 1945-1946*, in *Revista da Faculdade de Direito da Universidade de Lisboa*, IV, 1947.
– *Distribuição de regências na Faculdade de Direito de Lisboa no ano lectivo de 1947-1948*, in *Revista da Faculdade de Direito da Universidade de Lisboa*, 1948, V.
– *Distribuição de regências na Faculdade de Direito de Lisboa no ano lectivo de 1948-1949*, in *Revista da Faculdade de Direito da Universidade de Lisboa*, 1948, VI, 1949.
– *Distribuição de regências na Faculdade de Direito de Lisboa no ano lectivo de 1949-1950*, in *Revista da Faculdade de Direito da Universidade de Lisboa*, 1950, VII.
– *Distribuição de regências na Faculdade de Direito de Lisboa no ano lectivo de 1950-1951*, in *Revista da Faculdade de Direito da Universidade de Lisboa*, 1950, VII.
– *Vida interna, ano lectivo de 1951-1952*, in *Revista da Faculdade de Direito da Universidade de Lisboa*, 1958, XII.
– *Vida interna, ano lectivo de 1952-1953*, in *Revista da Faculdade de Direito de Lisboa*, 1958, XII.
– *Vida interna, ano lectivo de 1953-1954*, in *Revista da Faculdade de Direito da Universidade de Lisboa*, 1958, XII.
– *Vida interna, ano lectivo de 1954-1955*, in *Revista da Faculdade de Direito da Universidade de Lisboa*, 1958, XII.
– *Vida interna, ano lectivo de 1955-1956*, in *Revista da Faculdade de Direito da Universidade de Lisboa*, 1958, XII.
– *Vida interna, ano lectivo de 1956-1957*, in *Revista da Faculdade de Direito de Lisboa*, 1958, XII.
– *Vida interna, ano lectivo de 1957-1958*, in *Revista da Faculdade de Direito da Universidade de Lisboa*, 1958, XII.

– *Anexo II, Distribuição de regências*, in *Revista da Faculdade de Direito da Universidade de Lisboa*, 1959, XIII.
– *Relatório do Director da Faculdade* (Prof. Doutor Inocêncio Galvão Telles) *(1959-1960)*, in *Revista da Faculdade de Direito da Universidade de Lisboa*, 1961-1962, XV.
– *Vida Interna, ano lectivo 1969-1970, distribuição do serviço docente*, in *Revista da Faculdade de Direito da Universidade de Lisboa*, 1970-1971, XXIII.
– *Vida Interna, ano lectivo 1970-1971, distribuição do serviço docente*, in *Revista da Faculdade de Direito da Universidade de Lisboa*, 1972, XXIV.
– *Vida Interna, ano lectivo 1972-1973, distribuição do serviço docente*, in *Revista da Faculdade de Direito da Universidade de Lisboa*, 1972, XXIV.
– *Documento de Distribuição do serviço docente 1977-1978*.
– *Documento de Distribuição do serviço docente 1978-1979*.
– *Documento de Distribuição do serviço docente no ano lectivo 1980-1981 (2.º semestre)*.
– *Documento de Distribuição do serviço docente 1981-1982 (ciências jurídicas)*.
– *Documento de Distribuição do serviço docente – ano escolar 1982-1983 (aprovada pelo Conselho Científico em reunião de 28/7/1982)*, turma da noite.
– *Documento de Distribuição do serviço docente 1983-1984 (ciências jurídicas)*.
– *Documento de Distribuição do serviço docente 1984-1985 (ciências jurídicas)*.
– *Os setenta anos da Faculdade de Direito de Lisboa*, com palavras iniciais de SOUSA FRANCO, Lisboa, 1984.
– *Notas biográficas sobre o Professor Paulo Cunha* (1908-1986), in *Boletim da Faculdade de Direito. Estudos em Homenagem ao Professor Doutor Paulo Cunha*, Lisboa, 1989.
– *Comissão de reestruturação da Faculdade de Direito de Lisboa (Relatório)*, Lisboa, 1977 (=*Revista da Faculdade de Direito da Universidade de Lisboa*, 1992, XXXIII).
– Relatório da *Comissão de reestruturação da Faculdade de Direito de Lisboa (Relatório)*, Lisboa, 1977 (também publicado na *Revista da Faculdade de Direito de Lisboa*, 1992, XXXIII).
– *Faculdade de Direito de Lisboa, Horário, 3.º ano tarde*, 1992-1993.
– *Faculdade de Direito de Lisboa, Horário, 3.º ano noite*, 1992-1993.
– *Faculdade de Direito de Lisboa, Horário, 1993-1994, 3.º ano turno da tarde*.
– *Faculdade de Direito de Lisboa, Horário, 1994-1995, 3.º ano turno da noite*.
– *Faculdade de Direito de Lisboa, Horário, 1995-1996, 3.º ano turno da noite*.
– *Faculdade de Direito de Lisboa, Horário, 1997-1998, 3.º ano turno da noite*.
– *Faculdade de Direito de Lisboa, Horário, 1998-1999, 3.º ano turno da tarde*.
– *Guia Pedagógico*, Lisboa, 2002-2003.
– *Guia Pedagógico*, Lisboa, 2003-2004.
– *Acta da Reunião do Conselho Científico da Faculdade de Direito de Lisboa n.º 12, de 11 de Outubro de 2006*.

FACULDADE DE DIREITO DE HEIDELBERGA,
- *Studienplan Wintersemester*, in *http://www.uniheidelberg.de /institute/fak2/documents/ Studienplan_WS.doc.*
- *Studienplan Sommersemester*, in *http://www.uni-heidelberg.de/institute/fak2/documents/Studienplan_SS.doc.*

FACULDADE DE DIREITO DE MUNIQUE,
- *Kommentiertes Vorlesungsverzeichnis Juristische Fakultät München*, in *http://www.fachschaft.jura.uni-muenchen.de/studium/kvv%20wise%202006-2007%20Endversion.pdf.*

FACULDADE DE DIREITO DE TUBINGA,
- *Studienplan*, in *http://www.jura.uni-tuebingen.de/studium/normen/studienplan.htm.*

FACULDADE DE DIREITO DE HAMBURGO,
- *Lehrveranstaltung*, in *http://studium.jura.uni-hamburg.de/vorlesungsv/vvanzeige.php?id=17&cmd=anzeigen_ganz#2417*

ORDEM DOS ADVOGADOS
- *Professor Adelino da Palma Carlos: importante espólio doado à Ordem*, in Boletim da Ordem dos Advogados, 1994, 1, Jan.-Fev.

PÁGINAS E SÍTIOS NA INTERNET NÃO CONSTANTES DOS ÍNDICES ANTERIORES[2],
- *Borges Carneiro, Dicionário Histórico. Portugal*, in *www.arqnet.pt/dicionario.*
- *Legal encyclopedia Thomson Gale*, in *http://www.answers.com/topic/case-teaching.*
- *www.livrariajurídica.com.*

FACULDADE DE DIREITO DE COIMBRA,
- *http://www.fd.uc.pt/_pdf/bolonha/planocurriculardireito1ciclo.pdf.*
- *http://www.fd.uc.pt/_pdf/bolonha/relatorioadequacao1ciclodireito.pdf*
- *https://woc.uc.pt/fduc/course/planocurricular.do?courseId=1.*
- *https://woc.uc.pt/fduc/class/geralsummary.do?idclass=16&idyear=2.*
- *http://www.fd.uc.pt/_pdf/bolonha/planocurriculardireito1ciclo.pdf.*
- *http://www.fd.uc.pt/_pdf/bolonha/regimedetransicaodireito1ciclo.pdf.*

---

[2] As ligações indicadas foram as efectivamente consultadas e existiam ao tempo. Entretanto, algumas delas podem ter cessado como frequentemente sucede com informação disponível em linha.

- http://www.fd.ul.pt/cursos/lic/docs/novoplanodecurso.pdf.
- http://www.fd.ul.pt/cursos/lic/docs/novoplanodecurso.pdf.

OUTRAS ENTIDADES
- http://www-user.uni-bremen.de/jura/.
- http://www.ujaen.es/serv/vicord/secretariado/secplan/csyj/1102/Programa1102 _8502.pdf,
- http://www.ujaen.es/serv/vicord/secretariado/secplan/csyj/1802/Programa1802 _8502.pdf.
- http://cv1.cpd.ua.es/WebCv/ConsPlanesEstudio/cvFichaAsi.asp?wcodasi= 4800&w Lengua=C&scaca=2006-07.
- ftp://ftp.usal.es/documentacion/guias/Guia_Derecho.pdf,
- http://www.uc3m.es/uc3m/gral/ES/ESCU/escu01b.html.
- http://www3.uc3m.es/reina/Fichas/fichas_1/0110312.html.
- http://www.nebrija.com/estudios/carreras-universitarias/programas-asignaturas/ derecho/DP2135M-derecho- civil-II.pdf.
- http://www.upf.edu/fdret/cast/general/pla-est.htm#2.
- http://www.upf.edu/pra/3311/ 11811.htm.
- http://www.upf.edu/pra/3311/12508.htm.

Índice de jurisprudência

– *STJ – 26-03-1980* (OCTÁVIO DIAS GARCIA), in *Boletim do Ministério da Justiça*, 1980, 295 (abuso de direito do proprietário).

– *STJ – 09-03-1989* (ELISEU FIGUEIRA), in *www.dgsi.pt* (direito de preferência – apenas com a indicação do sumário).

– *STJ – 22-02-1994* (FERNANDO FABIÃO), in *www.dgsi.pt* (arrendamento – aquisição – usucapião).

– *STJ – 07-12-1994* (TORRES PAULO), in *www.dgsi.pt* (instituição de herdeiro) (= *Boletim do Ministério da Justiça*, 1994, 442).

– *STJ – 26-04-1995* (CARDONA FERREIRA), in *www.dgsi.pt* (direito à vida).

– *STJ – 15-10-1996* (LOPES PINTO), in *www.dgsi.pt* (condenação *ultra petitum*) (=*Diário da República*, I – série A, de 26 de Novembro de 1996).

– =*Boletim do Ministério da Justiça*, 460, 164); *STJ – 11-03-1997* (FERNANDES MAGALHÃES), in *www.dgsi.pt* (seguro obrigatório automóvel).

– *STJ – 05-02-1998* (LOPES PINTO), in *www.dgsi.pt* (direito de personalidade – ambiente – violação – poderes do Supremo Tribunal de Justiça).

– *STJ – 22-10-1998* (NORONHA NASCIMENTO), in *www.dgsi.pt* (direitos fundamentais – direito ao repouso – direito à integridade física – poluição – conflito de direitos).

– *STJ – 25-09-1999* (COSTA SOARES), in *www.dgsi.pt* (estabelecimento comercial – direito ao trespasse – privilégio creditório – reclamação de créditos).

– *STJ – 23-11-1999* (MACHADO SOARES), in *www.dgsi.pt* (arrendamento para comércio ou indústria).

- *STJ – 09-12-1999* (COSTA SOARES), in *Boletim do Ministério da Justiça*, 2000.

- *STJ – 13-01-2000* (MIRANDA GUSMÃO), in *www.dgsi.pt* (contrato-promessa de compra e venda).

- *STJ – 15-02-2000*, in *Boletim do Ministério da Justiça*, TORRES PAULO, 2000.

- *STJ – 17-01-2001* (QUIRINO SOARES), in *www.dgsi.pt* (ambiente, apenas com indicação do sumário).

- *STJ – 20-03-2002* (LOURENÇO MARTINS), in *www.dgsi.pt* (processo 02P137).

- *STJ – 17-04-2002* (LOURENÇO MARTINS), in *www.dgsi.pt* (processo 02P381).

- *STJ – 30-04-2003* (LOURENÇO MARTINS), in *www.dgsi.pt* (recurso para o Supremo Tribunal de Justiça).

- *STJ – 17-06-2003* (AFONSO DE MELO), in *www.dgsi.pt* (empreitada – dono de obra – comitente).

- *STJ – 09-10-2003* (OLIVEIRA BARROS), in *www.dgsi.pt* (venda executiva – arrendamento).

- *STJ – 23-10-2003* (PEREIRA MADEIRA), in *www.dgsi.pt* (julgamento em conferência).

- *STJ – 21-11-2003* (QUIRINO SOARES), in *www.dgsi.pt* (arrendamento – conflito de direitos – abuso de direito).

- *STJ –15-01-2004* (FERREIRA GIRÃO), in *www.dgsi.pt* (conflito de direitos).

- *STJ – 27-01-2004* (FERNANDES MAGALHÃES), in *www.dgsi.pt* (empreitada).

- *RP – 07-04-2004* (JOSÉ FERRAZ), in *www.dgsi.pt* (comodato – eficácia).

- *STJ – 24-04-2004* (NUNO CAMEIRA), in *www.dgsi.pt* (direito pessoal de gozo).

- *STJ – 27-04-2004* (LOPES PINTO), in *www.dgsi.pt* (embargos de terceiro – mera detenção – posse – *animus – corpus* – tradição da coisa).

- *STJ – 28-04-2004* (NUNO CAMEIRA), in *www.dgsi.pt* (iniciativa privada – direito de propriedade – colisão de direitos).

– *STJ – 01-07-2004* (FERREIRA DE ALMEIDA), in *www.dgsi.pt* (revisão de sentença estrangeira – competência internacional – partilha dos bens do casal – bem imóvel – interpretação da lei).

– *STJ – 13-01-2005* (LUCAS COELHO), in *www.dgsi.pt* (revisão de sentença estrangeira – competência internacional – partilha dos bens do casal – bem imóvel – interpretação da lei).

– *STJ – 07-04-2005* (BETTENCOURT DE FARIA), *www.dgsi.pt* (direito de propriedade).

– *STJ – 10-05-2005* (LOPES PINTO), in *www.dgsi.pt* (posse).

– *STJ – 22-09-2005* (PEREIRA DA SILVA), in *www.dgsi.pt* (ambiente – poluição – direitos fundamentais).

– *STJ – 07-12-2005* (FERNANDES MAGALHÃES), in *www.dgsi.pt* (falência).

– *STJ – 19-01-2006* (OLIVEIRA BARROS), in *www.dgsi.pt* (poderes do Supremo Tribunal de Justiça).

– *STJ – 19-01-2006* (ALBERTO SOBRINHO), in *www.dgsi.pt* (propriedade horizontal – parte comum – direito real – direito pessoal).

– *STJ – 30-05-2006* (FERNANDES MAGALHÃES), in *www.dgsi.pt* (acidente de viação).

– *STJ – 27-03-2007* (SILVA SALAZAR), in *www.dgsi.pt* (direito ao ambiente).

– *STJ – 24-10-2007* (SILVA SALAZAR), in *www.dgsi.pt* (direito de propriedade).

– *STJ – 01-06-1993* (PEREIRA CARDIGOS), in *www.dgsi.pt* (falência – arrendamento – locatário – usufrutuário – direito ao arrendamento – massa falida – escritura pública – nulidade – apenas com indicação de sumário).

– *RP – 09-02-2006* (PINTO DE ALMEIDA), in *www.dgsi.pt* (propriedade horizontal – parte comum – direito real – direito pessoal).

– *RL – 16-05-2006* (ABRANTES GERALDES), in *www.dgsi.pt* (abuso de direito – comodato – reivindicação – direito pessoal de gozo – efeitos – terceiros).

– *RL – 15-03-2007* (ANA PAULA BOULAROT), in *www.dgsi.pt* (propriedade horizontal – parte comum – usucapião).

– *RL – 03-10-1991* (SOUSA DINIS), in *www.dgsi.pt* (direito litigioso – arrendamento – tresspasse).

Índice

I.	Introdução	7
1.	Justificação do tema do presente relatório	9
2.	A finalidade do concurso para Professor Associado, a razão de ser e função do relatório e seu peso específico. A interpretação como problema normativo e o comprometimento do pensamento jurídico com o próprio Direito enquanto aspectos insubstituíveis da equação a resolver	19

PARTE I
O ENSINO DOS DIREITOS REAIS

1.	Introdução. Periodificação, generalidades	59
2.	A pré-codificação	64
2.1.	A reforma pombalina e a recepção do jusracionalismo	64
2.2.	Os juristas desta época	72
2.2.1.	PASCOAL DE MELLO FREIRE	72
2.3.	RICARDO RAYMUNDO NOGUEIRA, FRANCISCO COELHO DE SOUSA E SAMPAIO, VICENTE CARDOZO DA COSTA, MANUEL DE ALMEIDA E SOUSA (LOBÃO), BORGES CARNEIRO E JOSÉ HOMEM CORREIA TELLES	82
2.3.1.	De 1836 a 1867	98
2.3.2.	Considerações gerais	98
2.3.3.	COELHO DA ROCHA	100
2.3.4.	LIZ TEIXEIRA	110
2.3.5.	BANDEIRA DE NEIVA e JOSÉ RUAS	114
3.	A codificação do Direito Civil e a exegese (de 1867 a 1903)	117
3.1.	O Código Civil de 1867	117
3.2.	Organização dos estudos jurídicos. Considerações gerais	122
3.3.	O ensino exegético	123
3.4.	JOSÉ AUGUSTO SANCHES DA GAMA	130
3.5.	ANTÓNIO PEREIRA JARDIM	139

3.6.	LOPES PRAÇA	144
3.7.	GUILHERME MOREIRA	146
3.8.	TEIXEIRA DE ABREU	147
3.9.	Outras manifestações da influência da exegese napoleónica: SILVA BRUSCHY, DIAS FERREIRA, ABEL DE ANDRADE e CUNHA GONÇALVES	150
4.	Da recepção do pandectismo (1903) até à autonomização da Cadeira de Direitos Reais em Coimbra (1920-1921) e em Lisboa (1923-1925)	155
4.1.	A viragem do início do século XX: GUILHERME MOREIRA e as reformas de 1901 e de 1911	155
4.1.1.	O ensino dos Direitos Reais na Faculdade de Direito de Coimbra	155
4.1.1.1.	GUILHERME MOREIRA	164
4.1.1.2.	JOSÉ GABRIEL PINTO COELHO (Coimbra)	170
4.1.1.3.	Os Direitos Reais no âmbito da 3.ª Cadeira – Noções gerais e elementares das Instituições de Direito Civil	172
4.1.2.	A instituição da Faculdade de Direito de Lisboa	184
4.1.2.1.	Introdução	184
4.1.2.2.	ABRANCHES FERRÃO	187
4.1.2.3.	O ensino dos Direitos Reais no curso de Direito Civil desenvolvido (remissão)	191
4.1.2.4.	O ensino dos Direitos Reais na cadeira de Noções Gerais e Elementares das Instituições de Direito Civil (remissão)	192
5.	A criação da disciplina dos Direitos Reais	193
5.1.	Introdução: a autonomização da disciplina em Coimbra em 1920-1921, as reformas de 1923 e de 1928 e a revisão do Código Civil de 1930	193
5.2.	O ensino dos Direitos Reais na Faculdade de Direito de Coimbra	196
5.2.1.	GUILHERME MOREIRA	199
5.2.2.	MANUEL RODRIGUES	201
5.2.3.	MÁRIO DE FIGUEIREDO	220
5.2.4.	TEIXEIRA DE ABREU	220
5.2.5.	PIRES DE LIMA (remissão)	229
5.2.6.	O ensino dos Direitos Reais no âmbito da 1.ª Cadeira de Direito Civil (Noções Gerais e Elementares e – posteriormente – Noções Fundamentais)	230
5.2.6.1.	JOSÉ BELEZA	230
5.2.6.2.	MANUEL RODRIGUES (remissão)	232
5.2.6.3.	VAZ SERRA	232
5.2.6.4.	CABRAL DE MONCADA	234
5.3.	A Faculdade de Direito de Lisboa	237
5.3.1	Introdução	237
5.3.2.	CARNEIRO PACHECO	240
5.3.3.	JOSÉ TAVARES	242

5.3.4.	PEDRO MARTINS	250
5.3.5.	JOSÉ GABRIEL PINTO COELHO (Lisboa) e o seu ensino dos Direitos Reais no âmbito da 1.ª Cadeira de Direito Civil (Obrigações) e do Curso de Direito de Civil desenvolvido	252
5.3.6.	O ensino dos Direitos Reais por CAEIRO DA MATA no quadro da disciplina de Direito Civil desenvolvido	255
5.3.7.	O ensino dos Direitos Reais na 1.ª Cadeira de Direito Civil – Noções Gerais e Elementares de Direito Civil (remissões)	256
6.	De 1935-1936 ao Código Civil de 1966	258
6.1.	Introdução. O dualismo COIMBRA/LISBOA. A reforma de 1945 e a tentativa de elevação da disciplina de Direitos Reais a cadeira anual...	258
6.2.	O ensino dos Direitos Reais na Faculdade de Direito de Coimbra	263
6.2.1.	PIRES DE LIMA	267
6.2.2.	FERRER CORREIA e EDUARDO CORREIA	288
6.2.3.	ANTUNES VARELA	289
6.2.4.	HENRIQUE MESQUITA (remissão)	292
6.3.	O ensino dos Direitos Reais na Faculdade de Direito de Lisboa	293
6.3.1.	Introdução	293
6.3.2.	JAIME DE GOUVEIA	298
6.3.3.	LUÍS PINTO COELHO	311
6.3.4.	PAULO CUNHA	341
6.3.5.	GOMES DA SILVA	348
6.3.6.	PALMA CARLOS	358
6.3.7.	DIAS MARQUES	362
6.3.8.	OLIVEIRA ASCENSÃO (remissão)	371
7.	A segunda codificação e a evolução subsequente	372
7.1.	A entrada em vigor do Código Civil	372
7.2.	As alterações do plano de curso de 1972, de 1975 e 1977, 1983 (FDL), 1989 (FDC), 2003 e 2006 da (FDL e FDC) correspondente este último ao chamado processo de Bolonha	380
7.3.	O ensino do Direito das Coisas e a revolução de 25 de Abril (1974- -1977)	389
7.4.	O ensino dos Direitos Reais na Faculdade de Direito de Coimbra	400
7.4.1.	ORLANDO DE CARVALHO	403
7.4.2.	HENRIQUE MESQUITA	409
7.4.3.	MOTA PINTO	417
7.4.4.	JOSÉ ANTÓNIO DE FRANÇA PITÃO	422
7.4.5.	SANTOS JUSTO	423
7.5.	O ensino dos Direitos Reais na Faculdade de Direito de Lisboa ...	428
7.5.1.	OLIVEIRA ASCENSÃO	434
7.5.2.	MENEZES CORDEIRO	463

7.5.3.	ANTÓNIO PINTO DUARTE	483
7.5.4.	LIMA ARAÚJO	491
7.5.5.	CARDOSO MOTA	496
7.5.6.	EDUARDO DOS SANTOS	499
7.5.7.	DIAS MARQUES	505
7.5.8.	PEDRO ROMANO MARTINEZ	509
7.5.9.	JANUÁRIO GOMES	511
7.5.10.	ANA PAULA COSTA E SILVA	516
7.5.11.	JOSÉ ALBERTO COELHO VIEIRA	519
7.6.	O ensino dos Direitos Reais noutras Faculdades de Direito nacionais .	523
8.	O ensino dos Direitos Reais no estrangeiro	532
8.1.	Introdução	532
8.2.	O ensino dos Direitos Reais na Universidade EDUARDO MONDLANE (Moçambique)	532
8.3.	O ensino dos Direitos Reais na Alemanha	535
8.4.	Os Direitos Reais em Espanha	538
8.5.	O ensino dos Direitos Reais em França	541
8.6.	O ensino dos Direitos Reais em Itália	546

PARTE II
PROGRAMA, CONTEÚDO E MÉTODOS

1.	Opções científico-pedagógicas e metodológicas	551
1.1.	Teoria geral ou fundamental estruturação da disciplina em torno de cada direito real em especial	551
1.2.	O carácter cultural e a dimensão histórica do Direito	578
1.3.	A revisão da teoria das fontes de Direito e sua importância ao nível da compreensão da tarefa da dogmática jurídica. O relevo do Direito jurisprudencial	601
2.	Métodos de ensino, programa e conteúdo (justificação complementar)	623
3.	A implementação do programa proposto no quadro do novo regulamento de avaliação. O funcionamento das aulas plenárias e das aulas de orientação. Os métodos de avaliação	633
4.	Programa e conteúdos	651
4.1.	Considerações preliminares	651
4.2	O concreto programa e conteúdos propostos	653
5.	Calendarização das aulas e elementos de estudo	665
Bibliografia		667
Outras fontes		724
Índice de jurisprudência		734